The Book: A Global History
全球书籍史

Michael F. Suarez, S.J.

H. R. Woudhuysen

〔美国〕S. J. 迈克尔·F. 苏亚雷斯 〔英国〕H. R. 沃德海森 主编

吴奕俊 陈丽丽 译

上海三联书店

谨以此书献给帕姆·库特

　　　　——永远心怀感激的主编们

目　录

书籍的区域史和国家史   347

引　言

　　虽然《牛津图书指南》(*The Oxford Companion to the Book*，2010) 商业与学术上的成功令人鼓舞，但该书的编辑们依然感到遗憾，因为该书高昂的价格使得许多读者无法购买这套共计 110 万字的两卷本著作。为了传播这套图书史与书目学论文集中的文章，我们现在编辑了这本《全球书籍史》，更新了《牛津图书指南》第一部分的章节，并增加了新的文章。我们希望本书的出版能将一套珍贵的（规模宏大且视野创新的）书目学与图书史学术资料提供给广大的普通读者和高级专家。在策划和制作这部关于全球不同时代与文化的书籍世界的手册时，我们的目标一直是为学生、学者、图书管理员、收藏家、古书商以及热情的业余爱好者献上生动的书史研究。

　　基于《牛津图书指南》，本书旨在勾勒从公元前 4 千纪中期最早的象形文字到最近电子书的发展，以及文本制作、传播与接受历史的演变过程。考虑到"书籍"这一术语（一个方便用来指代任何记录文本的概念）的诸多方面，《全球书籍史》中的 51 篇文章跨越了印加帝国和阿兹特克帝国、欧洲中世纪书籍及早期印刷革命，以及 1949 年后中华人民共和国出版业和图书行业的国有化。我们不仅追求时间上的全面性，也力求在地理涵盖范围上做到尽量广泛。除了对西欧国家和美国的书史研究外，读者还将发现关于拜占庭、加勒比群岛和百慕大、捷克共和国和斯洛伐克、波罗的海国家和巴尔干半岛、非洲、大洋洲、南美洲以及东南亚等地书籍历史的文章。

　　我们希望，这部汇集了众多国家不同观点的历史作品，能引导读者建立起创造性和偶然性的联系，而这种联系比传统上把它们分开的界限更有力量。这种关联可能会激发富有成效的联想；在恰当的时候，排版印刷上的关联或许有助于跨越地理距离，甚至超越知识学科之间的界限。因此，我们希望本书不仅仅是提供信息，更能促进新知识的产生。

本书还收录了关于研究多种主题的专题性文章，主题包括审查制度、古代世界的书籍、传教士印刷活动、知识产权、儿童书籍、短效印刷品、犹太书籍与手稿、文字系统的起源与发展、作为象征物的书籍，以及印刷业的经济状况。对于那些对文献学感兴趣的人来说，可能尤其会喜欢关于纸张、印刷技术、编辑理论与文本批评、书籍装订以及插图史和图像复制工艺的文章。

使用"书籍"这个词来指代"书籍史"中涉及的各种文本形式，或者"全球书籍史"这样的标题，是一种借代比喻手法，用一个例子代表许多。然而，因为书籍史必然涉及远不止书籍的历史，"书籍"作为一个类别或抽象概念，包含了从碑文到激光打印纸页的所有内容，这个说法的含义在英语中并不像在法语（Le Livre；histoire du livre）或德语（Buchwesen）中那样自然形成。当然，我们标题中使用的"书籍"一词并不意味着排除报纸、印刷品、乐谱、地图或手稿，而仅仅是暗示了一种强调程度。考虑到在欧洲的主要语言中，"书籍"（book）一词都可追溯至"树皮"（bark）一词，我们不妨认为"书籍"最初指的是任何能书写文本的表面，因此也是所有记录文本的恰当简称。

尽管如此，从多个方面来看，"书籍"这个标签即使被视为更大整体的一个典型部分，其实也并不恰当。西方的手抄本，更不用说印刷书籍，实际上并不能充分代表许多文本材料的表现形式——例如，墨迹拓片或死海古卷。更重要的是，"书籍史"（history of the book）和"书籍历史"（book history）这两个名词（定义）可能会让人误以为这一研究领域仅限于作为实物的文本，是分析文献学的领域。而事实上，正如本书各章所证明的那样，"书籍"这个概念涵盖的内容远远不止于此。

《全球书籍史》旨在基于目前我们掌握的知识，提供一个准确、平衡、全面和权威的视角，以反映一个仍在不断发展的广阔主题。本书所有文章都附有参考书目；这些书目旨在引导读者找到在进一步研究方面最相关、有用的资源。在大多数情况下，这些参考书目也代表了作者们的主要参考资料。对于从《牛津图书指南》修订并增加的部分，本书提供了三篇新文章来覆盖以下主题：审查制度、知识产权与版权，以及加勒比和百慕大地区的书籍历史。关于电子书的文章已进行了大幅修订，以反映这一快速发展的领域的变化。此外还添加了一些新的插图。许多修订后的文章包含了细微的变化和更正，包括对参考书目的增补。但大多数文章仍然反映了《牛津图书指南》出版时有关主题的基本知识状况。

我们通常不会翻译主要欧洲语言（除英语外）作品的标题，但在相关的情况下为那些可能给多数读者带来显著困难的语言提供了译文。在这本书中，书名遵循它们所在语言的大小写规则。对其他文章的引用采用章序号表示，例如"见第 17 章、第 42章"。我们也附上了 URLs（统一资源定位符，或网页地址），特别重要和可靠的资源都可以在网上找到。随着时间的推移，其中一些网址肯定会迁移或失效，但我们仍然认为如果能正确地使用网络资源，对于研究和教学来说还是非常有价值的，不能仅仅因为少数网站将来可能会出现问题就予以忽视，这些问题中的许多是可以解决的。

尽管我们尽了最大的努力，这本书肯定还有遗漏。有些是因为我们在某个主题没有找到堪称严谨的学术文章，有些则是因为编辑和制作本书的时间和页数的限制，还有一些是因为我们本身的局限，我们根本不知道缺了什么。无论《全球书籍史》有什么优点，一切都要归功于来自 15 个不同国家的 58 位撰稿人的专业知识和慷慨相助。书籍史逐渐成为一项全球性的事业。我们出版这些文章，希望它们能让全球各地的读者更好地理解书籍，了解其迷人的历史。

S. J. 迈克尔·F. 苏亚雷斯
H. R. 沃德海森
于夏洛茨维尔和牛津
2013 年 3 月 11 日

本书主编和文章作者

主编

S. J. 迈克尔·F. 苏亚雷斯
（Michael F. Suarez, S. J.）

　　弗吉尼亚大学教授兼珍本学院主任。他是《剑桥英国书籍史，第五卷，1695—1830》（*The Cambridge History of the Book in Britain, Volume V, 1695–1830*，2009）和《杰拉德·曼利·霍普金斯文集》（8卷）（*The Collected Works of Gerard Manley Hopkins*，8 vols，2006—）的联合主编，并担任"牛津学术出版在线"（oxfordscholarlyeditions.com）的主编。

H. R. 沃德海森
（H. R. Woudhuysen）

　　牛津大学林肯学院院长，英国社会科学院研究员。他与大卫·诺布鲁克（David Norbrook）合编了《企鹅文艺复兴诗集》（*Penguin Book of Renaissance Verse*，1992）；为阿登版莎士比亚（Arden Shakespeare）第三系列编辑《爱的徒劳》（*Love's Labour's Lost*，1998），并与凯瑟琳·邓肯–琼斯（Katherine Duncan-Jones）共同编辑《莎士比亚诗集》（*Shakespeare's Poems*，2007）。他的《菲利普·锡德尼爵士与手稿的流通，1558—1640》（*Sir Philip Sidney and the Circulation of Manuscripts, 1558–1640*）于1996年出版。

文章作者

夏洛特·阿佩尔
（Charlotte Appel）

　　丹麦罗斯基勒大学早期现代史助理教授，主要研究领域是书籍史、阅读史、教育史以及教会史。

斯科特·E. 卡斯珀
（Scott E. Casper）

　　内华达大学里诺分校历史学教授，主要研究和教授19世纪美国历史。他是《莎拉·约翰逊的弗农山庄：被遗忘的美国圣地历史》（*Sarah Johnson's Mount Vernon: The Forgotten History of an American Shrine*，2008）一书的作者，也是《美国书籍史第三卷：工业之书，1840—1880》（*A History of the Book in America, Volume 3, The Industrial Book, 1840–1880*，2007）的联合编辑。

达文·克里斯托弗·张伯伦
（Daven Christopher Chamberlain）

　　在巴斯大学和曼彻斯特大学分别获得了化学和纸张物理学学位，并在阿尔诺维根斯研发中心（Arjowiggins Research and Development）工作了17年，最初是一名研究科学家，后来担任测试和印刷主管。目前，他是英国造纸史学家协会期刊《季刊》（*The Quarterly*）和造纸工业技术协会期刊《造纸技术》（*Paper Technology*）的编辑。

布莱恩·卡明斯
（**Brian Cummings**）

约克大学英语系周年教授（Anniversary Professor），著有《宗教改革时期的文学文化：语法与优雅》（*Literary Culture of the Reformation: Grammar and Grace*，2002）和《凡人思想：莎士比亚和早期现代文化中的宗教、世俗性和身份》（*Mortal Thoughts: Religion, Secularity, and Identity in Shakespeare and Early Modern Culture*，2013），也是《公共祈祷书：1549、1559和1662年的文本》（*The Book of Common Prayer: The Texts of 1549, 1559, and 1662*，2011）的编辑。

克里斯托弗·德·哈默尔
（**Christopher de Hamel**）

剑桥大学基督圣体学院唐纳利图书馆管理员。多年来，他一直负责苏富比（Sotheby's）的插图手抄本销售。他发表了大量关于中世纪手稿和书籍收藏家的文章。

杰里米·B.迪贝尔
（**Jeremy B. Dibbell**）

网站 LibraryThing 的稀有图书和社交媒体图书管理员，也是早期美国图书馆项目（Libraries of Early America Project）的负责人。他还在写一本关于百慕大地区书籍历史的书。

克里斯蒂娜·丹第
（**Cristina Dondi**）

欧洲研究图书馆联盟（Consortium of European Research Libraries，CERL）秘书，牛津大学历史和现代语言学院成员，牛津大学博德利图书馆古籍目录编辑之一。她的研究重点是15世纪意大利印刷史和礼拜文本，包括手稿和印刷文本。

艾思仁
（**J. S. Edgren**）

中国善本书目整理计划的编辑主任，该项目是由普林斯顿大学主持制作的一个在线联合书录。

卢卡斯·厄恩
（**Lukas Erne**）

日内瓦大学英语系教授，著有《莎士比亚和书籍贸易》（*Shakespeare and the Book Trade*，2013）《莎士比亚的现代合作者》（*Shakespeare's Modern Collaborators*，2008）、《文学剧作家莎士比亚》（*Shakespeare as Literary Dramatist*，2003）、《超越西班牙悲剧：托马斯·基德作品研究》（*Beyond 'The Spanish Tragedy': A Study of the Works of Thomes Kyd*，2001），另外还是《罗密欧与朱丽叶的第一部四开本》（*The First Quarto of Romeo and Juliet*，2007）和《文本表现：莎士比亚戏剧的现代再现》（*Textual Performances: The Modern Reproduction of Shakespeare's Drama*，2004）的编辑。

帕特里夏·洛克哈特·弗莱明
（**Patricia Lockhart Fleming**）

多伦多大学信息学院名誉教授，她是书籍史研究生合作项目的创始主任，也是《加拿大书籍史》（*History of the Book in Canada, Historire du livre et de l'imprimé au Canada*）第一卷和第二卷的联合总编和联合编辑（第三卷，2004—2007）。

约翰·L.弗拉德
（**John L. Flood**）

伦敦大学德语名誉教授，目录学协会前任主席，专门研究德国书籍史。他的著作包括《德国书籍，1450—1750》（*The German Book, 1450-1750*，1995）和《神圣罗马帝国桂冠诗人》（*Poets Laureate of the Holy Roman Empire*，2006）。

艾琳·加德纳

（**Eileen Gardiner**）

美国学术团体协会（American Council of Learned Societies，ACLS）人文学科电子书部门的联合主任，Italica 出版社总裁和联合创始人。她拥有英国文学博士学位，专攻中世纪比较文学，同时也是网站 Hell-on-Line.org 的编辑。

文森特·吉鲁

（**Vincent Giroud**）

弗朗什–孔泰大学教授。他曾在索邦大学、约翰霍普金斯大学、瓦萨学院、巴德学院和耶鲁大学任教，他还在贝内克图书馆（Beinecke Library）担任现代书籍和手稿馆馆长。

保罗·戈德曼

（**Paul Goldman**）

英国卡迪夫大学英语、传播和哲学学院名誉教授，也是 19 世纪英国艺术和插图作品的作者。所创作的作品包括《超越装饰：约翰·埃弗雷特·米莱斯插图》（*Beyond Decoration: The Illustrations of John Everett Millais*，2005），《看版画、素描和水彩画：技术术语指南（第二版）》（*Looking at Prints, Drawings and Watercolours: A Guide to Technical Terms*，2e，2006），《近距离版画大师》（*Master Prints Close Up*，2012）以及与西蒙·库克合编的《读懂维多利亚时期的插画，1855—1875：杂物间的战利品》（*Reading Victorian Illustration, 1855–1875: Spoils of the Lumber Room*，2012）。

阿比吉特·古普塔

（**Abhijit Gupta**）

加尔各答贾达普大学英语副教授，贾达普大学出版社主任。他是《印度书籍历史》（*Book History in India*）的联合编辑。

布里吉特·古兹纳

（**Bridget Guzner**）

大英图书馆匈牙利和罗马尼亚藏书馆馆长，负责挑选及获取当前和古典材料，并负责探索和描述其收藏。她的研究兴趣领域包括匈牙利和罗马尼亚印刷和出版的各个方面，以及大英图书馆藏书的历史和发展。

迈克尔·哈里斯

（**Michael Harris**）

在伦敦大学伯贝克学院工作。他的主要研究领域是印刷史，特别是报纸史。他创立了一个关于书籍贸易历史的大型会议，该会议仍在伦敦举行，还参与了许多论文（30 篇）的年度出版和投稿。他现在正在做 1700 年在伦敦出版的印刷连载的完整研究。

尼尔·哈里斯

（**Neil Harris**）

在乌迪内大学教授文献学。他目前专门研究意大利文艺复兴时期的出版史和早期图书编目领域。

保罗·霍夫蒂泽

（**Paul Hoftijzer**）

在莱顿大学教授书籍历史。他就近代早期荷兰书籍的历史发表过一些文章。

莱斯利·豪萨姆

（**Leslie Howsam**）

加拿大温莎大学教授。著有《廉价圣经》（*Cheap Bibles*，1991）和《旧书与新史》（*Old Books & New Histories*，2006）。她在 2006 年的莱尔讲座中发表了关于历史学家和出版商通信的研究。

克莱尔·赫顿

（**Clare Hutton**）

拉夫堡大学英语讲师，是《牛津大学爱

尔兰书籍史》（*The Oxford History of the Irish Book*，2011）第五卷的主编。

贾娜·伊格玛
（Jana Igunma）

大英图书馆泰国、老挝和柬埔寨藏书馆馆长。1996 年毕业于柏林洪堡大学东南亚史专业，2003 年毕业于图书馆和信息科学专业，曾在柏林国家图书馆担任泰国、老挝、柬埔寨和缅甸藏书馆馆长助理。

安德烈亚·伊梅尔
（Andrea Immel）

普林斯顿大学科森儿童图书馆馆长。她参与编辑《剑桥儿童文学指南》（*Cambridge Companion to Children's Literature*，2009）和《欧洲现代早期儿童与儿童读物，1550—1800》（*Childhood and Children's Books in Early Modern Europe, 1550–1800*，2005），并编写《剑桥英国书籍史》（*Cambridge History of the Book in Britain*）第五卷和第六卷部分章节。

克雷格·卡伦多夫
（Craig Kallendorf）

得克萨斯农工大学古典文学和英语教授。他是《另一个维吉尔》（*The Other Virgil*，2007）和《维吉尔的传统：近代早期欧洲的书籍史和阅读史》（*The Virgilian Tradition: Book History and the History of Reading in Early Modern Europe*，2007）的作者，并著有几篇维吉尔的长篇文献，也是《威尼斯书籍》（*Il libro venezianoziano*，2009）的联合编辑。

彼得·科尔尼基
（Peter Kornicki）

剑桥大学东亚研究教授。他著有《日本书籍史》（*The Book in Japan*，1998），在欧洲图书馆出版了早期日语图书目录，并正在研究日

语、韩语和越南语的中文文本。

伊丽莎白·拉德森
（Elisabeth Ladenson）

在哥伦比亚大学教授法语和比较文学。她是《以艺术之名的肮脏》（*Dirt for Art's Sake*，2007）和《普鲁斯特的女同性恋》（*Proust's Lesbianism*，1999）的作者。

玛丽亚·路易萨·洛佩斯-维德里罗
（María Luisa López-Vidriero）

马德里皇家图书馆主管，以及书籍与阅读历史研究所（Instituto de Historia del Libro y de la Lectura）副主任。

哈罗德·洛夫
（Harold Love, 1937—2007）

澳大利亚文学家、历史学家、评论家和编辑。他出版过包括《17 世纪英格兰的抄写出版物》（*Scribal Publication in Seventeenth-Century England*，1993）、《英语的秘密讽刺，1660—1702》（*English Clandestine Satire, 1660–1720*，2004）、《裁定作者》（*Attributing Authorship*，2002）等著作。他还和 R. J. 乔丹合作出版了托马斯·萨瑟恩（Thomas Southerne）的多个版本作品（两卷，1988），以及罗切斯特伯爵约翰·威尔莫特（John Wilmot, earl of Rochester）的作品（1999），并与 R. D. 休谟合作出版白金汉公爵二世乔治·维利尔斯（George Villiers, 2nd duke of Buckingham）的作品（两卷，2007）。

贝丝·麦基洛普
（Beth McKillop）

自 2004 年以来一直担任维多利亚和阿尔伯特博物馆的亚洲文物管理员。她曾在大英图书馆担任馆长，研究韩国的手抄本和书籍史。她的著作包括《韩国艺术与设计》（*Korean Art and Design*，1992）。

亚当·D. 摩尔

（Adam D. Moore）

华盛顿大学哲学系和信息学院副教授，主要研究与知识产权、隐私和信息控制有关的伦理和法律问题。他著有两本书，30 多篇文章，并编辑了两本选集。

伊恩·莫里森

（Ian Morrison）

任职于塔斯马尼亚档案与遗产办公室，曾任墨尔本大学特别馆藏策展人及《澳大利亚与新西兰公报》[*Bibliographical Society of Australia & New Zealand Bulletin*，现该报更名为《文字与印刷》（*Script & Print*）] 书目学会编辑，并发表了大量有关澳大利亚图书和图书馆历史方面的文章。

詹姆斯·莫斯利

（James Mosley）

雷丁大学印刷与平面传播系客座教授。从 1958 年到 2000 年担任伦敦圣布莱德图书馆馆长。他写过很多关于印刷字体和信件格式的文章，也做过很多演讲。

安德鲁·墨菲

（Andrew Murphy）

圣安德鲁斯大学的英语教授。他最近出版了《为人民的莎士比亚：工人阶级读者，1800—1900》（*Shakespeare for the People: Working-class Readers, 1800–1900*，2008）和《出版中的莎士比亚：莎士比亚作品出版的历史和年表》（*Shakespeare in Print: A History and Chronology of Shakespeare Publishing*，2003）。

罗纳德·G. 穆斯托

（Ronald G. Musto）

美国学术团体协会人文学科电子书联合主管，Italica 出版社联合出版商。拥有历史学博士学位，专门研究 14 世纪的意大利。

尼尔·奥·乔桑

（Niall Ó Ciosáin）

任教于戈尔韦爱尔兰国立大学历史系。他目前的研究集中在 18、19 世纪的凯尔特语地区的读写能力、印刷和语言变迁之间的关系。

卡尔·奥尔森

（Carl Olson）

阿勒格尼学院宗教研究教授。除了在期刊、书籍和百科全书上发表的大量文章外，他的最新著作包括：《佛教的不同路径：历史叙述导论》（*The Different Paths of Buddhism: A Narraive-Historical Introduction*，2005）、《佛教原始资源：读者》（*Original Buddhist Sources: A Reader*，2005）、《印度教的多面：主题历史导论》（*Hindu Primary Sources: A Sectarian Reader*，2007）、《独身主义和宗教传统》（*Celibacy and Religious Traditions*，2007）、《颓废思想的诱惑：宗教研究与后现代主义的挑战》（*The Allure of Decadent Thinking: Religious Studies and the Challenge of Postmodernism*，2013）。

德瓦娜·帕弗里克

（Devana Pavlik）

图书管理员，从 1983 年到 2003 年担任大英图书馆捷克、斯洛伐克和卢萨泰藏书馆馆长。退休后，她继续研究捷克语和斯洛伐克语的出版。

大卫·皮尔森

（David Pearson）

伦敦金融城文化、遗产和图书馆主管，他在书籍的后期制作历史方面做过大量工作，并出版过大量著作，特别是关于书籍装订和书籍所有权的著作。

阿莱克希斯·珀利提斯
（Alexis Politis）

克里特岛大学现代希腊文学教授，主要研究方向为希腊现代文学史（特别是 19 世纪）、思想史、民歌史、希腊印刷出版史。

安德鲁·罗宾逊
（Andrew Robinson）

著有约 25 本艺术和科学书籍，包括《书写的故事：字母表、象形文字和图画文字》（*The Story of Writing: Alphabets, Hieroglyphs and Pictograms*，1995）、《解码线形文字 B 的人：迈克尔·文特里斯的故事》（*The Man Who Deciphered Linear B: The Story of Michael Ventris*，2002）、《失落的语言：世界未解之谜》（*Lost Languages: The Enigma of the World's Undeciphered Script*，2009）、《书写与文稿简介》（*Writing and Script: A Very Short Introduction*，2009）、《破解埃及密码：让 – 弗朗索瓦·商博良的革命生活》（*Cracking the Egyptian Code: The Revolutionary Life of Jean-François Champollion*，2012）。

叶卡捷琳娜·罗加切夫斯卡娅
（Ekaterina Rogatchevskaia）

大英图书馆东欧研究首席策展人。她发表了大量有关俄罗斯早期文学、俄罗斯流亡者文学和英国图书馆俄罗斯藏书史的文章。

谢夫·罗杰斯
（Shef Rogers）

新西兰达尼丁奥塔哥大学英语高级讲师，现编写 1700—1800 年英国旅游文学的参考文献，并与 4 位奥塔哥的同事一起编写一本关于新西兰单卷书历史作品。

尤金妮娅·罗尔丹·薇拉
（Eugenia Roldán Vera）

墨西哥高级研究中心教育部门教授研究员。她的研究领域是教育史和 19 世纪、20 世纪拉丁美洲的书史。著有《英国图书贸易与西班牙裔美国人的独立》（*The British Book Trade and Spanish American Independence*，2003）。

杰弗里·罗珀
（Geoffrey Roper）

书目顾问。1982—2003 年，担任剑桥大学图书馆伊斯兰书目单位负责人，并担任《伊斯兰索引》（*Index Islamicus*）和《伊斯兰手稿世界调查》（*World Survey of Islamic Manuscripts*）的编辑。

琼·雪莱·鲁宾
（Joan Shelley Rubin）

罗切斯特大学的历史学教授，研究自 1865 年以来的美国文化。

埃米尔·G. L. 施里弗
（Emile G. L. Schrijver）

阿姆斯特丹大学图书馆罗森塔利亚纳分馆馆长，罗森塔利亚纳图书馆总编辑。他出版了大量关于犹太人的书籍，特别是中世纪后时期希伯来语手稿，并为许多展览和拍卖目录做出了贡献。

凯伦·斯科夫加德 – 彼得森
（Karen Skovgaard-Petersen）

哥本哈根皇家图书馆手稿和珍本部的高级研究员和珍本馆长。她的研究领域是早期现代史学、早期现代图书史和图书馆史。

克莱尔·斯奎尔斯

（**Claire Squires**）

斯特灵大学出版研究教授，斯特灵国际出版与传播中心主任。

克里斯汀·托马斯

（**Christine Thomas**）

曾是大英图书馆斯拉夫和东欧馆藏的负责人。发表过关于俄罗斯印刷史、大英博物馆图书馆俄罗斯藏书的形成以及斯拉夫早期印刷书籍的文章。她也是《俄罗斯和东欧文献、图书馆和出版研究国际期刊》（*International Journal for Russian and East European Bibliographic, Library, and Publishing Studies*）的编辑。

S. J. M. 安东尼·J. 乌瑟勒

（**M. Antoni J. Üçerler, S. J.**）

旧金山环太平洋大学研究中心主任。他的主要研究领域是日本和中国的基督教历史以及亚洲和美洲的传教印刷历史。

安德鲁·范·德·弗里斯

（**Andrew van der Vlies**）

在伦敦大学玛丽女王学院英语和戏剧学院任教。他是《南非文本文化》（*South African Textual Cultures*，2007）的作者，《南非印刷、文本和书籍文化》（*Print, Text and Book Cultures in South African*，2012）的编辑。

亚历山德拉·B. 弗拉内什

（**Alwksandra B. Vraneš**）

贝尔格莱德大学语言学教授，塞尔维亚图书馆协会主席。她的兴趣领域包括图书馆学、目录学、科学伦理学和研究方法论。她的著作包括《塞尔维亚期刊书目：从初期到1941年》（*Serbian Bibliography in Periodicals: From Orphelin to 1941*，1996）、《基础参考文献》（*Basis of Bibliography*，2001）、《从手稿到图书馆：词典》（*From the Manuscript to the Library: Dictionary*，2006）。

马库斯·沃尔什

（**Marcus Walsh**）

利物浦大学英语文学教授。他写过有关斯威夫特、约翰逊和斯特恩以及《圣经》研究和编辑的历史和理论。

尤尔根·M. 瓦姆布伦

（**Jürgen M. Warmbrunn**）

博士，也是一位斯拉夫语言文化研究者、历史学家和学术图书管理员，对东欧和波罗的海图书馆历史和图书文化特别感兴趣。他是马尔堡赫德研究所（Herder-Institut，一个中东欧历史研究中心）的副主任，也是该研究所研究图书馆的主任。

亚历克西斯·威登

（**Alexis Weedon**）

联合国教科文组织（UNESCO）新媒体图书形式的主讲人，并担任贝德福德大学新闻与传播学系主任，专门研究出版经济学、量化和跨媒体生产，是《汇聚》（*Convergence*）的共同编辑和《维多利亚时代的出版》（*Victorian Publishing*，2003）的作者。

埃德温·保罗·维林加

（**Edwin Paul Wieringa**）

在莱顿大学接受了印度尼西亚语言和文学教育（1988年获得硕士学位，1994年获得博士学位）。自2004年，他在科隆大学担任印度尼西亚语言学和伊斯兰研究教授。著有两卷本的《莱顿大学图书馆马来人和米南加保人手稿目录》（*Catalogue of Malay and Minangkabau Manuscripts in the Library of Leiden Unicersity*，1998、2007）。

N. G. 威尔逊
（**N. G. Wilson**）

　　牛津大学林肯学院不列颠学会研究员和古典文学导师（荣誉），是希腊古文书学、文本传播和学术史方面的专家。

珍妮特·兹姆若切克
（**Janet Zmroczek**）

　　大英图书馆欧洲藏书馆的负责人。她的研究领域包括大英图书馆波兰和波罗的海书籍收藏历史，以及19世纪英国的波兰社区文化、社会和文学活动。她围绕这些主题已在英国、欧陆和美国的一系列学术期刊上发表了多篇文章。

专题研究

第 1 章
文字系统

安德鲁·罗宾逊

1 文字的诞生

没有文字，就没有记录，历史无从记载，书籍自然也不存在。文字的创造让统治者的政令能远播到其目力所及、口谕所传范围之外的地方，甚至在统治者死后依然存续。以罗塞塔石碑（Rosetta Stone）为例，古埃及国王"神显者"托勒密五世（Ptolemy V Epiphanes）的祭司们用古埃及象形文字、古埃及世俗体（demotic）①和希腊字母文字这三种文字在罗塞塔石碑上颁布了他的法令。正是有这块石碑，托勒密五世，这位在史书记载中语焉不详的古埃及国王才为世人所知晓。

文字是如何诞生的？ 18 世纪的启蒙运动之前，"神赐起源说"一直是人们最偏好的解释。现在大多数学者可能都认为最早的文字是从结绳计数发展而来的。不过，令人费解的是，在现存的古埃及、古印度、古中国和古中美洲的文字记录中很少发现有这样的记载（并不排除在这些早期文明中，人们可能是在竹子等易腐材料上记录商

---

① 古埃及世俗体，即由僧侣体（hieratic）演变而成的古埃及文字。——译注（本书脚注，如无特别说明，均为译注）

业交易）。换句话说，公元前 4 千纪后期，在"文明的摇篮"美索不达米亚的苏美尔文明诸城，贸易和行政管理的复杂程度达到了一定的水平，让统治阶层的精英们光靠记忆力无暇应对。于是，人们必须用一种无可争议的、能永久保存的形式来记录商业交易。

一些学者认为，约公元前 3300 年，在乌鲁克城［Uruk，《圣经·创世记》中的伊瑞克利（Erech）］，某个苏美尔人有意想解决记录形式的问题，于是文字自此产生。也有人认为，文字可能是某个群体（也许是聪明的行政官员和商人）共同努力的成果。还有一些人认为文字根本算不上发明，而是意外的发现。许多人认为它是长期发展的结果，而不是灵感偶得的产物。有一种广为流传的理论认为，文字由人们长期使用的"陶筹"计数系统发展而来。在许多中东考古遗址中都发现过这种"陶筹"，有的是简单朴素的圆盘，有的被雕刻成了更复杂的形状，确切用途已不可考。上述"陶筹"的制造年代跨度从公元前 8000 年一直到公元前 1500 年。根据这一理论，用陶土上的二维符号代替三维的"陶筹"是发展出文字的第一步。这个理论的一大问题是，在苏美尔楔形文字出现之后，"陶筹"仍然存续了很长时间。另一个问题是，相比三维的"陶筹"，陶土板上的二维符号可能是更落后而非更先进的概念。更有可能的似乎是"陶筹"随着文字诞生而出现，而不是"陶筹"演化出了文字。

除了"陶筹"之外，还有许多可以被归为"类文字"（Proto-Writing）的例子，比如在法国南部洞穴中发现的大冰期（Ice Age）的符号。这些符号的历史可能有 2 万年之久。在位于法国洛特省的佩克摩尔（Pech Merle）的一个山洞里，有一处在大冰期出现的生动岩画，从中可以看到一只手的印模和一幅由红点组成的图案。这可能只是想表达"我和我的动物们在这里待过"，或者有着更深层次的象征意义。其他的史前图案描绘了一些动物，比如马、鹿头和野牛，上面还重叠地画上了各种标记。其中发现的有缺口的骨头显然是作为月历的计时工具在使用。

"类文字"不是完全意义上的文字。研究文字的汉学家约翰·德范克（John DeFrancis）将"完全意义上"的文字定义为"可以用来表达任意想法和所有想法的图形符号系统"。这个简洁的定义影响力不小。根据该定义，除了大冰期的洞穴符号和中东的"陶筹"，"类文字"还包括皮克特人（Pictish）的符号石和各种计数符号，比如令人惊奇的古印加记事结"奇普"（quipu）。此外"类文字"也包括当代的符号系统，比如国际交通运输符号、高速公路代码标志、计算机图标，以及数学符号和音乐符号。这些古老的符号系统或现代的符号系统都不能表达"任意想法和所有想法"，但每一种系统都能很好地用于专业领域内的沟通（DeFrancis，1989，4）。

2 文字系统的发展与传播

有了与口头语言密切相关的文字系统，才能表达人类思想的全部内容。现代语言学的创始人费迪南·德·索绪尔（Ferdinand de Saussure）认为可以把语言比作一张纸，他写道："思想在纸的一面，声音在另一面。你不可能用剪刀剪开纸的一面，同时又不剪开另一面。在语言中，声音和思想也是密不可分的。"（Saussure，111）

一般来说，以一只罐子、一条鱼或一个张着嘴的头（表示"吃"的意思）等图案为代表的象形文字（pictogram）是第一种可以算作"完整意义上"代表文字系统的符号系统。在美索不达米亚和埃及发现的象形文字可以追溯到公元前4千纪中期，在印度河流域文明发现的象形文字可追溯到公元前3千纪，根据一些中国考古学家的说法，在中国发现的象形文字最早可追溯到公元前5千纪（有待进一步考证）。这些文明的象形符号往往很快就变得非常抽象，我们几乎没有觉察。图1展示了苏美尔象形文字

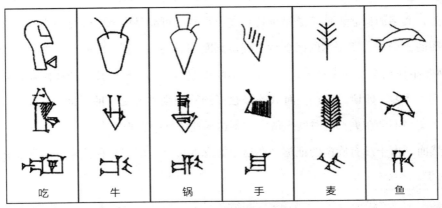

| 吃 | 牛 | 锅 | 手 | 麦 | 鱼 |

图1 图中展示了一些楔形文字符号的象形体（约公元前3000年）、早期楔形体（约公元前2400年）和亚述后期体（约公元前650年），现将其翻转90°，并标注了含义。

发展成楔形符号的过程,这种楔形符号在当时的中东文字中占据主流地位约有3000年。

然而,象形文字不足以表达那些无法描绘的文字及其构成部分。对于表意有限、纯粹基于象形符号的类文字,画谜原则(rebus principle)[①]对"完整意义上"文字的发展至关重要。这个大胆的想法(源自拉丁语"借助事物"一词)让人们可以用图像符号来表示音值(phonetic value)[②]。因此,在英语中,一只蜜蜂(bee)旁边一个数字4(four,如果有人这样想过)代表"之前"(bee-four:before),而蜜蜂(bee)与托盘(tray)的图案可以用来表示"背叛"(bee-tray:betray),蚂蚁(ant)挨着嗡嗡作响、装满蜂蜜(honey)的蜂巢的图案,可以(比较隐晦地)表示人名"安东尼"(ant-honey:Anthony)。"画谜"在古埃及象形文字中无处不在,例如"太阳"的符号◎,读作 R(a)或 R(e),是法老拉美西斯(Ramesses)在古埃及象形文字拼写中的第一个符号。在早期的苏美尔语碑文中,抽象单词"reimburse"(赔偿)用芦苇的图案表示,因为"reimburse"(赔偿)和"芦苇"在苏美尔语中都有相同的音值"gi"。

一旦这种"完整意义上"的文字能够表达完整的语言,以及思想被发明、偶然发现或者说演化,那它会从美索不达米亚扩散至全球吗?埃及最早的文字似乎出现在公元前3100年,印度河流域最早的文字(未被破译的石印)是在公元前2500年,克里特岛最早的文字(未被破译的线形文字 A)是在公元前1750年,中国最早的文字(甲骨文)是在公元前1200年,墨西哥最早的文字〔未被破译的奥尔梅克(Olmec)文字〕是在公元前900年,这些日期比较接近,有待新的考古发现。在此基础上,似乎有理由认为,文字的概念,而不是某种特定文字符号,可能是由一个文化向更远的文化逐渐传播的。毕竟,印刷术的概念从中国传到欧洲需要六七百年的时间(如果我们不考虑1908年在克里特岛发现的约公元前1700年的孤立而神秘的费斯托斯圆盘,它上面的文字似乎是"印刷"的),而纸的概念传到欧洲则需要更长的时间(见第10章):为什么文字不会在更长的时间内从美索不达米亚传到中国呢?

然而,由于没有确凿的证据证明这个概念的传播(即使是在美索不达米亚和埃及

[①] 也称为"字画谜原则"或"画谜法"。即用图画中谐音的方式表示抽象的意思,比如用蜜蜂(bee)和树叶(leaf)的组合图来表示英文 belief。

[②] 音值指音素的实际读音。在语音学中通常用国际音标表。

这些更近的文明中），大多数学者也更倾向于认为文字在古代世界的主要文明中是独立发展的。乐观主义者，或者说是反帝国主义者，会选择强调人类社会的智慧和创造力；悲观主义者，对历史的看法比较保守，会倾向于认为人类更愿意尽可能忠实地复制已有的东西，将他们的创新限制在绝对必要的情况下。后者是对希腊人（公元前1000年初）如何从腓尼基人那里借来字母表，并在此过程中添加了腓尼基文字中没有的元音符号的有利解释（见第3章）。还有很多其他的文字借用的例子，比如日本人在公元1千纪中就把汉字吸收过来，并把它们纳入一个非常复杂的文字系统，把几千个汉字和不到100个简单得多的日本音节符号混合在一起。如果复活节岛（Easter Island，地球上最偏僻的人类聚居地）的朗格朗格（Rongorongo）文字被破译，它可能会揭示一个有趣的问题，即复活节岛人是在没有外人帮助的情况下发明了朗格朗格文字，那是用独木舟从波利尼西亚带来了文字的概念，还是从18世纪首次访问复活节岛的欧洲人那里借来的？如果能证明朗格朗格是在复活节岛发明的，那么这将最终证明文字一定有多个而不是单一的来源。

3 破　译

在日常对话中，"破译"某人的"难以辨认"的手写体意味着理解其意思，这并不意味着一个人可以读懂每一个字。从更专业的角度来说，对于古代文字，"破译"对不同的学者有不同的含义。极端地说，人人都认同埃及象形文字已经被破译，因为每一个训练有素的埃及学者都会对任何象形文字铭文中几乎每一个词都有同样的理解（但他们的个别译文仍然会有不同，就像所有同一作品从一种语言翻译成另一种语言的独立译文会不同一样）。但从另一个极端的角度来看，（几乎）每一个学者都同意印度河流域文明的文字是未被破译的。因为没有人能够对其印章和其他铭文作出令其他人满意的解读。在这些极端之间存在着广泛的意见分歧。以中美洲的玛雅象形文字为例，大多数学者都认为在很大比例上，有多达85%的铭文的意义可以被解读，然而仍有大量的单个玛雅象形文字存在争议或意思模糊不清。判断一种文字是否被破译，不存在绝对的区别，我们应该讲的是破译的程度。最有用的标准是，提出的破译可以从新的文字样本中产生一致的解读，最好是由原破译者以外的人得到这种一致的解读。

在这个意义上，埃及象形文字在 19 世纪 20 年代由让 - 弗朗索瓦·商博良（Jean-François Champollion）等人破译，巴比伦楔形文字在 19 世纪 50 年代由亨利·克雷斯维克·罗林生（Henry Creswicke Rawlinson）等人破译，1952—1953 年迈克尔·文特里斯（Michael Ventris）破译了迈锡尼线形文字 B，20 世纪 50 年代及之后，尤里·克诺罗索夫（Yuri Knorozov）等人破译了玛雅象形文字。这只是成功破译中一些最重要的例子，还有一些重要的未破译文字，如意大利的伊特鲁里亚（Etruscan）文字，巴基斯坦、印度的印度河流域文字，克里特岛的线形文字 A，苏丹的麦罗埃（Meroitic）文字，伊朗、伊拉克的原始埃兰（Proto-Elamite）文字，复活节岛的朗格朗格文字，以及墨西哥的奥尔梅克文字、萨波特克（Zapotec）文字和伊斯特米亚（Isthmian）文字。它们可以分为三种基本类型：未知文字书写已知语言、已知文字书写未知语言、未知文字书写未知语言。玛雅人的象形文字在被破译之前一直属于第一类象形文字，因为玛雅人的语言仍然在使用；萨波特克文字也可能是第一类象形文字，如果当时书写的萨波特克语与现代萨波特克语言有关的话；伊特鲁里亚文字属于第二类文字，因为伊特鲁里亚文字与希腊字母基本相同，但伊特鲁里亚语言与印欧语系或其他语言没有关系；而印度河流域的文字则是最后一类，因为这些文字与任何其他文字都没有相似之处，而且该文明的语言似乎也没有保存下来，除非如一些学者所猜测的那样，它与南印度的德拉威语（Dravidian，亦称达罗毗荼语）有关。

在每一个未破译的案例中，成功破译的技术都得到了应用，结果各不相同。文特里斯也许是所有解译者中最聪明的一个，因为只有他没有借助罗塞塔石碑那样的双语辅助工具。他对破译的科学和艺术做了精辟的总结：

> 每项操作需要分三个阶段进行规划：对所有现有碑文中的符号、单词和语境进行详尽的分析，旨在提取有关拼写系统、意义和语言结构的每一个可能的线索；对音值进行实验性替换，以给出可能的已知或假定语言中的单词和语汇；进行决定性的检查，最好是借助于原始材料，以确保明显的结果不是由于幻想、巧合或循环推理而得出的（Ventris，200）。

4 文字系统分类

具有普通识字能力的欧洲人和美国人必须认识和书写 52 个字母符号（26 个大写字母和它们的小写字母），以及其他各种符号。这些符号包括数字、标点符号和"全词"语义符号，例如 +、=、&、%、£、$，它们通常被称为语素文字（logograms）或类字母（analphabetics）。相比之下，日本读者应该认识并能写出 2000 个左右的符号，如果受教育程度高，肯定能认识 5000 个以上的符号。欧美和日本这两种情况，看起来是两极分化。然而，事实上，不同的文字系统比最初看起来更相似。

与许多人的想法相反，所有书写用的字都属于"完整"的文字（按德范克之前的定义），都基于一个基本的原则。无论是字母，还是中国和日本的文字，都使用符号来表示声音（即音标）；而所有的文字系统都将这种音标与语素文字符号（即语义符号）混合在一起。文字系统之间的不同之处（当然，除了符号的形式之外）是语音符号与语义符号的比例。文字中语音表示的比例越高，就越容易猜出一个词的发音。在英语中，这个比例很高；在汉语中，这个比例很低。因此，英语拼写比汉语普通话能更准确地逐音表示词语发音；但芬兰语拼写比英语拼写更好地表示芬兰语，芬兰文字在语音表现上是非常有效的，而中国（和日本）的文字在语音上就有一些缺陷，如图 2 所示。

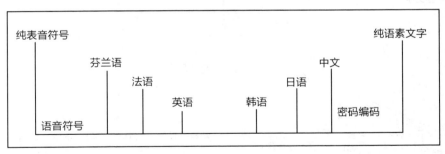

图 2 文字系统中的表音符号和语素文字示意图，改编自约翰·德范克和 J. 马歇尔·昂格尔（J. Marshall Unger）出版的资料。

所以，并不存在"纯粹"的文字系统，也不存在能够完全通过字母、音节符号或语素文字来表达意义的"完整"的文字系统——因为所有"完整"的文字系统都是语音和语义符号的混合物。因此，如何最好地对文字系统进行分类是一个有争议的问题。例如，有些学者否认在希腊字母表之前存在字母表，理由是腓尼基文字只标示辅音，没有元音（像早期的阿拉伯文字）。

然而，分类标签有助于提醒我们不同系统的主要特性。图 3 所示的树状图是根据这一标准来划分文字系统的，而不是根据它们的年代来划分的；树状图没有说明一种文字系统在历史上是如何产生另一种文字系统的。（虚线表示一种系统对另一种系统的可能影响，例如汉字对日语音节"假名"的影响。）因此，腓尼基文字被标记为"辅音字母"，强调辅音，但没有明显的语素文字，这与埃及象形文字的"语素－辅音"系统形成对比，在埃及象形文字中，语素文字占主导地位，但也有基于辅音的语音元素：24 个音符，每个符号代表一个辅音。音素是语言的语音系统中最小的对比单位，例如 set 和 sat 中的英语元音音素 /e/ 和 /a/，bat 和 pat 中的辅音音素 /b/ 和 /p/。

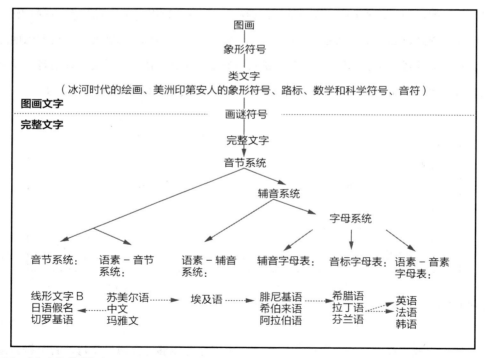

图 3 《文字的故事》（*The Story of Writing*, Thames and Hudson：1995）中文字系统的分类。© 安德鲁·罗宾逊（Andrew Robinson）

5 字母起源

如果说文字的出现充满了谜团，那么第一个字母表的谜团就更加令人费解。众所周知，字母表是通过古希腊人传到现代世界的——"字母表"（alphabet）这个词来自于希腊字母中的前两个字母 α（alpha）和 β（beta），但我们并不清楚字母表是如何以及何时出现在希腊的；希腊人是如何想到增加元音和辅音字母的；以及更重要的是，在公元前 2000 年，在地中海东端的前希腊社会创建字母表的想法是如何产生的。最早得到充分证实的字母来自古代乌加里特（Ugarit），也就是今天叙利亚海岸的拉斯·沙姆拉（Ras Shamra），公元前 14 世纪，那里的人们使用包含 30 个符号的楔形文字字母表，公元前 2000 年后期，迦南的腓尼基人使用了 22 个楔形字母。

学者们花了毕生精力研究这些问题，但因证据太少，无法得出明确的结论。目前还不清楚字母表是否是从美索不达米亚（楔形文字）、埃及（象形文字）和克里特岛（线形文字 A 和 B）的文字演变而来，或者是否是某个人在"一瞬间"突然想出来的，也不知道为什么人们认为必须使用字母表。似乎最有可能的答案是，这是商业需要的结果。换句话说，商业需要一种比巴比伦楔形文字或埃及象形文字更简单快捷的交易记录方式，同时也需要一种便利的方式来记录地中海周边各个帝国和团体之间的语言。如果是这样，那么在希腊早期的字母铭文中没有贸易和商业的证据就令人惊讶了。这一点，以及其他一些考虑，使得一些学者提出了一个颇具争议的推测：希腊字母表是在公元前 8 世纪为了记录荷马的口头史诗而发明的。

在缺乏证据的情况下，轶事和神话填补了这个空白。孩子们经常被描述成字母表的发明者，因为他们没有成人书写者先入为主的观念，也没有老一辈对现有文字的投入。有一种可能性是，叙利亚北部一个聪明的孩子，厌倦了学习楔形文字和象形文字，从象形文字中借用了熟悉的少量符号代表单个辅音的概念，然后发明了一些新的符号来代表他自己闪族语言中的基本辅音。也许孩子最初是在某个古老街道的灰尘中涂鸦出这些符号，如一个简单的房屋轮廓，闪米特语的"beth"（字母表中的"bet"）变成了"b"的符号。20 世纪，鲁德亚德·吉卜林（Rudyard Kipling）在《字母表是如何形成的》（*How the Alphabet Was Made*）中描写的儿童主角塔菲玛依（Taffimai）设计了她所谓的"噪音图画"（noise-pictures）。字母"A"是一幅画，画的是一条鲤鱼，它带触须的嘴巴张得大大的；塔菲玛依告诉她的父亲，这看起来就像他张开嘴发出"啊"（ah）的声音。字母"O"与鸡蛋或石头的形状相符，也像她父亲说"哦"（oh）时的嘴型。字母"S"代表一条蛇发出的嘶嘶声。以这种有点牵强的方式，塔菲玛依创造了一个完整的字母表。

引用一位早期诗人威廉·布莱克（William Blake）在其诗歌《耶路撒冷》（*Jerusalem*）中剖析美国的诗句：

> 上帝……在神秘的西奈山那可怕的洞穴里
> 给了人类奇妙的文字艺术

大英博物馆收藏的狮身人面像似乎证明布莱克的观点是正确的，至少在字母表的起源上是正确的。这尊狮身人面像是 1905 年由英国的埃及古物学家弗林德斯·皮特里（Flinders Petrie）在西奈半岛一个荒无人烟、远离文明的地方——塞拉比特·卡迪姆（Serabit el-Khadim）发现的。他当时正在挖掘一些古埃及时代活跃的古老绿松石矿。皮特里认为狮身人面像出现于古埃及第十八王朝中期；今天，人们认为它出现于约公元前 1500 年。在它的一边有一段奇怪的铭文；在另一边，两只爪子之间还有更多类似的铭文，外加一些埃及象形文字，上面写道："哈索尔（Hathor）的爱人，绿松石的女主人。"在这个偏远地区的岩石上也有类似的铭文。

皮特里猜测这些未知的文字可能是字母表，因为它包含了不到 30 个符号（而文字字符的数量要多得多）；他认为那里的语言很可能是闪族语，因为他知道来自迦南（现在的以色列和黎巴嫩）的闪族曾作为奴隶在这些矿场工作。10 年后，另一位杰出的埃及学学者艾伦·加德纳（Alan Gardiner）研究了"原始西奈"（proto-Sinaitic）符号，并注意到其中一些符号与某些埃及象形文字之间的相似之处。加德纳尝试用与该符号在埃及语中意思相当的闪米特语词来命名每个符号（闪米特语词是从《圣经》的学术研究中得知的，见图 4），这些闪米特人的名字与希伯来字母命名的名字是一样的，加德纳对此并不感到惊讶，因为他知道，希伯来人在公元前 2 千纪末期就已经住在迦南。

然而，尽管名字相同，希伯来字母的形状却不同于原始西奈符号，这表明它们之间的任何联系都不是直接的。

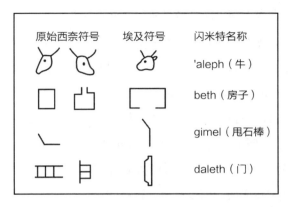

图 4 原始西奈的字母表起源理论

加德纳的假设使他能够将来自塞拉比特·卡迪姆的狮身人面像上的铭文之一翻译成"Baalat"——在英语中，元音字母被拼出来了。（希伯来语和其他闪族文字则没有直接显示元音；读者根据他们对这种语言的了解来猜测，如下面的"字母家族"中所解释的。）加德纳的解读是有道理的："Baalat"的意思是"女士"，是西奈地区公认的闪族女神哈索尔的名字。因此，狮身人面像上的铭文似乎是一种埃及语－闪米特语双语文字。遗憾的是，没有进一步的破译被证明是站得住脚的，这主要是因为缺乏材料，许多原始西奈符号没有象形文字的对应物。学者们想要从这些刻痕中找到"出埃及记"故事的希望破灭了。然而，可以想象，摩西曾用类似于原始西奈的文字在石板上书写"十诫"。

虽然加德纳 1916 年的猜测貌似有理，但目前还不清楚它是否正确。皮特里在西奈半岛完成一些考古发现之后的几十年里，这些铭文被认为是埃及象形文字、乌加里特楔形文字和腓尼基字母文字之间"缺失的一环"。但是，在偏僻的西奈半岛上，卑微的、可能是文盲的矿工创造了一种字母表，这似乎是不能令人信服的；从表面上看，他们似乎不太可能是发明者。随后在黎巴嫩和以色列的发现表明，西奈人的字母表理论是一种浪漫的虚构。这些文字可以追溯到公元前 17 世纪和前 16 世纪，比原始西奈文字要早一点，表明当时生活在迦南的人是字母表的发明者，这是有道理的。他们是在埃及帝国、赫梯帝国、巴比伦帝国和克里特帝国的交汇处做生意的世界性商人；他们没有拘泥于当时已有的文字系统，而是需要一种易于学习、快速书写和毫不含糊的文字。虽然未经证实，但（原始）迦南人很可能是最早使用字母表的人。

然而，到了20世纪90年代末，埃及本身出现了新发现，情况变得更加复杂；加德纳理论的修订版现在看来似乎是有道理的。1999年，两名美国的埃及古物学家——约翰·科尔曼·达内尔（John Coleman Darnell）和他的妻子黛博拉（Deborah Darnell）宣布，他们在埃及南部沙漠考察古代旅行路线时，在底比斯以西的恐怖峡谷（Wadi el-Hol）发现了一些似乎是字母文字的例子。这些文字可追溯至约公元前1900年至前1800年，比黎巴嫩和以色列的铭文要早得多，是已知的最早的字母文字。

这两篇简短的碑文是用闪族文字写成的，据专家说，这些字母很可能是以类似埃及文字的半草书形式发展而来的。其作者被认为是随同一群雇佣兵（有很多这样的雇佣兵为法老工作）旅行的一名抄写员。如果达内尔的理论被证明是正确的，那么字母的概念似乎是受埃及象形文字的启发，在埃及而不是在巴勒斯坦发明的。然而，这一最新的证据绝非定论，在埃及寻找更多字母铭文的工作仍在继续。

6 字母家族

在地中海东岸，字母文字的起源并不明确，它向西（通过希腊语）传播到罗马，然后延用至现代欧洲；向东［很有可能通过阿拉米语（Aramaic）］传播到印度，然后传播到东南亚。到了20世纪，由于殖民帝国的影响，除了中国人和日本人之外，世界上大多数人都在用字母文字，这些文字平均使用20到40个基本符号，最少的是巴布亚新几内亚使用的罗托卡特语（Rotokas），有12个字母，最多的是柬埔寨使用的高棉语（Khmer），有74个字母。

希腊人和罗马人之间的西方字母联系是伊特鲁里亚语，这一点从公元前7世纪刻在伊特鲁里亚器物上的早期希腊字母表上可以清楚地看出，这些字母表随后被借用到早期的拉丁语文字中。这种早期从希腊语吸收的信息解释了一些现代欧洲字母形式和现代希腊字母之间的差异。后来的希腊字母表，即爱奥尼亚（Ionian）字母在公元前403年至前402年之间在希腊成为一种标准，而现代希腊字母正是在此基础之上形成的。在公元前5世纪的美索不达米亚，许多楔形文字文件都用阿拉米语的22个字母标注，用毛笔涂在石板上。从亚历山大大帝开始，楔形文字逐渐被阿拉米语所取代；最终在基督教时代开始时，楔形文字被废弃，目前发现的最后一个楔形文字碑文可追溯至公元75年。在那之后不久的埃及，科普特（Coptic）字母[1]取代了埃及象形文字。目前发现的最后一个埃及象形文字碑文可追溯至公元394年。

阿拉米语字母是现代阿拉伯语的祖先，伊斯兰教的圣文字，也是现代以色列使用的（见第8章）希伯来方块字的祖先。这是第二种希伯来文字，被称为"古希伯来语"，由腓尼基文字演变而来，并随着公元前6世纪犹太人大流散而从世俗使用中消失。第一个独立的阿拉伯王国，即纳巴泰人王国，以现代约旦的佩特拉（Petra）为中心，口头使用阿拉伯语[2]，但文字书写使用阿拉米文字。在这些阿拉米语铭文中出现的某些特定的阿拉伯语形式和单词，最终被纳巴泰阿拉米文字中的阿拉伯语文字所取代。这是阿拉伯文字的前身，在公元一千纪上半叶出现，取代了阿拉米文字（见第40章）。

阿拉伯语和希伯来语都只写辅音，不写元音，在它们各自的闪族语言中，阿拉伯文字使用28个字母，希伯来文字使用22个字母。因此，在现代希伯来语中ktb或ktv可以有以下这些含义："katav"（我写了），"kotav"（我写或一个作家），"katoov"（成文的），"kitav"（字母或脚本），甚至"kitovet"（地址），"kitoobah"（结婚证书），或"katban"（抄写）。然而，实践中各种各样的附加符号已经开发出来，以帮助读者练习希伯来语的元音和阿拉伯语的元音。其中最常见的是在字母上方和下方加上圆点系统，被称为"元音点"或"阅读之母"（拉丁语写作 matres lectionis）。

图5中的时间图显示了现代字母文字从公元前2千纪的原始西奈文字或者迦南文字中演化的主要路线。它不包括印度文字和它们的东南亚派生文字，因为它们与阿拉米语的联系存疑，严格地说，它们之间的联系还没有得到证实。除去尚未破译的印

---

[1]　科普特字母由24个希腊字母加上6个从埃及世俗体文字借来的字母组成。

[2]　公元6世纪的古典阿拉伯语包括书面语及流通于中东、北非和非洲之角（即索马里半岛）的各种口语。

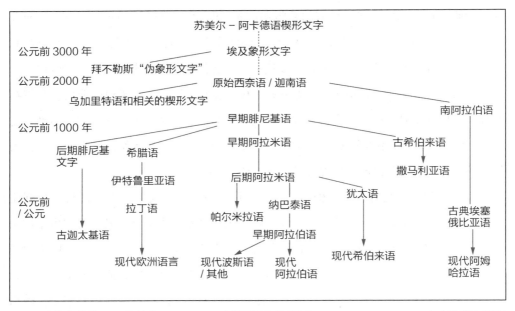

图5 的内容：

- 苏美尔－阿卡德语楔形文字
- 公元前3000年
- 埃及象形文字
- 拜不勒斯"伪象形文字"
- 公元前2000年
- 原始西奈语 / 迦南语
- 乌加里特语和相关的楔形文字
- 南阿拉伯语
- 早期腓尼基语
- 公元前1000年
- 后期腓尼基文字
- 希腊语
- 早期阿拉米语
- 古希伯来语
- 撒马利亚语
- 伊特鲁里亚语
- 后期阿拉米语
- 拉丁语
- 犹太语
- 纳巴泰语
- 公元前 / 公元
- 古迦太基语
- 帕尔米拉语
- 古典埃塞俄比亚语
- 早期阿拉伯语
- 现代欧洲语言
- 现代波斯语 / 其他
- 现代阿拉伯语
- 现代希伯来语
- 现代阿姆哈拉语

图 5 改编自约翰·F. 希利（John F. Healey）《早期字母表》（*The Early Alphabet*：1990）中欧洲主要字母演变的描述。© 安德鲁·罗宾逊

度河流域文字，其他最早的印度文字包括佉卢文（Kharosthi）和婆罗米文（Brahmi），在公元前 3 世纪的阿育王（Ashoka）石刻诏书中使用过这两种文字。该图也没有显示后来出现的字母，如公元 9 世纪从希腊字母表改编的俄罗斯西里尔字母表（见第 37 章），世宗王在 15 世纪发明的朝鲜语字母表（见第 43 章），或美洲土著人塞阔亚（Sequoyah）在 1821 年左右发明的切罗基（Cherokee）字母表（实际上是一种音节表）。此外，如尼文（runes）也被排除在外，因为公元 2 世纪或更早时出现的如尼文字母的起源不明（虽然明显受到罗马字母的影响，见第 28 章）。

7 中文和日文

如果人们对字母的力量赞不绝口，那对中国文字的评价就更应如此。中文明显的复杂性促使人们认为它与其他现代文字系统截然不同。中文的起源模糊不清（可能受到也可能没有受到来自美索不达米亚文字的外来刺激）加强了它显著的独特性。现代汉字拥有悠久的历史，许多汉字在公元前 1200 年的商代甲骨文铭文中可以清晰地辨认出来，这个事实支持了这一观点，中华民族对中文系统的悠久历史（中国文字的起源时间超过了楔形文字，与埃及象形文字相当）感到自豪，这也强化了中国文字的起源特殊地位。

最重要的论断是，汉字是"表意的"——学者们现在普遍避免使用这个词，而倾向于使用更具体的表达——"语素文字"。也就是说，汉字被认为能够不受语音或口语的影响而交流思想。因此，分别说普通话和广东话的中国人，如果不懂对方的"方言"，就不能互相交谈，但可以通过汉字进行书面交流。一些学者（包括中国人和西方人）甚至声称，同样的场景适用于说汉语、日语、韩语和越南语的人，他们的语言差异很大，但在他们的文字中都有汉字出现。而对于同样讲英语、法语、德语和意大利语的人来说，这是不可想象的，虽然他们也使用同一种字母（罗马字母）。这就意味着，中国文字系统的运作方式与有大量表音成分的文字系统完全不同，因此，文字系统有两种基本变体，一种是表意文字（如中文），另一种是表音文字（如字母系统）。

不过这些说法都是错误的。如前所述，没有"完整的"文字系统可以脱离口语的发音。中文的书面语是以普通话为基础的，而超过 70% 的中国人都使用普通话，因此就形成了汉字通用的情况。说广东话的人想要与说普通话的人进行书面交流，就必须学习普通话和汉字。汉字既有语音成分，也有语义成分，读者必须学会识别。前者为汉字的读音提供线索，后者为汉字的意义提供线索。一般来说，语音成分对发音的指导比语义成分对意义的指导更好，这与基于汉语表意概念的预测相反。

日语在语音、语法和句法上都与汉语有很大的不同。即便如此，如前所述，日本人的文字系统还是以汉字为基础的。在公元 1 千纪早期，日本人借用了数以千计的中文符号，以特定的方式改变了中文的原始发音，以适应日语的发音。［事实上，日语中的"汉字"（kanji）与中文普通话的"汉字"（hanzi）发音近似。］最后，他们发明了两套相对小的补充音标符号，即音节"假名"（46 个"平假名"和 46 个"片假名"）。它们的形式实际上是汉字的简化版本，目的是明确这些汉字在日语中的发音和如何转写原汉字。人们可能会理所当然地认为，如果日本人只使用这些发明的符号，而完全放弃汉字，那么就更简单了。但这将意味着抛弃具有巨大影响力且历史悠久的古代文字系统。正如欧洲教育界认为拉丁文知识应该成为教育课程的必要部分一样，日本教育界一直认为对中文的熟悉也是必不可少的。

8 电子文字

随着有记载的文明进入第六个千年，美索不达米亚再次成为历史事件的中心。在文字诞生之初，美索不达米亚曾经用苏美尔语、巴比伦语、亚述语和古波斯语楔形文字，在黏土和石头上记录了汉谟拉比（Hammurabi）和大流士（Darius）等威名赫赫的统治者的治国之道。而现在那场反对萨达姆·侯赛因（Saddam Hussein）的伊拉克战争，产生了数以百万计以字母为主的文字；这些文字被记录在了纸上，同时还用各种语言记录在万维网上。

然而，尽管今天的文字书写技术与公元前3千纪的书写技术有着不可估量的差异，但自苏美尔史诗《吉尔伽美什》（Gilgamesh）创作以来，它的语言规范并没有太大的变化（见第21章）。而电子文字和存档对信息传播和研究翻天覆地的影响已经使关于"文字"正确定义的争论两极分化。"完整"的文字一定要像本文所坚持的那样依赖口语吗？还是说，它能摆脱语音的束缚？

虽然有些人坚持认为20世纪90年代以来的数字革命对他们实际阅读、写作和思考几乎没有什么影响；但另一些人则坚持认为，文字的数字化正在从根本上改变我们对知识的吸收，并将最终迎来哲学家戈特弗里德·威廉·莱布尼茨（Gottfried Wilhelm Leibniz）在17世纪90年代所想象的意识形态乌托邦。"关于符号，我看到……显然，为了文学界的利益，尤其是学生的利益，有识之士应该在符号上达成一致。"（Mead and Modley，58）此外，这种对计算机日益智能化的信心——计算机里面无处不在的象形符号和语素符号——与许多学者对古代文字背后智慧的日益推崇相吻合。他们说，单一的"字母的胜利"逐渐式微，中国的汉字、埃及的象形文字和玛

图 6 发掘于伊拉克北部尼尼微（Nineveh）的楔形文字泥板，写于公元前 7 世纪，内容是《吉尔伽美什》的一部分。这些石碑与亚述国王亚述巴尼拔（Ashurbanipal）有关。1872 年，乔治·史密斯（George Smith）在大英博物馆的收藏品中破译了这块石碑的内容。© 大英博物馆，西亚文物馆（No. K 3375）

雅文字，以及它们由象形文字、语素文字和语音符号组合成的混合体正在崛起。这种信念反过来又鼓励了一种信念，即需要将每种文字系统视为整个文化的一部分，而不是把它简单地看作该文化语言的有效视觉表现问题的技术解决方案。尽管人们可能会或可能不会认同数字化的力量，也可能对语素文字的表现力持怀疑态度；但这种对文字系统的整体认识肯定是一种健康的发展，它重新揭示了文字与社会之间所有微妙和复杂的真实关系。

参考文献

[British Museum,] *Reading the Past* (1990)

M. Coe, *Breaking the Maya Code*, 2e (1999)

P. Daniels and W. Bright, eds., *The World's Writing Systems* (1996)

J. Darnell, ed., *Two Early Alphabetic Inscriptions from the Wadi El-Hol* (2006)

J. DeFrancis, *The Chinese Language* (1984)

—— *Visible Speech* (1989)

A. Gardiner, 'The Egyptian Origin of the Semitic Alphabet', *Journal of Egyptian Archaeology*, 3 (1916), 1–6

R. Harris, *The Origin of Writing* (1986)

S. Houston, ed., *The First Writing* (2004)

M. Mead and R. Modley, 'Communication Among All People, Everywhere', *Natural History,* 77.7 (1968), 56–63

M. Pope, *The Story of Decipherment*, 2e (1999)

A. Robinson, *The Story of Writing*, 2e (2007)

—— *Lost Languages,* 2e (2009)

—— *Writing and Script* (2009)

F. de Saussure, *Course in General Linguistics* (1983)

J. M. Unger, *Ideogram* (2004)

M. Ventris, 'A Note on Decipherment Methods', *Antiquity,* 27 (1953), 200–206

第 2 章
圣 书

卡尔·奥尔森

1 简　介

在编纂者和编辑把书籍的各个部分组合起来之后，信徒们才承认这本书是神圣的。当信徒承认书的来源（他们可能认为该书的源头是神或人）的权威性后，书就被人们认为是神圣的。当一本有关信息的集子被认为是神圣的时候，它就与其他类型的典籍区分开来了，而其他类型的典籍通常被当成异教或世俗的。圣书是完整的，不需要任何其他东西来补充，不过它可能会引入注释来解释它的内在含义。就其本质而言，圣书代表秩序、统一和完美。圣书也是有力量的，因为它可以震慑、征服或激励读者和听众。虽然这种力量充满矛盾，因为它既具有创造性，又具有破坏性，但它也具有影响事物或人的能力，迫使他们以某种方式行动，以表明这本书具有改变人和事件的动态力量。此外，圣书固有的力量包含着强制性的一面，因为它可以强制和禁止人的行为；简而言之，它对人及其行为进行控制。由于圣书以权威来源（无论是神还是人）为基础，因此读者或听众会被圣书的信息说服，被圣书的真实性说服，继而接受它并按照它的强制规定生活。

因为圣书假定了基本宗教思想，或者说圣书在没有论证的情况下提出主张，它其实成了一种述行行为（performative act），从使某事发生的意义上来说，可以以发现信仰、获得知识或获得救赎为理由。如果假定基本的宗教信息是采取一种基于社会背景的行动，那么它就涉及述行神圣话语。由于缺乏重要的材料（至少在某些层面上），圣书无法通过引用世界内的自然数据来伪造。圣书虽然不能通过经验的或逻辑的方法被证伪，但也不能在客观上或逻辑上被证实。与其把这本书看作神圣的东西，不如把注意力集中在其宗教论述的神圣性上。例如，神圣的不是耶稣或佛陀，相反，神圣的是那些宣称他们是神圣或开明的论述。这并不妨碍圣书作为神圣的对象而受到其信徒的尊重甚至敬畏，但这将圣书的概念重新聚焦到其话语上。虽然在许多宗教传统中都存在圣书，但出于经济方面的考虑，本文只着重研究一神教传统（犹太教、基督教和伊斯兰教）、印度教和佛教的形成时期。

由于世界各地的圣书数量众多，因此本章不可能涵盖所有有价值的圣书。本次调研不包括的圣书有：被后期圣徒教会（Latter-Day Saints）的约瑟夫·史密斯（Joseph Smith）所揭示的《摩门经》（*Book of Mormon*），它与摩门教徒的《圣经》地位相同；祆教（Zoroastrianism）的圣书《亚斯纳》（*Yasna*）、《亚什特》（*Yashts*）、《万迪达德》（*Venidad*）；儒家经典和圣人的著作，包括五部经典《易经》《诗经》《尚书》《礼记》《春秋》；《道藏》中所包含的道教圣书。《道藏》汇集大量道教经典及相关的大部头丛书，其中也包含相传是由老子所作的《道德经》以及以作者名字命名的《庄子》等道家经典。

2 犹太教传统的形成

古代犹太人的神圣著作通过口述的方式在几个世纪中代代相传，并不构成一部单一的圣书。他们的典籍涵盖了 24 本独立书籍的文集，后来称之为《圣经》（希腊语 biblia，意思是"书籍"）——而不是《旧约》，《旧约》是后来基督徒从定见和神学的立场出发而编纂的。古代犹太人的独立典籍代表了神与祂所拣选的子民互动的叙事。在这个戏剧性的叙事中，主要主题与以色列的信仰有关，其中记录了古代族长对神的忠诚，神将以色列人从埃及解救出来，以色列人在旷野流浪时获得神的指引，神在西奈将律法赐给先知摩西，以及应许之地的继承。这种叙述通常被压缩并被总结为"出埃及事件"，描述了神对祂的子民的救赎，而不仅仅是子民从奴役中获得政治解放。在"出埃及事件"中，上帝在历史上采取了行动，成为上帝的启示和存在的标志。神为了他所选择的人民的利益而进行干预，这意味着历史成为上帝的行为，因此是有意义的。关于上帝对历史的积极干预的叙述，使犹太族群了解到上帝已经做了什么（过去），上帝正在做什么（现在），以及上帝将要做什么（将来），这就把这三个时间统一成一个有意义的概念。

古代犹太人把他们的书称为《塔纳赫》（*Tanakh*，见第 8 章），这一术语来源于三个词的首字母：Torah（妥拉）、Nevi'im（先知书）和 Kituvim（圣徒传记）。最初、最重要、最有权威的一部是妥拉（意为"律法"，亦意为"指令""教导"），包括所谓的《摩西五经》：《创世记》《出埃及记》《利未记》《民数记》和《申命记》。学者们将《摩西五经》称为"六书"，这个说法来源于希腊语，意思是"五卷书"加上《约书亚记》。妥拉代表了上帝给以色列人的礼物。然而，这种恩赐的条件是人们接受神的诫命，并作为被拣选的子民服从这些诫命。

上帝是用一种神圣的语言希伯来语，把《圣经》礼物赐给他的选民的。然而，犹太人在《圣经》最后定稿之前就已经失去了这种语言，这在以阿拉米语写成的《但以理书》中显而易见。在后流放时期，阿拉米语已经成为翻译犹太《圣经》的首选语言，公元前 2 世纪，许多犹太人阅读希腊文译本或阿拉米语译本。在犹太《圣经》之前的口述传统以书卷的形式出现（《以赛亚书》34：4），或由纸莎草纸、皮革或羊皮纸制成的书卷（《耶利米书》36：14，《以西结书》2：9）呈现。希伯来人使用的迦南文字，最终被阿拉米文字取代，并被称为"方形文字"。其书写的过程是在石头和金属的坚硬表面使用金属工具来完成，而在泥土或蜡上书写时则用罗马尖笔（stylus），在其他材料上书写时用带有颜料或墨水的刷子，蘸墨水书写时用芦苇笔。

先知书分为早期的《约书亚记》《士师记》《撒母耳记》和《列王记》，后来的是《以赛亚书》《耶利米书》《以西结书》和"十二先知书"。最后，名为 Ketubim（著作）的合集包括了诸如《诗篇》《所罗门之歌》，以及约伯、路得和以斯帖的道德故事等作品。这些著作还包括《箴言》和《传道书》，以及历史上的《以斯拉记－尼希米记》和《历代志》，这两套作品在一个文集中，但代表了两种文本。《摩西五经》的最后收集、修订、保存和正典化发生在巴比伦之囚期间（《以斯拉记》7∶14,25），这段时期与《摩西五经》书中所述的事件相隔了几个世纪。

现代《圣经》学者认为《摩西五经》是一部综合作品，代表了几个主要的传统，它们被巧妙地编织在一起。学者们已经确定了4个主要的典籍分支，以字母J、E、D和P为标志。J典是最早的，起源于早期君主制时期（前950年）。E典可以追溯到北王国时期（约前750年）。D典文学方面最好的例子是《申命记》，它可以追溯到南王国时期（约前650年或更晚）。P典记载祭司的影响，可以追溯到公元前587年的亡国时期。整个《摩西五经》大约在公元前400年成形，至少经过了三个世纪的口头传播才出现书面记载形式，后被公认为是书面律法（妥拉）。在第二圣殿遭到毁灭后，先知和圣著作被典律化。

随着成文律法的出现，犹太人承认由法利赛教师和他们的继任者制定的口头律法，口头律法采用经文注释的形式。拉比律法在《密西拿》(Mishnah，犹太教口传律法书面化后集结而成）中得到了总结，而《革马拉》(gemara）则由关于《密西拿》文本广泛讨论的报告组成，这些讨论是口传律法的基本文本。《密西拿》可以追溯到公元3世纪左右，其中包含坦拿（Tannaim）或最早的拉比权威们的法律教义。《密西拿》是原始口传律法的文集，根据主题分为六类，并没有直接参考《摩西五经》（书面妥拉）。此外，拉比犹太教还诞生了《塔木德》[①]，其中包含了对拉比学说（aggadah）[②]的分析和阐述，这在起源于巴勒斯坦学院（academies of Palestine）和巴比伦王国，名为《米德拉什》(Midrash，犹太教对律法和伦理进行通俗阐述的宗教文献）的文集中很突出。在《塔木德》中，法律（halakhah）方面的内容占主导地位。

---

① 《塔木德》被认为是犹太教中地位仅次于《塔纳赫》的宗教文献。源于公元前2世纪至公元5世纪间，记录了犹太教的律法、条例和传统。

② 又称阿加达，一种非法律注释，出现在古典犹太教文献中。

3 基督教传统的形成

早期的基督教团体并没有自己的圣书，这样的情况可能会让其成员感到奇怪。然而，早期的基督教团体确实使用了《希伯来圣经》，不过他们倾向于将基督的预言带入文本中。从耶稣的追随者的角度来看，他并没有带来《圣经》。他的行为、有魅力的人格和信息代表了他对信徒的启示，或者说是给信徒的"好消息"。当基督教的经书开始发展时，它的发展是不平衡的，因为基督教团体缺乏自觉的努力和对《圣经》构成的一致的思考。

"保罗书信"是现存最早的基督教文献，大约可追溯至公元 1 世纪中叶，到 1 世纪末期被保存下来并结集成册。这些书信被称为"给七个教会的书信"，因为"7"在古代是完整的象征，在这里意味着整个教会。虽然这些书信的内容针对特定的会众和他们的问题，但保罗的信息是面向更广泛的不断发展的群体，并考虑到了这个群体在希腊和罗马世界敌对的社会文化环境中要生存下来需要做的斗争。在保罗传达的信息中，他声称他的权威直接来自耶稣，即复活的主、救世主。

保罗的书信是要向听众大声朗读的，《希伯来圣经》和《新约》的其他文献也是如此。在古希腊罗马世界的背景下，所有的阅读都是大声进行的，就像保罗指示他的书信应该被朗读一样（《帖撒罗尼迦前书》5∶27）。因此，文本的意义是通过聆听而获得的。当保罗的书信被大声朗读时，例如向教会团体朗读时，这些书信会召唤使徒们到场。

与保罗的书信不同，福音书更多地叙述和解释了耶稣的生活和教导。"福音"（gospel）一词来源于希腊文"evangelion"，意思是"好消息"——在《新约》中，这变成了救赎的好消息，而不是先前与皇帝发放福利有关的意思。这些经文的权威性是建立在耶稣的言语和行为的基础上，而这些言语和行为又通过记忆保存下来，并以口头方式传播。福音书由匿名作者创作，他们以耶稣门徒的名字来命名作品，包括《马可福音》（大约成文于公元 65—70 年）、《马太福音》、《路加福音》（大约成文于公元 80—90 年）、《约翰福音》（大约成文于公元 90—100 年）。为了努力收集和编纂各种关于耶稣的传统和归于他的说法，每本福音书的作者都试图为他的教区解释基督教的意义。匿名的作者们从植根于耶稣的教导和行为的各种公共传统中获得了权威。在其形成时期，福音书被认为只是有价值的历史见证，直到后来它们才被当成经文。所以说，关于耶稣的传统是通过记忆保存下来的，并以口头方式流传开来。

如果把四部福音书相比较，就会发现《约翰福音》和"对观福音"[①]之间有显著的差异。例如，"对观福音"书中记载的耶稣生平事件，很少出现在《约翰福音》中。除了缺失的事件外，《约翰福音》中耶稣传道的地点和年代，以及风格和语言都和"对观福音"有所不同。"对观福音"在典籍上的密切关系反映了另一个与它们的相似性有关的问题。学者们普遍认为《马可福音》是最早的福音书，《马太福音》和《路加福音》的作者把《马可福音》作为他们创作的基础。此外，《马可福音》的作者并不完全是一个作者，而是一个编校者，此人将口头传统的各个单元连接起来。学者们倾向于认为《马可福音》的大部分内容能在《马太福音》和《路加福音》中发现：材料的安排和顺序支持了《马可福音》是创作基础的理论，而大量平行的段落表明《马太福音》和《路加福音》试图改进《马可福音》的文学风格和语言。《马可福音》中缺失内容的情况在《马太福音》和《路加福音》中也存在。《马可福音》为什么会缺失材料呢？学者们已经否定了它们相互借用的可能性，并得出结论，即假设他们使用独立的来源会更合理。德国学者称这个来源为"quelle"，简写为Q。这意味着《马太福音》和《路加福音》使用了两种资料来源，即《马可福音》和Q。学者们认为Q很可能是一份书面文件，因为两本福音书之间在措辞上相似。学者们也倾向于认为Q（约公元50年）在《马可福音》之前就存在了。除了《马可福音》和Q，《马太福音》和《路加福音》都有独立于《马可福音》的口头或书面传统：这些被称为M来源和L来源。

学者们通过使用三种类型的批评——来源批评、形式批评和删改批评，得出了关于福音书的普遍共识。来源批评研究的是文本的起源，形式批评是一门超越书面来源以研究口头传统时期的学科，而删改批评是对编辑工作与来源关系的分析。

除了四部福音书和保罗书信外，后来被称为新约的一部分还包括《使徒行传》《彼得书》《雅各书》和《犹大书》，以及被认为是福音作者的约翰所著的《启示录》。随

---

① 《马太福音》《马可福音》和《路加福音》这三本福音书的内容、叙事安排、语言和句子结构皆很相似，而它们又以近似的顺序、措辞记述了许多相同的故事。学者们认为它们有着相当的关联，因此称它们为"对观福音书"。

着基督教会的发展，在许多基督教集会（ekklesiai）中出现了许多规定性的真经清单。这些不同的清单被称为圣典（希腊语 kanones，意思是"度量""标准"），之所以这样称呼是因为其与真实性标准有联系。例如，四福音书的形成发生在 2 世纪末，并在 3 世纪被信徒普遍接受。福音书作为整体而不是作为单独的文本获得了在《圣经》中的地位——这一发展表明福音书的权威是建立在它们的集体性质之上。

如果原始基督教会早期强调耶稣信息的口述性质，那么为什么福音书会被写成文字？《新约》学者们为撰写福音书提供了几个说得通的理由。使徒的死亡，或者那些在耶稣一生中与他最亲近的人的死亡，引发了对失去耶稣传统的恐惧。发展中的教会想知道如何通过向耶稣学习来应对迫害。原始教会也在挣扎着从犹太教中分离出来并定义和理解自己。它想知道如何才能吸引外邦人，而又不失去它原有的犹太身份。最后，与耶稣第二次降临（parousia）延迟和世界末日有关的问题，也是促使人们将耶稣的信息写出来的因素。

虽然基督教是巴勒斯坦地区犹太教中的一个末日教派，而耶稣是巴勒斯坦的犹太人，但《新约》的世界是由希腊语言和文化主导的，语言本身已经从古典的阿提卡希腊语转变为柯因内希腊语（koinē，普通希腊语）或希腊化的希腊语，这成为书写《新约》的语言。在使用诸如纸莎草纸、羊皮纸或木板等材料时，基督徒更喜欢以前用于书写信件和保存记录的抄本（类似书籍的样式），而不是犹太教或希腊典籍中使用的卷轴。学者们提出了采用手抄的几个原因，例如经济、紧凑、方便、易于参考，或是为了使用已经熟悉的媒介和实用的交流手段。四福音书抄本用来保存最著名和最被广泛接受的文本，充当基督教教众群体的手册，供日常使用。

随着《新约》文本获得了正统地位，基督教经文迅速传播到各种方言中，但是关于一种神圣语言的问题从未真正被提出。当圣哲罗姆（Jerome）在 4 世纪将《圣经》翻译成拉丁文时，这种情况发生了变化。拉丁文版的《圣经》成为罗马天主教会的神圣语言。直到 16 世纪，这一情况才有所改变。当时前天主教神父马丁·路德转变为新教改革者，将《圣经》翻译成德语，目的是让普通民众更容易理解《圣经》。

4 伊斯兰教传统的形成

先知穆罕默德与一位比他年长的女性结婚15年后，40岁的他在位于阿拉伯麦加城外希拉山（Mount Hira）的一个山洞里遭遇了奇特的经历。有些经历是以异象的形式出现，有些是以生动的梦境出现，有些则是以话语的形式出现，但他完全没有听到什么。早期的一个异象是一个发光的人直立在空中，穆罕默德认为他是真主。穆罕默德后来把一个隔着面纱对他说话的声音解释为天使的声音，他最终认定这个天使就是加百列。

穆罕默德第一次得到启示（96.1—5）时，天上的使者命令其说话，起初他拒绝了；在第二次命令后，他问应该背诵什么；第三次命令时，他讲了《古兰经》中第96章的内容。"背诵"（iqra）一词和"古兰经"（Qur'ān）源于同一个阿拉伯语词根，它意味着一种与灵感密切相关的口头启示。虽然背诵的命令意味着要建立公共崇拜，但当穆罕默德在613年开始公开布道，并向麦加人民介绍自己是真主的使者时，他传达的信息遭到了反对。但他最终赢得了追随者，他传达的信息涉及真主的力量和仁慈、即将到来的末日审判、以感恩和崇拜回应真主的需要，以及他自己作为末日先知的使命。

启示的过程在阿拉伯语中被称为wahy，它通过头脑或心灵来体现逐语默示的内涵（26.193—195）。穆斯林认为，《古兰经》的启示是基于一本保存在真主面前的"圣书"，它被称为"书之母"（43.1—4，见第40章）。启示（6.19）的目的是要给听者一个警告，所启示的是真主的命令或指令。为了便于理解，命令是以阿拉伯语显示的。一个人接受信息的最好方法是记住它，这是一种将启示铭记于心的做法。

根据对其起源的正统理解，《古兰经》以书的形式代表了真主的永恒之言。先知穆罕默德并不是这一永恒之言的作者，他只是永恒之言的接受者。事实上，穆罕默德被称为"不识字的先知"（7.157—158），来强调他不可能创作《古兰经》。《古兰经》是在大约20年的时间里周期性地被揭示出来的，而不是一次性地全部被揭示出来的。天使加百列给出了启示的文字，尽管这些文字不是穆罕默德亲自写的。伊斯兰教传统中有提到启示写在各种各样能接触到的材料上，例如石头、骨头、羊皮纸、皮革、棕桐叶和人的心脏——于是便产生了各种各样的作品，最终汇集成一个连贯的文集。根据启示作品文集的传统说法，在穆罕默德死后不久的亚玛纳之战后，许多背诵启示的人被杀。即将成为第二任哈里发①的欧麦尔·伊本·哈塔卜（Umar ibn al-Khattāb）对如何保存启示内容感到担忧，并向第一任哈里发阿布·巴克尔（Abū Bakr）建议收集和记录这些启示。扎伊德·本·塔比德（Zayd ibn Thābit）受阿布·伯克尔的委托，开始收集启示，在他的努力下，收集者在不同的地点进行了四次早期的启示收集，但是这些文本都没有保存下来。由于这四部集子之间存在严重的差异，第三任哈里发奥斯曼（'Uthmān）敦促以委托修订文本的方式来结束由文本变化引起的争议。解决有争议版本的一个指导原则是优先考虑先知穆罕默德的古莱什（Quraysh）部落方言。

《古兰经》分为两大块，在仪式上分为 30 个大致相等的部分，同时，它还分为114 个苏拉（Sūra）②。一般来说，苏拉的标题与文本的主题无关。标题取自经文中的一些重要术语，如"蜜蜂"（16）或"山洞"（18）。每段苏拉的年代都能追溯到麦加或麦地那时期，取决于先知在得到启示时居住的地方。除第 11 苏拉外，所有的苏拉都以"以仁慈的真主之名"这句话开始。在第 29 苏拉中，接在这句话后面的是神秘的字母或字母表的一个字母。每段经文都被划分为诗句（āyāt，意思是"迹象"）。这些苏拉以押韵的诗句写成，没有韵律，也没有固定的长度；它们以押韵或同音符结尾。《古兰经》在提到其传播的零散性质时，本身就承认了苏拉的复合性质（17.106）。

在苏拉中，真主经常用第一人称单数说话（51.56）。有时真主是用第三人称来指代的，有些段落是由天使明确地说出来的（19.65），但穆罕默德实际上只在少数段落中说话（27.93）。正统的观点是，《古兰经》是真主的字面语言，因为人们相信，真主是通过天使和先知说话的。

对于伊斯兰教之外的人来说，《古兰经》的一个令人困惑的特点是关于废除的教义，它规定后面的经文可能会导致前面的经文失效。这种废除是为了适应不同情况和时代的需求，确保教义的适宜性和实用性。

根据穆斯林的传统，启示是用阿拉伯文或真主的语言发出的，并以手抄本的形式

① 意为继承者，指先知穆罕默德的继承者。
② 源自叙利亚的术语，意思是"写作"或"经文"。

收集整理。阿拉伯语给读者带来了语言上的挑战，因为它缺乏元音符号、变音符号和其他正字符号，而这些符号是区分类似辅音所必需的。《古兰经》的语言是前伊斯兰阿拉伯语。

一本与《古兰经》不同的非启示性文学作品是《圣训》（*hadīth*，这是一个包含"新""即将发生"和"发生"内涵的词，它后来演变成了"传统"的意思）。这本书以一种简短叙述的形式，描述先知说了什么、做了什么、赞成或反对什么，不过它也可能包括用阿拉伯语写成的保存在其同类手抄本中的信息。除了文本方面，《圣训》还包括一个传播链（*isnād*），如下面的例子：A说他是从B那里听到的，而B是从C那里听到的，C是从先知所说的D那里听到的。到9世纪中叶，这些叙述被认为是伊斯兰教的第二权威来源。学者们对这些传统进行了收集、筛选，使其系统化，终于有6个文集成为权威性文集。在决定哪些叙述是真实的时候，学者们把重点放在传播链上，试图评估传播者记忆的特点和可靠性。他们还考虑了传承的连续性，以及传承中的每个环节是否牢固，是否有任何环节断裂。"圣训"被认为与先知的"圣行"（*Sunnah*，字面意思是"走过的路"）是同时代和同质的，"圣行"体现了先知的模范行为。先知"圣行"叙述了穆罕默德被要求对没有先例的问题作出决定。因此，它代表了每一代穆斯林的生活传统，并作为教众群体的规范，以及商定的社会实践和社会共识（*ijmā'*）发挥作用。我们可以把"圣行"和"圣训"区分开来，因为后者代表的是叙述和一些理论性的东西；而前者则是同一叙述在获得规范性之后，作为传统的非语言传播而成为一项实践原则。所以，除了启示之外，伊斯兰传统还承认以先知的圣行（或模范行为）作为行为的标准。

5 印度教传统的形成

古代印度宗教文学可以分为启示（śruti）文学和记忆（smrti）文学。启示文学包括《吠陀经》（*Vedas*），而记忆文学包括《法句经》（*Dharma Sūtras*，约前600—前200）、史诗《摩诃婆罗多》（*Mahābhārata*，约前300—公元300）、史诗《罗摩衍那》（*Rāmāyana*，约前200—公元200），以及公元400年左右开始创作的《往事书》

（*Purānas*，见第 41 章）。

　　吠陀文献由四个文集组成：《黎俱吠陀》《娑摩吠陀》《夜柔吠陀》《阿闼婆吠陀》。每一个圣诗集都进一步分为四个启示部分：《吠陀本集》（*Samhita*），咒语或神圣的准则，话语文集；《梵书》（*Brāhmana*），神学和仪式评论；《森林书》（*Āranyaka*），与森林或荒野相关的文献；《奥义书》（*Upanisad*），关于思辨和秘密的哲学文献。人们相信神向古代圣贤（rishis）口头揭示这些文献，他们听到了并将其保存在记忆中，并通过口头传播将启示的赞美诗传给后代。最终，启示赞美诗被记录下来，以保存和保护它们免受错误记忆和时间变迁的影响。虽然一些吠陀先知把他们的名字附在诗歌上，但读者不应该把这些签名理解为作者身份的声明。它只是对接受启示的人的身份确认。《吠陀经》神圣启示的起源赋予这一文献无可置疑的真实性，并使其拥有了超越之后出现的其他印度文献的权威性。

　　《梨俱吠陀》（*Rig Veda*）是最古老的经文集，由 1028 首赞美诗组成，分 10 卷，称为曼荼罗（mandalas，意思是"圆圈"）。继第 9 卷之后，第 1 卷和第 10 卷的部分内容是对整个文集的最新增补，第 9 卷还收录了苏摩祭（soma sacrifice）[1]期间背诵的赞美诗。其他卷（2—7）被标明是家族集，因为它们保存于家族之中，并被人背诵、传播给后代。第 8 卷包含了更多的短篇家族集，是古代圣贤或他们父系后代的文学作品。事实上，每一卷是按照作者（即家族或宗族）、神灵和韵律排列的。另外，对特定神灵的赞美诗按长度排列，最长的在开头。如果赞美诗的长度相等，则韵律较长的排在第一。

　　《梨俱吠陀》有可能早于铁的引入和普遍使用，这意味着它的起源可以追溯到公元前 1200 年左右。根据内部的文本证据，《吠陀经》起源于印度北部，在公元前 1500 年至公元前 400 年之间传播到旁遮普和东部更多的地区。鸯耆罗斯（Angirasa）[2]和甘华（Kānva）[3]部族的成员构成了诗人的主体，他们将赞美诗视为部族的私有财产。随着时间的推移，名为 Śākhās（分支）的吠陀学校发展起来，以便可以控制和保护文

---

① 印度婆罗门教将苏摩酒奉献于神或祖先而举行的大型祭祀，始于吠陀时代。

② 鸯耆罗斯，梵天三子，生主之一。他协助父亲梵天创造世界，因而获得了神圣的光之力，拥有极大的神通。

③ 甘华，也叫卡耐什（Karnesh），是特雷塔时代的一个古老的印度教圣人。他被认为是《梨俱吠陀》的一些赞美诗的作者。

本的传播，这通常导致一所学校坚持一种特定的文本。这些不同的流派创造了一种诠释性的文学体，反映在各种梵书和契经（sūtra）类型的文学作品中。

例如，《娑摩吠陀》（*Sāma Veda*）代表了《梨俱吠陀》中除75首赞美诗以外的材料。这部赞美诗集以圣歌（sāmans）命名，圣歌代表了印度历史上最早的书面音乐形式，在苏摩祭期间被诵读。祭司在仪式中诵读这些诗句时，会对诗句进行修改。《娑摩吠陀》由实际文本和旋律两部分组成。

祭司们在仪式上重复的咒语（mantras，也叫"神圣准则"，意思是"思想的工具"）构成了《夜柔吠陀》（*Yajur Veda*），即第三部吠陀集的主体。神圣准则是根据仪式惯例来安排的，而不使用数字。通过诵读圣咒（音节、单词或诗句），吟唱者表达永恒的智慧和预先存在的圣言本身。咒语诵读有四大类型：rcs、yajuses、sāmans和atharvans，它们分别对应每一个主要的吠陀经文集①。通过研究印度教的两种语言，可以部分理解"咒语"的重要性。第一种是阿修罗（Asuras）咒语，是恶魔般的存在，它没有形式或秩序，无法控制和表达，类似于恶魔般存在的力量本质。吠陀咒语正好相反。

《阿闼婆吠陀》（*Atharva Veda*）即第四部吠陀，由一系列作为咒语的诗和治病驱邪的诗组成。此外，还有与有害的巫术和预测主题有关的赞美诗；另一些则与成人仪式有关（如成年礼和婚礼）；最后还有两个附录。与《梨俱吠陀》形成鲜明对比的是，该文集以短篇作品开始，后增加内容变成较长的赞美诗。

古代印度的神给了吠陀诗人一种远见卓识的洞察力，这种洞察力被认为是从一个上级到另一个下级接收方的心灵或思想的传递。诗人从较高的存在那里得到它后，就背诵或者吟唱赞美诗。诗人通过口头诵读赞美诗，将他的内在精神送回最初受到启发的神灵的领域。更重要的是，对某一特定神灵的赞美诗也会将该赞美诗送回神灵的源头，以完成这个循环。

因为古老的吠陀学派代表着来自特定地理区域、部落或王国的祭司家族或宗族，这些学派通过其仪式程序和单词的发音来区分自己，所以并不存在由宗教领袖的权威机构创建和认证的单一或原始的典籍。现有的都是不同流派的文本典籍，因此，《吠

---

① 即四部狭义的吠陀本集：《梨俱吠陀》《娑摩吠陀》《夜柔吠陀》和《阿闼婆吠陀》。

陀经》是由各派使用的吠陀经文组成的一个文集。吠陀文献在公元前 400 年左右成为一部经典。有证据表明，公元前 150 年左右，吠陀文献得到了古代两位梵语文法学家波尼尼（Pāṇini）以及帕坦伽利（Patañjali）的承认。在得到他们承认之前，公元前 250 年左右，佛教的《巴利三藏》（*Pāli Canon*）①中也提到了《吠陀经》。

《吠陀经》四部经卷，每一部都附有解释复杂的仪式系统的"梵书"。"梵书"中还增加了一些内容，以进一步解释仪式的深奥内容。这些附加文本中的一些被称为"森林书"，另一些被称为"奥义书"，不过这些新的文本类型之间并没有明显的区别。除了解释仪式系统，这些深奥的文本还做了各种形式的宇宙学和玄学的推测。与四部吠陀一样，深奥的教义在以书面形式呈现之前，是经几代人口头相传保存下来的。与"梵书"的文本一样，特定"奥义书"与《吠陀经》四部经卷之一相关联。例如，《他氏奥义书》和《考史多启奥义书》与《梨俱吠陀》直接相关，而《羯陀奥义书》和《弥勒奥义书》则与《黑夜柔吠陀》相关，《广林奥义书》和《自在奥义书》与《白夜柔吠陀》相关。

印度宗教传统上承认存在 108 部"奥义书"，但普遍认为有 13 部主要文本。虽然"奥义书"似乎是从"森林书"演变而来的，而且很难区分它们，但最古老的"奥义书"是《广林奥义书》和《歌者奥义书》。《他氏奥义书》《鹧鸪氏奥义书》和《考史多启奥义书》出现在《广林奥义书》和《歌者奥义书》之后。这第二组"奥义书"之后又出现了以下奥义书：《由谁奥义书》《自在奥义书》《石氏奥义书》《白骡氏奥义书》《六问奥义书》《剃发奥义书》《摩诃那罗延奥义书》《蛙氏奥义书》和《慈氏奥义书》。在这 13 部主要典籍出现之后，后来的许多"奥义书"通过关注湿婆（Śiva）和毗湿奴（Visnu）等神明来表现教派的特点。

"奥义书"这个词的意思是坐在老师旁边接受秘密的指导，这是师生之间亲密关系的特征。教学环境除了具有神秘性和私密性外，还具有关系性和对话性。总的来说，"奥义书"不是单一思想的结果，而是代表了许多古代印度教师在社会、经济和宗教大变革的历史时期所作出的教育努力。

"奥义书"被称为"吠檀多"（Vedānta，不要与后来的历史哲学学派思想相混淆），

---

① 是有关佛教教规和戒律的经文汇编，分为《经分别》《犍度》和《附随》三部分。

因为它们代表了《吠陀经》最深奥的秘密。虽然"奥义书"发展了一些《吠陀经》的概念，但它们也引入了塑造印度宗教文化的新思想（至少是原始形式的），它们将一些旧的概念转化为新鲜的和创新的东西，如因果报应（karma，因果律）、重生、不朽的自我（Ātman）、终极现实（Brahman）和解脱之道（Mokṣa）。

"奥义书"的一个普遍主题是"认识"的重要性。虽然有些"奥义书"讨论了对神灵的虔诚和神恩对救赎的必要性，如《白骡氏奥义书》，但大多数"奥义书"强调了知识对获得解脱的重要性，因为真理，即知识的对象始终存在，它只是丢失了，需要重新找回和发现。这不是一种经验的或理性的知识模式，而是对现实真实本质的直观洞察，是一种自我验证的、超越的、永恒的知识。

《吠陀经》赞美诗是口头文学，这种说法表明诗人并没有自己创作赞美诗。他们从一种深层的、神秘的力量中看到或听到了赞美诗，并用他们的头脑和心灵接受这些信息，使他们能够把握事物的真实本质。人类心智象征的认知的微妙结构代表了一种变革的力量，它可以影响改变并产生期望的结果，在人类和神之间建立联系。同样地，人类的心被认为与头脑相似，让人能够看到普通社会人通常无法观察或了解的东西。这些有天赋、有远见的诗人之所以能够得到启示，是因为他们拥有洞察力（dhi）或看到隐藏真理的能力。自己看到了异象后，诗人就能用梵语这种完美的语言来表述这些真理，他们便有机会遵从发出信息的神的力量。受启发的吠陀诗人收到的异象信息也使他们能够将宇宙视为一个综合的整体，这个整体由一个与真理（satya）和创造性热量（tapas）密切相关的隐藏结构（rta）维系在一起，促使宇宙诞生并不断更新生命。所以，受启发的吠陀诗人与宇宙的结构和维持它的创造性力量有密切的联系。

《吠陀经》诗人也是梵语的主人和守护者，梵语是启示性赞美诗的语言，所以是神圣的。梵文与受启示的诗人有着密不可分的联系，因为它与完美性联系在一起。梵语体现了"梵"（Brahman），一种神秘而隐藏的力量，"梵"不仅包含在神圣语言的字里行间，而且还发挥着维系宇宙的作用。"梵"的力量被揭示给了能看到异象的诗人。这被认为是一种神圣的力量，与以梵文保存的经文的神圣性直接相关。然而，经文的神圣性与听众或诵读者的理解力没有直接关系。这些经文用词越是神圣，越是难以理解。换句话说，奇怪的、神秘的、无法理解的词汇被认为更有力量。此外，词的神圣性并不是额外加在一个词上的东西；相反，词的神圣性是这个词的内在属性。

诗意的灵感和知识的重要性在梵文术语"吠陀"中得到进一步的证明，因为它拥有"看""视觉"和"知道"的根本含义。"吠陀"大师是一个能够看到隐藏事物的人。总之，这样的人可以见证宇宙永恒、强大、神圣的力量。当"吠陀"作为名词使用时，它象征着神圣的知识。成为吠陀的主人或接受者是一种转化的经历，因为了解真相会从根本上改变一个人。于是便表明了知识的强大本质——这是一种贯穿印度文化史的信念。

由于启示性典籍的性质和宗教性，它比基于人类记忆的典籍更有优势。当这两种典籍之间存在差异时，人们必须依靠启示性典籍获得指导，因为它比记忆性典籍拥有更大的权威。由于启示性典籍的来源是神圣的启示和灵感，因此可以将启示性典籍置于比忆性典籍更高的地位，但这并不意味着启示性典籍的意义是显而易见和容易辨别的。学术评论是体现赞美诗意义的必要条件。在印度的历史文化中便有这么一个悠久的传统——由有识之士对文本进行评论和解释。

启示性典籍和记忆性典籍起源于口头传统的文化背景，意味着"吠陀"赞美诗是在特定的赞美诗被记住后通过口头方式代代相传的。从这个意义上来说，许多印度古典文学都与记忆有关，而不管其启示的本质是什么。为了增强记忆和保存神圣的赞美诗，祭司学者们设计了详细的方法来帮助记忆，有专人研究特定的文本组来提高其口头保存的准确性。例如，一个人可能会记住一首赞美诗的每个奇数词或每个偶数词，以强化赞美诗传播的正确性。

强调古印度圣典的口头性质必然意味着经文不是可以具体化的文字。这表明印度的经文并非有明确界限的实体。在印度文化中，传统上对文字的否定态度可以让人在一定程度上理解赞美诗口头传播的重要性。根据古代的《他氏奥义书》（5.5.3，该书源自一个仪式性婆罗门文本中艰深难懂的部分），书写活动被认为是对仪式的污染，因此被污染的人应避免诵读《吠陀经》。吃肉、看到血或尸体，或者性交都属于受到污染的行为，在这些行为后不应诵读《吠陀经》。这种态度有助于解释抄写员在印度传统文化中低下的社会地位。

尽管对书写的消极态度和对口头传播的强调一直延续到现在，但根据克什米尔研究印度文化的学者阿尔贝鲁尼（Alberuni，973—1048）的说法，《吠陀经》是在公元前1000年左右写成的。在北方，最早的印度手稿是用黑墨水写在棕榈叶上；在南方，人们用尖笔在叶子上写字，然后用烟灰涂黑。在克什米尔使用的是桦树皮，而在阿萨姆邦偶尔也会使用其他植物材料。由于使用皮革或羊皮纸会杀死动物和造成污染，所以人们避免使用它们，不过克什米尔婆罗门会用皮革装订他们的桦树皮书。《吠陀经》的文字是用天城体[①]（Devanāgiri，字面意思是"众神之城的文字"）写成的。

6 佛教传统的形成

研究佛教的学者们有一个基本的共识，公元前6世纪至前5世纪的印度，正处于一个深刻的政治、社会和经济变革时期，有一个非凡而有魅力的人，这个人是乔达摩·悉达多（Siddhārtha Gautama），后来被称为佛陀（Buddha），即"觉悟者"（enlightened one）。他为人类生存的基本问题而困扰，并找到了解决这些困难的方法。他一生从一个地方流浪到另一个地方，后建立了一个僧侣团体为后代保存和阐述他的教义。他在80岁左右去世。在他死后，后人基于他的教义编纂了大量文献（见第41章）。这些文献大多声称记录了他的实际教义。在被写在树皮、棕榈叶或其他可用材料上之前的两个世纪里，这些教义一直以口头传播的方式得以保存。

由于佛陀用当地方言进行指导，因此，用原始的佛教语言来指代其语言是不准确的，不过最接近的可能是旧摩揭陀语（Māgadhī），这是他传授教义的主要语言。巴利语（Pāli）保留了旧摩揭陀语，是传教士将佛陀的信息带到斯里兰卡时使用的语言，在那里，这一语言被接受并成为文本语言。根据僧伽罗人的编年史记载，由于吟诵者的减少、战争和饥荒，《巴利三藏》的编纂开始于公元前1世纪中叶，僧侣团体将大典保存在用皮条捆绑的木制品上。

大典中包含的宗教信息并不复杂，佛陀对其基本教义进行了一些简单的总结。这些总和被称为法（dhamma，梵文转写为dharma）。佛陀对人类生存的教导和分析的第

---

① 是印度和尼泊尔的一种文字，用来书写印地语、梵语、尼泊尔语等语言。

一个总结体现在"四圣谛"中：（1）所有的生命都是痛苦的；（2）无知的渴望是痛苦的原因；（3）达到涅槃（Nirvāna）可以结束痛苦；（4）八正道（eightfold path）是达到目标的手段。这条道路是智慧、伦理或道德行动和禅修相互依存的方式。佛陀教义的另一个总结包含在"三相"中：（1）无常，因果循环创造了一个不断变化的状态；（2）苦；（3）无我。由于世界上的一切事物都受制于因果循环，因此在经验领域内不存在永恒的事物。此外，人类可以依附的自我或灵魂没有任何永久性。佛陀的基本教导是，必须切断我们对自我的爱，因为这种爱会让我们固守在这个痛苦、循环因果、无知、重生和苦难的境界中。教义的目的是把人带到一个非经验性的境界，超越因果循环和轮回，摆脱无知的渴望，并从痛苦中解脱。这种超然的涅槃境界，代表了与世界特征完全相反的状态，只有在人活着的时候才能达到，而开悟的人在死后会获得永久的解脱。

佛陀去世后，其追随者试图确立其教义的真实性，创造一部圣典。孔雀王朝（Mauryan Dynasty，公元前 322— 前 183）提倡宽容并支持众多宗教团体，在这样的社会、政治和文化背景下，佛教得以蓬勃发展，获得稳定，并不断壮大。阿育王以皇室的名义对佛教给予了支持，并在晚年皈依佛教。他把佛教变成了一种弘法的宗教，有助于它扩展到南亚各国，并向北扩展到中亚和中国，然后传播到朝鲜，再到日本。

古代佛教将其经文的起源追溯到人类的个人见解。此外随着历史上的佛陀（即乔达摩）在其追随者的心目中变得更加崇高和尊贵，佛的话语也因其源于此历史人物的言论而成为神圣的典籍。因此，佛经没有任何神圣的独特之处，它不是历史上曾经发生过的事情。从佛教的角度来看，经文是关于人类存在和世界本质的事实，不是某个神祇的启示。唯一性的缺乏不应该被理解为一种负面的特征。相反，佛教徒倾向于将佛陀的教义置于一个更广泛的背景下，因为基于他个人的宗教追求和发现，他的论述在之前其他诸佛的生活中反复出现。历史上的佛陀只是重新发现了以前开悟的众生所知道的东西。所以，历史上佛陀的成就代表了对真理永恒的认识，而先前的诸佛也认识到了这些真理。这种信念破坏了任何关于佛陀成就唯一性的可能说法。佛陀所教导的内容与其他先前的佛陀所教导的内容根本上是一样的。对其他人来说，这种教导总是作为一种实现的可能性而存在。此外，过去诸佛一直以来的相继传授，意味着开悟不仅仅是一种永远存在的可能性，而且是一种现实。开悟的可能性和现实性表明，在佛教团体中，总是有可能出现对永恒真理的新觉悟。此外这也表明神圣的佛教文本不具备内在价值。只有当有人将其作为指导时，它才有价值。这样的人开悟后，神圣的文本就可以被抛弃或被拒绝，因为这些文本不再具备任何效用。

佛教对经文的态度是以其对语言的理解为基础的，佛教认为语言是一种无常的人类产物。由于佛教哲学的一个基本预设是世界上的一切事物都是无常的，语言的无常和非绝对的性质意味着语言不具备持久的结构或玄学的地位。由于缺乏任何内在的价值，语言只是在作为工具方式时才具有价值。因此，词语的价值在于它们能够完成某些事情。

在佛教历史演变的成型阶段，其典籍被划分为两个"箧"：《律藏》（*Vinaya-piṭaka*，意思是装修道戒律的"箧"）和《经藏》（*Sutta-piṭaka*，意思是装话语的"箧"）。根据传统记载，大约公元前486年，佛陀去世后，在摩揭陀（Magadha）的首都王舍城（Rājagṛha）举行的第一次集会上，僧侣们聚集在一起背诵佛陀的话。为了保证准确性，僧侣们齐声吟诵所记忆的教义。佛陀的教诲（法）被称为"阿含"[①]（āgama，即"被传播的东西"）。经过一段时间的师徒口耳相传后，教义被收集整理成经（sutta）和伽陀（gāthās，意思是诗句）。大约在公元前2世纪，又增加了第三个"箧"，即《阿毗达摩藏》（*Abhidhamma-pitaka*，意思是装附加教义的"箧"）。在这三部典籍被写下来保存之前，口述者通过记忆，特别是通过专门对某一特定主题的研究来保存它们。

律藏包括指导寺院生活的规则和戒律，总体被分为三大类：《经分别》（*Sutta-vibhanga*）、《犍度》（*Khandhaka*）和《附随》（*Parivra*）。第一类由《波罗提木叉经》（*Pātimokkha*）及其227条戒律组成，根据违反戒律的严重程度进行排列。《波罗提木叉经》从僧侣简单的信仰宣告发展成一种基本准则，用来保证僧侣的适当行为。以这种方式确立之后，这些戒律作为一种寺院礼仪发挥作用。比丘和尼姑在各自的僧侣团体中定期诵读这些戒律，有助于团结僧侣团体，并提醒人们将他们联系在一起的规则。与斋戒日（Poṣadha）有关的集体诵读《波罗提木叉经》，每月举行两次；斋戒日在历史上与古印度宗教中的新月和满月日的宗教意义相关。随着历史的发展，文本中

[①] "阿含"音译自 Āgama，意译是"传（承）"，指由释迦牟尼佛所传来的法。

加入了某些文学特征，包括赞扬僧侣美德和纪律的介绍性、总结性诗句。文本的导言（nidāna）起到了召集僧侣团体的作用，并作为进行适当忏悔程序的一种手段。最后，在每一类违反戒律的行为之后，文本都包含一个审问程序，目的是确定违反寺院戒律的人，并区分纯洁和不纯洁的成员。

《经分别》可以直译为"对经的分析"[①]。本类中的文本是《波罗提木叉经》，它构成了寺院生活戒律的基础。《经分别》有四部分：开始是一或多种叙述，介绍某条戒律实际在人身上应用的环境；其次，是实际的戒律；再次，是对每一条戒律的评注；最后，是对任何减轻惩罚情况的叙述，这里表明了戒律的例外情况，也会涉及任何可能对惩罚作出的改变。最后一个方面表明在寺院的戒律中引入了一些自由度。这种自由度还体现在诸如"严重违反""轻微违反"或"犯有不当行为"等术语的使用上。自由度的引入可能反映了《波罗提木叉经》演变为一个固定和封闭的戒律体系的历史发展。如果戒律中不允许有新规则，僧侣团体就会发现他们需要一些灵活性，以便对新事件作出适当的反应，而这些事件在既定的戒律中没有太多先例。

与《经分别》相反，《犍度》代表了一个更广泛的戒律体系，是《波罗提木叉经》基本规则的补充。《犍度》还处理更广泛的僧团不和谐问题和更大规模的僧团行动，以及僧团礼仪生活的程序、处理僧团内部分裂或分裂威胁的戒律。它也处理一些比较世俗的问题，比如穿鞋，使用皮革物品，着装是否恰当，考验期间的行为是否恰当，解决纠纷的程序，以及专门针对尼姑的规定。最后第三大类是《附随》，是一些年代或来源不同的辅助文本的合集。

佛陀的话语包含在《经藏》中，"藏"（piṭaka）是能够容纳物品的东西。除了与编织的隐喻有关外，"经"（sutta，梵文是 sūtra）指的是把书页绑在一起的线、皮革或绳子。在这个隐喻的意义上，经文意味着将论述书页捆绑在一起的东西。佛经遵循一种特定的形式，以"如是我闻，一时……"开头，在这段介绍之后论述发生的地点名称，接着是听众名单，最后以佛陀的教导结束。这种文本的基本格式表明了佛陀去世后的特殊历史环境。当时，僧侣们聚在一起分享并诵读他们听到并能记住的教导。佛陀的弟子们试图建立真正的传统，以确立真正的教义和正统。具体来说，弟子们关心

———————————

① 隐喻性地暗示这些教义被制成了可以诵读的短语。

的是准确地传递开悟上师的教诲。他们并不关心如何证明或核实他的陈述，并认为任何聆听信息的人都可以接受或拒绝。

《经藏》的文本是按长度排列的。在这些文本的五个主要集合中，有《长部》（*Dīgha-nikāya*）、《中部》（*Majjhima-nikāya*）、《相应部》（*Saṃyutta-nikāya*）、《增支部》（*Aṅguttara-nikāya*），以升序排列，最后列出 11 项内容，还有一个次要的集合《小部》（*Khuddaka-nikāya*）。公元前 100 年，这部巴利语典籍得以确定并不再添加新内容。

在历史上，最后一个被添加到巴利语典籍中的"筐"是《阿毗达摩藏》，前缀 abhi 的意思是"高于"。这个前缀表明，它所分析的是超越或优于佛法（教义或教学）的东西。"阿毗达摩"一词意味着它比佛经中的解释拥有更大的权威性。因此，这个"筐"包括对《经藏》材料的学术分析，其意思包含"理解教义"或"分析教义"。这个"筐"中频繁出现的技术性文献可能源于用来收集和保存佛陀概念和教导的教义主题清单。《经藏》反映了佛教学术研究的一个优秀范例，它试图从不同的角度来分析佛陀的教义。

三藏经典（Tipiṭaka）确立后，博学的僧侣对经文进行评注。公元 5 世纪时，觉音（Buddhaghosa）整理了以前的评注，在《尼柯耶》（*Nikāya*）文本上写下了 5 篇评注。这位伟大的佛教学者还创作了几部关于阿毗达摩文学的著作。其他学者追随觉音的脚步，也撰写了自己的评注。

7 五种传统的简要比较

这里所讨论的五种宗教传统，每一种都以述行的方式使用其圣书，以便通过诵读文字来实现某种目的。例如，佛教僧侣定期重复寺院规定的仪式，是经文的一种述行性功能，因为它能将寺院的成员团结起来。印度教和佛教中的咒语以及一神教传统中的祈祷的述行性，都体现了圣书的述行性。保罗书信的口头述行让人想起了他在早期教会的存在。同样的，《希伯来圣经》中的诗篇是要大声诵读的，犹太教的拉比、穆斯林的毛拉和《古兰经》的诵读者也都会述行性地诵读经文。

古代印度教的圣语是梵语，伊斯兰教的圣语是阿拉伯语，犹太教的圣语是希伯来语，但佛教和基督教没有单一的圣语。不过在数个世纪里，拉丁语在天主教和基督教传统的形成过程中发挥了作用。通过考察佛教在整个东方的历史扩张，可以发现它使用了不同的文化语言：巴利语、藏语、梵语、汉语、韩语、日语以及其他语言。在宗教传统中，语言无常的本质和宗教传统中缺乏神圣启示的信仰可能促成了佛教使用多种语言。与普遍的假设相反，佛经使用多种语言并没有损害其真实性和权威性。

这些宗教传统在正典问题上也表现出差异，正典是宗教传统的权威和官方著作。从跨文化的角度来看，正典可以被认为是对外封闭的，就像犹太教、伊斯兰教、基督教和印度教一样。在穆斯林的传统中，对先知穆罕默德的启示随着他的生命终止而结束，它被认为是最终的完美启示。《古兰经》将自己圣书化，并确定了自身的正统性；而其他传统则经历了一个漫长的过程，才达到正统的地位。就犹太教而言，由塔木德、律法、仪式和注释形成的正典可分为几个层次。宗教文献要达到正典地位，就必须在经书的形成上获得强烈的社会共识，这一过程的渐进性特征已经显现出来。就佛教和基督教而言，社会共识是由一系列学问精深的会议达成的。穆斯林称自己、犹太人和基督徒为"同书之民族"，因为这三部圣书尽管非常不同，但都有着相同的来源，如《古兰经》和《希伯来圣经》都有永恒不变的天国原型。穆斯林强调文本的非创造性，犹太人强调文本的创造性，而基督自己则被视为非受造的"圣经"。

这五种宗教传统中的每一种，经文的口述性质在其演变为圣书的历史发展中都发挥了重要作用。这个过程包括决定哪些是真实可信的，哪些是不可信的。例如，纳入正典的主要标准，是经文是否是佛陀的话语，或者是否是穆罕默德的话语，是否可以直接追溯到那个人物或一个或多个权威的证人。

这五种宗教传统在启示方面明显不同。对犹太人和穆斯林来说，经文就是启示，而基督徒则在经文中遇到启示。印度教徒对启示与经文之间关系的理解更接近于犹太人和穆斯林，而佛教的经文之所以神圣，是因为它们来源于一个达到证悟的历史人物，这是其权威的源头。这表明，圣书之所以成为圣书取决于其来源，它往往也有一个漫长的历史过程，直到它达成社会共识，成为正典。

三种一神教的启示代表了发生在特定时间和地点的历史行为。佛教中没有神的启示，但佛陀在历史上确实达到了证悟。对吠陀圣人来说，获得启示是发生在个体头脑或内心的内部过程，他通过升天和呼唤神灵的帮助来开始启示的过程，而在一神教传统中，神掌握着主动权。

文本的书面传播和口述传播之间有一些重要的区别。书面传播要求口述无法达到的权威性，但这种权威性并没有终结口述传统的重要性，这在犹太教中是很明显的。书面传播拥有文本特征，使语言成为大众审美的对象和需要解读的人工产物，这些特征超越了口述文本。最后，书面传播使得创造不同于口述传统的历史成为可能。

参考文献

R. Alter, *The Art of Biblical Narrative* (1981)

J. Barr, *Holy Scripture* (1983)

A. Cole, *Text as Father* (2005)

F. M. Denny and R. L. Taylor, eds., *The Holy Book in Comparative Perspective* (1985)

W. Eichrodt, *Theology of the Old Testament*, tr. J. A. Baker (2 vols, 1961, 1967)

E. Frauwallner, *The Earliest Vinaya and the Beginnings of Buddhist Literature* (1956)

J. Gonda, *The Vision of Vedic Poets* (1963)

—— *Vedic Literature* (1975)

B. A. Holdrege, *Veda and Torah* (1996)

M. Levering, ed., *Rethinking Scripture* (1989)

K. R. Norman, *Pāli Literature* (1983)

C. Olson, ed., *Original Buddhist Sources* (2005)

—— *Hindu Primary Sources* (2007)

L. Patton, ed., *Authority, Anxiety, and Canon* (1994)

E. F. Peters, *The Monotheists* (2003)

S. Pollock, *The Language of the Gods in the World of Men: Sanskrit, Culture, and Power in Premodern India* (2006)

G. von Rad, *Old Testament Theology*, tr. D. M. G. Stalker (2 vols, 1962, 1965)

C. K. Roberts and T. C. Skeat, *The Birth of the Codex* (1987)

M. Witzel, ed., *Inside the Texts Beyond the Texts: New Approaches to the Study of the Vedas* (1997)

第 3 章
古　书

克雷格·卡伦多夫

1 简　介

在西方，虽然印刷书籍的传承主线可以追溯到中世纪的手抄本再到古希腊和古罗马的卷轴，但重要的是要记住，这些后来的文明是在其他一些也有文字的古代文化之后出现的。尽管在近东、中国和中美洲，文字很可能是独立出现的，但希腊、罗马与美索不达米亚、埃及、日耳曼部族以及以色列经常开展文化互动，所以本书要全面探寻古代世界书籍的情况，就必须考虑到所有这些领域及其相互关系。

最早的文字具有语标特征（图画文字），从简单的图画（象形文字）开始，然后发展到代表与原始物体相关的一些概念的符号（表意文字）。当符号代表物体名称的声音时，语标就成了音标；只有当符号代表辅音，或辅音和元音时，文字系统才具有表音特征。大多数早期的文字系统都是混合型的，而且有些仍然如此（见第 1 章）。

2 美索不达米亚

公元前 4 千纪，古代美索不达米亚已经发展出了世界上第一套完全成熟的书写系统，大约包含 2000 个语素文字（后来减少到大约 800 个）、100 多个表音文字以及一些语义指示符和音节符号。到公元前 2800 年，这个系统中的符号已经呈现出一种典型的楔形，这种文字很容易印在潮湿的黏土上，因此被命名为"楔形文字"。这个系统最初是由苏美尔人发展起来的，但是在公元前 3 千纪中期，它已被改编为阿卡德语，成为近东地区的通用语言，后来又被埃兰人、胡里安人、赫梯人和波斯人所采用。

古代美索不达米亚的文字偶尔也会出现在石头、印章、金属武器、工艺品、皮革以及蜡版上，蜡版在古代世界中随处可见，用于做笔记、写信等。然而，典型的近东书籍是由黏土制成的。最常见的形状是长方形，上面是平面，下面是凸面，在黏土湿润的时候用芦苇横向书写，从平面的左上角开始，一直写到右下角，必要时再写到凸面，然后从右往左写。黏土板在太阳下晒干，或者后期用窑火烤干。重要的文件有时被放进一个有保护性的泥封里。几块黏土板还可以连在一起做成书，这些书被收集到图书馆中，其中最大的图书馆是尼尼微的亚述巴尼拔图书馆，埃勃拉档案馆以其系统化的组织而闻名，尼普尔档案馆则是因其目录而闻名。

人们在宫殿、寺庙和家里学习写字，由于系统复杂，识字率仍然相当低（2%~5%），抄写员来自不同的阶层，从小簿记员到高级官员。所有的楔形文字中，有相当一部分是与写作教学相关的（如单词表），各种文学体裁也保存了下来，通常充当学生的练习。其中，最著名的是巴比伦时代的创世诗《天之高兮》（*Enuma Elish*），以及史诗《吉尔伽美什》。文学经典的版本没有插图，但数字和图表被记录在了记事板上，而《汉谟拉比法典》（公元前 1780 年）上甚至有一幅正义之神沙玛什（Shamash）的画像。有关魔法、医学和技术，以及地图、天文计算和建筑图的书籍都得以保存下来，但古代美索不达米亚人所写书的 90% 以经济和行政为主题。

3 埃 及

从公元前 3000 年开始，苏美尔人对埃及的影响似乎刺激了一种混合文字系统的形成，最终演变成大约 600 个语标、100 个音标以及 24 个类似字母表的符号（这些符号各代表一个辅音）。除了这种文字的正式版本，即象形文字（hieroglyphs，这个词由两个希腊语部分组成：hieros，意思是"神圣"；glyphein，意思是"雕刻"），还出现了两种由它衍生出来的非象形文字——僧侣体和世俗体，以满足人们对更快更容易书写的符号的需求。

埃及人会在木版、陶片、亚麻布木乃伊包裹物、纪念碑和庙宇上写字，甚至偶尔也在兽皮上写字，但最常见的是在纸莎草纸上写。纸莎草纸来自尼罗河下游的沼泽三角洲。制作过程的具体细节仍有争议，但人们普遍认为，芦苇的茎秆被剖开，纸莎草以直角叠放在一起，然后被压紧，这样它们的汁液就能黏合在一起。纸张在阳光下晒干漂白，再粘贴在一起形成卷轴。所用的笔也是用同样的芦苇剪成的，最初把笔尖捣成毛刷状，到了希腊时代，人们会剪成一个分叉的笔尖。黑墨水和红墨水交替使用，以区分文本的不同部分。尤其是标题"rubri"（拉丁文写作 ruber，意思是"红色"）一词就是从这里来的。古埃及卷轴有很宽的边距，象形文字最初是从右到左垂直书写的，通常只写在没有手柄的卷轴里面。卷的外面有时包含标题、作者姓名、摘要或正文的开头语，这些信息也可以作为版本记录信息写在里面。古埃及书籍给之后的书留下了几样东西：分栏书写、插图，以及标题、题名和版本记录。

在古王国时期，写在墓壁上的祷文和死者成就清单演变成了美德和格言的目录，这些美德和格言被转移到纸莎草纸上，作为"对死者的指示"，后来又增加了赞美诗、预言和警告。短篇故事、民谣、历史铭文和叙事诗在新王国时期变得普遍。非文学作品，如天文文献、历法、魔法咒语以及关于实用医学的论文和法庭诉讼也被复制下来。但这些文献中，最著名的题材是《埃及亡灵之书》（*Egyptian Book of the Dead*），其中记录的是埋葬仪式、对死者的祈祷以及对死后生活的猜测。插图是单独添加的，有时不能与文本完美结合。插图展示了一些场景，如为死者灵魂称重以及荷鲁斯（Horus）

将死者呈现给奥西里斯（Osiris）。[1]

4 希伯来书

　　最早的希伯来文字可追溯到公元前 15 或前 14 世纪，见于金属、陶碗和用作入门书（abecedary）的陶片上。到了公元前 10 世纪，王室的记录被保留下来，《申命记》（6：4—9）提出了一条早期的戒律，即神圣的文字要写在门柱上（mezuza，意为门柱圣卷[2]）、绑在头上和胳膊上的盒子里（tefellin，意为经文护符匣[3]）。《圣经》还提到了可以追溯到公元前 8 世纪的印章和图章戒指，象牙上的文字也可以追溯到同一时期，而最早的《圣经》碎片（《民数记》6：24—26）出现在稍晚一些的两卷银制卷轴上。刻着摩西教导的石头被公开展示（《约书亚记》8：32），以西结被命令在木头上写字（《以西结书》37：15—20）。烘焙过的陶土被用来制作收据、清单、税务记录和草稿。《死海古卷》是 1947 年至 1956 年在库姆兰附近的洞穴中发现的文献碎片，其中包括现存最早的写在兽皮上的《圣经》文本。

　　犹太教的基础是妥拉，它通过流亡和迫害使希伯来人团结在一起，没有其他任何一本书能够以同样的实体形式和文本稳定性保存这么长时间，也没有任何其他宗教书籍在版式、材料和准备方面受到如此的限制。妥拉包含《摩西五经》，即《圣经》的前五卷。它被写在羊皮纸上，且只在皮肤的那一面上书写，有 248 至 252 列，每页有 2 到 3 列。错误是可以改正的，但如果错误太多，书页就会被送进"存储区"（genizah），也就是存放损坏、磨损或有错误的妥拉的地方。书各页的末端被缝在一起，每一端都连接到一个滚筒上。除了妥拉，《旧约》的其他部分（《先知书》和《哈吉奥格拉法》，或《圣录》）也很重要，比如将妥拉与日常生活中的命令相协调的《塔木德》。在公元四五世纪之前，《塔木德》一直是通过口述形式流传下来的，它以抄本的形式写成，因为这是文本被写成书面文字时的常见形式（见第 8 章）。

---

① 荷鲁斯为古埃及神话中法老的守护神，是王权的象征；奥西里斯是古埃及神话中的冥王。

② 门柱圣卷是一块羊皮纸，上面刻有指定的《希伯来圣经》经文。门柱圣卷贴在犹太人的家门框上，以满足《圣经》中的诫命"又要写在你房屋的门框上"。

③ 经文护符匣是一组黑色小皮匣，每个内部装有一条抄录一段经文的羊皮纸。犹太教规定，犹太男子在每日晨祷时必须佩戴经文护符匣。

羊皮纸在古希腊罗马世界的其他地方广泛使用之前，似乎已经被用于希伯来卷轴。字间距和合理的页边距也首次出现在希伯来书中。

5 希 腊

5.1 实体书

在赫库兰尼姆（Herculaneum）[1]发现了大量烧焦的希腊手稿，在俄克喜林库斯（Oxyrhynchus）等埃及城镇的墓地和垃圾堆中发现了数千张纸莎草纸的碎片。这些材料中有阿尔克曼（Alcman）、赫罗达斯（Herodas）、米南德（Menander）、亚里士多德（Aristotle）和菲洛德穆斯（Philodemus）等以前失传的书籍的碎片，而其他失传作品的内容也在选集中得以保存，当然已经消失的部分仍然无法估量。例如萨福（Sappho）[2] 95% 以上的作品，索福克勒斯（Sophocles）[3] 90% 以上的作品，以及托勒密[4]之前的几乎所有天文学作品。

古希腊文字经历了几种形式的演变。克里特岛上的米诺斯文明与美索不达米亚和埃及文明是同时代的，并且在许多方面与之相似，在各种物品的表面上出现了两种截然不同的象形文字，以及两种草写体的音节文字。线形文字 A，主要出现在公元前 17 和前 16 世纪的克里特岛，这种文字被雕刻在石头、金属和黏土陶器上。大约从公元前 1600 年到前 1200 年，像迈锡尼和皮洛斯这样的大陆城市也开始崛起，产生了一种与线形文字 A 有关，但又不同的官方文字，即线形文字 B。公元前 1200 年左右，迈锡尼文明被摧毁，文字知识也随之消亡。大约在公元前 8 世纪中期，希腊人从腓尼基人那里借用了一种字母文字系统，将其进行调整以适应自己的语言。当时的腓尼基人也是纸莎草纸贸易的中间人（腓尼基的港口拜不勒斯可能为希腊人提供了"书籍"这个单词，即 biblos）。这种文字一开始是纪念碑式的，后来演变成圆形的、更加紧凑的

---

① 意大利坎佩尼亚区古城，公元 79 年被位于意大利南部的维苏威火山爆发所摧毁。

② 也译作萨芙、莎孚等，希腊女诗人。一生写过不少情诗、婚歌、颂神诗、铭辞等。

③ 古希腊剧作家，古希腊悲剧的代表人物之一，和埃斯库罗斯、欧里庇得斯并称古希腊三大悲剧诗人。

④ 希腊数学家、天文学家、地理学家和占星家。

安色尔字体（uncial）①作为书写体使用，然后演变成用于商业目的的草写体。

在几代人的时间里，希腊人开始在各种物品表面上写字，如约公元前630年在吕底亚人（Lydian）引入的硬币、青铜武器和器具、象牙或石头制成的印章、宝石、石板（用于记录法律和条约）上。还有蜡版，它们被绳索捆成两片一组、三片一组或多片一组，用于做笔记和学校作业。陶器上通常记载着故事中人物的名字或者要接受这些器皿的人的名字，而在集会上，陶器碎片（ostraca）②则被刻上雅典公民希望暂时流放的政治领袖的名字。羊皮纸，得名于小亚细亚早期的一个生产中心（拉丁语写作Pergamena，意为"帕加马的纸"），其也得到使用，但在古典时期并没有被广泛使用。古希腊人主要使用的书写材料是纸莎草纸，是直接或间接地从埃及获得的，用芦苇笔（希腊语写作kalamos）在上面书写。书写方式为列式，这种写法足以在一行文字中容纳16至25个字母或一行诗歌，每列有25至35行，每张纸有两到三列，除私人记事的情况外，只写一面。词与词之间不留下空隙，也没有系统性的标点符号，不过有时也能出现像段落符（paragrapho）这样的标记，即在戏剧中表示说话人变化或在散文中表示中断

图7 一块刻有相关关卷轴和票据的罗马雕塑（约公元100年），来自特雷韦斯（Treves）附近的诺伊马根（Neumagen），现已遗失，载于C. Browerus和J. Massenius, *Antiquitatum et Annalium Trevirensium Libri XXV*（里昂，1670）。牛津大学博德利图书馆（A 16.2, 3 Th）。

---

① 安色尔体是一种全大写字母的字体，主要用来书写希腊语、拉丁语和哥特语。在拉丁语中写作 uncia，意思是"1/12英尺"，即1英寸，这是杰罗姆给这些字母起的贬义称呼，他认为这样大的字体是一种浪费。

② 古希腊书写被放逐者姓名的陶器碎片，即"陶片放逐法"（ostracize）。

的横线。标准的 20 英尺①长的卷轴可以黏合成长达 100 英尺的卷轴，不过，超过 35 英尺的卷轴（相当于两三本《伊利亚特》的长度）是很罕见的，因为这样的长度太难处理了。卷轴可以用藏红花或雪松油保存，有时会给它的边缘上色，通常它只有一个单把手（希腊语写作 omphalos，意思是"肚脐"），纸莎草纸就绕着它滚动。它的基本信息，如主人的名字、文本的大小和来源，也许还有价格，要么挂在下边缘的中间，要么在文本的版本记录页添加注释，在那里同样可以看到这些信息。为了方便下一个读者，卷轴一般不会重新卷起来。不过，卷轴可以用织物或皮革覆盖，存放在桶里、箱子里或架子上。

5.2 图书业

最初，在希腊世界里，"出版"是指作者阅读包含其作品的一卷，并通过为朋友抄写和朋友之间互相抄写而获得副本，但没有版权：作者"出版"一本书的方式是确保正确的副本（这些副本比未经授权的副本更受重视）的流通。公元前 6 世纪，暴君庇西特拉图（Pisistratus）②组织了荷马作品的朗诵比赛，他也编辑和抄写了荷马的作品，后来来库古（Lycurgus）③要求将三大悲剧家的作品的官方副本放在雅典的公共档案馆。到公元前 5 世纪，雅典已经有了图书交易，为了便于交易，市场上为书商留出了一个半圆形的凹处。柏拉图说，哲学家阿那克萨戈拉（Anaxagoras）④的作品在那里可以以 1 德拉克马⑤的价格买到，也就是说还不到一个非熟练工人一天的工资。

5.3 阅　读

雅典的壁画表明，到公元前 6 世纪，文字是普遍存在的，公元前 490 年的壁画展示了人们阅读文学作家的卷轴。普通的雅典男性公民学习字母表，女孩可以接受足够

---

① 1 英尺约等于 30.48 厘米。
② 古希腊雅典僭主，两次被放逐，制定过一系列奖励农工商的政策，开展大规模海外贸易，建设雅典，并支持文化发展。
③ 活跃于公元前 4 世纪的雅典著名演说家和政治家，曾担任公共财政管理者，负责提升雅典的公共安全、文化和经济。
④ 伊奥尼亚人，古希腊哲学家、科学家，他首先把哲学带到雅典，影响了苏格拉底的思想。
⑤ 德拉克马为古希腊和现代希腊的货币单位，2002 年被欧元取代。

的教育来操持家务，奴隶有时也会识字。有了财富和闲暇时间，教育才可以继续下去，从初级学习到对更高级的语言、写作、历史和神话的学习，再到后来将希腊人的身体价值和智力价值传播到整个希腊化世界的体育馆。人们用文字书写信件、合同和遗嘱，法庭案件也依赖于书面文件。

假设古希腊人的阅读方式与现代欧洲人完全相同，当然，这可能并不靠谱。但事实上，文本是在没有词划分（scripta continua）的情况下写成的，这使得发声几乎势在必行，所以大声朗读在整个希腊文化中仍然是标准做法。随着时间的推移，一些希腊人发展出了默读的能力，这个过程与苏格拉底的"代蒙说"（daimonion）的兴起有关，这个内在的声音后来被称为"良心"。阿里斯托芬（Aristophanes）的《骑士》（*knights*，创作于公元前 424 年，当时柏拉图才 5 岁）中有一个场景，一个角色在默读，另一个不知道这种做法的角色对此感到困惑，这证实了"默读"这种行为并非普遍存在。

5.4 图书馆

暴君庇西特拉图也是早期的图书收藏家，他在雅典建立了第一个公共图书馆，但图书馆中的书在公元前 480 年薛西斯（Xerxes）洗劫该城时被掳走了。公元前 5 世纪和前 4 世纪没有提到公共图书馆，但公元前 4 世纪上半叶，色诺芬（Xenophon）提到了重要的私人藏书，尤其是亚里士多德的图书馆因其规模和广度而备受关注。亚历山大大帝死后，埃及的托勒密王朝计划建立一个研究机构（博物馆），有一小群常驻其中的学者，同时有大量的图书馆资源支持他们的工作。他们从整个希腊世界为亚历山大图书馆（Alexandrian Library）收集书籍，可谓不遗余力。在为借阅三位悲剧家的剧本的官方副本而抵押 15 个塔兰特（一笔巨款）的钱款后，图书馆选择放弃这笔钱，以保留剧本的原件。他们最终建成了世界上最伟大的图书馆——据估计，这座图书馆的主要馆藏至少有 40 万册书，仅卡利马科斯（Callimachus）①在公元前 3 世纪编写的《卷录》（*Pinakes*）②就有 120 卷。另一个重要的希腊化图书馆是由阿塔利德王朝建立

---

① 卡利马科斯，古希腊著名诗人、学者以及目录学家，他在亚历山大图书馆工作过。

② 《卷录》是由卡利马科斯撰写的失传的书目著作，它被普遍认为是第一本图书馆目录。

的，即帕加马图书馆（Pergamum Library），其藏书量很大，据说在公元前 1 世纪，马克·安东尼（Mark Antony）①曾将其中的 20 万册书赠予克娄巴特拉（Cleopatra）②。其他城市也都有自己特色的图书馆，在修辞学研究中心的罗得岛（Rhodes），当地体育场的图书馆中有丰富的演讲、政治、历史著作。碑文显示，这些图书馆在很大程度上依赖于其捐赠者。

5.5 文本考证

由于希腊的古卷都是手工抄写的，因此文本单词变体的威胁一直很大。亚历山大图书馆的学者们系统地解决了这个威胁，泽诺多托斯（Zenodotus）、阿里斯托芬和阿利斯塔克（Aristarchus）设计了一套类似"短剑号"（obelos，即在左边空白处划一道横线，表明一首诗是伪作）的重要符号系统。这些学者还提出了一个原则，即一个作者的用词习惯，在他的其他作品中也可以找到。在欧里庇得斯（Euripides）的作品中能看到演员的补充部分；希腊抒情诗人品达（Pindar）的插曲被识别出来，但其韵律模式得到了足够的理解，可以进行修改。最早出现在埃及沙漠中的《荷马史诗》片段，与来自亚历山大学者的文本传统并没有明显不同，这表明泽诺多托斯和他的继任者很好地完成了他们的工作。（见第 4 章和第 20 章）

6 罗 马

6.1 实体书

书籍很早就出现在罗马。据说在公元前 6 世纪，卢修斯·塔克文·苏佩布（Lucius Tarquinius Superbus）③最终购买了西卜林书（Sibylline Book）中的魔法记录，这些记

---

① 古罗马政治家和军事家，公元前 30 年在与屋大维的内战中战败，与埃及女王克娄巴特拉七世先后自杀身亡。
② 通称为埃及艳后，是古埃及托勒密王朝的最后一任女法老。
③ 罗马王政时代第七任君主，公元前 535 年登基，公元前 509 年被革命推翻。

录是写在亚麻布上的，和提图斯·李维（Titus Livy）提到的公元前5世纪的执政官记录一样。早期罗马还使用了其他书写材料。拉丁文中的"书"（liber）一词便提示了字是写在树的内皮（该词的根本含义）上的，而维吉尔（Virgil）提到在树叶上书写。铭文是写在石头上的，并且上了色，通常是红色，有时是金色。从做笔记到契约和税收收据，再到制作散文摘要，还有诗歌创作的初稿，都会用到蜡版。在罗马帝国，退役的士兵会获得一种称为公文（diploma）的青铜双连记事，授予他们以公民身份、土地和结婚的权利。在马赛克砖、硬币、陶器和宝石上也能看到铭文。羊皮纸已经是广为人知的书写材料，但它只在犹太人中广泛使用，其次在基督徒中也会普遍使用。

从共和国早期开始，罗马书籍基本是按照希腊模式发展起来的纸莎草卷轴。纸莎草纸被绑在一根由象牙、乌木，甚至是黄金制成的杆（umbilicus，意为"脐带"）上，杆上有把手（称为bullae或cornua）；卷轴用右手拿着，用左手展开。最初书写时只写在一边，错误的可以被刮掉。整个卷轴被称为"手抄本"（codices rescripti，希腊语写作palimpsesta），的确可以刮掉或冲洗后重新使用。一些重要的文本（如西塞罗的《论共和国》和公元前2世纪盖乌斯的《改革》）只有手抄本的下部文本保存下来。带有插图的书在公元4世纪时才开始被发现，但可以推断在此之前它们就已经存在了。维特鲁威（Vitruvius）提到了他作品中所附的插图。此外，众所周知，瓦罗（Varro）的传记研究附有700幅肖像画。旅行者的旅行路线需要地图（例如《波伊廷格地图》）。几份著名的维吉尔手稿［Vat.lat.3225和3867，《罗马法典》（Codex Romanus）］，例证了罗马后期在照明方面的成就。

人们采用了各种各样的书写字体。在基督诞生后的头五个世纪里，使用的是古罗马方形大写字母（capitalis quadrata），最初用于铭文书写，但很快被写在纸莎草纸上。这种字体书写速度慢，因此成本高昂，但它们能呈现一种优雅的粗细笔画对比，并带有明显的衬线，或称收尾修饰笔画。俗大写体（Rustic capital），起源于罗马方形大写字母，常见于伊比利亚和近东的纪念碑、不太正式的公告上，以及许多现存最早的罗马文献手稿中。它是一种更紧凑的大写字体，但也体现出草写体的影响。安色尔字体是由方形大写字母的圆角演变而来，几个独特的新形状（如a、d、e和m）是受草写体影响演变而成的。这种字体在基督教徒中兴盛了大约300年到900年，他们喜欢这种没有异教色彩的新字体。来自草写体的压力越来越大，部分字母不再被使用，升部（descender）和降部（descender）被夸大，①从而产生了第一个真正的小字体：半安色尔字体（half-uncial 或 semi-uncial），这种字体出现在公元 5 世纪，并在 6 世纪盛行，主要用于基督教文献。当时标点符号的使用很不规范，单词拆分最初出现在铭文的方形大写字母中，之后在希腊语的影响下消失了，后来再次出现于草写体的手稿中。

6.2 图书行业

罗马作家以朗诵会（recitatio）的形式开始其出版过程，这是一种公开朗读活动，旨在介绍新作品。维吉尔和贺拉斯很快就获得了令他们觉得尴尬的关注，而这种做法在帝国中变得更加难以控制，小普林尼（Younger Pliny）抱怨说，几乎每天都有朗诵。这一制度也有其优势：听众的喝彩肯定鼓励了作者，评论家可以指出缺陷，而这些缺陷可以很容易地被纠正，听众的胃口也被吊起来了。赞助是罗马文学体系的一个关键部分，奥古斯都（Augustus）的非官方文化部长梅塞纳斯（Maecenas）是这方面最杰出的例子，身为富人，他资助文学作品的生产和发行，而创作者将作品献给他。

让作品以书面形式传播的主要责任在于作者，尽管这究竟是如何发生的还存在争议。传统的解释是，作家可以让自己的奴隶抄写作品，也可以依赖大规模的"出版商"，比如西塞罗依赖他的朋友通信员阿提库斯（Atticus，前 110—前 32）。阿提库斯和其他出版商，比如 Q. 波利乌斯·瓦莱里努斯（Q. Pollius Valerianus）、特里丰（Tryphon）、阿特莱克图斯（Atrectus）、塞古都斯（Secundus），以及索西兄弟（Sosii brothers），让审稿人向抄写员口述，抄写员制作的副本被传播到整个罗马世界。作者和他的出版商商定书的外观（如卷轴的类型和颜色），但没有版权保护，作者也没有版税。使用出版商的好处是，作者不必亲力亲为，可以自费制作更多的副本。书商集中在（古罗马的）公共集会场所附近，而且通常都很专业：有的销售稀有书籍，有的专营当代作家，有的经营古籍。然而，W. A. 约翰逊（W. A. Johnson）指出这一场景并不完全正确，他注意到，卷轴的制作方式是一致的，这表明抄写员受过专业的训练。

---

① 字母在小写线和上缘线间的部分是字母的升部，在小写线和下缘线间的部分是字母的降部。

R. J. 斯塔尔（R. J. Starr）和其他一些人则提出，大规模制作卷轴的写字室（scriptoria）这一场景应该被替换成侧重一系列的"同心圆"（concentric circle），在这些"同心圆"中，作者为他的朋友制作副本，而他的朋友又为他们的朋友制作副本，如此，书与作者的个人联系逐渐消失，而书店只是贵族们最后的选择（尽管它很可能是下层读者的第一选择，实际上是唯一选择）。根据这个论点，西塞罗和阿提库斯很可能在家里完成了抄写，但这并不是常态。更常见的情况是，需要抄写的人会求助于图书管理员，这里主要是指抄写员，相对而言，他并不关心原作是来自顾客的书籍库存，还是来自图书馆。

6.3 阅　读

虽然上层阶级比下层阶级更注重教育孩子，但教育不仅仅是阶级的功能，一些出身低微的作家已经证明了这一点：特伦斯（Terence）到罗马的时候还是奴隶；奥古斯都的自由民许癸努斯（Hyginus）①成了帕拉丁图书馆（Palatine Library）的图书管理员，并写下了学术性的百科全书作品。你们可以想象得到，在罗马教育的各个阶段，书籍都是必不可少的。一开始，人们在蜡版上教字母表、音节、基础阅读，后来在写字板上教。第二阶段，根据许多学校教材，语法学家用希腊语和拉丁语教授语法和文学解读。第三阶段的重点是修辞学，需要理论论文和演讲样本。最后阶段是哲学，同样需要查阅许多书籍。

大多数阅读仍然是大声朗读，这就要求人们学会何时呼吸，何时提高或降低声音，何时做手势。这会涉及身体动作，所以在医学书籍中，阅读通常被定义为促进健康的运动。有些阅读是无声的，但通常是针对那些似乎不适合公开阅读的文本，比如信。卡图卢斯（Catullus）②和西塞罗率先区分了不同类型的读者，除了传统上与他们相关的贵族和教师之外，他们又增加了一个新的、广泛的中间群体，这些人的阅读目的更多是为了取乐而非实用，他们喜欢简单的风格，对书的实体质量并不关心。他们中有政府雇员、士兵、商人、技工和越来越多的妇女——事实上，奥维德（Ovid）也特别

---

① 许癸努斯（生卒年不详），拉丁作家，他的著作对于现代学者研究古希腊神话具有重要意义。
② 卡图卢斯（约公元前87—约前54），古罗马诗人。在奥古斯都时期，卡图卢斯享有盛名，后来慢慢被湮没。

关注这最后一个群体。军队中文字的广泛使用表明，特别是在罗马帝国时期，人们普遍有着某种程度的识字能力，但庞贝城中许多涂鸦的拼写和语法都很糟糕，这说明许多"新读者"除了基本知识外，几乎没有学会任何其他东西。

6.4 图书馆

第一批重要的私人图书馆是作为战利品进入罗马的。公元前 2 世纪，埃米利乌斯·保卢斯（Aemilius Paulus）带回了马其顿国王珀尔修斯（Perseus）的藏书，苏拉（Sulla）从雅典掠夺了提奥斯的阿佩利孔（Apellicon of Teos）①的图书馆，其中包括亚里士多德的许多书籍。贵族在别墅中设立图书馆很快成为一种时尚，像西塞罗这样的贵族不仅自家拥有书籍，也可以自由使用他们朋友的图书馆。位于赫库兰尼姆的纸莎草别墅中的图书馆，在公元前 1 世纪可能由恺撒的岳父卢修斯·卡尔普尼乌斯·皮索（L. Calpurnius Piso）所拥有，便是这种趋势的一个例证，不过这间图书馆对从伊壁鸠鲁（Epicurus）到菲洛德穆斯等哲学家的青睐可能并非当时典型的情况。

恺撒在罗马建立公共图书馆的计划没有落实，因此，在罗马建立第一个公共图书馆的任务落到了盖乌斯·阿西尼乌斯·波利奥（G. Asinius Pollio）身上。奥古斯都又建立了两座图书馆，一个在帕拉蒂尼山②的阿波罗神庙里，另一个在战神广场（Campus Martius）的奥克塔维亚门廊（Portico of Octavia）里。后来的皇帝们又建造了其他的图书馆。从图拉真（Trajan）③开始，图书馆经常被纳入公共浴室，直到公元 350 年，罗马已有 29 座图书馆。各个行省也有图书馆，通常是在富有捐赠者的帮助下建立的，比如小普林尼在家乡科莫捐赠了图书馆。东部省份有许多著名的图书馆（例如位于以弗所的塞尔苏斯图书馆，公元 98 年至 102 年期间潘泰诺斯在雅典建立的图书馆以及哈德良建立的图书馆），但奇怪的是，在意大利以外的帝国西半部，只有两个经过安全认证的图书馆，分别位于突尼斯的迦太基和阿尔及利亚的提姆加德。

---

① 一个富有的土生土长的提奥斯人，后来成为雅典公民，是公元前 1 世纪著名的藏书家。
② 帕拉蒂尼山是罗马七座山丘中位处中央的一座。
③ 罗马帝国皇帝，罗马帝国五贤帝之一。在位时立下显赫的战功，使罗马帝国的版图在他的统治下达到了极盛。

罗马图书馆的布局与希腊图书馆不同。希腊图书馆通常只收藏希腊文的书籍，储存在小房间里，这些小房间基本上是作为书库，房间门打开后通向柱廊，读者可以在柱廊里查阅卷轴。罗马文化中常用语有两种，所以图书馆被分为两个部分，一部分是希腊文书籍，一部分是拉丁文书籍。卷轴被存放在木制书柜中，房间的中心位置则供读者自由使用。图书馆一般只在上午开放，但偶尔也允许读者借阅书籍。

6.5 文本考证

古罗马最初的文本传播很随意，西塞罗抱怨他的演讲被改得一团糟，普劳图斯（Plautus）[①]的戏剧被演员随意改编。文本的稳定始于早期语法学家的出现。例如，瓦罗建立了普劳图斯戏剧的正版语料库，并致力于解释过时的或难以理解的词语。将文本作为学校教材有助于作品的保存，但也使其遭到拙劣的复制和二流的学术干预。在1世纪的一群学者中，最著名的是瓦莱里·普罗布斯（Valerius Probus），他采用亚历山大的方法，为维吉尔、贺拉斯和卢克莱修纠正抄写错误、标点符号，以及添加重要的符号。后来，弗朗托（Fronto）和格利乌斯（Gellius）研究了早期罗马共和时代的作家，试图从旧手稿中恢复文本来修正内容。从古典时代晚期开始，书的结尾会固定出现大约27个下标符号，表明书是在什么情况下被修订和复制的，证明了像尼科马奇（Nicomachi）和赛马奇（Symmachi）这样的显赫家族对修正和保存罗马文化重要作品（如提图斯·李维的历史著作《罗马史》[②]的前10卷）感兴趣。

6.6 从卷轴到抄本

"手抄本"一词最初是罗马人对木制笔记本的称呼。在公元1世纪末之前，罗马人开始用羊皮纸取代木板，马蒂亚尔（Martial）指出，在他那个时代，作家们一般都是用这种纸。对手抄本来说，纸莎草纸并不是木板的合适替代品，因为折叠和缝合会

① 普劳图斯（约公元前254—前184），古罗马剧作家，他的喜剧是至今仍保存完好的拉丁语文学最早的作品。
② 这是一部卷帙浩繁、内容丰富的历史巨著，一共有142卷，每10卷为一部，但目前存留下来的只有35卷。

磨损纸莎草纸书的关键部位——书脊。羊皮纸不适合用于卷轴，因为羊皮纸会导致手稿太重，但它却非常适合手抄本。

羊皮纸抄本的兴起与基督教的兴起有关。在公元 2 世纪的埃及出现的所有基督教著作都是抄本形式，而 98% 的非基督教著作都不是。对此，人们提出了许多理由。最初，基督教在社会中下阶层中传播，他们把抄本看作学校的笔记本、记事本或专业手册。在手抄本中找到一段话比在卷轴中找到一段话要容易得多，这对一个重视文本权威的新宗教来说是很重要的。此外，羊皮纸抄本摆脱了纸莎草纸卷轴所带有的异教色彩。不管是什么原因，到公元 4 世纪，像《西奈抄本》(Codex Sinaiticus) 这样的大型《圣经》开始以羊皮纸抄本的形式出现，并最终占据主导地位；甚至在古典时代结束时，异教文本也采用了这个模式。

7 如尼文

已知最早的用符文书写的例子来自公元 1 世纪下半叶的丹麦菲英岛（Funen）。如尼文通常被认为是粗俗的，与在其他领域的文化成就不为人所知的民族联系在一起。

如尼文属于字母文字，但没有充分利用该字母系统（例如辅音不重复，见第 1 章）。它们似乎源自罗马字母，并演化为一种非拉丁语语言：五个"不必要的"字母（K、Q、X、Y 和 Z）被用于没有拉丁语对等词的音素和语言集群，而如尼文在罗马字母中没有对等词。如尼文起源于德意志北部的罗马化的中心，并从那里传播开来，出现在有高声望的文物上，以记录所有者或赠送者的名字。除此之外，其唯一的功能是将长矛命名为 Prober，这可能象征着某种隐喻意识，并不表明有魔法色彩。最合理的解释是，如尼文是公元 2 世纪由与罗马人有一些接触的日耳曼人从罗马文字发展而来的，用来标记捐赠者或制造者、所有权或物品的功能。如此标记的物品成为一种表明群体成员关系和建立联盟的好方法，这同时也是罗马人使用语言的目的。

8 中　国

中国最早的文字出现在约公元前 1200 年的安阳，那是商朝的最后一个都城（见第 1 章和第 42 章）。据说这些文字是受到与美索不达米亚接触的刺激而产生的，但并没有考古证据来证实这一假设。早期的中国文字似乎是一个充分发展的系统，从类比的角度推理，在安阳发现的一定是一个文字系统的后期版本，其遗失的早期阶段会类似于早期美索不达米亚的铭文和线形文字 A 以及线形文字 B 遗迹。这里的问题可能是围绕着这样一个事实：一些文字材料比其他材料存留的时间更长。早期的中国文字也出现在骨头（皇家狩猎的纪念品）、龟甲（货物运送的记录）、玉石和其他宝石（所有权的标志）以及陶器上，但是并没有出现在自公元前 5 世纪起用作书籍的木垫或竹简上。在现存最早实例出现的几个世纪之前，作者们就提到了在丝绸上写字。如果中国文字在早期阶段也写在这样易损的表面上，那它们会消失也是理所当然的。

早期的中国文字通常被认为是象形文字，但每个汉字都是具有能指（signifier）和所指（signified）的真实文字系统的一部分。此外，许多中国象形文字可以代表不只一个词，因为能让人想象到声音和图像，所以它们也被用作形声字。抽象符号和复合符号都存在，但是在现存的大约 4500 个符号中，只有 1/4 到 1/3 被破译。这些符号最常出现在为了占卜而被烘灼和敲碎的动物骨头上，首先是日期和占卜者的名字，然后是希望得到答案的问题，偶尔也会出现答案。现存的有符号的青铜礼器较少，上层阶级用这些礼器向死去的祖先献祭，上面写有委托人的名字或死去的祖先的名字。

从公元前 2 世纪起的写在薄木片上的中国书籍开始陆续被挖掘出来。片（也叫册或简）一般由竹子制成，长 9～9.5 英寸[①]，宽 0.25～0.5 英寸，每侧一栏，但往往两侧都有文字。竖列书写似乎是为了适应竹简的形状。从公元 2 世纪开始，折页纸书和卷轴变得很常见。这些书装在匣子里，书名贴在盖子的一角，竖着存放。汉字是用毛笔书写的——毛笔是一种适合在丝绸和竹子上书写的工具，它也有助于原有汉字的曲线变直，从而减少了它们与图像符号的相似之处。汉字书写通过书法与绘画联系在一起，

---

① 1 英寸约等于 2.54 厘米。

因此到公元 3 世纪，传统上对精心书写的关注已经扩展到对书籍插图的关注。诏令和朝廷文书被依次刻在长方形的碑上，在三棱柱上也发现了文字。

9 中美洲

早在公元前 500 年，中美洲各民族就创造了脱离旧世界的文字系统（见第 1 章和第 48 章）。这些最早的文字尤其难读懂，但存在读懂的可能性；作为标志性的象形文字系统，它们保留了一种精神和物质之间的结合感，而这种结合感从根本上说是非欧洲的。

公元前 900 年左右，奥尔梅克文明出现了一种前文字系统。中美洲文字起源于用来区分个人身份的雕刻标记：通过头饰上的符号来识别身份，捕获者能通过手势和位置与俘虏区分开。最初，头饰上的符号仅是词汇单位（lexemic），所指的和能指的仍然结合在一起，但大约从公元前 900 年开始，词法标识符从与之相关的形状表示中分离出来。然而，在整个中美洲的文字中，这种分离仍然有被渗透的空间，使得它们在某种程度上更像埃及象形文字，而不是楔形文字和早期的中国文字——早期的中国文字更快、更明确地走向了抽象化。公元前 500 年左右，在墨西哥瓦哈卡州的萨波特克地区出现了真正的文字，其中语言被用图形表示出来，与所指的主体分离，并按顺序排列，以适应更复杂的句法。可惜，我们无法确切地理解其中的大部分文字。在特万特佩克地峡及其周围地区，也流传着自基督诞生后最初几百年内出现的少数文本。这种文字包含的图形相对较少，是否可以破译仍有争议。

最著名和最容易理解的中美洲文字是玛雅文字，从基督时代到 16 世纪，有成千上万的玛雅文本流传至今。最早的玛雅文字仍然难以破译，但古典时期玛雅文字中包含可理解的、随着时间推移而变化的符号。玛雅文字在中美洲出现得相对较晚，它使用的是当时已经成为其他文字标准的日期系统和纵列格式。玛雅文字最早出现在小物件上，如经过雕刻的绿宝石和传家宝，倾向于先用一个图像符号填满一个字块，然后这个字块再包含几个图像符号。玛雅文字通常被认为与其复杂社会起源的行政和宣传需要相联系，但鉴于识字的人相对较少，这一假设很难得到证实。

玛雅文字仍然与创造它的社会联系在一起，不受外部影响，最终随着西班牙的征服而消亡。然而，大约从公元 350 年至 450 年开始，特奥蒂瓦坎（Teotihuacan）附近的文明开始发挥其影响，使用一种开放的文字，很容易适应与之接触的语言和文化。即使在墨西哥被征服后，墨西哥土著居民仍继续使用更为开放的文字系统，这种文字系统与西班牙语一起出现在法庭文书中，但最终被欧洲人使用的罗马文字取代了。

参考文献

L. Avrin, *Scribes, Script, and Books* (1991)

T. Birt, *Das antike Buchwesen in seinem Verhältniss zur Litteratur* (1882)

H. Blanck, *Das Buch in der Antike* (1992)

W. G. Boltz, *The Origin and Early Development of the Chinese Writing System* (1994)

E. H. Boone *et al.*, eds., *Writing Without Words* (1994)

L. Casson, *Libraries in the Ancient World* (2001)

G. Cavallo, *Libri, scribi, scritture a Ercolano* (1983)

—— 'Between *Volumen* and Codex: Reading in the Roman World', in *A History of Reading in the West*, ed. G. Cavallo *et al.*, tr. L. G. Cochrane (1999; French original, 1995)

E. Chiera, *They Wrote on Clay*, ed. G. C. Cameron, 2e (1969)

J. Černŷ, *Paper and Books in Ancient Egypt* (1952)

P. T. Daniels *et al.*, eds., *The World's Writing Systems* (1996)

O. A. W. Dilke, *Roman Books and their Impact* (1977)

D. Diringer, *The Book before Printing* (1982)

R. W. V. Elliott, *Runes* (1989)

[Galleries Nationales du Grand Palais,] *Naissance de l'écriture* (1982)

H. Gamble, *Books and Readers in the Early Church* (1995)

J.-J. Glassner, *The Invention of Cuneiform*, tr. and ed. Z. Bahrani *et al.* (2003; French original, 2000)

A. Grafton *et al.*, *Christianity and the Transformation of the Book* (2006)

W. Harris, *Ancient Literacy* (1989)

S. D. Houston, ed., *The First Writing* (2004)

M. A. Hussein, *Origins of the Book* (1970)

W. A. Johnson, *Bookrolls and Scribes in Oxyrhynchus* (2004)

F. Kenyon, *Books and Readers in Ancient Greece and Rome*, 2e (1951)

T. Kleberg, *Buchhandel und Verlagswesen in der Antike* (1967)

R. Pfeiffer, *History of Classical Scholarship from the Beginnings to the End of the Hellenistic Age* (1968)

M. Pope, *The Story of Archaeological Decipherment* (1975)

R. Posner *et al.*, *The Hebrew Book* (1975)

Reynolds and Wilson

C. H. Roberts *et al.*, 'Books in the GraecoRoman World and in the New Testament', in *CHB* 1

W. Schubart, *Das Buch bei den Griechen und Römern*, 3e (1961)

D. Sider, *The Library of the Villa dei Papiri at Herculaneum* (2005)

R. J. Starr, 'The Circulation of Literary Texts in the Roman World', *Classical Quarterly*, 7 (1987), 213–223

J. Svenbro, *Phrasikleia* (1993)

E. Turner *et al.*, *Greek Manuscripts of the Ancient World*, 2e (1987)

B. L. Ullman, *Ancient Writing and its Influence* (1963)

G. Vermes, *The Dead Sea Scrolls* (1977)

D. J. Wiseman, 'Books in the Ancient Near East and in the Old Testament', in *CHB* 1

第 4 章
拜占庭书籍史

N. G. 威尔逊

公元 4 世纪初，希腊和罗马的文坛经历了一场大约始于 200 年前的革命：从那个时候开始，书的形式不再是卷轴（这种形式的文本只在纸莎草纸的一面纵向排列），而是带书页的抄本。这种新的形式有其优点。如果人们要寻找某个特定的段落，即使页面没有编号，也没有栏外标题，找到正确的页面的速度也往往比展开卷轴找得更快，而且双面使用意味着在固定数量的纸莎草纸或羊皮纸上可以书写更多的文字。这也是现在书籍的一种形式。这种文字容量的增加有利于保存大量的希腊文献。传统纸莎草纸很便宜，但图书行业的组织不足导致无法安排和保存资源，这导致早期的一些文本丢失，现在能读到的东西只占当时可读书籍的一小部分。然而，如果书的空白部分被充分利用的话，抄本格式确实允许保存从各种各样的次要文献中挑选出来的材料，即古代学术专著和评论，这些材料几乎都没有作为独立文本流传下来。

在拜占庭帝国存在的 1000 年中，其版图的范围波动很大，但即使在帝国失去了政治控制后，它仍然在意大利南部、西西里岛、埃及、黎凡特和巴尔干半岛等地区保持着不同程度的文化影响。从这一时期开始，与纸莎草纸相比，羊皮纸作为一种更耐用但也更昂贵的书写材料被越来越多地使用。文学作品中使用各种各样的字体。其中，书法性最强的通常是《圣经》安色尔字体或大字体（majuscule），在《圣经》的《西奈抄本》中可以看到这种字体得到了最好的应用，其年代可以追溯到 4 世纪中叶。然而，虽然这种字体的名字涉及《圣经》，但这种字体的使用并不局限于《圣经》文本。随着拜占庭帝国因阿拉伯的征服而衰落，书籍的制作受到了影响，目前尚不清楚公元 641 年拜占庭失去埃及在多大程度上影响了纸莎草纸的供应，也不清楚这是否是导致书籍制作减少的唯一或主要因素。其中保存下来的非常少量的书籍（或碎片）可以追溯至 7 世纪下半叶或 8 世纪的任何时间。在公元 800 年左右，书籍制作复兴的迹象出现时，拜占庭人似乎不再大量使用纸莎草纸，但他们很快就引进了在黎凡特生产的纸张。然而，关于这一时期书写材料的供应和价格的信息几乎完全缺乏。一种可能的猜测是，由于纸莎草纸的短缺，人们开始尝试使用迄今为止用于公文文件而非用于文学文本的字体，这些字体可以用较小的字母书写。其中一个尝试最终被发现是令人满意的，并被普遍采用；有人认为，这种调整后的由两个或三个字母组成的大量连笔的草写体，是由君士坦丁堡的斯图狄奥斯修道院（Stoudios monastery）的僧侣发明或推广的，该修道院从 9 世纪开始就以其缮写室而闻名。除了少数用于礼仪的豪华版文本外，人们逐渐放弃安色尔字体。

书的制作在很大程度上是由宗教需求决定的：《圣经》副本、礼仪文本、圣徒传记以及卡帕多西亚三教父（Cappadocian Fathers）和圣金口若望（St John Chrysostom）的布道内容，都有相当数量的副本存世。此外，学校教科书的生产也很稳定，其中大部分是古代异教文学的经典作品。一些文本借助大量副本流传下来，但并非所有文本都是如此——人们经常假设每个学生都拥有一份课程大纲中所有文本的副本，但这样的假设并不可靠。专业人员需要他们自己的手册和专业论文。与西欧相比，拜占庭高等教育的组织性要差得多，也没有发展出一个为学生提供基本文本副本的"书册"（拉

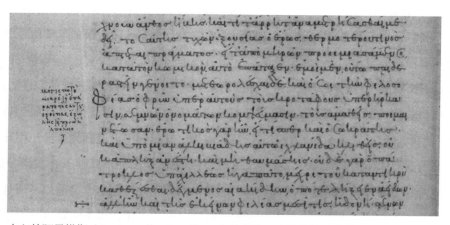

图 8 大主教阿雷塔斯（Arethas，约 860— 约 940）的旁注，表达了他对琉善（Lucian）在《论爱情》（*Amores*）中明显承认同性恋的厌恶之情。

丁文写作 pecia，意为"册"）系统。

以阅读文献为乐的受教育阶层几乎不存在。书籍似乎非常昂贵。藏书家阿雷塔斯在公元 900 年左右为几份公认的优质羊皮纸上的书法抄本支付的费用证明，低级公务员一年的工资几乎不足以购买六本书。随着纸张产量的增加，成本可能会降低。早在 11 世纪，拜占庭就广泛使用纸张，尽管纸张可能都需要进口（见第 10 章）。然而，在重写本①中，人们继续使用羊皮纸，这种情况并不局限于帝国的偏远或落后地区——这一事实表明，廉价和容易获得的书写材料并不能被认为是理所当然的。在这种情况下，人们会期望大多数抄写员通过使用一套完整的缩写体系来节省空间，缩写可以用于语法变化和某些常用词或技术术语。对于旁注，使用缩略语是不可避免的，但一般来说，抄写员不会在正文中使用。他们倾向于在行末使用缩写，让空白处对齐，这可能是出于审美的考虑，在其他地方他们更愿意避免使用缩写。

抄写员没有组织成行会。很明显，许多人都是自己抄写，而不是雇用专职抄写员。从版本记录中偶尔会发现有作者自称是专业抄写员（女性抄写员几乎不为人知），因此我们可以得知，有一些是专业人员，这可能是一种谋生方式，但估计没有多少人这样做。一些大型修道院（如斯图狄奥斯修道院）有一个缮写室，可能会接受外部客户的委托；许多版本记录中都说明抄写员是僧侣。然而，希腊抄写员的版本记录并不像在亚美尼亚手稿中那样频繁地出现，信息量也不大，因此我们对希腊抄写员的了解相对较少。这种情况的另一个后果是，我们往往无法确定一本书是在帝国的哪个地区写的，因为只有少数文本会明确地指出这一点。而对于拉丁文手稿，通常不难确定其来源国家，有时还可以更精确地了解手稿的来源。

圣西奥多（St Theodore，759—826）为斯图狄奥斯修道院制定的规则让我们能一窥缮写室的工作情况。规则中提到了一位首席专职抄写员，他负责公平地分配任务，准备羊皮纸以供使用，并保持装订工具状态良好。如果抄写员行为不端或未能履行自己的职责，比如抄写员在发怒时折断了笔，首席专职抄写员和抄写员都会受到惩罚。抄写员尤其需要注意拼写、标点符号和变音符，他要忠于自己的任务，不可更改抄写

---

① 在文本研究中，重写本是从卷轴或书本上刮掉或洗掉文本的原稿页面，以便该页面可以重新用于其他文档。羊皮纸是用羊皮、小牛皮或山羊皮制成的，价格昂贵且不易获得，因此为了节约起见，经常通过刮掉以前的文字来重新使用页面。

的文本。此规则没有说明的是，抄写员是否需要每天抄写一定数量的页数，以及缮写室向外部购买者收取多少费用。规则中没有提到书稿彩饰师，从其他文献资料获得的少量证据表明，他们可能有独立的工作室。

在拜占庭，书法似乎不像在其他文化中那样被当成一种艺术来欣赏，但抄写员对"书法"这个词的使用证明了一些客户对他们的服务有很高的评价，许多现存的手稿都是字体优雅的奇迹，数百页都保持着统一的高标准，其中一个突出的例子是教士斯蒂芬在 888 年为阿雷塔斯抄写的欧几里得作品（他在版本记录中并没有称自己是专业抄写员）。同样明显的是，对于《圣经》和其他宗教文本，人们期望使用正式的字体，而且一般说来，这类书籍即使写得不优雅，也会呈现出像样的书法水平。这一要求与拜占庭文化特有的保守传统相辅相成：在巴列奥略王朝（Palaeologan）的早期（约 1280—1320），可以发现一种仿古倾向，导致许多制作出来的副本（主要是宗教文本，也有其他文本）乍一看像是更早，结果它们被错误地追溯到 12 世纪。然而，学校教师和其他专业人员在制作主要供个人使用的书籍副本时，往往满足于用一种不太正式的字体书写，其中会用到许多草写体和缩写，这些手稿的时间也经常被弄错。很多情况下这些字体有足够的特色，可以用来识别作者的身份。有一个非常简洁的文本类型的例子，首都主教神学院的讲师尤斯塔修斯（Eustathius）约 1178 年成为萨洛尼卡（Salonica）大主教，他在撰写的各卷书中大量使用缩写形式。12 世纪一位名叫约安尼基奥斯（Ioannikios）的语法学家的笔迹就不那么清晰了，但可以确定他是现存近 20 份手稿的抄写员，抄写的主要是盖伦（Galen）和亚里士多德的作品，有一些可能是意大利翻译家比萨的勃艮第奥（Burgundio of Pisa）委托他抄写的。

发行和贸易都因信息不通而成为话题。6 世纪的律师和历史学家阿伽提亚斯（Agathias）曾谈及首都的书店，后来也偶尔提到书商。然而，令人好奇的是，一个非常重视书面文字并致力于培养能够用正式的仿古文起草文件的帝国国家和教会行政人员的社会，在这方面和其他相关方面留下的记录却如此之少。很明显的是，要获得不寻常文本的愿望通常不能通过访问邻近的商店来满足，就算住在帝国的首都，也没有这种条件。

拜占庭人自称罗马人，他们知道自己是希腊文学遗产的保管人。在大部分作品中，他们都尽力模仿希腊经典作品的语言和风格。人们不禁要问，他们在多大程度上成功地保存了从古典时代晚期继承下来的希腊文学。在这一时期，许多经典著作已经不再流通；公元391年，位于埃及亚历山大港的塞拉皮姆（Serapeum）图书馆被毁，无疑加剧了文学的损失。虽然关于这些事情的历史证据非常少，但皇帝们似乎从未成功地长期维持过一个能与在古代世界伟大文化中心的各种发现相匹配的大型图书馆；一个拥有几百册藏书的修道院，如帕特莫斯岛的圣约翰修道院，其藏书异常丰富（1201年的一份清单上有330个条目），而在当时，藏书不到100本的图书馆可能就已经非常令人满意了。拜占庭人需要比他们拥有的更多资源，这样才能保存大部分当时尚存的文本。有一段时间，他们曾取得部分成功。在9世纪中叶，佛提乌（Photius）仍能找到许多重要作品的副本，特别是今天已不复存在的历史文本，但这些文本的位置和寻找的方式尚不清楚。他所查阅的副本可能已经是孤本，如果这些书不是具有正统神学内容的文本，那么存在一种风险，即它们可能被急于制作某些似乎更相关作品的重写本的读者所抛弃。有一个臭名昭著的重写本，是在阿基米德的孤本文章、雅典演说家希佩里德斯（Hypereides）的残篇和迄今为止不为人知的亚里士多德《范畴篇》（*Categories*）上覆写了礼拜仪式的文本。在1204年，第四次十字军东征洗劫君士坦丁堡时，那些没有遭受如此命运或被意外摧毁的珍贵作品的副本大多消失了。自那之后，可供阅读的作品基本上与现在可以读到的早期中世纪副本相同。1453年土耳其人攻陷拜占庭都城时，君士坦丁堡的图书馆里几乎没有剩下任何文献——我们现在应该为失去这些文献感到遗憾。

参考文献

[Dumbarton Oaks Colloquium,] *Byzantine Books and Bookmen* (1975)

N. Wilson, 'The Libraries of the Byzantine World', *Greek Roman and Byzantine Studies*, 8 (1967) 53–80 (repr. with addenda in *Griechische Kodikologie und Textüberlieferung*, ed. D. Harlfifinger (1980), and further addenda (in Italian translation) in *Le biblioteche nel mondo antico e medievale*, ed. G. Cavallo (1988)

—— 'The Manuscripts of the Greek Classics in the Middle Ages and Renaissance', *Classica et Medievalia*, 47 (1996), 379–389

—— *The Oxford Handbook of Byzantine Studies* (2008), 101–114, 820–825

第 5 章
欧洲中世纪书籍史

克里斯托弗·德·哈默尔

1 欧洲黑暗时代

从罗马帝国后期将抄本作为手稿的正常格式，到 1450 年左右欧洲发明印刷术，在这 1000 多年里，所有的西方书籍都是用手抄写的，这一时期现在被称为中世纪。中世纪的欧洲是从罗马帝国的崩溃开始的（罗马帝国于公元 476 年灭亡），主要国家包括早期的伦巴第王国、德意志、法兰克高卢、西班牙西哥特王国和盎格鲁－撒克逊时代的英格兰等。这个时代与基督教的历史紧密相连。与犹太教和伊斯兰教一样，基督教是一种有文字的宗教，书籍（手抄本）对基督教的成功和巩固至关重要。有书面评注和解释的《圣经》是中世纪宗教生活的基础，如果没有用于阅读和诵读的书籍，基督教的礼拜仪式是不可想象的。欧洲的每一座教堂和修道院都不可避免地需要并使用某种类型的书籍。此外，基督教进入了一个书籍被认识和重视的世界。对希腊罗马古典学问的怀念和挥之不去的尊重一直延续到中世纪，其中夹杂着一种忧虑感，即人们认为古代知识在某种程度上是异常特殊的，甚至在智慧上优于后来的知识。这一主题在基督教书籍文化的历史中时隐时现，有时该主题和基督教书籍历史直接冲突，有时两者是不稳定的合作关系。最早的基督教信徒是在熟悉希腊语和拉丁语诗歌、哲学、历史、科学文献的文明社会中成长起来的。早期的基督教作家，如波爱修斯（Boethius，约480—约524）和卡西奥多罗斯（Cassiodorus，约490—约580）都是在这个传统中工作和写作的。波爱修斯的作品包括一系列关于亚里士多德的评论文章以及论述"三位一体"的著作。卡西奥多罗斯曾是罗马的政务人员，编写了《信札》（Variae），这是一部帝国法律汇编；之后在那不勒斯附近建立了一座修道院，并编纂了有关《诗篇》和其他基督教著作。基督教和古典知识并不一定是相互矛盾的，在地中海周围出现的书籍显示出对这两种文化的融合。

在罗马时代，早期基督教的一个重要遗产是发明和采用了抄本的格式。古典世界的书籍大多是在连续的卷轴上制作，但对于需要在不同地方不断查阅的文本来说，抄本是理想的载体，尤其对于法律文本和《圣经》文本来说更是如此。《圣经》文本，如福音书、诗篇和圣保罗书信，是中世纪早期最基本的手抄本，因为它们既用于礼拜仪式，也用于私人学习。随之而来的是对《圣经》的评注、布道，以及对神学和宗教生活的解释，不断扩张的基督教会用这些来武装和保卫自己，以抵御来自罗马帝国脆弱边界之外的攻击。许多原始的手抄本是由教父级别的作者编写的，可能大部分是僧侣，如米兰的安布罗斯（Ambrose，约339—397）、哲罗姆（约345—420）、希波的奥古斯丁（Augustine of Hippo，354—430）、教宗格列高利一世（Gregory the Great，约540—604）和塞维利亚的伊西多尔（Isidore of Seville，约560—636）。

在这个偶尔被称为"黑暗时代"的时期，来自南欧的早期基督教书籍通常呈方形，用羊皮纸书写（纸莎草纸在各地逐渐消亡，但埃及除外），通常用安色尔字体或俗大字体书写，开头字母都放大，用橙红色标出，有时还配有与古罗马壁画相似的绘画风格的图片。在拉文纳、里昂（高卢的一个主要罗马城镇）和罗马等地，一定有生产图书的场所。在古罗马帝国的边缘地区，如高卢和西班牙等省份，也出现了非正式的草写体，这些草写体出自帝国地区行政官僚之手。其中一些最终成为某些地区非常独特的字体，如西班牙的西哥特小写体（Visigothic minuscule），意大利南部的贝内文托小写体（Beneventan minuscule），以及法国各种本地化的墨洛温手书体（Merovingian cursive hands）。

到 6 世纪末，教皇的地位得到了充分的巩固，建立了一种新的基督教形式的罗马帝国主义。史学家比德（Bede）说，公元 597 年格列高利一世派传教士去到英格兰，带来了转变英国人信仰所需要的"所有书籍"。罗马的传教士在英国向北传教时，遇到了南下的爱尔兰或凯尔特基督徒，他们带来了自己的风格迥异的书籍。爱尔兰基督教和手抄本装饰的最终来源难以确定，但可能两者都是通过北非来到西部群岛（Western Isles）的，那里的科普特语书籍的装饰在某些方面与现在所谓的爱尔兰或"岛状"风格的书籍很相似，它有半安色尔字体、大且交错的首字母，以及由旋转的植物茎交错组成的极其复杂的装饰性"地毯页"（carpet page），其中融入了龙和鸟的图案。著名的例子有 7 世纪末的《杜若经》（*Book of Durrow*，都柏林，圣三一学院，MS 57）、8 世纪初的《林迪斯法恩福音书》（*Lindisfarne Gospels*，伦敦，大英图书馆，Cotton MS Nero D. IV）和约公元 800 年的《凯尔经》（*Book of Kells*，都柏林，圣三一学院，MS 58）。在 7 世纪和 8 世纪，爱尔兰基督教分支和罗马基督教分支在英国融合在一起，书籍的制作也融合了这两种风格。一个很好的例子是可能在坎特伯雷制作的《韦斯帕芗诗篇》（*Vespasian Psalter*，伦敦，大英图书馆，Cotton MS Vespasian A. I），其中有一些创新，如带图案的首字母，即内部画有图案的字母。一些在英国制作的手抄本，如《阿米提奴抄本》（*Codex Amiatinus*，佛罗伦萨，老楞佐图书馆，cod. Amiat.1），是一本巨大的单卷《圣经》，使用的是安色尔字体，与南欧制作的所有书籍一样复杂且古典。

于是，基督教和岛上的书籍随着威利布罗德（Willibrord）和博尼法斯（Boniface）等传教士来到德意志和北欧其他地区。在科隆、富尔达、圣加尔、弗赖辛、维尔茨堡和其他地方的修道院和教堂所制作的手抄本中发现了古老的岛状风格的后续作品。到了 8 世纪，整个德意志南部和奥地利肯定有重要的书籍生产中心。另外法国的吕克瑟伊、欧坦、科尔比、弗勒里和圣丹尼，意大利的卡西诺山、卢卡、博比奥、罗马、维罗纳等地也是如此。现存最早的书单，如法国圣万德里尔修道院（St-Wandrille）院长万多（Wando）的书单，其中就涉及福音、圣徒的生活、修道院规则、历史、奥古斯丁和哲罗姆的书信集、布道和《圣经》评注。毫无疑问，这些书的种类繁多，有排版拥挤、不好辨识的草写体小册子，也有装饰着兽形图案和镶着珠宝、贵重金属的豪华书卷。

2 加洛林王朝时期的欧洲

查理曼大帝（Charlemagne，约 742—814）在 8 世纪末控制了庞大的法德领土。他将学者阿尔昆（Alcuin，约 740—804）从英国召来，建立宫廷图书馆并改革宫廷教育。虽然难以记录，但在手抄本中可以清晰地看到，文字被标准化为一种全新的、（在现代人看来）清晰可辨的圆形风格，这就是加洛林小写字体。到了 9 世纪初，查理曼帝国大多数书籍的制作都遵循非常一致的风格，通常都是按照精确的数学比例，以宽敞的页边空白进行布局，非常精美。有些书的图片很精致，是仿照（很可能是故意的）古典时代晚期的原本绘制的。为皇室和教会其他主要人物及贵族制作的祈祷书，有时会有很大的首字母，甚至整页都是用抛光的金子写成。一些非常华丽的书籍显然是用作皇室内部的象征性礼物而委托制作，例如查理曼大帝为教皇制作的《达古尔夫诗篇》（*Dagulf Psalter*，维也纳，奥地利国家图书馆，Cod. 1861）。

在亚琛、图尔、欧塞尔、圣阿芒、莱切瑞和其他地方的大修道院都有图书制作中心，它们为自己制作图书，有时也为外人制作图书。例如，图尔的圣马丁修道院制作了用于出口的拉丁文《圣经》，如壮观而庞大的《"秃头"查理的一号圣经》（*First Bible of Charles the Bald*，巴黎，法国国家图书馆，ms. lat. 1）大约写于 846 年。手抄本主要是在兰斯及其周边地区制作的，如约 820 至 840 年的《乌得勒支诗篇》（*Utrecht Psalter*），其中动态和狂热的图画明显来自古罗马的样本（乌得勒支大学图书馆，MS 32）。《乌得勒支诗篇》通常与埃博（Ebo，卒于 851 年）联系在一起，他在 816 至 835 年是兰斯的大主教，他之前曾是亚琛的宫廷图书管理员。另一本来自兰斯的书是约 870 年的《城外圣保禄大殿圣经》（*Bible of San Paolo fuori le Mura*），至今仍保存在罗马郊区的同名修道院中，可能是"秃头"查理（823—877）在公元 875 年接受教皇加冕时带到意大利的。9 世纪是手抄本在法国、意大利和德意志以相当数量保存下来的第一个时期，其中有许多经典文本的最早副本。加洛林王朝的许多书籍都有精美的外观，这反映了当时欧洲的繁荣，以及对秩序和易读性的明显渴望。

然而，在英格兰，书籍的出版量在 9 世纪维京人入侵期间急剧下降。与查理曼大帝和阿尔昆相反，威塞克斯（Wessex）国王阿尔弗雷德大帝（Alfred the Great）在 871

年至 899 年期间从法国带回学者，如圣贝尔坦的格林鲍尔德（Grimbald of St-Bertin，卒于 901 年），以复兴英国的学术。加洛林字体在英格兰得到了推广，尤其是在 963 年至 984 年的主教艾塞沃尔德（Aethelwold）掌管下的温彻斯特，另外这种字体在坎特伯雷、阿宾顿和伍斯特也得到了应用。重要的益格鲁 – 撒克逊书籍包括艾特沃尔德自己的《艾特沃尔德祝福书》（*Benedictional of St Aethelwold*，伦敦，大英图书馆，Add. MS 49598）；11 世纪初的《爱德威福音》（*Eadui Gospel*），由坎特伯雷抄写员爱德威（被称作"胖子"巴桑）抄写并签名（汉诺威，凯斯特纳博物馆，WM. xxia 36）；《哈雷诗篇》（*Harley Psalter*），是 11 世纪中期在坎特伯雷根据上述 9 世纪的《乌得勒支诗篇》抄写的（伦敦，大英图书馆，Harley MS 603）。

加洛林王朝的遗产被德意志的奥托王朝的皇帝所继承，奥托三世（983—1002）制作了精美的手抄本，其中包括一本采用奢华的珠宝装帧、相当华丽的福音书（慕尼黑，巴伐利亚州立图书馆，Clm. 4453）。班贝克、莱切瑙（可能是）、特里尔和埃赫特纳等中心都制作了带有非常精细的彩绘的书籍，包括 10 世纪末著名的特里尔艺术家格雷戈里的作品。一些奥斯曼帝国的手抄本是用黄金写在紫色羊皮纸上的，这种象征性的做法被认为可以追溯到古罗马和君士坦丁堡的皇帝图书馆。

与此同时，希腊和地中海东部的修道院和教堂也在制作手抄本（见第 4 章）。中世纪的大多数希腊文献都是宗教文献，而不是古典时代的世俗文本。最常见的是《圣经》的各个部分，以及教父书和礼拜书。有些作品被精心装饰，如 6 世纪的《维也纳创世记》（维也纳，奥地利国家图书馆，Cod. theol. gr. 31）。从 726 年到大约 842 年，这一时期是圣像破坏运动时期，在东罗马帝国，手稿插画被禁止。直到大约 9 世纪，大多数希腊手抄本都是用安色尔字体写的。在斯图狄奥斯的西奥多（759—826）的倡议下，小写体被采用，他于公元 799 年在君士坦丁堡重建了斯图狄奥斯修道院和缮写室。

3 罗马统治时期的欧洲

在西欧，格列高利七世（1073 年至 1085 年期间任罗马教皇）对宗教生活进行了改革，他的教皇任期标志着持续一个多世纪或更长时间的修道热忱的开端，当时人们建立并重新捐赠了许多本笃会（Benedictine），也创建并发扬光大了许多新教团，比如克吕尼修会（Cluniacs）、奥古斯丁会（Augustinians）、西多（Cistercians）和加尔都西会（Carthusians），这是欧洲修道院书籍制作最密集的时期。图书馆的藏书和大量现存的罗马式书籍证明了人们为使修道院的藏书尽可能全面而作出的积极努力。编年史中经常记载，修道院院长或主教赠送了大量书籍，这可能意味着捐赠者在修建图书馆这种备受瞩目的活动中赞助了书籍的制作。一些记录显示，修道院从其他地方寻找范本，并相互借阅书籍。1066 年诺曼人征服英格兰后，手抄本和抄写员从诺曼底被送往英国大教堂，与法国本笃会修道院（如朱米耶斯修道院和圣米歇尔山修道院）的紧密文化联系体现在为英国大教堂修道院制作的书籍中，特别是坎特伯雷、埃克塞特和达勒姆的基督教堂。在 11 世纪晚期，西西里岛（西西里岛从 1060 年起同样被诺曼人占领）制作的书籍中也可以看到诺曼风格的文字和装饰的痕迹。一代人之后，在西多会手抄本中可以看到明显的同质性。它们朴素而优雅的风格，带刺的字体和单色的首字母，可能是从勃艮第的西多修道院开始的，但这种风格在远至东欧和南欧的西多会修道院制作的书籍中很容易辨认出来。西多会的集中化管理在他们制作的书中留下了清晰的痕迹。

任何时期流通的文本数量都是渐增的。每一代人都在不断扩充的必读书目中增加新的作者和书名。11 世纪末，修道院的图书管理员可能想要《圣经》（包括最初在意大利流行的一种新的、巨大的、多卷的讲坛《圣经》）的副本，并且附有基本的圣经注释，如格列高利对《以西结书》和《约伯记》的注释，奥古斯丁对《诗篇》和《约翰福音》的注释，哲罗姆对《先知书》的注释，安布罗斯对《路加福音》的注释，以及比德对《使徒行传》的注释。修道院的图书管理员还需要基本的神学副本和哲学副本，如波爱修斯的《哲学的慰藉》（*The Consolation of Philosophy*）和奥古斯丁的《上帝之城》（*De Civitate Dei*）；以及一些加洛林作家的作品，如都灵的克劳狄乌斯（Claudius of Turin，约卒于 827 年）、拉巴努斯·莫鲁斯（Rabanus Maurus，约卒于 856 年）、帕斯卡西乌斯·拉伯图斯（Paschasius Radbertus，约卒于 865 年），还有欧塞尔的雷米吉乌斯（Remigius of Auxerre，约卒于 908 年）；修道院规则和教会会议的教规；早期基督教历史，包括尤西比乌斯（Eusebius）、奥罗修斯（Orosius），也许还有比德创作的史书，以及精选的圣徒的生平记录；与数学、音乐和科学有关的一些书籍；基础医学（也许是关于草药的）；一些用于教授语法的古典文献，如维吉尔的作品；当然还有礼仪方面的书籍。这是一份比较全面的清单，但始终是有限的。到了 12 世纪早期，修道院需要所有这些书籍，甚至更多，因为当时出版了兰弗朗克（Lanfranc，卒于 1089 年）、坎特伯雷的安瑟尔谟（Anselm of Canterbury，卒于 1109 年）、沙特尔的伊沃（Ivo of Chartres，卒于 1115 年）、拉昂的安瑟尔谟（Anselm of Laon，卒于 1117 年）和许多其他人创作的新文本。到 12 世纪 50 年代，知识开始摆脱修道院的独家垄断，进入最终将演变成中世纪大学的学校，并让识字的俗世信徒得以接触，比如贵族和行政机构的人员。作者的数量进一步增加，包括吉尔伯特·德·诺让（Guibert de Nogent，卒于 1124 年）、杜伊茨的鲁珀特（Rupert of Deutz，约卒于 1129 年）、欧塞尔的吉尔伯特（Gilbert of Auxerre，卒于 1134 年）、彼得·阿伯拉尔（Peter Abelard，约卒于 1142 年）、圣维克托的休（Hugh of Saint Victor，卒于 1142 年）、马姆斯伯里的威廉（William of Malmesbury，约卒于 1143 年）、克莱沃的伯纳德（Bernard of Clairvaux）、吉尔伯特·德·拉·波雷（Gilbert de La Porrée，卒于 1154 年）、孔契斯的威廉（William of Conches，约卒于 1154 年）、沙特尔的蒂埃里（Thierry of Chartres，约卒于 1155 年）、贝桑松的扎卡里（Zachary of Besançon，约卒于 12 世纪中期），以及彼得·伦巴德（Peter Lombard，卒于 1160 年）。在神学、历史、政治、地理、自然史（例如动物志）、礼仪（弥撒而不是更古老的圣礼）以及从阿拉伯语翻译成拉丁语的第一批古希腊作品等方面，几乎都有源源不断的新书出现在急需的书目清单上。与此同时，越来越多的人希望修道院为世俗的赞助人制作书籍，比如奢华的圣诗集。但在 1050 年，许多修道院的缮写室所做的值得称赞的和基本可以实现的事情，在一个世纪后却变得无法实现。这一情况有着重大的意义。

　　12 世纪中叶可能是中世纪欧洲图书制作中最重要的分水岭。这一时期的发展对书籍的外观和制作方式产生了影响，这两点可以依次来分析。在 12 世纪之前，修道士通常会从头到尾地大声朗读书籍，慢慢地冥想和反思文献的内容。一个修道士可以花几个月甚至几年的时间来研究一本书，而且仍然希望在一生中掌握修道院图书馆里的大部分藏书。然而，到了 1150 年左右，流通的作品数量迅速增加，任何人都无法应付如此快速的增长，新类型的书籍应运而生。带有旁注引文的注释文本，以便用于快速参考，还有百科全书［如彼得·伦巴德的《神学语录》（*Sententiae*）和格拉提安的《教令集》（*Decretum*）］、文汇编、诗选、摘要和各种索引。抄写员设计了一些查找的方法，如按字母顺序、《圣经》和其他文本的章节编号、目录、彩色段落标记、页面顶部的标题，有时甚至按照对开页数查找，所有这些都是知识突然过剩的结果。这种现象与21世纪的信息爆炸有一些相似之处，搜索文本的方式也有创新。书籍第一次成为人们经常查阅的资源，而且经常是快速查阅，不仅仅是休闲时的阅读。这些变化也是由于图书的非专业读者群的增加，比如识字的行政机构人员和律师。与修道士不同的是，这些人往往急于求成。大约1200年时的一本手抄本，通常是两列，上面有许多仔细分级的彩色首字母，其空白处挤满了用于快速参考的注释形式，在外观上与150年前的典型书籍截然不同，后者通常写成单列的密集文字，优雅而朴素，首字母很少，字与字之间、段落之间几乎没有任何间隔。

我们有理由认为，12世纪以前的大多数手抄本是由修道士（有时是修女），或者至少是教会成员抄写的，大多是在闲暇时间或利用宗教生活的其他日常工作中留出的时间抄写。在有历史或建筑证据的地方，抄写员似乎通常在光线良好的回廊里工作。有时几个修道士合作完成一本书籍，撰写和装饰（仍未装订的）书中的不同部分，有时文字和相关的装饰是由同一个人完成。这一切在1100年左右开始发生变化。书籍数量的突然快速增长意味着许多修道院根本没有资源或时间来跟上变化。一些修道院还面临着为当地领主和他们的家人制作奢华的宗教书籍（如《诗篇》）的额外压力。之所以这么说是有原因的，第一个证据出现在专业的抄写员身上，他们被缮写室召去帮助制作书籍；世俗的艺术家和工匠，本来他们在各地旅行，也被雇用来装饰书籍并为书籍绘制彩绘的图画。在英国，一个著名的有据可查的例子是圣维克托的休，他的名字显示他不是修道士，在12世纪30年代，他在伯里的圣埃德蒙德修道院（Bury St Edmunds Abbey）参加各种艺术项目，比如《伯里圣经》（剑桥，基督圣体学院，MS 2）的彩绘。艺术家的职业化和专业化程度越来越高，这可能有助于解释12世纪的许多书籍越来越奢华的原因，人们经常使用昂贵的颜料，如青金石和抛光的黄金。也许这也标志着工作场所从对户外开放的回廊（这让使用金箔变得几乎不可能）逐渐转移到室内的一些专用工作室。

到了 12 世纪中叶，专业的抄写员和插图画家开始建立独立于修道院的商业和城市业务。最早出现这种专业服务的城市可能是巴黎，那里的潜在客户被宫廷以及圣母院学校和圣维克多学校（大学的前身）所吸引。12 世纪时，法国的森斯和特鲁瓦可能也有专业的工作室。到 1200 年左右，博洛尼亚和牛津也有了。到 13 世纪，西欧的世俗书籍贸易已经有了大量的记录。除了某些值得注意的例外情况［如圣阿尔班斯（St Albans）的修道士马修·帕里斯（Matthew Paris）的作品］，到 1250 年，修道院或教堂里很少有人制作手抄本了。在中世纪晚期的修道院，如果想要一本书（当然，很多人都是这样做的），通常得求助于专业工匠或城里的作坊。

4 字体和装帧

在中世纪 1500 年左右的时间里，文字和书籍彩绘的风格有很大的差异。优雅宽大的加洛林小写体在公元 800 年左右首次被采用，并随着时间的推移逐渐变得沉重，失去了圆润的感觉（在意大利除外），大约在 12 世纪 80 年代横向融合为通常被称为"哥特式"的字体，也被称为 textura。这种字体反过来又分裂成了用于展示的正式字体和快速的草写体，前者看起来很美，但写起来很慢，后者则用于许多相对普通的中世纪后期书籍。这些字体也在不断地分化和再混合，随之形成意想不到的字体，这在 15 世纪非常有趣的中世纪"混合字体"（lettre bâtarde）中得到了体现。手抄本的绘画风格也符合同时代其他艺术和建筑的总体趋势。在 7 世纪北欧风格活泼的手抄本装饰与野蛮人的金属制品和珐琅之间，在 12 世纪阴郁而有纪念意义的微型画与罗马式壁画之间，在 13 世纪闪亮的彩绘与哥特式彩色玻璃窗之间（其中还注入了蓝色和红色），在 14 世纪意大利优雅的书籍插图与文艺复兴早期的版画和壁画之间，以及在 1500 年左右的尼德兰南部书籍中，朴实、迷人，且有时甚至是滑稽的微型画与从扬·凡·艾克（Jan Van Eyck）到勃鲁盖尔（Pieter Bruegel）的佛兰芒原始绘画之间，都可以找到密切的相似之处，这是可以预料的。事实上，它们往往是同一批工匠在不同的媒介上创作的。

大多数手抄本都是从其他手抄本上借鉴抄写而来，吸收了范本和创造者时代的一些东西。文本传承的脉络可能非常复杂，因为一本书可能是从某本书抄来的，刻意或不小心修改或破坏了其他几本书，或者可能是从一个最近的范本或一个已经有好几个世纪历史的范本中抄来的，或者两者都有。文本的起源是由极端复杂的贸易路线和文化交流所决定的，实际上有时也是贸易路线和文化交流的证据。拉丁语是 13 世纪之前（甚至之后）大多数西欧手抄本的主要语言，它的普遍性赋予了图书贸易一种国际性，这种国际性直到今天也没有真正恢复过。

如果必须对中世纪书籍的外观差异进行归类，书籍的风格不会随着时期和生产地的变化而变化，这是显而易见的，也是意料之中的。书籍风格会根据其文本类型的变化而变化，甚至在同一时期也是如此，这一点至关重要，而且这在手抄本中的表现比在任何时期的印刷书籍中都更加明显。例如，作为最正式的礼仪书籍的弥撒书，其大小和形状与实用型的契据册（cartulary）截然不同，其书写的字体和装饰的方式也完全不同。反过来，这两者不像一卷古典诗歌那样可能是高大狭窄的版式，每行的第一个字母稍微分开到文本部分的左边；不像诵经台上厚重的《圣经》，分两栏供公众阅读；不像家谱编年史，如晾衣绳上的衣服一样串在一起；也不像袖珍的修士布道书，字体很小。但他们都可能是在同一时期制作的，甚至可能是由同一个抄写员完成。手抄本的分级制度，大体上就像中世纪的社会生活一样，是非常明显的。

5 哥特式图书业

早期的专业图书业记录得最多的是巴黎。这主要是（但不完全是）因为大学的兴起，大学在 1215 年左右已经形成了法律上独立的一个实体，吸引了来自欧洲各地的学生和识字的普通人。许多书商或图书馆都建立在新圣母街（rue Neuve Notre-Dame），这条街道创建于 1164 年左右，直接从西岱岛上的大教堂西门延伸出去（现在是一个步行区，其铺路的厚石板上标出了中世纪的街道图）。在这里可以买到二手书，也可以委托制作新的手抄本。此时，各项工作是分包的。羊皮纸制作者、抄写员和彩绘师通常住在左岸，在作家街（rue des Ecrivains，1209 年便得此名）和布里的埃朗堡街（rue

Erembourg de Brie），这两条街都位于圣塞维林（St-Séverin）教区，紧邻从小桥（Petit Pont）向南的圣雅克街（rue St-Jacques）。从事这一行的许多工人的名字都可以从税收记录之类的文献资料中找到，至少在 1307 年之前，当时注册的书商可以免去租税，即皇家税。在 13 世纪的巴黎，至少有 58 名书商和 68 名羊皮纸商是名声在外的。

大学对巴黎的图书业有相当大的控制权，表面上是为了防止学术界所依赖的市场被过度收费和剥削。据我们所知，从 1275 年开始，书商们首先要向大学宣誓服从，以此来获得许可证，并以 100 里弗尔（livre）[①]的保证金为担保，大学限制他们在买卖书籍中可能获得的利润。然而，除了宣誓过的书商之外，没有人可以在巴黎合法地从事图书业，市场上只能提供价格不超过 30 苏（sous）的旧书。此外，还有严格的规章制度来管理样书的租赁。注册书商将拥有未装订的指定大学教科书的样本，这些样本由大学当局检查并确认为准确无误（或能达到准确无误水平）。然后，他们将这些教科书分门别类地出租，每次出租一批或几批，这样，学生或其他人就可以自己抄写教科书了，就像为抄写员提供了一个借阅图书馆。当一个部分被抄完后，借阅者会把样书还给书商，然后依次收集下一个部分，以此类推。这意味着许多抄写员在理论上可以同时抄写同一本书，而且每份抄本都是直接取自经过校正和批准的范本。在 1275 年的大学条例中列出了这些正式的范本，并在 1304 年再次指定这些范本。

博洛尼亚大学也有类似的情况，尽管到目前为止还没有详细的记录，但也有特定的范本清单，主要是针对法律书籍，该大学在这方面的水平是最高的。有时，手抄本的空白处还有严谨的注释，抄写员在空白处记下了所抄写样书的编号，这是在大学背景下制作书籍的明确而令人满意的证据。欧洲大学城现存的 13 和 14 世纪的手抄本数量巨大。那些来自巴黎的书中有许多学术性神学和对《圣经》评注的文献。其中有许多多明我会（Dominican）大师的作品，如圣谢儿的休（Hugh of St-Cher，卒于 1263 年）、托马斯·阿奎那（Thomas Aquinas，卒于 1274 年）、阿尔贝图斯·马格纳斯（Albertus Magnus，卒于 1280 年）；以及方济各会大师的作品，包括圣文德（Bonaventure，卒于 1274 年）、邓斯·司各脱（Duns Scotus，卒于 1308 年）和莱拉的尼古拉斯（Nicholas

---

① 法国大革命前的货币单位。

of Lyra，卒于 1349 年）等人的作品。还有数学和科学方面的教科书，特别是亚里士多德著作的新拉丁文版本，以及源自中世纪的阿拉伯语译本。来自博洛尼亚的手抄本有罗马法的书籍，包括世俗的和宗教的，通常里面会附有大量的评注。民法文献以查士丁尼（Justinian）的晚期罗马法典及其各种帝国补充法典为中心。教规法书籍包括教皇或主教的大量信件汇编，称为教令，其中最著名的汇编以教宗格列高利九世（Gregory IX，1234）、教宗卜尼法斯八世（Boniface VIII，1298）和教宗克雷芒五世（Clement V，1317）的名义传播。

大学的手抄本通常都是大而笨重的书卷（只有一些手抄本例外），用高度压缩和简略的书写体写在褐色的羊皮纸上，用红色和蓝色的简单拖尾首字母装饰，宽大的页边布满了读者的笔记和注释。有些书有小幅彩绘插图，显然是由专业艺术家创作的。除了在巴黎和博洛尼亚制作的书籍外，还有一些著名的大学书籍可以追溯其制作地点到蒙彼利埃、图卢兹、牛津和帕多瓦，后来又可以追溯到剑桥、埃尔福特以及其他地方。

重要的大学城不仅是学生的集中地，也是皇家和教会行政人员、富有的贵族家庭和城市修士团体的集中地（换句话说，行政和宗教的大城市不仅是公务员、贵族和修士的集中地，也是大学的集中地）。很明显，在巴黎、博洛尼亚和牛津，早期的图书业不仅迎合了学术市场，而且还有比大学更低层次或更高层次的当地客户群，在底层的是修士（用"底层"这个词不是侮辱：他们会要求自居此层次）。巴黎、博洛尼亚和牛津的多明我会和方济各会修道院是欧洲最大和最古老的修道院。修士们是修行者，在公共场合旅行和传教，他们的书必须小巧便携，这样很快就发展出了一类独特的、合适的文本手抄本，如布道集、神学论文集、有关美德和恶习的论文以及忏悔指南，这些都是用细小的字体写在非常薄的羊皮纸上，装订的材料通常是松软的羊皮纸或皮革，而不是大块的木头，所有这些都小而轻，足以随意塞进口袋或修行者的旅行袋中。我们必须从这个方面来看待 13 世纪的拉丁文《圣经》，这些小小的单卷便携式《圣经》是中世纪图书制作史中最成功的代表之一，这种《圣经》非常普遍。据我们所知，它们几乎是第一次在单独一卷里从头到尾囊括了整部《圣经》。其内容是按标准和逻辑顺序排列的（我们不知道在 1200 年以前是否有这样的《圣经》）；这版圣经按章节划分，并配有按字母顺序排列的希伯来语名称的索引。整卷《圣经》可以放在手掌中。13 世纪的《圣经》通常用微小的、有图案的、比小拇指指甲盖还要小的首字母来装饰，这标志着大约 84 本书籍和序言的开始。它们有时被称为"大学《圣经》"，但很明显的是，其灵感、形式和非凡的成功都要归功于多明我会和方济各会的赞助。许多这样的《圣经》是在 13 世纪制作的，其副本在数百年里被销售、再销售，它们显然满足了中世纪的后几个世纪里对拉丁语《圣经》的需求。从那以后，《圣经》作为实体书，在形状、大小和编排上几乎没有变化。如今，在任何传统的现代印刷《圣经》中，依然可以找到由巴黎书商在 12 世纪 30 年代为修士们设计的那些创新之处。

6 俗世中人的识字能力

如果说修士们的小版《圣经》代表了欧洲大规模出版通俗读物的第一个时刻，那么在社会的另一端，书籍也有一个不断增长的重要市场。在过去 1000 年的欧洲历史上，即使是现在，不断提升世俗人的识字能力也是一贯的主题。奥托和加洛林王朝的皇帝们都拥有书籍。到 12 世纪末，书籍制作人为欧洲王室成员制作了一些极其宏大的手抄本，如为萨克森公爵"狮子"亨利制作的《福音书》（约 1888 年，沃尔芬布特尔，奥古斯特公爵图书馆，Cod. Guelf. 105 Noviss. 2° and Munich，Clm. 30055），为英格兰亨利二世的儿子杰弗里·普朗塔奈特制作的诗篇（后来为路易九世所有，约 1190 年，莱顿，莱顿大学图书馆，MS. lat. 76A），为菲利普·奥古斯特的妻子丹麦的英格堡（约 1195 年，尚蒂伊，康德博物馆，ms. 9）和路易八世的妻子卡斯蒂利亚的布兰奇（1200 年，巴黎，阿瑟纳尔图书馆，ms. 1186）制作的诗篇。它们全是极其奢华的彩绘手稿，内有数十张整页图，其制作成本一定极其高昂。然而它们却被更加奢华的《圣经道德》（*Bible Moralisée*）副本所掩盖，其中 4 套主要的副本是为路易九世及其家人在法国制作的，时间约为 1220 年至 1240 年（分别藏于：维也纳，奥地利国家图书馆，cod. 2554 and cod. 1179；托莱多大教堂；纽约，皮尔庞特·摩根图书馆，M. 240；牛津大学，博德利图书馆，MS Bodley 270b；巴黎，法国国家图书馆，ms. lat. 11560；伦敦，大英图书馆，Harley MSS 1526-1527）。这些巨大的、有插图的皇家手抄本最初都有超过 13,000 幅图片，色彩鲜艳，金光闪闪，很难用言语表达出它们的极度奢华。虽然这些书的具体制作环境尚不清楚，但它们无疑是专业艺术家的作品，它们并不是在公众通常能接触到的那种工坊里制作的。

书籍逐渐走入平常百姓的世界，而人们的识字率却没有增长太多。13 世纪的巴黎书商不仅为学生提供教科书，为修士提供《圣经》，还向下层贵族和中上层阶级出售带彩绘的诗篇和其他奢侈品形式的书籍。要确定最初的赞助人并不总是很容易，因为当时的纹章学还没有像 14 世纪那样精确，也没有成为一门普及的艺术，而且令人沮丧的是，普通人的识字水平往往最多就是在扉页上写名字。此外，许多诗篇之所以能保存下来，只是因为它们后来被赠予或遗赠给了宗教团体，而最初的诗篇并不是提供给这些宗教团体的（经过仔细调查发现）。在 13 世纪，为俗世中人所有和专门提供给俗世中人的诗篇变得越来越普遍，但其格式更小，数量更多，题材也变得更常规。

世俗诗篇的扩散并不局限于巴黎，在阿图瓦（可能在圣奥梅尔）、布鲁日、牛津、阿尔萨斯（可能在斯特拉斯堡）、维尔茨堡、雷根斯堡等地都可以找到明确的书籍制作群体。这种诗篇通常的格式是前面有一份日历，上面列出了一年中的圣徒日；接着是一连串的整页图片；然后是诗篇本身，有 150 首诗，通常分为 8 个部分，每个部分都有一个放大的首字母；接下来是《圣经》颂歌，后面还有连祷文；最后是亡灵祷文，接着是对圣母玛丽亚和圣徒的祈祷。其补充部分变得越来越重要，与日益增长的圣母崇拜相一致。这一部分演变成一系列每天 8 次对圣母的祈祷仪式，还要选择适当的诗篇和简短的赞美诗。因为僧侣们每天要进行 8 次礼拜，所以这些仪式被称为"时辰颂祷"，分别是夜祷（Matins，午夜）、晨曦祷（Lauds，3 点）、第一时辰（Prime，6 点）、第三时辰（Terce，9 点）、第六时辰（Sext，正午）、第九时辰（None，15 点）、晚祷（Vespers，18 点）、睡前祷（Compline，21 点）。到了 13 世纪最后 25 年，这部分的内容已经变得非常普通，这一情况正如暗喻所言，不是狗摇尾巴，而是尾巴开始摇狗了。对许多顾客来说，整个诗篇变得多余，因此抄写员开始省略诗篇，只留下日历、新的圣母时辰、7 篇忏悔诗篇和连祷文以及亡灵祷文，这就是时祷书（Book of hours），它是中世纪后期最著名、最常见的抄本。其完全是俗世中人的作品，供个人在家中使用。

世俗人识字率提高的第二个主要原因是白话文的手抄本产生了。除了少数罕见的例外情况（最明显的是在盎格鲁－撒克逊晚期的英格兰），大约在 1180 年之前，欧洲几乎所有的书籍都是用拉丁语写就的。虽然拉丁语不再作为母语使用，但它仍是正规教育和教会使用的语言。然而，到了 13 世纪初，普通人的识字率开始超过教士阶层的学习率，至少在有能力购买带彩绘的手抄本的阶层中是如此。巴黎的第一批书商也承接了浪漫文学手抄本的制作和出版，这些文学内容有的是诗歌，有的是散文，通常与反复出现的骑士精神主题松散地联系在一起。这些主题有特洛伊的战争和陷落、亚瑟王的宫廷［包括流行的兰斯洛特（Lancelot）的浪漫故事］，以及查理曼大帝对萨拉森人的战争。寓言式的《玫瑰传奇》（*Roman de la Rose*）由纪尧姆·德·洛里斯（Guillaume de Lorris）在 1230 年至 1235 年左右开始创作，由让·德·默恩（Jean de Meun）在 13 世纪 70 年代初完成。关于简单科学或自我提高的白话文文本包括戈苏因·德·梅斯（Gossuin de Metz）的《世界的形象》（*L'Image du monde*，1246）、布鲁内托·拉提尼（Brunetto Latini）的《宝藏书》（*Livres dou trésor*，1266—1268），还有《赛德拉奇之书：一切科学的源泉》（*Livre de Sydrach: La Fontaine de toutes sciences*，约 1270），以及其他作品。

还有一些古典和宗教文本的译本，包括 13 世纪 90 年代初由盖亚尔·德·穆兰（Guyart des Moulins）根据 12 世纪彼得·科米斯托尔（Peter Comestor）的《经院哲学史》（*Historia Scholastica*）翻译出的流行的《〈圣经〉历史》（*Bible Historiale*，1312 年修订）。所有这些都是针对贵族和中产阶级上层市场制作的精细手抄本，通常根据客户的财富或给家人、邻居留下深刻印象的愿望，提供丰富的彩绘和插图。神圣罗马帝国也有类似的文本，用不同的德语方言制作。一个著名的例子是中古高地德语浪漫诗篇《马内塞古抄本》（*Manesse Codex*），可能是 14 世纪初写于瑞士（海德堡大学图书馆，Cod. Pal. Germ. 848）。祈祷书的文本经常以德语白话文抄写，这一事实对宗教灵性的历史有一定的意义。可以说，图书业的专业性对白话文的传播和稳定具有相当重要的意义。托斯卡纳方言在意大利的主导地位通常归功于但丁《神曲》的巨大成功和传播，该书创作于 1308 年至 1321 年之间，仅 14 世纪就有 600 多份手抄本存世。由多梅尼科·卡瓦尔卡（Domenico Cavalca，卒于 1342 年）翻译成意大利文的《圣人传》

（*Vite dei Sancti Padri*）的手抄本，比拉丁文的原文手抄本要普及得多。在英格兰，由于存在两种口语以及书面拉丁语，白话文的发展变得十分复杂。诺曼血统的人和大地主（有可能是委托制作手抄本的人）都讲法语或盎格鲁－诺曼方言。农民和下层资产阶级讲中古英语，但在 14 世纪末之前，他们很少识字或富裕到可以拥有书籍。其结果是，英格兰给贵族制作的最宏大的书籍，如著名的、图文并茂的 13 世纪到 14 世纪初的《启示录》（*Apocalypses*），大多用的是法语。其中最重要的可能是为当时只讲法语的英格兰王室制作的书籍，包括两份手稿（剑桥大学，三一学院，MS R.16.2；牛津大学，博德利图书馆，MS Douce 180）。直到 1400 年乔叟去世后，《坎特伯雷故事集》（*The Canterbury Tales*）才出版，英语的地位也才真正上升到足以被社会普遍接受的程度。

我们有理由认为，到 13 世纪中后期，在西欧的大多数国家，就算没有固定的城市书籍制作坊，在书写和彩绘方面也都有了组织化的书籍制作设施。在英格兰，世俗书籍业的最佳证据来自牛津，与巴黎一样，由该中心制作的手抄本不仅有学术文本，还有修士的单卷本《圣经》、给世俗人士的诗篇和白话文文学作品。在两份手抄本上签下 "W. de Brailes"（剑桥，菲茨威廉博物馆，MS 330；伦敦，大英图书馆，Add. MS 49999）的彩绘师被普遍认为是威廉·德·布雷莱斯（William de Brailes），在 1238 年至 1252 年期间，牛津当地出现过关于他的记载。在 13 世纪的索尔兹伯里、约克、威斯敏斯特，也许还有林肯和剑桥（但不确定），都可能存在某种商业书籍的制作。奇怪的是，伦敦第一个有记载的书商是在 1311 年才出现的。后来，伦敦开始主导英国的图书制作，就像法国的巴黎一样具有决定性意义。在这之前，一些彩绘师可能仍然在各地奔波，随做随走。其他人可能是其雇主府邸的成员，因为爱德华一世的抄写员和彩绘师无疑就住在威斯敏斯特宫或其他宫殿。博亨家族是 14 世纪英格兰图书制作的主要赞助者，他们在埃塞克斯郡的普莱希城堡（Pleshey Castle）里至少雇用了两名彩绘师，他们都是奥古斯丁会修士（可能兼任家庭神父），分别是 1361 年和 1384 年记录的约翰·德拉·泰耶（John de la Teye），以及 1384 年和 1390 年记录的亨利·胡德（Henry Hood）。

与中世纪的法国和英国不同，意大利仍然是一个由许多独立的小公国、公爵领地和城市共和国组成的国家，只是因为彼此相邻和语言相似而松散地联系在一起。没有任何中央集权的管理，而正是这种中央集权的管理让法国将图书业集中在巴黎，或将神圣罗马帝国的图书业集中在布拉格和维也纳。甚至连教皇也一度都被逐出罗马，在为教皇宫廷制作手抄本的行业中，记录最完整的交易是在法国南部的阿维尼翁，教皇们在 1309 年至 1377 年间在那里生活。意大利的某些地区发展出了独具特色的彩绘风格。前面已经提到过博洛尼亚，其大学中法律研究的主导地位使其在 1300 年时接近于文化首都。在 13 世纪末和 14 世纪初，非常精致的《圣经》和礼仪书，以及法律手抄本和世俗浪漫文学，都是在博洛尼亚制作的。然而，早期的博洛尼亚风格与帕多瓦和威尼斯的手抄本风格非常相似，在没有明显特征的情况下，这三个城市的彩绘风格并不容易区分。意大利中部的手抄本通常是可以辨认的，特别是翁布里亚的书籍制作（佩鲁贾显然是主要的制作地点）。意大利南部也出版了精致的书籍，尤其是那不勒斯。一个引人注目的例子是腓特烈二世（Frederick II）在那不勒斯出版的狩猎书《鹰猎术》（*De Arte Venandi cum Avibus*），里面大约有 660 幅微型画，大约于 1258 年至 1261 年在那不勒斯绘制（罗马，梵蒂冈图书馆，cod. Pal. lat. 1071）。虽然证据不足，还需要进一步研究，但利古里亚在 1300 年之前也很可能是重要的图书制作地，热那亚也可能被证明是一个主要的图书制作中心。

7 中世纪晚期和文艺复兴时期

到了 14 世纪，意大利已经坐上了后来被称为文艺复兴的文化过山车。对人的自由和个人精神的新认识的一个实际结果是，艺术家和彩绘师的名字开始被大量记录下来，因此特定画师的独特手法就得以保留下来供后人辨认，而不仅仅是中世纪艺术家试图掩盖其个人特征的工坊风格。一些意大利彩绘师非常有名，在他们自己的时代就已经声名远扬。另一些人的名字，是从其独特的作品中获得的。在博洛尼亚，在制定了有日期的行会规章后，一些彩绘师被授予了 1285 年大师、1311 年大师、1314 年大师、1328 年大师等头衔，以此类推，一直到 1446 年大师。这里的大师有 14 世纪初的尼利欧；尼科洛·迪·贾科莫·迪·纳辛贝内的作品很丰富，历史记载他生活于 1345

年至约 1403 年，他也被称为尼科洛·达·博洛尼亚；还有布鲁塞尔首字母大师，大约在 1400 年，因其在法国为贝里公爵制作《布鲁塞尔时祷书》（布鲁塞尔，皇家图书馆，MSS 11060—11061）而得到此头衔。在锡耶纳，有利波·瓦尼（约 1340— 约 1375）和萨诺·迪·皮耶罗（1405—1481）。佛罗伦萨有许多著名的插画家，比如 14 世纪初的帕西诺·杜·博纳吉达，他也是版画画家；"达迪斯克大师"（约 1320—1360），可能不止一位插图画家有这个绰号，其由来是因为与版画画家贝尔纳多·达迪（卒于 1348年）的作品风格相似；多明我会肖像大师（约 1325— 约 1355）；希尔维斯特罗·德伊·格拉杜齐（1339—1399）也是版画画家和修士，从 1398 年开始在卡马尔多利担任修道院院长；西蒙尼·卡玛尔多乐斯；洛伦佐·莫纳科（约 1370— 约 1424），可能来自锡耶纳，从 1390 年开始在佛罗伦萨天使圣母大殿的卡玛尔多乐斯修道院里担任修士；扎诺比·斯特罗齐（1412—1468），他也与安杰利科修士共事过。此外还有里卡多·狄·纳尼爵士（1445—1480）、巴托罗缪·达安通尼·瓦尔努齐（1410—1479）；弗朗切斯科·狄·安东尼奥·戴尔·基耶里科（1433—1484）；格拉尔多·狄·乔凡尼（约 1446—1497）；蒙特·德·乔凡尼（1448—1532 / 1533）；以及凡特·狄·加布里耶罗·狄·凡蒂·阿塔凡蒂（1452—1520 / 1525，简称为"阿塔凡蒂"）。

许多手抄本是在米兰和伦巴第的其他地方制作的。那里重要的彩绘师有乔瓦尼诺·德·格拉西（卒于 1398 年，1389 年起在米兰有案可查），是《维斯孔蒂时祷书：佛罗伦萨》（佛罗伦萨，国立中央图书馆，Landau Finaly cod. 22.）的彩绘师；米高连奴·达·贝索佐（1388—1450，在帕维亚）；15 世纪早期至中期，作品繁多且笔法引人入胜的伟人传记大师；方济各会祈祷书大师（约 1440—1460），以及相关的布达佩斯轮唱歌集大师（约 1444—1450），以《布达佩斯》的手稿（国家博物馆图书馆，c.l.m.ae. 462）而命名；伊波丽塔·斯福尔扎大师（1450—1475）；克里斯托福罗·德普雷迪斯（约 1450—1487）；乔凡尼·皮耶特罗·比拉戈（约 1490— 约 1518，也在布雷西亚）；以及签名为"B. F."的"B. F. 大师"（约 1495—1545）。在里米尼，有涅里·达·里米尼（约 1300—1338）；在佩鲁贾，有马泰奥·狄·塞·坎比（约 1320—1424）；在维罗纳，有菲利斯·菲里西亚诺（1443— 约 1480）、利贝拉莱·达·维罗纳（1445— 约 1529）、弗朗切斯科·戴·利布里（约 1450—1506），以及他的儿子吉罗拉莫·戴·利布里（约

1475—1555）。这后三人尤其以制作庞大的唱诗书而闻名。

威尼斯的彩绘师有克里斯托福罗·科蒂斯，他在 14 世纪的最后 10 年出生，到 1445 年去世，还有普蒂大师（约 1466—1474），他也从事印刷书籍的创作。那不勒斯的重要人物有吉奥奇诺·迪·乔凡尼·德·吉冈提布斯，1450—1485，出生于罗托尔。出生于巴伐利亚的罗滕贝格（他也曾在罗马工作，1450—1485）；马泰奥·费利塞（1467—1493）；以及科拉·拉皮卡诺和克里斯托福罗·马约拉纳，两人均为 15 世纪下半叶人士。毫不奇怪，他们的手抄本风格似乎与西班牙的加泰罗尼亚的手抄本几乎没有区别，或许他们是旅居者。费拉拉和埃斯特宫廷的赞助也吸引了在其他地方工作的彩绘师，比如塔迪奥·克里维利（1420 / 1430—1476 / 1479）、乔治·达勒马纳（卒于 1479 年），在 1441 至 1462 年见于菲拉拉当地的记载，在 1473 年至 1476 年见于摩德纳①当地的记载。古列尔莫·吉拉尔迪，于 1441 年至 1494 年之间有资料可查；弗朗科·德·鲁西（1455—1482），出生于曼托瓦，但在菲拉拉、帕多瓦、威尼斯和乌尔比诺都有资料可查。吉罗拉莫·达·克雷莫纳，1460 年至 1483 年在菲拉拉、帕多瓦、曼图亚、锡耶纳、佛罗伦萨和威尼斯都有记载；以及科西莫·图拉（约 1430—1495）。罗马和教皇宫廷吸引了许多最好的彩绘师，但直到 15 世纪中期才真正把他们吸引过来。他们当中有来自帕多瓦的抄写员和文艺复兴时期的书籍设计大师巴托罗缪·桑维托（1435—1511），以及他曾经的合作者帕多瓦的加斯帕雷（约 1466—1493，也被称为梵蒂冈荷马大师），还有几位伟大的手抄本彩绘人，其中有来自伦巴第的安东尼奥·达·蒙察（约 1490—1518），最著名的当属克罗地亚人乔治·朱利奥·克洛维奥（1498—1578），埃尔·格雷考为他绘制了一幅肖像画，瓦萨里对此赞不绝口。

尽管 14 世纪的法国确实存在地区性的书籍彩绘风格（我想到的是梅斯和康布雷两地），但巴黎仍然主导着北方的图书业，并吸引着最好的工匠。到目前为止，它是中世纪欧洲最大的城市。著名的插画师有 1289 年至 1312 年见于记载的奥诺雷·达米安（Honoré d'Amiens），他在 1296 年为王室工作。在他的手抄本中，有腓力四世的《祈祷仪式简写本》（巴黎，法国国家图书馆，ms. lat. 1023）。另一位彩绘师是让·普塞尔（Jean Pucelle，卒于 1334 年，其被记载时间约为 1319 年），他因两卷本《贝尔维尔祈

---

① 摩德纳，意大利北部城市，位于波河的南岸，艾米利亚 – 罗马涅大区摩德纳省省会。

祷书简写本》（*Belleville Breviary*，巴黎，法国国家图书馆，ms. lat. 10483—10484）和袖珍本《埃夫勒的让娜时祷书》（*Hours of Jeanne d'Évreux*，纽约，大都会艺术博物馆，修道院分馆，Acc.54.1.2）闻名。他和他的工作室显然与多明我会的人有一些业务联系，特别是与塞纳河下游的普瓦西皇家修道院关系紧密。法国王室对书籍制作提供的赞助在查理五世（1338—1380，1364 年起成为国王）和他的继承人查理六世（1368—1422，1380 年起成为国王）、查理六世的弟弟贝里公爵让和勃艮第公爵菲利普·勒·哈迪（1342—1404），以及菲利普的儿子和继承人让·桑普尔（1371—1419）的委托下达到了最高峰。国王和王室公爵们都建立了规模宏大的图书馆，其中许多图书馆都有详细的目录记录，比如历史和编年史、骑士传奇、寓言、神学和圣徒生活的文本、古典文本、道德教育、诗歌、音乐、政治、战争、狩猎和炼金术的相关书籍，其中许多是被特别委托翻译成法语的，还有"圣经"（有时也是法语版）、简写本和弥撒书，以及日益流行的时祷书，这些书似乎都在奢华和精致方面展开了竞争。例如为贝里公爵制作的书，其中有约 1380 年由安德烈·博内维（André Beauneveu）负责彩绘的诗篇（巴黎，法国国家图书馆，ms. fr. 13091），约 1390 年的《袖珍本时祷书》（*Petites Heures*, ibid., ms. lat. 18014），由雅克马·德·赫斯丁（Jacquemart de Hesdin）和其他人于 1400 年绘制的《布鲁塞尔时祷书》[*Brussels Breviary*，布鲁塞尔，皇家图书馆，ms. 719（11060—11061）]，1409 年的《大时祷书》（*Grandes Heures*，巴黎，法国国家图书馆，ms. lat. 919），林堡兄弟绘制的两本高级手抄本《美好时光时祷书》（*Belles Heures*，1408—1409，纽约，大都会艺术博物馆，修道院分馆，Acc.54.1.1），以及最精美的《豪华时祷书》（*Très Riches Heures*），但公爵 1416 年去世时这本书尚未完成（尚蒂伊，康德博物馆，ms. 65）。王室和公爵收藏的手抄本通常都包含有几十甚至几百幅微型画，用彩色皮革或纺织品装订，并配以珐琅和珠宝扣。书籍显然是宫廷文化中非常明显的一部分，它们被当作新年礼物交换，并被展示、分享和复制。有抱负的作者展示专门制作的手抄本，希望在皇家赞助下进一步出版，这自然影响了法国的藏书风尚。贵族和上流社会的朝臣们建立了宏伟的图书馆。前往巴黎的富人带着手抄本，或者带着想要拥有手抄本的念想回家了。不管经济水平或文化程度如何，在所有家庭中，至少时祷书几乎成为人们必不可少的财产之一。

巴黎的图书业主要分布在新圣母院街附近，在 1400 年前后的几十年里，巴黎的图书业处于黄金时期，产生了许多中世纪最精美的图书。有些彩绘师的声名没有远扬，但因为他们制作的最有名的书而得到了大师的称呼，如《奥赛亚的使徒书信》（*Épître d'Othéa*）大师、《圣母之城》（*Cité des Dames*）大师、贝里的《圣女》（*Claires Femmes*）大师、埃哲顿大师（Egerton Master）和哈佛·汉尼拔大师（the Harvard Hannibal Master）。其他如布锡考特大师（Boucicaut Master）因为制作大型时祷书而得名（巴黎，雅克马尔·安德烈博物馆，ms. 2），以及贝德福德大师得名于一本时祷书（伦敦，大英图书馆，Add. MS 18850）和一本每日祈祷书（巴黎，法国国家图书馆，ms. lat. 17294），它们都具有一定的辨识度。前者可能是雅克·科恩（Jacques Coene）1398 年至 1407 年记载于巴黎，后者几乎可以肯定是海因策林·德·哈根奥（Haincelin de Haguenau）1403 年记载于巴黎，在 15 世纪 20 年代仍然活跃。这些彩绘师都有助手和追随者（可能通常是家庭成员）帮忙，他们按照成熟的模式制作手抄本，特别是时祷书，而且数量可观。大多数手抄本可能是由书商的客户事先委托的；一些艺术家甚至可能抱着投机的想法预先准备书籍，以期待之后会遇到现成的买家。

1420 年，亨利五世率领的英国军队在阿金库尔战役中击败了法军，占领了巴黎。巴黎图书业的光辉时期突然结束了。在长达 30 年的时间里，巴黎的商业几乎停滞了。一些彩绘师开始为新的统治者服务，包括贝德福德大师，他因赞助人贝德福德公爵而得名。从 1422 年直到 1435 年去世，贝德福德公爵担任法国的摄政王。大多数彩绘师离开了巴黎，在外省定居下来。他们的出走标志着广布而分散的图书业开始了，这成为法国在手抄本制作历史上最后 80 年的主要特征。艺术家和抄写员从巴黎去往外省，他们中的许多人显然带来了经验和得到普遍认可的模板。他们在以下地点定居工作，如鲁昂（那里最著名的作坊与日内瓦拉蒂尼大师有关，这位大师也被称为"鲁昂的埃切维纳大师"）和图尔（那里的画家有让·富凯，也就是现在颇为普通的《艾蒂安·舍瓦利埃时祷书》的优秀彩绘师，此书主要收藏在尚蒂伊的康德博物馆；还有让·波耶和让·布尔迪雄，是布列塔尼的安妮和路易十二的宫廷彩绘师）。

布尔日、普瓦捷、里昂、南特、昂热、雷恩、第戎、贝桑松，以及亚眠，这些城市中的大多数人至少在 15 世纪末之前还在制作手抄本。到了 15 世纪 60 年代，彩绘师

图 9　15 世纪的抄写员正在工作，此图出自《荣誉的辩论》（*Le Débat de l'honneur*）：他使用了钢笔、手写笔、书镇、书桌和墨斗，身后有一个书柜。其中的手抄本是为"好人腓力四世"制作的；这幅微型画可能是让·勒·塔维尼耶（Jean le Tavernier）的作品。藏于布鲁塞尔皇家图书馆（MS 9278, fo. 10r）。

们纷纷回到了巴黎。那里最有名的艺术家是 1473 年提到的弗朗索瓦大师和雅克·德·贝桑松，后者从 1472 年到 1494 年都在新圣母街。16 世纪 20 年代，巴黎仍在用手写和手工彩绘的方式制作一些浮华和粗糙的书籍，但那里的图书业从未真正恢复一个世纪前所享有的无与伦比的主导地位。印刷术在巴黎的出现相对较晚（1470），这在一定程度上说明了巴黎的图书制作业务在欧洲的重要性已经下滑到何种程度。

15 世纪法国的政治动荡无疑对荷兰南部和北部的图书贸易有利。根据 1435 年的《阿拉斯条约》(*Treaty of Arras*)，勃艮第公爵将其庞大的领地迁往佛兰德斯。里尔和瓦朗谢纳等城镇制作了大型贵族手抄本，但资产阶级的商业城镇才是获利最多的。在 15 世纪上半叶中期，布鲁日仍然拥有通往公海的航运通道，向英国出口了大量的时祷书。到 1450 年，布鲁日为英国市场准备的时祷书至少与整个英国的时祷书一样多。很多手抄本也在当地销售。该行业组织严密，彩绘师必须是圣路加的画家和制图师公会的成员。因为和英格兰的联盟关系——爱德华四世最小的妹妹玛格丽特与勃艮第公爵查尔斯结婚——当爱德华 1470 年至 1471 年被迫流亡时，他去了布鲁日。他和一位当地商人兼主要的图书收藏家路易·德·格鲁修斯（Louis de Gruuthuse，约 1427—1492）住在一起，后者说服他的客人开始委托自己制作豪华手抄本。这一事件不仅标志着英国皇家图书馆的真正开始，而且也标志着布鲁日作为荷兰南部图书业主要中心的地位得到巩固。

威廉·卡克斯顿（William Caxton）以英国市场为目标，于 1475 年在布鲁日（而不是英国）创办了他的第一家出版社。至少在 1530 年之前，布鲁日和附近的根特一起主导了北欧手抄本的生产长达 50 年。在根特，已故公爵的私生子拉斐尔·德·梅尔卡特利斯（约 1437—1508）是一位杰出的手抄本赞助人。独特的"根特或布鲁日"风格，包括由散落在金色地面上的视觉陷阱图案设计中的写实主义的花形成的镶边，有时还用蜗牛和昆虫进行极端精确的渲染。微缩画通常以现实的、蒙眬的风景为背景，体现了佛兰德斯本土风格的绘画，如扬·凡·艾克（几乎可以肯定他参与制作了手抄本）和杰拉德·戴维（Gerard David）的绘画。布鲁日及其周边地区的著名彩绘师有勃艮第的玛丽大师（Mary of Burgundy，维也纳画家，奥地利国家图书馆，Cod. 1857）、亚历山大·贝宁（Alexander Bening，卒于 1518 年，从约 1469 年开始出名），还有享誉欧洲的西蒙·贝宁（Simon Bening）。

在荷兰北部，1400 年以前几乎没有书籍彩绘。和布鲁日一样，乌得勒支从大约 15世纪 30 年代开始变得重要起来，出现了许多画家，比如兹韦德尔·凡·库伦堡大师，还有极其出色但并不多产的克莱夫斯的凯瑟琳大师，同名时祷书就是凯瑟琳大师做的彩绘（纽约，皮尔庞特·摩根图书馆，M. 917 和 M. 945）。在 15 世纪后期，荷兰独特的彩绘风格和彩色笔画在代尔夫特、哈勒姆和荷兰东部的兹沃勒（此处几乎可以得到肯定）的图书制作中得到了显著的体现。在交界处，荷兰风格与莱茵地区的风格融合在一起，图书生产线至少从科隆向南延伸到了美因茨。尽管也有例外，但引人注目的是，在中世纪末期，许多北荷兰和莱茵地区的手抄本都有强烈的宗教主题，主要是时祷书（通常以白话文写就）、祈祷书、诗篇、唱诗班书和大型宗教机构的《圣经》。这种背景不仅预示了 16 世纪的宗教改革，而且更重要的是，在当时的背景下，这是约翰·古腾堡（Johann Gutenberg）和他在美因茨的同行在 15 世纪 50 年代所了解和开拓的世界。

意大利的情况并非如此。在意大利文艺复兴时期的宫廷里，唱诗班的书和《圣经》也配有彩饰，高贵且宏伟（还有意想不到的世俗主义色彩），但其独特的主题是人文主义，即文艺复兴，回归古典书籍和文本，这就是本文的切入点。佛罗伦萨的人文学者，如尼科洛·尼科利（Niccolò Niccoli）和波焦·布拉乔利尼（Poggio Bracciolini），重新发明并推广了一种整齐、圆润的字体，类似于加洛林王朝的小写字体，但他们认为这是一种正宗的古典风格，用"白藤"（white-vine）首字母装饰，就像大理石柱的柱头一样具有罗马风格的外观。对古典学问的令人快乐和具有感染力的重新发现并不是什么新鲜事，在 1453 年君士坦丁堡被土耳其人攻占后，人们对古老且被忽视的修道院图书馆的探索，以及希腊知识外流到西方，都为这一过程提供了素材。意大利人文主义的手抄本很容易识别，它们是宽边，优雅且优美。上面提到的许多彩绘师都贡献出合适的首字母和边框，白色的藤蔓交织着，上面有丘比特的雕像，古典式样的瓮、蝴蝶，还有长尾鹦鹉（尤其在罗马和那不勒斯的彩绘师）。手抄本经常由抄写员签名并注明日期。像佛罗伦萨的维斯帕西亚诺·达·比斯蒂奇（Vespasiano da Bisticci）这样的书商，为王公贵族和收藏家（美第奇家族、埃斯特家族、冈萨加家族、斯福尔扎家族和教皇）以及来到意大利的游客创建了此类书籍的图书馆。当印刷术在 1465 年左右传入意大利时，早期的印刷工人认识到了这种新的、最后的手抄本手写体的表现形式，并将其复制下来，后来被称为"罗马体"，或者以其草写形式被称为"斜体"。在那一刻，比起王朝更替或战争等政治事件，这些字体的形式更标志着中世纪文化的结束。

参考文献

J. J. G. Alexander, *Medieval Illuminators and their Methods of Work* (1992)

F. Avril and N. Reynaud, *Les Manuscrits à peintures en France, 1440–1520* (1993)

Bischoff M. Bollati, ed., *Dizionario biografico dei miniatori italiani: secoli IX–XVI* (2004)

L. E. Boyle, *Medieval Latin Palaeography* (1984)

R. Clemens and T. Graham, *Introduction to Manuscript Studies* (2007)

C. de Hamel, *A History of Illuminated Manuscripts*, 2e (1994)

A. Derolez, *The Palaeography of Gothic Manuscript Books* (2003)

N. R. Ker, *English Manuscripts in the Century after the Norman Conquest* (1960)

T. Kren and S. McKendrick, eds., *Illuminating the Renaissance: The Triumph of Flemish Manuscript Painting in Europe* (2003)

E. A. Lowe, *Codices Latini Antiquiores: A Palaeographical Guide to Latin Manuscripts Prior to the Ninth Century* (12 vols, 1934–1971)

J. Plummer with G. Clark, *The Last Flowering: French Painting in Manuscripts, 1420–1530: From American Collections* (1982)

R. H. Rouse and M. A. Rouse, *Manuscripts and their Makers: Commercial Book Producers in Medieval Paris, 1200–1500* (2 vols, 2000)

第 6 章
欧洲印刷革命

克里斯蒂娜·丹第

1　简　介

15 世纪中叶，欧洲人发明的活字印刷术彻底改变了书籍的制作和使用。从 15 世纪起，人们就开始感受和讨论这项发明的创新本质及其影响；然而，对这一现象的全面和系统的分析很大程度上是图书史成为独立学科的产物。在 20 世纪，马歇尔·麦克卢汉（Marshall McLuhan）、吕西安·费弗尔（Lucien Febvre）、亨利－让·马丁（Henri-Jean Martin）和伊丽莎白·L. 爱森斯坦（Elizabeth L. Eisenstein）提出了欧洲印刷"革命"的观点，认为这是一场涵盖知识、社会、科学、经济、宗教和文化的革命。他们的论点、方法和结论受到了后来学者的挑战。尽管现在许多书目编纂者和图书史学家认为印刷文本和手抄本是共存的，甚至有时是相辅相成的，特别是在一些时期，它们是不可分割的。但事实上，在一代人的时间里，手抄本书籍和手稿文化的角色发生了根本性的改变。在某些领域，手抄本形式的出版物的持续存在是一个历史现象，哈罗德·洛夫对此有充分的记录（见第 15 章）。

2 15世纪下半叶欧洲手抄本的制作和使用情况

活版印刷的出现与一个时期相吻合，在这一时期，手抄本书籍的制作到处都在增长，因此，图书市场也在迅速扩大。15世纪60年代末，德国手抄本图书的制作达到顶峰；15世纪70年代初，法国和意大利手抄本图书的制作也达到顶峰，紧接着就进入了衰退期。对于15世纪下半叶的普通图书使用者来说，印刷书逐渐取代了手抄本，成为文本的自然载体（见第5章）。

书籍需求和生产增加的原因在于若干相互关联的因素，主要是城市中心识字率的提高。这个过程在13世纪就开始了，当时在附属于大教堂的宗教学校旁边通常会建立新的世俗学校。在意大利，为学者开设了人文主义学校，并建立了以通俗语言教学的算术学校以培训商人。新的大学相继成立了（1402—1498年间德国有10所大学成立），现有的大学也大幅扩建。

识字传播的参与者是不断扩大的中产阶级的一部分，他们是世俗的专业人士，既不是贵族，也不是工匠或农民。这一阶层包括受雇于欧洲众多世俗和宗教法庭的公务员，如大使、法官、法警及其秘书，律师、公证员、医生、大学教授等专业人士，甚至还有学校老师和商人。

许多神职人员和寺院及修道院的成员传统上也是书籍的购买者。改革派教会，例如奥古斯丁会中的温德斯海姆教会，本笃会中的蒙特卡西诺修道院、伯斯菲尔德教会和梅尔克教会，方济各会严守派，多明我会改革派，荷兰的共同生活弟兄会和基督教人文学者，都强调其成员的大学教育，重建图书馆，用通俗语言和拉丁文创作新的文学作品来指导世俗人，并更加注重其礼仪文本的统一性。这些教会自然也非常重视他们的藏书。

3 技术发明

到15世纪初，人们对快速复制小图像或复制带文字的图像的需求日益显著，比如附带或没有附带文字的圣人画像，用木刻版画复制的扑克牌。大约在15世纪中叶，用同样的方法制作的木刻书出现了，它们的字母被刻在木板上。

在那个时期，螺旋驱动的橄榄榨油机和葡萄酒压榨机很常见。印章和钱币雕刻者以及金匠用末端刻有字母和符号的冲头[1]来标记他们的商品，以满足行会的规定；制造武器、盔甲、钟表和手表也需要基体和模具生产所必需的机械精度。到15世纪中叶，这些技能集中在大城市。在这个环境中，第一批印刷商，如奥格斯堡和威尼斯的艾哈德·拉多特（Erhard Ratdolt）、威尼斯的尼古拉斯·詹森（Nicolas Jenson）、佛罗伦萨的贝尔纳多·切尼尼（Bernardo Cennini）和米兰的菲利波·达·拉瓦格纳（Filippo da Lavagna），都是能够自己切割冲头的专业金属工匠和珠宝商（见第11章）。

1450年左右，约翰·古腾堡在美因茨引入了活版印刷。最早的印刷试验——赎罪券和多纳图斯（Donatus）的拉丁文启蒙读物《小艺》（Ars Minor）——似乎用的是尺寸小、可销售的材料，通常具有教会和教育性质。第一本用活字印刷的实体书籍是《四十二行圣经》或《古腾堡圣经》。[2]古腾堡在美因茨的工作由该城市的其他印刷商约翰·福斯特（Johann Fust）和彼得·舍弗尔（Peter Schoeffer）继续进行。

在第一波印刷工人之后，印刷企业由熟悉书籍的个人经营，如抄写员（美因茨的舍弗尔、巴黎的安托万·维拉尔）、学校教师（维罗纳、布雷西亚、曼图亚和特雷维索的早期印刷商）、神父（佛罗伦萨的洛伦佐·莫尔贾尼）以及文具商和装订商（博洛尼亚的本尼迪克托斯·赫克托里斯）。

1460年至1470年间，印刷业在德意志的斯特拉斯堡（1459—1460）、班贝克（约1459）、埃尔特维尔（1464）、科隆（约1465）、巴塞尔（1468）、奥格斯堡（1468）、纽伦堡（1470）和贝罗明斯特（1470）扩张，同时也在意大利的苏比亚科（1465）、罗马（1467）、威尼斯（1469）、福里尼奥、那不勒斯、米兰和特雷维（1470—1471）拓展开来。到了1480年，该行业甚至进一步扩展到了巴黎（1470）和里昂（1473）、巴塞罗那（约1473）、鲁汶（1473，德克·马滕斯和约翰内斯·德·威斯特法利亚）、克拉科夫（1473）、豪达（1477，盖拉尔特·利欧）和威斯敏斯特（1476，威廉·卡克斯顿）。

---

① 冲头是指机械工具中的冲压模具上的金属零件，又叫作冲棒、冲针或者冲子，安装在冲压模具上进行连续冲裁、冲压、冲断作业，使被加工材料发生分离或塑性变形，从而获得所需的成品或者半成品。

② 《古腾堡圣经》亦称《四十二行圣经》，指约翰内斯·古腾堡于1454至1455年在神圣罗马帝国美因茨出产的一批印刷版圣经，是西方第一次以活字印刷术出产重要经典的印刷品，标志着西方图书批量生产的开始。

1471 年至 1480 年间，总共有 100 多个城镇成立了出版社；1481 至 1490 年间，有近 90 个地方成立了出版社；1491 年至 1500 年间，又有约 50 个城镇成立了出版社。

对书籍需求增长负有责任的社会团体也直接参与了书籍的生产和使用。许多大学毕业生和人文主义者被吸引到学术中心，在那里他们找到了顾问、编辑和校正者的工作。识字率的提高和书籍价格的降低为书籍带来了新的用户，进一步扩大了市场。从一开始，这个行业就欢迎神职人员和宗教人士，他们就此参与了印刷业的发展。最后，商人阶层的财富为这项新手艺带来了必要的资本投资。

一群有文化的商人，也就是后来的出版商，第一次愿意把图书生产作为一项商业活动进行投资。新的机械生产方法使书籍流通的数量大大增加，从而使更多的人可以在不同的地方以更便宜的价格获得更多种类的书籍。

大约 250 个城镇设立了印刷厂，其中大多数城镇拥有一个以上的印刷厂，以大量的创业尝试为特色。对印刷厂的产量和工作时间进行更详细的分析会发现，一些城镇里存在流动的或临时短暂开设的印刷厂。印刷商在一个尚未被视为职业的行业中进进出出，也未被法规、章程或行会明确界定；他们四处奔波，有时是应邀，离开往往是因为他们觉得自己已经充分利用了有限的市场容量。现存的商业合同、法律纠纷记录、遗嘱和版本记录是这种迁移性工作模式的主要证据来源。

商业上成功的印刷商和流动的印刷商之间似乎存在着区别，前者倾向于不流动，后者由于在小城镇、村庄或孤立的修道院和大学城没有中长期的前景而停止经营，被逼着去探索新的市场和机会。为什么有些印刷商即使在大的城市中心也没有成功扎根，必须具体问题具体分析。最后，可以将早期印刷商表现出的高度流动性与教师和大学教授等职业的高度流动性进行比较，后者的流动习惯有时是由其名气决定的，有时是由经济需要决定的。

与印刷厂的建立有关的独特社会经济文化环境及其后续活动因地而异，也因印刷商而异，比如靠近教皇宫廷或造纸厂，有人文学者、大学教授或学校的参与，有利的经营地点，当地的商业传统，获得赞助或佣金，所有上述因素都起到了决定性作用。学者型的印刷出版商，如威尼斯的阿尔杜斯·马努蒂乌斯（Aldus Manutius）、巴塞尔的约翰·弗罗本（Johann Froben）和约翰·阿默巴赫（Johann Amerbach），都是非常有影响力的。他们希望向国际学术界提供他们认为重要的作品，如阿尔杜斯的古典作品，弗罗本和阿默巴赫的《圣经》和神学作品，这些著作语言优美且版本设计赏心悦目。

4 早期印刷书籍的外观和文本内容

手抄本隐藏在早期印刷史的每个阶段的背后，不仅是文本的来源，也是印刷书籍外观的典范，体现在对字体、格式、布局、首字母和润色①的选择上。字体再现了当时最广泛使用的文字。哥特式文本字体根据不同的地点（在德意志北部和荷兰更方，在德意志南部和意大利更圆）和不同的用途（用于礼仪作品、法律和学校文本等）会有特殊的变体。罗马体，如斜体（从 1501 年开始），是为古典文本而开发的，巴斯塔达（bastarda）字体和施瓦巴赫（Schwabacher）字体是为印刷法语和德语白话文作品而修改的。16 世纪，由于打字业的发展和组织，铸模的商业化，以及作为职业的专业冲头切割人士的传播，促成了字母形式的简化。除了使用字体和印刷机之外，印刷书与手抄本在技术上的唯一区别在于要在展开的纸上将复制的书页拼版的过程。这涉及印刷者的副本铸模，以确定它的哪些部分将出现在各自的页面上。

在 15 世纪，有三种手抄本很流行。学术书籍，一般用对开页的两列书写，用于神学和法律著作，通常仅限于图书馆使用；人文学者和学生用的书籍常为中等（四开本）到小开本；大众书，无论是非宗教的还是宗教的，一般是四开本或更小的开本（在意大利，甚至是口袋大小），每一种书籍都有其印刷形式的自然延续。来自"摇篮本简明目录"（Incunabula Short-Title Catalogue，ISTC）的数据显示了书籍的版本在引进印刷术之前的传承情况：8662 个对开本版本（约占 29%，不过其更多地集中在书籍制作的前几十年，并在 15 世纪的最后 20 年有所下降），15195 个四开本版本（52%），3020 个八开本版本（10%，大部分在最后 20 年印刷，并在 1501 年后有所增加），以及 232 个六开本版本。

大写的首字母、段落标记、注解（标题、刊头、刊卷号等）、装饰、插图的使用

---

① 润色是在手稿中添加红色文本以突出显示。

逐渐被引入到固定页面。在最初的几十年里，印刷厂利用手抄本书籍业所雇用的工匠担任润色师、彩绘师和抄写员。他们发现自己的工作量非但没有减少，在完成印刷书籍方面反而对他们的技能有了前所未有的要求。通过检查同一版本或多个版本的副本并分析他们的手艺，可以确定印刷厂是否有内部彩绘人员或定期雇用附近的艺术家。一般来说，润色是在销售点进行的，有时是在发行前在制作地附近进行的［威尼斯的詹森、纽伦堡的安东·科贝尔格（Anton Koberger）］。大量的插图大多是在发行后根据书主的要求添加的（赠送本除外）。

从 15 世纪 80 年代开始，纸张上的印刷部分出现了大幅增加，对手工修饰的需求也在下降：木刻的首字母和边框、印刷的页头书名、页数或对开页数是更复杂的文本表述、印刷量增加和经济政策的必然结果。手绘色彩的使用在 16 世纪几乎完全消失，其视觉吸引力部分被雕刻所取代。印刷书的外观最初是由阅读者的习惯和品位决定的，这些习惯和品位是在手抄本时期形成的，但从 16 世纪开始，印刷的紧迫性最终改变了公众的品位和看法。

当时的书籍几乎都是不装订出售的。不过，大多数书店都能根据顾客的要求装订书籍。也有一些大型进口商在零售前提供装订服务。在发行前提供装订的情况只是偶尔发生。供奉用的书籍有时会得到这样的装订，为已知无法提供装订服务的市场准备的书籍也会被装订，如约 1491 年在威尼斯为达尔马提亚（Dalmatia）的教堂印制的《格拉戈利特每日祈祷书》（*Glagolitic Breviary*）。

在印刷业发展的前 50 年中，很大比例的书籍是中世纪时期使用的作品，特别是在教会和学术界使用的作品，如圣经和礼仪书、教父学、神学和哲学、法律和科学、某些拉丁文经典（西塞罗和维吉尔）和通俗文经典（但丁、彼特拉克和乔叟）的书籍。然而，与当代事件有关或由当代作家撰写的作品的出版，是印刷迅速成为 15 世纪社会普遍现象的一个明显标志。这些作品包括人文主义者的作品，像塞巴斯蒂安·布兰特（Sebastian Brant）和吉罗拉莫·萨伏那洛拉（Girolamo Savonarola）等作家的著作、外交演说和葬礼演说、圣谕、赎罪券和日历。

赫尔曼等人利用 1998 年 ISTC 插图版的数据，对现存的 15 世纪末的市场图书进行了分析。该分析表明，图书总量中几乎 1/3 是文学类文本，其中 53% 是非宗教类文本，47% 是宗教文本；法律几乎占总数的 15%，民法和教会法各占 50%。文学（辩证法、语法和语言学、音乐和修辞学）占了近 11%；神学文本占比略高于 10%；而祷告文差不多占 9%；临时文献（广告、纹章学、实用天文学和占星学、商业、指南、与政治和行政生活有关的文件）占总数的 6% 多一点；历史（包括传记和圣徒传）占 5% 以上，其中的 51% 为非宗教历史，其余为宗教历史；哲学占近 5%；医学占 3% 以上；科学学科——炼金术、天文学和占星术、地理学、数学和几何、光学、物理学和自然科学，几乎占总数的 3%。最小的类别是《圣经》（仅限文本）和与机械艺术有关的作品，如农业、建筑、兵法、烹饪和舞蹈，每一类别占总图书制作量的不到 1%（按书目数量，而不是按页数，也不是按合计来计算）。

分布在这些类别中的古典文献占总数的 9% 以上。这一比例可以根据出版时期、大的地理区域内的出版情况，或根据地方的情况进一步细分。意大利总出版量的 30% 以上是由经典作品组成的，其中近 17% 是在威尼斯印刷的。在法国，经典作品占总出版量的 7%；在德意志占 6% 以上；在比利时占近 7%；在荷兰占约 12%。目前，由于尚未获得所有作者的传记资料，因此无法提供 15 世纪出版的中世纪或当时作者的占比数据。

在语言方面，手抄本制作的延续性也很明显。在 ISTC 数据库在线版记录的约 2.9 万个版本中（2007 年 4 月查询），几乎有 3/4 是用古代语言印刷的。21122 个版本是用拉丁文印刷的（占 72%），154 个用希伯来文，65 个用希腊文，14 个用教会斯拉夫文。至于现代语言，3141 个版本以德语印刷（10%），2391 个版本以意大利语印刷（8%），1611 个版本以法语印刷（5%），566 个版本以荷兰语印刷（1%），421 个版本以西班牙语印刷（1%），234 个版本以英语印刷，134 个版本以加泰罗尼亚语印刷，33 个版本以捷克语印刷，11 个版本以葡萄牙语印刷，2 个版本以瑞典语印刷，以布列塔尼语、丹麦语、弗里西亚语、普罗旺斯语和撒丁语印刷的各一个版本。没有提供百分比数字的版本共占总数的 3%。

如果将一个国家的通俗文书籍出版量与总出版量联系起来，就可以更好地了解各地理区域的现代语言出版的情况。在德意志，总共印刷了 9859 个版本，其中 2897 个是德语文本（29%）；在意大利，10417 个版本中有 2374 个是意大利语（22%）；在法国，5167 个版本中有 1485 个是法语（28%）；而在低地国家，2328 个版本中有 554 个是荷兰语（23%）。西班牙显示了较高的通俗文印刷率：在西班牙已知的 882 个版本中，有 336 个是用西班牙语印刷的（38%）；在英国，海林加（Hellinga）对其进行了更详细的计算，已知有 395 个版本，其中 63% 的总出版量为英语，9% 为法定法语，只有 28% 为拉丁语（*BMC* 11.43）。科克观察到，在印刷商商业力量有限的中心，如佛罗伦萨，或者在许多法语和英语出版社的中心，人们倾向于专门出版白话文本，而主要的出口中心，如威尼斯，主要为拉丁文出版，为更广泛的欧洲读者群服务。

5 教会和宗教团体的贡献

从一开始，教会成员就非常积极地参与到这种新媒体中。他们作为资助者（库萨的尼古拉、红衣主教约翰内斯·贝萨里翁、教皇西克斯图斯四世），是编辑和校对者（方济各会和奥古斯丁会在礼仪文本、数学、逻辑和文学方面的书籍编辑），是非宗教和宗教作品的作者（维尔纳·罗温克），是译者（卡马尔多利的尼科洛·马勒米将《圣经》翻译成意大利文），是印刷商（奥格斯堡、埃尔福特、罗马附近苏比亚科的本笃会，纽伦堡的奥古斯丁隐修会，津纳的西多会，佛罗伦萨里波利的多明我会修女会，马林塔尔、罗斯托克、布鲁塞尔和科隆的共同生活弟兄会，威尼斯荣耀圣母教堂的方济各会），最后，作为书籍的使用者和拥有者，既有私人的（帕多瓦的主教雅科波·泽诺、威尼斯的红衣主教格里马尼），也有机构的（佛罗伦萨的圣马可多明我会）。数以千计的古版书被保存下来，流传于后世，这在很大程度上要归功于宗教机构的图书馆。

6 新的方面

与手抄本不同，个人不能随意印刷书籍，印刷者也不能在没有建立印刷厂的情况下自行生产书籍。此外，印刷需要资本投资，主要用于购买纸张。而且印刷书籍通常需要对要印刷的主题有一定的了解，以帮助选择和纠正印刷的内容。最后，印刷需要市场营销知识，尽管最初印刷文本时考虑的是理想的顾客，但为了盈利，必须接触各种各样的购买者。总而言之，印刷书籍的制作与手抄本的制作的区别在于个体之间的必要合作，每个人都贡献自己的技能或资产。大多数书籍的出版是印刷工匠、资金资助者、商人和学者共同努力的结果，之前这些不同的社会阶层从未如此紧密地合作过。

15 世纪，印刷商通常在一个办公室里工作，由具有不同技能的人组成的团队负责技术流程的各个环节。有少数例外情况，如四处活动的印刷商，必须要在他们临时设立的印刷厂中寻找支持，他们可能需要贵族家庭成员的协助，或者如果印刷商被要求在修道院印刷礼仪书籍，则需要僧侣和世俗教友的协助。

资金支持经常来自商业部门、教会，偶尔来自贵族阶层。资助者一般会提供纸张的费用（大约相当于出版一本书所需总投资的一半），而且还可能在分发副本方面发挥重要作用。每份副本的页数和总印刷量必须提前计算，以便购买足够的纸张，还必须为这部分投资留出足够的资金。15 世纪的印刷量因印刷商和出版商的技术和资金能力而有很大的差异。决定印刷量的重要因素包括生产成本、预期需求、进入市场的能力、作品的类型以及印刷厂的商业惯例。在最初的 20 年里，一贯的印刷量大约在 200 到 300 册之间：《古腾堡圣经》为 180 册，康拉德·斯温海姆（Conrad Sweynheym）和阿诺德·潘纳茨（Arnold Pannartz）在罗马的版本印刷量为 275 至 300 册。然而，也有例外，如 1476 年，詹森在威尼斯（受委托）印刷了 1025 份老普林尼的《自然史》；1478 年，同样在威尼斯，列奥纳多·维尔德（Leonardus Wild）印刷了 930 本《圣经》。米兰的安东尼奥·萨罗托（Antonio Zarotto）的书籍印刷量总是印刷 1000 册左右。

印刷量计算的错误可能会危及业务，而这一时期大量的印刷数似乎反映了在相互冲突的需求之间寻求平衡的努力。当有更好的发行前景时，数量就会大幅增长，有时甚至超过 1000 册，这可能是因为该版本已被委托出版，也可能是因为该作品非常受欢迎。广受欢迎的《罗伯托·卡拉乔洛的讲道》（*sermons of Roberto Caracciolo*）于 1489 年在那不勒斯由马蒂亚斯·莫拉乌斯（Mathias Moravus）印刷了 2000 册。1492 年，吕贝克①的巴多罗梅乌斯·戈坦（Bartholomaeus Ghotan）受瑞典瓦德斯泰纳修道

---

① 吕贝克，全称汉萨城吕贝克，位于德国北部波罗的海沿岸，是石勒苏益格－荷尔斯泰因州第二大城市。

院的委托，制作了 800 份纸质版和 16 份牛皮纸版的《圣彼济达启示录》(*Revelations of St Birgitta*)。萨伏那洛拉的作品于 1500 年在佛罗伦萨印刷，数量在 2000 至 3000 份之间。

印刷商的读者或校对员是印刷过程中的关键人物，必须是受过教育的人。不同的出版物对校对员的技能要求不同。印刷商为排字工人准备好文本，标记出更正、留空和省略的部分。不应低估排字工人最终处理文本的自由度：为了使右边的空白处对齐，他可能会改变空格的数量和宽度，添加或扩展缩写，调整拼写和标点，有时甚至改变文本。分析类书目经常研究这种排字调整。

印刷商经常请校对员来检查他们的版本，如乔瓦尼·安德烈亚·布西（Giovanni Andrea Bussi）是斯温海姆和潘纳兹在罗马制作古典版本的编辑。当德意志的印刷商到达意大利时，他们在当地人文学者的帮助下选择了一些进入印刷阶段的作品；人文学者也为建立在博洛尼亚和巴黎大学城的出版社选择了一些作品进行印刷。校对员的新职业角色包括将手抄本变成印刷品，他们特别注意文本的语言特征。

在编辑层面上，进一步的合作是显而易见的。15 世纪的书籍版本包含的内容通常比标题中显示的要多得多。同一作者的其他作品，不同作者的作品，以及匿名作品的节选，都可能在主要作品之前或之后出现。此外，副文本中可能包含一些来自编辑和写给编辑的信件，赞美作者、文本、编辑或印刷商的诗句也很常见；其作者一般是编辑的同龄人，也许是学生、同事或当地的名人。这种历史证据在某种程度上使每一版本都独一无二，但却被习惯性地忽略了。15 世纪最后 50 年出版的约 2.9 万个现存版本的确切内容仍不为人知，但它们在西方文化遗产的传播中占有重要地位。

我们可以假定，任何特定文本的"摇篮版本"（incunable edition）①都是相似的，这一观点是错误的，因为这最终取决于文本的第一版（editio princeps）②。如果一个版本在摇篮期（通常是 15 世纪 70 年代）的文本传播中的地位已经确立，那么，正如对在不同地方出版的版本所预期的一样，它很可能是参照了不同的手抄本，所以结果

①　Incunable 或 Incunabulum，复数为 Incunabula，这一词指的是 1500 年以前使用金属铅字印刷的书，也可以理解为指代"古籍"，下文称"古籍"。

②　在古典学术中，作品的编辑原则指该作品的首版印刷版本。

就会显示出巨大的差异。在这方面，利奥体（Leonine）①委员会关于托马斯·阿奎那作品早期版本的工作，以及洛特·海林加（Lotte Hellinga）关于波焦·布拉乔利尼（Poggio Bracciolini）的《妙语》（*Facetiae*）的传统的工作，都是典范。在后来的日子里，成功的或有影响力的、经常重印的文本版本（不一定是第一版）往往会被反复复制：主要文本会被保留，副文本经常被改变，并插入额外的材料。这些后来的版本似乎没有什么语言学上的重要性；然而，对于追求"将文本作为反映其产生的社会、知识和经济环境的历史现象来研究"的人来说（Jensen，138），它们对文艺复兴时期特定文本的传播和接受有着重要影响。建立编辑谱系（目前仍然进行得很少）可以从根本上区分那些参照以前版本的文本和那些参照手抄本范本的文本。

印刷术使大量文本得以广泛传播，这一事实激发人们进行批判性评价。作为早期权威的独立来源、校对的基准，或者仅仅是对已经印刷版本的更好的替代品，手抄本获得了新的意义。事实上，像德西德里乌斯·伊拉斯谟（Desiderius Erasmus）这样的16世纪学者的作品打破了既定的文本传统，回归了早期的手抄本，这为研究《圣经》和教会神父提供了新的证据。印刷版文本的广泛普及极大促进了这种批判精神的传播。

7 分 销

为了分销新产品，印刷商最初依赖的是手抄本时期的商业网络，主要集中在文具店，传统上是书写材料和书籍的供应商。著名的佛罗伦萨书商和文具商维斯帕西亚诺·达·比斯蒂奇是一名为佛罗伦萨的美第奇家族、乌尔比诺（Urbino）公爵费德里科·达·蒙特费尔特罗（Federico da Montefeltro）和匈牙利国王匈雅提·马加什一世（Matthias Corvinus）等人提供大型手抄本的供应商，他拒绝接受活字印刷这项新发明，于1478年结束了他的商业活动。他在佛罗伦萨的主要竞争对手扎诺比·迪·马里亚诺（Zanobi di Mariano）由于开始也买卖印刷书籍而得以继续经营。在佛罗伦萨，印刷术出现后的前半个世纪里，文具店从12家增加到30家。文具商们立即参与到了新的印刷业中，他们会参与完成制作书籍或销售书籍，偶尔也会自己当排版工人，但主

---

① 这是一个正在进行的从事批判性编辑阿奎那作品项目的学者小组。

要参与编辑和出版。他们了解公众的口味，并拥有固定的客户群，因此在许多情况下，虽然从来都没有得到大笔资金的支持，但他们对印刷业的贡献是必不可少的。

手抄本的生产和分销几乎都是针对当地市场，但成功的印刷商必须建立起远远超出印刷实际发生地的分销网络。从已知的民众环境转移到未知的、可能规模更大的民众环境的需要，加强了印刷商与商人和交易商的联系。印刷书籍作为一种可销售的商品进入市场，与中世纪和现代早期的其他贸易商品并无不同。图书贸易实现了从本地业务到国际业务的过渡，但由于书籍不是必需品，这种贸易有其自身的特殊性。现存的文件证明了早期印刷商所遇到的许多问题。依靠代理商的工作以及仓库和书店的网络，他们才逐渐实现了稳定的贸易模式，形成了通过创建合资企业来分担风险和成本的趋势。建立在国外有分支机构的家族企业（如吉翁塔、吉利托等），是确保跨国可靠分销得以进行的一个自然途径。成千上万的印刷书籍在整个欧洲流通，这是知识和信息传播的另一个新局面，也是印刷业崛起的必然结果。

8 威尼斯的成功

15世纪，最大和最成功的印刷业出现在威尼斯，它拥有国际化、创业型和商业化的传统，丰富的图书馆、贵族和宗教团体的大量知识，以及许多专业和非专业读者。1500年前，这座城市开设了233家印刷厂，其中一些是临时性的，另一些则是欧洲最杰出的，它们向意大利和国际市场提供了全套印刷产品。

政府保持不干预的态度。1469年，约翰内斯·德·斯皮拉（Johannes de Spira）获得了为期5年的特权，该特权于1470年因这位印刷商去世而到期。此后只为特定的出版商颁发临时特权，1486年第一次颁发给马坎托尼奥·萨贝利科（Marcantonio Sabellico）。直到下个世纪，印刷商都不需要加入公会或遵守既定的规章制度，这在其他大多数历史悠久的职业中是很常见的。然而，从一开始，威尼斯的印刷商就加入了兄弟会，这有助于他们融入城市的社交网络，为他们的事业带来了明显的好处。

威尼斯印刷业的前10年是由外国印刷商主导的，他们单独或联合工作；他们的成功取决于先进的分销网络（通常要利用他们与外国同行的联系），也取决于企业的生产方面。接下来的 20 年见证了意大利公司的建立和整合，例如阿里亚贝内（Arrivabene）、琼塔（Giunta）、托雷萨尼（Torresani）、斯科托（Scotto）、阿尔杜斯（Aldus）等许多其他公司。在为教区和宗教团体制作（通常是受它们委托，因此风险较低）弥撒书和祈祷书简写本方面，威尼斯的印刷商和出版商在整个欧洲成为市场领导者。许多技术创新起源于威尼斯，这再次反映了这座城市对作为潜在市场的不同文化的关注：为斯拉夫人社区提供的格拉戈利特字母的印刷、音乐符号字体的印刷［奥塔维亚诺·德·佩特鲁奇（Ottaviano de' Petrucci）因此发明于 1498 年获得特权］，为希腊提供的希腊文字体的印刷（直到 19 世纪威尼斯都是此类作品的主要出版地），以及亚美尼亚文字体、希伯来文字体和阿拉伯文字体的印刷（见第 8 章和第 40 章）。

在现存于博德利的 1387 份威尼斯语版本中，有 481 份（34%）是 15 和 16 世纪在意大利发行和使用的，几乎相同的数量即 446 份（32%）最终在英国（183 份，13%）或德意志（263 份，19%）得到使用。事实上，英国和西班牙直到下个世纪仍然依赖进口外国书籍。学校使用的拉丁文教科书主要从德意志和低地国家运抵英国，直到 15 世纪末英国印刷商开始自己印刷。大学师生和专业人士使用的教科书来自意大利，主要是威尼斯（直到 15 世纪末才在这一领域受到里昂的挑战）。对国际图书贸易的这一基本方面及其对经济史和思想史的影响研究，可以通过对档案文献的发现和研究以及对数以千计的现存古籍的实物调查来推进。

9 失传与流传

从文艺复兴时期直到今天，古籍已经大量失传，"孤本是古籍最常见的留存状态"（Needham，2004，36）。从档案和早期书目资料中，我们知道有一些 1500 年以前印刷的版本在今天连一本都没流传下来，肯定还有更多我们完全不知道的版本存在。评估古籍何时、如何丢失以及可能的原因，与了解副本如何、在何处以及为何能够流传到今天同样重要。尼达姆和哈里斯等学者最近都在研究这个问题。

破坏书的各种版本和副本的直接或间接因素是不计后果的消耗，这种情况常见于学校书籍、一些流行的通俗文文献，如传奇故事，偶尔还有祷告书籍，如祈祷书；以及书本身过时了（通常是因为同一主题下有更完整和更新的作品出版）。书流传下来的概率还受到书的尺寸（小尺寸的书或页数不多的书更容易失传）、语言（希腊语和拉丁语作品比通俗文作品更受重视）和收藏地（机构收藏的书比个人收藏的书更有可能流传下来）的影响。书还可能因战争、政治和行政机构的变化（尤其是宗教机构的世俗化和图书馆的分散设置）、审查制度以及偶尔发生的洪灾和火灾而失传。

10 前　景

目前，绝大部分已知的古籍都被纳入了 ISTC。实际上，所有 15 世纪的版本书籍都已经被调查并纳入某种形式的国家、地方或主题目录中。然而，对于构建每个版本和每个副本的社会背景非常重要的历史证据，还远远没有被系统地记录下来，如美国和意大利图书馆中成千上万本古籍的具体版本信息仍然不足。对于许多其他欧洲图书馆来说，现存的资料仍然是零散的。

要认真分析印刷术对文艺复兴和早期现代社会的影响，就必须从现存的书籍中收集历史信息，评估它们在何时何地被使用、被谁使用、以何种方式使用。与考古文物一样，学者们需要解读它们保留下来的材料线索（装饰、装订、手抄本注释），并识别所有权铭文，这些铭文可能是当代的，也可能是后期的、机构的或私人的、男性或女性、世俗的或宗教的。自从半个世纪前费弗尔和马丁尝试做类似的分析以来，他们已经发现并发表了很多东西，但仍有很多工作要做。

参考文献

BMC

C. Bozzolo *et al.*, 'La Production du livre en quelques pays d'Europe occidentale aux XIVe et XVe siècles', *Scrittura e civiltà*, 8 (1984), 129–176

A. Carelli *et al.*, ' I codici miscellanei nel basso medioevo', *Segno e testo*, 2 (2004), 245–309

H. Carter, *A View of Early Typography up to About 1600* (1969; repr. with an introduction by J. Mosley, 2002)

D. Coq, ' Les Débuts de l'édition en langue vulgaire en France: publics et politiques éditori ales', *GJ* 62 (1987), 59–72

E. L. Eisenstein, *The Printing Press as an Agent of Change* (2 vols, 1979)

L. Febvre and H.-J. Martin, *The Coming of the Book* (French original, 1958; tr. D. Gerard, 1976)

M. L. Ford, 'Importation of Printed Books into England and Scotland', in *CHBB* 3

F. Geldner, *Inkunabelkunde* (1978)

E. Ph. Goldschmidt, *Medieval Texts and Their First Appearance in Print* (1943)

A. Grafton, [review of Eisenstein,] *Journal of Interdisciplinary History*, 11 (1980), 265–286

N. Harris, ' Sopravvivenze e scomparse delle testimonianze del Morgante di Luigi Pulci', *Rinascimento,* 45 (2005), 179–245

L. Hellinga, 'The Codex in the Fifteenth Century: Manuscript and Print', in *A Potencie of Life*, ed. N. Barker (1993)

X. Hermand et al., 'Les Politiques éditoriales dans l'Europe des imprimeurs au XV e siècle: un projet de recherches, en cours', *Archives et bibliothèques de Belgique*, 87 (2009), 75–82

R. Hirsch, *Printing, Selling and Reading 1450–1550,* 2ᵉ (1974)

ISTC

K. Jensen, 'Printing the Bible in the Fifteenth Century: Devotion, Philology and Commerce', in *Incunabula and Their Readers*, ed. K. Jensen (2003)

A. Johns, *The Nature of the Book* (1998)

H.-J. Martin et al., eds., *Histoire de l'édition française* (4 vols, 1982–1986)

P. Needham, [review of Eisenstein,] *Fine Print*, 6 (1980), 23–35

—— 'The Customs Rolls as Documents for the Printed-Book Trade in England', in *CHBB* 3

—— ' The Late Use of Incunables and the Paths of Book Survival', *Wolfenbütteler Notizien zur Buchgeschichte*, 29 (2004), 35–59

P. Nieto, 'Géographie des impressions européennes du XVe siècle', in *Le Berceau du livre: autour des incunables*, ed. F. Barbier, *Revue française d'histoire du livre*, 118–121 (2004), 125–173

A. Nuovo, *Il commercio librario nell'Italia del Rinascimento*, 3e (2003)

第7章
作为象征的书

布莱恩·卡明斯

　　1644 年，约翰·弥尔顿（John Milton）在《论出版自由》（*Areopagitica*）中写道：
"书并不是绝对的死物。"书是物理的实体，但它也象征着一些抽象的东西，即书中的
文字和意义。因此，一本书不仅比它的内容少，也比它的内容多。书是对我们所阅
读的文字或我们在阅读时的想法的转喻。在某种程度上，就像任何家庭物品一样，书
带有它的生产者和使用者的烙印。旧书还承载着更大的价值，因为它包含了过去许多
其他读者的存在。然而，与其他物品相比，书不仅体现了一种实体记忆，而且也是对
过去思想的记录。书既包含它的读者，也包含它的作者。用弥尔顿更诗意的话说，书
"蕴含着生命的力量"，因为书是"作家智慧之精华，如炼金丹，升华净化，臻于至纯，
乃纳玉壶，以为珍藏"。书籍的神秘性达到了更深层次，将看似纯粹的非物质和概念
性的东西转化为具有具体形式的东西。因此，对于弥尔顿来说，声称书拥有"超越生
命的生命"并不完全是夸张。因此，弥尔顿说，毁坏书就像杀人一样，甚至比杀人还
要糟糕，因为书包含了不止人的生命，并且存在于不止一个时代。矛盾的是，即使不
考虑实体副本或人工制品的物质存续，书本身也是不朽的。

　　恩斯特·库尔提乌斯（Ernest Curtius）发现，书籍是神圣物品的想法起源于古代
近东和埃及，在那里，书籍的制作是一种宗教崇拜，其拥有者仅限于祭司阶层。写作
是一种神秘的行为，抄写员作为主人和解释者被赋予了相应的地位。现在被称为象形
文字的古埃及文字的意思是"神的话语"。埃及诸王的陵墓中最早的铭文不仅是一种
文字记录，也是法老在来世避免危险和与神灵沟通的实物图腾。相反，库尔提乌斯断
言，在古典希腊时期，"几乎没有任何关于书的神圣性的概念"（Curtius，304）。确实，
在柏拉图的《斐德罗篇》（*Phaedrus*，274C—276A）的表述中，写作是纯粹的功能，

甚至未能适当地发挥这种功能。知识存在于哲学家的头脑中，写作仅仅是一种辅助记忆，而且是一种不可信的、短暂的记忆。只有在希腊化时期，希腊人才获得了"书籍文化"。确实，在后来的语法学家那里，一切又回到原地，荷马的作品中没有出现书的任何形象，他的作品却被认为是神圣的作品。罗马文学重复这种模式，倾向于将修辞者视为演讲者而非作家，直到手抄本的诞生，产生了一种新的感性构架。

赋予书的物质形式与赋予它的象征价值有很大关系。基督教会用希腊文Pentateuch（五经）来描述古代《圣经》中最神圣的部分，即犹太的《妥拉》，字面意思是保存经文卷轴的"五个容器"。卷轴很早就成为一种隐喻，表示卷轴所包含的内容，或许从广义上来说，也表示包含上帝话语的实体文本与这些话语的精神意义之间关系的奥义。给予摩西的律法被写在石碑上，而石碑又被认为是神的命令的体现。律法被称为"用上帝的手指写的"（《出埃及记》31:18）。"凡属神的，都写在祂的册上"（《出埃及记》32:32），那些犯了罪的人被抹去了记忆。约伯重新改写了这个比喻，律法用来表示铁笔在铅上的雕刻（虽然时代上是错误的，但本着将新的媒介应用于神的作品的同样精神，《钦定版圣经》将此翻译为"印在书上"《约伯记》19:23）。有时上帝用蜡书写。但最重要的是，上帝在卷轴中让自己显露出来，而卷轴是古代世界的主要书写技术。神在卷轴中见证了祂的目的（《以赛亚书》8:1）。在一切的尽头，"诸天将被卷成一卷"（《以赛亚书》34:4）。

这些希伯来语的比喻流传到了希腊文的《新约》中。在《启示录》关于世界末日的异象中，"天离开了，就像卷起来的书卷一样"（《启示录》6:14）。在被创造的世界里，时间的流逝被想象成一本先打开，最后合上的书。正是在这里，库尔提乌斯所谓的"书的神奇的宗教隐喻"达到了象征性的神化。上帝对造物的全部干预被想象成一本书。正如以西结通过吃《圣经》（《以西结书》3:1）开始他的先知生活一样，圣约翰也把天启的出现想象成一本书（《启示录》5:1）。当死人在世界末日来到上帝面前时，书被打开，"凡在生命册上找不到的，都被扔进了火湖里"（《启示录》20:15）。

不难看出，书的象征意义也可能转化为书作为人工制品的神秘价值。卡巴拉（Kabbalah）[①]中关于撰写《妥拉》的字母秘密意义的观念可以追溯到公元前1世纪。

① 卡巴拉，又称"希伯来神秘哲学"，注重精神和感觉。

文字中的字母具有神奇的力量，这种想法在发光字母的传统中找到了图形的形式。《林迪斯法恩福音书》和《凯尔经》现在是西方世界最著名的手工艺品，它们以令人眼花缭乱的线条、色彩和镀金的方式，将单个经文字母夸张地扩展到一整页。文字变形为抽象的几何图形，或者即兴变形为动物形态，将书变成了一个难以用单纯的文字来概括的对象，不过首字母保留了它们在文字层面上的功能。书既是它本身，也是它所代表的内容。

那么，作为象征的书可以被视为介于书籍的物质生命和抽象生命的若干特征之间。把书当作圣物的想法产生了一种特殊的人工制品，它以实体形式体现了书作为物品的地位。即使在其文本形式中，书也变得比它本身更重要，这不仅是书中内容的视觉表现，也是书的整体理念的表现。至少在犹太教、基督教和伊斯兰教等闪族宗教中，书的这种价值化至少有一部分是由于与偶像崇拜的持续冲突而体现的。一个非同寻常的副作用是，所有这三种宗教都会被描述成保存或崇拜圣书物质形式的拜物教做法，将圣书融入仪式中——举起圣书，或在行进中携带圣书，或亲吻圣书，或在圣书前下跪——只是最平淡无奇的做法。同样普遍的是将部分文字甚至整本书作为护身符或符咒使用。作为护身符佩戴的希伯来语铭文是非常古老的。特别吸引人的是"天使文字"（kimiyah），即写在羊皮纸上的天使的名字或《妥拉》的摘录，把它装在银器或其他贵重的容器里，戴在脖子上或身体的其他地方。《古兰经》的微型副本是用一种被称为"微尘"（ghudar）的特殊字体抄写的——这种字体太小了，几乎无法辨认——然后副本装在小珠宝盒子里。虽然基督教神学经常对使用护身符的做法不屑一顾，但将经文副本与死者一起埋葬的做法却被保留下来。例如，698 年在林迪斯法恩岛将《斯托尼赫斯特福音书》（*Stonyhurst Gospel*）放在圣库斯伯特棺材里，1104 年圣人的尸体被转移到杜伦大教堂（Durham Cathedral）时，发现福音书完好无损。后来，大主教在仪式场合把它戴在脖子上。休·阿莫里（Hugh Amory）则记录了一个美国土著人和一个药球一起被埋葬的案例，药球是由印刷《圣经》中的一页纸制成的。

在对保存书籍特殊投资的同时，也许也会有相应的毁灭的冲动。焚烧书籍的做法至少可以追溯到公元前 2 世纪的中国秦朝。在基督教中，焚烧实体书籍几乎是宣布禁止异端思想的同义词。383 年，阿维拉的普里西利安（Priscillian of Ávila）的书被烧毁，而聂斯脱利（Nestorius）的书则在一代人的时间之内被烧毁。异教徒的作品与他的尸体同时被焚毁在木桩上，这是对抽象思想进行净化的物质象征。在 1415 年的康斯坦茨大公会（Council of Constance）上，扬·胡斯（Jan Hus）和他的书一起被焚毁，同一大公会议还命令将威克里夫（Wyclif）的遗骨挖出，与他的著作一起烧毁。这种做法在宗教改革中被保留下来，并转移到新生的新教中。1553 年，弥贵尔·塞尔维特（Michael Servetus）在日内瓦被烧死，他的几份手稿和一本印刷品被绑在腰间一同焚烧。在新的教义划分中，《圣经》也受到了威胁。16 世纪 20 年代，廷代尔（Tyndale）的《新约》在英国被官方命令烧毁，而在这样的动荡中，即使当局竭力要消灭它，这本书也奇迹般地被保存下来。正如佩德罗·贝鲁格特（Pedro Berruguete）1480 年的那幅针对纯洁异端派的画作（现藏于马德里普拉多博物馆）显示，圣·多米尼克（St Dominic）的作品完好无损地保存在纯洁派烧焦的文本残渣旁边，约翰·福克斯（John Foxe）也报道了 1526 年焚烧廷代尔《新约》事件，其中珍贵的书籍根本没有遭烧毁。

书作为圣物的力量与它作为象征的能力息息相关。当但丁来到天堂之巅时，他得知所有因罪恶而散落的书页（意大利语写作 quaderni，意为松散的集合体）现在都因爱而被装订成了一册。莎士比亚经常提到世界就像一本书。在《哈姆雷特》中，记忆之书成为人死亡的象征；《麦克白》中充斥着关于书的隐喻，书是时间的储存器，是死亡的象征。在 20 世纪历史上的标志性时刻，书作为象征性物品的力量尤其明显。例如，1933 年，纳粹在柏林剧院广场焚烧"堕落"书籍的臭名昭著的活动（见第 2 章和第 8 章）。

参考文献

H. Amory, 'The Trout and the Milk: An Ethnobibliographical Talk', *HLB* NS 7 (1996), 50–65

E. R. Curtius, *European Literature and the Latin Middle Ages* (1953)

J. Milton, *Areopagitica* (1644)

第 8 章
通过手抄本和印刷书籍传播犹太知识

埃米尔·G. L. 施里弗

1　简　介

我已故祖父的房子里有一个漂亮的黄色书柜。下层架子上放着《圣经》及其相关的注解书；上层架子放着祈祷书和其他宗教书籍；再往上放的是习俗和犹太律法方面的书；最上面是《塔木德》。就像皮包里闪闪发光的金币一样，《塔木德》皮制书脊上的书名也闪耀着金色的光芒。

这是萨缪尔·阿格农（Samuel Agnon，1888—1970）最早的童年记忆之一，他是第一个也是唯一一个获得诺贝尔文学奖的以色列人（1966）。这段描述充分展示了孩子对其祖父的宗教书籍的痴迷。但继续阅读就会发现，阿格农的痴迷将在其青年时期发展成对宗教极深的虔诚：

当我的父亲或祖父在房子里时，我会坐在那里学习。但父亲和祖父在店里的时候，我就自学抄写《塔木德》。有时，我会描着《塔木德》扉页的边框或首字母的轮廓，用这些给自己描出一个米兹拉（Mizrah，表示"东方"的一种墙装饰）。在那些日子里，如果有人告诉我，世界上还有比这些更美丽的形象，我是不会相信的……我的祖父留下了许多美好的回忆……但他留下的其他东西几乎没有在他的孩子手中保存下来，因为敌人掠夺走了一切。但是这本《塔木德》被保留了下来，我仍然在学习它。当我在记叙我的故事，以点燃以色列人向圣（Blessed One）之心的时候，我从书架上取下一卷阅读，与我们的圣贤建立联系，与神圣的记忆和他们的圣言建立联系。

这些引自阿格农的文字强调了这本书在犹太人传统日常生活中所扮演的中心角色。至少从中世纪开始，犹太人就强烈地认同他们的传统文学，并非常重视通过希伯来语和阿拉米语以及散居地犹太人使用的所有其他语言的手抄本和印刷书籍来研究这些文本。阿格农的文字也强调了这本书在宗教教育中的重要性，也许可以说，从某种程度上，犹太书籍的历史，就是犹太教育史中的一章。在此，我们将试图通过关注希伯来书籍在犹太知识传播中所扮演的角色来呈现希伯来书籍的历史。

2 《希伯来圣经》的传播

犹太传统的中心典籍显然是五经《妥拉》（见第 2 章）。传统上，它被写成一卷，在安息日的犹太教堂里以一年或三年为一个周期进行诵读。《妥拉》卷轴的书写是在大量专著制定规则的指导下进行的，最著名的是未入圣典的犹太法典手稿（Soferim）。这份手稿是许多评论家和立法者的出发点，他们对其进行了扩展，首先也是最重要的是伟大的中世纪学者摩西·迈蒙尼德（Moses Maimonides）在其法律典籍《律法新诠》（*Mishneh Torah*）中的论述。对书写希伯来经文的神圣工艺的高度推崇，实际上在《巴比伦塔木德》（*Babylonian Talmud*）中已经很清楚。在"埃鲁文"（Eruvin）和"索塔"（Sotah）中出现了两个类似的段落，其中引用了公元 2 世纪的圣人拉比·以实玛利（Rabbi Ishmael）对一位博学的抄写员说的话：

"孩子，你的职业是什么？"我对他说我是抄写员。他对我说："你的工作要一丝不苟，因为你的职业是神圣的。如果你偶然漏掉或增加一个字母，你就会毁灭整个宇宙。"（*Eruvin*，13a）

第一批幸存下来的《圣经》文本是在 1947 年以后在库姆兰山（Khirbet Qumran）附近的 11 个洞穴中发现的卷轴，即"死海古卷"。这些发现的卷轴大部分都在过去几十年里出版了，它们为早期犹太书籍文化和《希伯来圣经》文本的传播提供了宝贵的信息。在这篇介绍中，死海古卷中最有趣的两卷是所谓的《创世外记》（*Genesis Apocryphon*）和《以赛亚书》（*Isaiah scroll*），它们都被发现于第一个洞穴里。虽然文学特征完全不同，但两者都为我们提供了一个迷人的视角，让我们了解到在《希伯来圣经》传播早期存在的各种文本。

在死海古卷时期之后，由于缺乏书面原始材料，《希伯来圣经》的文本传播更加模糊不清。这种缺失是自然衰败的结果，是犹太书籍被恶意破坏的结果，或者更有可能是犹太教内部口头传统的表现，也可能是人们普遍不愿意书面写下宗教文本的原因。

正是在这些文本传播的黑暗时期，所谓的马所拉文士①开发了详细的元音和变音符号系统，旨在应对存在于犹太人大量口头文化中的错误复制的威胁。这些系统包括在后来的《圣经》手抄本和大部分早期印刷版本中存在的各种形式。

最早的《圣经》手抄本出现在 10 世纪初，这些确实是中世纪时期最早的希伯来语手抄本。这些手抄本都是在东方抄写的，很可能是由于需要抄写员对其文本的复杂性有必要的了解，以及在随后的几个世纪里，需要东方有利的干燥气候条件。最突出的早期《圣经》手抄本是《摩西·本·阿舍尔手抄本》（*Moses ben Asher Codex*）、《列宁格勒抄本》（*Leningrad Codex*）和《阿勒颇手抄本》（*Aleppo Codex*）。

《摩西·本·阿舍尔手抄本》包含了希伯来语手抄本中提到的最早日期，即公元895 年。该手抄本现藏于开罗的卡拉派犹太教会堂（Karaite Synagogue of Cairo），抄写地为提比利亚（Tiberias），内容包含了《先知书》的文本。然而，莫迪凯·格雷泽（Mordechai Glatzer）于 1988 年发表的对该手抄本详细的抄本学分析令人信服，证

① 马所拉文士（Masoretes）泛指在公元 7 到 12 世纪抄录原始《圣经》手抄本的工作者。

明了该手抄本和它的版本记录页至少是在一个世纪之后从一个更古老的范本上复制的。此后，保存在剑桥大学图书馆热尼扎收藏集①中的，带有《尼希米记》文本片段的手抄本（904 年写于波斯达贡巴丹）被认为是已知最早的希伯来手抄本。最早的希伯来语手抄本是 916 年完成的、采用了巴比伦派音标制度的《后先知书》（*Latter Prophets*）手抄本，现保存在圣彼得堡的俄罗斯国家图书馆。

俄罗斯国家图书馆还藏有另一本抄写于 1008 年（MS Firkovich B 19A）的早期《希伯来圣经》手抄本。该文本也被称为《列宁格勒手抄本》，是 20 世纪两个最重要的批判性版本——1906 年首次出版的鲁道夫·基特尔（Rudolf Kittel）的《希伯来圣经》和 1966 年首次出版的《斯图加特希伯来圣经》——的基础。该手抄本的拓制版本出现在 1971 年和 1998 年。

《阿勒颇手抄本》是另一本早期未注明日期的《希伯来圣经》。它现在保存在耶路撒冷的本－兹维研究所（Ben-Zvi Institute），1000 年前由所罗门·本·布亚阿（Solomon ben Buya'a）抄写，很可能是由亚伦·本·阿舍尔（Aaron ben Asher）加入元音。叙利亚阿勒颇的犹太教堂已经存在了几个世纪，1947 年被烧毁，大约 1/3 的手抄本丢失了，剩下的部分在几年后被走私到以色列。

犹太人对文本传播质量的关注也体现在对一些明显非常正确的《圣经》文本古老抄本的高度重视上，这些抄本在中世纪仍然存在，但后来消失了。最著名的是所谓的《希勒利抄本》（*Hilleli Codex*）。亚伯拉罕·扎库托（Abraham Zacuto）在 1500 年左右撰写的编年史《塞弗·尤哈辛》（*Sefer Yuhasin*）中说这本手抄本仍然存在，但从那时起，人们就再也没有发现过它的踪迹。这本手抄本的传奇地位表明了犹太人对正确文本的痴迷，正如扎库托所说，"所有其他抄本都是在其基础上修订的"。

3 口头和书面传播

犹太知识的口头传播最广为人知的是通过书面的和口头《妥拉》中的观点，它们

---

① Genizah Collection，热尼扎指犹太会堂或墓地中的存储区，指定用于在墓地正常埋葬之前临时存储有关宗教主题的破旧的希伯来语书籍和论文。

都是摩西在西奈山上接收到的，被赋予了和神之启示同等的价值。口头法律在公元200 年左右第一次被写进《密西拿》（Mishnah）。围绕《密西拿》发展起来的口头传统在公元四五世纪再次被写进《革马拉》（Gemara），与《密西拿》一起构成了《塔木德》。《塔木德》有两个版本：一个是较小的巴勒斯坦版本，另一个是更为详尽的巴比伦版本，后者是人们最常提及的版本。这种口述传统一直延续到中世纪的鼎盛时期，甚至在那之后都有所延续，如前所述，它可能部分解释了中世纪早期书面资料缺乏的原因。

特别是所谓的"哈拉卡"（Halakha）[①]或法律文献，让我们得以惊奇地瞥见犹太文本传播的具体特点。以色列学者伊斯雷尔·塔－谢马（Israel Ta-Shma）为此创造了"开卷"（open book）这个术语：

> 对中世纪希伯来语书籍的长期深入研究表明，书籍的作者往往并不打算将其内容作为最终表达，而是将其作为知识或观点的临时展示，这有点像我们的计算机数据库，它不断地被更新，为用户提供最新更新的已知数据的摘要。与此类似，中世纪的书籍有时也被认为只是作者本人未来可能修改的坚实基础。这种意义深远的现象有很多原因，有些是哲学和心理学上的原因，有些则是纯粹的技术原因。这可能会引起关于作品的性质、作者和权威性的严重问题。（Ta-Shma，17）

这方面的一个很好的例子是维也纳的伊萨克·本·摩西（Isaac ben Moses，约1180—1250）的哈拉卡法典《奥扎鲁阿》（Or Zarua）。这是一部巨著，包含了与哈拉卡和历史相关的丰富资料。文本中明确提到了作者已故，也提到了作者本人后来对文本的补充，这证明在他生前和之后都有段落被添加进去。人们甚至怀疑他是否认为自己的作品已经完成。有人认为，作者在自己的手抄本文本的空白处不断补充自己的话，而这些补充内容被纳入了后来的版本。同样的过程也可以解释为什么他的学生的笔记会被收纳在内。

---

① 哈拉卡是犹太教口传律法的统称。其内容包括所有《密西拿》与《革马拉》里的律法、规章，以及与它们相关的一切判例与参考意见。

有趣的是，特别是在日耳曼地区，哈拉卡手抄本的布局体现了《奥扎鲁阿》等文本的开放性。在这些手抄本中，"中心"文本往往被各种较小的、类似于评论的文本所包围，而且都具有创造性的临时布局。这些周围的文本随后会被纳入下一个同样具有权威性的文本手抄本中。

此外，还有许多关于抄写员干预、纠正和编辑文本的证明，尤其在版本记录中可以看到。一个有趣的例子是著名的莱顿大学的《巴勒斯坦塔木德》手抄本的后记，这是该作品唯一现存的完整中世纪手抄本。该抄写员说，他认为自己是被迫根据自己的知识来纠正文本，因为他抄写的副本充满了错误。他对自己的任何错误表示歉意。莱顿手抄本于 1289 年 2 月 17 日星期四在罗马完成：

> 我，耶希尔，拉比杰库蒂尔之子，拉比本杰明·哈罗费之子，已故，抄写了这本《耶路莎米塔木德经》……我是根据一本问题百出、有缺陷的范本抄写的，我在能够理解和领会的基础上，尽我所能对其加以纠正。我完全知道，我没有校正我这一抄本中发现的所有问题和错误，甚至一半都没到。因此，愿这本书的读者在发现其中的问题和错误时，能根据我的功绩来判断我，而不是为所有的错误责备我。愿主以祂的仁慈宽恕我的罪过，洗涤我的错误，经曰（诗篇 19：13）："谁能知道自己的过失呢？愿你赦免我隐而未现的过错。"（莱顿大学，MS Or. 4720 (Scal. 3), vol. 2, fo. 303[v.]）

在此必须强调中世纪希伯来语书籍的一个特征，这一特征也使我们能够更普遍地关注中世纪犹太人的文本传播，即不仅关注《圣经》抄本或哈拉卡抄本，而且关注中世纪抄本中出现的文学文本。由于犹太男子（和少数妇女）的识字水平相对较高，所有现存的中世纪希伯来语手抄本中，有一半以上是博学的抄写员为了自己使用而抄写的，而不是其他专业抄写员完成的作品。不言而喻，这对文本传播的性质产生了巨大的影响，马拉基·贝特－阿里（Malachi Beit-Arié）对此有如下表述：

> 与人们的预期相反，在犹太社会中，使用者制作手稿的比例很高，对文

本的批判性复制并不一定通过消除抄写错误和恢复真实版本来改善文献作品的传播，而是会经常导致学术上对复制文本的修改、修订和再创造，这很可能歪曲和改变了原作……学识渊博的抄写员根据几个范本或学者猜想创造的版本……混合了不同的传播渠道，或包含了文本的不同作者阶段，并受到个人选择和判断的支配。（马拉基·贝特－阿里，2003）

贝特－阿里的立场是现代学者的立场。在大多数情况下，他所描述的"被扭曲的"和"有转变的"手抄本的早期使用者一定认为他们面前的文本是权威的和可靠的，并以这种认知使用它们。这里涉及的问题的一个突出例子是《密西拿》的文本（如前所述，它与所谓的《革马拉》一起构成了《塔木德》的文本），因为它被保存在《巴比伦塔木德》唯一已知的完整中世纪手稿中，现存于慕尼黑的巴伐利亚州立图书馆（Cod. Hebr. 95）。《密西拿》1343 年抄写于巴黎，其内容表现出显著的文本差异，远远超出了被认为代表《密西拿》可靠文本传统的手抄本（如布达佩斯匈牙利科学院著名的考夫曼《密西拿》手抄本）的变体拼写以及措辞的范畴。一般认为，《塔木德》中世纪手抄本（甚至是片段）的罕见是因为其巨大的尺寸、犹太教内部口述派的力量，还有基督教的入侵，这些导致了（例如）1242 年的巴黎焚书，1553 年意大利禁止印刷《塔木德》。因此，很难对《巴比伦塔木德》文本传播的可靠性作出任何最终的判断。然而，考虑到《密西拿》文本的相对质量，很难相信现在唯一已知的完整中世纪手抄本中的《革马拉》文本，除了代表贝特－阿里的"对复制文本的再创造，很可能扭曲和改变了原作"之外，还能代表其他什么。

尽管个体积极抄写，但在中世纪的犹太人中，书籍一般都很罕见。因此，学者和学生们被迫借书，他们经常在这个过程中为了自己的使用而进行复制和抄写。在 15 世纪，奥地利犹太人的精神领袖拉比伊斯雷尔·本·佩塔赫·伊瑟林（Rabbi Israel ben Petahiah Isserlein，1390—1460）的塔木德学院里，拥有书籍的学生通常在白天学习，而没有书籍的学生则借书在晚上学习。因此，借书被认为是一个很大的功绩，这一点都不奇怪。中世纪德系犹太人的《塞弗·哈西迪姆》（*Sefer Hasidim*），即《虔诚之书》（*Book of the Pious*）甚至指出，在借出书籍时，应该选择借给每天使用书籍的学生，而不是不使用书籍的人。它还说一本书被抄写得越多，书的主人的功绩就越大，而且对书可能被损坏的担心不应该成为不借书的理由。这种态度最突出的表现是，宁可把书卖给会将书借给别人的基督徒，也不卖给不愿意把书借出去的兄弟。这种普遍缺乏书籍的现象（在中世纪，比较大的手抄本合集会包含几十卷书）在印刷术发明之后才会消失。即便如此，绝大多数犹太人的贫困也使他们大多数人无法积攒更多的藏书。

4 从手抄本到印刷文本

1469 年至 1473 年间，最早的六本希伯来语书籍由三位印刷商印刷，他们是罗马的俄巴底亚（Obadiah）、玛拿西（Manasseh）和本杰明（Benjamin）。奥芬伯格根据对大英图书馆和阿姆斯特丹的罗森塔利亚那图书馆（Bibliotheca Rosenthaliana）藏书的印刷和纸张的仔细分析，确定了这些书最可能的生产顺序（BMC 13，2005）。这种分析无法对个别书籍进行更精确的年代测定。

1. 大卫・本・约瑟夫・基姆希（David ben Joseph Kimhi）的字典《根之书》（*Sefer hashorashim*）；

2. 所罗门・本・亚伯拉罕・伊本・阿德雷特的（Solomon ben Abraham ibn Adret's）《答问集》（*collection of responsa*）；

3. 拉希（Rashi，也叫所罗门・本・艾萨克）的《五经注释》（*Commentary on the Pentateuch*）；

4. 列维・本・格肖姆（Levi ben Gershom）的《〈但以理书〉注释》（*Commentary on the Book of Daniel*）；

5. 罗马的内森・本・杰西尔（Nathan ben Jehiel）编纂的塔木德语词典《阿鲁克》（*Arukh*）；

6. 摩西・本・纳赫曼（Moses ben Nahman）的《五经注释》（*Commentary on the Pentateuch*）。

必须强调的是，世界上该领域的第二位专家——圣彼得堡的西蒙・艾克森（Shimon

Iakerson）——在位于纽约的美国犹太神学院图书馆的希伯来文目录（2004—2005）中，以为印刷的确切顺序并不确定。快速浏览一下有史以来用希伯来语印刷的第一批6种文本的性质，会有一些有趣的发现，其中包含两本词典、三本《圣经》注释和一本拉比答问书（对犹太律法问题的回答），没有《圣经》，没有祈祷书，没有犹太法典，没有科学书籍，这在15世纪很快就被纠正了——令人意想不到的是，1491年在那不勒斯印刷了阿维森纳（Avicenna）的医学典籍，它是所有希伯来语古籍中最大的一部，而且在此时期还印刷了其他类型的书籍。例如，拉希注释的最早版本的稀有副本清楚地表明了《圣经》注释的流行。奥芬伯格甚至认为有更多的早期版本存在过，而这些版本没有副本留存下来。

这6个罗马的版本说明先于所罗门·本·艾萨克的《摩西五经注释》，许多非专业人士仍然错误地将后者作为第一本印刷的希伯来语书来引用。该书于1475年2月17日在雷焦卡拉布里亚完成，是第一本显示日期的希伯来语印刷书籍。在摇篮时期，至少印刷了140本希伯来语书籍。这些书是由活跃在意大利、西班牙和葡萄牙的大约40家出版社以及土耳其的一家出版社制作的。

15世纪末犹太人被驱逐出伊比利亚半岛后，意大利成为地中海世界希伯来语印刷的主要中心，其中威尼斯、曼图亚、萨比奥内塔和克雷莫纳拥有最重要的出版社。犹太文本传播史上特别重要的一章是来自安特卫普的基督教印刷商丹尼尔·范·邦贝根（Daniel van Bomberghen）在威尼斯著名出版社的活动。他与克里斯托弗·普朗坦（Christopher Plantin）有着密切的联系；他的堂弟科尼利厄斯·范·邦贝根（Cornelius van Bomberghen）是普朗坦的合作伙伴之一。丹尼尔于1516年在威尼斯建立了自己的印刷厂，并一直活跃在当地，直到1548年回到安特卫普，1553年去世。他出版了一流版本的《拉比圣经》，即带有相关翻译和评论的《希伯来圣经》，以及《巴勒斯坦塔木德》和《巴比伦塔木德》。在1522年至1524年的《巴勒斯坦塔木德》版本中，他声称使用了许多手抄本，以便得到最佳文本。

虽然不能完全确定他是否真的使用了不止一份现在被称为莱顿手稿的手稿（前面引用了它的版本记录），但他的文本显示了对文本批评的认识和编辑责任感，这将成为许多世代的标准。他的印刷厂也是最早的犹太和非犹太专家密切合作的印刷厂之一，这很快就被其他人文学者的印刷中心（如巴塞尔、康斯坦茨和伊斯尼）所效仿。

地中海地区其他重要的希伯来语印刷中心是君士坦丁堡和萨洛尼卡。巴尔干地区希伯来语印刷史（见第 38 章）的一个有趣方面是每周分期出售一卷或多卷书籍，时间是星期六晚上的安息日仪式后。这种现象当然是因为资金有限，可能也是在这些城市出版的书籍中有大量不完整存世本的原因。德系犹太人世界的重要印刷中心是布拉格、克拉科夫和奥格斯堡。在这些地方，生产了相对较多的日常用书，特别是祈祷书。在这些书中，文本批评的问题似乎并不突出（至少从标题页来看是这样）。其他人文学者的希伯来语印刷中心有巴黎、日内瓦、安特卫普，后来还有莱顿。

从 16 世纪下半叶开始，一直到 18 世纪，在意大利，宗教裁判所的审查员曾经检查并清除了私人和社区收藏的大部分希伯来语书籍。他们甚至经常对犹太人的"神圣"工作收费。宗教裁判所特别关注意大利犹太人的印刷厂活动，这在 1553 年禁止印刷《塔木德》事件中表现得最显著。如此便导致希伯来语书籍的印刷量总体上急剧减少，也导致了犹太人开展各种自我审查，或者是通过主动改变文本内容让宗教裁判所觉得文本"干净"，或者决定不印刷某些一定会招致审查员非难的作品。

17 世纪是属于阿姆斯特丹的世纪。第一个在阿姆斯特丹印刷希伯来语文本的犹太人是玛拿西·本·伊斯雷尔（Menasseh ben Israel），他从 1627 年开始加入印刷业。其他重要的阿姆斯特丹希伯来语印刷商有伊曼纽尔·本维尼斯特（Immanoel Benveniste）、乌瑞·法伊维什·本·亚伦·哈勒维（Uri Fayvesh ben Aaron Halevi）、大卫·德·卡斯特罗·塔尔塔斯（David de Castro Tartas），以及阿希亚斯和普罗普斯印刷王朝的成员。尽管大多数印刷商确实有一些重大项目，他们试图通过这些项目建立自己的名声，但从他们的图书生产情况来看，大多数阿姆斯特丹印刷商愿意印刷任何有适当资金资助和可靠的犹太教祭司批准的书籍。对于特殊项目，他们也会用内部资金或外部资金进行大量投资，并尽最大努力制作出最好的文本。举一个有趣的例子，1678 年和 1679 年，两种内容有所冲突的意第绪语版《圣经》几乎同时印刷。印刷商乌瑞·法伊维什命令耶库泰尔·本·艾萨克·布利兹（Jekuthiel ben Isaac Blitz）进行意第绪语的翻译。这名译员似乎无法达到项目合作伙伴之一印刷商约瑟夫·阿提亚斯（Joseph Athias）预期的质量标准。因此，阿提亚斯决定退出这个项目，要求约瑟夫·本·

亚历山大·维岑豪森（Joseph ben Alexander Witzenhausen）提供更好的翻译，并由他自己出版。虽然这两个版本的印刷量都超过了 6000 册，但都没有取得商业上的成功。可以说，在更广泛的层面上，阿姆斯特丹的印刷业，其庞大的国际网络的作者和读者、高质量的产出，以及与周围非犹太世界的密切联系，构成了希伯来语印刷业工业化和专业化的最后阶段。

5 出版业的兴起

18 世纪下半叶，犹太欧洲思想史上的一个重大发展占据了主导地位。犹太启蒙运动，或称哈斯卡拉运动（Haskalah movement），将在 18 世纪末和 19 世纪初主导图书世界，并与满足宗教团体需求的更为传统的出版社一起，负责出版一系列新的、具有批判性的传统犹太文本、教科书、讽刺作品和一些有影响力的期刊。最重要的期刊是《收集者》（*Ha-me'asef*），最初由希伯来语推广协会（Society of Promoters of the Hebrew Language）发行，于 1784 年至 1811 年间在不同地方出版。该期刊很快成为犹太启蒙运动的代言人。犹太启蒙运动的目标包括让犹太人采用德语，放弃意第绪语，与当地文化同化，并在书面上使用《圣经》（"古典"）希伯来语，而不是他们认为低级的犹太拉比的希伯来语。实现这些目标最好的方式是通过教育。有趣的是，寓言被认为对教育特别有效，这就解释了为什么《收集者》里至少包含了 55 个寓言。

在 19 世纪末和 20 世纪初，越来越多的纯文学作品出版，包括希伯来语作品和希伯来语及意第绪语译作。这说明犹太知识阶层在持续解放，以及被称为"充满活力、有效和动态的出版机构"的发展（Grunberger，124）。新兴的"犹太复国主义"（Zionism）也是一个重要的因素，因为它刺激了历史小说的出版，将当代犹太人与他们的历史祖先联系起来。在这个"出版机构"不断发展的过程中，有一个出版商特别重要，他就是亚伯拉罕·莱布·沙尔科维奇（Abraham Leib Shalkovich），或称本－阿维格多（Ben-Avigdor）。他于 1891 年在华沙以一系列"廉价书籍"起家，并在 1893 年和 1896 年分别建立了两家传统出版社。本－阿维格多将其更深层次的动机表述如下：

在对我们的希伯来文学的各个方面进行研究后，我们认识到，阻碍它如期发展的主要因素之一是我们没有资金雄厚的出版商，他们可以为作者和学者的劳动付出合理的报酬……（Grunberger, 120）

本 – 阿维格多和他一些继任者的努力为一个国家的、现代的希伯来文学的发展铺平了道路，先后出版了哈伊姆·纳赫曼·比亚利克（Hayyim Nahman Bialik，1873—1934）和索尔·切尔尼乔夫斯基（Saul Tchernichovski，1875—1943）等作家的作品。

这些作家和他们的许多同事在20世纪头几十年中移民到巴勒斯坦，标志着巴勒斯坦成为希伯来文学的中心。20世纪的重大政治事件、共产主义在东欧的崛起、纳粹对欧洲犹太人的大规模屠杀以及1948年以色列建国，进一步加强了希伯来文学中心向巴勒斯坦转移的进程。现代以色列作家，如亚伯拉罕·耶霍舒亚（Abraham Yehoshua，1936—　）、大卫·格罗斯曼（David Grossman，1954—　）和阿摩司·奥兹（Amos Oz，1939—　）的作品都在以色列出版，并被广泛翻译成所有现代语言来供人们阅读和欣赏。奥兹不朽的、学识丰富的小说《爱与黑暗的故事》（*A Tale of Love and Darkness*，2004）叙述了他自己的家庭传奇，涵盖了19世纪、20世纪和21世纪的犹太历史和知识分子生活，在写自己和家庭的同时，他也在讲述犹太人的故事。因此，他的作品既是千年传统的一个组成部分，也是希伯来语（现在是以色列语）书籍光明前景的代表。

参考文献

S. J. Agnon, *Das Schaß meines Großvaters* (1925)

M. Beit-Arié, *Hebrew Manuscripts of East and West* (1993)

—— *The Makings of the Medieval Hebrew Book* (1993)

—— *Unveiled Faces of Medieval Hebrew Books* (2003)

M. Glatzer, 'The Aleppo-Codex: Codicological and Paleographical Aspects', *Sefunot*, 4.19 (1988), 167–276 (in Hebrew)

Z. Gries, *The Book in the Jewish World, 1700–1900* (2007)

M. W. Grunberger, 'Publishing and the Rise of Modern Hebrew Literature', in *A Sign and a Witness,* ed. L. S. Gold (1988)

M. J. Heller, *Printing the Talmud* (1992)

—— *Studies in the Making of the Early Hebrew Book* (2008)

B. S. Hill, *Incunabula, Hebraica and Judaica* (1981)

—— *Hebraica (Saec. X ad Saec. XVI)* (1989)

S. Iakerson, *Catalogue of Hebrew Incunabula from the Collection of the Library of the Jewish Theological Seminary* (2 vols, 2004–2005)

S. Liberman Mintz and G. M. Goldstein, *Printing the Talmud* (2005)

A. K. Offenberg, *Hebrew Incunabula in Public Collections* (1990)

—— *BMC* 13: *Hebraica* (2005)

D. W. Parry *et al.*, eds., *The Dead Sea Scrolls Reader* (2004)

R. Posner and I. Ta-Shma, eds., *The Hebrew Book* (1975)

B. Richler, *Guide to Hebrew Manuscript Collections* (1994)

E. G. L. Schrijver, 'The Hebraic Book', in *A Companion to the History of the Book*, ed. S. Eliot and J. Rose (2007)

C. Sirat, *Hebrew Manuscripts of the Middle Ages* (2002)

I. Ta-Shma, 'The "Open" Book in Medieval Literature: the Problem of Authorized Editions', *BJRL* 75 (1993) 17–24

E. Tov, *Textual Transmission of the Hebrew Bible* (1992)

—— ed., *The Dead Sea Scrolls on Microfiche* (1993)

Y. Vinograd, *Thesaurus of the Hebrew Book* (1993)

第9章
传教士印刷

S. J. M. 安东尼·J. 乌瑟勒

1　简　介

如果不了解罗马天主教和新教传教士在东亚和东南亚、大洋洲（见第 46 章和第 47 章）、非洲（见第 39 章）、中东（见第 40 章）和美洲（见第 48、49、50、51 章）各地建立的出版社所发挥的关键作用，那么我们所了解的印刷史和图书史就不完整。传教士们很快发现，通过大量生产、分发书籍和小册子，可以极大地帮助传播基督教教义和灌输伦理戒律。最早的传教士出版社成立于 16 世纪和 17 世纪，大部分与罗马天主教的宗教团体方济各会、多明我会、奥古斯丁会和耶稣会有关，它们在整个新世界和亚洲活动。

新教传教士出版社于 17 世纪出现在印度，这是它们首次出现在亚洲舞台上。在随后的 100 年里，伦敦传道会（London Missionary Society）、大英圣书公会（British and Foreign Bible Society）以及美国公理会差会（American Board of Commissioners for Foreign Missions）等在大西洋两岸相继成立。他们的传教方法有一个共同特点，就是战略性地利用出版社。

从 16 世纪开始，传教士的印刷工作就在世界各地陆续展开。本章对这些活动于南亚、东南亚和东亚的最重要的印刷业发展作初步概述，关于美洲的相关历史，请见第 48、49、50 和 51 章内容。

2 印 度

1510 年，葡萄牙人首次征服印度，并在港口城市果阿建立了一个具有战略意义的商业转运港，46 年后，传教士出版社的故事在印度西海岸开始了。埃塞俄比亚的候任主教若昂·努内斯·巴雷托（João Nunes Barreto）于 1556 年 9 月 6 日将一台印刷机从葡萄牙带到果阿。这台印刷机原本是要在非洲使用的，但考虑到传教士与埃塞俄比亚皇帝之间的紧张关系，它被留在了果阿。陪同巴雷托前往印度的耶稣会士之一是胡安·德·布斯塔门特［Juan de Bustamente，16 世纪 60 年代为人们熟知，又名若昂·罗德里格斯（João Rodrigues）］，他成为圣保罗耶稣会学院（Jesuit College of St Paul）的印刷工大师。1556 年 10 月 19 日，该印刷机首次投入使用，印刷了逻辑和哲学方面的论文列表，作为大尺寸的内容提供给学院学生公开答辩用（Wicki, iii. 514，574）。第二年，第一本书出版了，这是一本基督教教义概要，由方济各·沙勿略（Francis Xavier）在几年前为当地儿童的口授经文教理而创作。

另一位西班牙耶稣会士胡安·贡萨尔维斯（Juan Gonsalves 或 Gonçálvez）被认为于 1577 年在果阿制作了最早的泰米尔（Tamil）金属字体。佩罗·路易斯（Pero Luis）——他既是一位婆罗门信徒，也是第一位印度耶稣会士——和帮助改善水源的若昂·德·法里亚（João de Faria）一起协助贡萨尔维斯。于是第一本用活字印刷的印度语书籍，即由亨里克·亨里克斯（Henrique Henriques）修订的沙勿略《泰米尔语教理问答》（*Tamil catechism*）原稿修正版诞生了，他是该语言第一位系统的词典编纂者。这本 16 页的小册子是 1578 年在印度奎隆制作的，最后一页的版本记录上有前一年在果阿制作的铅字字体。马科斯·豪尔赫（Marcos Jorge）的另一本教理问答书最初于 1561 年和 1566 年在里斯本出版，被翻译成泰米尔语，于 1579 年 11 月 14 日在科钦用法里亚的字体印刷（Shaw, 1982，27）。随后，1580 年和 1586 年泰米尔语的《如何忏悔指南》(*Confessionairo*)和《圣人生平集》(*Flos Sanctorum*)先后出版。所有这些书都是根据亚历山德罗·瓦利尼亚诺(Alessandro Valignano,即范礼安)在1575年发布的指示编写的,他在1573年至1606年期间负责耶稣会在东南亚和东亚的所有传教活动(Wicki,x. 269,334)。他还在中国和日本的传教士印刷的开始阶段发挥了关键作用。

在1561年之前,圣保罗学院用孔卡尼语(Konkani)印刷了第一本除泰米尔语以外的印度语言出版物。在1561年12月1日来自果阿的一封信中,路易斯·弗罗伊斯(Luís Fróis)报告说,有人用"他们自己的语言"向当地人宣读了一份印刷的基督教教义摘要(Wicki,v. 273;Saldanha,7—9)。这部作品(可能是一本小册子)的副本没有流传下来。然而,英国耶稣会士、印度语言研究的先驱托马斯·史蒂芬斯(Thomas Stephens)写的书却有副本存世。第一本是他的《基督的故事》(*Krista purāna*),采用马拉地语(Marathi)的文学形式写就,于1616年、1649年和1654年印刷。第二部作品是用果阿婆罗门的孔卡尼语写的基督教教义,这本书在他去世后于1622年印刷出版(Priolkar,17—18)。史蒂芬斯还编写了第一本传教士印刷的孔卡尼语语法书,该语法书于1640年出版。尽管传教士们早在1577年就试图用马拉地语 – 天城体文字(Marathi-Devanāgarī,lengoa canarina)或制作印度字体,但由于制作大量字模的难度较大,他们最终放弃。因此,他们只能印刷史蒂芬斯的罗马音译作品(Wicki,x. 1006—1007)。1556年至1674年间,共印刷了37种葡萄牙语、拉丁语、马拉地语、孔卡尼语和汉语的书籍(Boxer,1—19)。1684年,葡萄牙官方机构在果阿颁布了一项法令,禁止使用孔卡尼语,以根除所有当地语言,这使得罗马天主教在印度的传教士印刷戛然而止,两个世纪后才得以恢复。

与此同时,来自德意志的路德会成员、印度最早的新教传教士巴塞洛缪·齐根巴尔格(Bartholomew Ziegenbalg)于1706年来到丹麦东印度公司位于纳加帕提南北部的特兰奎巴(现在的塔兰甘巴迪)沿海传教区,在那里他很快就掌握了泰米尔语。有一个耶稣会出版物图书馆可供齐根巴尔格使用,其中有亨利克斯的语法著作,他发现这些出版物有助于避免在翻译自己的作品时易犯的错误。他在1709年写信给丹麦,要一台印刷机。他的丹麦赞助人随后向伦敦的基督教知识促进会发出请求,该会于

1712 年向印度运送了一台印刷机。同年 10 月 17 日，一本葡萄牙语和泰米尔语的基督教教义用罗马字母印刷出来。随后，许多其他作品都是用泰米尔字模印刷的，字模是他根据自己准备的图纸安排在德意志铸造的。这种字模是在萨克森州的哈勒市生产的，并在 1713 年与德意志印刷商约翰·戈特利布·阿德勒（Johann Gottlieb Adler）一起到达印度，他在特兰奎巴外的波拉尤尔（Porayur）建立了一家铸字厂。齐根巴尔格将《新约》翻译成泰米尔语，分两部分印刷（1714—1715），用的是阿德勒铸造的一种新的较小的字体。1724 年出了第二版，1758 年、1788 年和 1810 年又出了几版（Rosenkilde，186）。为了应对纸张和墨水的持续短缺，齐根巴尔格还帮助当地建立了一家造纸厂和一家生产墨水的工厂。

在齐根巴尔格之后，印度最著名的新教传教士印刷商是威廉·凯里（William Carey），他于 1792 年成立了浸礼会传教士协会（Baptist Missionary Society），并于次年抵达西孟加拉邦。1800 年，他成功在塞伦波尔（诗丽拉姆普尔）建立了一个传教士出版社，这是一个位于加尔各答以北 20 千米的丹麦人聚居地，由他的传教士兼印刷工人威廉·沃德负责监管。凯里随后出版了《马太福音》，是用孟加拉语字体制作的最早的印本。第二年，他首次用孟加拉语完整地翻译了《新约》。他与同为传教士的约书亚·马士曼（Joshua Marshman）以及有学识的改变信仰的印度信徒合作，将《圣经》进一步翻译成梵语、印地语、奥里亚语、马拉地语、阿萨姆语以及许多其他语言。塞兰波尔的出版社一直运营到 1855 年，成为印度最成功的基督教印刷机构，印制了 40 多种不同语言和方言的作品（见第 41 章）。

3 中国、马来西亚和新加坡

16 世纪，传教士出现在中国的舞台上，且与印度有很大不同。最重要的不同是中国领土的完整性使其不受任何形式的殖民主义胁迫，比如中国会将外国试图控制或审查印刷品的企图拒之门外。尽管有记载显示早在 11 世纪中国人就有使用由黏土和胶水混合而成的活字的证据，但直到 19 世纪，主导中国印刷界的技术仍然是木刻或雕版印刷（见第 42 章）。中原王朝的官僚体系是建立在高度集中的公务员考试基础上的，它依赖于书籍的即时可得性和广泛传播。这反过来又使整个王朝需要成千上万的印刷商和书店。因此,当罗明坚(Michele Ruggieri)和利玛窦(Matteo Ricci)这两位最早用中文写作的意大利耶稣会传教士希望出版他们的书时,他们求助于中国的朋友,这些朋友安排他们自己的私人印刷厂或其他当地印刷商印刷他们两人的书籍。

与印度的传教士类似,在中国的传教士早期的工作主要集中在出版基督教教义概要上。1584 年,他们成功在肇庆印刷了罗明坚的《天主实录》(*The True Record of the Lord of Heaven*),这是最早的教理问答中文译本。

图 10　耶稣会在中国的印刷品。1584 年在肇庆印刷的罗明坚的《天主实录》。© 耶稣历史学会研究所(罗马)

《天主实录》是对话形式的教理问答,其完全修订版由利玛窦编写,1603 年首次在北京印刷。这些教理问答包含广泛的体裁,标志着几代传教士用中文创作的作品开始大量生产,并在中国各地的私人印刷厂和使用雕版印刷的印刷厂里印刷。除了对基督教教义和礼仪文本的阐述之外,还有一些作品介绍了西方人文经典书籍的改编本,特别是关于道德哲学以及关于天文学、数学、物理学和地理学的科学论文。在这项事业中，外国传教士经常得到博学的中国信徒的帮助，其中最突出的是徐光启、杨廷筠和李之藻。在 1584 年至 1700 年间，大约有 470 部由中国传教士和中国基督徒创作的关于宗教和道德主题的作品被印刷出来。另有 120 部作品涉及西方和科学（Standaert，600）。这些书代表了中国和欧洲古典文学典籍之间的一座非凡的桥梁，它们为东方和西方提供了一个了解彼此古代文化和传统的文学窗口。

在中国的第一位新教传教士是马礼逊（Robert Morrison），他于 1807 年作为伦敦传道会的成员来到广州。随后，他与同为传教士的米怜（William Milne）一起，于 1818 年在马六甲的"恒河外方传教团"（Ultra-Ganges Mission）①成立了英华学院（Anglo-Chinese College），并于 1819 年完成了《圣经》的中文翻译（1823 年出版）。然而，伦敦传教士协会的传教士出版社早在 1815 年就开始在马六甲运作。在 1817 年的早期印本中，有马来语的"十诫"和"主祷文"，它们是用阿拉伯文 – 爪夷文（Jawi）制作的（Rony，129）。1819 年，米怜从马六甲派遣托马斯·贝顿（Thomas Beighton）到槟城为马来人和华人建立一所学校，并从事印刷工作。萨缪尔·戴尔（Samuel Dyer）曾是马礼逊的学生，也是伦敦传道会的成员，他于 1827 年抵达槟城。作为一名冲切专家，他设计了一种新的钢制汉字字体。

1822 年，也就是斯坦福·莱佛士爵士（Sir Stamford Raffles）创立自由贸易港的三年后，大英圣书工会就开始在新加坡印刷马来语的作品。在 19 世纪 30 年代和 40 年代，还有其他一些由伦敦传道会和美国公理会差会管理，生产各种印刷品的传教士出版社。在这方面，有两个人值得特别提及。第一个是本杰明·比奇·凯斯伯里（Benjamin Peach Keasberry），马来西亚教育的先驱，他在巴达维亚（爪哇）完善了他的印刷技术。他从现代马来文学之父阿卜杜拉·本·阿卜杜勒·卡迪尔（Abdullah bin Abdul Kadir，也称蒙西·阿都拉）那里学习马来语，后者帮助他将《新约》翻译成马来语（继 1651 年和 1677 年的阿姆斯特丹早期部分版本和牛津版本之后）。第二位是来自新罕布什尔州埃克塞特的长老会牧师阿尔弗雷德·诺斯（Alfred North），他是印刷部门的负责人，一直持续到 1843 年美国在新加坡的传教活动结束为止。当 1842 年

---

① 恒河外方传教团是 19 世纪初来华基督新教传教士马礼逊等基于当时中国艰难的传教形势，为向华土等"恒河外方"输入新教，在南洋马六甲创建的一个传教组织。

《南京条约》允许英国人在中国定居时，麦都思（Walter Henry Medhurst，1796—1857）[①]在上海建立了一家新的伦敦传教士协会出版社，很快成为中国近代最多产的出版社。这家出版社印刷英文、中文和马来语的作品，涉及宗教和世俗话题。作为一个精通多种语言的人和词法编纂的先驱，麦都思还出版了不少词典，包括 1830 年在巴达维亚印刷的第一本英日－日英词典。

4 菲律宾

多明我会传教士领导了菲律宾群岛早期的传教印刷活动，他们在 1587 年抵达马尼拉后，在帕里安[②]（马尼拉的市场区）的中国商人聚集地建立了圣加百列教堂和修道院。传教士很快就开始为当地的菲律宾人和混血华人准备基督教经文。早在 16 世纪 80 年代，许多教理问答就以手抄本的形式流传。1593 年 6 月 20 日前，总督戈麦斯·佩雷斯·达斯马里亚斯（Gómez Pérez Dasmariñas，1590—1593 年在任）授权印刷两种基督教教义，一种是西班牙语和他加禄语（Tagalog）[③]，另一种是中文。他加禄语文本是由方济各会士在胡安·德·普拉森西亚（Juan de Plasencia）的指导下编写的，而中国的教义是在多明我会的高母羡（Juan Cobo）[④]的监督下编写的。它们都是用雕版印刷的，雕版是由中国的皈依者、印刷商龚容准备的，他的西班牙名字是胡安·德·维拉（Juan de Vera）。高母羡撰写了一本西方自然科学概要（实录），并于 1593 年出版，另外还撰写了一本基督教教义概要。值得注意的是，高母羡提到曾读过罗明坚 1584 年印刷的教理问答（Wolf，37）。

在 1602 年至 1640 年间，马尼拉的比农多地区（Binondo）[⑤]的其他祈祷书籍也采用了活字印刷。其中，最早的印刷品可能是 1602 年印制的带有玫瑰经秘密的小册子，作者是多明我会的弗朗西斯科·布兰卡斯·德·圣何塞（Francisco Blancas de San

---

① 麦都思，19 世纪著名汉学家、传教士，先后在南洋、上海等地从事宣教，出版《圣经》翻译、印刷等事业。
② 16 世纪和 17 世纪西班牙占领菲律宾期间为马尼拉的中国商人建造的城市区。
③ 他加禄语是菲律宾的官方语言之一（另一种是英语），属南岛语系印度尼西亚语族。
④ 高母羡，西班牙传教士、汉学家，16 世纪在马尼拉附近的华侨区传教。
⑤ 指马尼拉的华人区，是菲律宾华人聚居和经商最主要的处所。

José），他在修道院设立了印刷厂，随后印刷了一本包含菲律宾多明我会条例的小册子（《一般条例》），以及另一本由圣何塞自己撰写的论著，书名为《人的最后命运之书：他加禄语和西班牙语字母版本》（*Libro de las quatro postrimerías del hombre en lengua tagala, y letra española*）。这两本书都是由龚容在 1604 年至 1615 年印刷。由龚容的兄弟佩德罗印刷的其他书籍在 1606 年开始出现。佩德罗印刷了由圣何塞编撰的语法书《他加禄语语法和艺术》（*Arte y reglas de la lengua tagala*，1610），以及一本用他加禄语编写的书（此书用来教当地居民西班牙语）。佩德罗在巴丹省的阿布凯印刷了这些作品，托马斯·平平（Tomas Pinpin）和多明戈·劳格（Domingo Laog）被认为是菲律宾本土最早的排版师和印刷商，在那里一直活跃了数十年。方济各会早在 1606 年就拥有了印刷机，但没有证据显示 1655 年之前的生产情况，此后，这台印刷机于 1702 年被转移到塔亚巴斯（奎松），1705 年被转移到马尼拉。另外耶稣会于 1610 年在他们位于马尼拉的学院里建立了一家出版社，而奥古斯丁会的人早在 1618 年就在他们位于马尼拉的修道院开展印刷工作。因此，在 19 世纪之前，菲律宾的传教士出版社已经出版了几百种书。

5 日 本

传教士在日本的印刷故事与范礼安有关，此人在印度的早期印刷中也发挥了作用。1549 年首次登陆日本的耶稣会士很快意识到，为了开展工作，特别是在有学识的精英中开展工作，他们需要书籍。与中国不同，在日本所谓的战国时代（1467—1568），并没有一个可以依赖的印刷商网络。因此，范礼安指示葡萄牙耶稣会士迪奥戈·德·梅斯基塔（Diogo de Mesquita）在欧洲购买一台印刷机，并在葡萄牙或佛兰德斯切割制作日文字模。1586 年该印刷机到了里斯本，并于 1588 年在果阿首次用于印刷一本名为《住在法拉·D. 马蒂诺的奥拉西奥》（*Oratio Habita à Fara D. Martino*）的小册子。之后，一些年轻的日本人，还有康斯坦丁·多拉杜（Constantino Dourado）和豪尔赫·德·洛约拉（Jorge de Loyola），向圣保罗学院的印刷大师布斯塔门特学习冲切技术。同年晚些时候，该印刷机在中国澳门再次被用于印刷《天主教青年教义》（*Christiani Pueri*

Institutio），这是胡安·博尼法西奥（Juan Bonifacio）用拉丁文写的一本广受欢迎的专著。然后这台印刷机被运往更遥远的东方。

　　1590 年至 1591 年，新耶稣会传教士出版社的第一批印刷品是在他们位于卡祖萨的学院制作的，其中包括基督教教义概要、宽幅祈祷文和《圣徒生活节选版》①。最后印刷的一部作品是第一本用活字印刷的日文书。这些早期的印刷品采用了罗马字体，但在制作日文字体方面也有一些不成功的尝试。其他使用罗马字体印刷的作品包括《平家物语》（*Feiqe no monogatari*，1592）、《伊索寓言》（*Esopor no fabulas*，1593）以及 1595 年的拉丁语 – 葡萄牙语 – 日语三语词典。1603 年至 1608 年期间，印刷了一部《日葡词典》（*Vocabulario da lingoa de Japam*）和第一本日语语法书《日本文典》（*Arte da lingoa de Japam*）。16 世纪 90 年代早期，对木制活字印刷术进行了重大改进；1598 年至 1599 年，高质量的金属草书字体终于得到完善，并被用于印刷几部重要的作品，包括路易斯·德·格拉纳达（Luis de Granada）翻译的《罪人的圣洁指南》（*Guia de peccadores*）和一部汉日词典《落叶集》（*Rakuyōshū*）。

　　耶稣会士和他们的皈依者在日本的印刷业中发挥了重要作用，包括首次使用活字印刷，用日语（而不是该语言的罗马化形式）进行印刷；引入假名批注（即平假名或片假名，以较小的字体印刷的音节字符，以表示单个汉字的正确读法）；在一块字体上雕刻两个或多个字符；以及使用平假名文字的连字符。到了 1600 年，耶稣会士已经将印刷厂的日常运作——从上总国②到天草再到长崎——移交给了日本著名的基督教世俗信众托梅·后藤宗印（Thomé Sōin Gotō）。另一位世俗信众安东尼奥·原田（Antonio Harada）最迟于 1610 年开始在宫古（京都）印刷基督教作品。目前还不能确定他的印刷厂使用的是传统的雕版印刷还是活字印刷。1614 年，当传教士被驱逐出日本时，该印刷机被运往中国澳门，1620 年在那里被拆封，并被用来印刷由口译员陆若汉（João Rodrigues）③编写的简明日语语法。不过有消息称，该印刷机后来被卖给了马尼拉奥古斯丁会的人。但没有确凿的证据可以证明在菲律宾使用的印刷机是日本传

---

① 《圣徒生活节选版》（*Sanctos no gosagueo no ushi nugigagi*），1591 年著成，是一本用古葡萄牙式罗马字母出版的日语书，日文书名写作『サントスの御作業の内抜書』。

② 上总国，属东海道，位于现今日本千叶县中南部。

③ 陆若汉，葡萄牙人。少年时代即随耶稣会入日本，由于擅长日语，遂成为日葡贸易中的著名通事，活跃在日本上层社会。

教会耶稣会士的印刷机。

丰臣秀吉（Toyotomi Hideyoshi）入侵朝鲜（朝鲜从 13 世纪就开始使用活字印刷，见第 43 章）之后，日本摄政在 1592 年带回了韩国的印刷材料。结果在 1593 年至 1613 年期间，后阳成天皇和德川家康使用木制和铜制字体出版了许多书籍（见第 44 章）。在日本活字印刷的历史上，这两个独立的发展是否对另一个发展产生了影响，目前还不清楚。

1639 年日本关闭了对西方的大门后，传教士印刷活动就完全停止了。直到 19 世纪 70 年代，在包括伯纳德·珀蒂让（Bernard Petitjean）、皮埃尔·穆尼库（Pierre Mounicou）和路易·泰奥多·福雷（Louis Théodore Furet）在内的巴黎外方传教会在日本重要成员的支持下，印刷活动才在长崎和横滨真正重新开始。在明治政府于 1873 年宣布宗教自由之前，法国传教士早在 1865 年就已经成功用日语印刷了教理问答书。

6 结　论

从 15 世纪开始，欧洲人开始前往地球的各个角落，他们决心不仅要征服新的土地，而且还要传播他们的信仰。他们从约翰内斯·古腾堡那里了解到印刷品的力量，并决心利用这一革命性的新技术使亚洲基督教化。这些努力的影响因多种情况而表现出不同。对此有影响的两个最重要的变量是对殖民国家的控制能力（如欧洲国家在菲律宾拥有控制的能力，而在日本或中国却无法拥有这种能力），以及广泛的印刷文化的先存性（如中国）或缺乏这种印刷文化（如印度和马来亚）。

对亚洲传教士印刷的这一概述还表明，罗马天主教和新教出版社之间的主要区别在于，前者强调对基督教教义的阐述并印刷教理问答专著，而后者在早期集中于用当地语言编写部分或完整的《圣经》版本。在这两种情况下，传教士都努力学习当地语言，并率先制作了大量的词典和语法书。

参考文献

C. R. Boxer, *A Tentative Check-List of Indo-Portuguese Imprints, 1556–1674* (1956)

C. J. Brokaw, 'On the History of the Book in China', in *Printing and Book Culture in Late Imperial China*, ed. C. J. Brokaw and K. Chow (2005)

T. F. Carter, *The Invention of Printing in China and its Spread Westward*, 2e (1955; repr. 1988)

A. Chan, *Chinese Books and Documents in the Jesuit Archives in Rome* (2002)

C. Clair, *A Chronology of Printing* (1969)

H. Cordier, *L'Imprimerie sino-européenne en Chine* (1901)

T. Doi, 'Das Sprachstudium der Gesellschaft Jesu in Japan im 16. und 17. Jahrhundert', *Monumenta Nipponica*, 2 (1939), 437–465

W. Farge, *The Japanese Translations of the Jesuit Mission Press, 1590–1614* (2002)

R. P . Hsia, 'The Catholic Mission and Translations in China, *1583–1700*', in *Cultural Translation in Early Modern Europe*, ed. P. Burke and R. P. Hsia (2007)

J. Laures, *Kirishitan Bunko: A Manual of Books and Documents on the Early Christian Mission in Japan*, 3e (1957; repr. 1985)

J. Toribio Medina, *Biblioteca hispanoamericana (1493–1810)* (7 vols, 1898–1907)

—— *Historia de la imprenta en los antiguos dominios españoles de América y Oceanía* (2 vols, 1958)

J. Muller and E. Roth, *Aussereuropäische Druckereien im 16. Jahrhundert* (1969)

D. Pacheco, 'Diogo de Mesquita, S. J. and the Jesuit Mission Press', *Monumenta Nipponica*, 26 (1971), 431–443

J. Pan, 'A Comparative Research of Early Movable Metal-Type Printing Technique in China, Korea, and Europe', *GJ* 73 (1998), 36–41

—— *A History of Movable Metal-Type Printing Technique in China* (2001)

A. K. Priolkar, *The Printing Press in India* (1958)

W. E. Retana, *Orígenes de la imprenta filipina* (1911)

A. Kohar Rony, 'Malay Manuscripts and Early Printed Books in the Library of Congress', *Indonesia*, 52 (1991), 123–134

V. Rosenkilde, ' Printing at Tranquebar', *Library*, 5/4 (1949–1950), 179–195

M. Saldanha, *Doutrina Cristã em língua concani* (1945)

E. Satow, *The Jesuit Mission Press* (1898)

D. Schilling, 'Vorgeschichte des Typendrucks auf den Philippinen', *GJ* 12 (1937), 202–216

—— 'Christliche Druckereien in Japan (1590–1614)', *GJ* 15 (1940), 356–395

G. Schurhammer and G. W. Cottrell, 'The First Printing in Indic Characters', *HLB* 6 (1952), 147–160

J. F. Schütte, 'Drei Unterrichtsbücher für japanische Jesuitenprediger aus dem XVI. Jahrhundert', *Archivum Historicum Societatis Iesu*, 8 (1939), 223–256

—— 'Christliche japanische Literatur, Bilder, und Druckblätter in einem unbekannten vatikanischen Codex aus dem Jahre 1591', *Archivum Historicum Societatis Iesu*, 9 (1940), 226–280

G. W. Shaw, 'A "Lost" Work of Henrique Henriques: The Tamil Confessionary of 1580', *BLR* 11

(1982–1985), 26–34

—— *The South Asia and Burma Retrospective Bibliography* (1987)

N. Standaert, ed., *Handbook of Christianity in China* (2001)

R. Streit and J. Dindinger, *Bibliotheca Missionum* (30 vols, 1916–1975)

M. A. J. Üçerler and S. Tsutsui, eds., *Laures Rare Book Database and Virtual Library*, www.133.12.23.145:8080/html/, consulted Apr. 2008

J. Wicki, ed., *Documenta Indica* (18 vols, 1944–1988)

E. Wolf, 2nd, *Doctrina Christiana: The First Book Printed in the Philippines. Manila* 1593 (1947)

第 10 章
纸

达文·克里斯托弗·张伯伦

1 简　介

纸是一种片状材料，由重叠的植物纤维组成，粘合在一起形成一片紧凑的纸张。它的起源可以追溯到中国。直到 1151 年左右，纸仍然为中东和东亚地区独有，当时有证据表明摩尔人占领下的西班牙也在制造纸。慢慢地，这种工艺传遍了欧洲，从 1276 年的意大利到 1348 年的法国，再到 1390 年的德国，最终在 1495 年造纸工艺进入了英国。

每张纸在制造过程中都会有物理痕迹，再加上对其成分的分析，这些都可以为纸张来源提供证据。本章介绍的纸的信息属于史料范畴，尽管文章主要关注的是西方国家从纸张的诞生到现在的制造过程，但在适当的考量下，本章的普遍性可以适用于任何时期或来源的纸。

2 纸的制造

纸张可以由各种植物纤维制成，其工艺流程两千年来基本保持不变。早期的亚洲造纸师使用各种专门收获和准备的植物作为他们的纤维来源。相比之下，最早的欧洲造纸师使用的是纺织废料、绳索（绳子）和其他预加工材料。直到18世纪，西方的造纸师和科学家才开始研究原生植物的造纸潜力。直到19世纪，合适的材料才开始全面商业化。

无论使用哪种来源的纤维质原料，将其转化为纸的基本步骤都是一样的。第一道工序是清洗和提纯。对于破布和绳索来说，这意味着要把它们切成小块，去掉灰尘以及细小物质，再进行清洗和软化。最早的清洗方法是在水中浸泡，让它们部分腐烂，然后再清洗。加入石灰等碱性物质有助于加速纤维的分解，但这种做法在不同时期遭到禁止，因为它可能会对纤维质量产生不利影响。后来的处理方法是用碱煮沸切碎的纺织品，用这些方法生产的纸浆的颜色取决于最初的纺织品颜色和水质。到18世纪90年代，为了改善颜色和去除染料，化学漂白剂被应用到造纸术中。

原始植物物质的处理遵循类似的路径，只是不需要的成分要被溶解而不是被洗掉。强碱或强酸作为化学处理成分，有时是用在生物预处理软化纤维的沤制（或浸泡）阶段之后。同样，在纸浆准备好使用之前，可能会进行漂白处理。

以这种方法制备的植物纤维或纺织纤维仍不适合造纸，还需要机械处理它们来分离单独的纤维，改变它们的长度和柔韧性，并增加它们的表面积来提升黏合力。在欧洲最早的造纸厂中，这一过程是通过轮碾机或冲压车进行的。轮碾机是设置在轮辋上的大磨石，在石槽中滚动；它们在不切断纤维的情况下将其扭曲和碾碎，方式类似于碾碎谷物或压榨油籽。另一个过程是用带钉子的大木槌敲打湿纤维，这些"压模"倾向于压平纤维，破坏其外层，从而产生比轮碾机更多的碎屑。这两种处理方法都产生了一种结实的、纤维很长的纸浆。浸渍技术的主要变化发生在17世纪末，当时引入了霍兰德打浆机。这种打浆机比以前的任何一种机器都要快，到18世纪晚期，它的应用已经很广泛，它可以在几个小时内完成打浆机或轮碾机需几天才能完成的工作。然而，这是有代价的，快速加工使纤维受到更多的应力，导致纤维严重断裂，从而使

图 11 G. A. 博克勒（G. A. Böckler）的《新机器剧场》（*Theatrum Machinarum Novum*，纽伦堡，1661）一书中绘制的手工造纸场景。用水力锤将亚麻布打成浆。制浆工拿着模具站在大桶旁；伏辊工压着柱子；晾干的纸张挂在上面的绳索上，准备好上浆、压光、收集成纸令，然后包装。图片由艾伦·克罗克（Alan Crocker）提供。

纤维长度和韧度降低，也会产生更多不同长度的纤维，比如很多很短的纤维。19世纪后期，随着连续的机器生产成为主导，最后一种纤维加工方法——磨浆——开始崭露头角。打浆是一个分批处理的过程，而磨浆是连续的，通过管道将纤维送入一系列旋转的棒状圆盘或圆锥体，最终结果比打浆更均匀，纤维长度更一致。

在机械加工之后，裂纹悬浮液被稀释到所需的浓度，与化学品混合，并被引入成型阶段。在手工制作过程中，制浆工用模具舀出一定量的浆料，浆料通过底部的多孔金属网排出，形成片状。然后传给第二位工人，即伏辊工，他将湿纤维垫转移到纺织物上，通常用毛毡，以便在下一道工序压制中提供支撑。

交替层叠的湿纤维垫和毛毡被称为"柱子"，被引入机械压力机排出大部分剩余的水。在进入干燥阶段之前，将纸页放在一起，而不是将毛毡交错放在一起，重复压多次。

然后将仍旧潮湿的纸片从纸堆中分离出来，以四张或五张为一组进行干燥处理，因为这比单张干燥产生的纸片更柔软，单张干燥会导致纸张过度卷曲和起皱。最常见的干燥方法是将纸叠悬挂在阁楼的绳索上，通过百叶窗调节空气流动，使其在几天内干燥。其他方法包括将纸叠的四角钉住并挂在阁楼上，把纸叠水平放在帆布上干燥。在绳索上铺设纸张会产生"回缩"，而钉住纸张的四角会产生局部压缩，这两种方法都会在纸张上留下明显的痕迹。

如果纸张需要上浆，传统的做法是在单独的程序中制作。将干燥的水叶（无上浆）纸张沾上上浆溶液，如动物胶水或淀粉，然后压制和重新干燥。这些纸张被堆放在一起等待成熟，在这期间，干燥的应力会松弛并消失。相比之下，一些现代的手工磨坊采用了反应性浆料，在成型前与纤维混合，在这种情况下，纸张在干燥后完全上浆，不需要经过单独的上浆过程。

机器制造过程与上述过程非常相似。浸渍后的纤维被稀释并与所需的添加剂（包括上浆的化学物质）混合，然后进入一个用于排水的移动网眼，再通过一个有毛毡支撑的压制部分。在早期的机器上，压制好的湿纸张被卷到一个滚筒上，然后被人工切开，湿纸张被送到干燥的阁楼上。但在1820年，蒸汽加热的干燥筒被发明出来，这使得纸在卷起之前就可以完成干燥流程。在这个过程中，通过拉伸的织物将纸幅压向加热的圆筒，这有助于保持纸张和热表面之间的接触，再施加约束，有助于抵消横向收缩的影响。

最后，应该注意的是，有些纸张是由许多层组成的。它们可以由在潮湿状态下聚集在一起的纸张粘合或压制成一个单一的整体，或由预先干燥的纸张粘合在一起形成一块纸板。在手工模具上制作的多层纸通常重如纸板；用造纸机制成的纸张重量可能比得上纸板或者纸的重量。最近在机械制造领域的一项发明可以将各个部分分离，然后在成型阶段重新组合，从而创造出一种多层纸产品，其中外层的特性根据纸的最终需要进行定制，而内层则是更便宜的部分。这方面的一个例子是一种印刷纸，它的外层是原生化学木纤维，内层是比较便宜的回收纤维。

尽管这种对纤维制备和纸张形成过程的描述，在近 900 年的实践中，已经被高度简化了，但很明显，实践在这一时期发展得如此之快，以至于每一张纸都包含有助于识别纸张的线索。下面将描述解读这些线索的各种方式。

3 纸张结构

通过将纸张放在光源下观察其混浊的外观，可以观察到纸张的异质性，这被称为纸张的成型（formation）。这是一种衡量各种浆料成分在整个纸张上分布均匀程度的方法。区别主要在于纤维，它们的长度，以及浸渍和单独分离的程度。成型还表明了纸张在形成前的稀释和搅拌程度。通过观察纸页，还可以看出是否存在未分散的纤维束、纤维结块、灰尘和其他污染物，以及在成型、压制或上浆过程中造成的任何缺陷，比如气泡和小孔。它们会干扰成型，而上浆的泡沫会使纸张呈现乳白色光泽。

模具的情况对纸张成型也有明显作用。例如，纸中央的纤维比边缘多，有专家认为这是由于筛网和模具框架之间的附着力差，导致纸张成型时表面下垂。

如果将一张纸与另一张纸进行比较，也可以确定它们之间的相似程度。一般来说，如果它们是机器制的，纸间的异质性将比手工制的纸少得多。此外，机器造纸，特别是现代机器造纸，污垢应该是可略不计的，因为在成型之前就使用了高效的清洁剂。然而，一个明显的例外是用回收纤维制成的纸张，即使用目前的方法，也可能有污垢这样的污染物。

透过纸张还可以看到任何凹凸表面的印记，这些凹凸表面在干燥前铺设了湿织物，或在成型后被压入潮湿或干燥的纸幅、薄板中，这些印记有水印、金属丝或网眼印、直纹线条（金属丝）和链状线条，以及毡印、绳印和压印。最后一种印记是在压实纸张而不是纸张的横向移动中形成的。

线纹是网状物的印记，在纸张成型时水通过网状物排出；在压制过程中，当湿纸张被压在纺织物上，网状物被推入湿的纤维垫时，线纹会进一步加深。印记的形状不会完全和原来的网状物一样，因为纸张会在干燥时收缩。这对机器制造的纸来说尤其重要，因为机器纸的横向收缩率很高，特别是在滤网边缘，通常会产生菱形的网状物痕迹。然而，即使是同一批次的两张手工纸，如果它们在干燥过程中经历了不同程度的收缩，也会显得不一样。

在干燥过程中，成型表面的毛糙性也会显现出来，使直纹线条和链状线条特别明显，1756 年后才开始有编织模具。直纹线条周围的阴影提供了成型网下的条形图案的信息，包括为了改善排水而在定纸框边缘增添的分层。在长网造纸机上生产的纸张，其直纹线条是由压在纸张毛毡一侧的花纹辊压出来的；在圆网造纸机和手工制作的产品中，这些线条直接来自成型网，是纸张网面一侧的特征。1825 年，一项关于花纹辊的专利得到批准。

毛毡印来自湿纸上所覆盖的织物。在压制过程中，当两面都具有毛毡的一些表面特征时，毛毡印的痕迹会得到强化。有时，由于在最后压制时使用了质地较重的织物，使纸张表面具有特殊的特征，从而毛毡印更明显。例如，有些纸张通过压制方形的粗纹理织物而获得"亚麻"质感的表面。另外，一些机器制造的纸张通过在压制织物上附着各种材料而在机器上形成纹理，这被称为毛毡印记。在压制辊上使用有纹理的套筒会产生压痕。

在非常现代的机制纸上通常不会发现明显的线和毛毡印记，因为现在的工业发展已经使机织纸最大限度地减少了成品纸的印记。绳索的印记来自湿纸在干燥过程中垂在上面的绳索。偶尔也会发现绳子上的毛线嵌入这个区域。凹凸印记是在平纹材料干燥后，通过将纸张通过含有纹理辊的压光机（一种用于平滑或上光的机器）而得到的。

在手工造纸中，在没有中间毛毡的情况下，相邻纸张的水印被压制时可能会转移。

笨重的纸张更容易出现这种情况，而轻质的纸张一般问题不大。手工制作的纸张通常会有一些随机的缺陷，比如直纹线条模糊不清，这是由于在伏辊过程中伏辊工手滑造成的，或者是制浆工手上的水飞到了新形成的纸张上。

在纸张还很湿润的情况下产生的印记，如直纹线条和链状线条以及水印，是永久性的。虽然在加湿或重新湿润的过程中印记可能会变淡一点，比如在湿润的保存处理过程中，这些印记基本上不会改变，因为它们的形成涉及纤维的物理位移。相比之下，在纸张较干燥时留下的印记，如凹凸印记，几乎可以通过湿润或加湿而完全去除。区分"真正的"水印和在压制部分形成的水印，或通过印刷或压印技术形成的水印的一种方法是通过成像，使用射线照相法而不是光学技术，只有"真正的"水印才能通过射线照相法看到。

这一讨论涉及材料在纸张平面内的分布。然而，在纸张的厚度上也有材料的分层，不过这在简单的视觉检查中并不明显。显微镜检查非常明确地显示，细小的材料往往更多集中在纸张的顶部和中部，而与成型阶段的网状物接触的表面上则少得多。这一点在机器制造的纸张上最为明显——尤其是在快速的现代机器上制造的纸张，在纸张成型过程中会使用高吸力来快速去除水分。多层纸的结构也只有通过显微镜才能看清。

4 水 印

水印是鉴定纸张来源的主要手段之一。技术遵循一个简单的时间顺序，即早期的水印由弯曲的金属丝组成，用较细的金属丝捆绑在模具表面，留下缝合的小点。当水印首次在长网机上开始使用时（约1826），也采用了同样的程序，将弯曲的丝线以类似的方式绑在花纹辊盖上。约在1848，发明了压花模套，这使得水印设计更加复杂，光密度范围更广，形成了复杂的图像，被称为光影标记或阴影标记。最终，这项技术被转移到了螺纹辊套上。到了1870年，焊接技术被引入。作为连接形成简单的双重水印图像的弯曲金属丝的手段，焊接常常取代缝制，因为焊接的速度更快。在最近几年里，电铸被开发出来，成为大规模生产双重水印凸起设计的手段；这些图像可以通过缝制或焊接来连接。

水印的图像和设计也很重要。在 19 世纪之前，水印是简单的双重线条印记，达德·亨特（Dard Hunter）将其分为四大类：简单的图像，如十字架或圆圈；人形和人类的创造物，如头和手、钥匙和陶器；动物，包括神话中的野兽；植物和大自然的图像。最终，第二类中的一些物品，即描绘人类创造力的物品，成为各种纸张尺寸的代名词：小页纸（beaker，烧杯）、中页纸（pot，壶）以及大页纸（foolscap，滑稽帽）。到了机器制造水印的时代，只有这些图像被普遍使用。大约几十年后，商标被设计出来：制造商、文具商，以及后来的客户，向市场推出了不同等级的纸张，最有名的是威金斯·提普（Wiggins Teape）的"征服者"纸。如今，商标和几何图案无疑是机器制造商最常见的水印形式。相比之下，手工制造者可以制作各种形式的图案，主要要求是设计不能太复杂以免难以复制，而且图像可以固定在网罩上，在正常工作过程中不会有被移除或弄脏的危险。

人们已经编制了许多手册用来研究水印的常见图案。然而，必须记住，很多这样的手册（如查尔斯 – 莫伊斯·布里奎特的或爱德华·希伍德的手册）是从相当有限的来源发展起来的，而且它们只包含最早自西方的例子（约 1282 年的意大利法比安诺）以来产生的全部印记的一小部分。此外，大多数关于水印的书籍都只有简单的描摹，没有提供足够的细节以供全面识别。

附加标记通常与水印联系在一起，提供额外的信息，如日期、工厂和制造者的身份。它们的用途在历史上各不相同，但它们可能是将特定时期的纸张分配给特定轮碾机的主要方法。然而，任何水印或附加标记的最佳用途就是用来识别用于制造特定纸张的原始模具或螺纹辊，因为两者都是可移动的，可以在其原产地以外的地方使用。这方面的例子包括 1878 年将用于标记邮票纸张的螺纹辊从查福德工坊搬到拉夫卫工坊，以及起源于各家工坊的沃特曼水印，特别是在 1807 年斯普林菲尔德工坊开业之前。

附加标记中的日期是另一个常见的问题，因为它们所传达的看似简单的信息可能并不总是正确的。例如，法国 1741 年的一项法令要求该国所有的造纸商在附加标记中加入日期；许多制造商遵守规定，多年来一直使用"1742"这个日期，因为最初的指令中并没有说明日期应该每年改变。1794 年，英国也发布了类似的命令，这一次包含了日期应该每年改变的规定。这意味着这一时期的英国纸张上的日期更可靠；不过，凯利赫（Kelliher）强调了一个耐人寻味的出版物，把日期为 1806 年的这本出版物印在了显示为 1807 年的纸张上。此外，亨特描述了约瑟夫·威尔考克斯（Joseph Willcox）的情况，这位美国手工工匠在几十年后继续使用可以追溯到 1810 年的模具。总而言之，对待附加标记中的日期必须像对待纸张上的任何其他印记一样谨慎。

水印和附加标记的形式比较可以在两个层面进行。表面上的比较要求被检查的纸张中的图像和附加标记信息与目录图片或其他参考纸张一致。对于目录图片来说，很少能做到完全一致，因为大多数出版的图像是低质量的复制品。详细的比较需要评估和记录准确的尺寸、方向以及相对于链和铺设线还有纸张边缘的位置，也有连接点。这些可以更确定两张纸之间的相似或不同之处。它们还可以识别"双胞胎"，即一对模具共同制造一张纸。还应寻找有关模具磨损点和修复痕迹的信息。在水印设计的工作寿命期间，部件会受到磨损，尖锐的棱角会变圆；艾伦·史蒂文森（Allan Stevenson）通过观察这种退化现象，分析出了《弥撒特典》（Missale Speciale）中使用的纸张的年代。零件可能偶尔需要拆卸和更换，例如，当需要更改日期的最后一位数字时，这种操作是很常见的。

最后，应注意水印的清晰度。用来制作图像的金属丝的厚度和它的横截面形状，以及模具和配件的条件都与此有关。良好的水印质量需要短纤维，经过良好打浆的浆料，能够在压制过程中与水印设计紧密结合。不充分的打浆——长纤维会因此占多数——会显著影响清晰度。

5 表面特征

纸张的表面带有大量关于其制造和加工的信息。初步研究可以通过将纸张举到散射光源下，用掠射照明来进行。

首先要注意的特征有：是否能看到个别纹路，以及表面的光泽度如何。如果看不到裂纹，说明该纸张已被涂布①，这可以通过用指甲或硬币摩擦表面来确认，被刮的

---

① 将糊状聚合物、熔融态聚合物或聚合物熔液涂布于纸、布、塑料薄膜上制得复合材料（膜）的方法。

区域会变得更光亮。如果没有涂布，那么纤维和填料就会以闪亮的纤维状或颗粒状的表面成分显现出来。对于用快速机器制造的纸张，特别是长网造纸机制造的纸张，纤维会倾向于在成型网的行进方向上对齐，这样就可以评估纹理方向。速度较慢的机器，如圆网造纸机，不太能明显地显示出方向，而对于手工制作的纸张来说，这一特征几乎不明显。

对于未涂布的纸张，光泽程度表明其表面是否经过压光处理，或者对于旧纸张来说，表明其是否经过摩擦或平板上光处理。一般来说，这是在造纸厂进行的。然而，约翰·巴斯克维尔（John Baskerville）发明了一种秘密工艺，即在印刷后对纸张进行热压，这也导致了纸张看上去似乎是上了釉。压花纸也可以获得光泽效果，然而，压纹只在图案的沟槽中留下光泽效果，而其他方法只对凸起部分进行抛光，任何表面图案的深层部分仍然是哑光的。最后，如果只有一面是有光泽的，而另一面是哑光和粗糙的，那么该纸张已经在造纸机上进行机器上釉成型处理，并压在一个高度抛光的大圆筒上，使其中一面优先变得光滑。

如果做了涂布处理，通过使用低角度照明还可以推断出其他几个因素。光泽度是衡量压光的一个标准；高光泽度的纸张已经被过度压光，而无光泽的纸张往往被轻度压光。其次，涂层的相对厚度可以通过是否有任何可见的纤维形状来推断。如果没有看到，则该纸张可能已进行过两三次涂布；如果部分可见，则有可能是单次涂布；如果完全可见，但不清晰，则可能是由施胶压榨机或其他涂布机涂布的薄涂层，也就是所谓的"舔涂布"。最后，在某些情况下，用于涂布涂层的方法是可以辨别出来的：一系列精心设计的均匀间隔的线条，走向主要沿机器运作的方向，这表明是绕线棒状涂布器（在 19 世纪 80 年代中期推出）；有细而直的划痕等缺陷，走向与纸张纹理平行，这表明使用的是刀片涂布器。其他方法可以通过显微镜观察来推断。

通过漫射光的掠射照明仔细观察表面，通常可以看到金属丝面，在这金属丝面上应该可以看到重复的几何印记，在观察时转动纸张有助于这些印记显形。通过这种方法，印有水印的那一面也应该很明显。在手工和圆网造纸机制造的纸张上，这也是金属丝那面，而在长网纸机上，这将是毛毡面。

视觉观察可以发现很多关于纸面的信息，但是详细的测量，特别是测量重复印记，只有通过图像捕捉和数学分析才能实现，伊安森（I'Anson）记录了这方面的基本方法。

6 其他特征

首先应该注意纸张的种类，因为不同等级的纸在不同时期被引入了市场，例如非常薄的印度纸大约在 1750 年被引入欧洲；铜版纸和透明纸在 1827 年问世并获得专利。

纸张的重量和其他的美学因素可以用手衡量，通常被归类为"手感"。判断的方法是用力握住纸张，摇晃它，并听其响声。用这种方法评估纸张需要一些经验，但它可以提供关于打浆程度、可能的浆料成分和表面施胶程度等信息，所有这些都和纸的黏合度和硬度有关。清洗纤维的过程也可能对手感有影响。鲍尔将 18 世纪法国纸的柔软归因于其制造商在浸渍前使用碱而不是肥皂来清洗碎布。

此外还应该检查纸张的颜色。在大多数早期的案例中，必须在使用的碎布、制浆时的处理和水质之间达到一种平衡。事实上，水质可能会随着季节的变化而变化：大

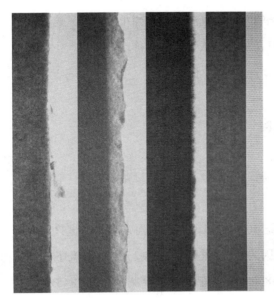

图 12 纸张边缘（从左到右）：
手工制作的纸张、机器制作的长网造纸机纸张、
手工撕裂的纸张、铡刀切割或剪切边的纸张。
图片由达文·张伯伦（Daven Chamberlain）提供。

雨会搅动泥沙，有时会导致白纸无法生产。早期手工制作的纸张的颜色从来都不是很均匀，只有在引入合成染料以及全面地化学漂白之后，才可能均匀地染色。

原始纸张的尺寸是很难确定的，但可以通过仔细测量现有的修剪过的纸张来估计。首先，需要确定与单张纸相对应的书的集合；在装订好的纸上，链状线条的方向有助于确定这一点。在一张对折的纸张中，链状线条平行于折页和书脊，产生一个对开页。第二次折叠，与第一次垂直，会产生与书脊垂直的链状线条，因此是四开本。第三次折叠恢复了原来的方向，产生了一个八开本，以此类推。在确定了单张纸后，就会注意到水印和附加标记，并确定它们在纸上的相对位置。这样一来，就可以根据对普通商业纸张尺寸的了解来估计纸张的原始尺寸，同时考虑到装订过程中必须进行的修剪，以及印刷纸通常比其对应的书写纸尺寸稍大，而且印刷纸的施胶手法更柔和。

最后，纸张的边缘提供了关于纸张成型和抛光的信息。粗糙的边缘可能是手模造纸或圆网造纸机所产生的毛边，同样，它们也可能是由于被撕裂或试图模拟模具的原始边缘而造成的。来自手模的刀口一般不直，在边缘处显示出不均匀的裂纹。圆网造纸机产生的刀口要直得多，在边缘处有很宽的细裂纹边缘。切割的边缘可能是由于铡刀切割、模切或分切以及在延压机上对卷材进行切割而造成的。铡刀或模切的边缘往往有明显粗糙的地方，这是由刀片穿过大量的纸张造成的，可以通过用拇指和食指夹住一张纸并拉动边缘来感受。铡刀在切纸的时候也倾向于以某种角度切开，这可能会在书本边缘留下对角线的划痕；切纸机只在垂直于纸张的方向移动。分切产生了一种被称为"研磨"边缘的表面。

7 构　成

对某一特定纸张所使用的材料进行分析，需要专业知识和设备，但往往有必要对从视觉观察中推断出来的东西进行验证。

纤维分析是最明显的切入点。18世纪50年代以前制造的西方纸张应该只用亚麻或大麻，也许还包括一些非植物纤维。因为在18世纪最后的25年中引入了机械化棉纺，棉花才开始被用于纸张制作。到1800年，人们使用稻草制纸；到1845年，各种形式的木料被引入，但直到很久以后才开始流行；1857 年开始使用细茎针草，大约在 1884 年加入了甘蔗渣（制糖产生的垃圾）。木材的制浆方法有时可以通过染色试验来确定，首先使用的是碳酸盐制浆，到 1851 年开始用机械磨木，亚硫酸盐是从 1872 年开始使用的，牛皮纸从 1884 年开始出现，各种半机械方法始于 20 世纪初。任何一种纤维的确切引进日期都有待商榷，因为早期的试验时间肯定早于它们进入商业化使用的时间。

其次重要的是化学物质上浆。早期的纸张使用明胶或淀粉作为制造后的表面处理材料，通常可以通过气味闻出明胶的存在，而用碘酒可以显示出淀粉的存在。机器制造的引入与一种新的方法——内部施胶——相吻合，这种方法是在纸页形成之前使用明矾沉淀纤维表面的松香。但对于机器制造的纸张来说，涂上淀粉也是一种常见的纸张成型后的处理方法，最后在施胶压榨机上完成。此外，在 20 世纪下半叶生产的一些专业等级的纸张，在干燥和收卷之前，通过将水叶网穿过一大桶明胶溶液来实现"槽法施胶"。合成的内部施胶剂，如烷基烯酮二聚体（AKD）和烷基琥珀酸酐（ASA），分别在 20 世纪 50 年代和 80 年代被引入，这些在今天大多数现代工厂中非常流行。

无机颜料从 19 世纪初开始被添加到纸张中，不过它们一开始主要是作为廉价的纤维扩展剂使用的，因此许多造纸商和客户对其持怀疑态度。事实上，人们非常担心它们会对纸张的强度有不利影响，以至于在一些国家，它们被禁止使用。例如，在英国，大约 1800 年之前，不能添加任何颜料，因为它们被认为是掺杂物。然而，添加一定量颜料的好处最终得到了认可：颜料可以增加不透明度，改善印刷过程中的油墨转移；它们还可以增加油墨的滞留量，使其保持在表面，减少印刷过程中对纸张的渗透，从而获得更好的印刷效果。最早（约 1820）的常用填料是硫酸钡，不久后又加入了石膏，而在硫酸钡之前已经试验过的黏土则从 1870 年开始使用。二氧化钛、碳酸钙和各种锌化合物都是在 20 世纪初开始使用的。

最后一类值得评估的主要添加剂是着色剂和光学增白剂。早期的纸张使用的是固有纤维色或天然染料，如深蓝色或靛蓝，或赭色之类的有色土。事实上，詹姆斯·沃特曼二世（James Whatman II）被视为添加蓝色染料来"增白"纸张的创新者，他在 1765 年开始使用靛蓝染料，然而，从 16 世纪开始，欧洲大陆的制造商们就已经开发出了染料，出于同样的原因，他们在浆料中加入了"蓝粉"（一种钴的氧化物）、靛蓝，甚至少量的蓝布。合成染料是在 W. H. 帕金（W. H. Perkin）的开创性工作之后才出现的——从 1870 年左右开始使用苯胺染料，到 1901 年加入了合成颜料。光学增白剂大约在 20 世纪 50 年代被引入，在紫外线下发出荧光，使纸张呈蓝色，这在现代纸张中尤为普遍，被用来提高纸张的白度。事实上，由于使用了这种试剂而产生的荧光正是朱利叶斯·格兰特（Julius Grant）揭露希特勒日记是伪作的一个主要因素。这些化学物质直到希特勒死后才被引入造纸工业。

与这四种添加剂相比，其他添加剂都是次要的。然而，详细的化学分析也可以揭示微量的漂白剂残留物、成型助剂、杀生物剂、杀真菌剂、黏合剂和消泡剂的痕迹，这只是一些可能被有意或无意地添加到浆料中的化学物质。这些次要的添加剂，以及对颜料中的微量元素的详细分析，可以用来提供纸张的化学"指纹"。这可能是某个地区、工厂，甚至批次所特有的其有助于与其他未知来源的样品进行比较。

8 来　源

确定纸张的来源是一个复杂的问题，可以在许多不同的层面上解决，所有这些层面都有不同程度的确定性。

如果没有纸张可供比较，评估时需要将水印图像与目录或贸易清单中的图像进行比较，还应该对纸张表面进行检查，寻找涂布或各种生产过程的蛛丝马迹。通过这些手段，可以确定一个大概的制造时期，然后通过化学和结构分析来确定其成分是否与检查所显示的日期和产地相符。

与产地已知的纸张进行比较会更成功，能够得出更准确的鉴定结果。在这种情况下，可以对两张纸的表面、印记、结构和化学成分进行视觉或仪器比较。特别是对于有水印的纸张，可以对水印的形状、位置、附着点和总体质量进行精确比较。然而，在许多方面，这种分析实际上比没有对比纸张时更难进行，因为人总是忍不住要寻找两张纸完全一样的地方。但如前所述，造纸不是一个完全可控的过程。对于在同一台机器或模具上在不同时间制造的纸张来说，浆料或工艺条件的变化可以大大改变外观。

对于同一批次的纸张，也可能因为合理的原因而存在差异。更重要的是，储存和处理条件对纸张的外观有很大的影响。两张相同的纸张经过不同的处理，可能会出现很大的差异。

　　总而言之，确定纸张来源并不是一门精确的科学。可以做大量的工作来分析纸张，将结果作为参考文献的证据，但纸张只是整个故事的一部分，不应该单独使用。在经验发挥作用之前，应包括其他来源的证据，如印刷、排版和装订。经验、直觉和判断都必须用在纸张如何帮助确定作品来源的最后分析中，而纸张只是作品的一部分。

参考文献

J. Balston, *The Whatmans and Wove (Velin) Paper* (1998)

S. Barcham-Green, ' An Illusive Image: Some Thoughts about Watermarking Handmade Papers', *TQ* 62 (2007), 1–9

P. Bower, *Turner's Papers* (1990)

—— *Turner's Later Papers* (1999)

—— ' Watermark Catalogues and Related Texts: A Personal Recommendation', *TQ* 56 (2005), 42–44

B. L. Browning, *Analysis of Paper*, 2e (1977)

N. Harris, Analytical Bibliography, www.ihl.enssib.fr/siteihl.php?page=55&aflng=en, consulted June 2007

D. Hunter, *Papermaking: The History and Technique of an Ancient Craft*, 2e (1978)

S. I'Anson, 'Identification of Periodic Marks in Paper and Board by Image Analysis Using Two-Dimensional Fast Fourier Transforms, Part 1: The Basics', *Tappi Journal*, 78.3 (1995), 113–119

—— ' Part 2: Forming and Press Section Marks', *Tappi Journal*, 78.7 (1995), 97–106

H. Kelliher, 'Early Dated Watermarks in English Papers: A Cautionary Note', in *Essays in Paper Analysis*, ed. S. Spector (1987)

B. J. McMullin, 'Machine-Made Paper, Seam Marks, and Bibliographical Analysis', *Library*, 7/9 (2008), 62–88

D. W. Mosser *et al.*, eds., *Puzzles in Paper* (2000)

S. Spector, ed., *Essays in Paper Analysis* (1987)

A. H. Stevenson, *The Problem of the Missale Speciale* (1967)

S. Tanner and D. Chamberlain, 'Chafford Mill: A Short History', *TQ* 57 (2006), 37–43

第11章
印刷技术

詹姆斯·莫斯利

1 简 介

印刷术使书籍及其制造者的地位发生改变，也预示着书籍历史即将进入一个全新的时代。在 15 世纪活字印刷术传入欧洲之前，专业的图书行业就已经存在了。12 世纪时，分卷抄写制度（Pecia system）允许博洛尼亚、帕多瓦和巴黎等地的大学生租用经过鉴定的文本或其中的一部分，由他们自己或专业写手进行复制。15 世纪初，佛罗伦萨的维斯帕西亚诺·达·比斯蒂奇以专业书法家和微型画家的雇主身份而闻名，他们为富有的客户制作精美的手稿。这种制度和职业表明在 15 世纪出现了激励印刷商和出版商的机会，他们赌的是市场上一本书存在多份复制文本的可能性，也愿意在必要的材料和劳动力上投资，以及通过机械工艺制作许多相同的书籍（在销售之前制作好）。

现代欧洲语言最终采用的关于文本和图片"印刷"的术语有很长的历史，这些词（如 impression 和 stampa）通常表示施加的压力和留下的明显痕迹。如莎士比亚在《亨利五世》的序言中所写："当我们谈论马的时候，请想一想，你看到它们把骄傲的蹄子印在了被踩踏的土地上。"事实上，使用雕刻过的石头在软材料（如黏土）上重复刻字的原理在许多现存的早期文物中都有所体现，从美索不达米亚官方印文（公元前3000 年）到罗马的砖和瓦，在它们被烧制前都印上了制造者的名字。

2 起　源

在中世纪，西方书籍和文献通常写在牛皮纸上，牛皮纸是一种事先准备好的动物皮，虽然一些印刷书籍用牛皮纸制作，但毫无疑问，纸（这里的纸指的是一种由植物纤维制成的产品，以尺寸和厚度均匀的白色薄片形式重新组合而成，见第 10 章）对于西方印刷术的发展是必不可少的。到了 13 世纪，纸在西欧已经非常普遍，以至于神圣罗马帝国皇帝腓特烈二世在 1231 年颁布了禁止使用纸来书写公共记录的法令。

造纸术起源于中国，后经把丝绸和其他商品带到西方的陆路传播开来。传统上人们认为用桑树皮、麻和破布造纸的时间是公元 2 世纪初（但有一些学者认为实际的发明时间是在公元前 200 到前 100 年之间），到了公元 3 世纪，这种纸在中国被广泛用于书写文献。1276 年，意大利的法布里亚诺出现了造纸厂；1390 年，德国的第一家造纸厂在纽伦堡成立。

在约 1450 年德国发展出完整的书籍印刷系统之前，中国和邻国使用的制作多份书籍的方法是否传播到西方，目前还不清楚。简而言之，这是它们在东方的发展阶段（见第 42、43、44、45 章）。到公元 7 世纪，在木头上手工刻制的墨水浮雕印章已在中国被用来证明写在纸上的文件的真伪。墨水拓印是为了能制作多份纸质儒家文献，而之前这些文献被刻在石头上，陈列在寺庙里供公众阅读。佛经《金刚经》（*Diamond Sutra*, 868）是用纸条粘贴在一起的卷轴，它是使用浮雕木块来印刷大量文字和图像可追溯的最早实例。最终，印刷书籍的木版印刷技术演变为几个步骤。文字则是由专业的书法家写在薄薄的纸上，然后反过来贴在木块上，使文字清晰可见。然后切去多余的木头，留下反向文字的浮雕摹本。在木块上涂上墨水，用硬刷子把纸片压在上面，这样就把文字图像转移到了纸上。会吸收墨水的纸张只印一面，折叠后缝制成书。在 19 世纪引进西方印刷术之前，这是中国和周边国家印刷文字和图片的通用方法。

在 12 世纪的韩国，用来复制汉字的活字是由在沙子里用铜浇铸而成的木制图案制成的（见第 43 章），这种独立的字体在东方虽然继续使用，但没有取代雕版印刷的木块。活字在东方的使用非常有限，而在西方却非常迅速地发展起来，其原因很复杂。在中国、韩国和日本，书法受到高度尊重，而且汉字在手写时具有行云流水的特点和复杂性，还有汉字数量的庞大，可能都是原因。

15 世纪中期，西方印刷术的发明涉及几种技术、设备和材料的结合。其中一些要素早已存在，但其他一些，如纸张和墨水则相对较新。有几个实验者可能在同一时间开展了工作。普罗科皮乌斯·瓦尔德福格尔（Procopius Waldfoghel）出生于布拉格，15 世纪 40 年代在阿维尼翁成名。据当代文献描述，他使用钢制字母来实现具有"人工书写"效果的工艺，但他的方法不一定涉及文本印刷。在 16 世纪，有人宣称哈勒姆的劳伦斯·扬松·科斯特（Laure Janszoon Coster）是印刷术的发明者，但在现存的低地国家的早期印刷术历史中，都没有科斯特的名字，也没有令人信服的传记细节。乌尔里希·泽尔（Ulrich Zell）印刷的《科隆纪事》（*Cronica van Koellen*，1499，其中提到了低地国家印刷术的"发展征兆"）将西方活字印刷术的发明明确归功于约翰内斯·古腾堡，他的生平有据可查；这一说法今天没有遭受到严重质疑，但也可以参见保罗·尼德汉姆（Paul Needham）和布莱斯·阿古拉·伊·阿卡斯（Blaise Agüera y Arcas）的著作中对这种传统说法的修正。从 1454 年开始，人们知道古腾堡制作了 1200 页的对开本《圣经》，而且当时的赎罪券也是单张印刷的，因此存在一种技术可以制作质量合格的书籍和其他文件的多个副本。类似技术的使用非常迅速地传播到欧洲国家，尽管手抄本仍然很重要（见第 15 章），但印刷文本逐渐开始取代手写文本。

古腾堡约 1400 年出生在美因茨的一个贵族家庭，他对银行业感兴趣。但没有证据表明他直接接触过制造硬币或加工贵金属的技术。15 世纪 30 年代，由于政治原因，他被迫迁往斯特拉斯堡，在那里加入一家铸造金属制品的合伙企业。后来他回到美因茨，向律师约翰·福斯特借钱，开发了一个在法律文件中被称为"书的工作坊"的项目。1455 年，福斯特取消了古腾堡的抵押赎回权，接管了古腾堡开发的项目。古腾堡的前商业伙伴彼得·舍弗尔加入了福斯特的行列，并与他的女儿结婚。从 1457 年开始，福斯特和舍弗尔的名字出现在最早的几本印刷书上。舍弗尔继承了生意，直到 1502

年或 1503 年去世，他一直是美因茨重要的和活跃的印刷商。古腾堡始终待在同一个地区直至去世，虽然他仍然掌握有他的遗嘱中提到的印刷材料，但他在任何印刷书中都没有被记录为制作者。

古腾堡在斯特拉斯堡的合伙企业于 1436 年卷入了一场激烈的诉讼案中，这家企业还生产金属铸造的镜子，出售给宗教朝圣者。也有人认为，在古腾堡返回美因茨之前，斯特拉斯堡就开始了字模和印刷书籍的实验。没有直接证据支持这一观点，但如果镜子是用铅或铅的合金制成的，其制造者可能已经发展了一些制作字体所需的专业技能。现存最早的与古腾堡有关的印刷品似乎出现在 1450 年左右，所使用的字体效果不如 1454 年生产的对开本《圣经》（所谓的《四十二行圣经》）的字模打磨和印刷效果。这本《圣经》和印有福斯特和舍弗尔名字的 1457 年大型诗篇都是印刷系统的产物，尽管这种系统中的一些元素可能还需要重新调整，但依然能够制作出价格不菲的书籍。该系统的组成部分是字模、墨水、纸张或羊皮纸，以及用于印制的印刷机。

在欧洲，纸一直被用于书写信件和文件，在某种程度上也被用于制作书籍，作为相对耐用的牛皮纸的替代品。东方的纸是用毛笔在其一面书写，而西方的纸已经适应了使用相对坚硬的羽毛笔在其两面用墨水书写，纸张的材料仍然是植物纤维，大部分由破布得来（即废弃的编织麻布，曾作为衣服或家用织品）。为了防止墨水渗入纸张表面，纸张被制成相对坚硬的成品，这种效果有时通过在其表面添加浆料（由动物皮肤和骨头制成的胶体稀释溶液）而得到加强。

在金属字模上使用的墨水是一层薄薄的浓稠彩色清漆，由一种干性油（通常是亚麻籽油或核桃油）煮沸或点燃制成。这个过程太危险，不适合在狭小的空间中进行。这种物质即使不暴露在空气中，也能牢固而持久地固化。制作黑墨水过程中，在透明清漆中加入煤烟以及红色或其他颜色的颜料可制成彩色墨水。印刷油墨是大约在 1400 年被欧洲画家广泛采用的一种油画颜料。

为了在专为钢笔设计的硬面纸上印刷出令人满意的作品，有必要软化其纹理（通过润湿）并压实。纸张印好后，被挂在杆子或线上晾干。晾晒的纸张危险易燃，是在手工印刷时期摧毁许多印刷厂的最常见火灾来源之一。

毫无疑问，印刷机是由罗马帝国晚期的螺旋式压榨机演变而来的。螺旋式压榨机通常用来压榨葡萄汁，也用来挤压新制作的纸张中的剩余水分。这种压榨机很可能能够提供一定的压力，以便让墨水在纸上形成清晰的印记。

全新的元素（如果可以排除朝鲜几个世纪前的技术已经传到欧洲的话）是"活字"的制作——活字是一种刻有浮雕字母和标志的小金属块，可以印出多种印痕。

早期的字体是如何制作的，这是一个受到广为讨论的问题，尽管还没有得出明确的结论，但可想而知这可能是一个缓慢的过程，需要大量的手工打磨或修整（也许要用沙子铸造，如同朝鲜的做法）。不管最初的系统是什么，它很快就被一种新的系统所取代，即在钢制的浮雕冲头上刻上字母的形状，经过淬火后用于在较软的金属（铜）上压印，以制作模具。模具与形成字体主体的字模一起使用。从后来保存下来的例子可以看到，这种模具是简单的手持设备，由两个"L"形的部件组成，相互间可滑动，可以横向打开和关闭。精确的铸件大约有一英寸高，由一连串的字母模具制成，每个字母从上到下的高度相同，当然可根据窄字母如"i"和宽字母如"M"所需的不同宽度而不同。最终，用手工制作字体并将其组装成文字的过程实现了机械化，而且又设计出将文字和图像放在纸上替代的方法。尽管如此，直到20世纪下半叶，大多数印刷品都是用铅合金铸成的印刷面制作的，铅合金印刷面用冲头冲压而成。

3 手工印刷机时代（1450—1830）

对古腾堡早期印刷碎片的分析表明，一些早期的字模可能是以不符合传统方法的方式制作的。然而，对《古腾堡圣经》不同副本页面的多个扫描图像的比较表明，其字模的设置在印刷过程中经常被改变，有时是肉眼难以看到的。后来的观察也毫无疑问地证实了这部作品是用单一活字印刷的。

手工印刷机的印刷方法似乎经历了缓慢的演变。可以看出，至少在15世纪晚期之前，甚至在这之后很长时间里，在这种印刷技术中，单张纸或由几张插页组成的合订本（外页）的第一页和最后一页需设置好字模，并在该页的另一面或该部分的内容之前印刷。铸造副本以确定它应该出现在哪一页的过程需要大量的计算，负责排版的排字工人也经常改变文本，即通过使用缩写、缩略或省略的方式来缩短文本，或通过增加各种间距（如四边形或引线）来拓宽文本，在随后的设置和印刷的表格要保持文本中的连续性。这种按表格印刷的技术可能有助于解释传统木制印刷机的一个持久特征：它的压板（向纸张传递压力的木板或金属板）只有一个对开页的大小，或只有后来放在印刷机上的全部字体的一半大。

撇开一些细微的瑕疵不谈，从 1480 年到 1800 年左右，有很长一段时间印刷技术的发展非常稳定。字模由手工制作，通过手工设置，形成文字、字行和页面的布局。印刷机靠手工操作，速率保持在一定数值上，但事实上这样操作是不容易的。纸张由手工制作时，模具的最大宽度，以及它所制作的纸张的最大宽度，受到制作者自然臂展的限制，通常约为 76 厘米。

最早的印刷厂场景出现在 1499 年印刷的一本书中的一幅木刻画上。在 16 世纪上半叶，印刷厂的形象是该行业的象征，会出现在一些书的扉页上。这些图片在一些小细节上有所不同，但综合来看，它们证实了印刷厂的设备和操作一旦建立，直到 1800 年左右才发生了本质的变化。此时，随着印刷业的机械化、生产速度的提高和书籍单位成本的下降，传统方法和材料的细微调整开始演变成了大刀阔斧的发展。

在手工印刷机时期，印刷厂房一般都是普通的房屋，就像织布工、细木工和其他商人的工作场所一样。印刷商与其家人和学徒住在其中的一些房间里，而印刷机和字模则占据了其他房间。一些印刷厂的设计给参观者留下了深刻印象，如牛津大学出版社的新克拉伦登大楼（1713 年建成），但这只是例外。大多数印刷厂就像印刷商和小说家塞缪尔·理查森（Samuel Richardson）的印刷厂一样：伦敦索尔兹伯里广场的中等规模的印刷厂也是他的住所，直到字模的重量开始威胁到建筑结构时，他才搬走了。

印刷厂的设备通常包括一台或多台印刷机和大量的字模。这些字模被放置在开放的字模箱中，并被细分为不同的区域，每个区域都有一个字符的多个种类。根据每个字母、数字或标点符号的使用频率，箱子的这些小间隔大小不一，字母 e 是其中最大的一个。掌握了箱体排列或布局的排字工人或排字员可以不用看就能选对字母。早期的图画显示排字工人坐在工作岗位上，后来通常是站着工作。在一些国家，大写字母和小写字母的铅字都装在一个箱子里，但在法国和像英国这样遵循法国惯例的国家，

图 13　荷兰印刷厂的印刷工和排字工。根据 P. 萨恩列达姆（P. Saenredam）为荷兰印刷厂绘制的图纸雕刻而成，原图载于塞缪尔·安普辛（Samuel Ampsing）的《哈勒姆市周边景色》（*Beschryvinge ende lof der stad Haerlem*，哈勒姆，1628）。人们误以为科斯特先于古腾堡成为印刷术的发明者。藏于牛津大学博德利图书馆（Douce A. 219，第 392 页的对页）。

大写字母和小写字母各有各自的箱子，大写字母排在小写字母之上，因此在英文中大写字母被称为"上层箱子"（upper case），小写字母被称为"下层箱子"（lower case）。无论其结构如何，可容纳20—30磅（9—14千克）字体的箱子通常（与造纸师的模具一样）不超过一臂之宽，因此它可以很容易地被抬起并放置在一个高度合适的框架上进行排字。

图14　一个有两套字模箱的排字框架：大写字母比小写字母的放置角度更陡峭。本图获得牛津大学出版社许可使用。

　　排字员手持排字棍，这种工具可以将几行字排成一定的宽度。要排的副本或文本被放置在可以清楚看到的地方，有时被放在一个称为档案夹的特殊装置中，或者干脆放在大写字母的右侧。在法国或英国，大写字母包含偶尔才需要的小型大写字母。排字工按顺序拿起字母，把它们一个个放进排字棍里，在字与字之间留出空隙，从左到右，查看排字棍里的字行以检查是否正确。

　　为了整理版面或填满每一行，要在字与字之间增加或减少空间，直到这一行完全填满排字棍。然后排成行的字被从棍子上转移到一个开放的托盘上，直到有足够的字行填满一页。这一页字体用细绳捆绑起来，与其他页面一起放在一个平坦的大石头上。在书页上放置一个开口的铁架，以及印刷板（即按尺寸切割的木片），这些木片准确地填满了书页，构成了印刷的印版。木制的楔子被钉在长楔形侧架或脚架上，将书页和印刷板固定在一起。如果组装得当，由大约数千块金属字模组成并锁定好的印版是牢固的，可以安全地拿起并放在印刷机上。直到19世纪早期仍在使用的印刷机大约6英尺（2米）高，由实木（橡木是最受欢迎的）制成，由两根带侧梁的立柱组成。下部横梁承受压印的力量，因此是固定的；它支撑着轨道，滑车（承载印模的平面）在压板下滑进滑出，压板是一块坚固的平面木头或金属，悬挂在螺杆上，传递压印并在上部横梁上工作。在早期的图画中，螺杆似乎是木制的，但后来通常是由铁或铜制成的，压板也是如此（英国除外，那里通常用木制）。压板悬挂在压印筒上，这是一个盒子或框，用于保持压板稳定，而螺杆在其中转动。当拉动螺杆时，一根设置在螺杆上的杆子将其旋转大约90度，将压板降低约半英寸，压在垫板和下面的基础印版上。

用一对塞满羊毛的皮球在平面上均匀地涂抹浓稠的墨水，墨球将一层薄薄的墨膜转移到印版的字模上。要印刷的纸张被固定在有可调节点的垫板（一个用牛皮纸或布紧紧覆盖的铰链框架）上，这些调节点能刺穿纸张，并为纸张背面的第二次压印提供准确的位置。一层用于分散印迹的布均匀地填满了内垫板的空间，内垫板与外垫板相连。夹纸框是一个覆盖纸的轻质锻铁框架，上面有留给纸张的空间，并用铰链固定在垫板上；当纸被拉下来覆盖在浸满墨水的印版上时，夹纸框就把纸张托住，保护纸张不被印刷的地方弄脏。手压印刷机把手或卷扬装置将滑动托架带到压板下面，然后再拉出来。

两个人操作印刷机时，拉纸工把纸放在垫板上，将滑动托架绕到压板下面，拉动横杆；涂墨工把墨水弄出来，涂在印版上。他们每小时制作250张，每15秒制作一张，或者在10个小时的工作时间内制作2500张。印刷厂的账目证明了这一产量是可以实现的，但这一数字并没有反映出因各种情况而造成的工作停滞，也没有反映出准备工作所花费的初步时间（将纸贴在垫板、文字或木片的下面来为印刷做准备，以便其均匀地印刷）。在印刷过程中，有时会对文本进行修正，这意味着要解开印版，对

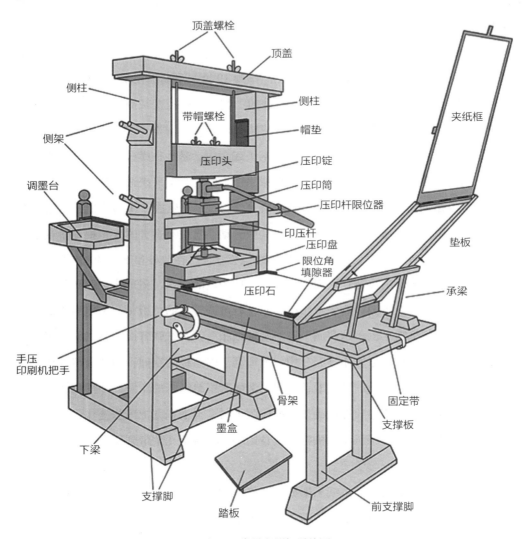

顶盖螺栓

顶盖

侧柱

带帽螺栓

侧柱

帽垫

压印头

压印锭

压印筒

压印杆限位器

印压杆

压印盘

限位角
填隙器

压印石

侧架

调墨台

手压
印刷机把手

下梁

支撑脚

踏板

骨架

墨盒

夹纸框

垫板

承梁

固定带

支撑板

前支撑脚

图 15 常见印刷机零件图

其进行必要的修改，此时便被称为停止印刷修正。印刷球上黏稠的墨水有时会把松脱的铅字抽出来，并被重新插入其中。考虑到所有这些原因，以及人类劳动的变化无常，每个印刷组每天2500张的印刷目标很少能达到。纸张的第二面是用另一种印版印制的，其版面与第一面的版面大小相同。

印制样章的方法是将制作好的样章放在印刷机上，拉出一个或多个印模。为了进行修改，有必要松开边框，从而解开印版。如果需要插入或删除某段文字，相关文字可能会超出页面或导致页面过短，这就造成接下来的许多页面可能需要修改。18世纪后期，为了减少这种情况，人们开始在长纸条上从铅字里取校样（因此出现了铅字校样），并在字模插入页面之前进行修改。

这就是手工印刷时期印刷厂的设备。其基本设施是一台印刷机和一个框架，以及一箱或多箱字模。大型和小型印刷厂之间唯一的区别是，大型印刷厂拥有更多的印刷机和字模，因此可以更有效地管理工作流程。

3.1 材　料

印刷商在生产前是从工厂或代理商那里购买纸张的。纸张是印刷书籍中成本最昂贵的元素，也是风险最高的部分，因为印刷完成后，纸张一般不能重复使用。另一种消耗品是墨水，它可以储存在桶里，通常从专业制造商那里购买。

与纸张和墨水不同的是，字模并不会因为生产而被消耗。然而，字模在使用过程中会逐渐磨损或损坏，需要进行更换，更换的速度反映了印刷商的标准和其经营的经济状况。现存的16世纪初记录显示，一些印刷商为他们使用的字模购买了成套的母版，并购买了与之配套的模具，聘请专业的铸造工用这些母版铸字。这种商业做法甚至在安特卫普的克里斯托弗·普朗坦等大型印刷厂也很常见，该厂收集了大量罗马体和斜体的母版，以及许多用于学术和礼仪文本印刷的特殊字模。到了18世纪，一些印刷商所拥有的铸字机重达半吨或以上。从16世纪晚期开始，主要的印刷中心都建立了专业的铸字厂，印刷商自己购买铸字机的情况变得更加常见。

字模由手工铸造。首先，每个字母的母版被依次放置在由两部分组成的模具中，模具会根据字母的宽度进行扩展或收缩。接下来，用一个盛钢桶将熔化的金属倒入模具中，在握住模具的同时，双手快速向上推，确保金属在冷却前接触到印在母版上的字模图像。铸字的过程涉及铅合金的压铸，铅是一种廉价而丰富的金属，熔点低，这使得它可以安全地用于手持设备。合金本身是复杂的，有时含有或多或少的锡以使其具有流动性，并且还含有一定数量的锑，这不仅能使金属变硬，使铸件更清晰，而且能消除铸造后的收缩情况。

冲头是用经过退火或软化处理的钢锉和钢凿切割的，然后对冲头进行硬化和回火处理，以便使其经受住锤子的击打，每一个冲头可以用来制作多套相同的铜母版。对于较大型号的字模，有时会用黄铜切割的字模打出铅字，或者用大型钢字模铸造出黄铜复制品。字模风格的选择受制于与书写风格相同的惯例。哥特式字体用于北方语言的白话文；然而，新人文主义字体的直立形式和草书形式（罗马体和斜体）的使用逐渐从意大利传播开来，并逐渐取代哥特式字体，但德国除外。排版的新风尚受到了书法风格转变的影响。当它们被用于手工铸字时，铜母版并没有明显的磨损。因此，在16世纪下半叶到18世纪上半叶的很长一段时间里，欧洲不同国家的许多印刷商都在使用同样的字模，这些字模是由同样的冲头打出的母版制作的。

3.2 插　图

图像很早就被刻在木头上了，与字模一起用于制作插图或装饰图，有时甚至在木头上刻上整个单词。扉页上的大字通常被刻在木头上。雕版印刷是一种把图像和文字刻在一块木板上的印刷技术，任何细密纹理的木材（如苹果木或梨木）都可以用在这种印刷技术中，细密纹理的黄杨木尤其适合较小型的图像。可能是在17世纪末（具体时间不可考），雕刻者开始在木材的末端纹理上雕刻，这种技术有时可以获得更精细的细节。其产物被称为木版画，而不是木刻插图（见第18章）。

然而，到了17世纪，木版画越来越多地被一种完全不同的媒介制作的图像所取代，并在一种不同的印刷机上印刷：雕刻或蚀刻的铜版。用铜版制作印刷品与用字模印刷差不多是在同一时期发展起来的，但第一批凹版印刷品是独立流通的，没有被纳入印

图 16 一盒约翰·费尔（John Fell）的西文十二点活字[①]斜体母版，下面还有一些用于大写字母的钢字模。本图经牛津大学出版社许可使用。

---

① 十二点活字（pica）是印刷的专用单位，和我们在 Word 里经常见到的"磅"有关。一点活字就是一磅，一磅 =1/72 英寸。

刷书籍中。为了印出精雕细琢的线条，铜版被涂上了墨水，完成后其表面被擦拭干净。当涂过墨的印版、湿润的纸张和布毡被放在滚压机的两个滚筒之间时，滚筒和布毡的压力将凹陷的雕刻线条中的油墨转移到纸张上。由于滚压机施加的压力比用于排版的压力大得多，因此它的操作也相应变慢。这种压力还造成了印版的磨损，限制了在需要重新雕刻之前可以制作的图像数量。早期市场上的铜版版画一般是独立出版的图像，如地图、绘画复制品和讽刺画，这些都是单独出售的。然而，在17世纪和18世纪，凹版印刷开始广泛用于书籍中的插图，并为已经印刷好的纸张添加装饰物和装饰性的首字母。凹版印刷和凸版印刷的结合需要两种不同类型的印刷机之间的协调，因为凸版印刷机从版上印刷的方式似乎很少。

3.3 保存和复制文本

在手工印刷时期，通常只为一本书的一两张纸排字，在这一页印完之后，再放回箱子里。因此，在印刷一本书的过程中，同一字体被多次使用。很少有印刷商有足够的字模来排好整个文本，或者，如果有的话，他们可以等着阅读和修改一个作品，并且找到空闲的印刷机印刷，在这之前让字模闲置。如果一部作品卖得很好，那么在印刷新版本时，就需要对整个文本再次进行设置、打样和校正。

不过，如果一本书有一个庞大或可靠的市场，那么一次性购买和印刷所有纸张以制作一个大版本，可以分阶段来减轻随之而来的沉重的经济负担。例如，用第一次印刷的销售收入来购买新的库存。如果有足够的字模，整个文本可以保持多年不变，并多次重印。有几个有据可查的案例表明，这种做法是可行的。

在17世纪末，人们发现了一种从整个排版的页面中铸造复制版的方法，在荷兰，有几部作品，包括《圣经》，就是用这种复制版印刷的。这种复制方法在很早的时候就被用来制作木版画的复制品。尽管17世纪90年代的一部德国作品描述了一种使用纸浆的方法，但大多数排版页的铸模可能是用石膏模制作的。这种做法已经消失了一段时间，尽管它很可能会继续悄无声息地存在下去——这种技术被利用得很好，但是要发现这种技术并不容易。然而，在18世纪末，人们对复制已经创作好的文字的兴趣又强烈地复苏了。对各种工艺的实验产生了一种由迪多家族开发的工艺，即铅版浇铸法（stéréotypie）。同一时期出现的另一个名称是"铸版"（clichage），主要适用于木刻插图和装饰品的复制，在英语中被称为 dabbing；而其语言上的产物——cliché——则进入法语和英语，指的是"不经思考，反复重复的话"。

在 19 世纪，纸塑模具被重新引入，有时被用来制作书页的定型模具。由于这些模具比那些脆弱的石膏模更轻、更耐用，它们可以更安全、更容易地储存起来，有时还被送到远方的印刷厂去制作复制版，以便在其他地方印刷同样的文字。

3.4 对现有技术的改进

在 18 世纪下半叶，人们品位的转变和经济的繁荣扩大了图书市场，促使印刷书页从美学出发，变得更加精致。约翰·巴斯克维尔是伯明翰的一位富有的实业家，他曾经是专业的书法大师和印刷商，他试图制作书籍，希望自己的书籍字体能反映出专业书法家作品的优雅。他的书页呈现出一种光滑的感觉，类似于从滚筒印刷机的印版印出来的纸张。这种效果部分是通过将印刷品压在光滑的加热板之间实现的，但也通过使用老詹姆斯·沃特曼的新款编织纸来实现，这种纸是在由铜丝编织而成的模具中制造的，铜丝非常细，不会留下明显的痕迹。

视觉上更雅观的书籍的市场在不断扩大，导致了现有技术和材料的进一步改进。传统的木版印刷机经过改造之后能实现更强和统一的印刷效果。大约在 1800 年，第三代斯坦霍普伯爵查尔斯·斯坦霍普（Charles Stanhope）设计了一种铸铁印刷机（斯坦霍普印刷机），使用一个连杆系统来增加其动力。在 19 世纪，许多其他使用类似系统的铁制手压印刷机被开发出来（例如哥伦布印刷机和阿尔比恩印刷机）。与木制手压印刷机相比，这些新式印刷机功能更强、更耐用，能完成更多的压印工作，但它们的印刷速度并没有明显变快。对现有工艺的其他改进，如从铜版上印出渐变色调的凹版腐蚀制版法，有助于生产昂贵的书籍或出售给收藏家的单件印刷品。不过，这些改进并没有影响印刷的基本流程。

图 17 托马斯·凯利（Thomas Kelly）的木刻版画，描绘了 19 世纪 20 年代或 30 年代英国印刷厂使用哥伦布印刷机工作的印刷工和排字工。图片由圣布里奇基金会提供。

3.5 平版印刷技术

　　单独销售的印刷品和带插图书籍的市场需求不断增长，促进了一种把字母或图像印在纸上的新方法的发展。平版印刷是几个世纪以来出现的第一个真正创新的复制系统，它最终取代了凸版和凹版（铜版）印刷。平版印刷发展成为一种实用的工艺，而这个工艺在于对化学反应的理解。化学反应是 18 世纪末迅速发展起来的一个科学研究领域。文字或图像——实际上两者都有——是用油性的蜡笔在一块抛光过的吸水石灰石上画出来的。先用水将石头浸湿，再把蜡笔画的地方涂上印刷油墨，油墨粘在蜡笔画的地方，但无法粘在被打湿的部分，这部分因此便保持清洁状态。然后，通过使用专门设计的印刷机对石头施加压力，石头上的墨水图像就可以转移到纸上。平版印刷或"石面书写"，最初被认为是一种将手写文本或图纸转移到纸上的方法，而不需要排版或由专业雕刻师复制。它的发明者阿洛伊斯·塞纳菲尔德（Alois Senefelder）在寻找复制乐谱的方法时，偶然发现了一种罕见的石灰石，这种石灰石在巴伐利亚州的索伦霍芬被发现,最适合这种印刷方法。随着时间的推移,人们发明了一种金属锌板,代替了重而易碎的石头。其他的发展包括一种经过特殊处理的纸,可以在上面书写文字, 图像可以转移到石头上。19 世纪后期,另一种化学工艺,即摄影,使图像和排版的文字都能转移到石头或印版上。还有一种工艺,即在印版和印刷表面之间插入一个橡胶滚筒,最初是为了在用于包装的马口铁上印刷而设计的。这种方法使图像可以实现平版印刷,并能更有效地转移到要印刷的表面上,这种技术随后被用于纸张的平版印刷。在 20 世纪下半叶,平版胶印取代了其他工艺,成为书籍、期刊、海报和包装上印刷文字和图像的常见方法。

4 机械化

印刷的机械化在很大程度上是由英国新动力驱动机器的发展所推动的,这些机器可以用较少的工人快速印刷大量的材料。因此,印刷品的单位成本得以降低。在 19世纪最初的几十年里,大规模生产方法被应用于报纸和期刊的印刷,其中最显著的是1814 年《泰晤士报》的印刷,这是一份每日发行量很大的报纸,由蒸汽驱动的机器印刷。《泰晤士报》需要在一夜之间印刷大约 7000 份完整的 4 页报纸,用手压印刷机是难以实现的。使用手压技术,第一页和第四页的外侧印版(只包括广告)在前一天印刷,而第二页和第三页的内侧印版(包括新闻和评论)则在夜间印刷。当时,这种内页的印版被排成多份,以便在几台手压印刷机上完成印刷,每台印刷机每小时的印量不能超过 300 份。这种在封面和封底刊登广告,而新闻和评论则横跨中心版面的内容排版,在报纸不再需要它之后,仍然存在了很久。

随着新印刷机的出现,纸张被放置在一个旋转的铁筒上,在铁筒下有一个载有字模、用滚筒自动上墨的平板床来回移动。这是由萨克森州的工程师弗里德里希·柯尼希(Friedrich König)发明的,他在伦敦建立了一个合伙企业,以便利用英国的风险资本来开发他的机器。机器最初的印制速度为每小时 1000 份。柯尼希机器的早期投资者之一是《泰晤士报》的老板约翰·沃尔特(John Walter)。然而,与英国投资者的分歧导致柯尼希离开英国,后来他与商业伙伴安德烈亚·鲍尔(Andreas Bauer)在维尔茨堡建立了自己的工厂。柯尼希的设计在 19 世纪 20 年代得到了英国工程师的进一步改进，特别是与阿普尔加斯（Applegath）和考伯（Cowper）的合作，他们引入了二次印刷的原理，并实现了纸张的双面印刷。

巴黎工程师尼古拉 – 路易·罗贝尔（Nicolas-Louis Robert）也在寻找风险资本和机械购买者，于是他把自己的造纸机设计带到了英国。他关键性的创新是放弃制作单张纸的模具，而将纸浆倒在一条长而不断旋转的、用金属线编制而成的金属带上。纸浆变干后，就变成了纸，然后被切割成单独的纸张，或者在机器的干燥端储存成一卷。从 19 世纪的头十年开始，人们开始用机器造纸并销售。

图 18　大约在 1860 年，"沃夫代尔"（Wharfedale）滚筒印刷机在约克郡奥特利沃夫河边研制成功。在一个多世纪里，它被用于各种印刷工作。本图出自 F. J. F. 威尔逊（F. J. F. Wilson）和 D. 格雷（D. Grey）所著的《现代印刷机械和凸版印刷实用论》（*A Practical Treatise Upon Modern Printing Machinery and Letterpress Printing*，1888），此书藏于牛津大学博德利图书馆（25835 d. 3. 22）。

工业化国家人口和城市化的快速增长极大地扩大了市场，这些创新改变了报纸和期刊印刷的经济模式。当时，一些发展最快的机械采用了一个众所周知但在实践中难以应用的原理，即在两个圆筒之间传递连续的纸带，其中一个圆筒浸了墨水的文字和图像，另一个圆筒施加压力。印刷后，纸张被切割和折叠。这个工艺避免了使用滚筒式印刷机时要倒转沉重的平面字模印版方向的问题，这种倒转调整实际上将输出速度限制在每小时 3000 张左右。然而，这样的机器直到 20 世纪末仍在使用，用于印刷时间相对较短以及使用单张纸的书籍。

轮转印刷的原理，正如人们对滚筒印刷所了解的那样，早在 18 世纪 80 年代就被兰开夏郡的花布印刷商所采用，在那里，多种颜色的布料被同时印在一个连续的"网"上，这些布料是由刻好的铜版弯曲成圆筒状的。墨水从滚筒中不断加入，将雕刻的图像转移到布上之前，多余的油墨用"导叶"或"刮刀"刮掉。这种在卷筒纸上连续印刷的做法在适当的时候可应用于凸版印刷、平版印刷和凹版印刷。

轮转印刷的基本要求是将排版的文字所在的平整印刷面转换到滚筒的曲面上。有一个粗略的折中办法是将窄版的字模锁定在圆筒的外表面，圆筒的半径非常大，没有曲率但也不会影响印刷机最终获得良好的印刷效果。这是 19 世纪 40 年代在一台为印刷《伦敦新闻画报》（*Illustrated London News*）而设计的机器上完成的，该杂志每周销售 25 万份。滚筒的外围设置了多个工位，每个工位上都有一名操作人员将待印的纸张送入浸有油墨的滚筒表面。当用于报纸印刷时，这种印刷机会使用非常大的纸张，这些报纸被折叠后送到购买者手中，购买者要么使用纸刀，要么将就地拿着未裁开的报纸别扭地看，就像本杰明·罗伯特·海顿（Benjamin Robert Haydon）的画作《等待〈泰晤士报〉》（*Waiting for 'The Times'*，1831）中的读者一样。

当技术上的困难被克服时，轮转印刷机合乎逻辑地发展起来，在连续的卷筒纸或纸卷上印刷。这是在 19 世纪 60 年代实现的，最初用于报纸，但这种印刷已经成为任何类型的大批量印刷的常态。模具是用可塑纸在字模印版平整的表面上制作的，然后进行干燥和弯曲，这样就可以制作出一个半圆柱形的铸件。纸张从一个连续的卷轴中被送入涂有墨水的圆筒中，圆筒上贴着一对这样的半圆柱形铸件。纸张在两面印刷后，在印刷机的末端被切割和折叠。在 20 世纪初，为了配合滚筒的速度，铸造工艺和加工印版变得更快、更自动化。通过增加额外的印刷设施，可以以每小时 8 万到 10 万份的速度生产更多的报纸。为了进一步提高生产速度，可以制作多个模具和铸造印版，以便在同一地点或较远地点的其他印刷机上使用。装有弧形铅版的轮转印刷机直到 20 世纪下半叶才被用于报纸印刷工作，并且在需要长时间印刷的情况下，用于杂志和书籍的生产。

4.1 电铸工艺

大约在 1840 年开发的电铸版在某些方面取代了铅版，也可用于复制排字文本和木版画。在电铸版中，先从要复制表面取下蜡版。然后，在蜡版上涂上细石墨使其表面导电，再将其浸入硫酸铜溶液中。当电流通过蜡版时，铜的颗粒逐渐增多，形成的铜壳在背后铅的支撑下变得坚固，能够非常精细地复印原作。出版商的标准做法是保留木刻插图的原稿，如达尔齐尔（Dalziel）兄弟根据约翰·坦尼尔爵士（Sir John Tenniel）为卡罗尔的《爱丽丝梦游仙境》（*Alice's Adventures in Wonderland*，1865）绘制的插图而刻的木刻图；然后还要向印刷商提供电铸版。电铸版磨损后，就用原来的木块制成新电铸版来代替。不管是铅版印刷还是电铸印刷，印版都是为经常重印的书籍制作的，如参考书和平价经典书籍中的流行版本。

4.2 字模铸造机器

使用传统的手工模具，在一个工作日内可以铸造 3000 到 5000 个字模，这取决于字模的大小。较小的尺寸，相当于 10 点或 12 点（点是字体的线性测量单位）的那种，金属凝固的速度与铸工投入金属和打开模具弹出字模的速度相同。19 世纪初，对手模进行了重大的改进。侧面的杠杆使铸工能够提升基体，并在不打开模具的情况下将铸好的字模弹出。据说，这一装置将手写字体的日产量提高到了 8000 个小字模。另一个机械辅助的应急手段是在装有熔融金属的罐子上安装一个泵，这样就可以快速而均匀地将金属注入手工模具中。动力注入的金属也使得铸造精细的装饰性字模变得更加容易，这种字模是为了与平版印刷师绘制的字模相媲美而推出的，目的是争夺凸版印刷商手上更精细、利润更丰厚的工作。

19 世纪 30 年代，从苏格兰移民到美国之后当上铸字工的大卫·布鲁斯（David Bruce）发明了一种机器，可以将字模模具的两半合二为一。这台机器利用安装在单轴上的凸轮，金属罐上的泵喷嘴可将两半模具合在一起。这种"关键的"铸字机通过手工或动力工作，每小时可生产 6000 个较小的字模。然而，这些字模还没有到完成的状态，就像手铸字模一样，在字模投入使用之前，还要把多余金属切断、刨底、磨边和削角等工作都完成。在 19 世纪 80 年代，新一代更复杂的铸字机（美国的巴斯铸字机、德国的库斯特曼铸字机）被开发出来，它们可以铸造大尺寸的字模，并将完成的字模交付印刷。

铸字领域中最重要的一项发明是缩图式机器活字冲压机，1885 年美国铸字工林·博伊德·本顿（Linn Boyd Benton）为此申请专利。将旋转冲压机安装在一个缩图画框上，由此描摹出浮雕图案的轮廓，自 19 世纪 30 年代以来，人们一直将这个原理应用于制作大型木质字模来印制海报。它被应用于制造钢制冲头，让开发排字机成为可能，也改变了手工排字的市场。它还使得工人能够根据绘制的字母表直接制造字模，而无需用到手工活字冲压机。

4.3 机械化排版

在 19 世纪下半叶，排字机的发展受到了极大的关注。解决排版问题有两种不同的方法：第一种系统被广泛使用，该系统储存铸造的字模，并将其作为未校正的文本放到排字棍上，由排字工插入空格并手工校正行列线。19 世纪 40 年代末，杨 & 德尔坎伯公司（Young & Delcambre）生产了这样一台带有类似于钢琴键盘的排字机，这类更先进且精密的机器在市场上大获成功，并一直使用到 20 世纪。

第二种系统超越了第一种系统，是用于铸造新印刷表面的机器。从 19 世纪 80 年代到第一次世界大战期间，这种机器被发明出来且制造了几台，但其中只有两台完好地留存了下来。在 20 世纪，这两台机器瓜分了大部分的市场。1887 年，移居美国的德国人奥特马尔·麦根塔勒（Ottmar Mergenthaler）推出了莱诺铸排机（Linotype）。一批黄铜字模被储存在机匣中，通过键盘依次释放，形成文字行。文字用楔子隔开后，这一行被铸成一个实心条或金属块，即其名称所指的"字模行"。起初，莱诺铸排机被买来用于报纸排版，但在美国，它最终被用于包括书籍在内的所有印刷品的机器排版。

10 年之后，也就是到了 1897 年，当时还是职员的托尔伯特·兰斯顿（Tolbert

Lanston）看到了打孔卡片用于数据分类的可能性，他发明了莫诺单字自动铸排机（Monotype）。这种机器的键盘是独立的：使用者操作按键在记录字符的纸带上打孔，并添加一个代码来计算行间距。自动铸字机读取纸带并分别铸造每个字符和空格，然后输出准备放在印刷机上的字行。

由于采用了独立的铸字方式，因此可以手动修正自动铸字机上的字行铸造条。在莱诺铸排机上，需要修正的字行被重新排列并重铸。不过这个过程可以很快就完成，而且在排字石上将其组成印版时，莱诺铸排机的金属条比单字模更稳定所以，莱诺铸排机与一些相关机器在报纸和期刊制作市场上保持了自身的优势。对于书籍的编排，莫诺单字自动铸排机因为能够满足某些排版的需求而常常受到青睐。

4.4 影印制版

在 19 世纪后期，人们开发了高度复杂的图像复制工艺，其中一些工艺对印刷工艺产生了深刻的影响。原理很简单，但在实践中却需要很高的技术水平。黑白图画的照片被印在锌板上，上面有一种形成抗蚀剂的物质，金属的其余部分被蚀掉，留下图画的精确浮雕，为印刷做好准备，而不需要专业雕刻师在木头上雕刻（见第 18 章）。

19 世纪 80 年代，用于复制书籍和杂志（一个快速增长的市场）的图像越来越多地来自照片，但这些照片必须由专业的雕刻师先雕刻一遍，他们通过熟练使用工具创造出感观上的灰色调来模拟照片的连续色调。照片的机械复制是用由精细交叉线组成的一个规则屏幕分割图像来创造半色调（由不同大小的点组成），并在铜版上蚀刻出图像。半色调块的缺点是，正确地印刷其精细的细节需要使用专门准备的光滑纸张，最好是涂有瓷土的纸张，被称为"铜版纸"。

类似的技术可用于处理照片，可产生平版印刷或凹版印刷的印刷表面。后一种工艺引导了照相凹版印刷的发展，可以用平面蚀刻版印刷，也可以用铜筒印刷，照片和文字都可以在大型的卷筒纸轮转印刷机上印刷。在轮转式印刷机上，照相凹版印刷工艺在当时比凸版印刷或胶版印刷产生的图像更密集，这使得人们在两次世界大战之间的几年里能够生产并发行大量的画报杂志，该技术也被用于制作某些摄影集。

4.5 商业化和大众市场的彩色印刷

为了印刷一种以上的颜色，必须在同一张纸上重复印刷，这种做法无疑增加了成本，而且要求纸张必须摆放准确，使颜色能够相互套印。在 19 世纪，多色印刷被越来越多地用于新型印刷品，如海报、包装以及儿童书籍（见第 17 章）。到了 20 世纪，这个市场还囊括了发行量大的期刊。起初，色彩由专业印刷商混合制成，以形成和谐的色调组合。随着 19 世纪末色彩理论的发展，人们引入了能够通过三种连续的印刷色（青色、品红和黄色）的叠加来再现所有可能颜色的工艺。然而随着经验的积累，人们发现，除了这三种颜色之外，还需要额外的黑色印刷来增加暗色调的密度，从而形成了四色工艺。

4.6 文本的照相排版

一种通过照相排字的系统于 1896 年在英国获得专利，在 20 世纪 30 年代，小规模排版的实验性设备被发明出来并被使用。然而，直到第二次世界大战之后，文本排版系统才开始大规模生产和销售。

使用照相排版的一个障碍是，凸版浮雕印刷仍然是生产文本的主要手段。照相排字的产物是胶卷上的图像，将其用于凸版印刷需要在锌或镁板上制作蚀刻浮雕，这个过程有可能造成一些质量损失，且成本高昂。虽然照相凹版印刷在市场中的份额太小，但平版胶印却更有前景。照相排版通常先在金属上排版文字，然后拍照制作平版印版，因此直接对文字进行照相排字可以省去其中多余的步骤。看来早期的照相排字机是在美国设计和制造的也就不足为奇了，美国的平版胶印在印刷市场上的份额正在稳步增加。对于印刷书籍来说，与凸版印刷相比，平版胶印有一个额外的优势，这也是它与照相凹版印刷的共同点：照片可以与文字一起印在同一张纸上，而不是分开印在单独的印版上。

一些早期的照相制版机是以现有的金属制版机为基础，由其制造商生产，以获得未来市场的份额。这些机器包括英特泰普公司（Intertype，是制造其中一种莱诺铸排机的制造商）的自动照相排字机和莫诺公司的单字自动铸排机。在这些机器中，照相底片实际上取代了铸造金属的黄铜基座；文字由光线创造，一个字母一个字母地在胶片上构建好字行和页面，然后再进行冲洗。最具创新性的机器是"光子"（被其法国发明者伊戈尼和莫瓦称为光电管自动排版机，并以该名称在法国销售），它是根据原本的原理设计，而不是从现有的模型改进的。在光电管自动排版机上，字母被快速地从一个带有电子闪光灯的、旋转的玻璃盘上的图像中挑出来，而且玻璃盘还能同时容纳多套字模或字形。在 20 世纪中期，由铸字工出售的或由排字机制造商提供的印刷字模设计被广泛称为"字体"（typeface）。随着照相合成和数字排版的发展，许多旧的设计得到了调整和重新绘制。"字体"——这个词在英国通常拼成 fount，在美国拼成 font——这个术语成为个人设计的常规用语。

第一代机器都存在同样的问题：为了进行修正，就必须设置一个新的行或段，并将其在物理上剥离，转移到现有的胶片上。显然，解决这一难题的唯一方法是，在铅字排版和准备印刷之前，而不是之后。阅读和修改文本，这是迄今为止的惯例。在新一代的排字机中，在键盘上输入文本，对字体大小、粗体字和斜体字等指令进行编码，并保存在磁带上，以便在屏幕上查看所做的更正和修改，并在印刷中段检查。计算机进入了印刷厂，并在一代人的时间里不可逆转地改变了作者、出版商和印刷商的关系，它将改变"文本"的含义。20 世纪 70 年代，第三代排版设备不再在胶片上进行照相，而是以数字形式生成字模。

4.7 数字排印

1984 年 1 月 24 日，带有鼠标和 GUI（图形用户界面）的苹果麦金塔电脑（Mac）在旧金山发布，这一天经常被认为是印刷出版业数字革命的开始（见第 21 章）。除了苹果麦金塔电脑之外，1984 年和 1985 年上市的其他四种产品一起被认为是开创了新的实践，这种实践最终成为书籍和各种印刷品制作工艺的一部分。计算机页面描述语言 Adobe PostScript[①]使文本和图像在一系列不同的计算机和打印机上得以整合。1985

---

① PostScript 是主要用于电子产业和桌面出版领域的一种页面描述语言和程式语言。

年推出的 LaserWriter 是一款带有光栅图像处理器的激光打印机，其中整合了 Adobe PostScript 解释器。Macromedia's Fontographer 是用于绘制新的数字字体和调整现有字体的程序。Aldus PageMaker 是方便字模排版、处理图像并将其放在页面上的程序。这样一来，出版物各部分的设计和组装最初是印刷商的责任，而到了 20 世纪，越来越多地由出版商的设计或生产部门分担，现在更是可以由一个人用桌上的小型计算机完成。通过提供数字形式的文本，作者成为自己书籍的主要排版者。电子书的出现在很多方面都是这些新的、计算机化的生产技术产物。

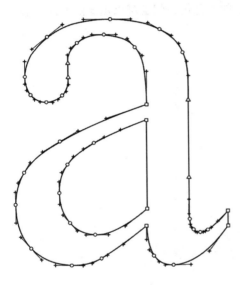

图 19 泰晤士罗马体字体的 "a"，以及影响其贝塞尔曲线和直线的所有点。本字体由詹姆斯·莫斯利教授提供。

5 结 论

印刷书自 15 世纪问世以来，作为一种物品并没有发生根本性的变化。可以肯定的是，它的形式现在确实有了很大的变化，图像融入了文字，色彩丰富，格式多样。然而，为了直截了当地传达文字，一行行黑字仍是被放在白纸上，按顺序排列成页，编成一本书，可以放在舒适的距离处来阅读。在不断变化的偏好的影响下，字母的形状可能会不时变化，但目前使用的许多字体类型直接来自 20 世纪为金属上面的机器排版而创造的字母。确实，人们普遍认为——尽管胶版印刷的外观与凸版印刷的外观有细微的不同——数字字体和排版总体上增强了印刷的外观，但没有出现明显的改变。

然而，用于生产印刷品的基本技术工艺已经发生了巨大的变化。到 1980 年，金属字模的广泛使用实际上已经停止了：这种字模现在只在制作特殊类型的书籍中少量使用。文字通常仍然是用墨水印在纸上，但通过静电工艺融合的碳颗粒（或墨粉）更可能被用来制作按需印刷的数字化书籍。因此，许多作品也被设计成可以直接在屏幕上阅读，而不需要在纸上印刷。制作和传播文本的工艺仍在朝着难以预测的方向发展。

参考文献

B. Agüera y Arcas, 'Temporary Matrices and Elemental Punches in Gutenberg's DK Type', in *Incunabula and Their Readers*, ed. K. Jensen (2003)

J. M. Funcke, *Kurtze Anleitung von Formund Stahlschneiden, Erfurt 1740*, intro. J. Mosley (1998)

Gaskell, NI R. Gaskell, 'Printing House and Engraving Shop, a Mysterious Collaboration', *BC* 53 (2004), 213–251

R. E. Huss, *The Development of Printers' Mechanical Typesetting Methods, 1822–1925* (1973)

G. A. Kubler, *A New History of Stereotyping* (1941)

McKerrow, *Introduction*

J. Moran, *Printing Presses* (1973)

R.-G. Rummonds, *Printing on the Iron Handpress* (2 vols, 1997)

R. Southall, *Printer's Type in the Twentieth Century* (2005)

M. Twyman, *Early Lithographed Books* (1990)

第 12 章
出版经济学

亚历克西斯·威登

1　一本书的经济价值

决定一本书的经济价值的四个基本因素包括：作为文献财产的价值、制造成本、监管和制度控制、市场价格。图书业的历史可以解读为这四个关键领域的经济发展状况。追溯这些因素的发展，本章主要关注 19 世纪的英国，当时的商业和技术革新改变了书籍的经济地位，使其从奢侈品变成了大多数英国人都能负担得起的商品（见第 22 章）。

2　书商公会和英国图书业早期的制度结构

甚至在印刷术发明之前，书籍的生产就已经被伦敦同业公会（Company of Scriveners）这一手工业行会所控制。到 16 世纪中叶，行会控制了伦敦图书生产的经济组织。印刷在技术上的重要性及其相对于手抄的经济优势逐渐使印刷商在行会中获得地位和影响力。然而，印刷增加了人们对纸张的需求，而进口纸张的是富有的书商，他们实际上是这一行业的资本家，在公会中拥有最大的影响力。1557 年，书商公会被授予皇家特许状，赋予公会法律地位和自我监管的权利。该公会获得了管理学徒和实行学徒制的权力，并有权没收非法书籍，禁止非会员印刷，这在很大程度上限制了伦敦的印刷业，他们在 17 世纪末之前一直集权控制书业（见第 22 章）。

公会记录书籍印刷许可的管理（部分原因是为了防止其成员之间的恶意竞争）变得正规化，1559 年，《书商登记簿》成为行业内记录谁有权印刷作品的权威。到伊丽莎白一世统治时期，注册已成为记录出版作品的合法权利机制，并于 1637 年写入法律。

英国图书业的某些特点在书商公会的早期历史中显而易见，有一个以伦敦为中心的强大的制度结构，行业各要素之间的经济相互依存，强调他们的共同商业利益高于竞争，还有一个分配和记录书籍印刷权的机制。《书商登记簿》和专利是版权保护的早期形式。亨利八世分配了专利权，他们把印刷最畅销书籍的权力交给了特定的宫廷宠臣及其指定的印刷商。这将图书业的经济大权集中在寡头身上，因为利润丰厚的教育和宗教书籍领域（初级读本、年鉴、教理问答、诗篇和启蒙书）被公会中少数得宠的成员主导。其他人开始抗议，于是专利权在成员之间被更广泛地分享，成为共同拥有的财产。1603 年，这一模式正式变成股票的形式。股票被分成名义资本为 9000 英镑的股份。15 名法庭助理购买了 320 英镑的股份，30 名马车出租人购买了价值 160 英镑的股份，60 名自由人或自耕农购买了价值 80 英镑的股份。在 17 世纪初，股东们获得了约 12.5% 的年度股息。这些共同所有者中有很大一部分是书商和纸商，他们有资本投资英国股票。这种局面的长期效果是将图书生产的印刷和出版职能分开，其结果对 19 世纪印刷业和出版业的平行发展至关重要。

然而，在 1637 年，图书行业仍然很小。伦敦大约有 26 家活跃的印刷厂，一家印刷厂可能有两到三台手压印刷机，有几个工匠和一个学徒。从本质上讲，他们是小规模的家庭企业。到 1730 年，印刷厂基本上都已经扩大规模，而最大的印刷企业规模变得非常大。例如，雅各布·汤森（Jacob Tonson）和约翰·沃茨（John Watts）雇用了 50 多名工人。18 世纪 50 年代，塞缪尔·理查森（Samuel Richardson）有三家这样的印刷企业，每家都有 40 多人。它们都是做印刷和图书销售的企业，规模扩大的部分原因是小说的日益流行和 18 世纪广泛流通的图书馆市场。

《印刷法》(*The Printing Act.*, 1662) 确定了内战后该行业的主要内容：该行业几乎只局限于伦敦，限制了印刷机的数量，并批准了登上《书商登记簿》是版权所有权的证明。唯一的重大变化是，一个负责图书和报纸的许可证颁发者取代了伊丽莎白时代由两个宗教或教育机构审批的制度。

内战刺激了人们的读写能力，也刺激了人们通过印刷品了解新闻的需求。1668 年，为了进入这个新市场，该行业出版了第一份术语目录或书商的新出版物清单。这是一项重要的创新，后来这份清单成为国家书目的基础。在这段时间里，批发商在书籍的分销中起到了关键的作用。为了收回生产成本，版权所有者将部分印刷品以折扣价卖给批发商，批发商再将它们卖给书商。值得注意的是，这种折扣是按照书籍的名义零售价计算的，这预示着《图书净价协议》(*Net Book Agreement*, 1900) 的兴起，该协议几乎在整个 20 世纪都控制着书籍价格。

3 合法版权的起源

1695 年，《印刷法》失效，英国股票贬值，从而削弱了书商公会对该行业的控制。版权所有者担心失去对其版权的保护和盗版的增加，因此他们通过直接与由书商或印刷商协会的成员签订贸易协议来取代书商公会的制度性控制，以一种股份合作的方式集中资源来增加其在市场上的权力。这种协会不仅有助于确保其成员的财务状况更稳定，而且还扩大了他们的销售范围，并提供了防止盗版的保护措施。企业的合并表明图书生产和销售中贸易的紧密性和利益的相互性。同样，通过贸易销售，一本书的共同所有权被保留在股东群体内部。当版权股份可供出售时，通常是通过出售前版权所有者的财产，一般会专门针对图书贸易的成员组织拍卖。在《印刷法》的法律保护于 1695 年失效后，在第一部《版权法》出台之前，这种形式的贸易保护是唯一可用的。

在 18 世纪，人们尝试了各种法律补救措施来规范这个行业，包括制定版权、贸易保护主义和税收方面的法律。《印刷法》的失效也是许可证制度的终结，而 1711 年引入并随后扩展的印刷品税则成为监管印刷品使用的手段。这种做法一直持续到 19

世纪中期。通过提高报纸和印刷品的价格，它们有效地限制了读者群，将较贫穷的阶层排除在外。然而，对于一些出版商，如亨利·乔治·博恩（H. G. Bohn），可以要求退还寄往国外的书籍的税款，这无意中支持了日益增长的书籍出口贸易。18 世纪颁布了第一部版权法①："鼓励知识创作法案"（Act for the Encouragement of Learning，1710），该法案为现有文献财产的版权所有者提供了 21 年的保护，并为该法案之后的所有新版权所有者提供了 14 年的保护。然而，该法案起草得有些仓促，因此措辞不当，没有明确规定永久版权的概念。版权所有者对该法案的保护范围感到焦虑，特别是在最初的 21 年到期之后，他们还担心来自爱丁堡和都柏林等新兴印刷中心的进口书籍的威胁。因此，书商们向政府施加压力，要求保护该行业。1739 年，英国政府通过了一项法案，禁止进口英文书籍，但这并没有持续很久；1774 年，一项法律判决裁定这种保护主义是非法的，这实际上结束了对伦敦图书业的束缚。唐纳森起诉贝克特案（Donaldson vs Becket）具有重要意义的另一个原因在于，它裁定并反对永久版权。从那时起，《版权法》针对版权保护确定并调整了固定的条款。

1710 年的《版权法》中几乎不涉及作者，但他们很快就开始意识到，《版权法》给他们的作品带来了更多的经济利益。在 18 世纪，作者通常会收到一笔一次付清的费用，这笔费用是按作品页数计算的，以换取其版权。到了 1800 年，有限期限的版权成为一种经济现实，利润分享协议逐渐变得更加普遍。在 19 世纪，作家协会曾争取版税协议，这样作家们就可以分享他们的成功带来的经济回报。出版商将注意力转向到越来越多的有文化的人群中开拓市场。有些人能靠无版权的书过上好日子。例如，博恩的图书馆（Bohn's Libraries）因其图书的质量和价格低廉而闻名，它还为包括版权书籍在内的其他系列图书打开了市场。其他出版商，如史密斯与埃尔德出版公司（Smith, Elder, & Co.），则为出版时尚作品的权利投入重金，并抓住了大众对某一流派或作者的兴趣。

4 19世纪经济史与图书业的创新

19 世纪英国的工业化和随之而来的经济繁荣极大地改变了图书生产的成本。蒸

---

① 即《1710 年版权法令》，又称《安妮法令》（*Statue of Anne*），是世界上第一部保护书本作者著作权的法令。

汽驱动的机器彻底改变了印刷业和造纸业（见第10章和第11章）。人口的增长、社会福利和教育的改善扩大了印刷品的市场，印刷品的产量也出现了前所未有的增长。印刷品是最早的大众媒体，在19世纪下半叶，印刷品变得无处不在。街上的广告牌、商店产品和家庭用品的包装上（见第16章）都随处可见。书商和报刊亭能提供的书籍、报纸和期刊的数量和种类不断增加。这是因为制造成本下降，需求增加，以及摆脱了限制准入的体制和监管控制的结果。

随着人口的增长和能够阅读的成年人比例的增加，图书市场也在扩大。市场的扩大意味着，从19世纪60年代到90年代，该行业在经济上面临着在不增加成本的情况下提高生产率的压力。这种提高经济效益的动力是通过降低生产要素成本来实现的，这些要素包括：纸张价格、印刷机械化、平版印刷术的发展，以及通过使用铅版印刷或采用固定活字的印版模具来限制排字成本。

然而，图书业也不能幸免于经济的起起落落。有些衰退是该行业所特有的，比如1826年的危机，当时沃尔特·司各特爵士的出版商阿奇博尔德·康斯特布尔（Archibald Constable）和其他一些出版商、印刷商倒闭。然而，到19世纪30年代，该行业已经恢复。其他危机是国际性的：拿破仑战争之后，1819年、1829至1832年、1837至1842年和1847至1848年出现了经济衰退；同样，美国内战后对贸易复苏的乐观情绪也很短暂。1864至1866年英国的货币危机可能是最严重的，它是由伦敦一些贴现公司短期借贷和长期借贷造成的。包括最大的贷款公司奥弗伦和格尼公司（Overend, Gurney, & Co）在内的几家公司都倒闭了，迫使许多依赖汇票的企业破产，比如出版商塞缪尔·O. 比顿（Samuel O. Beeton）。随后的金融危机一直持续到1867年，并在1866年5月12日达到顶峰，当时银行贷款利率飙升至10%。之后直到第一次世界大战爆发，利率才再次达到这一水平。

巴恩斯认为，这种货币危机刺激了出版业的创新。当然，许多成功来自经济萧条时期开始的实验。例如，查尔斯·奈特（Charles Knight）和有用知识传播协会（Society for the Diffusion of Useful Knowledge，SDUK）在动荡的后拿破仑时代创办了《实用知识图书馆》（*Library of Useful Knowledge*）。每两周一期，每期售价6便士，销售对象通常是工人或中下层阶级，有时每期销量达到2万册。另一家从经济低迷中获利的出版商是泰格父子公司（Tegg & Son）。它主导了剩余的市场，并在 1825 至 1827 年间通过以"大幅降低的价格购买那些销量不佳或版权所有者破产的作品的版权"而取得了成功（Barnes, 235）。创新形式是刺激市场的另一种方法，比如在 1848 年的大萧条中开办第一个铁路书摊的 W. H. 史密斯（W. H. Smith）。他用最早的铁路图书馆吸引了中产阶级读者；劳特利奇（Routledge）、亨利·科尔伯恩（Henry Colburn）和其他出版商紧随其后。史密斯及其竞争对手的成功源于 19 世纪流行的"出版商系列"或"藏书系列"，为自我教育和藏书以及 19 世纪下半叶的教科书提供了市场。

然而，一种模式的成功也可能带来自身的困难。J. M. 登特（J. M. Dent）在 1904 年创办了"人人书库"（Everyman's Library），他拨出 1 万英镑作为经费。最初，一些书卖得非常好，于是他就重印了这些书，把他的大部分资金都投入了进去。登特的装订厂没有足够的空间来满足需求，所以他把他的工厂搬到了赫特福德郡，在地下室安装印刷机器，并为他的工人建造了新房子。这些费用又花费了他 2 万英镑，迫使他去找造纸商和银行贷款。作为一家业务有保障的大客户，他能拿到这些贷款，但就像巴恩斯说的："无论时势是好是坏，创新都取决于自己的偿付能力。"（Barnes, 239）

从 1876 至 1886 年，英国的图书产量有了相当大的增长。经济史学家指出 1873 至 1896 年大萧条的政治意义大于经济意义，尽管英国失去了其作为主要制造业国家的主导地位，经济增长也不像以前那样迅速，但美国和德国的经济也在放缓。英国开始在国际贸易和金融服务中扮演一个新的关键角色。在出版业，与帝国的图书贸易在殖民扩张时期最为强劲。图书出口申报价值的海关数据表明，从 19 世纪 20 年代到 40 年代，印度是一个强大的早期市场（见第 41 章）。然而，在 19 世纪 50 年代早期，澳大利亚成为英国图书的重要消费者，到 1868 年，运往澳大利亚的图书重量是运往印度的 5 倍（见第 46 章）。出口贸易在 1883 年和 1890 年的澳大利亚金融危机中遭遇逆转。19 世纪 60 年代末，对英属北美（后来的加拿大联邦）的出口在 19 世纪 60 年代末有所增长，因此到 1868 年，运往北美的吨位是印度贸易的两倍（见第 49 章）。然而，从 19 世纪 90 年代开始，英国出版商感受到了来自本土出版社竞争的影响，并试图在国外建立分支机构来处理他们在殖民地的贸易。例如，麦克米伦公司（Macmillan）于 1901 年在印度开设了办事处。他们的图书出口贸易已经发展了几十年，从 1873 年开始，他们就开始为印度市场设计特定的图书版本。同样，威廉·柯林斯父子公司（William Collins & Sons）在澳大利亚悉尼（1874）和新西兰（1888）开设了图书仓库和陈列室，该公司还在印度的孟买、加尔各答、马德拉斯和科伦坡等地外派人员寻找市场。这种扩张是英国图书出版业国际化的一个典型特征。

5 降低纸张成本

在图书生产的制造方面——纸张和印刷——对印刷设备的资本投资，最初是为了资助 19 世纪 30 年代至 50 年代的动力印刷机，然后用改进的版本取代这些印刷机。从 19 世纪 60 年代起，像威廉·克罗伊斯（William Clowes）这样的印刷商就开始投资专利，并开始试验排字机以及新的照相和制版工艺。同样，在造纸业中，长网印刷机及其后来的改进版大大提高了产量。

造纸机的发明对图书业产生了深远的影响（见第 10 章）。早在 1804 年，富德里尼埃兄弟（Fourdrinier）就注册了这种机器的专利，他们的发明后来又被别人改进。到 1825 年，英国一半以上的纸张是用机器制造的。机器制造的纸张在速度、灵活性、尺寸和质量方面都有优势。图书印刷商乔治·克洛斯（George Clowes）解释了机器造纸给整个印刷业带来的连锁反应："它给我们的行业带来了一场彻底的革命，以前我们印刷 500 本，现在我们印刷 5000 本。"（Plant，331）克洛斯的工厂在当时是该国最大和最现代化的工厂，它使用对开纸进行印刷，而当时只有大约 1/5 的图书用纸是对开的。然而，到 1886 年，这一数字上升到了 3/4。四开纸取代了对开纸，并在 1906 年成为常规。纸张尺寸的翻倍与印刷机尺寸的增加相对应。

在 1866 年之后的 30 年里，纸张的成本降低了大约 2/3。这种大幅度的降低对生产成本产生了显著的影响。当代资料显示，在整个 19 世纪，纸张成本在图书制造中所占比例的下降，较早废除关税以及在纸张制造中使用西班牙草（esparto）和木浆是两个主要原因。然而，其他变量也影响了这一下降比例，如造纸过程的机械化，纸张原材料变得容易得到且便宜，以及更经济的印刷机和征税方案。可能所有这些因素都有助于帮助印刷商享受机械化带来的好处，并确保他们能够更经济地使用大型印刷机。

6 印刷机械化

尽管克洛斯在 1823 年就已经在他的印刷厂中试验了蒸汽动力，但距离印刷机本身的普及还有一段时间。1820 年以前，伦敦有 5 家印刷商使用蒸汽印刷机：《泰晤士报》、查尔斯·鲍德温（Charles Baldwin）、安德鲁·斯特拉汉（Andrew Strahan）、理查德·泰勒（Richard Taylor）和理查德·本斯利（Richard Bensley）。并非所有这些印刷厂都有能印刷对开页面的印刷机，而且直到 1828 年，通过引进改良的阿普尔加斯和考伯机器，才使用对开纸印刷书籍变为可能。《泰晤士报》在柯尼希的蒸汽印刷机上印刷了 1814 年 11 月 29 日的报纸，后来使用了阿普尔加斯和考伯改良版机器，能以每小时 1000 张的速度在对开纸上印刷，是手工印刷机速度的 4 倍。在整个 19 世纪 30 年代和 40 年代，其他印刷商开始安装蒸汽机并投资动力印刷机。最先由霍普金森（Hopkinson）和柯普（Cope）制造的蒸汽动力双版印刷机，后来由纳皮尔（Napier）改进设计，在 19 世纪 30 年代普遍投入使用。其运行速度可达每小时 800 印次，其能印刷的最大尺寸为"双王裁"（double royal）。这种印刷能力的提高推动了廉价期刊的发展。例如，继《实用知识图书馆》之后，有用知识传播协会出版了著名的《便士杂志》（*Penny Magazine*）和《便士百科全书》（*Penny Cyclopaedia*）。这是期刊出版的繁荣期。1836 年，狄更斯出版了《匹克威克外传》（*Pickwick Papers*）的部分章节。这部小说非常成功，以至于狄更斯的出版商查普曼和霍尔公司（Chapman & Hall）不得不使用铅板印刷来多次印刷。铅板印刷工艺使字模能够被浇铸成适合弯曲的表面，这让市场上出现了更快的滚筒式印刷机和轮转印刷机。在 19 世纪 60 年代和 70 年代，纳皮尔蒸汽印刷机被这些生产快速但最初效果不太精确的单面滚筒印刷机所取代。在图书印刷中使用的沃夫德尔印刷机（Wharfedales），可以印刷更大的四开纸。1858 年，《泰晤士报》开始在滚筒上使用铅板；10 年后，利用纸张生产机械化的优势，印刷机不再使用纸张，而是采用了可以连续喂送卷筒纸的轮转印刷机，这一措施使其印刷能力翻了一番。

这些机器提高了劳动生产率。双压板沃夫德尔印刷机和双王裁沃夫德尔印刷机都需要两名操作员，但后者的产量更大。操作员通常是男孩，由负责准备印刷机的机械师监督。也就是说，印刷机机械师要将印版装好并将其放在印刷机上，通过插入垫板来调整字体的高度，并在必要时包装切口。在重印作品时，刻制铅板可以节省时间，因为最初校平铅字的劳动成果被保留在铸件中。这就减少了制作的时间，从而降低了生产成本。通常情况下，需要对铅板模型进行一些修复工作，但这部分的劳动成本通常不超过几个先令。这种节省意味着在较短的时间内重印是划算的，不过设置印刷机和事后清洗的工作导致了这样一个事实，即少于 500 本的单位印刷成本明显高于超过 500 本的单位印刷成本。这在一定程度上解释了为什么从 19 世纪 60 年代到 80 年代，最常见的印刷数量是 1000 本。

随着加工、准备工作和纸张成本在一个世纪中的不断变化，印刷一本书的单位成本也在变化。单位成本下降时，最初的固定生产准备成本可以分摊到更多的书籍上。随着更多的书籍被印刷，生产准备成本的部分降低，直到低于每台设施的纸张和加工的综合成本，这时就达到了最佳印刷量。到 19 世纪 90 年代，出版商的最佳印数高达 3 万册，不过这显然不是最大的印刷量。例如，廉价小说在滚筒印刷机上印刷 10 万册

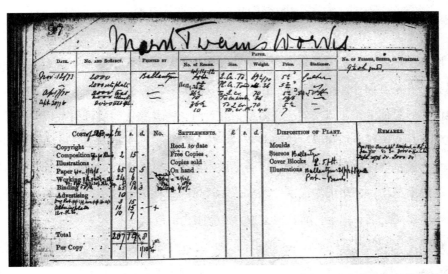

图 20　查托与温达斯出版公司（Chatto & Windus）出版了《马克·吐温幽默作品精选》（*Choice Humorous Works of Mark Twain*, 1873），随后又出版了一系列铅板重印本，均由巴兰提妮和汉森公司（Ballantyne, Hanson, & Co.）印刷。这本出版账簿显示了记录和控制成本的重要性日益增加。此图源自查托与温达斯出版公司档案。

或更多，这并不罕见，但大多数高质量的书籍是在单张纸印刷机上完成的。超过最佳印刷量，单位成本还包括纸张价格、机器运行价格、机器管理员和他手下工人的工资和加班工资。对于像纽恩士（Newnes）这样的杂志出版商来说，使用更快更完善的滚筒印刷机和轮转印刷机，更大的印刷量是有经济效益的，但初始准备成本意味着运行次数必须超过 5000 次才划算。出版商在廉价出版物市场上使用了这些新的、高度经济的技术。纽恩士、约翰·迪克斯（John Dicks）等人出版的流行作品，经常以杂志式的双栏形式，用廉价的纸张印刷，只需几便士，工薪阶层就能阅读到。

虽然在 1836 年至 1876 年的 40 年间，机械加工的平均成本以每 10 年大约 7% 的速度逐渐上升，但在 1876 年至 1886 年之间，平均成本下降了 29%，实际成本下降了近一半。直到世纪之交，这个数字一直很低。在废除了纸张税之后，纸张成本下降了，在 19 世纪 60 年代和 70 年代，更大的滚筒印刷机取代了压板动力印刷机，这意味着在纸张成本开始下降之后，机械加工成本才真正下降。机械加工费用的百分比下降不能完全归因于纸张尺寸的增加。新机器更加省钱。

7 排字工的工资和排字成本

图书生产成本下降的主要原因是纸张和印刷机从双倍大小变为 4 倍大小，并使用了铅板。几乎在整个 19 世纪，排字都是指手工排字。用机械手段来选择字模和分配字模的实验总体上是不成功的。当劳动力充足时，主要关注的是可用字模的数量。随着 19 世纪 50 年代铅板和铸字机的普及，字模的数量已不再是问题，而出版商和印刷商更关心的是修改的程度，这增加了劳动成本的上升。在 1836 至 1916 年期间，修改工作的成本平均占书籍创作成本的 35%，不过这一比例因书的不同而有很大差异。有的文本需要完全重新排字，而其他文本只需要很少的改动。

在整个 19 世纪，工资水平逐渐提高，劳动力更加昂贵。工资上涨的主要时期是在 1869 至 1876 年。然而，排字工的工资却没有增长得那么快。鲍利（Bowley）和伍德（Wood）的研究表明，在 1800 至 1810 年间，排字工人的平均工资远高于棉纺厂、建筑行业、造船和工程行业的工人，而到了 19 世纪 80 年代，他们的平均工资水平相当。

虽然工会工人、非工会工人和计件工人的工资存在着很大的地域差异，但将排字工人的收入与伍德计算的这一时期的平均工资进行比较后发现，排字工人的工资相对于其他工薪劳动者是在下降的。各县的工资水平和就业率差异很大，引起了排印协会的关注。例如，在1826年的危机中，许多排字工人失去了工作，据说当时伦敦每一家印刷厂都有通知说不再接受排字工人和印刷工人的工作申请。甚至两年后，伦敦3500名排字工人和印刷工人中依然有800人失业。

随着造纸业的机械化和印刷机械的应用，劳动密集型的排字工作也将被机械化。然而，排字协会和印刷工会出于对其成员的持续就业和行业标准的考虑，抵制引进排字机。他们对质量的担忧也得到了印刷商的响应。19世纪70年代末，在美国用于图书工作的莱诺铸排机已逐渐被引入英国的报社，但印刷商 W. C. K. 克洛斯认为，尽管莱诺铸排机的原理是正确的，但"目前他不认为它是用于制作图书的机器"（Southward，82）。克罗伊斯的公司在1897年莫诺机器投入商业使用时对其进行了投资，并率先进行了许多修改。该技术的发明和完善之间的时间间隔意味着对排字工的工资和就业模式的影响被推迟到了20世纪，当时第一次世界大战爆发使得印刷的价格和工人的工资被推高。

当印刷商转向工业化的排字和印刷系统，用四开纸印刷机取代对开纸印刷机，并购买机器制造的纸张时，他们通过降低基本单位成本，让出版商在大规模的图书生产中得到好处。通过采用节省劳动力并允许更灵活的生产模式的铅板印刷机，他们让出版商能够更有效地根据市场定制产品。然而，降低单位成本的最重要因素是纸张价格的下降（以及其更容易得到）。

8 出版公司类型

19世纪末，报纸和出版业主要由家族企业和伙伴关系组成。在图书贸易中，当合伙人因为收购而出局或整个企业被出售时，合伙企业往往会变成家族企业，企业会传给创始人的儿子和孙子。印刷商让他们的儿子在客户的企业里当学徒，而出版商则为他们的儿子在其他出版商和印刷商的公司里找到岗位。通过这种方式，这个行业的成员之间紧密相连。然而，在 1866 至 1867 年的贸易危机之后，采用有限责任公司的形式并通过持股和在公司董事会中占有席位来保留家族利益的做法变得越来越普遍。

出版业成为一个越来越有吸引力的投资领域，这主要是因为曾经抑制报纸发展的知识税减轻了，对新闻界的政治控制放松了，行业变得更加繁荣。工业化的普及影响到印刷商和造纸商，引起了出口书籍生产商的担忧，因为到了本世纪中叶，欧洲大陆国家开始效仿英国，能够以更低的成本生产纸张。书籍的委托印刷和销售（出版商和书商的领域）主要取决于英国和国外的贸易条件。关税壁垒被用来区分市场，这既影响了供应因素，也在较小程度上影响了分销，然而在英帝国内部却没有任何壁垒，出版商在殖民地发行的图书版本似乎销量不错。也许对该行业更有意义的是版权保护的逐步扩大。尽管版权法在整个世纪中有所变化，但在欧洲范围内（如通过《伯尔尼公约》）以及对英国出版商来说，最重要的是与美国达成国际协议的努力最终获得了回报。

决定报纸产业结构的经济、政治和法律框架也影响了图书和杂志的出版，只是影响的程度不尽相同。本世纪中期，政治改革的压力刺激了报纸在全国范围内的扩散。政治、法律改革和日益增长的城市化是变革的动力。与 19 世纪的图书、期刊和一般出版公司一样，报业也是主要建立在家族企业的模式上。正如李（Lee）所说的，"这两个行业之间的联系非常紧密，报纸经营者通常都是从印刷商和出版商的队伍中招募来的，这种所有权的传统根深蒂固，由来已久"（Lee，84）。

在图书出版业，家族企业与合伙企业占主导地位。这类公司通常在转手之前进行估价，要么是在公司传给下一代的时候，要么是在合伙人离开并希望释放他在股票和善意中的权益的时候。当儿子（很少是女儿）进入这个行业时，他们被安排在朋友的公司里学习业务，有时成为合伙人，或者在成年后独立建立合作企业。因此，仔细研究 19 世纪的印刷品，往往可以追踪到出版商的亲属关系。因血缘、友谊或供应链而联系在一起的公司也通过资本投资、长期贷款、股份和汇票而联系在一起。在 20 世纪末，这两个行业通常都采用某种形式的股份制公司，这就需要提交一份带有准确的营业额和资本报表的资产负债表。

股份公司的注册和回报每年都被记录在议会的蓝皮书中，蓝皮书还指出了这些公司是否已经清盘或在产生回报时仍在运营。尽管一些 18 世纪的报纸被组织成股份制公司，但这类公司真正的扩张是在 1854 年和 1862 年的《公司法》之后，该法案提供了有限责任的保障。从 1856 年起，他们的公司财务细节被记录在蓝皮书中。香农（Shannon）表示早期的公司无一例外地出现了亏损，导致许多投资者对新制度持谨慎态度，这是可以理解的。当然，许多印刷厂和绝大多数出版公司似乎仍然在私人手中。李统计了 1856 年至 1885 年间成立的大约 420 家报社。在同一时期，只有 247 家"图书、杂志、期刊、艺术或一般出版和图书销售"公司注册，第一个 10 年有 38 家，第二个 10 年有 58 家，第三个 10 年有 151 家。这一增长速度低于报纸公司的增长速度，但它反映了当时股份制公司的扩张。在第一个 10 年中，出版公司的"创业失败率"为 38%，而报纸公司则为 20%，但在随后的 20 年中，这种早期公司的创业失败率也迅速下降到 7% 和 10%，略高于李的报纸数字 7% 和 6%。

与报业相比，直到 19 世纪 70 年代中期，出版公司的成立数量仍然相对较少。19 世纪 80 年代初，出版公司的成立率与报业一样有所增加，1885 年有 26 家新公司。看来，19 世纪 60 年代中期的经济逆转并没有影响出版公司的注册数量，但这似乎让他们更不愿意提交报表，并对公司的负债估计更加谨慎。

出版公司所持有的大部分资本都被捆绑在版权上，这与印刷商形成鲜明对比，后者投资于机器和印刷机。然而，这些行业是紧密联系在一起的，许多公司在描述其"目标或业务"时都跨越了印刷商、出版商和报纸经营者之间的界限，例如，基尔戈尔报纸和出版有限公司（Kilgore Newspaper and Publishing Company Ltd）将"报纸和常规印刷及出版"作为其业务。克罗伊斯等图书印刷商部分或全部拥有版权，并在出版公司中持有股份。到了 1883 年，报表中使用的类别将报纸经营者与印刷商和出版商区分开来，这很可能反映了该行业专业化程度的提高。从蓝皮书中可以明显看出，与报纸公司相比，大中型出版公司（名义资本为 1 万英镑或以上）的出版比例更高，不过在 1866 年至 1875 年这一潜在的危险时期，他们更加谨慎，并将其责任限制在较低的数量上。同时，与之前或之后的几十年相比，在这段时间里所要求的名义资本似乎也更多。

当然，许多公司的成立是为了收购现有的企业，还有一些公司的成立是为了将合伙企业和家族企业转变为私人公司，或者建立自己的企业以便购买版权。从 1856 到 1865 年，70% 的出版公司股东不到 10 人。在接下来的 10 年（经济陷入困境），这种模式发生了逆转，风险被分散到更多的股东中。这些较大的公司中有许多是教育供应商或基督教文献的供应商，产品从报纸到教科书无所不包。其他公司首先是文具商、印刷商或期刊出版商，将出版或图书销售作为其业务的一部分。到 19 世纪 80 年代末，有许多中大型企业的主要目标是出版和售书，如伊斯比斯特有限公司（Isbister & Company Ltd，1879），名义资本为 3.2 万英镑，股东 18 人；查普曼和霍尔有限公司（1880），名义资本 15 万英镑，股东 104 人；柯林斯父子有限公司（1880）名义资本 20 万英镑，17 名股东。所有这些出版商都要求拨出相当比例的名义资本：伊斯比斯特公司要求拨出 90%，查普曼和霍尔公司要求拨出 70%，柯林斯公司要求拨出 88%。

出版业的霸权结构受到了对公司的公共投资、替代性分销系统、殖民地市场的外国竞争，以及后期图书单位成本下降的挑战。这些因素导致了图书业的重组，这一现象具有重要的商业和文化意义。根本性的结构变化为出版业未来的发展方向铺平了道路，并成为 20 世纪出版业横向一体化发展的组成部分，小型出版机构通过合并形成了更大的出版机构，占据了更大的市场份额。

9 20世纪

在第一次世界大战之前的 50 年里，图书产量的增长超过了阅读人群的增长——这是 19 世纪 60 年代中期的挫折之后出现的"追赶"现象。阅读和书籍购买的增加反映了识字率的提高。随着第一次世界大战的爆发，生产成本和劳动力成本都变得更加昂贵。然而，与此同时，排字机（通常是用于书籍的莫诺排字机和用于期刊的莱诺排字机）的质量被认为是可以接受的。

从 19 世纪 70 年代开始，价格结构成为区分小说市场的重要力量，并在三卷本小说市场崩溃后发挥了更大的作用，导致出版商之间更大的价格专门化。在 20 世纪 20 年代和 30 年代，一些出版商专注于廉价的重印版本［如纽恩士、里奇与科万公司

（Rich, & Cowan）], 另一些出版商则专注于与电影的廉价合作——如读者图书馆（the Readers Library）。在中等价格范围内, 霍德与斯托顿公司（Hodder & Stoughton）以 6 先令的价格出售类型小说, 以 2 先令或 2 先令 6 便士出售他们的廉价小说。越来越多的作者的合同是针对特定的版本或价格区间, 其他权利则单独出售, 那也是企鹅（Penguin）成功打入 6 便士市场的时代。

在 20 世纪 30 年代的大萧条中, 出现了一些持久的创新。1932 年, 查托与温达斯公司的哈罗德·雷蒙德（Harold Raymond）发行了图书代币。这些代币通常是作为礼物赠送的, 可以用来买书, 而顾客的消费通常超过了代币的价值。该计划在 20 世纪 30 年代经济不景气的时期蓬勃发展, 并巩固了书商协会的会员资格, 因为书商必须是会员才能获得他那部分代币的价值。同样, 左翼图书俱乐部（Left Book Club）和图书协会（Book Society）的图书俱乐部, 即英国的月度图书俱乐部（Book-of-the-Month Club）和美国的文学协会（Literary Guild in America）的对应机构也取得了相当大的成功, 因为他们能够为会员购买大量更廉价的新书。

从 19 世纪 90 年代开始, 文学代理机构已经发展成为一个独立的、有利可图的行业。1935 年, 国际文学经纪人柯蒂斯·布朗（Curtis Brown）写道, "善良、老式的出版商接管作者的所有权利并以 50% 的价格转售"的时代已经一去不复返了。成功的文学作品拥有"如此广泛多样的市场和如此复杂的合同", 以至于成功的作者需要雇佣业务经理（Brown, 239—240）。在 20 世纪 20 年代, 连载权和翻译权通常是一次性收入, 而对不同定价的图书版本的版税协议, 往往是根据销量的多少, 有一定百分比的回报。小说和戏剧被急切地当作电影故事的来源, 掌握这种权利可以带来固定的收入, 这与票房收入有关。经纪人在谈判和监督此类合同方面找到了商业空间, 根据这些合同给作者带来的好处, 他们可以获得 10% 的佣金回报。

第一次世界大战和随后的第二次世界大战深刻地影响了图书业。即使只是在冲突期间, 从对出版内容的限制到劳动力和纸张的短缺, 它们也给图书贸易带来了 50 多年来一直没有的限制。然而, 该行业也通过小册子和书籍提供战争新闻、宣传、说明材料和建议。在印刷商的仓库里储存了多年的铅板在战争中被熔化了, 这标志着一个时代的结束——对于那些想把维多利亚时代的文学及其价值抛之脑后的人来说, 这是一个受欢迎的新开始。生产普查显示，在第一次（1907）和第四次（1930）普查之间，纸张、印刷品和文具行业的货币价值增加了348.1万英镑。通货膨胀是部分原因，但不是全部原因。每年出版的图书数量都在增加，导致业内人士抱怨"生产过剩"。然而，书籍价值的四个基本因素已经深入人心。版权法通过国际协议得到支持；印刷业和图书制造业实现了机械化和竞争化；代表书商、出版商和作者的专业协会为其成员的经济利益进行合作。值得注意的是，这个紧密联系的行业的财务基础——《图书净价协议》——经受住了两次世界大战的考验。

参考文献

Altick

J. Barnes, 'Depression and Innovation in the British and American Book Trade, 1819–1939', in *Books and Society in History*, ed. K. Carpenter (1983)

A. L. Bowley, *Wages in the United Kingdom in the Nineteenth Century* (1900)

A. C. Brown, *Contacts* (1935)

D. C. Coleman, *The British Paper Industry, 1495–1860* (1958)

S. Eliot, *Some Patterns and Trends in British Publishing, 1800–1919* (1994)

J. Feather, *A History of British Publishing* (2006)

R. Floud and D. N. McCloskey, *The Economic History of Britain since 1700* (1994)

E. Howe and H. E. Waite, *The London Society of Compositors* (1948)

D. Keir, *The House of Collins* (1952)

A. J. Lee, *The Origins of the Popular Press in England, 1855–1914* (1976)

B. R. Mitchell, *British Historical Statistics* (1988)

C. Morgan, *The House of Macmillan* (1843–1943) (1943)

A. E. Musson, *The Typographical Association* (1954)

M. Plant, *The English Book Trade* (1939; 3e, 1974)

J. Rose, *The Intellectual Life of the British Working Classes* (2001)

R. S. Schofield, 'Dimensions of Illiteracy, 1750–1850', *Explorations in Economic History*, 10 (1973), 437–454

H. A. Shannon, 'The First Five Thousand Limited Companies', *Economic History, supplement to Economic Journal*, 2 (1932), 396–424

—— 'The Limited Companies of 1866–1883', *Economic History Review*, 4 (1932–1934), 290–316

J. Southward, 'Machines for Composing Letterpress Printing Surfaces', *Journal of the Society of Arts* (20 Dec. 1895), 74–84

A. D. Spicer, *The Paper Trade* (1907)

J. Sutherland, 'The Book Trade Crash of 1826 ', *Library*, 6/9 (1987), 148–161

S. S. Unwin, *The Truth about Publishing* (1926)

D. Vincent, *Literacy and Popular Culture: England, 1750–1914* (1989)

—— *The Rise of Mass Literacy: Reading and Writing in Modern Europe* (2000)

A. Weedon, 'The Press and Publishing: Technology and Business 1855 to 1885', in *We, The Other 'Victorians'*, ed. S. C. Bizzini (2003)

—— *Victorian Publishing: The Economics of Book Production for a Mass Market, 1836–1916* (2003)

G. H. Wood, 'Real Wages and the Standard', in *British Economic Growth 1688–1955*, ed. P. Deane and W. A. Cole (1962)

第 13 章
审 查

伊丽莎白·拉德森

　　文学审查（对作品出版前或出版后的禁止）是基于这样的信念，即书籍有能力影响信仰和行为。政治和宗教著作一直吸引着审查员和潜在审查员的注意，而对性的描述——对社会和宗教习俗的强烈影响——也一直为有意通过控制书籍的生产和传播来维护特定道德标准的个人、组织和政府机构提供依据。毫无疑问，文学审查史上最重要的事件是 15 世纪印刷术的发明和 18 世纪识字的普及，以及两者贯穿 19 世纪和 20 世纪的持续迅速发展。书籍（包括小册子和报纸）一直被认为是传播潜在危险信息和思想的理想工具，因此，书籍本身以及解读书籍手段的普及，必然会促使人们努力限制书籍产生有害的影响。尽管系统性的国家审查措施在很大程度上是早期现代和现代世界的现象，但文学审查的历史几乎与文学本身的历史一样长。

1 古典世界的审查制度

　　关于文学审查的第一个经久不衰的论据可以在柏拉图的《理想国》（约前 380）中找到。在这段充满讽刺和矛盾的历史中，苏格拉底被指控腐化青年而被处以死刑（在作品发表时他已经被处以死刑了），他认为理想国中，诗人的思想应该被禁止，其理由与他本人被指控的理由基本相同。同样，苏格拉底预见到了在各种文化氛围中，审查制度的支持者们会经常重复的论点，他认为年轻人，特别是未来的统治者，应该受到保护，不受伟大的诗人及其追随者的作品中所展示的坏榜样所影响。他也不赞成有些故事要从寓意上理解的观点。在1857年对居斯塔夫·福楼拜的《包法利夫人》（*Madame Bovary*）的审判中，法国皇家检察官的逻辑取得了良好的效果。遵循这个逻辑的例子有很多，其中最著名的要数柏拉图笔下的苏格拉底，他笔下的苏格拉底认为不能相信读者能分辨出真相与假象，或者说不能分辨字面意思，因此必须避免一切可能存在的歧义。由此，他进一步确立了一个直到20世纪中叶都很流行的论点：在判断一部作品的潜在危险时，应将文学性视为一个加重因素，而不是一个开脱因素。他在该著作第3卷中提出了这一观点，其中他讨论了荷马在《奥德赛》（第11卷）中对冥界的描写，特别挑出了阿喀琉斯（Achilles）的幽灵告诉奥德修斯（Odysseus）他宁愿生前做个长工也不愿在冥界做个国王的名言。苏格拉底认为，这些段落之所以危险，并不是因为它们缺乏诗意，而恰恰是因为它们富于诗意：而阿喀琉斯的讲话富于美感又悲怆，使它美化了其中有害的信息，即被奴役比死亡更好。

　　几个世纪以来，与辩论和审查制度相关的审判中的许多主题都在《理想国》中出现过，由一个经常被描绘为思想自由事业殉道者的人物来阐述，他在这部西方传统中最有影响力的哲学作品中做了有效论证。在赫西奥德（Hesiod）和荷马作品中，苏格拉底认为对年轻人产生有害影响的元素包括《神谱》（*Theogony*）中以乌拉诺斯（Uranus）和克洛诺斯（Cronus）为代表人物的基础神话，因为这些故事将父系阉割和恋童癖描述为解决神性冲突的原始方法。同样，《伊利亚特》和《奥德赛》中的各种情节也被认为提供了不当行为的例子，其中包括众神之间的争吵，以及英雄们对朋友和亲戚的死亡的哀叹，而不是只庆祝他们的英勇和荣耀。同样被挑出来指责的还有神和所谓的不凡之人的各种不体面行为，特别是大笑、哭泣，以及让自己沉迷于醉酒、贪食和淫乱。这些行为都不能为未来的领导人提供可接受的榜样，由此可知，这些描述也不可能是准确的，因为神和英雄不可能有卑鄙的行为。所以，伟大的史诗诗人以及公元前4世纪的悲剧家的这种描写，在理想国中不允许存在。

值得注意的是，苏格拉底，或者说是柏拉图，在《理想国》中详尽地使用了违规段落，其听众大概被认为有能力阅读或聆听这些段落而不会受到不当伤害。这也是后来关于审查制度争论的特点，其中一个假设是，可能腐败的主体通常被认为与辩论的作者及其目标受众有本质上的不同。在这里，直接对话的人是苏格拉底的朋友和学生，这本书的读者可能包括其他有哲学倾向的、受过教育的公民，而那些不受有害文学影响的人则是假想的理想社会中年轻的、未来的统治阶级。法国旧制度时期①正是本着类似的精神，为了教育王储，专门制作了经典作品的删减版，即"供王太子用"（ad usum Delphini）②。不过，从 18 世纪开始，一直到 20 世纪，绝大多数的审查措施都认为妇女、儿童和工薪阶层都属于容易被影响的受众。

柏拉图自己的作品，特别是《会饮篇》（*Symposium*）这种以饮酒聚会为情节架构，广泛讨论同性之爱的作品，被一再删节，有时被完全压制，有时会伴随着针对这些具有寓言性质的段落的评论，例如 15 世纪末马西利奥·菲奇诺（Marsilio Ficino）首次翻译的完整版《会饮篇》便是如此。在古代，文学作品被禁往往是临时性的，而不是像现在那样是系统性政策的结果。然而，尤利乌斯·恺撒和他的继任者奥古斯都确实将 *famosi libelli*（诽谤性或中伤性作品）的类别添加到了国法 / 王法（*lex maiestatis*）中，根据该法，危害罗马人民威严——当然也包括他们领袖威严的罪行——会被起诉，犯法者会被判处从驱逐出境到没收财产甚至处决的刑罚。根据苏埃托尼乌斯（Suetonius）的说法，以改善公共道德而闻名的国王多米蒂安（Domitian）不仅因历史学家塔尔索斯的赫尔墨戈涅斯（Hermogenes of Tarsus，不要与后来同名的希腊修辞学家混淆）在其撰写的《历史》一书中所使用的某些典故而将其处死，还将抄写该作品的抄写员也钉上十字架，以确保其观点不会流传至其他地方；该作品本身也被公开焚毁。而早在公元前 181 年，元老院就已经下令烧毁毕达哥拉斯的著作。

毫无疑问，罗马帝国最著名的审查案件是奥古斯都在公元 8 年将奥维德流放。该事件发生的原因和背景一直没有得到令人满意的解释。奥维德本人，在他的余生中

---

① 指法国历史 15 世纪至 18 世纪这段时期。

② "供王太子用"是 18 世纪至 19 世纪欧洲文坛经常使用的转义语，原文是"Inusumdelphini"。1668 年，法国国王路易十四（1643—1713）为防止他的王位继承人受到"不良"影响，专门为他一人出版了一批古代经典作家的作品。此后，这一句话便流传起来，成为"经过删削、篡改"的同义语。

一直在哀叹自己被流放，并试图重获青睐，他把自己的流放归咎于一首诗和一个错误（*carmen et error*）。至少他的罪行之一似乎是在《爱的艺术》（*Ars Amatoria*）中使用淫秽的语调，该书的所有副本都从公共图书馆中被移除；他还可能被卷入涉及国王孙女的通奸丑闻。随着基督教的传播，古代的异教文学经常成为被驱逐和压制的对象，而柏拉图、维吉尔、奥维德的作品（与希伯来经文一起）被重新解读为是对基督教具有寓言性质的预言。最近，在 19 世纪和 20 世纪，某些被视为淫秽的希腊和拉丁作品的未删节版本，特别是阿里斯托芬的喜剧《吕西斯特拉忒》（*Lysistrata*）和佩特罗尼乌斯（Petronius）的《萨蒂利孔》（*Satyricon*），在美国和英国经常被当作淫秽材料而遭到扣押，这些作品往往由富裕的藏书家重新出版，还有文艺复兴时期的经典作品，如拉伯雷的作品、薄伽丘的《十日谈》和玛格丽特·德·纳瓦尔（Marguerite de Navarre）的《七日谈》（*Heptameron*）也都归于此列。

2 教会审查

在中世纪，手抄本大多由僧侣们抄写，且主要限于抄写宗教作品（见第 5 章）。因此，对书籍的生产和传播在很大程度上由教会直接控制，审查员的工作是阅读和纠正抄写本。当然，这仍不可避免会让教会当局认为一些神学方法是不可接受的。例如，在 1120 年，彼得·阿贝拉尔（Peter Abelard）的《论圣三一》（*Theologia 'summi boni'*）被苏瓦松宗教会议（Synod of Soissons）认定为异端，该书被当众焚毁。印刷机和活字印刷术得到普及后，传播非正统思想的可能性自然引起了教会的关注，于是《图书馆禁书索引》（*Index Librorum Prohibitorum*）应运而生。1559 年，这份索引的第一版在教皇保罗四世（Pope Paul IV）的授意下出版。1564 年，在特兰托大公会议（Council of Trent）的教义影响力的支持下，出版了更全面的索引，并为后续建立清单打下基础。该索引最终于 1966 年被废止，当时它对禁止天主教徒阅读的作品的认定主要是象征性的，而不是像它开始时那样具有全面的审查力度。其最终版本收录了约 4000 部作品，时间从 16 世纪末跨越至 20 世纪 50 年代，包括用拉丁语、希腊语、意大利语、法语、英语、德语、西班牙语、葡萄牙语、荷兰语和希伯来语等语言写就的作品。其中大部分是神学论文，除了伏尔泰和卢梭（分别收录了 39 部和 5 部作品）等常见的"嫌疑人"外，还包括斯宾诺莎、笛卡尔、狄德罗和达朗贝尔的《百科全书》、康德、约翰·斯图尔特·密尔和爱德华·吉本的《罗马帝国衰亡史》（*Decline and Fall of the Roman Empire*）。此外，还有一些入选的作品更令人惊讶，如塞缪尔·理查森的《帕梅拉》、劳伦斯·斯特恩的《伤感之旅》（*A Sentimental Journey*）、伊波利特·丹纳的《英格兰文学史》（*Histoire de la littérature anglaise*）和皮埃尔·拉鲁斯的《19 世纪世界大词典》。还有些作者的全集也不幸被禁，这些作者包括贝奈代托·克罗齐、安纳托尔·法兰西、托马斯·霍布斯、大卫·休谟、莫里斯·梅特林克和埃米尔·左拉。还有一些作者的所有爱情小说（*omnes fabulae amatoriae*）也遭到封禁，这些作者包括邓南遮、大仲马、小仲马、乔治·桑、司汤达和尤金·苏。巴尔扎克以贺拉斯·德·圣奥本（Horace de Saint-Aubain）为笔名出版的早期作品；福楼拜的《包法利夫人》和《萨朗波》（*Salammbô*）入选，但没有他的其他作品，而他现在被遗忘的朋友欧内斯特－艾梅·费多（Ernest-Aimé Feydeau）的作品则被单列出来；维克多·雨果入选的是《巴黎圣母院》（*Notre-Dame de Paris*）和《悲惨世界》（*Les Misérables*）。这份清单上所列的 20 世纪作品相对较少，但让－保罗·萨特和安德烈·纪德的作品分别于 1948 年和 1952 年被选入，其中还包括许多 19 世纪的法国小说，英语国家的出版机构和梵蒂冈长期将这些小说视为具有颠覆性的不雅缩影。最后被列入索引的作家还有西蒙娜·德·波伏娃，她的《名士风流》（*The Mandarin*）和《第二性》（*The Second Sex*）在 1956 年遭到梵蒂冈政府封禁。

3 从教会到政府审查

宗教审查制度的发展与活字印刷术的发明直接相关，到 15 世纪末，教皇当局下令，所有书籍在出版前都应提交审批。教规法规定了两种基本的审查制度：出版前对作品进行事前审查，以及对已出版作品进行评判。在整个现代早期，欧洲政府采用这两种手段来压制书籍出版，在天主教国家，国家往往与教会合作。在这一时期，欧洲各国政府都推行了事前审查，意大利和德国的审查力度尤其大。各国的宗教审查制度各不相同，例如，法国受制于教皇的法令，而在西班牙，宗教裁判所从 15 世纪 80 年代到 19 世纪初控制着书籍的流通。1521 年，弗朗索瓦一世宣布，所有的神学作品都要事先提交巴黎大学批准，而 1566 年的另一项法令规定，没有官方的批准印章，任何新书都不能在法国出版。版权的最终发展在某些方面可以追溯到这些审查制度。在英国，从 1538 年起就要求书本在出版前必须获得许可；1557 年，在皇家授权下，书商公会成立，1662 年由该公会执行的《许可法》"旨在防止经常滥用印刷煽动性叛国和未经许可印刷书籍、小册子的现象以及规范印刷和印刷机构"。1641 年，议会废除了"星室法庭"（Star Chamber，意思是专断暴虐的法庭），约翰·米尔顿于 1644 年出版了他的《论出版自由》（Areopagitica），希望能获得更大的新闻自由（结果是徒劳的）。《许可法》最终于 1695 年失效，随后也未进行修订。

尽管英国的许可制度已经终结，但在 18 世纪，英国和欧洲大陆一样，对作者、印刷商和书商的起诉案件时有发生。许多流传下来的法国启蒙时期的伟大文学作品，包括伏尔泰和卢梭的一些主要作品，在 18 世纪只能以秘密的形式流通，因此繁荣的国际非法图书贸易成为这一时期的特点。路易十六时期最著名的皇家审查员马勒塞布（Malesherbes）以相对宽容的眼光看待哲学家们，甚至还围绕言论自由撰写了一篇态度温和的论文《新闻自由备忘录》（Mémoire sur la liberté de la presse，1790），之后他因在会议上为国王辩护而被送上断头台。19 世纪之前，整个欧洲的审查制度，无论是出版前还是出版后，都主要针对政治和宗教犯罪。

4 淫秽色情

"淫秽作品"（pornography）这个词是在 18 世纪末创造出来的，字面意思是"妓女写作"；它在当时主要用于那些以对妓女的生活和工作条件进行社会学调查来掩盖其淫秽特征的作品。法国作家雷蒂夫·德·拉·布列塔尼（Restif de la Bretonne）曾用 le Pornographe（色情作家）这个笔名写过这样的作品。在英国，"淫秽诽谤"这个类别在 19 世纪之前很少使用，绝大多数的起诉都是针对煽动性和亵渎性进行的指控。然而，也有一些臭名昭著的例外。罗切斯特伯爵约翰·威尔莫特（John Wilmot）的作品如《索多玛：放荡的精髓》（*Sodom: or, The Quintessence of Debauchery*，1685）和文艺复兴晚期意大利作家皮埃特罗·阿雷蒂诺（Pietro Aretino）的作品《淫欲十四行诗》（*Sonnetti lussoriosi*），其中的淫秽插图可追溯至 1527 年，因此多次遭到淫秽罪的指控。在天主教国家，神职人员的独身主义为作家们提供了不可抗拒的目标，特别是在 17 世纪末的法国，他们创作了许多作品，将亵渎神明和后来被称为淫秽的东西巧妙地结合起来。其中一些书籍，特别是米歇尔·米洛特（Michel Millot）的《少女学校》（*L'Escole des filles*，1655）、尼古拉·乔里耶（Nicolas Chorier）的《女子学院》（*L'Académie des dames*，1680，拉丁文版本早在 20 年前便已存在）和让·巴林（Jean Barrin）的《回廊里的维纳斯，或者穿衬衫的修女》（*Vénus dans le cloître, ou la religieuse en chemise*，1683），很快被翻译成英文，在英国和其他地方频繁成为刑事起诉的对象。因为这些作品的秘密性质，也正因为这种性质，这些作品受到了大量的关注。例如，在 1668 年的日记中，佩皮斯（Pepys）讲述了他"为了解情况"而购买了一本《少女学校》的平装本，在读完这本"淫秽至极的书"后，他适时将其烧毁。在理查森撰写的《帕梅拉》一书中，女主角的阅读习惯只包括虔诚和教化的作品，而在 1741 年亨利·菲尔丁（Henry Fielding）的模仿作品中，沙梅拉的图书馆里有一本《回廊里的维纳斯》，以及罗切斯特的诗；尽管如此，理查森的小说还是出现在梵蒂冈的索引中。约翰·克莱兰（John Cleland）的《快乐女人回忆录》（*Memoirs of a Woman of Pleasure*），一般被称为《芬妮·希尔》（*Fanny Hill*），最初出版于 1749 年，可能成为英语中最常被审查的书籍。这位作者职业生涯中遭到的审查以 1966 年美国最高法院的一起案件为标志。虽然该书最初致使法庭对其作者、出版商和印刷商发出了逮捕令，但大多数针对该小说传播者的诉讼都是在其作者死后很久才发生的，该小说可以说在各种意义上都属于情色作品的范畴。

5 任意删改及其影响

在 18 世纪末的英国，由于政府惧怕革命热情的传播，所以托马斯·潘恩（Thomas Paine）的作品，特别是《人的权利》（*Rights of Man*）和《理性时代》（*The Age of*

Reason），印刷商和书商经常因为它而被起诉，理由分别是煽动性诽谤和亵渎性诽谤。到19世纪初，许多国家已经废除了政府机构对作品的出版前审查（严格意义上的审查制度），这让历届政权一再宣称新闻完全自由，然而这从来都不意味着出版后能有罪不罚。正如威廉·布莱克斯通（William Blackstone）爵士在其1769年的《英国法律评论》中写道："新闻自由对于一个自由性质的国家来说确实是必不可少的，这包括对出版物没有事先的限制，而不是在出版时不因犯罪行为受到指责。"（Blackstone，151）

19世纪，人们将注意力从亵渎和煽动转向淫秽和猥亵，这些术语的适用范围越来越广，而且往往被故意模糊处理。妇女、儿童和越来越多的识字的工薪阶级——尤其是仆人——被认为需要保护他们免受文学作品的腐蚀。除了猥亵罪的起诉，这一时期的特点是出版机构出版了在相对宽松时期经典文本的删节版来供家庭阅读。托马斯·鲍德勒（Thomas Bowdler）牧师在其1818年出版的《家庭莎士比亚》的序言中解释说，他的意图是"在本出版物中排除任何不适合由绅士向女士们大声朗读的内容"，或父亲向家人朗读的内容，而不必担心"那些会让人脸红的词语或表述"。然而，有几部戏剧证明了充分删节是不可能的，鲍德勒被迫删掉了《一报还一报》《亨利四世》和《奥赛罗》，他写道："不幸的是，这个主题不太适合家庭阅读。"他的遗作是吉本的巨著《罗马帝国衰亡史》删节版，该书的原版（1776—1789）因被认为攻击基督教而引起了争议，其中描写狄奥多拉皇后的荒淫段落是用拉丁文写的，这部六卷本的作品仍然是《图书馆禁书索引》的主要被禁作品。在鲍德勒开始他的删节之前，查尔斯和玛丽·兰姆（Mary Lamb）已经在1807年为儿童出版了《莎士比亚的故事》（其中美化了《一报还一报》以及《奥赛罗》中的叙述方式）。19世纪30年代，出版机构以鲍德勒为榜样，出版了多卷本的《古典名著家庭合集》（*Family Classical Library*），收录了"其作品可供男女青年适当阅读的作者"的作品。

19世纪出现了大量《圣经》故事集，这也可以被看作为了提供既不可或缺，且有问题的作品的可接受版本。《圣经》带来了一个特殊的问题，因为它显然既不能被忽视，也不能被禁止，但《旧约》中的大量故事包含的内容保证会让许多保守的人脸颊发红。此外，对《圣经》中不雅内容的直接影射本身就有可能被指责为亵渎神明，马修·格雷戈里·刘易斯（Matthew Gregory Lewis）在 1796 年出版《修道士》（*The Monk*）时就发现了这一情况。这部小说继承了霍勒斯·沃波尔（Horace Walpole）和安·拉德克利夫（Ann Radcliffe）流行的哥特式故事的传统，对这一类型作品进行了肆无忌惮且虐待狂式的改编（在墓室中的强奸等），从而赢得了萨德侯爵（marquis de Sade）本人的赞誉。萨德侯爵认为这本书"在各方面都优于拉德克利夫爆发的奇异想象力"（Sade，42）。当代评论家，包括塞缪尔·泰勒·柯勒律治（S. T. Coleridge，他在关于这个问题的辩论中和杰里米·本瑟姆都支持言论自由）都认为这部小说是淫秽的，不适合公众阅读。令他们特别反感并威胁要提起诽谤诉讼的，并不是书中的淫秽内容，而是这个亵渎神明的故事：一位母亲只允许女儿阅读她自己编写的删减版《圣经》，因为她相信"许多叙述只能激发以女性胸部为对象的猥琐想法。每件事物都被直呼其名，就算拿出妓院的编年史也不会找出这么多不雅的表达方式"（Lewis，206—207）。刘易斯只得迅速制作他自己书的删节版，才免遭起诉。

1822 年，一个名叫汉弗莱·博伊尔（Humphrey Boyle）的人，是理查德·卡里尔（Richard Carlile）的店员，理查德·卡里尔本人因出版潘恩的《理性时代》和其他神学著作入狱，而汉弗莱·博伊尔因其出售一本声称《圣经》是淫秽诽谤的小册子而受到审判。在审判期间，他坚持朗读《圣经》中的段落，从罗得（Lot）和他的女儿的故事开始，这引起了人们的愤怒，法庭上的女士们和少年们都被匆匆清场。这一令人信服的论证证明了他的观点（或者说，也许正是因为如此），博伊尔还是以亵渎性诽谤的罪名被判入狱 18 个月。

从 19 世纪初到 20 世纪，许多猥亵案的指控都是由各种反淫秽组织发起的，首先是威廉·威尔伯福斯（William Wilberforce）于 1787 年成立的宣礼会（Proclamation Society），它继承了礼仪改革协会（Society for the Reformation of Manners）的工作，是第一个专门关注禁止淫秽和亵渎文学的机构。成立于 1802 年的"严禁制恶习协会"（Society for The Suppression of Vice）成为这些组织中最知名、最有成效的一个。在成立之初，被称为"反淫秽协会"的"严禁淫秽协会"致力于实现各种值得称赞的目标，包括防止虐待动物以及惩罚那些引诱妇女和儿童卖淫的人，但不久之后，文学上淫秽言辞的使用问题几乎占据了主导。19 世纪末，美国的"反淫秽协会"运动变得强大起来，其中最引人注目的是安东尼·康斯托克（Anthony Comstock）在 1873 年成立的纽约 "严禁制恶习协会"，以及 5 年后的新英格兰观察和监护协会（New England Watch and Ward Society）。法国在 19 世纪末也有专门反对在文学作品中使用猥亵言辞的人，即参议员勒内·贝朗热（René Béranger），他被戏称为 "谦虚的父亲"（Père-la-pudeur）；还有法国自己的反淫秽协会 "法国道德与社会行动联盟"（Cartel d'Action Sociale et Morale），由新教徒在 19 世纪 80 年代成立，在其不屈不挠的主席丹尼尔·帕克（Daniel Parker）的努力下，该组织在针对亨利·米勒和鲍里斯·维安的作品备受关注的诉讼中表现活跃。

6 《反淫秽出版物法》和现代文学

19 世纪中叶开启了一个涉及数百本书的反淫秽诉讼时代，其中许多书注定要成为经典。在英国，首席大法官坎贝尔勋爵对他所称的 "比氰化氢、马钱子碱或砒霜更致命的毒药销售"，即当时为以霍利韦尔街为中心的繁荣的伦敦淫秽读物行业感到担忧，他所做的提案最后推动了 1857 年《反淫秽出版物法》的通过。坎贝尔勋爵解释说，该法案将销售淫秽读物定罪，并且 "旨在专门针对只为败坏青少年道德而编写的作品，冲击头脑中遵守社会规范的共同体面感"（Thomas，261—263）。为了说明这一点，他挥舞着大仲马的《茶花女》（La Dame aux camélias），并向他的同行们保证，无论他如何厌恶这些作品，都只能通过公众舆论的力量来抵制它们，他的措施只针对纯粹的淫秽制品。尽管坎贝尔勋爵强调了他的意图，但在接下来的一个世纪里，《反淫秽出版物法》最终被专门用来对付各种描写了类似大仲马小说中 "有着金子般心灵的妓女" 的书。

1868 年，坎贝尔的继任者、首席法官科伯恩勋爵在一件名为 "里贾纳诉希克林案"（Regina vs Hicklin）的案子中，起诉了对于一本反天主教小册子的判决，就淫秽提出了事实定义。科伯恩宣称："我认为检验淫秽的标准是这样的：被指控为淫秽的书本是否会使那些思想容易受到不道德影响的人堕落和腐化，因为它们可能会落入这些人手中。"（Thomas，264）这一标准被称为 "希克林规则" 或 "希克林测试"，在被

1959 年修订的《反淫秽出版物法》最终取代之前，它一直是判断淫秽指控的极为宽泛的标准。事实上，1959 年的法案并没有实质性地改变淫秽的基本概念，即堕落和腐化，只是使其不那么绝对，规定必须将作品作为一个整体来看待，而不是依据选取的部分段落来定罪，并允许存在一些诸如历史意义和文学价值等能减轻处罚的因素。

与此同时，在拿破仑三世统治下的法国，在英国通过《反淫秽出版物法》的同一年，现代文学的两部奠基作品遭到了审判。《包法利夫人》是福楼拜出版的第一部小说，于 1856 年秋在《巴黎评论》上分六期发表。该杂志的编辑之一、作者的朋友马克西姆·杜·坎普（Maxime du Camp）坚持对作品进行删减，包括删掉整一幕，以应对审查。杜·坎普的行为不但激怒了福楼拜，而且引起了政府的关注，这是他一直想避免的。根据 1819 年波旁王朝复辟时期制定的一项法律，作者、《巴黎评论》编辑和印刷商都被指控犯有违反道德和宗教的罪行。

帝国检察官欧内斯特·皮纳尔（Ernest Pinard）认为，小说中没有令人钦佩的人物，也没有指导读者的道德指南针。它可能被女孩和妇女阅读，其中所描述的对婚姻的诋毁和对通奸的赞美注定会败坏其读者脆弱的道德感。福楼拜的律师也认为文学作品必须具有道德教化作用，他认为该书实际上具有高度的道德性，显示了控诉方所提到的危险性。法庭作出了"无罪开释"的判决，这表明，至少从薄伽丘在其《十日谈》的后记中开始，为描写罪恶以赞美美德的辩护，这一类似的被指控作者的标准论点是不够充分的，但作者并非完全无罪，也并非完全有罪。小说随后以分册的形式出版，并恢复了被删除的段落。

几个月后，同一位帝国检察官对查尔斯·波德莱尔（Charles Baudelaire）的诗集《恶之花》（*Les Fleurs du mal*）进行了辩论。除了复辟时期波拿巴主义者皮埃尔–让·贝朗热（Pierre-Jean Béranger）因写过轻佻的歌词（有些无关紧要）被起诉外，在法国，针对抒情诗的法律诉讼几乎闻所未闻（而在英国，雪莱的《麦布女王》多次遭到起诉，斯温伯恩的《诗与歌》因担心遭到起诉，被其最初的出版商撤回）。与福楼拜的案件一样，对波德莱尔的指控也包括对宗教的冒犯，但起诉的重点是他那书中所谓的淫秽内容。6 首诗都以女性性行为为主题，被认为违反了 1819 年的法律；出版商不得不把它们从剩下的书中删掉，波德莱尔将其形容为一场外科手术。

1866 年，他和他的出版商奥古斯特·普莱特 – 马拉西斯（Auguste Poulet-Malassis）为躲避多次起诉而搬到布鲁塞尔，并推出了《垃圾》（Les Épaves），其中收录了 6 首被判违法的诗以及一些新作品，并配有菲利西安·罗普斯（Félicien Rops）的一幅引人注目的寓言式卷头插图，这本书在出口引入法国时又遭到了法律诉讼。波德莱尔的余生都在为《恶之花》的新版本创作新诗，这些诗往往比被删除的诗更加激进、更加阴暗。尽管这本诗集，包括那 6 首违规的诗，在第一次世界大战期间开始重新出版，但直到 1949 年，法国法院才正式推翻了对它的判决。

福楼拜的小说和波德莱尔的诗都被指责为过度的现实主义，是整个 19 世纪乃至 20 世纪大冲突的牺牲品。由于识字率迅速提高，小说作为一种主要的女性阅读体裁兴起。这场持续的争论集中在这样一个问题上：艺术的正向目的应该是通过榜样提供令人振奋的道德指导，无论有多肮脏都要坚持描述生活现实。法国文学界的"为了艺术而艺术"的唯美主义，通过德国浪漫主义渗入，这在法庭上并不是一个可接受的辩护理由，艺术价值可能被视为一个减刑因素的概念也不被接受，事实上，直到 20 世纪中期，当各国的反淫秽法规最终得到相应修改时，这一点才被重视。在《红与黑》（Le Rouge et le noir，1830）中，司汤达将小说比作一面沿路携带的镜子，并指出因此而暴露出来的泥土和垃圾不应归咎于镜子，而应归咎于道路维护者。

在 20 世纪 50 年代之前，任何国家的当局政府都不同意这种观点，特别是法国的现实主义小说。在 19 世纪余下的时间里，法国的现实主义小说在英吉利海峡两岸都是无数次反淫秽诉讼的对象。19 世纪 80 年代末，一位名叫亨利·维泽泰利（Henry Vizetelly）的伦敦老书商因出版一些法国现实主义小说的首批译本［包括左拉的《土地》（La Terre）删节译本］而多次受到审判，最终入狱。事实上，左拉在英国取代了拉伯雷，与萨德并列，成为淫秽的代名词。

20 世纪 20 年代和 30 年代，英国发生了大量的反淫秽诉讼案件，其中许多案件的诉讼发起方是全国警惕协会（National Vigilance Association，该组织也善于利用对惩罚性诉讼的恐惧来煽动出版商撤回书籍），并得到了狂热的卫道士威廉·乔伊森·希克斯爵士（William Joynson Hicks，也被称为"吉克斯"）的帮助，他在 1924 至 1928 年担任内政大臣，期间发生最臭名昭著的事件有詹姆斯·乔伊斯（James Joyce）的《尤

图 21　1866 年，菲利西安·罗普斯为查尔斯·波德莱尔的《垃圾》所做的蚀刻画封面，充满了寓意，在一定程度上暗示了受限制版本中存在的禁果。藏于罗普斯博物馆。

利西斯》（*Ulysses*）在法国曲折的出版过程（1922），D. H. 劳伦斯（D. H. Lawrence）的《查特莱夫人的情人》（*Lady Chatterley's Lover*，1928）在意大利出版时惹出的麻烦，拉德克利夫·霍尔（Radclyffe Hall）的《孤独之井》（*Well of Loneliness*）在英国受审（1928）。值得注意的是，在《孤独之井》的审判中，法官拒绝听取许多著名文学家的证词，他们都支持弗吉尼亚·伍尔夫（Virginia Woolf）在她的日记（1928年8月31日）中提到的霍尔所著的那本"枯燥而值得称道的书"。该事件是文学审查制度运作的范本。霍尔的出版商败诉后，这本书在英国遭到封禁，之后几十年再也没有出现同情同性恋的小说（同时，其美国出版商也遭到起诉，但在上诉中获胜，这本书得以在美国自由流通）。正如福斯特（Forster）在生前拒绝出版写于1914年的《莫里斯》（*Maurice*）时所预见的那样，世界在很长一段时间内都不会准备好接受非病态、非自杀的同性恋故事（将近60年后，即福斯特于1970年逝世后，《莫里斯》才得以出版）。

《孤独之井》与其他几乎在英国被禁的所有书都随即在法国重新出版发行，其中最著名的有由杰克·卡汉（Jack Kahane）创办的方尖碑出版社（Obelisk Press）发行的版本，这家出版社后来由他创办了奥林匹亚出版社（Olympia Press）的儿子莫里斯·吉罗迪亚斯（Maurice Girodias）接手，奥林匹亚出版社也出版了一些在英语国家无法出版却又令人振奋的色情作品和严肃小说。1955年，吉罗迪亚斯出版了纳博科夫（Nabokov）的《洛丽塔》（*Lolita*），在国际上引起了争议，为3年后在美国和英国出版铺平了道路。在20世纪20年代和30年代，劳伦斯、乔伊斯和亨利·米勒等作家直接向欧洲大陆的卡恩等出版商购买他们知道不能在英国或美国公开印刷的书籍，重现了类似于18世纪的国际地下书籍贸易。然而，《尤利西斯》的原版秘密进口11年后在美国出版，兰登书屋（Random House）赢得了诉讼，这要归功于约翰·M.伍尔西（John M. Woolsey）法官令人难忘的裁定，即乔伊斯的小说不是"为污秽而污秽"的例子，其性内容是令人放心的"催吐剂"，而非催情剂。伍尔西法官为《尤利西斯》开脱了罪责，恰好，1933年12月的同一周，禁酒令被废除，这让人误以为美国人现在可以按自己的意愿自由地阅读和饮酒。虽然乔伊斯这本难懂的小说从20世纪30年代中期开始就能在美国和英国自由流传，但《查特莱夫人的情人》和《北回归线》

（*Tropic of Cancer*）都因其频繁而详细的性爱场景和大量使用令人反感的四个字母"盎格鲁 – 撒克逊"词汇[①]在英语国家被封禁了约 30 年之久。

1959 年修订的《反淫秽出版物法》通过后，该法准许专家作证并考虑这类出版物的文学性和其他优点，审查制度的做法也开始迅速改变。受该法修订版的直接影响，企鹅出版社（Penguin Books）抓住机会，出版了劳伦斯当时最著名的小说，触发了自 1928 年《孤独之井》败诉以来最为公开的文学审判。"查特莱案"（Regina vs Penguin Books）的诉讼是一场不平等的比赛，期间辩方传唤了 35 名专家证人，包括神职人员、著名作家、评论家、医学专家和教育家，而控方没有传唤任何证人，他们从一开始就承认劳伦斯是一位伟大的作家，而且这部小说有一定的价值。陪审团很快作出了无罪的裁决，法庭上响起了掌声，并迎来了一个新的时代，正如菲利普·拉金（Philip Larkin）在他著名的诗歌《奇迹年》（*Annus Mirabilis*）中所写："在 1963 年……在查特莱禁令结束 / 披头士乐队的'第一张唱片'之间 / 性交开始了。"

西方常规的文学审查时代在 20 世纪 60 年代结束了，这一时期不仅发生了社会动荡，而且应该注意到的是，电视的兴起和文学作为一种主要社会力量逐渐黯淡也是影响因素。在美国，1961 年，格罗夫出版社（Grove Press）出版了《北回归线》（*Tropic of Cancer*），之后接到了一系列地方的起诉，最终，最高法院于 1964 年裁定该作品有足够的价值，可以出版。值得注意的是，西方最后两起重大的反淫秽文学案件涉及 18 世纪的书籍。1966 年，美国最高法院审理了最后一案——《范妮·希尔》案，让克莱兰的《快乐女人回忆录》终于可以安全地供公众阅读。在法国，经过大约 150 年在国内和其他地方的秘密发行后，一位有魄力的年轻出版商在 1947 年开始的一项长期计划中出版了 26 卷萨德侯爵全集。尽管法院裁定其中几本书确实是淫秽的，但出版商并没有撤回这些书，萨德的作品以各种"经典"版本广为流传，比如伽利玛出版社（Gallimard）印刷的珍贵的七星系列（Pléiade Collection）。

---

① 被认为是淫秽或冒犯的几个简短的英语单词，通常有 4 个字母。

参考文献

W. Blackstone, *Commentaries on the Laws of England: A Facsimile of the First Edition of 1765–1769* (1979)

P. S. Boyer, *Purity in Print*, 2e (2002)

A. Craig, *The Banned Books of England and Other Countries* (1937; repr. 1962)

R. Darnton, *The Forbidden Best-Sellers of Pre-Revolutionary France* (1996)

E. de Grazia, *Girls Lean Back Everywhere: The Law of Obscenity and the Assault on Genius* (1992)

Index on Censorship, www.indexoncensorship.org, consulted Mar. 2013

W. Kendrick, *The Secret Museum: Pornography in Modern Culture* (1987)

E. Ladenson, *Dirt for Art's Sake: Books on Trial from Madame Bovary to Lolita* (2007)

M. G. Lewis, *The Monk* (1907)

S. Marcus, *The Other Victorians* (1966)

C. Rembar, *The End of Obscenity* (1968)

D. A. F. Sade, *Les Crimes de l'amour*, ed. M. Delon (1987)

D. Thomas, *A Long Time Burning* (1969)

第14章
知识产权和版权的概念

亚当·D. 摩尔

知识产权通常被定性为非物质财产，它是认知过程的产物，其价值以某种想法或是想法的集合为基础。通常情况下，权利并不围绕抽象的非物理实体；相反，知识产权围绕着对有形表现形式或表达方式的控制。知识产权是通过保护生产和控制想法所依法享有的专有权利。

对知识产权的法律保护有着悠久的历史，可以追溯到古希腊甚至更久远。在保护知识作品方面，随着不同法律体系的成熟，人们对所保护的内容的认识也在不断提高。从古代到启蒙时期，人们为知识产权提供了几条道德标准，即基于人格的、功利的和洛克主义（Lockean）的。本章将讨论所有这些主题，重点是英美和欧洲的知识产权法律和道德概念。

1 知识产权和版权的历史

最早提及知识产权保护的文献可以追溯到公元前 500 年，当时希腊殖民地锡巴里斯（Sybaris）的厨师获得了长达一年的垄断权，他可以制作特定的烹饪美食。新食谱的餐饮从业者或厨师被授予了一年的独家生产权，其目的是为了激发其他人的创造力。在古代，至少还有三个值得注意的知识产权案例，这些案例收录在布鲁斯·巴格比（Bruce Bugbee）的巨著《美国专利和版权法起源》（*Genesis of American Patent and Copyright Law*）中。在第一个案例中，据说维特鲁威在亚历山大城的一次文学比赛中揭露了盗窃知识产权的行为。在担任比赛评委时，维特鲁威揭发了一些假诗人盗用他人的文字和语句，使他们被审判、定罪、蒙羞。

第二个和第三个案例也发生于罗马时代（公元 1 世纪）。虽然现在尚未找到涉及知识产权保护的罗马法律，但罗马法学家确实讨论了与知识作品相关的不同所有权利益以及作品受法律保护的方式，例如（就像是在讨论）一幅画的所有权和放置一这幅画的桌子的所有权。罗马史学家马提亚尔（Martial）也提到了文学盗版；费德梯努斯（Fidentinus）被抓到背诵马提亚尔的作品而没有引用来源：

> 传言说，费德梯努斯，你在人群中背诵我的作品，仿佛是你自己的作品一样。如果你希望它们被称为是我的，我将免费送你这些诗；如果你希望它们被称为是你的，请购买我的免责声明。[马提亚尔，《警世言》（*Epigrams*），引自布鲁斯·巴格比，167，n.15]

这些例子通常被认为是非典型的。就目前所知，古希腊或古罗马几乎没有知识产权保护的制度或惯例。然而，从罗马时代到佛罗伦萨共和国的诞生，围绕着知识分子作品的权利，有许多特许经营权、其他特权和皇家赞助。布鲁斯·巴格比对特许经营权或皇家赞助与知识产权系统进行了如下区分：特许经营权和皇家赞助限制对已经处于公共领域的知识作品的使用，因此，这些法令剥夺了人民的某些东西。另一方面，知识产权制度为新原创作品的发明者或作者提供的保护，并未剥夺公众在发明行为之前存在的任何东西。

1421 年 6 月 19 日，佛罗伦萨共和国向著名建筑师菲利波·布鲁内莱斯基（Filippo Brunelleschi）颁布了最早的保护作者权利的法规之一。该法规承认作者和发明者对其知识成果所享有的权利，它还为知识产权创造者建立了一个激励机制，该机制成为英美知识产权保护的一个突出特点。基于一些原因，包括行会的影响，1421年的佛罗伦萨法规只向布鲁内莱斯基颁发了一项专利。第一个持久的知识产权保护专利机构的基础可以在威尼斯共和国1474年的法规中找到，该法规比《垄断法》(*Statute of Monopolies*，1624)还要早150年。《垄断法》是英国专利法的第一个法定表述，因此被广泛认为是该国法定知识产权制度的开端。从众多方面来看，《垄断法》都是85年后英国议会通过的版权法的前身，其承认了发明者的权利，包括激励机制，规定对侵权行为的赔偿，并对发明者所享有的权利规定期限。

然而，1486年在威尼斯，马坎托尼奥·萨贝利科编写《威尼斯十年》(*Decades Rerum Venetarum*)一书，记录了威尼斯共和国的历史，他也因书获得了被认为可能是最早的版权。萨贝利科获得了此书的独家出版控制权，任何违反这一规定的人都将面临500达克特(ducats)的罚款。1491年，来自拉文纳的彼得也因其著作《凤凰》(*Phoenix*)而获得了类似的权利。

在法国，早在1498年，政府就采用了一种特权制度，当时为新书、地图、翻译和艺术作品授予了制作副本的权利，但这些特权不一定提供给有关作品的原作者或制作者。早在1511年，德国就开始授予作家和艺术家写作、创作音乐和设计的权利。在整个15世纪和16世纪，欧洲对文学作品有不同程度的保护，大多数法规是在地方一级颁布的。到了16世纪中期，印刷术进入欧洲数百个城市(见第6章)，为保护副本的所有权，地方激励机制应运而生，但这一时期的大多数保护形式并不像今天理解的知识产权概念那样，还不是真正的现代意义上的版权。

相反，地方行会往往承担起保护其成员财产的责任，对其内部和外部的盗版行为进行监督。在英格兰，特别是在伦敦，1557年通过皇家特许状正式成立的书商公会在这方面非常活跃。从亨利八世统治时期到1662年颁布了《印刷法》(*Printing Act*，13 & 14 Car. II c. 33)，又称《许可法》，英国的出版前的印刷品审查制度在确定副本的合法所有权方面非常有用，因为书商公会认为，在协会登记簿上登记副本，就能获得出版该副本的合法权利。

1695年《许可法》最终失效后，1709年，国会通过了《鼓励知识创作法案》，此法于1710年生效，被广泛认为是现代第一部涉及著作权的法规，它的开头是这么写的：

鉴于印刷商、书商和其他人士近来经常擅自印刷、再版、出版……书籍和其他著作，未经作者或所有者的同意……这对他们是极大的损害，并常常使他们和他们的家庭遭受损失。为了防止今后出现这种情况，并鼓励有学问的人创作和撰写有用的书籍，愿陛下能够颁布该法……

法律授予"副本"所有者（起初是作者，但通常是书商）14 年的版权，以此向他们提供保护，如果作者仍然在世，还可以续约 14 年。已经出版的作品能获得 21 年的著作权保护，但不得延期。

在具有里程碑意义的"米勒诉泰勒"案（ Millar vs Taylor，1769）中，副本所有者控制其复制品的固有权利得到了确认，该权利不受法规或法律约束。米勒案没有将文学财产视为立法机构或君主创造的单纯的法律权利，而是确认了作者永久的道德和普通法权利，作者可以通过出售其副本将这些权利中的一部分转让给另一方。5 年后，米勒案的判决在"唐纳森诉贝克特案"（Donaldson vs Becket，1774）中被推翻。在该案中，法院认为《安妮法令》取代了作者和拥有版权的书商的固有权利。保护和补救措施仅限于"实在法"（positive law）所规定的内容。尽管如此，承认作者权利的做法已经开始。其他欧洲国家，包括比利时、荷兰、意大利和瑞士，都以英国为榜样。而后的各种国际条约，如《伯尔尼公约》（1886）和《与贸易有关的知识产权协定》（ *Trade-Related Aspects of Intellectual Property Rights*，TRIPS，1994），都扩大了知识产权保护的地理范围，涵盖全球大部分地区。

2 版权和文学财产领域

实际上，当代对文学财产的理解在很大程度上被英美版权法、思想法以及欧洲大陆学说中授予作者和发明家的道德权利所界定。虽然这些法律制度并没有形成一个详尽的条例，但它们为理解文学财产提供了一个丰富的起点。因此，我们将依次讨论这三个方面。

2.1 版　权

美国版权保护的范围是固定在任何有形表达媒介中的原创作品（《美国法典》第17 条第 102 节，1988 ）。可能受版权保护的作品包括文学、音乐、艺术、摄影、建筑和电影作品、地图以及计算机软件。受保护的东西必须是"原创"——作品必须是作者自己创作的作品，不能是复制的作品［"布莱斯坦诉唐纳森平版印刷公司案"，188 U.S. 239 (1903) ］。限制版权范围的进一步要求是，表达媒介本质上必须是"非实用主义"或"非功能性"的。实用主义产品，或对工作有用的产品，无论在任何地方，都属于专利领域。最后，权利只延伸到实际的具体表达和表达的衍生物上，而不是抽象的概念本身。例如，各种文章和出版物中作者引用爱因斯坦的相对论，不受版权法的保护。其他人可以阅读这些出版物并以其他语言表达该理论，甚至可以获得该特定表达的版权。有些人可能觉得这很麻烦，但这种权利不属于版权法的范畴。复制抽象理论并以其他方式表达可能犯了剽窃，但不能被追究版权侵权的责任。

版权所有人享有 5 种专有权，对这些权利的限制主要有 3 种。这 5 项权利包括：复制作品的权利、改编该作品或者由此衍生其他作品的权利、发行作品复制品的权利、公开展示作品的权利以及公开表演的权利。根据美国版权法，这些权利中的每一项都可以由版权所有者单独出售，与其他权利分开。所有 5 项权利在作者辞世 70 年之后失效，或者就委托作品而言，期限设定为自出版之日起 95 年，或自创作之日起 120 年，以先到者为准。除有限期间（ 17 U.S.C. § 302 ）外，合理使用规则（ 17 U.S.C. § 107 ）和首次出售规则［ 17 U.S.C. § 109（a）］也限制了版权所有人的权利。尽管"合理使用"的概念是出了名的难以定义，但它是英美版权法公认的原则，即允许任何人出于批评、评论、新闻报道、教学、学术研究等目的，有限度地使用他人的受版权保护的作品。"首次销售"规则防止已经出售受保护作品副本的版权所有者以后干涉这些副本的后续销售。简而言之，副本的所有者可以随心所欲地处置他们的产权，但不能侵犯前面提到的版权。

2.2 保护纯粹的创意

在版权制度之外，还有大量的判例法允许个人将纯粹的创意作为个人财产加以保护。这种财产制度通常被称为"创意法"。在这方面一个被广泛报道的案件是布赫瓦尔德诉派拉蒙影业公司案[13 U.S.P.Q. 2d BNA 1497, (Cal. Super Ct. 1990)]。涉及艾迪·墨菲的电影《来到美国》(*Coming to America*, 1988)。"创意法"则通常适用于这样的案例，即个人提出创意提交给公司后期望得到补偿。在某些情况下，当这些想法被公司（或任何人）未经授权使用时，可能需要补偿。这就是法院对布赫瓦尔德一案的判决，派拉蒙影业被判对布赫瓦尔德的后来成为电影的创意进行补偿。在判定作者对这些创意拥有财产权之前，法院要求这些创意必须是新颖的或原创的[默里诉国家广播公司, 844 U.S. F.2d 988 (2nd Cir. 1988)]，而且要具体[汉密尔顿·奈特·班克诉贝尔特, 210 F.2d 706 (D.C. Cir. 1953)]。只有在他人擅自挪用的情况下才会给予补偿[卖方诉美国广播公司, 668 F.2d 1207 (11th Cir. 1982)]。

2.3 著作人身权：大陆知识产权制度

《伯尔尼公约》第六条之二阐明了欧洲大陆知识产权法中"著作人身权"的概念：

> 不受作者财产权的影响，甚至在上述权利转让之后，作者应有权要求获得作品的所有权，并反对对上述作品的任何歪曲、肢解或其他修改，或与之有关的其他损害其荣誉或名誉的贬损行为。

这一原则保护创造者的个人权利，区别于他们的经济权利，在法国通常被称为droits moral 或 moral rights（著作人身权）。这些著作人身权包括：以任何希望的形式创作和出版作品的权利；创作者对其作品的作者身份提出要求的权利；防止作品任何变形、毁坏或其他修改的权利；撤回、销毁作品的权利；禁止过度批评；禁止对创作者人格的所有其他伤害。这一原则的大部分内容已被纳入《伯尔尼公约》。正如马丁·罗德（M. Roeder）在评论创作者的著作人身权时所言：

> 当艺术家进行创作时，无论此人是作家、画家、雕塑家、建筑师还是音乐家，他所做的不仅仅是把一个只具有开发可能性的独特物品带到这个世界上，他还把自己人格的一部分投射到这个世界上，并使之受到因公众使用而造成的损耗和破坏。对创作者来说，除了经济上的伤害，还有其他的可能性，这些都是著作权法所不保护的。（Roeder，557）

应该指出的是，赋予这类著作人身权是英美传统中赋予财产所有者权利的扩展。虽然上面列出的许多精神权利可以纳入著作权法和专利法，但这些著作人身权的总体内容表明了知识产权保护的新领域。这一新的著作人身权领域超越了英美传统赋予的基于经济和功利主义的权利。也就是说，独立于社会和经济效用之外（有时与之相冲突），作者和发明家有权控制他们的智力成果。

关于知识产权的争论通常有三种形式：人格理论家认为，知识产权是个人人格的延伸。功利主义者将知识产权作为社会进步和创新动力的基础。洛克学派认为，权利是根据劳动和功绩来确定的。虽然每种说法都有其弱点，但也有各自的优势。

3 基于人格的知识产权辩护

像黑格尔这样的人格理论家认为，个人对自己的天赋、感情、性格特征和经验都有道德要求。从这个意义上说，个人是自我所有者。对物质和智力对象的控制对于自我实现至关重要。我们通过将我们的自我向外扩展到自己的思想之外，并将这些自我与有形和无形的东西混合在一起，我们既定义了自己，也获得了对我们的目标和项目的控制。黑格尔在其《法哲学原理》（*Elements of the Philosophy of Right*，1821）中认为，人类意志的外部实现需要财产。根据这一观点，产权在两个方面都很重要。首先，通过控制和操纵有形和无形的物体，我们的意志在这个世界上形成了，我们获得了一定程度的自由。例如，个人可以利用物质和知识产权保护自己的私生活免受公众的监督，并推进自己的目标和项目。其次，在某些情况下，我们的个性与物品融合在一起——因此，控制感情、性格特征和经验的道德要求可能会扩大到有形的作品，如小说或剧本，以及无形的作品，又如生产商品时新的、成本更低的方法，甚至是新小说或剧本中的想象情节。

3.1 基于人格的知识产权论证问题

这种观点至少存在四个问题。第一，我们不清楚我们是否拥有自己的感情、性格特征和经历。虽然我们确实拥有这些东西，或者它们是我们每个人的一部分，但需要有一个论证来建立相关的道德主张。第二，即使可以确定个人拥有或拥有对其人格的道德主张，也不能自动得出当人格在有形或无形的作品中表现出来时，这种主张就会扩大。也许这种表达——作者的人格成为艺术品的一部分——应该被视为对人格的抛弃。此外，歪曲智力作品（假设这些表达没有道德权利）可能会改变人们对作者人格的看法，但实际上不会改变他或她的人格。第三，假设人格的道德主张可以扩展到有形或无形的物品，仍然需要一个证明财产权的论据。以人格为基础的道德主张可能只保证使用权利或禁止改变。第四，有许多智力上的创新是没有证据证明创造者的个性的——例如客户名单或新的安全销设计。鉴于这些挑战，基于人格的理论可能不会为知识产权法律体系提供强大的道德基础。

3.2 人格理论家的反驳

即使这些反对意见的力量得到认可，基于人格的知识产权理论似乎确实在直觉上有一些吸引力。例如，假设"星期五"先生买了一本书——遗失已久的克鲁索（Crusoe）原作的唯一副本。"星期五"把书带回家，并修改了一些内容。这些修改后的作品非常巧妙，所以"星期五"决定在图书馆的展览上展出。在这种情况下，至少有两个伦理问题需要考虑。首先，"星期五"的修改可能会对克鲁索造成不公正的经济损失。其次，不考虑经济因素，"星期五"的行为可能会损害克鲁索的声誉。未经作者同意，该书的完整性遭到了侵犯，也许会对作者的声誉和其在社会上的地位造成长期的损害。如果这些主张是合理的，那么似乎就可以承认某些智力作品确实附带了基于人格的道德因素。作家和发明家在创作智力作品时，可以说是在展示自己，并承担一定的风险。知识产权，在某种程度上，让作者和发明者得以控制这种风险。

换句话说，正是人格、名誉和这些个人物品的实物所附带的道德主张，证明了涵盖名誉损害和某些种类经济损失的法律规则是合理的。此外，其基于人格的知识产权理论常常引起其他道德考量。黑格尔的人格知识产权理论也包括激励导向的成分。或许，保护这些凭直觉吸引人的、基于人格的无形作品主张的最好方法，是采用一种旨在促进进步和社会效用的更全面的制度。

4 知识产权的功利主义激励论

就"正当性"而言，现代英美的知识产权制度通常被认为是基于激励和功利的（Machlup；Hettinger；Moore，2001）。由此看来，促进有价值的智力作品创作的一个必要条件是赋予作者和发明人有限的所有权。如果没有某些保障，作者和发明者可能不会从事知识产权的生产。所以，应向知识产权的作者和发明者授予控制权，因为授予这种控制权提供了社会进步所必需的激励。虽然授予这些权利并不能确保成功，但如果那些没有投资成本的人可以攫取和复制他人的知识成果，那么失败也是不可避免的。采用版权、专利和商业秘密等保护制度可能有助于实现智力产物的最优数量，并相应获得最佳社会效用。再加上社会应该使社会效用最大化的理论主张成为保护知识产权的一个简单而有力的论据。

4.1 基于激励的功利主义论证的问题

鉴于这一论点是建立在提供激励机制上的，因此批评者需要说明在不授予作者和发明者私人产权的情况下刺激生产的更好方法，或者同样好的方法。例如，最好是为知识产权的生产建立同样强大的激励机制，而这种激励机制不需要由权利保证的初始限制使用（Machlup；Moore，2001）。除了向发明者授予知识产权作为奖励外，还有一种办法是政府对知识劳动的支持（Hettinger）。这种措施可以采取政府资助的研究项目的形式，其结果立即成为公共财产。问题变成了：政府对智力劳动的支持能否为作者和发明者提供足够的激励，从而使创造的知识产品与授予有限权力的产品相比，数量和质量相等或更多？如果能将数量较少但质量较高的知识产品分发给更多的人，也会有更好的结果。

与现行的政府支持的知识产权制度不同，奖励模式可以避免垄断控制和限制使用的问题，同时也能激励创新。在这种模式中，创新者仍将兢兢业业地工作，寻求从他们的工作中获利，而政府则不必决定资助哪些项目，也不必在了解工作的"社会价值"之前确定适当的奖励。支付奖励所需的资金可以从税收或从这些创新的收益中按一定比例提取。奖励模式也可以避免垄断定价的弊端，以及对进一步适应和创新的阻碍。

最后，众所周知，关于版权、专利和商业秘密保护的成本和收益的实证问题很难确定。考虑过这个问题的经济学家指出，这样的决定要么是不准确的，要么其他安排会更好（Machlup）。如果我们不能诉诸知识产权保护的促进进步的特点，那么功利主义者就很难将这种进步当作理由。

4.2 功利主义的反驳

功利主义者很可能同意上述许多批评，但仍然坚持认为某种形式的知识产权是正当的，有一套保护制度总比什么都没有好。撇开最后的批评不谈，围绕激励机制的所有争议似乎都集中在实施问题上。政府可以对其知识产权制度进行调整，减少一些法律保护措施，加强其他保护措施（Croskery）。也许政府可以对无形作品在首次销售后的用途做出更多基于个性的限制，将版权、专利和商业秘密的期限限制在更合理的范围内，并想办法在保护创新动机的同时接受促进推动技术的使用。功利主义者也可能将问题转向改变现行知识产权制度的成本。

5 洛克对知识产权的论证

证明知识产权合理性的最后一种策略，始于这样一种主张：个人有权控制自己的劳动成果（Hettinger；Himma，2006；Moore，2001）。劳动、生产、思想、坚持是自愿的追求，从事这些活动的个人有权得到他们所创造的东西。在一定的限制下，当个人将他们的劳动与无主物体混合在一起时，就产生了权利。人们的直觉是，清理无主土地、耕种庄稼、建造房屋、创造新发明或写书的人能通过从事这些活动获得产权。

洛克著名论点的一个更正式的版本是，个人拥有自己的身体和劳动。他们是自我所有者。当一个个体对一个无主的物体劳动时，劳动被注入这个物体中，在很大程度上，劳动和物体是不能分开的。由此可以得出，一旦一个人的劳动与一个无主物体相结合，假设个人完全拥有自己的身体和劳动，就会产生控制权。写书就是很好的例子，作者把一个无主的、共同拥有的实体——语言——应用于劳动，从而产生一系列的文字和思想，这些文字和思想是作者合法拥有的，并有权控制或出售（比如，卖给出版商）。洛克的核心思想是权利的扩展，他认为个人拥有自己的劳动，而当这种劳动与公共物品（即社会上所有或绝大多数人都能使用的自然和文化资源）混合时，个人权利就会扩展，并涵盖这些物品。

5.1 洛克式论证的问题

洛克的论证并非毫无阻力。沃尔德伦（Waldron）认为，将一个人的劳动混合在一起的想法是不连贯的——行为不能与物体混合。在《什么是财产》（*Qu'est-ce que la propriété,* 1840）中，蒲鲁东（Proudhon）认为，如果劳动是重要的，那么物体上的第二种劳动应该像第一种劳动一样可靠地建立在物体的财产权上。诺齐克（Nozick）问道，为什么劳动力混合产生的是财产权，而不是劳动的损失。沃尔德伦认为，将自己的劳动与无主物混合，应该比完全所有权产生更多的有限权利。最后，如果劳动中使用的技能、工具和发明是社会产品，那么个人对所有权的主张可能已经被削弱了（Hettinger）。

5.2 洛克式的反驳

在支持以洛克理论为基础的私有财产主张的人当中，这些挑战并没有被忽视（Moore，2001，2012）。与其重述这些观点和反驳，不如考虑对洛克论证进行修改，使之不那么容易成为上述反对意见的牺牲品。

让我们想象一下，经过多年的努力，史密斯创作了一部高度原创和具有娱乐性的小说。有人会说史密斯没有最起码的道德主张来控制他所创造的故事吗？假设琼斯阅读了史密斯故事中的部分节选，并希望购买整部作品的使用权。他们之间达成协议，授予琼斯有限的权利来使用史密斯的故事，只要琼斯自己不出版，这份协议在道德上有什么可疑之处吗？必须记住，琼斯可以在没有强迫的情况下决定他不想同意史密斯的条款，琼斯可以自由地阅读其他东西，或创作自己的文学作品。可以说，史密斯和琼斯之间的协议在道德上的分量，部分取决于史密斯对这个故事拥有合法的所有权，因为这是他的劳动成果。这种道德主张和相互认识的双方之间的合同的明显合法性，可能为在更大范围内对智力产物进行法律保护提供基础（Moore，2012）。

6 对知识产权和版权的常见批评

抛开那些试图证明对无形作品的道德主张的论点，以及这些观点的反对者在回答时提出的特殊问题不谈，我们还得看看对控制知识财产方面几个常见的批评。

6.1 信息想要自由流动

许多人认为，智力产物的非竞争性本质——即一个人使用某一作品并不限制其他人使用同一作品——是反对限制使用权的初步证据。因为智力产物通常不会因其使用而被消耗，而且可以被许多个人同时使用（复制并不会剥夺任何人的个人财产），因此有充分理由反对道德和法律上的知识产权（Jefferson, 3, art. 1, sect. 8, clause 8, document 12; Hettinger）。盗版智力产物现象泛滥的一个原因是，许多人认为限制对这些作品的使用是不公正的。

这一论点的弱点在于，假设智力产物的非竞争性质证明了支持使用权的推定是合理的。然而，敏感的个人信息，如日记就是个恰当的例子。摩尔认为，正是因为这些信息可以被许多个人同时使用和消费，就声称对最大使用权的初步道德主张已经成立是错误的。这一论点同样适用于暴力电影、色情制品、与国家安全有关的信息、个人金融信息和私人思想，每一种信息都是非竞争性的，但这一事实本身并不产生获取和使用的表面道德主张。此外，未经授权的复制对所有者没有任何伤害，这一点也不明确，即使是在不给予补偿的情况下侵占所有者财产的个人也不会合法地购买一份复制品（即付出要求的费用），因此并没有剥夺所有者本应得到的经济补偿。未经授权的复制造成所有者必须承担的风险，却没有征得所有者的同意（Moore，2012）。

6.2 反对知识产权的言论自由论点

一些学者认为，保护或创造知识产权与我们对思想和言论自由的承诺是不一致的（Hettinger；Waldron）。赫廷格认为，知识产权"限制了获取思想的方法（如商业秘密），限制了创意的使用（如专利），限制了思想的表达（如版权）——基于这种种原因，这些限制是不可取的"（Hettinger，35）。

对于这种担忧有两种回答。首先，第一种回答指出，正是提供有限保护的激励措施促进了信息的创造和传播，知识产权保护制度在短期内可能会导致使用受限，但随着时间的推移，广大公众可获得的思想和表达的共同供应渠道将得到加强。其次，言论自由作为一种社会价值是否具有假定的重要性，或者是否具有决定性的原则，以至于它几乎总是压倒其他竞争性价值，这一点根本不清楚（Moore，2012）。

6.3 信息争论的社会性质

越来越多的学派认为，信息是一种社会产品，对信息获取的限制会对作者和发明家过于有利，实际上会减少整个社会的共同利益。因为个人在社会中成长，社会赋予他们知识，这些人利用这些知识创造各种各样的智力产物，所以智力产物的组成部分，即知识，应该被理解为一种社会产品。因此，个人不应该独占和永久拥有他们所创作的作品，因为这些作品建立在社会共享的知识之上。授予针对智力产物的权利就类似于将所有权授予在公共资助的大坝上放置最后一块砖头的个人。大坝是一种社会产品，由无数人的努力建成；知识也是以同样的方式建立起来的，一切智力产物都建立在知识的基础上。

许多参与现代公共版权或创意共享运动的人也有同感。在美国，有一个叫"创意共享"（Creative Commons）的非营利组织（成立于 2001 年），是公共版权运动的先锋，旨在增加可供他人自由使用的作品的数量和范围，以便可以合法地分享和使用这些作品，供个人享受，扩大公共利益。向公众免费发放的"创作共用"许可，用"保留部分权利"的声明取代了标准的"保留所有权利"的版权管理主张，从而允许作品的每个创作者将部分权利无偿让给公众，同时保留其他权利。这种旨在建立一种更合理和灵活的版权制度，以更公平地平衡创作者的权利和公共利益的尝试，尽管受到一些批评，但已获得相当大的发展势头。2011 年，从阿根廷到越南的 70 多个司法管辖区，共有 100 多个"创意共享"分支机构在运作之中。

除了质疑这种推理方式所采用的"社会"概念是否足够清晰以承载论证所要求的分量之外，批评者们还质疑这样会拖欠社会某些东西，或者他们可以拥有或理所应当拥有什么东西（Nozick；Moore，2012）。1855 年，拉山德·斯普纳（Lysander Spooner）写道：

> 社会在思想上拥有什么权利，这些权利不是它们自己产生的，也从来没有被购买过，可能很难定义；同样难以解释的是，社会是如何拥有这些权利的。要证明社会仅仅通过对某些思想——个人劳动的产物——的了解，就获得了对这些思想的有效所有权，或者因此获得了对这些思想的任何权利，当然需要除论断之外更多的东西。（Spooner，3.103）

最后，即使这一观点的辩护者能够证明社会对一般知识和信息库的所有权是合理的，也就说明，对这种集体智慧的使用已经通过支付教育费用等方式获得了报酬（Moore，2001，2012）。

7 结 论

保护作者、发明者的智力和文学创作的历史可以追溯到中世纪甚至更早。在大多数情况下，当时活跃的社会政治环境和经济力量在形成这些早期规则方面发挥了重要作用。很多同样的力量正驱动着当前的辩论。内容提供商希望得到权利和经济方面的保护。而消费者渴望获得内容。数字技术的普及凸显了双方支持者之间的紧张关系。围绕当前版权和知识产权辩论的历史、争论问题和挑战，可能有助于调整现有制度，或创建新的知识产权制度，以最适当的方式平衡创造者和消费者之间的竞争利益。

参考文献

B. Bugbee, *Genesis of American Patent and Copyright Law* (1967)

P. Croskery, 'Institutional Utilitarianism and Intellectual Property', *The Chicago-Kent Law Review,* 68 (1993), 631–657

E. C. Hettinger, 'Justifying Intellectual Property',*Philosophy & Public Affairs,* 18(1989), 31–52

K. E. Himma, 'Justifying Intellectual Property Protection: Why the Interests of Content-Creators Usually Wins Over Everyone Else's', in *Information Technology and Social Justice,* ed. E. Rooksby (2006)

—— 'The Justifi cation of Legal Protection of Intellectual Rights', *San Diego Law Review,*50 (2013)

—— 'Toward a Lockean Moral Justifi cation of Legal Protection of Intellectual Property',*San Diego Law Review,* 49 (2012), 1105–1181

J. Hughes, 'The Philosophy of IntellectualProperty', *Georgetown Law Journal,* 77(1997) 88–89, 287–366

T. Jefferson, *The Writings*, ed. A. A. Lipscomb and A. E. Bergh (20 vols, 1904–1905)

L. Lessig, *Free Culture* (2004)

F. Machlup, *Production and Distribution of Knowledge in the United States* (1962)

R. Merges, *Justifying Intellectual Property* (2011)

A. D. Moore, *Intellectual Property and Information Control* (2001; repr. 2004)

—— 'A Lockean Theory of Intellectual Property Revisited', *San Diego Law Review*, 49 (2012) 1069–1103

P. Nozick, *Anarchy, State, and Utopia* (1974)

Primary Sources on Copyright (1450–1900), http://copy.law.cam.ac.uk/cam/index.php, consulted Mar. 2013

P.-J. Proudhon, *Qu'est-ce que la propriété?* (1840)

M. Roeder, 'The Doctrine of Moral Right: A Study in the Law of Artists, Authors and Creators', *Harvard Law Review*, 53 (1939–1940), 554–578

N. Shaler, *Thoughts on the Nature of Intellectual Property and its Importance to the State* (1878)

L. Spooner, *The Law of Intellectual Property*, in *The Collected Works of Lysander Spooner,* ed. C. Shively (6 vols, 1971)

J. Waldron, 'From Authors to Copiers: Individual Rights and Social Values in Intellectual Property', *Chicago-Kent Law Review*, 68 (1992–1993), 841–887

第 15 章
印刷术出现后的手抄本

哈罗德·洛夫

1 简 介

一个世纪以前，仍有许多手指沾满墨水的人，他们在英国被称为抄写员，其工作是为商业、法律和科学领域的交易准备手写记录（通常是大卷宗的账本）。自从第一支笔在第一块泥板上写下文字以来，他们的先驱者就一直很活跃，就像梅尔维尔笔下的巴特比、果戈理笔下的阿卡基·阿卡基耶维奇、福楼拜笔下的布瓦尔和佩库歇一样，他们工作的大部分内容是十分单调的复制记录。在萧伯纳的《错姻缘》（*Misalliance*）中，一位抄写员因工作单调和无意义而被逼得自杀未遂。现在，大多数刻字工作已经通过打字转移到了电脑上。今天，手写一般被用来创建容易消失的记录，如购物清单、讲稿或明信片；填写填字游戏和数独游戏；完成调查问卷。而今即使是写私人信件，也很可能用电子邮件传递，只有键盘面临着消亡的危险时人们才有可能使用手写。

当然，在西方世界，不可能有很多重要的文化记录只通过手写的方式来传递。在苏维埃统治时期，持不同政见者的地下出版物靠手写俄文作品和打印西方语言作品的形式来传播。这样的并非选择问题，而是由西里尔文打字机的限制所决定的。在中国和日本，文字较不适合使用键盘输入，尽管文字的复制可能由复印机来完成，但手写的范本仍然保持着主导地位。因此，日本发明了自动铅笔这种技术奇迹，它带有可挤压的橡皮，使用时与古代手写笔在蜡版上书写一样上下交替。在一个半世纪以前，少数著名作家和思想家的作品仍然偏好以手抄本的形式流传。埃米莉·狄金森（Emily Dickinson）和杰拉德·曼利·霍普金斯（Gerard Manley Hopkins）的诗作几乎都是以这种方式发行的，许多名气不大的作者的作品也是如此，部分原因是他们除了亲近的朋友和家人之外，不寻求招揽其他读者，他们的主题不为出版机构所接受。勃朗特三姐妹（The Brontës' juvenilia）的少年作品就是专门为家庭自我娱乐而写的，这并不是唯一的例子。手写的作品仍被视为送给朋友或近亲的珍贵礼物。旅行者会把日记寄给他们所爱的人，并附上要传阅的其他人的名单，这些人可能会反过来制作自己的副本。如果有人需要一本绝版的书，尤其是较早某个世纪的书，他会觉得制作手抄本没有什么不妥：许多古籍都是以这种方式在学者之间流传的。在大学里，富裕的学生会买一些总结他们教授讲课内容的笔记。贫穷的学生则通过抄写这些笔记来赚钱。当时和现在一样，也有书法家将文字书写作为一种美的事物来进行创造。

2 从16世纪到启蒙运动

比上述时期更早的一个世纪之前，启蒙运动时期的欧洲见证了自中世纪以来一直存在的专业手抄本图书制作传统的结束阶段。在有着严苛国家级审查的国家里，哲学上的异端和政治上的反对派文本仍然由为书商工作的抄写员复制出售。虽然通过出版机构秘密出版作品的现象很普遍，但可疑作品的手抄本却保留了一种魅力，使其成为一种理想的奢侈品。这种手抄本也是按订单抄写，并可以保证销售。音乐作品主要是通过手抄本传播，或者通过某种混合的方式传播，在这种方式中，分散部分可能需要合并成手抄乐谱，或通过手写部分补充出版的乐谱。巴赫（J. S. Bach）一生只出版了相对较少的音乐作品，主要是钢琴谱。他的礼拜作品和器乐作品基本都是手抄本，礼拜作品和器乐作品的许多内容却通过一份又一份的誊抄而广为流传。与他同时代的泰勒曼（Telemann）的作品更受欢迎，他的作品以手抄本的形式流传到欧洲各个角落。在 18 世纪早期的英国有一个秘密市场，会出售精装对开本和大四开本的手抄本讽刺诗以及滑稽剧，有些书的内容按字母顺序排列，构成了一种自查理二世复辟以来的国家秘密历史。乡村牧师可能会购买手抄本布道集，一用就是一整年；律师可能会购买专业人士写的诉讼书、判例或报告集。

再往前推，在 17 世纪初，只要在短时间内制作大量副本不是问题，或者当某部作品的印刷存在障碍时，我们就会发现手抄本仍然能与印刷业竞争。在英国，这些印刷障碍之一是许多作者，尤其是妇女不愿意让自己的作品作为商品出现，桑德斯（Saunders）称之为"印刷的耻辱"。书商可以不经许可自由印刷任何偶然遇到的手抄本，作者不情愿的态度并没有给自己带来什么保护。然而在多恩（Donne）的一生中，他的诗作在手抄本上自由流通，而且往往是在大型手抄文集中流通，因此他有能力限制对其诗歌的印刷。卡鲁（Carew）和后来的罗切斯特（Rochester）的诗作在他们死后立即出现在印刷品中，其盗版印刷版本是根据当时流通的手抄本选集制作的。而西德尼（Sidney）可能从未见过自己的任何作品以印刷形式出现。作家们会用手抄本形式的作品来招揽顾客，因为手抄本被认为比印刷品更具有独特性。莎士比亚的十四行诗看起来就是这样来的。

在议会极力保护其议事隐私的时候，议会的会期日记和演讲稿交易却十分火爆，它们或者被记下来，由同僚根据记忆重建；或者是由议员自己提供给有生意头脑的抄写员。同样的机构还提供了各种各样的政治评论，而这些评论往往不受王室欢迎。伟大的古物学家罗伯特·科顿爵士（Sir Robert Cotton）的通俗故事就属于这一类。约翰·塞尔登（John Selden）也只通过抄写员这一媒介流传了他的一些著作。他死后，他的牧师理查德·米尔沃德（R. Milward）编撰了《餐桌谈话》（*Table Talk*）一书，主要记录他自由演讲的讲稿，后被誊抄出售，直到"光荣革命"（Glorious Revolution）之后，这本书才被判断为适合印刷出版。17 世纪早期的这类材料中，有一套是由贝亚尔（Beal）汇总的，他那"羽毛抄写员"的笔迹很容易辨认。即使是演艺公司雪藏的剧本也可能出现在手抄本中，米德尔顿（Middleton）的《一盘棋》（*A Game at Chess*）就是一个著名的例子。与莎士比亚戏剧公司有联系的抄写员拉尔夫·克雷恩

（Ralph Crane）留下了几份显然是为读者制作的戏剧手抄本。

所有这些英式做法在欧洲大陆都有对应的例子。此外，科学、炼金术和占星术的拉丁文手抄本在国际上流通得也很活跃。炼金术作为一门神秘学，对出版机构尤其怀有敌意。最初在罗马的帕斯基诺和马福里奥雕像上交替出现的拉丁文警句，或庆祝或嘲弄路易十四重建卢浮宫的书信，都沿着迷宫般的学者通信渠道单独或批量传播开来。宗教迫害鼓励了反对派著作手抄本有组织的流通。在英国有天主教和清教徒，在法国有胡格诺派和扬森派。在西班牙和意大利，由于宗教裁判所的统治，以及对旅行者的可疑书籍的没收，新教、异教和自由思想文本的渠道主要就靠手抄本来实现了。再往前到了宗教改革时期，然后是 15 世纪末印刷术的创立时期，在此之前，所有的文本都是以口头或手写的形式流通。对于那个过渡时期的僧侣和修女来说，抄写仍然是本笃规定的一项常规职责。对许多信奉人文主义的学者和教会人士来说，精美的书法和限量的手写版贺拉斯著作或《时祷书》让人们的喜爱超过了对价格和便利性的考量。在文本制作的其他领域，媒体的影响也令人惊讶（但经过思考后完全可以预测）。大卫·麦基特里克（David McKitterick）指出，带有手写内容的印刷作品和带有印刷内容的手写作品非常普遍。印刷书籍和手抄本也没有像今天的图书馆那样被硬性地分开上架。相反，它们很可能被装订成更大的合订本，而现在的做法通常是分开陈列。印刷书籍被其主人大量注释和交错排列的情况也很常见。布莱尔（Blair）研究的笔记学者的工作是将印刷品以大量摘录积累的形式转移到手抄本上。另外还有指导人们如何将信息分配到手抄本并从中检索的手册。

3 生产和传播

颠倒了时间的方向，我们需要考虑手写文字在面对新闻竞争时延续其古老传统的过程。这主要是通过专业化来实现的。一旦圣经、拉丁文语法书或皇家宣言的文本被印刷者以比抄写员更低的成本和更短的时间复制，那么，试图在这一领域竞争就没有什么意义了；但对于较小的文本来说，这些优势就不那么明显，可能会被抵消。有 1000 个词的文件就算只要印刷几份，都要花费时间处理烦琐的印刷过程，其中的工序有注模、排版、校对、印刷和整理，而在这个过程中抄写员早已抄完所需的数量。在需要少于 50 份的情况下，印刷出版物的方式很可能更加浪费资源。（艾默里发现即使在今天，很大一部分印刷品仍未售出，而且很多售出的印刷品也未被人阅读。）手抄本也有更大的排他性，这往往使得它能得到更仔细地阅读和保存，这是一种接触小众读者的更好的方式。利用抄写技术复制的书籍既便宜又便于携带。

一捆鹅毛笔，一叠纸和墨水，足够的光线，还有一张桌子就是开展工作的全部条件。抄写员的工作时间也很廉价。一支由抄写员组成的团队为书商或代笔人批量抄写，或聚集在抄写室，或单独签订合同；他们在必要的时候也能完成相当高的产量。即使是 17 世纪记录在案的 100 份或更多的新闻通讯的抄写版本，其经济优势都可能与印刷的优势相当。这种有组织的生产将文本退化（文本退化是逐次复制的祸根）降至最低，同时允许随时对母本进行修改，这是印刷业无法做到的。连续出版也是一种利用未被充分利用的劳动力的方式。法律事务所雇用大量的抄写员，他们的日常工作量会在法庭开庭时达到高峰，而在休假时则会减少。为书商承担抄写工作是利用好这些抄写员的一个办法。有抱负但不愿印刷的作者也可以聘请专业的抄写员，但这可能比较危险，因为抄写员或代笔人如果保留了一份额外的副本，就可以自己的名义进行制作。对于希望分发手抄本的作者来说，通常比较安全的做法是委托秘书、家庭成员或可靠的助手制作，或者干脆自己抄写；不过许多人并不愿意让自己的文字以自己的、可识别的笔迹出现。

文本以手抄本的形式扩散的另一种方式是通过读者不断地复制。这种方法在短时间内传播的速度和数量是惊人的。如前所述，每次复制实际上都会产生一个"版本"，这可能导致文本发生了快速变化。然而，有经验的抄写员都知道，还有一些文本修复的规矩（尤其是修正），对于一部受欢迎的作品，很可能有不止一个副本可供查阅。这些易碎的"分册"（separates）通常装在口袋里运送，对纸张的损耗非常大；因为除了简单的磨损外，纸张在家庭生活中也经常被使用。相反，现存的通常是在个人杂记中根据这些分册制作的副本，往往被误称为"通俗读物"。一篇真正受欢迎的短篇小说的现存手抄本通常是由读者签名并由专业人士书写的分册（如果有的话）、个人杂记中的副本以及为销售而编制的抄写员选集中的副本组成。

到了专业人士手中后，一件作品可能首先被收集到一个"关联组"或相对较小的集子中，然后被吸收到越来越大的集子中，这些集子的关系可以通过研究其内容的顺序来建立。在很多情况下，更大的集子展示了对全面保存古董书的渴望。这类事例在英国包括 1628 年议会议事录的手抄本记录（由诺特斯坦和雷尔夫出版），以及约在 1700 年编写的 1660 年以来的政治讽刺诗和放荡不羁的笑话集（出版商同上），其中一些作品长达 600 多页，内容带有日期并按时间顺序排列。这些庞大而昂贵的书卷是为富有的买家准备的，在这些买家手中，它们保存下来的机会大大增加，不过德比第九世伯爵确实将一卷有叛国嫌疑的讽刺小说藏在烟囱里，直到房子被拆毁时才被发现。一开始是话题性的东西很快就变成了历史性的，相比于出版机构，古物学家更尊重这种形式的媒介。

到 18 世纪早期，抄写出版的专业部门仍然具有出版时间短、反应快速、处理文本灵活、免于审查和可控性强等优点。这些优势足以让一小群书商手下的抄写员工作几十年（具体有多长时间，需要通过对现存的手抄本进行系统调查来确定，这一点还有待尝试）。这类手抄本当然很贵，但印刷书也是如此。然而，专业的手抄制书模式无疑已经退缩到了小众市场中，而这一市场将被印刷业的进步，特别是 19 世纪初蒸汽机的出现以及印刷纸张成本的急剧下降（见第 10 章和第 11 章），还有部分抄写职能从男性抄写员转移到女性打字员身上而进一步削弱。乐谱抄写员这一职业存在的时间较长，但后来他们也都在使用电脑键盘工作了。剧院提词员则继续抄写提示书和演员的"台词表"，而且一直持续到 19 世纪。在英国，大多数标准剧目都可以从莱西书店、弗伦奇书店和迪克斯书店等书商那里以低廉的价格购买多套。如前所述，由作者编写的小型手抄版文本或在监督下以流通的单行本形式继续存在。从 18 世纪到 20 世纪，仍然有大量的作品以这种方式到达读者手中，有时是因为出版社不接受这些稿件，但更多时候是因为作者或抄写员喜欢这种方式。

罗杰·诺斯（Roger North，1653—1734）是一位多产的传记作家和音乐作品的作者，这种职业身份并不典型，他的代表作是史料编纂巨著《考证》（*Examen*）。诺斯不断地翻看和修改他的著作，因此手头有许多副本。然而，他似乎并不想看到这些书出版。后来出版的作品是在他死后由家人编辑后出版的。这可能是他所希望的，但这样看来，家人才是他的目标读者。或许可把他归类为主要为自己写作的作家，除了可能只是泛泛的"后代"之外，他对读者没有特别的渴望。1703 年左右，西莉亚·费因斯（Celia Fiennes）开始写游记："由于我从未规划过这本书，所以除了我的近亲之外，本书不可能落入任何一个人的手中，对这本书，我不需要说太多的借口，也不必做过多的推荐。"牛顿的炼金术和神学著作手抄本副本被小心翼翼地保存，供私人使用，只有他的科学著作被印刷出来。也许最纯粹的为取悦自己而写作的例子是写日记的人。在许多史料记载中，无论日记如何被辛勤编撰，都在作者死前被销毁了，因为这些日记一直只为作者本人而写。也有一些为祭祀仪式而有意识地进行写作的例子。比如在斯宾塞的葬礼上，同行诗人将挽歌和写挽歌的鹅毛笔一起扔进坟墓。D. G. 罗塞蒂（D. G. Rossetti）将手抄本诗集与他的妻子伊丽莎白·西达尔埋在一起，但后来改变了主意，还是把它们找了回来。

此外，我们不应忘记，对许多作家来说，首选的出版形式是表演。这是古代世界的常态，当时公众阅读是大多数作品被人们认识的途径，只有一小部分出版过。戏剧界的情况一直如此。莎士比亚经常被认为毫不关心其戏剧的任何书面传播情况，不过这一观点最近受到了质疑。显然，总是有其他流派的作家更喜欢古典传统的传播方式。卡夫卡在他的一生中几乎没有看到他的作品出版，但是他喜欢把它大声地读给他的密友们听。卡夫卡最初的印刷文本主要是由他的一个朋友（马克斯·布罗德）在他死后从他杂乱无章的手稿中整理出来的。神职人员总是把大量的精力投入到讲道的写作中，往往是每周一次。虽然那些由公认的讲坛明星或为某些夺人眼球的场合写作的讲稿可能会被人印刷或速记，有些也可能会被借给或卖给同事，但绝大多数都会被丢弃；即使不是在发表后立即丢弃，至少也是在作者退休或去世后丢弃。大多数学术和公共讲座都遭受了同样的命运。在某些情况下，伟大的哲学家（如维特根斯坦）、作家（如柯勒律治）和科学家的演讲内容只能从他们的学生或听众的笔记中看到了。

其他作家也渴望作品被人阅读，但想选择在什么情况下由谁来阅读——这就是伊泽尔为早期现代英国所定义的"社会作者身份"（social authorship）。其中包括人数更多的文学阶层的书信作家，如霍勒斯·沃波尔（Horace Walpole）。他把书信发展成一种旨在保存的艺术形式，但只是针对特定的收件人和他们的亲密圈子，与他们分享书信文本的乐趣。沃波尔很可能没有预见到威尔马斯·S. 刘易斯（Wilmarth S. Lewis）积累起来的激情。前面提到过，霍普金斯通过信件向一小群朋友传阅新作品，他们大多是同为诗人的朋友。对他来说，就像他和早期的许多非专业作家一样，作者身份是智力和审美交流的重要手段。托马斯·坎皮恩（T. Campion）的拉丁文讽刺短诗中有几篇文章指责新拉丁诗人拒绝将自己的诗句传播给别人，只给亲密的人听。在18世纪，托马斯·坎皮恩杰出的后辈安东尼·艾尔索普（A. Alsop）的作品也是在他死后从寄给朋友的副本中找出来。

对于一些作家来说，管理和流通他们的手稿需要他们掌握图书管理员和出版商的技能。巴赫在莱比锡的家中，光是大合唱的乐谱和乐段集就占了一个大房间。在其他情况下，人们会发现一种对手写文字近乎迷恋的崇拜，这在手写文字的呈现和保存过程中表现得尤为明显。埃米莉·狄金森是一个著名的例子，她非常喜欢囤积和装饰自己的手稿。其他作家对他们的手稿所采取的谨慎态度也让人吃惊，即使在打算拿来出版的时候，这些作家的态度也没有改变。吉卜林（Kipling）会用一种特殊的印度墨水在质量上乘的纸上写字，然后用丝带把纸绑在一起。显然，对他来说，最初亲笔写下的文字，不是印刷的结果，而是想象中的文字的完美体现。

4 结 论

文字工作从手写过渡到各种形式的机械和电子复制，无论是对创作者的态度，还是购买者使用产品的方式均未受到较大影响，但手稿所具有的"有意义的表面"（meaningful surface）的影响有别于字体排印或静电印刷术所产生的影响。耶稣会学者沃尔特·J. 翁（Walter J. Ong）对这些差异进行了最富有雄心的理论化尝试，对他来说，手写的书法文本体现了一种带有存在感的"第二口头形态"（secondary orality），将它牢牢地固定在人类互动的世界里。相比之下，印刷文本将语言降低到"类似事物的地位"，将活生生的知识降低到"冷冰冰的非人类事实"的地位，这种方式本质上是"独裁"的。当然，在这两种情况下存在一定程度的重叠。完美的文艺复兴时期的斜体字或完美圆润的19世纪的工整手写体（copperplate）对个性的压制远远大于罗杰·埃斯特朗格爵士（Sir Roger L'Estrange）17 世纪末的《观察家》（*Observators*）随心所欲地使用活版印刷术，后者的特质是大写字母、斜体字母和黑体字母交织在一起，以及对括号和大写字母的自由使用以达到强调效果。然而，沃尔特的总体观点是公平的。一个构造良好的印刷品页面有一些遥远和非个人的东西，这是让我们高速阅读所要付出的代价。另外很少有阅读体验能比伟大的诗歌或音乐作品在其创作者的剧本中写出来的感觉更强烈。当已故的帕特里克·奥布赖恩（Patrick O'Brian）最后一部未完成的小说出版时，其对开页中加入了手稿的复制品和字体抄本。这份手抄本是一份经过修正的草稿，算不上完成的稿件，但草稿本能地体现作者人性的一面。相比之下对应的排版则显得严肃而缺乏表现力，当然也清晰得多——人们怀疑，这卷书的大多数读者一旦沉浸在书的叙述中，很快就会倒回并体验到草稿给人的感觉。

参考文献

H. Amory, ' The Trout and the Milk: An Ethnobibliographical Talk ', *HLB* NS 7 (1996), 50–65

P. Beal, *Index of English Literary Manuscripts*, vol. 1: *1450–1625* (2 parts); vol. 2: *1625–1700* (2 parts) (1980–1993)

—— *In Praise of Scribes* (1998)

A. Blair, ' Note Taking as an Art of Transmission ', *Critical Inquiry,* 31 (2004–2005), 85–107

S. Colclough, '"A Grey Goose Quill and an Album": The Manuscript Book and Text Transmission 1820–1850', in *Owners, Annotators and the Signs of Reading*, ed. R. Myers *et al.* (2005)

M. Ezell, *Social Authorship and the Advent of Print* (1999)

C. Fiennes, *The Journeys*, ed. C. Morris (1947)

E. Havens, *Commonplace Books* (2001)

H. Love, *Scribal Publication in SeventeenthCentury England* (1993)

—— 'Oral and Scribal Texts in Early Modern England', in *CHBB* 4

A. F. Marotti, *Manuscript, Print and the English Renaissance Lyric* (1995)

D. F. McKenzie, 'Speech–manuscript–print', in *New Directions in Textual Studies*, ed. D. Oliphant and R. Bradford (1990)

D. McKitterick, *Print, Manuscript and the Search for Order, 1450–1830* (2003)

W. Notestein and F. H. Relf, *Commons Debates for 1629* (1921)

P. O'Brian, *The Final Unfinished Voyage of Jack Aubrey* (2004)

W. J. Ong, SJ, *Orality and Literacy* (1982)

J. W. Saunders, '"The Stigma of Print": A Note on the Social Bases of Tudor Poetry', *Essays in Criticism,* 1 (1951), 139–164

H. R. Woudhuysen, *Sir Philip Sidney and the Circulation of Manuscripts, 1558–1640* (1996)

第 16 章
印刷界中的短时印刷品

迈克尔·哈里斯

1　简　介

　　短时印刷品的类别在印刷品中构成了一个难以捉摸、偶发争议的因素。本章的目的不是试图描述一切可以被认定为短时印刷品的东西，而是要勾勒出这一范畴的界限，特别是要说明不同的形式是如何随着时间的推移而改变它们与书本的关系的。短时印刷品挑战了定义，而研究倾向于将这种材料置于日常生活的边缘。大量的广告和通知加强了边缘化的感觉，例如关于比萨饼配送和减肥诊所的广告，它们会挤占邮政服务的资源。的确，无论电子化革命的程度如何（见第 21 章），电子化革命都没有破坏短时印刷品的多样性，反而在许多方面强化了这种短暂存在或短时印刷品的多样性。

　　将短时印刷品定义为"边缘的"，隐含着这样一个概念：书和印刷的非书本物品是同一事物的两个方面。在这个概念中，书，作为手抄本，由它的装订、它的体积以及它能无限期保存的能力和制造方式存于世，是一个独特的实体。这是一种务实的观点，对寻求建立图书馆并保存其内容的个人和机构有明显的好处。然而，短时印刷品和书之间的辩证关系的一个问题是，虽然书架上的书明显不同，但它本身就是印刷文化中固有的一个不安全的组成部分。

　　书籍作为一种形式，通常被放置在印刷层级的顶端，站在印刷金字塔的顶端，而这个金字塔一直延伸到短时印刷品的平坦基座上。不过，考虑到许多书籍存在的短暂性，这种说法似乎不太真实。此外，他们自己与其他形式的界限往往是不确定的，随着时间的推移而模糊甚至消逝。在印刷文化中，有一个持续的重新评估的过程，这个过程（主要通过收集）将一系列非书本材料带入与书本相一致的新概念中，并提出了目前使用"短时印刷品"一词的局限性。

2　一些定义

　　根据目前的定义，短时印刷品通常是根据其物理特性来确定的。它们的主要形式是作为单一的一张纸，可以折叠成有限的、页数通常不确定的形式。然而在印刷史中，这并不是硬性规定。电话簿或铁路时刻表也可根据其内容被认定为书籍形式的短时印刷品。通常情况下，短时印刷品是未装订的，虽然也经常使用包装纸，但通常仅限于日常使用，并可能是一次性的或会被销毁的，这尤其适用于印刷广告这一庞大的类别。即便如此，一次性用品也有其自身的问题。有时印刷的短时印刷品会被收集起来，甚至保存起来。例如，香烟卡、布伦海姆战役、纳尔逊之死、1851 年大展等历史事件的纪念品就是如此。下文将透过个别藏品越来越多的种类，讨论短时印刷品的耐久性。

　　如果被归入"短时印刷品"标题下的材料的物理特性难以确定，那么确定"短时印刷品"的生产时间同样有问题。很多关于这个主题的文章都强调了材料的制作方面。在这种情况下，印刷厂的业务以及印刷技术和纸张的发展是至关重要的（见第 10 章和第 11 章）。这两个因素都提供了进入该学科历史的途径和分析框架，然而，它们也创造了一种趋势，将短时印刷品的发展推进到 19 世纪和 20 世纪，这意味着这两个世纪是短时印刷品的时代。人人都觉得这种材料是在 1800 年之后出现的，但是，许多或大多数早期形式的材料几乎完全丢失，对历史造成了一些扭曲（像"清除粪便"这样的广告的高商业价值体现了其稀有性）。同样的，历史上对从事书籍、连载画册和接零工的印刷商商业组织的关注，几乎不会帮助提高我们对短时印刷品本身的理解。

必须将短时印刷品产出的现代年表与整个现代早期生产的庞大的印刷材料规模进行比对。推动短时印刷品增长的一个因素是从手抄本到印刷品不稳定但持续进行的转型（见第 15 章）。从 17 世纪初开始，包括新闻在内的系列信息开始从手写形式过渡到印刷形式。

图 22　短时印刷品的传播和展示：约翰·奥兰多·帕里（J. O. Parry）在他的《伦敦街景》（1835，也被称为《邮差》）中绘制的戏单、海报和宽幅画。由阿尔弗雷德·登喜路博物档案馆提供。

对于其他类型的实用材料，无论是免费分发的还是付费的，都很难跟踪其特征变化的过程。17 世纪后期报纸上的广告显示，有几位书商专门生产并供应税收和其他类型的官僚组织方面的印刷表格。到 1700 年，至少在伦敦，印刷品是传单和海报的天然媒介，而系列印刷品的生产线也开始延伸到全国各地。1699 年，奈德·沃德（Ned Ward）在漫游途中参观了（伦敦）皇家交易所（Royal Exchange），他发现柱子和所有可用的墙上都贴满了海报和广告，其中大部分是印刷品。没有任何绘画作品能完整地表现出这个场景中张贴的海量广告小报。事实上，这一时期伦敦建筑环境的插画中普遍没有短时印刷品，这便是当时的特点。与此相对应的是 19 世纪印刷品的情况。在这一时期，人们对发展中的印刷技术的产出的迷恋，加上对低层次印刷文化的兴趣日益浓厚，这让一些引人注目的、描绘在公共空间展示大量印刷品的图像产生了。

为了试图针对短时印刷品的构成和特征做一个书目控制组（bibliographical control）以进行比较，学者们开始制作清单。这通常通过构建由主要实物形式和短时印刷品集中的主题（例如，商业、交通、休闲和娱乐以及家庭生活）组成的序列来完成。《短时印刷品百科全书》（*Encyclopedia of Ephemera*）最初由莫里斯·里卡兹（Maurice Rickards）编撰、迈克尔·特维曼（Michael Twyman）编辑完成，该百科全书提供了一个由各种类别组成的长长的字母表清单，描述了"捕蝇纸"（Fly-paper）、"庸医广告"（Quack advertising）、"电话卡"（Telephone card）和"西洋镜带/片"（Zoëtrope strip/disc，早期一种通过旋转图片创造运动错觉的方法）。如果《短时印刷品百科全书》没有界定这个领域，那么至少它做了勇敢尝试，列出了一系列具有代表性的样本，并提供了有用的、必然选择的系列参考书目。这个清单和其他清单的一个潜在问题是，它们往往会人为地造成一种同质化，即所有被选中的非图书材料都具有同等的重要性。另一种方法保持了对形式的兴趣，但侧重于材料各个部分的分离方式，特别是借助收集的过程来做到这一点。

在其原始状态下，短时印刷品可以被看作一大堆警醒人的材料，其中既有琐碎的和深奥的，也有商业性的和告诫性的，这一切在混乱的日常生活中混杂在一起。对供应方的分析强调了这种多样性，并无一例外地强调了生产技术及其与印刷厂所能做的事情的关系。然而，短时印刷品不能通过其生产组织或企业的性质来界定。另外，任何对短时印刷品的收集的分析，都是始于消费思想，并指出对非书籍材料识别和分类条件的产生方式。在印刷品扩散和多样化的整个时期，收藏家们开始对明显不成熟的大量单件印刷品的意义和用途进行注释。通过他们的干预，大部分仍被列为短时印刷品的东西已经从琐碎和一次性的范畴中移除，进入了另一个需要一套新定义的层面。下面举几个例子，每一个例子都与一般的街头文献类别有着紧密的联系。

3 收集短时印刷品：
叙事诗歌、通俗故事、历书和报纸

　　无论是过去还是现在，街头都是散布短时印刷品最活跃的场所之一。在维多利亚时期，大都市的普通人在伦敦的牛津街散步时，可能会接到几十种印刷品、广告和传单。在 17 和 18 世纪，大量传单在伦敦及其郊区街头传播，其主题涉及医疗、政治、商业等领域，其中政治类传单在选举期间数量巨大。大部分传单完全免费，这种情况一直持续到 21 世纪。以上所说这些传单几乎会被完全浪费，要是被当作书签或包装纸给留存下来，那可以说是一项不寻常的奇迹了。海报的情况也是如此，它们曾经是城市环境的突出特征，但后来基本消失了。即便如此，一些在街道上分发的材料还是幸存了下来，成为历史印刷档案的一部分。

　　上面提到的所有街头材料都是免费的，可以立即使用，因此寿命极短。同时，在街头印刷品的流向中，也能发现付费材料以商品的形式存在，如叙事诗歌、历书、报纸和通俗故事，这些代表了体面的图书业和大众消费者之间的重要联系。这些产品符合短暂性的定义：它们的发行在规模和非正式性方面与传单的产出相匹配，它们的留存状况同样不确定。它们构成了贯穿整个街道的零售过程的一部分。这种付费材料的存在及其叫卖小贩构成了伦敦街头杂乱无章、过分喧闹环境的一部分，通过出版一系列能剖析街头商贩众生相的图片，呈现出了可敬的视觉维度。从 17 世纪 90 年代起，经常重印的图片是由老马塞卢斯·拉隆（Marcellus Laroon）制作的。他为街头商贩绘制的栩栩如生的肖像（原型可能来自考文特花园附近）发表在《伦敦城的哭声》（*The Cryes of the City of London Drawne after the Life*，1687）中，这些肖像中有一些靠露天出售短时印刷品谋生的人，有两个卖叙事诗歌的，一个卖历书的，一个卖报纸的，还有一个托盘里装满了"小玩意儿"（knicknackatories）的小贩，里面可能有一些通俗故事。这些一次性的材料便是下文讨论的重点。

　　叙事诗歌、通俗故事、历书和报纸都是在书商公会管理范围内的图书业核心成员的指导下发行的。该行业在伦敦长期设立摊位和档口，至少有些小贩是书商的全职或兼职雇员。尽管有这些正式的安排，但小贩们出售的产品在形式和性质上都是为街头媒介服务的，因此是廉价的、短效的和一次性的。虽然这些材料的印量很大，但留存下来的概率却远远没有保障。事实上，在购买和使用时，很难将它们与大多数城市中心的其他来来去去的纸质物品区分开来。那么问题来了：随着时间的推移，这类街头材料中的某些部分如何获得了一种需要与书籍关系方面进行不同表述的聚合（aggregate）地位？

最早的短时印刷品收藏者被这种材料的街头流行特征所吸引。在各种文化和商业动机的影响下，个人开始了收集和保存的过程，并逐渐在当代私人和公共收藏中赋予了短时印刷品元素一定的地位。收藏家对大众印刷品的想法不可避免地受到社会、政治和经济力量变化的影响。然而，最初积累和保护这些街头材料的冲动构成了更普遍的收藏现象的一部分，在17世纪，这部分成为那些极具好奇心和获取欲、被称为"艺术品鉴赏家"的中等社会群体所参加活动的主要特色。

在构建资产阶级公共领域的过程中，这个无定形群体的文化重要性在咖啡馆的社会环境中得到了最充分的体现。这样的公共空间有助于发展其赞助人的共同利益，最明显的是通过连续的印刷品，形成了咖啡馆文化的一个组成部分。这种文化催生了个人收集和保存各种形式的印刷品的情况，否则这些印刷品就会（通常被用于其他用途，如包装食物或当厕纸使用）和在街上分发的大量免费宣传材料一同被销毁。17和18世纪的收藏家们为提升人们对短时印刷品的兴趣创造了条件，而这种兴趣直到现在才进入到可接受的学术主流之中。

其实，收藏行为变成了一种机制，对街头微不足道而一次性的文献作品的文化价值进行了重新定位。这在两种流行的形式——叙事诗歌和通俗故事——上体现得最为明显。两者都是以非常低的成本进行大规模的生产，因此被认为不太可能成为社会精英中以图书为中心的图书馆所有者的收藏对象。在17世纪，叙事诗歌和小册子是由一群出版商垄断出版的，他们是 Ballad Stock 的合伙人，由书商公会组织成立。然而，由于这一授权并没有阻止其他出版商干预这一容易进入的市场领域，叙事诗歌成为长期商业斗争的焦点。广义上的叙事诗歌是用黑字印刷在纸张的一面或两面，通常是双栏，售价为1美元。叙事诗歌通常与时事有关，并将信息与娱乐相结合，通常印在木刻的图画标题下。这种叙事诗歌的生产规模很大，17世纪期间，《书商登记册》

（*Stationers' Register*）中记录了大约 3000 种，很多经常重印，印刷量很大。1664 年，出版商查尔斯·蒂亚斯（Charles Tias）去世时，他在伦敦桥的房子和商店里有大约 37500 本叙事诗歌册子。这些材料显然是一次性的。虽然在较低的社会阶层中，这些出版物短期内被销毁的结果可能会延迟，因为它们通常用于装饰或教育阅读，但这些短效出版物的最终命运几乎不会改变。

通俗故事的情况也是如此，其数量在 17 世纪不断增加，发行规模可能超过了叙事诗歌。通俗故事在街上出售，版式各异，从 4 页的十二开书到 24 页或页数更多的四开本都有；书的售价在 2 美元到 6 美元之间。Ballad Stock 的合伙人和他们的竞争对手也出版通俗故事，其印数达到了惊人的水平。例如，1707 年出版商约西亚·布莱尔（Josiah Blare）的货物清单显示，他在位于伦敦桥"镜子"（Looking Glass）招牌的商店里有 31002 本"大书和小书"（great and small books）。布莱尔是参与通俗故事市场的印刷商和出版商之一，该集团成员的身份往往不明确，但他们的人数可能有 20 人左右。他们的商业活动表明他们分发了大量的材料，这些材料大多是在伦敦制作的，并由长途做生意的小贩以及城市小贩和卖宗教书籍的小贩在全国各地销售。通俗故事很便宜，无处不在，而且存在时间非常短。17 和 18 世纪的通俗故事存世量极少；到了 19 世纪，随着新的社会和经济条件对街头贸易的影响，亨利·梅休（Henry Mayhew）所记录的这种商业形式和小贩正在消失。

散乱的叙事诗歌和通俗故事，以及其他一些短时印刷品，将会保存在私人和公共混杂的收藏中；然而，由于这些收藏不断被收藏者死亡或收集策略的变化打乱，所以印刷品的历史分析在很大程度上依赖于私人对这些材料的集中积累的留存情况。早期收藏家中最重要的是塞缪尔·佩皮斯（Samuel Pepys），他对印刷品的广泛兴趣延伸到伦敦街头兜售的产品。他收集的通俗故事，在约翰·塞尔登（John Selden）收集的基础上又增加了一些，在他去世时，有 1775 张通俗故事被装订成册，并按主题排列。他收集的通俗故事有 215 个，格式各异，装订成 8 卷，分为"小虔诚"（Penny godlinesses）、"小欢喜"（Penny merriments）和"低俗故事"（Vulgaria）等类别。佩皮斯收集的街头文学作品只占总印数的很小一部分，但它代表了一种方法，通过它人们可以开始识别和评估该时期的短效文学。这些收藏品保存完整，并在它们的继承人于 1724 年去世后，被转交给了他以前的剑桥大学麦格达伦学院，并一直被保存在那里。正如一位历史学家所言，"把 3000 本书和 12 台印刷机运到剑桥的车队是一列密封的火车，它把佩皮斯的声誉带到了后世"（*ODNB*）。在出版社或书柜里的书中，有他精心保存的流行短时印刷品。

另一位重要的街头文学收藏家是约翰·巴格福特（John Bagford），他是一位鞋匠，后来变成了书商、古董商和先锋书目编纂者。在他位于伦敦霍尔本的基地，他为当时的前沿收藏家，包括佩皮斯和无所不纳的罗伯特·哈雷（Robert Harley）提供叙事诗歌和形式更传统的印刷品。作为一名学者，他自己的兴趣集中在一段从未完成的与印刷和印刷书籍的历史上。他自己的收藏也是为了这个项目：他从废弃的书籍中获得了大量的各种主题的材料和其他页面（后来被约瑟夫·艾姆斯用于他的《印刷学古籍》），以及从复辟时期开始不断出版的黑体字叙事诗歌。在他去世时，这两卷叙事诗歌被哈雷收购，随后它们被私人收藏，比如第三代罗克斯堡公爵约翰·凯尔（John Ker），然后大英博物馆图书馆在 1845 年购买了这套收藏，现在已经有 4 卷。

叙事诗歌从 18 世纪早期就进入了主要的公共收藏，图书馆收购了大量的其他材料，其中有许多形式的短时印刷品。安东尼·伍德、理查德·罗林森、弗朗西斯·杜斯和托马斯·珀西等人的藏品被牛津大学博德利图书馆收购。到了 19 世纪，各机构获得了足够数量的材料（并不总是永久性的），为研究这些材料创造了条件。社团的形成（如珀西协会）以及街头叙事诗歌列表和书目的出版，使这种短时印刷品类型与印刷档案产生了新的联系。

与之相关的一种极为短暂存在的街头文献是历书。由于具有更广泛的社会吸引力，历书处于循环形式（为满足明显持续的需求而生产）和系列商品（如报纸）之间。作为印刷文化最经久不衰的产物之一，历书是根据圣经或《公祷书》的正文前书页中列出的圣徒日和节日日历来构建的。到 17 世纪中叶，它被制作成 24 页的小册子，或以单面印刷的对开宽页形式出售，用于公开展示。书商公会垄断了历书发行，它授权生产大约 15 种不同名称的历书。这些历书在每年的 11 月大量出售。到 17 世纪 60 年代，历书每年共印制 30 万至 40 万份，足够全国 1/3 的家庭使用。这一数字甚至超过了叙事诗歌和通俗故事的印数，表明了一种远远超出社会范围的消费模式。在整个 18 世纪，书商公会从这一巨大印数中所获取的商业利益一直得以维持，并通过对各种街头闯入者的持续且部分成功的防御行动击败了各种来自街头的挑战者。

历书的生命周期基本上是短暂的。所有者很可能在它所涵盖的年份结束时将其扔掉，这意味着大多数副本几乎不可避免地会被销毁。除了最早的几期，过时的历书并不被收藏家所青睐；这种高度一次性的形式从街道迁移到图书馆，与其内容和使用的变化特征有关。首先，历书上增加了越来越多的实用或娱乐主题的材料。各种各样的预测、当地集市的日期、历史列表、园丁的时间表，以及医疗信息，成为该类型整体独特吸引人的特点的一部分。这类材料每年都会流通，而且所有书商公会的历史都会用装饰性的封面装帧起来，放在图书馆的书架上，这已成为一种普遍现象。一些书商公会以商业公司的形式，出售累积下来的书卷。其次，从17世纪末开始，在副本中夹带空白页作为日记或个人事件的记录页来使用的情况变得越来越普遍。这种做法的受众从中产阶级和精英阶层扩展到店主和农民，或者可以说实际上延伸到了任何有生意要做的人。许多现存的17世纪和18世纪的日记都录入到历书这一方便的框架中。因此，短时印刷品具有双重特征，既可以作为一次性物品，也可以作为图书馆的持久收藏。如今这种二重性一方面体现在《老摩尔历书》上，另一方面也体现在《惠特克历书》和《威斯登·克里克特历书》中。

街头材料通过集子的形式传播，这些物品潜在的二重性，构成了报纸的鲜明特征。报纸的最复杂的形式仍然（奇怪地）被认为是短时印刷品。在这种情况下，报纸也展现出了许多问题，因为人们更倾向于将短时印刷品归类。在印刷档案中很难找到报纸与图书馆员所采取的防御性立场，他们希望能保护自己不会遇到印刷出版物泛滥的情况。必须承认，报纸在收集、储存和存取方面的要求几乎难以承受。但问题也来自难以在概念上取代既定的书本与印刷品的层级分类。令人遗憾的是，报纸与针织图案、火车票或保险杠贴纸一样都是一次性物品的观念根深蒂固。

尽管《短时印刷品百科全书》是一本很有用的指南，它给大量晦涩的资料提供了指导，但它确实有一些明显的局限性，反映了研究短时印刷品的常见问题。叙事诗歌、通俗故事、历书和报纸都有各自的词条。报纸的词条里说"对该主题进行整体研究几乎是不可能的"，然后提出了一系列的次级词条："首期和最后一期""报头""大标题／

头版""纪念刊""临时制作的报纸""模拟报纸""小众语言报纸""船报"和"奇闻轶事"。这一条目体现了报纸是一堆不连续的复制品的概念，并使其在印刷层级中处于传统的从属地位。毫无疑问，从消费的角度来看，报纸完全是一种短暂的产品。它是为当天或其他有限的时期而制作的，是为了立即使用，而且在某种程度上，也是以立即处理为前提。它的内容尽可能是最新的，而它针对廉价和竞争需要的形式离不开一种内在的即时可处理性。随着各种广告的不断增加，这种即时性更加强烈。在满足了最初的目的之后，报纸被应用于一系列混合的、主要是非文献性的目的。到18世纪初，报纸常被用于点烟斗、垫馅饼盘子和糕点制作。随着产出规模的扩大和成本的下降（在19世纪中期税收被废除后），报纸作为一种垃圾的性质变得更加明显。维多利亚时代的通勤者在到达伦敦主要车站时，留下了大量要丢弃或回收利用的废旧报纸。在这种背景下，很难不把报纸与短时印刷品联系起来。

然而，"即时可处理性"这一概念并没有抓住重点。对它的早期生产者来说，报纸是一种有收藏价值的（印刷）形式。各期报纸的页面被连续编号，而且报纸上还经常发放年度索引和累计标题页，以鼓励人们收集。关于报纸，一个不可回避的事实是，它是一种系列化产品，就这一点而言，报纸不是一次性的。扔掉一份报纸，周期性的流动就会紧跟着带来另一份。周期性是报纸运作的机制，而时间是报纸运作的维度，这些都是使报纸处于印刷文化中心的核心特征。自1620年伦敦第一份此类出版物问世以来，报纸的扩散和扩张已经超越了所有其他的印刷形式，并使其他印刷品相形见绌。下列数字本身的成因很多，而且确实令人震惊。到1700年，大约有30种系列出版物，每年的总发行量超过1400期。如果每期印刷量低至平均300份，年总印数将略低于50万份。1750年，伦敦报纸的所有者和越来越多的地方报纸的代表购买了大约750万张税票，这个数字每年都在增加。19世纪报纸印数的加速与印刷技术的发展（见第11章）以及税收的废除直接相关，这预示着报业将迎来下个世纪的大众市场。《每日邮报》（Daily Mail）成为舰队街第一份单期发行量达到100万份的报纸。同时，报纸超越了相对传统和迟缓的图书业的轨道，进入了自己的工业体系，这是一个时代的标志。在1937年，图书贸易中备受推崇的商业组织被改名为"虔诚的文具商和报纸制造商公会"（Worshipful Company of Stationers and Newspaper Makers）。

虽然报纸印数有如此显著的增长，但报纸的地位和重要性仍然是有争议的。例如，在 19 世纪末，报纸作为第四产业的理念被植根于新闻业的民粹主义技术商业主义形式所破坏。这种破坏强化了报纸的短效出版物属性。至今仍没有一部全面的英国报纸史问世，这表明，相比那些体积更小、更具挑战性的街头印刷品，报纸被纳入收藏家和收藏品轨道的过程存在的问题更多。

17 世纪中期，当人们首次认识到报纸作为当代事件记录的重要性时，人们开始收藏报纸。英国内战爆发时，书商乔治·托马森（George Thomason）在 1640 年受查理一世委托，通过收集新闻书籍和出现的相关当代材料来编撰当代材料档案。托马森一直坚持这项工作，直到复辟时期，当时他已经收集了约 3 万份报纸，装订成 2000 多卷的小册子。托马森去世时并没有得到他的商业报酬，但他海量的收藏品却完好无损，在 1762 年被乔治三世的图书馆购买之前，这些藏品经过了很多人的手，后来成为国王赠送给大英博物馆图书馆的一部分。

个人大量收集报纸变得越来越不可能。在 17 世纪后期，《伦敦公报》（*London Gazette*，1665— ）偶尔会刊登广告向公众出售，而且将报纸装订起来似乎仍然相当普遍。狂热收藏报纸的人很少。不过，在大多数情况下，私人收藏通常都有特定目的。校长、图书收藏家和著名的古典学者查尔斯·伯尼（Charles Burney）一直对戏剧感兴趣，他搜集的剪报、戏单和戏剧方面的印刷品装订成了 400 卷。从 1781 年起，他又将最初从咖啡馆获得的报纸回溯收集了 700 卷。同样，古董商和印刷商约翰·尼科尔斯对传记特别感兴趣，他所经营的《绅士杂志》（*Gentleman's Magazine*）还会发布带有个人略传的讣告。到他自己去世的时候，他已经收集了 238 卷报纸。这样的做法表明，后一代的普通收藏爱好者投入到了新闻和信息的连续出版中。同时，从 18 世纪开始，越来越多的人加入到圈子更小的剪报收藏之中，以适应他们的个人需要，并将其作为私人记录的一部分。

虽然个人收集报纸难度仍然很大，但在伦敦和整个英国，报纸正在半自动的情况下开始积累。从 17 世纪末开始，报纸在咖啡馆等公共场所呈现出堆积的趋势，这使得大量读者能接触到报纸读物，也使得一系列读物得以流动。

如果没有积极的报纸处理政策，人们几乎肯定可以收藏到连续出版的报纸。19

世纪 50 年代，位于弗利特街的皮尔咖啡馆和酒店试图出售其可追溯到 18 世纪 70 年代的大报，这些收藏品重达 6 吨，但最终被当作废品出售。在政治部门、律师事务所以及各类企业和机构中，半自动状态下报纸收集的情况继续稳步提升。

然而，要使报纸和相关的连载读物与印刷档案更加紧密地联系起来，需要的远不止个人的孤立行动和机构不经意的、常常是不知情的积累。1753 年，大英博物馆建立，在形成全面和系统的收藏方面取得了重大进展。尽管如此，将报纸纳入图书馆的过程是漫长而痛苦的。与其他形式的非书籍材料一样，最初的吸收对受托人的关注点来说既是追溯性的，也是边缘性的。托马森收藏的新闻书籍和相关物品通过皇家遗赠进入图书馆。同样地，在 1818 年，伯尼的报纸被勉强接受的前提是购买他庞大的古典文献图书库。受托人拒绝购买尼科尔斯的报纸，尽管部分报纸最终进入了大英博物馆，但大部分报纸直到 1865 年才被博德利图书馆收购。同年，该图书库中的霍普报纸收藏集由约翰·托马斯·霍普（J. T. Hope，1761—1854）组织建成，由弗雷德里克·威廉·霍普（1797—1862）遗赠给博德利图书馆，该收藏集的目录在同年首次出版。

在 19 世纪初的几十年里，大英博物馆开始接受部分保存至今的报纸出版物，并与印花税署（Stamp Office）达成协议，接收存放在伦敦萨默塞特宫的报纸，以备纳税之用。随着印刷量的增加，大英博物馆的官员们就如何在他们以书籍为中心的收藏中处理报纸产生了冲突。随着所有藏品的扩展和改革，安东尼·帕尼齐（Anthony Panizzi）上任后，官员们就购买外国报纸（以及其他许多方面）的问题产生了分歧。然而，到了 1873 年，由于接收现有书籍的安排出现了问题，法定的书籍存放要求也扩展到了报纸。这一决定让图书馆收藏的报纸数量大幅增加，迅速填满了博物馆最初于 1885 年开放的报纸阅览室。报纸和书籍的收藏规模不平衡的情况越来越严重，在本世纪末，受托人寻求协助将外国和当地的报纸分散到它们的来源地。1899 年，一项提议采取这一措施的法案失败了，于是一项新的解决方案应运而生，解决了报纸和相关材料不断增加而带来的问题。图书馆在伦敦北部科林代尔的亨顿收购了土地；1910 年，这里成为现在大英图书馆报纸图书馆的基地。这既是一种象征性的分离，也是一种实际的分离。一方面，这种分离更倾向于强调系列印刷品和图书形式之间的界限，两者在图书馆的环境中不容易共存，而且这种分割使非书本形式的短时印刷品的概念得到了认可；另一方面，报纸图书馆的建立使整个系列出版物作为国家收藏的一部分得到了新的重视。随着时间的推移，搬迁到新址的材料成为印刷品档案中的一个焦点，有了自己的存储和阅读空间，也有了专业的工作人员，收集和利用的机制也越来越完善。

4　其他收藏品

这种通过收集和整合进行的重塑，使系列印刷品和其他形式的街头材料有了独特的身份。短时印刷品的概念已经无法容纳那些已成为印刷档案主要内容的材料。同时，从 19 世纪开始，哪些材料是可以收集的，哪些材料是可以进行文化分析的，人们的看法已经得到了扩展。几乎与人类活动的每一种形式有关，五个世纪以来产生的大量无定形的印刷品开始有了更明确的定义。在通常被认为是短时印刷品的印制物中确定这些选定的元素，这一行为本身就创造了一个对其价值和用途进行持续重新评估的机制。

佩皮斯的伦敦收藏中还包括烟草标签和商业名片，巴格福特在他的书中也有各种类似零碎的收藏品。到了 1800 年，越来越多的人开始参与短时印刷品的收藏。书籍的额外插图，即"加插图"（Grangerizing），也鼓励出版商去生产，收藏家去寻找。这些短时印刷品的来源不拘一格，图书的数量得以增加，图书类型也极具个性。这些短时印刷品上不仅有人物图片和地点图片，还有一些奇怪的东西，如书商和印刷商曾在冬天的泰晤士河冰面上出售的印刷标签。在中产阶级制作剪贴簿和相册的风潮中，当代和历史上的短时印刷品也受到追捧。越来越多的人围绕着扑克牌、书版、邮票、火柴盒标签、空白单据和商业名片等物品集中收藏短时印刷品，其中有一些被收藏进了大型图书馆。

19 世纪和 20 世纪初，人们认识到印刷品种类繁多且不断增加的文化价值和历史价值，从而对印刷品的规模和特性有了更普遍的认识。在英国和美国，这种观点的转变受到了巨大的、开放式收藏的激励。在英国，主要的兴趣点是由约翰·约翰逊（John Johnson）开始的，他是"印刷商、短时印刷品学家和古典著作学者"（*ODNB*）。1915 年，约翰逊开始在牛津大学出版社工作，并于 1925 年被任命为该所大学的印刷师，他直到 1946 年退休前一直担任这个职务。他对牛津大学出版社的贡献相当大，但他作为印刷品收集者的长期成就也同样伟大，甚至更伟大。他采取了一种完全开放的方法，寻找属于"我们日常生活中的贴身用品"的、使用后注定要被扔进废纸篓的一次性印刷品（*ODNB*）。他的庞大收藏中有超过 100 万件物品，主要是 18 世纪到最后的截止日期 1939 年的，不过他也收藏了一些 16 世纪的材料。他的收藏与几个大型的专业收藏结合在一起，包括表包装纸、情人节卡片、香烟卡和银行票据，这些小型收藏品完整地保留下来。约翰逊为他的材料设计了 700 个标题，在 20 世纪 30 年代已经很有名。霍尔布鲁克·杰克逊（Holbrook Jackson）在 1935 年的《签名》（*Signature*）中把这些描述为"印刷的圣地"。（*ODNB*）

约翰逊对短时印刷品的定义之一是所有图书馆都不接受的捐赠。博德利图书馆对所有被认定为短时印刷品的东西采取的立场，与大英博物馆对报纸的反应一致。长期以来，包括短时印刷品在内的藏品——如罗伯特·伯顿、伍德和托马斯·赫恩积累的短时印刷品——都被认定为可接受的藏品。然而，即使在 20 世纪 30 年代，排他性的政策仍在实施，而且还采取了行动，将日历、广告和现代彩饰物品（如证书和奖状）作为不需要的短时印刷品清理出去。众所周知，约翰·约翰逊的藏品一直处于半脱节状态，放在牛津大学出版社的两间房里。直到 1968 年，博德利图书馆才认可这些藏品的存在，整个庞大的收藏被转移到图书馆内新的地方，由专门的策展人负责，首先承担这份工作的便是学者兼图书管理员迈克尔·L. 特纳（Michael L. Turner）。

约翰·约翰逊的收藏变化既代表了人们对印刷业一次性印刷品的兴趣，也增强了这种兴趣，因为它本身就是一个研究领域，而且是学术研究中一个逐渐统一的组成部分。这种收藏提供了一条系统地接触各种印刷品的途径。对其中材料的一般研究始于 20 世纪 60 年代，而该藏品本身也直接促进了出版信息的流动，最近的一次流动便借助了所收藏的《商业短时印刷品目录》（*A Nation of Shopkeepers*，2001）。

1975 年，莫里斯·里卡兹在伦敦成立了短时印刷品协会（Ephemera Society）；随后，美国（1980）、澳大利亚（1985）和加拿大（1988）也成立了相关的国家团体。展览、讲座和出版物也随之出现，同时，大量的学术机构和其他机构也开始参与收集和组织他们自己的收藏。《百科全书》（2000）提供了一份116个已知藏品的清单，在少数情况下，比如雷丁大学和弗吉尼亚大学的珍本学院，关于短时印刷品的课程已经被纳入图书历史的研究中。这种对一次性印刷品所有领域的兴趣的延展，部分原因是短时印刷品的国际性经销商网络已经形成。在英国，最活跃的相关人士之一是安德鲁·布洛克（Andrew Block），他于20世纪初在伦敦西北部开了一家商店，以半个便士的价格出售廉价漫画书。在世界许多地方，各种形式的短时印刷品展销会与以书为中心的同类展销会同时进行。数字化正开始改变这个主题及其相关的研究。

5 结 论

"短时印刷品"是一个不稳定的概念，它随着印刷品的时间顺序、生产和消费的情况以及各种印刷品形式在既定收藏中的地位而变化。将书籍从其他印刷档案中分离出来，以及给予手抄本特殊的地位（手抄本不仅具有保存和储存内容的功能，也是文化形成的主要机制之一）似乎越来越站不住脚。各大图书馆已经越来越意识到其他种类的印刷品的价值所在，许多艺术的界限也开始模糊起来。在许多情况下，书籍是由那些以通常被认为是短时形式生产和传播的印刷材料创造的。例如，连续出版物比图书馆书架上的一排排书册似乎更具有流动性特征。同样，书籍也涉及书籍生产、销售和所有权等方方面面，如果没有这些印刷品，其内容就很难有意义。书籍史已经转向对印刷品的接收和社会背景的关注，并使日常经验问题——因此也是短时性的问题——成为其范围的一个组成部分。似乎越来越现实的是人们将出版社的产品看作印刷品的范围延伸，在这个范围内，书籍（至少在物理方面）占有一个适度的位置。连续形式的出版物在这样的重构中，在许多方面都具有首要地位，而且主要是通过周期性的力量和生产与消费的连续序列来展现的。"短时印刷品"这一术语仍有其价值，但应谨慎使用。

参考文献

[Bodleian Library, Oxford,] *The John Johnson Collection: Catalogue of an Exhibition* (1971)

—— *A Nation of Shopkeepers* (2001)

B. Capp, *Astrology and the Popular Press* (1979)

F. Doherty, *A Study in Eighteenth-Century Advertising Method* (1992)

J. W. Ebsworth, ed., *The Bagford Ballads* (2 vols, 1876–1878; repr. 1968)

G. K. Fortescue et al., eds., *Catalogue of the Pamphlets, Books, Newspapers and Manuscripts Relating to the Civil War, Commonwealth and Restoration Collected by George Thomason, 1641–1661* (2 vols, 1908)

M. Harris, 'Collecting Newspapers', in *Bibliophily,* ed. M. Harris and R. Myers (1986)

A. Heal, *The Signboards of Old London Shops* (1957)

L. James, *Print and the People, 1819–1951* (1976)

J. Lewis, *Ephemera* (1962)

ODNB

M. Rickards, *Collecting Printed Ephemera* (1988)

—— *The Encyclopedia of Ephemera*, ed. M. Twyman et al. (2000)

S. Shesgreen, ed., *The Criers and Hawkers of London* (1990)

M. Spufford, *Small Books and Pleasant Histories* (1981)

M. Twyman, *Printing, 1770–1970* (1970; repr. 1998)

E. Ward, *The London-Spy*, intro. R. Straus (1924)

T. Watt, *Cheap Print and Popular Piety, 1550–1640* (1991)

第 17 章
儿童书籍

安德烈亚·伊梅尔

1　简　介

儿童读物，指面向青少年读者这一消费群体而构思、制作和营销的作品，在西欧印刷书籍历史上出现的时间相对较晚。虽然其发展被当作所谓的"发现童年"的征兆，但如果不参照欧洲教育史，就无法理解 15 世纪末印刷术发明后儿童读物出现的背景。儿童读物质量的提高是由教育改革、认知心理学的进步、识字率的提升以及社会政治的变化所激发的。同样，反映童年经历有助于形成儿童思维的文学作品，其演变也提升了休闲阅读的地位。在 19 世纪，想象力丰富的文学作品的作用得到了极大的扩展，有力刺激跨类型儿童市场的发展。书籍制作技术，特别是图像复制和版本装订方法的进步，使得通过手抄本和相关非图书产品来改变儿童文本的展示和包装成为可能（见第 11、18、19 章）。随着历史上对儿童印刷品及其物质文化专门收藏的广泛网络的发展，全面研究儿童书籍的历史已经变得可行。本章便旨在为这项工作的开展做一篇导论。下面将围绕着英语世界（它有着最古老和最多样化的儿童出版传统）讨论儿童图书历史中出现的一系列事件。

2 起源与发展

大多数关于西方儿童书籍的描述都伴随着它在 18 世纪中期被"发明"出来而开始；据说在那之后，儿童读物的印数急剧增加，表明儿童作为有特殊要求的读者需要得到认真对待。然而，之前几代的孩子们不仅学会了阅读，而且变得非常有智慧，不需要特别去追求选择图书的机会。对 1700 年以前儿童阅读经历的研究证据有助于确定并理解后来塑造该图书类型的力量。为了理解对儿童读者要求的态度转变，特别是新类型书籍对经典读物的取代，必须考虑 18 世纪之前在儿童文化建设、教育设施、阶级动态、家庭结构和印刷技术方面发生的变化。

儿童读物的漫长历史是从印刷术的发明开始的，那时英国社会的一部分人已经集体识字并已持续了一个世纪左右。许多儿童由父母或雇主指导在家里学习阅读。由于识字长期以来与宗教相联系，学习字母是一种虔诚的行为。在掌握了字母之后，孩子们被教导如何将字母组合成音节，将音节组合成单词，然后他们接触到第一批文字，即基本的拉丁文祈祷词，如《祈祷文》（*Paternoster*）、《信条》（*Creed*）、《诗篇》和《时祷书》。在这一阶段，准备从事牧师、贸易或行政工作的男孩会在学校学习拉丁文语法；其他儿童则学习用母语阅读。为了激发孩子们的阅读兴趣，可以给他们提供叙事诗歌和赞美诗，不过这种做法通常不被人看好。社交阅读（即对观众大声朗读）是一种最受欢迎的娱乐和教育形式（至少在富裕家庭是这样）。在一个书籍相对稀少的社会里，人与人之间的阅读能力差异很大，而作品往往面向各个年龄段的读者。

在 15 世纪末和 16 世纪，儿童阅读的大部分内容在印刷术发明之前就已经流通了。按照现代标准，当时儿童阅读的内容为了适应儿童读者而做的调整很少。印刷品以说教作品为主，包括拉丁语语法（由多纳图斯等人编写）、礼仪文学或行为指南（如罗伯特·格罗塞斯特的《餐桌前的孩子》）、道德教育（如《加图对句诗》）或一些选集（如威廉·卡克斯顿于 1484 年印刷的杰弗里·德拉图·兰德里的《塔楼骑士之书》）。随着时间的推移，以教育儿童为目的而从成人文本中进行插图式节选和改编的材料开始出现。著名的例子包括查尔斯·埃斯蒂纳根据拉扎尔·德·巴伊夫关于罗马古代事物的学术论文编写的一系列插图小册子，包括《关于韦斯蒂利亚的小书》

（*De Re Vestiaria Libellus*，巴黎，1535），以及汉斯·荷尔拜因的图画圣经《插图旧约》（*Icones Historiarum Veteris Testamenti*，里昂，1547）。伊拉斯谟、科迪尔和维维斯等人试图通过在教室、操场和街道等场景中推动口语对话来促进拉丁语教学，在这些对话中可以清楚地听到孩子的表达。叙事性的白话文主要面向成年人，但儿童肯定喜欢广泛流传的作品——这些作品以年轻人物的冒险经历为特色，包括从圣徒的生活到罗马七贤等说教式的浪漫。其中一些受欢迎的作品，比如罗宾汉民谣、《南安普顿的贝维斯》（*Bevis of Southampton*）和《沃里克的盖伊》（*Guy of Warwick*），一直到 19 世纪还在以小册子改编、图画书和重述的方式流传。

17 世纪最引人注目的儿童作品是由清教徒和持不同政见者创作的，他们将小孩子与年轻人区分开来，以适应他们的实际能力，并确保儿童万一在具备真正的信仰能力之前夭折，也不会被排除在上帝的恩典之外。然而，清教徒也以尊重儿童的自主权和维护他们良心自由的方式来创作文本。结果产生了革命性的作品，其教学法以儿童为中心，这一点令人惊讶。例如，阿什比德拉祖什（Ashby-de-la-Zouche）学派的大师约翰·布林斯利在 1612 年的《文学训练场》（*Ludus Literarius*）中，为最年轻的学习者整合了进步的教学技巧。最具影响力的西方儿童书籍之一是约翰·阿莫斯·夸美纽斯（Johann Amos Comenius）于 1658 年出版的《世界图绘》（*Orbis sensualium pictus*），他倡导普及教育，并利用多年的教学经验，通过百科全书画册发展了这本书的拉丁语教学方法。在 1672 年的《儿童信物》（*A Token for Children*）中，牧师詹姆斯·詹韦以未到青春期就去世的年轻圣徒为例，当作读者效仿的榜样，而班扬则在熟悉的、家常的话题上为孩子们创作有代表性的读物。

现代儿童读物兴起的时间通常被认为与启蒙运动的兴起时间相吻合，当时科学、技术和制造业的发展为人类的进步提供了合理重组社会的希望。在这一时期，教育问题是道德和政治哲学讨论的中心；约翰·洛克认为教育是确保主流价值观代代相传的最佳手段，让－雅克·卢梭则认为教育应该通过从根本上改变年轻人的态度和行为来改变社会。童年早期被人们越来越多地看作人生中对未来成人塑造的关键阶段，因此保障初级教育的质量成为一项新的紧迫任务。然而艾萨克·瓦茨是 18 世纪早期重要作家中少有的屈尊为年轻人写作并将自己的名字写在书的扉页上的典型例子，那时的大多数作者都喜欢匿名，认为自己是慈善家，并为人们的思想打下基础。到18世纪90年代，受过良好教育的女性作家，如安娜·莱蒂西亚·巴鲍尔德、萨拉·特里默、埃莉诺·芬恩（以芬恩夫人著称于世）、玛丽亚·埃奇沃斯和玛丽·沃斯通克拉夫特等，开辟了一个女性作家可以在为国家服务时施展才华的空间。理想主义的和精明的企业家，如约翰·纽伯瑞、约翰·哈里斯和约瑟夫·约翰逊则确保他们实现了盈利。积极进取的图书商、地图商和印刷商推动了青少年市场的扩张，从翻拼书到拼图和棋盘游戏，上述商人们从现有的印刷形式中开发出前所未有的图文并茂的材料，让孩子们能享受寓教于乐的指导。

19世纪，由于越来越多的英国青少年在家中接受私人辅导或在周日学校、寄宿学校接受教育，儿童读物的市场急剧扩大并呈现多样化趋势。在这一时期，进入市场的儿童出版商们为争夺人心、思想和金钱而战。出版商通过确定群体并以合理的价格为其提供合适的材料来占领他们的市场，同时密切关注竞争。宗教信仰协会（Religious Tract Society）、《英格兰男孩》（Boys of England）杂志的出版商埃德温·J. 布雷特以及亨利·科尔试图通过《家庭宝库》（Home Treasury）系列提升年轻读者的想象力和品位，他们都做到了这一点。拉斯金和萨克雷等知名作家为儿童创作原创作品，海因里希·霍夫曼和汉斯·克里斯蒂安·安徒生等欧洲大陆作家通过作品翻译享誉国际。同样，从马里亚特船长到弗朗西斯·霍奇森·伯内特的作家们都为期刊出版过或单独出版了叙事小说（小册子、历史小说、校园或冒险故事、艺术作品等），并在此过程中赚取了丰厚的收入，赢得了大众的赞誉，甚至变得声名显赫。同时，像劳特利奇和弗雷德里克·沃恩这样有魄力的出版商建立了大量的玩具书后备清单，其中主要有公共领域的阅读材料，如童话和童谣，由于图书生产技术的改进，重印时都配有时尚的插图（通常不向艺术家致谢），并以醒目的封面重新包装。一个平行的趋势是重印现代经典作品，作为学校的奖励丛书。

到第一次世界大战时，儿童读物已经发展成为一个多样化的、复杂的故事和非故事类型的子系统，与成人读物的世界并行。西方工业化国家的青少年可以拥有专门针对他们这个年龄段的书籍，直到他们进入青春期。读者可以按照年龄（以及阶级、性别、种族、残疾和宗教）进行分类，以协助制作吸引年轻人进入适当阅读社区的材料。这可能反映了机构的教育重点，或者代表了不同品位或社会经济阶层的群体。这一时期也标志着儿童读物作为一种体裁的文学制度化（institutionalization）的开始。公共借阅图书馆和出版社都创建了儿童部。相关的国家和国际奖项也纷纷涌现，如纽伯瑞儿童文学奖、凯迪克大奖、卡内基文学奖、国际安徒生奖和林格伦文学奖等，都是为了表彰儿童读物的成就而设立的。同时专门的期刊也出现了，来评论新出版物和分析当代趋势（如《号角杂志》，1924— ），或者为儿童文学的学术批评提供论坛（如《狮子和独角兽》，1977— ）。收藏家们开始对古籍儿童读物产生浓厚的兴趣，并在公共图书馆和研究型图书馆建立了主要的收藏库（如多伦多的奥斯本收藏库，博德利的奥佩收藏库，以及英国国家艺术图书馆和维多利亚与阿尔伯特博物馆）。

随着制度化的发展，国际公司（如沃尔特·迪士尼）和出版商（如哈珀·柯林斯、学乐出版社）对儿童经典作品的商业化程度也越来越高，例如《鸡皮疙瘩》系列这类持续时间相对短暂的流行读物，其规模是维多利亚时代所无法想象的。苏斯博士的作品、波特的《彼得兔的故事》、米尔恩的《小熊维尼》、C. S. 路易斯的《纳尼亚传奇》和 J. K. 罗琳的《哈利·波特》系列，都成为文学品牌的基础。然后，这些书被定期重新包装，开发出商品化的衍生品，改编成电视和电影版本，并通过非常先进的互动网站进行推广。

3 印刷出版的儿童读物

17 世纪末，人们对人类思维运作的兴趣日益浓厚，开始强调对感官而非记忆的训练，这导致人们开始强调儿童书籍在视觉方面的效果。自 18 世纪以来，教育、艺术、技术和商业考量之间的关系一直存在，这使得在向儿童读者介绍材料时有了很大的创造性空间。书的目标读者通常可以从它的包装看出来：读者越小，书就有越多的特征（如诠释、装饰或宣传文本）。随着儿童的成长，书中加入的此类元素就会减少。

自 17 世纪末以来，儿童书籍一直以版式装帧出售；装帧材料和装饰通常将低龄读者的书籍与大龄儿童的书籍区分开来，或者将学校书籍与休闲阅读的书籍区分开来。在 18 世纪，用于通俗阅读教学的学校书籍，如詹姆斯·格林伍德的《伦敦词汇》

（*London Vocabulary*，1711），通常用鞣制的羊皮装订在木板上（分为有或没有封底），或用未染色的帆布装订，或用羊皮装订，并在与书脊平行处用荷叶褶边做装饰。彩色压花的荷兰鎏金包装纸或纸板是低龄儿童"娱乐性小书"的标志，如《小商品两双鞋的历史》（*The History of Little Goody Two Shoes*，1765）。严肃的故事、历史、自然史和学校文集等作品会用羊皮或小牛皮（平装版或点缀版）装订成册，书脊的镶金装饰与成人装订的相似。

在 19 世纪和 20 世纪，艺术家和出版商遵循了大致相同的模式，但利用了新材料和技术。书籍封面通常会有引人注目的插图来吸引读者的眼球，而封底通常会用来宣传，比如印上书单或简介。沃尔特·克莱恩的四大系列玩具书——马弗阿姨的玩具书（Aunt Mavor's Toy Books）、劳特利奇的新六便士玩具书（Routledge's New Sixpenny Toy Books）、沃尔特·克莱恩的六便士玩具书（Walter Crane's Sixpenny Toy Books）和先令玩具书（Shilling Toy Books）——都以独特的封面设计和出版商广告为特色。他还根据所绘制的插图调整了自己的风格，为社会主义者的《戴尔读本：第一启蒙》（*The Dale Readers: First Primer*，1899）使用了包装纸，并为莫尔斯沃斯夫人（Mrs Molesworth）的幻想作品《挂毯室》（*The Tapestry Room*，1879）和奥托·戈尔德施密特（Otto Goldschmidt）的《希腊的回声》（*Echoes of Hellas*，1887—1888) 使用了装饰布。

与装订一样，文本块也不是具有纯粹的实用性，而是可以进行调整的，以满足读者的特殊要求或增加游戏性元素。例如，耐用性至关重要。第一本不可撕毁的书是角贴书，这种书的书页贴在短木桨上，印刷的内容上面还盖有一层薄薄的角质，孩子们从这种书中学习字母。后来，印刷商使用了布、纸板、胶合板和塑料等材料制作可以承受非常小的孩子粗暴对待的书页：那些印在布上的书被称为布书，而那些印在厚纸板上的书被称为纸板书。文本块的书页可以用各种方式折叠。儿童学习的文字板是 18 和 19 世纪角贴书的替代品，由一张折叠成两块的纸和一张狭窄的纸组成，类似于打开的信封。这条形似手风琴褶裥的带子被称为全景图或折叠书，上面展示了各自图像的集合（例如熟悉的家庭物品），并配有极少的文字。该折叠条也可以用来推进叙事，如阿里奎斯的《被扔进篮子里的老奶奶的飞行记》（*The Flight of the Old Woman Who*

Was Tossed Up in a Basket，1844）。异形书（Shaped books）是指那些文本块按照封面上的图画形状进行模切的书，如莉迪亚·维利的《小红帽》（*Little Red Riding Hood*，1863）。为了创造不断变化的图画，翻转和分页的页面变成了垂直分阶的页面，如约翰·古道尔的《帕迪泼克》（*Paddy Pork*）系列，或水平分成多个部分的书，如沃尔特·特里尔的《8192 个疯子》（*8192 Crazy People*，1950）。孔洞也可以在文本块中切开，融入故事线，如埃里克·卡莱的《非常饥饿的毛毛虫》（*The Very Hungry Caterpillar*，1969）。

在一些作品中，插图成为内容的一部分，几乎总能找到修饰过的文本块。对儿童读物插图历史的调查超出了本文的范围（第 18 章），但可以简单提一下儿童读物中的视觉图式具有指导意义的途径有以下四条：一是通过训练眼睛的观察和分析；二是通过激发想象力；三是通过鼓励信息的吸收；四是通过教会儿童如何解释不同格式和风格的图像。例如，传统上，填满小插图的网格与词汇和语法教学有关。同类型的图形语言（象形图），如格尔德·阿恩茨在《美丽的世界》（*Die bunte Welt*，1929）中的图像，帮助儿童直观地了解大量的具体事物。编号的表格描述了动物、事物、人物、活动等，其各自的类别在对开页的注释中得到了解释。这种布局是夸美纽斯提出的，出现在 19 世纪的实物教学书。这种插图适合于视觉游戏（有时被称为"安乐椅上的寻宝游戏"），孩子们在游戏中寻找文本中描述的物体，这些物体隐藏在插图的复杂构成中。亨利·阿内莱的《母亲的图画字母》（*The Mother's Picture Alphabet*，1862）是维多利亚时代的一个典型的例子。在 20 世纪，所谓的藏画解谜书（hidden picture puzzle-book）已经发展成为一个独立的类别，流行的系列作品有让·马佐洛和沃尔特·维克的《我是间谍》（*I Spy*），或者马丁·汉福德的《沃利在哪里？》（*Where's Wally?*）。

儿童书籍中的插图也可以用来指导艺术游戏。填色和绘画书让孩子们可以临摹人物或为模型的线条上色，而埃比尼泽·兰德尔斯（Ebenezer Landells）的《女孩自己的玩具制造者》（*Girl's Own Toy-Maker*，1859）中还有用来制作纸玩具的图案。这本根据 19 世纪教育家弗里德里希·福禄贝尔（Friedrich Fröbel）的艺术课程而编写的活动书，在创作用于娱乐或展示的物品时经常用到。在 1930 年至 20 世纪 60 年代期间发行的保罗·福谢的"海猩爸爸"（*Père Castor*）系列，是最具独创性和特色的活动书籍类型。福谢雇用的插画师中，许多都曾是 20 世纪 20 年代苏联前卫艺术派成员，他们构思的插图可以被剪下来制作彩色玻璃窗、魔术灯笼幻灯片、七巧板、面具和模型花园。

与活动书相关的出版物中，书里的插图会包含让孩子参与戏剧游戏的剪纸人物。最早的例子是 19 世纪 10 年代发行的 S. 富勒和 J. 富勒的纸娃娃书：主角的头可以插在六七个穿着服装的人物身上，反映出他或她在故事发展过程中的变化情况。像埃尔丝·温茨 – 维托尔的《纽伦堡娃娃屋剧本》（*Nürnberger Puppenstubenspielbuch*，1919）这样的槽板书，这种书印在有背景的纸板上，纸板上的缝隙是为了插入小人。南希·普里查德·怀特的《童谣木偶书》（*Nursery Rhyme Puppet Book*，1957）被设想为微型剧院，配有剧本、布景和木偶。

插图也可以尝试激活感官发挥作用，就像在抓嗅书（scratch-and-sniff book）中一样。多萝西·昆哈特的《小兔子帕特》（*Pat the Bunny*，1940）鼓励学龄前儿童触摸书页；例如，抚摸一块剪成爸爸未刮胡子的脸颊状的砂纸。早在 1865 年，书籍中就加入了声音。《会说话的图画书》（*The Speaking Picture Book*）有一个带有 9 根绳索的声音盒，拉动后会发出动物的声音。录音可以伴随着书本，用录音盘［如拉尔夫·梅休的泡泡书（Bubble Book）系列，1917—1922］或磁带［如 20 世纪 90 年代由兔耳制作公司制作的《来自星星的儿童经典》（*Children's Classics from the Stars*）系列］，或者用光盘［如约翰·李斯高 2004 年的《动物狂欢节》（*The Carnival of the Animals*）］。在可移动和弹出式图书中，机械插图使用复杂的纸张设计，以创造运动和时间流逝的错觉，使图像变形，或揭示事物和身体的内部和外部的差异。现在，几乎任何东西都可以嫁接到手抄本上，以鼓励更多的互动阅读体验，比如大卫·A. 卡特的《叮当虫：有灯光和音乐的快乐立体书》（*Jingle Bugs: A Merry Pop-up Book with Lights and Music*，1992）的标题就说得很明白了。

4　手抄本

儿童读物的历史几乎完全集中在印刷品上，这导致人们忽视了由青少年制作和为青少年制作的手抄本书籍的悠久传统。无论制作于哪个时期，大多数现存的儿童书籍的手抄本都是教学性的。最常见的手抄本是由父母或亲戚（通常是母亲或阿姨）为某个孩子制作的：例如 1814 年的《给阿尔弗雷德的指令，布尔迪耶·德·博雷加德》（*Cayer d'instruction pour Alfred, Bourdier de Beauregard*），由查尔斯·普兰特（Charles Plante）于 2007 年出版，这是一本由阿尔弗雷德的叔叔、艺术家 C. P. 阿诺（C. P. Arnaud）编写的精美插图大全，以在家族城堡附近的见闻为主要内容。很多这种类型的手抄本从未打算在家族圈子之外流传。这些手抄本中流行最广的也许是一位牧师的妻子简·约翰逊（Jane Johnso）在 18 世纪 40 年代早期为她的孩子制作的 400 份阅读指南，其中有手写的图画卡片，上面有雕刻品的剪影或她自己画的生动图画：这些材料现在保存在印第安纳大学的礼来图书馆。有时，妇女们会出版在课堂上非常有用的手抄本，希望其他没有时间或经验来教育幼儿的人能够用上它们。芬恩夫人为她的侄子们制作了书籍，文字由剪下的字母组成，并配有图片，其中一本是她的简易读物《蜘蛛网捉苍蝇》（*Cobwebs to Catch Flies*，1783—1784）的前身，该书一直印刷了 80 年。

另一种完全不同的是委托专业艺术家为来自特权家庭的儿童提供的教学性手抄本。某些时祷书的内容和插图质量，比如，1490 年左右的温彻斯特时祷书《萨鲁姆仪式》（*Use of Sarum*，皮尔庞特摩根图书馆，MS M.487）表明这些书以幼儿宗教教育为目的。还有华丽的作品，如 1480 年左右的《美第奇伊索寓言》（*Medici Aesop*，纽约公共图书馆，Spencer, MS 50），由小皮耶罗·德·美第奇（Piero de' Medici）的导师、佛罗伦萨人文学者安吉洛·波利齐亚诺（Angelo Poliziano）编撰，是一部为外语教学而制作的作品。类似的作品在 20 世纪也有：罗斯家族委托著名艺术家制作了一系列"哈加达"（Haggadahs），用于家庭的逾越节仪式。

手抄本图书另一种最重要的类别是送给孩子的礼物，供他们休闲阅读。就像教学性的手抄本，这类给孩子的手抄本通常由父母或亲密的家庭朋友制作，有时是为了某个特定的场合，或作为对父母和孩子之间长期分离的一种安慰。一个著名的例子是约翰·洛克伍德·吉卜林的画册《爸爸为鲁迪吹的图画泡泡》（*Picture Bubbles Blown for Ruddy by Papa*），里面有图画和照片，是 1868 年吉卜林为儿子鲁德亚德和他的小妹妹制作的。许多著名的儿童读物都起源于这样的私人制作，有的最初是睡前故事

［海伦·班纳曼的《小黑桑波的故事》（*Little Black Sambo*）］，有的最初是用来夏季郊游时打发时间的（刘易斯·卡罗尔的《爱丽丝梦游仙境》），还有为了让病中的孩子开心的图画信（波特的《彼得兔的故事》），或者圣诞礼物［海因里希·霍夫曼的《蓬头彼得》（*Struwwelpeter*）］。

儿童自己也是手抄本图书的伟大制作者，既是为了自己找乐子，也是为了完成任务。例如，简·奥斯汀和她的姐姐卡桑德拉在小时候就写了《英格兰简史》（*A Short History of England*），并为其绘制了插图。著名作家的少年作品往往吸引了大部分人的注意，但那些后来没有获得巨大成就的儿童所写的书也值得作为一种正统的文学创作形式来研究。年轻人制作的通俗读物或家庭杂志引起了学者们的认真关注。持续时间更为短暂的作品，包括像弗雷德里克·洛克和阿梅利亚·洛克收集的剪贴簿（普林斯大学图书馆，Cotsen 20613）、小说家弗朗西斯·伯尼的年轻表兄弟描述日常职业的手抄本（皮尔庞特摩根图书馆，手抄本 MA 4166），或写作学校的学生经常精心装饰的手抄本，都可以作为儿童自我表达的形式来研究。这类手抄本书籍也证明了除了阅读之外，儿童在工作或休闲期间也会吸收印刷文化。

5 定义儿童读物

在儿童读物被纳入出版、消费和接受的印刷网络一个世纪之后，对儿童读物的界定仍然引起了争议。与其他大多数读者相比，受抚养的儿童对他们所读书的控制力相对较小，他们早期对书籍的重要体验大多是由创造、出版、发行、分配、教授和支付书籍的成人带来的。青少年需要帮助和指导是无可争议的，但他们也必须被赋予适合其自身发展的权利。成人和儿童之间的这种紧张关系是现代人讨论流派定义的首要问题。

人们一致认为将儿童读物简单地定义为"儿童碰巧阅读的任何文本"太不精确，因为这个定义的包容性太强。年轻人可能不会把他们的阅读限制在成人认可的作品上，而是会进入禁区：如畅销故事书、叙事诗歌、充满凶杀情节的故事、系列小说、漫画书和日式漫画。尽管对童年阅读的定义几乎都是在后来重建的，可能具有高度选择性，或者完全不准确，但很明显的是儿童经常不加选择地阅读，包括阅读远远超过他们理解能力的作品（吉本在他父亲的图书馆里读书读到"暴动"；本杰明·富兰克林喜欢推测性神学书籍和纳撒尼尔·克劳奇的六便士汇编合集）。儿童也可能"接纳"并非为他们准备的成人作品，最著名的例子是《鲁滨孙漂流记》和《格列佛游记》的前两卷。

儿童读物定义的核心是对儿童灌输良好的阅读习惯这一传统愿望，这是利用教育机会和确保儿童拥有富有成效和充实的未来的最佳途径。因此，书既是教学的主要手段，也是识字的有力象征，它保证了儿童能拥有文化资本和社会进步的前景。然而，与此同时，学校的书也代表着强制性的阅读，与课堂的制度化相联系。通常，在小学课本中，文化期望、社会现实和发展心理学的目的发生了碰撞。在国家义务教育系统中使用的书，很可能会推广长期占主导地位的宗教、统治阶级或占主导地位的民族群体的价值观。而对少数民族来说，学校的课本可能更像是殖民主义或霸权主义的工具，而不是无私的知识传递者。

与这种担忧相对应的是一个强大的形象，那就是孤独的孩子沉浸在书中，培养想象力的乐趣。基于私人与公共、理性与想象、指导与快乐之间的对立，这种对小读者的构建体现了华兹华斯在《前奏曲》（The Prelude，1805）第五册中阐述的浪漫主义童年阅读范式。浪漫主义者试图将儿童提升到文化政治的冲突之上，他们将童话、流行口述传统的诗歌以及中世纪骑士浪漫故事的畅销故事书节选等类型作为真正的儿童读物。这种对儿童读物狭隘的美学定义阻碍了对许多儿童读物的细致研究，反而鼓励了对"说教"作品的否定，其中这类作品包括像玛丽亚·埃奇沃斯的故事、赫斯巴·斯特雷顿的小册子或夏洛特·永格的小说等不同类型，因为作者对儿童的设计被认为太透明。但这也加强了对那些受前几代儿童欢迎的书籍的偏见，这些书籍不再与当代读者产生联系。一旦儿童读物不再被其主要读者阅读，它通常会被当作一种难以想象的奇妙物件而惨遭丢弃。

鉴于围绕儿童读物问题的复杂性，几乎不可能达成一个流派定义，使教育者、家长和评论家能够明确地将"绵羊"和"山羊"分开。例如，像埃德加德为佩罗的《小红帽》（Le Petit Chaperon rouge）创作的插图版，由西里尔·博蒙特在1918年出版，共 50 册，这是一本儿童书还是成人书？罗斯玛丽·威尔斯的硬板书《马克斯的第一个词》（*Max's First Word*，1998）的定位也同样不明确，该书设计成由成人或较大的孩子读给很小的孩子听。教科书的编写一般都着眼于理想中的学生，他们应该掌握其内容，而实际上教员则必须将其内容传达给背景和能力大不相同的班级。由于许多供小读者阅读的书籍可以说是交叉写作的文本（即为多代人创作），因此，在界定这一类型时，如果过于重视纯粹性或排他性，可能会引发问题。如果儿童读物是一种适合混合性和实验性的形式，受众之间的界限不断被颠覆，那么就应该接受这一现实，而不是用解释来消解。儿童和成人读者之间的界限经常被模糊，这应该被视为正常现象，而不是反常现象，这也许是创造力最深的源泉之一。

参考文献

G. Adams, 'The *Medici Aesop* : A Homosocial Renaissance Picture Book', *The Lion and the Unicorn*, 23 (1999), 313–335

B. Alderson, 'Novelty Books and Movables: Questions of Terminology', *Children's Books History Society Newsletter*, 61 (July 1998), 14–22

—— and F. de Marez Oyens, *Be Merry and Wise* (2006)

—— and A. Immel, 'Children's Books', in *CHBB* 6 (2009)

C. Alexander and J. McMaster, eds., *The Child Writer from Austen to Woolf* (2002)

G. Avery and J. Briggs, eds., *Children and Their Books* (1989)

B. Bader, *American Picture Books from Noah's Ark to the Beast Within* (1976)

S. Bennett, *Trade Bookbinding in the British Isles 1660–1800* (2004)

E. Booth and D. Hayes, 'Authoring the Brand: Literary Licensing', *Young Consumers*, 7 (2005), 43–45

R. Bottigheimer, *The Bible for Children* (1996)

F. J. H. Darton, *Children's Books in England* (1999)

K. Drotner, *English Children and Their Magazines, 1751–1945* (1988)

M. O. Grenby, 'Chapbooks, Children, and Children's Literature', *Library*, 7/8 (2007), 279–303

A. Horodisch, '*Die Geburt eines Kinderbuches im 16. Jahrhundert*', *GJ* 35 (1960), 211–222

F. Hughes, 'Children's Literature: Theory and Practice', *English Literary History*, 45 (1978), 542–561

P. Hunt, ed., *Children's Literature: An Illustrated History* (1995)

B. Hürlimann, *Three Centuries of Children's Books in Europe* (1968)

A. Immel, 'Frederick Lock's Scrapbook: Patterns in the Pictures and Writings in Margins', *The Lion and the Unicorn,* 29 (2005), 65–86

—— 'Children's and School Books', in *CHBB* 5

L. Marcus, *Minders of Make-Believe* (2008)

J. Morgenstern, 'The Rise of Children's Literature Reconsidered ', *Children's Literature Association Quarterly,* 26 (2001), 64–73

N. Orme, *Medieval Children* (2001)

A. Powers, *Children's Book Covers* (2003)

K. Reynolds and N. Tucker, eds., *Children's Book Publishing in Britain since 1945* (1998)

A. Richardson, *Literature, Education, and Romanticism* (1994)

J. Shefrin, *Neatly Dissected* (1999)

C. Sommerville, *The Discovery of Childhood in Puritan England* (1992)

J. I. Whalley and T. R. Chester, *A History of Children's Book Illustration* (1988)

第18章
插图及其技术的历史

保罗·戈德曼

1　简　介

　　为文本绘制插图的历史是非常悠久的，比印刷书籍早了几千年。众所周知，在中国，大约在公元前 13 或 14 世纪就有了写在木头上的书，其中可能有一些是插图。书籍材料的年代久远和脆弱性意味着大量的材料（无论是否有插图）都已经从希腊和罗马的古典时期以及其他大多数早期文明中遗失，只有古埃及是个明显的例外。在古埃及纸莎草纸的相对耐用性以及物品被有意地、仔细地埋藏起来的事实，确保了一些非凡的材料得以保存下来。在比较有规律的插图作品中，埃及的亡灵书是其中之一，其中最有名的例子是大英博物馆的汉尼弗亡灵书（Hunfer Papyrus），可追溯到公元前 1300 年左右。

　　公元 2 世纪，随着手抄本的开始使用，人们可能预料到某些静态的插图设计风格会发生彻底的改变，不过至少在早期很少有引人注目的发展。大约在公元 4 世纪，带插图的著名手抄本是米兰的《伊利亚特》（米兰，安布罗斯图书馆）和梵蒂冈维吉尔的作品。当然，这些书的插图都是手工制作，但在短短三个世纪内，人们就发现并成功地使用了第一种技术来制作可重复使用的图案，这就是同时印刷文字和图像的雕版印刷，中国在 7 世纪时就开始使用这种技术，它最初似乎是在纺织品上印刷的。虽然这种工艺在同一时期的埃及也很流行，但似乎没有发展至插画领域。中国的雕版书比西方的活字印刷早了几百年，而西方的活字印刷技术显然是在不了解东方成就的情况下独立形成的。《金刚经》（大英图书馆馆藏）可以说是最早的雕版印刷书（公元 868 年），此经书收录了一幅引人注目的木刻卷首插图。由于这一时期似乎没有手动印刷机，所以印刷是通过将纸压住刮擦来完成的。

至少从公元 6 世纪开始，拜占庭和西方的手抄本彩饰都得到了发展，其艺术性和精细程度越来越高。这一时期杰出的手抄本有《凯尔经》（都柏林三一学院），可追溯到 8 世纪末；以及《林迪斯法恩福音书》（大英图书馆），可追溯到 710 年前后。虽然书中插图完全是手绘彩饰的，但所有这些作品可以看作插图的载体。在欧洲 12 世纪时人们已经知道使用雕版印刷技术，但最初只用于在纺织品上印制图案。现存最早的纸质印刷品无法追溯到 14 世纪最后几年。

2 木刻时代

欧洲最早的有日期的木刻是 1418 年的圣母像，但现存宗教题材的图像版画很可能是上个世纪末的作品。这些版画或是在教堂内作为圣人像出售，或是由旅行的牧师分发。虽然不需要印刷机，但版画印刷的书籍将文字和插图结合起来，并为使用活字印刷的图书的发展铺平了道路。一个值得注意的例子是荷兰制作的贫民圣经（Biblia Pauperum），可追溯到 15 世纪中期。其他类似的书籍，大部分是宗教性质的，大约在同一时期印刷，但几乎不可避免的是，其作者、艺术家和木刻家的名字仍然不详。这类书籍的制作一直持续到 16 世纪，当被印刷厂印刷的书籍所取代时，它们有部分继续被重新用于制作插图，有时沿用甚至长达数百年之久。

几乎在书籍开始使用活字印刷时，木刻技术也开始应用于其中。现在人们相信，彼得·舍弗尔 1457 年的《美因茨诗篇》（*Mainz Psalter*）是西方第一本包含木刻装饰（插图）的印刷书，令人惊讶的是，其中竟有一些木刻彩色印刷。不过，该书的彩色首字母有可能是直接用木版印制的，也有可能是用由木头铸成的活字金属版印制的，因此可以把《诗篇》看作一种插图书。最早的真正的木刻插图书似乎是由阿尔布雷希特·普菲斯特（Albrecht Pfister）在班贝格制作的。其中第一批可能是乌尔里希·博纳（Ulrich Boner）的《宝石》（*Der Edelstein*，1461），这显然是最早可追溯的德文书籍。普菲斯特印刷了5本书，大约9个版本，这些稀有书籍的大多数副本都是手绘的。乌尔姆和奥格斯堡在出版木刻插图的书籍方面也取得了快速发展：其中两部特别重要的作品是1478至1479年的《科隆圣经》（*Cologne Bible*）和1493年哈特曼·舍德尔（Hartmann Schedel）的《世界编年史》（*Weltchronik*），也就是众所周知的《纽伦堡编年史》。据了解，迈克尔·沃尔格穆特和威廉·普莱登沃夫为《编年史》做了设计，这也许是主要艺术家制作书籍插图的起点的标志，他们的贡献都被记录了下来。沃尔格穆特之所以重要，还有一个原因：他是最伟大的书籍插图木刻设计师之一阿尔布雷希特·丢勒的师傅。丢勒的木刻插图成就包括《启示录》（*Apocalypse*）、《大受难记》（*Great Passion*）、《圣母生活》（*Life of the Virgin*）和《小受难记》（*Little Passion*），这些作品都是在1498至1511年间出版的。尽管它们的文字内容单薄，但不应该仅仅被看作天才的作品，而应该被看作真正的插图书。丢勒对这一媒介的贡献似乎也预示着书籍中木刻手工上色的衰落，因为他的作品从来都不需要手工上色。

这一时期木刻插图的另一位主要设计者是汉斯·荷尔拜因（Hans Holbein），他可以说是欧洲唯一能与丢勒相媲美的艺术家。荷尔拜因大部分作品都在巴塞尔完成，他在那里切割木块，不过许多书籍是在法国印刷的。与他有关联的城市表明他印制的书参与到国际性贸易中。里昂的特雷希塞尔（Trechsel）兄弟印制了《旧约历史圣象》（*Icones Historiarum Veteris Testamenti*，1547），该书主要源自克里斯托夫·弗罗绍尔（Christoph Froschauer）的对开本圣经（苏黎世，1538），其中包含荷尔拜因的设计。同年，该公司还出版了著名的、有影响力的《死亡之舞》（*Dance of Death*）。

木刻——即制作浮雕版画的方法——的最大优势在于，插图和文字可以在同一台印刷机上同时印刷，这是凹版印刷和金属印刷所不具备的功能。一般来说，在15世纪和16世纪的欧洲木刻印刷中，丢勒和荷尔拜因等艺术家绘制设计图，然后由行会成员进行切割；因此，严格来说，这些切割出来的木刻板并不能算是作者的亲笔手稿。

这种分工在 19 世纪再次出现，特别是在英国，大公司雇用木刻师来诠释艺术家的图纸。在这两种情况下，木刻师和木雕师的名字都只是偶尔被记录下来。

3 金属时代

在木刻出现之后，铜雕和蚀刻成为制作插图图像的两种最重要的技术。这两种方法都是凹版印刷，使用印刷机施加沉重的压力，使湿润的纸张进入浸有墨水的线条中，从而将线条转移到纸张表面。蚀刻法最初发明的目的是用来装饰盔甲，最早的蚀刻版画是 1513 年由乌尔斯·格拉夫（Urs Graf）发明的。尽管希腊人、伊特鲁里亚人和罗马人已经用金属雕刻来装饰铜镜背等物品，但直到 15 世纪，德国的金匠们才使用雕刻铜板，最初只是为了记录他们的设计。这种压印最早是在 15 世纪 30 年代制作的，

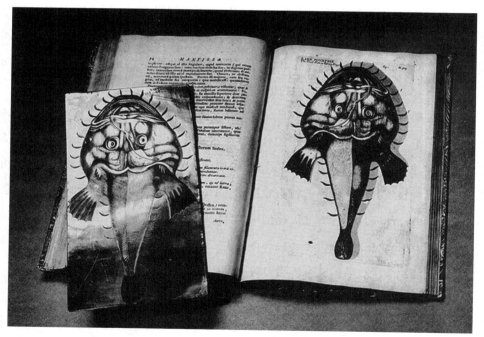

图 23 一张铜板和上面印刷的图案：沃尔特·查尔顿（Walter Charleton）于 1677 年出版的《动物与野生动物的区别》（*Exercitatione de Differentiis et Nominibus Animalium*）中的林蛙（*Rana piscatrix*，意为"蟾蜍或老头儿鱼"）。本图获牛津大学出版社授权。

比西方第一幅木刻画要晚一些。意大利、德国和荷兰的许多重要艺术家都迅速使用了这种新技术，主要是为了制作单张版画。更清晰的线条和更精致的效果也激励发行商自发探索这一媒介。然而，与木刻可以与凸版印刷同时进行不同，雕版印刷和蚀刻印刷都需要单独印刷，必须在装订时插入书中。这是一个费时又费力的过程，却无法避免。

安特卫普之所以成为重要的图书生产中心，很大程度上要归功于具有企业家精神的法国印刷商克里斯托弗·普朗坦，他从 1535 年开始在这里经营他的印刷机，直到 1589 年去世。安特卫普印刷的插图书和单独版画在整个欧洲大量流通，普朗坦雇用了许多最优秀的从业者，确保了他的版画的成功。阿尔恰蒂（Alciati）等作者出版的刻有徽章的书籍（他的《徽章之书》于 1531 年首次出版）一直很受欢迎。1568 年，普朗坦出版了通常被认为是他最重要的出版物，这是一本八卷本多语种圣经，其中有铜版画和木刻画。同样非常重要的还有希罗尼穆斯·纳塔利斯（Hieronymus Natalis）的《福音故事图片集》（*Evangelicae Historiae Imagines*），该书于作者死后，于 1593 至 1595 年在安特卫普出版，其版画主要是维里克斯（Wierix）三兄弟的作品，他们设计并雕刻了这些版画。

彼得·保罗·鲁本斯（Peter Paul Rubens）本人就是安特卫普人，他负责为普朗坦的出版社设计扉页，其中有一些非常出色。普朗坦的出版社由鲁本斯的朋友巴尔塔萨·莫雷图斯一世（Balthasar Moretus I）经营。虽然绘制书中插图是鲁本斯的一项业余活动，但他还是创作了一些包括寓言式人物和主题的作品，通常会描绘他复杂的以图像为载体的思想。这类书籍中最重要的一本是 1614 年的《罗马短笺》（*Breviarium Romanum*），其中的雕刻工作委托给了西奥多·加勒（Theodoor Galle）。

在法国，尤其是在巴黎和里昂这两大出版中心，铜版印刷在插图方面也开始流行。16 世纪中叶，里昂最伟大的出版商是让·德·图恩（Jean de Tournes），1561 年，他的书店推出了《具像化的启示录》（*L'Apocalypse figurée*），里面有让·杜韦（Jean Duvet）的版画。杜韦是一个有缺陷但很有魅力的绘图员，并且深受意大利矫饰主义艺术家的影响，特别是蓬托莫（Pontormo）和罗索·费奥伦蒂诺（Rosso Fiorentino）的影响。

蚀刻也开始受到法国出版商的青睐，其中一位重要的作者是雅克·卡洛（Jacques Callot），他因创作了以战争为主题的令人不安的版画《小痛苦》（*Les Petites Misères*，1632）和《大痛苦》（*Les Grandes Misères*，1633）而闻名。这两件作品以小册子或笔记本的形式发行，由于文字相对较少，说它们作为插画书是值得怀疑的。相比来说他的两本寓意画册——《上帝之母的生命》（*Vie de la Mère de Dieu*，1646）和《修道院之光》（*Lux Claustri*，1646）——更确切地属于插画书类别。

大约在同一时期的英国，文斯劳斯·霍拉尔（Wenceslaus Hollar）主导了蚀刻画领域，他制作了 2500 多个蚀刻板，其中一些是为书籍制作的。在弗朗西斯·克莱因的设计绘画之后，他为维吉尔的《农事诗》（*Georgics*）制作的 44 幅版画，可能是该国迄今为止出版的最宏大的插图卷。该书受出版商约翰·奥格尔比（John Ogilby）委托，于 1654 年出版。这本豪华出版物取得了巨大的成功，奥格尔比在 1665 年又出版了《伊索寓言》一书，霍拉尔再次依据克莱因的画为此书蚀刻了 58 块版画。1688 年，弥尔顿的《失乐园》（*Paradise Lost*）出版了意义重大的第四版，由迈尔斯·弗莱舍为雅各布·汤森印刷。这部作品只有 12 块雕版画，其中 8 块是根据约翰·巴蒂斯特·德·梅迪纳（John Baptiste de Medina）的作品刻的。第一册和第二册的未署名图像是最重要的。现在，这些图像被发现是来自某些老艺术家的版画，它们构成了这些艺术家与布莱克（Blake）和富塞利（Fuseli）下一代之间的桥梁。

正如龚古尔家族将法国的 17 世纪解读为"卷头插画的世纪"一样，他们也将 18 世纪命名为"小插图的世纪"。不过几乎所有最重要的作品都是在 1750 至 1780 年之间完成的。可以说，在 20 世纪上半叶，法国几乎没有出现过大型插图书。当时最重要的书籍是拉封丹的《短篇和中篇小说》（*Contes et nouvelles*）——1762 年在巴黎由"总包税局"（Fermiers Généraux）委托出版，该公司成了"王国中最早的金融公司"。龚古尔称该版本是"伟大的纪念碑和小插画的胜利，它主导并领衔了这个时代的所有插图"（Ray，1982；31，54，55）。查尔斯·艾森（Charles Eisen）为这本书做了 80 种设计，被认为是他所画过的最活泼、最有成就感的一部作品。还有皮埃尔－菲利普·乔法尔（Pierre-Philippe Choffard）的 53 幅补白图和 4 幅小插图，与艾森绘制的更加朴素的图版相得益彰。

另一种同样杰出但完全不同的尝试，可以称得上是有史以来最雄心勃勃和最成功的旅行书之一。这就是 1781 至 1786 年间在巴黎出版的《那不勒斯和西西里的旅行或描述》(*Voyage pittoresque ou Description des royaumes de Naples et de Sicile*)，其中包含了几位重要艺术家的杰出设计，尤其是弗拉戈纳尔和休伯特·罗伯特的设计。整项工作实际上是圣农修道院院长让-克劳德·理查德(Jean-Claude Richard)的心血结晶。他于 1759 年首次访问意大利。这个国家，尤其是罗马让他着迷。然后，他投入了他的一生和大部分财富，以保证这个大规模项目能够令他满意。这远远不只是一本简单的地形记录，因为其中的版画充满了戏剧性，包括专门研究火山的那部分，罗伯特创作的维苏威火山在 1779 年爆发的版画尤其引人注目。有些图版是根据圣-诺(Saint-Non)自己的设计雕刻的，从他的座右铭可以看出他对创作这本书的投入："花朵之于花园，犹如艺术之于生命。"

在 18 世纪的英国，随着人们对各种金属技术的熟练掌握，书籍中的黑白插图变得越来越复杂。该世纪上半叶，带有约翰·派恩(John Pine)制作插图的《贺拉斯歌剧》(*Opera of Horace*)值得特别注意。这本书出现在 1733 年至 1737 年之间，由于文字和设计都是雕刻的，因此具有重要意义。作为伯纳德·皮卡特(Bernard Picart)的学生，派恩在这本书中创造了一种优雅而令人愉悦的统一性，他对插图的使用使它几乎成为唯一值得与海峡对岸不久后大量制作的书籍相比较的英语作品。

后来的一些作品也值得一提，其中最重要的是以各种形式的雕刻来复制油画。这就是约翰·博伊德尔(John Boydell)委托制作的莎士比亚作品(1791—1804)。博伊德尔是伦敦一位有影响力的印刷商，他在 1786 年启动了宏伟计划，邀请当时大多数的知名艺术家以戏剧为题材在大画布上作画，参与的有雷诺兹、本杰明·韦斯特、富塞利、罗姆尼、威廉·汉密尔顿、诺斯科特、奥佩、惠特利和德比郡的赖特。博伊德尔的目的是促进英国历史绘画学派的发展，鼓励本土作家选择严肃的题材。他的想法是，首先在自己的画廊里展出这些画作，然后为了收回其中涉及的巨额资金，他为一个巨大的出版企业制作雕刻版本。尽管这个项目惨淡收场，而且被吉尔雷(Gillray)在他 1791 年的漫画《奥德尔曼·博伊德尔或莎士比亚画廊一窥》(*Alderman Boydell or a Peep into the Shakespeare Gallery*)中无情地讽刺了一番，但它作为当时大多数金属技术的展示平台，还是非常重要的。比如说它是为数不多广泛使用夹层印刷的书籍之一。这种本质化的色调方法是由德国人路德维希·冯·西根（Ludwig von Siegen）在 1642 年首次提到。鲁珀特亲王（Prince Rupert）掌握了这种方法，他大约在同一时期开发了刻方法所需的"摇动"（rocking）工具。其主要优点是质地非常柔软，能够给织物特别是绸缎注入"色彩"，因此它在复制肖像画，特别是复制雷诺兹和盖恩斯伯勒的肖像画时效果非常好。它的主要缺点是数量有限——在印版开始变质之前，只能留下相对较少的印痕，因此不适合制作书籍插图的方法。

也许 18 世纪中期英国出版的最伟大的融合解剖学和艺术的书是乔治·斯塔布斯（George Stubbs）的《马的解剖学》（*The Anatomy of the Horse*）。该书出版于 1766 年，技术复杂，且运用多种凹版技术——有 24 个印版不仅供艺术家和设计师使用，还供蹄铁匠和马贩子使用。这本书还表明，插图可以用于富有想象力的文学作品和非小说。从印刷业的最初几年开始，科学、医学和发明物，以及几乎所有其他基于需要记录的观察的主题，都为欧洲和其他地区提供了理想的插图素材。

威廉·布莱克是插画界一个与外界隔绝的天才。他第一部重要的原创作品是 1789 年的《天真之歌》（*Songs of Innocence of 1789*）。直到晚年，他一直从事复制雕刻工作。这本书中的文字和插图都被蚀刻成浮雕，并由手工上色。在世纪之交，他又创作了几部插图书。后来又有两部用这种方法创作的不朽之作《弥尔顿》（1801—1808）和《耶路撒冷》（1804—1820）。虽然布莱克有自己的弟子（尤其是塞缪尔·帕尔默），但他没有创建插图学派。他非凡的、技术复杂的作品仍然无与伦比，而且他独特的版画制作方法也很少有人效仿。

特纳和康斯坦布尔虽然都是以油画为主的画家，但他们都看到了绘本为他们传播思想提供的机会。特纳制作了近 900 幅用于复制的设计图：在他的中年时期，较大的图版是以铜版画的形式制作的，但在晚年，他制作了许多较小的图画（通常是插图），且以钢版画的形式出现。"钢版画"是一个令人困惑的术语，因为钢铁非常坚硬，几乎不可能进行雕刻。相反，虽然线条是以铜版画的常规方式铺设的，但在使用钢铁的地方，线条几乎都是蚀刻的。由于特纳是在夹层版画雕刻师约翰·拉斐尔·史密斯（John Raphael Smith）的工作室里接受的培训，他对雕刻艺术的理解几乎比雕刻师本身还要深刻，因此他不遗余力地确保他的水彩画以最高标准复制到黑白版画上。他最好的作品之一是 1814 年至 1826 年间出版的《英格兰南部海岸风景如画》(*Picturesque Views on the Southern Coast of England*)。该书聘用了几位才华横溢的雕刻师，特别是 W.B. 库克和乔治·库克，这本书鼓励人们对这个国家的美景产生兴趣，其方式与几乎在同一时期出版的威廉·丹尼尔（William Daniell）的《环游大不列颠》(*A Voyage Round Great Britain*)基本相同。康斯坦布尔的画作被大卫·卢卡斯（David Lucas）在《各种风景题材，英国风景的特点》(*Various Subjects of Landscape, Characteristic of English Scenery*，1833）中用网线铜版雕刻法精彩地记录下来。这位艺术家的目的是为自己得到与特纳在其《钻研之书》(*Liber Studiorum*，1807—1819）出版时获得同样的认可。在这一点上他并不成功，因为分期版本（1832—1833）和书本身都卖得很差。

4 色彩的进步

涉及大量点而非线条的点画雕刻（stipple engraving）和凹铜版蚀制版法版画（aquatint）是两种基础的色调技术，两者都很重要，因为两者都可以用彩色印刷，也可以用手工添加颜色。然而，尽管有一两个著名的例子被制作出来，但点画从来都不是用于书籍的理想选择。含有英国早期立体彩色印刷的最重要作品也许是汉斯·荷尔拜因的《原画模仿》(*Imitations of Original Drawings*)，在 1792 年至 1800 年间以对开形式再次出版。弗朗切斯科·巴托洛齐（Francesco Bartolozzi）提供了众多图版中除四张以外的所有图版，这些图版形式复杂，忠实地记录了皇家收藏中原始设计的外观。

戈雅（Goya）那些令人看后感觉不安的版画，如《狂想曲》(*Caprichos*，1799），虽然是为了成套发行或装入画册，但几乎不能算作公认意义上的插图，因为几乎没有文字内容。此外，他并没有在凹铜版蚀制版法版画中使用颜色。然而，17 世纪 60 年代在法国首创的凹铜版蚀制版法版画开始在英国越来越多地用于制作地形、旅游、体育和幽默等方面的画册。

《伦敦的缩影》(*The Microcosm of London*，1808—1810）是关于市内主要建筑和

人物的详细记录。建筑图是奥古斯特·普金（Auguste Pugin）的作品，而人物图则由托马斯·罗兰森（Thomas Rowlandson）负责。罗兰森可以说是英国最伟大的漫画家，他的作画风格无与伦比。这些凹铜版蚀制版法版画是在两位艺术家的设计之后，由当时最优秀的几位工匠承制的。这些画册，就像许多其他得到大规模构思和执行的画册一样，通常被拆分，以便单独出售。如今，完整版的版画画册很少，但从这些画册中提取的单个图版却经常出现在市场上。罗兰森本人就是一位颇有造诣的蚀刻和凹铜版蚀制版法版画大师，他在这方面的杰作可能是 1812 年至 1821 年间出版的 3 卷专门介绍年迈的学者辛泰克斯（Syntax）博士的旅行的书。尽管威廉·康伯（William Combe）的文字乏味至极，但罗兰森古怪的图像却永远保持着新鲜度和有趣感。

凹铜版蚀制版法按其名字所暗示的，是紧密地模仿水彩画，它的流行与英国水彩画派的发展不谋而合，这也是艺术史上最丰富和最杰出的运动之一。旅行、植物学和体育只是彩色水彩画的三个主题，它们证明彩色凹铜版蚀制版法是理想的作画选择。

在 1814 年至 1825 年期间，丹尼尔制作了 8 卷最丰盛的彩色版画书之一。在《环游大不列颠》中，丹尼尔既绘制了原始设计图，又根据这些设计图制作了凹铜版蚀制版法版画。其结果是，这个国家呈现出一种温和和谐的景象：大多数（如果不是全部的话）工业上的丑陋都以克制和精致的方式表现出来。在许多这样的书中，版画首先是用两种颜色印刷的，然后通过手工上色来增加色彩，这些上色都是一丝不苟地进行的。这些才华横溢的着色师通常是女性，她们的名字几乎没有被记录下来。

花卉也吸引了凹铜版蚀制版法的艺术家，可以说，当时最杰出的印刷样本是罗伯特·约翰·桑顿（Robert John Thornton）的《植物的殿堂》（*The Temple of Flora*，1807），它构成了《林奈性系统新图解》（*New Illustration of the Sexual System of Linnaeus*）的结尾部分。尽管该出版物的宏伟性质在今天看来有些可笑，但在桑顿和菲利普·雷纳格尔（以及其他人）精心绘制及上色之后，其图版质量令人叹为观止，整体而言，该书是一部杰作。

英国人对运动的痴迷也是凹铜版蚀制版法画家关注的另一个领域。1838 年，R. S. 瑟蒂斯（R. S. Surtees）出版了《乔洛克的短途旅行和欢乐时光》（*Jorrocks's Jaunts and Jollities*），其中有菲兹（真名哈布罗特·奈特·布朗）制作的精美的单色蚀刻版，但直到 1843 年鲁道夫·阿克曼（Rudolph Ackermann）出版的第二版，并且里面有亨利·阿尔肯（Henry Alken）制作的包含广泛喜剧元素的凹铜版蚀制版画时，该书才声名鹊起。阿尔肯使用凹铜版蚀制版法的时间比大多数其他艺术家长得多，但他无法阻止石版印刷术（一种平版印刷工艺）的持续发展，到 19 世纪 30 年代末，石版印刷术开始主导彩色插图的制作。

5 石版画时代

石版印刷术是由阿洛伊斯·逊纳菲尔德于 1798 年在慕尼黑发明的，或者更准确地说，是由他发现的。这是自 15 世纪发明凹版印刷以来的第一个全新的印刷工艺，它为在书籍中使用色彩提供了巨大的机会，同时还提供了迄今为止无法比拟的柔软度和精致的质地。石版印刷术被证明适用于大型书籍，特别是英国的地形学和旅游方面的书籍；而在法国，这种技术被用来为浪漫主义文学的主要作品制作插图，艺术家们如杜米埃、德拉克洛瓦、加瓦尼和杰利柯都在其中别具一格地使用了黑白两色。

德拉克洛瓦在《浮士德》（*Faust*）中找到了灵感。他的版本，加上阿尔伯特·斯塔普夫（Albert Stapfer）的翻译，此书于 1828 年问世（歌德本人对这些石版画也很满意）。尽管它最初受到了公众的敌视，因为他们对这些大胆的、梦幻般的中世纪设计感到震惊，但这本书为法国插图界开拓了卓越的传统。然而，杜米埃也许是使用石版画的最伟大的艺术家，但他最好的作品大多出现在期刊上。在《漫画》（*La Caricature*，1830—1835）中，我们可以看到他很多最令人难忘的讽刺作品，在他为该书制作的 91 幅画中，有 50 幅是在该书被压制前的最后一年出版的。书中所绘制的场景是七月王朝的压迫，极具讽刺性意味。

相比之下，同一时期英国的彩色石版印刷书籍主要涉及截然不同的主题。在《圣地》（*The Holy Land*）一书中，大卫·罗伯茨（David Roberts）完成了《埃及和努比亚》（*Egyptand Nubia*，1846—1849），这可能最引人注目、最令人难忘的以石版画为插图的英国旅游书籍。这些版画是路易斯·哈格（Louis Haghe）的作品，它们的尺寸与罗伯茨灵巧的水彩画几乎完全相同。精确的地形、敏锐的审美和精致的色彩使这些书籍大受欢迎，不用说，大多数书籍都沦为了"破坏者"的牺牲品。爱德华·利尔同样也出版了几本关于他旅行的重要书籍：在《罗马及其周边风景》（*Views in Rome and its Environs*，1841）中，他制作了大尺寸的全景石版画，更多地关注乡村而非城市本身的遗迹；《意大利游览图解》（*Illustrated Excursions in Italy*，1846）结合了石版画和木刻插图。他更著名的《胡言乱语之书》（*Book of Nonsense*，1846）在文字和图像上都使用了石版画。石版彩色印刷术，或称色版印刷术，为建筑师和装饰设计师欧文·琼斯（Owen Jones）的工作提供了一种适当的媒介，他在使用石版彩色印刷术方面的最大成就是《装饰品的语法》（*Grammar of Ornament*，1856）。他的想法后也被证明极大影响了墙纸、地毯和家具的设计，而他的书籍插图方法在威廉·莫里斯（William Morris）的作品中达到了顶峰。

6 木版画和量产的时代

在 18 世纪末和 19 世纪初，托马斯·比威克（Thomas Bewick）是木版画的第一个主要倡导者。他为令人愉快的书籍提供插图，主要是自然史方面的书籍，如《四足动物通史》（*A General History of Quadrupeds*，1790），其中的精致小插图经常源自生活。比威克还是一位有影响力的教师，他的学生有威廉·哈维、约翰·杰克逊和埃比尼泽·兰代尔。而卢克·克伦奈尔也曾是布威克的学生，他最好的书之一无疑是塞缪尔·罗杰斯的《记忆的乐趣》（*The Pleasures of Memory*，1810），他为该书刻制了 34 幅以托马斯·斯托瑟德为原型的精致小图。

木刻，就像前一个时代的木刻一样，与其他所有的印刷方法相比，具有同样的优势：木块可以同时与凸版印刷一起设置和印刷。这使得 19 世纪中期的英国开始大量生产插图书籍，并大幅地扩展了期刊的发行活动。蚀刻画是乔治·克鲁克尚克和菲兹等漫画家的专利，作为一种大众传播方式，它的生命即将结束，但矛盾的是，它的最后一次喘息挣扎也极具影响力。在该项目的发起人罗伯特·西摩（Robert Seymour）去世后，菲兹应邀为查尔斯·狄更斯的一些"运动素描"绘制插图，他在自杀前仅完成了 7 幅设计图。菲兹为狄更斯所说的"每月一次的东西"提供了 35 张蚀刻版画，这就是

《匹克威克俱乐部的遗稿》(*Posthumous Papers of the Pickwick Club*)。该书从 1836 年 3 月 31 日到 1837 年 10 月 30 日分批（或分号）发行，它确实可以说是第一部有插图的英国小说。换句话说，它可能是第一部有原版插图的出版物，是真正的第一版，而不是重印版。

在英国和法国，木刻版画因其便利性和雕刻师的出色表现，很快就开始超越蚀刻版画。在英吉利海峡彼岸，一部里程碑式的作品是《保罗和弗吉尼》(*Paul et Virginie*，1838)，由库尔默（Curmer）在巴黎出版。贝尔纳多·德·圣皮埃尔的这本关于毛里求斯自然之爱的经典故事的豪华版本，配有大量的木版画，均出自托尼·约翰诺特（Tony Johannot）、保罗·休特（Paul Huet）、伊萨贝（Isabey）等艺术家之手，并与文本完美融合。同样重要的是，大多数雕刻家都是英国人，显示了他们在这一领域的优势。一年之内，奥尔（W. S. Orr）在伦敦出版了一个英译本，虽然缺少库尔默的 4 幅插图，但该版本几乎一样精巧。其他英国出版商也很快跟进，将格兰德维尔（Grandville）和吉古（Gigoux）等艺术家的木刻插图以英文版本的形式呈现给公众。

在风格上，19 世纪 40 年代的许多英国艺术家脱离了德国设计师的影响，如朱利叶斯·施诺尔·冯·卡洛斯菲尔特（Julius Schnorr von Carolsfeld）和莫里茨·雷茨施（Moritz Retzsch）。以这种方式出版的著名出版物有塞缪尔·卡特·霍尔的《英国民谣之书》(*The Book of British Ballads*,

图 24（上）、图 25（下） 木刻版画及其印刷版：TypR-2（1），哈佛大学霍顿图书馆。托马斯·比威克的"夜鹭"雕刻块，《英国鸟类历史》木刻版画，57—1418a，哈佛大学霍顿图书馆。"夜鹭"木刻版画，托马斯·比威克创作，《英国鸟类史》，纽卡斯尔:E. 沃克，1804 年，第二卷，第 43 页。

1842，1844），该书因有意识地采用日耳曼式布局而引人注目，其设计经常环绕文本或文本旁边的版画，且是唯一一部理查德·达德（Richard Dadd）绘制插图的作品，这位插画师的插画风格独特，且常令人不安。

　　1848 年，拉斐尔前派兄弟会在伦敦成立，虽然这个运动本身是短暂的，但它对插图的影响巨大。1855 年，劳特利奇出版社出版了爱尔兰诗人威廉·阿林厄姆的《音乐大师》（The Music Master），并配有约翰·米莱斯（John Millais）、但丁·加布里埃尔·罗塞蒂（Dante Gabriel Rossetti）和亚瑟·休斯（Arthur Hughes）的木版画。几乎是在一瞬间，一种新的插图出现了，这种插图的有力呈现、巧妙的手法、对人脸和身体的描绘基本上达到了现实的标准。罗塞蒂的画作《精灵少女》（Maids of Elfen-Mere）确立了标准，不仅鼓励了其他拉斐尔前派人士，如霍尔曼·亨特（Holman Hunt）和爱德华·伯恩·琼斯（Edward Burne-Jones），使他们做出越来越大胆的设计；而且也刺激了今天被称为"田园画派"的群体创作出杰出的作品，这些画家有乔治·约翰·平威尔（George John Pinwell）、约翰·威廉·诺斯（John William North）、弗雷德里克·沃克（Frederick Walker）和罗伯特·巴恩斯（Robert Barnes）。1857 年，爱德华·莫克森（Edward Moxon，现在被称为莫克森·丁尼生）发行了一版丁尼生的诗歌，其中包含米莱斯、罗塞蒂和亨特的新风格设计，以及 J. C. 霍斯利（J. C. Horsley）和威廉·马尔雷迪（William Mulready）等艺术家的其他设计，至今依然很容易促使人回忆起 19 世纪 40 年代。这本书在商业上是失败的，部分原因是它缺乏艺术的统一性，但它也是一个重要的成就。从这一天起，插图书和期刊的出版都出现了爆炸性增长。19 世纪 60 年代最重要的三本插图杂志是《康希尔杂志》（Cornhill Magazine）、《妙语》（Good Words）和《一周一次》（Once a Week）。这些杂志的木版画工作主要由伦敦的大公司承担，特别是达尔齐尔（Dalziel）兄弟和约瑟夫·斯温（Joseph Swain）。那些为了赶工期而快速工作、经常通宵达旦的技术纯熟人员的名字很少被记录下来。他们中的许多人可能是在血汗工厂中工作的妇女。木版画的印刷通常是通过使用金属电版来实现的，而这种金属电版完全复刻了黄杨木版的版画。

　　在《自然的笔迹》（The Pencil of Nature，1844—1846）中，W. H. 福克斯·塔尔博特（W. H. Fox Talbot）制作了第一本以照片为载体的印刷书籍。直到 19 世纪 80 年代，诸如线版画、半色调和凹版印刷等照相制版工艺才开始取代当时正在衰退的木版画。

插图儿童书籍的主题非常广泛，在此只能略作介绍（见第 17 章）。到 19 世纪后半叶，越来越多的书被专门出版，供儿童欣赏和阅读。人们很快就意识到，色彩是这些书的一个基本要素，伦道夫·考尔德科特、凯特·格林纳威和沃尔特·克雷恩等艺术家创造出了复杂精妙的效果。

7 美丽之书、艺术家之书和私人出版社

为应对 19 世纪 80 年代生产价值下降的迅猛势头，威廉·莫里斯开始了一场生产精美书籍的运动，这些书籍在风格和生产方式上都有意识地采用了中世纪风格。然而，矛盾的是，在他所创立的凯尔姆斯科特出版社所出版的书籍中，并没有完全取缔生产这些书籍的机械手段。其他制作插图书的出版社包括维尔出版社和埃拉格尼出版社，查尔斯·里基特（Charles Ricketts）和毕沙罗（Pissarro）分别在这两家出版社出版过书籍。按照设定，他们的书是限量出版的，目标是富裕的收藏家。大约在同一时期，法国出现了"艺术家之书"（*livre d'artiste*）的概念，由安布鲁瓦兹·沃拉尔（Ambroise Vollard）等出版商企业家领导。这些都是奢侈的出版物，其中包含了波纳尔、罗丹、巴勃罗·毕加索、亨利·马蒂斯和杜飞等主要艺术家的木刻和石印作品。在德国和奥地利也出现了类似的出版物，以保罗·克利（Paul Klee）和弗朗茨·马克（Franz Marc）这样的艺术家为代表。

尽管这些书意义重大，也很引人注目，但从根本上说，它们是母版画的作品集，而不是传统意义上的书，当然也不是为阅读而设计的。由于印刷品并不总是装订在一起，因此人们逐渐将单个印张拆下并装裱起来。在 20 世纪 20 年代和 30 年代的英国，有少数书籍出版，其中包含原始的铜版画、蚀刻画，甚至还有镂花模板设计（通过漏字板手工上色）。然而，英国私人出版社的书籍正是在亲笔木版画方面表现出色。金鸡出版社是最好的出版社之一，罗伯特·吉宾斯（Robert Gibbings）、克利福德·韦伯（Clifford Webb）和格温达·摩根（Gwenda Morgan）等人的才华在这里得到施展。在

20 世纪末，几家私人出版社，特别是惠廷顿出版社（Whittington）、格沃希格里格诺格出版社（Gwasg Gregynog）和弗利斯出版社（Fleece），继续使用原始木版画，这些木版画一律从木头版上印下来，以限量版和非常高的标准出版。

8 当代插图与数字革命

限量版的艺术家书籍在整个 20 世纪及以后继续蓬勃发展，在美国和英国最为明显，而且变得更加前卫和具有实验性，但几乎所有的非小说类图书都是通过摄影手段进行配图。如今，唯一需要插图的富有想象力的图书类型当然是儿童读物，而针对青少年的作品，很多都没有插图。一些像弗里欧书社（Folio Society）这样的出版商仍然委托别人为他们高质量的再版图书提供新的插图。这类书籍以商业数量印刷，虽然理论上印刷数量有限，但却相对便宜。

随着数字技术的发展，人们对插图书的需求似乎取之不尽，因为满足这种需求的手段对自助出版商和专业人士来说都变得更加简单。在成人小说的世界里，最近出现了一个有趣的情况，那就是 W. G. 塞巴尔德（W. G. Sebald）和米歇尔·维勒贝克（Michel Houellebecq）等作家对数字图像的使用。他们将单词和图像巧妙地结合在一起，这可能预示着不久的将来会出现的图书发展状况。

参考文献

D. Bland, *A History of Book Illustration* (1958)

A. M. Hind, *An Introduction to a History of Woodcut* (1935)

P. Hofer, *Baroque Book Illustration* (1951)

C. Hogben and R. Watson, eds., *From Manet to Hockney: Modern Artists' Illustrated Books* (1985)

S. Houfe, *Fin de Siècle: The Illustrators of the Nineties* (1992)

G. N. Ray, *The Illustrator and the Book in England from 1790 to 1914* (1976)

—— *The Art of the French Illustrated Book 1700 to 1914* (1982)

F. Reid, *Illustrators of the Sixties* (1928)

J. Selborne, *British Wood-Engraved Book llustration 1904–1940* (1998)

T. Watt, *Cheap Print and Popular Piety, 1550–1640* (1991)

J. I. Whalley and T. R. Chester, *A History of Children's Book Illustration* (1988)

第19章
装　帧

大卫·皮尔森

1　简　介

自古以来，书籍都需要有外皮和固定它们的方法，这样做一方面是为了保持书页的预定顺序，另一方面是为了保护书本。书籍装帧包含了为实现这些目的而开发的所有技术，包括使用的材料和结构，以及封面的多种装饰方式。这本身就是一个研究课题，现存有大量的文献资料。书籍装帧因其艺术性而被欣赏和收藏，但其内在的价值并不限于此。在19世纪引入机械化之前，所有的书籍装帧都是单独的手工制品，在决定装帧的精致或简单程度时所做的选择成为每本书的历史的一部分。平装书的问世，加上对外封面绘画可能性的不断开发，是现代出版史和20世纪图书向更大市场传播的重要因素。

2　早期历史

纸莎草纸可以粘成长长的卷轴，存放在保护性的木箱中，是古埃及的首选书写媒介，在前基督教时代，它的使用遍及希腊罗马世界（见第3章）。在公元后的最初几个世纪里，当纸莎草的叶子开始被折叠并缝入皮革封面时，法典——我们所知道的书的形式——就从这个传统中产生了。像这样的结构起源于近东，从公元2世纪开始就为人所知，其与新兴的基督教教派有关。在随后的几个世纪里它们逐渐取代了卷轴，成为记录和储存文本的首选方法。

罗马政治家卡西奥多罗斯在他的《制度》（Institutiones，约560年写成）中提到了受过训练的装帧师生产各种风格的装帧品。后有一幅8世纪的英格兰手抄本插图，该插图被普遍认为描绘的是卡西奥多罗斯及其九卷本圣经（装帧成具有装饰封面、容易辨识的法典样式）。斯托尼赫斯特福音书（The Stonyhurst Gospel）有现存欧洲最古老的装饰性装帧，它采用折叠和缝制的对折手稿，用装饰性皮革覆盖在书版上，还汇集了一些基本特征，而这些特征在接下来的一千年甚至更久的时间里在装帧实践中保持不变。

3 机械化之前的西式装帧结构

欧洲在约公元800年（缝制方式发展之时）至1800年间制作的大多数书本装帧在结构上符合一个标准模式，有时人们将之称为软脊锁线。书页被折叠成一组，通过中央褶皱缝制在水平穿过这些折叠边缘的一些支撑物上。支撑物的凸出端被绑住并固定在硬板二，然后用外皮（通常是皮革或羊反纸，但也可能是纸或织物）覆盖，还要进行装饰以制成成品。在安装木板之前，通常会在文本区的两端添加额外的书页（尾页）；书脊为圆脊；在书头和书脚可能会添加尾带；用锋利的刀片（有时称为犁）修葺书页的边

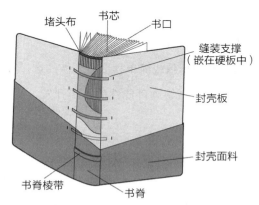

图26 中世纪和手工印刷时期欧洲书籍装帧的基本结构特征

缘，以创造一个均匀的表面。在装帧术语中，印后加工（已印有图文的书页加工成册，制成成品）阶段被称为"装订"（forwarding），而装饰阶段被称为"整饰"（finishing）。

这些工艺在整个中世纪和手工印刷时期基本上保持不变，随着时间的推移，因为要生产更多的书，工艺相对较少的变化通常与希望加快或节约劳动力和材料有关。印刷术普及后，中世纪装帧中通常使用的双层缝纫支架让位于单层缝纫支架，并开发了各种技术来加快缝纫速度，即在书脊上下移动时，在缝纫物之间穿针引线。另一种广泛用于小册子和临时性廉价装帧的做法是刺穿（stabbing）和刺缝（stab-stitching），即在书脊边缘附近用一根线穿过整个文本块。

4 后机械化结构

像图书生产和发行行业的所有其他方面一样，装帧做法在19世纪经历了重大变化。在18世纪末，皮革成本的上升，加上不断增长的图书产量，导致人们更多地尝试使用布和纸作为替代材料。在19世纪20年代和30年代，越来越多的书籍发行时使用了布封面，使用帆布胶条固定在文本区上，而不是用带花边的缝纫支撑物。布面、装饰和刻字的书皮可以预制，装帧很快成为标准技术。因此，整版书籍开始以相同的装帧方式发行，这是对手工印刷时代做法的又一重大改变。

装帧书籍的这些基本结构特征一直持续到现在，尽管其中涉及的工艺经历了逐步的机械化过程（见第8章），但基本没有改变。虽然许多"精装书"仍然符合这种风格，但现代书籍往往依靠胶水而不是缝纫来固定，这种具有替代性（而且更便宜）的装帧技术可以追溯到1836年，当

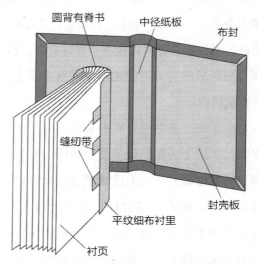

图27 准备装帧的现代装帧书的结构特征图（改编自 Gaskell，NI）

时威廉·汉考克获得了所谓的胶合剂装帧（caoutchouc bindings）专利。

在以惯常的方式收集文本块之后，书脊的褶皱被剪掉（让每片书页成为单页，不与任何其他书页相连）然后被涂上一层可塑性强的橡胶溶液，在固定后将所有书页固定在一起。随着时间的推移，橡胶会逐渐腐烂，书页也会脱落，这种技术在1870年左右基本被市场放弃，在20世纪得到了恢复。从1950年开始引进了新的热塑性胶水，从而增加了所谓的具有无缝隙或完美装饰书籍的生产量，很多专门用在平装书装帧中。

随着时间的推移，胶水失效仍然是一个问题，但作为缝纫的装帧方法，其仍然为书籍提供最牢固和最持久的结构。

5 非西方装帧结构

在北非及其周边地区，手抄本装帧采用了不同的缝制技术，即使用链式针法来缝合，而不是用线在折页内上下游走。

这种有时被称为科-普特装订（Coptic sewing）的方法最初在欧洲各地使用，但大约在9世纪初，为了方便灵活的缝纫而被放弃。科普特装订继续在近东使用，拜占庭和伊斯兰文化也有采用它，在中世纪及以后，拜占庭和伊斯兰文化的书籍装帧业非常兴旺。科普特装订可以使书很好地打开，但书脊往往会随着时间的推移而变得凹陷，而且书版的附着力可能比西方的系带式支撑方法更弱。

在亚洲，受书写材料的形状和特点的影响，出现了多种装帧风格。在印度和东南亚的其他地方，人们通常把棕榈叶切成细长的条，用绳子穿过每片叶子上的孔，将每片叶子系在一起，绳子的两端固定在一个木头封面上。这种梵夹装（pothi）是一种古老的传统，一直沿用到19世纪（见

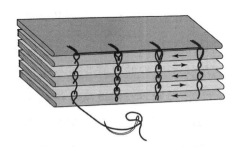

图28 科普特装订与西方的柔性缝制技术不同，它是用链式缝制将书脊缝在一起，而不是将其缝在横跨书脊的独立缝制支架上。

第 41 章）。中国和日本的装帧方式（见第42 章和第 44 章）的演变有所不同，在公元 100 年左右中国发明了纸，并广泛用于书写文献资料（不过当时也使用竹子和木头，用细条捆绑在一起，而且从 7 世纪开始，中国就出现了使用梵夹装纸页装帧结构）。

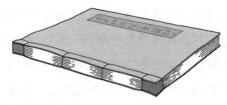

图 29　线装、四孔装或日式装帧，这种有特色的装帧格式在中国明朝时期发展起来，并在东亚地区得到广泛使用。

在公元第一千纪，中国人广泛使用卷轴，他们最早的印刷书籍（使用雕版印刷），如《金刚经》（可以追溯到公元 868 年），便是基于卷轴这种装帧模式制作。手风琴式装帧法（经折装），通过折叠而非滚动的方法，将纸张连续粘贴在一起，以便在闭合时形成一个长方形的书状物体，这是从卷轴自然演变而来的，在唐朝（618—907）开始出现。在宋朝（960—1279），以卷轴为基础的装帧方式越来越多地被以折页为基础的装帧方式所取代，更像西方的书籍结构。

当时各式各样的缝纫技术已经被使用，还有以粘贴为基础的方法，如蝴蝶装，即在书脊折叠处将单个双页粘贴在一起。双联纸通常只在一面印刷或书写，留下与粘贴的褶皱相对应的交替的空白口。通过反向折叠，并沿着开放的边缘而不是折叠的边缘进行装帧，就有可能创造出没有空白的连续文本的书籍，正是这种发展，加上新的缝纫方法的出现，在 12 世纪到 14 世纪左右，产生了今天最常见的典型东方装帧格式。有时也被称为四孔装帧或日式装帧（尽管它是在中国发展起来的），这种书是通过构成书脊边缘的开放褶皱来缝制的，刺穿整个文本块，将线穿过书头和书尾，并绕过背面。这种形式在明朝（1368—1644）就已经普及，并一直在使用，不过西式书籍装帧方法在 19 世纪后也在东亚变得越来越普遍。

6　装帧材料

在欧洲几个世纪以来的实践中，皮革包覆的书板是用于永久装帧的典型选择。从最早的时期到中世纪末，木板通常是由木材（在英国是橡木或山毛榉）制成，切成薄片，纹理与书脊平行。在 16 世纪，随着书籍变得越来越小、越来越多，木材逐渐被纸板和其他纸质书板所取代，既轻便又便宜——17 世纪引入了麻丝板（Millboard，由废麻材料制成），18 世纪引入了草纸板（Strawboard，由打浆的稻草制成）。现代书籍的装帧通常使用某种机器制造的纸基纸板。中世纪的装帧通常用金属扣横跨书板的边缘，以防止牛皮纸书页起皱，这一传统在 16 世纪和 17 世纪随着纸板和纸张取代木材和牛皮纸而逐渐消失（除了用于装饰目的）。

用于书籍装帧的皮革来自各种动物，并以不同的方式制作。皮革制作的方法有两种：一种是通过鞣制，用单宁酸处理脱毛的动物皮；一种是用硫酸铝钾（明矾）来处理动物皮。前者可以制造出更光滑、更坚硬的皮革，可以承受并保留压印的装饰。中世纪的书商通常使用的是鞣制皮革，这些皮革不仅有家畜的皮，而且还有鹿皮和海豹皮。15 世纪时，在大多数欧洲国家，鞣制的皮革取代了用于装帧书籍的毛皮，但鞣制猪皮在德国及其周围地区一直流行到 17 世纪。

染成棕色的鞣制小牛皮是中世纪后英国装帧业最常见的封套材料。小牛皮能做出耐用且轻巧的皮革，表面光滑悦目。鞣制绵羊皮的纹理较粗，耐磨性较差，可用于廉价的书籍。鞣制山羊皮是质量最好的装帧皮革，从 16 世纪开始，欧洲越来越多地使用这种皮革，而在此之前，近东的工匠就已经开发出用于装帧的皮革。手工印刷时代的英国使用的大多数山羊皮都是从土耳其或摩洛哥进口的，因此，这种皮通常被称为"土耳其"或"摩洛哥"。

牛皮纸或羊皮纸是通过浸泡小牛皮或羊皮并在张力作用下干燥而制成的，没有经过化学鞣制，在现代早期的欧洲也被广泛用作封套材料，通常用于廉价的装帧，在这种情况下，没有纸板的牛皮纸包装可能为小册子或小本子提供足够的保护。在英国，除了文具装订外，17 世纪中期以后，用于装订工作的牛皮纸逐渐减少，但在德国和低地国家，直到 18 世纪，牛皮纸仍被大量使用。纸或薄板上的纸有时也用于廉价的或临时性的装帧，这种做法随着时间的推移而增加。在印刷术发展早期的几个世纪里，现存的纸制包装的例子不多（肯定曾经有过很多，但已经消失了），但 18 世纪用蓝色或大理石花纹纸包装的小册子相对比较常见。在 18 世纪末，越来越多的书籍开始采用纸质封面，这一趋势在整个 19 世纪随着纸质封面的增加而呈上升趋势。在手工印刷时代，纸质或纸板装帧在欧洲大陆比在英格兰更普遍。16 世纪时，意大利开始使用粗糙的普通纸板用作包装纸，这种材料也可以在当时及以后的法国或德国找到。

使用织物作为封套材料可以追溯到中世纪，最初是一种奢侈的装帧，使用的是天鹅绒或刺绣纺织品。许多 16 世纪和 17 世纪精心装饰的天鹅绒装帧本被保存了下来，在 17 世纪早期的英国，刺绣亚麻布或缎子封面的宗教书籍曾风靡一时。从 19 世纪初开始，装帧工人就开始尝试用棉布来装帧，而从 1770 年开始，人们就用粗糙的帆布来装帧教科书和类似的廉价家用书籍。在 19 世纪的第二个 25 年内，便迅速成为预制装帧的标准封面材料，从而改变了书籍装帧的生产。书布通常以棉为基材，涂覆或填充淀粉或类似的合成化学物质，使其耐磨、防水，并能在其表面印制字母或图案。

7 装帧装饰

长期以来，无论是在创造书籍时生产和拥有书籍的人，还是在他们的继承人中，装饰一直是书籍装帧及其历史中最吸引人的方面。一本书的外表是它的第一个也是最直接可见的部分，即使它被放在书架上也能看到，因此它最有可能吸引或打动读者。古往今来，装饰精美的书籍装帧被委托、收集、估价、出售和展示，人们不仅欣赏它们的美丽，还欣赏它们作为对书籍内容的重要性或是对其主人地位的陈述。许多关于书籍装帧的出版文献都致力于研究各种类型的装帧，但重要的是要认识到，无论多么微小，所有的装帧都有某种装饰，而且值得研究，能让人理解几个世纪以来产生的各种选择。

书籍装帧的装饰，就像其他各种艺术形式一样，总是受到不断变化的品位和时尚的影响，每一代人都有自己的装饰偏好，在这些偏好中创造出了各种图案和风格。16 世纪的装帧品与 18 世纪的装帧品看起来会有所不同，因为工具的形状和布局设计都明显属于各自的时代。这一点既适用于普通装帧，也适用于精美装帧。书商总是为他们的客户提供一系列的选择，从最简单、最便宜到最豪华、最昂贵，中间还有许多可能性。了解全貌可以让人认识各种装帧，将其置于可供选择的范围内，与当时的其他装帧进行比较，并解读在创作中做出的选择。

装帧设计的发展，就像所有的美学时尚一样，是一个不断变化的过程，部分取决于现有材料的潜力，部分取决于新的艺术理念的创造和传播。风格通常从一个地方开始，并在各大洲传播。英国的书籍装帧受到法国和荷兰的影响，而法国和荷兰的设计又受到意大利或其他欧洲艺术中心的影响。在整个欧洲，各国都发展了各自的形式和特色，但在任何时候，设计惯例都有广泛的共同性。在美国，欧洲定居者到达后不久，书籍装帧工作就开始了（据记载，第一位北美书籍装帧设计者出现在1636年），风格和技术遵循欧洲，尤其是遵循英国的模式。书籍装帧工具总是属于他们那个时代更广泛的装饰性时尚。例如，18世纪装帧的新古典主义图案在当代建筑、木制品和其他装饰艺术中都有体现，但通常都有自己独特的变化，使其很容易就被认出是装帧装饰。

鞣制的皮革装帧通常是通过加热的金属工具制作图案，在表面留下永久的印记来进行装饰。工具可以是单独的小印章，也可以是大型印章，或者是边缘刻有图案的轮子，沿着封面滚动，形成一条连续的装饰线。为了得到更大的视觉冲击力，工具可以穿过一层薄薄的金箔，留下烫金印而非平压印，这至少在13世纪就已为人所知。波斯和北非的许多精美的烫金加工装帧在14世纪和15世纪就已存在，然后在15世纪传到了意大利和西班牙，从16世纪开始，欧洲各地开始大量生产烫金加工装帧品。在手压印刷时期生产的成千上万的鞣制皮革装帧品中，绝大多数都带有某种程度的平压印或镀金加工的装饰，从几条线或简单的工具到精心设计都有。

在高端市场，让·德·普朗什（Jean de Planche）、塞缪尔·米恩（Samuel Mearne）或罗杰·佩恩（Roger Payne）等技术娴熟的工匠制作出了引人注目的精致装帧品。在书籍装帧方面的大量文献中，可以找到许多例子，它们展示了随着时间和地点而发展的样式。

通过镶嵌或叠加不同颜色的皮革，或者使用油漆和工具，可以进一步加强皮革装帧的装饰效果。皮革上还可以切割出图案，这在中世纪后期的德国及其周边地区很流行，但在装帧实践中并不常见。皮革上使用的许多装饰技术也与牛皮纸装帧相同。装饰通常不仅放在封面和书脊上，还放在纸板的边缘，使用狭窄的装饰线。书页的边缘通常是彩色的或经过点缀的，或者在质量较好的装帧物上镀金。从17世纪末开始，使用带字皮革的书脊标签逐渐普及。在此之前，书籍的标题可能写在书页边缘或其他地方，这反映了书籍直立、书脊向外摆放成为普遍做法之前的不同摆放方式。

图 30　16 世纪的绑带装帧：棕色小牛皮，烫金加工，黑色油漆。色诺芬的《百科全书》（*La Cyropédie*，巴黎，1547）的内封面，为爱德华六世装帧。藏于大英图书馆（C.48.fol.3）。

图 31　19 世纪的装饰装帧：L. M. 巴根（L. M. Budgen）的《昆虫生活集锦》（*Episodes of Insect Life*，伦敦，1849），以"蟋蟀"（*Acheta Domestica*）的笔名出版，"用花色布优雅地装帧"，售价 16 英镑。藏于牛津大学博德利图书馆（189 a.42 cover）。

　　中世纪的皮革装帧，通常是用明矾鞣制皮革而不是普通鞣制皮革来制作书籍封面，通常没有任何装饰，不过在 12 世纪晚期出现了使用加工印、普通鞣制皮革装帧的风潮。中世纪的特殊装帧倾向于依靠其他技术，使用象牙、珐琅或珠宝金属制品的封面，单独制作并钉在木板上。许多中世纪的修道院和大教堂都用这样的珠宝装帧方式装帧《圣经》和重要的宗教书籍，不过存留下来的相对较少。

　　在 19 世纪的第 2 个 25 年里，布作为装帧标准覆盖材料的引入，使人们迅速关注到它。1832 年开始在布上镶金，镶金的对象仅为书脊，后逐渐扩展到封面。在接下来的 10 年里，通过使用金色和彩色墨水对抽象设计和图像设计进行实验，这让出版商从 19 世纪中叶开始用装饰布制作了各种引人注目的装帧。随着防尘套的发展，用装饰布装帧这一传统在 19 世纪末逐渐衰落。从 19 世纪 80 年代开始，封面变得越来越普遍，最初封面是印刷文本，但逐渐成为我们今天所熟悉的更加图案化和设计更积极的封面。平装书的防尘套和插图封面的相关事迹更多地属于设计史，而不是装帧史，但这些通过封面吸引人们注意的当代方法的重要性是不言而喻的。

19 世纪随着机器制造布艺装帧的发展，皮革装帧的制作和装饰需求式微，不过这一行业从未消亡。19 世纪 80 年代，T. J. 科布登 – 桑德森（T. J. Cobden-Sanderson）发起了一场反对书籍装帧艺术标准下降的运动，他根据自己的设计制作了精美的装帧，激发了人们对手工装帧的兴趣。20 世纪，精装书的传统在许多国家兴起；1955 年，当代装帧师协会（后改名为设计师装帧师协会）在英国成立，成为这一运动的焦点，在这一运动中，许多当代装帧师继续生产结合最高质量的工艺和艺术气息的装帧品，并尝试将装帧当成一种艺术形式的可能性。

图 32 埃德加·曼斯菲尔德（Edgar Mansfield）20 世纪的装帧作品，他是 20 世纪后期设计师装帧协会发展中的一个重要人物，他在黄羊皮上平压装帧。图为 H. E. 贝茨（H. E. Bates）的《穿过树林》（*Through the Woods*，伦敦，1936）的封面。藏于大英图书馆（C.128.f.10）。

19 世纪和 20 世纪的书籍装帧通常在其封面或防尘套上有反映书籍内容的装饰。这是现代的发展，在整个中世纪和手工印刷时期，书籍的装帧装饰通常是抽象的，没有试图用设计来表现内容。虽然也有例外，但相对于所生产的大量书籍来说，这些例外是非常少的。

8 装帧行业

书籍装帧通常是图书行业这个大类中的一项专业活动。在中世纪，一些书籍的装帧工作是在修道院内进行的，作为书写和复制手抄本的合理辅助部分，当制作和销售书籍的世俗贸易发展起来后（大约在 12 世纪），装帧师作为一个亚群体，与羊皮纸制造商、抄写员和书商公会一同出现。各国装帧工作的组织形式根据当地的习俗略有不同，但在整个现代早期，装帧师一般都是通过为成熟的从业者做学徒，然后正式加入行会或类似的贸易协会来进入这个行业。在英国，从来没有单独的装帧商协会，伦敦的装帧商（该行业大部分集中在那里）属于书商公会，该公会还包括了印刷商和书商。就收入和社会地位而言，装帧商通常是这一框架中的穷人，许多在经济上取得成功的装帧商都是通过销售书籍、文具或其他物品等多样化活动来致富的。在现代早期，书商和装帧商之间的关系——装帧商在多大程度上有独立的商业关系，或者仍受雇于书商——没有得到很好的记录。越来越多的人认识到，书籍都会经过装帧后再出售，但几乎没有证据表明，有意进行的书籍装帧早在 19 世纪之前就开始了。与欧洲大陆相比，在英国出售现成的书籍似乎更为普遍；在欧洲大陆，用纸质书皮发行书籍，按照客户的要求装帧的传统一直持续到 20 世纪。

在 19 世纪之前，装帧店通常有一个师傅和几个助手（可能是学徒、工匠或其家庭

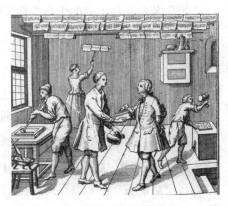

图 33 18 世纪的一家装帧作坊：由相对较少的人来进行各种印刷和装帧的工序。（摘自 C. E. Prediger, *Der Buchbinder und Futteralmacher*，第二卷，1745）。该图由私人收藏。

成员，其中妇女经常参与到如折叠和缝纫等操作工序之中）。在法国，搬运工（relieur）和装订工（doreurs）之间有公认的区别；在英国、德国和其他地方，这些角色没有得到正式认证，不过作坊里的个人可能有专长。描绘 16 至 18 世纪欧洲装帧作坊的作品中有一些保存下来，通常显示有 2 至 8 人在一个或两个房间里工作，从事装帧生产中涉及的活动有缝纫、打浆、装书皮、装饰等。

这一切在 19 世纪发生了变化，当时这个行业逐渐被机械化所改变。书籍产量的增长、布书套的发展以及进行装帧工作的机器的发明，装帧厂转变成规模更大的企业，且配备工厂式流水线。在 19 世纪上半叶，许多操作，如折叠、缝制和装壳，仍由手工完成，但在下半叶，以蒸汽为动力的折叠机（从 1856 年开始）、缝纫机（从 1856 年开始）、滚圆机和背压机（从 1876 年开始）、制壳机（从 1891 年开始）、集装机（从 1900 年开始）和装壳机（从 1903 年开始）纷纷被引入行业。其中许多都是首度引入美国。现在，通过正常出版贸易渠道发行的绝大部分书籍的装帧工作是一个自动化的工业流程，自 20 世纪 50 年代以来，由于新的快干油墨和胶水的出现，书籍装帧行业的能力得到了提高。

9 书籍装帧的收集、研究和重要性

书籍装帧在每本书的生命中都发挥着重要的功能作用，但它们的影响和潜力还不止于此，影响范围甚至包括与书籍相关的价值。一本装帧豪华的书可以说明其内容或其主人的重要性，这种传统可以追溯到几代富有的藏书家，追溯到中世纪祭坛上展示的珠宝装帧。伊丽莎白一世喜欢用天鹅绒装帧书籍，她的皇家图书馆展示了丰富多彩的藏品，给游客留下了深刻的印象，她还收集了一些她认为在观赏和收藏上均有价值的书。不太富裕的书主也积极享受装帧带来的审美满足感。塞缪尔·佩皮斯在他的日记（1660年 5 月 15 日）中记载，他买书是"因为喜欢装帧"，并给他的许多书重新装帧，以创造一种统一的形象。精装书往往是作为礼物制作的，有时是希望影响潜在的赞助人。对精装书的推崇和花费却也广受批评。加布里埃尔·诺德（Gabriel Naudé）感叹道："许多人在书籍的装帧上花费巨大，却毫无意义……只有无知的人才只看重书的封面。"许多早期的购买者至少同等关注功能性和装饰性，他们希望他们所收藏的书状况良好、制作精良、没有缺页，但富裕的主人不一定要花哨的装帧。

　　早期的书籍装帧实践没有得到很好的记载，19世纪之前，关于装帧师及其生活的同时代手册或档案资料相对稀少。装帧品本身构成了探索书籍装订历史的最大证据。对这一主题的认真研究始于19世纪末，最初关注的是精装书的艺术质量，后来逐渐成熟，形成了对现存装帧品进行比较研究的传统，以确定共同使用的工具组，从中可以推断出厂及运作日期。因此，可以将装帧品特定的装帧者、时间和地点确定下来。在20世纪末，人们越来越关注结构方面和装饰方面的问题，并越来越重视所生产的各种装帧品，包括普通的和日常的，高档的和精装的。系统地收集装帧品的想法出现得相对较晚，这让20世纪出现了一些重要的精装书藏品。

　　过去，与印刷和出版史相比，或者与更直接关注文本本身或列举式书目的工作相比，书籍装帧研究被认为在历史书目总典籍中处于相当边缘的地位。书籍装帧被认为是附带的，与它们所包含的作品无关，而且过去对精装书的强调使这一主题披上了艺术史的色彩，可能会偏向于浅涉文艺的方向。书籍史的最新发展，关注书籍的流通、收藏和阅读方式，且构建了一个框架，在这个框架中，我们更容易将装帧视为整体的一个组成部分。现在人们普遍认识到，读者对作品的接受度深受读者对作品进行体验时作品所呈现的物理形式的影响——在这个领域，装帧发挥着重要作用。读者的期望可能受制于书籍外观的持久性、质量或其他特征。书籍的装帧可能揭示了书籍的使用方式——它们是如何被搁置或储存的，以及它们受到磨损的情况。后世的书主对书籍的重新装帧可能反映了价值观的变化（当代莎士比亚作品的装帧通常比19世纪书主对作品的早期版本进行的精心镀金山羊皮装帧要简单得多）。廉价和临时性的装帧，或者内部结构显示出切角技术的装帧，都可能向我们表明最初的受众是谁。

　　更明显的是，有关装订历史的知识可以让我们认识到装订的时间和地点，以及它们最初的流传地点。在早期现代，书籍不一定在印刷地装订和销售，因为印刷品在装订前往往要运输相当长的距离。版本说明不应作为装订地点或日期的标志，因为装饰、结构和其他实质性的证据，通过与其他装帧品比较得到诠释，才更具指导意义。装帧品也可能包含早期所有权的直接证据，如封面或书脊上的姓名、首字母或徽章，这些做法自16世纪以来在欧洲很常见。

参考文献

D. Ball, *Victorian Publishers' Bindings* (1985)

C. Chinnery, 'Bookbinding [in China]', www. idp.bl.uk/education/bookbinding/bookbinding.a4d, consulted Mar. 2006

M. M. Foot, *The History of Bookbinding as a Mirror of Society* (1998)

E. P. Goldschmidt, *Gothic and Renaissance Bookbindings* (1928)

D. Haldane, *Islamic Bookbindings* (1983)

H. Lehmann-Haupt, ed., *Bookbinding in America* (1941)

R. H. Lewis, *Fine Bookbinding in the Twentieth Century* (1984)

Middleton G. Naudé, *Instructions Concerning Erecting a Library* (1661)

H. M. Nixon, *English Restoration Bookbindings* (1974)

Nixon and Foot J. B. Oldham, *English Blind-Stamped Bindings* (1952)

D. Pearson, *English Bookbinding Styles 1450–1800* (2005)

N. Pickwoad, 'Onward and Downward: How Binders Coped with the Printing Press before 1800', in *A Millennium of the Book*, ed. R. Myers *et al.* (1994)

E. Potter, ' The London Bookbinding Trade: From Craft to Industry ', *Library*, 6/15 (1993), 259–280

J. Szirmai, *The Archaeology of Medieval Bookbinding* (1999)

M. Tidcombe, *Women Bookbinders 1880–1920* (1996)

第 20 章
文本理论、编辑理论和文本批评

马库斯·沃尔什

1 文本研究和理论

书籍使知识的表达、传播和增加成为可能。书面文字比言语更稳定。印刷品比口语或书面语更稳定，同样重要的是，它更容易复制。尽管如此，书籍的永久性还是经常被各种变化过程所削弱。

文本以多种物理形式体现出来，如手写在纸莎草纸、牛皮纸或纸上（见第 10 章），或由抄写员抄写（在这两种情况下偶尔以口述形式进行）；以手写体、机打体或铅版印刷体印刷；在键盘上创作，经电子设备处理后，输出到电子印刷设备，或经电子设备处理后作为文件直接发送到本地可视显示器或万维网（WWW）上。文本是人类活动的产物，由个人创作，并通过各种技术得到复制和处理，其中包括手抄本、印刷和电子版本，所有这些都展现了人类的技艺和决策。

在这些过程中，文本会受到无数种类型的变化和错误的影响。口述者的声音可能被听错，作者或抄写员的字迹可能无法辨认从而导致误读；转录总会产生变化和错误，编辑过程也会产生有意识或无意识的错误；排版（字体的设置）给技术增加了一些特定的问题：错误的大小写、错误的字体、翻转的字母；执行文本（performance text）可能是从错误的记忆重建中转录或打印出来的；字体和排版形式会受到"打乱"（batter）、字体移动和丢失的影响。蚀刻或雕刻的文本板容易磨损和损坏。

在出版之前、期间和之后，作者都会进行修改和修订。文本可能会被强行修改，在出版商、外部机构以及自我的审查之下，书籍文本会被强制修改。唯一一份手稿可能会丢失、损毁，或因篡改、火灾、水灾或害虫而遭到破坏。任何从一种媒介传输到另一种媒介的过程——无论是印刷的、摄影的还是电子的版本——都可能受到各种类型的干扰。电子文本有其特有的变化模式：字符集之间的错误转换，或全局搜索和替换操作会导致局部出现非预期效果（见第 21 章）。

因此，文本和编辑理论家们面临着许多实际问题：对外国字母（如希腊语或希伯来语）和历史文字（如秘密手写体）的解读；考虑生产过程中可能因误解而产生的错误；印刷厂和排字工的操作；文本的多个见证人之间可能的优先次序和关系；印刷文本的历史书目以及词汇和语义的变化。

此外还会面临涉及哲学定义和选择层面更宽泛的问题，这些问题源自对文本身份、文本意义以及文本功能概念的解读。文本编辑的概念在对仿真本和书目证明以及对作者意图和语义一致性等方面的考虑有所不同。编辑们的工作是否应该基于这样的假设：文本是否复制了作者的意图？是否应该假设文本反映了原作者（或多位作者）、赞助商、出版商、印刷商和受众之间更广泛的互动或协商过程？编辑们是否应该优先考虑某种特定的源文件，如果是的话，该文件应该是手抄本还是印刷版的副本？他们是否应该有意识地根据当代观众的口味来呈现文本？这些选择，不同程度地优先考虑作者、文献见证者、文本生产的社会学环境或作为权威原则的品位，对应于文本版本中不同的学科和社会来源及功能。在 20 世纪的大部分时间里，文学研究，特别是英语研究，以作者为优先，使用书目和批判程序，以接触到被后来编辑过程中的错误所隐藏或破坏的假定作者的文本。相比之下，历史学家通常更喜欢仿真本（diplomatic edition，即从特定文件中忠实转录的文本）或特定文件的字体、照片传真。近年来，一些理论家主张采取更加社会学的方法来研究编辑，并寻求反映社会生产复杂性的文本版本。几个世纪以来，文本一直根据其目标受众的品位或能力而被修改。例如，亚历山大·蒲伯在 1723 年至 1725 年的莎士比亚喜剧版本中删除了一些不雅之处，托马斯和亨利塔·玛丽亚·鲍德勒姐弟出版了一本删节版的《家藏莎士比亚戏剧集》（*Family Shakespeare*，1818）。

2 早期的古典文本和圣经文本研究

文本研究和文本编辑始于西方最古老的文本——希腊古典文学和圣经（见第 2 章和第 3 章）。就目前所知，古典文学研究起源于公元前 2 世纪和前 3 世纪的亚历山大图书馆。在这里，学者们承担了一项艰巨的任务，即整理大约几十万份手稿（所有这些均非原始作者的文件），从零散的、差异很大的副本中制作出更可靠和更完整的荷马等作者的文本。学者们开发了一套边际批判性标志系统（system of marginal critical signs），用于处理诸如不正确的重复、篡改、错误的行序和伪造的行或段落等明显的错误。纠正性文字通常不会输入文本本身，而是在扩展的评注中进行，并加以论证。这已经是一种建立在批判性判断基础上的编辑实践，涉及作者的风格和用法等有关的问题。

在亚历山大学术研究衰落之后，希腊和拉丁文本的复制和编辑工作在帕加马继续进行，克拉特斯（约前 200—约前 140）在那里检查和修改荷马的文本；在罗马，埃利乌斯和瓦罗致力于解决普劳图斯和其他人著作中的真实性和文本错乱的问题。在罗马帝国后期，希吉努斯撰写了有关维吉尔著作的文本，瓦列里乌斯·普罗布斯将亚历山大学术的方法应用于维吉尔、特伦斯和其他人的文本，埃利乌斯·多纳图斯和塞尔维乌斯（Servius）写了关于特伦斯和维吉尔的评注。罗马帝国灭亡后，人们继续在修道院的缮写室中抄写古典文本。虽然抄写文本活动从 6 世纪到 8 世纪停止了，但在加洛林时期和 11、12 世纪出现了明显的复兴。

在文艺复兴时期，罗马和希腊的经典作品被重新发现、收集、编辑和注释，从弗朗切斯科·彼特拉克和波吉奥·布拉乔里尼开始，一连串的学者都对这些经典作品进行了编辑。洛伦佐·瓦拉和安吉洛·波利齐亚诺是文本批评和历史学术发展的关键人物。瓦拉从语言学和历史证据上证明了《君士坦丁赠礼》（*Donation of Constantine*）是伪造的，并写下了关于拉丁语用法的开创性研究报告《拉丁语的优雅》（*Elegantiae Linguae Latinae*，1471）。波利齐亚诺利用希腊语资料来说明拉丁文本，并主张最早的手稿具有更高的权威性。阿尔杜斯·马努蒂乌斯的出版社发行了由马库斯·穆苏鲁斯等学者组成的团队所编辑的拉丁文和希腊文文本，他们使用了现有的最佳手稿，并运用他们的语言学知识为印刷商修改手稿。弗朗切斯科·罗博泰洛编辑了《朗基努斯》（*Longinus*，1552），并撰写了第一部关于文本批评方法的研究报告《论校勘艺术：关于修正古代书籍方法的讨论》（*De Arte Critica sive Ratione Corrigendi Antiquorum Libros Disputatio*，1557），其中坚持将古文字学、用法和意义作为修改的标准。法国和荷兰的主要文本学者，特别是卢克莱修的编辑丹尼斯·兰宾（Denys Lambin）。马尼利乌斯的编辑约瑟夫·贾斯特斯·斯卡利杰，塔西佗的编辑贾斯特斯·利普修斯（Justus Lipsius）、杰拉尔杜斯·约翰·沃修斯和丹尼尔·海因修斯（Daniel Heinsius），都对编辑修改的方法和知情编辑（informed editing）的基本知识领域（包括年代学、古代语言用法和词汇以及文学语境）做出了重大贡献。

最早的圣经文本学者还必须处理大量的非原始文件。《新约》的全部或部分内容存在于大约 5000 份希腊文手稿以及拉丁文版本和教父的引文中。圣杰罗姆是武加大拉丁文圣经译本的作者，显然意识到了在手抄本转录中出现的问题，包括字母和缩写的混淆、换位、重复，以及抄写员的修改。人文主义的文本学术研究早于印刷。例如，洛伦佐·瓦拉在希腊原文和教父学文本的基础上修订了武加大版（著于 1449 年，1505 年由德西德里乌斯·伊拉斯谟出版）。约翰·古腾堡和其他出版社印刷的第一本圣经均由拉丁文写就。希伯来语的《旧约》直到 1488 年才在松奇诺（Soncino）出版社印刷出来；第一部希腊语的《新约》，即《康普鲁顿合参本圣经》（*Complutensian Polygot*）于 1514 年印刷，但直到 1522 年才出版。尽管伊拉斯谟的版本是根据手头为数不多的手稿匆匆编辑而成，但它却成为主导四个世纪的公认经文（textus receptus）的基础，在其之上才有了罗伯特·埃斯蒂安版（1546、1549）、贝扎的希腊语圣经（1565—1604）、钦定圣经英译本（1611）和埃尔泽维埃家族的希腊语圣经（1624）。

3 文艺复兴后：理性方法的开端

在法国，理查德·西蒙（Richard Simon）对《旧约》和《新约》的巨著性研究是对古代文本传播的首次全面分析。通过研究《新约》的希腊文和瓦拉以后的印刷文本，对《旧约》，特别是《创世记》中的不一致和重复之处进行了批判性的研究，认为它们不是最早的书写者造成的，而是归咎于抄写员的错误。在英国，沃尔顿的多语种圣经（6 卷，1655—1657）第一次包含了对不同版本的系统性注释。约翰·费尔（John Fell）发行了一份小格式的希腊圣经，附有几十份手稿（1675）不同版本的注释。约翰·费尔对《新约》进行了广泛的研究。他对许多手稿和印刷版的研究总结在了一个创新的版本（1707）中，其中包含非常详细的导论，列出了大约 3 万个不同的版本。

然而，对于欧洲和英国的文本方法来说，当时具有压倒性意义的人物是理查德·本特利（Richard Bentley，1662—1742）。在他的《法拉里书信论》（*Dissertation upon the Epistles of Phalaris*，发表于威廉·沃顿的《古今学问述评》第二版，1697）中，本特利强调了所谓的古代暴君法拉里的信件是假的，从而否定了威廉·坦普尔爵士引用法拉里的信件来证明古代作家优越性的做法。本特利的论点基于极其广泛的文学证据、词源学证据和历史证据。在他的贺拉斯作品（剑桥，1711；阿姆斯特丹，1713）和马尼利乌斯作品（1739）版本中，都可以看到他令人印象深刻的学术研究和令人敬畏的方法。本特利熟悉手抄本的传统，知道所有现存的古典著作文件与原作之间的距离。他分析了通过多种可能途径进入文本的错误，并在有或没有手稿支持的情况下进行修改。对本特利来说，编辑的选择虽然受到文献传统的影响，但必须考虑文本的意义，因为它受到文化和语言可能性的限制："对我们来说，理性和常识胜过一百部法典。"（《贺拉斯注释》，Odes，3.27.15）

本特利还为《新约》编辑工作做出了贡献，出版了《关于印刷新版希腊语圣经的建议》（*Proposals for Printing a New Edition of the Greek Testament*，1721），该书建议以武加大版圣经与英国及欧洲图书馆中最古老的希腊语手稿为基础。他打算以此制作一个文本，与无可挽回地丢失的原作不完全相同，但能反映尼西亚公会议（Council of Nicaea，325）时《新约》的状况，从而排除了后来成千上万份不太权威的手稿中的大多数版本。在他整理的基础上，本特利声称："我发现，通过从教皇的武加大版圣经中提取出的 2000 个错误，以及从新教斯蒂芬版（即埃斯蒂恩的 1546 年《新约》）中提取出同样多的错误，我能列出每个版本，甚至不参考任何 900 年前的书籍，而且会……完全一致。"本特利意识到自己正涉足敏感的领域，因此对现存的文献见证采取了更加敬畏的态度，他宣称"在神圣的著作中，没有容留猜想的地方……这里所需要的只有勤奋和忠诚"。（Bentley，1721，sig. A2$^\mathrm{v}$）

本特利的工作对欧洲和英国的古典编辑产生了巨大影响，他有众多弟子，比如耶利米·马克兰（Jeremiah Markland，1693—1776）和理查德·波森（Richard Porson）。他也影响了不断扩大的世俗的现代和现代早期文学作品的编辑领域，特别是对刘易斯·西奥博尔德（Lewis Theobald）的影响。对西奥博尔德来说，他是莎士比亚作品（1733）的编辑，也是《复原的莎士比亚》（*Shakespeare Restored*，1726）中对蒲柏早期以美学为导向编撰的戏剧作品的批评者，莎士比亚的文本情况与古代经典相类似。没有"真实的手稿"幸存下来，而且"在近一个世纪里，他的作品因缺乏睿智编辑的帮助，从未摆脱错误的版本而重新出版……莎士比亚的情况……与被篡改的古典文学相似。因此，解决方法也与之相似。"（Smith，74，75）西奥博尔德作为"睿智"的编辑，像本特利一样，准备冒险进行猜想性的修改，并在对作者的著作、语言以及更广泛的文化和语言背景有非常透彻的了解基础上进行仔细推理。原文的匮乏"可能要求我们进行猜测，但当这些猜测得到理性或权威的支持时，它们就会变成更有实质意义的东西。"（Theobald，133）在 18 世纪，西奥博尔德的追随者们几乎都同意，文本的选择应该以解释和论证文献为基础。然而，随着时间的推移，编辑们更充分地认识到对开本和四开本的地位和权威性，他们发现更容易获得这两种文本的副本，并从对莎士比亚及其时代的不断了解中获益。批判性猜测在编辑的方法中变得不那么重要了。塞缪尔·约翰逊在他的 1765 年版本的序言中写道："随着我对猜测的实践越来越多，我对这种方法的信任就越少。"（Smith，145）

西奥博尔德和约翰逊对文本的关注，是以第四对开本为基础，通过拥有莎士比亚版权的汤森出版社继承的莎士比亚文本进行的。爱德华·卡佩尔（Edward Capell）做了一个重要的改变，他不仅绕过了传统的文本被破坏的问题，还采用了一种复杂的编辑方法。在收集了几乎所有早期的莎士比亚印刷版本之后，卡佩尔开始了整理工作，"始终坚持旧版本（即最好的版本），这些版本现在占据了手稿的位置"（Shakespeare，1.20）。从这些早期版本中，他选择了一个版本作为自己文本的"基础"，永远不"从中偏离，但一些其他版本有最明显更好的文本；或者在其他一些非常明显被破坏的地方，由于无法从书中得到信息，就得通过猜测来修正"（Capell，i）。卡佩尔对最早文本的使用，对文本权威相对复杂的理解，以及他愿意在文件明显被破坏的地方采用猜测（即依靠上下文知识来抵御解读带来的影响），预示了 20 世纪文本理论中格雷格·鲍尔斯（Greg Bowers）立场的主要特点。

对古典作品和圣经编辑做出最重要贡献的是卡尔·拉赫曼（Karl Lachmann，1793—1853）及其先驱 F. A. 沃尔夫（F. A. Wolf）、K. G. 祖姆普特（K. G. Zumpt）和 F. W. 里奇尔（F. W. Ritschl）对"谱系法"的扩展表述。对于原始手稿丢失的文本传统，即使是成熟的从业者也缺乏一个明确的、压倒一切的原则来理解衍生手稿（和印刷文本）之间的关系，因此他们在为编辑选择提供书目论证方面受到限制。拉赫曼的谱系法改变了古典作品的编辑，并在今天仍有一定的价值。根据这种方法，编辑从校订（recensio）过程开始，分析手抄本证据并构建一个谱系（stemma codicum），即从原型（archetype）衍生出的现存手稿谱系。启用的原则是"错误的共同体意味着起源的共同体"（community of error implies community of origin），也就是说，如果两个或更多的手稿共享一组"变化版本"，就可以假定它们有一个共同的来源。可以证明来自其他现存手稿的手稿可以排除在编辑考虑之外。从现存的后期手稿中，有可能重建一个原型，通常是丢失的，但有时也是幸存的手稿。在校订结果的基础上，编辑可以构建一种检验（examinatio），在谱系基础上对见证的读文本法进行选择，并在文本中将手抄本传统无法提供可信的作者原文的地方进行猜测性修改（emandatio）。

拉赫曼的程序为失去原始文件的文本编辑提供了一些坚实的方法论基础。然而它也有几个局限性。它假定每个见证者只来自一个典范，尽管自古以来抄写员们都试图通过从第二个或更多来源的文本来改进他们的工作，从而产生有关联的或被污染的文本。它假定衍生文本只能产生新的错误，而不能引入修正。构建指导性谱系也涉及对变异文本的数量和性质的判断。假定拉赫曼的方法有一个单一的权威性来源，不允许有作者修改等复杂情况。约瑟夫·贝迪埃（Joseph Bédier）指称，文本批评家绝大多数都是用两个分支来构建谱系图的，这并不构成历史上的可能结果；在他自己的工作中，贝迪埃拒绝在见证的文本中进行折中选择，而倾向于选择"良好手稿"（Bon manuscrit）的保守政策，根据一致性和规则性等理由进行选择，尽量不修正。

在 20 世纪初，关于古典文本编辑的最有力理论著作是 A. E. 霍斯曼（A. E. Housman）的作品。它们的持久影响力丝毫不因其频繁的尖酸刻薄而减弱。对霍斯曼来说，拉赫曼的方法至关重要；它恰当地将"数以百计的，曾经被认为是权威的手稿"（Manilius, 1. xxxiii）从考虑中剔除。尽管如此，文本批评"不是数学的一个分支，也不是一门精确的科学。它所处理的问题……模糊而多变，即人类思维的弱点和畸变，以及它不听话的仆人——人类的手指"。它的主题是在"作为人类思维游戏的结果的现象"中找到的。文本问题是个别的，它们需要特殊的解决方案。文本批评不能被简化为硬性规定和一成不变的程序，它需要"思想的应用"。霍斯曼特别蔑视那些被多个见证者的优点所迷惑的编辑，他们从批评判断中退缩到对"最好的手抄本"的依赖。这种方法"使懒惰的编辑不用工作，使愚蠢的编辑免于思考"，但它不可避免地导致"对作者本人的漠视"，在这种手稿中可能找不到他的原话（Manilius, 1. xxxii；Lucan, vi）。也不能假设对一个见证者的明显错误的纠正会恢复作者的文本："概率和自然的共同进程不会使手稿的文本尽可能正确，尽可能不出错"（Manilius, 1.xxxii）。文本批评家的责任是在最广泛的"文献文化"、语法和韵律知识的基础上，通过使用"清晰的智慧和正确的思维"（Confines, 43）来识别错误。知识渊博的编辑会知道如何识别可能的读法，并发现"许多被一些编辑匆忙修改的诗句和被另一些编辑荒谬地辩护的诗句可以在不改变文本或发明新的拉丁语说法的情况下产生公正的意义"。然而，霍斯曼也同样警惕"解释损坏段落而不是纠正它们的做法"（Manilius, 1. xl, xli）的危险性。在所有这些主张的背后，是霍斯曼不变的坚持，即文本编辑应从作者的思想出发。

4 20世纪的文本编辑理论与实践

在 20 世纪初，世俗经典越来越成为人文学科学术研究的重点，因此一种新的方法论被应用于其文本批评。所谓的新目录学是由 R. B. 迈克罗（R. B. Mckerrow）和 W. W. 格雷格（W. W. Greg）提出的。迈克罗是第一个使用"复制文本"一词的人。使用特定文本作为版本基础的概念并不新鲜，但在迈克罗的思想中，它被特别理论化为最能代表作者意图的文本。在早期的作品中，迈克罗认为编辑应该接受这种后来的文本，因为它包含了作者的修改和更正（Nashe，2.197）。他认为后来的版本会"比最早的印刷品与作者的原稿有更大的偏差"，他认为编辑应该以"最早的'好的'印刷品"为基础，并插入"包含它们的第一个（后来的）版本，我们认为这类修正来自作者"。然而，即使在这个阶段，迈克罗的立场基本上还是很保守的。他反对折中主义的选择，坚持认为如果后来的版本包含明显是作者做的实质性变化，编辑就必须全部采用："我们不是要考虑文本身的'好坏'……我们是要考虑特定的版本作为整体，是否包含与它原来版本不同的变体，这些变体不能合理地归因于普通的印刷商，而是……似乎是作者的作品。"（McKerrow，18）迈克罗的立场在这里仍然很危险地接近于"最佳手稿"法。

新书目学理论在格雷格的重要文章《抄本的原理》（*The Rationale of Copy-Text*）中得到了经典的发展。文章中，格雷格在回答迈克罗的问题时，为批判性编辑提出了强有力的论据。他推翻了"'最佳文本'的老谬论"（Greg，'Rationale'，24），即编辑认为自己有义务采用其典范的所有文本，他区分了实质性文本和偶然性文本。他认为，"在偶然性问题上，（一般）应以抄本文本为准，但实质性读物的选择属于文本批评的一般理论，完全超出了抄本文本的狭窄原则"。在格雷格建议的程序中，编辑（如果现存文本"形成一个祖先系列"）通常选择最早的文本，这将"不仅在偶然性方面最接近作者的原文，而且（除了修订之外）在实质性变化有问题时最忠实地保留正确的文本"。在选择了抄本后，编辑将遵循它的偶然性。然而，在有多个具有可比性文本的情况下，"就实质性的文本而言，复制文本不能被允许有压倒性的，甚至是占优势的权威"。对格雷格来说，就像迈克罗一样，编辑要寻找的是作者想要的文本，因此有义务"行使他的判断力"，而不是依靠"一些任意的规范"。通过在寻求作者文本的过程中对实质性文本进行批判性辨别，格雷格归到了包括本特利、霍斯曼和西奥博尔德在内的英国流派之中。

如果说后来所有的文本批评理论都是由格雷格的脚注组成，那未免有些夸张了。然而，在过去很长一段时间，关于这一主题的大部分著作都阐述和发展了格雷格的思想，或者将自己定位在反对他的信条及影响上。格雷格的理论继续为从事英语文学文本的编辑提供了一个重要的框架。格雷格最引人注目的阐释者和追随者是 F. T. 鲍尔斯（F. T. Bowers）和 G. 托马斯·坦塞勒（G. Thomas Tanselle）。格雷格的专长（与迈克罗和他们的盟友 A. W. 波拉德一样）主要在 16 和 17 世纪的文学领域，但鲍尔斯坚持认为格雷格的原则是"迄今为止最可行的编辑原则，在最大程度上可以产生权威的批判性文本……该原则是健全的，而不考虑文学时期"（Bowers，1972，86）。事实上，鲍尔斯自己的非凡编辑成果包括从马洛和德克尔，到德莱顿和菲尔丁，再到惠特曼、克雷恩和纳博科夫这些作者。美国现代语言协会将格雷格·鲍尔斯的立场作为其《编辑原则和程序声明》（*Statement of Editorial Principles and Procedures*，1967）的基础，该声明指导了美国作家出版中心（1963 年成立）的工作。鲍尔斯关于书目和编辑原则及方法的主要声明可以在《书目描述原则》（*Principles of Bibliographical Description*，1949）、《论莎士比亚和伊丽莎白时代戏剧家的编辑》（*On Editing Shakespeare and the Elizabethan Dramatists*，1955）、《文本和文学批评》（*Textual and Literary Criticism*，1959）以及《书目和文本批评》（*Bibliography and Textual Criticism*，1964）中找到。

迈克罗、格雷格、鲍尔斯和坦塞勒的工作的一个主要前提是，文学编辑调查以符合作者最终意图的文本为目标。在这个时代，作者意图的概念，或者说它的可知性和可重构性，本身就受到了严重的攻击，这个前提条件需要复杂的论证。这个过程中的一个关键文献是坦塞勒的《最终作者意图的编辑问题》（*The Editorial Problem of Final Authorial Intention*），它借鉴了大量的理论文章，包括 E. D. 赫希（E. D. Hirsch）的《解释的有效性》（*Validity in Interpretation*，1967）。坦塞勒认为，"编辑们普遍认为，他们的目标是发现作者到底写了什么，并确定他希望公众拥有什么形式的作品"。编辑的选择取决于对作者用词和含义的批判性判断："在编辑看到的作品的含义中，他将通过权衡他所掌握的所有信息，判断他所认为最有可能是作者本意的语句，这种判断将影响他对不同文本的决定。"（Tanselle，1976，167，210）

然而，作者意图作为文本编辑的基础，是一个复杂的"难题"。有些学者认为，给予作者意图以特权并非一种理性的选择，而应由个人主义的意识形态决定。莫尔斯·佩克汉姆（Morse Peckham）抱怨说，将作者的意图置于优先地位是"胡言乱语"，是将神圣的灵感或魅力归于作者（Peckham，136）。另一些学者，如格里瑟姆，将重建符合作者意图文本的做法视为一种徒劳的尝试，这种尝试旨在依从柏拉图哲学解释找到并不存在的理想文本（Greetham，1999，40）。引发特别复杂的意图和修改问题的文本催生了编辑范式的重大转变或创新。一个有争议的范例是乔治·凯恩（George Kane）和 E. 塔尔博特·唐纳森（E. Talbot Donaldson）版本的《农夫皮尔斯》（*Piers Plowman*，1975），在该版本中，编辑们坚持根据内部证据而不是之前的校订来解释变化的版本。另一个争议更大的版本是汉斯·沃尔特·盖布勒（Hans Walter Gabler）出版的乔伊斯的《尤利西斯》（*Ulysses*，1984），其中一个干净的文本与概要文本及其注解平行印刷，后者详细记录了乔伊斯改动的非同步过程。大量文本注解的必要性为编辑偏离文献见证者提供了充分的证据，这些对进行批评的编辑和他们的反对者都十分重要。作者修改所引起的问题，已经存在于格雷格和鲍尔斯传统的著作中，一直是编辑关注的问题。作者的修改可能会产生不同的版本，没有一个完整的版本可以适当地代表这些版本。这一论点在《农夫皮尔斯》案例中具有说服力，在华兹华斯的《序曲》（*Prelude*）一例中无可指责，《序曲》从两卷本诗集（1799）发展到十三卷本诗集（1805），对不太明显的大范围修订也有作用。在莎士比亚的文本批评中，诞生了 1608 年四开本《李尔王的历史》（*History of King Lear*，1608）和 1623 年对开本《李尔王的悲剧》（*Tragedy of King Lear*，1623）的分离版本。帕克认为，相对较小规模的作者修改可能会对大规模的文本意义产生部分或全部完全意外的后果。格雷格的文本判别作为选择和控制的机制，在最近"不编辑"（unediting）的论点中受到了抨击，这些论点将文本选择（根据解释或依据书目）的例子视为任意的和受意识形态驱动的，并倾向于以前拒绝的文本和变化版本。

"不编辑"的争论可能是因为对书目特殊性的知情坚持，这种坚持有意识地回避了语义阅读和由此产生的歧视性编辑过程（如兰德尔·麦克劳德所说），或者是因为批判性编辑在证据和理性上存在对历史依赖的拒绝，这种拒绝本身在意识形态上受到了损害（如马库斯）。后现代理论的激进怀疑主义也在文本思维中找到了自己的方式。例如，戈德堡（Goldberg）认为，文本采取的多种形式意味着"文本本身不存在……文本不能被定义为原始或最终的意图"。因此，戈德堡的结论是："文本中没有一个字是神圣的。如果这是真的，所有以文本为基础的批评，所有形式的形式主义，所有的仔细研读，都是谎言。"（Goldberg，214，215）这个结论认为如果认真对待，不仅是格雷格－鲍尔斯的基本原理，甚至所有给予文本的学术学科和书籍本身均会失效。

过去 30 年来，文本批评理论中最重要的运动之一是一些思想家，特别是 D. F. 麦肯锡（D. F. McKenzie）和杰罗姆·J. 麦甘恩（Jerome J. McGann），认为格雷格－鲍尔斯的方式将书目和文本编辑减少到"一个严格限制的分析领域"，使对文本生产的理解"去社会化"。麦甘恩否定了作者的自主性和不受意图影响的可能性，坚持认为"文学作品从根本上说是社会产品，而不是个人或心理产品，它们甚至在与观众的接触被确定之前都没有艺术上的存在形式……文学作品必须在一套适当的社会规则中产生。"（McGann，1983，119，121，43—44）处于社会规则中的包括抄写员、合作者、编辑、审查员、印刷厂、出版商和剧院。从这个角度看，文学作品的生产以及它的意义，是由多个代理人和这些代理人赋予作品的表现形式所决定的。这种社会论点对文本工作的许多领域都有说服力，特别是对莎士比亚作品的现代编辑来说，他们将把重点从格雷格－鲍尔斯的书本重点转向剧作家、剧团、演员和观众之间的互动。

这些挑战的程度和后果是真实的，尽管有人认为格雷格－鲍尔斯立场的广度和灵活性并不总是被完全理解，但仍然具有合理的理由。它没有被作者修改和不同版本的历史事实所驳倒，也没有被文学创作和生产的社会环境所推翻。这些因素中没有一个是辩论中没有出现过的。正如坦塞勒在《文本批评与文学社会学》（*Textual Criticism and Literary Sociology*）一文中所说："对作者最终意图感兴趣的批判性编辑并不是要混合版本，而是要重建一个版本……批判性编辑……都必须依靠现存的文献……并努力从这些文献中重建特定人物（无论是单独的作者，还是与他人合作的作者）在过去特定时间内的文本。"

　　基于书籍的版本本身面临着紧跟文本批评的近期发展，即指对计算机资源的利用（见第 21 章）。一个直接而强大的例子是全文电子数据库（如早期英国在线书籍或 18 世纪在线收藏），它为用户提供了一系列早期书籍的传真页。在万维网上有更复杂的多媒体超文本资源。尽管印刷的批判性版本本身已经是一种复杂的超文本，但电子超文本确实可以做很多书本无法做到的事情。电子存储器允许展示任何特定作品的多个特定版本的文本。超链接使得这些文本之间，以及在视频、音频和文本格式的无限范围的背景之间，可以有灵活的连接。软件应用允许在超文本数据库的资源中进行看似无穷无尽的搜索和比较。这与最近当代批评理论中的后现代倾向有相似之处，并能发挥协同作用。主要的超文本档案（如弗吉尼亚大学的罗塞蒂档案）已经存在，一些作家，如兰多、拉纳姆、麦甘恩等，已经开始发展超文本的理论，基本上是积极的。

　　电子形式在本质上具有包容性，因此本身是强大而有价值的。然而，它们要么不做区分，要么以隐蔽和不明确的方式做区分。由于它们的丰富性，超文本档案不算是版本。书籍是精心制作的物品，体现了批判性的智慧，通常成于其作者、印刷商和出版商不可逆转的决定。基于书籍的学术版本体现了其制作者在文本、变体和理解之间的伦理选择。哈罗德·洛夫认为，"电子媒介以其无限的能力制造出越来越多的无意义的'选择'，并且不愿意接受封闭，从定义上看几乎是后伦理的，甚至是反伦理的。"（Love，274—275）编辑和文本批评家在接受电子未来的一些乐趣时，将比以往任何时候都更需要为机构、责任和批判性智慧创造核心和透明的角色。

参考文献

J. H. Bentley, *Humanists and Holy Writ* (1983)

R. Bentley, ed., *Q. Horatius Flaccus* (1711)

—— *Proposals for Printing a New Edition of the Greek Testament* (1721)

F. Bowers, 'Some Principles for Scholarly Editions of Nineteenth-Century American Authors', *SB* 17 (1964), 223–228

—— 'Multiple Authority: New Problems and Concepts of Copy-Text', *Library*, 5/27 (1972), 81–115

E. Capell, *Prolusions; or, Select Pieces of Antient Poetry* (1760)

W. Chernaik *et al.*, eds., *The Politics of the Electronic Text* (1993)

T. Davis, 'The CEAA and Modern Textual Editing', *Library*, 5/32 (1977), 61–74

P. Delany and G. Landow, eds., *Hypermedia and Literary Studies* (1991)

J. Goldberg, 'Textual Properties', *SQ* 37 (1986), 213–217

A. Grafton, *Defenders of the Text* (1991)

D. C. Greetham, *Scholarly Editing* (1995)

—— *Theories of the Text* (1999)

W. W. Greg, 'The Rationale of Copy-Text', *SB* (1950–1951), 19–36

A. E. Housman, ed., *M. Manilii Astronomicon* (5 vols, 1903–1930)

—— 'The Application of Thought to Textual Criticism', *Proceedings of the Classical Association*, 18 (1921), 67–84

—— ed., *Lucan Bellum Civile* (1926)

—— *Selected Prose*, ed. J. Carter (1961)

—— *The Confines of Criticism*, ed. J. Carter (1969)

G. Landow, *Hypertext* (1992)

R. A. Lanham, *The Electronic Word* (1993)

H. Love, 'The Intellectual Heritage of Donald Francis McKenzie', *Library*, 7/2 (2001), 266–280

L. Marcus, *Unediting the Renaissance* (1996)

R. Markley, ed., *Virtual Realities and their Discontents* (1996)

J. McGann, *A Critique of Modern Textual Criticism* (1983)

—— *The Beauty of Inflections* (1985)

—— *Textual Criticism and Literary Interpretation* (1985)

—— *The Textual Condition* (1991)

—— 'Textual Criticism and Literary Sociology', *SB* 44 (1991), 84–143

—— *Radiant Textuality* (2001)

D. F. McKenzie, *Bibliography and the Sociology of Texts* (1986)

McKerrow, *Introduction*

R. B. McKerrow, *Prolegomena for the Oxford Shakespeare* (1939)

R. McLeod, 'UN *Editing* Shakespeare', *SubStance*, 10 (1982), 26–55

Metzger, *The Text of the New Testament* (1992)

G. Most, 'Classical Scholarship and Literary Criticism', in *The Cambridge History of Literary Criticism*, vol. 4: *The Eighteenth Century*, ed. H. B. Nisbet and C. Rawson, (1997)

T. Nashe, *The Works of Thomas Nashe*, ed. R. B. McKerrow (5 vols, 1904–1910; 2e, rev. F. P. Wilson, 1958)

H. Parker, *Flawed Texts and Verbal Icons* (1984)

M. Peckham, '*Reflections* on the Foundations of Modern Textual Editing ', *Proof*, 1 (1971), 122–155

Reynolds and Wilson

W. Shakespeare, *Mr William Shakespeare his Comedies, Histories, and Tragedies*, ed. E. Capell (10 vols, 1767–1768)

P. Shillingsburg, *Scholarly Editing in the Computer Age* (1996)

D. N. Smith, ed., *Eighteenth Century Essays on Shakespeare*, 2e (1963)

G. Tanselle, 'Greg's Theory of Copy-Text and the Editing of American Literature', *SB* 28 (1975), 167–230

—— ' The Editorial Problem of Final Authorial Intention ', *SB* 29 (1976), 167–211

—— ' The Editing of Historical Documents ', *SB* 31 (1978), 2–57

—— 'The Concept of *Ideal Copy* ', *SB* 33 (1980), 18–53

—— ' Recent Editorial Discussion and the Central Questions of Editing ', *SB* 34 (1981), 23–65

—— ' Classical, Biblical, and Medieval Textual Criticism and Modern Editing ', *SB* 36 (1983), 21–68

—— ' Historicism and Critical Editing ', *SB* 39 (1986), 1–46

—— *A Rationale of Textual Criticism* (1989)

—— ' Textual Criticism and Deconstruction ', *SB* 43 (1990), 1–33

—— ' Textual Criticism and Literary Sociology ', *SB* 44 (1991), 83–143

L. Theobald, *Shakespeare Restored* (1726)

U. von Wilamowitz-Moellendorff, *History of Classical Scholarship*, ed. H. Lloyd-Jones (1982)

W. Williams and C. Abbott, *An Introduction to Bibliographical and Textual Studies* (1999)

F. Wolf, *Prolegomena to Homer 1795,* tr. A. Grafton *et al.* (1985)

第21章
电子图书

艾琳·加德纳、罗纳德·G.穆斯托

1　定　义

电子书（e-book），也称作数字图书，是一种基于文本、声音和图像等数字形式的出版物，通过计算机或其他数字设备制作、出版，并可在计算机或其他数字设备上阅读。电子书以视觉或听觉的方式呈现，就像有声书一样，它将页面上的文字重新组合成一种听觉媒介——这是电子出版潜力的先驱和典范。一些人认为，文字以外的内容，包括多媒体（声音、图像、电影／视频／动画图形）均有优化增强的作用。在其他人看来，这些特征正是电子书的本质。电子书产业及其定义仍在发展，从印刷书的历史和不断发展的技术中产生。因此，本章是对历史调查的一种尝试，而非旨在指导快速发展的数字领域的当前创新或未来趋势。在这种情况下，把书看作物品——特别是商业物品——不如看作文化实践和过程，而电子书是这种实践的一种表现形式。

2 历　史

电子书的简短历史应从 1945 年算起，当时电子书的雏形首次出现在印刷品中，到 2013 年初，不少失败的开端尝试已经被一种模式所取代，这种模式产生了电子书（内容）、电子阅读器（设备）和读者（受众）规模，可以保证可持续性。

2.1 印刷品的前身

从 20 世纪 70 年代中期开始，有文本和图像的出版物开始由计算机制作。其最早的发展出现在报业，随后范围拓展到了图书业。图书行业的一些部分，特别是学术出版和其他在经济上处于边缘的领域，在 20 世纪 70 年代和 80 年代曾尝试过由作者自身制作书籍。按照出版商的复杂指示，作者会制作可用于印刷的照相稿来制作印版。当作者开始拥有台式电脑时，他们制作的副本可以与排版的质量相媲美。在十年之内，书籍开始在台式机上制作，书籍制作的创新者利用这些小型计算机的力量，从电子稿中或通过简单的重新键入，使用文字处理软件，以低廉的价格来制作书籍——桌面出版的时代已经开始。到 20 世纪 90 年代初，这些能力被 PageMaker（后来的 InDesign）和 Quark 等复杂的页面制作程序所拓展。

大型商业出版商在传统的生产形式上投入了大量资金，在采用新方法方面一开始很缓慢。然而，排字员通常都在使用计算机，甚至比将工作外包给他们的出版商还要早意识到这一点。从 20 世纪 90 年代中期开始，出版商明白了自己利用这一技术的力量，对图书生产成本和速度产生了重大影响，并导致从 1994 年（5.2 万）至 2004 年（19.5 万）期间美国图书年产量增长了近 3 倍。

用来制作图书的文件可以在电脑屏幕上阅读，但纸张仍可作为展示的媒介。仅仅是电子文件还不足以引发一场阅读革命。在电子书的时代到来之前，许多要素必须准备到位。

2.2 数字化发展

1945年7月，模拟计算发展的先驱工程师范内瓦·布什（Vannevar Bush）发表了一篇文章，其中介绍了Memex，这是一种用于控制不断积累的科学文献的假想仪器。他设想了一个作为存储和检索系统的活动桌面。Memex的使用者可以通过敲击键盘上的代码来查阅书籍，从而调出文本。Memex的许多功能都是现在人们所熟悉的电子书的组成部分：页面、翻页器、注释功能、内部和外部链接，以及存储、检索和传输的潜力。然而，布什想象所有这些都将通过微缩胶卷这一媒介来完成。

又过了20年，电子书的基本要素之一超链接才得到发展。1965年，泰德·尼尔森（Ted Nelson）首次提出了"超文本"和"超媒体"这两个术语。这两个作为超链接的要素是由整个20世纪60年代和70年代工作的工程师团队开发的。1968年12月9日，道格拉斯·恩格尔巴特（Douglas Engelbart）展示了开发于斯坦福大学研究所的oNLine系统（简称NLS），该系统被称为"所有演示之母"（The Mother of All Demos）。这次活动引入了今天数字世界的许多元素：电子邮件、电话会议、视频会议和鼠标。对于图书的未来来说，最重要的是它展示了超文本，并引入了"纸质范式"（paper paradigm），展现了当前计算机的标准体验：窗口、白底黑字、文件、文件夹和桌面。

与此同时，安德里斯·范·达姆（Andries van Dam）与布朗大学计算机与信息科学中心的同事们合作，开发了超文本编辑系统，于1969年4月公布。如此便催生了20世纪70年代和80年代的各种超媒体和超文本实验。1978年至1980年期间，麻省理工学院的学生制作了第一个重要的超媒体应用——阿斯彭电影地图（Aspen Moviemap），它使用定格相机，根据实际照片创建了科罗拉多州阿斯彭的互动地图。这些实验在1987年由比尔·阿特金森（Bill Atkinson）在苹果电脑公司开发的HyperCard中达到了顶峰。苹果公司将这个软件免费发布在其最新研发的麦金塔电脑上。内容创作者们立即接受了这个程序，觉得它很有发展前景。

尽管许多早期的作品无疑已经丢失，但有一个作品却长期存在。1988年，布莱恩·托马斯（Brian Thomas）与小菲利普·A.莫尔（Philip A. Mohr, Jr.）一起，从他们的公司平台 riverText 发布了软件"如果僧侣有 Mac……"（*If Monks Had Macs……*）。这个软件最初发布时，是用 HyperCard 构建的游戏，是严肃想法的集合，使用的是修道院图书馆的预印暗喻，配有音乐和回廊的喷泉声。它作为麦金塔电脑的免费软件出现在 800K 软盘上，从而创建了一个早期的先例，在后来的开放获取运动（open-access movement）中引起了共鸣。它还包括托马斯所说的"可称为第一本真正的或广泛阅读的电子书"——《模仿基督》（*The Imitation of Christ*），这是古腾堡革命中最早的畅销书之一。"如果僧侣……"系列中还包括对《圣经》的介绍，还包括对"白玫瑰"（White Rose）的介绍，这是一个由德国青年学生组成的秘密团体，他们因散发用秘密印刷机印制的反纳粹小册子而遭到追捕并被立即处决。

"如果僧侣有 Mac……"中的选择是有预见性的，它对预印本手稿、早期印刷品和类似于"秘密流传的书"（Samizdat）边缘出版的隐喻，不仅引入了一种新的媒介，而且设定了知识和文化的悖论，电子书仍然在其框架中运作。一种本质上非线性的、多元的媒介，大多数读者和制作者都用为手抄本准备文化注解来对待它。就生产和销售而言，它既是回顾性的，也是前瞻性的，像早期的印刷品一样，它是创造和流通于学术和大型商业机构的主流之外的。

1993 年，小型独立公司 Italica Press 出版了它的第一本电子书，也是用 HyperCard 制作的两张 800K 软盘。麦金塔版的《罗马的奇迹》（*The Marvels of Rome*）是一本著名的中世纪城市指南电子书。1994 年《电子建筑》（*Architronic*）的评论表示："互动层将使思考文本的创新方法成为可能，这是 HyperCard 编程未来的一次令人愉悦的展示。"1995 年，"如果僧侣有 Mac……"由旅行者（Voyager）公司进行商业化发行，该公司之前曾发行过披头士乐队的《一夜狂欢》（*A Hard Day's Night*）的注释磁盘版本——这不只是电影化的稀奇玩意儿，也是电子出版的奇迹。

2.3 只读光盘存储器（CD-ROM）

尽管这些早期的实验是成功的，但它们的进程烦琐，速度缓慢，而且几乎无法观看。随着 1987 年只读光盘存储器的推出，情况开始发生变化。1982 年，CD-ROM 已经在音乐产业中投入使用，在 1991 年苹果公司的麦金塔电脑中，CD-ROM 作为一种存储设备首次被广泛地整合到消费类计算机中。一张 CD 可以容纳近 800MB，在处理、存储和运输方面比 800K 或 1.4MB 软盘要方便得多。到 1992 年，第一批电子书开始以 CD-ROM 的形式出现，同样属于免费软件，但目的是鼓励消费者购买带有新 CD-ROM 驱动器的计算机。

到 1993 年，美国市场已售出 400 万台 CD-ROM 播放器；大型出版公司因电子书以软盘为基础且尺寸有限，曾犹豫是否要进入这个市场，但现在它们都跃跃欲试。到 1994 年，光盘图书的销售额达到近 10 亿美元，有 8000 多种图书，所涉及领域从圣经到参考书和商业书，从电影到儿童文学。连锁书店被鼓励为新的电子书留出 CD-ROM 区，因为该行业的出现，社会上首度出现了印刷业将被终结的众多说法。然而，到了 1994 年底，光盘图书销售量下降，配备光盘驱动器的个人计算机用户群停滞不前（500 万），再加上图书馆界对编目、提供存储和访问新媒介的困难普遍不满，使光盘书目从大多数出版商的名单上跌落。美国国会图书馆决定不对 CD-ROM 进行编目，这就意味着除了大型参考文献收藏、档案使用、教科书、教师手册或学习指南中的补充材料外，CD-ROM 将被全部淘汰。到 20 世纪 90 年代末，大多数 CD 上的叙事书都变成了有声书：这不是退回到了手抄本的时代，而是直接退回到手抄本之前的口述传统。

2.4 万维网

尽管历史证明以磁盘为载体的电子书在电子书发展过程中仅占据较短时间，就像印刷革命最终发展中的木刻版印刷和木刻版书籍一样，但在发展数字内容的这些年中所吸取的教训并没有丢失。企业在内容数字化方面的大量投资，传输软件的改进，以及在超文本概念化和获得并保护数字权利方面的重要经验，对电子书的发展产生了深远的影响，即使最大的利益相关者最终决定袖手旁观，等待进一步的进展迹象，也没法改变这个结果。

万维网的发明和发展对电子书尤其重要，因为互联网在存储、检索和交付方面提供了巨大的优势。然而，第一个电子书库的出现比这一技术飞跃早了近 25 年。1971

年，伊利诺伊大学的迈克尔·哈特（Michael Hart）开始了古腾堡计划，他从《独立宣言》《权利法案》和《美国宪法》开始，创建小型公共领域作品的电子文本，而且均由手工输入：这是一项劳动密集型的志愿工作。当存储介质的容量增加时，古腾堡计划便将大型书籍数字化，包括《爱丽丝梦游仙境》《彼得·潘》和圣经。随着20世纪90年代中期价格低廉的光学字符识别（OCR）技术的发展，古腾堡计划可以依靠一种更快的处理方法，最终与重新输入的准确性几乎相同。这一先锋计划在40个镜像站点上继续进行，在任何电脑、个人数字助理（PDA）、智能手机或阅读设备上都能阅读站点上面的数千本书。

3 规模和商业化

在技术上、商业上和文化上，电子书本质上仍然是印刷品的数字版本；然而，到2003年，几乎所有的内容都在以数字方式生产，要么是最初创建的，要么是回顾性地转换。为了完成这种转换，大多数企业要么依靠自动数字化，要么依靠南北收入分歧中的低收入国家（主要在印度）中无数的低工资长工，在那里，数量庞大的新劳动力可以制作编码的文本、图像和链接。于是引起了道德和经济问题，而这些问题对于印刷书来说几乎是不存在的，印刷书是从中世纪晚期高度熟练的行会和其他手工艺企业中发展起来的，仍然是专家和报酬相对较高的手工艺人的领域。

早在20世纪80年代，计算机服务器被开发出来，有能力持续和广泛地存储和分发数字内容；从1991年起，Gophers和listservs开始建立学术和非商业交流的网络。随着1995年CompuServe和AOL的出现，广泛的商业传输系统已经开始利用网络广泛的互联性，以及其存储和提供内容的能力，而不依赖于客户的机器和物理媒介，如软盘或光盘。

独立的网络浏览软件开发利用了这些不同的元素，将电子书的可能性向前推进了一步。有几个早期的例子，但第一个"方便非专业用户"的浏览器Mosaic直到1993年才公开发布。它是由伊利诺伊大学厄巴纳－香槟分校的国家超级计算应用中心（NCSA）开发的。Mosaic改变了互联网的面貌，在同一窗口中整合了文字和图像。马克·安德森（Marc Andreessen）是在国家科学基金会的资助下开发该软件的团队的领导人，他很快将 Mosaic 变成了一家商业企业，并发展成为网景公司；网景公司在 1994 年推出了网景导航者浏览器。同年，微软推出了同样基于 Mosaic 的资源管理器。1993 年有 500 个网络服务器，到 1994 年有 1 万个；到 2007 年 6 月有超过 1.25 亿个网站，到 2012 年 3 月有 6.44 亿个（根据 Netcraft 统计）。从计算服务器到网站的转变反映了主机的巨大增长和变化，存储网站从离散的外围网络变成了巨大的聚合数据中心。

这样的发展意味着 20 世纪 90 年代末开始频繁出现模仿古腾堡计划的电子书图书馆。一些图书馆通过提供可供收缩的可读书目模仿那些提供印刷材料的图书馆；另一些图书馆的特点体现在其可在整个收藏中搜索全文。有些如 netLibrary，提供数字下载；其他比如 Perseus、Questia、ACLS 人文科学电子书和牛津学术在线，通过机构或个人订阅提供在线访问。古腾堡计划的一个商业形式出现在谷歌图书事业中，它承诺向用户免费提供海量的内容。它对受版权保护的材料，特别是"无主作品"（orphan works）采取了自由的做法，这被证明是有争议的，该项目陷入了与作者、出版商和法院的持续谈判，被称为"谷歌图书和解协议"（Google Book Settlement）。互联网档案馆（Internet Archive）的"文本收藏"也经历了同样的问题，但成功地将其内容限制在各种电子书格式的无版权作品上，截至 2012 年，互联网档案馆可向读者提供近300 万本公共领域的书籍。大型印刷书商（如巴诺书店和亚马逊）、自己拥有在线商店的出版商和专门的在线电子书商都倾向于采用零售模式，一次销售一本电子书。

4 特　征

电子书的某些特征似乎不太可能改变，因为它们是由文化习惯或阅读的生理学特征决定的。这些都与手抄本有关：标题、撰稿人、目录、插图、表格清单、前言、章节、页面（或屏幕）、页数或段数（或定位号）、行首、书标、注释、后记（索引、词汇、参考文献、注释、书目等）、版权声明、编目信息和国际标准书号（ISBN）。尽管这些元素在印刷和电子媒体中具有相同的分类标准，但它们有时可能具有不同的形式和功能。例如，电子书中的目录，不是在它自己的一页或几页上，而是位于文本旁边的一个单独的单元中，在整本书中都可以看到。"页面"或"屏幕"不一定都是相同的大小，可以根据文本部分的相对大小来有组织地发挥作用。一页可能包含一个段落或多达一整章的内容，不过为了便于阅读和导航，一章往往被分成几个小节，每个小节都在一个单独的页面上呈现。在电子书中，页面、段落或位置经常被编号，以便识别和参考。注释不需要做成脚注或尾注。它们可以出现在一个单独的（弹出式或平行式）窗口中，让读者有机会同时看到文本和注释。它们也可以与所有其他注释一起出现在单独的窗口中，这样读者就可以在上下文中看到它们。书中的交叉引用超链接可以将读者带到文本中的其他位置，以及参考材料，如词汇表、字典和地名词典。

与印刷文化的标准化工业产品相比，这种灵活性更接近于中世纪手稿文化中的阅读过程。与印刷品相比，电子书有几个优势，方便是其一。电子书既没有重量也没有体积，易于储存和运输。它们在格式上提供了更大的灵活性：颜色、大小、字体、布局都有很大的变化，甚至在良好的品位范围内，也更接近于手稿的变化，而不是印刷的统一性。它们通过与声音、视频、图像和文本的超链接提供了更丰富的阅读体验。电子书还可以纳入一个显著的时效性：它们可以通过脚本从在线资源中获取最新的信息，或者根据需要在设备上更新信息。

2000 年，在对这种模式的可能性进行的一次出色的探索中，西蒙与舒斯特公司（Simon & Schuster）在网上出版了其明星作家之一斯蒂芬·金（Stephen King）的长篇小说《骑弹飞行》（*Riding the Bullet*），并可下载。该书售价 2.5 美元，同时由一些在线书商免费提供，据说第一天就有 40 万次下载量，让 SoftLock 的服务器宕机。从迈克尔·乔伊斯（Michael Joyce）的先锋作品和他的《午后：一个故事》（*Afternoon*：*A Story*，1987 年使用 Storyspace 出版）开始，到 J. R. 卡朋特（J. R. Carpenter）以超文本标记语言（HTML）为形式出版的《城市之鱼》（*City Fish*，2010 年在 Luckysoap 上出版），这种以电子形式呈现的传统书籍在叙事中很少使用数字增强功能，这与采用电子创作工具的作家的作品不同。在非虚构类作品中应用电子能力最先进的现象体现在 ACLS 人文科学电子书中，它将声音、视频和数据库纳入其收集的 3000 多本人文科学专著中的一小部分 TEI 编码的电子书中。在未来，"书"和其他数字媒体之间的区别可能会改变或变得模糊，但目前产生电子书读者基础的电子书范式是一种可在数字设备上阅读的传统线性印刷书。图书文化的变化不是通过单独的、示范性的项目，而是通过累积的"临界质量"来实现的，可以说技术本身已经成为最夺目的焦点。

5 阅读实践和作者身份

了解电子书的哪些部分使其成为"书"，仅仅是当前主题的一半。另一半是要了解哪些部分使其成为电子书。根据定义，电子书以数字形式呈现：通过计算机或其他设备制作、出版和阅读，但这种形式给书带来了特殊属性。电子书的主要特点是超链接，或通过点击文本或图像（分别为超文本和超媒体）从一个地方无缝移动到另一个指定的地方或"目标"。电子书的大多数导航功能，无论是目录、注释、交叉引用、书签或是其他资源，均得益于超链接。还有一个相关的功能是脚本，像超链接一样，脚本启动了一个动作，但不是简单地把读者带到另一个地方，而是可以同时触发复杂的自动动作，如打开额外的窗口，播放音乐或视频，放大图像，并允许读者做出反应，包括提供口头、听觉或视频形式的注释。

可搜索性是电子书的另一个关键特征，其功能是在给定的作品或外部相关资源中识别出现的单词或其他对象。搜索不是简单地取代索引，而是增强索引，因为无论作者使用了什么关键词，索引都唤起了读者对文本主题、问题和关注点的认知。在这里，我们遇到了电子出版中的一个主要问题，即作者的意图和对读者的文本体验的控制。超链接、非线性和多极连接以及大量的补充材料开辟了无数的阅读和阐释途径：对作者的论点和最终意义的解构和重组可能是在线体验的核心；电子书作者的声音和观点的竞争表现远比印刷形式的书籍更活跃。

电子书还允许出版商或发行商以甚至是禁书目录（Index Librorum Prohibitorum）都无法想象的方式来控制对书的访问途径。它可以对书籍进行加密，并对任何书籍、章节、文章、图像、视频剪辑或声音文件应用数字权利管理（digital-rights management，DRM）方案。它可以控制打印、复制和修改。它可以根据法律协议跟踪使用情况、使用偏好，甚至阅读速度。此外，电子书还会引发多年来对互联网开放存取和自由的争论。

6 编码：方法和功能

所有的电子书都依赖于文本和图像的编码系统，向读者提供一致和可靠的结果。尽管有可能从专有的软件包中创建电子书——例如，文字处理程序、页面编辑程序以及此类程序的扩展或超文本程序——但这种方法依赖于在用户终端机器上安装适当的软件来阅读电子书。解决这个问题的方法有多种。最早的，也许仍然是最普遍的是美国信息交换标准代码（American Standard Code for Information Interchange，ASCII）。由于其普遍的可读性，像古腾堡计划这样的网站一开始就提供了 ASCII 版本的文本，而且现在仍在提供其他格式。另一个解决方案是各种版本的"便携式文件格式"或 PDF 文件，它是由 Adobe 公司在 1993 年为其 Acrobat 软件开发的，并被其他商业和开源内容创建者（Common Ground，Envoy）所采用。PDF 文件允许与其他设备共享内容，而不受平台或软件的影响。随着 PDF 软件的发展，它使创作者不仅能够纳入文本和图像，而且能够纳入多种查看选项、可搜索性、声音、音乐、视频、超链接、脚本和注释。然而，PDF 文件的主要限制仍然是缺乏书与书之间的交叉搜索能力。

网络的发展与它的基本组成部分——超文本标记语言——的创建相辅相成。这种编码语言是网络的通用引擎，能实现网络的大部分基本功能。虽然简单易学，但 HTML 也有一定的缺点，最明显的是除了基本的设计布局和文本格式外，在格式化和展示方面缺乏可预测性。为了重新定义 HTML，人们采用了各种其他方法，包括对其母体标准通用标记语言（Standard Generalized Markup Language，SGML）的改编和采用较新的可扩展标记语言（Extensible Markup Language，XML）。XML 目前是电子书开发的标准，因为它提供了对文本、图像和其他电子书组件的更大控制权。另外，更重要的是，它以一种开源、可复制、可扩展和可预测的方式建立了电子书的整体结构。

XML 的基本语言结构也是 SGML 的一个子集，开发于 20 世纪 80 年代（2007 年出版的 P5 为最新版本），用于解析、展示和保存早期文本。SGML 衍生出了文本编码倡议（Text Encoding Initiative，TEI）联盟的惯例，大多数文档架构（文档类型定义，

DTD）都是从该联盟衍生出来的。开发者继续创造复杂的页面布局、超文本和解析程序，但 TEI 在图书馆、档案馆和出版界的广泛国际应用似乎保证了其地位。然而，随着出版商、设备和平台——如 ePub、mobi（azw）、iBooks 和 Kindle——倾向于支持数字版权管理、图像、表格、文本包装、声音和超链接的各种格式，TEI 的复杂性可能对自身不利。由于各种文本和页面布局格式的文件可以很容易地导出或转换为这些可分发的电子书格式，出版商和内容开发商已经能够快速和经济地创建大量电子书材料。

7 模型和美学

电子书具有极强的适应性和功能性，当应用适当的编码语言和语法时，它们的格式和设计可以反映最好的印刷传统和实践。然而，这种与印刷模式的比较引起了技术依赖和过渡的问题。每一种新的图书数字创新模式似乎都要回顾一下抄本和早期印刷时代的历史先例。在古腾堡所掀起的革命之后，各种图书生产形式——手抄本、雕版印刷或活字印刷——共存了近两个世纪，没有任何一种模式是轻易就能流传下来的。

最终，活字印刷超越了手抄本和雕版书，以下原因在今天看来是显而易见的，但在当时看来却是弱点——标准化。将页面重新划分为明确的字体、边距和图像区域，其注释和其他注解系统的固定性，精巧装饰或彩饰的大写字母、花纹、色彩、字体和字体大小的变化等奢侈特征的逐渐减少，甚至还包括对书籍的物理尺寸和媒介的限制——所有这些都是为了可持续发展。然而，最终活字印刷的模块化提供了便利性、经济性和一致性。

同样，今天创建标准化的在线工具和编码模块可能会限制网站作者的创作自由，他们的作品仍然是独特的艺术创作，类似于艺术家的书：是美丽的作品，像巴勃罗·毕加索或亨利·马蒂斯的作品，不为复制，而是单独存在，让读者体验这一先进技术所带来的新鲜感。就像古典作品和经文的手稿及其多种文本变化、多种形式的页面布局以及文艺复兴时期的学者和印刷商所抱怨的情况一样，这些网站——如弗吉尼亚大学人文科学高级技术研究所（IATH）和哥伦比亚大学出版社在其古腾堡计划电子项目中制作的那些网站——缺乏阅读和审查的共同标准和通用规范。这些特点使得这类网站无法满足常见的出版或学术领域固定的修改和编辑操作。虽然这些网站经常是合作性的，但也经常是单独维护的。就像散落在欧洲各地修道院图书馆的手稿，人文主义者试图在它们消失之前恢复并转化为标准化的印刷品，同样这样的网站也很难存续。

图 34　新旧技术：Libresco 公司销售的 iLiad 阅读器。正如报纸的特点改变了人们的阅读习惯，铁路彻底改变了印刷品的流通方式一样，电子书也可能改变人们阅读材料的方式、内容、时间和地点。图片由网站 Libresco.com 提供。

尽管不是决定性的，但手抄本过去的这些教训和先例在数字领域仍然有说服力。与印刷品一样，最好的电子书的格式是在文本块周围有足够的页边距，行的长度受视线的限制——每行不超过 10 到 12 个字。虽然网上的选择更为有限，但字体和尺寸的应用也同样谨慎：文本主要使用有衬线字体，显示时使用无衬线字体。文字中很少使用颜色，因为它可能分散读者阅读时的注意力。

除了编程语言、编辑技巧和历史先例之外，电子书生产在最初十年中存在的更重要的缺点主要体现在审美层面，也许是因为受限于现有的阅读设备。电子"基底"（substrate），或替代纸张的表面，并没有提高阅读体验。大多数屏幕的质感和照明都很平庸。此外，阅读显示器的空间通常很小，而且几乎都是平面（或"横向"）的，而印刷书及其文化习惯通常倾向于垂直（或"纵向"）格式。

演示和阅读仍然高度依赖于所使用的设备和软件。读者有两种选择：专用阅读器和配备专用软件的掌上电脑，这与配备网络浏览器和其他通用阅读器软件的传统电脑不同。掌上电脑限制了电子书的格式和潜力，而计算机提供了更友好的显示空间、可用性和兼容性。

在 1999 年到 2002 年之间，人们协同努力将"电子书"一词与设备本身而不是与内容联系起来。这种做法源于"将书作为物品、书即物品"的观点，特别是"将书作为商业物品，书即商业物品"，将质量和价格与文化实践相权衡。市场见证了以下设备的快速崛起和衰落：Franklin eBookMan、Gemstar 和 RCA eBook、PalmPilots、RocketeBooks，全都没有达到目标。

第一次尝试生产这种设备后，电子书阅读器软件的开发兴起了，如 Adobe、Microsoft、Palm、Mobipocket 和 Kindle。最初，许多都是针对特定设备的；随着台式机和笔记本电脑成为使用最广泛的阅读设备，浏览器开始与阅读软件无缝衔接，从而依附于现有设备的安装基础，这些设备也具有非单一用途或专用的优势。每一年都有新的升级，技术也在不断改进，因此总有一天电子阅读器可能会像一台完整的计算机一样工作，同时外观和手感也会模仿或改进，像精美装帧的手抄本一样。

在世纪之交的这些设备实验之后，读者已经习惯了小型手持式电子书阅读器的反复推出和市场失败。然而，在 2007 年末，一股新的浪潮开始了，这一批设备被证明是可持续的，部分原因是它们得到了足够多的电子书出版的支持，从而吸引了大量的读者。回过头来看，也许很明显的是，在线书商将站在这一浪潮的前列，因为他们有处理书籍和设备销售的企业能力，并且有足够的企业劲头来开发、创造或推广用户友好的电子书阅读器、电子书发行平台和电子书转换格式。

2007 年 11 月 19 日，网上书店亚马逊公司（Amazon）推出了 Kindle，这是其第一个推向市场的电子阅读器。第一代专用阅读设备大约是 5 英寸 ×8 英寸——非常标准的书本尺寸——带有灰度显示屏和 250MB 的存储容量，足以容纳约 200 本无插图的书籍；紧随其后的是第二代设备，1.4GB 的存储空间，几乎可以容纳比之前超 5 倍的书籍；还出现了更大的 DX 版本（标准配置版本）——大约 7 英寸 ×10 英寸，也是非常标准的书籍尺寸。大约每年都会有新一代的 Kindle 推出，它们都有各种全新和改进的功能，比如 2010 年 7 月推出的 Kindle 3、2011 年 9 月推出的 Kindle 4 以及 2012 年 9 月推出的 Kindle 5。在早期版本中，与设备的连接是由专有的 Whispernet 提供的，但在第三代中 Wi-Fi 取代了 Whispernet。

2009 年 11 月，在亚马逊推出 Kindle 两年后，另一家在网络上占有重要地位的主要书商巴诺书店（Barnes & Noble）也推出了它的电子阅读器 Nook。和 Kindle 一样，Nook 最初也有灰度显示屏，通过 Wi-Fi 和 3G 连接。在接下来的 4 年里，电子阅读器在色彩显示和容量方面的改进与其他发展并举。

2010 年 4 月 3 日，在 Nook 面世五个月后，苹果公司（Apple）发布了第一款 iPad，这款设备"改变了一切"。iPad 与专用阅读器一样小，除了对计算能力要求更高的用户，对所有其他用户而言，iPad 可以完成或将会完成笔记本电脑或台式电脑所能完成的几乎所有工作。

这些主要的新设备都使用特定的平台来创建电子书，并使用不同的发行平台来交付文件。Kindle 采用了 Kindle 直接出版平台，将 ePub 文件转换为基于 Mobipocket 的 azw 格式。较新的 Kindle Fire 阅读器使用 Kindle 8 格式，通过 Kindle 应用程序向读者提供电子书。Nook 也使用上传至 Pubit 平台的 ePub 文件。这些文件可在专有的 Nook 应用程序中阅读。苹果公司的 iBook 应用程序可以读取以专由 ePub 格式创建的文件。尽管这些文件格式、平台和应用程序将继续发展和改进，但这三种设备的重合极大地改变了整个电子书领域。应用程序阅读器必须无设备偏向性，可以在任何设备（如智能手机、平板电脑和台式电脑）上使用，这个几乎绝对的需求事实上保证了上述设备的成功。就像早期的设备一样，平板电脑既受到了高度赞扬，也面临了许多批评，因为它重新打开了标准化大众阅读的大门，边缘化了更多的"手工制作"的界面、传输和读者体验的解决方案。

8 最先进的技术：三个愿景

1999 年 3 月，罗伯特·达恩顿（Robert Darnton）描述了一个高度复杂的学术电子书模型，它是一个六层的金字塔，最容易理解的材料在顶部（作者对档案的历史解释），随着读者向底部的深入，材料变得更加广泛和沉重，包括原始资料和学术评论。电子书是一个由作者和读者共同制作的自成一体的结构，评论、解释性文章和交流都支撑着顶部的第一层文本。

达思顿的概念立即产生了深刻的影响，并成为一个重要的理论模型。他还考虑了电子环境下的阅读文化，认为"电脑屏幕将被用于采样和搜索，而集中的、长期的阅读将通过传统的印刷书籍或下载的文本进行。"

2001 年，网络信息联盟的克利福德·林奇（Clifford Lynch）提出了他自己对电子书的定义。他认为电子书只是一个大型的结构化的字节集合，它可以通过 CD-ROM 或其他存储介质来传输，或者通过网络连接来传递，并且被设计成可以在一些硬件和软件的组合上观看，包括傻瓜式的终端、个人电脑上的网络浏览器和新的图书阅读设备。林奇想知道，作为文化实践或商业对象的书的传统是否会被抛弃，被一些新的模式所取代。林奇简单泛泛的定义反映了他对这个领域及其最重要的参与者非常熟悉，让他敢于展望印刷文化的终结。

与此同时，编辑兼出版商杰森·爱泼斯坦（Jason Epstein）在《纽约书评》（*New York Review of Books*）上大张旗鼓地发表了他对电子书及其未来的看法：大多数数字文件将由无处不在的"浓缩咖啡机"一样的自动印刷机按需印刷和装帧。爱泼斯坦的观点是乌托邦式的，不是因为对数字未来的宏伟愿景，而是因为它否定了技术和文化的发展。就像托马斯·莫尔最初的《乌托邦》（*Utopia*）一样，它既是对当前实践的批判，又是对失去的过去的怀旧一瞥，也是对未来勾画的蓝图。爱泼斯坦的"浓缩咖啡机"式的技术依赖于出版商的联盟，这种联盟实质上将电子书的未来与印刷版的未来联系起来，依赖于无数的实体销售点，并假定能提供零售配送的铺货能力。

9 结 论

随着电子书进入第二个 10 年，所有选择的可行性都继续保持，从扫描的印刷品，到按需印刷、数字下载，以及存在于万维网上并通过万维网传递的数字作品。虽然基于平板电脑的出版已经达到了行业标准的水平，并且正在朝着文化标准的方向发展，但开放存取、版本、版权和创新等问题仍然存在。以数字格式提供适度强化的印刷品，已被广泛接受，并具有商业可行性。更具实验性、高度编码的作品仍然是一小部分潜在创作者和读者的权限。通过商业和理论驱动的电子书的累积影响，阅读和生产的文化已经发生了巨大的变化：电子领域已经牢牢扎根；整整一代人都在各种电子格式下接受教育和成长；数据量，包括以电子形式生产的书籍，早已超过了印刷品的数量。

电子图书的蓬勃发展，使我们对书籍和阅读的理解更加复杂和丰富。什么是书？它是一种产品，一个连接作者和读者的过程，还是一种可以进行无限量迭代的文化习惯？如果一系列记录谷物或牲畜存量的散乱的楔形文字以某种编辑顺序放置在一个容器中，它们会构成"书"吗？我们是否可以合理地把所有的手稿书籍和其他文档——已编目和未编目的——都看作是一本大的书？游戏、电话簿、互动故事或数据挖掘的结果，是否能有意地被视为书籍？在我们不断发展的理解中，作者、读者和媒介扮演了什么角色？例如，iPhone中不断变化的内容、书签和超链接构成了一本新的、不可复制的书吗？我们是否已经到了这么一个阶段，在这个阶段中，人的作用与知识对象的创造和消费变得越来越不相关？还是说个人的选择和品位会变得非常重要？数字领域中内容的彻底分解和重组迫使我们以一种新的视角，以一种新的目标明确的紧迫性来考虑这些问题。正如克利福德·林奇所指出的那样，物质对象和文化实践不可避免地在一种动态的对话中站在一起。所有这些交流形式都是"书"未来的一部分吗？在"书"中，我们仍然扮演着角色，发挥着一种作用，它们会成为其他领域未来的一部分吗？

参考文献

V. Bush, 'As We May Think', *Atlantic Monthly*, July 1945, www.theatlantic.com/magazine/archive/1945/07/as-we-may-think/ 303881, consulted Mar. 2013

C. M. Christensen, *The Innovator's Dilemma: When New Technologies Cause Great Firms to Fail* (1999)

R. Darnton, 'The New Age of the Book', *New York Review of Books*, 46 (18 Mar. 1999), www.nybooks.com/articles/546, consulted Mar. 2013

D. Edgerton, *The Shock of the Old: Technology and Global History since 1900* (2006)

D. Englebart, 'The Demo', www.inventinginteractive.com/2010/03/23/the-motherof-all-demos, consulted Mar. 2013

J. Epstein, 'Reading: The Digital Future', *New York Review of Books*, 48 (5 July 2001), www.nybooks.com/articles/14318, consulted Mar. 2013

M. Hart, 'The History and Philosophy of Project Gutenberg', www.gutenberg.org/ wiki/ Gutenberg:The_History_and_ Philosophy_of_Project_Gutenberg_by_ Michael_Hart, consulted Mar. 2013

C. Lynch, 'The Battle to Defifi ne the Future of the Book in the Digital World', *First Mon day*, 6.6 (June 2001), www.firstmonday. org/htbin/cgiwrap/bin/ojs/index.php/fm/ article/view/864/773, consulted Mar. 2013 'Mosaic: The First Global Web Browser', www.livinginternet.com/w/wi_mosaic. htm, consulted Mar. 2013

V. Mosco, *The Digital Sublime: Myth, Power, and Cyberspace* (2005)

M. Naimark, 'Aspen Moviemap', www. naimark. net/projects/aspen.html, consulted July 2007

书籍的区域史和国家史

第22章（一）
英国书籍史（约1475—1800）

安德鲁·墨菲

1 起　源

　　书籍在英国的历史实际上是从欧洲大陆开始的。1471年，出生于肯特郡的商人威廉·卡克斯顿来到科隆，在那里他与印刷商和打孔员约翰内斯·维尔德纳（Johannes Veldener）建立了伙伴关系。在掌握了印刷技术后，卡克斯顿于次年回到布鲁日，他可能在维尔德纳和助手沃恩·德·沃德（Wynkyn de Worde）的陪同下返回。在布鲁日，这位商人开设了一家印刷厂，并发行了第一本英语印刷书《特洛伊的历史》（*Histories of Troy*，1473/1474），这是他自己翻译的拉乌尔·勒费弗（Raoul Le Fèvre）的《特洛伊历史故事集》（*Le Recueil des histoires de Troyes*）。卡克斯顿最终回到了英国（可能是在1476年），并在威斯敏斯特教堂旁建了一家印刷厂，并再次得到了德·沃德的帮助。卡克斯顿在英国创立的印刷厂所完成的第一件印刷品专门送给了阿宾顿修道院院长，此举最早证明了印刷在这个行业中的重要性。1477年，卡克斯顿出版了《坎特伯雷故事集》的第一个印刷版本。同年，他出版了《哲学家口述》（*The Dictes or Sayengis of the Philosophres*），这是一部11世纪的阿拉伯语作品，作者是穆巴什尔·伊本·法蒂克·阿布·瓦法（Mubashshir ibn Fatik, Abu al-Wafa），由爱德华四世的内弟里弗斯伯爵翻译（译自法语版本）。在卡克斯顿的职业生涯中，他出版了波伊提乌、加图、西塞罗、希格登、利德盖特、维吉尔等人的作品。

1492 年卡克斯顿去世后，德·沃德接管了这项业务。他是阿尔萨斯人，是在印刷业头几十年致力于行业扩张的典型代表。1484 年的政府立法旨在限制外国人在英国开展业务的条件，特别豁免了印刷商和其他出版业成员的条款，以促进该行业的增长和发展，当时很少有本地人具备必要的培训和设备当印刷商。德·沃德很快发现自己在与诺曼斯·理查德·派森（Normans Richard Pynson）和纪尧姆·法克斯（Guillaume Faques，改名为威廉·福克斯，并在 1503 年被任命为国王的印刷商），以及比利时人威廉·德·马赫利尼亚（Belgian William de Machlinia）和他的伙伴约翰内斯·莱图（Johannes Lettou，或为立陶宛人）展开竞争。渐渐地，更多的本地印刷商进入这一行业，1534 年，政府废除了外国印刷商自 1484 年法案以来享有的豁免权。

随着行业的扩大，竞争导致印刷商走向专门化。德·沃德是最早认识到教科书行业价值的人之一，他将其产出的很大一部分直接瞄准了文法学校的市场。派森（1506 年接替福克斯成为国王的印刷商）专门从事法律印刷，为律师制作成册的法规、法典和手册。在印刷业发展的第一个世纪，其他突出的流行书籍，包括草药和医学著作，其中最引人注目的是托马斯·埃利奥特爵士（Sir Thomas Elyot）的《赫尔思堡》（Castel of Helth），从 1539 年起分几个版本发行；经典作品的翻译，如阿瑟·戈尔丁（Arthur Golding）的奥维德《变形记》版本（前 4 册，1565；第 15 册，1567）；编年史和历史，如霍林斯赫德的《英格兰、苏格兰和爱尔兰编年史》（Chronicles of England, Scotlande, and Irelande，1577），以及各种短篇作品，包括民谣、年鉴和声称是被处决罪犯的遗言小册子。宗教出版在这一时期也特别重要。

2 书商公会

随着时间的推移，出版业的组织化程度越来越高。自 1403 年以来，伦敦就有一个由抄写员、照相师以及参与手抄本书籍装订和销售的人组成的书商公会。最早的印刷商往往不与该公会合作，主要是因为他们一般都在伦敦市管辖范围以外的首都地区。卡克斯顿的情况就是如此，因为他原来在威斯敏斯特的印刷厂基地，不在伦敦市管辖的范围内（而且，无论如何，他是以商人身份起家的，是默瑟斯公司的资深成员）。随着时间的推移，越来越多的印刷商开始在城市里办公（特别是在圣保罗大教堂周围地区），书商公会逐渐成为出版业的代表组织。书商公会的重要性在 1557 年得到认可，当时玛丽女王授予其许可证，将其确立为正式的公司。该许可证规定，印刷业将由公会的自由人负责，因此，正如彼得·布莱尼（P. Blayney）所说，他们"实际上垄断了英格兰的印刷业"。（2003，47）政府期望书商公会能在政府审查过程中发挥作用，以作为授予其权力的回报。公会官员被授权拥有搜查所有印刷商和其他行业成员营业场所的权力，并有权扣押任何煽动性或异端的材料。该公会对出版业进行监管，并通过要求新书在印刷前进行登记来实施早期的版权制度（尽管这个词本身是 18 世纪的产物）。

到 16 世纪末，书商公会开始奠定行业的基础架构，将某些标准作品的权利整合到由其最高层成员控制的组合中。1603 年，詹姆斯一世的王室拨款为这个组合增加了更多的作品，包括私人祈祷书、诗篇集、《旧约》诗篇和历书。众所周知，"英格兰文库"（English Stock）证实了公会的繁荣，不过该计划的运行也疏远了许多最初级的专业人员，他们感到被排除在构成英国文库核心的主要作品的收益分配之外。17 世纪初的几十年里，创建拉丁文库和爱尔兰文库的努力都成徒劳。

在书商公会实力不断巩固的同时，图书行业本身也在经历着分工与专业化的过程。卡克斯顿印刷一本书时，他承担了预付费用——比如自己购买纸张（尽管他也经常依赖贵族资助人的支持），并通过自己管理的出版社出版了这本书，并向书籍购买者直接出售了一些。随着 16 世纪的发展，图书贸易的三个方面——生产成本、书籍生产和书籍销售——逐渐分化为出版商、印刷商和零售商这三个不同的角色。到 16 世纪末，这三者之间仍有很大程度的重叠，出版业的个别成员实际上充当出版商和印刷商的情况并不罕见，他们购买书籍的印刷权，支付费用，然后自己印刷。因此，埃德蒙·斯宾塞（Edmund Spenser）的《牧人月历》（The Shepheardes Calender，1579）的扉页上标明，"由休·辛格尔顿（Hugh Singleton）印刷，他住在吉尔登通尼的标志附近的克里德巷，书正在那里出售"。然而，扉页上越来越多地出现了一个标准模式，表明一本书是"由 X 为 Y"印刷的。例如，托马斯·米德尔顿的《小愤青》(Microcynicon)在 1599 年问世时，扉页上写着它是由托马斯·克里德在伦敦为托马斯·布歇尔(Thomas Bushell)印刷的，它将在布歇尔位于保罗教堂北门处的商店出售。这里的布歇尔是酒馆老板，雇用克里德当印刷商。到目前为止，出版商的地址主要是为那些想要批发购买这本书的人提供的。(Blayney，1997，390)

17 世纪初，托马斯·博德利说服书商公会与牛津大学签订了一项不寻常的协议。他承担了重振大学图书馆的任务。1602 年，以他名字命名的新建筑落成，他监督了该建筑的启用工作。博德利在说服古董商、学者和其他捐助者捐赠图书和文物方面取得了巨大成功。他还说服了书商公会向图书馆免费提供一份所有在公会大厅登记的作品清单。虽然在博德利的努力下图书馆的藏书大量增加，但事实上，按照现代标准，藏书量仍然相当有限。在开馆近半个世纪后，博德利图书馆的藏书仅有 15975 册(Benson，113)。然而，牛津大学的藏书并不是特别少，当时所有英国大学的藏书都非常有限。在大学之外，图书馆的规模往往更小，而且大多仅限于各种宗教机构。在整个早期，书籍的高成本往往限制了私人拥有大量书籍的机会，只有高收入的人才能拥有。

3 不止伦敦

权力集中在书商公会手中，阻碍了国内其他地方印刷业的发展。15 世纪晚期，圣奥尔本斯修道院开展了一些印刷工作，圣奥尔本斯印刷厂印刷了《贩卖之书》(Book of Hawking，编撰于 1486 年)。在英国的大学城也有建立出版企业的早期尝试。1481 年专门印刷古籍的印刷商狄奥多里克·路德(Theodericus Rood)在牛津开展印刷业务，1519 年约翰·席勃齐(Johann Siberch)开始在剑桥工作，但两家公司都没有特别成功。16 世纪 80 年代，约瑟夫·巴恩斯和托马斯·托马斯分别在牛津和剑桥开展一些印刷工作，但直到 17 世纪晚期的牛津和 18 世纪早期的剑桥，大学出版社才以与现代出版形式相近的形式出现。牛津大学的关键人物是副校长约翰·费尔(John Fell)，他将劳德大主教在 17 世纪早期设想的雄心勃勃的学术出版计划付诸实践。在剑桥，三一学院院长理查德·本特利从 18 世纪初期开始就把大学出版社作为严肃的事业来推动。当时出版的著名书籍包括本特利自己制作的贺拉斯作品（1711）和牛顿的《自然哲学的数学原理》第二版（*Philosophiæ Naturalis Principia Mathematica*，1713）。1662 年，约克也被授予了让印刷商在当地经营的权利。

英国其他地区的印刷业的发展也同样不顺利。威尔士缺乏维持本土工业所需的集中人口。在近代早期，该公国最大的城镇是卡马森，人口只有 2000 人。1587 年，一家秘密的天主教印刷厂在小奥姆（Little Orme）的一个山洞里悄悄运作，但威尔士第一家成功的印刷厂直到 1718 年才建立，当时艾萨克·卡特在卡迪根郡的特雷弗赫丁（Trefhedyn）创办了一家企业。从 18 世纪早期开始，根基相当牢固的印刷行业确实在公国站稳了脚跟。然而，在威尔士以外，相对活跃的威尔士语出版传统早在这一时期之前就已建立。1546 年，爱德华·惠特彻奇（Edward Whitchurch）在伦敦出版了《被对待的方式》（*Yny Lhyvyr Hwnn y Traethir*）一书。该书由威尔士和马尔奇地区的国王议会秘书约翰·普里斯（John Prise）撰写，这本书的部分目的是普及基督教信仰的基本原则，书中包括字母表、基本的威尔士阅读课程、精选的祈祷文和其他基本的宗教文本。第二年，威尔士学者威廉·塞尔斯伯里（William Salesbury）出版了威尔士英语词典，他还用两种语言写了新教论战文章。《威尔士新约》于 1567 年出版，《威尔士圣经》于 1588 年出版。威尔士宗教改革的成功对威尔士语出版传统的建立发挥了重要作用。例如，威廉姆斯就指出威尔士语译本的广泛使用，"使威尔士人在凯尔特语民族中独树一帜，至少在某种程度上使其从中世纪的口头和手稿传统转向 16 世纪和 17 世纪的印刷书籍文化"（Williams，49）。

第一个在苏格兰开展业务的印刷商是安德鲁·迈拉尔（Andrew Myllar），他似乎出生于法夫郡，曾在圣安德鲁斯大学学习（未完成学业）。迈拉尔在鲁昂学习了印刷技术，回到苏格兰后与沃尔特·切普曼（Walter Chepman）建立了伙伴关系。1507 年，詹姆斯四世授予他们印刷专利权，两人在爱丁堡建立了一家印刷厂。他们的出版物包括《给苏格兰国王的好建议》（*Book of Good Counsel to the Scots King*，1508）、邓巴和亨利森的诗歌，以及可能最有名的《阿伯登塞短祷》（*Breviarium Aberdonense*，

1509—1510）。16 世纪中期，苏格兰的印刷品仍然比较少见，但在 16 世纪 70 年代，托马斯·巴桑迪恩和亚历山大·阿布斯内特合作制作了一本英文版《圣经》，在苏格兰各地广为流传。与英格兰一样，苏格兰也有皇家印刷商，马丁·马尔普雷英特（Martin Marprelate）福音小册子的印刷商罗伯特·沃尔德格雷夫（R. Waldegrave）从 1590 年起就为詹姆斯六世提供印刷服务。

第一部以苏格兰盖尔语印刷的作品是《公用仪式书》（*Foirm na nUrrnuidheadh*），这是约翰·卡尔斯韦尔（John Carswell）翻译的《公共秩序书》（*Knox's Liturgy*，一般称为"诺克斯礼拜礼仪"）的盖尔语译本，于 1567 年由罗伯特·莱克普鲁伊克（Robert Lekpreuik）出版。该文本有一个有趣的"群岛"背景，正如麦克·克雷思（Mac Craith）所指出的，卡尔斯韦尔选择了"古典的普通盖尔语作为他的媒介，对苏格兰语的让步相对较少"（Craith，143），表明该书的受众是讲爱尔兰语和苏格兰盖尔语的人。

试图通过爱尔兰语出版物来促进爱尔兰新教改革的努力并不令人信服，也没有取得什么成功。伊丽莎白一世于 1567 年提供资金用于创造爱尔兰字体，但第一部爱尔兰印刷品直到 1571 年才出现，当时问世的实验性作品名为《费格·帕斯的语言》（*Tuar Ferge Foighide*）。此后不久，塞恩·欧·科尔奈（Seán Ó Cearnaigh，也叫约翰·科尔尼）印制了《爱尔兰圣经和教理问答》（*Abidil Gaoidheilge agus Caiticiosma*），这是一本新教入门书。这些改变信仰的努力引起了天主教的反击，爱尔兰方济各会的修士们首先在安特卫普，随后在鲁汶的圣安东尼学院发起了一项爱尔兰语出版计划。圣方济各会委托制作了一套更符合爱尔兰字母特点的字体。

4 手抄本流通和剧本

除了欧洲大陆的印刷企业之外，文本的手抄本流通——特别是杰弗里·基廷（Geoffrey Keating）的《爱尔兰史》（*Foras Feasa ar Éirinn*，1634/1635）——直到 18 世纪末仍是爱尔兰语文本文化的重要组成部分。然而，爱尔兰的传统在这一点上并不例外，正如哈罗德·洛夫、沃德怀森等人所表明的那样，手抄本流通也仍然是英国文本场景的一个重要组成部分（见第 15 章）。从 16 世纪的最后几十年开始，一种双重文化发展起来，特别是文学作品，往往既向小圈子的手抄本读者传播，又向更广泛的、更匿名的印刷品读者传播。莎士比亚的"十四行诗"在这里可以作为一个标志性的例子。在《智慧宝库》（*Palladis Tamia*，1598）中，弗朗西斯·米尔斯（Francis Meres）赞扬了他同时代的人在剧院的工作，并对莎士比亚的"十四行诗"给予了好评，这些诗当时只在诗人的"私交"中流通。十多年后，当托马斯·索普（Thomas Thorpe，无论是否得到诗人的同意）出版《莎士比亚十四行诗》（*Shakespeares Sonnets*，1609）时，这些私人文本变成了公共商品，从而将这些诗歌传播给了全新的读者。对于一些作家来说，手抄本发行是他们大部分作品的主要出版方式。事实上，尽管邓恩的诗歌在他生前的社交圈中广为人知，但直到 1633 年，即他死后的第二年，他的大量诗集才被印刷发行。

手抄本的持续发行也凸显了这样一个事实：许多现在被认为是英国文艺复兴时期杰作的作品，在它们自身所处的时代可能并没有这样高的地位（至少从出版的角度来看）。这一点在文艺复兴时期的戏剧中尤为明显。20 世纪初，一些书目学者策划了这样的场景：无良的出版商找来无名演员，付钱让他们凭记忆重构流行戏剧的文本，这样他们就可以匆匆忙忙地将它们印刷出来（作为"坏"的四开本），迅速赚取利润。布莱尼在 1997 年对这一观点提出质疑，认为文艺复兴时期戏剧的出版和再版历史表明，这些戏剧不太可能为任何出版商带来财富。因此，《哈姆雷特》在最初的 25 年里只出版了 4 个版本（不包括 1623 年的"第一对开本"），与阿瑟·丹特的《忏悔布道书》（*Sermon of Repentance*，1582 年首次出版）形成对比，后者在同一时间内出版了 19 个版本（Blayney，1997，2005）。

5 宗教出版

丹特的图书销量几乎是莎士比亚的 5 倍（甚至没有考虑《忏悔布道书》的印刷量可能比《哈姆雷特》大），这让人注意到宗教材料对这一时期出版业的核心重要性。在印刷业发展的第一个世纪左右，大多数出版商的作品都被这样或那样的宗教作品所占据。事实上，在关于英国书籍和读者的重要研究中，贝内特（Bennett）估计，在这一时期，"印刷商作为一个主体，将大约一半的产量用于这方面的业务"（Bennett，65）。一旦宗教改革——强调用英语阅读经文——在英国牢固扎根，对英语圣经、祈祷书和教义的需求就会很大。1571年，坎特伯雷大公会议下令，在每座大教堂都放置一本《主教圣经》（*Bishops' Bible*，1568年首次出版），如果可能的话，还应在每座教堂都放置一本。随后，它被发行了几十个版本。在国王詹姆士一世的赞助下，1611年钦定版《圣经》首次出版是现代早期的重要成就之一。

如果说国家对新教的赞助有助于推动宗教出版业的发展，那么在16世纪末出现的更激进的新教信仰，即反对他们所认为的国家教会的妥协性教义和政策，则进一步加速了这种出版进程。马尔普雷莱特福音小册子是这一过程中的一个早期例子。化名为马丁·马尔普雷莱特的人将"教会斗争从书房带到了大街上"（*ODNB*）。马尔普雷莱特对主教制度的攻击最早出现在1588年，这些福音小册子由沃尔德格雷夫秘密印刷。其内容展现的机智和活力引起了公众极大的兴趣，福音小册子的制作者与当局之间展开的猫捉老鼠游戏也是如此。第一本福音小册子的印刷地是泰晤士河畔金斯敦附近的东莫尔西。为了印制第二本小册子，沃尔德格雷夫搬到了北安普敦郡的福斯利宅邸，之后他又搬到了考文垂，在那里印刷了另外两本小册子。之后，沃尔德格雷夫退出，约翰·霍奇金斯（John Hodgkins）接任他的工作，成为一名印刷商，在沃尔斯顿修道院工作。霍奇金斯随后将印刷厂搬到了曼彻斯特附近的纽顿巷，但最终他和他的工人们在这里被德比伯爵的手下逮捕，并被带到伦敦遭受酷刑和监禁（不过他在沃尔斯顿修道院制作了最后一本福音小册子）。反主教的论战引起了政府方面的一些回应和反击，这表明印刷品事件反而导致产生了更多的印刷品。

6 版权和控制

清教徒与政府和国家教会之间的争斗并没有因为马丁派的人沉默而结束。在内战前夕，宗教和政治更加紧密地纠缠在一起，使得在战争和空位期间福音小册子传播得更加广泛。正如书商乔治·托马森在1640年至1661年间收集的约22000件印刷品（保存在大英图书馆）所表明的那样，这一时期见证了出版书籍数量的非凡增长，这个时代已经与报纸这一独特形式在英国的出现紧密相连。

17 世纪中期，受到内战及战后影响，出版活动数量激增，这让政府当局和书商公会所构建的授权和控制结构土崩瓦解。在整个空位期间，议会设法重整出版业秩序，重新控制该行业，但随着时间的推移，其效果呈逐渐削减态势。在斯图亚特王朝复辟之后，人们试图恢复现状。1662 年通过的一项法案试图恢复旧的秩序，其中有一项创新值得注意：任命一名官方调查员和出版执照颁发者。这一职务最初由罗杰·莱斯特兰奇爵士担任，他声称在他的许可授权生涯中禁止过 600 多种出版物出版。1662 年的立法在 1664 年和 1665 年更新，1679 年失效，1685 年恢复，最后在 1695 年再次失效，之后没有进一步更新。政府当局似乎并没有因为失去了立法中的许可条款而感到过分不安。特雷德韦尔（Treadwell）指出，1693 年，雅各布派印刷商威廉·安德顿（William Anderton）被审判，并以叛国罪为由被处决，这表明政府在处理此案时，试图让自己确信，"还有其他比许可证更有效的手段来控制出版"（Treadwell，776）。

1662 年立法的失效，标志着 17 世纪中叶授予书商公会对出版业高度控制权的特许权最终被打破了。随着 1695 年对印刷业的地域限制和其他限制的有效撤销，伦敦和全国各地的印刷厂数量都在增加。正如特雷德韦尔所指出的，1695 年伦敦有大约 45 家印刷厂，但到 1705 年，这个数字已经上升到接近 70 家。在这 10 年间，印刷商在许多城镇建立了印刷厂，包括布里斯托（1695）、什鲁斯伯里（1696）、埃克塞特（1698）和诺维奇（1701）。书商公会从未真正从《许可法》失效导致的权力丧失中恢复过来，它在英国出版业中的地位一落千丈。

从 17 世纪末开始，许多领先的出版商避免依靠公会来保护他们的利益；相反，他们联合起来组成了规模较小的半正式的贸易联盟。因此，当理查德·罗伊斯顿（Richard Royston）作为公会的守门人和掌舵人，在 1682 年立下遗嘱时，建议受益人将他所拥有作品新版本的版权分配给 6 到 8 个行业成员（Blagden，1960，174—175）。此建议的逻辑是，多个投资者可以分散任何新项目的风险，这样的计划也有助于吸引潜在的竞争者，从而防范可能的竞争版本出现，当时所有权的可执行性并无法律保障。

罗伊斯顿提出的这种合作方式在 18 世纪成为标准做法（甚至延续到 19 世纪早

期的几十年），在这种安排下走到一起的出版商集团被称为"印刷集团"（printing congers）。塞缪尔·约翰逊的《词典》（1755）的扉页显示，它是为"约翰和保罗·克纳普顿、托马斯和托马斯·朗文、查尔斯·希奇和莱西·霍斯、安德鲁·米勒、罗伯特和詹姆斯·多兹利"印刷的。这样的临时联合体本质上是股份制公司，每个成员购买图书股份，并根据其最初的投资分得利润。这种合资企业分散了出版的财务风险；对于像《词典》这样的两卷对开本大部头作品来说，就需要大量的资金。出版商采取的另一个策略是，为了最大限度地降低大型项目的投资风险，他们寻找那些提前支付（有时是部分支付）新作品费用的订户，然后将他们的名字列入该书开篇的订户名单中。刘易斯·西奥博尔德的莎士比亚作品集（1733）以七卷八开本发行，其订阅者名单上有近 430 个名字，以威尔士亲王和公主为首。

1695 年，1662 年法案失效后，出版业人士坚持不懈地游说议会通过某种形式的立法，为其利益提供法律保护。在这一过程中，通过将印刷书籍的副本归属于作者或购买者来鼓励知识创作的法案产生了，该法案于 1709 年由议会通过，并于 1710 年生效。费瑟（Feather）指出，对业界来说，这项立法"代表了实质性的胜利，赋予了他们所寻求的权利，同时又没有重新施加出版前审查的烦人要求"（Feather，5）。然而，该法案包含了一系列意义深远的条款，在通过时，出版业似乎还没有完全意识到其影响。该法案引入了现代的版权概念，即版权归作者所有，关键是限制了版权的期限。已经出版的作品的版权期限为 21 年；新作品的保护期为 14 年，如果作者仍然在世，可以再延长 14 年。该法案的版权规定与行业内的标准做法截然不同。传统上，作者将自己的作品直接卖给出版商，然后出版商拥有永久复制该文本的权利。因此，书籍的"产权"与不动产的处理方式基本相同，即出版商可以买卖这种权利，他们可以立遗嘱把权利转让给别人。

伦敦的出版业在很大程度上忽视了《安妮法令》，即通常所说的"版权法"所规定的时限，并将版权视为永久性的。在整个 18 世纪，最有利可图的图书股份交易仍在继续，甚至在新的立法规定中这些股份实际上已变得毫无价值之后依然没有停止。例如，汤森出版公司——18 世纪伦敦最重要的出版公司之一——在 1767 年雅各布·汤森三世去世后清盘时，尽管 600 件拍卖品的版权已经过期，但该公司持有的版权仍以 9550 英镑 19 先令 6 便士的价格被拍卖。其中一个显著的例子就是汤森出版公司所持有的莎士比亚作品版权，尽管已经到期 30 多年，仍被以 1200 英镑的价格拍卖（Belanger，195；Blagden，1950/1951，250）。

然而，伦敦行业协会坚持认为 1710 年法案并没有改变永久版权的传统做法，这一主张在过去的一个世纪里并没有受到挑战。在英国，一些知名度较低的出版商确实不时地试图维护他们在出版版权已到期作品上所拥有的权利。总的来说，伦敦出版界的精英能够反击这些举措，要么利用法庭在这个问题上的不确定性，要么干脆买通相关出版商。然而，来自英格兰以外的挑战则更为坚决。18 世纪，苏格兰和爱尔兰的出版业发展起来，两国的印刷商数量都有了很大的增长。一些印刷商，如在格拉斯哥大学印刷厂工作的福尔斯（Foulis）兄弟，以生产最高质量的作品为目标；另一些印刷商，比如贝尔法斯特的帕特里克·尼尔（Patrick Neill），职业生涯较短，也没那么雄心勃勃。苏格兰人和爱尔兰人以低于伦敦竞争对手的价格来参与市场竞争，并经常将他们的产品出口到英格兰市场。英格兰出版商对盗版行为怨声载道，小说家塞缪尔·理查森本人就是一名印刷商，他对自己作品的廉价版本大加挞伐，这些盗版书籍几乎是他自己在伦敦完成印刷之前就从都柏林运来了（Ward，18—20）。

然而，18 世纪更重要的战斗不是针对理查森等仍有版权的作品，而是针对那些版权已经失效、但伦敦业界仍视其为私有财产的作品。苏格兰出版商亚历山大·唐纳森（Alexander Donaldson）在伦敦设立了爱丁堡公司的分支机构，并一直向上议院提出抗议，要求这些作品的再版不受限制。1774 年，上议院肯定了唐纳森的主张，即 1710 年法案对版权的时间限制实际上推翻了传统做法。1774 年，唐纳森诉贝克特案的裁决，极大地开放了英国的出版业。正如马克·罗斯（Mark Rose）所言，"莎士比亚、培根、弥尔顿、班扬等人的作品，所有书商习惯于把这些图书行业的常青树作品当作私人财产，但这些作品突然被判定为公共财产"（Rose，53）。W. 福布斯·格雷（W. Forbes Gray）将这一裁决描述为"文学财产的大宪章"，因为它有助于建立"公有领域"的概念，任何希望以具有竞争力的价格制作的出版商都可以使用这些作品（Gray，197）。

立即利用这一新规定的人有约翰·贝尔（John Bell），他是伦敦斯特兰德大街的"大英图书馆"书店的经营者。1776 年，贝尔推出了"从乔叟到查尔斯·丘吉尔的大不列颠诗人全集",这个系列总共有 109 卷,每卷售价为 1 先令 6 便士。他还推出了"贝尔的英国戏剧",共 21 卷,每卷 6 便士,每周发行数卷或部分卷集(Altick,54)。按照 18 世纪的标准,这些书很便宜,贝尔的努力促使约翰·库克和詹姆斯·哈里森等人进入这个领域,推出了属于自己的系列丛书,价格极具竞争力。因此,书籍变得更加便宜,社会上不太富裕的阶层可以获得更多的作品(不过圣克莱尔认为,随着时间的推移,版权限制的扩大,这个范围也逐渐缩小)。

1710 年《版权法》的另一项遗产是正式确定了某些图书馆有权免费获得新出版物的副本——1774 年上议院的决议并未改变这一点。博德利通过私人协议,说服书商公会向他的牛津图书馆提供在书商公会大厅注册的每本书的副本,1662 年,这一协议通过法律扩展到剑桥大学图书馆和皇家图书馆。该法案进一步扩展并固化了这一安排,苏格兰的四所大学、伦敦的锡安学院图书馆和爱丁堡的律师协会图书馆都获得了法定的保存地位。18 世纪初,从这一规定中受益的机构范围有所缩小,但在 1710 年的法案中,可以找到这一伟大的版权收藏要求的开端。大英博物馆成立于 1753 年,4 年后,它接管了皇家图书馆的藏书,为后来的大英图书馆奠定了基础。律师协会图书馆构成了苏格兰国家图书馆藏书的起点。

在这些大型图书馆之外,一些致力于满足普通读者需求的小型图书馆也开始慢慢出现。1725 年,艾伦·拉姆齐(Allan Ramsay)在爱丁堡开设了英国第一家流通图书馆。16 年后,拉姆齐的出生地拉纳克郡的利德希尔斯的矿工们聚集在一起,成立了利德希尔斯读书会,建立了图书馆,并收集了大量主题广泛的书籍。在下个世纪中期公共借阅图书馆系统建立之前,这类地方性活动在英国遍地开花,为不太富裕的普通读者提供服务。

7 结 论

在 15 世纪的最后几十年里,卡克斯顿为他的客户提供了书籍这种奢侈品,主要是为了满足他所处的贵族圈子里的富人的兴趣。在此后的几个世纪里,书籍仍然是昂贵的商品,价格居高不下,部分原因是伦敦的出版精英们采取了限制性的做法。为了让书籍的价格更低且能让更广泛的社会阶层更容易获得，1774 年上议院的决议是较早采取的措施。随着 18 世纪接近尾声，人们采取了进一步的措施朝着这个方向努力。

如果能把卡克斯顿从他的威斯敏斯特印刷厂里拉出来，放到 18 世纪末的同类印刷厂里，他就能在几乎不需要适应的情况下当上排字工或印刷师。18 世纪制造的普通印刷机与卡克斯顿在 15 世纪 70 年代中期从欧洲大陆带来的第一台印刷机差别不大（见第 11 章）。然而，在 18 世纪的最后几年，印刷技术开始发生变化。1727 年，爱丁堡的金匠威廉·格德（William Ged）开始试验铅版印刷，即对已完成的字体进行压印，并使用模具制作金属板，它可以重复使用，而不需要重新组合。格德从未设法将这一工艺投入商业使用（主要是担心受到愁于生计的铸字工和排字工的抵制），但在 18 世纪末，查尔斯·斯坦霍普伯爵重振了这一技术，最终使其在商业上获得成功，并为扩大印刷量和廉价的重印书开辟了道路。1800 年左右，他还推出了斯坦霍普铁质印刷机，大大减少了印刷过程中的劳动量。如果卡克斯顿能站在 19 世纪的门槛上往前看，他一定会看到一个令他吃惊的未来：他那个时代的手工印刷书逐渐变成了真正批量生产的物品，甚至连社会上的一些穷人都买得起。

参考文献

Altick

T. Belanger, 'Tonson, Wellington and the Shakespeare Copyrights', in *Studies in the Book Trade in Honour of Graham Pollard*, OBS, NS 18 (1975)

H. S. Bennett, *English Books and Readers 1475 to 1557*, 2e (1969)

C. Benson, 'Libraries in University Towns', in *CHLBI* 2

C. Blagden, 'Booksellers' Trade Sales 1718–1768 ', *Library,* 5/5 (1950–1951), 243–257

—— *The Stationers' Company: A History, 1403–1959* (1960)

P. W. M. Blayney, 'The Publication of Playbooks', in *A New History of Early English Drama*, ed. J. D. Cox and D. S. Kastan (1997)

—— *The Stationers' Company before the Charter, 1403–1557* (2003)

—— 'The Alleged Popularity of Playbooks', *SQ* 56 (2005), 33–50

H. Carter, *A History of Oxford University Press* (1975)

B. Cunningham, *The World of Geoffrey Keating* (2000)

A. B. Farmer and Z. Lesser, 'The Popularity of Playbooks Revisited', *SQ* 56 (2005), 206–213

J. Feather, 'The Publishers and the Pirates: British Copyright Law in Theory and Practice, 1710–1755 ', *PH* 22 (1987), 5–32

W. F. Gray, 'Alexander Donaldson and His Fight for Cheap Books', *Judicial Review*, 38 (1926), 180–202

R. G. Gruffydd, 'The First Printed Books, 1546–1604 ', in *A Nation and its Books*, ed. P. H. Jones and E. Rees (1998)

H. Love, *Scribal Publication in Seventeenth Century England* (1993)

E. W. Lynam, *The Irish Character in Print, 1571–1923* (1968)

M. Mac Craith, 'The Gaelic Reaction to the Reformation', in *Conquest and Union*, ed. S. G. Ellis and S. Barber (1995)

D. McKitterick, *A History of Cambridge University Press* (3 vols, 1992–2004)

A. J. Mann, *The Scottish Book Trade 1500–1720* (2000)

M. Plant, *The English Book Trade* (1939; 3e, 1974)

J. Raymond, *The Invention of the Newspaper* (1996)

M. Rose, *Authors and Owners* (1993)

W. St Clair, *The Reading Nation in the Romantic Period* (2004)

M. Treadwell, 'The Stationers and the Printing Acts at the End of the Seventeenth Century', in *CHBB* 4 (2002)

R. E. Ward, *Prince of Dublin Printers* (1972)

G. Williams, 'The Renaissance and Reformation', in *A Nation and its Books*, ed. P. H. Jones and E. Rees (1998)

H. R. Woudhuysen, *Sir Philip Sidney and the Circulation of Manuscripts, 1558–1640* (1996)

第 22 章（二）
英国书籍史（1801—1914）

莱斯利·豪萨姆

1　书籍文化

在 19 世纪和 20 世纪初，印刷品是英国书面交流的主要媒介。在那个人口迅速增加，工业、城市和帝国集中扩张的时代，手抄本的流通量很小，广播则是未来的趋势。在这个日新月异的社会中，书籍和福音小册子与期刊和报纸一起，共同构成了重要的印刷文化。这种社会变革在很大程度上是痛苦的，对许多人来说，阅读是获取安慰或慰藉的一种来源；对另一些人来说，这是一个获得有用知识或坚持某种信仰体系的机会。各个社会阶层的男男女女都是读者、作家和出版商，但劳动阶层对获得文化知识的热情尤其高涨。威廉·洛维特（W. Lovett, 1800—1877）用"追求面包、知识和自由"来形容他的"生活和斗争"。在印刷厂和书商的商店里，以及在小贩叫卖商品的街道上，各种思想和论点相互碰撞。福音派的宗教热情、自由主义的政治经济学和激进的平等主义只是众多竞争性意识形态中最突出的一批。中产阶级中虔诚的人刻意回避戏剧和轻浮的娱乐活动，喜欢在家庭圈子里大声朗读内容高尚的小说，而品行书则教导年轻人如何在讲究礼貌的社会中行事。同时，更多的世俗精神试图通过寻找廉价的、有时是不光彩的科学、政治、小说和诗歌作品，来摆脱主流文化的非官方审查制度。

以签名的能力来衡量识字率，这通常意味着有最低限度的阅读技能。1801 年的识字率约为 50%，到 1914 年几乎上升到 100%。然而，与人们利用文字的方式相比，百分比也就没什么意义了：在社会流动性日益增强的时代，人们通过文字来维持与家庭的关系，与自然界、工厂和其他工作场所的雇主和同事的接触，以及与宗教或政治的接触。随着拿破仑战争（至 1815 年）带来的经济苦难及其余波（至 1850 年左右）让位给了一个相对繁荣的时期，工作和休闲的平衡也发生了变化，政府规定减少成年人的工作时间，并为儿童提供教育。这两项政策都影响了写作和书籍出版，也影响了人们的阅读体验。

阅读的普及和印刷品的传播可以归功于广泛的社会经济力量与特定的技术和文化变革。宗教和政治理想竞争激烈，繁荣程度不平衡。同时，印刷和装订设备的机械能力得到了提高，读者也能用比烛光更强的照明设备来阅读书籍或期刊。英国社会的宗教虔诚程度一直处于中等水平，但得益于英国和外国圣经协会和宗教福音会出版福音小册子，人们阅读圣经和福音小册子的数量才能大幅增加。严格的安息日做法催生了周日版报纸，以及为男孩和女孩制订的恰当的阅读计划。同样，自由贸易和政治经济的世俗功利主义意识形态也得到了实用知识传播协会的支持，并在其《便士杂志》和其他出版物中得到广泛宣传。在政治的另一极，19 世纪头 20 年里，潘恩在《人的权力》（*Rights of Man*）一书中对人权概念进行了阐释，受其影响，激进的政治思想在工人阶级文化中产生。尽管阅读的政治意识形态各不相同，但所有这些人和组织都有两个共同点：一是他们相信印刷品能带来变革；二是他们对单纯娱乐性的文学作品深表怀疑。

图书业以英国不断发展的城市中心为基础，主要集中在伦敦和爱丁堡。事实上，这两座城市的出版商之间存在着紧密的商业和个人关系。然而，印刷、图书销售和流通图书馆在威尔士以及苏格兰和英格兰的省会城市和城镇蓬勃发展。在安逸的中产阶级和苦苦挣扎的劳动者中，书籍是构建文化的大众媒介。儿童直接或间接地从印刷品中学习知识（见第 17 章）。尽管在这一时期的大部分时间里，社会上存在着种种限制，但女性读者，甚至是女性作家，在书籍和期刊中找到了一个高尚之所，可以接触更广阔的世界。男人和男孩可以探索他们的阳刚之气，女人和女孩可以探索她们的女性气质，英国人无论男女老少，无论阶级高低，都可以通过印刷品在他们国家所宣称的帝国和殖民地的关系中找到自己的定位。

2 书籍经济学

从消费者和生产者的角度来看，英国的图书经济经历了一场巨大的转变（见第 12 章）。19 世纪上半叶，图书被认为是一种奢侈商品（以高价出售的短版印刷品），而现在则成为一种普通的文化产品（以工业规模制造，价格符合中产阶级和工人阶级的预算）。然而，这种区分因两个主要的例外而变得复杂。商业流动图书馆（穆迪图书馆是其中最大的一家）购买昂贵的图书，并以可承受的价格租给读者；而各种出版商则通过按周或按月向读者提供整本书的方式来规避高额费用。圣经协会和福音会看到了书款付清前收取低价订阅费的社会效用，而狄更斯的第一任出版商查普曼和霍尔公司（Chapman & Hall）发现了按数量或分节出售图书的好处。在作者完成故事，第一批读者追完之后，故事总是可以被收集起来，重新包装成新的版本或各种版本再次出售。

在 19 世纪早期的几十年里，图书出版量不断上升，从一开始每年几百种，到 19 世纪 40 年代中期达到 3000 或 4000 种。新技术（见第 11 章）为图书贸易带来了新的规模经济，而企业家们也利用了银行和保险业的变化。1814 年，《泰晤士报》首次使用蒸汽驱动的印刷机印刷报纸，虽然后来才普遍用于书籍印刷，但这项新技术被认为是一个分水岭。19 世纪 40 年代，出现了"关于出版和图书销售未来的激烈争论"（Raven，321）。争论围绕着知识产权和知识税展开，出版商的利益往往与作者和读者的利益相对立。1842 年的《版权法》将作者的权利保护期延长至 42 年（或有生之年加死后 7 年，以较长者为准）。然而，从这一变化中获益最多的是出版商和明星作家，而不是读者或大多数作者。进一步的立法涉及国际版权，但在 19 世纪的大部分时间里，英国作家在殖民地和美国市场上仍未受到保护。英国政府通过印花税从图书贸易中获得收入。越来越多的人认为，这妨碍了新闻自由和知识的流通。最后的印花税在 1855 年被废除，纸张消费税在 1861 年被废除。

19 世纪下半叶的图书经济被简明扼要地描述为："从 1846 年到 1916 年期间，图书产量增加了四倍，图书价格减半。"（Weedon，57）到 1914 年，每年有大约 10000 种图书出版，图书的价格从奢侈品水平骤降到普通家庭的预算范围内。流动图书馆在图书价格高的时候曾受益于三卷模式（three-decker format），现在的情况则迫使它退出市场。在 19 世纪的大部分时间里，出版业都是由有权势的个体文学企业家的儿子或侄子继承，而现在开始被改组为有限责任公司。

3 制作与出版

与工业化世界的其他地区一样，英国的大部分图书生产技术在 1800 年至 1914 年间都有了巨大的进步。用破布手工制作的纸张让位于机器制作的纸张，后来又让位于用西班牙草制作的纸张，并最终让位于用木浆作为原料制作的纸张（见第 10 章）。自威廉·卡克斯顿时代以来，手工活字排版工艺几乎没有什么变化，而铅版印刷（从 19 世纪 20 年代开始）和后来可以一次制作一整页内容的电版印刷（从 19 世纪 90 年代开始）对这一工艺加以补充。然而，直到 19 世纪 70 年代和 90 年代分别推出莱诺铸排机和莫诺铸排机之前，排版本身才实现机械化。多年来，手动印刷机在当地印刷厂和小型印刷作业中仍然无处不在，但大型印刷厂在 19 世纪 30 年代和 40 年代采用了蒸汽印刷机。特怀曼将插画制作的转变（先是铜版画，后来是钢版画，再后来是电铸版画）描述为一个复杂而多层次的过程（见第 18 章）。在本世纪末，摄影技术得到了应用，色彩第一次丰富了印刷品的内容。19 世纪 30 年代，为购买者私人收藏的昂贵书籍提供纸质封面或纸板封面的做法，开始让位于版本装帧（见第 19 章）。皮革仅用于圣经和特殊作品，而使用书布装帧整本书则可以通过颜色和设计来吸引人。在这个世纪里，劳动力成本在图书生产成本中所占的比例增加了，而原材料的成本则下降了。

随着技术的发展，图书生产文化也发生了变化。在 19 世纪前 25 年中，圣经协会和福音会是少数几个对保持图书低价感兴趣的出版商。他们关注的是拯救人的灵魂，而其他一些廉价书籍的专家则为学校和广大的劳动阶层市场翻印经典。与此同时，伦敦的主要出版商为上流社会的读者提供豪华书籍，并利用版权法来保护他们在作品上的投资利益。这些公司包括里文顿家族、朗文家族和默里家族，以及理查德·本特利和伦敦的其他公司，还有在爱丁堡经营的布莱克伍德父子公司、钱伯斯兄弟公司和威廉·斯特拉恩公司。这些书商（无论公司是否从事零售贸易，这个词仍在使用）都是保守的商人，对他们来说，一部四开本作品 2 几尼的奢侈价格似乎很合适。查尔斯·奈特将他们的策略比作一些鱼贩子所采取的策略：他们在下午仆人们购买了足够供贵族们中午食用的食物后，销毁库存，而不是再降价。与重印廉价版一样，这一策略可以让鱼贩子们利用第二类顾客，即准备吃晚饭的贫困家庭，他们不会对当天早些时候的市场造成任何风险。同样，伦敦和爱丁堡的顶级出版商也迟迟没有认识到，以廉价版本重印文学作品不会破坏高价且装帧精美的新作品的市场。在拿破仑战争期间，纸张价格高涨，印刷和装帧（见第 19 章）仍然是劳动密集型的手艺，这加剧了对这种商业前景的影响。即使是铅版印刷，也只适用于那些将被广泛传播的少数作品。这些作品不仅包括宗教书籍和教育书籍，还包括沃尔特·司各特爵士的小说和诗歌，他对图书价格的影响是深远的。他的通俗小说，从 1821 年的《肯纳尔沃思堡》（*Kenilworth*）开始，率先卖到了 31 先令 6 便士的高价，并扩展成三卷。1826 年，尽管康斯特布尔公司拥有司各特作品的版权，并出版了《爱丁堡评论》（*Edinburgh Review*）和《不列颠百科全书》（*Encyclopaedia Britannica*），但该公司还是破产了，图书业出现了明显但短暂的下滑。

　　19 世纪 30 年代和 40 年代，图书业的领导者坚持保守的态度，但通过印刷文化开展的社会变革实验仍在进行中。后来，铁路书籍和书商与火车和车站一起出现。在奈特的领导下，实用知识传播协会出版了一系列"实用"和"娱乐"知识方面的作品，以价格低廉的分册形式发行，而不是整卷。后来，他们出版了期刊《便士杂志》；在《克罗切特城堡》（*Crotchet Castle*，1831）中，托马斯·洛夫·皮科克（Thomas Love Peacock）将其讽刺为"蒸汽学者协会"。奈特呼吁废除纸张的印花税。由《印花税法》决定的税收也是劳工阶层政治活动的焦点，这种活动在 19 世纪 30 年代以出版和销售《穷人卫报》（*Poor Man's Guardian*）和其他无印花税的期刊为形式而蓬勃发展。正是在 1836 年，出版商查普曼和霍尔公司与作者狄更斯建立了强大的合作伙伴关系，推出了《匹克威克外传》，并提出了分册发行的想法。事实证明，可忽略不计的单价和扣人心弦的结局结合在一起，读者是无法抗拒的。这种形式成为出版业基础架构的一部分，直到 19 世纪 70 年代被杂志连载和单行本重印所取代。

狄更斯在 19 世纪中叶从作品中获得的巨额收入并不典型；帕滕所记录的与出版商之间复杂的商业、文学乃至社会关系也不寻常。大多数作者不得不满足于一次性支付少量版权费，因此如果他们的作品受欢迎，受益的是出版商。而另一种付款方式，即半利润制度（system of half-profits），对作者来说同样不尽人意。出版商有许多不公平的会计惯例，引起了个别作家和作家协会的强烈反对。在美国流行的按百分比支付版税的制度，在英国却迟迟没有被采用。同时，出版商为获取作品，不仅会尝试不知名（和未尝试过）的作者的新手稿，还会购买铅版印刷品。到 19 世纪 60 年代，重印的做法最终拉低了图书的价格。出版商发行了一批 6 先令一版的作品，这些作品最初的价格更高。有时这一切发生得很快，但在其他情况下却很缓慢，以至于对廉价版文学的追捧仍在继续。

19 世纪 40 年代和 50 年代的铁路繁荣改变了书籍和期刊的发行，影响了出版和阅读的模式。W. H. 史密斯和其他书商从铁路小说中获利，这些小说可以在车站的摊位上买到，可以在火车旅行中舒适地阅读。这里的主要出版商是劳特利奇。他们的"先令铁路书库"版本被称为黄皮书，用彩色纸张装订，封面上有插图，下面有广告。然而，史密斯和劳特利奇两家出版商从未与那些从 18 世纪一直延续到维多利亚时代的主要出版商展开直接竞争。麦克米伦公司则不同，它于 1843 年在剑桥成立，1858 年迁至伦敦，成为一家领先的出版商，其出版书目包括历史、文学和批评、科学（包括《自然》等期刊），以及重量级的新书和旧书的廉价重印本。亚历山大·麦克米伦曾对一位记者说："我觉得在付费这类事情上，吃相不能那么难看。"这句话表明了他的商业野心与热爱文学和藏书的雄心（Freeman Archive 1/7, fo. 495）。虽然麦克米伦的"烟草议会"（tobacco parliaments）处于伦敦文学文化的中心，但他也是维多利亚时代最积极接触英国各地客户和同行的出版商之一，不仅在各殖民地，甚至在北美都建立了办事处。

20 世纪初的图书文化与维多利亚时代中期的图书贸易有很大不同。三卷式小说的模式走到了尽头，而廉价小说却在蓬勃发展。1883 年成立了作家协会，以保护其成员的文学财产。作者的文学代理人开始承担以前由出版商的读者负责的筛选工作。1890年的《图书净价协议》确保了价格竞争不会损害行业基础。新的公司和新的系列应运而生：约翰·莱恩（John Lane）在1894年成立了博德利海德出版社（Bodley Head），为图书贸易建立了雄心勃勃的美学标准；J. M. 丹特在1906年创办了平民书库。平民书库为爱德华时代的读者提供了许多可称为行业标准或经典的作品，而这些作品在几十年前被列为高风险作品。语言学家和文学家联手推出了《新英语词典》（后称为《牛津英语词典》），而其他文人则联合起来，在乔治·默里·史密斯的主持下，于1900年编写并出版了《国家人物传记大辞典》（*Dictionary of National Biography*）。

4 流通和保护

从1800年至1914年，作者、读者和出版商被视为图书文化的三个核心群体，流通和保存机构——期刊、书商、公共和私人图书馆——则是他们相互依存关系的重要支持者。期刊社甚至比图书贸易更能从这一时期的技术、识字情况和休闲方式的变化中获益（见第16章）。诺斯估计，以期刊形式出版的文本数量至少是书籍封面文本的100倍。此外，书籍和期刊这两种形式变得密切相关。小说连载的载体是期刊中的周刊和月刊，一旦文学作品在期刊上发表完成，它就可以以一卷或多卷的形式重新出版发行。几个主要的出版商都有自己的期刊，他们雇用作者，以执行这一政策，例如，W. M. 萨克雷就曾担任《康希尔杂志》（*Cornhill Magazine*）的编辑。相反，一些历史学家、文化评论家和其他非小说作者则与出版商签订合同，出版他们的文集，这些作品最早以期刊形式出现。比瑟姆和布瑞克等人认为，期刊是一种混合形式，在维多利亚时代的英国印刷文化中具有极大的影响力。

期刊通过邮政系统送达，或与书籍、报纸一起购买。书籍也可以从出版商（或流通图书馆）订购。城市和省会城市都有书店，卖家可以享受固定价格的折扣。在19世纪早期的几十年里，街头小贩是对现有商店的补充，特别是对政治激进派的小册子和福音小册子的售卖来说。在农村地区，叫卖《圣经》的小贩挨家挨户运送印刷品。特别是在新书价格特别高的时候，二手书店和市场摊位是工人阶层和中下阶层读者获取图书的重要来源。

图书馆的覆盖范围很广，从少数的大型版权图书馆，到新型支持订阅的伦敦图书馆，再到规模适度、主打慈善的地方图书馆，以及大大小小的私人藏书。尽管得到了爱德华·爱德华兹（Edward Edwards）的支持，并在1850年通过了授权立法，国家资助的公共借阅图书馆仍发展缓慢。技工学校配备了图书馆，为工人阶级自学者的阅读清单提供了大量资料。无论是公共图书馆还是技工学校图书馆，都不鼓励提供小说。同时，商业流通图书馆（其存在对出版业的结构至关重要）满足了人们对娱乐的需求。然而，到19世纪末，读者和作家对穆迪图书馆和其他流通图书馆的限制越来越感到失望，许多人将其视为一种审查制度。

5 主题和体裁

19世纪出现了大量的小说和诗歌，这些作品已经成为英国文学经典的一部分。当时的主要作家有奥斯汀、司各特、勃朗特姐妹、丁尼生、罗塞蒂家族、狄更斯、伊丽莎白·盖斯凯尔、萨克雷、特罗洛普、乔治·艾略特、梅瑞狄思、吉辛、史蒂文森、哈代和王尔德。在书籍史上，这些伟大的名字在大量为小说和诗歌市场做出贡献的无名作家中占有一席之地。小说和诗歌反过来又与宗教、历史、哲学、科学以及出版业巨大产出中的所有其他细分领域相关联。这些资料很难统计和分类，部分原因是它们的数量远远超过了18世纪，还有部分原因是可以进行统计和主题分析的资料在整个时期没有得到系统整理。

尽管文学写作已经在快速发展，宗教而不是虚构类小说，仍然是19世纪初的主导主题。在1814年至1846年间，《圣经》、福音小册子和经文评注占出版书籍的20%。第二大类和第三大类几乎相等：地理、旅行、历史和传记作品的总和占17%，小说和青少年文学约占16%。后一类中有一半多一点（占8.9%，即32年中有3180个条目）是有别于道德故事和儿童书籍的小说和故事。然而，诗歌和戏剧在图书出版社的计算中是一个独立的类别。它们排在第六位，约占8%，在教育（12%）以及艺术、科学、数学和插图作品（9%）等类别之后。关于医学和法律的作品分别占6%和

4%。另一个无益的组合类别是政治、社会科学、经济、军事和海军（4%，但有些作品现在无疑会被归入地理、旅行等类别中）。最后，逻辑学、哲学和文学作品只占1%；还有3%的作品被归入杂项（Eliot，1994，44—46）。然而，这些数字必须谨慎对待，因为它们只是基于对书名的统计，既没有考虑作品的体量（最好是通过计算印张来衡量），也没有考虑到印数。特别是在缺乏版本数量的情况下，这些数字只能作为一般的标记。

关于读者在体裁和主题方面的偏好，我们可以从1870至1919年这段时间的末期了解到大概的情况。当时电影和青少年类图书的比例最高，为23%，其次是宗教（仅16%），地理、旅行、历史和传记（降至12%），教育（11%）。难以分类的"杂项"现在达到了19%，艺术、科学、数学和插图作品下降到8%，诗歌和戏剧上升到7%。同时，逻辑学、哲学和文学作品上升到5%。医学和法律均为3%，其百分比的下降是由于其他类别的增加，而不是由于（读者）兴趣或出版率的下降。政治、社会科学、经济、军事和海军的混合类别在该行业出版和记录的所有书籍中也只占3%（Eliot，1994，46—53）。现在，大多数新书的主题是虚构类小说，或者更广泛的文学，而不是宗教。

百分比具有欺骗性，它人为地割裂了原本紧密结合在一起的认识世界的方式。例如，19世纪中期，宗教和科学经常被视为（两种）相互竞争的意识形态，达尔文的思想被认为与《圣经》的思想相抵触。西科德对一部进化论科学著作的作者、制作、发行和各种版本的接受情况做了学术研究，为我们提供了一个更复杂、更有趣的视角，这部著作讨论并挑战了宗教（以及颅相学），为读者接触达尔文思想做好了准备。

学校书籍和教科书被划归教育类书目，占比为11%或12%，但它们的数量在印刷总量中所占的比例要大得多，因为它们的印刷量往往比大多数其他种类的书籍要大得多。19世纪30年代，朗文家族和其他公司开始出版教科书；19世纪60年代，麦克米伦、乔治·贝尔父子出版公司、剑桥大学出版社和牛津大学出版社都开始与他们竞争；1870年、1882年和1902年，教育法和教育经费的变化，导致对教科书的需求大大增加。学校书籍被出口到殖民地和美国，虽然利润很小，但全球英语市场是可靠的。英国和殖民地的教育委员会在1860年至1861年这一年中订购了约60000本被称为"读本"或读物的汇编本（Weedon，128）。

6 识 字

不同学科的学者和不同政治立场的文化评论家都对拿破仑战争和第一次世界大战期间英国人的阅读情况发表了看法。到 19 世纪末，英国人是会像利维斯所认为的那样，耽溺于内容轻浮的垃圾书籍，还是会像 J. 罗斯所坚持的那样，成为致力于经典的严肃自学者？虽然"阅读体验数据库"（Reading Experience Database）正试图收集短暂而珍贵的证据，但最终可能没有令人满意的方法来衡量或描述整个国家如此私密的阅读过程。然而，由于许多书籍和报纸的阅读量大，阅读体验及其影响的公共性是学者们不敢忽视的。

19 世纪早期，教育供应不稳定且不规范，自学经验非常重要。劳工阶级的各种自传披露了要想获得负担得起、有吸引力的读物的困难程度。即使是最贫穷的家庭也有《圣经》《公祷书》《天路历程》，有时还有《失乐园》，虽然不清楚这些作品的阅读频率和密集强度，但它们可能是大多数儿童识字技能启蒙的一部分。能否拥有和阅读其他书籍得靠运气，也取决于是否能从二手书商和技工学校图书馆偶然得到历史、科学、戏剧或哲学类读物。廉价的重印本增加了普通人阅读书籍的机会，但正如圣克莱尔所论述的，这种机会由出版商对知识产权的控制决定，而且受到了极大的限制。19 世纪中后期，作家的"旧经典"的廉价版本比同时期的书籍更实惠。

书籍的实体形态和阅读的文化体验历来密不可分。1800 年，识字的人不多，只有有限的引人入胜的阅读材料可供选择。然而，随着 19 世纪的发展，新书形式的出现和价格下降打开了新的市场，吸引了新的读者。到 19 世纪 60 年代，出版业已经成为一个重要的产业：书籍和期刊被认为是理所当然的文化必需品。1914 年，当时为数百万人提供了价格低廉的小说和诗歌的印刷铅版被熔化以制造军火，而读着这些铅版印刷书籍长大的人则带着识字能力奔赴前线战场。

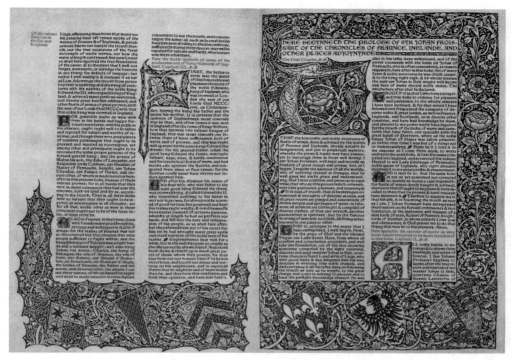

图 35　私人出版运动。凯尔姆斯科特出版社出版伯纳斯勋爵翻译的傅华萨作品（1897）。在威廉·莫里斯去世后，该书分两种限定版印刷，分别为 8 页和 2 页，后者印刷在牛皮纸上。红色印刷、精致的边框和首字母设计尽显奢华。© 苏富比

参考文献

Altick

J. J. Barnes, *Free Trade in Books* (1964)

—— *Authors, Publishers, and Politicians* (1974)

M. Beetham, 'Towards a Theory of the Periodical as a Publishing Genre', in *Investigating Victorian Journalism*, ed. L. Brake *et al.* (1990)

B. Bell, 'New Directions in Victorian Publishing History', *Victorian Literature and Culture* (1994), 347–354

L. Brake, *Print in Transition, 1850–1910* (2001)

N. Cross, *The Common Writer* (1985)

A. C. Dooley, *Author and Printer in Victorian England* (1992)

S. Eliot, 'The Three-Decker Novel and its First Cheap Reprint, 1862–1894,' *Library*, 6/7 (1985), 38–53

—— *Some Patterns and Trends in British Publishing 1800–1919* (1994)

—— 'Patterns and Trends and the NSTC', *PH* 42 (1997), 79–104; 43 (1998), 71–112

J. Feather, *A History of British Publishing*, 2e (2006)

N. N. Feltes, *Modes of Production of Victorian Novels* (1986)

—— *Literary Capital and the Late Victorian Novel* (1993)

D. Finkelstein, *The House of Blackwood* (2002)

E. A. Freeman Archive, John Rylands University Library

A. Fyfe, *Industrialised Conversion* (2000)

—— 'Societies as Publishers', *PH* 58 (2005), 5–42

G. L. Griest, *Mudie's Circulating Library and the Victorian Novel* (1970)

L. Howsam, *Cheap Bibles* (1991)

—— 'Sustained Literary Ventures', *PH* 32 (1992), 5–26

—— *et al.*, 'What the Victorians Learned', *Journal of Victorian Culture*, 12 (2007), 262–285

E. James, ed., *Macmillan* (2002)

J. O. Jordan and R. L. Patten, eds., *Literature in the Marketplace* (1995)

M. E. Korey *et al.*, *Vizetelly & Compan(ies)* (2003)

R. G. Landon, ed., *Book Selling and Book Buying* (1978)

P. Leary, 'Googling the Victorians', *Journal of Victorian Culture*, 10 (2005), 72–86

Q. D. Leavis, *Fiction and the Reading Public* (1932)

W. Lovett, *Life and Struggles* (1876)

P. D. McDonald, *British Literary Culture and Publishing Practice, 1880–1914* (1997)

J. North, 'Compared to Books', in *The Waterloo Directory of English Newspapers and Periodicals*, www.victorianperiodicals.com, consulted Sept. 2007

R. L. Patten, *Charles Dickens and His Publishers* (1978)

M. Plant, *The English Book Trade* (1939; 3e, 1974)

J. Raven, *The Business of Books* (2007)

J. Robson, ed., *Editing Nineteenth Century Texts* (1967)

Rose

M. Rose, *Authors and Owners* (1993)

W. St Clair, *The Reading Nation in the Romantic Period* (2004)

J. Secord, *Victorian Sensation* (2000)

J. Shattock and M. Wolff, eds., *The Victorian Periodical Press* (1982)

P. L. Shillingsburg, *Pegasus in Harness* (1992)

J. A. Sutherland, *Victorian Novelists and Publishers* (1976)

—— 'The Book Trade Crash of 1826 ', *Library*, 6/9 (1987), 148–161

J. Topham, 'Scientific Publishing and the Reading of Science in Nineteenth-Century Britain', *Studies in the History and Philosophy of Science*, 31 (2000), 559–612

M. Twyman, *Printing, 1770–1970* (1970; repr. 1998)

D. Vincent, *Bread, Knowledge and Freedom* (1981)

—— *Literacy and Popular Culture* (1989)

R. K. Webb, *The British Working-Class Reader* (1971)

A. Weedon, *Victorian Publishing* (2003)

J. H. Wiener, *The War of the Unstamped* (1969)

第22章（三）
英国书籍史（自1914）

克莱尔·斯奎尔斯

1 20世纪的图书

在20世纪的英国，图书、生产书的出版业、流通书的图书贸易商以及消费书的读者，有什么独特之处？这一时期最具代表性的书籍，以及最能体现书籍与更广泛社会关系的书籍，是企鹅出版社出版的平装书。它们价格便宜，吸引了大量的读者。除了促进设计的创新和创造性的营销之外，这一系列还利用了发展中的分销渠道。没有比企鹅出版社更具有20世纪的特点，或者说更具有英国特色。然而，正如研究企鹅出版社的历史学家所说，20世纪30年代，该公司成立既得益于出版业的持续发展和复兴，也得益于社会变化和革命。1914年后的时期，同样是一个动荡的时期，但也是一个演变的时期：生产技术、商业惯例、出版文化以及书籍本身，无论是在形式上还是内容上都出现了变化。

事实上，20世纪英国的图书史可以通过出版业的一些个别产品和系列图书来讲述，这些产品和系列图书体现了与前一个时代相比的变化和延续。在20世纪的大部分时间里，英国图书继续在限制其生产和销售的立法框架下存在。拉德克利夫·霍尔的《寂寞之井》在 20 世纪 20 年代因淫秽被禁；乔伊斯在海外出版了《尤利西斯》。20 世纪晚些时候，企鹅出版社于 1960 年出版了劳伦斯的《查泰莱夫人的情人》，成功地挑战了《淫秽出版物法》（*Obscene Publications Act*），似乎迎来了一个更自由的社会风气和出版实践的时期，不过 20 世纪 80 年代和 90 年代围绕鲁西迪（Rushdie）的《撒旦诗篇》（*The Satanic Verses*）的争论表明，言论自由仍然存在争议。与此不同，J. M. 丹特在 20 世纪初的 10 年中开始出版第一批"平民文库"书籍（其本身就是以早期的再版系列为模式）。这些书的销售对象是不断增长的新一代识字的读者，而企鹅出版社也在 20 世纪 40 年代以企鹅经典为目标。另一个变化体现在 20 世纪 90 年代和 21 世纪《哈利·波特》系列所引起的全球性现象上。J. K. 罗琳所出版的作品说明英国图书的巨大商业潜力，这种潜力建立在包装、品牌管理、版权销售、商品销售以及其他媒体的关系之上。而在大约 100 年前，比阿特丽克斯·波特采取了同样的策略推动了其作品《彼得兔的故事》在国际市场上取得成功。

这些例子只能让我们一窥 20 世纪和 21 世纪初英国图书的一些发展模式和进程。下文将通过梳理英国出版业、社会和世界其他地区之间，英国内部商业和文化以及英国读者和消费者之间的关系，为大家提供一个更全面的调查说明。

2 帝国、出口和全球化

一个国家的出版业形态反映并影响着这个国家本身，英国历史上的许多转变对图书贸易史有不小的影响。20 世纪初，这个行业是建立在帝国主义的基础上。它以独立的、主要由家庭经营的公司为基础，在生产和销售方面实现了工业化，并迎合了伴随着上个世纪《教育法案》所带来的新兴大众市场。

1914 年，英国成为世界上最大的帝国，其广阔的领土遍布全球。英国出版业也紧随其后，为帝国提供图书。版权立法保护了出版商的海外财产，而最初为殖民地和传教士交流而建立的印刷厂在殖民地普及了印刷文化。随后，牛津大学出版社、海尼曼、朗文和纳尔逊等出版公司在非洲地区、澳大利亚、加拿大、新西兰和亚洲地区设立了分公司和子公司，但这些企业的管理往往仍由英国本土负责（分别见第 39、46、49、

47 和 41 章）。英国图书被大量出口，英国出版商从国际贸易中获益良多。教育出版对帝国的建设和殖民地的发展至关重要。

尽管第二次世界大战不可避免地打乱了殖民地的出版模式，但 1945 年后，英国政府大力鼓励重建。20 世纪 40 年代末，英国出版商的图书销售额中有 29% 来自出口。到 20 世纪 60 年代末，这个数字已经攀升到了几乎占英国所有出版收入的一半。随着帝国开始瓦解，陆续有国家赢得独立并加入英联邦，出口贸易面临严重威胁。许多摆脱殖民统治的国家致力于建立本土的出版产业，但对许多国家来说，基础设施薄弱、投入不足、技术工人和出版教育人才缺乏等问题，使当地的出版业举步维艰。然而，对英国出版商来说，更大的威胁来自两个方面：一是美国出版业日益强大的国际竞争力；二是保障英国利益的贸易协定和公约遭受打击。传统上，英语国家的领土权力以殖民地为界，英国只在英联邦国家出版。澳大利亚和新西兰的市场争议颇大，因为读者希望获得廉价的美国版本。美国在 1976 年成功挑战了英国的《英联邦市场协议》，受保护的市场被迫开放，导致英国的利润和出口销售额下降。合同中规定的排他性地区权利意味着全世界的英语出版业继续沿着新殖民主义的思路运作，这使得英国获得的利润大大减少。后殖民时代既不是一个完全不受约束的自由贸易时代，也不是一个地方出版业顺利崛起的时代。

20 世纪下半叶，全球经济和商业发展延伸至出版业。一连串的企业集团创建了越来越大、越来越国际化的公司，很多涉及多媒体产品组合。21 世纪初，一些较大的英国出版集团最终被外国公司所收购，如霍德·海德兰（最初叫霍德与斯托顿）、利特尔＆布朗、猎户星（阿歇特集团）、麦克米伦（霍尔兹布林克集团），以及兰登书屋和环球出版社（即贝塔斯曼集团）。然而，全球所有权和出版模式之间的关系是复杂的。21 世纪，英国作家和出版商仍然是文化内容的重要原创者和生产者，其知识财产在其他地方被广泛翻译。《哈利·波特》系列在全球的影响力是前所未有的，这恰恰证明英国出版业具备在国际上获得成功的非凡能力。

3 战争期间

与其他领域一样，20 世纪的两次大规模战争对英国图书贸易产生了影响。第一次世界大战严重抑制了图书生产，到 1918 年，图书产量下降到 1902 年以来的最低水平。图书业失去了重要的工人，战争导致很多工人都去参军，他们起初是自愿应征，之后是应征入伍（出版商不能免服兵役）。由于进口供应受到限制，原材料——特别是纸张——的成本急剧上升，而图书的成本也相应地呈上升趋势。到 1918 年，该行业已经陷入严重萧条。

类似的情况在二战期间出现过，但是其影响更大。由于官方叫停进口业务，出版商开始对纸张库存进行配给。由出版商协会谈判达成的《图书生产战时经济协议》（ *The Book Production War Economy Agreement* ），作为一项节约纸张的措施，规定了最低生产标准。根据该协议生产的书籍，纸张薄且质量差，字体小而密集。这些对行业的挑战因空袭而加剧。在闪电战期间，一些出版商，包括昂温、沃德 – 洛克公司、霍德与斯托顿、麦克米伦都被轰炸过，商业记录和库存丢失。为英国许多书商供货的批发商辛普金与马歇尔公司受到了直接打击。因此，市场需求远远超过了出版商的供应能力，供应问题一直持续到 1945 年以后。编辑戴安娜·阿西尔对"战后书荒"中"渴望读书的日子"的描述并不夸张（Athill，34）。

战时，出版商在内容上受到限制，有时还会受到政府的公开审查。1914 年的《国土防卫法》（ *The Defence of the Realm Act* ，DORA）影响了生活的许多领域，包括出版和信息传播。该法案意味着一些出版商要进行自我审查，确保不出版可能有争议的作品，而另一些出版商（包括反战出版商 C. W. 丹尼尔）则因出版涉及同性恋和因道义原因拒服兵役等主题的书籍而遭到起诉。

然而，战时出版也给出版商带来了机会。在第一次世界大战期间，各公司通过出版与新的社会和政治条件有关的作品来应对变化的环境：评估时事的小册子，以战时为主题的小说，刊登战争文章的期刊。在二战前和二战期间，出版商的产出也同样反映了时代的变化。企鹅出版社的"特刊"——介于书籍和小册子之间——生产迅速，以满足读者了解所处动荡时期信息的渴望（出版的书籍包括识别作战飞机的指南）。

企鹅出版社还制订了计划，通过部队图书俱乐部向部队和战俘提供书籍。

在两次世界大战期间，一些公司通过与政府合作或代表政府出版作品来进行运作。1914年至1918年间，这些作品包括隐蔽的宣传，如主流出版商（包括霍德与斯托顿、T. 费希尔·昂温和麦克米伦）的爱国主义小说，由韦林顿之家的宣传部门统筹安排。在第二次世界大战期间，牛津大学出版社在政府印刷和出版方面发挥了重要作用，它秘密地制作、分发，甚至创作宣传和信息材料，被海军部称为"第一印刷厂"。生产此类材料一方面出于爱国主义，另一方面则是因为一些激励措施，包括从财政到（在第二次世界大战中）发放额外的纸张配给。

萧条是两场战争给商业活动带来的影响，这与英国工业领域的许多情况一致。图书行业也面临生产力下降，组织结构瘫痪，原材料长期存在供应问题，以及更广泛的经济萎靡所带来的连锁反应。虽然不断增加的教育经费以及战时少数主流出版商，如乔治·艾伦与昂温出版社、维克多·戈兰茨（和他的左翼图书俱乐部）以及企鹅出版社，他们的远见卓识消除了保守主义带来的影响，但20世纪20年代和30年代的保守主义对出版创新来说并不是一个好兆头。纸张配给制度一直持续到1949年。战前1937年新书的产量超过1.7万种，1943年降到约6700种的低点后，直到20世纪50年代初才被超越。战后的两个时期，萧条和紧缩都对重建强大的国家出版业构成了威胁。不过，图书贸易商的一些部门积极抓住了一些机会——特别是教育改革的浪潮。

4 教育、机遇和公众阅读

英国实质性的教育改革始于19世纪，1870年的《初等教育法》确立了免费义务初等教育的原则。1902年，中等教育领域也出台了类似法案，到1944年，所有15岁以下的儿童都必须接受免费的义务教育。从20世纪60年代起，大学教育迅速发展。出版商试图迎合新的识字者和不断扩大的大众读者群。19世纪和20世纪，重印系列无处不在，表明了教育改革、扫盲情况和出版商书单之间有着密切的联系。"世界经典"和"企鹅经典"在后来的版本中加入了补充性的注释（如介绍、脚注和尾注），提高了它们的教学实用性。从20世纪30年代起，平装书的兴起和成功，与普及识字和产出平价的优质文学作品，以及为所有人提供的非小说类书籍密切相关。企鹅公司的许多非小说类平装书满足了读者的自学需求，1945 年后购书者的认真态度与出版计划的严肃性相呼应，理查德·霍加特（Richard Hoggart）的《识字的用途》（*The Uses of Literacy*，1957）等作品对此进行了讨论和分析——这也是平装书的一个特点。

然而，正如霍加特在书中所强调的，休闲和娱乐也是塑造出版商产出性质的重要因素。在两次大战之间，通俗小说蓬勃发展，诸如西部小说、侦探小说和爱情小说等类型具有广泛的吸引力。20 世纪 20 年代，大众出版公司米尔斯与布恩决定专门出版爱情小说，这是类型小说流行的象征。战时的大众阅读批评家，如 Q. D. 利维斯在《小说与读者大众》（*Fiction and the Reading Public*，1932）中，对出版和文学的发展方向深表担忧，宣称"现在阅读小说很大程度上是一种吸毒的习惯"（Leavis，19）。19 世纪一些人焦虑于新兴识字读者所带来的颠覆性危险，这种焦虑在 20 世纪发展为一种担忧，担忧民主化市场下文学质量会呈下降趋势。20 世纪，人们仍将惊愕于在资本主义需求和文化需求之间求生的图书业所呈现出来的矛盾性。杰弗里·费伯（Geoffrey Faber）在其同名公司出版了包括艾略特和庞德在内的极端现代主义作家的作品，他明确表明自身对以市场为中心的出版商抱有鄙夷的态度，他认为出版商要为"大众"出版。凯里提出了一个论点，即由于阅读群体的扩大，现代主义作家有意缩减他们的艺术作品，以排斥新的读者，并将自己从市场中抽离出来。然而，这一时期的其他历史学家认为，现代派作家与更明显更受欢迎的通俗作家一样热衷于在市场中立足，通过宣传他们的作者形象，与出版中介机构协商，以出版他们的作品。

热衷于迎合新的阅读群体的出版商之间相互竞争。同时，报纸和期刊的数量和发行量不断增加，它们也成了图书行业的竞争对象（见第 16 章）。新技术的发展导致了文化和休闲追求的扩大：20 世纪初，广播和电影；二战后，电视；20 世纪末，计算机和万维网。这些发展，特别是互联网这一信息来源的发展，对作为休闲追求的阅读活动构成了真正的威胁。然而，21 世纪初，以印刷为基础的图书生产仍然很活跃。其他大众媒体的发展，包括电子书的出现（见第 21 章）是一种威胁，但也带来了机遇。跨媒体互动为附属版权创造了一个充满活力的市场，出版商、作者和文学经纪人通过谈判将文学内容转化为电影和电视版本，而新媒体则催生了衍生的出版活动。与一些比较悲观的评论家的期望相反，20 世纪的新媒体也能促进出版业的发展。

在英国，推动大众教育和扫盲的工作是与公共借阅图书馆的发展同时进行的。1850 年的《公共图书馆法案》规定了这类图书馆的原则，但直到 19 世纪末和 20 世纪初的几十年，它们才得到实质性的发展。第一次世界大战开始时，60% 的英国人可以使用公共图书馆；到 20 世纪 30 年代中期，公共图书馆借阅活动几乎普及。商业流通图书馆在 20 世纪上半叶也很普遍，但第二次世界大战后随着公共图书馆系统的加强，这些图书馆基本消失了。然而，20 世纪末，公共图书馆系统受到资金削减和读者人数减少的影响。

20 世纪，英国社会道德观念的转变和社会形态的变化与出版公司生产的内容相互影响。在整个世纪中，一个更加宽松的社会逐步到来，围绕书籍内容的立法框架和司法活动发生了根本性的变化。然而，尽管像考尔德与博亚尔斯（Calder & Boyars）这样大胆和进步的出版商不断挑战社会和政治的界限，但法院在审查制度中所扮演的角色，以及出版商随之而来的对起诉的恐惧，意味着有关某些话题的书籍仍难以传播。

英国出版史上反复被人使用的一些词汇就来自对《查泰莱夫人的情人》的审判。当时控方问陪审团，劳伦斯的作品是否让他们"同意让你们年幼的孩子——女孩和男孩一样可以阅读——阅读这本书……这是一本你希望你的妻子或你的仆人阅读的书吗？"（Rolph, 17）。出自中上层阶级男性道德观念的假设在本案中未获支持，企鹅出版社得到了平反。不可否认，20 世纪下半叶，图书业处于一个比较自由的环境，尽管可以援引的审查图书的立法仍然存在：《公务秘密法》，1988 年《地方政府法》第 28 条（限制在学校内"宣传"同性恋），以及 2006 年《种族和宗教仇恨法案》。建立自由社会的愿望仍与保护社会中某些群体的愿望存在冲突。

5 图书业

20 世纪图书业的基础在上个世纪末就已经奠定。作者协会、书商协会、出版商协会和文学经纪人，都起源于 19 世纪末。它们的建立指向了一个更有组织的、专业化的行业。20世纪，随着该行业日益企业化和全球化，这种现代性不断加强。

英国出版业的形态在上个世纪已经发生了巨大的变化，现有的和新的公司规模不断扩大，并日趋多元化。从1914年起，一些新公司加入了它们的行列，除了乔治·艾伦与昂温、维克多·戈兰茨和企鹅之外，还包括一些由移民建立的出版公司，例如，安德烈·多伊奇（André Deutsch）、保罗·哈姆林（Paul Hamlyn）和魏登菲尔德与尼科尔森（Weidenfeld & Nicolson）。20世纪60年代，一波协调一致的兼并和收购浪潮开始改革国家出版业，越来越大的出版集团被并入全球化公司，其利益所涉范围比出版业本身要广泛得多。到21世纪初，英国出版业已被极少数非常大的出版集团所主导，这些公司主要包括：贝塔斯曼、阿歇特、哈珀柯林斯（新闻国际）和培生集团（Pearson Group）。

尽管如此，20世纪下半叶出版多样性和创新蔚然成风。20世纪七八十年代的女性主义出版商，以维拉戈出版社为代表，通过三重举措撼动了男性主导的出版业：改革作品筛选机制；大量出版女性创作及女性题材作品（包括再版和新作）；倡导雇用全女性或女性为主的员工队伍。基于计算机的新技术，如桌面出版和按需印刷，意味着小型公司可以迅速成立，所需的技术专长门槛也大大降低。除了战时，英国每年的新书生产都在持续增长，从20世纪初的不到1万种新书到20世纪末的10万种，现在还在不断增加。

随着20世纪组织、结构和技术的全面变革，出版文化也发生了转变。出版商变得越来越以市场为中心，随之而来的是其重心从出版社的编辑职能转移到会计、市场和销售部门。正如弗雷德里克·沃伯格（Frederic Warburg）的回忆录标题所言，出版业曾经被视为"绅士的职业"，其商业化程度一直高于一些参与者所愿意承认的程度。然而，随着20世纪大众市场的发展，以及出版商为开发其市场份额而开展的活动，沃伯格对"商人"和出版业的厌恶已变得不合时宜。21世纪初，英国出版商及其全球母公司要求获得丰厚的投资回报，并将自身业务首先视为商业活动，其次才把自己当作文化和信息的传播者。

制定于20世纪初的《图书净价协议》，在本世纪最后几年被废除，象征性地结束了"与其他商品相比，图书不同于其他商品"的局面。20世纪60年代，这一论点被用来挑战净价协议，但最终未取得成功。在《图书净价协议》被废除后，大量的折扣措施接踵而至。在 20 世纪 90 年代和 21 世纪初的竞争环境中，随着连锁超级市场、超市销售和网上零售的出现，独立书商在一个以价格为主要营销武器的市场中挣扎生存。

新旧世纪之交，出版商对开拓市场的需求，催生了一种宣传文化，作者可以通过文化节以及在书店、学校和图书馆举办的作者见面会等活动，深入参与图书营销。作者类别扩大了，依靠自传和小说代写的名人书籍市场也扩大了。文学奖项层出不穷，历史悠久的詹姆斯·泰特·布莱克纪念奖在 20 世纪下半叶加入了布克奖、惠特布雷德奖和奥兰治奖（其中包括许多其他奖项）的行列。传统阅读群体是一般性图书贸易市场销售的排头兵，而 21 世纪初，电视图书俱乐部——理查德与朱迪读书俱乐部成为唯一最有效的畅销书制造者。

同时，技术进步引发了教育、STM（科学、技术和医学）和参考资料出版领域的快速变化，数字出版推动了新商业模式的形成（见第 21 章）。一些市场领域的性质已经使图书出版商变成了信息提供者，他们的产品几乎无法与传统的手抄本相提并论。然而，随着这些技术的发展，在私营出版社持续开展的业务活动中，呈现出一种截然相反的趋势。他们在全球化的数字环境中使用手动印刷机，这种做法无疑是一种怀旧。英国的书籍印刷在 21 世纪继续保持活力，表明这一行业远未消亡。

1914 年后，英国出版业的格局以及它所生产的书籍经历了一系列的快速转变。这些发展往往是有机联系的，而不是分裂的，是从 19 世纪的趋势中发展起来的。虽然有着诸多延续性，但事实证明，20 世纪和 21 世纪初的英国图书业独具特色：参与社会的深刻变革，高度以市场为导向，偶尔在形式和内容上堪称典范。

参考文献

D. Athill, *Stet* (2000)

E. de Bellaigue, *British Book Publishing as a Business since the 1960s* (2004)

C. Bloom, *Bestsellers* (2002)

P. Buitenhuis, *The Great War of Words* (1987)

J. Carey, *The Intellectuals and the Masses* (1992)

G. Clark and A. Phillips, *Inside Book Publishing*, 4e (2008)

P. Delany, *Literature, Money and the Market* (2002)

J. Feather, *A History of British Publishing*, 2e (2006)

D. Finkelstein, 'Globalization of the Book 1800–1970', in *A Companion to the History of the Book*, ed. S. Eliot and J. Rose (2007)

R. Hoggart, *The Uses of Literacy* (1957)

A. Jaffe, *Modernism and the Culture of Celebrity* (2005)

M. Lane, *Books and Publishers* (1980)

Q. D. Leavis, *Fiction and the Reading Public* (1932)

J. McAleer, *Popular Reading and Publishing in Britain, 1914–1950* (1992)

I. Norrie, *Mumby's Publishing and Bookselling in the 20th Century*, 6e (1982)

A. Phillips, 'Does the Book Have a Future?', in *A Companion to the History of the Book*, ed. S. Eliot and J. Rose (2007)

J. Potter, *Boys in Khaki, Girls in Print* (2005)

—— 'For Country, Conscience and Commerce', in *Publishing in the First World War*, ed. M. Hammond and S. Towheed (2007)

L. Rainey, *Institutions of Modernism* (1998)

C. H. Rolph, ed., *The Trial of Lady Chatterley* (1961)

Rose

J. Rose, 'Modernity and Print I: Britain 1890–1970', in *A Companion to the History of the Book*, ed. S. Eliot and J. Rose (2007)

—— and P. J. Anderson, eds., *British Literary Publishing Houses 1881–1965* (1991)

C. Squires, 'Novelistic Production and the Publishing Industry in Britain and Ireland', in *A Companion to the British and Irish Novel 1945–2000*, ed. B. Shaffer (2005)

—— *Marketing Literature* (2007)

J. A. Sutherland, *Bestsellers*: *Popular Fiction of the 1970s* (1981)

A. Travis, *Bound and Gagge*d (2000)

F. Warburg, *An Occupation for Gentlemen* (1959)

J. P. Wexler, *Who Paid for Modernism*? (1997)

第 23 章
爱尔兰书籍史

尼尔·奥·乔桑、克莱尔·赫顿

1 从印刷术的出现到大饥荒

虽然爱尔兰在整个中世纪都有丰富的手抄本文化，但直到 1551 年，该地区才出现第一本印刷书，此后的一个世纪里，印刷品很少出现。据估计，1640 年英格兰每 8800 人就有一本印刷品，而在爱尔兰，每 19 万人才有一本。其中一个原因是，印刷是一种城市现象，而爱尔兰总体来看是一个以农村为主的国家。爱尔兰的城镇主要是与英格兰进行贸易的海港，与欧洲大陆的贸易相对不多。进口书籍在市场上占主导地位：直到 1700 年，爱尔兰书籍市场中，只有 20% 的书籍由本土出版，其余的 75% 来自英国，5% 来自欧洲。爱尔兰是英格兰最大的图书出口市场，超过了苏格兰和弗吉尼亚。大多数进口图书都销往首都都柏林，但也有大量图书流入南部和西部的城市，如沃特福德、科克、利默里克和戈尔韦。

爱尔兰印刷业发展缓慢的另一个原因是，与英格兰一样，该行业的法律架构实际上形成了一种垄断。印刷业是由国家引入的，1732 年前，只有持有国王授予的印刷专利特许证的人才能参与其中。最早担任这一职务的是来自伦敦的汉弗莱·鲍威尔（Humphrey Powell），他来到都柏林，于 1551 年制作了爱尔兰的第一本印刷书——《公祷书》。鲍威尔是 16 世纪爱尔兰仅有的两位印刷商之一。另一位是威廉·卡尼（William Kearney），他也是一名御用印刷商；据了解，他们共制作了 8 部作品，其中 4 部是宽幅印刷品。

1618 年，伦敦书商公会被授予皇家专利，公会计划继续进口他们在爱尔兰的存书，同时在都柏林出版书籍，但这次冒险并不成功。1639 年，该公司将专利卖给了书商威廉·布莱登（William Bladen）。然而，漫长的内战和 17 世纪 40 年代的政治分裂导致了印刷业的大幅扩张，沃特福德、基尔肯尼和科克等地首次建造了印刷厂。1660 年，印刷业恢复了完全垄断模式，且此种垄断掌控在约翰·克鲁克（John Crooke）手中，其他出版商在其许可下才有权开展出版活动。

国王印刷商享有的专属权利确保爱尔兰的印刷品完全属于圣公会所有，且绝大多数书籍使用的是英语。然而，绝大多数爱尔兰人仍然是罗马天主教徒，虽然在天主教商业和政治精英中，英语地位很高，但他们中的大多数人都讲爱尔兰语。天主教书籍（主要是祷告书）都是从欧洲进口的。直到 18 世纪，爱尔兰才开始大量生产这些书籍。国王印刷商确实生产了一些爱尔兰语书籍，包括 1602 年的《新约圣经》，但随后并没有出现其他宗教作品，也没有成功地参与到宗教改革中。

然而，从 18 世纪初开始，爱尔兰的整体经济开始扩张，农村地区变得更加商业化。随之而来的国内消费品市场的增加，以及识字率的增长，为图书贸易创造了一个由经销商和客户形成的网络。与 17 世纪的战争相比，长期的政治稳定推动了此种趋势的发展。整个 18 世纪，都柏林的图书贸易不断扩大。虽然首都在图书生产方面保持着压倒性的优势，省会城市的印刷商和书商也纷纷成立。17 世纪 90 年代，除了都柏林，印刷商的活跃范围仅限于科克和贝尔法斯特。18 世纪 60 年代，仅有 16 个城镇有印刷厂，到了 18 世纪 90 年代，城镇数量增加到了 34 个。然而，大部分印刷厂只生产报纸和印刷品，只有科克、贝尔法斯特、纽里、利默里克和沃特福德会等地的印刷厂会印刷大量书籍。

都柏林地区书商数量的扩张始于 17 世纪 80 年代，1700 年后迅速发展。书商的数量从 1700 年的 25 家增加到 18 世纪 90 年代的 65 家。到 18 世纪中叶，出现了一些专门的卖家。虽然国王印刷商继续存在，但其特权在 17 世纪后期实际上已经消失了。印刷商和书商的公会，即圣路加福音传道者公会（Guild of St Luke the Evangelist），成立于 1670 年，但管辖范围仅限于都柏林，对规范行业也没什么影响，更像个政治俱乐部。书商行会的一个特点是正式会员仅限于国教教会的信徒，这也是 18 世纪爱尔兰的普遍特点。天主教徒被允许拥有一种隶属性的四分之一的成员资格。然而，这并没有抑制天主教印刷商的活动。由于城镇以外的绝大多数人口都是天主教徒，为这一市场服务的印刷商和书商在都柏林得到蓬勃发展，尤其是在 1750 年之后。伊格内修斯·凯利（Ignatius Kelly）和帕特里克·沃根（Patrick Wogan）等人，凭借以农村市场为导向而制作的宗教书籍、教科书和小册子发家致富。

然而，再版交易是 18 世纪都柏林图书贸易的最大特点。1710 年英国颁布的版权法保护印刷作品中的知识财产，但并不适用于爱尔兰，整个 18 世纪以来，许多都柏林书商都积极翻印已经在伦敦出版的作品。他们通常能够很快从伦敦采购到新书，从而能够在最初出版后的一两个月内制作出都柏林版。都柏林的劳动力成本较低，而且不需要支付版权费用，这使得这些版本比原版便宜。这些重印本开本较小且质量较差。1739 年之前，这些重印本可以合法地出口到英国，1783 年之后可以出口到美国。然而，它们的主要市场是爱尔兰境内。虽然有迹象表明都柏林的重印本在 1739 年后可能被走私到英国，但港口的监控力度意味着数量可能非常少。当然，国内的重印本在爱尔兰市场占主导地位，爱尔兰精英的私人图书馆里往往有塞缪尔·约翰逊或吉本等作家的都柏林重印本，而不是伦敦的原版。

爱尔兰因缺乏版权法，导致了一个重要后果：谢里丹和戈德史密斯等爱尔兰作家不得不在伦敦出版了他们的作品，这种模式即便在重印贸易结束后仍持续存在。乔纳森·斯威夫特则是一个例外。他在 18 世纪二三十年代出版的政治小册子为他赢得了全国声誉，他的作品均由 18 世纪中期都柏林的主要印刷商乔治·福克纳（George Faulkner）出版。

都柏林图书贸易的繁荣在 18 世纪末戛然而止。18 世纪 90 年代后期，纸张采购领域出现了严重的困难。虽然爱尔兰有一些造纸厂，但大部分的纸张都是进口的。1793 年后因为与法国的战争切断了大部分的供应，1795 年征收的关税增加，这意味着都柏林生产的书籍相较于伦敦出版的书籍不再具有价格优势。1801 年（开始实施）的《联合法案》终结了重印产业。根据该法案，英国的版权法即时适用于爱尔兰。其影响是巨大的：在 19 世纪早期的几十年里，爱尔兰的书籍出版量下降了 3/4。与此同时，爱尔兰经济整体稳步繁荣，战争甚至也带动了农业的发展，国内对书籍的需求也依旧高涨，结果导致进口量大增，其年出口值从 1780 年的平均 650 英镑上升到 1810 年的约 6500 英镑。这一现象加强了爱尔兰作家在伦敦出版作品的趋势，19 世纪上半叶，最初在都柏林出版的唯一著名爱尔兰作家是威廉·卡尔顿（William Carleton）。

一些都柏林书商通过成为伦敦出版商的代理人而生存下来。另一些人则选择移居国外，从而导致大量人员移居美国。这种移民潮在 18 世纪 60 年代就已经开始出现了，并在 1780 年后随着爱尔兰和美国贸易往来的增多而加快了步伐。最大的移民潮发生在世纪之交，这是由经济衰退和政治危机造成的。到 19 世纪初，至少有 100 名图书业的工人在美国定居，主要集中在费城和纽约。许多人继续从事重印工作，其中包括 19 世纪初美国最成功的出版商马修·凯里。

《联合法案》的影响主要体现在高端市场。在更大众化的读者群中，该法案的影响较小，19 世纪初的一些发展为印刷商和出版商提供了大量的业务。从 1810 年起，特别是在 19 世纪 20 年代和 30 年代，一系列新教福音派社团活跃在爱尔兰农村，即所谓的"第二次宗教改革"。虽然他们培养出来的皈依者很少，但这些组织通过建立学校（为其提供教科书）、资助和分发大量的宗教和道德文献（所有这些文献都在都柏林印刷），产生了重大影响。天主教的应对措施，包括建立学校，发起 19 世纪 20 年代的大规模天主教政治运动等，都刺激了大众出版。针对这两个群体，国家在 1831 年建立了国民教育系统，确保了教科书业务的持续和发展。

在外省城镇，市场主要依赖本土出版，不依赖重印，所以《联合法案》的影响并不强烈。事实上，科克、利默里克和贝尔法斯特等地的印刷业和出版业在 1810 年后的几十年里处于鼎盛时期。贝尔法斯特是 19 世纪 40 年代图书营销方面一项重要创新的发源地：西姆斯和麦金泰尔推出的"客厅书库"（Parlour Library）将流行小说整合为售价 1 先令的单行本，在爱尔兰南部和东南部的城镇，以爱尔兰语出版的书籍数量在这几十年里远超其他语种。

19世纪40年代末的大饥荒摧毁了爱尔兰语地区，此后数十年间，爱尔兰语的印刷实际上停止了。大饥荒也是爱尔兰印刷业和图书业的一个转折点。外省城镇的印刷业衰落，图书业开始以都柏林为中心。技术进步，如蒸汽印刷（见第11章）需要大量投资，这有利于首都的大型企业。通信的改善，特别是铁路的普及，使爱尔兰农村市场能够得到集中供应。在都柏林，大饥荒和1847年商业危机的综合影响，导致众多印刷商和出版商破产。

2 从1850年到21世纪初

詹姆斯·达菲（James Duffy）是在19世纪中期爱尔兰激烈的文化嬗变、社会动荡和经济重创中幸存下来的出版商之一，他从1845年至1847年期间在都柏林出版了大受欢迎和成功的"爱尔兰图书库"（Library of Ireland）系列丛书。这套每月1先令的丛书包括新近委托出版的民族主义历史和文学作品，用达菲的话说，这套书旨在吸引"受教育程度和民族性不断提高的人们"。

麦格拉申和吉尔公司（McGlashan & Gill）由迈克尔·亨利·吉尔（Michael Henry Gill）于1856年创建，他是一名天主教徒，曾担任新教根据地都柏林圣三一大学出版社的印刷商。该公司效仿达菲的做法，出版的书目或多或少只吸引当地市场。作为大学的印刷商，吉尔在1875年之前一直担任这一职务，他在市场上建立了稳固的地位，他的对图书业的各个方面都有深入的了解和丰富的经验，同时拥有一份可靠的联系人名单，并能洞察到大学出版社无法填补的市场空白。

到19世纪末，吉尔父子公司已成为爱尔兰图书贸易中最重要的机构之一，它的印刷厂背靠都柏林主要街道奥康奈尔街上该公司的商店，除了该公司的出版物外，还出售祈祷书、宗教雕像、牧师的法衣和蜡烛。达菲和吉尔早前就表现出对爱尔兰文化复兴的兴趣，出版了尤金·奥柯里的《爱尔兰古代历史手稿资料讲义》（*Lectures on the Manuscript Materials of Ancient Irish History*，1861）和约翰·奥多诺万的《四位大师的爱尔兰王国年鉴》（*The Annals of the Kingdom of Ireland by the Four Masters*）注解译本，后者是一套大型精美的对照文本版本，共7卷，由吉尔在大学出版社精心印刷（1848—1851）。然而，到了 19 世纪 90 年代初，当 W. B. 叶芝和他的同龄人希望为全面振兴爱尔兰文化获得更广泛的支持时，爱尔兰出版商的编辑却反应冷淡。达菲出版社的创始人于 1871 年去世后，与之相关的动力和能量迅速消退。到了 19 世纪 90 年代，该公司的出版部门除了发行几十年前出版的图书外，几乎没有什么作为。在吉尔的儿子亨利的指导下，民族主义文学和尖锐的天主教文学在该公司的书单上占据了主导地位，这也许是公众对天主教会越来越信任的必然结果，而达菲和吉尔在 19 世纪 60 年代和 70 年代都为天主教会的发展做出了很大贡献。

在这种僵化和有限的视野下，面对来自伦敦的强烈竞争，爱尔兰出版业几乎无法为有抱负的作者提供资源。生产价值普遍不高，发行网络与伦敦的公司相比显得相形见绌，作者获得有竞争力的报酬的机会几乎不存在。爱尔兰出版业在 20 世纪初的几十年里，在如此不景气的情况下得以复兴，证明了叶芝这一代人的活力和对民族主义的投入，他们逐渐意识到分离主义文学运动依赖英国出版商的支持体现了文化的不协调性。

1903 年，叶芝与他的妹妹——印刷商和艺术家伊丽莎白·科比特·叶芝一起建立了邓·埃默出版社（后来更名为库拉出版社），这是一家私人出版社，出版叶芝和他的朋友们作品的限量版以及昂贵的初版。由一群文学爱好者于 1905 年在都柏林成立的蒙塞尔出版公司，也为推动爱尔兰文学复兴的文学作品以及更普遍的文化复兴和政治动荡背后的思想做了很多工作，这些最终导向爱尔兰自由邦的诞生（1922）。然而，蒙塞尔出版公司因资金不足、管理不善，即便在文学造诣和排版工艺方面水平较高，还是在 1925 年破产了。塔尔博特出版社成立于 1913 年，是爱尔兰教育公司（成立于 1910 年）的文化出版部门，其运作比较顺利。它用出版学校教科书的稳定利润来补贴文化出版，为一些当代作家服务，而这一领域在整个 20 世纪对爱尔兰的出版业相当重要。

爱尔兰语的地位也被 20 世纪初的文化复兴所改变，用爱尔兰语创作的作品从 19 世纪末每 10 年可能有两三本增长到 20 世纪的每年十到二十本。爱尔兰语言运动是有意识且刻意地试图创造一种新的文学、新的印刷文化和新的读者群。在排版领域，必须在使用罗马字体或盖尔语字体之间做出选择。20 世纪初，绝大多数书籍都使用盖尔语字体，可能是为了表明盖尔文化的独特性。这意味着，完全用英语运作的印刷业需要采购新的字体，还需要招聘有能力处理这些字体的排字工和校对者。

对于位于爱尔兰自由邦和 1920 年分治后成为北爱尔兰的六个郡的出版商来说，第二次世界大战爆发前的这段时间尤其困难。那些从独立战争和内战带来的暴力冲突和政治动荡中幸存下来的人，发现自己是在一种保守和文化上的谨小慎微的氛围中工作。这种氛围在爱尔兰自由邦持续发展，《出版审查法》（*Censorship of Publications Act*，1929）的出台使这种氛围达到了高潮。这个臭名昭著的法案导致英国、美国和爱尔兰现代小说领域主要作家的许多作品因"不雅和淫秽"而被禁止。直到 1967 年，审查制度一直是爱尔兰文学文化的一个重要特征，政府最终向公众妥协，并修改了法案，规定对书籍的禁令在 12 年期满后自动解除，且具有溯及力，有超过 5000 种书籍的禁令得到解除。

1932 年至 1938 年英国和爱尔兰之间的关税争端，即"经济战争"的影响相当大，爱尔兰生产商的损失比英国消费者的损失要大。由于英国出版商发现他们想要出口到爱尔兰的书籍需要缴纳关税，英国当局采取报复措施，对爱尔兰书籍征收禁止性税收，包括跨越边境运到北爱尔兰的书籍。审查制度本就对图书业造成了一定的困难，这种征税方案更是雪上加霜，爱尔兰仅有的存活下来的重要出版公司是吉尔和塔尔博特。他们行事谨慎，讲究策略，为稳定的本地宗教和教育市场服务，同时坚决拒绝任何有可能破坏爱尔兰公共生活中正统观念的事物。1939 年国际形势的恶化进一步扰乱了出版业务，军事审查，纸张短缺，印刷厂还发现无法获得机器的替换零件。

根据 1922 年的《爱尔兰自由邦宪法》，爱尔兰语被认定为爱尔兰的国家语言，被设置为学校的必修课。新政府在 1927 年成立了自己的出版企业"安古姆"（An Gúm，意思是"计划"）。到 20 世纪 30 年代中期，它已经出版了 400 多部作品，包括爱尔兰语的原创材料、爱尔兰古代经典作品的现代版本，以及外国小说的译本，特别是英语小说的译本。在某些方面，国家对爱尔兰语出版的支持与其对审查制度的热衷是相辅相成的，这两项举措都是为了控制和引导国家图书文化的发展。通过减少大部分进口文学作品的供应，政府无意中为爱尔兰出版业的商业发展提供了一个契机，因为国内生产的扩大填补了这个空白。此外，20 世纪 40 年代成立的两家出版社——对那些从事图书业的人来说，这是一个困难重重的时期——反映了爱尔兰自由邦的天主教化和盖尔语化的倾向。位于科克的默西埃出版社成立于1944年，致力于出版探索"精神和思想价值而非物质价值"的书籍；而成立于1947年的萨塞尔和迪尔（Sáirséal agus Dill）则是一家爱尔兰语出版社，在其创始人肖恩·萨塞尔·欧赫哈泰（Seán Sáirséal Ó hÉigeartaigh）于1967年去世前，出版了100多种书籍。

从1949年到1957年，爱尔兰共和国的年经济增长率只有1%，无疑是西欧经济增长率最低的国家，失业率很高，出现了大规模移民。大多数重要的作家主要在伦敦寻求出版机会，爱尔兰的图书贸易没有什么创新与活力，主要是为有限的本地市场服务，出版作品只能在当地销售。在这种普遍模式下，多尔门出版社是一个例外。这是一家小型文学出版社，由利亚姆·米勒于1951年创办。作为一个致力于在爱尔兰出版爱尔兰文学作品的文学爱好者，米勒的出版书目上最终包括了托马斯·金塞拉（Thomas Kinsella）、弗兰·奥布莱恩（Flann O'Brien）和约翰·麦加恩（John McGahern）等作家的作品，他把这些作家视为朋友。然而，米勒的第一兴趣是书籍设计，他受到库拉出版社所推崇的私人出版社理想的启发，与他的妻子约瑟芬一起用手动印刷机印刷了许多作品。然而，不幸的是，多尔门出版社的资金来源并不稳定，在1987年米勒去世后破产了。

1958年至1964年间，随着爱尔兰共和国新经济政策的出台，年经济增长率迅速上升到4%。平装书的出版市场蓬勃发展，使人们能够方便地获得各种价格低廉的文学作品。因文化政策发生了重大转变，爱尔兰共和国政府对英语出版商和作者的支持力度越来越大。艺术委员会开始为个人作品提供资助和无息贷款。1969年，"仅居住在爱尔兰"的作家的"原创且富有创意"作品所产生的收益被免除所得税，这一举措使爱尔兰共和国成为作家的天堂。1967年，受大学部门的全球扩张、重印市场的需求以及香农工业区免税地位的启发，爱尔兰大学出版社成立。该出版社在那里建立了一个巨大的现代化印刷厂。1974年，这家出版社的突然倒闭产生了一个意想不到的后果：它使大量有才华的年轻编辑、制作人员和推广人员失业。其中一些人后来创办了自己的出版企业，大多数是以编辑为主导且由所有者自主经营的小型文学出版社，出版与爱尔兰社会文化相关的书籍。到20世纪80年代初，这个行业有了相当大的活力。

从 1969 年开始，北爱尔兰暴力冲突不断升级，为爱尔兰图书文化的发展提供了一种看似矛盾的推动力，这段历史被以历史、自传、论战、戏剧和诗歌等文学作品的形式被记录下来。近几十年来，贝尔法斯特的布莱克斯塔夫出版社一直是这类作品的重要发行渠道。它成立于 1971 年，得到了北爱尔兰艺术委员会的重要财政支持。画廊出版社成立于 1970 年，目前在爱尔兰共和国的米斯郡运营，也是爱尔兰出版界的一支重要力量。然而，如果不是爱尔兰艺术委员会和北爱尔兰艺术委员会的大力赞助，画廊出版社和布莱克斯塔夫出版社一样，早就从市场上消失了。

20 世纪 90 年代中期，爱尔兰迎来社会全面转型，当时正处于经济快速增长的时期。被称为"凯尔特之虎"的这一时期，与其说是经济奇迹，不如视作追赶欧洲发展水平的冲刺阶段。出版业日渐壮大，爱尔兰作家也再执着于海外首印机会，这是因为爱尔兰出版业的规模和专业性不断提高，人们对爱尔兰企业信心增强，而且企鹅出版社爱尔兰分社和霍德·海德兰爱尔兰公司这两家出版集团于 2003 年都在都柏林设立了办事处。

参考文献

C. Benson, 'Printers and Booksellers in Dublin 1800–1850', in *Spreading The Word: Distribution Networks of Print 1550–1850*, ed. R. Myers and M. Harris (1990)

R. C. Cole, *Irish Booksellers and English Writers, 1740–1800* (1986)

R. Gillespie, *Reading Ireland: Print, Reading, and Social Change in Early Modern Ireland* (2005)

—— and A. Hadfield, eds., *The Oxford History of the Irish Book*, vol. 3: *The Irish Book in English, 1550–1800* (2006)

M. Harmon, *The Dolmen Press* (2001)

C. Hutton, ed., *The Irish Book in the Twentieth Century* (2004)

—— *The Oxford History of the Irish Book*, vol. 5: *The Irish Book in English, 1891–2000* (2011)

V. Kinane, *A Brief History of Printing and Publishing in Ireland* (2002)

L. Miller, *The Dun Emer Press, Later the Cuala Press* (1973)

J. H. Murphy, ed., *The Oxford History of the Irish Book,* vol 4: *The Irish Book in English, 1800–1891* (2011)

N. Ó Ciosáin, *Print and Popular Culture in Ireland, 1750–1850* (1997)

J. W. Phillips, *Printing and Bookselling in Dublin, 1670–1800* (1998)

M. Pollard, *Dublin's Trade in Books, 1550–1800* (1989)

W. Wheeler, 'The Spread of Provincial Printing in Ireland up to 1850', *Irish Booklore*, 4.1 (1978), 7–18

第24章
法国书籍史

文森特·吉鲁

1 简 介

法国的图书史反映了文化与权力之间的特殊动态关系，这也是法国历史上的特点。这种动态关系有两种主要形式：第一种是持续的中央集权趋势，导致了巴黎一直处在至高无上的地位，从未被挑战成功过；第二种是国家对文化事务进行干预或控制的长期传统，超越了政权的更迭。然而，这种情况也带来了矛盾和悖论，包括已阐明或已实施的文化政策与通过惯性或积极抵抗来反抗文化政策的现实之间永远存在差距。

2 手抄本时代

在法国，和其他地方一样，书籍先于印刷存在。到公元 2 世纪，高卢地区罗纳河谷的主要罗马城市（维埃纳、里昂）都有手抄本交易商，这表明了拉丁文献在该国的分布情况。公元 4 世纪，随着基督教的传播，围绕着当时的伟大人物，形成了以传播圣典为重点的知识中心，如图尔的马丁和马尔穆帝耶，以及地中海沿岸的奥诺拉特。

3个世纪后，在墨洛温王朝国王的统治下，出现了第一波修道院的建立浪潮，有些修道院出现在主要城市（巴黎、阿拉斯、利摩日、普瓦捷、苏瓦松），但许多修建在偏远地区，主要在现在的法国北部。大多数修道院修建于630年至660年间，如贝桑松附近的吕克瑟伊、瓦朗谢讷附近的圣阿芒、莫城附近的茹阿尔、圣奥梅尔附近的圣贝尔坦、皮卡第的圣里基耶、奥尔良附近卢瓦尔河畔的弗勒里（今圣伯努瓦）、鲁昂以南塞纳河畔的瑞米耶日、巴黎东北部的谢勒、亚眠附近的科尔比。这些修道院，连同上述城市以及阿尔勒、欧塞尔、波尔多、拉昂、里昂、图卢兹等地的主教座堂学校，一直都是法国的主要图书生产中心，并持续到13世纪大学建立。它们的缮写室在中世纪欧洲占有重要地位。虽然其中许多修道院制作的书是供本院使用的，但有些修道院则成为图书生产中心，像现代出版社一样专门生产某些类型的手抄本。比如科尔比的教父注释，欧塞尔和卢瓦尔河畔弗勒里的教导文本，圣阿芒以其福音书和圣礼书而闻名。图尔的马丁成为大型完整圣经的主要生产地，其中现藏于法国国家图书馆的"秃头"查理的《圣经》就是一个杰出的例子。927年，奥东成为新近成立的克吕尼修道院的院长，他带来了100份手抄本，到12世纪末，其数量增加到570份。11世纪，特别是在圣伯纳德的推动下，第二波修道院建立的浪潮促使手抄本制作产量增加，并出现了新的传播网络，大沙特勒兹（1084）、西多（1098）和克莱尔沃（1115）等修道院形成了重要的图书馆。

1215年创建的巴黎大学，在开辟了修道院和主座教堂学校范围以外的学习领域的同时，也立即产生了对书籍的需求。同样，红衣主教罗贝尔·德·索邦在1257年为贫穷的神学教师建立了一所学院，并以其名字命名。到了13世纪末，索邦大学通过捐赠充实了其藏书，（在当时）拥有了一个大型图书馆。1338年，该图书馆有1722册图书，其中300册在主图书室，可以公开查阅（但书都被锁住以防被盗），其余的被锁在小图书室里，需申请调阅方可流通。除了学术图书馆外，还出现了图书交易市场，书商在巴黎拉丁区开设了工坊，为学生和教师提供手抄本的副本。在大学宗教当局监管下，世俗管理员负责管理"分卷抄写制度"。只要支付一定的费用，学生或专业抄写员就可以借到由大学委员会事先检查过的母本（范本）进行抄录。隶属于大学的图书馆审查员则负责检查新副本的完整性和准确性。与之前的修道院一样，大学也形成各自的专业特色：巴黎大学以神学见长，奥尔良大学则以民法著称。这些差异反映在这两个中心周围蓬勃发展的图书馆和图书交易上。随着12世纪圣经注释学的发展，包括注释（有些长达 14 卷）的新型《圣经》，在 13 世纪成为巴黎的特色，单卷的"口袋版《圣经》"也是如此。另一项图书制作专长在但丁的《神曲》中有记载，那就是泥金装饰。林堡兄弟等工坊制作的豪华书册就用了大量的泥金装饰。这一时期精美奢华的时祷书仍然是这方面的知名例子。

虽然时祷书和诗篇等非宗教书籍的制作都出类拔萃，但它们都是用拉丁文写成的；真正的通俗文学到 12 世纪才出现，在法国南部是奥克语，在法国北部则用的是奥勒语。起初，这些文本通过口头传播。因此，9 世纪的《罗兰之歌》(*Chanson de Roland*) 没有早期的手稿，它在 11 世纪初才开始被用文字写下来。克雷蒂安·德·特鲁瓦 (Chrétien de Troyes，1170—1185) 是他那个时代最重要的作家，他的 5 部诗体小说在 1200 年之前没有手稿。早在 13 世纪，流传最广的法国作品是寓言式的说教作品《玫瑰传奇》(*Roman de la Rose*，第一部分约 1230 年创作，第二部分约 1270 年创作)，大约有 250 份完整的抄本被保存下来。游吟诗人的诗歌直到 14 世纪才开始被收集整理。那时，克里斯蒂娜·德·皮桑 (Christine de Pisan) 是第一位真正意义上的女文学家，她经营着一个小型的私人缮写室来传播她的诗歌。

考虑到 1400 年的法国人口识字率只有约 10%，书籍被少数特权人士使用和欣赏。在这少数人中，还有一个更小的群体，即法国最早的藏书家也在那时出现。国王查理五世在书中的著名形象就像一个修道士（BnF，Fr. MS 24287），这可以说是一种政治声明。可以肯定的是，国王的藏书室是法国国家图书馆的前身，也是一个私人藏书室。它也是贵族们效仿的典范，不仅被一些王室成员所效仿，而且还为他们所超越。他们是法国第一批真正的藏书家，特别是贝里公爵（国王的弟弟）和表亲勃艮第公爵好人菲利普，两人都拥有一些他们那个时代最昂贵的书籍。15 世纪还是城市赞助的开始，这是一个资产阶级崛起的典型特征，在布尔日和鲁昂就有不少著名的例子。

正如人们经常指出的那样，人文主义由于教皇在阿维尼翁的逗留（1309—1378）而进入法国，他将彼特拉克和薄伽丘带到了这个国家，而波焦·布拉乔利尼则在修道院（克吕尼）和主教座堂学校（朗格勒）巡视，寻找古典作家的手稿。随着纸张这种新材料开始取代羊皮纸，阿维尼翁成为法国最早的纸张生产中心之一（香槟地区是另一个中心）。阿维尼翁的历史也属于印刷术发明的前史之一。1444年，一位名叫普罗科皮乌斯·瓦尔德福格尔（Procopius Waldfoghel）的人与当地的学者和印刷商组成了一个协会，开发了一套"人工书写"系统不过关于这套系统，人们一无所知。在那个时候，其他的印刷术雏形的实验可能也是在图卢兹进行的（见第6章和第11章）。

3 印刷品的出现

在法国建立印刷业之前，印刷书籍就已经传入了法国。约翰内斯·古腾堡的合伙人约翰·福斯特（1466年死于巴黎）和彼得·舍弗尔把他们印刷的书籍带到了法国首都，同时，这些书籍也可以从他们在巴黎的代理人赫尔曼·德·斯塔博恩（Hermann de Staboen）手中购得。约翰·海恩林和纪尧姆·菲谢在索邦大学所有的拉丁区房子里建立了法国第一家印刷厂后，这项新技术很快就传到各省。1473年，纪尧姆·勒罗伊在里昂印刷了第一本书。彼时，法国境内印刷厂创建的具体时间地点情况如下：1475年在阿尔比，1476年在昂热和图卢兹，1478年在维埃纳和夏布利（勃艮第北部的葡萄酒村庄），1479年在普瓦捷，1482年在尚贝里和沙特尔，1484年在雷恩和其他两个布列塔尼城市（第一部布列塔尼语作品早在1475年就已印刷），1485年在鲁昂，1486年在阿贝维尔，1490年在奥尔良和格勒诺布尔，1491年在昂古莱姆和纳博讷。除了一些短暂开设的印刷机构，如1484年至1485年耶罕·德·罗汉（Jehan de Rohan）在他位于布列塔尼的布雷昂-卢代阿克城堡中经营的一家之外，大多数都是长期经营的。除了在政治上和文化上属于日耳曼世界的阿尔萨斯地区，到1500年，法国大约有30座城市拥有印刷厂。

里昂不是一座大学城，而是主要的商业中心，与意大利北部和德国有着频繁的往来，它很快成为法国印刷业第二活跃的城市，并在15世纪90年代成为欧洲第三大印刷城市。在其四个年度交易会上都有书籍出售。在该城市新兴的、进步的商人阶层中，勒罗伊的赞助人巴泰勒米·比耶（Barthélemy Buyer）是杰出的代表。附近的博若莱和不远处的奥弗涅都有造纸厂。到1485年，里昂至少有12名印刷商，其中大部分来自德国，如来自符腾堡的马丁·胡斯，他的《人类的救赎之镜》（*Mirouer de la rédemption de L'humain lignaige*，1478）是法国印刷的第一本插图书（使用了巴塞尔的木刻版画）。1499 年出版的《庄严的死亡之舞》（*Grande danse macabre*）一书中呈现了已知的最早的印刷厂场景，展示了死神使者抓住正在各自岗位上忙碌的排字工、印刷工和校对员的画面。同样在里昂，米歇尔·托皮埃和雅克·赫伦贝尔克印刷了伯恩哈德·冯·布赖登巴赫（Bernhard von Breydenbach）的《圣地朝圣》（*Peregrinatio in Terram Sanctam*），这是法国第一本配有雕版插图的书（图版复刻自 1486 年美因茨原版的木刻）。1500 年之前，一半的法语印刷品来自里昂，包括勒罗伊于 1476 年出版的第一本法语印刷书籍《黄金传奇》（*Légende dorée*）。

虽然里昂在很大程度上起到了带头作用，但巴黎早已是法国的图书之都，而且是继威尼斯之后，欧洲 15 世纪第二活跃的出版中心。印刷商和书商很快就聚集在拉丁区的东南部，特别是圣雅克街（海恩林离开索邦大学后，乌尔里希·格林和他的合伙人在那里开了店）附近。纸张和羊皮纸交易商则位于更东边的圣马塞尔郊区。书籍贸易主要集中在塞纳河沿岸和西岱岛。巴黎早期的印刷商大多来自国外，尤其是德语世界。第一家"本土"印刷厂"绿色风箱"于 1475 年由来自布尔日的路易·西莫内尔（Louis Symonel）、埃夫勒的理查德·布兰丁（Richard Blandin）和巴黎的鲁桑吉斯（Russangis）开设。在首都发行了第一本法语书的帕基耶·博诺姆（Pasquier Bonhomme）可能在同一年成立了自己的印刷厂。

大学的存在影响了在巴黎印刷的首批书籍的类型：如加斯帕里诺·巴尔扎（Gasparino Barzizza）的信件和拼写手册、菲谢的《修辞学》（*Rhétorique*）等教学书籍，特别受学校欢迎的古典作家（西塞罗、萨卢斯特）的作品，以及在法律和神职行业流行的作品，如蒙罗歇的《教士手册》（*Manipulus Curatorum*）。巴黎在泥金装饰手抄本领域的深厚传统发挥了关键作用：15 世纪印刷的书籍中很大一部分（4600 种摇篮本中有 700 种）是时祷书，有时印刷时预留空白区域，以便于手工装饰。这是让·杜普雷（Jean Du Pré）和皮埃尔·皮古谢（Pierre Pigouchet）的专长。在他们之后，还有安托万·维拉尔，他在成为成功的专业印刷商之前，经营着一家集抄写、彩绘于一体的工坊。手抄本持续的文化影响力也塑造了法国许多摇篮本的一些排版特点：对所谓哥特巴斯塔德字体（这是最接近中世纪晚期的书法，而格林和他的同行们最初使用的是根据意大利模型铸造的优雅罗马字体）的偏爱以及对精心装饰的首字母的喜好，也让人想起了泥金手抄本的视觉效果（这在法国书籍中一直延续到 17 世纪）。

法国的其他印刷城市往往是大学城，如昂热和图尔。然而，在大多数情况下，教会是印刷活动的推动者，由此产生的是宗教仪式所需的书籍，如特鲁瓦和利摩日印刷的小册子；克鲁尼印刷的弥撒经书和诗篇。萨瓦宫廷的赞助人在尚贝里发挥了重要作用，安东尼·内雷（Antonine Neyret）于 1486 年在该城市出版了他的《莫杜斯国王之书》（*Livre du roy Modus*）一书，这是在法国出版的第一部关于狩猎的书。

15 世纪的书籍制作大多以学术界或教会为服务对象，而时祷书和骑士浪漫小说则受到富有资产阶级的青睐。现在我们所理解的文学作品，包括许多《玫瑰传奇》的再版书籍和上一代最伟大的诗人弗朗索瓦·维庸（François Villon，活跃于 1450 年至 1463 年）的稀有版本，只占该行业产量的一小部分。然而，更受欢迎的印刷形式出现了——以哥特字体印刷的法语小册子传播开来，内容从时事新闻到实用手册不一而足。许多小册子没有保存下来。

政治势力自然对活字印刷术的发明很感兴趣，并加以鼓励。有迹象表明，海恩林受到了路易十一（1461—1483 年在位）的保护，后者的儿子查理八世在 1495 年至 1498 年发动的意大利战役（其战利品被整理收入昂布瓦斯的皇家手抄本馆）刺激了人文主义在法国的传播。

4 16世纪

拥有 25000 种图书的巴黎和拥有 15000 种图书的里昂在 16 世纪继续主导着法国的印刷业，而鲁昂则成为该国的第三大印刷中心（图卢兹位居第四）。用法语印刷的图书比例迅速增长，16 世纪 60 年代，与拉丁语图书相比，本国语图书的比重逐渐增加。同时，人文主义让法国对希腊文本有了前所未有的兴趣。1507 年，吉尔·德·古尔蒙（Gilles de Gourmont）印刷了第一本希腊语的法国书籍，而弗朗索瓦一世在枫丹白露收集了西欧最好的希腊语手抄本，并任命纪尧姆·比代为馆长。

从 1521 年巴黎神学院谴责马丁·路德并从巴黎议会获得对所有宗教出版物的控制权，到 1572 年圣巴托洛缪大屠杀，印刷业与宗教改革在法国的传播密切相关，而国王最初只充当仲裁者。他的妹妹玛格丽特·德·纳瓦尔（Marguerite de Navarre）保护了以莫城主教纪尧姆·布里松内（Guillaume Briçonnet）为核心的改革团体。国王亲自为《圣经》学者雅克·勒菲弗·德·埃塔普勒（Jacques Lefèvre d'Étaples）辩护，他的《新约全书》译本由西蒙·德·科利纳（Simon de Colines）于 1523 年印刷，此举公然挑战了巴黎神学院 1521 年颁布的《圣经》翻译禁令。但国王无力阻止 1529 年德西德里乌斯·伊拉斯谟的译者路易·德·贝尔坎（Louis de Berquin）被处决的决定。1534 年，当里昂印刷的攻击天主教弥撒的宽幅海报被张贴出来时，国王转而采取了镇压措施，这也是同年安托万·奥热罗（Antoine Augereau）被定罪和处决的间接原因。1535 年初，有一段时间，印刷业被完全禁止了。随后，一系列旨在对所有与印刷有关的事务进行皇家控制的规定出台：创建出版物呈缴制度（《蒙彼利埃敕令》，1537），对印刷专业人士的监管和设立国王印刷官一职（1539—1541），以及在 1542 年加强审查制度。亨利二世采取了更多此类措施。《穆兰法令》（1566）规定了获得特许权的义务，该特许权仅由大法官授予。这些镇压措施的成功可以从艾蒂安·多雷（Étienne Dolet）被处决（1546），以及在弗朗索瓦一世（1547）和玛格丽特（1549）去世后，罗贝尔·艾蒂安（Robert Estienne）前往日内瓦等事件中得到证明。

16 世纪上半叶，以伊拉斯谟的《箴言录》（*Adagia*）于 1500 年在巴黎出版为标志，著名的人文主义印刷商主导了该行业：在巴黎有约多库斯·巴迪乌斯·阿森修斯、若弗鲁瓦·托里、科利纳、纪尧姆·莫雷尔、米歇尔·德·瓦斯科桑，尤其是艾蒂安家族；在里昂有塞巴斯蒂安讷·格吕菲乌斯、多雷和让·德·图尔内斯。让·珀蒂这样的企业家也促进了人文主义的传播，他是那个时代最著名的法国出版商，在 1493 年至 1530 年间出版了 1000 多卷书籍。虽然前一时期的"古老"、哥特式外观仍然很普遍，但人文主义的印刷商却偏爱罗马字体，如艾蒂安用于勒菲弗的修订版《五重诗篇》（*Quincuplex Psalterium*，1509）的字体——因此，不久后托里（Tory）在《尚弗勒里》（*Champfleury*，1529）一书中应用了字体革新，这通常伴随着进步的思想。这促成了优秀的法国排版师克劳德·加拉蒙（Claude Garamont）、罗贝尔·格朗容（Robert

Granjon）和特鲁瓦的勒贝家族作品的问世。勒贝家族为克里斯托弗·普朗坦提供希伯来语字体。这一时期最令人钦佩的排版成就之一是《寻爱绮梦》（*Le Songe de Poliphile, Hypnerotomachia Poliphili* 的法文版）一书，1546 年由雅克·凯尔韦（Jacques Kerver）印刷，它也标志着法国文艺复兴时期插图书的顶峰，其精美的木刻画归功于让·古戎和让·库森。

里昂既没有大学，也没有议会，至少在 16 世纪 70 年代初之前享有更大的政治自由，甚至到了 1562 年至 1572 年，成为加尔文教派的城市。1551 年至 1565 年间，至少有 15 个版本的《圣经》（被禁止的）法文译本在那里出现。1562 年，德·图尔内斯在里昂出版了由贝萨完成的马罗的《诗篇》译本第一版，这是 "16 世纪最雄心勃勃的出版计划"（Chartier and Martin，1. 321），为此与 19 家巴黎印刷商（其中乌丹·珀蒂和夏尔·佩里耶这两家是圣巴托洛缪大屠杀的受害者）以及许多其他省份的印刷商签订了合同。1572 年后，日内瓦（1585 年德·图恩的儿子和继任者搬到了这里）取代了里昂，成为用法语印刷异见宗教文本的主要中心（见第 27 章）。

伴随着这种意识形态的膨胀，文学界也出现了非同寻常的繁荣：拉伯雷（《巨人传》第一卷和第二卷分别于 1532 年和 1534 年在里昂首次印刷）、里昂人莫里斯·塞夫 [《黛丽》（*Délie*，1544）]、杜·贝莱 [《保卫与发扬法兰西语言》（*Défense et illustration de la langue française*，1549 年及以后的许多版本）]、龙萨 [《爱情》（*Les Amours*，1552 年的两个版本）]、七星诗社的其他诗人，以及蒙田的《随笔集》在波尔多首次印刷。安德烈·泰韦以他的《法兰西南极地的新发现》（*Singularitez de la France antarctique*，1557）普及了发现探索之旅。安布鲁瓦兹·帕雷（Ambroise Paré）的《外科五书》（*Cinq livres de chirurgie*，1572）促进了外科的革新。同年，该书的胡格诺派印刷商安德烈亚斯·韦歇尔离开巴黎前往日内瓦。安德鲁埃·杜塞尔索的《法兰西最卓越的建筑》（*Plus excellents bastiments de France*，1576—1579）推广了枫丹白露派的原则。

蒙田的藏书室（在《随笔集》中有描述）是知识的海洋，它不同于对装帧有特别兴趣的让·格罗利耶（Jean Grolier）这样的早期藏书家的藏书室。16 世纪可以说是法国书籍装帧业的黄金时代，当时有艾蒂安·罗费（Étienne Roffet，

1533 年被任命为皇家装帧师）、让·皮卡德（Jean Picard）、克劳德·皮克、戈马尔·艾蒂安（与印刷世家没有关系）以及尼古拉和克洛维斯·伊夫（后者活跃在 17 世纪 30 年代）等人。乐谱印刷方面也取得了进步，首先是皮埃尔·奥坦，然后是杜埃的皮埃尔·阿坦南（Pierre Attaingnant，活跃于 1525 年至 1551 年），他成为第一位皇家乐谱印刷商，之后由罗伯特·巴拉特（Robert Ballard）继任，其家族在两个多世纪里一直都担任这个职位。

宗教战争虽然造成了惨重的人员伤亡，但对书籍的破坏却相对较小（主要的损失发生在克吕尼、弗勒里和圣但尼的图书馆）。双方都炮制了大量的宣传和反宣传的材料（仅 1589 年在巴黎就印刷了 362 本小册子）。在天主教方面，宗教战争促成了礼仪和教父文学在 16 世纪末的复兴，在巴黎和里昂经常有一些印刷商作为"联盟"参与其中，共同出版特定的作品。反宗教改革运动带来的另一个重要影响是耶稣会学校在全国各地的建立，此举提升了识字率，并促进了杜埃、蓬塔穆松和多勒等中等城市作为新兴印刷中心的发展。

5　17世纪

书籍历史学家认为 16 世纪，特别是亨利二世统治时期（1547—1559），从技术和审美角度来看，都是法国图书艺术的顶峰，而 17 世纪是一个衰退期。这体现在印刷书籍的种类数量上（并非体现在书籍的总产量上），巴黎的出版量下降到 17500 种（不包括小册子）。与此同时，里昂在绝对数量上保持优势，但在占比上有所下降，受到了其他城市特别是鲁昂的挑战。造纸业的发展因重税而受挫，又因破布的日益短缺而进一步放缓，到 18 世纪 20 年代出现了严重的危机。图书业的准中世纪组织模式扼杀了创新积极性。虽然德斯·莫罗（Denys Moreau）在路易十三时期做出了尝试，菲利普·格朗让（Philippe Grandjean）在 17 世纪末也做出了努力，但加拉蒙（Garamond）字体的盛行和普及并没有推动排版方面的创新。这一时期也没有特别值得一提的插画书，不过也有一些重要的例外情况，如让·夏普兰创作、亚伯拉罕·博斯根据克劳德·维尼翁画作雕刻的版画《贞女》（*Pucelle*）（1656），以及后期伊斯拉埃尔·西尔维斯特和塞巴斯蒂安·勒克莱尔记录凡尔赛盛大典礼的节庆图文书。

17世纪还有其他值得注意的地方。首先是书籍和阅读（识字率提高的结果，到1700年识字率平均达到了50%）变得更加普及，且男性多于女性，城市多于农村，从圣马洛到日内瓦一线以北地区（以19世纪70年代末一项调查的作者名字命名，称为"马焦洛线"）多于法国西部、西南部和南部。除了雅克－奥古斯特·德·图（Jacques-Auguste de Thou）、主教马扎然、路易－亨利·德·洛梅尼（Louis-Henri de Loménie）、布里耶纳伯爵、让－巴蒂斯特·科尔贝尔（Jean-Baptiste Colbert）和拉穆瓦尼翁家族的著名收藏之外，私人图书馆，即使规模不大，在巴黎和大多数法国城镇不断增长的商人和法律从业者中也较为常见。在社会底层，使特鲁瓦成为17世纪法国第四大印刷城市的"蓝色文库"的广泛传播和持久成功是尤为瞩目的现象，突出了非常规渠道（如流动小贩）在图书传播中越来越重要的作用。

第二个值得注意的因素是，在亨利四世相对宽松的统治（1589—1610）之后的动荡时期，对所有与印刷和销售书籍有关的事项的政治控制得到了加强。黎塞留（1624年至1642任首相）和他的继任者对各省的印刷业心存疑虑，于是与巴黎的印刷寡头（塞巴斯蒂安·克拉穆瓦西和安托万·维特雷等人）结盟，对他们有利可图的出版物给予特权（以及延长特权期限），以换取他们的服从。维特雷因此成为1623年谴责诗人泰奥菲勒·德·维奥（Théophile de Viau）的自由思想的出版商之一。审查权被从大学手中夺走，集中到大法官手中，这一政策在1633年皮埃尔·塞吉耶（Pierre Séguier）被任命为大法官时得到了加强。1640年在卢浮宫设立的皇家印刷厂，由克拉穆瓦西担任第一任负责人，它既被赋予了威望，又受王室控制。即使是法兰西学术院（1635年成立），也部分承担了为王室审查内容的职能。类似的管控手段还体现在对新闻出版的约束上——1631年，泰奥弗拉斯特·勒诺多的《法国公报》（*Gazette de France*）被授予独家特权，成为政府控制信息传播的重要工具。

然而，随着管控的加强，当局却没有能力执行措施。伴随着被称为投石党运动的叛乱活动（1649—1652），当局的执行能力可以从法国各地印刷和传播的大量小册子上看出来——在其最初和最后的几年里，印刷量超过1000种，其中许多是对首相马扎然的人身攻击，因此人们创造了"马扎然抨击文（mazarinade）"一词来形容这些材料（他自己还收集了这些小册子）。在特许权制度失败的众多明显迹象中，苏利（亨利四世时期的首相）就是一个例子，他在 1638 年出版回忆录时根本没有申请特许权。在出版界具有深远影响的一个长期现象是詹森主义危机，它始于 1643 年，当时阿尔诺和他的波尔·罗亚尔盟友抗议教皇对詹森的《奥古斯丁书》的谴责，并反过来抨击耶稣会。随后的冲突不仅让双方大量出版针锋相对的材料，其中大部分是未经授权的，而且还破坏了巴黎印刷机构的稳定。帕斯卡的出版商纪尧姆·德普雷兹（Guillaume Desprez）因为印刷了极为成功的《致外省人信札》（*Provinciales*，1656—1657）而被关进了巴士底狱。他还出版了帕斯卡的遗作《思想录》（*Pensées*，1669），并在此过程中发了财。

路易十四的政策——真正超前于时代的"文化政策"——既显示了控制印刷的巨大决心，也暴露出他最终的无能为力。他的措施包括创建更多的学院（1663—1671），将作家（布瓦洛、拉辛、拉封丹）纳入一个由宫廷赞助的全包罗的系统中，减少并最终限制授权印刷商的数量，并对省级印刷厂的数量规定了上限。1667 年，执行图书管制和审查的权力被赋予了巴黎警察总监。在 1678 年至 1679 年间，地方特权被压制：一些议会，如鲁昂的议会，利用他们的相对自治权来鼓励地方商业。这些政策虽然有足够的压制效果，但在阻止"不良"书籍的传播方面并不成功，其主要受害者是省级印刷厂。根据最保守的估计，在路易十四统治末期，巴黎的书籍产出占全国的 80%。法国专制主义的另一个意外后果是外国出版商的繁荣，他们此时贡献了全部法国书籍产量的 20%，这一比例在 18 世纪中叶达到顶峰，高达 35%。

17 世纪的头几十年见证了由反宗教改革所发起的宗教复兴运动的胜利，其中圣方济名·沙雷氏的著作《成圣捷径》（*Introduction à la vie dévote*）于 1609 年首次在里昂印刷，是这一时期最著名的作品。它与另一个出版界盛事同时出现，即奥诺雷·德·杜尔菲（Honoré d'Urfé）长达 5000 页的小说《阿丝特蕾》（*L'Astrée*，1607—1624）的成功，这是"法国现代文学的第一部畅销书"（Chartier and Martin，1. 389）。巴洛克和古典主义时期的特点首先是戏剧的巨大发展，这一点可从高乃依［尽管法兰西学术院对《熙德》（*Le Cid*，1637）进行了批驳］、莫里哀（尽管他与审查制度几番交锋）以及拉辛的创作生涯中看出来。通常情况下，印刷商和出版商，如奥古斯丁·库尔班（Augustin

Courbé）和克劳德·巴尔宾（Claude Barbin），合作发行剧本，并将版本说明分成两部分。与此同时，秘密翻版几乎立即出现，它们来自各省（如高乃依的家乡鲁昂）或国外（特别是埃尔泽维埃家族）。这些盗版的成功也揭示了市场的巨大胃口。巴尔宾是当时主要的文学出版商，他还负责出版了拉封丹的《寓言集》（第一版，1668）和拉法耶特夫人的小说《克莱芙王妃》（*La Princesse de Clèves*，1678），这些书都是匿名出版的。1699年，巴尔宾的遗孀出版了费奈隆的《特勒马科斯纪》（*Télémaque*），这本书在当年被盗版了20次，有过无数个版本。在本世纪的其他著名作品中，还有法国第一部世界地图集，即尼古拉·桑松（Nicolas Sanson）的《世界各地全图》（*Cartes générales de toutes les parties du monde*，1658），《波尔·罗亚尔语法》（*Grammaire*，1660—1664）和《波尔·罗亚尔逻辑》（*Logique*，1662），以及法国艺术史的奠基之作，即安德烈·费利比安（André Félibien）的《古今最杰出画家访谈录》（*Entretiens sur les plus excellens peintres anciens et modernes*，1666—1688）。

6 18世纪

18世纪初，比尼翁神父（1662—1743）是个举足轻重的人物。他于1699年被他的舅舅蓬查特兰大法官任命为所有图书政策的负责人（1737年图书业总监的头衔才正式入编）。事实上，比尼翁算得上是某种意义上的"文学部长"（按马勒泽布的话来说，尽管他声称并没有这种职位）。他在1700年组织了一次全国范围内的出版业调查，同时在1719年至1741年期间，他成了皇家图书馆的领导者。尽管审查员的数量不断增加（到1789年已接近200人），而且还有几个著名的案例，如1734年禁止伏尔泰出版《哲学通信》（*Lettres philosophiques*，在前一年首次以英文出版），但比尼翁及其继任者的影响基本上是温和的。事实上，这也是旧制度后期的众多矛盾之一——镇压性政策的执行者们实际上是被实用主义所驱使。为了应对从德国或荷兰非法进口的法国书籍数量不断增加的情况，比尼翁建立了一个"默许"或口头许可制度，使地方的盗版合法化。克雷蒂安·纪尧姆·德·拉穆瓦尼翁·德·马勒泽布（Chrétien Guillaume de Lamoignon de Malesherbes）在1750年至1763年期间担任图书业总监，他是启蒙运动者的朋友，并追随这一潮流，保护让－雅克·卢梭，并向《百科全书》的印刷者通风报信，使其免遭逮捕。但他也陷入了法国18世纪的另一个矛盾的境地：尽管王室在很大程度上同情启蒙运动，但不得不应对其他传统的审查机构，即教会和议会，它们的干预（通常是在图书出版后）最终让王室陷入尴尬的境地，如爱尔维修的《论精神》（*De l'esprit*，1758—1759）事件便是一个例子。

1764年，在法国印刷的书籍中只有60%是"合法"的。在那些"非法"作品中，大多数是被禁止的宗教书籍（新教、詹森派或其他非正统派）。其余的都是未经授权的地方重印本、政治讽刺小说或色情文学（在18世纪蓬勃发展，萨德侯爵就是这一趋势中的代表人物之一）。许多18世纪的法国"名著"——《老实人》（*Candide*）可能是其中最著名的——都因这样或那样的原因而成为非法出版物。狄德罗在他的《论图书贸易书简》（*Lettre sur le commerce de la librairie*，1763）中谴责了这种荒谬的情况。1777年，掌玺大臣米罗梅尼尔修改了特权制度，使很大一部分地方的、秘密印刷的作品合法化，同时首次承认文学产权属于作者。最终，用托克维尔（马勒泽布的曾孙）在《旧制度与大革命》（*L'Ancien Régime et la révolution*）中的话来说，真正的赢家是文人，他们被推上了具有国际影响力的重要政治人物。

在此背景下，法国18世纪在图书艺术方面的成就可与16世纪相媲美。图书艺术享有的声望很高，以至于路易十五在童年时就开始学习印刷，摄政王和蓬帕杜侯爵夫人作为业余书籍插画师，也发表过作品。这个时代的一些伟大的画家——乌德里、布歇、弗拉戈纳尔——都为这一领域做出了贡献，还包括更专业的书籍插图画家查尔斯－尼古拉·科尚、夏尔·艾森（他最著名的作品是1762年"总税务官"版的拉封丹《故事集》）、于贝尔－弗朗索瓦·格拉沃格和让·米歇尔·莫罗·勒热纳。路易－勒内·卢斯（Louis-René Luce）和富尼耶（Fournier）家族在这一时期早期革新了印刷术，而迪多家族则在后半期出色地诠释了新古典主义的审美风格。技术创新也出现在造纸业中，圣埃蒂安附近的阿诺奈造纸厂让康松、若阿诺和蒙戈尔菲耶的名字闻名遐迩，而在巴黎南部，由迪多家族收购的埃松造纸厂在旧制度的最后几年成为全国技术最先进的造纸厂。德罗姆家族、帕德卢普家族和迪比松家族因其精湛的技术和华丽的装饰而备受推崇，他们生产的书籍装帧十分优雅，无与伦比。开明的贵族和教会的神职人员——弗朗索瓦－米歇尔·勒泰利埃、约瑟夫·多米尼克·丹甘贝尔、拉瓦利埃公爵、苏比斯亲王、梅雅讷侯爵、保罗米侯爵——都建立了藏书丰富的藏书库，其中一些现在是巴黎或地方图书馆的至宝。一些雄心勃勃的编辑项目有了更大的市场，如《百科全书》，乌德里和琼贝尔版的拉封丹《寓言集》，以及布丰的《自然史》（*Histoire naturelle*），这些均由王室印刷厂印制（1749—1789）。凯尔版伏尔泰作品（1785—1789）在斯特拉斯堡隔河对岸印刷，由夏尔－约瑟夫·庞库克在伏尔泰1778年去世前发起，是皮埃尔·奥古斯坦·卡隆·德·博马舍经历重重困难后完成的，尽管同时出现了两次盗版，但该书还是销售一空。庞库克是当代人对出版商角色的认识不断提高的典型代表，与印刷商截然不同。图书贸易也获得了更大的专业自主权，伴随这些进步的是图书拍卖的发展和成功。1789年，巴黎有350至400家书商，其中大多数集中在圣母院周围和塞纳河沿岸的传统地区，但也有许多人迁移到了王宫地区。有些书商还兼营小型图书馆，这种机构在下个世纪前半期一直很受欢迎。与此同时，第一批真正意义上的公共图书馆也出现了：1784年，巴黎有18家图书馆，以皇家图书馆为首，每周向"所有人"开放两次，地方上共有16家；它们有些最初是私人藏书库，有些是宗教或某些机构的藏书库，还有些则是市政图书馆的前身。

7 大革命及其后的情况

法国大革命的第一项举措是废除王室审查制度，宣布写作和印刷自由，这两项内容都包含在1789年8月26日发表的《人权宣言》中。甚至被视为压制性措施的图书业总监署和出版物呈缴制度都被废除，印刷商行会和所有其他行会也不再存在。1793年大会通过的版权立法（作者死后最长保护期为10年）将许多作品推进了公有领域。教会财产国有化（1789年11月颁布的法令），属于流亡者和（1792年后）王室收藏的作品被没收，随后在1793年至1794年的恐怖统治下，所有嫌疑人的图书馆藏书都被没收（与事实上的审查制度重新建立相吻合），大量的书籍和手稿易手。这在很大程度上利好于国家图书馆和未来的市政图书馆。大革命时期的图书界，尤其是在巴黎，被恰当地比作一颗"超新星"（supernova, Hesse, 30）。书商和印刷商数量增长到近

600 家，其中大部分是小型的、不稳定的经营单位，而 21 家传统书店失去客户后，在 4 年内纷纷破产。伴随着期刊和短效出版物的爆炸性增长，图书的产量却在下降，盗版现象十分猖獗。在那段短暂的时期内启动的许多有价值的项目中，最后一任国王的图书管理员勒费弗尔·多尔梅松在 1790 年启动了 "法国通用书目" 项目。他在 1794 年被送上了断头台。这一年，马勒泽布和皇家印刷厂厂长、技术革新的有力推动者艾蒂安·阿尼松－迪佩龙也遭遇了同样的命运。

　　拿破仑时代的制度在现代法国仍有诸多留存，它通过一种与大革命最初阶段所推崇的自由市场模式相反的方法恢复了市场的稳定。在短期内，它的主要受益者是市政图书馆，这些图书馆（理论上是作为寄存）在 1803 年接收了存放在仓库中的大革命时期没收的书籍等物品。许多市政图书馆实际上是因这项法令而建立的。从长远来看，拿破仑制度的主要受害者可以说是大学，它们不仅失去了 1793 年被废除的图书馆（直到 1879 年才正式重新建立），而且被一劳永逸地纳入国家教育体系中，这使得它们既没有机会也没有资金来建立与英国、荷兰、德国以及后来的美国等国大学相媲美的研究型藏书馆（斯特拉斯堡大学可能是唯一的例外，这主要归功于 1871 年至 1918 年期间处于德国统治下）。在 1810 年之前，对出版物的监管都是由臭名昭著的富歇领导的警察来进行的，这种安排导致了自我审查现象，甚至比直接镇压更有效。在必要的时候，当局也会毫不犹豫地采取镇压措施：1810 年，富歇的继任者萨瓦里奉命查封并销毁了斯塔尔夫人的《论德国》（De l'Allemagne）的全部版本，其作者遭到流放。1810 年制定的一套新规则勉强实施到了 1870 年。他们在法律上重新引入了审查制度，将巴黎印刷商的数量减少到 60 家（后来增加到 80 家），并规定印刷或销售书籍的授权必须获得可撤销的许可证或授权书。严格的控制由图书管理局实施，这种控制非常狂热，以至于拿破仑不得不公开与它撇清关系。一个更具积极意义、影响更持久的创造是后来颁布的《法国书目》（Bibliographie de la France），它恢复了多尔梅松的计划。典型的情况是国家印刷厂（当时称为 "皇家印刷厂"）得到了极大的发展，到 1814 年时已拥有 150 多台印刷机和 1000 名印刷工人。作为国家干预的杰出产物，《埃及记述》（Description de l'Égypte）记录了波拿巴 1798 年至 1799 年远征埃及的科学成果，于 1802 年完成。这部共 21 卷（其中 13 卷为图版）的巨著最后一卷于 1828 年出版，共发行了 1000 册。

　　与浪漫主义相关的时期见证了被称为"书籍第二次革命"的变化，即大众市场的出现。这是由识字率的提高和技术革新所促成的。机械化影响了造纸业、印刷业（正如 1830 年革命中所证明的那样，工人群体中存在一些抵制情绪）和装订业（见第 11 章）。铅版印刷变得非常重要，尤其是迪多家族，他们利用并系统化了 18 世纪先驱们的发现，如弗朗索瓦 – 约瑟夫 – 伊尼亚斯·霍夫曼和 L-É. 埃尔昂的成果。平版印刷使高质量插图文本的大量印刷成为可能，而埃皮纳勒的佩勒兰制作的彩色木刻版画不仅与这座孚日省的城市永远联系在一起，而且在传播拿破仑传奇故事方面发挥了关键作用。大型印刷厂蓬勃发展：巴黎的谢克斯印刷厂通过提供印刷铁路时刻表服务而繁荣起来；在图尔，同样著名的马姆印刷厂专门印刷宗教文献，这个领域由米涅神父主导。另一个进步的标志是"工业化"发行方式的诞生，1840 年后，铁路的普及和现代宣传方法的发展促进了这种方式的发展。其结果之一是印刷商和出版商的职能分离——在 19 世纪的头十年里，这两种职能往往是结合在一起的（如迪多家族的情况），但在世纪末几乎普遍是分离的。另一方面，出版社拥有并经营书店的传统在 19 世纪及以后一直延续着。在排版方面，唯一的创新者是里昂人路易·佩兰，他开发了 augustaux 字体，其灵感来自罗马铭文，18 6 年发展成为 Elzévir 字体，由阿尔方斯·勒梅尔印刷的书籍普及开来。

　　巴尔扎克本人也曾是印刷工人，他在 1843 年的小说《幻灭》（Les Illusions perdues）中对 19 世纪 20 年代的图书世界进行了令人难忘的描述——从昂古莱姆的大卫·塞夏的传统家庭经营，到巴黎的新型出版商和经销商，对他们来说，诗歌和小说首先是一种可以买卖的商品。1838 年是图书界活跃的典型时期：路易·阿歇特作为成功的小学教科书供应商（1833 年吉佐的教育法颁布后，教科书需求量很大）在阿尔及尔开设了一家分店；第一部在大众媒体上连载的小说是大仲马的《保尔船长》（Le Capitaine Paul），刊登在《世纪报》（Le Siècle）上；拉布鲁斯为新的圣日内维耶图书馆绘制了图纸；热尔韦·夏庞蒂埃推出了他的"夏庞蒂埃文库"，真正成为现代平装书的先驱，其所出版的平装书低廉的价格（3.5 法郎）弥补了密集的排版带来的不足。这场被称为"夏庞蒂埃革命"的变革，摒弃了此前 40 年中占主导地位的优雅的"迪多风格",很快就被同行模仿。布尔迪利亚和雅科捷公司将其书籍的价格降至1法郎,《包法利夫人》的出版商米歇尔·勒维(他的兄弟卡尔曼后来掌管了他的公司)也是如此。到1852年,从巴黎到圣日耳曼的铁路线路开通仅15年后,阿歇特公司获得了法国火车站书摊的独家经营权,并在第二年创建了"铁路文库"。这一时期,伴随着其他事业的成功,一批长久经营的出版社也建立了起来,其中包括达洛兹出版社、加尼埃出版社、普隆出版社、迪诺出版社、拉鲁斯出版社。木刻版画的机械化生产使得儿童文学繁荣起来。虽然最著名的作家仍然是塞居尔伯爵夫人(阿歇特出版社的签约作家)和儒勒·凡尔纳(由埃泽尔出版社出版),但这一现象也使地方出版商受益。

法国的浪漫主义首先与诗歌和小说有关,其次是戏剧,但这一时期最成功的是一篇宗教散文,即拉梅内的《一个信徒的话》(*Paroles d'un croyant*,1834)。它的销售量因被列入《禁书目录》(*Index Librorum Prohibitorum*)而大增,这样的结果和勒南更成功的《耶稣传》(*Vie de Jésus*,1863)如出一辙,后者第一年就售出了16万册。在19世纪的法国,"作家地位的神圣化"(Bénichou,1999)随着1885年雨果的国葬而达到顶峰。这一发展始于1829年作家协会的成立,随后在1837年成立了文人协会。在1886年《伯尔尼版权公约》签署之前的数十年,这些组织在达成第一个打击盗版的双边协议(1852年与比利时达成的协议)以及将版权范围扩大到未亡配偶(1866)方面发挥了作用。同样,由于1847年法国的书店俱乐部(Cercle de la librairie)的成立,图书界(包括成立工会)也得到了发展。

19世纪图书普及的总体趋势特征对插图书产生了影响。18世纪,插图书在很大程度上是一种奢侈品。虽然德拉克洛瓦为内瓦尔翻译的歌德《浮士德》第二版(1828)创作的石版画,今天被认为是书籍插图领域的一个里程碑,但在商业实践中属于失败的案例。这种技术在19世纪30年代被一类新的插图书出版社所推广,奥诺雷·杜米埃,尤其是J. J. 格兰维尔,在那里出版了他们的作品。格兰维尔主导了19世纪30年代和40年代的插图书,就像古斯塔夫·多雷在19世纪50年代和60年代所做的那样。浪漫主义时期的一项著名成就仍然是1838年由莱昂·柯尔默出版的《保尔与维吉妮》,书中的木刻画和蚀刻画创作者包括托尼·若阿诺、路易·弗朗塞、欧仁·伊萨贝、欧内斯特·梅索尼埃、保罗·于埃和夏尔·马尔维尔。然而,当时最伟大的杰作,也是石版印刷最精美的成果之一，是由夏尔·诺迪埃和泰勒男爵编辑的"古法兰西风景如画的浪漫之旅"（*Voyages pittoresques et romantiques de l'ancienne France*）系列丛书。这套丛书在 1820 年至 1878 年期间由迪多出版社分 10 部分出版，每一部分都专门介绍法国的一个省份。热里科、安格尔、韦尔内和维奥莱－勒－迪克等人都参与了这个项目。在 H. F. 塔尔博特的《自然之笔》（*The Pencil of Nature*）出版 7 年后，法国出版了"摄影摇篮期作品"，即勒纳尔的《巴黎摄影》（*Paris photographié*，1853）。然而，它的出现还是由 1842 年收录在《达盖尔式漫游》（*Excursions dagueriennes*）中的两张摄影图片（通过 A. H. L. 菲佐发明的工艺复制）呈现的。

图 36 《书虫》（*A bookworm*），作者 J. J. 格兰维尔，出自 P. -J. 斯塔尔（又名 P.-J. 埃泽尔）等人的《动物的私人与公共生活》场景（*Scènes de la vie privée et publique des animaux*，巴黎，1842）。现藏于牛津大学博德利图书馆（馆藏编号 Vat. FR. III. B. 4053，第 327 页对页）。

自从法国大革命使大量的早期珍稀书籍推向市场以来，19 世纪便成了法国藏书家的黄金时代。《藏书家通讯》的创办者诺迪埃是这一领域忠实的赞助人，J.-C. 布鲁内是其创始人。法国藏书家协会成立于 1820 年。在这一时期的藏书中，很少有人能与奥马尔公爵（duc d'Aumale，主要在英国）的藏书相媲美，这批藏书如今保存在尚蒂伊。

　　鉴于法国图书馆的数量在旧制度末期迅速增加，它们本应在 19 世纪末迎来一个黄金时代。但除了诺迪埃的阿森纳（虽然大体上只是作为沙龙存在，并无专业可言）和圣日内维耶，法国图书馆几乎没有经历过这样的时代。即使是国家图书馆也受到了忽视，直到遇到空间问题才迫使它在 19 世纪 50 年代开始翻新，并在 19 世纪 70 年代完成。市政图书馆在巩固大革命时期的成果的同时，发展相对较好。为了在一定程度上弥补公共投资的不足，19 世纪初，借阅室蓬勃发展（巴黎有 500 多个借阅室），在此期间出现了几种不同类型的图书馆，特别是由学术团体（如法国新教历史协会）、商会（1825 年至 1872 年间在全国各地建立）和宗教机构（其中一些在 1905 年政教分离时再次被收归国有）建立的小型专业机构图书馆。由于工业化和识字率的同步上升，在法国第二帝国时期，人们对大众图书馆的关注日益增加。1862 年成立的富兰克林协会就致力于这一工作。文献典章学院可能是本世纪留给图书馆学的最伟大的遗产。这家机构成立于 1821 年，目的是培养古文字学家和档案学家。它于 1897 年迁至索邦大学的新校舍。

　　1870 年至 1914 年这一时期的情况证实并加速了第二次图书革命的发展趋势。1828 年法国印刷了大约 6000 种图书，但到 1889 年，这一数字已经上升到 15000 种，到 1914 年又增加到大约 25000 种。报纸和期刊的增长尤其惊人，1881 年 7 月 29 日的法律最终放宽了限制，报纸的发行量达到了前所未有的水平。到 1891 年，米约的《小日报》（Le Petit Journal）销量超过了 100 万份。1914 年，《小巴黎人报》（Le Petit Parisien）发行了 150 万份，《晨报》（Le Matin）和《日报》（Le Journal）也不甘落后，各发行了 100 万份。在经历了 19 世纪 70 年代的相对衰退之后，这种繁荣几乎影响了所有的出版类型，也许最重要的是小说。因此，如果说《卢贡－马卡尔家族》系列的最初几卷销量一般，那么 1876 年《小酒店》（L'Assommoir）的成功则将左拉推向了他那一代小说家的作品最高印刷量（1879 年《娜娜》第一次印刷 55000 册）。然而，这些数字在已经成为第三共和国意识形态代名词的书——"G. 布鲁诺"（阿尔弗雷德·富耶夫人的笔名）的《两个孩子的法兰西之旅》（*Tour de la France par deux enfants*）——所取得的成绩面前显得苍白无力。该书于 1877 年由贝兰出版社出版，几代学童都在阅读，在一个世纪的时间里销售了 800 多万册。1914 年以前的另一种流行类型——侦探小说，诞生于 1866 年，当时埃米尔·加博里奥的《勒鲁菊案件》（*L'Affaire Lerouge*）在《太阳报》（*Le Soleil*）上连载。20 世纪初，它的主要倡导者是莫里斯·勒布朗（他笔下的主人公亚森·罗宾，被称为"侠盗"）和著有"鲁尔塔比耶"系列的加斯东·勒鲁。

新的宣传方法很快影响了文学出版。年轻的阿尔班·米歇尔利用这些方法推出了他的第一部作品——费利西安·尚索尔的《到访者》（*L'Arriviste*，1902），以及阿瑟姆·法雅尔出版社（成立于 1857 年）的作品集"现代文库"（*Modern Bibliothèque*）和"大众文学"（*Le Livre populaire*），这些作品在 1914 年前取得了巨大成功，原因是采取了大印量（10 万册或以上）和低版税相结合的政策。

在另一端，如埃斯林亲王、爱德华·拉伊尔和亨利·贝拉尔迪（1874 年图书爱好者协会的创始人）等人所证明的那样，法国的藏书热在世纪之交继续蓬勃发展。然而，这一时期的法国藏书家似乎并没有与他们那个时代的绘画先锋派有多少接触，他们在当时的图书艺术中留下的痕迹少得令人失望。马奈为斯特凡·马拉美翻译的爱伦·坡的作品《乌鸦》（*The Raven*，1875）、《牧神的午后》（*L'Après-midi d'un faune*，1876）和《诗集》（*Poèmes*，1889）提供了插图等标志性的作品，以及劳特雷克的两部杰出作品，克里孟梭的《在西奈山脚下》（*Au pied du Sinaï*，1898）和朱尔·勒纳尔的《自然纪事》（*Histoires naturelles*，1899），几乎都没有得到关注。有先见之明的安布鲁瓦兹·沃拉尔试图在本世纪末改变这种状况。马拉美在 1897 年去世，中断了沃拉尔那由奥迪隆·雷东为《骰子一掷》（*Un coup de dés*）绘制插图的计划。沃拉尔出版的前两本书，即魏尔伦的《平行集》（*Parallèlement*，1900）和朗格斯的《达芙尼与克洛伊》（*Daphnis and Chloe*，1902），都由博纳尔绘制插画。这两本书现在被认为是现代艺术家书籍的第一批杰作，但在当时却反响平平。（沃拉尔在国家印刷厂印刷了这两本书，这个机构当时正处于动荡之中，法国议会曾就是否将其废除展开辩论）。沃拉尔的例子启发了另一位先驱者丹尼尔－亨利·康维勒。他出版的第一本书是阿波利奈尔的诗集《腐坏的魔法师》（*L'Enchanteur pourrissant*，1909），配有德兰巧妙的"原始主义"风格的木刻插画，成为另一个里程碑式的作品。他被当时收藏家嘲笑的《圣马托雷尔》（*Saint Matorel*，1911）开启了巴勃罗·毕加索与插图书之间的合作历程。

8 1914年之后

在 19 世纪末和 20 世纪初的扩张之后，从 1914 年开始的这段时间，在法国和其他地方一样，是一段危机和复兴并存的时期。第一次世界大战期间的限制使纸张供应减少了一半，随后 20 世纪 20 年代出版业出现了短暂的繁荣。所谓的"疯狂年代"很好地顺应了现代图书推广方法的发展。他们的早期受益者之一是皮埃尔·伯努瓦的小说《大西岛》（*L'Atlantide*），这是一本 1919 年的畅销书（法国人很快就采用了"畅销书"这个说法），由阿尔班·米歇尔出版社出版，法兰西学术院将此前一年设立的小说大奖授予了它。同样在 1919 年，龚古尔文学奖颁给了普鲁斯特的《在少女花影下》（*À l'ombre des jeunes filles en fleurs*），而不是罗兰·多热莱斯的战争小说《木十字架》（*Les Croix de bois*），由此引发的争议标志着文学奖在出版界的重要性。（1904 年费米娜奖的设立引起了不同的争议——其中女性评审团是对龚古尔学院被认为存在的厌女现象的回应。）设立于 1926 年的雷诺多文学奖很快就被认为是向先锋派开放的奖项，早期获奖者有塞利纳和阿拉贡，他们的出版商德诺埃尔因此几乎可以与伽利玛出版社和格拉塞出版社相抗衡。第五个文学奖项——联合文学奖设立于 1930 年，马尔罗的《王家之路》（*La Voie royale*）成为该奖项首个获奖作品。在超过四分之三个世纪之后，这五个奖项仍然主导着法国文坛。

如果说 19 世纪后期藏书风潮与艺术先锋派之间还存在着隔阂，那么 20 世纪上半叶艺术家之书则取得了巨大成功，许多极具创新精神的人追随沃拉尔和康维勒的脚步，如 20 世纪 30 年代和 40 年代的阿尔贝·斯基拉和泰里亚德，50 年代及以后的伊利亚兹德、皮埃尔·勒屈耶、皮埃尔－安德烈·伯努瓦等人。与 19 世纪的前辈相比，亨利·马蒂斯和毕加索，可以说是 20 世纪最重要的两位画家，他们各自参与了许多图书项目。毕加索在他的整个职业生涯中取得了令人瞩目的成果（他为 150 多本书绘制了插图），马蒂斯在他的职业生涯后期相对较短的时间内也是如此。对于他们的艺术——或 1930 年至 1970 年间法国的书籍艺术——的讨论都不能忽视他们在这个领域的成就。

20 世纪 20 年代和 30 年代是排版印刷取得成功的时期，以国家印刷厂为主导，德伯尼和佩尼奥铸字厂推出的 Futura（或 "Europe"）字体的成功就是一个缩影。这几十年也见证了法国书籍装帧设计的复兴（始于新艺术运动时期），其标志是亨利·马里于斯 – 米歇尔、维克多·普鲁韦和夏尔·梅尼耶的成就。在奥古斯特·布莱佐等经销商和收藏家的支持下，有这样一个更令人印象深刻的群体，即保罗·博内、亨利·克勒泽沃、乔治·克雷泰和皮埃尔·勒格朗这一代人。二战后，他们被乔治·勒鲁、皮埃尔 – 吕西安·马丁和莫妮克·马蒂厄的杰出三人组所继承。他们的继任者让·德·戈内之所以引人注目，一方面是因为他努力通过使用工业皮革（revorim）普及最早的装帧，另一方面是因为与前辈不同的是他经营着自己的工作室，而不单纯只是一名设计师。

第二次世界大战期间，法国被占领了 4 年多，对图书界造成了巨大的影响。纳粹实行审查制度（臭名昭著的 "奥托清单"），纸张短缺使生产减半，"雅利安化"（Aryanization）措施影响了个人（例如国家图书馆的总管理者朱利安·凯恩，他被法国维希政府解雇，后来被纳粹驱逐）和出版社——不过纳唐出版社设法将其股份出售给一群朋友，卡尔曼 – 莱维出版社被德国商人收购经营，费伦奇出版社被交到一个合作者手中。前两家出版社后来又恢复至从前的经营状况，但第三家出版社从未恢复到战前的地位。然而，矛盾的是，4 年的占领期恰好是文学的鼎盛期，阅读成为主要的文化活动。法国解放后几年内的发展趋势证实了新一代的文学巨匠的崛起——波伏瓦、加缪、格诺和萨特——他们重新获得了 18 世纪哲学家享有的那种威望，这种威望也体现在他们的出版商伽利玛出版社上。

法国维希政府执政时期出现的所有反常现象也标志着法国在第三共和国大部分时期相对脱离文化事务之后，又回到了干预文化事务的长期传统。从这个角度看，第四和第五共和国在这个方面有着延续性。早在 20 世纪 30 年代，特别是在大萧条的阴影下，人们越来越担心国家在支持图书馆或图书业方面做得不够，因此需要制定一项"阅读政策"。这一点是通过各种政府机构来实现的，这些机构有时相互配合，有时又相互竞争。20世纪20年代初成立的外交部文化司为法国图书出口提供补贴（并很快被指控偏袒伽利玛出版社的作家）。1930年，一个由行业代表组成的国家文学基金会成立，旨在提供贷款和补贴——它在1973年成为国家文学中心，1993年成为国家图书中心。该中心也未能幸免于偏袒的指控。法国解放后，在教育部内设立了图书馆与公共阅读管理部门（由凯恩领导）。由于学校图书馆不在其职责范围内，因此它专注于建立一个名为"中央图书馆"（1983年更名为"省级图书馆"）的借阅图书馆网络，这不仅有助于缩小巴黎与各省之间的文化差距，也有助于缩小大城市与农村地区之间的差距。学校图书馆在20世纪70年代开始受到密切关注。然而，即使法国学生人数在同一年代翻了一番，大学图书馆在法国教育系统中一直处于弱势地位（而且仍然是这样）。1977年蓬皮杜中心的公共信息图书馆取得了巨大的成功（特别是在学生中），这表明人们非常需要具备开放书架、延长开放时间并在周日也开放的研究设施。

　　1981年上台的密特朗政府宣布了雄心勃勃的文化政策（总统的官方画像中，他手里拿着一本打开的蒙田作品）。它的第一项措施是对图书折扣规定了5%的上限，以保护独立的图书经销商。图书管理局（创建于1975年）和国家图书馆被置于由杰克·朗领导的扩大的文化部的管辖之下。此时确实有了更多的补贴，但这些官方措施在多大程度上影响了持续的经济或文化趋势是值得商榷的。密特朗时期留下的最持久的遗产，也是他最有争议的大项目，仍然是在他去世后于1996年启用并以他的名字命名的新的、高科技的法国国家图书馆。

　　从20世纪50年代开始的企业合并趋势，在1973年的经济危机之后，促成了出版三巨头的形成。阿歇特出版社，在整个20世纪里，它既是出版商又是图书发行商；城市集团（Groupe de la Cité），成立于1988年，旗下有拉鲁斯出版社、纳唐出版社、城市出版社、博尔达斯出版社和拥有400万会员的法国－罗伊斯图书俱乐部；以及医学类出版商马松出版社，它通过在1987年收购科兰和1989年收购贝尔丰而得到发展。1995年，马松－贝尔丰被欧洲出版公司／城市集团／哈瓦斯集团（CEP/Cité/Havas）

收购后，三家变成了两家，6 年后又被转卖给了另一家集团。这两个集团的背后是更大的金融实体，阿歇特背后是拉加代尔集团，另一集团背后是威望迪环球集团（最初是一家供水公司）。在里佐利出版社收购弗拉马里翁出版社之后，到 2005 年，只有 5 家主要的巴黎出版机构仍然是独立的，这些公司本身已经收购了较小的公司。这 5 家出版社分别是阿尔班·米歇尔出版社、卡尔曼－莱维出版社、法亚尔出版社、伽利玛出版社和塞伊出版社。根据 2002 年的统计数据，法国所有图书生产的 80% 来自 313 家出版商中的前 15%。同样的统计数据显示，出版业的从业人数大幅下降（从 1975 年的 13350 人下降到约 10000 人），而出版的图书数量（20000 种）则低于 1914 年的数据。极少数的图书种类在总销售额中占有很高的比例，且不一定是低端图书。玛格丽特·杜拉斯在 1984 年出版的《情人》（*L'Amant*）和扬·阿尔蒂斯－贝特朗在 2000 年出版的摄影集《鸟瞰地球》（*La Terre vue du ciel*）的销量都超过了 100 万册。企业兼并也影响了图书业，像"国家经理人采购联盟"（FNAC）这样的大型连锁店（其本身现在由一家大型金融集团控制）或非传统的商店（"大卖场"）占据了越来越重要的地位。南方文献出版社是明显的例外（它最终还是在巴黎开设了办事处），合并的趋势巩固了首都巴黎在出版业的地位——在 21 世纪初，巴黎控制了约 90% 的图书出版。虽然大出版社掌控着法国文学界，但中小型特色出版社依然充满活力，比如致力于戏剧出版的方舟，还有专注于天主教图书市场的巴亚尔、勒塞尔夫和德斯克莱·德·布鲁韦，都保持着稳定的发展。

在文化方面，从 1945 年到互联网的出现，法国图书史上最重要的事件是阿歇特出版社和伽利玛出版社推出的"口袋书"系列（Livre de poche, 1953）。这是法国对企鹅出版社相对迟到的回应，深深地影响了购书和阅读习惯——堪称 20 世纪版的"夏庞蒂埃革命"。伽利玛出版社和阿歇特出版社于 1972 年"分道扬镳"，当时伽利玛创建了"文集"系列，用于再版其自身庞大书目中的图书。

战后另一个值得注意的变化是儿童文学和儿童图书馆的同时发展。第一家儿童图书馆——快乐时光图书馆——于 1924 年由美国救济委员会的一个分支机构在巴黎开设。这方面的一个里程碑是 1963 年成立的图书之乐协会。这是一个私人倡议，它促成了 1965 年在巴黎郊区克拉马特开设了一个示范性儿童图书馆。除了开心学校出版社（也成立于 1965 年）这样的专业出版社外，许多大型出版商（伽利玛就是其中之一）都开设了儿童图书部。

战后，在另一个领域，以道德为由的审查制度重新抬头，随后逐渐衰退。奥林匹亚出版社和 J. -J. 波韦尔出版社（萨德作品和《O 的故事》的出版商）在 20 世纪 40 年代和 50 年代遭到起诉，而 1973 年，贝尔纳·诺埃尔的《古堡圣餐》(*Le Château de Cène*) 被禁，引起了公众的强烈不满。在流行文学中，侦探小说继续蓬勃发展，最引人注目的现象也许是漫画书向成年人的传播，20 世纪 70 年代的戈西尼和乌德佐的《高卢英雄历险记》系列的成功就是例证。"连环画"现在已成为一种备受推崇的艺术类型，在昂古莱姆还设有相关博物馆和举办年度盛会。

然而，传统形式的图书文化在各个层面上仍然非常活跃。在学术层面上，"图书史"〔1957 年由吕西安·费弗尔和亨利 – 让·马丁所著的《书籍的历史》(*L'Apparition du livre*) 的出版开创了这一领域〕的蓬勃发展便是证明；在藏书领域，书籍收藏得益于拍卖会源源不断的藏品供应；在大众层面上，图书和阅读在法国人对其自身文化的集体认知中继续占据着重要的地位。

参考文献

F. Barbier, *Histoire du livre* (2000)

P. Bénichou, *The Consecration of the Writer, 1750–1830*, tr. M. K. Jensen (1999)

[Bibliothèque nationale de France,] *En français dans le texte: dix siècles de lumières par le livre* (1990)

R. Brun, *Le Livre français* (1969)

R. Chartier and H.-J. Martin, eds., *Histoire de l'édition française* (3 vols, 1982)

A. Coron, ed., *Des Livres rares depuis l'invention de l'imprimerie* (1998)

DEL

L. Febvre and H.-J. Martin, *The Coming of the Book*, tr. D. Gerard (1997)

C. Hesse, *Publishing and Cultural Politics in Revolutionary Paris, 1789–1810* (1991)

H.-J. Martin, *Print, Power, and People in 17th -Century France,* tr. D. Gerard (1993)

P. Schuwer, *Dictionnaire de l'édition* (1977)

M.-H. Tesnière and P. Gifford, eds., *Creating French Culture* (1995)

第 25 章

低地国家书籍史

保罗·霍夫蒂泽

1 罗马时期到中世纪

大致包括如今的荷兰、比利时、卢森堡和法国西北部上部的地区，在罗马时期（公元 1—4 世纪）首次接触到了书面文化。虽然考古学上的证据很少，但可以肯定的是，在较大的高卢 – 罗马定居点中，以行政、商业和教育为目的的书写材料似乎是经常使用的。这种做法有多少能在民族迁徙的冲击下幸存下来还不确定，但到了 6 世纪，至少在荷兰南部，文字又恢复了使用。在北部，即罗马帝国的边境地区，手稿直到 8 世纪才出现。在那里看到的第一部手抄本很可能是英国传教士博尼法斯（Boniface）试图为自己辩护的书，当时他和他的 52 名同伴于 754 年在多库姆被异教徒弗里斯兰人（Frisians）杀死。

在接下来的几个世纪里，教会和修道院是低地国家图书生产和消费的主要中心，其中最密集的地方是南部地区。这些书籍几乎都是礼拜作品和神学作品，但也有证据表明存在古典文本的传播。例如，8 世纪乌得勒支的主教西奥特伯特（Theodard）拥有一份两个世纪前复制的李维的手稿。在重要的本笃会修道院，如埃希特纳赫、埃尔诺、圣奥梅尔和阿拉斯，当地抄写室有记录的最早作品几乎没有留存下来。教堂和修道院图书馆中的大多数手稿都是从其他地方获得的。

在查理曼大帝（742—841）及其直接继承者的时代，所颁布的政治、宗教和文化改革政策让欧洲西北部更加稳定，加洛林小写体的引入，有力地推动了书籍的制作和使用。在13世纪最终被哥特式文字取代之前，它一直是主流的书写形式。各种流派和传统彼此并存，例如在"秃头"查理（823—877）的宫廷中制作的大型华丽的彩饰书籍，还有修道院抄写室制作的更为严肃的典籍（受到英国和爱尔兰模式的强烈影响）。尼德兰的手抄本制作对其他地区的影响的接受性，一直是其典型特征之一。

在10世纪和11世纪，当维京人仍然在低地国家肆虐时，手抄本的制作处于低谷阶段。然而，在12世纪，罗马式彩饰达到了顶峰，虽然其概念仍然是传统的，但它将新发现的活力与巨大的可塑性结合在一起。书籍制作仍然是修道院的特权，但本笃会现在不得不与新的修道会，如西多会和普雷蒙特利会，分享主导地位。主要的生产中心位于现今与法国北部接壤的边境地区、佛兰德斯地区和默兹河谷一带。在北方地区抄写室中制作的作品中，特别是在埃格蒙德本笃会修道院和乌得勒支大教堂附属学校中制作的手抄本中，只有少数样品被保存下来。

与建筑、雕塑和绘画一样，哥特式风格手抄本制作的兴起与城市的出现密切相关。阅读和写作变成了城市生活在许多方面的常规特征，书籍制作成为业余艺术家的专业活动，主要为城市客户服务。这并不是说僧侣们的抄写室减少了，而是他们的产量相对减少了。随着中世纪后期低地国家迅速发展成为欧洲人口最密集、城市化程度最高的地区之一，该地区各城市对手稿的制作和使用大幅增加。宗教和神学书籍仍然是最重要的，但越来越多的世俗题材的作品，如法律、医学、占星术和历史，以及文学作品和教科书也开始出现。在书籍彩饰方面，出现了极具表现力和精致的风格，具有典型的荷兰自然主义和现实主义的倾向。

这一发展在15世纪达到了顶峰。勃艮第公爵将该地区的大部分地区纳入其领地控制范围，加强了城市社会的力量，这些公爵拥有大量可支配的资源，他们试图通过文化手段来巩固其权力和地位。在这种城市文化和宫廷文化的交叉融合中，手抄本制作业得到了前所未有的繁荣。尤其是根特和布鲁日，在佛兰德斯风格的影响下，两地成为生产最高质量的豪华手抄本的主要中心。这些手抄本中有许多被低地国家以及其他国家，特别是法国和英国的高级赞助人和藏书家所收藏。所涉及的艺术家的名字往往不为人知，他们被称为"勃艮第玛丽大师"（Master of Mary of Burgundy）或"德累斯顿时祷书大师"（Master of the Dresden Hours）。他们高度专业化的艺术创作一直持续到16世纪，从布鲁日最有成就的彩饰师之一的西蒙·贝宁（Simon Bening）的作品中可以看出这一点。鲁汶在1425年成为低地国家第一所大学所在地，几家图书馆很快就活跃起来，抄写和销售更实用的学术书籍。

荷兰北部也感受到了新的动力，该地区长期以来一直落后于更为繁荣的南部。在现代虔信派（Devotio Moderna）精神复兴以及在海牙建立的荷兰伯爵法庭（court of the Counts of Holland）的影响下，书籍出版出现了显著的地区性增长。在争取虔诚和灵性的过程中，虔信派非常重视阅读和写作，并且非常积极地抄写手稿供他们自己使用，也接受委托抄写。他们的作品中有很大一部分是时祷书，是为私人祈祷而准备的，因此经常用白话文书写。荷兰伯爵的宫廷环境，与邻近的乌得勒支主教区和盖尔德（Guelders）公国有着密切的联系，为制作精美的彩绘手稿提供了肥沃的土壤，其中最著名的是由一位不知名的大师制作的《克莱夫斯的凯瑟琳时祷书》（*Hours of Catherine of Cleves*，约1440）。

在这种情况下，印刷术很早就传入了低地国家，这并不令人惊讶。然而我们不可能确定准确的时间，因为在1473年之前，没有任何有日期或可辨识的印刷品存世。现在被称为"荷兰原型活字印刷"的产物，即匿名印刷的教科书、宗教及人文作品碎片，曾被认为是劳伦斯·扬松·科斯特（Laurens Janszoon Coster）的作品，很可能可以追溯到约1470年，并且很可能与一个活字雕刻印刷师有关。起源更早的是一系列木刻版画或木版印刷书籍，但对其制作者却一无所知。

荷兰南部的大多数早期印刷商都活跃在大城市，如根特、布鲁日、布鲁塞尔、鲁汶和安特卫普，而在北部，他们则在乌得勒支、德芬特、兹沃勒、古达、代尔夫特、莱顿和哈勒姆等小城镇工作。他们通常在德国或意大利北部学习手艺。他们的印刷厂规模不大，往往还结合了从铸字到卖书的图书生产和发行的整个过程。虽然是为地区和超地区市场服务，但他们的生存在很大程度上取决于当地的条件。在15世纪的最后几十年里，荷兰北部的经济萧条和政治不稳定是导致一系列破产和企业向南部，特别是向安特卫普迁移的原因。

早期荷兰图书在 1501 年之前大约达到 2200 个版本，主要是宗教性质的，重点是与现代虔信派运动有关的作品。教育中心，如德芬特，有一所著名的拉丁文学校，以及大学城鲁汶，专门生产教科书、古典作品及人文主义文本。出版书籍所使用的主导语言是拉丁语，荷兰语书籍只占总数的 25%。拉丁语文本的常用字体是正式的哥特式字体，罗马式字体只是偶尔使用。40% 的尼德兰古版书配有木刻插图，其中一些具有非凡的艺术价值。

2 1500至1700年

16 世纪，低地国家的印刷业走向成熟。随着人文主义成为推动知识生活发展的驱动力，首先是在南方，然后是在 16 世纪下半叶的北方，教育以及随之而来的识字率得到了极大的发展和提高。该地区越来越多的小学和中学使用的大量教科书被印刷出来。作为对既定的古典和中世纪知识典籍的补充，关于各种主题的新学术著作也得以出版。文学表达在很大程度上仍然是中世纪戏剧、修辞和传奇小说等古老传统的范畴。受意大利和法国文艺复兴模式的启发，新形式的诗歌和散文得到了普及，首先是以拉丁语呈现，很快荷兰语版本也得到了普及。图书贸易积极顺应这些新趋势。

宗教改革为图书生产提供了同样强大的动力。从 16 世纪 20 年代起，人们对新教书籍的需求越来越大，从路德和其他通常更激进的改革者的论著到白话文《圣经》版本，均是如此。早在 1526 年，安特卫普印刷商雅各布·范·利斯维尔德（Jacob van Liesveldt）就出版了第一本完整的荷兰语版《圣经》，其部分内容基于马丁·路德的德语译本。随后还出现了许多其他版本。所谓的“苏特利德肯”（Souterliedekens），即配以世俗歌曲的旋律的荷兰语押韵翻译的诗篇，也非常受欢迎，于 1540 年在安特卫普首次出版，并被反复重印。虽然天主教会和世俗当局对宗教改革运动做出了激烈的反应，对制作、销售和阅读异端作品进行了越来越严厉的制裁，但这场风暴仍无法平息。在宗教热情和商业利益的驱使下，一些印刷商毫不犹豫地冒着生命危险制作新教书籍，他们往往在地下工作，或流亡到德国边境的埃姆登等地。安特卫普的印刷商兼书商阿德里安·范·伯根就是一个典型的例子。1535年，他因在安特卫普的摊位上出售异端书籍而被定罪，逃往很多地方，最后定居在代尔夫特。1542年，人们在他的家中发现藏有禁书，他被逐出该城，但这一相对温和的惩罚被荷兰法院推翻，不久后他在海牙被斩首。

安特卫普是16世纪荷兰图书贸易无可争议的中心。这座位于斯海尔德河畔的城市因其庞大的人口、繁荣的经济以及与欧洲市场的良好联系，吸引了来自其他地方的印刷商和书商。安特卫普的图书出版展示了早期资本主义企业的所有特征，如外部投资者的参与、生产的多样化以及对大众市场的适应。所有这些都可以从当时最著名的印刷商和出版商克里斯托弗·普朗坦的活动中得到最好的体现。在职业生涯的巅峰时期，即16世纪70年代，他经营着一家设备齐全的铸字厂、一家拥有16台印刷机的印刷厂，以及一家在欧洲各地销售的书店。他的出版物大约有1500种，从令人印象深刻的8卷本多语种《圣经》（1568—1572）和艰深的学术著作到精美的寓意画集、古典作家的口袋书版本、教科书和各种小册子。其他安特卫普图书业企业家选择专注于特定类型的书籍，例如音乐书籍是让·贝莱尔（Jean Bellere）的专长，地图和地图册是杰拉德·墨卡托和亚伯拉罕·奥特留斯的首创，面向西班牙市场的书籍是马蒂努斯·努提乌斯的业务范畴，而希罗尼穆斯·科克及其继承人加勒家族作坊里则从事各种版画和雕刻作品的制作。

这时的拉丁语作品以各种尺寸的罗马体和意大利斜体印刷，字体由法国和佛兰德斯地区最好的雕刻师设计，包括克劳德·加拉蒙、罗伯特·格朗容、纪尧姆·勒贝和亨德里克·范登基尔等。对于白话文书籍来说，有越来越多的哥特式字体可用，包括优雅的 civilité 字体。在书籍插图中，高质量的图像通常是通过蚀刻或雕刻完成的（见第18章）。书籍装帧遵循邻国的时尚，特别是法国，但在这一时期及后来，荷兰人简约的审美总体上不允许在外部装饰方面太过奢侈。最常用的装帧方式是用普通的、没有装饰的羊皮纸制作（见第19章）。

16世纪下半叶，宗教压迫、社会和政治动荡以及全面战争的共同作用，对低地国家的凝聚力造成了致命打击。在20年内，荷兰独立战争（始于1568年，是一次反对西班牙菲利普二世专制统治的起义）将该地区分裂为两个政治实体：罗马天主教控制着荷兰南部，先后处于西班牙和奥地利哈布斯堡王朝的统治之下；而北部省份则成为一个独立的、以新教为主的共和国。成千上万的宗教难民和经济难民离开了南部。许多人暂时去了英国和德国，但最终大多数人在新成立的联合省找到了永久的家园。其中包括几十名印刷商和书商，他们中的大多数人在荷兰和泽兰的新兴城市定居，这些新兴城市包括阿姆斯特丹、哈勒姆、莱顿、鹿特丹、多德雷赫特、古达、代尔夫特和米德尔堡。他们带来了技术技能和商业专长，极大地活跃了北方的图书贸易市场。

除了移民——17 世纪末，出现了大量胡格诺派难民从法国来到荷兰的情况，其中又有许多印刷商和书商——还有其他一些因素一起促成了荷兰共和国图书印刷和销售产业的成功。荷兰是一个由多个省组成的国家（其中荷兰省实力最为强大），这个国家缺乏中央政治权威，而其面积最大和实力最强的城市阿姆斯特丹有时就像一个国中之国。在这种情况下，审查制度绝非不存在，但只能以有限的方式实施。即使是在其他国家作为预防性政府控制手段的特权制度，在荷兰北部也仍然限于其保护出版商版权的主要功能。再加上长期以来形成的宽容传统，这些现实情况为荷兰共和国赢得了声誉，因为在这个国家，其他地方禁止的书籍被允许公开印刷。正如英国博物学家约翰·雷在 1633 年的旅行日记中写道："人们随心所欲地说话和印刷，并称之为自由。"（Ray，54）事实上，在 17 和 18 世纪，许多有争议的外国作家，从伽利略到笛卡尔，从约翰·阿莫斯·夸美纽斯到让-雅克·卢梭，都或多或少地在联合省自由地发表他们的作品。即使是最令人憎恨的宗教派别，即索齐尼派（Socinians），也在阿姆斯特丹轻而易举地印刷了精美的多卷本著作《波兰兄弟会书库》（*Bibliotheca Fratrum Polonorum*，1665—1669）。

荷兰共和国的图书贸易同样得益于有利的经济条件。良好的公路和水路网络使运输变得简单和廉价。由于低利率和发达的金融市场，资本很容易获得，而且图书制作的所有部门都有大量的熟练劳动力。由于缺乏严格的外部和内部经济监管，避免了过度垄断和市场保护。在大多数城市，印刷商和书商限制性的行会直到 17 世纪下半叶才出现，而且他们所制定的规则总体上不是很严格。继其他商人之后，书商们发展了广泛的国际网络来分销他们的书籍。他们定期到法兰克福和后来的莱比锡参加半年举办一次的书展，以交换他们的最新出版物，同时也为其他国家的同行充当中间人。一些书商在巴黎、伦敦、佛罗伦萨、维也纳、格但斯克（但泽）和哥本哈根等具有战略意义的城市拥有代理甚至分支机构。由于男性和女性的高识字率以及繁荣的文化知识氛围，国内市场也同样重要。莱顿（1574）、弗拉讷克（1585）、格罗宁根（1614）和乌得勒支（1636）等地新大学的建立，很快就吸引了许多来自国外的学生，这为专业学术出版商创造了机会。拉丁语作为学术交流的语言，使他们可以轻松地接触国际客户。荷兰最有名的学术出版商，即莱顿的埃尔泽维尔家族，活跃了一个多世纪，并在阿姆斯特丹、海牙和乌得勒支设有分社。

由于竞争激烈，荷兰印刷商和出版商不断试图通过在市场上寻找新的细分领域来巩固自己的地位。例如，早在17世纪的第二个10年，各种语言和各种形式的报纸出版（包括 coranto①）成为出版业的一个独立分支。17世纪的阿姆斯特丹的布劳家族和约翰内斯·扬松纽斯等公司，18世纪的莫蒂埃和范·科依伦家族，都致力于出版高质量的地图和地图集。犹太印刷商通常由外部支持者资助，专门为德国和东欧的犹太社区大量制作宗教文本（见第8章）。17世纪80年代，由于胡格诺派移民中的出版商、编辑和记者的贡献，出现了载有书评的法语学术期刊。这种非常成功的类型的例子还包括皮埃尔·贝尔编辑的《文学共和国新报》（Nouvelles de la République des Lettres，鹿特丹，1684—1687）和让·勒克莱尔的《精选书库》（Bibliothèque choisie，阿姆斯特丹，1703—1713）。

此外，荷兰印刷业还出现了一些技术上的创新，如在印刷机中应用改进的软管（这是阿姆斯特丹印刷商威廉·扬松·布劳的发明），以及莱顿路德教会牧师约翰·米勒在1710年左右引入的铅版印刷。由于引入了紧凑易读的罗马字体，使得小开本图书得以普及。这些由克里斯托费尔·范·迪克（Christoffel van Dijck）等人设计的铅字也进入了其他国家，特别是英国。二手书交易中最重要的创新是印刷版拍卖目录。第一本这样的目录于1599年出现在莱顿，是路易斯·埃尔泽维尔为拍卖政治家兼学者马尔尼克斯·德·圣阿尔德贡德（Marnix de Sainte-Aldegonde）的藏书而编制的。几十年间，这种目录在荷兰全国各地流行开来。

---

① coranto 是早期的信息性报纸，是报纸的前身。

图 37、图 38 据说是由约翰·米勒发明的工艺铅版，下方是由米勒的儿子和塞缪尔·卢赫特曼斯（Samuel Luchtmans）于 1718 年在莱顿印刷的荷兰语《圣经》的对应页面。现藏于大英图书馆（C.37.l.3*）。

图 39、图 40 萨洛蒙·德·布雷（Salomon de Bray）绘制的 17 世纪荷兰的一家书店（约 1625 年）：该店可能位于哈勒姆，出售印刷品、画作和地球仪，以及装帧好的书籍和单页书籍。左图中可见一名助手正在装订书籍。现藏于阿姆斯特丹国家博物馆（M RP T 1884 A 290/291）藏。

现存的大量 17 和 18 世纪的拍卖目录证明了荷兰共和国图书文化非常活跃。阅读白话书在上层和中产阶级中相当普遍。许多人（尤其是城市居民都拥有中小规模的图书收藏。这些书籍的内容包括宗教文本（首先是《圣经》，但也包括通常具有道德和祷告性质的布道和论著）、实用教育作品、历史和旅游书籍，以及各种文学体裁，如滑稽故事和轶事文本、非虚构散文、诗歌、歌谣书、戏剧、寓意性作品等。此外，人们还消费了大量的报纸、大幅传单、小册子、年鉴和更多的短效印刷品（其中大部分没有保存下来，见第 16 章）。这些出版物大多是通过正规书店获得的，虽然当地书商协会实施了限制，但图书交易依然兴盛。一些城市有市政图书馆，但通常只限于上层人士使用。真正的藏书家的私人藏书相对较少，部分原因可能是没有强大的贵族和宫廷。尽管如此，一些人还是创建了重要的图书馆，如约安内斯·蒂希厄斯、阿德里安·保乌、亨德里克·阿德里安松·范德马克、米尔曼家族和博洛加罗·克雷文纳等人。

3 1701至1900年

从 17 世纪末开始，荷兰共和国的图书贸易就变得很脆弱。一连串的大陆战争严重影响了国际销售市场，与此同时，来自其他国家，即法国、英国和德意志国家的竞争也日益激烈。此外，拉丁语作为文学共和国的学术语言地位的衰落，欧洲本土语言的重要性日益凸显，均给这个讲荷兰语的国家带来了巨大的障碍。即使是大量生产外国畅销书的盗版（这在很长一段时间内都是现代早期荷兰图书贸易的主要支柱之一）也失去了很多优势，这一点可以从英国《圣经》的印刷中看出。17 世纪 70 年代和 80 年代，带有伦敦原版版本说明的"钦定版"从阿姆斯特丹流向英国，到 18 世纪中叶，这种巨大的流量已经缩减成了细流。只有法国畅销书的盗版在继续蓬勃发展，但在这方面，来自其他国家，特别是荷兰南部和瑞士的竞争也很激烈。试图通过引入佣金交易和交易通讯员制度，或通过订阅出版和多家出版商合作来降低企业风险还不足以纠正这种螺旋式下降的趋势。正如莱顿书商埃利·卢扎克（Elie Luzac）在 1783 年出版的《荷兰的财富》（*Hollands rijkdom*）中所观察到的，当时荷兰共和国正因政治危机而四分五裂："在其他地方，他们现在有同样质量的纸张，但比我们便宜；他们的印刷品和我们一样好，但比我们便宜；虽然我们可能有大量的政治文字捉刀人，但我们的荷兰图书业缺乏严肃的学术作品。"（Luzac，4.425—426）

与北方形成鲜明对比的是，17 和 18 世纪，荷兰南部的图书贸易经历了一个长期的衰退期。除了 16 世纪末人才和技能流失外，经济和文化停滞，天主教会和世俗当局对印刷业严格监管。为了生存，印刷商和出版商采取了各种策略。例如，普朗坦－莫雷图斯（Plantin-Moretus）公司将其活动集中在出版豪华和昂贵的作品上，并大量生产各种面向全球西班牙市场的天主教会书籍，他们在这方面享有皇家特权。一些公司，如安特卫普的维尔杜森（Verdussen）家族，试图通过外包印刷或重组分销来削减开支，而其他公司则集中精力制造廉价的祈祷手册、圣徒画像、骑士故事、传奇小说、年鉴、小册子、戏剧和歌曲作品，所有这些都是用白话文写成，面向国内市场。盗版和印刷非法书籍，特别是法国书籍，为图书贸易提供了另一条出路。在 18 世纪，奥属荷兰的首都布鲁塞尔以及列日、布永等自治市有许多专门为法国市场工作的印刷厂。

例如，1774 至 1783 年间，法国出生的出版商让 - 路易·德·布伯斯（Jean-Louis de Boubers）在布鲁塞尔以 "Londres"（伦敦）的假版本说明印刷了卢梭作品的 12 卷精彩合集，但毋庸置疑，这并没有得到作者和任何合法出版商的同意。

从 18 世纪到 19 世纪的过渡时期，对荷兰北部和南部的出版和图书销售来说都是一个暗淡的时代。除了严重的经济萧条外，两国政治体制的反复变化、日益严重的审查制度以及似乎无休止的拿破仑战争都对图书贸易产生了破坏性的影响。然而，也有一些值得称道的地方。在启蒙运动的影响下，中产阶级的解放带来了更多人口参与到文化和政治生活中。许多地方性和全国性的协会和读书会成立，以主动或被动地追求科学和文学，这些举措刺激了出版和书籍的消费。古代政权政治制度的崩溃首次催生了自由的、批判的和形成观点的期刊。无论它是多么短暂，都为未来树立了一个榜样。在严酷的经济环境下，图书也对既得利益的保护越来越多，而逐步废除行会制度则有助于实现亟须的市场自由化。最后，版权问题逐渐被一连串的法律所解决，这些法律更好地保护了出版商的权利，并在一定程度上保护了作者的权利。

1815 年，维也纳会议决定通过建立荷兰王国来恢复低地国家的政治统一，该王国由荷兰最后一位联省总督的儿子国王威廉一世（1772—1843）领导。因为这是强行组成的，一开始就注定要失败。尽管在经济和社会领域取得了一些成功，但北方和南方分离太久，无法形成一个连贯的民族共同体。1830 年的比利时起义和随后荷兰南部在萨克森 – 科堡王室（Saxe-Coburg）领导下取得独立，这意味着两个国家将各奔东西。一个漫长而艰难的恢复过程开始了，在这个过程中，更普遍的社会发展，如人口增长、政府的集中化和民主化、经济的自由化和工业化、教育改革以及贫困人口的解放，都与图书世界的变化直接相关。值得注意的是，例如在荷兰，面向大众的印刷和出版是在 19 世纪下半叶才出现的。在这个时代，除其他许多因素外，印刷和相关活动的机械化和工业化生产最终开始起步（见第 11 章），报纸和期刊的旧印花税被废除（1869），中小学教育质量大幅提高，劳动者的工作时间减少，工资增加，妇女在解放的道路上迈出了第一步。

这一时期，荷兰的年度图书产量从 19 世纪初的几百种上升到 1900 年的约 3000 种。外语出版几乎完全停滞，出版商现在完全瞄准了本地市场。相对而言，宗教书籍开始输给其他类型的书籍。文学作品以越来越多的形式出现在公众面前，有原创的，有翻译的，也有连载的，有选集，还有为杂志和年鉴撰稿的。此外，它们还为不同的读者群以各种形式和格式印刷。例如，非常受欢迎的《荷兰缪斯年鉴》（*Nederlandsche Muzenalmanak*，1819—1847）有五个不同的版本，价格从用纸板装订的普通纸质版的 3.5 盾到用绸缎装订、配有封套的精制纸质版的 7.5 盾不等。与此同时，对各种主题的非专业书籍的需求也在不断增加，包括科学、医学、生物学、历史和艺术。此外，借助书籍插图的创新技术——如木雕和钢雕，以及平版印刷和摄影，市场上出现了新类型的出版物，比如儿童书籍、插图杂志和实用手册（见第 17 章和第 18 章）。

荷兰图书贸易的组织也随着时代的发展而变化。分支机构"促进书商利益协会"成立于 1815 年，是地方行会的国家继承者。它的成立首先是为了打击盗版，但也逐渐承担了其他任务，如规范和改进贸易，编纂新出版书籍的年度书目，出版贸易期刊[如《书店报讯》（*Nieuwsblad voor den boekhandel*）]，组织贸易展览会，甚至在阿姆斯特丹提供专业图书馆和文献中心，即现在的荷兰皇家图书贸易协会图书馆（Library of the Royal Netherlands Book Trade Association，KVB）。在这些活动中，阿姆斯特丹的出版商和古董书商弗雷德里克·穆勒发挥了突出的作用。1871 年，阿姆斯特丹建立了一个中央发行中心，即订购中心（Bestelhuis），该中心组织建立了现在普遍接受的出版委托业，从而使图书发行实现了现代化。传统的书商，即集出版与售书于一身，并经常兼营印刷厂的书商，慢慢消失了。相反，印刷、出版、现代和古籍销售成为独立的活动。出版商（荷兰出版商协会，1880）和书商（荷兰书商协会，1907）的独立组织成立，表明了这一职业多样化和专业化的过程。另一方面，到 1866 年，荷兰的排字工已经成立了全国性的工会（荷兰全国排字工人协会）——这是荷兰的第一个此类组织，它成功为印刷业争取到了工时减少和工资提高的福利。最后 1881 年颁布了一部现代版权法，以保护本土作者和出版商的权利，尽管荷兰政府直到 1912 年才签署了《伯尔尼公约》。

在比利时，印刷、出版和图书销售的现代化是一件旷日持久的事情。主要的障碍是该国的语言划分，即讲法语和讲佛兰德斯语的地区。长期以来，法语一直是荷兰南部社会政治和文化精英使用的语言，这实际上意味着对法国强大出版业的长期依赖。

作者们更愿意让他们的作品由法国出版商发行，因为这保证了他们有更好的条件和更多的读者。另一方面，讲佛兰德斯语的人口在文化上已经变得落后和守旧。正如安特卫普作家多米恩·斯莱克斯（Domien Sleeckx）在他的自传中所回忆的那样，19世纪初生产的佛兰德斯语书籍的数量不过是"年鉴、教科书、教堂书籍和类似的虔诚著作"。（Simons，1. 18—20）佛兰德斯运动（Vlaamse Beweging）的主角们，在比利时独立后作为浪漫主义作家和知识分子的团体，花了很多时间和精力，才得以利用印刷术作为促进其理想实现的工具。他们遇到的问题可以通过19世纪最著名的佛兰德斯书籍的第一版（1838）的出版历史来说明，该书就是亨德里克·康西安斯（Hendrik Conscience）的民族主义历史小说《佛兰德斯的狮子》（*De leeuw van Vlaanderen*）。由于没有出版商敢于冒险发行，该书由作者自费印刷，令他欣慰的是，他（勉强）找到了足够多的人愿意订阅该书。小说的最终成功使一位企业家约瑟夫–欧内斯特·布施曼（Joseph-Ernest Buschmann）相信，在安特卫普建立一个专门出版佛兰德斯文学作品的出版公司是可行的。然而，在整个19世纪下半叶，佛兰德斯作家要想出版他们的作品仍然困难重重。尽管1893年荷兰图书贸易和出版公司"荷兰书店"在安特卫普成立，目的是促进佛兰德斯文学的发展，但当时主要的佛兰德斯文学作家都在荷兰出版他们的书，因为那里在所有方面（编辑的关注、排版、报酬、读者群）的条件都比佛兰德斯更好。

4 现 代

有人夸张地说，荷兰书业的现代化是在二战后才开始的。在某种程度上，这种说法也适用于图书业。除了少数几家比较有魄力的公司，如莱顿的阿尔伯特·威廉·西霍夫（Albert Willem Sijthoff）、哈勒姆的恩斯赫德（Enschedé）家族、海牙的马丁努斯·尼霍夫（Martinus Nijhoff）、阿姆斯特丹的埃尔泽维尔家族等，直到20世纪50代，出版和图书销售在方法、范围和抱负上都可以说是闭塞和保守的。大多数出版和图书销售企业都是小规模的家族企业。他们坚持自己的传统方式，对创新避之不及。此外，按照宗教和政治团体对社会进行的僵化分割（Verzuiling）主导着出版和图书销售。

天主教和新教的出版商坚信"在自己的社区内拥有主权"的原则，向他们的同教教徒提供自己的儿童文学、教科书、杂志和报纸。即使在较小的荷兰城镇，直到20世纪60年代，发现一家书店为天主教徒服务，另一家为新教徒服务也是很正常的。在较小的范围内，社会主义者和共产主义者也实行了类似的媒体控制形式。

然而，在战前几年，人们对书籍和其他读物的需求大大增加。在19世纪，读者往往依靠订阅图书馆和阅览室来满足他们的阅读需求，而现在大部分人的经济状况改善，他们也可以买书了。社会主义的"工人出版社"（Arbeiderspers）和人文主义的"世界图书馆出版社"（Wereldbibliotheek）等理想主义出版商刺激了需求，他们以低廉的价格提供好书。诸如1932年首次举办的年度图书周（Boeken week）等活动也积极推动了阅读。每年都会有著名作家被邀请写一部短篇小说，在"图书周"期间，如果顾客在其他商品上花了一定数额的钱，书店就会免费赠送著名作家所写的短篇小说。

在佛兰德斯，情况则相当不同。第一次世界大战的灾难（就书籍而言，这场灾难最标志性的象征是德国人烧毁鲁汶大学图书馆）之后是一个新的民族主义充满自信和乐观的时期，几家重要的出版社在此期间成立了，如德西克尔出版社（De Sikkel，1919）、标准出版社（Standaard Uitgeverij，1924）和芒托出版社（Manteau，1932）。佛兰德斯的出版商似乎最终能够摆脱荷兰人的束缚。自我意识增强的另一个表现是在1929年成立了一个分支组织佛兰德斯书业促进协会（Vereniging ter Bevordering van het Vlaamse Boekwezen），与荷兰书商权益促进会（Vereeniging ter Bevordering van de Belangen des Boekhandels）相对应，以便更好地代表佛兰德斯出版商的经济利益。

第二次世界大战并没有阻碍出版业的发展。在纳粹占领期间，很显然，佛兰德斯的出版商比他们北方的同事享有自由。这部分是由于其行政状况的不同。荷兰有一个完全由德国人控制的公民政府，而比利时则由一个比较宽容的德国军方管理机构管理。但这也与佛兰德斯国家社会主义运动的某些圈子里的认同感有关。无论如何，在比利时，图书生产仍然相对地不受阻碍，稳定发展；而在荷兰，审查制度十分严格，部分原因还是纸张严重短缺，导致图书生产量急剧下降。1944年，只有965种图书出版，而在战争的第一年则有3370种。同时，对荷兰出版业的限制导致非法印刷活动猖獗。各种非法报纸、书籍和小册子被印刷出来，大多数都是限量印刷。阿姆斯特丹的"忙碌的蜜蜂"（De Bezige Bij）是组织得最好的非法出版商之一，其出版物的收入，如扬·坎佩特（Jan Campert）的著名诗歌《十八个死人》（*De achttien doden*）和杂志《自由荷兰》（*Vrij Nederland*），都被用来支持躲避出版限制的人以及资助抵抗运动。

尽管战争的结束并没有带来许多人所期望的对旧政治制度的彻底改变，但在这两个国家，社会许多领域的重新定位和现代化的进程很快就开始了。图书业也不例外，但还是要说，比利时的变化，由于该国的语言分裂，情况仍然很复杂，比荷兰的变化要慢，也不全面。在几十年内，出版业从一个以供应为导向的行业转变为一个以需求为导向的行业，导致书籍和其他出版物的数量不断增加。到1980年，仅在荷兰每年就出版了约1.5万种图书，到20世纪末，这一数字将上升到约1.8万种。这些出版物中的大部分是"普通书籍"，包括流行小说和非专业作品。

在这个竞争更为激烈的市场中，无论是生产还是管理，都在不断降低成本。新的排版（照片、电脑）、印刷（胶印）和装订（平装）技术的引入，使得以较低的成本处理较大的印刷量成为可能，从而满足了阅读者日益增长的需求，同时也刺激了他们的阅读。平装书的空前成功最能说明这一发展。荷兰的第一本平装袖珍书出现在1951年，是乌得勒支出版公司旗下海特·施佩克特鲁姆（Het Spectrum）出版社的经典文学作品棱镜系列（Prisma）的一部分。单行本的印刷量很快达到25万册以上。这一模式立即被复制，因此到20世纪60年代，大多数出版商都有了自己的平装书系列，包括文学、科普、休闲、字典和儿童书籍等多种类型。

成本的上升和生产规模的扩大使得组织改革成为必要。在国内和国际上，兼并和收购迅速接踵而至。特别是在20世纪70年代和80年代，埃尔泽维尔和克吕韦尔（Kluwer）等公司以惊人的速度扩张，最终都成为各自领域的世界领导者。在这些事件中，不少没有必要财政资源的比利时出版商被更先进的荷兰出版商吞并，从而抵消了战时在佛兰德斯地区的趋势。作为独立企业幸存下来的少数几家出版社，基本上都是规模不大的教育和学术书籍的出版商，如蒂伦豪特的布里珀斯（Brepols）和鲁汶的皮特斯（Peeters）。

类似的合理化、集中化和商业化的过程也可以在图书发行中看到。1973年，荷兰的送货公司通过各分支组织的集体努力转变为中央图书物流中心，负责不断增长的书籍的储存、分销和运输。独立书店加入了行业联盟，以加强他们与出版商的关系。其缺点是，书店变得更加统一。第一个荷兰图书俱乐部成立于 1937 年，但这种分销方式的巨大成功是在 20 世纪 60 年代和 70 年代，当时又有两个图书俱乐部成立。它们一度共同实现了不少于 20% 的市场份额。荷兰图书贸易的一个特点是图书价格的固定化，这是出版商和零售商之间的集体协议，执行统一的定价，目的是为了保证图书的不同供应。然而，一个不利的影响是生产过剩。与此同时，图书业的各个分支组织也采取了新的集体行动。现在，图书推广工作由荷兰图书宣传委员会（Commissie Collectieve Propaganda van het Nederlandse Boek，CPNB）集中组织，该委员会具有商业和文化双重目的，负责举办图书周活动。1960 年，书籍研究基金会（Stichting Speurwerk betreffende het Boek）成立，负责收集亟须的统计信息。

在比利时和荷兰的图书馆中，战后的趋势是专业化发展，规模扩大，并通过整合新的信息技术实现自动化。与布鲁塞尔的图书馆相比，海牙的荷兰皇家图书馆更有意扮演国家图书馆的角色：它在集中编目方面设立了新的项目，成了荷兰出版商的自愿存放图书馆，并推动了图书保存和数字化进程。1998 年，荷兰皇家图书馆启动了"图书馆学"（Bibliopolis）项目，这是一个电子图书史，整合了荷兰图书史领域的现有和新的信息系统。在大学图书馆，为所有学术团体成员提供电子访问已成为一个重要的概念，而人们越来越意识到在教学和研究中特殊藏书的重要性。20 世纪 50 年代和 60 年代，公共图书馆读者数量激增，不再只专注于特定的用户群体，现在比利时和荷兰的公共图书馆为大约 1/4 的人口提供各种材料和服务。

参考文献

H. Furstner, *Geschichte des niederländischen Buchhandels* (1985)

J. P. Gumbert, *The Dutch and Their Books in the Manuscript Age* (1990)

H. Hasquin, ed., *La Belgique autrichienne, 1713–1794* (1987)

W. Gs. Hellinga, *Copy and Print in the Netherlands* (1962)

L. Hellinga-Querido *et al.*, eds., *The Bookshop of the World: The Role of the Low Countries in the Book-Trade 1473–1941* (2001)

P. G. Hoftijzer and O. S. Lankhorst, *Drukkers, Boekverkopers en Lezers in Nederland tijdens de Republiek* (2000)

P. Janssens, *België in de 17de Eeuw*, vol. 2: *De Cultuur* (2006)

E. Luzac, *Hollands rijkdom* (4 vols, 1780–1783)

J. H. Marrow *et al.*, *The Golden Age of Dutch Manuscript Painting* (1989)

P. F. J. Obbema *et al.*, *Boeken in Nederland* (1979)

J. Ray, *Observations Topographical, Moral, & Physiological Made in a Journey Through Part of the Low-Countries* (1673)

P. Schneiders, *Nederlandse Bibliotheekgeschiedenis* (1997)

L. Simons, *Geschiedenis van de Uitgeverij in Vlaanderen* (2 vols, 1984–1987)

M. Smeyers, *Flemish Miniatures from the 8 th to the mid-16 th Century* (1999)

M. van Delft and C. de Wolf, eds., *Bibliopolis: History of the Printed Book in the Netherlands* (2003), www.bibliopolis.nl, consulted Feb. 2008

L. Voet, *The Golden Compasses: A History and Evaluation of the Printing and Publishing Activities of the Officina Plantiniana* (2 vols, 1969–1972)

德国书籍史

约翰·L. 弗拉德

1 简 介

从历史上看，"德国"在地理和政治方面都很难界定。罗马的日耳曼尼亚省只覆盖了我们现在所说的德国的南部地区；多瑙河、美因河和莱茵河以北和以东的地区从来都不是罗马帝国的一部分。而在 1200 年左右，德国领土被认为是从莱茵河一直延伸至匈牙利一带，19 世纪 40 年代，霍夫曼·冯·法勒斯莱本（Hoffmann von Fallersleben）认为德国领域是"从马斯河到默默尔河，从埃施河到贝尔特河一带"，现代德国的边界划得更窄：埃施河、阿迪杰河现在属于意大利，德国的东部边界是奥得河。在政治方面，德国的历史基本上是德国各州痛苦历史的集合，有时拉在一起，有时分开，只因德语而团结在一起。843 年后，法兰克帝国（由查理曼大帝统治，包括现在的法国、德国的大部分地区、瑞士和意大利的一部分）被一分为三，实质上形成了法国、德国和介于两者之间的缓冲国洛塔林吉亚（Lotharingia）——播下了未来冲突的种子。即使是这个"德意志"也不是一个统一体，"德意志民族神圣罗马帝国"仍然是一个松散的领土和城市的集合体，在 1806 年解体前，一直处于神圣罗马帝国的名义统治下。随后，奥地利成为一个独立的国家（见第 32 章）。像英国和法国这样的国家几个世纪以来都有国家首都，发挥着强大的文化影响力。直到 1871 年，柏林才成为新成立的德意志帝国的首都。20 世纪，德意志帝国统一局面又被打破，并于 1990 年才重新组合。然而，即使在今天，德国虽然也有一个国家首都，却是一个由独立领土组成的联邦，其中至少有一些领土（例如巴伐利亚和汉萨城市汉堡）对自己独有的历史和独特的文化传统非常自豪。德国的地区多样性有助于解释德国图书业的相对衰落和缺乏单一国家图书馆的原因。在这样的背景下，德语一直是文化得以统一的一个主要因素：在奥地利、瑞士部分地区和比利时部分地区也使用德语，而且早期在现在法语（如阿尔萨斯）和斯拉夫语占主导地位的地区也曾使用德语（尽管有明显的地区差异）。德语图书史也同样超越了国界，因此，本章将把过去和现在的欧洲德语区作为一个整体来讨论。

2 中世纪

德国的图书史必须从早期的修道院经书开始说起。其中最重要的两个地方是富尔达修道院和瑞士的圣加仑修道院，前者是由英国传教士、"德意志使徒"温弗雷斯（Wynfreth，也称圣博尼法斯）在 744 年建立的。正是在圣加仑修道院（始建于 613 年）保存了最古老的德语书，即所谓的《阿布罗甘斯》（*Abrogans*，编号 911），这是一本 8 世纪末的小型词汇表，提供了《旧约》中的德语对应词，而 Abrogans（"谦逊"）是列表中的第一个词。这本体量不大的书囊括了加洛林时期修道院为用白话文表达基督教术语和其他古典时代晚期的概念所做的一些努力。事实上，拉丁文和白话文之间的斗争在德国的图书史上占据了重要地位。其他早期的修道院抄写室，大多可以追溯到 8 世纪，包括弗赖辛、赖谢瑙、穆尔巴赫、科维、雷根斯堡、萨尔茨堡和特根斯。如同欧洲其他地方一样，他们经常制作具有神学意义的作品，但也有文学、科学和医学方面的手稿，供自己使用或交换。到 1200 年，德语区大约有 700 家修道院，但那时城镇变得越来越重要，新兴的世俗文化使知识的传播超出了修道院的范围。修道院的抄写室不再能满足人们对书籍的需求，因此越来越多的书籍由非专业抄写员制作，而手稿开始通过商业中心和大学城的贸易发展来传播。手抄本的制作在15世纪达到顶峰，当时我们还发现了一些世俗的抄写机构，如位于哈根瑙（斯特拉斯堡附近）的迪博尔德·劳伯（Diebold Lauber）的抄写机构，它以商业方式制作德国文学文本的插图手稿。书籍装订此时也成为一种非专业的职业。14世纪，德国出现了最早的造纸厂——第一家造纸厂于1389年由商人乌尔曼·斯特罗默（Ulman Stromer）在纽伦堡附近建成，他曾在伦巴第学习过这种技术（见第10章）。

3 15世纪

罗马时期的日耳曼在德国南部和西部建立了一些主要城镇——科隆、美因茨、特里尔、斯特拉斯堡、奥格斯堡、雷根斯堡和维也纳，这些城镇在几个世纪里都扮演着行政、教会、文化和商业中心的重要角色。其中有几座城市在15世纪印刷书的兴起中发挥了重要作用。来自美因茨的约翰内斯·古腾堡是西方活字印刷术的发明者，此人在15世纪30年代和40年代在斯特拉斯堡进行了为期几年的实验。他的成就是将许多先前存在的要素——印刷、冲模雕刻、印刷机、纸张——结合成一个有效的技术流程（见第6章和第11章）。15世纪50年代初，他在美因茨用一大笔借来的钱来投资开发了这项技术，虽然实际上濒临破产，但他最迟在1456年8月完成了两卷本拉丁文《圣经》的印刷，现在这两卷拉丁文《圣经》被称为《古腾堡圣经》或《四十二行圣经》（根据页面上文字的行数）。

印刷术很快传到了德国其他地区的城镇。大约在1459年，它从美因茨引进到班贝格（一个重要的主教区），在这里，海因里希·凯弗（Heinrich Keffer）在1461年完成了《三十六行圣经》。最初，主要的中心一般是商业城市，在那里可以找到资本、合适的文本和读者。古腾堡的发明于1459至1460年被引进到斯特拉斯堡，早期的印刷商有海因里希·埃格斯坦、约翰·门特林、约翰·普吕斯和约翰·格吕宁格尔。科隆（约1465年引入印刷术），这个拥有3.5万名居民的城市，是15世纪德国最大的印刷中心，尤其以神学书籍著称。在这里产量最高的印刷商是海因里希·昆特尔（Heinrich Quentell），领头的出版商是弗朗茨·比尔克曼（Franz Birckmann），他的业务扩展到了荷兰和勃艮第，他在伦敦的圣保罗大教堂也开了一家商店。在奥格斯堡，第一位印刷商是 1468 年开展此业务的京特·扎伊纳（Günther Zainer）。1460 年巴塞尔大学的成立，使这个城市在 1468 至 1470 年间成为早期重要的印刷中心，与著名的人文主义印刷商约翰·阿默巴赫、约翰·佩特里和亚当·佩特里、约翰·弗罗本、安德烈亚斯·克拉坦德和约翰·奥波里努斯有关。纽伦堡（1470）的领头出版商是安东·科贝格，他有 24 台印刷机。

教会和拉丁语的普及意味着整个欧洲的图书业具有国际性，用白话文出版的书目相对较少。至少在两个世纪内，拉丁语在德国图书市场上占主导地位。可以说在宗教改革之前，印刷业对当时作家并不十分有利，出版商们更倾向于出版过去经过考验的文本。在印刷术出现的最初几十年里，作品被定期印刷的少数作家有塞巴斯蒂安·布兰特（Sebastian Brant），他的《愚人船》（*Narrenschiff*，1494）被翻译成法文和英文，后在国际市场上获得了成功。乌尔姆的医生海因里希·施泰因霍韦尔（Heinrich Steinhöwel）的许多拉丁文译本都由乌尔姆的第一位印刷商约翰·扎伊纳（Johann Zainer）在 1472 年以后印刷。

印刷术的引入并不意味着与手抄本传统的突然决裂。与欧洲其他地方一样，手抄本和印刷本共存了一段时间（见第 15 章）。15 世纪中期，荷兰和德国有一个特别的现象，那就是制作木版书，内容主要是一些短小的宗教读物，如《圣经》《启示录》《死亡的艺术》。木版书制作一般是将文字和插图刻在木块上，涂上墨水，然后通过摩擦把内容转印到纸上。16 世纪 20 年代，这种方法仍被用于入门读物和类似作品的制作中。虽然最早的排版书以手稿为蓝本，但随着时间的推移，它们的外观发生了变化。从手抄本文化中继承下来的对开本格式逐渐让位于更方便的四开本和八开本。书名页开始被广泛使用，并承继了卷尾题跋的功能。手抄本时代熟悉的缩略语和连字符在很大程度上从印刷品中消失了。在学术书籍中，脚注取代了边注。尽管在德国以外的地区，罗马式字体占主导地位，但德文书籍一般用哥特式字体印刷，拉丁文书籍用罗马式字体印刷。

在 15 世纪印刷的约 2.7 万种书籍中，约有 1.1 万种是在德国生产的，其中只有约 4% 的图书使用的是德语。然而，德语作品被认为是最早印刷的书籍之一：古腾堡最早的试作品之一是一首关于审判日的德语诗。1461 年，阿尔布雷希特·菲斯特（Albrecht Pfister）在班贝格印刷了约翰内斯·冯·特普尔（Johannes von Tepl）的《波西米亚的阿克曼》（*Ackermann von Böhmen*）和乌尔里希·博纳（Ulrich Boner）的《宝石》（*Edelstein*），这两本书是最早包含插图的排版书，分别包含 5 幅和 203 幅木刻图。然而，奥格斯堡在白话文书籍方面特别引人注目。印刷商 G. 扎伊纳、约翰内斯·巴姆勒、安东·佐尔格和舍恩斯佩格发挥了主导作用，他们经常推出其他人已经出版过的作品。尽管最初人们可能不会把这个地方与白话文联系在一起，但早在 1466 至 1480 年就有几部著名的德国作品在斯特拉斯堡出现，包括约翰·门特林（Johann Mentelin）的 1466 年《圣经》（第一部以白话文印刷的《圣经》）和他的 1477 年版本的亚瑟王传奇中的《帕西法尔》（*Parzival*）、《蒂图雷尔》（*Titurel*）。1500 年前后，特别是在 16 世纪初，斯特拉斯堡在这一领域的产出有所增长，当时约翰·格吕宁格尔、汉斯·克诺布洛赫和巴托洛梅乌斯·基斯特勒等印刷商为插图书籍树立了声誉。巴塞尔、纽伦堡、海德堡、乌尔姆以及乌拉赫、埃斯林根和罗伊特林根等小城镇也开始印刷德语书籍。再往北，莱比锡、科隆、吕贝克、马格德堡和施腾达尔的印刷商发行了低地德语书籍——当时低地德语几乎仍是该地区所有人的母语。

早期德国印刷业的主要成就之一是插图书，尤以奥格斯堡、斯特拉斯堡、纽伦堡和乌尔姆为代表。它们包括宗教作品（如约 1478 年科隆《圣经》；扎伊纳的 1472 年版《黄金传奇》配有 120 幅木刻图，是奥格斯堡的第一本插图书）、经典作品（如格吕宁格尔的 1496 年版泰伦提乌斯作品中的插图由 85 幅可互换的木刻部件构成）、实用手册（如巴姆勒 1475 年在奥格斯堡出版的康拉德·冯·梅根伯格的《自然之书》，包含了已知最早的印刷植物插图）、编年史（包括乌尔里希·冯·赖兴塔尔的《康斯坦茨会议史》，1483 年出版于奥格斯堡；1492 年出版于美因茨的《撒克逊编年史》；1493年出版于纽伦堡舍德尔的《纽伦堡纪事》，有科贝格的拉丁文版和德文版，该书包含 1809 幅木刻图），以及旅行记录（如伯恩哈德·冯·布雷登巴赫的《圣地朝圣》，1486年出版于美因茨），药草书籍、说教作品（如布兰特的《愚人船》，1494 年出版于巴塞尔）；英雄史诗 [《英雄之书》（*Heldenbuch*，约 1479 年出版于斯特拉斯堡）]；骑士传奇小说 [特里斯坦（*Tristrant*），1484 年出版于奥格斯堡；《拉德的维戈莱斯》（*Wigoleis*

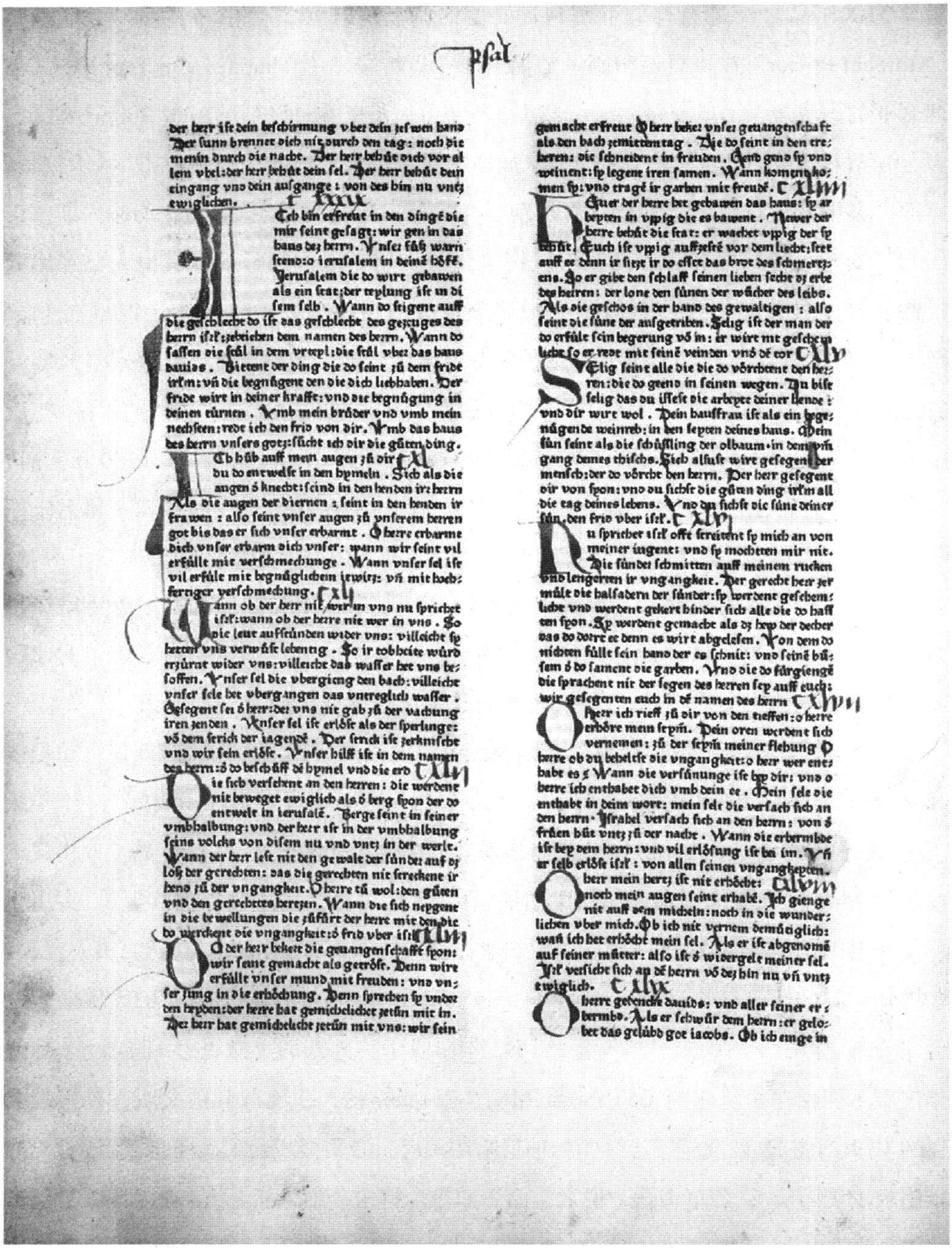

图 41 德语版《诗篇》的一部分，来自《圣经》的第一个白话文翻译，由门特林在斯特拉斯堡印刷，时间上不晚于 1466 年（GW 4295）。现藏于牛津大学博德利图书馆（Auct. Y 4.2）。

446

vom Rade），1493 年出版于奥格斯堡]，以及其他流行的叙事故事。德国生产的带有木刻插图的小册子比其他任何地方都多，这一传统一直延续到 16 世纪，木刻在阿尔布雷希特·丢勒、卢卡斯·克拉纳赫、汉斯·霍尔拜因和汉斯·布格迈尔等艺术家手中发展成为一种重要的艺术形式。

到 16 世纪初，市场上的书籍已经供过于求。1504 年，纽伦堡的科贝格感叹书籍贸易已大不如前，甚至连阿默巴赫在 1498 年至 1502 年间为他在巴塞尔印刷的拉丁文《圣经》（GW 4285）都卖不出去了。随着书籍越来越多，人文主义学者开始收藏大量私人藏书。这方面的例子有埃尔福特的安普洛尼乌斯·拉廷克，纽伦堡的赫尔曼与哈特曼·舍德尔兄弟、比利巴尔德·皮尔克海默，奥格斯堡的西吉斯蒙德·戈森布罗特和康拉德·波伊廷格。贝亚图斯·雷纳努斯的藏书在阿尔萨斯的塞莱斯塔仍然完好无损地幸存下来。

4　16世纪

古腾堡的《四十二行圣经》是 15 世纪在欧洲印刷的 94 本拉丁文《圣经》中的第一本。其中，至少有 57 本出现在德语城镇。德国在印刷白话文《圣经》方面也处于领先地位，早在新教改革者宣称"信徒皆祭司"（priesthood of all believers）时，德国就认为所有基督徒都有权利和义务为自己而探索《圣经》真理。从门特林 1466 年的版本开始，到 1485 年美因茨大主教试图禁止其印刷时，市场上已经有了 10 种德语《圣经》。当马丁·路德于 1522 年 9 月在维滕贝格出版他的《新约》译本时——基于德西德里乌斯·伊拉斯谟的希腊文本而非拉丁文武加大版，已经出现了 14 个高地德语版本（斯特拉斯堡、奥格斯堡和纽伦堡）和 4 个低地德语版本（科隆、吕贝克和哈尔伯施塔特）。路德的《新约》第一版很快就卖完了，1522 年 12 月推出了修订版（因审查修改了克拉纳赫的木刻）；此后还有许多授权和未经授权的重印版。它的受欢迎程度之高，以至于促使希罗尼穆斯·埃姆瑟（Hieronymus Emser）于 1527 年在德累斯顿出版了"天主教化"版本——尽管他本人认为阅读《圣经》应该仅限于学者。路德的完整《圣经》译本（基于希伯来语和希腊语资料）于 1534 年首次出版，对德语文学语言的影响就像钦定版《圣经》对英语的影响一样大。到路德去世时，他的译本或部分篇章（如摩西五经、先知书、诗篇、新约、次经等）至少出版了 355 个版本（主要在维滕贝格、奥格斯堡、斯特拉斯堡、纽伦堡、巴塞尔、埃尔福特和莱比锡），还有至少 90 个低地德语版本（主要来自马格德堡、维滕贝格、埃尔福特、吕贝克、罗斯托克）。

不可否认，出版机构是宗教改革成功的一个重要因素，但如果没有出版机构的刺激，印刷业，特别是白话文印刷业，也不会发展得如此迅速。1525 年，德国 60% 的印刷品是用德语印刷的，但这只是一个过渡阶段。在 16 世纪余下的时间里，德语印刷占的比例约为 40%。路德本人认为印刷是"上帝最伟大和最新的礼物，因为上帝想通过这种方式将真正的宗教事业扩展到地球的两端，并使它能译成所有的语言"。到1500 年，已经有大约 60 个讲德语的城镇尝试过发展印刷业，并在其中大多数城镇建立了良好的基础；但随着 1517 年后小册子的大量发行，印刷业很快扩展到许多相对不重要的小城镇——城镇数量到 1600 年约 160 个，到 1700 年有 330 个。新教出版的主要中心包括维滕贝格、纽伦堡、法兰克福和斯特拉斯堡，而天主教书籍则在科隆、因戈尔施塔特、慕尼黑和迪林根生产。到 1530 年，约有 1 万本小册子问世，总计近1000 万册，整个 16 世纪发行了更多的小册子。广义上讲，这些小册子旨在影响公众舆论，既涉及紧迫的社会和政治问题（如农民战争和土耳其扩张的威胁），又特别涉及有关宗教和教会的问题（如亨利八世与路德的争辩）。在 1520 年至 1526 年期间出版的书目中，约有 70% 的书目就《圣经》对俗世信徒的根本重要性进行辩论。到1520 年，路德的 32 本小册子已经出版了 500 多个版本，在几年内，1/4 的德国出版物都以他的名字出现。在他去世前，他的著作（不包括他的《圣经》译本）已经印刷了300 多万册。

宗教改革及其带来的一切后果不可避免地鼓励了阅读，并普遍刺激了书籍的生产，有更多的书籍出版，尤其是在文学、医学和技术领域。然而，要精确地量化这一点是很困难的。由于缺乏相关印刷厂的数量、它们所出版图书的确切信息，以及对"书籍"的模糊定义（例如是否包括公告、小册子和日历），相关估算大多是推测性的。据称，16 世纪在德国出版了 15 万种图书，而 17 世纪的估计数字在 8.5 万至 15 万之间，18

世纪在 17.5 万至 50 万之间。

随着图书贸易的增长，商业模式也不得不发生变化。手抄本主要是受委托生产的，而印刷通常是一种投机性的业务，生产出的库存是希望为它们找到客户。因此，发行获得了新的重视。直到 18 世纪，主要在法兰克福和莱比锡举行的书展在发行方面发挥了重要作用。法兰克福位于德国中部，交通便利，对整个欧洲的拉丁文学术书籍的发行非常重要，早在 15 世纪 80 年代，也就是法兰克福第一家出版社成立的几十年前，那里就有书籍交易了。莱比锡也位于南北向和东西向的主要贸易路线上。这些图书集市每年举行两次，分别在节庆日或复活节前后和圣诞节期间，为出版商提供了向其他书商大量出售图书的最佳机会。书籍贸易的规模如此之大，以至于一本关于所提供书籍的指南成为一种必要的条件。奥格斯堡书商格奥尔格·维勒（Georg Willer）掌握了这一主动权，他在 1564 年秋天发布了他的第一份法兰克福目录，此后，这份目录每年出版两次。目录中的书籍首先按语言（拉丁语和希腊语，然后是德语）列出，并在每组中按主题列出：神学、法律、医学、文科。维勒的目录非常成功，他很快就有了竞争对手。1598 年，法兰克福议会决定禁止出版私人展览会目录，改为发行官方版本——这是一项明智的预防措施，既回应了由天主教主导的帝国图书委员会（Imperial Book Commission，成立于 1569 年，旨在防止煽动性和诽谤性材料的流通）的监管要求，也便于通过监控印刷商特权的执行情况，确保书籍的副本按规定缴存，从而加强管控。官方目录继续出版至 1750 年左右。莱比锡地区也发行了目录，但目录的发行一直由私人承接，1594 年由亨宁·格罗瑟（Henning Grosse）首次出版，然后由他的继任者出版，一直延续到 1759 年。由于在莱比锡举办的图书集市紧随法兰克福之后，因此莱比锡出版的图书目录一般都列出了与法兰克福相同的书籍，但目录也常包括一个（有时是相当大的）"法兰克福未展出的书籍"版块。作为第一批定期出现的最新出版物公告，这些目录长期以来一直是学者们的必读资料。牛津大学博德利图书馆的馆长在挑选书籍时参考了这些目录，不过从 1617 年开始，他们使用的是伦敦书商约翰·比尔自己发行的法兰克福目录英文版。1685 年，巴黎《学者报》（*Journal des savants*）的编辑让-保罗·德·拉·洛说，在此之前，法国读者只能通过法兰克福图书集市发行的目录了解德国书籍。这些目录虽然远没有达到全面的地步，却是现代早期图书贸易的一个有用的参考。它们的目的是宣传和引起人们的兴趣，而不是作为全面的检索辅助工具。据估计，它们只包括实际提供书籍的 20% 到 25%。它们侧重的主要是具有学术意义的书籍，特别是具有广泛地域传播潜力的拉丁文书籍，而小型作品、布道书、祈祷书、大学论文和日历则鲜少收录。康拉德·格斯纳（Conrad Gessner）的《世界书目》（*Bibliotheca Universalis*，苏黎世，1545）、约翰内斯·克莱斯的《一世纪图书书目清单》（*Unius Seculi Elenchus Librorum*，法兰克福，1602）以及格奥尔格·德劳德的《经典书目》（*Bibliotheca Classica*，法兰克福，1611）和《异域书目》（*Bibliotheca Exotica*，法兰克福，1625）等早期的累积书目都尝试更全面地覆盖各类出版物。

5 17世纪

三十年战争（1618—1648）对德国产生了毁灭性的影响。据说有 1/3 的人口丧生。经济衰退影响了书籍的质量，为了降低成本，人们使用了劣质纸张和窄字体。纽伦堡的恩德特家族（Endters）是为数不多仍在生产精美图书的公司之一。17 世纪 30 年代，图书集市目录中列出的图书数量仅比 1619 年的 1/3 多一点。战争停止后，经济复苏缓慢，加之瘟疫、食物短缺和长期的寒流（"小冰河时代"）这一切都意味着书籍质量要在几十年后才能再次达到战前水平。

虽然维也纳和慕尼黑的出版商垄断了哈布斯堡家族和维特尔斯巴赫家族（Wittelsbachs）的天主教领地内的图书市场，但图书贸易的重心却从南方转移到了中部和北部。路德宗教改革的影响力在 16 世纪中叶已经逐渐减弱，但新教图书贸易仍然在德国知识界保持统治地位。然而，法兰克福图书集市却失去了其主导地位。许多经销商，特别是外国经销商，在 1648 年后未能恢复他们的活动，事实证明，耶稣会主导的帝国图书委员会所施加的限制是产业面临严重抑制的因素。然而,委员会和《禁书目录》（*Index Librorum Prohibitorum*）控制书籍的尝试在很大程度上是无效的，部分原因是它们的做法非常随意。有时仅仅因为书籍作者是非天主教徒，书籍就出现在了目录上。白话文书籍尤其成为目标，因为它们的目标受众是更广泛的群众。人们本以为天主教当局不会允许涉及内部神学争论的新教书籍出现，因为它们揭示了其教旨的不足，但这些书籍也出现在目录上。通常情况下，只要一本书在新教城镇印刷，它就会被列入禁书名单。

1680 至 1690 年间，法兰克福的出版业崩溃了，莱比锡迅速进入德国图书界的前列。这座城市因其在中欧的便利地位和萨克森政府赋予贸易展览会的特权（以及市议会对它们的宽容解释），以及大学的重要性而受到青睐。那里的图书贸易成员的商业头脑也是其成功的一个主要因素。莱比锡贸易的成员菲利普·伊拉斯谟·赖希（Philipp Erasmus Reich）是魏德曼公司（1680 年成立，后来发展成为魏德曼和赖希公司）的合伙人，他在 1764 年关闭了自己的法兰克福仓库并鼓励其他人也这样做，从而最终结束了法兰克福图书集市的主导地位。

到目前为止，出版机构还没有试图通过吸引资产阶级或下层阶级来扩大阅读人群。一般来说，家庭可能拥有一本《圣经》、路德的《教义》、一本《年鉴》，也许还有一本草药或其他家庭医学书籍、一本信件写作指南和一本流行的宗教书籍，但几乎没有任何充满想象力的文学作品。大量的通俗宗教著作被出版，在扉页上被描述为"有用"或"有教益"。18 世纪初，阅读量最大的书籍之一仍然是虔信派的约翰·阿恩特（Johann Arndt）于 1605 年首次出版的《论真正的基督教》（*Vom wahren Christenthum*）。然而，这种阅读确保了识字率的合理普及，尤其是在新教地区。

17 世纪的特色出版形式之一是通俗的、有插图的政治宣传单。这类印刷品现存数千份，不仅涉及战争（例如，蒂利的灭亡，瑞典的古斯塔夫·阿道夫是路德派的救星），还涉及荷兰从西班牙争取独立的斗争、火药阴谋和对耶稣会的仇恨等主题。另一种无处不在的短时出版物是偶尔写就的诗词小册子，通常是用拉丁文写成，内容有纪念生日、命名日、结婚、升职、退休、死亡和其他重大事件——仅葬礼小册子就有 16 万多册。1609 年，德国最早的两本定期编号和标记日期的新闻书问世，即现代报纸的前身：沃尔芬比特尔《通告、报道或新闻报》（*Aviso, Relation oder Zeitung*）和斯特拉斯堡《报道》（*Relation aller Fürnemen und gedenkwürdigen Historien*）[1]。德国第一份日报是 1660 年 1 月 1 日由蒂莫托伊斯·里茨克（Timotheus Ritzsch）在莱比锡创办的《克莱格松新报》（*Neueinlaufende Nachricht von Kriegs- und Welthändeln*），1734 年改版成

---

[1] 字面意思为"一切突出事件和值得铭记的故事的报道"。

为《莱比锡报》(*Leipziger Zeitung*), 直到 1921 年才停止发行。

16 世纪中叶以后, 曾为早期印刷书籍增色的艺术人才变得越来越少, 木刻画也越来越平庸, 越来越缺乏想象力。17 世纪, 雕版画的使用越来越频繁。其中最著名的例子有约翰·菲利普·阿贝林的《欧洲剧场》(*Theatrum Europaeum*, 21 卷, 1635—1738) 和来自巴塞尔的马托伊斯·梅里安 (Matthäus Merian, 1593—1650) 所创作的各种地形学作品, 他在 1624 年接管了其岳父约翰·西奥多·德·布莱在法兰克福的业务。

6 18 世纪

17 世纪和 18 世纪初, 图书市场仍由传统的博学家主导, 他们为有限的学术界人士撰写巨著 (通常还是用拉丁文), 尤其是神学方面的内容。1650 年, 莱比锡目录中 71% 的书籍是拉丁文, 1701 年这一比例下降到 55%, 1740 年降至 27%, 1770 年降至 14%, 1800 年只有 4%。在耶拿和图宾根等大学城, 用拉丁文制作的书籍比例高于奥格斯堡和汉堡等商业中心。目录还显示 (尽管有其局限性), 在 1740 年和 1800 年之间, "供普通人阅读的宗教文学"(虔诚的作品、布道文) 和 "虚构文学"(包括小说、戏剧和诗歌) 这两类书籍的比例发生变化——早期, 前者占总图书的近 20%, 后者仅占 6%; 而在这一时期结束时, 两者占比分别为不到 6% 和超过 21%。总的来说, 18世纪, 图书贸易扩大至原来的 4 倍。18 世纪中期, 出现了一些通俗作家, 他们用德语向更多的读者提供知识。哲学、语言学、教育学、自然科学和经济学等领域的书籍数量增加到约 40%, 而文学作品几乎增长至原来的 10 倍, 从 1700 年的 2.8% 增至 1800年的 21.5%。在这一时期, 神学只占书籍总量的 13% 左右。

到 1740 年左右, 作家的地位正在发生变化, 虚构文学的潜在受众正在扩大。17世纪, 尚未形成真正意义上的文学作家这类职业。作家们依靠他们的主要职业或专业来获得社会尊重; 任何希望以笔为生的人都注定要受到蔑视, 遭受贫穷。作家们主要是学者、教授或神职人员。贵族们觉得要靠写作维持生计是不体面的, 而资产阶级作家会强调他们的写作只是他们休闲时间的产物。18 世纪, 贵族文学赞助人的作用下降了，而商业出版商的作用在增强。

18 世纪的一个重要发展是小说的兴起。早些时候，小说具有学术属性，不是为大众消费准备的，而是为熟知古代和当代历史事件和人物、古典神话以及古代哲学家和诗人作品的贵族或学者准备的。一个很好的例子是不伦瑞克 – 沃尔芬比特尔公爵安东·乌尔里希（Anton Ulrich，1633—1714）创作的《屋大维》（*Die Römische Octavia*）。这类小说主要反映了专制主义的宫廷理想，并成为年轻贵族们所期望的那种道德或政治思想的载体。然而，18 世纪，旅行小说、爱情故事、鬼故事、关于骑士和强盗的小说以及更多其他作品的市场得到了发展。书信体小说成为时尚，歌德的《少年维特之烦恼》（1774）成为该世纪最畅销的作品，授权版本的数量远不及盗版和翻译作品。翻译作品对出版商也有吸引力，他们不需要向作者支付酬金，只需支付翻译费。在德国受欢迎的外国作家包括理查森、斯特恩和笛福。《鲁滨孙漂流记》（1719）一年内出现了 3 个德语译本，其中一个译本仅在 1720 年就再版了 5 次。《鲁滨孙漂流记》引发了大量德国人的模仿，其中最好的是约翰·戈特弗里德·施纳贝尔的 4 卷本《费尔斯堡岛》（*Insel Felsenburg*，1731—1743），故事讲述了 4 名船难幸存者在一个理想的社会社区中寻求和谐的生活，这与当时德国社会形成了鲜明的对比。这部小说经常再版且盗版横行，在所有虔诚信教的中产阶级家庭中，它与《圣经》并列。另一部"鲁滨孙小说热"的产物是《瑞士鲁滨孙》（*Der schweizerische Robinson*，1812）——由伯尔尼的约翰·大卫·怀斯撰写，被几代英国读者称为《瑞士家庭版鲁滨孙》。

18 世纪出现了许多杰出的出版社。在斯图加特，约翰·弗里德里希·科塔（Johann Friedrich Cotta）因其 60 卷的歌德作品集而闻名；在莱比锡，约翰·戈特洛布·伊曼纽尔·布赖特科普夫（Johann Gottlob Immanuel Breitkopf，1719—1794）因其创新使用活字印刷技术制作复杂的音乐作品而闻名，该公司的继任者布赖特科普夫和黑特尔出版社（Breitkopf & Härtel）成立于 1796 年，至今仍是音乐出版业的龙头企业之一。莱比锡的另一家公司是格奥尔格·约阿希姆·戈申（Georg Joachim Göschen，1752—1828）的，其最主要的作者包括席勒、歌德和维兰德。该公司出版的维兰德作品是用罗马字体而不是使用"僧侣式的"的德文尖角体印刷的，但这一做法未能取得开创性的成功，因为其他印刷厂认为重新配备罗马字体的成本太高，而公众已经习惯阅读用尖角体印刷的德语，不愿意接受改变。柏林的约翰·弗里德里希·翁格尔（Johann Friedrich Unger）出版了歌德、席勒以及早期的浪漫主义作品——包括奥古斯特·威廉·施莱格尔（August Wilhelm Schlegel）的莎士比亚译本，同样也对排版感兴趣。他帮助在德国推广菲尔曼·迪多的罗马字体，但面对公众的持续抵制，他设计了一种较简化的哥特字体，即"Unger-Fraktur"，旨在帮助不熟悉当时仍普遍使用的传统德文尖角体（Fraktur）的外国读者。翁格尔设计的字体延长了德文尖角体在德国的使用时间。

18世纪，阅读人数的增长导致了图书业的重组。以前，出版商—书商占主导地位，书籍贸易主要通过书展在交换的基础上进行，而从18世纪中叶开始，出版和图书销售演变成独立的活动。印刷商—出版商和书商主要根据所涉及的纸张数量进行图书交易，这种交换制度的优点是，避免了以现金形式持有大量资本的需求；此外，它还促进了帝国各领土之间的贸易（其货币不同）以及拉丁文图书的国际贸易。其缺点是，许多书商发现自己积压了大量品类繁杂、非专业化的图书（有时甚至完全滞销），没有足够的流动资金来资助新的项目或支付作者，而这些作者越来越希望以现金而不是书籍来支付报酬。

德国缺乏一个有效的中央政府，这意味着出版业仍然是在各州的专属法规下进行的。在图书市场相对较小的时候，这种做法也许还行得通，但随着市场的扩大，就会出现问题。最迫切的需要是建立一个普遍的版权制度，并采取措施防止在其他地区生产廉价的、印刷粗糙的未授权版本。这种盗版行为不仅未被禁止，而且在某些地方甚至被鼓励。法兰克福图书集市的衰落和前往莱比锡的长途跋涉带来的不便，使得盗版在德国南部的许多城镇特别兴盛，那里的印刷商将此视为对莱比锡出版商的垄断和高价的合法回应。盗版出版商——他们不支付作者费用，只印刷畅销的作品，而且经常使用最便宜的纸张，这在很大程度上推动了书籍的廉价化，客观上促进了阅读的普及。最嚣张的盗版者之一是维也纳的约翰·托马斯·冯·特拉特纳（Johann Thomas von Trattner），他甚至得到了皇室的支持，在一次大规模的盗版活动中使用了15台印刷机来生产廉价重印本。他的主要反对者是莱比锡的菲利普·伊拉斯谟·赖希。1764年，他试图成立一个版权保护组织，并在德国北部的大多数大城镇以及纽伦堡和乌尔姆得到了支持。莱比锡的出版商放弃了旧的交换制度，开始坚持要求书商以现金支付，并无权退还未售出的书籍。虽然这产生了一些积极的影响——现金充裕的出版商现在可以考虑新的项目，作者可以期待获得更多的报酬，但这也意味着读者将面临更高的书价。1773 年，莱比锡禁止销售未经授权的版本，盗版商们不得不通过流动书商来销售他们的商品，这些书商会走访书籍稀缺的地方。在没有中央政府的情况下，作者或出版商几乎没有办法改变这种情况。即使在 1806 年神圣罗马帝国灭亡之后，也没有什么变化。1815 年，符腾堡王国和巴伐利亚王国都明确允许重印"外国"书籍（即在其领土以外出版的书籍），直到 19 世纪中后期，普遍版权保护才得到保证。科塔的歌德全集（1827—1830）是第一部获得全面版权保护的作品，在整个德国都得到了认可。

18 世纪启蒙运动的一个表现是，百科全书和参考书的出版大幅增加，期刊、年鉴的出版也出现了爆炸性增长。德国第一部大型百科全书是约翰·海因里希·泽德勒的 68 卷《各学科和艺术大百科全书》（*Grosses vollständiges Universal-Lexicon aller Wissenschaften und Künste*，哈勒和莱比锡，1732—1754）。它在以下两个方面具有创新性：首先，它是第一部由编辑团队撰写的此类作品，每个人负责一个特定的知识领域；其次，它还包括在世人物的传记。1682 年在莱比锡创刊的第一份德国期刊《教师学报》（*Acta eruditorum*），是一份类似于伦敦皇家学会《哲学汇刊》（*Philosophical Transactions*）的学术期刊。1688 年出版的克里斯蒂安·托马修斯（Christian Thomasius）的《每月会谈》（*Monatsgespräche*），则标志着一个新时代的开始，其中所发表的文章涉及广泛的主题和对新出版物的评论，用德语将内容展示给更广泛的公众。到 18 世纪中叶，数百种类似的周报和月报相继问世，主要在哈勒、莱比锡和耶拿等大学城，也见于法兰克福、柏林和汉堡。它们不是面向学术界，而是面向资产阶级，旨在以愉快和娱乐的方式传播知识。在本世纪初，还出现了模仿英国道德周报的作品，如《理性主义者》（*Der Vernünfftler*，1713），《爱国者》（*Der Patriot*，1724），以及其他一些模仿艾迪生和斯蒂尔的《闲谈者》（*Tatler*，1709）和《旁观者报》（*Spectator*，1711）的作品。随后出现了更多专门的文学期刊，如弗里德里希·尼古拉的《南德意志书目》（*Allgemeine deutsche Bibliothek*，1765—1806）和克里斯托夫·马丁·维兰德的《条顿信使》（*Teutscher Merkur*，1773—1810），后者模仿的是《法国信使》。其他期刊则致力于培养公众对外国文学的兴趣，例如约翰·约阿希姆·埃申博格的《德国人看大英博物馆》(*Brittisches Museum für die Deutschen*, 1777—1780)。值得一提的是，还有一些早期的女性读者期刊，包括约翰·格奥尔格·雅可比的《鸢尾花》(*Iris*, 1774—1776)、克里斯蒂安·戈特弗里德·舒茨的《格拉茨学院》(*Akademie der Grazien*, 1774—1780)，以及其他许多期刊，其中大多数存在时间都不长。通过发表文章和评论，这些期刊鼓励人们热爱文学，并提高读者的批评能力。

1766 至 1790 年间，德国共有 2191 种新创办各类期刊，数量是前 25 年的 3 倍之多。从摩西·门德尔松和伊曼努尔·康德 1784 年在《柏林月刊》(*Berlinische Monatsschrift*) 上对"什么是启蒙运动"这一问题所引起的热烈讨论中，我们可以窥见一斑。特别有影响力的是贝尔图赫在耶拿创办了的《文学总汇报》(*Allgemeine Literatur-Zeitung*)，每周出版 6 次，评论最新的德国和外国书籍。贝尔图赫还创办了《奢华与时尚杂志》(*Journal des Luxus und der Mode*)，这是最早的插图杂志之一，至今仍是了解有关 1800 年前后男女时尚和家庭场景的宝贵资料。贝尔图赫的另一本刊物是《伦敦与巴黎》(*London und Paris*)，该杂志一直出版到 1815 年，向读者介绍英国和法国大都市的社会情况。虽然《伦敦与巴黎》只是报道了法国大革命后的政治场景，但其他期刊——如 J. F. 翁格尔的《德意志》，其表现出明显的共和主义同情心，以及保守的《维也纳杂志》——则更积极地宣扬各种政治派别。相比之下，弗里德里希·席勒通过《季节女神》(*Die Horen*) 努力"将政治上四分五裂的世界团结在真善美的旗帜下"。它唤起了一波新的文学期刊发行浪潮，虽然这些期刊一般寿命都很短，却见证了浪漫主义时代的活力。其中最重要的是《雅典娜》(*Athenaeum*, 1798—1800)，由弗里德里希和 A. W. 施莱格尔兄弟编辑。

满足几乎所有职业、兴趣或品位的年鉴是 18 世纪德国出版业的一个特色。这方面的例子有 1763 年首次出版的《哥达年鉴》(*Gothaischer Hofkalender* 或 *Almanach de Gotha*)，以及由戈申出版的席勒的《女性历史年鉴》(*Historisches Kalender für Damen*, 1790—1794)。它们由主要作家和诗人供稿，并由丹尼尔·尼古拉斯·乔多维茨基等知名艺术家绘制插图。

一直以来德国的图书馆数量充足，但图书馆的使用者一般限于特权阶层。许多宗教机构都拥有重要的藏书，而且往往藏书丰富（如奥托贝伦、克雷姆斯明斯特、梅尔克、艾因西德恩、圣加仑、舒森里德和阿德蒙特）。17 世纪是大型私人图书馆和宫廷图书馆的黄金时代，其中包括海德堡的选帝侯图书馆、沃尔芬比特尔的不伦瑞克－吕讷堡奥古斯特公爵（1579—1666）图书馆、维也纳的帝国宫廷图书馆（始建于 1493 年，现为奥地利国家图书馆）和柏林的皇家图书馆（1661 年成立）。一些城镇拥有古老的"市政厅图书馆（Ratsbibliotheken）"，即供市议员和其他重要人物使用的图书馆。14 世纪末，纽伦堡和雷根斯堡就建有这样的图书馆，而吕讷堡、不伦瑞克、汉诺威、莱比锡、吕贝克、汉堡和法兰克福在 15 世纪也建立了这样的图书馆，其他城镇也在 16 世纪相继建立，这得益于路德鼓励市议会加强图书馆建设的主张。少数图书馆实际上自称为"公共图书馆"，但它们的藏书一般都不多，而且开放时间极短——例如，不来梅的图书馆每两周只在星期三开放一次。即使是大学图书馆也很难做到"便民"：莱比锡和哈勒大学的图书馆每周只开放四个小时；而哥廷根大学在 1734 年建馆时，每天都向员工和学生开放图书馆，允许他们借阅书籍，这被认为是真正的创新之举——从一开始，这座图书馆就被设想为一个研究型设施。随着阅读习惯的养成，人们对书籍的需求也在增加；这催生了借阅图书馆和阅读协会的建立，进而刺激了更多的书籍需求。早在 1704 年，柏林就建立了一座向所有人开放的借阅图书馆，但此后这类机构才大量涌现，不伦瑞克（1767）、哈瑙（1774）、慕尼黑（1774）、施瓦本哈尔（1784）、吉森（1785）、斯图加特（1791）、班贝格（1795）和布雷斯劳（1800）都陆续修建。莱比锡一个有魄力的书商萨默向希望建立图书馆的人出售价格低廉的"入门书"，数量多达 500 册。许多城镇都成立了读书会：1770 年前有 13 个，1780 年增至 63 个，1800 年超过 400 个。1779 年在施特拉尔松德成立的读书会专门提供小说、戏剧和诗歌等轻松的读物，其他读书会则提供哲学、神学、历史和地理方面的读物。这些读书会旨在为会员——主要是受过良好教育的中产阶级——提供尽可能低成本的阅读机会。书籍和报刊可以在成员之间传阅，或在公共阅览室借阅。当时有观察家对"阅读狂热"持批评态度，主张尝试引导读者阅读"有用"的东西，目的是培养优秀的基督徒、顺从的臣民和忠诚的工人。鲁道夫·扎卡里亚斯·贝克尔（Rudolf Zacharias Becker）的《农民应急救助手册》（*Noth- und Hülfsbüchlein für Bauersleute*，1788）是"教化型"读物的成功例子。

到 1811 年，该书已经发行了 100 万册，其中许多被王公贵族硬塞给他们不知情的国民。其他作品则主要面向妇女、仆人、儿童和年轻人。

大型图书馆一直都面临着被掠夺和解散的威胁。1623 年，海德堡的帕拉廷图书馆被移至梵蒂冈；大约在同一时期古斯塔夫·阿道夫将天主教图书馆的许多书籍带到瑞典（见第 28 章）。据说拿破仑从莱茵河西岸的图书馆掠夺了 10000 本古籍。1773 年，仅在德国就有约 100 家耶稣会图书馆被关闭。从 1783 年起，1300 家修道院图书馆被关闭，1803 年左右又有数百家图书馆改为世俗用途。这些图书馆的手抄本和古籍极大地丰富了宫廷和大学的图书馆——因此，现在位于慕尼黑的巴伐利亚州立图书馆（拥有世界数量第二多的古籍藏品）在 19 世纪成为德国最大的图书馆。大约在这个时候，一些规模较小的大学也被关闭，它们的藏书被合并到其他大学图书馆。由于权力分散，德国仍然没有真正意义上的国家图书馆；相反，它依赖的是州立图书馆和大学图书馆组成的合作网络。

7 19世纪

19 世纪，图书生产有了决定性的发展。新的发明降低了生产成本，而识字率的提高又进一步激发了大众对书籍的需求。写作行业得到了极大的发展。早在 1777 年，格奥尔格·克里斯托夫·利希滕贝格（Georg Christoph Lichtenberg）就断言："德国的作家肯定比四大洲需要的都多。"1785 年，据称"德国作家大军"共有 5500 人。到 1800 年，自称作家的德国人不少于 10648 人，到 1900 年，这一数字上升到 20000 人，其中包括数百名女作家，她们中的 70% 用男性笔名写作。19 世纪，书店的数量从 300 家增加到 5000 家，书籍年产量从 1800 年的 3906 种增加到 1843 年的 14039 种，1900 年增加至 24792 种。期刊和报纸的数量从 1800 年左右的不到 1000 种增长到 1902 年的 5632 种，真正的增长发生在 19 世纪的最后 1/3 的时间。音乐出版业在 1871 年至 1900 年间增长至原来的 2.5 倍。交通和通讯的改善（铁路、电报、电话）以及铁路书摊、百货商店和邮购业务的出现，进一步促进了出版业的发展。19 世纪 50 年代开始出现为旅行者编写的丛书，如 F. A. 布罗克豪斯（F. A. Brockhaus）出版的《铁路和船舶旅行图书馆》（*Reisebibliothek für Eisenbahn und Schiffe*，1856—1861），效仿的是乔治·劳特利奇的铁路图书馆（1848）。19 世纪是连载小说的全盛时期，这些图书通过流动书商进行销售。在本世纪末，估计有 4.5 万人在德国和奥地利各地向 2000万读者兜售书籍。19 世纪还成立了最早的图书俱乐部，以优惠的价格向会员提供新书。最早的读书俱乐部显然是成立于 1829 年的"天主教好书发行协会"（Verein zur Verbreitung guter katholischer Bücher）。斯图加特的"文学协会"（Litterarischer Verein）成立于 1839 年，专门提供古老文学作品的学术版本，其中许多作品至今仍未被取代。后来，20 世纪的图书俱乐部包括古腾堡书局和德国书局，它们都成立于 1924 年。第二次世界大战后的新俱乐部包括拥有 14 万名会员的"科学图书协会"（Wissenschaftliche Buchgesellschaft，最初是为了重新发行战后无法获得的学术经典著作）和贝塔斯曼俱乐部（仅在德国就有约 470 万名会员和 300 个分支机构）。

催生廉价版本书籍的发明还包括木浆纸——由弗里德里希·戈特洛布·凯勒在1843 年发明的实用工艺——以及由弗里德里希·柯尼希设计的蒸汽印刷机。蒸汽驱动的印刷机于 1814 年首次由《泰晤士报》投入使用，1826 年莱比锡的布罗克豪斯将其用于书籍印刷。阿洛伊斯·塞尼菲尔德于 1798 年发明的平版印刷术，代表了在插图复制方面的一大进步。这些创新所带来的优势与图书贸易组织的改进相辅相成，特别是通过 1825 年在莱比锡成立的德国图书贸易协会（Börsenverein des deutschen Buchhandels），该协会很快就囊括了整个德语世界的图书出版商、批发商和零售商。1887 年，德国图书贸易协会引入了净价协议，使小书商免于受到不择手段的商人压价的困扰。虽然德国各邦在引入版权法方面落后于英国和法国，但萨克森–魏玛大公国在 1839 年率先纳入了作者死后 30 年保护期的原则。1871 年，版权在整个德国得到承认，1886 年的《伯尔尼公约》在国际上对版权予以认可。

19 世纪上半叶，出版业的一个重要问题是争取出版自由。政治性报刊数量在该世纪得到了惊人的发展（1800 年为 200 种；1847 年为 1012 种；1862 年为 1300 种；1881年为 2427 种；1882 年为 3405 种；1881 年为 2427 种；1897 年为 3405 种；1914 年为4221 种）。萨克森州的限制比梅特涅统治下的奥地利要少一些，但各地的出版商都在勇敢地与审查制度和警察控制做斗争。1848 年当局做出了让步，但在 1851 年又被取消——直到 1874 年审查制度最终被废除，情况才有所好转，不过即便如此，许多社会民主党人的著作仍被禁止出版（1878 至 1918 年间有 2592 种）。

莱比锡出版商雷克拉姆（Reclam）是争取自由的积极行动者，今天人们对他的印象首先是"雷克拉姆万有书库"（Reclams Universalbibliothek），这是他在 1867 年创立的一个系列（至今仍很受欢迎），将各个时期的作家作品以优质、廉价的版本带给大众。雷克拉姆在 1858 年出版的 12 卷本廉价版莎士比亚作品已经取得了显著的成功，在一年内重印了 6 次，随后在 1865 年又出版了 25 个单行本的版本。"万有书库"以歌德的《浮士德》为开端，但事实证明，最受欢迎的书目是席勒的《威廉·退尔》（*Wilhelm Tell*），销量远远超过 200 万册。到 1892 年，该系列包括 3000 种书。这些文本是可靠的，制作起来尽可能地节约成本——雷克拉姆是最早广泛使用铅版印刷的德国出版商之一。这些平装本可以单本出售，半个世纪以来，每本价格一直保持在 20 芬尼，因此，即使是最穷困的人也能读到伟大的文学作品。1917 年，雷克拉姆开始在 1600 个火车站、医院、甚至在跨大西洋的邮轮上通过自动售货机销售图书。雷克拉姆的设计辨识度极高，在两次世界大战期间，一些看起来像雷克拉姆版本的宣传小册子在德国前线部队中传播。

19 世纪莱比锡其他成功的出版商包括卡尔·克里斯托夫·特拉戈特·陶赫尼茨。1816 年左右，他采用铅版印刷工艺制作了希腊和拉丁文经典著作的廉价版本，是德国最早使用这种工艺的人。1837 年，他的侄子克里斯蒂安·伯恩哈德·陶赫尼茨成立了自己的公司，该公司因 1841 年出版的《英美作家作品集》（*Collection of British and American Authors*）而闻名——最终作品集涵盖了约 5400 种图书。陶赫尼茨通过主动向作者支付版税，并承诺不在英国及其殖民地内销售这些书籍，赢得了作者的好感。莱比锡的另一家出版商是托伊布纳（Teubner），以出版希腊和拉丁文经典以及数学书和其他学术著作而闻名。托伊布纳和科塔等出版商一样，有时与伦敦塔维斯托克街的布莱克、扬和扬公司（Black, Young, & Young）共同出版作品。F. A. 布罗克豪斯最初在托伊布纳手下工作，他凭借《会话词典》（*Conversationslexikon*，1812）树立了自己的声誉，该书的现行版本《布罗克豪斯百科全书》（*Brockhaus Enzyklopädie*，21e，2005—2006），仍是德国主要的百科全书。《会话词典》的早期成功表明它在中产阶级中具有巨大的销售潜力。1984 年，布罗克豪斯与曼海姆的"书目研究所"（Bibliographisches Institut）合并，后者是《迈耶百科词典》（*Meyers Enzyklopädisches Lexikon*，9e，1971—1979）的出版商——该书起源于迈耶的《知识分子阶层大词典》（*Großes Lexikon für die gebildeten Stände*，52 卷，1839—1855）。另一家与莱比锡有关的知名公司是贝德克尔，它是著名的旅行指南系列的出版商；该公司始建于 1832 年，卡尔·贝德克尔收购了科布伦茨的出版商弗里德里希·雷林（Friedrich Rähling），同时接手了 J. A. 克莱因（J. A. Klein）的《从美因茨到科隆的莱茵河之旅》（*Rheinreise von Mainz bis Köln*，1828）。

19 世纪初，三家有影响力的文学报刊相继成立：《优雅世界报》（*Zeitung für die elegante Welt*，1801—1859），奥古斯特·冯·科策布（August von Kotzebue）创办的《坦诚者》（*Der Freimüthige*，1803—1856），以及最重要的科塔的《文化阶层晨报》（*Morgenblatt für gebildete Stände*，1807—1865）。出版业的巨大发展体现在对《海德堡文学年鉴》（*Heidelberg Jahrbücher der Literatur*，1808—1872）和《维也纳年鉴》（*Wiener Jahrbücher*，1818—1849）等评论性期刊的需求上。而 J. J. 韦伯出版的《便士杂志》（*Pfennig-Magazin*，1833—1855）——该杂志以英国同名杂志为蓝本——满足了大众市场的需求。韦伯在 1843 年创办的另一份刊物是《莱比锡画报》（*Leipziger Illustrierte Zeitung*），仿照《伦敦新闻画报》（*Illustrated London News*）的模式。随着审查制度的放宽，越来越多的期刊和杂志进入市场。首先是《柏林画报》（*Berliner Illustrierte Zeitung*）在 19 世纪 90 年代以 1.4 万份的发行量起家，到 1914 年销量已超过 100 万份。此外还有一些家庭杂志，如《花园》（*Die Gartenlaube*，1853）和《韦斯特曼插图月刊》（*Westermanns illustrirte Monatshefte*，1856），这两份杂志都办了很长时间。讽刺性杂志《痴儿西木》（*Simplicissimus*）创办于 1896 年。虽然上述杂志是我们今天所知道的那些杂志的前身，但它们并非低俗小报，而是旨在向更多的读者提供信息并进行教育的刊物。

8 20世纪

在整个 19 世纪，虽然莱比锡的出版商在排版、纸张、插图和装订等方面质量往往并不出色，但他们引领着德国出版业的发展。然而，在世纪之交，人们对基于早期传统的书籍设计的兴趣越来越浓。威廉·莫里斯的工艺美术运动在德国引起了共鸣，在那里，志同道合的人们试图将新的艺术形式与对材料和工艺的欣赏联系起来，创造出字体、纸张、插图和装帧和谐组合的作品。这一趋势的突出例子是《潘》（*Pan*）和《青年》（*Jugend*）杂志［青年风格（Jugendstil）一词即来源于此］。一些仿照英国模式的私人出版社相继成立，如卡尔·恩斯特·波谢尔（Carl Ernst Poeschel）和瓦尔特·蒂曼（Walther Tiemann）的雅努斯出版社（Janus-Presse，1907），受 T. J. 科布登－桑德森（T. J. Cobden-Sanderson）影响的不来梅出版社（Bremer Presse，1911），以及由哈利·格拉夫·凯斯勒模仿凯姆斯科特出版社和鸽子出版社成立的克拉纳赫出版社（Cranach-Presse）。大约在 1910 年之后，青年风格的装饰性的流动曲线形式与表现主义的坚硬、破碎的形式形成了鲜明的对比——表现主义的书本插图作者包括奥斯卡·科科什卡、马克斯·贝克曼、恩斯特·巴拉赫和阿尔弗雷德·库宾。越来越多的具有设计意识的主流出版商涌现，包括莱比锡岛屿出版社（Insel Verlag）的安东·基彭贝格、杜塞尔多夫的欧根·迪德里希斯和汉斯·冯·韦伯［他于 1906 年在慕尼黑成立了海波里恩出版社（Hyperion-Verlag）］。

20 世纪席卷德国的重大政治事件不可避免地影响了图书业。在 1922 到 1923 年期间，图书业被急剧的通货膨胀所摧毁。希特勒被任命为总理后不久，最臭名昭著的事件之一发生了——1933 年 5 月 10 日，具有民族主义思想的学生在各大学城放火焚烧数千本犹太教、社会主义和其他"非德国"书籍。弗洛伊德、马克思、海因里希·曼、库尔特·图霍尔斯基等数百人的作品在无数人簇拥下被焚毁。这些事件预示着书面材料的生产和发行将面临更严格的控制。想继续出版的作者们必须加入帝国文学协会（Reichsschrifttumkammer），该协会于 1933 年 9 月在戈培尔的国民教育与宣传部（Reichsministerium für Volksaufklärung und Propaganda）的支持下成立。出版商和书商也被要求以同样的方式遵守规则。因此，1934 年，乌尔斯泰因的犹太公司被强制

"雅利安化"。虽然最初允许少数犹太出版商，如肖肯出版社（SchockenVerlag）出版，但从1938年底开始，所有犹太企业都被禁止经营。禁止出版的书籍和作者的名单已经被制定出来，但没有透露给书商，因此书商在选择库存时需要非常谨慎。托马斯·曼等移民作家的作品，以及罗伯特·穆齐尔和约瑟夫·罗特等颓废作家的作品都遭到封禁，图书被从图书馆撤下或限制借阅。与这些压制措施相伴而来的是各种官方认可作品的推广举措——比如新婚夫妇会被赠予希特勒所著的《我的奋斗》（Mein Kampf）一书。

第二次世界大战和战后德国的分裂不可避免地对图书馆的提供和图书贸易产生了巨大影响。虽然已经采取了预防措施，转运了一些主要的藏书，但许多图书馆被摧毁（丢失1500万至2000万册图书）：普鲁士国家图书馆的300万册图书和71600份手稿被从柏林分散转运到全国大约30个地点。战后，一些资料回到了东柏林菩提树下大街的原建筑中，而其他部分藏品则构成了西柏林新图书馆的核心馆藏，但也有许多宝贵的资料仍未从克拉科夫（波兰）返回。1989年柏林墙倒塌后，这两个图书馆尽管在实体上没有实现统一，但在行政上实现了统一。在出版方面，1900年的出版量为24792种新书，1913年为34871种，1927年为37886种，1938年降至20120种，1944年为5304种。图书行业的中心莱比锡在1943年12月的轰炸中被基本摧毁。雷克拉姆公司的库存损失殆尽，虽然他们的印刷厂安然无恙，但这些设备在1946年被俄国人当作战争赔款运走了。战后，占领国（英国、法国、美国和苏联）最初禁止印刷品的生产和传播，查禁纳粹和军国主义作品，并实行审查制度。四国逐步颁发了许可证，德国的出版业再次蓬勃发展，不过在不同的占领区，发展情况有些不同。1945年10月3日，沃尔特·德古意特出版社（Walter de Gruyter Verlag）获得了在柏林英国占领区出版图书的第一个许可证。该出版社的历史可以追溯到1749年。在苏联占领区的德意志民主共和国，几乎所有的出版公司都由国家控制。因此，像莱比锡的布赖特科普夫与黑特尔出版社、布罗克豪斯出版社、岛屿出版社和雷克拉姆出版社以及哈勒的尼迈耶出版社这样历史悠久的公司均被收归国有，成为国有企业；而这些出版社在西德则重新以私营公司形式复业——布赖特科普夫与黑特尔出版社迁至卡塞尔、布罗克豪斯出版社迁至威斯巴登、岛屿出版社迁至法兰克福、雷克拉姆出版社迁至斯图加特、尼迈耶出版社迁至图宾根。西德的出版业恢复得非常之快，瑞士出版商预期的他们会步入困境的情况几乎没有出现（见第 27 章）。西德的图书出版量从 1951 年的 14094 种，增加到 1971 年的 42957 种，1986 年甚至达到 63679 种。在东德，出版量从 1949 年的 1998 种增加到 1985 年的 6471 种，出版业受到作者、出版商、政治领导层和国家安全局（"斯塔西"）之间紧张的权力斗争的影响。自德国统一以来，出版业经历了大规模重组。2004 年，德国出版商发行了 86543 种图书，共 9.63 亿册。近年来，全球化的趋势日益明显，贝塔斯曼和施普林格等德国集团在其中发挥了重要作用。贝塔斯曼今天在 63 个国家开展业务，拥有 9.5 万名员工，2005 年的营业额为 179 亿欧元，它于 1835 年在居特斯洛成立，是一家小型的《圣经》和宗教文献出版商。1850 年后，它扩大了经营范围，在第二次世界大战期间，它成为前线士兵阅读材料的主要供应商。1945 年，它的办公场所被毁，但在 1946 年，它又重新开始经营，获得了英国军政府的出版许可。贝塔斯曼在 1950 年推出了图书俱乐部，1958 年进入留声机唱片领域，1995 年与美国在线（AOL）合作推广多媒体，1998 年收购了纽约出版商兰登书屋（旗下包括查托与温达斯、博德利海德、乔纳森·凯普和维拉戈等著名品牌），并于 2004 年与索尼公司合作制作音乐和视频。同样，1999 至 2003 年隶属于贝塔斯曼集团的施普林格，于 1842 年由尤利乌斯·施普林格（Julius Springer）在柏林创立，最初是一家书店，出版一些政治和综合杂志。今天，总部设在海德堡的施普林格出版集团是科学、医学、经济、工程、建筑、施工和运输领域的出版巨头。

自 20 世纪中期以来，德国书籍外观最明显的变化之一是放弃了德文尖角体（这是纳粹主义的历史遗留影响）。自 16 世纪以来，德国文本一直习惯于用哥特式字体印刷，有三点原因：一是拒绝受到外国（尤其是意大利）的影响；二是具有强烈的民族自豪感；三是路德派抵制罗马天主教。1794 年，柏林出版商尼古拉将哥特式字体描述为一种真正的民族文字，可以更好地发扬民族精神。格林兄弟于 1852 年开始用罗马字体出版他们的《德语词典》时，曾遭到一些评论家的强烈的反对。1871 年德意志帝国成立后，支持尖角体作为真正的德国文字的人越来越多。俾斯麦宣称，他拒绝阅读非哥特式字体印刷的德国书籍，因为"用拉丁字母书写的德语单词，就像用德语字母书写希腊语单词一样格格不入"。甚至有人向帝国议会就此事进行了请愿。但对哥特式字体的持续偏爱使外国读者望而却步——即使是保守的瑞典也越来越多地采用罗马字体，这主要是受卡罗勒斯·林奈（Carolus Linnaeus，1707—1778）的影响，他促使政府取消了对荷兰罗马字体的关税。对于希望接触国际读者的学者和科学家来说，尖角字体是一个障碍，因此为这些读者准备的书籍往往是用罗马字体印刷的。然而，德国国内的读者更喜欢尖角字体，因为更容易辨认，也更容易看清楚。20世纪30年代，纳粹倾向于将其作为"北欧精神"的一种表达方式来使用——只是在交通部的劝说下，他们才意识到在1936年柏林奥运会期间使用尖角字体做路标是不安全的。然而，1941年希特勒宣布哥特式尖角字体是犹太人的发明，并命令从此以后罗马字体成为标准时，彻底结束了这一争议。他说："一个世纪后，我们的语言将成为欧洲的语言。在我们东部、北部和西部的国家将学习我们的语言，以便能够与我们交流。实现这一目标的前提是用以前称为拉丁文的文字，也就是我们现在所说的正常文字，取代所谓的哥特式文字。"此后，《我的奋斗》和纳粹党报《人民观察家报》（*Völkischer Beobachter*）都改用罗马字体印刷，很快，除了装饰性用途外，罗马字体几乎完全取代了尖角字体。最后一家改用罗马字体的大报是《新苏黎世报》（*Neue Zürcher Zeitung*），时间为1946年。

德国、奥地利和瑞士政府于1996年批准的拼写改革，并于1998年开始实施，理论上于2005年最终实施，这在最初引起了巨大的争议，甚至导致向卡尔斯鲁厄联邦宪法法院提起了诉讼，但最终对书籍的外观没有什么影响。另一项重要的发展是关于建立合适的德国国家图书馆方面的进展。如前所述，德国基本上依靠一个由国家和大学图书馆组成的合作网络，负责提供研究层面的材料。德国目前还没有一个单一机构兼具全面收藏（涵盖最新出版物与历史文献）的国家图书馆。2006年，德意志国家图书馆（Deutsche Nationalbibliothek）成立，将两个实际独立的机构整合在一起：即1912年在莱比锡成立的德意志图书馆（Deutsche Bücherei）和1946年在法兰克福成立的德国图书馆（Deutsche Bibliothek）。它的任务是对1913年以来用德语出版的所有资料进行整理、编目和保存，包括在德国境外出版的德语或与德国有关的资料、德语作品的译本以及1933至1945年期间出版流亡的德国作家的图书。出版商被要求每本书提供两份副本，存入莱比锡或法兰克福分馆，两地馆藏互通，从而建立起两个并行的收藏库（鉴于20世纪的动荡，这是一个明智的预防措施）。2011年，总藏书量达到约2700万册。

参考文献

N. Bachleitner *et al., Geschichte des Buchhandels in Österreich* (2000)

J.-P. Barbian, *Literaturpolitik im 'Dritten Reich'* (1995)

——*Literaturpolitik im NS-Staat. Von der Gleichschaltung bis zum Ruin* (2010)

F. Barbier, *L'Empire du livre* (1995)

B. Bischoff *et al.*, eds., *Das älteste deutsche Buch* (1977)

S. Corsten, ed., *Lexikon des gesamten Buchwesens*, 2e (1987)

V. Dahm, *Das jüdische Buch im Dritten Reich*, 2e (1993)

O. Dann, *Lesegesellschaften und bürgerliche Emanzipation* (1981)

M. U. Edwards, *Printing, Propaganda, and Martin Luther* (1994)

R. Engelsing, *Analphabetentum und Lektüre* (1973)

J. Eyssen, *Buchkunst in Deutschland vom Jugendstil zum Malerbuch* (1980)

E. Fischer and S. Füssel, eds., *Geschichte des deutschen Buchhandels im 19. und 20. Jahrhundert: Die Weimarer Republik 1918–1933* (2012)

S. Fitos, *Zensur als Mißerfolg* (2000)

H. Flachmann, *Martin Luther und das Buch* (1996)

J. L. Flood, '"Omnium totius orbis emporiorum compendium": The Frankfurt Fair in the Early Modern Period', in *Fairs, Markets and the Itinerant Book Trade*, ed. R. Myers *et al.* (2007)

—— and W. A. Kelly, eds., *The German Book, 1450–1750* (1995)

M. Giesecke, *Der Buchdruck in der frühen Neuzeit* (1991)

[Gutenberg-Gesellschaft and GutenbergMuseum,] *Blockbücher des Mittelalters* (1991)

J. Ing, *Johann Gutenberg and his Bible* (1987)

G. Jäger, *Geschichte des deutschen Buchhandels im 19. und 20. Jahrhundert*, pts. 1 and 2, *Das Kaiserreich 1871–1918* (2001–2003)

F. Kapp and J. Goldfriedrich, *Geschichte des deutschen Buchhandels* (4 vols, 1886–1913; repr. 1970)

A. Kapr, *Johann Gutenberg*, tr. D. Martin (1996)

H.-J. Künast, *'Getruckt zu Augspurg': Buchdruck und Buchhandel in Augsburg zwischen 1468 und 1555* (1997)

H. Kunze, *Geschichte der Buchillustration in Deutschland: Das* 15. *Jahrhundert* (1975); *Das 16. und 17. Jahrhundert* (1993)

J. Lehnacker, *Die Bremer Presse* (1964)

A. Martino, *Die deutsche Leihbibliothek* (1990)

B. Müller, ed., *Zensur im modernen deutschen Kulturraum* (2003)

U. Neddermeyer, *Von der Handschrift zum gedruckten Buch* (1998)

U. Rautenberg, ed., *Buchwissenschaft in Deutschland* (2010)

F. Ritter, *Histoire de l'imprimerie alsacienne au XV e et XVI e siècles* (1955)

H. Sarkowski, *Springer-Verlag: History of a Scientific Publishing House* (1977)

G. K. Schauer, *Deutsche Buchkunst 1890 bis 1960* (1963)

W. Schmitz, *Deutsche Bibliotheksgeschichte* (1984)

R. W. Scribner, *For the Sake of Simple Folk: Popular Propaganda for the German Reformation* (1981)

P. Stein, *Schriftkultur* (2006)

L. Tatlock, ed., *Publishing Culture and the 'Reading Nation': German Book History in the Long Nineteenth Century* (2010)

T. Verweyen, *Bücherverbrennungen* (2000)

A. Ward, *Book Production, Fiction, and the German Reading Public 1740–1800* (1974)

L. Winckler, *Autor—Markt—Publikum* (1986)

R. Wittmann, *Geschichte des deutschen Buchhandels*, 2e (1999)

C. Woodford and B. Schofield, eds., *The German Bestseller in the Late Nineteenth Century* (2012)

第 27 章
瑞士书籍史

卢卡斯·厄恩

1 中世纪

瑞士的中世纪图书生产主要是在修道院的抄写室中进行的。圣加仑修道院图书馆是瑞士最古老的图书馆，它保存着加洛林王朝时期的独特藏书，其中包含许多非常精美的微型画和装帧品。据了解，早在 8 世纪，该修道院就有一个抄写室，而已知的第一个抄写员维尼塔尔（Winithar）活跃在 761 至 775 年。10 至 12 世纪，新成立的修道院（包括位于艾因西德恩、恩格尔贝格和穆里的本笃会修道院）获得并制作了大量的神学文献集。13 至 14 世纪，苏黎世出现了为贵族或富人制作的图文并茂的德语手稿，其中最引人注目的是《马内塞古抄本》（*Manesse Codex*）。除了瑞士生产的中世纪书籍外，一些现代图书馆也收藏了一些其他地方生产的手抄本藏品。例如，位于伯尔尼的伯格图书馆中的邦加尔西亚那丛书（Bongarsiana collection）中就有重要的中世纪手抄本，圣加仑修道院图书馆收藏了大量 8 世纪的带插图的爱尔兰手抄本，日内瓦附近科隆尼的博德默图书馆［由马丁·博德默（Martin Bodmer）创立］，收藏了许多杰出的作品，包括纪尧姆·德·洛里斯和让·德·默恩的《玫瑰传奇》（*Roman de La*

Rose）最早注明日期（1308）的手抄本等。

2　近代早期

　　巴塞尔位于德国和法国交界处的莱茵河畔，地理位置得天独厚，是欧洲早期图书生产中心之一。巴塞尔会议（The Council of Basle，1431—1449）为国外图书交易提供了重要通道，而1460年该国最古老的大学（和大学图书馆）的建立也促进了该城市的知识生活。曾在美因茨与古腾堡共事的贝特霍尔德·鲁佩尔于15世纪60年代将印刷术引入巴塞尔。到15世纪80年代，巴塞尔的印刷业已发展到相当大的规模，到世纪之交，已有超过70多名印刷商在活跃。在该市生产的印刷品中，有塞巴斯蒂安·布兰特的《愚人船》，由约翰·伯格曼·冯·奥尔佩印刷，其轻而易举地成为宗教改革前最流行的德语书。

　　1500年左右，人文主义思潮和巴塞尔图书业之间的联动使出版业硕果累累，产生了圣经语言学、教会文献、希腊和拉丁语经典以及新拉丁语文学等重要作品。这些书中有许多有着极高的印刷质量，其中一些书的插图由当时的重要艺术家绘制，包括小汉斯·霍尔拜因。当时活跃在巴塞尔的重要印刷商包括约翰·阿默巴赫、约翰·佩特里和约翰·弗罗本，他们在1511年之前在重大印刷项目上一直保持合作关系。弗罗本的印刷厂早在1491年就印刷了一本拉丁文《圣经》，这里后来成为人文主义书籍生产的中心（印刷拉丁文、希腊文以及希伯来文书籍），人文主义学者比亚图斯·雷纳努斯对此做出了贡献。弗罗本与1514至1515年和1518至1529年住在巴塞尔的伊拉斯谟关系密切。伊拉斯谟第一批作品中几乎有一半由弗罗本出版。巴塞尔的图书业及其稳固的海外代理网络，对马丁·路德思想的迅速传播也具有重要意义：早在1518年，弗罗本就出版了其作品的拉丁文版，第二年又出版了第二版；而彼得里（Petri）则在1522年12月出版了路德的《九月圣经》（*Septembertestament*），距离其最初出版仅三个月。

　　尽管巴塞尔是最早和最重要的图书生产中心，但瑞士第一本注明日期的印刷书，即1470年约翰内斯·马奇努斯的《圣经注释》（*Mammotrectus super Bibliam*），其印刷地不是巴塞尔，而是贝罗明斯特。其他有日期的印刷书是在布格多夫（1475）、苏黎世（1479—1482）、鲁日蒙（1481）、普罗门图（1482）、洛桑（1493）和苏尔塞（1499—1500）生产的，但由于这些书是流动印刷商出版的作品，这些地点对早期图书贸易的实际意义有限。在 15 世纪末之前成为另一个早期图书生产中心的地方是日内瓦。日内瓦印刷业始于 1478 年，印刷作品代表是亚当·施泰因沙伯（Adam Steinschaber）印刷的《圣天使之书》（*Livre des saints anges*，该书的一个珍稀手抄本现藏于大英图书馆）。路易·克鲁斯（Louis Cruse，从 1479 年起）、让·贝洛（Jean Belot，从 1497 年起）和维甘德·科隆（Wigand Köln，从 1521 年起）是随后几十年里日内瓦的主要印刷商，但如果不是因为宗教改革，日内瓦的图书业无疑会一直处于里昂的阴影之下。在纪尧姆·法雷尔的召唤下，让·吉拉尔（1536 年起参与印刷，1558 年去世）成为加尔文作品的主要印刷者。作为新教的"罗马"，日内瓦出版了许多重要的宗教改革作品，特别是《圣经》和诗篇，不过法国新教的第一部《圣经》译本（1535）是由皮埃尔–罗贝尔·奥利韦唐（Pierre-Robert Olivétan）翻译的，由皮埃尔·德·温格尔在塞里耶尔（现在属于纳沙泰尔）印刷的。该译本在加尔文的影响下进行了修订，促成了 1560 年和 1588 年重要版本的出版，这两个版本都在日内瓦印刷。1555 年，《圣经》的意大利语译本也在日内瓦印刷，1560 年，出现了著名的英语版《日内瓦圣经》（*Geneva Bible*），同时贾基姆·比弗伦将《新约》首次翻译成罗曼什语（瑞士第四种国家语言）。16 世纪 50 年代，一些重要的法国印刷商为躲避宗教迫害而前往日内瓦，其中有让·克雷斯潘、康拉德·巴迪乌斯和艾蒂安家族的罗贝尔和他的长子〔即著名的学者兼印刷商亨利·艾蒂安（他的五卷本《希腊语言词典》于 1572 至 1573 年在日内瓦出版）〕，使得日内瓦图书业的印刷工作在数量和质量上都达到了空前的程度。

在宗教改革的影响下，苏黎世从 16 世纪 20 年代起成为瑞士的第三大图书生产中心。汉斯·哈格印刷了乌尔里希·茨温利的一些作品，以及路德翻译的《新约》早期版本。克里斯托夫·弗罗绍尔出版了茨温利的大部分著作，包括所谓的《弗罗绍尔圣经》（*Froschauerbibel*，1524—1529，瑞士第一本对开本《圣经》），以及《苏黎世圣经》（*Zürcher Bibel*，1531）。长期以来，人们认为弗罗绍尔也是《科弗代尔圣经》（*Coverdale Bible*，1535）的印刷者，不过目前的学术观点对此提出了质疑。因此，与人文主义一样，宗教改革是近代早期瑞士图书贸易的主要推动力。然而，当时人们的识字率仍然很低，在宗教改革之前，经常阅读的人口比例可能不超过 2%，而在宗教改革之后，则为 4%。因此出版商并不以本地销售为主要目标，法兰克福、莱比锡、巴黎和里昂的书展对传播瑞士生产的书籍仍然非常重要。这也可以解释为什么在整个 16 世纪和 17 世纪，瑞士与欧洲其他国家不同，其印刷的书籍主要是以拉丁语而非本土语言撰写。

3 17和18世纪

16 世纪，瑞士天主教地区的印刷品不到全国总产量的 1%，弗里堡甚至在 1584 年之前一直禁止印刷。然而，17 世纪，反宗教改革运动使瑞士的天主教地区的印刷业持续发展，特别是在艾因西德恩、卢塞恩和圣加仑。1664 年，艾因西德恩修道院成立了一个印刷厂，在那里印刷了大量多卷本的神学和历史作品。与此同时，三十年战争及其后果阻碍了图书贸易的发展，这种状况一直持续到 18 世纪——启蒙运动学说导致世俗文学的需求大幅增加。从早期开始，瑞士的图书贸易就一直在迎合国际市场，但这一特征在 18 世纪后半叶尤其明显，当时日内瓦、洛桑、纳沙泰尔和伊韦尔东的瑞士法语出版商以盗版新近出版的文学和哲学作品充斥国际市场，特别是《百科全书》，还有政治和反教会小册子，以及色情文学等。特别重要的是成立于 1769 年的纳沙泰尔印刷协会，其档案基本保存完好，成为有关 18 世纪图书贸易和思想文化的珍贵资料，这在罗伯特·达恩顿的《启蒙运动的生意》(*The Business of Enlightenment*) 中有所体现。

4 19世纪至今

19 世纪，新成立的借阅图书馆、阅读小组和图书协会令阅读得以传播。例如，日内瓦阅读协会成立于 1818 年，在成立后的 20 年里收藏了多达 3 万本书。20 世纪，瑞士的图书生产量从每年约 1000 种增加到近 1.4 万种。20 世纪末，超过 4/5 的图书是以本国语言出版的：59% 为德语，18% 为法语，3% 为意大利语，0.6% 为罗曼什语，其余大部分为英语。然而，这些书籍只占瑞士销售书籍的 30% 左右，还有大约 70% 的书籍来自国外。在 20 世纪成立的瑞士出版社中，斯拉特金（Slatkine）和德罗兹（Droz）都位于日内瓦，分别成立于 1918 年和 1924 年。20 世纪中期，由于 C. J. 布赫（C. J.Bucher）、康策特 & 胡贝尔（Conzett & Huber）和阿尔伯特·斯基拉（Albert Skira）等出版商的加入，瑞士成为高品质彩色图书的生产中心。

在图书保存方面，一些公共或私人图书馆如今拥有重要的藏书，特别是主要的大学图书馆，比如巴塞尔大学公共图书馆、伯尔尼城市和大学图书馆、弗里堡州立大学图书馆、日内瓦图书馆、洛桑州立公共图书馆、纳沙泰尔公共和大学图书馆以及苏黎世中央图书馆。位于伯尔尼的瑞士国家图书馆成立于 1895 年，收藏了所有与瑞士有关的出版物，并设有瑞士文学档案馆，该馆是在瑞士作家弗里德里希·迪伦马特（Friedrich Dürrenmatt）向瑞士联邦捐赠其手稿后于 1989 年成立的。瑞士联邦档案馆建立在 1798 年成立的海尔维第共和国档案的基础上，自 19 世纪初以来也一直设在伯尔尼。瑞士的一些博物馆展示了瑞士图书历史的方方面面，有巴塞尔造纸印刷博物馆、2000 年成立的弗里堡瑞士古腾堡博物馆，以及 2003 年落成的博德默图书馆博物馆。

参考文献

J. Benzing, *Die Buchdrucker des 16. und 17. Jahrhunderts im deutschen Sprachgebiet*, 2e (1982)

D. Bertholet, *Suisse Romande terre du livre* (2006)

A. Bruckner, *Scriptoria Medii Aevi Helvetica* (14 vols, 1935–1978)

E. Büchler, *Die Anfänge des Buchdrucks in der Schweiz*, 2e (1951)

T. Bürger, *Aufklärung in Zürich* (1997)

P. Chaix, *Recherche sur l'imprimerie à Genève* (1954)

R. Darnton, *The Business of Enlightenment* (1979)

—— and M. Schlup, eds., *Le Rayonnement d'une maison d'edition dans l'Europe des Lumières* (2005)

R. Diederichs *et al.*, eds., *Buchbranche im Wandel* (1999)

J.-F. Gilmont, *La Réforme et le livre* (1990)

P. L. van der Haegen, *Der frühe Basler Buchdruck* (2001)

U. Joerg and D. M. Hoffmann, eds., *La Bible en Suisse* (1997)

P. Ladner, ed., *Iter Helveticum* (5 vols, 1976–1990)

E. C. Rudolphi, *Die Buchdrucker Familie Froschauer in Zürich, 1521–1595* (1963)

P. F. Tschudin, *Handwerk, Handel, Humanismus* (1984)

B. Weber, ed., *Cinq siècles d'imprimerie à Genève* (1978)

M. E. Welti, *Der Basler Buchdruck und Britannien* (1964)

第 28 章

北欧国家书籍史

夏洛特·阿佩尔、凯伦·斯科夫加德－彼得森

1　简　介

在考察北欧国家的图书历史时,需要兼顾整个地区和各个国家（瑞典、丹麦、芬兰、挪威、冰岛、格陵兰岛和法罗群岛）。其中最重要的统一因素是语言。瑞典语、丹麦语和挪威语关系密切，仍然可以相互理解，而冰岛语和法罗语则更接近古诺尔斯语。芬兰语与斯堪的纳维亚半岛北部使用的萨米语同属芬兰－乌戈尔语系。格陵兰语属于因纽特语。北欧外围地区的许多人也已经能够用瑞典语、挪威语或丹麦语交流。

本综述侧重书籍与社会的关系，难以全面展现该地区的丰富性和多样性。虽然社会发展往往是相似的或直接共性的，但不同的地理和自然条件会造就整个地区及其人口的多样性。2000 年，这里总共有 2400 万人，而 1600 年左右只有 200 万人。此外，国际上的定位也各不相同（从东部的芬兰到西部的大西洋群岛），边界和政治联盟也经常改变。

2 中世纪

曾经在北欧国家发现的绝大部分中世纪书籍已经完全散佚了。有些因使用而损毁，有些在宗教改革后因为忽视而消失，还有一些毁于火灾，如哥本哈根（1728）和图尔库（1827）的大火。在那些被保存下来的手抄本中，有一些是非常宝贵的冰岛手抄本。此外还有许多碎片作为装帧材料保存下来（例如，芬兰的约1万张书页或书片，代表了约1500本书），极大的补充了北欧中世纪图书文化的资料。

随着10世纪至12世纪的传教机构和教会的建立，斯堪的纳维亚半岛成为基督教欧洲文化的一部分，羊皮纸书籍和拉丁语及字母被引入。在当地，阅读和写作并不是全新的现象。自公元200年左右起，如尼文（见第3章）就被用在金属、石头和木材上雕刻铭文。在拉丁字母被引入后，如尼文仍被用于雕刻简短的铭文；在某些地区，如挪威西部卑尔根，这里的重要发现（约1100—1400）让我们看到如尼文甚至可能在日常用途中应用得更加普遍。

最早的北欧图书制作可以追溯到隆德——自约1060年起成为丹麦主教座堂的所在地，1104年成为斯堪的纳维亚大主教区。君主与教会领袖密切合作，隆德在12世纪是一个重要的学术和政治中心，特别是在阿布萨隆（Absalon）担任大主教期间（1177—1201）。他委托萨克索·格拉玛提库斯（Saxo Grammaticus）撰写了《丹麦人的事迹》（*Gesta Danorum*）。成立于1153年的挪威尼达罗斯（特隆赫姆）大主教区也有类似的地位。在这里，挪威的王室圣人奥拉夫（St Olav）的传说以书面形式被记录下来，国家设立了奥拉夫礼仪（Olav liturgy），并形成了国家历史写作的传统。相比之下，在乌普萨拉建立的瑞典大主教管区（1164）并没有形成国家历史编纂学，这可能是由于瑞典君主的地位较弱。

12世纪和13世纪，教会（特别是大教堂和修道院）开始建立藏书体系。这些都是拉丁文书库，其中有教礼书籍、《圣经》、布道集、教科书，以及占比比较少的古典作家作品和医学等世俗主题的书籍。书籍的制作是在较大教会机构的抄写室中进行的，就算是在冰岛，世俗地主也广泛参与其中。在当地的教会书籍中，有关当地圣人生活和奇迹的书籍、年鉴和捐赠登记册比比皆是。

欧洲的影响也显著存在于法律领域。拉丁文的法律书籍被引进，为用本土语言制定地方法律提供了额外的灵感。早在 1117 和 1118 年，冰岛的法律就有了书面记录。12 世纪和 13 世纪的许多本土语言法律文献见证了斯堪的纳维亚大陆强大的王室权力。1274 年，国王马格努斯·拉加博蒂尔（Magnus Lagabøtir，"法律修订者"）颁布了一项法律修正案，为整个挪威提供了统一的法律。

在冰岛和挪威，白话文是核心，甚至在教会管理中也是如此。13 世纪和 14 世纪出现了一种非同寻常的古诺尔斯语叙事文学。数以百计的传奇被书面记录下来，其中一些是基于其他斯堪的纳维亚地区已知的口述传统。冰岛人的萨迦，如《尼雅尔萨迦》（Njál's Saga）和斯诺里·斯图鲁松的《海姆斯克林格拉》（Heimskringla）都很著名。《埃达》（Edda，冰岛古代史诗）是北欧神话的重要来源。挪威还有一部杰出的论著，名为《国王之镜》（King's Mirror），大约写于 1250 年。早在约 1150 年，所谓的《第一语法专论》（First Grammatical Treatise）就从理论上讨论了建立古诺尔斯语的书面标准。

在瑞典和丹麦，直到 14 世纪，图书文化主要以拉丁语为主导。此后，包括低地德语在内的本土语言，在法律书籍和法律文件、医学手册和宗教书籍中的使用变得更加普遍。欧洲大陆的传奇小说由贵族宫廷翻译。特别是在城镇，对阅读、写作和记账的需求大量增加，学校、抄写室和行政档案的数量也在相应增加。约 1350 年，纸张的引入让写作更普及，同时也变得更加非正式（私人信件、文件副本，见第 10 章）。然而特别重要的书籍和文件仍然是用当地生产的羊皮纸书写。

1500 年左右，大部分书籍是用拉丁文书写的教礼和宗教书籍。而最丰富的图书馆非瑞典的瓦斯泰纳修道院莫属，它隶属于圣比尔吉塔（St Birgitta）建立的最神圣的救世主教会。该图书馆藏书约有 1400 本，其中约 500 本书（现存于乌普萨拉和斯德哥尔摩）得以流传下来。

为了获得大学教育，越来越多的斯堪的纳维亚年轻人前往国外。直到 1425 年，人们才能在隆德大学获得学士学位。乌普萨拉（1477）和哥本哈根（1479）开设了第一批大学，这也是几个世纪以来唯一一批斯堪的纳维亚地区的大学。

3 1500至1800年

在现代早期，北欧国家在政治上被一分为二。瑞典王国还包括芬兰，而丹麦－挪威（Danish-Norwegian）国王则统治着丹麦、挪威、冰岛、法罗群岛和格陵兰岛，以及主要讲德语的石勒苏益格和荷尔斯泰因公国。由于拥有全面的国家书目，宗教改革后的北欧图书历史得到了很好的记录。在欧登塞主教（Odense）和乌普萨拉主教的邀请下，德国人约翰·斯内尔（Johann Snell）于 1482 年和 1483 年分别在丹麦和瑞典印刷了第一批书籍。然而，进口的印刷书在更早的时候就已经出现了。除荷兰人格赫门的戈特弗雷德（Gotfred of Ghemen）在哥本哈根定居之外，大多数 16 世纪早期的印刷商都是四处流动的德国人。在整个近代早期，许多工匠和商人从德国移民过来或在德国接受培训。德国的发展趋势和技术受到密切关注，本土语言使用黑体字（black letter），而古老哥特式罗马字体（gotico-antiqua roman type）成为拉丁文书籍的标准。同样，书籍装帧在使用装饰性滚花工具方面体现出德国的影响，其中许多是进口的。

路德宗教改革后，瑞典和丹麦国王试图控制出版物的进口和国内发行活动。王室印刷厂（1526）在斯德哥尔摩成立，实现了近一个世纪的实际垄断。在丹麦，有两到三家出版社同时活跃，但除了少数例外，它们都位于哥本哈根的城墙内，通过特权和佣金与政府实质性地联系在一起。在这两个国家，王室都订购并资助了重要的出版物，包括第一本完整的本土语言《圣经》（瑞典，1540—1541；丹麦，1550）和国家赞美诗集。当局还授权印刷布道书、祈祷书和其他被认为是有用或有教益的文献。

芬兰制作的第一本书是由巴托洛梅乌斯·戈坦在吕贝克印刷的《弥撒书》（*Missale Aboense*，1488）。16 世纪，几乎所有供芬兰使用的书籍都在斯德哥尔摩印刷。特别重要的是米卡埃尔·阿格里科拉，他翻译了《新约》（1548），并用芬兰语创作了几本宗教书籍。

在冰岛，天主教主教大约在 1530 年邀请了一位瑞典印刷商到霍拉尔；在宗教改革（1550）之后，霍拉尔印刷厂仍然是冰岛唯一的印刷厂。许多主教都参与了白话文宗教书籍的制作。17 世纪末，印刷厂搬到了另一个主教辖区斯考尔霍特（Skálholt，那里也印刷冰岛的萨迦），但后来又回到了霍拉尔。许多文献仍以手稿的形式抄写和阅读。丹麦语是官方语言，许多冰岛人阅读丹麦语书籍。

　　哥本哈根在 1600 年左右有 3 家印刷厂，1700 年左右有 10 家，1800 年左右有 20 家。一些地方印刷厂（埃尔西诺、索洛、奥胡斯和欧登塞）曾短期运营，但直到 18 世纪 30 年代才真正建立起来，而且往往以印刷当地报纸为重点。1643 年，泰格·尼尔森（Tyge Nielsen）来到克里斯蒂安尼亚（奥斯陆），成为挪威的第一位印刷商。在卑尔根（1721）和特隆赫姆（1739）开始印刷之前，这里是挪威唯一拥有永久性印刷厂的城市。西海岸的许多作者继续使用哥本哈根的印刷厂。丹麦和挪威的图书市场形成了一个整体，这主要是因为丹麦语在两国都被作为书面语言使用。

　　瑞典在 1600 年建立了一家（王室）印刷厂，但在 1700 年增加至 17 家，其中 6 家在斯德哥尔摩。其他拥有印刷厂的城镇有乌普萨拉（1618 年起）、韦斯特罗斯、斯特朗奈斯、卡尔马、林雪平和哥德堡。1642 年，第一本完整的芬兰语《圣经》在斯德哥尔摩印刷出版；同年，在奥博的新芬兰学院（Finnish Academy）成立了一家出版社。17 世纪晚些时候，又有两家出版社在奥博和维堡成立。

　　印刷商数量的增加削弱了王室的直接控制，但由于官方特权和审查制度，政府和教会的影响仍然很大。日常的审查相当宽松，但一旦怀疑，就会强力执行。除了宗教方面的可疑书籍外，审查机构大部分注意力都集中在对国王的批评上（在丹麦，特别是在 1660 至 1661 年实行专制制度后），以及定期出版的报纸这种新媒介上，丹麦从 1634 年开始这样做，而瑞典则从 1645 年开始。

　　丹麦和瑞典政府继续支持宗教和教育书籍以及法律法规的印刷工作。政治小册子变得越来越重要，特别是在瑞典，这些小册子与 17 世纪和 18 世纪初发生的众多战争有关。1658 年，丹麦失去瑞典半岛南部地区后，瑞典通过印刷品（尤其是瑞典语教义）对前丹麦国民推行"瑞典化"运动。

　　17 世纪，图书生产和图书贸易变得越来越分化。书商们组成了特殊的行会，在瑞典获得了销售装订书籍的垄断权。斯德哥尔摩的一些印刷厂，如伊格内修斯·莫伊雷尔、亨里克·凯泽和格奥尔格·戈特利布·布尔夏迪，发展成为具有强大国际关系的重要出版公司。在哥本哈根，主要的书商，如约阿希姆·莫尔特克和丹尼尔·保利，成为最重要的出版商。在国际书展上，他们会与欧洲同行交换拉丁文学术书籍。

现存的印刷品数量表明产量在不断上升。根据《丹麦书目》（*Bibliotheca Danica*）所列书目，1500 至 1509 年的出版物不到 20 种，1600 至 1609 年增加至 368 种，1700 至 1709 年达到了 1164 种。拉丁语和丹麦语书籍数量的比例在不断变化（尽管常常接近持平），直到 18 世纪拉丁语才仅限于学术类书籍。然而，印刷量和多个版本表明，从 16 世纪末开始，有更多的书籍是用本土语言印刷的。流行的宗教和娱乐性书籍以 1000 册或 2000 册的数量印刷。许多这样的版本都没有保存下来。

新的类型（家庭手册、面向女性读者的祈祷书）出现了，传统类型（畅销故事书、叙事歌谣）也依然存在。这类书籍通常以八开本或更小的格式印刷，有时内含木刻画。铜版画（大约从 1600 年开始）被用在更昂贵的对开本中。丹麦和瑞典都出现了诸如塞缪尔·普芬道夫（S. Pufendorf）的《卡洛斯·古斯塔夫·盖斯蒂斯的画作》（*De Rebus a Carolo Gustavo Gestis*，1696）和《丹麦之花》（*Flora Danica*，1761—1883）等图文并茂的出版物。

大众识字率的提升受到许多因素的推动。宗教改革后，教义教学被放在了重要位置，神职人员鼓励"读书"，以加强儿童死记硬背式的学习。17 世纪的阅读运动得到了主教和国王的支持，最直接的是通过 1686 年的瑞典教会法。同样，当局针对叙事歌谣和"有害的"故事的传播（这是提高识字标准的意外结果）持否定的态度。

到 18 世纪中叶，根据瑞典和芬兰教区登记册上极其详细的信息，90% 以上的成年人可以阅读到所需的印刷宗教文本。相比之下，书写能力仍然与专业需求紧密相连。斯堪的纳维亚半岛其他地区、冰岛以及几十年后的格陵兰岛的识字水平可能与之相当。在挪威和丹麦，政府的监管逐渐加强，并在 18 世纪 30 年代立法并建立了更多的正规学校。19 世纪初，整个地区颁布了关于所有儿童必须接受学校教育的国家法律。

当地的图书供应因人口密度和基础设施的不同而有很大的差异。在大多数城镇，特别是沿海地区，书籍是长期供应的（例如，在众多小规模的丹麦社区，通常有 1000 至 5000 名居民，有 1 至 4 家装订商在出售书籍）。斯堪的纳维亚南部农村地区和挪威西海岸的人们也经常与城市图书市场接触。然而，在更远的内陆和更北的地方，书的运送却少之又少。除了阅读指导的宗教背景外，这还意味着对许多北欧人来说，图书世界被限定在有限的宗教作品中。

对更多类型书籍感兴趣的读者必须在首都或大学城购买。斯德哥尔摩和哥本哈根的人口大幅增长，分别从 1600 年的 1 万和 2 万增至 1700 年的约 6 万。荷兰书商从 17 世纪 30 年代开始在哥本哈根活动，从 1647 年开始在斯德哥尔摩出现（约翰内斯·扬松纽斯，埃尔泽维尔家族）。大学书商也进口了外国书籍。教堂里的传统图书销售停止了，但在 1700 年左右，更多的书商和出版商开设了独立的门店。

18 世纪，对殖民地的收购促成了虔信派传教印刷业的繁荣。在哥本哈根，1714 年成立了一个专门的印刷厂（从 1727 年起，叫作 Vajsenhuset），用于传教和家庭教育。几年来，印度的特兰奎巴殖民地和西印度群岛也成立了一家印刷厂。瑞典传教士的出版物是为北美洲印刷的（包括莱纳佩语书籍）。1755 年，《新约》被翻译成乌梅 – 萨米语（Ume-Sami），并出版了一本《瑞典 – 萨米语词典》（1780），以协助传教工作。18 世纪 20 年代，汉斯·埃格德（Hans Egede）将虔信派传教士和丹麦宗教书籍带到了格陵兰岛。《圣经》的格陵兰语译本深刻地塑造了当地的书面语言。第一本书于 1793 年在格陵兰岛印刷，但传统的手抄本在这个小地方一直延续到 19 世纪。

启蒙思想传入斯德哥尔摩和哥本哈根时，这两座首都正经历着贸易繁荣发展、生活及教育水平提高的美好时刻。此时期有一位关键人物，即历史教授、剧作家和散文家路德维格·霍尔贝格（Ludvig Holberg，1684—1754），他被认为是第一个靠卖书致富的挪威 – 丹麦作家。从 18 世纪 40 年代起，在王室的支持下，新的协会和期刊，特别是与经济和科学有关的协会和期刊纷纷成立。

近代早期，图书馆领域出现了重大的变化。中世纪的教会藏书在宗教改革后大多散佚或被毁，新教的教堂图书馆仍然规模不大，不过一些大教堂图书馆和教会学校拥有少量精品藏书。从 16 世纪末开始，贵族们（海因里希·兰曹、马格努斯·加布里埃尔·德拉加迪、卡伦·布拉赫、奥托·托特）建立了庞大的书库，其中一些人投资购买了如劳斯纳、伯格曼和博彭豪森家族等装帧师制作的精美统一的装帧品。这些装帧师主要受法国和英国时尚启发，引领了潮流。

遗嘱清单和公开图书拍卖的新趋势（从 17 世纪中期开始）为许多拥有大型图书馆的学者和富商提供了重要藏书。哥本哈根的私人收藏家 P. F. 苏姆（P. F. Suhm），向公众开放了他的图书馆（1778），非常有名。各所大学，特别是乌普萨拉大学和哥本哈根大学，都有相当多的收藏。两家王室图书馆从 17 世纪中叶开始扩大，主要是通过纳入私人收藏和战利品来实现的；宫廷也配备了图书管理员。瑞典和丹麦分别于 1661 年和 1697 年正式引入法定缴存书的做法。位于斯德哥尔摩的瑞典国家图书馆从 1713 年起向公众开放；位于哥本哈根的王室图书馆向学者有限开放，直到 1793 年才对公众开放。

第一家商业借阅图书馆于 1725 年在哥本哈根出现。从 18 世纪中期开始，各种各样的私人和机构图书馆在斯堪的纳维亚各地的省级城镇和乡村建立起来。此外，书籍的私人拥有率变得更高。挪威农民希维尔特·克努德森·阿尔弗洛特（Sivert Knuddssøn Aarflot）甚至把他的藏书变成了公共借阅书库。

从 18 世纪中期开始，图书市场发生了变化。报纸的生产占据了永久的地位，特别是在城镇。由于废除了不同行业的旧规定，大公司的业务得到了扩展并实现了现代化。斯德哥尔摩的领军人物有彼得·摩玛（Peter Momma）、艾尔莎·福特（Elsa Fougt）和拉尔斯·萨尔维乌斯（Lars Salvius），后者通过委托省级书商重组了瑞典的图书销售。由于居伦达尔出版社（Gyldendal，哥本哈根，1770）的推动，丹麦和挪威的市场也发生了类似的变化。18 世纪，经历了频繁的战争和俄国的占领时期，迫使芬兰的图书生产转移到斯德哥尔摩；雅各布·默克埃尔（Jacob Merckell）以及后来的弗伦克尔（Frenckell）家族主导了芬兰的图书贸易。

启蒙运动对审查制度的挑战越来越大。在瑞典（1766），审查制度变得很宽松，新闻自由得到了相对较好的保障。在丹麦，审查制度在 J. F. 施特林泽（J. F. Struensee）的短暂执政期间（1770—1771）被废除，但在 1799 年逐渐重新建立并加强了控制。

4 1800至2000年

拿破仑战争后，北欧的政治格局发生了根本性的变化。1814 年，挪威从丹麦分离出来，在 1905 年之前一直在瑞典国王的控制之下。冰岛、格陵兰岛和法罗群岛仍然属于丹麦；冰岛于 1944 年实现独立，法罗群岛和格陵兰岛分别于 1948 年和 1979 年建立了自治政府。与德国发生战争后，丹麦于 1864 年失去了石勒苏益格 – 荷尔斯泰因。

芬兰在1809年至1917年作为俄国的自治大公国,受到严格的审查制度的管控,而瑞典、挪威和丹麦(1810、1814、1849)因新的民主宪法废除了审查制度。大约在19世纪中期,斯堪的纳维亚各地都在推行自由化,包括废除贸易和制造业的行会垄断。

同时,历史、神话和语言作为民族认同构建的一部分得到了大力推崇。在"新兴"国家——挪威、芬兰、冰岛、法罗群岛和格陵兰岛,语言成为一个主要问题。两种挪威书面语言形式,即bokmål(意为书面挪威语,相对接近丹麦语)和nynorsk(新挪威语,以挪威西部方言为基础,包含中世纪北欧语的元素)被创造出来,后者是对从前丹麦统治的一种反抗。今天,这两种语言都被承认作为法定的书面语言(前者更常用)。

在芬兰,瑞典语在19世纪的大部分时间里仍然是文化和行政语言,但芬兰语逐渐普及,并在1892年取得了平等的法律地位。现在两种语言都得到了法律上的认可(瑞典语是一种少数民族语言)。在冰岛,民族主义运动强调与中世纪北欧语的连续性。一项积极的语言政策致力于用冰岛语词汇来取代新旧外来借词。

整个斯堪的纳维亚半岛对民族历史和流行文化的普遍兴趣,催生了许多重要而流行的民谣和故事集。这方面的例子包括盖耶尔和阿夫塞柳斯编辑的瑞典民谣集,阿斯比约恩森和莫伊收集的挪威民间故事,以及不朽的芬兰民族史诗《卡勒瓦拉》(Kalevala)。

大众宗教复兴运动深刻地影响了19世纪的发展。在挪威,传教士汉斯·尼尔森·豪格(Hans Nielsen Hauge,1771—1824)通过在全国范围内分发大量的宗教小册子,吸引了大量追随者。在丹麦,N. F. S. 格伦特维(N. F. S Grundtvig,1783—1872)成为面向全国、非泛神论者的宗教复兴的非官方领袖,促成了"民众中学"(folkehøjskoler)的建立,这是为农村成年人设立的免考试寄宿学校。尽管这些学校更推崇"鲜活的语言"而不是"书本知识",但它们激励了几代斯堪的纳维亚人继续学习,并与其他起源于清教徒的宗教运动(特别是在挪威和瑞典)一起,创造性地使用印刷材料,如新闻通讯、招募小册子和教育性小册子。

许多新近成立的社团、协会、政党、工会、合作社、节制协会和体育俱乐部都在探索新的出版策略。印刷成本的降低和分销渠道的改善(新的铁路系统彻底改变了运输系统，特别是在斯堪的纳维亚半岛广大的、人口密度较低的地区，效果非常明显）导致了零工印刷量和小版本印刷量的激增。同时，主要行业和零售企业开始印刷目录，甚至小商店也使用印刷品进行广告宣传。

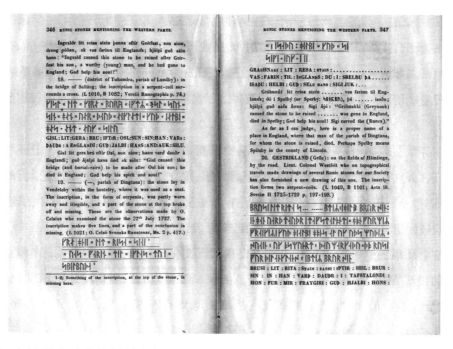

图42 如尼石插图来自丹麦学者卡尔·拉芬（Carl Rafn）的《西方国家被提及的如尼文铭文》（*Runic Inscriptions in which the Western Countries are Alluded to*），载于《1848 至 1849 年北欧王室古董学会回忆录》（*Mémoires de la Société Royale des Antiquaires du Nord*，*1848—1849*，哥本哈根，1852）；其语言的多样性值得注意。此为私人收藏。

　　在 19 世纪和 20 世纪早期，报纸可能是唯一最重要的媒体，它促进了民主的发展，反之亦然。大约从 1830 年开始，报纸的印刷速度更快、成本更低，从而使报纸的印刷量和多样性急剧增加。在瑞典，L. J. 希尔塔（L. J. Hierta）于 1830 年创办了颇具政治影响力的《瑞典晚报》（*Aftonbladet*）；到 1900 年，该国已有约 120 家报纸。在芬兰最古老的仍在出版的报纸是《图尔库报道》（*Åbo Underrättelser*，1824），芬兰语和瑞典语的报纸都成为公众辩论的重要阵地。大西洋地区在 19 世纪后半叶出现了他们的第一批期刊，有冰岛的《埃约多尔夫》（*Þjóðólfur*，1848）、格陵兰的《格陵兰邮报》（*Atuagagdliutit*，1861）和法罗群岛的《曙光》（*Dimmalætting*，1877）。法罗群岛的第一家印刷厂成立于1852年，当时曾有过短暂的报纸出版尝试。

从19世纪末开始，新的政党纷纷成立，都创办有自己的报纸。丹麦的几个省会城市有四份不同的日报，代表不同的政党。挪威有大量的地方报纸，尽管读者人数减少，但与芬兰、冰岛和瑞典一样，仍然是世界上主要的报业国家之一。

与欧洲其他地方一样，北欧国家的图书业在1830年左右引进新的印刷和制造技术后发生了变化（见第11章）。在此之前，北欧国家主要使用进口纸张，仅小规模生产（主要在瑞典）。然而，在开发出了木质纸之后，芬兰和瑞典（其次是挪威）凭借其大面积的森林，发展了重要的造纸业。2000年，芬兰是继加拿大之后的第二大纸张出口国（见第10章）。

19世纪，出版和图书业的组织形式至今仍然有迹可循。专业机构得到了建立。丹麦的图书价格在1837年开始固定——这个原则直到2000年才放宽——并且制定了禁止未经授权销售图书的规定。在19世纪中叶成立的众多出版公司中，有许多一直存在到20世纪。C. A. 赖策尔（1789—1853）出版了这一时期最著名的丹麦作家的作品，包括汉斯·克里斯蒂安·安徒生和克尔凯郭尔。然而，最大和最有影响力的公司是居伦达尔，这主要是因为其充满活力的主管弗雷德里克·V. 黑格尔（Frederik V. Hegel，1817—1887）。

在19世纪的大部分时间里，挪威的图书市场仍然受到丹麦人兴趣的强烈影响。著名作家如易卜生和比昂斯滕·比昂松在哥本哈根的居伦达尔出版了他们的作品。在其主管威廉·尼高（William Nygaard，1888年起任职）的领导下，灰山出版社（Aschehoug）为作者提供了在挪威公司出版的机会，但直到居伦达尔成立了一家独立的挪威公司（1925），作者在自己的国家出版才成为理所当然的事。灰山出版社和居伦达尔挪威出版社（Gyldendal Norsk Forlag）一直是挪威文学界的重要组成部分。在芬兰，芬兰文学协会（Finnish Literature Society，1831）发挥了重要作用，它率先出版了一些书籍，包括《卡勒瓦拉》和阿历克西斯·基维（Aleksis Kivi）的《七兄弟》（*Seven Brothers*）。直到19世纪的最后几十年，芬兰才出现了一些重要的机构。维尔纳·瑟德斯特伦（Werner Söderström）的出版社支持芬兰语文学，但出于道德原因，他不出版现代现实主义作品。他很快就被更开放的奥塔瓦出版社（Otava，1890）所取代。两者都是当代芬兰图书市场的佼佼者。

在瑞典，新闻自由的早期建立刺激了出版业在全国范围内的迅速扩张。其中一家特别有影响力的出版社是邦尼耶出版社（Bonnier），它出版了斯特林堡的作品，并在20世纪发展成一家大型媒体集团。

技术、经济和社会的发展使人们普遍买得起书。娱乐性文学作品的消费量巨大，奥古斯特·拉封丹、司各特、狄更斯和大仲马等外国作家新创作的小说被翻译引进。一些小说在报纸上连载，另一些则由大出版社推出廉价版本，通过订阅的方式销售。

其中成功的一份刊物（1897—1918）是丹麦–挪威合办的《前进》（Frem，瑞典语为 Ljus），在这三个国家拥有约17万名订户。它出版了与历史和科学有关的文章，可以以低廉的价格分期付款购买。经典畅销书的"克朗版"和"半克朗版"也达到了非常大的印刷量。这种发展在斯堪的纳维亚半岛比在欧洲其他许多地方来得晚；而类似企鹅出版社的口袋书系列是在二战后才在北欧国家推出的。到20世纪70年代，图书俱乐部在通俗文学市场上取得了主导地位。

1900年的前后几十年，另一个重要现象是多卷本百科全书的出现［如丹麦《萨尔蒙森百科词典》（Salmonsen's Lekskon）］。20世纪70年代，百科全书和工具书的出版在芬兰蓬勃发展。瑞典和丹麦在2000年左右完成了大型的国家级百科全书项目。

从19世纪中期或后期开始，所有北欧国家都有了借阅图书馆。在农村地区，这些图书馆通常是在各个教区内建立的；在城镇，许多图书馆是由协会和组织管理的。最早的公共图书馆出现在19世纪80年代，而在20世纪20年代和30年代，刚转型的福利国家接管了市政图书馆的管理职责。政府投入了大量资金，为向所有公民提供种类丰富的书籍，无论他们身在何处。在小社区设立了地方分馆，并引入了流动图书馆。从20世纪60年代起，图书馆开始提供漫画书，随后又有了磁带、录像带、CD、DVD，还有免费上网。所有公共图书馆都设有专门的儿童书籍借阅区。

自20世纪60年代以来，儿童文学在北欧国家取得了重要地位，其教育价值和文学品质都得到了认可。许多作家的作品（尤其是阿斯特丽德·林格伦）在该地区有许多儿童读者，可能比北欧文学的其他作品提供了更多共同的阅读体验。

在其他方面，北欧的图书文化也变得越来越国际化。19 世纪末，在法国和英国的影响下（例如，拉斯穆斯·亨德利森，以及后来的阿克·库姆连），专业标准和艺术追求得到了提高。大约在这个时候，作为标准字体的德国尖角字体逐渐消失了。对美学的关注也体现在书籍装订上，瑞典的古斯塔夫·赫德贝里（Gustaf Hedberg）和丹麦的安克·基斯特（Anker Kyster）是这一领域的先驱者。20 世纪初，斯堪的纳维亚的排版设计受到现代主义的强烈影响。20 世纪 40 年代和 50 年代，英国的中轴排版法在小说排版中盛行，瑞士的非对称性排版法在教科书中盛行。从 20 世纪 60 年代起，这两种排版风格都得到了改进，提高易读性成为一个主要的考虑因素。20 世纪末的排版师在富有想象力的书籍封面设计方面表现出色，如奥斯丁·格朗让（Austin Grandjean）。

自二战以来，大部分翻译书籍都来自英语国家；从 20 世纪末开始，全球化和英语水平的提高让斯堪的纳维亚人购买和阅读的英语书籍越来越多。然而，也有一些"图书流通"（book traffic）是反向的。一些 20 世纪的北欧作家的作品被翻译成英语和其他语言，包括诺贝尔奖获得者塞尔玛·拉格洛夫（Selma Lagerlöf）、克努特·汉姆生（Knut Hamsum）和西格丽德·温塞特（Sigrid Undset）以及犯罪小说作家马伊·舍瓦尔（Maj Sjöwall）、佩尔·瓦勒（Per Wahlö）和亨宁·曼凯尔（Henning Mankell）的作品。根据联合国教科文组织 1998 年的《世界文化报告》，北欧国家是每年出版图书馆藏书数量和出版书籍种类（人均）最多的国家之一。

参考文献

general

P. Birkelund *et al*., eds., *Nordisk Leksikon for Bogvæsen* (2 vols, 1951–1962)

Royal Library, Denmark, www.kb.dk/en/ index.html, consulted Sept. 2007

National Library of Finland, www.lib.helsinki.fifi /english/, consulted Sept. 2007

National Library of Iceland, www.bok.hi.is/id/1011633, consulted Sept. 2007

Nordisk tidskrift för bokoch biblioteksväsen (1914–2006; from 2001, *Nordisk tidskrift för bokoch bibliotekshistoria*)

National Library of Norway, www.nb.no/english, consulted Sept. 2007

National Library of Sweden, www.kb.se/ENG/kbstart.htm, consulted Sept. 2007

Denmark

Bogvennen (1893–)

C. Bruun, *Bibliotheca Danica, 1482–1830* (6 vols, 1877–1914); 2e (5 vols, 1961–3)

H. Ehrencron-Müller, *Forfatterlexikon omfattende Danmark, Norge og Island indtil 1814* (12 vols, 1924–1935)

A. Frøland, *Dansk Boghandels historie 1482–1945* (1974)

Fund og Forskning i Det kongelige Biblioteks samlinger (1954–)

Grafiana (1997–)

I. Ilsøe, 'Printing, Book Illustration, Bookbinding, and Book Trade in Denmark, 1482–1914', *GJ* 60 (1985), 258–280

K. B. Jensen, ed., *Dansk Mediehistorie* (4 vols, 1996–2003)

L. Nielsen, *Dansk bibliografifi 1482–1600* (3vols, 1919–1935); 2e (5 vols, 1996)

—— *Den danske bog* (1941)

E. Petersen, ed., *Living Words and Luminous Pictures* (1999)

Faroe Islands

M. Næs, *Fra spadestik til global udfordring* (2005)

Finland

T. Boman *et al*., eds., *Bibliografifi över Finlands bokhistoria 1488–1850 före 1991* (1993)

Fennica: The National Bibliography of Finland, www.fennica.linneanet.fifi, consulted Sept. 2007

C.-R. Gardberg, *Boktrycket i Finland* (3 vols,1948–1973)

K. K. Karlsson, *Finlands handpappersbruk* (1981)

A. Perälä, *Typographischer Atlas Finnlands 1642–1827* (2 vols, 2000)

[F. W. Pipping,] *Förteckning öfver i tryck utgifna skrifter på Finska* (1856/7)

Greenland

K. Oldendow, *Groenlandica: Conspectus Bibliographicus* (1967)

Iceland

B. S. Benedikz, *Iceland* (1969)

H. Hermannsson, *Catalogue of the Icelandic Collection Bequeathed by Willard Fiske* [1960]

S. Nordal, ed., *Monumenta Typographica Islandica* (6 vols, 1933–1942)

Norway

J. B. Halvorsen, *Norsk forfatter-lexikon 1814–1880* (6 vols, 1885–1908)

H. Pettersen, *Bibliotheca Norvegica (1643–1918)* (4 vols, 1899–1924; 2e, 1972–1974)

C. Sciøtz and B. Ringstrøm, *Norske førsteutgaver, en hjelpebok for samlere av skjønnlitteratur*, 2e (2006)

H. L. Tveterås, *Den norske bokhandels historie* (4 vols, 1950–96)

Sweden

Biblis(1957–1997; 1998–)

Bokvännen(1946–1997)

J. Brunius, ed., *Medieval Book Fragments in Sweden* (2005)

I. Collijn, *Sveriges bibliografifi intill år 1600* (3 vols, 1927–1938)

—— *Sveriges bibliografifi, 1600–talet* (2 vols in 1, 1942–1946)

K. E. Gustafsson and P. Rydén, eds., *Densvenska Pressens historia* (5 vols, 2000–2003)

H. Järv, ed., *Den svenska boken* (1983)

D. Lindmark, *Reading, Writing, and Schooling, 1650–1880* (2004)

H. Schück, *Den svenska förlagsbokhandelns historia* (1923)

Svensk bibliografi 1700–1829 (*SB* 17), www.kb.se/hjalp/english, consulted Sept. 2007

第29章
伊比利亚半岛书籍史

玛丽亚·路易萨·洛佩斯–维德里罗

1 早期印刷

印刷术进入伊比利亚半岛的时间较晚，1472 年传入西班牙，1487 年传入葡萄牙；该地区现存的印刷品在风格上具有典型的古朴特征。印刷机在西班牙的引进和随后的发展没有遵循欧洲其他国家的典型模式，主要有三个原因：一是西班牙的政治组织分为多个王国；二是没有一个城市可以被确定为国家首都；三是两种主要语言，即卡斯蒂利亚语和加泰罗尼亚语并存。

虽然萨拉戈萨、洛格罗尼奥、巴塞罗那、瓦伦西亚和塞维利亚是主要的印刷中心，但卡斯蒂利亚的印刷厂（萨拉曼卡、布尔戈斯、阿尔卡拉德埃纳雷斯和托莱多）在西班牙的印刷版图中尤为重要。随着印刷业开始发展，卡斯蒂利亚正处于政治和文化霸权的黄金时期；印刷业在天主教君主（1474—1516）推行的国家统一政策中发挥了关键作用。正如哈布斯堡王朝和波旁王朝后来所做的那样，天主教双王将印刷业作为发展治国理论及其实际应用的工具。

印刷术的出现要求对图书销售和手稿的流通进行重组，需要引入法令来规范作为商业和知识产品的图书。这些立法措施试图在16世纪欧洲不断升级的冲突中把经授权的印刷品推向市场。广泛的审查制度成为该时期最严重的文化界和民间的问题之一。1502年的一项法律规定了王室对印刷业的干预，并试图解决因进口"虚假和有缺陷"的印刷品而产生的冲突。这是与西班牙和欧洲的宗教问题同时出现的诸多此类措施中的第一个。因此，1558年的一项公告以复杂的正式制度为基础，来控制行政和教义，1559年由宗教裁判所大法官费尔南多·巴尔德斯（Fernando Valdés，1547至1566年在位）制定的删改索引（expurgatory indices）和禁书清单的出现，加强了这种控制。菲利普二世统治时期（1556—1598）的立法越来越严格，最初他试图将印刷书籍作为一种商业物品进行管理，但最终制定出了一个由许多措施组成的复杂体系，将书籍当成一种知识和意识形态产品。这对控制非神职人员的信仰和教礼文献的出版产生了决定性的影响。

西班牙印刷厂的第一批产品使用的是罗马字体，这与大多数早期西班牙印刷厂使用的哥特式字体不同。这一特点显示了西班牙在印刷方面对外国模式的依赖：著名的印刷工坊雇用了外国专家，比如帕里克斯、海因里希·博特尔、保罗·胡鲁斯、马修斯·弗兰德、彼得·布伦、尼古拉斯·施平德勒和约翰内斯·德·萨尔斯布加当等印刷商。在来到西班牙之前，欧洲的职业印刷商（主要是德国人）会经过意大利和法国，因此，他们将旅行中收集的字体作为新设立的西班牙印刷厂的字体基础，他们的作品反映了他们本地的习俗和偏好。

帕里克斯在西班牙印刷的作品显示出其他的印刷趋势。他的第二批印刷书——例如埃斯科瓦尔（Escobar）的《忏悔的方式》（*Modus Confitendi*，1471—1472）和蓬塔诺（Pontanus）的《法律的细节》（*Singularia Iuris*，约1473）——都显示了开拓更广阔地理市场的愿望。这些与大学研究相关的作品试探了在靠近伟大的中世纪大学（studia generalia）的繁荣城镇建立生产中心的潜在需求。教会和大学是西班牙出版业和印刷业的推动力，它们为印刷商和书商提供了文本和有保障的市场，还为许多宗教书籍的版本提供资金。

从1475年起，哥特式和罗马式字体都被用于西班牙摇篮版书籍的印刷，但哥特式字体在16世纪的生产中占据主导地位。哥特式字体一直被用于法律文献的印刷，也出现在通俗作品中，如宽幅印刷品，并持续到 18 世纪。西班牙哥特式字体显示了外国在字体设计上的影响，而且在某种程度上，这种影响是卡斯蒂利亚黑体字所共有的排版特征背后的原因。

卡斯蒂利亚印刷业可分为三个阶段。从 1472 到 1478 年，只有 15 家印刷厂的记录，其中 9 个印刷商的名字被记录在案。西班牙的印刷商在塞维利亚和瓦伦西亚工作；在西班牙其他地区，印刷厂由外国印刷大师经营。除了帕里克斯（在塞戈维亚，也许还去过萨拉曼卡），在卡斯蒂利亚北部的梅塞塔高原（Meseta）工作的大多数印刷商的名字仍然不为人知。所生产的作品的语言（7 种拉丁语，5 种本土语言）和所使用的字体（8 种罗马式，4 种哥特式）都反映了在明显的技术限制下满足特定的和现成的市场需求的必要性。

从 1480 到 1490 年，印刷厂的分布更加广泛。在卡斯蒂利亚，它们扩展到了两个高原地区。印刷业在拥有成熟市场的城市中心扎根。在大学所在城市和商业城市建立了印刷工坊，这些地方有萨拉曼卡、巴利亚多利德、托莱多（胡安·巴斯克斯）、韦尔特（阿尔瓦罗·德·卡斯特罗）、布尔戈斯（法德里克·德·巴塞利亚）和萨莫拉（安东尼奥·德·森特内拉，专注于为萨拉曼卡的大学课程印刷）。几乎所有当时的印刷商都使用了一种特殊的国际哥特式字体，甚至在科里亚和莱昂也是如此。版本的质量有所提高，加入了本地雕刻画和木雕画。例如，在《赫拉克勒斯的十二伟业》（*Los doze trabajos de Hércules*，萨莫拉，1483）中，森特内拉大大推进了文学作品的插图印刷，这种做法在 16 世纪非常盛行。

从 1491 到 1500 年，西班牙本土的哥特式字体得到了改进，同时也出现了新的外国字体。例如，巴普蒂斯塔和格雷戈里奥·德·托尔蒂斯兄弟设计的哥特式字体成为西班牙字体设计的基础。布尔戈斯的法德里克·德·巴塞利亚（Fadrique de Basilea）、萨拉曼卡不知名印刷厂以及托莱多的彼得·哈根巴赫（Peter Hagembach），都使用了这些威尼斯字体。在巴利亚多利德，胡安·德·弗朗库尔特（Juan de Francourt）在《忏悔论》（*Tratado de confesión*，1492）、《巴利亚多利德王室法庭与大法官法庭条例》（*Ordenanzas reales de la audiencia y chancillería de Valladolid*，1493）以及迪亚斯·德·托莱多的《报告员的笔记》（*Notas del relator*，1493）中采用了巴黎设计的新哥特式字体。出版量增加了，也变得更精良：页面设计开始有了丰富的装饰，插图版也在印刷工坊中出现，其重要性也在增加。阿尔瑙·吉列恩·德·布罗卡尔（Arnao Guillén de Brocar）此时出现了，他是天主教君主统治时期的主要印刷商之一。他活跃在潘普洛纳（纳瓦拉）、洛格罗尼奥（里奥哈）、阿尔卡拉德埃纳雷斯、布尔戈斯、托莱多和萨拉曼卡（卡斯蒂利亚）、塞维利亚（安达卢西亚）和萨拉戈萨（阿拉贡），或在上述地区有经营业务。

按照欧洲的标准，15世纪西班牙的印刷量很小，但其印刷厂的出版量比比利时或英国的要高。西班牙的印刷业很有竞争力，因为其一半以上的出版物用的是本土语言（卡斯蒂利亚语和加泰罗尼亚语）。在这方面，西班牙引领欧洲。西班牙的教礼和法律文本的出版量也是欧洲最高的。其印刷活动的地理半径也同样重要，西班牙只有1/4的出版量来自加泰罗尼亚和瓦伦西亚的出版社。卡斯蒂利亚的城市拥有良好的通讯条件，依靠长期以来建立的商业博览会和活跃于进出口业务的民间精英。卡斯蒂利亚的商业繁荣以及政府行政部门和大学的发展，确保印刷业成为永久性产业。

天主教君主为刺激印刷和图书贸易而采取的法律措施是其政权的有力武器。印刷商免于服兵役，同时减少图书进口的税收，有助于鼓励图书贸易，使其成为有吸引力的经营行业。这些措施还包括鼓励公民进入该行业，并鼓励外国印刷商考虑来西班牙，以及后来的葡萄牙，这些国家具有有利的就业前景，特别是在15世纪末的欧洲经济危机时期。

塞维利亚很适合德国印刷商移民。1490年，一群德国印刷商被邀请将该城市打造成一个印刷中心。其目的是让他们与学校合作，欧洲其他大学城一般都会这样安排。然而，对塞维利亚生产的分析表明，那里的出版活动已经超出了学术范畴。迈纳尔杜斯·昂古特和斯坦尼斯劳斯·波洛努斯来自那不勒斯，他们在塞维利亚成立了一家印刷公司，以出版民法和教会法文献为主要目标，这些作品此前一直分散在各地，无法获得。波洛努斯多年后在阿尔卡拉·德·埃纳雷斯印刷的《宗教文件汇编集》（*El libro en que están com piladas algunas bulas*，1503），证明了当局出版法律典籍以规范司法和立法规定的目标。

塞维利亚印刷商生产的西班牙语书籍在整个西班牙的比例最高。在医学、法律、礼仪作品以及经典作品的翻译和改编书籍中，只有 1/3 是拉丁文。此外，一种民族文学正在发展，其中包括卡斯蒂利亚的历史著作、本地的宗教作品和娱乐书籍。安布罗西奥·蒙特西诺翻译、波洛努斯在阿尔卡拉·德·埃纳雷斯印刷的萨克森的鲁道夫的《基督的生平》（*De Vita Christi*，1502，1503）的出版得到了政府的资助，即使这依然是一部宗教作品。这表明西班牙君主希望与葡萄牙君主在 1495 年资助的大型插图版（四卷，由两个德国人印刷）相媲美。

然而，葡萄牙的印刷术的引入与王室无关，而是与犹太社区有关（见第 8 章）。首部以希伯来语印刷的作品是 1487 年出版的《摩西五经》（*Pentateuco*），该书由塞缪尔·加孔（Samuel Gacon）在法鲁印刷；这些作品采用国外进口的字体，在与巴黎、利沃诺、热那亚、那不勒斯、安特卫普和阿姆斯特丹有商业联系的国际社区很容易得到。在这些摇篮版书籍中发现的字体设计反映了人们对《圣经》文本美化的意图。在印刷术传入之前，他们精良的印刷质量可能源于一个重要的葡萄牙语 – 希伯来语书法家中心与当地抄写室所属的犹太木版印刷流派之间的合作。1411 年建立的邻近造纸厂促进了法鲁、里斯本和莱里亚的主要希伯来语印刷厂的出现。里斯本的第一家印刷厂（1489—1492）——拉比埃利泽·托莱达诺的印刷厂——制作的 7 本摇篮版书籍采用的字体和装饰性边框与希伯来语印刷商埃利泽·本·阿兰坦西（Eliezer ben Alantansi，1485—1490）在希亚尔（阿拉贡）设计的那些字体和边框密切相关。名字和字体的相似性表明，这位印刷商可能迁移至此地。1488 年至 1495 年间，印刷业从沿海地区转移到了葡萄牙的内陆地区，与《圣经》注释有关的犹太教和基督教文献的传播一直持续到 1497 年驱逐犹太人的法令出台。最后一家希伯来语印刷厂是塞缪尔·多尔塔斯在莱里亚的工坊，其于 1496 年以亚伯拉罕·扎库托的《永恒年鉴》（*Almanach Perpetuum*）三个拉丁语版本的出版画上句号。这些印刷厂开始以希伯来语印刷，但后来又以拉丁语、卡斯蒂利亚语和葡萄牙语印刷。在西班牙，希伯来语印刷所面临的危机已经发生在 1492 年，即犹太人被驱逐的那一年，导致胡安·德·卢塞纳（Juan de Lucena，1475）在蒙塔尔班的印刷厂、所罗门·阿尔卡比兹（Solomon Alkabiz，1476—1482）在瓜达拉哈拉的印刷厂以及在萨莫拉和希亚尔的印刷厂消失。这些印刷厂的印刷品满足了犹太教堂的礼拜需求，比如提供含注释的读物。

葡萄牙的拉丁文和土本语言的摇篮版书籍显示了教会和王室的重要性，例如，《忏悔论》（兰道夫，1489）、《波尔图主教区教规》（罗德里戈·阿尔瓦雷斯，1497）和《布拉卡伦斯祈祷书》（布拉加，1494），由巴塞罗那的移民约翰·盖林克印刷，他在1486至1489年期间在此经营印刷业务。萨克森的鲁道夫的《基督的生平》，由阿尔科巴萨西多会修士翻译成葡萄牙语，这是外国力量参与葡萄牙印刷业的一个很好的例子。1495年，德国人萨克森的尼古拉和摩拉维亚的瓦伦蒂努斯（在若昂二世的庇护下采用了葡萄牙名字瓦伦蒂姆·费尔南德斯）制作了这部具有象征意义的作品，共4卷，书中饰有木刻边框、章节标题和德国风格的版画。费尔南德斯是第一个被授予印刷和销售《马可·波罗游记》（1502）王室特许权的人。

2 从16世纪到巴洛克时期

16世纪，葡萄牙的印刷业进展缓慢。里斯本的印刷厂仍然由外国人主导：塞维利亚的德国家族成员雅各布·克龙贝格（Jakob Cromberger）、法国人热尔茂·加尔哈德（Germão Galharde）、曾与费尔南德斯合作的意大利人乔瓦尼·彼得罗·博霍米尼［Giovanni Petro Buonhomini，活跃于1501至1514年，化名若昂·佩德罗·德·克雷莫纳（João Pedro de Cremona）］。随着最初拥有科英布拉大学印刷商特权的若昂·阿尔瓦雷斯（João Álvares，1536—约1587），一批本地印刷商出现了。路易斯·罗德里格斯(里斯本,1539—1549)改进了排版，并增加了斜体字的使用。1564年,杜阿尔特·努内斯·德·莱昂的助手安东尼奥·贡萨尔维斯获得许可，并将他的大部分印刷量用在了宗教和道德作品上；在《克里斯蒂安王子的镜子》（*Espejo del Principe Christiano*）中，他以里斯本大主教的印刷商身份署名。《卢济塔尼西亚人之歌》（*OS Lusíadas*，1572）的首版标志着罗德里格斯开始进入一个新的时代。卡蒙斯的影响（以他在马拉巴尔海岸的经历为基础）体现在1573年后的版本中，即《第二次围攻蒂乌成功》（*Sucesso do Segundo Cerco de Diu*，1574）和《圣克鲁斯省的历史》（*História da província de sãta Cruz*，1576）。安东尼奥·里贝罗（António Ribeiro，1574—1590）从1580年起担任王室印刷商；安东尼奥·阿尔瓦雷斯为里斯本大主教服务；弗朗西斯科·科雷亚是王室兼红衣主教唐·恩里克的印刷商，1564 年从约翰内斯·布拉维乌斯那里租来了印刷厂，一直在里斯本从事印刷工作直到 1581 年。从本世纪中叶开始，里斯本再次依赖重要的外国印刷大师。这些人中有来自科隆的布拉维乌斯，他于 1551 至 1563 年间在里斯本定居；佩德罗·克雷斯贝克是普朗坦的弟子，他于 1597 年在里斯本建立了印刷厂，并为葡萄牙语言的历史编写了一部基础著作，即努内斯·德·莱昂的《葡萄牙语起源》(*Origem da Lingua Portuguesa*, 1605)。克雷斯贝克和他的儿子安东尼奥一直拥有王室印刷商的头衔，直到被法国人米格尔·德朗德取代。

葡萄牙被西班牙统治（1580—1640），对书面文化以及印刷业的活动和忠诚度产生了影响。布拉干萨公爵（Bragança）的印刷商洛伦索·德·安弗斯和瓦伦特·德·奥利维拉都印刷了期刊、公报等。多明戈·洛佩斯·德·罗萨和安东尼奥·奥利瓦雷斯通过一些小型的不定期出版物支持葡萄牙的政治事业。16 世纪，西班牙印刷厂出版了葡萄牙语作品，如萨拉曼卡的布拉加教区（Braga diocese at Salamanca）委托的教礼书籍、法律作品，以及塞维利亚的曼努埃尔教士文书（科伦柏格，1521、1525）。伴随着国家合并，这两个国家都出版了和帝国政策有关的重要作品。政治事件和容易互相渗透的边界解释了西班牙和葡萄牙之间的"高流动性印刷商"现象（如坦科·德·弗雷耶纳尔）。

在 16 世纪西班牙印刷业的早期，塞维利亚受到了越来越多的关注，那里的作品有胡安·德尔·恩西纳的《诗集》(*Cancionero*) 和内布里哈的《导论》(*Introductiones*)，两者代表了对国家扫盲和语言学历史的贡献。1503 年，雅各布·克龙贝格建立了一家活跃的家族企业。围绕塞维利亚大教堂和城市学术界人士——佩德罗·努涅斯·德尔加多、洛佩斯·德·科尔特加纳和杰罗尼莫·皮内罗——的书籍都由克罗姆贝格和他的儿子约翰印刷。尤其后者的遗孀布里吉达·马尔多纳多监督印刷了胡安·德·卡萨拉的作品《灵魂之光》(*Lum* 从; *bre del alma*, 1542)，以及多明戈·瓦尔特纳斯的《基督教教义》(*Doctrina Cristiana*) 和《忏悔》(*Confesionario*, 1544)。克龙贝格家族印制了伊拉斯谟的第一批西班牙文译本，其中有《和平之争》(*Querella de la paz*, 1520)、《基督教骑士手册》(*Enchiridion*, 1528？)、《对话集》(*Los coloquios*, 1529) 和《语言论》(*La lengua*, 1533、1535、1542)。西班牙伊拉斯谟派在卡斯蒂利亚有另一家活跃的印刷厂，即布罗卡尔的女婿米格尔·德·埃吉亚的印刷厂。埃吉亚在阿尔卡拉·德·埃纳雷斯（已成为大学城和知识界改革的中心）的印刷厂出版了巨著《康普鲁顿圣经》（*Complutensian Bible*，1514—1517）。1529 年，埃吉亚还印刷了胡安·德·巴尔德斯的《基督教教义对话录》（*Diálogo de Doctrina Christiana*）的匿名版本，后者因为遭受宗教裁判的谴责而去了意大利。

包括胡安和阿方索·德·巴尔德斯在内的改革者们体现了欧洲印刷业在伊拉斯谟思想传播中的推动作用：1529 年在西班牙印刷了《拉克坦提乌斯对话录》（*Diálogo de Lactancio*），以及《墨丘利与卡戎对话录》（*Diálogo de Mercurio y Carón*）。1531 年，宗教裁判所禁止其出版；胡安和阿方索·德·巴尔德斯于 1554 年出现在米兰和威尼斯的禁书目录中，1581 年出现在葡萄牙的禁书目录中。1586 年，《拉克坦提乌斯对话录》在巴黎以西班牙语单独印刷（带有假的版本说明）。同年，《论罗马诸事对话录》（*Dialogo en que particularmente se tratan las cosas acaecidas en Roma*）在牛津约瑟夫·巴恩斯工坊出版，这是由安东尼奥·德尔·科罗制作的——他的新教信仰迫使他离开西班牙。在莱斯特伯爵的支持下，他被任命为牛津大学基督教堂的神学审查员（1578—1586），并创立了西班牙新教教会。伊丽莎白一世的保护使西班牙流亡者能够继续他们的学术工作；英国印刷业在出版因宗教和政治动机而受到迫害的西班牙人所写的书籍方面发挥了重要作用。西班牙则支持英国天主教徒，并通过耶稣会为英国传教士建立秘密印刷网格，并在圣奥梅尔的英国学院建立了另一家印刷厂，以出版反宗教改革的作品，分发给反叛者。

还有其他原因使欧洲国家积极地参与到西班牙书籍的市场中。特兰托公会议（Council of Trent，1545—1563）的决议具有决定性意义。新宗教会议要求立即生产大量的教礼书籍，这超出了西班牙印刷厂的能力。菲利普二世将这些书籍的印刷权授予拥有必要技术和资金实力的外国人。1570 年被任命为王室首席印刷官的克里斯托弗·普朗坦是这项措施的最大受益者。事实证明，这项措施对国家图书业非常不利。西班牙君主在伊比利亚半岛以外的地区，如低地国家（布鲁塞尔和安特卫普）、意大利（米兰和那不勒斯）等地的印刷厂生产西班牙书籍，不仅在西班牙和美洲殖民地销售，而且还参与欧洲贸易市场。从 15 世纪开始，西班牙的主要图书进口是来自意大利和德国的拉丁文作品。欧洲人大量参与西班牙的图书贸易，包括为不定期的出版物提供资金。

16 世纪初，在加泰罗尼亚，威尼斯书商弗朗切斯科·德·莫里斯代表着来自威尼斯和热那亚庞大的书商网络，后者也活跃在纸张贸易领域。在瓦伦西亚，来自萨沃纳的商人乔瓦尼·巴蒂斯塔·里克尔梅和洛伦佐·加诺托资助了《全球编年史总集》（*Suma de todas las crónicas del mundo*，乔治·科斯蒂利亚于 1510 年印刷）和《通用诗集》（*Cancionero General*，克里斯托弗·考夫曼于 1511 年印刷）。在卡斯蒂利亚，弗朗切斯科·达达（Francesco Dada）和乔瓦尼·托马索·法瓦里奥（G. T. Favario）于 1505 年资助安德烈斯·德·布尔戈斯在他的布尔戈斯印刷厂印刷恩西纳的《诗集》。梅尔基奥·戈里西奥资助了哈根巴赫在托莱多出版的版本。从 16 世纪 20 年代起，与意大利或里昂的大印刷厂（吉翁塔、博托纳利斯、博耶）有关系的书商公会从控制图书进口，转为通过他们在萨拉曼卡或巴利亚多利德的分支机构进行图书的生产和出版。他们在梅迪纳德尔坎波的交易会上保持着积极的姿态；吉翁塔家族在萨拉戈萨、布尔戈斯、萨拉曼卡和马德里设立了机构；里昂的杰出出版商纪尧姆·鲁耶建立了一个庞大的商业网络。里昂的出版商——卡东兄弟、菲利普·博德和克劳德·里戈——通过资助伊比利亚半岛的耶稣会和多明我会作家来大力支持天主教改革。

西班牙的王室、贵族和贵族图书收藏为观察图书贸易的活力和形态提供了一个绝佳的有利条件。随着属于个别藏书家的藏书和珍稀藏品的出现，三个特殊的图书馆应运而生：哥伦布图书馆、太阳之家（Casa del Sol）图书馆和菲利普二世王室图书馆〔也被称为埃斯科里亚尔（Escorial）图书馆〕。塞维利亚的哥伦布图书馆收藏了克里斯托弗·哥伦布之子埃尔南多·科隆（1488—1539）的藏书，而巴利亚多利德的太阳之家图书馆对于研究英西图书贸易至关重要，其中收藏了曾担任菲利普三世驻伦敦大使（1613—1618，1620—1622）的贡多马尔伯爵（Gondomar）的藏书。

16 世纪后期，许多书籍的纸张和油墨质量低劣，版式也陈旧，证明了在西班牙文学界达到鼎盛时，书籍制作的标准普遍较低。虽然西班牙的印刷厂缺乏技术革新，但出版物产量却在大幅增长，宗教、历史、法律和制图学的书籍占主导地位。在后来的哈布斯堡王朝统治时期，与西班牙的政治和经济发展密切相关的是以报纸、仲裁书和报告的形式出现了大量的小型印刷品。后圣公会时期的精神实践让布道和虔诚文学的增加，与新的城市宗教情感和社交相协调。然而，印刷业和书业在16世纪最后25年开始衰退。技术资源和熟练操作人员的缺乏变得很明显，特别是在17世纪的早期几十年，当时人们在西班牙出版的愿望仍然存在。但导致这种下降的决定性原因有宗教和民事审查制度、宗教裁判所的干预、允许垄断销售和印刷礼仪书籍的王室特许权，以及基本材料和手段的缺乏。训练有素的专业人员的短缺是显而易见的：1640年左右，马德里只有10家印刷厂，大约有50名印刷大师和工人以及45名书商。

马德里在1560至1580年间是一个主要的印刷中心，这里成立了王室印刷厂（Imprenta Real），该印刷厂根据菲利普二世和胡安·德·洪塔（Juan de Junta，属于吉塔蒂家族的佛罗伦萨印刷商，曾在萨拉曼卡印刷）的协议而建立。与普通的印刷品相比，这家印刷厂的作品代表了巴洛克时期的辉煌，印刷出了精美的插图书，其建筑式标题页由重要的西班牙和外国艺术家，特别是佛兰德斯雕刻家（佩德罗·佩雷、胡安·舒尔肯斯、让·德·库尔布、胡安·德·诺特、佩德罗·德·维拉弗兰卡）设计，如若昂·拉瓦尼亚的《菲利普三世葡萄牙之行》（*Viaje a Portugal de Felipe III*，1622）。黄金时代伟大的西班牙作家的作品——贡戈拉（Góngora）的《孤独》（*Soledades*，1635）和《巨人波吕菲摩斯》（*Polifemo*，1629）——都是在王室印刷厂以及马德里其他印刷厂印刷的。在胡安·德·拉·库埃斯塔的印刷工坊（1604—1625），出版了塞万提斯的《堂吉诃德》（*Don Quixote*，1605）第一部分和《惩恶扬恶故事集》（*Novelas ejemplares*，1613），洛佩·德·维加的《阿卡迪亚》（*Arcadia*，1610）和《征服耶路撒冷》（*Jerusqlén conquistada*，1609），以及埃尔西利亚的《阿劳加纳》（*Araucana*，1610）。路易斯·桑切斯拥有最好的印刷工人，他印刷了佩德罗·梅希亚的《森罗万象》（*Silva de varia lección*，1602）。

阿隆索·基哈诺（Alonso Quijano，即堂吉诃德，见《堂吉诃德》第二部分，第62章）参观的印刷厂被认为是当时巴塞罗那最出色的印刷厂，由塞巴斯蒂安·科尔梅拉斯拥有。他的印刷厂分为两处，一处在埃尔卡尔区（El Call），另一处在圣豪梅广场（Plaça de Sant Jaume）。在《堂吉诃德》第二部分问世之前，他已经出版了《托梅斯河上的拉撒路》（*Lazarillo de Tormes*，1599）、《古斯曼·德·阿尔法拉切》（*Guzmán de*

Alfarache, 1599）和蒙特马约尔（Montemayor）的《狄亚娜》（*La Diana*, 1614）。《堂吉诃德》第一部分的序言以精湛的方式重现了黄金时代西班牙书籍产业的复杂性。

在西班牙东部，瓦伦西亚保持着其作为印刷中心的领先地位，其中一些成功的家族——梅伊、马塞和加里兹——展示了从印刷贸易中获得的利益。在阿拉贡，多默、拉伦贝和拉纳贾家族在萨拉戈萨保持了高水平的图书生产。塞维利亚仍然是安达卢西亚的重要中心；尼古拉斯·罗德里格斯的遗孀参与了一种典型的插图类书籍（节日书）的制作，这种类型的书再现了短暂存在的建筑［如托雷·法尔范（Torre Farfán）所著的《塞维利亚教堂的节日》（*Las Fiestas de S. Iglesia de Sevilla*，1671）］。在旧卡斯蒂利亚，1601 至 1606 年间，菲利普三世统治下的西班牙首都巴利亚多利德的印刷厂和路易斯·桑切斯等印刷商依然活跃。

3 从启蒙运动到20世纪

启蒙运动使葡萄牙印刷书籍的法律、工业和经济方面变得现代化。里斯本反映了这种活力：书商的数量激增到 750 家，其中大部分是葡萄牙人。印刷商也出现了类似的增长，尤其是从 1756 年开始。在若泽一世于 1777 年去世之前，庞巴尔侯爵的政治计划，尤其是 1759 年驱逐耶稣会士的计划，促进了这一增长。在西班牙，随着卡洛斯二世的去世，1700 年开始发生了王朝的更替。波旁家族随着菲利普五世（1683 年生于凡尔赛）入主西班牙，他于 1700 至 1746 年在位，由此开始了深刻的现代化进程，并与欧洲的启蒙运动相适应。这一进程在 18 世纪下半叶和菲利普五世的侄子卡洛斯三世（1759—1788 年在位）的统治时期达到顶点。新的立法试图促进图书商业化，但这些措施使图书业的不同阶层产生分歧。1752 年，由于西班牙书商的强烈反对，针对书籍进口的立法失败了，但费尔南多六世（1746—1759 年在位）颁布的 1754 年法律成功地规范了进口图书贸易。它要求本国作者的西班牙语作品必须得到王室的特别授权，并由国务委员会对每一本进口销售的外国印刷书籍征税。书商们反对进口图书，因为会抢走他们的生意。1778 年，他们成功地推动了一项法律措施，规定只允许进口未装订的书籍、纸质包装的书籍或旧装帧书。政府试图打破西班牙书商几个世纪以来对外国产品的依赖，其策略是通过增加进口书籍难度和促进当地贸易协会的发展来促进国内生产。1758 至 1763 年间，马德里成立了宫廷印刷商和书商公司，该公司主要使用华金·伊瓦拉·马林（Joaquín Ibarra y Marín）的印刷厂。1759 年，瓦伦西亚印刷商和书商公司成立，四年后，马德里宫廷印刷商和书商公司成立。在政府的支持下，这家股份公司旨在收复传统上依赖外国出版社的部分市场。

卡洛斯三世批准了书籍的自由定价，首次采取了控制期刊出版物的措施，并承认了作者及其继承人的专属权利。政府的文化机构，如宫廷学院，承担了审查的责任。1768 年的一项法律规定了宗教裁判所对书籍印刷的干预。王室印刷厂与王室美术学院等机构合作，出版了《西班牙名人肖像》（*Retratos de los españoles ilustres*，1791）等出版物，这部不朽的作品，使人们对西班牙的启蒙运动感到骄傲。这种态度体现在胡安·森佩雷·瓜里诺斯出版的六卷本书目《卡洛斯三世时代优秀作家书目》（*Ensayo de una Biblioteca española de los mejores escritores del reynado de Carlos III*，1785—1789）中。

西班牙通过出版国家历史资料以及对启蒙思想至关重要的古典和现代作品，鼓励教育，恢复民族自豪感。这些文本将由伟大的作家翻译成西班牙语，以帮助建立民族意识并恢复语言的纯粹性。这一举措的代表作品有维特鲁威的《建筑十书》（*Los Diez libros de Architectura*），由唐·约瑟夫·奥尔蒂斯·桑兹（Don Joseph Ortízy Sanz，1787）翻译和评注；以及康耶斯·米德尔顿（Conyers Middleton）的《西塞罗传》（*La vida de Cicerón*），由尼古拉斯·德·阿扎拉（Nicolás de Azara，1790）翻译完成。成立于 1711 年的宫廷图书馆作为文本供应商和出版机构参与了这项工作。尼古拉斯·安东尼奥的国家书目——《西班牙新书目》（*Bibliotheca Hispana Nova*，伊瓦拉，1783—1788）；《西班牙旧书目》（*Bibliotheca Hispana Vetus*，伊瓦拉的遗孀和继承人，1788）——是合作的产物。西班牙重新崛起的一个标志是，约翰·巴斯克维尔［《Souverainement 一词的 11 种尺寸样本》（*Specimen of the Word Souverainement in 11 Sizes*），1766］和詹巴蒂斯塔·博多尼（Giambattista Bodoni，1776）都曾前往马德里，为王室印刷厂提供他们的字体样本。

西班牙还试图让本国的出版业在整个欧洲市场具有竞争力。安东尼奥·德·桑查和贝尼托·卡诺的马德里工作坊，以及安东尼奥·博尔达扎尔（Antonio Bordazar，1701—1740）、贝尼托·蒙福特·贝萨德斯（Benito Monfort y Besades）、何塞·奥尔加父子（1744—1808）和萨尔瓦多·福尔利（Salvador Fauli，1742—1800）在瓦伦西亚经营的印刷厂都制作出了优质图书。来自王室美术学院的雕刻师为这些印刷商做版本方面的工作，这些版本在今天也很著名，如《撒路斯提乌斯》（*Sallust*，1772），《喀提林阴谋》和《朱古达战争》（后两部是由卡洛斯三世的儿子唐·加布里埃尔·安东尼奥翻译），以及学院版《堂吉诃德》（*Quixote*，西班牙皇家学院编辑，1780），均由伊瓦拉印刷。博多尼被任命为王室印刷商，部分原因是帕尔马公国与西班牙王室有联系。排版和相关的书籍艺术水平有了很大的提高，这在一定程度上是因为政府对印刷商、雕刻师和装订师的资助使许多人能够在巴黎或伦敦接受专业培训。这个时代的字体样本书由安东尼奥·埃斯皮诺萨（Antonio Espinosa，1766、1771、1780）、赫罗尼莫·安东尼奥·吉尔（Gerónimo Antonio Gil，1774）、巴塞罗那的圣何塞修道院（1777、1801）、马德里王宫（Palacio Real，1787）、王室印刷厂（1788、1799）、尤达·帕拉德尔的遗孀（1793）和弗朗西斯科·伊芬（Francisco Ifern，1795）出版，它见证了主要集中在马德里、巴塞罗那和瓦伦西亚的排版进步。安东尼奥·德·桑查是当时最有趣、涉猎最广的书商之一，身兼书商、印刷商、出版商和装帧商多重身份。在老桑查出版的西班牙黄金时代的再版作品中，有一本《西班牙诗选》（*Parnaso español*，1768—1778），这是一本九卷本的卡斯蒂利亚最佳诗人作品的汇编，书中附有他们的肖像。他的儿子加布里埃尔制作了精美两卷本《堂吉诃德》（1797—1798，1798—1799）。

在学术运动中，西班牙编年史以纪念性的形式重新出版，例如，《胡安二世编年史》（*Crónica de Juan II*，1779）在政治设计上与布罗卡尔1517年在洛格罗尼奥印刷的精美版本相媲美。西班牙君主与两西西里王国和帕尔马公国的联系，将西班牙印刷业的影响力扩展至意大利。从18世纪中叶到费尔南多七世去世（1833），西班牙的书籍装帧也经历了一个辉煌时期，虽然法国和英国的影响显而易见，但王室装帧师如桑查斯、加布里埃尔·戈麦斯、卡尔西·维达尔、圣地亚哥·马丁和安东尼奥·苏亚雷斯·希门尼斯等人开发了马赛克风格、"科尔蒂纳"（cortina）风格、瓦伦西亚风格和西班牙树纹小牛皮风格等独特工艺。

从 1808 年起，政治问题——王室流亡、半岛战争（Peninsular War，1808—1814）、立宪主义和费尔南多专制统治——将西班牙印刷业的现代化进程推迟到 19 世纪 40 年代，而欧洲其他地区在此之前已经完成这一进程。尽管如此，旧制度与现代社会之间的过渡时期对出版史来说具有重大意义。西班牙作为正在发展议会制政府的被侵略国家，赋予印刷品新的用途，包括宣传品、短时有效的爱国主义文学和报纸。书籍生产的机械化对马德里，尤其是巴塞罗那产生了特别的影响。在加泰罗尼亚工业发展的推动下，巴塞罗那在 19 世纪成为一个强大的城市印刷中心。在 19 世纪末，从美洲回来的富有的殖民者提供了资金，带来了新的营销技巧，并推动与大量新世纪艺术家合作的图书业的兴起。

埃斯帕萨－卡尔佩（Espasa-Calpe）是一家连接 19 世纪和 20 世纪西班牙的杰出出版社，它采用了工业社会所青睐的商业模式。埃斯帕萨（巴塞罗那，1860）与萨尔瓦特（1869—1897）结成联盟，占领了法国书籍的翻译市场。该公司推出了一本高质量的杂志《插图世界》（*El Mundo Ilustrado*），并购买了布罗克豪斯与迈耶（1905）的版权，以及《迈耶百科词典》的图版。后来，该公司与一个由 33 名编辑和 600 多名合作者组成的委员会合作，出版了《西班牙百科全书》。1925 年，埃斯帕萨与卡尔佩合并，并借助与西班牙国家造纸公司（Papelera Española）签订的有利合同，在马德里的大运河畔开设了一家创新性、综合性的书店。"图书之家"（La Casa del Libro）书店里摆放着他们较早的经典学术书籍。在西班牙内战期间，他们的布宜诺斯艾利斯办事处于 1937 年推出了更受欢迎的"南部系列"（Colección Austral）。

西班牙第二共和国（1931—1936）出台了一项促进图书和综合出版的政策，支持教育和文化传播。与自由教育学院（Institución Libre de Enseñanza）有关的知识分子和"27 年一代"（La Generación del 27）的成员创办了重要期刊。《西方杂志》（*Revista de Occidente*），由哲学家何塞·奥特加·伊·加塞特在 1923 至 1936 年间主导；《海岸》（*Litoral*）由埃米利奥·普拉多和曼努埃尔·阿尔托拉吉雷编辑；《文学公报》（*Gaceta Literaria*）由何塞·贝尔加明在 1933 至 1936 年间编辑；聂鲁达编辑的《诗歌中的绿马》（*Caballo Verde para la Poesía*）；以及由拉斐尔·阿尔贝蒂和玛丽亚·特雷莎·莱昂创办的《十月》（*Octubre*）。他们还通过私人出版社出版高质量的书籍。西尔维奥·阿吉雷是与"白银时代"作家合作最多的马德里印刷商，而西格诺是最具代表性的出版商。

阿根廷和墨西哥，这些从 1939 年开始欢迎西班牙共和国流亡者的国家，为这一知识分子出版运动（见第 48 章）提供了后续支持。在战后的西班牙，《加尔西拉索》（*Garcilaso*）、《顶点》（*Vértice*）等诗歌杂志是 20 世纪 30 年代印刷业美学和高标准的继承者。纳达尔奖（Nadal，1944）和行星奖（Planeta，1952）等年度出版奖推动文学出版的发展。阿吉拉尔出版社（Editorial Aguilar）通过三种不同开本的系列丛书提升品质，均采用印度纸印刷、皮革装订。在瓦伦西亚，玛丽亚·安帕罗和维森特·索勒创办的现代印刷公司为藏书家推出了制作精良的丛书《流淌的泉水》（*La fonte que mana y corre*，1945—1975）。安帕罗·索勒和藏书家安东尼奥·罗德里格斯－莫尼诺合作，在马德里成立了卡斯塔利亚出版社（Editorial Castalia），并在 1969 年推出了旗舰系列《卡斯塔利亚经典》，此后又推出了适合各年龄段读者的系列。在战后西班牙沉闷的出版界中，这种合作使西班牙共和派严谨的批判性编辑传统得以延续。

弗朗西斯科·佩雷斯·冈萨雷斯在 1955 年与古铁雷斯·吉拉尔多和米格尔·桑切斯一起创建了金牛出版社（Taurus）。后来，桑蒂利亚纳出版社在赫苏斯·波兰科的领导下，巩固了出版业的地位，并为其提供了保障。胡安·萨尔瓦特于 1955 年加入家族企业，经营萨尔瓦特出版社，直到 1992 年卖给阿歇特。他引进了上门销售散页刊物或分册的做法；他对发行系统进行革新的方案被"读书俱乐部"采纳。1959 年，赫尔曼·桑切斯·鲁伊佩雷斯创建了阿纳亚（Anaya）出版社，该公司成为教育类文本的领导者，现在已经并入桑蒂利亚纳集团。比阿特丽斯·德·莫拉在埃丝特·图斯克茨创办卢门出版社后，于 1969 年创办了图斯克茨出版社（Editorial Tusquet）。他们的"边际"（Marginales）和"贴心笔迹"（Cuadernos Ínfimos）系列成为短篇小说读者和作者的必备读物。豪尔赫·埃拉尔德（Jorge Herralde）于 1969 年成立了阿纳格拉玛（Anagrama）出版社，并设立了最佳散文（1973）和最佳小说（1983）两个奖项。卡洛斯·巴拉尔和海梅·萨利纳斯是 20 世纪 50 年代末福门托尔奖的发起人，他们在塞克斯·巴拉尔出版社将西班牙出版业国际化，并在阿尔法瓜拉出版社介绍拉丁美洲文学"繁荣"时期（Latin American Boom）的作家。阿利安萨出版社（Alianza Editorial，丹尼尔·吉尔设计了袖珍版图书）、二十世纪出版社（Siglo XX）、金牛出版社和《对话笔记》（*Cuadernos para el Diálogo*），都是佛朗哥统治后期大众出版业进步的象征。

参考文献

A. Anselmo, *Origens da imprensa em Portugal* (1981)

———— *História da edição em Portugal*, 1 *Das origens até 1536 (1991)*

P. Berger, *Libro y lectura en la Valencia del Renacimiento* (1987)

Bibliografifia Geral Portuguesa, Século XV (2 vols, 1941–1942)

BMC 10

J. Delgado Casado, *Diccionario de impresores españoles (Siglos XV–XVII)* (1966)

———— and J. Martín Abad, *Repertorios bibliográfifi cos de impresos del siglo XVI* (1993)

V. Deslandes, *Documentos para a história da tipografifi a portuguesa nos séculos XVI e XVII*, ed. A. Anselmo (1988)

J. Domínguez Bordona, *Manuscritos con pinturas* (1933)

M. Fernández Valladares, *La imprenta en Burgos, 1501–1600* (2005)

C. Griffin, *The Crombergers of Seville* (1988)

———— *Journeymen-Printers, Heresy, and the Inq uisition in Sixteenth-Century Spain* (2005)

F. Guedes, *Os livreiros em Portugal e as suas associações desde o século XV até aos nossos dias* (1993)

[*Leituras,*] *O livro antigo em Portugal e Espanha, séculos XVI–XVIII/El libro Antiguo en Portugal y España, Leituras : Revista da Biblioteca Nacional*, 3.9–10 (2002)

M. L. López-Vidriero and P. M. Cátedra, eds., *El libro antiguo español* (3 vols, 1992–1996)

J. P. R. Lyell, *Early Book Illustration in Spain* (1926)

M. de la Mano González, *Mercaderes e impresores de libros en la Salamanca del siglo XVI* (1998)

F. J. Norton, *A Descriptive Catalogue of Printing in Spain and Portugal, 1501–1520* (1978)

M. Peña Díaz, *Libro y lectura en Barcelona, 1473–1600* (1995)

———— *El laberinto de los libros: historia cultural de la Barcelona del Quinientos* (1997)

W. A. Pettas, *A History and Bibliography of the Giunti (Junta) Printing Family in Spain, 1526–1628* (2005)

J. V. de Pina Martins, *Para a história da cultura portuguesa do Renascimento: A iconografifi a do livro impresso em Portugal* Real Biblioteca (Madrid), *Encuadernacones de la Real Biblioteca*, www.encuad ernacion.realbiblioteca.es, consulted May 2008

第 30 章
意大利书籍史

尼尔·哈里斯

1　简　介

意大利书籍史，尤其是那些评估印刷影响的历史，往往遵循一种可预测的、过于传统的叙述模式。意大利书籍史从德国印刷商开始——他们于 1465 年在苏比亚科、1467 年在罗马开始出版古代作品，然后于 1469 年转到威尼斯，在那里有更多的德国印刷商，当时一个法国金匠切割制作了第一批罗马字模。印刷术在意大利各城市极速传播，如 1470 年在特雷维和福利尼奥；1471 年在博洛尼亚、费拉拉、佛罗伦萨、米兰、那不勒斯和特雷维索，可能还有热那亚、佩鲁贾和维罗纳；1472 年在克雷莫纳、菲维扎诺、曼图亚、蒙多维、帕多瓦和帕尔马。事实上，到 1500 年，有近 80 个地方的印刷厂在经营。接下来，他们详细介绍了 1495 年以来阿尔杜斯·马努蒂乌斯的情况：他对希腊文和拉丁文经典的恢复，他对罗马字体的设计，以及他用斜体书写的袖珍文本。如果篇幅允许，他们可能会谈论威尼斯出版业在文艺复兴时期的主导地位，并赞扬其插图书籍，然后再跳到对 18 世纪末詹巴蒂斯塔·博多尼在帕尔马的独特视觉成就的描述。这种标准论述的结论往往会评论意大利的现代出版业，评论米兰的崛起，以及（也许）评论18世纪50年代和60年代的畅销书《意大利风格》（*all'italiana*）。这些都没有错，因为其中突出的事实是正确的。即便如此，这样的观点充其量也是肤浅的，同样的模式可以从不同的角度来看待。

与其从流动的印刷商开始，不如看看印刷术出现之前意大利的图书贸易状况，这样做也许会有帮助。主要人物是佛罗伦萨书商维斯帕西亚诺·达·比斯蒂奇，他为科西莫·德·美第奇和费德里科·达·蒙特费尔特罗等客户组织了规模庞大、费用高昂的手稿复制和装饰工作。维斯帕西亚诺晚年在他的回忆录中对印刷术进行了讽刺，因为印刷术使像他这样的传统书籍制作者失去了生意。他有些偏颇的说法是，费德里科永远不会允许在他的收藏中出现印刷品，这是毫无根据的，却很有启示意义。它表明，将吕西安·费弗尔和亨利－让·马丁的法国图书史概念中固有的印刷和手抄本传统之间的急剧脱节（见第15章）的观点适用于意大利是一种误导，因为如果存在这种情况的话，这两者在某一段时间就是相互滋养交融的。

1949年，罗伯托·里多尔菲（R. Ridolfi）将早期的印刷商描述为"必须与金钱打交道的人"（Ridolfi，6）。德国工匠用骡子拖着他们的财产翻越阿尔卑斯山，他们看中的是一处图书市场，在那里，人们愿意为羊皮纸上的彩饰手稿支付惊人的费用。意大利也正在经历一场文化革命（被19世纪的学者称为"文艺复兴"），最初是对古希腊和古罗马作品的重新发现。这一创新部分是由1438年的费拉拉和佛罗伦萨公会议（Council of Ferrara and Florence）促成的，该会议试图在西方教会和东正教会之间达成和解；虽然该会议最终失败了，但它确实建立了对希腊文化和语言的直接认识，在那之前，意大利知识分子主要通过中世纪的拉丁语来了解希腊文化和语言。随后，1453年拜占庭君士坦丁堡的陷落引发了希腊学者的迁徙，他们往往在行李中夹带着手稿，在意大利通过教学谋生。15世纪的意大利（尽管被分裂成了不同的国家，有时甚至互为交战国）是欧洲最富有和文化上发展最快的"国家"，因为它位于地中海的中心，管理着西方和东方之间的贸易，拥有庞大的银行家族财富，以及由天主教会保证的外部收入。因此，用新的方式来制作书籍的时机已经成熟。

2 印刷术的引入

近年来，人们对帕森斯碎片（Parsons fragment）进行了热烈的讨论，该碎片由 8 页组成，属于意大利文的八开本《基督受难记》（*Leiden Christi*），这是一部 15 世纪在北欧广为流传的德国作品。1925 年，慕尼黑书商雅克·罗森塔尔发现了这个碎片，康拉德·黑布勒于 1927 年对其进行了描述，次年便被路易斯安那州藏书家爱德华·亚历山大·帕森斯（Edward Alexander Parsons，1878—1962）收藏；直到 1998 年，它才重新出现并被伦敦佳士得拍卖。该书在文献学上引起的轰动源于其大型圆形字模的轰动，这种字模已被挫削过以使其合在一起，这表明其印刷日期较早。由于其金属切割的插图大约在 1459 至 1461 年在德国南部被使用，该版本可能在此后不久印刷，几乎可以肯定是在意大利；语言学分析表明，该译本是在帕尔马、博洛尼亚和费拉拉形成的三角地带或附近完成的。如果关于日期和地点的假设是正确的，那么这份碎片无疑是现存的第一个意大利印刷品。然而，按照这个理由也可以说其他文本可能产生得更早，但已经完全散佚了。在普林斯顿的谢德（Scheide）藏书库将其买下之后，该片段与 1463 年 2 月在费拉拉附近的博德诺的一份文献联系了起来，其中包含了一位德国神父保罗·默希和他的同胞乌尔里希·普尔施密德［Ulrich Purschmid，或鲍尔施密德（Bauerschmid）］之间的协议，后者来自奥格斯堡附近的拜斯韦尔。该协议提到了制作《圣殇》（*Pietà*）和《圣母子》（*Virgin and Child*）的陶俑塑像；它还讨论了制作拉丁文语法、儿童诗篇和用于学习的入门材料的成型印版（shaping forme）。有人认为，该碎片和协议密切相关，因此，意大利印刷业的曙光应该早于博德诺，约在 1463 年（参见 Scapecchi）。然而，无论乍看上去多么诱人，这种推测都是危险的。在拉丁语中，forma 指的是用作基体的任何表面，而整个协议表明，普尔施密德的专长是陶瓷而不是金属铸造。此外，在前古腾堡时代，意大利也采用了初级的印刷技术。一份 1441 年的威尼斯文件提到了 "carte da zugar" 和 "figure stampide"（扑克牌和印刷图像）；另一份 1447 年的文件提到了 "alcune forme da stanpar donadi et salterj"（"一些印刷语法和诗篇的印版"）——这是博德诺文件三项中的两个（参见 Cecchetti）。虽然 1463 年的协议很可能指的是一种原始的工艺，即纸张只从浮雕的表面压印，但目前还无法对帕森斯的碎片做出定论。尽管如此，它确实支持了这样的观点，即随着阿尔卑斯山以北印刷术的传播，德国工匠（他们通过印刷容易销售的小册子来为自己的迁移提供资金）可能会到达波河平原的某个地方，这是说得通的。

除非有更早的例子出现，否则必须得出这样的结论：康拉德·斯韦恩海姆和阿诺德·潘纳茨在罗马以东 70 千米的小镇苏比亚科创办印刷工坊时，在时间上可追溯的印刷活动就开始在意大利出现了。遗憾的是，他们定居在圣斯科拉斯蒂卡的本笃会修道院的原因，至今仍不为人知。他们印刷的第一份文本是多纳图斯的作品，但流传下来的最早的印刷品是西塞罗的《论演说家》（*De Oratore*），大约有 20 份副本；该版本没有日期，但曾经出现在莱比锡、现在在莫斯科的一份副本上有 1465 年 9 月 30 日写的说明。随后，10 月又印刷了拉克坦提乌斯的一部作品，1467 年又印刷了奥古斯丁的《上帝之城》（*De Civitate Dei*）。此后，他们明智地将业务转移到了罗马。后来他们事业的起起伏伏，在他们编辑的、阿莱利亚的候任主教乔瓦尼·安德烈亚·布西的序言和献词中都有详细描述。他们远没有取得压倒性的成功，各种因素的综合作用——包括发行大型人文主义作品的政策、西塞罗等畅销书的超量印刷，以及来自乌尔里希·汉（Ulrich Han）等其他德国人的竞争（在此期间，他已被吸引到罗马经营）——使 15 世纪 70 年代初出现了图书过剩的情况。早期出版商的财务窘迫反映了一个更广泛的难题：他们未能驾驭一个不断扩张但基本上未知的市场。

意大利书籍的主流观点认为，到 1500 年，印刷业已经在许多城市站稳了脚跟，但没有提到的是，这种立足是如何丢失的。通常情况下，一家印刷厂成立并运营了很短的时间（有时只印刷一个版本），然后就转移到其他地方。特雷维索就是一个例子，1471 年热拉尔·范·德·利斯在那里引进了印刷术；大约有 11 家印刷厂在那里经营到 1494 年，此后印刷活动销声匿迹，直到 1589 年才再次出现。热拉尔还于 1484 年在乌迪内开启了印刷业务，只持续了几年时间；直到 1592 年，那里才出现了下一家印刷厂。与德国不同的是，在德国，印刷厂建立后在大多数情况下都会持续下去；而在意大利，印刷厂几乎没有在任何地方扎根。只有五座意大利城市（罗马、威尼斯、费拉拉、米兰和博洛尼亚）在 16 世纪之前（包括 16 世纪）有着不间断的出版活动。在另外五个城市（佛罗伦萨、那不勒斯、帕尔马、摩德纳和都灵），印刷业开始并不成功，第二次被引入后才稳步发展。在另外两个城市（布雷西亚和锡耶纳），15 世纪时，新式印刷厂一度运行良好，但在 16 世纪却遭遇了重大挫折。要理解为什么印刷业的种子经常有播种却很少开花结果，有一个插曲特别具有启发性，因为相关人员对薄公堂，留下了一大堆文件记录。这些法律记录讲述了 1473 年在摩德纳引进印刷术的约翰内斯·武斯特与当地纸商切基诺·莫拉诺之间的合作故事，后者从中看到了扩大业务的机会。两人出版了几本针对附近博洛尼亚大学的大型书籍，但未能找到市场。1476 年，在被他的合伙人起诉并险些被监禁后，武斯特离开了小镇，留下了满满一店未售出的书（参见 Balsamo）。虽然通常缺乏这类确凿的证据，但许多这样的早期企业经常在财务灾难的边缘徘徊，有时甚至跌入深渊，这是可信的。毕竟，外国初来乍到的第一批印刷商既缺乏分销他们所印刷书籍（同一本书的数百份副本）所需的当地市场知识，也缺乏采取更渐进的销售政策所需的雄厚资金。虽然意大利印刷业未能在它所涉足的 85% 的地方站稳脚跟，但有一个城市迅速战胜其他所有城市，那就是威尼斯。

3 威尼斯

1469 年，施佩尔的约翰引入了印刷技术，威尼斯的印刷业在短短几年内迅速发展。根据《摇篮版简明目录》（*Incunabula Short Title Catalogue*，ISTC），威尼斯生产了大约 3500 个已知版本，使整个意大利达到大约 9900 个版本——领先德国的 9300 个版本，并远远超过法国的 4500 个版本。威尼斯比它在欧洲的主要竞争对手巴黎多出 25%，而且发行的版本数量是它在意大利的主要竞争对手罗马的两倍。然而，这些版本并不能说明全部问题。在威尼斯，有记录的印刷品中有一半是对开本，只有 9% 是八开本或更小的版本；在巴黎，对开本只占 12%，四开本占 58%，其余是八开本；在罗马，对开本占 15%，四开本占 68%，八开本占 17%，而那里的许多印刷品是只用一张纸或用更少的纸写的演讲稿。换句话说，大多数威尼斯书籍的尺寸都很大，而其他中心的书籍则相反，都很小。尽管几个世纪以来，书籍的分布发生了很大的变化，但在欧洲偏远地区进行的 15 世纪书籍的统计显示了威尼斯印刷品的渗透程度：现在波兰的古籍中有 23% 是在威尼斯印刷的，西班牙有 27%，匈牙利有 28%，葡萄牙有 33%。

威尼斯在意大利国内的主导地位不断增强，该城市就像一块出版业的磁铁，吸引着其他企业。在从特雷维索消失的印刷厂中，有几家在大约一年后重新出现在其强大的邻城威尼斯中。据估计，在 1501 年之前，威尼斯大约有 230 家印刷企业在活动。简单地说，威尼斯的书更好。它们不仅设计和印刷得更好，还使用了更好的纸张，并且通常是最早使用插图和辅文元素（如索引）的。同时，它们的价格也较低。因此，毫不奇怪，欧洲各地城市的书商和顾客都对威尼斯的产品情有独钟，导致本地的印刷商的市场不得不萎缩。威廉·卡克斯顿的爱国情怀是真诚的，但由于主要以本土语言出版，他默认自己没有能力与尼古拉斯·詹森等人的优雅拉丁文印刷品竞争。威尼斯的技术优势首先体现在其印刷商对更复杂的排版程序的掌握上，如红黑两色的礼仪文本。为索尔兹伯里教区制作的每日祈祷书和弥撒书的存在（有时是零散的），见证了从遥远的英国市场收到的委托。这个行业建立起来后，手工装饰传统的延续被转化为极其优雅的木刻插图，其灵感来自曼特尼亚（Mantegna）等主要艺术家，这再次提高了产品的市场竞争力。同样，欧洲的音乐印刷业也是由威尼斯的印刷厂主导的，从 1501 年的奥塔维亚诺·彼得鲁奇开始，到本世纪晚些时候，安东尼奥·加尔达诺和吉罗拉莫·斯科托也相继投身其中。

为什么威尼斯会出现这种情况，这个问题很少有人问。那不勒斯拥有更多的人口，佛罗伦萨正处于文艺复兴的辉煌时期，而罗马则拥有奢华和辉煌的教皇宫廷。米兰和费拉拉等意大利城市拥有提供赞助的统治王朝，而博洛尼亚、帕多瓦和帕维亚则拥有繁荣的大学。虽然有山脉相隔，像热那亚这样的城市却与威尼斯有许多相似之处：都是海上共和国，都在在附近的沃尔特里有造纸业，还有几乎相同的政治制度，即由世袭贵族选出总督。然而，那里的印刷业经过几次尝试才开始起步，直到 1534 年才稳固地发展起来。从更宏观的角度来看，威尼斯拥有的是一个高度发达的商业和金融组织，可以说是更倾向冒险，其基础是与中东和东亚进行的利润丰厚但在经济上有风险的贸易。甚至在马可·波罗时代之前，丝绸和香料等奢侈品就已经通过威尼斯运往欧洲其他地方销售。这个城市的经济围绕着在贸易企业中购买的股份展开，如果成功的话，可以数倍地收回最初的投资；如果船没有回来，就像莎士比亚的《威尼斯商人》中那样，参与者会损失部分或全部的钱。这个系统涉及社会的各个层面，甚至会涉及非常小的投资者，如寡妇和孤儿；这使得威尼斯人形成一种思维方式，他们本能地掌握了新的出版业的经济学原理，在这里，一种原材料（纸张）被转化为一种增值的成品（印刷品），这需要进一步投入资金来分销并确保收益。

就早期的资本集中而言，詹森的职业生涯提供了宝贵的角度。今天，他因其版本的精美页面和仅被阿尔杜斯超越的罗马字体而闻名，他是出版财团的代言人，该财团中还有商人兼书商彼得·乌格尔海默（Peter Ugelheimer）。他的出版量记录可以在《摇篮版简明目录》中查看，但值得做的一件事是对现存的副本进行详尽的普查，以确定在羊皮纸上印刷的比例，以及有多少以红色标题印刷，或有彩饰，或者以红色标题印刷的同时还带有彩饰。在进行这种调查的一个版本中，即 1478 年对开本《罗马日祷课》（ *Roman Breviary* ），已知的 45 个副本中有 24 个用的羊皮纸，而且几乎都有手工添加的最高级的装饰（参见 Armstrong）。长期以来，出版业朝着相反的方向发展，大型的、高质量的、手工装饰的、多色的羊皮纸书籍（接近于手稿）被小型的、有时印刷粗糙的、单色的纸质书籍所取代。不过这种奢侈、高成本的产品所填补的不仅仅是一个小众市场。直到 16 世纪初，这个市场还被詹森充分开发过，后来还有阿尔杜斯，之后安托万·维拉尔还在巴黎效仿。

生产量远远超过当地市场吸收量的图书行业不得不大规模地出口。威尼斯的另一个巨大优势是它预先存在的分销网络，使它能够通过亚得里亚海沿岸的水路和覆盖整个意大利北部的河流和运河系统运输，以及通过公路用一批批的骡子穿越阿尔卑斯山进入德国和法国发送货物。这个网络同时也被造纸业和纺织业所利用，图书贸易与之有许多相似之处——一些出版商也被认为有经营布匹生意。来自意大利其他地方的商业人士的集中，进一步确保出版业完全建立起来，其中很少有人是真正的威尼斯人。该市印刷商的原籍（在文艺复兴时期印刷品的版本说明中自豪地印了出来）几乎勾勒出了波河平原的精确地图，可以看到在布雷西亚和意大利湖泊周围有一组小点（加尔达湖上的托斯科拉诺也是威尼斯造纸业的中心），再远一点，还有皮埃蒙特的特里诺镇。

威尼斯的书店和印刷厂集中在里亚托和圣马可广场之间。从文艺复兴时期到 18 世纪，旅行者的描述中提到了一个巨大的商业中心场，买家在几十家商店里花上几个小时进行浏览。弗朗切斯科·马吉（Francesco Maggi）的《营业日志》（ *Zornale* ）是对这种活跃的图书销售活动的早期衡量标准，它提供了从 1484 年到 1488 年每天的销售记录，条目很简洁，通常只有书名，但账簿详细记录了价格，可以与其他商品进行比较，还记录了购买用途。虽然大多数物品都是单独出售的，但有时买家会把两三本，甚至多达 20 本书放在一起。同时，通过《营业日志》可以感受到图书交易仍然是保守的；虽然意大利印刷商掌握技术的速度很快，但他们最关心的是如何将中世纪的文本遗产转移到新的媒介中。正如维克多·朔尔德勒（Victor Scholderer）在 1935 年观察到的那样，"虽然意大利的古籍形成了同类书籍中最多样、最有趣的书籍主题，但它们所展示的文化非常成熟，以至于在某种程度上显得停滞不前"（BMC 7. xxxvii）。颇为奇怪的是，当剧变来临的时候，推动力竟来自对更古老传统的追溯。

4 阿尔杜斯

套用奥斯卡·王尔德的话说，阿尔杜斯的重要性是不可否认的。在约翰内斯·古腾堡之后，他可能是整个书籍史上最著名的了。另外，古腾堡的名声是由他发明的印刷机确立的，那么为什么阿尔杜斯也会获得如此高的声誉？毕竟，他是这个行业的后来者；1495 年，当他开店时，威尼斯已有 200 多台印刷机在工作或正在工作。虽然人们对他的成就赞不绝口（毫无疑问他是有成就的），但其成就的本质并不总是很清楚。事实上，我们有必要记住，"阿尔杜斯神话"中的第一个、也是最勤奋的传播者就是阿尔杜斯本人。他于 1515 年去世后，在 16 世纪余下的时间里，书籍品牌阿尔定（Aldine）持续焕发生机，先是由托雷萨尼家族经营，后来又由他的直接继承人接手，因此，除了家族责任感之外，这个传奇一定是门好生意。整个故事充满了陷阱，即使在今天，一些书目编纂者仍断言，阿尔杜斯以低成本的八开本的经典作品发起了一场 16 世纪的原版平装书革命。实际上，按照当时的标准，他的袖珍本很昂贵，甚至引得里昂书商竞相仿制以牟利。

就像另一位杰出的印刷术创新者约翰·巴斯克维尔一样，阿尔杜斯在文艺复兴时期的年龄已经很大，40 多岁才开始从事印刷业。他是以一个受挫的知识分子的形象出现的，一个未能像他的老师巴蒂斯塔·瓜里诺（Battista Guarino）那样以人文主义者或学者身份取得成功的人。因此，教育是阿尔定出版社（阿尔杜斯创办）计划的关键。他的目标不仅是恢复古典时代的文本，还要为它们寻找读者。他在正确的时间成为正确的人，也找到了正确的合作者。托雷萨尼和贵族耶尔弗朗切斯科·巴尔巴里戈为这项事业提供了资金；弗朗切斯科·格里福以其非凡的眼光和手艺制作了所需的字体；马库斯·穆苏鲁斯和彼得罗·本博以其知识威望和编辑能力保证了文本的质量。这时的中心思想是研究希腊语（其次是拉丁语）应该是教育典籍的核心；然而，希腊语文本的正确印刷因其众多的气音符和重音组合，遇到了相当大的障碍。阿尔杜斯是第一个成功克服这些挑战的人，他将欧洲教育思想的核心理念放在了年轻绅士和执政精英的教育基于对一种遥远的、已经消亡的语言的深入研究之上。最终的结果是，在 400 年的时间里，学生们在课堂上努力学习埃斯库罗斯和索福克勒斯，成为拥有共同思维模式（forma mentis）的成年人。

关注阿尔杜斯在这一思想变革中的作用，可以更好地界定意大利在图书历史中的地位。本章简介中概述的经典解读中的大多数重要时刻都有一个共同点：简而言之就是设计。1496 年初，阿尔杜斯在出版了他的第一批完全以希腊文写成的书之后，用一种新的罗马字体出版了《埃特纳火山游记》（De Aetna）。这种字体承继并加强了詹森在 1470 年开发出来的字体的特点；经过修改后，最终呈现了不方便阅读但视觉效果很好的《寻爱绮梦》（Hypnerotomachia Poliphili）。该字体后续经过克劳德·加拉蒙改造，最终形成了斯坦利·莫里森设计的"新罗马字体"（Times New Roman，1932）——这是今天电脑屏幕上常见的默认字体，仍然可以看出源自阿尔杜斯的设计。斜体字的情况也是如此：1501 年，阿尔定的第一个设计可能没有直接的现代继承者，但没有人质疑其创新的重要性。

5 推动书籍变革的多重原因

到 1500 年底，意大利的出版业（主要在威尼斯）已经有了一个清晰的面貌。在 1797 年威尼斯共和国垮台之前，意大利的出版业在许多方面都没有改变。然而，它的主导地位和成功同时也埋下了衰落的种子，这种衰落将持续几个世纪。本文将简要分析五个相互关联的因素：政治结构、新世界探索、宗教改革、民族语言和读者群。

在这一时期，意大利不存在占主导地位的政治实体。半岛被分割成多个小国，其中最强大的两个国家，即威尼斯和教皇国，都依靠能推选出元老级统治者的选举。在威尼斯，教皇不过是个傀儡，真正的权力通常掌握在十人会议那些不露面的贵族手中。这一制度确保了政治上的连续性，却限制了主动性，因为人们喜欢的政策是对冲、阻止，并等待问题消失。教皇制度确实能选出真正的统治者，但通常被选者已经年老，像儒略二世（Julius II，1503—1513）这样精力充沛的人物的影响力能改变时势，但在位时间太短，使得其敌人能在暴风中安然度过。因此，这种政治格局不仅意味着不存在由一个首都（如巴黎或伦敦）代表的单一中央市场，而且还意味着到 18 世纪末，当图书业需要强有力的制度性措施时，意大利各邦太弱小、太分裂，无法提供这些措施。

导致意大利出版业长期衰落的第二个事件是 1492 年发现美洲以及 1497 至 1499 年发现了通往东方的海路，这使欧洲的力量平衡逐渐从地中海转移到大西洋沿岸更有活力的国家，逐渐使威尼斯作为与东方贸易转口港的作用失效。第三个历史考量是新教改革在北欧的成功和在意大利的失败所引起的宗教变革。宗教改革的长期结果是意大利书籍的边界逐渐关闭，这也与拉丁文作为普遍交流手段的衰落有关。

虽然这前三个因素是图书贸易的外部因素，但剩下的两个因素是内部因素，需要更长时间的处理，首先要处理的是民族语言。从 16 世纪到 20 世纪中叶，受过普通教育的意大利人除了在家里讲的语言外，还需要通过学校教育和阅读掌握两种语言。第一种是古典拉丁语（通常要有希腊语的基础）——一种已经消亡的语言，但对于理解意大利文化遗产的重要性是必不可少的。第二种语言是意大利语，当时这种语言既没有消亡，也不活跃。在学校之外，普通的意大利人使用方言，其可理解的范围有很大的不同。在北部和托斯卡纳，同样的方言覆盖了大片地区，然而，在南部的农业贫困地区以及岛屿上，语言区域更受限制，这意味着生活在一个村庄的人与 30 多千米外的人很难沟通。意大利语发展为一种全国性的语言，是人为推动的结果，在某种程度上是意识形态的产物，主要是通过书籍传播的。它的发展起源于两个关键时期。首先，14 世纪，三部以托斯卡纳方言写成的作品——但丁的《神曲》、弗朗切斯科·彼特拉克的《歌集》和乔万尼·薄伽丘的《十日谈》确立了新的文学标准，开始了欧洲现代语言的漫长而缓慢的进程。其次，16世纪，本博在他的《通俗语言叙述》（*Prose della Volgar Lingua*，1525）中规定，书面意大利语的标准应该是以彼特拉克的诗歌和薄伽丘的散文为标准。在某种程度上，他只是将其他人之前提出的理论，如福图尼奥的《通俗语言规则》（*Regole Grammaticali della Volgar Lingua*，1516），以及威尼斯印刷商已经在做的事情，以理论形式表达出来。起到关键作用的是他作为贵族、编辑和作者的权威，他在1539年获得了红衣主教之职，用现代的说法是"因对文学的贡献"。然而，本博和他的理论家伙伴们并不关心单一的书面规范的建立是否会产生统一的口头语言。这一过程在四个世纪后才会发生，因为届时会引入其他媒体。

文艺复兴时期的杰作，如《廷臣论》（*Cortegiano*，1528），为托斯卡纳语言规范的应用提供了便利，其基础是14世纪文学（这批作家中最年轻的比乔叟都要大30岁）。这本典型的行为准则书由曼图瓦的职业外交官和教皇使节巴尔达萨雷·卡斯蒂利廖内撰写，为了得到正确的语言风格，它经历了数次起草，在作者缺席的情况下，威尼斯的修订者焦万·弗朗切斯科·瓦列尔将其印刷了出来，他的最终修订情况在阿尔定出版社保存的印刷样本中可以看到，并交给了让·格罗利耶。费拉拉诗人卢多维科·阿里奥斯托的情况更加有趣，因为他的《疯狂的罗兰》（*Orlando Furioso*，1532）延续了早先的诗作，即马泰奥·玛丽亚·博亚尔多的《热恋的罗兰》（*Orlando Innamorat*），该书于1482至1483年首次出版（首版现已失传），并在1495年增加了第三卷（参见Harris）。博亚尔多讲述了骑士罗兰的故事——他爱上了美丽但居心叵测的安杰丽佳，从而放弃了对查理曼大帝和基督教的责任——博亚尔多的故事以其令人惊叹的冒险和精彩的剑术描述吸引了15世纪的读者，它是以波河河谷的韵律写成的，意大利纯粹主义者对其韵律感到不满。阿里奥斯托续篇的第一个版本于1516年出版，共40节，保持了方言的形式和韵律；1521年出现了部分修订版，随后在1532年出现了完整的托斯卡纳化的最终版，增加了6节。康纳·法伊（Conor Fahy）所描述的287处印刷差异和一张"作废表"（cancellans）显示，作者一直在对文本进行修改，直到最后甚至也没有停过。这一成果中的精湛技艺在人们眼中大获成功，其意大利文艺复兴时期杰出作品的地位也很少受到质疑。同时，它也被证明是焦利托（Giolito）和瓦尔格里西（Valgrisi）等出版商的商业成功，两人推出了多种形式的版本，并增加了插图、评论和其他种类的辅助文本。16 世纪 80 年代，《被解放的耶路撒冷》（Gerusalemme Liberata）暂时盖过了它的风头，该书最初名为《戈弗雷多》（Il Goffredo），对第一次十字军东征进行了诗意的、寓言式的描述，深刻地影响了其他欧洲作家。该书的作者托尔夸托·塔索（Torquato Tasso）可以说是第一个真正的意大利民族作家，因为他在童年时曾四处游历，从而避免了在成长过程中使用当地方言。所有这些作家都在努力完成用算是外语的语言来创作文学作品的任务，他们可以与康拉德这样的小说家相提并论，后者用英语写作（这是他继母语波兰语和法语之后的第三种语言）。

影响意大利图书历史的最后一个因素是缺乏坚实的中产阶级读者群。这里的"中产阶级"一词是一个有意的时代错误（anachronism），它指的是数量可观的一群读者，他们把书看作自我提高的工具，是他们自己向上的愿望的体现。由于意大利在文艺复兴早期具有比欧洲其他地方更高的城市识字水平，而且此后从未缺乏博学人士和学者，所以说缺失整个阶层的读者似乎是矛盾的。然而，这就是所发生的事情，虽然原因很多，也很复杂，但这种识字率下降的关键时刻可能发生在 1559 年，当时第一部《罗马禁书目录》（Roman Index Librorum Prohibitorum）禁止了意大利文的《圣经》。抛开这部神圣文本的内容和重要性不谈，《圣经》是一本篇幅较大的书，因此意大利文《圣经》被禁止流通对识字率产生了重大的破坏性影响。在那之前，即使是那些不懂拉丁文的人，阅读《圣经》在意大利社会中也是相当普遍的。尼科洛·马拉尔米（Nicolò Malermi）最早翻译的《圣经》通俗版于 1471 年在威尼斯问世。16 世纪出现了更多的译本，特别是安东尼奥·布鲁乔利（A. Brucioli）的译本（1532），该译本似乎带有异端的色彩。因此，天主教会对不受控制、不受约束地阅读《圣经》文本的担心，导致了对思想传播更广泛的钳制。从 1559 年起（或者说从 1564 年起，当时特兰托公会议确定的禁书《目录》确认了这一禁令），意大利的阅读实践和习惯出现了分化。一方面，按照阿尔定模式接受教育的精英们阅读的作品数量很多，而且质量也很高，然而，由于宗教团体成员在这一类别中占了相当大的比例，家庭阅读通常被排除在外，妇女往往也被鼓励识字。另一方面，受过最低限度正规教育的读者寻找和阅读文本有时会招致当局的愤怒。例如，1584 年和 1599 年，在乌迪内，磨坊主多梅尼科·斯坎代拉（Domenico Scandella，人称梅诺基奥）被宗教裁判所法庭指控为异端，法庭记录了他的阅读内容和他认为自己在其中领会的东西（参见 Ginzburg）。这次审判对书目方面有影响，因为梅诺基奥最喜欢的书，如曼德维尔的游记，都是二手书，而且是半个世纪甚至更久以前的。除此之外，作为钳制的直接后果，16 世纪最后 1/3 的书籍都是乏味的读物，几乎没有什么可以吸引中间阶层的读者。文本审查也许并没有完全阻止文学爱好者，但诸如 1573 至 1588 年期间对《十日谈》的修订等事件，其中对神职人员的负面提及被删除，一些故事被大幅改写，这表明图书业的做法发生了实质性的改变，而且不是往好的方向发展。在焦利托等公司的目录中也可以看到巨大的变化，该公司放弃了以文学为主的作品出版，而选择了明显具有宗教性质的产品。如果把这种变化仅仅归因于出版业的恐惧，那就过于简单了，社会在变化，读者在变化，而图书只是顺应潮流。16 世纪产生的这条社会识字率的裂缝，到 18 世纪就变成了一条鸿沟。

6 16世纪和威尼斯的霸主地位

马林·萨努多（Marin Sanudo）从 1496 到 1533 年的日记中对威尼斯人的日常生活进行了详细的记载，写到 1500 年的最后一天时，这本日记虽无多言却意味深长。印刷商、出版商和书商并没有聚集在圣马可广场，并没有为这个摇篮版古籍时代的结束欢呼，也没有用舞蹈迎接即将到来的新世纪。这并不令人惊讶，因为 1501 年元旦的书目界定年代是后来才划定的，早已被公认是人为的和不可取的，不过，这也是一个方便评估的时刻（参见 Norton）。正在进行的意大利 16 世纪图书普查【16 世纪意大利书籍数据库（Edit 16）及其配套系统"国家图书馆服务系统"（Servizio Bibliotecario Nazionale，SBN）显示，1501 年，在十几个城市出版的图书略多于 200 种。数量最大的在威尼斯（64%）；与它最接近的对手是米兰（16%），那里有大量的小印刷商和两个大型出版商——莱尼纳诺（Legnano）和尼科洛·达·戈尔贡佐拉（Nicolò da Gorgonzola）；之后是博洛尼亚（7%），主要为大学提供大型书籍；然后是罗马（3%）

和布雷西亚（2%）。雷焦艾米利亚（2%）出人意料地活跃，在那一年出版了当地的法规，而都灵、帕尔马、帕维亚、佩鲁贾、费拉拉和佛罗伦萨的印刷量则属于象征性的存在。然而，那些暂时处于休眠状态的中心，如摩德纳，可能制作了一些没有保存下来的短效印刷品（见第 16 章），或未注明日期的版本，可能已被归类为摇篮版古籍。由此出现了直到 17 世纪都不变的格局：威尼斯在图书业中占主导地位，其他中心在竞争中挣扎。虽然重要的文学作品可能在其他地方有第一版（例如在那不勒斯出版的桑纳扎罗的《阿卡迪亚》，或在费拉拉出版的阿里奥斯托的《疯狂的罗兰》），但随后的版本都会转移到威尼斯出版。

立法和出版商本身的游说能力加强了威尼斯的主导地位，从 1549 年起，出版商们组织成立了自己的行会（参见 Brown）。施佩尔的约翰在 1469 年获得了垄断特许权，之后便中断了一段时间，但在世纪之交，申请特许权的请求如潮水般涌来。阿尔杜斯尤其积极，他在 1496 年和 1498 年为他的希腊文本申请到了保护，在 1501 年为他的新斜体字申请到了保护，第二年，他要求采取措施，打击他的八开本印刷品盗版。这个制度很容易被滥用，以至于 1517 年，元老院被大量的作者和书名申请所激怒，取消了所有现存的特许权，并在 1545 年认识到需要更严格的控制，将图书贸易置于帕多瓦大学改革委员会的监管之下。像其他意大利国家一样，威尼斯将其大学设在卫星城市帕多瓦。由于康布雷同盟战争（League of Cambrai，1508—1516）的灾难性影响，所有教学都停止了；因此，1528 年，新的管理机构成立，以重新开放大学并监督其运作。帕多瓦大学改革委员会是由选举产生的，因其声望，成为一个文化部门，拥有管理学院、图书馆和图书业的权力。印刷商必须提交他们打算出版的任何作品以供审批，只要没有发现任何反对宗教、反对王公（即其他政府）或道德相悖的内容，就会迅速得到批准。随着《禁书目录》的颁布，宗教裁判所实施审查制度的尝试导致了激烈的争论，不仅是与出版商的争论，也是与威尼斯当局的争论，后者对罗马人的干预感到不满并予以阻挠（参见 Grendler）。然而，1596 年签署的协议批准了一项双重审批制度，即由宗教调查官核实书中没有任何违反天主教信仰的内容。然而，经常有人抱怨他们越权，而且是有理有据的抱怨，因此，只获得城邦批准，并通过描述出版地点的虚假版本说明，来逃避教会控制的情况变得越来越普遍（参见 Infelise）。

在最理想的情况下，关于早期图书产量的统计数字是有误导性的，但评估意大利文艺复兴时期的生产情况就像一场蒙眼的障碍赛。首先，相当大比例的印刷品已不复存在。其次，当时书籍的大规模出口和在此期间的藏书家收藏，确保了1601年以前出版的书籍约有一半（有时是各自版本的唯一见证）现在都应该传于意大利之外。规模最大的单一收藏是在伦敦：粗略的统计表明，如果大英图书馆也参与16世纪意大利书籍数据库的统计，它的收藏量应占以上所述书籍总量的近40%，而佛罗伦萨和罗马的国家中央图书馆的份额平均不到30%。第三，在意大利国内并没有将早期书籍集中在几个主要藏书室的传统。相反，小城镇倒是有一些藏书，只是众所周知的"每个居民一本书"的公共图书馆的情况看起来几乎不可能。托斯卡纳的波比有5300人，拥有500本古籍，而不远处的圣吉米尼亚诺有7400人，拥有1600本16世纪的书籍。因此，到目前为止，量化的尝试——比如那些根据大英图书馆的持有量进行的量化尝试——已经证明是不准确的。然而，电子媒体的存在不仅简化了计数，而且还提供了新的机会。

在撰写本文时，16世纪意大利书籍数据库的统计列出了1501至1520年的6800个条目（39%来自威尼斯）；1521至1540年的6300个条目（54%来自威尼斯）；1541至1560年的10800个条目（56%来自威尼斯）；1561至1580年的16900个条目（43%来自威尼斯）；以及1581至1600年的21100个条目（34%来自威尼斯）。早期生产中出现的高峰现象可归因于反威尼斯战争和随后在1527年对罗马的洗劫，还同时爆发了瘟疫，因此该世纪的出版低谷出现在1529年。除此之外，从1501年起，受阿尔定模式的启发，威尼斯改变了其早期出版大尺寸书籍的做法。根据《摇篮版简明目录》的数据，1465至1480年，54%的意大利版本为对开本，41%为四开本，5%为八开本或更小开本；1481至1500年，这些比例已经分别转变为39%、50%和11%。相比之下，在16世纪意大利书籍数据库中，1521至1540年，对开本数量缩减到13%，四开本保持在32%，八开本达到52%，而更小的开本——主要是十二开本——占到3%。1581至1600年，对开本保持在10%，不过有些书是大型多卷本出版物；四开本再次攀升至46%；八开本回落至31%；而较小的开本也取得了进展，达到13%。采用较小开本的目的是为了节省纸张，对于文艺复兴时期的书籍来说，可以节省1/3

的纸张，但矛盾的是，新开本的第一版往往比前一版使用的纸张数量更多。一直再版的大型作品，如薄伽丘的《十日谈》，显示出一种特有的演变：在约 1470 年的初版对开本（127 张纸）之后，它在约 1483 年的里波利（Ripoli）版（151 张纸）中达到了最大规模，不过从 1504 至 1518 年，一种更紧凑的布局将纸张减少到 63 张。1516 年的第一种四开本有 91 张，到 1541 年减少到 68 张；1525 年首次推出的八开本需要 84 张，到 1540 年减少到 56 张；1542 年试印的十六开本有 23.5 张，但 1550 年的第一种十二开本使用了 38.5 张。

在这个竞争激烈的市场中，书籍必须对买家有吸引力，威尼斯率先对标题页进行了创新，并将与出版有关的信息从标题页转移到书的正面。那里的出版商很快就意识到了清晰可辨的品牌名称的重要性。在摇篮版古籍中，中世纪书商的传统标志或标记——挂在店门上的带双十字的球体——以木刻印刷商的设计图案出现，通常还加上所有者的首字母，与书名一起出现。到了下个世纪，这种用法让位于更有特色的出版商标记，可以直观地识别书店，有时还带有与店主名字相关的双关语，如塔（托雷萨尼）、圣伯纳德（贝尔纳迪诺·斯塔尼诺）和圣尼古拉斯（尼科洛·佐皮诺）。其他出版商采用了容易记住的符号，如锚（阿尔杜斯）、猫（塞萨家族）、海豚（加兰塔）、百合（琼塔家族）、美人鱼（拉瓦尼）和凤凰（焦利托）。出版商及印刷商还善于玩其他花样，如修改标题页上的日期，这是焦利托的典型做法（这样书就会在一年多的时间里显得很"新"），或者版本共享（在印刷中用一个出版商的名字和标记代替另一个出版商的名字和标记）。最后这个做法可能会让那些必须对这些书进行编目的人感到头痛，但它揭示了威尼斯行业内的实质性联盟，特别是在 16 世纪的最后阶段，在特兰托公会议之后修道院图书馆的复兴以及培训神父的神学院网络建立之后，教会内容方面的作家的大型版本的市场经历了一个回升。因此，威尼斯的出版商联合发行了各自拥有个性化配额的版本，最突出的例子是 1570 年奥古斯丁作品的 11 卷四开本（1584 年重新出版），由琼塔、尼科利尼、塞萨、瓦尔格里西、瓦里斯科和泽纳罗共同出版。

7 17至19世纪：衰落、复兴、衰败、新生

意大利出版的图书数量在 1588 年达到顶峰。随之而来的出版危机（在 17 世纪早期全面爆发）主要是威尼斯人造成的，有各种各样的原因，其中一些原因比较突出，如印刷业被引入（或回归）到次要中心，这种情况下，印刷业通常是满足当地需求的服务行业；因此到 1601 年，印刷业已在 40 多个地方扎根。1606 年，威尼斯和罗马之间的管辖权冲突达到了高潮。当时，大部分人都不服从禁止神父在城市里举行宗教活动的禁令。对立的两派进行了一场用小册子相互攻伐的战争。在这场战争中，威尼斯的发言人，圣母忠仆会（Servite）修士保罗·萨尔皮（Paolo Sarpi）驳斥了教皇的论点。为了报复，教会加强了对威尼斯出版业的经济基础（红黑两色礼拜经文的出版业务）的攻击，颁布了优待罗马版本的特权，并鼓励威尼斯印刷商迁往罗马。随着欧洲其他地方的贸易因三十年战争而陷入瘫痪，1630 年的瘟疫给这个苦苦挣扎的行业带来了最后的打击，它使意大利北部的人口减少。在随后的 10 年里，威尼斯的出版量下降到以前的 20%，在意大利市场上被罗马超越（不过是暂时的），在国际市场上被巴黎超越。意大利在欧洲市场中主导地位一直受到拉丁语作为通用语言的影响。大约在本世纪中期，一种不同的经济和政治霸权让法语成为新的通用语言。

到了 18 世纪，质的分化是显而易见的。占据市场高端的是著名的作品，不过从现代眼光看来，这些作品已经蒙尘：这个时代的领军知识分子是图书管理员卢多维科·安东尼奥·穆拉托里（L. A. Muratori）。正如《百科全书》是当时最重要的法国书籍一样，在意大利的同类书是穆拉托里编辑的庞大的中世纪资料汇编《意大利史料集成》（*Rerum Italicarum Scriptores*，25 卷，1723—1751）。就重要性而言，排名第二的是他后来在埃斯特图书馆的继任者吉罗拉莫·蒂拉博斯基（Girolamo Tiraboschi），他的《意大利文学史》（*Storia della Letteratura Italiana*，10 卷，1772—1782）把一种根本不存在的民族特性强加给了一种存在感很强的文学。有了大型印刷项目的支持，在传统竞争对手里昂和安特卫普的衰落以及西班牙王位继承战争（1701—1714）在法国造成经济衰退的影响下，意大利出版业得以恢复。特别是威尼斯，在巴廖尼（Baglioni）公司的领导下，恢复了其在礼拜文本印刷方面的卓越地位，

这些经文主要出口到西班牙在新大陆的领地。复兴的另一个证据是在帕多瓦大学教授家中成立的学术出版社所取得的成功，该出版社由印刷商朱塞佩·科米诺（Giuseppe Comino）管理，基本上是以优雅的字体印刷希腊文和拉丁文经典。高质量印刷品的专属市场也支撑并在很大程度上证明了博多尼的非凡事业，他比阿尔杜斯之后的任何人都更深刻地改变了字体设计。但是，无论作为印刷艺术品有多么出色，他的书都不是用来阅读的。他最著名的出版物是他的那些实例书，比如他的遗孀在 1818 年帮他出版的，标题有些误导的《排版手册》（*Manuale tipografico*）。卢卡（Lucca，1758—1776）和里窝那（Livorno，1770—1778）的《百科全书》版本，以及帕多瓦神学院对后来《百科全书》的再版，也标志着法语文化的稳步发展。

市场的另一端是大规模的生产，通常是在一些小的中心，生产年鉴、小册子、大众祈祷书等，其中大部分是匿名的，这让书目编纂者们基本上发现不了这些印刷品。在威尼斯人看来，最具破坏性的印刷商是巴萨诺·雷蒙迪尼（Bassano Remondini）公

图 43 饰边花纹，即印刷商的装饰物（花卉纹饰或边框纹饰），来自博多尼遗孀的著名字体实例书《排版手册》（1818）。现藏于牛津大学博德利图书馆（Arch. BB. c. 2-3, vol. 2, p. 258）。

司，该公司在威尼斯开设分公司后，从 1750 年开始对出版机构进行冲击，有计划地压低最近版权刚刚到期的销量稳定的作品的价格。他们通过将压缩文字版面来节省成本，结果对其质量造成了不利影响，因此人们指责他们引发了印刷标准的下降（这话没错），其他印刷商也纷纷效仿。

1797 年，横扫意大利的法国革命军队推翻了威尼斯共和国，此外还彻底颠覆了图书业。1814 年尘埃落定后，许多东西都还是老样子，但新的思想在北方蠢蠢欲动。特别是越来越多的人意识到，意大利不仅仅是一个地理上的概念，在随后的复兴运动中，一种民族语言和文学的存在，无论多么虚幻，都会推动国家走向统一。这一事业在出版界得到了外国人士的大力支持，如法国人费利斯·勒·莫尼耶和瑞士人乔万·皮得罗·维厄瑟，以及讲法语的皮埃蒙特人朱塞佩·庞巴和加斯帕罗·巴贝拉，他们分别以"意大利文库"（Biblioteca Italiana）和"钻石丛书"（Collezione Diamante）系列，坚持国家事实上的文化同质性。北方的城市也更容易接受技术进步，都灵的庞巴是第一个投资机械化印刷厂的人，米兰迅速成为意大利的主要出版中心（参见 Berengo）。在 1814 至 1900 年间，撇开报纸和杂志的增长不谈，图书生产量增长了 10 倍。

本世纪的另一个特点是寻找读者。现在，意大利的出版业被限制在意大利，很少有机会出口到其他地方，而意大利的国内市场小得令人窒息。这一规则的一个例外是音乐出版，由里科尔迪主导，因为从威尔第到普契尼时期，意大利歌剧统治了欧洲舞台。19 世纪，关于缺乏中产阶级读者群的问题，出现了两个重要因素：首先是流通图书馆未能扎根，大概是因为没有足够的意大利本地人愿意或能够支付相关的费用。一个突出的例外是佛罗伦萨的维厄瑟，这是由外国游客资助的。其次是中产阶级的典型体裁——小说，这类作品往往有着固定的大团圆结局，主人公会在婚姻、金钱和社会地位上获得提升。第一部成功的欧洲小说，塞缪尔·理查森的《帕梅拉》（Pamela，1740），于 1744 年被翻译成意大利文；而第一部本土小说的尝试，皮耶特罗·基亚里的《哲学家》（La Filosofessa，1753），则明显伪装成是法文原著的翻译，让人以为书页是在巴黎印刷完成的。虽然其他作品也有，但在很长一段时间内，只有曼佐尼的《约婚夫妇》（I Promessi Sposi）被认为是文学作品。这部作品与理查森的故事线相同，都是一个年轻女孩的爱情被恶霸阻挠和迫害的故事，它为消除第一版中的方言形式和创造纯正的当代托斯卡纳语的最终版本做出了巨大的努力，因此，它为意大利语确立了新的标准。19世纪的另外两部最成功的虚构作品都是针对儿童市场的（见第17章）——德·亚米契斯的《爱的教育》（*Cuore*，1868）和科洛迪的全球畅销书《匹诺曹》（*Pinocchio*，1883）。

在读过法语的受过教育的阶层之外，虚构叙事作品还在与读者的匮乏和教育系统的落后做斗争。就整个意大利而言，1870年有75%的人口是文盲；在南部农村，这一比例达到90%。1877年，小学教育成为义务教育，但由于缺乏资源和神职人员的反对，这意味着这一法律在许多地方仍然是一纸空文；1911年，缺乏读写能力的意大利人的平均比例仍达到38%。

8　20世纪和21世纪：两次世界大战、法西斯主义和战后

1901年，意大利的图书贸易呈现出地理和文化上的反常现象，这些反常现象在很大程度上一直延续到今天。罗马是政治之都；米兰在松佐尼奥和特雷韦斯两家公司之间的竞争主导下，是经济和出版之都；佛罗伦萨是意大利的文化之都，意大利语的官方发源地秕康学会（Crusca Academy）位于此地，还有意大利最重要的图书馆和出版商（比如巴贝拉、本波拉德、勒莫尼耶）。虽然曾经辉煌的威尼斯几乎从地图上消失了，但其他城市也有颇具声望的出版社，比如都灵的乌特出版社（Utet）和博洛尼亚的尼古拉·扎尼切利出版社（Nicola Zanichelli）。一个重要的新变化是德语世界专业书商的到来，如勒舍尔、乌尔里希·霍普利（Ulrich Hoepli）和利奥·塞缪尔·奥尔斯基（L. S. Olschki），他们接管了已有的公司，随后扩大了它们的业务范围。除了为数不多的几家大公司之外，许多出版业本质上都是地方性的，围绕着小中心的书商网络经营。国家的统一也给意大利留下了一个图书馆网络，比如那些属于前意大利各邦国的大学图书馆。不过这些机构虽然拥有大量的手稿和有价值的印刷书籍，但这些收藏对阅读能力低下的人来说几乎没有什么用。

意大利于1915年参加了第一次世界大战，为的是和奥匈帝国算账，结果在卡波雷托（Caporetto）遭受了毁灭性的失败，在巴黎和会上只分到了一点面包屑。意大利

人的怨恨为 1922 年上台的墨索里尼打开了大门。法西斯主义并不像贝内代托·克罗齐后来所宣称的那样，是必须忍受和抵抗的外敌入侵；它始于一场退伍军人的运动，由一个从左翼开始其政治生涯并转向右翼的人领导；这一切都得到了包括天主教会在内的许多机构的支持，有的是公开支持，有的是默默支持。在这种情况下，向政权低头或积极从中获利的出版商的默许是可以理解的，比如阿诺尔多·蒙达多里和瓦莱基；这使得少数没有这样做的人，尤其是朱利奥·埃诺迪和拉泰尔扎的立场更加令人钦佩。作为极权主义独裁政权，法西斯主义大力利用出版业进行宣传：从 1926 年起，书籍必须在扉页上显示法西斯时代的年份。政府还通过 1937 年成立的大众文化部（该部门通常以奥威尔式的半缩写 Minculpop 而闻名）进行审查，并通过激励措施，包括为印刷厂的现代化提供大量贷款，对该行业进行中央化的控制。乔瓦尼·真蒂莱是这个政权的核心人物和知识分子，他是哲学家、大学教授、桑索尼出版公司的老板，也是乔瓦尼·特雷卡尼出版社出版的《意大利百科全书》（*Enciclopedia Italiana*）的推动者。虽然反犹太主义并不是法西斯主义的固有特征，而是从其更恶劣的同类思想那里借鉴来的，但随着 1938 年种族法律的通过，犹太作家和被判定为"颓废"的作家的名单被整理出来，他们被禁止出版，而与犹太人有联系的出版社要么被接管（如特雷韦斯出版社），要么被改名（如奥尔施基出版社更名为比布利奥波利斯出版社）。

虽然二战带来了破坏和混乱，但在二战结束后，意大利的报纸、出版社和电影制作公司基本上仍被控制在同一批人的手中。在 1946 年的公投将意大利转变为共和国后，基督教民主党（Christian Democra）在 1948 年的选举中赢得了压倒性的胜利，并在接下来的 50 年里一直执政。如果说机构和政府掌握在右翼手中，那么知识分子则是左翼的代名词，经济繁荣，大学教育扩大，出生率急剧上升，以及来自阿尔卑斯山、英吉利海峡和大西洋彼岸的思想（有时是音乐）交织在一起，掀起了一场文化革命。从 1945 年到 20 世纪 80 年代，意大利出版政治化程度为欧洲之最。虽然两大出版巨头蒙达多里出版社和里佐利出版社仍然走中间路线，但埃诺迪出版社（Einaudi）和费尔特里内利出版社（Feltrinelli）满足了思想家和政治活动家的需求；风车出版社（Il Mulino）和安杰利出版社（Angeli）出版大学教材；扎尼切利出版社和乌特出版社覆盖了字典市场；重振后的奥尔斯基出版社专门做专业学术出版。

从某种意义上说，平装书的革命始于 1932 年的意大利，当时乔瓦尼·马德尔斯泰格在蒙达多里的维罗纳印刷厂设计了信天翁出版社（Albatross Verlag）的版面，但除此之外，寻找大量意大利读者的困难继续困扰着出版商。战后的市场由英语作家的翻译作品主导，确保了像隆加内西（Longanesi）和邦皮亚尼（Bompiani）这样的出版社的稳定增长；风格优雅的艾德菲（Adelphi）公司专门出版欧洲作家的作品。如果把小说看作它所描绘的社会的一面镜子，那么，一份 20 世纪最成功的作品清单，其第一版出现在意大利的土地上就足以让人深思。排名前两位的作品根本就不是意大利的，劳伦斯在佛罗伦萨自行出版的《查泰莱夫人的情人》和帕斯捷尔纳克的《日瓦戈医生》（*Dr Zhivago*，1957），后者是詹贾科莫·费尔特利内利从苏联偷运出来的。排名第三的是费尔特利内利的另一部凭直觉取得的成功之作，托马西·迪·兰佩杜萨的《豹》（*Il Gattopardo*，1958）。第四名是埃科的中世纪侦探小说《玫瑰之名》（*Il Nome della Rosa*，1980）。此外，20 世纪 60 年代的一连串意大利畅销书也占据了很多的位置，包括卡索拉的《来自布比的女孩》（*La Ragazza di Bube*，1960）、夏夏的《猫头鹰日》（*Il Giorno della Civetta*，1961），以及巴萨尼的《芬奇 - 孔蒂尼花园》（*Il Giardino dei Finzi Contini*，1962）。其中一些作品非常成功地改编成了电影。事实上，意大利的叙事与电影密切相关，主要是德·西卡（De Sica）的新现实主义，他在 1960 年拍摄了莫拉维亚 1957 年的小说《烽火母女泪》（*La Ciociara*），以及费里尼的丰富想象力，他在同一年拍摄了《甜蜜的生活》（*La Dolce Vita*）。成功的电影概念也加强了瓜雷斯基的《唐·卡米洛》（*Don Camillo*，1948）在大众中的真正成功，虽然这部讽刺小说受到了左翼评论家的抨击，但其销量却达到了数百万册，并被翻译成 20 种语言。

变化也体现在图书馆方面，国有的静态网络和市政藏品（拥有宝贵的珍稀资料，但几乎没有引起当代用户的兴趣）受到了小城市中心的众多图书馆的挑战，特别是在的艾米利亚 – 罗马涅和托斯卡纳地区。埃诺迪出版社的例子——它向自己的家乡多利亚尼捐赠了一座图书馆，并出版了目录作为收藏指南（1969）——就产生了巨大的影响。

随着新媒体（电影、广播和电视）的出现，意大利在某种程度上实现了语言上的统一，不过即使在 21 世纪，北部山区、南部地区和岛屿仍在使用方言。由托斯卡纳作家开启的事业，由本博和曼佐尼继续执行，通过流行的电视文化来完成。电视文化中丰富的智力竞赛节目——由迈克·邦德尔诺等人长期担任主持人——定期要求参赛者展示他们的意大利语知识。

意大利仍然是一个复杂、矛盾的出版市场，有很多书、很多书店、很多爱书人、很多图书馆，但读者却很少。义务中学教育和大学入学的普及极大地改变了国民的识字情况，特别是对女性而言，她们在文科院校学生中的比例高达 90%。然而，在受过高等教育的知识分子阶层和更广大的民众之间仍然存在着巨大的差距，前者通常拥有令人印象深刻的个人藏书，如翁贝托·埃科，而后者的兴趣则仅限于体育类报纸。全国范围内的出版业主要由较大的媒体公司控制，这些公司几乎将这一相对无利可图的活动作为一项前沿活动来维持，以保证某些思想和观念的传播。在撰写此文时，媒体大亨西尔维奥·贝卢斯科尼是意大利的第三任总理，由于他掌管着蒙达多里集团，所以他也是该国最大的出版商。最后，20 世纪 60 年代的经济"奇迹"使意大利成为彩色印刷领域的世界先导者，无论是在产品包装（如百味来意大利面）还是在奢侈品行业（该行业向全世界出口诸如范思哲、菲拉格慕和法拉利等意大利品牌）的广告材料方面，都是如此。这项技术的出现在制作精美、图文并茂的展览目录市场上有明显的附加效果，而该市场的主导公司是埃莱塔公司。位于摩德纳的帕尼尼公司开发了这项技术的另一项应用，该公司为带有足球运动员图片的收藏卡申请了专利，现在该公司推出了许多不同主题的卡片专辑，比如哈利·波特。20 世纪 90 年代，该公司将其在多色印刷方面的技术用于复刻中世纪和文艺复兴时期的手抄本，其中最引人注目的是《博尔索·德·埃斯特圣经》（*Bible of Borso d'Este*），以带编号版本的形式销售给富有的藏书家。这一举措和其他举措所取得的成功表明，在某些方面，意大利的图书市场在近六个世纪以来几乎没有变化，或者说，也许有必要像《豹》中的主角那样承认，"为了让一切保持不变，一切都必须改变"。

参考文献

L. Armstrong, 'Nicolaus Jenson's *Breviarium Romanum*, Venice, 1478: Decoration and Distribution', in *Incunabula: Studies in Fifteenth-Century Printed Books Presented to Lotte Hellinga*, ed. M. Davies (1999)

L. Balsamo, *Produzione e circolazione libraria in Emilia (XV–XVIII sec.)* (1983)

M. Berengo, *Intellettuali e Librai nella Milano della Restaurazione* (1980)

H. F. Brown, *The Venetian Printing Press* (1891)

G. A. Bussi, *Prefazioni alle edizioni di Sweynheym e Pannartz prototipografifi romani*, ed. M. Miglio (1978)

B. Cecchetti, 'La stampa tabellare in Venezia nel 1447 ', *Archivio Veneto*, 29 (1885), 87–91

Edit16 (Edizioni Italiane del XVI secolo), vols A–F (1989–2007), on-line version on SBN site

G. Fragnito, *La Bibbia al Rogo: la Censura Ecclesiastica e i Volgarizzamenti della Scrittura, 1471–1605* (1997)

C. Ginzburg, *The Cheese and the Worms: The Cosmos of a Sixteenth-Century Miller*, tr. J. and A. Tedeschi (1980; Italian original, 1976)

P. Grendler, *The Roman Inquisition and the Venetian Press 1540–1605* (1977)

N. Harris, *Bibliografifi a dell' 'Orlando Innamorato'* (2 vols, 1988–1991)

—— 'Ombre della storia del libro italiano', in *The Books of Venice*, ed. L. Pon and C. Kallendorf (2008)

M. Infelise, *L'Editoria Veneziana nel '700* (1989)

P. Needham, 'Venetian Printers and Publishers in the Fifteenth Century', *LaB* 100 (1998), 157–200

F. J. Norton, *Italian Printers 1501–1520* (1958)

A. Nuovo, *Il Commercio Librario nell'Italia del Rinascimento*, 3e (2003)

B. Richardson, *Print Culture in Renaissance Italy* (1994)

—— *Printing, Writers and Readers in Renaissance Italy* (1999)

R. Ridolfi, 'Proposta di ricerche sulle stampae sugli stampatori del Quattrocento', *LaB* 51 (1949), 2–9 SBN (Servizio Bibliotecario Nazionale), www. sbn.it, consulted Sept. 2007

P. Scapecchi, 'Subiaco 1465 oppure [Bondeno 1463]? Analisi del frammento Parsons– Scheide', *LaB* 103 (2001), 1–24

G. Turi, ed., *Storia dell'Editoria nell'Italia Contemporanea* (1997)

第31章
现代希腊书籍史（约1453—2000）

阿莱克希斯·珀利提斯

1 从15世纪到1820年

近代希腊书籍历史可分为1820年之前和1820年之后两个时期。早期希腊书籍的印刷发生在希腊领土之外，部分由希腊人拥有的印刷厂印刷。1820年后，许多印刷厂在希腊国内和地中海东部城镇运营。

第一本现代希腊书，即用希腊语（虽然不一定是现代语言）写成并为希腊公众印刷的书，是康斯坦丁·拉斯卡里斯的《语法》（米兰，1476）。现代希腊社会很轻松地适应了印刷书籍的出现，一些希腊人对其发展做出了贡献。希腊人裁切各种字模，在15世纪晚期，撒迦利亚·卡利热斯和尼古劳斯·弗拉斯托斯创立了最早的希腊出版社。然而，第一批希腊书籍是在意大利印刷的，到16世纪初，几家意大利印刷商试图将业务扩展到信奉东正教的东方，并在威尼斯创办了和希腊有关的出版社，到1600年，大约印刷了440种希腊语书籍，大多用于礼拜仪式或教育用途，现代希腊文学作品要少得多。

这种模式在17世纪早期仍然存在，即希腊书籍由意大利出版商印刷，其中大多数出现在威尼斯。1627年，大牧首西里尔·卢卡里斯试图在君士坦丁堡创建一家出版社，但最终失败了，他的印刷工尼科德莫·梅塔克斯被迫到爱奥尼亚群岛寻求庇护。1670年，第一家希腊出版公司出现了，尼古拉斯·格里基斯买下了一家威尼斯出版社，他的后代将其经营到1854年。1686年，尼古拉·萨罗斯创办了第二家希腊出版社。在此期间，希腊出版业规模几乎翻了一番，见证了东正教的巨大市场需求。出版的礼仪文本和宗教书籍约占总产量的3/4，只有1/3的书籍是新书，其余都是再版书。

在18世纪上半叶，威尼斯仍然是希腊书籍的主要中心，其产量是由教育和宗教需求决定的。今天的罗马尼亚（见第33章）和阿尔巴尼亚（见第38章）的半自治公国也开始了出版社的运作，但在1725年至1755年，摩西波利斯的印刷厂只生产了15本书。到该世纪末，阿托斯山上成立了一家出版社，君士坦丁堡和科孚岛也成立了其他的出版社。尽管一些较早的作品已经出版，包括乔治斯·乔塔齐斯16世纪出版的《埃罗菲利》（Erophile）和维琴佐斯·科纳罗斯出版的《埃罗托克里托斯》（Erotocritos，1713），但几乎没有出现流行文学。1750年后，启蒙运动的到来给希腊出版业带来了快速变化。

希腊启蒙运动的第一本书是尤金尼奥斯·沃尔加里斯的《逻辑学》（莱比锡，1766）。到18世纪末，奥斯曼帝国占领下的希腊的文化景观与欧洲相似：学校大量涌现，科学著作开始得到翻译，少数人在欧洲旅行或学习。这些现象与重大的社会变革和革命的出现相吻合。随着新的商人阶级人数的增加和社会权力的提高，雷加斯·维莱斯廷利斯出版了呼吁全国起义的小册子（维也纳，1797）。

这些变化在图书生产上有重要体现。在19世纪的前20年里，图书的出版数量达到了约1400种，占1476至1820年全国5000种图书总产量的35%。同时，重印本和宗教书籍的数量在下降。在威尼斯生产的数量从80%下降到50%，另有25%在维也纳印刷；君士坦丁堡的图书产量微不足道，1798年在那里成立了一个由元老院控制的出版控制机构。

质量上的变化更为明显，哲学、科学（主要是翻译作品）、古典文学和语言教学等领域都出版了不少书籍；文学作品大部分是翻译的戏剧，数量仍然不多。随着知识界的发展，维也纳的期刊《学者赫尔墨斯》（*Ermis o Logios*，1811—1821）成为进步人士的集结点，领军人物便是阿达曼提奥斯·科雷。

书籍的格式和印刷量有很大的不同。教会书籍一般以四开本印刷，学校和科学作品以八开本印刷，而大众文学则以较小的开本印刷。正常开本大小的图书印刷数量一般是 500 到 1000 册，但更大的数量也不是没有，特别是礼拜仪式方面的作品和学校教科书。

希腊语书店最早出现在 19 世纪初的君士坦丁堡。店内书籍是通过向一般商人订货或由商人在交易会上销售得来的。18 世纪中叶出现并发展出了订阅出版制：人们会分发手写或印刷的图书广告，一旦有足够的订户，图书就会印刷出来，并附上订阅名单。大多数科学书籍和新书都是以这种方式出版的。

公共图书馆也同样缺乏。一些修道院有图书馆，通常是用僧侣或教士的遗赠组建的，然而，它们被使用的频率很低。但从 19 世纪初开始，在希俄斯、士麦那、佩里翁山的米里斯和科扎尼都建立了学校图书馆。私人图书馆则比较少见。到 16 世纪，君士坦丁堡有几家主要的图书馆幸存下来。毛罗科达托斯家族建立了一座重要的图书馆（约 1720），从欧洲收集印刷书籍，并试图通过复制修道院的手稿来收集整个现代希腊的书籍，该图书馆在 1765 年左右解散。19 世纪初，欧洲和爱奥尼亚群岛建立了几座私人希腊图书馆，其中一些至今仍在使用。

2 1821至1900年

从 1821 年 3 月希腊宣布独立到 1833 年 1 月希腊首任国王的到来，几个世纪以来的假设在生活的每个部分都被推翻了。欧洲希腊委员会在卡拉马塔、米索隆希、雅典和伊兹拉等新自由城邦捐赠了印刷厂。虽然在 1821 至 1830 年印刷的所有希腊书籍中，只有 5% 到 6% 是在自由领土上生产的，但它们重新描绘了意识形态的图景。到 1850 年，在希腊和爱奥尼亚群岛有超过 50 家印刷厂，主要在政府所在地雅典；到 1863 年又增加了 35 家。虽然希腊很少有印刷厂能维持长期经营，或者大量出版书籍，但希腊的图书市场仍是充满活力的。

希腊最重要的出版社归雅典人安德烈亚斯·科罗米拉斯（Andreas Coromilas）所有，他专门出版学校教科书和文学作品。1833 至 1836 年间，他的出版社出版了 7 万册图书，超过了四个主要竞争对手出版的 2.9 万册。他引入了铅版印刷法（1840），并于 1842 年在君士坦丁堡开了一家分店。科罗米拉斯总共印刷了 300 多种书籍，大多是教科书、词典或科学著作。这家出版社一直经营到 1884 年。

雅典在图书生产方面的领先优势逐渐增强。在 1828 至 1863 年印刷的约 9000 本希腊书籍中，有一半是在雅典印刷的，500 本在君士坦丁堡，450 本在士麦那和赫尔莫波利斯，600 本在威尼斯。1864 至 1900 年，希腊图书产量约为 3.2 万册；雅典和君士坦丁堡的市场份额增加，而其他地方的份额下降。1820 至 1900 年间，图书年产量增长至原来的 10 倍。随着经济的改善和人口的增加，出现了一些组织架构更完善的新出版社，它们创造了独特的图书系列（剧本、手册、袖珍书）。

独立战争结束后，希腊境内出现了不少由外国人经营的书店（纳夫普利奥、赫莫波利斯、雅典）；1840 年前后在君士坦丁堡和 1850 年后在雅典的书店数量有所增加。到 1877 年，雅典有 16 家书店，君士坦丁堡有 8 家，士麦那有 5 家，赫莫波利斯有 4 家，另外 11 个省会城市有 24 家。

省级书商经常使用的订阅式出版依然有着广泛的影响力，大约在 1880 年达到顶峰，有 15.3 万名订户订购了 21.3 万册图书，但在 1890 年后有所下降，在下个世纪就消失了。为了方便订购，出版商和书商印制了目录，这些目录在今天是 1860 年以来图书发行的主要信息来源。1850 年后，书籍（尤其是小说）通过报纸连载的方式进行销售。在 1877 年成立的新闻发行机构的协助下，这种发行分册的做法也被应用于诸如康斯坦丁·帕帕里戈普洛斯的《希腊民族史》（*History of the Greek Nation*）第二版（1892）和 79 卷的科学丛书《马拉斯利斯书库》（*Maraslis Library*，1897—1908）。

在 1821 年之前，科雷就提议建立中央国家图书馆；1829 年在埃吉纳建立了最初的核心藏书。雅典大学图书馆成立于 1838 年，位于希腊国家图书馆共用的建筑物内（1842—1903）。议会图书馆于 1845 年开放，此后迅速发展。不过其他公共或市政图书馆要么发展不顺，要么依赖私人捐赠。建立学校图书馆网络的尝试被官僚主义束缚住了。

3 1901至2000年

从 1901 到 1925 年左右，希腊出版业被 1888 年成立的乔治斯·费西（Georgios Fexis）的公司所主导。最初，费西依靠廉价小说、"戏剧书库"和类似的系列维持运营，并在 1901 年买下了威尼斯的最后一家出版社，在 6 年内出版了 300 多本关于法律、医学、语言学习、现代历史和实际问题的书籍。

在 1912 至 1922 年的战争期间，读书的人越来越多，这使得一些新的出版社得以成立。最重要的有埃雷夫塞罗达克斯书店（1877—1962）、赛德里斯出版社（1874—1928）、乔治斯·瓦西利乌出版社（1888—1932）、奇卡基斯出版社（1883—1925）、加尼亚里斯出版社（1894—1966）和戈沃斯蒂斯出版社（1904—1958）。还有一些活跃在 20 世纪 20 年代的小型出版商创建了文学或哲学系列图书，翻译了 19 世纪的欧洲作品，促进了现代希腊文学的发展。也许能反映希腊财政和文化活力的最佳指标是《大希腊百科全书》（*Great Greek Encyclopaedia*，1926—1934）的出版，这是一部由保罗·德兰达克（Paul Drandake）制作的 24 卷作品。另有 Aspiotis-ELKA 平面设计工作室的建立，该工作室直到 20 世纪 80 年代都在制作主要的艺术出版物。以及根纳迪乌斯图书馆的建立（1926）。1926 年，希腊的第二所大学在塞萨洛尼基成立，一年后雅典学院（Academy of Athens）也成立了，这两所大学都建立了不容忽视的图书馆。这一时期出版了 12 卷本的埃雷夫塞罗达克斯版《百科全书辞典 / 词典》（*Eleftheroudakis Encyclopaedic Dictionary/Lexicon*，1927—1931），随后又出版了由德米特里奥斯编写的九卷本《希腊语大词典》（*Major Dictionary of the Greek Language*，1936—1950）。

二战期间，文学出版业在希腊遍地开花。在没有欧洲进口书的情况下，希腊的书籍受到了读者的青睐，读者在书店外排起了长队，一些版本在几天内就售罄了。新的出版社出现了，包括昙花一现的海鸥出版社，由尼科斯·卡里迪斯领导的伊卡洛斯出版社，以及伊奥尼斯·斯卡齐基斯经营的阿尔法出版社。

48 卷的"基本书库"是第一套选编大量现代希腊文学的系列丛书，于 1953 至 1958 年期间出版。1955 年，希腊成立了最早的五色凹版印刷厂亚特兰蒂斯，1958 年设立了国家文学奖和散文奖，国家研究基金会的现代希腊研究中心也成立了，该中心对希腊图书的历史作了系统性的研究。

20 世纪 60 年代，银河出版社成立，并出版了第一个成功的袖珍书系列，介绍高质量的希腊和外国文学，其中 300 种书经常重印，一些诗集达到 5000 册。推广现代文学的凯德罗斯出版社也在此时出现。1967 年的独裁统治阻碍了文学活动，作为一种消极的抵抗行为，一些作家自愿停止出版作品，并一直持续到 1970 年。这一年之后，出现了一个小型的出版热潮，其中包括新的小型出版社出版的书以及新的、更便宜的袖珍书系列。帕皮罗斯出版社旗下的毒蛇书屋（Viper Books）在 10 年内出版了 2650 种书，而且在 1971 年卖出了 100 万册。这种蓬勃发展的迹象还有《现代希腊书库》系列（由赫尔墨斯出版社出版）和雅典出版社的多卷本《希腊民族史》的出版。

1990 年，书籍成为一种贸易商品在超市销售，吸引了大企业的兴趣。1995 年后，大多数报纸都有每周一次的图书副刊，或者专门用几个版面介绍图书。奇怪的是，袖珍书的发行量减少了，流行的畅销书与高质量的文学作品以同样的形式出现，往往由同一家出版社发行。希腊 21 世纪图书业发展的标志是市中心和郊区建立了多层图书"大卖场"。图书出版业的爆炸性增长似乎不太可能减弱，2001 年希腊出版了 7450 种图书，到 2006 年增加到 9209 种。

参考文献

L. Droulia, *History of the Greek Book* (2001)[in Greek]

D. S. Ginis and V. MeXas, *Greek Bibliography 1800–1863* (3 vols, 1939–1957) [in Greek]

P. Iliou, *Additions to the Greek Bibliography (1515–1799)* (1973) [in Greek]

—— *Greek Bibliography 1800–1818* (1998) [in Greek]

P. Polemi, *Greek Bibliography 1864–1900* (2006) [in Greek]

A. Koumarianou et al., *The Greek Book 1476– 1830* (1986) [in Greek]

E. Legrand, *Bibliographie hellénique: XVe– XVIe siècles* (4 vols, 1885–1906)

—— *Bibliographie hellénique: XVIIe siècle* (5 vols, 1894–1903)

—— *Bibliographie hellénique: XVIIIe siècle* (2 vols, 1918–1928)

National Book Centre, www.ekebi.gr, consulted Sept. 2007

National Documentation Centre, www.argo. ekt.gr, consulted Sept. 2007

D. E. Rhodes, *Incunabula in Greece* (1980)

K. S. Staikos, *Charta of Greek Printing* (1998)

—— and T. E. Sklavenitis, eds., *The Publishing Centres of the Greeks* (2001)

—— *The Printed Greek Book, 15th–19th Centuries* (2004) [in Greek]

第 32 章
奥地利书籍史

约翰·L.弗拉德

1　简　介

　　鉴于奥地利与德国在语言和历史上的联系，其图书文化不可避免地受到了邻国德国的强烈影响（见第 26 章）。在 1806 年之前，奥地利是神圣罗马帝国的一部分，几个世纪以来一直被哈布斯堡王朝统治，一直到 1918 年。在这个王朝的统治下，波西米亚和匈牙利于 1526 年与奥地利合并。1867 年，奥匈帝国建立了双重君主制，其多民族人口不仅包括讲德语的人，还包括现在中欧大多数独立国家的人民。第一次世界大战后，边界被重新划定，奥地利（第一）共和国建立，捷克斯洛伐克和匈牙利也成了独立国家。1938 年，奥地利被并入德意志帝国，1945 年被美国、英国、法国和苏联军队占领，直到 1955 年第二共和国正式成立。今天，奥地利的人口约为 820 万，其中有160 万生活在维也纳。

2 早期历史

在中世纪，图书文化在萨尔茨堡和克雷姆斯明斯特（这两个地方都是 8 世纪建立起来的）等地的修道院以及后来的阿德蒙特、圣弗洛里安和其他地方得到了发展。

1500 年，相当于今天奥地利的这片地区的人口有 150 万。当时维也纳约有 2 万名居民，施瓦茨有 1.5 万人，萨尔茨堡有 8000 人，格拉茨有 7000 人，斯泰尔有 6000 人，因斯布鲁克有 5000 人。维也纳的大学（成立于 1365 年）是一个人文主义学术中心。该市的第一位印刷商是斯蒂芬·科布林格，他于 1482 年从维琴察来到这里，至少待到 1486 年。接下来是约翰·温特伯格（活跃于 1492 至 1519 年，出版了约 165 本书，包括许多古典作家的版本）、约翰·辛格瑞纳（1510 至 1545 年，出版了约 400 本各种语言的书籍）、希罗尼穆斯·维托尔（他也是辛格瑞纳的合作伙伴）。1505 年，莱昂哈德和卢卡斯·阿兰特西兄弟在维也纳建立了一家书店。维也纳以外的主要印刷地有因斯布鲁克（1547）、萨尔茨堡（1550）、格拉茨（约 1559）、布里克森（1564）、林茨（1615）和克拉根福（1640）。然而，与德国相比，奥地利的图书贸易相对不发达。奥地利的读者主要由德国南部的书商提供阅读材料，特别是奥格斯堡。

在现代早期，奥地利经历了一系列的危机。经济（尤其是采矿业）受到新世界发展带来的地缘战略转变的影响。维也纳和格拉茨分别在 1529 年和 1532 年被土耳其人围困，而土耳其战争在 1593 年再次爆发。1683 年，维也纳再次被围困。从 16 世纪 20 年代起，农民中出现了社会动荡，宗教生活也因宗教改革而动摇。对路德宗的恐惧导致当局早在 1528 年就实行了审查制度。与德国不同的是，新教印刷在奥地利从来都是边缘化的。反宗教改革通过耶稣会带来了教育改革和更新的文化生活，耶稣会也建立了印刷厂（例如 1559 年在维也纳的印刷厂），但这也意味着对新教书籍的没收和焚烧（例如，1600 年 8 月在格拉茨有 1 万本书被没收和焚烧）。甚至在 1712 年，在对萨尔茨堡住户的房舍进行防火检查时，检查员也会没收他们的非天主教书籍。

奥地利也未能幸免于三十年战争造成的经济衰退，甚至在 1648 年至拿破仑时代，和平的时间也并不多。虽然在奥地利各地都有印刷商，但他们的重要性通常是有限的，而且具有地方性；他们中很少有人参加法兰克福或莱比锡的书展。因此，奥地利作家很少能在欧洲引起反响。一个例外是亚伯拉罕·阿·圣克拉拉（1644—1709），他的作品通过纽伦堡和乌尔姆的德国重印本到了国外读者的手中。

1703 年 8 月 8 日，约翰·巴普蒂斯特·施恩维特创办了《维也纳日报》（*Wiennerisches Diarium*），1780 年更名为《维也纳报》（*Wiener Zeitung*），1812 年成为奥地利政府的官方公报，如今是世界上持续出版的最古老的报纸之一。18 世纪，奥地利的新闻检查责任从教会转移到了国家。皇帝约瑟夫二世（1765 至 1790 年在位）时期，审查制度有所放松，但拿破仑战争和梅特涅亲王的镇压政策导致审查制度重新实施。只有在 1848 年革命之后，情况才有所改善。

至于图书业本身，用于结算的交换系统的消亡和莱比锡出版商坚持用现金支付，让德国南部和奥地利的廉价再版业繁荣起来。这方面的一个突出人物是维也纳的宫廷书商和印刷商约翰·托马斯·冯·特拉特纳，他在玛丽亚·特蕾莎皇后的积极鼓励下，发行德国书籍的重印本。

3 现　代

直到 1918 年，奥地利帝国出版和文学生活的中心都是维也纳和布拉格。此时与维也纳有关的作家包括胡戈·冯·霍夫曼斯塔尔和卡尔·克劳斯，后者是 20 世纪早期最重要的批判性期刊《火炬》（*Die Fackel*）的创始人，而布拉格则诞生了卡夫卡、里尔克和弗朗茨·韦费尔。

在 20 世纪 30 年代，来自德国出版商的竞争变得尤为激烈。1934 年，德国政府颁布法令，规定在海外销售的图书应获得 25% 的价格补贴。对奥地利来说，这意味着从德国进口的图书比本国生产的图书更便宜。1936 年，奥地利政府采取报复措施，对外国书籍征收 3% 的附加费，为奥地利的出版商提供补贴。

1918 至 1938 年期间，奥地利成立了约 90 家出版社，其中大多数都是昙花一现，这主要由 1938 年 3 月德奥合并之后的国家社会主义政策导致。其中有成立于 1923 年的费顿出版社（Phaidon Verlag），它以其大尺寸、图文并茂但价格适中的艺术书籍而闻名。还有同样成立于 1923 年的保罗·佐尔奈（Paul Zsolnay）出版社，它专门出版文学作品。其中费顿现在是一家国际企业，而佐尔奈于 1946 年在维也纳重新成立。其他奥地利出版商和书商也纷纷移民并在美国建立了成功的业务。弗里德里希·温加尔于 1940 年成立了弗雷德里克·温加尔出版公司；威廉·沙布于 1939 年在纽约成立了出版公司；同样成立了出版机构的还有 H. P. 克劳斯。

二战时期，奥地利的出版业遭到了严重的损害，很多书籍被从出版商的仓库和书店中移出，其中很大一部分被做成了纸浆。只有奥地利国家图书馆和维也纳、萨尔茨堡、格拉茨和因斯布鲁克的大学图书馆得以幸免。出版前的审查制度被引入，教科书也受到了特别严格的检查。

鉴于德国出版业的中心莱比锡已被基本摧毁，奥地利人最初对维也纳可能成为德语出版中心抱有极大的乐观态度。然而，纸张供应不足，印刷设备陈旧，生产的书籍吸引力有限。更多的新出版企业是建立在理想主义之上，而不是建立在健全的商业基础之上。此外，在战后初期，向德国出口是被禁止的，这意味着最大的潜在市场对奥地利出版商来说被封闭了。

奥地利出版商的主要问题仍然是当地市场太小，来自强大的德国对手的竞争太激烈。在 20 世纪 70 年代，奥地利对德国的销售翻倍时，德国出版商对奥地利的销售却增长至 4 倍。今天，在奥地利书店出售的每 5 本书中就有 4 本是在德国出版的，而德国书店几乎没有奥地利的书。现在大约 500 家奥地利出版商中，有一半以上在维也纳。其中 2/3 的出版社纯粹是为奥地利或地区市场服务的。奥地利出版业的一个显著特点是由国家组织，天主教会和其他机构经营的出版公司数量众多。奥地利联邦出版社（ÖBV）是最大的出版商，在 2002 年私有化之前一直是国有企业，它的起源可以追溯到玛丽亚·特蕾莎在 1772 年为扫盲而建立的教科书印刷厂。卡林西亚、施蒂利亚和蒂罗利亚等公司都属于教会。只有三家奥地利出版商——奥地利联邦出版社、维也纳的私营出版社卡尔·尤伯罗伊特（Carl Ueberreuter）和林茨的教育出版商维里塔斯（Veritas）——名列一百家最大的德语出版商排行榜。自 1995 年该国加入欧盟以来，奥地利出版商的持续独立性变得更加不稳定。

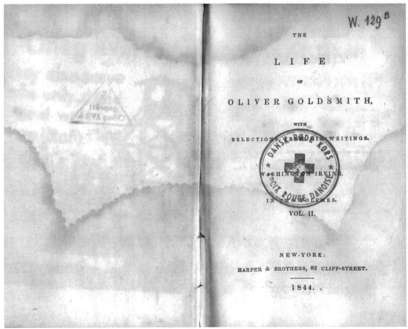

图 44、图 45　战俘读物。W. 欧文的《奥利弗·戈德史密斯的一生》(*Life of Oliver Goldsmith*，纽约，1843—1844）由丹麦红十字会邮寄。该图由私人收藏。

参考文献

K. Amann, *Zahltag: Der Anschluss österreichischer Schriftsteller an das Dritte Reich*, 2e (1996)

N. Bachleitner et al., *Geschichte des Buchhandels in Österreich* (2000)

A. Durstmüller, *500 Jahre Druck in Österreich* (1982)

H. P. Fritz, *Buchstadt und Buchkrise. Verlagswesen und Literatur in Osterreich 1945–1955* (1989)

M. G. Hall, *Österreichische Verlagsgeschichte 1918–1938* (1985)

—— *Der Paul Zsolnay Verlag* (1994)

—— Hall 'Publishers and Institutions in Austria, 1918–1945', in *A History of Aus- trian Literature, 1918–2000*, ed. K. Kohl and R. Robertson (2006)

—— and C. Köstner, " … allerlei für die National- bibliothek zu ergattern… ": *Eine österreichische Institution in der NS-Zeit* (2006)

A. Köllner, *Buchwesen in Prag* (2000)

J.-P. Lavandier, *Le Livre au temps de Marie Thérèse* (1993)

LGB 2

第 33 章
匈牙利书籍史

布里吉特·古兹纳

1 中世纪书籍文化

最早的匈牙利书面记录与基督教文化和拉丁语密切相关。最早的手抄本是由旅行僧侣在 10 世纪到达该国时复制和引进的，当时马扎尔部落征服了喀尔巴阡山盆地并在此定居。书面记录主要是在修道院中制作的，法律和其他官方文件则由匈牙利独有的教会机构（loca credibilia）制作，这个机构继续在修道院和会所中运作，在 1874 年之前向普通人和神职人员发放以教会文字书写的认证记录。最早的教会图书馆成立于 996 年，是潘农哈尔马本笃会修道院的图书馆。它所收藏的手稿包括西塞罗、卢坎、多纳图斯和老加图等多达 250 部礼仪和古典作品，但最初的图书馆屡次被烧毁，只有一部手抄本幸存下来。随着奥斯曼帝国的不断扩张，以及在 1526 年 8 月的莫哈奇战役中，苏莱曼一世（Süleyman I）率领的土耳其军队进攻并击败匈牙利军队，佩奇（那里也曾有一所大学，成立于 1367 年，但于 1390 年关闭）、维斯普雷姆和埃斯泰尔戈姆的大教堂图书馆被摧毁。

在 14 世纪，匈牙利学生经常在欧洲大学学习，特别是在克拉科夫、维也纳、博洛尼亚和帕多瓦。据报道,他们回国后拥有小型图书馆,但他们的书单都没有流传下来。关于最重要的中世纪手稿的起源和后来的命运的信息是很少的。《匈牙利人的历史》(*Gesta Hungarorum*,约 1200)记载了匈牙利人从一开始到阿尔帕德征服匈牙利的历史。该书由国王贝拉三世(1172—1196)在位期间,由身份不明的"主人 P."(Magister P.,有时被称为"佚名人士")撰写,自创作以来一直被存放在国外,直到 20 世纪才被从维也纳送回匈牙利国家图书馆。匈牙利中世纪最令人印象深刻的历史著作是拉迪斯拉斯四世的宫廷神父西蒙·凯扎伊的编年史,也称为《匈牙利史》,写于 1282 至 1285 年。13 世纪末的《鲁汶法典》(*Leuven Codex*)是一部手抄本布道集,其中包括匈牙利文学文本的第一个片段,被称为 *Ómagyar Máriasiralom*(古匈牙利语的《圣母哀歌》),是由多米尼加的修士在奥尔维托写在牛皮纸上的。1982 年,比利时鲁汶大学最终同意将其赠予匈牙利。

第一本匈牙利印刷书是 1473 年圣灵节时在布达的安德烈亚斯·赫斯印刷厂制作的,该印刷厂是受当地政府的邀请并得到其资金支持而建立的。赫斯可能是德国人,他离开罗马前往布达。在那里,他着手建立了自己的印刷厂。在接下来的五个月里,他制作了《匈牙利纪事》(*Chronica Hungarorum*,又称《布达纪事》)。他用从乔治·劳尔在罗马的印刷厂进口的母版来铸造他的字母,并在他的第二本在布达印刷的未注明日期的书中使用相同的纸张和字体;该书由两部作品组成:圣大巴西略(Basil the Great)的《传奇诗人》(*De Legendis Poetis*)和色诺芬的《苏格拉底的申辩》(*Apologia Socratis*),在第一部作品的结尾处有".A: .H. Bude"这样的版本记录字样。

在 1477 至 1480 年间,一位不知名的印刷商又制作了 3 部摇篮版书籍,很可能是在匈牙利出版,但印刷地点不详。第一本是佛罗伦萨大主教安东尼·弗洛伦蒂诺的《忏悔书》(*Confessionale*);第二本是劳迪维乌斯·扎基亚的《神圣杰罗姆的生活》(*Vita Beati Hieronymi*);第三本是教士约翰内斯·汉授予艾格尼丝·德·波索尼奥(Agnes de Posonio)的宽幅赦免令,这幅赦免令在波兹索尼(今布拉迪斯拉发)附近被发现,手写日期为 1480 年 5 月 11 日。所有这三份文件都可能是由匈牙利的一家小型流动印刷厂印制的,其字体来自那不勒斯人马蒂亚斯·莫拉乌斯的印刷厂的母版。

最早的两家印刷厂停业后,人们对手稿和书籍的兴趣依然存在。布达的外国书商

图 46 在亚诺斯·瑟罗奇（János Thuróczy）为《匈牙利编年史》绘制的木刻插图中描绘了匈牙利王室图书收藏家马蒂亚斯·科维努斯国王，1488 年于奥格斯堡印刷。© 大英图书馆（IB 6664），第148 页

向神职人员和宫廷提供在威尼斯印刷的书籍或从德国委托印刷的手稿。在九位布达出版商中，已知只有两个是匈牙利人。西奥巴尔德·费格是匈牙利第一个销售由安东·柯贝尔格印刷的哈特曼·舍德尔的《纽伦堡编年史》拉丁文和德文版本的人。然而，这个时期最引人注目的出版物是亚诺斯·瑟罗奇的《匈牙利编年史》，1488 年 3 月在布鲁恩（布尔诺）为奥尔穆茨的主教亚诺斯·菲利佩克印刷。由于菲利佩克的教会出版社没有适合世俗作品的字体，他的印刷商康拉德·斯塔赫和马蒂亚斯·普伦林使用了哥特式字体和大量的高质量木刻插图。同年 6 月，埃尔哈特·罗多德在奥格斯堡重印了《匈牙利编年史》，印刷装置由费格设计。这个第二版是献给马蒂亚斯·科维努斯的，配有更多的木刻插图，至今仍是与匈牙利有关的最知名、最优秀的摇篮版古籍，许多欧洲和美国图书馆都有收藏。

2 宗教改革和巴洛克时期

对于匈牙利王国时期的大部分地区来说，莫哈奇战役以及被土耳其占领之后，是其 150 年间动乱、失去独立和经济衰退的时期。匈牙利人文主义和文学思想的中心被摧毁，匈牙利的书籍开始在国外印刷，主要是在克拉科夫和维也纳印刷。因此，第一本完全用匈牙利语印刷的书——《圣保罗书信》（*St Paul's Epistles*），由伊拉斯谟的追随者贝内德克·科姆亚提翻译并附有评注，并于 1533 年在克拉科夫由希罗尼穆斯·维特尔制作。

莫哈奇的惨痛经历与宗教改革的诞生有关。改革者的教义在 16 世纪 20 年代传播开来，在相对安全的特兰西瓦尼亚地区获得了一席之地，该地区是匈牙利唯一没有被土耳其占领的领土。在布拉索夫，特兰西瓦尼亚撒克逊人的博学改革者约翰内斯·洪特鲁斯（1498—1549）在 16 世纪 30 年代初建立了自己的印刷厂，并继续用拉丁语、希腊语和德语出版了 35 部以上的作品；第一本用西里尔字母印刷的罗马尼亚语书籍是由执事、印刷商和编辑科雷西制作的，他在教会中推广通俗罗马尼亚语作为法定的书面语言。他的 30 多本书籍在整个罗马尼亚境内流传。另一个在坚持新教改革的同时，在印刷拉丁语和匈牙利语书籍方面发挥了重要作用的城镇是科洛兹瓦尔。1550 年，匈牙利宗教改革的传教士、作家和杰出的理论家加斯帕尔·海尔泰在那里建了一座著名的印刷厂（最初是与捷尔吉·霍夫格拉夫合作）。在 1559 至 1575 年间，它用匈牙利语、拉丁语和希腊语出版了 45 部作品，所有作品都配有精美的木刻插图。海尔泰最初印刷的是宗教作品，但他后来转向了更多的世俗体裁：浪漫小说、故事和传说。他死后，他的妻子继续用诗句印刷不那么著名但同样具有娱乐性的编年史。

在宗教改革和反宗教改革期间，其他印刷商制作了旨在服务和支持匈牙利新教的材料。其中最重要的是加尔·胡萨尔，他先是在莫雄马扎尔古堡建立了印刷厂，然后在卡萨（科希策）建立了印刷厂。后来他在德布勒森定居，印刷和出版改革派主教佩特·尤哈斯·梅利乌斯（1532—1572）的作品。1555 年，拉斐尔·霍夫哈尔特在维也纳定居，在接下来的 7 年里，他的印刷厂出版了 123 种拉丁语和匈牙利语出版物。他的新教信仰使他于 1563 年迁往德布勒森，在那里他出版的书籍和版画的质量超过了他的前辈。1588 至 1590 年间，巴林特·曼茨科维茨在维佐利建立了一家印刷厂，制作了第一本完整的匈牙利新教圣经。加斯帕尔·卡洛里翻译的维佐利圣经被认为是 16 世纪匈牙利印刷业中最重要的作品。

在哈布斯堡王朝的统治下，匈牙利境内有两个值得注意的工场。一个是在纳吉绍巴特（特尔纳瓦），当时的反改革中心，大教务长米克洛什·泰格迪于 1578 年在那里创办了他的印刷厂，并制作了极好的巴洛克式印刷品的范例。另一个是一家出版社，位于巴特法（巴德约夫），其印刷大师大卫·古特格塞尔在他的拉丁语、匈牙利语和德语书籍中使用了吸引人的德国字体、边框和装饰纹。

然而，大多数 17 世纪的特兰西瓦尼亚新教印刷商都是在荷兰的工场学习他们的艺术。阿布拉哈姆·斯赞奇·凯尔泰斯在莱顿学习时就熟悉了荷兰的图书制作。他于 1640 年在拉迪亚建立了自己的印刷厂，并印刷了 100 多种书，其中大部分是匈牙利语。亚诺什·布鲁尔将他的切割精致的荷兰字模从荷兰带回他在莱沃恰的印刷厂，与他的兄弟塞缪尔一起制作了约翰·阿莫斯·夸美纽斯作品的精美版本，以及著名的莱沃恰印刷厂日历。

尼古拉斯·基斯遵循同样的模式，开始在阿姆斯特丹的布劳家族做学徒，提高他的字体设计、切割和印刷技能。到 1685 年，他已经制作了 3500 份他的阿姆斯特丹圣经。1686 年，他出版了由阿尔伯特·斯岑齐·莫尔纳尔翻译的《诗篇》，并在第二年出版了《新约》。他在欧洲的名气让他接到了荷兰、德国、英国、瑞典和波兰的委托。他的格鲁吉亚语、希腊语、希伯来语和亚美尼亚语字模以一丝不苟的专业精神进行切割，进一步提高了他的声誉。回到科洛兹瓦尔后，他将市政和教会的出版社集中在一起，在接下来的 9 年里出版了 100 多种精印的廉价书籍，包括科学家、拉丁语 – 匈牙利语词典编纂者费伦茨·帕帕伊·帕里斯的学术作品。基斯努力消除文盲和文化落后，并发展统一的匈牙利正字法。

在特兰西瓦尼亚，加博尔·拜特伦（1613—1629）和乔治一世·拉科奇（1630—1648）两位亲王试图剥夺当地罗马尼亚人的民族权利，并让他们皈依加尔文主义。罗马尼亚人以不断发展的爱国主义意识作为回应，努力促进其统一的文学语言。在此期间，《罗马尼亚新约》（阿尔巴尤利亚，1648）在自治省的黄金时代由其翻译家、特兰西瓦尼亚大主教西米翁·斯特凡印刷。1733 年，由教师佩特库·索阿努尔在布拉索夫印刷的日历中重新出现了用西里尔字模印刷的罗马尼亚语内容。在经验丰富的匈牙利印刷商的帮助下，彼特鲁·帕维尔·阿伦主教用新的西里尔文和拉丁文字体以及高质量的材料和排版设备翻新了布拉什印刷品，大量生产罗马尼亚学校教科书和初级读物。这是迈向世俗文化新时代的一步。

3 启蒙运动和改革时期

1773 年耶稣会解散后，原由耶稣会管理的纳吉松巴特（Nagyszombat）大学和出版社于 1777 年迁至布达，由印刷商马蒂亚斯·特拉特纳（1745—1828）管理。1779 年，它被授权为所有匈牙利学校印刷和分发教科书，但它也积极分发改革文献。在塞缪尔·法尔卡·比克法尔维的指导下，布达的大学出版社重新组织并扩大了生产，雇用了 19 名打字员，为全国大部分的印刷厂提供服务。法尔卡的字模显示了外国印刷商和设计师的影响，这些设计师中著名的有迪多和詹巴蒂斯塔·博多尼。作为铸造厂的负责人，法尔卡更新了他的字模（深受作家费伦茨·卡津齐的推崇），同时开发并制作了精美的木版和铜版雕刻。

在整个 18 世纪，埃格尔、埃斯泰尔戈姆、特梅斯瓦尔（蒂米什瓦拉）、佩奇、纳吉卡洛利（卡雷）和卡萨都开设了印刷厂，但都没有达到德布勒森或科洛兹瓦尔印刷厂的高标准。到 18 世纪末和 19 世纪初，越来越多的印刷商之间的竞争迫使价格和质量下降，平版印刷术的发展导致了技术和商业网络的瓦解，排版传统和美学考虑被忽视了。随着在廉价的纸张上大量生产短效印刷品、日报（见第 16 章）、书籍和期刊，排版标准下降到低水平。

19 世纪的改革运动试图促进匈牙利的经济和文化进步。为了消除国家的文化落后，伊斯特万·塞切尼伯爵（1791—1860）成为各种项目和改革机构的创始人和发起人，包括匈牙利科学院。他的政治著作主张匈牙利应继续效忠于奥地利帝国，这些著作大多由新成立的特拉特纳 - 卡洛里出版社印刷。改革时代的另一位代表是印刷商和书商古斯塔夫·埃米希（1814—1869）。在他 26 年的出版生涯中，他出版了 663 部作品，其中 629 部是匈牙利语。他的印刷和出版企业创建并很好地经营了雅典娜文学和联合股份有限印刷公司（1868），到 19 世纪末，该公司已成为该国设备最完善的印刷机构。

匈牙利最大的印刷和出版公司帕拉斯（Pallas）成立于 1884 年。它拥有一个现代化的打字室、一台平版印刷机、一间装订室，还有轮转胶印机和凹版印刷机。除了书籍，它还印刷期刊以及商业和官方文件。18 卷本的"帕拉斯百科全书"（1893—1900）使帕拉斯文学和印刷公司成为匈牙利最负盛名的企业。随着小型印刷厂逐渐用现代机械取代其陈旧的设备，它们开发了广告技术并扩大了商业网络。19 世纪末，识字率的普及使书籍的需求迅速增加，以至于书商转型成为出版商。他们赞助匈牙利文学，出版国家经典作品的版本，大量印刷流行小说、廉价报纸、完整的系列作品，以及流行作家的翻译作品，使匈牙利读者能够读到当代世界文学。到 1895 年，首都有 104 家印刷厂，他们的产品开始体现出折中主义和新艺术风格的元素。

4 20世纪

1882 年成立于吉奥马的克纳印刷和出版公司，采用了早期印刷师和当代设计师的理论和实践。这家家族企业在 20 世纪 20 年代达到了顶峰。在战争中遭受损失后，伊姆雷·克纳（1890—1945）和拉约什·科兹马（1884—1948）恢复了巴洛克时期的排版传统，将其与现代排版技术相结合。他们创作了令人瞩目的作品，如"文学大观"和"克纳经典"系列。克纳出版社是第二次世界大战后第一个宣布匈牙利解放的出版社。它在设计师、印刷商和研究员捷尔吉·海曼（1914—1996）的领导下继续运作，直到 1949 年被国有化。

在战争期间，19 世纪后期著名的出版商——雅典娜出版社（Athenaeum）、雷瓦伊兄弟出版社（Révai Brothers）和辛格与沃尔夫纳出版社（Singer & Wolfner）——继续以小开本形式生产重要书籍，很少出版艺术和音乐作品的传统。第二次世界大战后，几乎在一夜之间一切都发生了改变，所有的出版社、书商和印刷商都被国有化。新的版权法剥夺了出版商的权利，没有被关闭的出版商被合并到更大的企业中，只能在严格规定的领域内出版。在文化部和图书委员会的全面审查下，他们的主要任务是教育群众。20 世纪 50 年代，出版社以苏联模式为基础，并被纳入一个高度集中的系统。1952 年，182 家书商和 153 家文具商的贸易许可证被吊销；那些分配给新任命的出版社的出版主题在随后的 35 年中保持不变。

在整个 20 世纪 60 年代和 70 年代初，匈牙利当局决定哪些文学作品应得到支持或容忍，哪些作品应被禁止，哪些作品的作者又应该被出版总署封杀。虽然这种意识形态控制体系 40 多年来一直没有改变，但审查制度逐渐变得宽松，经济困难导致国家补贴减少，20 世纪 80 年代开始出现技术发达、文化强大的出版业，能够满足当下的读者群。在匈牙利，地下出版物（Samizdat）没有像在其他苏维埃集团国家那样发挥重要作用。

到 20 世纪 80 年代末，地下出版物和"官方"出版物之间已经没有什么区别了。匈牙利作家协会成为不同政见者的大本营，也是政治反对派的中心。其领导人在标志着统治结束的运动中发挥了重要作用。1987 至 1988 年，欧罗巴出版社出版了库斯勒的《正午的黑暗》（*Darkness at Noon*）、帕斯捷尔纳克的《日瓦戈医生》，以及 1989 年奥威尔的《一九八四》，这些都是优秀的匈牙利语译本。

ŐSZI
HARMAT UTÁN

ISTENES, VITÉZI ÉS VIRÁGÉNEKEK

MELLYEKET

BALASSI BÁLINT

ÉS EGYÉB NEVES S NÉVTELEN
POÉTÁK MUNKÁIBÓL A XVI., XVII.
ÉS XVIII. SZÁZADOKBÓL

ÖSSZEGYÜJTÖTT

KIRÁLY GYÖRGY

KIBOCSÁTOTTA ÉS NYOMTATTA
KNER IZIDOR
AZ 1921. ESZTENDŐBEN
GYOMÁN

图 47 《秋露之后》（*Ó'szi harmat után, After autumn dew*）的扉页，这是捷尔吉·基拉里编纂的诗集，由伊齐多尔·克纳于 1921 年在吉奥马印刷出版，上面有拉约什·科兹马的木刻小图。© 大英图书馆（11587 b 49），标题页

5 1989年后的出版

1989 年，匈牙利正式取消对出版业的审查制度和控制。合法注册的公司可以自由从事出版业务，主要集中在畅销书籍和流行小说，以前大量被禁的文学作品开始在全国范围内由数量迅速增长的出版商和街头小贩发行。

1993 年后，两家国有发行商被私有化并进行了改造，以满足现代需求。配备齐全的大型书店出现了，同时也出现了一个平衡的图书市场。匈牙利是最早加入国际出版商协会的欧洲国家之一，在 1913 年主办了第一届国际出版商会议。1998 年，匈牙利出版商和书商协会（MKKE）加入了著名的欧洲出版商联合会（European Publishers' Federation）和欧洲书商联合会（European Booksellers' Federation）。1999 年，该国被选为法兰克福书展的嘉宾，大大提升其在欧洲文化界的地位。在 21 世纪初，匈牙利出版业的特点是整个欧洲共同的趋势，即销售量增长、印刷质量提高、图书种类增多、连锁书店扩张、网络书店建立以及电子出版的扩张。

参考文献

J. Fitz, *A magyar könyv története 1711-ig* (1959)

K. Galli, *A könyv története: I. A kezdetektől a 15. század végéig* (2004)

P. Gulyás, *A Könyvnyomtatás Magyarors zágon a XV. és XVI. században* (1931)

D. Simionescu and G. Buluță, *Pagini din istoria cărții românești* (1981)

第 34 章
捷克共和国和斯洛伐克书籍史

德瓦娜·帕弗里克

1 历史背景

　　捷克和斯洛伐克的早期历史都属于大摩拉维亚帝国，一个位于多瑙河中游的 9 世纪斯拉夫国家。在这里，最早的手稿是由宣扬教会拉丁语仪式的传教士带来的。旧教会斯拉夫语的礼仪文本是由拜占庭传教士圣西里尔（Sts Cyril）和美多迪乌斯（Methodius）引进和复制的，他们在 863 年被邀请用一种人们能够理解的语言来取代拉丁文的礼仪文本。为此，他们发明了格拉戈利特文字，将礼仪文本和圣经翻译成旧教会斯拉夫语。大摩拉维亚帝国在 906 至 908 年崩溃时，捷克的权力中心在波西米亚中部发展起来，而斯洛伐克直到 1918 年都在匈牙利的统治之下，它的宗教、政治和文化发展也跟随匈牙利发展。捷克的波西米亚和摩拉维亚地区处于神圣罗马帝国的统治之下。捷克和斯洛伐克都曾是奥匈帝国的一部分，直到 1918 年奥匈帝国解体，他们共同建立了民主国家捷克斯洛伐克。到 1945 年，捷克和斯洛伐克的印刷、出版和图书销售与欧洲其他国家没有明显的区别。然而，在 1948 年之后，情况发生了根本性的变化，私营企业要么被清算，要么被转为国有并集中管理。苏联式的出版和发行组织被强制执行，同时还实行严格的审查制度，被认为政治上不受欢迎的材料被从图书馆收回。一些自由的捷克和斯洛伐克移民在国外继续发展出版业，并在 1968 年后的流亡浪潮中重新焕发活力。在国内，独立的地下出版在 20 世纪 70 年代和 80 年代迅速发展，预示着未来的发展。

1989 年 11 月发生了彻底的转变。随着市场经济的发展，出版和发行业以及图书馆和档案馆也进行了重组。私人出版企业几乎在一夜之间就冒了出来，被压制的捷克和斯洛伐克持不同政见的作家的作品被大量印制。最新的小说和流行的非虚构译本迅速出现，满足了人们对以前无法接触到的文学作品的需求。1993 年，捷克斯洛伐克沿其历史边界划分为捷克共和国和斯洛伐克。

2 捷克共和国

2.1 早期发展

11 世纪，捷克的修道院、大教堂和学院的分会建立，然后开始收集进口和国内生产的手稿。最早的圣经翻译成古捷克语的证据出现在 11 世纪末或 12 世纪初。现有的捷克语文本最终在 1380 年前后被汇编成完整的圣经，捷克语译本是继法语和意大利语之后的第三种通俗圣经译本。现存的手稿包括 25 部完整的圣经、27 部《旧约》、35 部《新约》、22 部诗篇、17 部福音书和许多较小的片段。很多都是捷克罗马式和哥特式书籍漂亮彩饰的范例。早期彩饰书籍中最突出的例子是《维谢赫拉德抄本》（*Codex Vysehradensis*，1086）；最有名的是《魔鬼圣经》（*Codex Gigas*，1204），其高度超过一米。1348 年，布拉格大学的建立和大主教区的存在都鼓励了手抄本的制作，并在温塞斯拉四世（Wenceslas IV，1378—1419）统治时期达到了顶峰，当时只有巴黎的抄写室在其彩饰法典的华丽程度上超过了布拉格。

传统上认为，波希西亚的印刷业始于 1468 年，当时有《特洛伊纪事》（*Kronika trojánská*）和《新约全书》（刻有不明确的 "M.4.75" 字样）。然而，由于没有确凿的证据，因此 1476 年在比尔森印刷的拉丁文《阿奈斯特会议章程》（*Statuta Synodalia*

Arnesti ），现在被认为是捷克的第一部印刷书。大多数古籍都是在布拉格印刷的，但在波西米亚南部的温佩尔克也有印刷。

在波西米亚印刷的 44 本现存的年鉴中，39 本是捷克文，5 本是拉丁文。大多数波西米亚印刷商都是当地的工匠，但摩拉维亚的情况不同，那里有国外印刷商在经营。在摩拉维亚的布尔诺和奥洛穆茨印刷中心制作的 23 种现存小册子中，有 2 种是德语，其余的是拉丁语。

大多数书籍的标题都是世俗性质的。有教育作品，如拉丁语语法书、多纳图斯的《小艺》；法律作品（拉丁语和白话文），游记，传说；以及编年史，如两个版本的《特洛伊纪事》、特温格的《马蒂米亚尼》（*Martimiani*，1488）、《匈牙利纪事》（*Chronica Hungarorum*，1488，这是第一个用拉丁语印刷的插图布尔诺版本）。塞弗林 – 坎普出版社（Severin-Kamp）推出了第一本布拉格插图版印刷品，即《伊索寓言》捷克版（1488 ？）；流行的《黄金传说》（*Legenda Aurea*）的捷克版本，印刷了两次，其中一次有丰富的插图，但代表捷克古籍排版高峰的是无插图版。还有年鉴、日历和其他作品，包括《泡温泉》（*Von den heissen Bädern*，布尔诺，1495），这是福兹（Folz）关于在天然温泉中洗澡的药用价值的小册子。

宗教古籍以圣经文本为主。第一本完整的捷克语圣经是由塞弗林 – 坎普出版社于 1488 年印制的，是一本 610 页的对开本，双栏 47 行，标题是红色的。一年后，蒂斯诺夫的马丁（Martin of Tišnov）在银矿镇库特纳霍拉印制了带有 116 幅当地制作的木刻插图版。捷克语的《新约》也以插图和普通版本出版，《诗篇》以捷克语和拉丁语出版。还有礼仪作品、关于教会管理的书籍、两本祈祷书以及一些当时的天主教和新教小册子出版。

通俗古籍是用捷克 Bastarda 字体印刷的，最早的字体是最华丽的（模仿手写体），后来的则是受 Rotunda 字体和 Fraktur 字体影响。Textura 字体和 Rotunda 字体用于拉丁文作品，进口的德国 Schwabacher 字体出现在与布拉格大学有关的印刷品中。

波西米亚王国和摩拉维亚的几位印刷商在国外表现出色，包括纽伦堡和班贝克的约翰·森森施密特、那不勒斯的马蒂亚斯·格罗斯曼·莫拉乌斯以及在里斯本印刷第一本葡萄牙语书籍的瓦伦蒂努斯·德·摩拉维亚。

2.2 16世纪

16世纪是捷克印刷业的黄金时代，共印刷了4400种图书。宗教争论刺激了印刷业的发展，小册子和论战文献快速生产。人文主义开始改变印刷书籍的外观及其内容，而市民日益增长的财富将书籍带给了更多的人。随着藏书家和读者人数的增加，专业人士的图书馆有时超过了贵族的图书馆。许多城镇都设立了印刷厂，通过书店、市场和书展，以及通过在国内和国外分发的印刷书籍清单，促进图书销售。除了拉丁文（使

图48 《摩拉维亚赞美诗集》（*Pjsně Duchownj Ewangelistske*，伊万契采，1564）的扉页展示的音乐和书籍，其中有大量的木刻插图。大英图书馆有一本部分用金色印刷的副本。© 大英图书馆（C 36 g 12），标题页

用 Roman 字体）、捷克文和德文（使用 Fraktur 字体和 Schwabacher 字体）印刷外，还有西里尔文印刷。第一本西里尔文圣经于 1517 至 1519 年在布拉格由弗朗西斯克·斯卡里纳印刷。第一本希伯来语书于 1513 年在布拉格印刷，到该世纪末，该市有几家希伯来语印刷厂在运营（见第 8 章）。

印刷厂是由促进人文主义文学的学者和知识分子建立的，最重要的是韦莱斯拉文的丹尼尔·亚当的印刷厂。丹尼尔·亚当是布拉格大学的教授，1584 年接替了非常成功的伊日·梅兰特里奇（来自阿文蒂纳）的工作。丹尼尔·亚当出版了 100 种书，是学术文献中捷克语的热情推动者，并创立了现代捷克语词典，他在这一领域的最佳作品是一部鸿篇巨制般的拉丁语－希腊语－德语－捷克语词典（1598）。他使用了大约 50 种不同的字体，采用了高质量的装饰，并对标题页进行了精心设计，通常是用黑色和红色。16 世纪印刷业的顶峰是在兄弟会（Unity of Brethren）的印刷厂实现的，特别是在摩拉维亚的伊万契采和克拉利采的印刷厂之中。兄弟会在 1500 年后不久成立，是最早传播宗教改革思想的印刷商之一。其印刷品的特点是采用精致的排版和设计，以及采用高标准的捷克语。兄弟会的六卷本《克拉利采圣经》（1579—1594）为这个

图 49 16 世纪捷克语言和印刷业的一座丰碑——《克拉利采圣经》（*Kralice Bible*）第六卷（也是最后一卷）中一幅的莫莱斯克（Mauresque）木刻画，在其中心位置印有印刷日期。© 大英图书馆（C. 114. n. 18.）

时代捷克圣经印刷的华章画上了句号。

2.3 17和18世纪

1620 年，天主教哈布斯堡家族战胜了新教徒，这对印刷业的发展产生了深远的影响。被视为异端和反叛者的语言的捷克语被德语取代，德语成为官方语言。捷克语的印刷主要限于祈祷书、赞美诗、布道书、传记、小说和民间故事。作为反宗教改革的倡导者，耶稣会对印刷业进行了严格的控制，他们把印刷业集中在少数机构中，其中最大的是他们在布拉格的克莱门蒂努姆学院（Klementinum）中的印刷厂。他们编制了违禁书籍的清单，许多在上个世纪印刷的书籍被从其所有者手中夺走，并被禁止和烧毁。被销毁的书籍很快就被耶稣会士大量发行的新材料——教科书、圣经注释（postils）、赞美诗和讲道文学所取代。许多捷克学者和艺术家，如教育家约翰·阿莫斯·夸美纽斯和雕刻家文斯劳斯·霍拉尔，选择去国外工作和出版，而外国艺术家则开始在捷克的巴洛克书籍上留下他们的印记。铜版画取代了书籍插图中的木刻，大型介绍册也加入了雕版、扉页和标题页。历史、法律、神学和科学著作的版本与面向大众市场的廉价版本之间出现了明显的质量差异。"纸制品"市场最低端的宽页印刷品到 18 世纪末约有 6000 种。

捷克最早的期刊出现在 1658 年之后，通过 1719 年的《布拉格邮报》（*Prager Post*）获得了真正的普及，它由洛可可时代布拉格最好的印刷商卡尔·弗兰茨·罗森穆勒（C. F. Rosenmüller）每周出版两次，其出版社发行了博胡斯拉夫·巴尔宾、瓦茨拉夫·哈耶克、格拉修斯·多布纳等人的历史作品。

18 世纪后半叶引入的启蒙思想和宗教及社会改革预示着捷克民族意识的觉醒。对捷克历史的学术研究、捷克语作为文学语言的复兴，以及科学的新发现都得益于对印刷限制的放松。捷克皇家科学学会（Royal Czech Society of Sciences）成立于 1770 年，M. A. 沃格特、G. 多布纳、R. 安格尔、J. 多布罗夫斯基、P. J. 萨法里克、F. 帕拉茨基等知名学者的作品纷纷出版。最能代表捷克民族觉醒的出版商是瓦茨拉夫·马捷·克拉梅留斯（Václav Matěj Kramerius，1753—1808），他是记者和翻译，在 1789 年创办了著名的《帝国和皇家布拉格邮报》(*Imperial and Royal Prague Post Newspaper*)。他那名为"捷克探险队"(Czech Expedition)的机构是出版和发行捷克语书籍的中心，主要出版外国流行作品的译本，发行了约 84 种由不同出版社印刷的书籍。

2.4 19世纪

19 世纪上半叶，随着许多学术团体和图书馆成立，现代捷克文学，尤其是诗歌也开始出现。出版的费用，有时是发行的费用，往往由作者自己承担。在科学和人文领域，1831 年成立的捷克学会(Matice česká)对出版进行了补贴，该组织负责公共收藏和呼吁捐赠。在学会的财政支持下，科学插图以及地图册的出版得到发展并且繁荣起来。这家机构确保了始于 1827 年并延续至今的《捷克博物馆杂志》(*Journal of the Czech Museum*)的存续，并资助了诸如荣格曼的五卷本捷克语 – 德语词典（1835—1839）和萨法里克的《斯拉夫语的古老性》(*Slovanské starožitnosti*，1837)等重要项目。

19 世纪下半叶，捷克文学和科学领域有了很大的发展，出版社也相应增加。最大的出版社是伊格纳奇·利奥波德·科贝尔(Ignác Leopold Kober，1825—1866)的出版社，该出版社出版了约 300 种图书，包括捷克第一部百科全书——十卷本的《教育词典》(*Slovník naučný*，1860—1872)，由弗朗茨克·拉迪斯拉夫·里格编辑。

现代书籍插图始于 19 世纪 60 年代的艺术家约瑟夫·马内斯和米科拉什·阿列斯。19 世纪 90 年代，兹登卡·布劳内罗娃(Zdenka Braunerová)开创了将书籍作为审美工艺品的运动，她的同胞艺术家阿尔方斯·穆卡和弗朗茨·库普卡在法国的书籍艺术中崭露头角。《现代评论》(*Moderní revue*)杂志成为颓废主义和象征主义运动的一个平台。沃伊特赫·普雷西格总结了 19 世纪后期平面艺术家的努力，他为 20 世纪书籍设计的发展提供了理论和实践基础。

2.5 20世纪及以后

1918 年捷克斯洛伐克共和国成立之前，最大的出版社是扬·奥托（Jan Otto，1841—1916）创办的出版社。这家出版社涵盖了许多知识领域，适合各种层次的读者和价格范围，包括著名的插图期刊和几个雄心勃勃的文学系列。从 1888 至 1909 年，该公司的事业达到了顶峰，出版了至今仍无法超越的 28 卷百科全书《奥托百科全书》（*Ottův slovník naučný*）。

在 20 世纪的前 20 年里，排版技术取得了巨大的进步。这一领域的重要发展与 1908 年捷克藏书家协会的成立以及卡雷尔·迪林克、麦瑟德·卡拉布和奥尔德里奇·门哈特有关。捷克前卫派对字体设计也非常感兴趣，代表人物有约瑟夫·希玛、金德里奇·斯迪尔斯基和托伊恩，以及理论家卡雷尔·泰格。

在第二次世界大战期间，纳粹对波西米亚和摩拉维亚的七年占领严重限制了新闻自由。通过捷克斯洛伐克军队和流亡政府的努力，捷克的出版物在国外，主要是在英国出版，这些限制造成的麻烦得到了部分的补偿。

1948 至 1989 年 40 年间的遗留问题，以及其集中的出版、图书销售、图书馆和档案系统，意味着捷克出版行业的巨大变化。到千禧年结束时，经济变化——生活成本上升和书价上涨（1990 至 1995 年期间平均书价上涨了 260%）——导致图书销售急剧下降。然而，高质量的出版物保持了它们的价值，每年的布拉格书展继续保持活力，这都证明了捷克图书文化的蓬勃发展。

3 斯洛伐克

3.1 早期发展

在斯洛伐克，可追溯到 11 世纪末的《尼特拉福音书》（*Nitra Gospels*）是被复制并保存在修道院和教堂的拉丁文手稿之一。14 世纪末出现了非宗教人士的抄写室。

最早的斯洛伐克印刷品是由布拉迪斯拉发的一位身份不明的印刷商制作的，时间为 1477 至 1480 年。路德宗影响了第一批印刷厂的发展。16 世纪的印刷商经常旅行，当他们因宗教信仰而受到骚扰时，只好被迫改变工作地点。他们在科希策、辛塔瓦、科姆亚蒂奇、普拉夫克波德拉迪和赫洛霍夫茨设立了印刷厂，有时在不同城镇印刷一本书的部分内容。斯洛伐克印刷商米库拉什·斯泰特纳·巴卡拉在波西米亚的皮尔森工作。地主阶级和大多数城市人口的语言是匈牙利语，直到 18 世纪末，斯洛伐克的很大一部分印刷品都使用匈牙利语。为讲斯洛伐克语的人提供的捷克语书籍（标准的书面斯洛伐克语直到 18 世纪 80 年代才发展起来）大多是从波西米亚和摩拉维亚的出版社进口的，这些出版社有更好的设备来生产大部头的书籍，如圣经、诗集和圣歌。这种斯洛伐克化的捷克语印刷的情况集中在大众作品上，例如教科书和日历。到 16 世纪最后 25 年中，在特纳瓦、巴德约夫和班斯卡 – 比斯特里察都建立了印刷厂。到 16 世纪末，布拉迪斯拉发的重要性越来越大，在土耳其人占领匈牙利大部分地区的时间内，许多政府机构和学校从布达迁往那里。布拉迪斯拉发最重要的印刷厂，即大主教府的印刷厂，在 1608 至 1663 年期间蓬勃发展。1635 年大学成立后，印刷业在特纳瓦得到发展。

到 1700 年，图书生产的中心都集中在莱沃恰，主要是在布雷尔（Breuer）家族手中，他们在 17 世纪末印刷了大约 700 种图书。其中大部分是拉丁文，但也有一些是通俗文，包括特拉诺夫斯基的流行赞美诗书籍《圣徒的赞美诗》（*Cithara Sanctorum*）的三个版本（1636、1639、1653）和夸美纽斯的《世界图绘》（*Orbis Sensualium Pictus*）。匈牙利的第一份报纸于 1705 至 1710 年在莱沃恰和巴德约夫印刷，其他报纸随后在布拉迪斯拉发印刷。斯洛伐克东部的大都市科希策在 18 世纪作为印刷中心而崭露头角。1733 年和 1736 年在科希策印刷的萨缪尔·蒂莫恩的作品极大地促进了斯洛伐克的民族认同，1777 年贝尔的《斯克拉沃尼亚行政区汇编》（*Compendium Regnorum Sclavoniae*）也是如此。1787 年，安东·伯诺拉克在斯洛伐克西部方言的基础上，整理了斯洛伐克的书面语言。

3.2 19世纪及以后

18世纪末，斯洛伐克民族复兴运动与启蒙思想一起，刺激了印刷、出版、图书销售和图书馆创办的发展。1843年，复兴运动的领袖卢多维特·什图尔（Ľudovít Štúr）推出了基于斯洛伐克中部方言的书面斯洛伐克语，这成为复兴者的语言，并被接受为标准民族语言。斯洛伐克复兴派的印刷服务是由耶利内克出版社（特纳瓦）和什卡尼克尔出版社（斯卡利卡）提供的。什卡尼克尔出版社发行过广受赞誉的杂志《斯洛伐克评论》（*Slovenské pohľady*）。19世纪的技术进步给印刷、出版和发行带来了根本性的变化，促进了进一步的发展。

1870年，位于马丁的图书印刷控股协会成为斯洛伐克语图书和期刊的主要印刷商。通俗语出版业的发展让书商控股协会和出版商控股协会成立（1885）。这两个组织于1908年合并，在1918年之前代表着斯洛伐克的大部分出版业。

在两次世界大战之间，斯洛伐克享有前所未有的经济和艺术发展。许多文化和教育机构得以建立或更新，各种类型的图书馆得以建立，并建立了发行斯洛伐克文书籍的出版社。随着斯洛伐克对从捷克人手中获得完全独立的愿望越发强烈，1993年斯洛伐克实现了独立。

2000年，斯洛伐克国家图书馆从文化机构斯洛伐克学会（Matica Slovenská）中分离出来。在向市场经济过渡过程中幸存下来的大型出版公司，如SPN-Mladé letá，已经因为合并小型独立出版商而壮大。布拉迪斯拉发的佩特鲁斯（Petrus）出版社管理娴熟，是当前趋势的例证。布拉迪斯拉发插画双年展（始于1967年）可以说是全世界最重要的儿童和青少年图书插画的国际展览。在联合国教科文组织和国际儿童读物联盟（IBBY）的赞助下，它颁发了多个奖项，并展出了大约90个国家的作品。

参考文献

M. Bohatcová, *Česká kniha v proměnách staletí* (1990)

V. Breza, *Tlačiarne na Slovensku 1477–1996* (1997)

HDHB

F. Horák, *Pět století* [Five Hundred Years of Czech Printing] (1968)

I. Kotvan, *Inkunábuly na Slovensku* (1979)

Lexikon české literatury (1985–2008)

V. Petrík, *Slovakia and its Literature* (2001)

M. Strhan and D. P. Daniel, eds., *Slovakia and the Slovaks* (1994)

P. Voit, *Encyklopedie knihy* (2006)

第 35 章
波兰书籍史

珍妮特·兹姆若切克

1 书籍文化的基础与发展

波兰国王米什科一世在公元 966 年接受洗礼时，他对天主教的接受态度决定了波兰文化历史和波兰书籍的走向发展。有证据表明，甚至在米什科正式皈依之前，手抄本书籍就已经随着基督教传教士从邻国和更远的地方（爱尔兰和意大利）进了波兰。波兰人自己在 12 世纪到 13 世纪才开始参与本土图书文化的发展，在此之前，图书一般都是从国外进口，或者由其他国家的人编写。记录波兰历史的年鉴和编年史可能早在 10 世纪就已写成，但现存的最早例子是 12 世纪的《圣十字省年鉴》（*Rocznik Świętokrzyskie*），现在由华沙的波兰国家图书馆收藏。

随着波兰人更频繁地前往意大利和法国的大学学习，以及更多的修道院在波兰的土地上建立起来，人们对写作的兴趣越来越浓厚，于是在 13 世纪，波兰发展出了一个更广泛的抄写室网络，吸引了波兰本地的神职人员。西里西亚的抄写室特别专业，制作了许多装饰丰富的手稿，包括现存最古老的波兰语全句的手抄本《亨利库夫西多会修道院纪事》（*The Chronicle of the Cistercian Monastery at Henryków*）。从 14 世纪和 15 世纪初开始，该书开始在教会和宫廷圈子之外传播。这种传播一部分是受波兰语写作开端的鼓励。这一时期现存的重要波兰语手稿还有《圣十字山修道院的布道》（*Sermons from the Holy Cross Mountain Monastery*）和《弗洛里安诗篇》（*Psałterz Floriański*），这是一部有着丰富彩饰的手抄本，内含用波兰语、拉丁语和德语写成的诗篇。

在雅盖隆王朝（Jagiellonian，1385—1569）时期，波兰与立陶宛合并，有着真正的多民族人口。它包括波兰本土、立陶宛、信东正教的鲁塞尼亚和信路德宗的普鲁士。因此，德语、立陶宛语、鲁塞尼亚语、意第绪语和其他少数民族语言与波兰语共存，使不同文化之间得以交叉融合。政治和经济的繁荣促进了对艺术的赞助，以及王室成员、大人物和繁荣的城镇居民对书籍的兴趣，这让 15 世纪到 16 世纪以克拉科夫为首的彩饰艺术盛行起来。《克拉科夫市民章程》（*The Kodeks Behema*，约 1505—1506，汇编了与克拉科夫贸易和行会有关的规定、特权和法律，并配以精美的微型图画）证明了这一点。克拉科夫是首都和繁荣的商业中心，是 1364 年成立的克拉科夫学院（雅盖隆大学的前身）的所在地，那里的教授们认为手抄本书籍是重要的工作工具，他们经常将这类书籍捐赠给学院的图书馆。

2 到1600年的印刷业

1473 年，一位巴伐利亚流动印刷商卡斯帕·斯特劳贝（Kasper Straube）来到波兰，波兰的印刷业就从克拉科夫开始了。施韦波尔特·菲奥尔（Schweipolt Fiol）在克拉科夫建立了第二家印刷厂，随后用西里尔字体印刷了最初的 4 本书（约 1490—1491）。1475 年，在弗罗茨瓦夫（布雷斯诺）的卡斯帕·埃利安（Kasper Elyan，约 1435—1486）的印刷厂中，出现了波兰语的第一份印刷品。15 世纪，在马尔堡（雅库布·卡威塞）、格但斯克（康拉德·鲍姆加滕），可能还有海乌姆诺（教皇利奥一世布道的匿名印刷者）也有印刷商。然而，波兰的出版商仍然经常用国外的印刷商来完成更复杂的委托任务，因为波兰的印刷商经常缺乏最新的字模和设备。

克拉科夫的波兰语印刷可以追溯到 1503 年，当时葡萄酒商人扬·哈勒建立了自己的印刷厂，由德国人卡斯珀·霍克费德经营。扬·瓦斯基（Jan Łaski，1456—1531）编纂的波兰立法集，是哈勒在 20 年工作中印制的第一批约 250 件印刷品中的一件。他还拥有波兰最古老的造纸厂中的一座（约 1493 年建立），这座造纸厂位于克拉科夫附近。

16 世纪初克拉科夫的其他著名印刷商有希罗尼穆斯·维托尔、沙芬贝格家族、弗洛里安·昂格勒和马切伊·维尔茨比塔。昂格勒和维托尔都对波兰语及其拼字学的发展做出了重要贡献。昂格勒印制了第一本已知的波兰语书籍《窒息的天堂》（*Raj duszny*，1513），这是一本从拉丁语翻译过来的祈祷书。昂格勒印刷的书有丰富的彩饰和插图（例如，1534 年的斯特凡·法利米尔兹的药草书籍《关于草药的功效》（*O ziołach i o mocy gich*）内有 550 幅精制木刻插图。维托尔最初是维也纳的印刷商，与那里的人文主义知识分子建立了密切的联系，他在克拉科夫的印刷厂为人文主义思想的传播做出了贡献。他印刷了伊拉斯谟的作品，并使用希腊字体，用于印刷克拉科夫人文主义者的希腊文著作。在克拉科夫学院学习的匈牙利人也与维托尔合作，出版匈牙利语的语法、字典和宗教作品。在 16 世纪后期，扬·雅努佐夫斯基（Jan Januszowski）引进了新的字体并改进了印刷工艺。他的《新波兰语文字》（*Nowy karakter polski*，1594）使用新字体出版，确立了波兰的正字法规则。他印制了 400多种书，包括扬·雅努佐夫斯基的许多作品。维尔茨比塔印刷了米科瓦伊·雷杰（Mikołaj Rej）的大部分作品，他是第一个完全用波兰语写作的杰出作家。在 16 世纪下半叶，克拉科夫有 12 家印刷厂，包括一家印刷希伯来语的印刷厂（见第 8 章）。在16 世纪，波兰总共印刷了约 4200 种不同的书籍。

昂格勒和马切伊·萨芬伯格都有希伯来语字模，后者在 1530 年使用这些字模印刷了菲利普斯·迈克尔·诺维尼安斯的《希伯来语要素》（*Elementale Hebraicum*）。波兰第一家犹太印刷厂于 1534 年在克拉科夫附近的卡齐米日成立，创始人是在布拉格学习手艺的赫利奇兄弟。他们取得了巨大的成功，直到因皈依基督教而遭到犹太人的抵制。另一家早期的希伯来语印刷厂可追溯到 1547 年，位于卢布林。波兰的希伯来语印刷商和波兰的拉丁语印刷商一样，总是面临来自国外印刷商的竞争，在意大利、波西米亚、德国和荷兰尤其如此，因为希伯来语书籍的进口是不受限制的。

与欧洲大部分地区一样，宗教改革和反宗教改革促进了识字率的提高，增加了对印刷品的需求。印刷业不再局限于首都的范围，扩展到小城镇和村庄，新教印刷商在当地地主的保护下经营印刷厂。在波兰－立陶宛，路德宗在北部占主导地位，而加尔文宗、非三位一体派（antitrinitarianism）和一位论派（unitarianism）则在乡村贵族、小波兰大公国、立陶宛大公国的大亨中间得到青睐，甚至在欧洲最大的乡绅拉齐维乌斯（Radziwiłłs）家族中占据主导地位。起初，波兰语的新教文献主要是在柯尼斯堡印刷的，扬·塞克卢詹（Jan Seklucjan）在那里用波兰语出版了他的《新约》（1551—1553）。第一本完整的波兰语圣经（1561）——由克拉科夫天主教徒出版，萨芬伯格家族印刷——图文并茂，但依靠的是旧译本。

与此同时，波兰加尔文教派正在进行全新的翻译工作，即《布热斯卡圣经》（1563）。这部由扬·拉斯基（1499—1560）领导十几位神学家、作家、诗人和翻译家制作的作品，因其语言美和外观美，至今仍是波兰伟大的文化瑰宝之一。不过在米科瓦伊·克日什托夫·拉齐维乌皈依天主教的时候，大部分副本被毁。天主教徒们意识到，为了让他们充分参与到当时的论战中，需要更准确的翻译并借鉴最新的研究。那么可以依据的便是雅库布·乌耶克（Jakub Wujek）的圣经（克拉科夫，1599）。在接下来的三个世纪里，它是波兰圣经的正统文本。相应地，17世纪初出现了其他新教的圣经，包括严格从希腊文翻译的《波兰兄弟会新约》（*Polish Brethren's New Testament*，1606）和波兰新教徒的经典文本《格但斯克圣经》（*Biblia Gdańska*，1632）。此后直到1965年，才再次出现重要的波兰语圣经译本。

3 波兰文化与欧洲文化的关系

在16和17世纪，波兰的作家、思想家和神学家融入了欧洲主流文化。由于拉丁语是文化界的通用语言，波兰人在意大利、法国、瑞士和德国的大学里学习和教学；许多新教徒在波兰寻求庇护，从1573年开始，非天主教徒在波兰受到国家保护。德国、瑞士、意大利、荷兰、法国和英国的出版商出版了波兰作家的作品，其中许多人是欧洲知识分子网络的一部分。例如，扎莫伊斯卡学院（Akademia Zamoyska）的创始人扬·扎莫希奇与威尼斯的阿尔杜斯·马努蒂乌斯关系密切。一些有影响力的波兰历史作品，如马辛·克罗默和马切伊·梅霍维塔的作品以及关于政府和政治的论文，如安德烈·弗莱茨·莫德热夫斯基的《论共和国的改良》（*De Republica Emendanda*）和瓦夫茨尼耶茨·戈斯利斯基的《顾问》（*De Optimo Senatore*），都在欧洲享有盛誉。在 16 世纪，有 724 种波兰作家的作品在国外印刷，在 17 世纪有超过 550 种。

4 17和18世纪

到 17 世纪中叶，与瑞典和俄罗斯的灾难性战争、哥萨克起义和内部争斗使波兰 – 立陶宛的黄金时代消亡。特别是在 17 世纪下半叶，波兰的印刷业不断恶化，文化、经济和教育生活也是同样情况。反宗教改革运动的胜利使 16 世纪波兰知识分子生活中的许多公开辩论受到影响。印刷业受到教会的严格审查，教会编制了违禁书籍的索引；在克拉科夫，焚烧书籍成为一种常见的公共景观。当西吉斯蒙德三世迁都华沙时（1596），克拉科夫失去了其作为印刷中心的优势，因为政府停止了其印刷的特权。当王室迁往华沙时，这一特权从克拉科夫的皮奥特科维茨家族手中转到了扬·罗索夫斯基手中，后者曾于 1620 至 1624 年在波兹南从事印刷工作。皮奥特科维茨家族最终将他们所有的印刷设备捐给了克拉科夫学院，后者在 17 世纪末成立了自己的印刷厂。这时另一个值得注意的学术印刷厂是扎莫希奇的扎莫伊斯卡学院，该学院因为雅努佐夫斯基的经验和设备而受益。与欧洲其他地区一样，流动印刷商也从短效印刷品的业务繁荣中获益（见第 16 章）。通俗文学的风潮也得到了发展，在这种情况下，印刷的质量也就不那么重要了。

启蒙运动到达波兰的时间比西欧晚得多。在经历了 17 世纪的知识和制度停滞之后，波兰文化直到 18 世纪 30 年代才得以复兴。德国人在格但斯克的影响产生了第一批以促进科学和人文为目的的学术团体，在托伦则引发了波兰语言和文化研究的发展。启蒙思想到达华沙的时间要晚得多，主要是受法国的影响，不过1732年约瑟夫·安杰伊·扎乌斯基（Józef Andrzej Załuski）宣布他将在华沙成立公共图书馆。波兰的最后一位国王斯坦尼斯瓦夫·奥古斯特·波尼亚托夫斯基（Stanisław August Poniatowski）通过对艺术和国家改革的支持，在知识和文化生活的发展中发挥了关键作用，包括通过国家教育委员会对教育系统实行国家控制，这就需要一套全新的教科书，因为波兰语已取代了拉丁语成为教学语言。在数学、物理学和语法方面引入了新的波兰语术语，在语言整理方面也采取了重要措施，这在 1807 至 1814 年出版的塞缪尔·博古斯瓦·林德（Samuel Bogusław Linde）的六卷本波兰语词典中取得了成果。新闻界开始在公共生活中发挥重要作用，杂志《监测》（*Monitor*，1765—1784）吸引了当时最重要的作家和思想家。华沙在 18 世纪后半叶有 11 家印刷厂。其中最雄心勃勃的是迈克尔·格罗尔（Michael Gröll）——他于 1759 年经德累斯顿来到华沙——还有巴黎人皮埃尔·杜福尔（Pierre Dufour），他于 1775 年建立了自己的印刷厂，印刷波兰语、希伯来语和西里尔语的书籍。他们的作品体现了简单、干净的字体和现代设计美学的新趋势，这是由新的字模铸造厂促成的，例如由彼得·扎瓦兹基（Piotr Zawadzki）经营的印刷厂。格罗尔还将波兰的图书销售法现代化，举办拍卖会，出版自己出版物的固定价格目录，并通过评论来推广图书。他还通过阿姆斯特丹、巴黎和柏林的书店向国外推销波兰书籍，并在莱比锡书展上展示波兰作家的翻译作品。

5 被瓜分后的波兰的书籍文化

1795 年后，波兰不再是一个主权国家，被俄罗斯、普鲁士和奥地利瓜分，波兰书籍的命运受制于占领国的变化无常。印刷品成为一种力量，将生活在三方分治中的波兰人与在国外寻求庇护的同胞团结在一起，并使波兰的民族身份得以延续。在被分割的波兰境内，情况各不相同。19 世纪初，在俄罗斯分治区内，维尔诺（维尔纽斯）是最重要的文化中心，主要是因为这里有波兰浪漫主义发展的大学（亚当·密茨凯维奇发挥了核心作用）。约瑟夫·扎瓦兹基是波兰语、立陶宛语和希伯来语的主要印刷商，他为波兰图书销售和出版的现代化做了很多工作。他的作者可以得到版税，而且他在其他城市建立了连锁书店。维尔诺也是排字协会的所在地，该协会成立于 1818 年，旨在促进阅读。这种早期的进步氛围在 1823 年的 11 月起义后结束了。在华沙，从 1801 年开始，科学之友协会（Society of the Friends of Science）在促进学术出版方面发挥了重要的作用，直到 1831 年关闭。19 世纪后期，在没有国家支持的情况下，波兰学校协会和米亚诺夫斯基基金（Mianowski Fund）为学校、研究和学术界的出版提供了支持。有影响力的私营公司包括出版波兰历史和文学的格吕克斯贝尔（Glücksbergs），出版教科书、音乐、儿童读物的阿克特（Arcts），以及在 20 世纪出版的字典和百科全书的公司。另一个主要的参考书出版商是塞缪尔·奥格布兰德（Samuel Orgelbrand），他的 28 卷《波兰百科全书》（*Encyklopedia Powszechna*）于 1859 至 1868 年首次出版。格贝斯纳和沃尔夫公司（Gebethner & Wolff）成立于 1857 年，是当时波兰最大的出版商、印刷商和书商，该公司一直持续到 1960 年被当局关闭。在它的作者中，有许多是当时最伟大的作家、作曲家和历史学家，比如瓦迪斯瓦夫·斯坦尼斯瓦夫·雷蒙、亨利克·西恩凯维奇、博莱斯瓦夫·普鲁斯、布鲁克纳和希曼诺夫斯基。

疲软的经济和密集的德国化政策抑制了 19 世纪整个奥地利分区的波兰文化生活的发展，不过在 1868 年加利西亚获得自治权后，波兰的教育、文化和社会活动的范围得到了恢复，克拉科夫和利沃夫发挥了主导作用。利沃夫是奥索林斯基学院（Ossoliński Institute）的所在地；克拉科夫是科学院（成立于 1873 年）和雅盖隆大学的所在地，该大学在 19 世纪 70 年代重新归属波兰，从而恢复了其作为学术出版中心的作用。克拉科夫也是世纪之交年轻波兰运动所鼓励的波兰艺术书籍设计革命的核心。受威廉·莫里斯和沃尔特·克雷恩的影响，艺术家和戏剧家斯坦尼斯瓦夫·韦斯宾斯基试图在他的作品中实现形式和内容的统一，用分离主义和象征主义美学来表达民族特色。他与波兰应用艺术协会的成员约瑟夫·梅霍夫和泽农·普热斯米基［Zenon Przesmycki，华沙杂志《奇美拉》（*Chimera*）的创始人］合作，为现代波兰书籍艺术奠定了基础。

在普鲁士分治区，特别强大的德国化压力使得高等教育或波兰学术团体没有任何基础设施，直到 19 世纪后期，公共教育协会（Society for Public Education，1872—1879）和波兹南科学之友协会（Poznań Society of the Friends of the Sciences，1857—）成立。波兹南是区域性的图书销售、印刷和出版活动中心，许多书店还经营阅览室和借阅图书馆。在西里西亚和东普鲁士，也为讲波兰语的人制作阅读材料，主要是流行和宗教方面的资料、日历、期刊和实用手册。

6 19世纪波兰的海外出版业

1830 年至 1831 年起义失败后，大移民中的波兰流亡群体和随后的政治难民潮的出版活动都特别重要。波兰的海外印刷中心在巴黎，许多波兰浪漫主义的伟大作品都是在那里首次出版的。在 1831 年至 1861 年期间，大约有 20 家波兰印刷商活跃在法国的 11 座城市，在英国、比利时和瑞士也有大量的活动。英国最早的波兰语出版物是朴次茅斯的乌托邦社会主义组织堕落公社（Grudziąż）的小册子。在伦敦印刷的第一本波兰书籍是安东尼·马尔切夫斯基的《玛利亚》（*Marja*，1836），这本书是在一家英国出版社用波兰语字体印刷的。斯坦尼斯瓦夫·米列夫斯基和亚历山大·拿破仑·戴博夫斯基于 1837 年在伦敦开设了第一家波兰印刷厂，出版了《共和国》（*Republikanin*）杂志。尽管与法国的波兰社区相比，英国的波兰社区规模很小，但它在政治上非常活跃，而且就其规模而言，其出版的刊物很有特色，会面向英国社区的读者、其他地方的移民社区，有时也面向分治的波兰本身。伦敦的激进波兰人与其他此类团体，包括俄罗斯人，有着密切的联系；1853 年，波兰民主协会和赫尔岑的自由俄罗斯出版社成立了一家联合印刷厂。1891 年至 1903 年期间，B. A. 耶德尔泽约夫斯基（B. A. Jędrzejowski）在伦敦为波兰社会主义党经营着一家印刷厂。

7 20世纪

波兰在 1918 年重新获得独立时，印刷、出版和文化生活重新焕发了活力，但阅读和图书文化的发展仍有许多障碍——识字率很低（1921 年约为 33%），书价很高。1935 年，波兰大约有 500 家出版商。就产量而言，几乎翻了 3 倍，从约 3000 种（20 世纪初）到约 8700 种（1938）。格贝斯纳和沃尔夫公司仍然是波兰出版和图书销售的巨头，但阿克特出版社也依然很有影响力，米亚诺夫斯基基金在学术作品的出版方面也是如此；不过，中小型公司仍然占多数。当时有 1000 多家书店，但这些书店的分布非常不均匀，很多都在华沙和其他大城市，而在东部和西部省份则很少。20 世纪 20 年代至 30 年代，与欧洲其他国家一样，波兰各界对图书艺术重新产生了兴趣。出现了一些书迷协会，出版诸如《藏书》（*Ex Libris*，1917—1925）和《万物之林》（*Silva Rerum*，1925—1931）等杂志，并积极支持有艺术抱负的印刷商。其中包括雅库布·莫特科维奇（Jakub Mortkowicz），他在 20 世纪初作为塞浦路斯·诺维德和斯特凡·耶罗姆斯基等作家的文学出版商而表现突出，在建立波兰书商和出版商协会方面也发挥了重要作用。其他备受赞誉的艺术书籍的制作者还有亚当·杰西·波尔塔夫斯基和塞缪尔·蒂什凯维奇。在巴黎工作的塔德乌斯·马科夫斯基和蒂图斯·齐泽夫斯基是著名的波兰插画师。

第二次世界大战给波兰文化带来了巨大的损失。在德国占领下，学校和书店被关闭。印刷厂和图书馆都在德国的管理之下，波兰的出版商被禁止经营。三家德国公司用波兰语出版大众文学、初级读物和宣传品。所有犹太书店、图书馆和印刷厂都被摧毁，很多藏书和图书馆被从波兰的东部领土上移走，大量书籍被大肆销毁；书商、图书馆员和个人则勇敢地尽量隐藏他们的书籍，从而保护国家的印刷遗产。由此发展出了一套地下出版基础设施，比其他被占领国家的出版设施要强得多，用它出版了超过 1500 种期刊和 1400 种图书。战争期间，流亡海外的波兰人和军营中的波兰人也大量出版各种印刷品，总共出版了约 15000 种图书。

二战结束后，出版、图书销售和图书馆基础设施几乎全被摧毁，许多战前的出版商试图满足政府的教育运动所引发的对书籍的渴望。从 1946 年起，政府开始实施控制，建立了一套审查制度，并接管了 12 位主要波兰经典作家的出版权，他们的书都是学校的必读书目，因此这些出版社是最大的书商。审查制度抑制了被认为有害于波兰人民共和国利益的作品的出版，包括所有提及波俄关系和其他有争议的政治问题。作为对这种情况的反应，伦敦（有时被称为波兰的海外首都）成为波兰自由出版的最大中心。伦敦的主要出版社包括格里夫（Gryf）、韦力塔（Veritas）、诗人与画家办公室（Oficyna Poetów i Malarzy）、波兰文化基金会（Polish Cultural Foundation）和欧德诺瓦（Odnowa）。这些出版社的印刷量高达 2000 册，它们一直繁荣到 20 世纪 70 年代中期，当时老一代的波兰人陆续去世，移民文学失去了一些活力。不过后来在 1968 年、1976 年和 1981 年的政治危机之后，移民潮引发了一些振兴。巴黎的文学学院（Instytut Literacki）也很有影响力，出版书籍和月刊《文化》（*Kultura*）。在战后的波兰，手上有移民文学的人有时会受到严厉的惩罚，而且当局严格禁止这类印刷品的进口。然而，随着 20 世纪 70 年代末地下出版的兴起，新一代的波兰人能够读到移民的经典作品和其他独立出版物。

在波兰，从 20 世纪 40 年代末开始，私人出版商就被打上了小资本家的烙印，在新的人民民主社会中没有地位。1949 至 1950 年，印刷、图书销售和发行都被置于国家控制之下。1950 年之前，大约有 300 家私人出版商在经营；到 1955 年，97% 的书籍由 33 家出版商出版，这些出版商主要集中在华沙。尽管有巨额补贴和创纪录的印刷量，但阅读者的需求并没有得到满足。例如，13 卷本的《斯大林文选》的印刷量为 180 万册，而教科书和文学作品则供不应求。国家书商多姆·克辛斯基（Dom Książki）会买下每种书的全部印数，因此出版商对某本书是否畅销没有兴趣。书籍的成本往往低于其印刷的纸张，使可用资源变得紧张起来。从 1956 年起，波兰文化政策的去斯大林化让出版的书目大大减少，而且印数更少，出版计划和定价政策也更加现实。

出版商和书商协会被允许重新运营，并寻找新的作家。使波兰读者与西方思想和文学隔绝的政策略有放松，不过国际联系仍主要是在苏联集团内部培养的。然而，20

图 50 波兰的地下出版物：乔治·奥威尔的《动物农庄》（*Folwark Zwierzęcy*，华沙，1979），最初由特蕾莎·耶伦斯卡（Teresa Jeleńska）为海外波兰人联盟（League of Poles Abroad，伦敦，1947）翻译，这是由安杰伊·克劳泽（Andrzej Krauze）绘制插图。值得注意的是书的装订方式。© 大英图书馆（Sol. 244 FC）

世纪 60 年代和 70 年代的特点是纸张长期短缺，使波兰出版业无法满足读者的需求。书籍常常用劣质纸张印制，生产标准很低。

20 世纪 70 年代末，一种新的现象开始在波兰国家出版业停滞不前的水面上掀起波澜。在一些共产主义国家，地下出版只为少数人所知，但在波兰，独立出版的现象有大规模的受众。波兰反对派运动的组织优势，如保卫工人委员会（the Committee for the Defence of Workers，KOR），加上来自国外的援助，意味着许多独立出版商可以在专业水平上出版，使用来自官方印刷厂的材料和设备，或从国外偷运过来。有些书的印刷量超过了 10 万份。从 1976 到 1989 年，有超过 6500 本书和 4300 种期刊在地下出版、印刷和发行。这种突破政府对媒体和出版控制的行为在政权的崩溃中发挥了深远的作用。

自 20 世纪 80 年代后期以来，国家垄断的程度一直在逐步削弱，1990 年 5 月，审查制度和国家对出版业的控制被正式取消。20 世纪 90 年代初，出版业出现了蓬勃发展的局面，数以千计的新出版商（其中许多是昙花一现的）充分利用了公众对翻译作品、烹饪书、实用手册、流行小说等的渴求。国营出版商逐渐被私有化或成为合作社。波兰读者终于可以接触到各种书籍，包括那些以前被禁止的作家或禁忌主题的书籍。1999 至 2003 年，每年出版的图书数量大约在 2 万种左右。意料之中的是，2003 年，学校和教育出版社（WSiP）出版的书目最多（500 种），但还有 7 家公司各出版了 200 种以上的书。在 2003 年出现的 20681 种图书中，只有不到 1/4 是翻译作品。波兰书籍史在 21 世纪头 10 年的特点是有着共同的全球趋势，即零售图书连锁店、互联网图书销售和电子出版物的增长。

参考文献

B. Bieńkowska, *Książka na przestrzeni dziejów* (2005)

—— and H. Chamerska, *Books in Poland* (1990)

Encyklopedia wiedzy o książce (1972)

J. Sowiński, *Polskie drukarstwo* (1988)

第 36 章
波罗的海国家的书籍史

尤尔根·M. 瓦姆布伦

1 独立国家

波罗的海国家包括爱沙尼亚、拉脱维亚和立陶宛。作为所谓的俄罗斯波罗的海省份，这三个国家在 18 世纪和 19 世纪都是俄罗斯帝国的一部分（小立陶宛除外，它当时由普鲁士管理，后来由德国管理）。这三个国家在 1918 年各自宣布独立，在 1940 年希特勒－斯大林条约签订后再次失去独立，并被苏联吞并。后来苏联和纳粹德国之间的战争爆发后，波罗的海国家被德国军队短暂占领，直到苏联重新征服并吞并了境内的各共和国。在苏联的占领下，波罗的海国家因驱逐出境和移民而遭受严重的人口损失，而移民产生了大量的移民出版物（例如在瑞典、德国、英国、美国和澳大利亚）。在 20 世纪 80 年代后半期开始了有力的支持独立的运动后，爱沙尼亚、拉脱维亚和立陶宛于 1990 年正式宣布独立，并在 1991 年再次成为事实上独立的主权国家。2004 年它们成为欧盟和北约的成员。

2 异同点

爱沙尼亚和拉脱维亚的历史和文化发展在很大程度上受到了德国上层社会的影响，两国最初是在条顿骑士团的统治下建立的，各阶层有贵族、学者、神职人员、商人和工匠，并且与俄罗斯和苏联具有长期的依附关系。立陶宛又与波兰有着紧密的历史联系，这两个国家在 1569 至 1795 年间组成了"波兰立陶宛联邦"（Rzeczpospolita Obojga Narodów），并共享一个以天主教为主导的信仰。特别是在爱沙尼亚和拉脱维亚，宗教改革对书籍和通俗阅读的传播起到了重要作用。拉脱维亚语和立陶宛语都是波罗的海语言，属于印欧语系，而爱沙尼亚语是一种芬兰－乌戈尔语，这在一定程度上解释了爱沙尼亚和芬兰之间传统上的紧密联系。

在苏联统治下，波罗的海国家的印刷和出版业被国有化，成为大型国有企业，并受到严格控制，以防止不同意见的发表。例如，在拉脱维亚，根据苏联中央委员会 1965 年的一项决定，所有报纸、杂志和其他出版物的发行都集中在里加印刷厂，那里集中了全国的编辑人员和生产设施。在波罗的海国家被占领期间，苏维埃当局还是允许用三种语言出版相当数量的作品。

波罗的海各苏维埃共和国的图书馆系统曾根据苏联的指令进行过重组。然而，自 1990 年以来，这些恢复独立的国家再次发展出一个公共和学术图书馆系统，提供了免费使用其藏品和信息资源的机会。特别是在爱沙尼亚，图书馆在信息技术的传播和网络的使用方面也发挥了重要作用。

恢复独立后，波罗的海国家废除了审查制度，一个新的印刷、出版和图书销售部门在自由市场条件下发展起来，拥有了各种各样的出版商和书商。爱沙尼亚和拉脱维亚仍有大量的俄罗斯少数民族，这一事实导致了这些国家对俄语出版物的需求具有持续性。

3 爱沙尼亚

现存的第一部爱沙尼亚语印刷品的片段来自 1535 年在维滕贝格印刷的教义，即万特拉－克尔教义（Wanradt-Koell）。爱沙尼亚的印刷业直到 17 世纪才得到发展，首先是 1631 年在多尔帕特（塔尔图），后来是 1634 年克里斯托夫·鲁斯纳（Cristoph Reusner）在雷瓦尔（塔林）成功地建立了他的企业。爱沙尼亚语的书籍出版始于 1637 年，而爱沙尼亚语的期刊出版则始于 1766 年。许多印刷商也作为书商和出版商工作。从 19 世纪下半叶开始，爱沙尼亚的印刷商及其印刷品的数量迅速增加。在 1936 年第一个独立时期结束时，已经有 94 名印刷商在运营。

最早的流动书商于 16 世纪活跃在爱沙尼亚，而塔林和塔尔图最早的书店记录是在 17 世纪。最初，书籍主要由装帧商出售，但后来，印刷商也提供他们的产品进行销售。独立书店在 18 世纪得到发展（塔尔图的高尔格、塔林的冯·格莱恩），同时订阅图书馆也开始经营了。在 19 世纪，出版公司的数量增加，主要是由于印刷和图书销售企业的合并。

爱沙尼亚语的出版物最初是由满足乡下人需求的商店发行的，后来由流动书商发行。第一家销售爱沙尼亚语出版物的书店是 1867 年由海因里希·拉克曼（Heinrich Laakmann）在塔尔图建立的。爱沙尼亚语是新国家的官方语言，在 1918 年首次宣布独立后，以爱沙尼亚语出版的书籍大大增加。

爱沙尼亚图书馆的发展受到了该国政治和社会变革的强烈影响。塔林只有一些来自修道院图书馆的宗教改革前的碎片，而塔尔图瑞典大学的图书馆藏书在 1710 年被带到了斯德哥尔摩。在爱沙尼亚仍然可以找到的最古老的藏书，来自塔林的圣奥拉夫教堂。爱沙尼亚的读书社团在 18 世纪末得到发展。1825 年，爱沙尼亚公共图书馆在塔林成立。该国的主要学术图书馆——塔尔图大学图书馆——成立于 1802 年。从 19 世纪 60 年代开始，在全国范围内成立了为讲爱沙尼亚语的人口服务的图书馆。1918 年，爱沙尼亚临时政府决定建立国家图书馆，最初主要是为了满足政府和议会的需要；到 20 世纪 30 年代，它开始系统地收集所有关于爱沙尼亚语和爱沙尼亚的出版物。

4 拉脱维亚

拉脱维亚语的第一部作品很可能是 1525 年在德国印刷的，但现存最古老的拉脱维亚语印刷品是 1585 年在维尔纽斯印刷的天主教教义，紧接着是在柯尼斯堡为拉脱维亚福音教区印刷的书籍（1586—1587）。

1588 年，里加市议会建立了里加市印刷厂，由尼古拉斯·莫林（N. Mollyn）拥有，他还同时是一名书商。在瑞典的倡议下，J. G. 威尔肯（J. G. Wilcken）在里加建立了第二家印刷厂——王室印刷厂，出版了许多拉脱维亚语和爱沙尼亚语的书籍。在米陶（耶尔加瓦），从 1666 至 1667 年仅有一家印刷厂，但它的重要性后来被 J. F. 史蒂芬哈根（J. F. Steffenhagen）的印刷公司（1769—1919）掩盖了。在拉脱加尔地区（该地区于 1772 年因波兰第一次分治而被俄罗斯控制，并经历了禁止使用罗马字体的过程），书籍大多在维尔纽斯印刷。尽管到 18 世纪末，全国各地都有印刷厂，但拉脱维亚人经营的第一家印刷厂直到 1869 年才开业。在国家的第一个独立时期，由于需求大大增加，印刷厂的数量大大增加，到 1931 年达到 108 家。

通俗作品主要由流动书商出售，从 15 世纪下半叶开始，里加就有了关于流动书商的记载。书店主要与印刷商和装帧商一起进行交易。最重要的是书商 J. F. 哈特诺克（J. F. Hartknoch），他还经营着一家出版公司，与西欧保持密切联系，并出版了当时最著名的波罗的海地区作家的作品，比如康德和约翰·戈特弗里德·冯·赫尔德。1867 年，第一批拉脱维亚语出版公司在里加和耶尔加瓦成立。世纪之交，图书业得到了巨大的发展，在拉脱维亚的第一个独立时期继续蓬勃发展。

尽管 1714 年库尔兰公爵的著名藏书流失到了圣彼得堡，但这不影响拉脱维亚图书馆的悠久历史，从 1524 年里加市图书馆的建立开始，它就建立在世俗化修道院的图书馆基础上。1885 年，雅尼斯－米西什图书馆成立，其目的是记录拉脱维亚书籍的历史。拉脱维亚大学图书馆（成立于 1909 年）接管了早期理工学院的藏书，拉脱维亚国家图书馆在该国首次宣布独立（1919）之后成立。

5 立陶宛

立陶宛的印刷、出版和图书销售在很大程度上受到了宗教分裂的影响。普鲁士的阿尔布雷希特公爵（Duke Albrecht）把立陶宛的神学家带到了柯尼斯堡，在那里用立陶宛语印刷了旨在加强路德宗信仰的作品。马蒂纳斯·马兹维达斯的路德教义于 1547 年由汉斯·温里奇在柯尼斯堡用罗马字体印刷，被认为是第一本立陶宛语书籍。此前，1522 至 1525 年间，弗朗西斯克·斯卡里纳在维尔纽斯印刷了第一本通俗语圣经。从 1553 年起，印刷商在布列斯特－利托夫斯克（Brest-Litovsk）使用罗马字体工作。他们的印刷设备后来被转移到维尔纽斯，并由米科拉伊·克日什托夫·拉齐维乌伯爵送给耶稣会士供他们的大学使用，他的家族在 16 和 17 世纪支持新教和天主教书籍的印刷。到 1805 年，维尔纽斯学术印刷厂已经出版了 3264 种书籍，大部分是拉丁语和波兰语，但也有立陶宛语的。其中有最早的立陶宛天主教书籍。米卡洛尤斯·道克沙的教义（1595 年，唯一的一本现存于维尔纽斯大学图书馆）和《布道录》（*Postilla*, 1599），以及康斯坦丁·西尔维达斯（K. Sirvydas）的最早的立陶宛语词典。然而，第一部立陶宛语语法书籍是在柯尼斯堡印刷的（1653）。直到 18 世纪，立陶宛还有 33 家为天主教徒、新教徒和东正教徒服务的小型印刷厂。

1863 至 1864 年起义后，俄罗斯总督禁止用罗马字印刷立陶宛书籍，试图使该国俄罗斯化，此举遭到了民族主义运动、天主教会和普通民众的强烈反对。因此，使用罗马字体的立陶宛天主教书籍在普鲁士的梅梅尔和蒂尔西特（Tilsit）印刷，并由书贩子非法带过边境。

1900 年，立陶宛有 51 家印刷厂，生产俄语、波兰语和犹太语出版物。立陶宛的罗马字体书籍印刷被再次合法化（1904）后，印刷厂的数量就大幅增加，与其他波罗的海国家一样，这些印刷厂生意都很好，尤其是在独立初期。1918 至 1940 年间，立陶宛有 110 家印刷公司在运营。波兰的扎瓦兹基印刷厂，即学术印刷厂的继承者，是维尔纽斯产量最高的印刷厂，在 1805 至 1940 年期间，它将出版、印刷和图书销售活动结合起来。由于考纳斯是立陶宛的战时首都，大量的出版社在那里经营，其中有国家、大学、部委、少数民族和私人的商业出版社。

立陶宛的罗马天主教修道院中存在的藏书可以追溯到 16 世纪。维尔纽斯耶稣会学院的图书馆后来成为维尔纽斯大学图书馆的一部分，但在该大学关闭后，其藏书被带到了基辅、哈尔科夫和圣彼得堡。在立陶宛的第一个独立时期，立陶宛在首都考纳斯建立了一个中央图书馆，但它的书籍和手稿在 1963 年被转移到维尔纽斯，组建了立陶宛州立图书馆（今天的国立图书馆）。自 1922 年以来，考纳斯也有一所大学拥有自己的图书馆，该图书馆于 1950 年关闭，但在独立后的 1989 年重新开放。二战期间波罗的海国家的官方和私人图书馆遭受大量损失，而考纳斯艺术学院的藏书也在其中。

参考文献

H. Bosse *et al.*, eds., *Buch und Bildung im Baltikum: Festschrift für Paul Kaegbein* (2005)

K. Garber and M. Klöker, eds., *Kulturgeschichte der baltischen Länder in der Frühen Neuzeit* (2003)

Z. Kiaupa, *The History of the Baltic Countries*, 3e (2002)

L. Kõiv and T. Reimo, eds., *Books and Libraries in the Baltic Sea Region from the 16th to the 18th Century* (2006)

A.-M. Kõll, ed., *The Baltic Countries under Occupation: Soviet and Nazi Rule, 1939–1991* (2003)

P. Lotman and T. Vilberg, eds., *The 20th - Century Libraries in the Baltic Sea Region* (2004)

第 37 章
俄罗斯、乌克兰和白俄罗斯的斯拉夫语书籍史

克里斯汀·托马斯

1 早期东斯拉夫语手稿

在基辅的弗拉基米尔大公（约 988）接受基督教之前，不存在来自东斯拉夫人书面文件的直接证据。从 11 世纪开始，有 12 份现存的以西里尔字母书写的旧教会斯拉夫语的手稿（其中 7 份有日期）。最早的手稿有 2000 年发现的《诺夫哥罗德法典》（*Novgorod Codex*，11 世纪初）、《奥斯特罗米尔福音书》（*Ostromir Gospels*，1056—1057）以及《斯维亚托斯拉夫杂记》（*Izborniki Sviatoslava*，1073、1076）。这些由教父的作品、寓言、谜语、道德指示、警句和引文组成的汇编作品，起源于斯维亚托斯拉夫王子统治时期的基辅。11 世纪的 3 部手稿，如《奥斯特罗米尔福音书》、《斯维亚托斯拉夫杂记》和《丘多夫诗篇》（*Chudov Psalter*），就装饰有丰富的彩饰，并包含由交织的字母组成的装饰性木刻标题，被称为 viaz'。所有现存的 14 世纪前的手稿都是在牛皮纸上完成的，之后纸张的使用越来越多。在诺夫哥罗德，考古学家发现了中世纪用骨笔在桦树皮上刻下的商业和私人文献。

2　印刷业的开始

最早的西里尔语书籍是由施韦波尔特·菲奥尔在巴尔干和克拉科夫印刷的，属于教礼用书，并严格模仿手稿（见第38章）的模式。它们大多是小型对开本（没有标题页），有精致的交错木刻标题和首字母，大量使用红色，并有集合的签名，但没有对开。后来的产品，如弗朗西斯克·斯卡里纳的西里尔语印本，更接近中欧文艺复兴时期的传统，与16世纪50年代才开始的莫斯科印刷完全不同，它们影响了后来一些乌克兰和白俄罗斯印刷商的作品。

在沙皇伊凡四世（雷帝）和莫斯科大主教马卡里的推动下，1553至1567年在莫斯科的无名出版社（Anonymous Press）印刷了7本没有日期的教礼书籍，以确保东正教礼仪文本的统一性和更广泛的流通性。最早的莫斯科印刷书籍是著名的1564年对开本《使徒行传》（*Apostol*），由伊万·费多罗夫和彼得·季莫费耶夫·姆斯提斯拉维茨印刷。该书字体优雅，排版合理，采用黑底白花的标题，是莫斯科手稿和后来印刷书籍的典型。1565年，费多罗夫和姆斯提斯拉维茨印制了两个版本的时祷书，但他们后来被指控为异端，逃到了立陶宛大公国。

他们离开后，莫斯科的印刷业于1568年恢复，并零星地持续着，直到1611年动乱时期该市的印刷厂被烧毁。在现存的莫斯科书籍中，还能找出5位16世纪的印刷商，从中似乎可以看出印刷技术很可能是从波兰传到莫斯科的，而乌克兰和白俄罗斯则起到了桥梁的作用。到16世纪末，莫斯科已经出版了大约20个关于东正教礼仪文本的版本，当时的出版社绝大多数都是由教会和国家控制的。

3　17世纪莫斯科的印刷业

在17世纪，莫斯科成为唯一的、最大的西里尔语书籍生产地，书籍大部分来自1614年重新开放的莫斯科印刷厂。印刷厂分为三个"小屋"，每个小屋由一位印刷大师负责，并有自己的校对部门、锻造室、木匠铺、打字室、制版室和装帧室。它印刷的书籍内容几乎完全是关于宗教的，绝大部分书籍都是大型教礼作品，但印刷量最大的是小型的初级读物、诗篇和时祷书。17世纪30年代，印刷大师瓦西里·布尔佐夫·普罗托波夫（Vasilii Burtsov Protopopov）开始租用印刷厂的两台印刷机，他曾与白俄罗斯的流动印刷商斯皮里顿·索博尔（Spiridon Sobol）合作。布尔佐夫为莫斯科的印刷业开辟了新天地。1634年和1637年，他制作了两个大版本的启蒙读物，印量分别为6000册和2400册；1637年的版本有一幅教室的木刻画，这是莫斯科印刷书籍中的第一幅插图。他在1641年出版的《东正教圣咏经》（Kanonnik）是莫斯科第一部带有扉页的书。

在沙皇阿列克谢（1645—1676年在位）时期，印刷厂的工作内容变得更加丰富。阿列克谢希望实现俄罗斯的现代化，并建立一个有秩序和有效率的帝国，他不仅试图规范教会仪式和礼仪文本，而且还以有限的方式推动了世俗印刷。他委托编写了民法（1649）和教会法（1653年完成），以及一本关于步兵战争的书（1647），该书是从约翰·雅各比·冯·瓦尔豪森的《步兵战争艺术》（*Kriegskunst zu Fuss*，1615）的德文版翻译过来的。

然而，为印刷业提供主要推动力的是教会，而不是政府。法令和其他政府文件没有印刷。1652年被任命为莫斯科牧首的精力充沛的尼康（Nikon）为印刷厂设定了标准化和修订礼仪文本的任务，力求确保其准确性。1654年和1656年的教会会议制定了他的更正版本，并禁止了早期的文本和礼拜仪式。一批旧教徒拒绝了这些创新，继续用手抄本抄写和印刷之前的文本，并持续到20世纪。

1663年，第一本莫斯科圣经问世。它包含了一些创新，如带有国徽的木刻正面插图、沙皇肖像、莫斯科地图以及《新约》和《旧约》中的场景。到17世纪末，莫斯科已经印刷了大约500种书，几乎都是宗教内容，而且用的都是教会斯拉夫语。1696年，第一本俄语语法书在牛津印刷。

4 16至17世纪白俄罗斯和乌克兰的印刷业

与俄国的图书文化相比，乌克兰和白俄罗斯的图书是在东正教不是唯一宗教的环境下发展起来的。然而，在这些土地上用西里尔字母印刷，受到了乌克兰和白俄罗斯东正教徒希望保持其宗教活力的影响。虽然大多数印刷商都是流动的，但一些印刷商和东正教商人拥有自己的印刷厂。在由商人资助的印刷厂中，最著名的是维尔纽斯的马莫尼奇（Mamonich）家族的印刷厂。其他出版社是由大人物建立的，如赫里霍里·乔奇维茨和奥斯特里的瓦西尔·科斯塔廷（Vasyl Kostiatyn）王子。费多罗夫在科斯塔廷庄园的奥斯特里出版社印刷了五种书，特别是 1581 年的《圣经》，该书是《莫斯科圣经》（*Moscow Bible*，1663）的原型。第三类印刷厂是东正教会的印刷厂，它们的教育计划需要语法和关于诗学、修辞学和哲学的书籍，以及论战作品。印刷量最大的是在利沃夫和维尔纽斯。第四类出版社是修道院出版社。对于白俄罗斯的图书文化来说，最重要的是维尔纽斯圣灵修道院（Vilnius Holy Spirit Monastery）的出版社；对于乌克兰的作品来说，则是基辅洞窟修道院（Kiev Monastery of the Caves）的出版社，其成立于 1616 年，在整个 17 世纪，该出版社继续出版具有非常高的学术和技术标准的书籍，特别是在彼得罗·莫吉拉（Petro Mohyla）的任期内。在 17 世纪下半叶，大多数私人拥有的出版社不复存在，印刷业被修道院所主导。虽然只有维尔纽斯、基辅和利沃夫发展成为主要的印刷和图书销售中心，但仍有 30 多个地方都有出版社在活动。

与莫斯科的书籍相比，乌克兰和白俄罗斯的书籍更接近欧洲的主流印刷传统。例如，印刷日期采取西方的方式，把基督诞生的日期定为元年开始计算；而莫斯科则遵循拜占庭式的传统，从认为的世界诞生日开始计算。即使是宗教书籍也包含世俗元素，例如一些白话文，插图、标题页、注释和索引的使用也很广泛。

5 18世纪的俄罗斯

17 世纪末是俄罗斯印刷史上的一个转折点。1698 年，彼得大帝雇用荷兰印刷商建立了俄罗斯印刷厂，用于印刷地图、图表和技术类书籍，并委托新的出版社利用新的民用字体印刷世俗出版物。国家取代了教会，成为印刷业的主要推动力。在沙皇的新首都，成立于 1711 年的圣彼得堡出版社成为政府出版物的主要出版商，特别是《新闻报》（*Vedomosti*），这是俄罗斯第一份印刷报纸。1719 年，在圣彼得堡外的亚历山大－涅夫斯基修道院建立了一座新的修道院出版社。莫斯科印刷厂（从 1721 年起被称为莫斯科主教会会议出版社）扩大了规模，彼得时期（1682—1725）的宗教印刷数量也在增长，但没有世俗印刷增长得那么快。

彼得统治时期出版的书籍数量是整个 17 世纪的两倍，其中国家和法律文件占到 60% 以上，宗教出版物不到 1/4，大众出版物（日历和初级读物）是第三大类。只有不到 2% 的出版物是关于历史、地理、科学和技术的；这些出版物的读者面很窄，发行量很小。1727 至 1755 年间，俄罗斯科学院出版社出版了大约一半的新书和 3/4 以上的世俗书籍，俄罗斯第一份学术期刊《彼得堡帝国科学院评记》（*Commentarii Academiae Scientarium Imperialis Petropolitanae*）就在其中，这些书几乎都是用拉丁文或德文出版的，因此只有少数读者能读到。1728 年开设的学院书店出售俄罗斯和外国书籍，并从 1735 年开始发行目录，在俄罗斯各省流通。

1714 年，俄罗斯科学院图书馆在圣彼得堡向所有人免费开放，莫斯科国立大学图书馆和出版社于 1755 至 1756 年成立。18 世纪 50 年代，期刊出版业扩大，翻译成俄文的文学作品增加，在较小的程度上，俄文原创作品的出版也有所增加。叶卡捷琳娜大帝（1762 至 1796 年在位）的倡议推动了这些发展。她支持成立了外国书籍出版

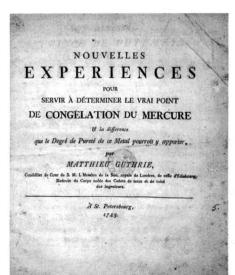

图 51　18 世纪俄罗斯的国际科学：居住在圣彼得堡的苏格兰科学家马修·格思里（Matthew Guthrie）发表了他对水银冰点的描述。藏于牛津大学博德利图书馆［G. Pamph. 1821（5）］。

协会（1768—1783），该协会负责出版了112种独立的翻译作品（包括菲尔丁、塔索、让·雅克·卢梭、孟德斯鸠、伏尔泰等人的作品和《百科全书》选集），并成为俄罗斯启蒙运动的主要声音。在叶卡捷琳娜创办《五花八门》（*Vsiakaia vsiachina*，1769）杂志之后，俄罗斯以《旁观者报》（*Spectator*）等英国期刊为榜样，出版了一系列短暂存在的讽刺杂志，其中4份由尼古拉·伊万诺维奇·诺维科夫（N. I. Novikov）编辑。

6 俄罗斯的私人印刷商

18世纪70年代，一些非本地印刷商获得了租赁协议，1771年J. F. 哈东（J. F. Hartung）成为俄罗斯第一家私人印刷商，只印刷外国书籍。1783年的一项法令允许在帝国的任何地方自由设立印刷厂，但要接受当地警察的审查。莫斯科出现了六家独立的出版社，其中包括洛普欣的共济会（Masonic）出版社，诺维科夫与该出版社关系密切。它在1786年被关闭之前出版了大约50部作品。到1801年，在莫斯科或圣彼得堡开设了33家私人出版社，出版了2/3以上的俄罗斯书籍。大多数私人印刷商都来自商人阶层，且不是俄罗斯人，主要都是说德语的。还有一个较小的"知识分子"出版商群体。对所有私营出版商来说，财政状况都不稳定。国家对少数几类可行的出版物（教科书、日历和年鉴）的垄断权已授予各机构（主要是学院）。然而，私人出版商能够利用日益增长的流行冒险故事市场赚到钱，最抢手的是马特维·科马洛夫的《英国乔治勋爵历险记》（*Adventures of the English Lord George*，1782）。

只有警察、参议院或女皇才有权禁书。面对《旧约》文本的出版和越来越多的神秘主义（包括共济会）作品，教会感到相对不受限制的印刷所带来的威胁最大。1787年，一项帝国诏书授权宗教会议搜查帝国的所有书店和出版社。随后的"图书搜查"，尤其是在莫斯科的搜查，使图书贸易暂时陷入瘫痪，不过最终被查封的图书很少。重新开张后，书店业务迅速恢复，直到法国大革命爆发。1790至1795年，一些作家和出版商被逮捕，书籍被查封，印刷厂被关闭。法国书籍和报纸的进口被禁止。1784年，第一批（省级）印刷厂在各省成立，到18世纪末，17个省会城市都有了印刷厂。

1795 年的取缔行动刺激了各省的印刷业，一些印刷商搬出了首都。1796 年 9 月，在叶卡捷琳娜去世前两个月，她颁布了一项法令，取消了个人经营自己的印刷厂的权利。叶卡捷琳娜最后几年的出版限制政策被她的儿子保罗（1796 至 1801 年在位）强化，到 18 世纪末，只剩下三家活跃的私人出版社。

亚历山大一世（1801 至 1825 年在位）允许根据 1796 年法律关闭的独立出版社重新开业。1804 年颁布的一项法令确立了俄罗斯第一部系统的审查法，虽然精神上相对自由（不是由警察而是由教育部操作），但它引入了出版前审查的概念。绝大多数集中在首都的私人出版业恢复得非常缓慢，其运作远远低于 18 世纪 80 年代末的水平。图书市场太小，没有补贴的出版业无法生存。然而，一些公司，如塞门·伊万尼基耶维奇·塞利瓦诺夫斯基（Semen Ioannikievich Selivanovskii）和伊万·彼得罗维奇·格拉祖诺夫（Ivan Petrovich Glazunov，格拉祖诺夫王朝最著名的出版商和书商代表）的公司出现了，并发挥了持久而突出的作用。该公司凭借其在日历上的垄断地位得以维持，仍然是学术专著和期刊的主要出版商。除了它的主要期刊《学院回忆录》（*Mémoires de l'Académie*，当时是第 5 辑），它还在 1804 年推出了创新并取得成功的《技术杂志》（*Tekhnologicheskii zhurnal*），旨在普及科学，并继续出版《圣彼得堡新闻》（*Sanktpeterburgskie vedomosti*），为 19 世纪初成立的教育机构编写教科书。

7 从19世纪到第一次世界大战

19 世纪上半叶，教育的发展和大学入学率的提高，刺激了社会上更多阶层对书籍的需求。印刷技术得到改进，在 19 世纪 30 年代，出现了第一批成功的商业出版商和书商。

与拿破仑的战争对俄罗斯的贸易产生了破坏性影响：1812 年莫斯科的大火摧毁了出版社（包括莫斯科大学出版社）、手稿和成千上万的书籍。在接下来的几年里，贸易得到了稳步恢复。1818 年在圣彼得堡为印刷纸币而成立的政府文件远征采购公司合并了一家造纸厂，到 19 世纪 20 年代，俄罗斯开始自主生产大部分纸张。1812 年，英国和外国圣经协会（British and Foreign Bible Society）的俄罗斯分会进口了第一台铁质印刷机，供自己使用。最早的平版印刷机也先后出现在圣彼得堡（1816）和莫斯科（1822）。莫斯科大学出版社——到 1825 年在规模上已经超过了学院出版社，拥有 30 台印刷机——是俄罗斯教科书和现代文学的主要生产商。崛起的俄罗斯雕刻学派的技能被用于精装印刷书籍，比如尼古拉·彼得罗维奇·鲁米安采夫委托的约 40 种专门介绍俄罗斯历史的出版物。

直到 19 世纪 20 年代，大多数精英人士阅读的都是法语作品，但随后俄语年鉴开始流行起来，俄语年鉴类似于在英国和美国流行的礼品书，受到在贵族女子学院、寄宿学校或家中接受教育的妇女新读者的欢迎。19 世纪 20 年代，最著名的年鉴，如 1823 至 1825 年的《北极星》（*Poliarnaia Zvezda*）和 1824 至 1825 年的《谟涅摩叙涅》（*Mnemozina*），介绍了当时最好的俄罗斯作家，在文学和商业上都取得了成功，激发了人们对本土写作的兴趣。由于出版商向投稿人支付稿费，它们在作家职业化方面也发挥了重要作用。19 世纪 20 年代和 30 年代，伊万·克雷洛夫和亚历山大·普希金等作家的作品满足了人们对本土文学日益增长的需求，不过在十二月党人起义（1825）失败后，所有的作品都受到了严格的审查。

从 18 世纪中期开始，莫斯科和圣彼得堡就有了书店和收费的流动图书馆，主要由外国人拥有。1788 年，俄罗斯图书学者瓦西里·斯捷潘诺维奇·索皮科夫在圣彼得堡开设的书店和图书馆是一个明显的例外。然而，1812 年后，该行业主要由俄罗斯人掌握。最杰出的图书馆是书商和出版商瓦西里·阿列克谢耶维奇·普拉维利希科夫的图书馆，于 1815 年在圣彼得堡成立。到 19 世纪 20 年代，它拥有 7000 种图书，并成为作家们的聚会场所。1823 年去世后，普拉维利希科夫将他的书店和图书馆留给了他最重要的助手亚历山大·菲利波维奇·斯米尔丁，在他的主持下，该书店成为俄罗斯最富有的书店之一。

斯米尔丁的一些出版物，例如他在 1833 至 1834 年出版的两卷本《新来的人》（*Novosel'e*），是由打字员若日雷维翁引入俄罗斯的迪多字体风格的最佳范例。阿道夫·普利沙尔（普吕沙尔）的印刷厂和铸字厂也对精装出版物有需求。其他在圣彼得堡崭露头角的公司包括格拉祖诺夫家族（其目录仍是宝贵的书目来源）以及伊萨科夫、巴祖诺夫和利森科夫的公司。伊萨科夫·阿列克谢耶维奇·伊萨科夫从 1829 年开始工作，直到 1881 年去世，他有一个借阅外国书籍的图书馆，在巴黎有一个购买法国书籍的办事处。斯米尔丁的一名前推销员费多尔·瓦西里耶维奇·巴祖诺夫于 1835 年建立了该企业的圣彼得堡分部（其莫斯科分部由其他家庭成员经营）。1854 年后，该公司在亚历山大·费多罗维奇·巴祖诺夫的领导下不断扩大，直到 19 世纪 70 年代初破产，该公司还制作了行之有效的书目。

在莫斯科，书商和出版商亚历山大·谢尔盖耶维奇·希里亚耶夫和法国出版商兼印刷商奥古斯特·塞门是主要人物，他们的出版社公认是莫斯科最好的。在机构出版商中，学院出版社的业务范围正在扩大。从 1834 年起，它的《回忆录》（*Mémoires*）被分为四个专门的主题系列，1836 年，又推出了"科学公告"（Bulletin scientifique），其中收录了更多简洁的文章和公告。莫斯科大学出版社继续保持其主导地位，到该世纪中叶，它的出版物仍占莫斯科所有世俗出版物的 1/3。宗教出版物由宗教会议出版社（Synod Press）制作，数量可观。

从 19 世纪 20 年代起，俄罗斯省级出版业有了一定的发展，但发展仍然非常缓慢，主要由地方政府出版物主导。省级读者群的增长也很缓慢，糟糕的交通使书籍在该国的价格高出 10%—12%。19 世纪 30 年代，"厚重的"百科全书式的期刊开始找到了自己的位置，成为乡村地主及其家庭流行而实用的读物。19 世纪 30 年代，城市出版业的读者越来越多，版本越来越大，价格越来越低，期刊发行量也越来越大。然而，19 世纪 40 年代的经济萧条之后，又发生了克里米亚战争。克里米亚战争和"七年阴霾"（Seven Years' Gloom，1848—1855）之后，为应对欧洲革命，审查制度有所收紧。一些书商破产了。

1855 至 1860 年期间，期刊的数量有了惊人的增长，出现了 150 多种新刊物。亚历山大二世（1855 至 1881 年在位）统治下的政治气候允许在印刷品中讨论农奴解放的话题。1861 年农奴制的废除、经济的复苏、贸易和工业的繁荣以及铁路的发展，使印刷品的生产和发行出现了相应的回升。尽管有严格的审查制度（1865 年，审查的责任从相对开明的教育部转移到了内政部），但这种增长一直持续到 19 世纪 70 年代。大型资本主义企业开始出现，其中包括圣彼得堡的马夫里·奥西波维奇·沃尔夫和阿列克谢·谢尔盖维奇·苏沃林以及莫斯科的伊万·德米特里耶维奇·西丁的出版社。

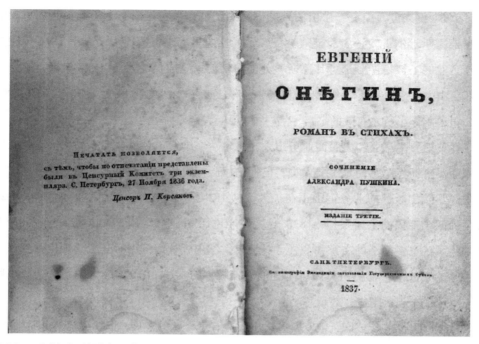

图 52 亚历山大·普希金的《叶甫盖尼·奥涅金》第三版（圣彼得堡，1837），这是他最后一次读的校样。这种 32 开大小的微型书（高 11 厘米）在当时的俄罗斯是一种新奇的东西。藏于阿塞拜疆的微型书博物馆。

苏沃林和西丁成为主要的报纸经营者。

沙皇的改革也促进了 19 世纪 60 年代公共借阅图书馆的发展。慈善性的扫盲委员会为 100 多个地方图书馆的建立筹集了资金。出版商弗洛伦蒂·费多罗维奇·帕夫连科夫将他的全部财产遗赠给了 2000 多个公共图书馆。1881 年亚历山大二世被暗杀后，审查制度变得更加严苛。出版物的数量，特别是关于政治主题的出版物有所下降，但在 19 世纪 80 年代末，学术作品有所增加，政府对经济增长的推动导致了农业和技术材料的激增。在世纪之交，从马克思主义出版物到俄罗斯和外国经典作品的廉价版本以及侦探小说的翻译，令大众市场的出版有了扩展。

印刷业的物质基础设施得到扩大和发展，印刷机和技术进步的数量都在增加，包括轮转印刷机的引进和排版的机械化（见第 11 章）。教育作品成为大众出版中一个更重要的分支。苏沃林推出了一系列廉价的俄罗斯经典作品和西方作家的大印本，并在俄罗斯许多省会城市建立了零售店。1884 年由西丁、托尔斯泰和他的弟子弗拉基米尔·切尔特科夫联合成立的出版公司 Posrednik（意为中介），为少数识字的农民（13%）提供健康和有教育意义的小册子，另外大约 50 个教育组织也在做这项工作。满足高端教育市场的是圣彼得堡的 Prosveshchenie 公司（意为启蒙运动，成立于 1896 年）和德俄合资的布罗格高兹和埃夫隆（Brokgauz & Efron）公司。

与这一时期最典型的功利性、大量生产的出版物相比，也出现了一些豪华的插图书和杂志，如"艺术世界"（Mir iskusstva）运动的期刊就是典型的例子。这一时期一些最好的插图画家的作品也可以在 1905 年革命后兴起的短暂的讽刺性期刊中看到，当时的审查制度暂时被搁置。从 1910 到 1914 年，俄罗斯未来派诗人和画家合作制作手工书，印刷量非常有限，后来成为收藏家的藏品。

直到第一次世界大战爆发的前几年，俄罗斯出版业出现了前所未有的扩张，越来越重视商业化的大众市场。在 1801 至 1900 年期间，大约有 2500 种图书出版，而在 1901 至 1916 年期间，大约有 40 万种图书出现。1912 年和 1913 年，俄罗斯的图书产量几乎与德国一样多。战争的爆发导致数字下滑，纸张长期短缺，许多出版社被迫关闭。主要的学术出版商，如科学院和莫斯科大学，以及一些较大的商业出版社在战争中幸存下来，政府的爱国主义文学作品以及布尔什维克的传单和大幅宣传品的印刷也在继续。

8 沙俄时期和奥匈帝国时期的乌克兰和白俄罗斯

18 世纪，乌克兰和白俄罗斯的书籍文化开始衰落。18 世纪 20 年代，俄罗斯帝国法令规定只要是莫斯科和圣彼得堡印刷过的教礼文本，其他出版机构都不得印刷，这限制了乌克兰印刷业以前的独特性质。现代乌克兰语的第一部文学作品，即伊万·科特利亚雷夫斯基对维吉尔的《埃涅阿斯纪》（*Aeneid*，其中特洛伊英雄变成被俄罗斯政府驱逐出家园的哥萨克人）的滑稽讽刺，以手抄本的形式流传，最终于 1798 年在圣彼得堡出版。不允许用乌克兰语，甚至不能用乌克兰语的教会斯拉夫语版本出版。虽然不再被允许出版新的文本，但基辅修道院出版社仍继续出版带有装饰和插图的书籍，包括由乌克兰知名艺术家创作的优秀木刻作品。波查夫（1734—1914）和乌尼夫（1660—1770）的联合修道院的印刷厂成为最具生产力的印刷中心。白俄罗斯也是波兰 – 立陶宛的一部分，其东正教的印刷受到天主教会的限制。在苏帕瑞尔（Supraśl）修道院（统一教派）和其他九个城市，出版仍在继续。

波兰第一次被瓜分后，俄国获得了更多的乌克兰领土和一些白俄罗斯领土。在叶利沙维特格勒（1764）、哈尔科夫（1793）、基辅（1787）和叶卡捷琳诺斯拉夫（1793）以及白俄罗斯的行政中心，如维捷布斯克、赫罗德纳、莫伊莱乌和波洛茨克等地开设了国家出版社，以出版俄文的省级指令和报告。

在 19 世纪上半叶，仍然没有乌克兰语的出版物。乌克兰语的《乌克兰历史》（*Istoriia rusiv*）是一部佚名的乌克兰历史，以手抄本的形式流传，此外还有一些其他乌克兰语的书籍也是用这种流传方式。乌克兰的一些出版商（特别是哈尔科夫大学出版社，成立于 1805 年）所出版的书籍涉及了乌克兰的各种主题。基辅大学出版社（成立于 1835 年）在其四卷本的《古迹》（*Pamiatniki*，1845—1859）中出版了一些关于民族历史的重要历史文献。从 1839 年起，敖德萨历史和古迹协会（Odessa Society for History and Antiquities）开始出版其杂志。1836 年，乌克兰人伊万·季莫菲耶维奇·利森科夫在圣彼得堡开发了自己的出版和售书业务，专门出版乌克兰作家的作品。19 世纪 60 年代，在民族文化意识增强的背景下，乌克兰在俄罗斯的出版范围有所扩大。潘捷列伊蒙·亚历山德罗维奇·库利什（Panteleimon Aleksandrovich Kulish）在圣彼得堡成立了一家出版社，出版乌克兰作家的作品、主日学校的乌克兰语教科书，并在 1861 至 1862 年出版了俄罗斯帝国唯一的乌克兰语期刊《基地》（*Osnova*）。在东乌克兰，印刷中心有基辅、敖德萨、切尔尼希夫和波尔塔瓦。

东乌克兰的乌克兰语印刷业再次受到 1876 年《埃姆斯法令》（Edict of Ems）的限制，该法令只允许出版有限的主题，如历史文献、人种学材料和文学作品（需经审查员批准），还要求从国外（如布拉格、维也纳和日内瓦以及西乌克兰）进口乌克兰语出版物时必须获得许可。从 1875 年起，在敖德萨、基辅、哈尔科夫和叶卡捷琳诺斯拉夫建立了一些地下革命和民粹主义出版社。

1905 年俄罗斯革命的结果之一是出现了乌克兰语和白俄罗斯语的杂志、报纸和教育协会。新的白俄罗斯出版商开始工作，两家在圣彼得堡，三家在维尔纽斯，其中一家

"我们的玉米地"（Nasha Niva）及其同名报纸体现了 20 世纪初白俄罗斯的文学复兴。

1906 年的一项法律规定了包括乌克兰人在内的非俄罗斯民族的图书出版自由。基辅出版商查斯（Chas，1908—1920）对乌克兰文化的发展做出了特别重要的贡献，出版了乌克兰作家的作品、其他语言的翻译作品以及面向大众读者的教科书。然而，乌克兰出版物受到的审查比俄罗斯帝国其他"少数民族"语言的出版物更为严格。从 1798 到 1916 年，只有大约 6000 本乌克兰语书籍出版，其中不到一半是在俄罗斯帝国境内出版的。

在西乌克兰，1867 年奥匈帝国宪法颁布后，出版的条件变得更加有利。在利沃夫、切尔诺夫茨、佩雷米什尔和科洛米耶成立了私人出版社和机构出版社，最有影响力和最持久的是 1868 年成立的启蒙协会的出版社，以及 1873 年在利沃夫成立的舍甫琴科科学协会的出版社。

在第一次世界大战期间，大多数乌克兰出版工作都在维也纳、加拿大和美国进行。在乌克兰短暂的建国时期（1917—1921），1917 年出版了 78 本乌克兰书籍，1918 年出版了 104 本。1918 至 1919 年，乌克兰国家图书馆和乌克兰图书商会（法定存放中心和国家书目中心）成立。

9 苏联时期

1917 年十月革命后不久，所有被认为是反革命的新闻机构被关闭。一些革命前的出版社，包括西丁出版社，被允许继续运营。在内战时期，出版业达到最低谷时，国外的俄罗斯出版商，特别是柏林的齐诺维·伊萨耶维奇·格热宾，被征召为政府的扫盲运动提供教科书。

第一批国家出版企业从 1918 年开始成立，其中有世界文学出版社（Vsemirnaia Literatura）、国家出版社（State Publishing House）和共产党员出版社（Kommunist）。最重要的俄罗斯苏维埃社会主义联邦共和国国家出版社（Gosizdat）成立于 1919 年，负责监管其他国家和私人出版机构，1921 年后，其生产的书籍占苏联领土上所有书籍的 1/3。印刷业被国有化。1922 年，随着苏联的建立，在东乌克兰和当时属于苏维埃社会主义共和国的白俄罗斯建立了相当于国家出版社的机构。当时还采取措施建设图书馆网络。所有重要的私人藏书都被收归国有，特别是彼得格勒公共图书馆（Petrograd Public Library，后来的俄罗斯国家图书馆）和鲁米安采夫博物馆图书馆（Library of the Rumiantsev Museum，后来的俄罗斯国立图书馆）。这两家图书馆在 1917 年 5 月被指定为法定存放图书馆。出版事务总署（Glavlit）成立于 1922 年，在 1990 年之前一直作为审查的主要机构运作。在新经济政策时期（1921—1929），国家对出版业的控制有所放松，出版物数量增加，质量提升。到 20 世纪 20 年代末，印刷量达到 100 万册的情况并不罕见。国家出版社凭借其补贴、对稀缺纸张供应分配的控制以及对所有手稿的优先选择权，保留了其有利地位，不过私营出版商再次被允许经营。到 1925 年 1 月，苏联有 2055 家出版社，其中约 400 家是私营的。当时一些最好的前卫艺术工作者出版了令人瞩目的书籍。文学方面的创新也得到了宽忍。然而，随着 20 世纪 20 年代的发展，国家对出版"获批的"文学作品（宣传、社会经济和政治类书籍）的压力越来越大。

苏联政府还采取了一项"本土化"政策（1925—1932），促进发展苏联非俄罗斯民族的本土语言。在乌克兰化的初期，乌克兰语的图书出版虽然是由国家控制的，但也有增加。以乌克兰语为基础的教育系统被引入，极大地提高了讲乌克兰语的农村人口的识字率。到 1929 年，在共和国出版的 426 种报纸中，乌克兰报纸的数量已经达到 373 种，在 118 种杂志中，89 种是乌克兰语。民族文学出现了复兴，乌克兰语的书籍出版达到总产量的 83%。

20 世纪 30 年代，审查的权力急剧加强，不仅有出版事务管理局，而且苏联共产党中央委员会和苏联作家联盟也越来越多地使用这种权力。在文学方面，社会主义现实主义理论占主导地位。在国家出版社协会（OGIZ）的支持下，一些专门的国家出版社被合并和重组，试图消除重复工作并使出版合理化。乌克兰和白俄罗斯也有类似的发展。然而，重复和无效率的现象仍然普遍存在。

苏联政府向国外出售珍本书籍和手稿（比如《西奈抄本》）以换取硬通货，这使苏联的图书馆陷入困境，但却丰富了欧洲和北美公共和私人的图书收藏。1934 年和 1937 至 1939 年的国家政策导致了对书店和图书馆的清洗，由罪犯写的、提到罪犯的作品或关于禁忌主题的作品被移走、被销毁，或与大多数外国出版物一起被放入图书馆的特殊、限制借阅的藏书（spetskhrans）中。不少作家、书目学家和历史学家都在大清洗中被消灭。1939 年，西乌克兰（加利西亚）被并入苏联，其所有的出版社都被关闭（西乌克兰在两次世界大战之间曾经有 50 家出版社）。

第二次世界大战导致长期的纸张短缺，许多出版机构迁出莫斯科和彼得格勒，苏联失去了对德国占领区的控制。图书产量从 1941 年的约 4 万种下降到 1944 年的约 1.7 万种。苏联西部图书馆的珍稀书籍被转运到东部，但由于德国人的轰炸或扣押，成千上万的书籍丢失，4 万多所苏联图书馆被毁。也有许多图书馆在整个战争期间设法运作，比如列宁格勒公共图书馆，它在列宁格勒被德军围困的 900 天里依然坚持为读者服务。在被占领的白俄罗斯和乌克兰领土上有一些地下出版机构，白俄罗斯的国家出版社在 1942 年底撤到莫斯科，继续运作。

战后，苏联出版业恢复得相对较快，到 1948 年，出版量已接近 1938 年的水平，此后稳步上升。该行业保留了战前的结构，出版量在很大程度上受党的支配。1953 年斯大林去世后，赫鲁晓夫废除了斯大林崇拜，并选择性地放松了审查制度，这让文学出现了一些自由化，以及出版作品内容也多样化。在俄罗斯，文学期刊上出现了一定程度的论战，既有强硬派，也有自由派。在后者中，由亚历山大·特瓦尔多夫斯基编辑的《新世界》（*Novyi mir*）走在了前列，出版了索尔仁尼琴的《伊万·杰尼索维奇生活中的一天》（*One day in the Life of Ivan Denisovich*）。

1963 年 8 月的一项法令启动了对出版、印刷和图书贸易的彻底重组；到 1964 年，这些机构的框架一直保持到 20 世纪 90 年代市场经济的出现。为了建立更有效的政府监督，苏联将新闻控制责任移交给了国家新闻委员会（1972 年改名为国家出版、印刷和图书贸易委员会），直接隶属于苏联部长会议（其他共和国有单独的对应机构）。该委员会负责减少出版社的数量，并使分配给剩余出版社的覆盖领域合理化。然而，在图书贸易和图书馆供应方面，烦琐的"行政指挥"系统抑制了出版商回应读者需求的能力，造成了书籍阅读需求量短缺。伴随着地下出版物的出现，繁荣的黑市诞生了，黑市的出现不仅是为了传播持不同政见者和其他被禁止的文学作品，也是为了弥补流行和完全合法的出版物的短缺。

在被称为"停滞期"的勃列日涅夫时代，图书行业的发展保持稳定。在 20 世纪

70 年代和 80 年代初，所有的印刷都受到审查，对原材料和印刷的中央控制继续影响着印刷量。根据书的体裁（如小说或教科书）和篇幅，作者按照标准规定获得报酬。也许是因为这个原因，1984 年苏联图书的平均页数约为 136 页，与 20 世纪 30 年代的平均 82 页形成对比。

苏联媒体的一个陈词滥调——苏联是"世界上最重要的读者国家"——在很多方面都是有道理的。在全世界范围内，苏联的图书行业在书名和出版数量上几乎没有对手。文盲几乎已被消除，一半以上的人口是庞大的城市和农村图书馆网络的用户。然而，70 年来，书籍基本上是国家的意识形态工具。

戈尔巴乔夫的改革带来了从上到下的国家控制的放松。《国有企业法》（1987）允许一些私人出版企业的出现，而《新闻和媒体法》（1990）保证他们的自由，还允许任何组织或个人注册为出版者，并建立大众媒体出版机构。国有出版商在决定出版内容方面获得了更多的自由，一些出版商被租给了集体。1988 年出现了第一批私人出版公司，即小型合作社，1989 至 1990 年建立了相当数量的公司，但大多数持续时间不长。于是与这些机构相平行的出版机构出现了，印刷了数以千计的半合法传单和各种各样的期刊，涉及无政府主义者、女权主义者、环保主义者、民族主义者和宗教主义者。

10 后苏联时期的俄罗斯

1991 年苏联解体后，中央集权的崩溃带来了国家结构的崩溃。1990 年和 1991 年的政治和经济危机使出版业陷入困境。1992 年出版业遭遇空前的衰退，只出版了大约 2.8 万种书，但在 1993 年已经出现了复苏的迹象。2000 年，俄罗斯图书商会登记了 56180 种图书（超过了 1977 年的官方记录 55657 种）。由于一些出版商没有遵守合法存放的法律规定，图书商会的记录几乎可以肯定是一个低估的数据。这个行业的格局也发生了变化，到 1993 年中期，国有出版社只印刷了 30% 的图书，在随后的几年里，私营出版商占领了越来越多的市场。到 2000 年，除了国有教科书出版商启蒙出版社之外，七家出版量最大的出版商都是成立不到 10 年的私营公司。一些较大的出版社，如大地出版社（Terra）和奥尔马出版社（Olma-Press），均拥有了自己的印刷厂和分销系统。

随着国有出版商的消亡和迎合需求的私人出版社的出现，出现了两种最受欢迎的小说类型：犯罪小说和爱情小说。在20世纪90年代早期，这些作品是翻译外国作家的作品，但在后来的10年中，俄罗斯作家的作品在很大程度上取代了它们。时尚杂志也开始出现。另一个显著增长的领域是广泛的百科词典。在非政府组织（NGO）的资助下，学术出版幸存下来，甚至发展繁荣。除了先前禁忌主题的书籍或被禁作者的作品，以前在国外的俄罗斯图书出版中心，如巴黎、法兰克福、柏林，以及美国和加拿大的各个城市出版的作品也首次在俄罗斯出现。

尽管国家财政支持减少造成了困难，但图书馆的民主化程度相当高。到20世纪90年代初，将受限制的书籍从禁书清单中释放出来并将其纳入普通图书馆目录的任务几乎已经完成。1994年的《图书馆法》保障了所有公民通过图书馆自由获取信息的权利。开放社会（Open Society）计划，即"俄罗斯互联网图书馆"（Russian Libraries on the Internet）有助于人们通过互联网获得信息。

11 后苏联时期的白俄罗斯

在苏联的末期，白俄罗斯可能是所有共和国中俄罗斯化程度最高的，白俄罗斯民族认同感较弱。就在1989年初，一项禁止合作或私人出版的法律获得通过的同时，第一批私人出版商出现了，他们通过从俄罗斯出版商那里购买国际标准书号来规避法律，并将每次印刷量的10%交给他们。

在独立初期，直到1994年政府才采取了一项涉及白俄罗斯教育和振兴奄奄一息的白俄罗斯文学语言（这种语言在散居地保持活力）的政策。移民作家的作品开始出版。1990年后，白俄罗斯出版了更多的书籍、小册子、杂志和报纸：1990年出版了2823种书籍（435种白俄罗斯语），而2000年出版了7686种籍（761种白俄罗斯语）。

1995年，俄语与白俄罗斯语一起被授予法定地位。尽管白俄罗斯的情况不利于独立出版业的发展，但到1995年，私人出版商占全国总产量的70%左右。然而，在这

10 年的后半段，私营出版业势头下降。政府压制独立报刊，拒绝为私营出版商注册，并关闭了提出批评观点的报纸。国有出版社享有更有利的条件，但也处于危机之中。21 世纪初，白俄罗斯出版商的数量有了明显的增长，2002 年有 490 家出版商，但其中 80% 是面向俄语市场的。

12 20世纪90年代后的乌克兰

在整个苏联时期，稳定的俄罗斯化导致了乌克兰语出版的下降。虽然在 20 世纪 60 年代，乌克兰出版的书籍中约有 60% 是乌克兰语，但到 1980 年，这一数字已降至 30%。因此，一些乌克兰语图书的出版在国外进行。舍甫琴科科学协会 1947 年在西欧和美国重建后，在出版方面发挥了重要作用：它出版了 3 部多卷本的乌克兰百科全书，并从 1989 年开始在乌克兰开展业务。其他重要的出版中心有哈佛大学乌克兰研究所（1968 年成立）和加拿大乌克兰研究所（1976 年成立）。

独立后，影响出版的政治限制被经济限制所取代，出版业增长缓慢，书籍种类从 1991 年的 5855 种增长到 2000 年的 7749 种。俄罗斯和白俄罗斯的出版商在更优惠的税收制度下经营，用更便宜的俄语书籍充斥乌克兰市场，特别是在利润丰厚的大众文学领域。尽管乌克兰有大量的出版企业（2002 年有 2000 家私人出版商和 28 家国家出版商），但 2002 年乌克兰的人均图书出版量不到一本，而俄罗斯是 3.5 本，白俄罗斯是 7 本。发行系统崩溃了，新成立的批发商主要集中处理流行的阅读材料上。然而，在学术出版领域，国家出版商和机构，从学院和国家图书馆到小型地方博物馆，都出版了大量关于乌克兰历史和文化的历史材料及书目。学术出版得到了政府、非政府组织和散布在国外的乌克兰图书出版中心的资助。1994 年成立的乌克兰出版商和书商协会成为一个充满活力的游说机构，而位于利沃夫的乌克兰印刷学院开设了出版和图书销售课程。到 20 世纪 90 年代末，乌克兰的排版标准和出版设施都有了很大的改善。电子出版迅速发展，乌克兰弗纳兹基国家图书馆（Vernads'kyi National Library）开始推进积极的数字化计划。

参考文献

M. R. Barazna, *Belaruskaia knizhnaia hrafika, 1960–1990-kh hadou* (2001)

I. A. Isaievych, *Ukraïns'ke knihovydannia: vytoki, rozvytok, problemy* (2002)

M. N. Kufaev, *Istoriia russkoi knigi v XIX veke* (1927; repr. 2003)

D. Likhachev, ed., *Knizhnye tsentry Drevnei Rusi* (2 vols, 1991–1994)

S. Lovell, *The Russian Reading Revolution* (1999)

G. Marker, *Publishing, Printing, and the Origins of Intellectual Life in Russia, 1700–1800* (1985)

E. L. Nemirovskii, *Frantsisk Skorina* (1990)

I. Ohiienko, *Istoriia ukrains'koho drukarstva* (1925; repr. 1994)

M. Remnek, ed., *Books in Russia and the Soviet Union: Past and Present* (1991)

G. P. M. Walker, *Soviet Book Publishing Policy* (1978)

第 38 章

巴尔干半岛书籍史

叶卡捷琳娜·罗加切夫斯卡娅、亚历山德拉·B. 弗拉内什

1 巴尔干半岛的地理情况

位于欧洲东南部的巴尔干半岛地区，北部以萨瓦河和多瑙河为界，南部为地中海，东部和东南部为黑海、马尔马拉海和爱琴海，西部和西南部为亚得里亚海和爱奥尼亚海。虽然有争议，但构成该地区的国家一般被认为有：阿尔巴尼亚、波斯尼亚和黑塞哥维那、保加利亚、克罗地亚、希腊、北马其顿、摩尔多瓦、黑山、罗马尼亚、塞尔维亚、斯洛文尼亚和欧洲土耳其。地理位置决定了巴尔干半岛的身份，但该地区在政治、种族和语言上是多样化的。该地区书籍文化的特点是，在其历史上，不同民族（如凯尔特人、伊利里亚人、罗马人、阿瓦尔人、瓦拉几人、日耳曼人、斯拉夫人和土耳其人）、语言（如拉丁语、希腊语、阿尔巴尼亚语、各种斯拉夫语和突厥语）、文化、宗教（如异教、天主教、东正教和伊斯兰教）和政治制度（如罗马帝国、奥斯曼帝国、奥匈帝国和苏联集团）带来的影响共存。

2 南斯拉夫的手稿和印刷业的开始

巴尔干地区可以说是斯拉夫语文化的发源地，它始于 9 世纪下半叶来自塞萨洛尼基的拜占庭希腊人西里尔（君士坦丁）和美多迪乌斯兄弟的传教活动。他们引进了格拉戈利特字母，后来又引进了西里尔字母，将圣经的部分内容和一些宗教书籍翻译成所有斯拉夫人都能理解的旧教会斯拉夫语。最早的斯拉夫语文化中心在奥赫里德（现在位于北马其顿境内）和普雷斯拉夫（最早的保加利亚帝国的首都，现位于保加利亚境内）发展起来。奥赫里德培育发展了格拉戈利特语，而西里尔字母则成为保加利亚的通用文字。古老的教会斯拉夫语逐渐变得通俗，为其他文学性斯拉夫语的发展奠定了基础。

格拉戈利特语在南斯拉夫国家和摩拉维亚一直使用到 12 世纪，但后来普遍被西里尔语或拉丁语取代，并主要在克罗地亚本土化。格拉戈利特语的早期例子很少，现存最早的手稿出现在 10 至 11 世纪。西里尔字母有三种主要的变体：安色尔体（"ustav"，在 11 到 14 世纪使用）、半安色尔体（"poluustav"，15 到 17 世纪）和草书体（"skoropis"，自 14 世纪以来主要用于文件）。最早的西里尔字母的手抄本是《萨瓦之书》（*Savvina Kniga*）。学者们估计，从 11 世纪开始，还有大约 30 本书籍存世，但它们并非都源自巴尔干地区。

在 18 世纪之前，当彼得大帝在俄罗斯引入民用字体（见第 37 章）而一些国家开始对民族语言进行整理时，人们大量使用西里尔字母印刷，这主要是为了满足东正教会的需要。虽然第一本西里尔文书籍是由波兰的施韦波尔特·菲奥尔印刷的，而且威尼斯、布拉格、维尔诺和其他地方也有印刷量高的印刷厂，但巴尔干地区在西里尔文的印刷中发挥了重要作用，第二家西里尔文印刷厂早在 1493 年就在黑山开始投入生产。格拉戈利特语的印刷在克罗地亚和斯洛文尼亚实现本土化，印刷格拉戈利特语的印刷厂在意大利也有运营。

3 保加利亚

在最早的保加利亚帝国，所写的教会斯拉夫语手稿具有丰富的彩饰。保加利亚最早的西里尔文手稿是《苏普拉希尔古抄本》(*Codex Suprasliensis*)。14 世纪，塔尔诺沃（Tǎrnovo）文学流派形成了一种独特的笔迹和彩饰风格。这种风格的最佳范例之一是沙皇伊凡·亚历山大的福音书（1356），现存于大英图书馆。最早的印刷品是在保加利亚境外印刷的。

现代保加利亚语的元素在菲利普·斯坦尼斯拉夫的《阿巴格》(*Abagar*，罗马，1651）中首次体现。保加利亚民族复兴运动（1762—1878）的领军人物是希兰达尔的派修斯（Paisius of Hilandar，1722—1773），他写了一本《斯拉夫—保加利亚历史》(*Istoriya Slavyanobolgarskaya*)。另一位值得注意的人是尼奥菲特·里尔斯基（Neofit Rilski），他是第一部保加利亚语语法书的作者（1835）。民族复兴使保加利亚的印刷业得以开始。曾在塞尔维亚工作过的尼古拉·卡拉斯托扬诺夫在贝尔格莱德购买了一台印刷机，并在萨莫科夫建立了第一家印刷厂（1828）。在保加利亚，商业出版和图书销售与克里斯托·G.达诺夫有关。国家书目是由维利奇科夫在 1897 年发起的。

从奥斯曼帝国的独立意味着出版和图书销售的振兴：保加利亚在二战前有 80 家独立出版商；1939 年，他们出版了 2169 种图书，总印刷量为 640 万册。

4 塞尔维亚

塞尔维亚的图书文化也是使用西里尔字母发展起来的，并受东正教影响，但其后来在奥斯曼帝国内经历了阿拉伯和土耳其的影响。其最有成效的抄写室位于修道院中。最早的南斯拉夫西里尔文手稿之一，即《米罗斯拉夫福音书》(*Miroslav Gospels*)，写于约 1185 至 1190 年，可能是在科托尔（位于现在的黑山）由斯特凡·内曼贾（Stefan Nemanja，后来被称为圣西缅）的弟弟米罗斯拉夫王子委托写作的，他是中世纪最成功的塞尔维亚王国拉什卡（Raška）的统治者。彩饰丰富的福音书是最精美的斯拉夫语手稿之一，黑山人和塞尔维亚人都声称是他们自己的文献遗产。斯特凡·内曼贾的小儿子拉斯特科·内曼吉奇（Rastko Nemanjić，后来的圣萨瓦）被认为是独立的塞尔维亚东正教教会的创始人，也是《圣西缅行传》（*Life of St Simeon*）的作者。这对父子也是希腊阿托斯山上的东正教修道院希兰达尔修道院的创始人。希兰达尔修道院在1198 年建立后，是塞尔维亚中世纪图书文化的主要中心。在从 15 世纪开始并持续了300 多年的土耳其统治期间，塞尔维亚的精神信仰和民族特性在修道院中得到了保存，希兰达尔修道院是其中的佼佼者。

印刷书在 16 世纪与手抄本书籍同步发展（见第 6 章和第 15 章）。塞尔维亚的第一家印刷厂位于塔拉山附近的鲁扬修道院，出版了《鲁扬福音书》（*Rujan Gospels*，1537）。格拉查尼察修道院制作了祈祷书（Octoechos，1539），米勒舍瓦修道院印刷了三种书（1544—1557），姆尔克萨教堂修道院印刷了两种书（1562—1566），同时这些修道院都建立了印刷厂。1552 年，拉迪萨·德米特罗维奇王子（Radiša Dmitrović）在贝尔格莱德创办了一家出版社，并开始着手编写福音书。他不久后就去世了，这项工作由杜布罗夫尼克的特罗伊·贡杜里奇和姆尔克萨教堂的马尔达里奥斯继续。在这段短暂的活动期之后，塞尔维亚的印刷业衰落了，宗教和历史作品都在威尼斯印刷。塞尔维亚诗人和雕刻家扎哈里耶·斯特凡诺维奇·奥尔费林 1766 年创办了第一份塞尔维亚期刊，并写了一本彼得大帝的传记。19 世纪，在莱比锡、诺维萨德（当时是匈牙利管辖下的沃伊多维纳的首府）和其他位于奥匈帝国领土上的城镇都出版了塞尔维亚语书籍。塞尔维亚协会（Matica Srpska）在发展塞尔维亚语印刷和促成塞尔维亚图书文化方面发挥了重要作用。武克·斯特凡诺维奇·卡拉季奇推行的语言改革促进了塞尔维亚图书历史上的标志性事件。这些事件包括 1832 年在贝尔格莱德成立了塞尔维亚皇家出版社，以及设立了塞尔维亚国家图书馆和塞尔维亚扫盲协会（Serbian Literacy Society，现在塞尔维亚科学和艺术学院的前身）。第一次世界大战期间，大量的塞尔维亚书籍和期刊在法国、希腊和瑞士出版。国家图书业很快就恢复了，只是在第二次世界大战期间再次崩溃，当时只有一些非法出版社在活动。

5 黑山共和国

在 8 世纪和 9 世纪，现代黑山的前身——中世纪城邦杜克里亚先后处于拜占庭、塞尔维亚和保加利亚的统治之下。1054 年教会大分裂后，杜克里亚成为以天主教为主的国家。斯特凡·内曼贾将这块土地作为他的拉什卡王国的一部分后，就将民众转变为东正教信徒，并通过终止拉丁文书籍的生产有效地阻止了拉丁文化的发展。从那时起，黑山的图书文化就与塞尔维亚的图书紧密相连。在独立的泽塔公国统治者朱拉德·克诺耶维奇（Đurađ Crnojević）的倡议下，第二家西里尔文出版社于 1493 年在黑山创立。尽管印刷厂的确切位置仍不为人知，马卡里耶教士可能曾在此工作过，但很可能这个印刷厂在采蒂涅运营。黑山的印刷传统由波德戈里察的博日达尔·武科维奇（Božidar Vuković）在威尼斯延续，他对塞尔维亚和黑山的文化以及其他斯拉夫国家的印刷业发展产生了巨大影响。

在奥斯曼帝国的统治下，印刷和文学活动大幅减少，但民族复兴的最早迹象之一，即瓦西里·彼得罗维奇·涅戈什（Vasilije Petrović Njegoš）的《黑山史》（*History of Montenegro*）于 1754 年在莫斯科出版。黑山民族诗人和哲学家佩塔尔二世（即小彼得罗维奇·涅戈什）最著名的著作《山地花环》（*The Mountain Wreath*）也于 1837 年在国外出版，尽管当时他已经创办了自己的出版社（1834），也是黑山本土的第二家出版社。在 1852 年土耳其围攻期间，它的字模不得不被熔化，用于造子弹，但在 1858 年该出版社又获得了新的印刷机。

在采蒂涅建立国家公共图书馆的提议是在 1879 年首次提出的，但直到 1893 年才实施。从 1905 年起，图书馆开始接收图书法定存放的副本。到 1912 年，图书馆已拥有超过 1 万个书目，包括大量的古籍和早期印刷书籍，以及 100 多份手稿。但在 1918 年奥地利军队的占领下，馆藏受到严重影响。1946 年，采蒂涅建立了公共中央图书馆，该图书馆于 1964 年获得了现在的名字。

该图书馆的主要出版作品是《切尔诺戈尔斯克书目》（*Crnogorska bibliografija*，1494—1994），是一份国家层面的书目。

6 北马其顿

北马其顿的图书文化在保加利亚、塞尔维亚和拜占庭的影响下得以发展，这反映了南欧的政治格局。北马其顿的首都斯科普里在 1346 年成为塞尔维亚帝国的首都，但从 14 世纪末开始，该地区是奥斯曼帝国的一部分，持续时间约为 500 年。

重要的北马其顿书籍是在国外制作的。16 世纪 60 年代，石头河（Kamena Reka）的雅科夫在威尼斯成立了一家西里尔文出版社，赫里斯托福·热法罗维克（Hristofor Žefarovik）的《画册》（*Stemmatographia*）包含了保加利亚和塞尔维亚统治者的肖像和南斯拉夫人的纹章图像，于 1741 年在维也纳出版。19 世纪，北马其顿的出版业在很大程度上服从于当地学校，西奈的特奥多西在萨洛尼卡拥有一家出版社，出版了第一本当地方言的祈祷书和一本简短的字典。虽然保加利亚语、塞尔维亚语和希腊语是教学语言，但在 1857 至 1875 年期间，出版社共出版了 15 种马其顿方言的初级读物。建立马其顿语言和民族身份的想法于 1870 年首次提出，但在战时被推迟，当时当地方言基本上被禁止使用。1944 年，马其顿语实现了标准化，并得到了法律的认可。目前，马其顿语、阿尔巴尼亚语和土耳其语这三种主要语言的材料都有出版，以满足不同民族的需求。2012 年，有 100 多家出版社在发行马其顿语的材料，约有 20 家出版社为其他语言提供服务。平均而言，北马其顿国内作者的出品占图书总产量的 15%—30%，其余为翻译作品。

7 波斯尼亚和黑塞哥维那

中世纪的波斯尼亚文学围绕着波斯尼亚西里尔文（西里尔文的一种变体）和格拉戈利特文发展。最早的波斯尼亚西里尔文字作品是《宪章》，这是波斯尼亚和杜布罗夫尼克之间的贸易协定（1189），由波斯尼亚班（统治者）库林（Kulin）发布，使用这种文字的最古老的书稿是《献给圣玛丽》（*Ofičje svete dieve Marie*），由乔治·德·鲁斯科尼于 1512 年在威尼斯印刷。已知的两份副本保存在国家图书馆和万灵学院（All Souls College，牛津大学）。

波斯尼亚的西里尔文印刷与博日达尔·戈拉日丹宁（Božidar Goraždanin）有关。在戈拉日达（Goražda，位于波斯尼亚和黑塞哥维那东部），他创建了一家出版社，在1519 至 1523 年之间出版了三种书。整个奥斯曼帝国时期只有四家出版社在波斯尼亚运营（其中三家建于 19 世纪），总体出版内容为 4 份报纸和 50 种图书。

在超过 300 年的时间里，没有任何波斯尼亚的报刊存在，所有的印刷品都来自国外，甚至连第一份期刊《波斯尼亚新闻》（*Bosanski prijatelj*）也是 1850 年在萨格勒布创办的。然而，在奥斯曼帝国当局的倡议下，第一家现代波斯尼亚印刷厂于 1865 年在萨拉热窝成立。到 19 世纪末，波斯尼亚在莫斯塔尔建立了两家印刷厂，却由方济各会创办的黑塞哥维那天主教传教会出版社和黑塞哥维那维拉杰特（vilajet，指奥斯曼帝国的"省"）出版社。在奥匈帝国的统治下，出版业不断发展，企业数量达到了 40 家，波斯尼亚出版业的语言版图中增加了德语、匈牙利语和意第绪语。在奥匈帝国统治的 40 年里，出版了 1600 种图书（波斯尼亚为塞尔维亚人、克罗地亚人和斯洛文尼亚人的图书生产贡献了 2000 种图书）；在 1945 至 1951 年，图书生产达到 1750 种。作为南斯拉夫社会主义联邦共和国出版业的一部分，波斯尼亚的出版公司做得相当好，但1992 至 1995 年的战争不仅对当地经济，而且对该地区的文化遗产产生了破坏性影响，位于萨拉热窝的波斯尼亚和黑塞哥维那国家和大学图书馆毁于战火。

8 克罗地亚

在克罗地亚领土上完成的最早作品使用的是格拉戈利特字母。在与匈牙利的联合中，克罗地亚人主要是天主教徒，但克罗地亚似乎是唯一一个被教皇英诺森四世（1248）特别允许在其礼仪中使用自己的语言并将格拉戈利特字母用于礼拜书的欧洲国家。最精美的格拉戈利特语手稿之一是《诺瓦克王子的弥撒曲》（*Missal of Prince Novak*，1368），现保存在奥地利国家图书馆，上面有著名的赞美诗《愤怒之日》（*Dies irae*）和一些音符。最早的克罗地亚文集是《罗马弥撒礼》（*Missale Romanum*，1483），印刷地点不详，现存 13 个副本和 8 个残篇。

1494 年，克罗地亚的第一位在日期上能得以追溯的印刷商布拉兹·巴罗米奇（Blaž

Baromić）在森吉开设了克罗地亚的第一家印刷厂，他在威尼斯学习了印刷技艺。该印刷厂一直活跃到 1508 年，共印刷了 7 种书。在里耶卡，莫德鲁什主教希蒙·科日奇·本亚（Šimun Kožičić Benja）于 1530 年建立了一家出版社。它在两年内出版了 6 本格拉戈利特语书籍。克罗地亚西里尔文在亚得里亚海的杜布罗夫尼克城邦以及波斯尼亚和黑塞哥维那使用，一些学者认为它与波斯尼亚西里尔文代表的意思相同。从 15 世纪开始，克罗地亚的大部分文学作品都以罗马字体呈现。在 17 世纪，只有一家印刷厂在萨格勒布经营（1664），但在 18 世纪和 19 世纪初，有 7 家印刷厂在克罗地亚领土上运营。威尼斯印刷商卡洛·安东尼奥·奥奇（Carlo Antonio Occhi）于 1783 至 1787 年在杜布罗夫尼克的出版社出版了 50 种书。

克罗地亚浪漫民族主义在 19 世纪中期兴起，以对抗该国明显的日耳曼化和马扎尔化倾向。从 19 世纪 30 年代开始，伊利里亚运动吸引了许多有影响力的人物，并在克罗地亚文化和语言方面取得了一些重要的进展。这些都是由一个叫作伊利里亚学会（Matica Ilirska，后称为 Matica Hrvatska）的社团发起的，该社团成立于 1842 年 2 月，总部设在克罗地亚国家图书馆。专制君主制垮台后，出版业复苏。Matica 出版了第一本文学与科学杂志《作家》（*Književnik*，1864—1866），并从 1869 年起创办了 19 世纪克罗地亚文学的主要宣传杂志《花环》（*Vijenac*）。

9 斯洛文尼亚

由于斯洛文尼亚的历史包括了它曾经属于罗马帝国、神圣罗马帝国和奥匈帝国的历史，其图书文化的发展受到了拉丁语和德国文化的巨大影响。如同欧洲其他地方一样，抄写室主要设在修道院里。例如，在 12 世纪末，斯蒂奇纳的西多会修道院制作了一本记录宗教生活的集子，共有 32 个手抄本和 5 个残篇保存了下来。另一个值得注意的抄写室是位于日奇（Žiče）的前加尔都西会修道院，它是欧洲这一地区最大的加尔都西会道院，也是罗曼语国家之外的第一个特许机构。修道院的图书馆里有大约 2000 份手稿，其中只有 120 本书和大约 100 个残篇保存下来。

第一位斯洛文尼亚裔的印刷商马特维兹·塞尔多尼斯（Matevž Cerdonis）于

1482 至 1487 年在帕多瓦工作，但最早的斯洛文尼亚语书籍是由普里莫兹·特鲁巴尔（Primož Trubar）在图宾根的乌尔里希·莫哈特出版社出版的。宗教改革对斯洛文尼亚文化和语言的发展尤为重要，第一本完整的斯洛文尼亚语圣经，由尤里·达尔马廷翻译，于 1584 年在维滕贝格的约翰·克拉夫特出版社印刷。1575 年在卢布尔雅那开设了一家斯洛文尼亚语的出版社，属于扬·曼德勒克，在 1580 年关闭前出版了 10 种书。卢布尔雅那的另一家出版社从 1678 年开始运营，一直到 1801 年。19 世纪最大的出版商是德鲁兹巴·斯维特加·莫霍里亚（Druzba Svetega Mohoria，1852）、斯洛文尼亚协会（Slovenská matica，1846）和斯洛文尼亚图书馆（Slovenska knižnica，1876—1880）。20 世纪初，斯洛文尼亚出现了几次出版浪潮，与民族主义运动密切相关。二战期间，在德国的占领下，出版和其他文化机构受到了很大的影响，但一直有地下出版社保持着活跃的状态。

10 阿尔巴尼亚

在今天的阿尔巴尼亚领土上居住的伊利里亚部落在公元 1 世纪时被基督教化。该国所处的中心位置使其成为拜占庭帝国西半部和东半部之间的战场，历史上它一度由东部帝国管理，但在教会上却依赖于罗马。中世纪阿尔巴尼亚南部和东部地区的居民成为东正教徒，而罗马天主教在北部仍然强大。在奥斯曼帝国统治期间（一直持续到 20 世纪初），大多数阿尔巴尼亚人皈依了伊斯兰教。

阿尔巴尼亚的书面语言可以追溯到 14 或 15 世纪末。1555 年在威尼斯出版的乔恩·布祖库的《弥撒书》是该语言的第一部印刷作品。宗教改革的影响极大地推动了阿尔巴尼亚文学和图书文化的发展，在 16 至 17 世纪，诗歌、散文和哲学的原创作品纷纷出版。在 18 世纪，基督教徒和穆斯林都使用阿尔巴尼亚语来保留他们的文化遗产。然而，最著名的阿尔巴尼亚人的作品是在国外出版的。例如，普杰尔·布迪的《罗马圣事礼典》（Rituale Romanum）和《忏悔之镜》（Speculum Confessionis），或者普杰特·博格达尼的《先知的预言》（Cuneus Prophetarum，这是一本用阿尔巴尼亚语和意大利语编写的平行文本神学小册子）。另一方面，希腊语言和文化主导着阿尔巴尼亚东南部。沃斯科波耶（Voskopojë）成立了一家出版社，用希腊字母制作希腊语和阿罗曼语（Aromanian，接近罗马尼亚语的方言）的书籍。虽然阿尔巴尼亚是最后一个从奥斯曼帝国统治下获得独立的巴尔干国家，但它也有自己民族的文艺复兴运动和浪漫主义文学。然而，印刷业的发展由于阿尔巴尼亚语言的复杂性而放缓，阿尔巴尼亚语言自15世纪以来一直使用各种字母书写。阿尔巴尼亚语的罗马字母在1909年实现了标准化，1972年建立了基于托斯克（Tosk）方言的阿尔巴尼亚语的统一文学版本。

移民出版是阿尔巴尼亚图书文化的另一个显著特点。因恩维尔·霍查（Enver Hoxha）政权而逃离该国的阿尔巴尼亚人在意大利、法国、德国和美国建立了他们的出版中心。20世纪90年代，世界各地的阿尔巴尼亚人社区被科索沃阿尔巴尼亚人扩大了，他们在萨格勒布、斯科普里和地拉那制作印刷品，由于政治动荡，他们在国内大多没有这样的机会。

11 罗马尼亚

在中世纪，罗马尼亚人生活在两个不同的独立公国——瓦拉几亚（Wallachia）和摩尔达维亚（Moldavia，摩尔多瓦），以及由匈牙利人统治的特兰西瓦尼亚公国（见第33章）。在奥斯曼帝国统治时期，瓦拉几亚和摩尔达维亚出现了一些内部自治和外部独立的情况，但在18世纪最终土崩瓦解了。基督教东正教、拉丁语和东方文化对罗马尼亚的文化产生了影响。蒂尔戈维什特和布拉索夫成为值得注意的早期西里尔文和罗马尼亚语印刷中心。

17世纪，罗马尼亚语最终成为书面文化的一部分。瓦拉几亚的第一部法律汇编书籍《戈沃拉法典》（*Pravila de la Govora*）于1640年出现于戈沃拉。其他值得注意的印刷中心还有伊阿西，那里印刷了瓦拉姆的《布道集》（*Cazania*）；阿尔巴尤利亚，1648年印刷了《贝尔格莱德新约》；布加勒斯特，1688年印刷了第一部罗马尼亚语圣经。18世纪，在布扎乌、斯纳戈夫修道院和拉姆尼库瓦尔察安装了新的印刷机；第三台印刷机（有希腊字模）在布加勒斯特启用。除了西里尔文和罗马尼亚文的书籍外，还印刷了阿拉伯文、希腊文和土耳其文书籍。

罗马尼亚第一份报纸《罗马尼亚通讯报》（*Curierul românesc*，1829）是由"罗马尼亚文学之父"伊恩·赫里亚德·拉杜勒斯库（Ion Heliade Rădulescu）创办的。布加勒斯特也是学院图书馆(1867)和国家中央图书馆(1955,后来成为罗马尼亚国家图书馆)的所在地,而雅西（1839）和克鲁日（或克鲁日－纳波卡,1872）也建立大学图书馆了。

12 社会主义时代和后社会主义时代

所有社会主义国家的出版业和销售业都遵循了苏联之前建立的模式，私人出版商和印刷商被关闭，国家控制印刷品的生产和发行，并实行审查制度。这导致了图书市场的不平衡，宣传品生产过剩，而大众文学严重短缺。大量的国家补贴导致图书价格非自然降低。另外，共产主义意识形态有助于在所有巴尔干国家建立一个由学校、公共图书馆、读书俱乐部等组成的文化基础设施网。从第二次世界大战的破坏中恢复过来后，大多数共产主义国家的图书产量在 20 世纪 90 年代达到了最高，但发行问题却更难解决，例如，1988 年保加利亚出版的 27% 的图书没有送到消费者手中，因为大众对它们的需求并不存在。

不同的政治和经济条件决定了各个国家出版业的发展状况。在保加利亚，出版和审查是严格集中化的，与铁托的南斯拉夫不同，那里的出版需要依靠国家巨头和私营及小型企业，在自我审查和可营利性之间取得平衡。斯洛文尼亚很早就开始学习西方的营销策略并采用了现代制造技术。

脱离社会主义的过程很艰难，这一点在意料之中，而且在某些情况下还伴随着军事冲突。尽管保加利亚 20 世纪 90 年代初的总体生产量低于共产主义时代结束时的生产量，但出版商的数量从 1993 年的 752 家增加到 2000 年的 2000 家,平均分布在全国。1996 年在波斯尼亚和黑塞哥维那，有 1800 家出版商在该国很多新的和成熟的地点经营。然而，罗马尼亚的出版活动仍然主要以布加勒斯特为中心。克罗地亚的 3000 多家出版商中有 1828 家位于萨格勒布，其次是斯普利特，共有 184 家公司。转型期市场经济的另一个共同趋势是，为满足不同类型的读者而生产的图书种类大幅增加，同时印刷量明显下降。许多国家图书馆在这一时期也发现，要行使接收法定存放出版物的权利非常困难。造成这些问题的部分原因是政治和经济不稳定，部分原因是图书市场的新参与者不了解法律。整个巴尔干地区国家图书馆之间的联系被打破。在塞尔维亚，用前南斯拉夫的非塞尔维亚语印刷的情形明显减少。黑山和北马其顿在失去了塞尔维亚—克罗地亚语的市场后，出版物转为集中服务本国的读者群。所有国家的书店数量都在下降，因为很少有书店在市场经济的早期阶段幸存下来。然而，随着大型图书连锁店和网上商店以及电子出版业务的引入，图书销售的面貌发生了巨大的变化。

参考文献

M. Biggins, 'Publishing in Slovenia', *Slavic & East European Information Resources*, 1.2–3 (2001), 3–38

—— and J. Crayne, eds., *Publishing in Yugoslavia's Successor States* (2000)

A. Gergova, ed., *Bŭlgarska kniga* (2004)

S. Jelušič, 'Book Publishing in Croatia Today', *Javnost: The Public*, 11.4 (2004), 91–100

G. Mitrevski, 'Publishing in Macedonia', *Slavic & East European Information Resources*, 1.2–3 (2001), 187–209

E. L. Nemirovskii, *Istoriia slavianskogo kirillovskogo knigopechataniia XV–nachala XVII veka* (2003)

I. Nikolic, 'Publishing in Serbia', *Slavic & East European Information Resources*, 1.2–3 (2001), 85–126

D. Tranca, *A General Survey of the Romanian Book* (1968)

第 39 章
撒哈拉以南非洲的书籍史

安德鲁·范·德·弗里斯

1 手抄本文化

尽管直到 18 世纪和 19 世纪初，殖民主义者和基督教传教士才来到撒哈拉以南的非洲，但非洲大陆与文字和有关书籍的经济体接触的历史要早得多。抄写文化在西非部分地区跨越撒哈拉沙漠的早期贸易路线上蓬勃发展，尽管阿拉伯语知识似乎从未普及，但用阿拉伯文字誊写的非洲语言的重要文献却得到发展。马里以及加纳、科特迪瓦、尼日尔、塞内加尔和尼日利亚北部都有重要的手抄本图书馆，因此早期的豪萨语阿拉伯文字文本可追溯到 17 世纪。其他大多数西非国家也有大量的藏书，许多都在私人手中。在东非，从 11 世纪开始就有阿拉伯文的手稿，尽管沿海地区的通用语言斯瓦希里语（Kiswahili）几乎完全使用罗马字母书写和印刷。

非洲有 1500 多种语言，许多撒哈拉以南的国家拥有非常丰富的语言（尼日利亚的 1 亿人口使用 250 多种语言；喀麦隆的 2000 万人口中也有同样数量的语言）。尽管用文字表达某些声调语言的复杂性很有困难，但大多数非洲语言现在都能用罗马字母书写和印刷。少数语言——特别是北非的埃及语、柏柏尔语和努比亚语，以及 19 世纪利比里亚的瓦伊语——发展了自己的文字系统,但是使用时间不长。吉兹字母(Ge'ez syllabary)是由辅音字母发展而来的,它仍然是当代埃塞俄比亚许多印刷作品中使用字母的基础,该国家在撒哈拉以南非洲是独一无二的,因为其书面文学创作的历史可以追溯到公元前几个世纪。吉兹字母的早期手稿是在 3 至 8 世纪之间作为一种文学语

图 53 在抄写手抄本时,两名抄写员沾染上了原罪。史密森尼博物馆收藏的《圣母玛利亚的奇迹》(*Miracles of the Blessed Virgin Mary*)和《汉娜的生活》(*Life of Hanna*)的 18 世纪埃塞俄比亚手抄本,在 E. A. 沃利斯·布吉(E. A. Wallis Budge)的复印版(1900)中再现。藏于牛津大学博德利图书馆(Aeth. b.1, plate LVI)。

言发展起来的，并在埃塞俄比亚科普特教会（Coptic Church）中作为一种礼仪语言持续存在，包括从希腊语和阿拉伯语翻译过来的，以及一部有81章的《旧约》（天主教《圣经》为45章，新教传统为39章）。大多数早期的埃塞俄比亚手稿都是神学论文，如《神性的解释》（*The Interpretation of Divinity*），以及圣徒行传和皇家编年史，如《列王传》（*Kebra-Negast*），但宗教诗歌和赞美诗也在14世纪得到了发展。阿姆哈拉语是普通人的语言，而不是教会及其文士文化的语言，随着中央集权的绍安（Shoan）王朝的崛起和19世纪初新教传教士的影响，阿姆哈拉语的重要性日益增加。1824年，英国和外国圣经协会印制了吉兹—阿姆哈拉语双语版的福音书，1887年，《天路历程》以阿姆哈拉语出版，1908年，阿法－瓦尔克·噶布拉－伊亚苏斯（Afä-Wärq Gäbrä-Iyäsus）的《心的故事》（*Lebb Wälläd Tarik*，非洲最早的非洲语小说之一）以阿姆哈拉语出版。1911年埃塞尔比亚在亚的斯亚贝巴（Addis Ababa）安装了一台印刷机后不久，就印制了吉兹语和阿姆哈拉语的手稿目录。1922年，伯哈内纳·塞拉姆（Berhanena Selam）印刷厂开始在当地出版阿姆哈拉语学校教材。很快，印刷厂就取代了非洲大陆现存最古老的抄写文化。

2 奴隶制和福音传道的影响

非洲印刷文化发展的开创性"运动"包括奴隶制，反对并最终实现废除奴隶制的力量——基督教福音派，以及基督教福音派在非洲大陆广泛传播的、由传教士推动的扫盲运动（见第9章）。印刷品和书籍的到来在文化接触区产生了矛盾的结果，促进了与现代的生产性接触，但却使古代文化陷入沉寂；促进了新知识形式的传播，但却成为组织地区权力等级的工具。

葡萄牙于15世纪在西非建立定居点，而欧洲的奴隶贸易——在16至19世纪期间将超过1150万非洲人贩卖到欧洲和美洲——始于1441年的葡萄牙航行。奴隶贸易在1807年被整个大英帝国禁止，奴隶制本身也在1833年被废除，但奴隶制在其他地方——特别是在美国南部——一直持续到19世纪晚些时候。18世纪和19世纪初，被强行带离西非家园的奴隶的创作也许是非洲黑人最早的英文作品。获得解放的奴隶经常被废奴主义者雇来撰写反奴隶制的回忆录，其中一些是代笔的，比如布里顿·哈蒙（Briton Hammon，波士顿，1760）、詹姆斯·阿尔伯特·格罗尼奥索（James Albert Gronniosaw，巴斯，约 1770）和文图尔·史密斯（Venture Smith，康涅狄格州新伦敦，1798）的作品。菲利普·夸克（Philip Quaque）被国外福音传播协会（the Society for the Propagation of the Gospel in Foreign Parts）从黄金海岸（今加纳）送到英国接受教育，他回到非洲担任牧师时与总部设在伦敦的协会有着密切的联系，他在 18 世纪末和 19 世纪初的信件中对协会赞助和传教士教育进行了细致的探讨。其他类似的著名作品有菲利斯·惠特利的《关于各种主题的诗》（*Poems on Various Subjects*，1773）、伊格内修斯·桑乔的《信》（*Letters*，1782）和奥塔巴·库戈诺的《关于邪恶奴隶制的想法和情感》（*Thoughts and Sentiments on the Evil and Wicked Traffic of Slavery*，1787）。最著名的仍然是《奥拉达·艾奎诺或非洲人古斯塔夫·瓦萨的生活趣谈》（*The Interesting Narrative of the Life of Olaudah Equiano, or Gustavus Vassa, the African*，1789）。

撒哈拉以南非洲的大部分本土印刷和出版历史都深深地打上了 18 世纪和 19 世纪基督教传教士传教工作的深刻印记。他们将书——以及书的概念——作为一种象征性的标志，象征着非洲与欧洲现代性模式的新尝试，这促进了印刷文化与各种当地文化态度和知识传统的互动，从而积累了一系列的功能、形式和象征性价值。霍夫迈尔（Hofmeyr）引用了 1931 年《传教士先驱报》（*Missionary Herald*）的一篇报道：一位名叫鲁思（Ruth）的浸礼会信徒将圣经的书页贴在被比利时控制的刚果的家旁边的旗杆上，声称这标志着她的家庭是"读圣经之家"，就像比利时官员在居所树立的比利时国旗一样（Hofmeyr，2001，100）。"书"在这里充当了字面的和象征性的标志，是印刷文化与当地理解、身份结构融合的标志。

长老会是西非最早进口印刷机并培训当地操作人员的机构之一，到 19 世纪中期，他们已经开始印刷教义问答、课程、年鉴和教科书。其他传教士和慈善团体也纷纷效仿，有些引进了外国专家（19 世纪 50 年代末，美国殖民协会在约鲁巴兰雇用了一名牙买加印刷师），许多专家则选择建仓库，销售进口书籍并将其翻译成当地语言。19 世纪 50 年代，不莱梅传教士在黄金海岸东部出版了埃维语语法书，其他传教士（如巴塞尔传教士和卫斯理卫理公会）在 19 世纪后期负责出版了有关特维语、加语和方蒂语等语言的早期作品。传教士的活动充满了矛盾，他们经常与殖民当局关系紧张。在 19 世纪中叶开普殖民地（Cape Colony）东部发生的一次著名事件中，殖民士兵熔化了洛夫代尔印刷机的字模，用于制造子弹。

传教士的工作触及了很多地方，影响了欧洲人对非洲的态度（通过在欧洲分发的关于非洲福音传播的小册子和其他材料），并鼓励向非洲出口特别制作的阅读材料。总部设在伦敦的谢尔顿出版社（Sheldon Press）的"非洲小书"（*Little Books for Africa*）和类似系列在二战前就已进入非洲大陆，当时由传教士赞助的期刊如《非洲之书》（*Books for Africa*）也很流行。由非洲基督教文学国际委员会在伦敦出版的玛格丽特·朗（Margaret Wrong）的《非洲与书籍的制作：非洲文学需求的调查》（*Africa and the Making of Books: Being a Survey of Africa's Need of Literature*，1934），评估了在全球经济大萧条期间为非洲人生产负担得起的书籍的经济和实际困难。矛盾的是，二战期间对运输和进口的限制促进了当地图书的生产，当时大部分图书仍由传教士控制。在经历了 20 世纪 30 年代的经济衰退之后，加纳的卫理公会书库（Methodist Book Depot）在 1950 年之前占据了全国教育市场图书 60% 的份额，定期分发 50 万册教科书给个人。

传教士的出版社还促进了有文化的非洲精英的成长，使当地作家能够接触到印刷和发行网络；而且随着识字率的提高，当地作家也能接触到用非洲本土语言和欧洲语言写作的读者。政治上讲究实用主义的非洲作家非常适应传教士的出版社鼓励的文学体裁：模范生活、皈依叙事、说教诗歌、自助手册以及人种学相关的内容。比如利比里亚人约瑟夫·J. 沃尔特斯的《关雅·波乌：非洲公主的故事》（*Guanya Pau: A Story of A African Princess*，1891）主张改善妇女的生活状况，还有乔莫·肯雅塔的《我的基库尤人》（*My People of Kikuyu*）和《旺贡贝酋长的生活》（*The Life of Chief Wangombe*，1942）对欧洲干预东非社会提出了批评，这两本书显然摆出的都是人种学的观点。直到 20 世纪中叶，传教士出版社一直主导着非洲大陆许多地方的图书生产（在 20 世纪下半叶，少数几家外资或多国合资的出版社控制了许多出版活动）。传教士推动的印刷品生产，有其复杂的传统，必然会传播欧洲的制度和文化假说。然而，印刷技术的获得也为小册子、书籍和杂志的出版铺平了道路，这些东西将为反殖民主义独立运动提供动力。

3 西 非

1787 年后，英国殖民地塞拉利昂成为来自英国和新斯科舍（Nova Scotia）等殖民地解放奴隶的家园。1807 年整个帝国废除奴隶贸易后，塞拉利昂为来自西非其他地区的解放奴隶提供了庇护。1822 年后，利比里亚也成为来自北美的前奴隶的家园，美国殖民协会于 1816 年成立，以帮助他们回归利比里亚。包括 E. W. 布莱登、塞缪尔·阿贾伊·克劳瑟和 J.E. 凯斯利·海福德在内的西非知识分子创作了一些早期的作品，他们对塑造泛非身份的概念至关重要。克劳瑟的《尼日尔河岸的福音》（*The Gospel on the Banks of the Niger*，1859）记录了他对以书面形式确保基督教在该地区影响力方面的重要性的先见之明,他用豪萨语翻译圣经留下的遗产尤其宝贵。凯斯利·海福德的《自由的埃塞俄比亚》（*Ethiopia Unbound*，1911）长期以来被认为是非洲作家的第一部英文作品，但现在更多人认为是不知名作者的《玛丽塔：或爱情的愚蠢》（*Marita: or the Folly of Love*，连载于黄金海岸的《西部回声报》，1886—1888）和沃尔特斯 1891 年创作的《关雅·波乌：非洲公主的故事》。

传教士和受过传教士教育的非洲人并不是唯一指导印刷和出版的人。从 20 世纪中期开始，凡是印刷业发达的地方都有书商经营，虽然零星散布，但学校、报社、教堂和俱乐部往往都有小书店。也有一些值得注意的国家参与，如尼日利亚北部扎里亚的翻译局，由鲁珀特·伊斯特领导。起初，翻译局的任务是培训非洲人在殖民政府中从事文职工作，但很快他们就举办起了写作比赛，并委托出版豪萨语作品，鼓励用罗马字体制作书籍——里卡德将这种字体称为博科（boko），这个说法来自英语单词的"书"（book），但（并非偶然）听起来像豪萨语的"诡计"（Ricard，58—59）。北尼日利亚地区文学机构（Nigerian Northern Region Literature Agency，直到 1959 年）、豪萨语委员会（Hausa Language Boar）以及独立后的北尼日利亚出版公司（1967）继续开展类似的扶持工作。卡诺州政府后来资助了一家名为"凯旋"（Triumph）的出版公司，以生产两份豪萨语报纸（其中一份用阿拉伯文字印刷）。这种国家资助的活动在整个非洲大陆的各个时期都活跃过，取得了不同程度的成功。西非的其他机构包括塞拉利昂博城的基督教联合委员会文学局（United Christian Council Literature Bureau，1946）和阿克拉的加纳语言局（Bureau of Ghana，1951）。

1949 年，牛津大学出版社尼日利亚分社（现为大学出版社）在伊巴丹开业。1951 年，伊巴丹大学出版社成立，这是南非以外的第一家非洲大学出版社。20 世纪 50 年代，一些新的文学杂志创刊，其中最著名的可能是 J. P. 克拉克·贝克德雷莫创办的《号角》（*The Horn*）和乌利·贝尔与扬海因茨·雅恩创办的《黑色俄耳甫斯》（*Black Orpheus*），这两本杂志均创办于 1957 年。与此同时，第一批重要的本土出版企业成立，比如 1958 年在伊巴丹成立的欧尼博诺杰出版与图书产业有限公司（Onibonoje Press & Book Industries Ltd）。随着独立的思潮在西非的传播，从加纳（1957）和法属几内亚（1958）到象牙海岸（科特迪瓦）、上沃尔特（布基纳法索）、达荷美（贝宁）、马里、喀麦隆、毛里塔尼亚、尼日利亚、塞内加尔、多哥（均在 1960 年）等地，越来越多的商业或由国家资助的出版社加入了它们的行列。1961 年，具有影响力的姆巴里出版社成立，朗文的尼日利亚公司也成立了，次年在拉各斯成立了非洲大学出版社（African Universities Press）。1965 年，麦克米伦公司在尼日利亚设立了分公司，同时非洲第一个全国性图书贸易组织——尼日利亚出版商协会也成立了（肯尼亚的出版商协会成立于 1971 年，加纳的出版商协会成立于 1975 年）。1968 年，联合国教科文组织在阿克拉主办了一次区域性的图书发展会议，这也是非洲举办的第一次区域性活动。1973 年，在尼日利亚的伊费大学召开了非洲出版和图书发展国际会议；1975 年，在雅温得成立了现已解散的教科文组织共同赞助的非洲区域图书促进中心（Regional Book Promotion Centre），并出版了第一期具有影响力的《非洲图书出版记录》（*African Book Publishing Record*）。诺玛非洲出版奖（Noma Award for Publishing in Africa）于 1979 年设立，第一个奖项颁给了塞内加尔作家马里亚马·巴（Mariama Bâ），其获奖作品是《一封长信》（*Une si longue lettre*）。

该地区法语图书生产的里程碑有：1946 年，阿利翁·迪奥普、艾梅·塞泽尔和莱奥波德·塞达尔·桑戈尔创办了《非洲之声》(*Présence africaine*)杂志和出版社，并出版了标准的非洲和加勒比地区文选，比如《法语诗人》(*Poètes d'expression française*，莱昂·达马斯编辑，1947）以及《黑人和马达加什法语新诗选》(*Anthologie de la poésie nègre et malgache*，桑戈尔编辑，1948）。早期的非洲法语出版社包括位于阿比让的非洲出版与传播中心（Centre d'édition et de diffusion africaines）、雅温得的教育与研究出版与制作中心（Centre d'édition et de production pour l'enseignement et la recherche，均成立于1961年），更重要的是1963年由德国和荷兰教会在雅温得资助成立的 CLE 出版社，多年来，该出版社一直是当地法语作家唯一重要的非洲出版场所。然而，1972年，塞内加尔、科特迪瓦和多哥政府与法国出版商一起，在达喀尔成立了非洲新书局（Les nouvelles éditions africaines，NEA），并在阿比让和洛美设有分支机构。1991年，达喀尔的 NEA 从分支机构中分离出来，而由西非法语国家的第一位女性出版商阿米娜塔·索·福尔（Aminata Sow Fall）在达喀尔成立的库迪亚出版社（Éditions Khoudia）、在阿比让创办的南方独立出版社（Les Éditions du livre du sud）、在巴马科创办的菲吉尔出版社（Le figuier）和特拉奥雷编辑出版社（librairie-éditions Traoré）以及在洛美创办的阿尔帕尼翁（Arpakgnon）出版社，小型出版公司从此开始崭露头角。非洲金融共同体（Communauté Financière Africaine，CFA）法郎的贬值刺激了本土出版社的发展，让它们能够与日益昂贵的法国进口书竞争。

在20世纪30年代至60年代期间，充满活力的大众印刷文化得到了发展，所谓的市场文学、廉价出版作品和广泛传播的作品，比如自助手册和流行的惊悚小说，往往借鉴了当地或教会认可的叙述模式。另一个影响来自20世纪40年代末廉价的印度小册子（许多尼日利亚士兵在印度和缅甸的英国军队中服役）以及流行的美国、欧洲侦探小说和漫画。最著名的市场文学与尼日利亚东南部的奥尼查有关，其全盛时期为20世纪50年代至70年代中期。其他地方出现的小册子文化包括自20世纪90年代初以来基督教的受人欢迎的出版物，以及尼日利亚北部的豪萨语"卡诺市场文学"（Kano market literature，通常由妇女撰写，主要涉及与穆斯林社会有关的家庭问题）。在西非法语区也有类似的"小贩文学"传统。

4 东非和中非

肯尼亚、坦桑尼亚和乌干达等东非国家的印刷文化比西非国家发展得更晚，也比西非发展得更少，原因有以下几点：一是没有大规模重新安置获得自由的奴隶（如塞拉利昂和利比里亚）；二是在该地区设立传教士的时间较晚，也没有那么密集；三是直到 20 世纪初才开设有非洲人的教育机构（如塞拉利昂的福拉湾学院）。事实上，马凯雷雷大学学院作为非洲作家群体发展的一个重要场所，直到 20 世纪 20 年代才成立，并在 10 年后才获得大学地位。乌干达长期以来拥有充满活力的知识文化，精英们用卢干达语（Luganda）而不是英语写作和出版。然而，在肯尼亚情况却有些不同。斯瓦希里语是一种受阿拉伯语影响很大的语言，在从肯尼亚向南到莫桑比克北部的沿海地区使用，可能是 19 世纪唯一具有书面传统的肯尼亚本土语言。肯尼亚黑人的第一本英文书籍是帕尔门尼奥·基森度·莫科利尔（Parmeneo Gĩthendu Mockerie）撰写的《为自己人民发声的一个非洲人》（*An African Speaks for his People*），于 1934 年在伦敦由霍加斯出版社（Hogarth Press）出版；肯雅塔的《面对肯尼亚山》（*Facing Mount Kenya*，1938）随后出版。早期的基库尤语（Gĩkũyũ）作品大多受到口头叙事传统的启发，或者是对受到殖民者宗教和政府威胁的社会的描述——例如斯坦利·凯玛·加瑟格拉（Stanley Kiãma Gathĩgĩra）的早期标志性著作《基库尤人的习俗》（*Miikarire ya Agikuyu*，1933），由图穆图穆的苏格兰教会出版社出版。二战后，本土出版社、报纸和图书出版业得到广泛发展。东非文学局最初由教会传教会内罗毕书店经理查尔斯·罗伯茨（Charles Roberts）管理，成立于 1947 年（在达累斯萨拉姆、内罗毕和坎帕拉设有办事处），提供与发展有关的农业、卫生和教育材料，以及电影、诗歌和人类学方面的书籍。从其成立到 1952 年茅茅起义（Mau Mau struggle）开始，共出版了 90 多万册图书，大部分是斯瓦希里语（41%），也有英语（12%）、卢干达语、基库尤语和都罗语。肯尼亚文学局于 1980 年恢复运作，肯尼亚许多政府或国家资助的机构，如肯尼亚教育研究所和内罗毕的英国文化委员会，也以多种语言出版了重要的选集和其他出版物。

和非洲其他地方一样，教育出版对东非图书生产的影响非常大。传教士出版社从印刷业的早期就开始出版语法和学校书籍，而文学局和其他政府机构也延续了这一传统。西方出版商很快就看到了非洲独立后巨大的图书市场的潜力，教育标准以一种也许是前所未有的方式构建了期望（包括审美判断的标准）和接受的领域。牛津大学出版社于 1952 年在内罗毕开设了东非分部，其他英国公司相继成立。1965年，朗文肯尼亚分公司、朗文坦桑尼亚分公司和朗文乌干达分公司也相继成立。海尼曼教育图书公司于 1968 年成立了东非分公司（后来成为海尼曼肯尼亚分公司，以及后来的东非教育出版社）。其他当地的出版商，尽管数量上比西非的出版商要少得多，但在独立后的早期阶段一直在零星地运作。20 世纪最后几十年在该地区成立的重要出版社有姆祖姆贝图书项目（坦桑尼亚姆祖姆贝，1988）、内罗毕的凤凰出版社（1989）、坎帕拉的泉水出版社和达累斯萨拉姆的 Mkuti na Nyota 出版社（均成立于1991 年）。教育出版仍占非洲出版业经济活动的 80%。

在其他地方，图书生产面临更大的障碍。在前比属刚果（又称扎伊尔，现刚果民主共和国）有许多出版社，包括 CEDI 出版社（1946）、圣保罗非洲出版社（Éditions Saint-Paul Afrique，1957）、CEEDA 出版社（1965）和奥卡比出版社（Les Éditions Okapi，1966）。虽然这些出版社的早期作品具有里程碑意义，比如 1931 年塔迪·巴迪班加的《在鸡蛋上行走的大象》（L'Éléphant qui marche sur les oeufs），以及1948 年保罗·洛马米 – 奇班巴的《南杜》（Ngando）；但直到 20 世纪 60 年代末，这里的文学创作才兴旺起来，不过一直受到长期内战的制约。

5 非洲南部

虽然印刷术于 1625 年才传入巴达维亚，但第一台印刷机似乎在 1784 年之后就到达了荷兰东印度公司在好望角的定居点（成立于 1652 年），当时德国装帧师约翰·克里斯蒂安·里特制作了传单和三本年鉴。在 1795 年之前，公司在阿姆斯特丹的管理委员会一再拒绝为迎合定居点的特殊需要而设立出版社的请求，后来又因该年好望角向英国投降而受挫。一些人认为，1799 年由 V. A. 舒恩伯格印刷的伦敦宣道会写给开普敦信徒的一封信的 8 页荷兰语译本，是开普敦印刷的第一本"书"。1800 年 8 月后，一家名为沃克罗伯逊（Walker & Robertson）的私营公司享有短暂的印刷垄断权，他们在 1801 年 8 月发行了南非的第一份期刊《开普敦公报和非洲广告报》（*Cape Town Gazette and African Advertiser*，即政府公报的前身）。当年 10 月，政府接管了该报。

早期的南非图书收藏包括 1727 至 1761 年间荷兰东印度公司驻开普敦士兵约阿希姆·冯·德辛遗赠给荷兰归正会（Dutch Reformed Church）的 4000 多册图书，以及乔治·格雷爵士在 1855 年后（在担任开普敦殖民地总督期间）积累的图书，这些图书构成了南非国家图书馆的核心收藏。

乔治·格里格、托马斯·普林格和约翰·费尔伯恩于 1824 年出版了短暂存在的《南非商业广告报》（*South African Commercial Advertiser*），引发了与开普殖民地总督查尔斯·萨默塞特勋爵的对抗，并引发了一场关于殖民地新闻自由的辩论。19 世纪 30 年代至 80 年代期间，其他重要的期刊有《开普月刊》（*Cape Monthly Magazine*）、亲殖民者格雷汉姆创办的《城镇杂志》（*Town Journal*），以及同情"荷兰"非洲原住民（即布尔人）创办的《南非》（*De Zuid-Afrikaan*）。早期的南非荷兰语作品有阿布·巴克尔·埃芬迪创作的《宗教阐释》（*Uiteensetting van die Godsdiens*），该书于 19 世纪 60 年代编纂，是开普敦穆斯林（主要是早期马来奴隶社区的后裔）的伊斯兰法律和仪式实践指南，以阿拉伯文印刷，于 1877 年由奥斯曼国家出版社在伊斯坦布尔出版。

早在 1853 年，扬·卡尔·尤塔就在开普敦建立了一家商业出版公司，它仍然是该国最古老的、经营未间断的出版社。1893 年，托马斯·马斯克·米勒开始认真从事商业英语出版。第二次世界大战后，当地的出版业得到了发展，图书业和非洲出版商蒂明斯、巴尔克马和斯特鲁伊克纷纷涌现。牛津大学出版社和普奈尔出版社在 20 世纪 60 年代都已进入本地市场，种族隔离时期重要的本地反对派出版社有非洲书商、大卫·菲利普、拉万出版社、阿德·唐克、斯科塔维勒出版社和金牛出版社。这一时期的重要杂志有《非洲鼓》（*The African Drum*），即后来的《鼓》（*Drum*），这本杂志是 20 世纪 50 年代黑人作家刘易斯·恩科西、埃斯基亚·姆帕莱和坎·塞姆巴等人的主要发表场所；还有英语文学期刊，如《对比》（*Contrast*）、《新硬币》（*New Coin*）、《俄菲尔》（*Ophir*）、《紫色雷诺》（*Purple Renoster*）、《经典》（*Classic*），其中一些期刊预示了一代意识派黑人诗人的出现。

与撒哈拉以南非洲的其他地方一样，传教士活动在印刷文化的发展中发挥了重要作用。伦敦宣道会的 T. J. 范·德·坎普可能早在 1801 年就在赫拉夫 – 里内特印刷了一份当地科伊语的拼写表，而《霍屯督民族的神谕原则》（*Tzitzika Thuickwedi mika khwekhwenama*）大约于 1804 年在贝瑟尔斯多普印刷。在开普省北部的库鲁曼，罗伯特·莫法特将圣经翻译成塞茨瓦纳语（Setswana），并从伦敦宣道会获得了一台印刷机，在 19 世纪 30 年代至 1870 年间出版了 100 多部作品。大约在 1833 年，摩西索邀请巴黎福音派传教士到他的山地王国（巴苏托兰，现在的莱索托，1868 年被英国吞并），他们从 1841 年开始积极印刷（1860 年后在莫里亚印刷），出版了《塞索托新约》（*Sesotho New Testament*，1845）和《天路历程》（1872）。随着时间的推移，最早的巴索托习俗和谚语集被编纂出来，即阿扎里尔·M. 塞克塞编写的《巴索托习俗和谚语》（*Mekhoa le maele a Basotho*，1907）。重要的早期诗歌和创意散文也出版了，特别是托马斯·莫弗洛的《前往东方的旅行者》（*Moeti ao Bochabela*，1906 年开始连载）和《恰卡》（*Chaka*，1925）。按照惯例，莫里亚出版社对本土写作进行审查，以确保其符合基督教的正统观念，例如，所罗门·T. 普拉奇的开创性小说《姆胡迪》（*Mhudi*）于 1930 年在洛夫代尔出版社出版，也遭遇了被审查的命运（海尼曼出版社的非洲作家系列于 1978 年出版了未经修改的版本）。普拉奇也因为身为《贝科纳报》（*Koranta ea Becoana*）和《人民之友》（*Tsala ea Batho or Tsala ea Bechuana*）等有影响力报纸的编辑，以及将莎士比亚语翻译成塞茨瓦纳语而被人们铭记。

苏格兰传教士在丘米，特别是在开普敦东部的洛夫代尔成功地指导了早期的科萨语书面印刷文化，出版了初级读本（1823）、《系统词汇》（*Systematic Vocabulary*，1825）、《英语 – 科萨语词典》（*English-isiXhosa Dictionary*，1846）、《科萨语圣经》（*isiXhosa Bible*，1857）和蒂约·索加翻译的《天路历程》（1867）。格拉厄姆斯敦的卫斯理传教士出版社也为早期重要的科萨语出版物提供了便利，包括《语法》（1834）和期刊《新闻出版人》（*Umshumaydi Wendaba*，1837—1841）。洛夫代尔出版了《科萨信使》（*Isigidimi SamaXhosa*，1870—1888）等报纸，由约翰·诺克斯·博克韦、约翰·腾戈·贾巴武和威廉·威灵顿·戈巴等主要黑人知识分子编辑。到 19 世纪末，出现了《黑人观点》（*Imvo zabantsundu*）和《人民之声》（*Izwi labantu*）这两份由黑人编辑的独立周报。在 1887 年被英国王室吞并的祖鲁兰，传教士的活动和印刷文化受到了 19 世纪初沙卡扩张战争的阻碍。美国传教士从 1837 年开始印刷初级教育和宗教课本，还印制了《祖鲁语语法》(*isiZulu grammar*，1859）和《新约》(1865）。1850 年出版了《祖鲁语语法》挪威语译本。重要的早期报纸有《纳塔尔太阳报》(*Ilanga lase Natal*)，该报于 1903 年 4 月首次出版，由约翰·兰加里巴莱·杜贝编辑，他是在美国接受培训的作家和教育家，后来成为非洲人国民大会的第一任主席。黑人作家最早的本土书籍是马格马·M. 福泽的《黑人：他们从哪里来》(*Abantu abamnyamalapha bavela ngakhona*)，写于 19 世纪末，但在 1922 年才出版。在 20 世纪初，R. R. R. 德罗摩和 H. I. E. 德罗摩也创作了重要的作品。

在罗得西亚（津巴布韦），传教士出版社将圣经翻译成恩德贝勒语（Ndebele，1884）和绍纳语（Shona，1907），在索尔兹伯里（哈拉雷）有一家活跃的文学出版社。独立后的津巴布韦有许多充满活力的出版商，特别是 1987 年由艾琳·斯汤顿创立和经营的猴面包书屋（Baobab Books），它定期出版津巴布韦和其他非洲作家的作品（印刷量约为 2000 册）。1999 年，斯汤顿离开，创办了韦弗出版社（Weaver）。

葡语南部非洲的印刷始于 1843 年，第一本书是混血作家何塞·达·席尔瓦·马亚·费雷拉（José da Silva Maia Ferreira）的诗集，于 1849 年在今天的安哥拉出版。葡萄牙人与该地区刚果王国的接触始于 1493 年，其皈依基督教的国王阿丰索一世（Afonso I）与葡萄牙国王之间的约 1540 封信是最早的葡语非洲文本之一。乔金·迪亚斯·科代罗·达·马塔的《安哥拉谚语中的流行哲学》(*Philosophia popular em provérbios Angolenses*)是一本早期的口传文学（kiMbundu orature）集，出现在 1891 年。从 20 世纪 30 年代起，总部设在里斯本的"帝国学生之家"(House of Students from the Empire）被证明在发展民族主义文学和政治精英方面至关重要，其中许多人回到了殖民地（安哥拉、莫桑比克、佛得角、几内亚比绍、圣多美和普林西比）的祖国，为 1974 年葡萄牙政变后的独立而奋斗。新独立的安哥拉和莫桑比克的共产主义政权对出版业采取了高度的国家控制政策，国家图书和记录研究所（Instituto Nacional do Livro et do Disco，马普托，1976）和国家图书研究所（Nacional do Livro，罗安达，1978）几乎享有垄断地位。然而，由于南非支持的叛乱结束，以及 20 世纪 90 年代这些国家对公民社会的支持增加，使得一些自主的商业出版商〔如学校出版社（Editora Escolar），马普托，1993〕得以出现。

在南部非洲发展共同体（Southern African Development Community）的其他地方，印刷术于 1767 年由法国人引入法兰西岛（毛里求斯），随后传到马达加斯加（伦敦宣道会也于 1826 年在那里成立了一家出版社）。马达加斯加有其自己的特殊情况，它是一个统一的王国，在殖民化之前只有一种书面语言（马达加斯加语，与马来语有关）。它还有用阿拉伯文字书写的历史。在整个 20 世纪初，法国的殖民政策是促进法语教学，但在 1972 年革命后，马达加斯加语的文学创作和印刷得到了积极的鼓励。

6 现代非洲的图书出版

非洲的图书印刷量不到全球图书印刷量的 2%，而且无法满足其自身的图书需求，约 70% 的图书从欧洲和北美进口（出口量约占总印刷量的 5%）。20 世纪 80 年代和 90 年代的经济危机制约了许多非洲政府资助图书发展或资助出版的能力，更不用说为图书馆提供库存了。整个非洲大陆的货币疲软，使得进口外国生产的书籍和出版材料困难重重。即使在可以说是出版业最发达的南非，也只有不到 10% 的人口有钱定期购买书籍。尽管如此，整个非洲大陆的小出版社（2000 年有 200 多家）继续以各种形式和语言（包括非洲和欧洲的语言）出版阅读材料，非洲图书集团（African Books Collective）、非洲出版商网络（African Publishers Network）、南部非洲图书发展教育信托基金（Southern African Book Development Education Trust）等机构，以及詹姆斯·库里和汉斯·泽尔等外国专业出版商都在努力支撑他们的事业。（见第 25 章和第 27 章）。

参考文献

African Book Publishing Record

E. A. Apeji, 'Book Production in Nigeria: An Historical Survey', *Information Development*, 12 (1996), 210–214

D. Attwell, *Rewriting Modernity* (2005)

F. R. Bradlow, *Printing for Africa* (1987)

M. Chapman, *Southern African Literatures* (1996, 2003)

N. Evans and M. Seeber, eds., *The Politics of Publishing in South Africa* (2000)

A. Gérard, *African Language Literatures* (1981)

J. Gibbs and J. Mapanje, *The African Writers' Handbook* (1999)

S. Gikandi, ed., *Encyclopedia of African Literature* (2003)

G. Griffiths, *African Literatures in English* (2000)

I. Hofmeyr, 'Metaphorical Books', *Current Writing,* 13.2 (2001), 100–108

—— *The Portable Bunyan: A Transnational History of 'The Pilgrim's Progress'* (2004)

—— and L. Kriel, ' Book History in Southern Africa ', *South African Historical Journal*, 55 (2006), 1–19

—— *et al.*, eds., ' The Book in Africa ', *Current Writing* 13.2 (2001)

C. Holden, ' Early Printing from Africa in the British Library ', *BLJ* 23 (1997), 1–11

D. Killam and R. Rowe, *The Companion to African Literatures* (2000)

L. de Kock, *Civilising Barbarians* (1996)

S. I. A. Kotei, *The Book Today in Africa* (1987)

C. R. Larson, *The Ordeal of the African Writer* (2001)

B. Lindfors, *Popular Literatures in Africa* (1991)

S. Mafundikwa, *Afrikan Alphabets* (2004)

R. L. Makotsi and L. K. Nyariki, *Publishing and Book Trade in Kenya* (1997)

C. R. Namponya, ' History and Development of Printing and Publishing in Malawi ', *Libri,* 28 (1978), 169–181

S. Newell, *Literary Culture in Colonial Ghana* (2002)

—— ed., *Readings in African Popular Fiction* (2002)

—— *West African Literatures* (2006)

J. Opland, 'The Image of the Book in Xhosa Oral Poetry', in *Oral Literature and Performance in Southern Africa*, ed. D. Brown (1999)

A. Ricard, *The Languages and Literatures of Africa*, tr. N. Morgan (2004)

A. H. Smith, *The Spread of Printing: South Africa* (1971)

A. van der Vlies, ed., 'Histories of the Book in Southern Africa': *English Studies in Africa*, 47.1 (2004)

—— *South African Textual Cultures* (2007)

B. A. Yates, 'Knowledge Brokers: Books and Publishers in Early Colonial Zaire', *History in Africa*, 14 (1987), 311–340

H. Zell, *Publishing, Books and Reading in Sub-Saharan Africa*, 3e (2008)

第 40 章
伊斯兰世界的书籍史

杰弗里·罗珀

1 阿拉伯语书籍的起源

阿拉伯语是一种闪族语言，与希伯来语和阿拉米语相似。阿拉伯语的文字是从古代纳巴泰阿拉姆语（Nabataean Aramaic）发展而来的，在伊斯兰教前期只达到了非常不完善的状态。当时的阿拉伯文学（主要是诗歌）几乎完全是口头传播的。这一时期的书面语言仅以石刻的形式留存下来，但在早期的阿拉伯诗歌中，有一些提到了在棕榈树皮和羊皮纸上书写以及使用芦苇笔的有趣记载。阿拉伯地区也有了犹太人和基督教徒的社区，并有一些阿拉伯人参与其中的圣经传统活动。因此，伊斯兰化之前的阿拉伯人并不会对书籍文化感到陌生，尽管他们没有留下任何现存的实体书籍。从卷轴到手抄本，书籍的形式在这个阶段处于过渡状态。阿拉伯人在 7 世纪感到迫切需要创造持久而便携的书面文本时，手抄本已经成为标准，因此手抄本成为他们新兴书籍文化的主要载体。这种需求以及它的具体表现，是由伊斯兰教这个新宗教的影响造成的，它通过一本阿拉伯语的伟大启示之书传达并体现出来。

2 《古兰经》：被视为天启和救赎之书

在阿拉伯语中，单词 qur'ān 的意思仅仅是"阅读"或"背诵"，但用于伊斯兰教的创始启示经文时，它可能具有与叙利亚同源词 qeryānā 相似的一些含义，意思是"阅读经文"或"课程"。在穆斯林看来，《古兰经》包含了唯一超凡的真主（安拉）的话语，通过天使加百列传递给住在阿拉伯西部的先知穆罕默德（Muhammad，570—632）。这些文字有 114 个不相等的章节（sūras），每个章节被分成诗节（āyas），是在大约 20 年的时间里陆续收录的。这些内容构成了各种文本材料，从具有崇高诗意的段落到有关叙事、礼仪以及个人和集体行为规定的内容。它们被认为是唯一的真神给人类的最终启示和信息，为所有服从他的人（穆斯林）提供了信仰和行为的最终来源。因此，伊斯兰教（字面意思是"服从"）首先是一个以书本为中心的宗教，通过服从神圣的经文而获得救赎。

《古兰经》也被认为是源于一部超越凡间的天书（Kitāb 或 Umm al-Kitāb，意思是"书之母"），它曾被启示给犹太人和基督教徒。虽然穆斯林指责他们破坏了经文的版本，但他们仍被视为"圣书之人"（Ahl al-Kitāb），并因此受到尊重（见第 2 章）。

人们认为，穆罕默德在其生命的最后阶段开始将《古兰经》写成文字的过程，可能是口述给抄写员，抄写员将其写在现有的材料上，如石头、动物骨头或棕榈叶。然而，口头传播和背诵的版本与书面文本一起存续，不可避免地采取不同的形式。最终出现了一个标准化的版本，传统上这个结果归功于第三任哈里发（先知的继承人和穆斯林社区的领袖）奥斯曼·伊本·阿凡（'Uthmān ibn 'Affān，卒于 656 年），据说他下令将原始文本制作成四份或五份母本，放置在穆斯林的主要城镇，作为独家范例。从历史的角度来看，这个过程实际上可能需要更长的时间，尽管文本的标准形式可以追溯到 7 世纪，但其详细的写法在另外三个世纪内都没有标准化。其中一个重要原因是阿拉伯文字只包含辅音和长元音，而阅读和语法取决于短元音的插入，人们直到后来才设计出一个一致的正字法系统。早期的《古兰经》手稿甚至也常常缺少区分相同基本形状的辅音字母的圆点。

在 20 世纪出现标准印刷版本之前，制作准确的《古兰经》（穆斯林的叫法是 muiNaf, 复数 maiāNif——穆斯林自己从不称其为"古兰经"）副本是一项神圣的职责，因为它们既体现了神圣的启示，又是人类生活不可或缺的指南。此外，通过阿拉伯文书法的发展，它们还成为神圣文字的崇高美感的体现，阿拉伯文书法也已经演变成穆斯林社会的最高艺术形式。对《古兰经》副本的设计也非常谨慎，比如使用彩饰。尽管如此，受过教育的人仍然必须用心学习文本，直到印刷时代，口头传播仍然非常重要，因为手稿依然无法满足穆斯林的普遍需求。

非穆斯林自然不赞同穆斯林对《古兰经》的神圣起源和性质的信仰。欧洲的基督徒直到近代还认为《古兰经》是由一个冒名顶替者创造的伪造品。然而，由于伊斯兰教带来的挑战，欧洲人从 12 世纪开始将其翻译成拉丁文，后来又翻译成欧洲的通俗文字。从 1537 年或 1538 年的《威尼斯古兰经》（*Venice Qur'ān*）开始，他们还负责制作了阿拉伯文文本的第一批印刷版本。在启蒙运动时期及以后，人们对其文学价值，甚至是其精神品质的评价越来越高。现代普世教会运动和多元文化主义延续了这种趋势。同时，从 19 世纪开始，《古兰经》文本受到了堪比《圣经》的"历史批判"的语言学、文本和历史分析，这些分析对文本的完整性和时间顺序提出了相当大的质疑，并强调了它与前伊斯兰教，特别是基督教的《圣经》传统和术语的关系。然而，对穆斯林来说，这种处理方式是一种耻辱。

无论对这些问题持何种看法，都不可能低估《古兰经》的历史作用，它在许多个世纪里影响甚至决定了世界上约 1/5 人口的社会、道德和知识生活。

3 阿拉伯抄写文化及其遗产

《古兰经》还为阿拉伯社会引进了一种优秀的文学文化环境。由于具有压倒性力量的启示是以书的形式出现的，文本性成为阿拉伯人和穆斯林认知过程的主要特征，并开始渗透到穆斯林社会。从最早的阶段开始，穆斯林就必须用更多的权威来源来补充《古兰经》的文本。其中最重要的是先知的记忆和记录，被称为"圣训"（Ḥadīths）。这些话语最终被系统化，并与《古兰经》中的规定一起被阐述为法律体系，这些法律体系被仔细地以书面形式记录下来，并不断地被复制和重抄，以满足社区及其管理当局的需要。同时，古老的阿拉伯诗歌传统被恢复，被重新审视，并将其投入写作中，以帮助洞解《古兰经》术语含义。这反过来又刺激了新的伊斯兰阿拉伯语诗歌和文学运动，产生了大量的新文本，并在随后的几个世纪里被纳入手抄本书籍中。

在先知去世后的几十年里，穆斯林冲出了阿拉伯世界，征服了从大西洋到中亚的广大地区。这些地区的许多人接受了伊斯兰教，有些人，特别是邻近地区的人，也使用阿拉伯语。他们由此进入了这个新的阿拉伯—伊斯兰图书文化，但同时他们也把自己的文学和知识遗产带入其中。不仅古老的文学传统，而且哲学、科学、数学、地理学、历史学和其他学科都在穆斯林的环境中蓬勃发展，穆斯林热衷于将获取知识和学习作为先知的一种美德来提倡。文本的书写和复制是这一努力的重要组成部分，在 8 至 15 世纪的穆斯林土地上，文本的书写和复制达到了任何地方图书制作史上前所未有的水平。10 世纪的书目编纂者伊本·纳迪姆·瓦拉克（Ibn al-Nadīm al-Warrāq）在他的《群书类述》（Fihrist）中，运用自己对贸易和重要文集内容的了解，列出了约 4300 名当时以阿拉伯语出版作品的作者；17 世纪，土耳其学者卡蒂布·切莱比［Kâtib Çelebi，即哈吉·哈利法（Hacı Halife）］列举了他所知道的 14500 多本书。当然，许多文本被反复复制，世代相传。

制作的手稿的数量是无法计算的。今天，世界各地的图书馆和机构中保存着 300 多万份阿拉伯文的手抄本，另外还有数量不详但仍在私人手中的大量文本。其中很大一部分是在过去 500 年内写成的，这反映了抄写员传统的长期存在，但这也是在伊斯兰文化最活跃的时期，其早期书面成果被破坏的原因。敌对的各方对书面遗产中的重要部分进行了蓄意以及出于敌意的破坏，使书籍被忽视、腐烂，遭受的意外损失更加严重。这种现象一直延续到现在。

不过，幸存下来的书籍构成了世界知识和文本遗产的一个重要部分。这些遗产不仅是穆斯林生活和思想的重要支撑，而且还构成了欧洲哲学和科学传统的一个重要部分。这部分是因为穆斯林继承、翻译和传播了希腊人、伊朗人和印度人的古籍。同样重要的是伊本·西那［Ibn Sīnā，别名阿维森纳（Avicenna）］；伊本·路西德［Ibn Rushd，别名阿威洛依（Averroes）］以及阿尔·花剌子模（Al-Khwārizmī）等作者的原创性知识贡献，他们的书籍促进了思想的发展，推动了欧洲文艺复兴。穆斯林书籍通过两种途径进入基督教欧洲：有些是中世纪时期在西班牙的前穆斯林中心研究和翻译的；有些则是后来从 17 世纪开始，作为阿拉伯文手抄本书籍从奥斯曼和其他伊斯兰地区带来的。

4 穆斯林手抄本书籍的情况

虽然最早的阿拉伯语和穆斯林文字可能是写在骨头和棕榈叶上，但最初两个世纪的常见材料是纸莎草纸和羊皮纸。纸莎草纸在公元 7 世纪 40 年代穆斯林征服埃及后开始广泛使用，但主要用于信件和文件，而不是书籍。然而，写在纸莎草纸上的文学文本和《古兰经》残片仍然存在，有证据表明其中一些被汇编成手抄本。羊皮纸是人们书写《古兰经》时所青睐的材料，因为它的耐用性比便携性更重要。在现存的收藏品中可以看到一些精美的羊皮纸标本，通常呈长方形，其宽度超过高度的 50%。

9 世纪，一种新的材料通过中亚从中国传入——纸（见第 10 章和第 42 章）。作为一种相对便携和耐用的媒介，这种材料很快就被广泛用于制作《古兰经》和更多世俗的、非宗教文本。整个伊斯兰世界建立了许多造纸中心，他们的技术最终被传到了基督教欧洲。纸不仅便于使用、运输和储存，最重要的是，它比纸莎草纸和羊皮纸便宜得多，部分原因可能是在制造过程中使用了回收的破布作为原材料。据估计，早期羊皮纸上的《古兰经》需要大约 300 只羊的皮，而同等数量的纸生产效率更高，成本也低得多。

相对廉价的纸张是 10 世纪以来中世纪穆斯林地区图书生产和知识传播爆发的主要因素。一般来说，只有统治者、官员和其他有特权的人才能买得起旧材料，但纸张使更多受过教育的读者能够接触到书籍。纸张的供应和使用似乎也是这一时期阿拉伯文字发展出更多连笔和易读风格的主要原因。它为《古兰经》以外的文本提供了一种更方便、更容易使用的媒介，在这些文本中，功能上的易读性比层次上的表现更重要。后来，这些字体本身也经过书法家们精心设计，用来将《古兰经》写在纸上。

从 13 世纪起，伊朗的进一步发展也大幅扩大了纸张的尺寸，这反过来又鼓励了书籍插图（微型画）的发展，以及更华丽的《古兰经》书写方式和彩饰。从 14 世纪开始，高质量的欧洲（尤其是意大利）纸张在大多数穆斯林地区迅速取代了当地产品。然而，这种对进口的依赖似乎并没有对图书生产产生不利影响。

因为按照后来的标准，羊皮纸和纸张都是相对稀缺的昂贵商品，所以重复使用的做法并不少见。在一些收藏品中有写在羊皮纸上的阿拉伯文重写本（palimpsest），另外纸张也经常被回收利用，既用于非书本用途，也用于制造更多的纸。

穆斯林抄写员继续使用古老的芦苇笔，在伊斯兰教占主导地位的地区，这种笔已经是常见的书写工具，《古兰经》中也有提及。它是一根从精挑细选的芦苇（埃及和伊拉克的沼泽地里的芦苇特别受欢迎）的茎上切下的管子，在水中浸泡成熟，然后小心翼翼地磨成一个切口。切口的形状和位置根据所要使用的文字风格而不同。笔尖的形状也有明显的地区差异，特别是在西班牙和北非以及中部和东部的伊斯兰地区。制笔的工艺被认为是抄写员技术的一个重要组成部分。尽管阿拉伯资料中偶尔提到金属笔，而且据说一位 10 世纪的埃及统治者甚至设计了一支金色的钢笔，但直到 19 世纪，芦苇仍然是穆斯林书写必不可少的工具。钢笔和墨水瓶被保存在特殊的箱子里，箱子本身往往也有很多艺术装饰。

所用的墨水在书法文献中的地位几乎和笔一样高（一位诗人称墨水为"男人的香水"）。它们的配方各不相同。在早期，在羊皮纸上书写时，使用的是一种褐色的墨水，由矿物盐和从五倍子中提取的单宁酸组合而成。然而，在纸张问世后，人们发现这种墨水会破坏纸张，于是由煤烟和树胶（已经在纸莎草纸上使用）制成的黑色墨水成为首选，审美上也更胜一筹。此外，这种墨水更容易制备，也更便宜，这也有助于发扬手抄本图书文化。彩色墨水，尤其是红色墨水，经常被使用，而且用红色字的做法也很普遍，在没有标点符号的情况下，有助于明确文本和标题的结构。馏金和银也出现在一些更著名、更有声望的手稿中，特别是在《古兰经》中，既用于书写又用于彩饰。

在书写神圣的《古兰经》文本需求的推动下，阿拉伯文字从最初的初级阶段迅速发展。通过精心设计的附标、小点和变音系统，阿拉伯文字弥补了自身的缺陷，成为呈现和记录阿拉伯语文本的实用手段，但从未成为完全的音标文字。同时，作为神圣信息的载体，阿拉伯文字吸引了一种精神上的，甚至是神秘的崇拜，激发了人们将其转化为崇高之美象征的愿望。因此，书法成为伊斯兰文化中的最高艺术形式，出现了多种多样的精细字体，主要用于书写《古兰经》文本，但也不限于此。从早期简单的、数字化的，甚至是不朽的古阿拉伯字母表，到后期复杂的、精心设计的、曲线型的字体，风格非常多变。此外，阿拉伯文字还有相当大的地区差异，反映了亚洲、非洲和欧洲各地穆斯林的不同文明和遗产。

更加实用性的手稿的制作，体现了大量的宗教、神学、法律、历史、科学和其他"世俗"知识的出现，由此需要更加实用的字体风格，主要是为了易读和交流。因此，大多数阿拉伯文书籍都以较小和较简单的草书风格书写，特别是纳斯赫体（naskh，后来成为阿拉伯文印刷术的基础），在西方伊斯兰地区，还有各种形式的马格里布体（Maghribī）。然而，即使在日常工作的手稿中，也很少完全放弃美学考虑，书写仍然具有神圣的内涵，特别是由于真主的名字始终存在，即使只是在普遍的开场白（basmala）"以真主之名，慈悲者，仁慈者"中也是如此。

不同书法体命名的复杂性，以及与现存手稿中出现的内容缺乏一致性和系统性的关联，使得整个阿拉伯语古文字学领域存在相当多的问题。在对书法体的类型以及它们在时间和地理上的相互关系有一个清晰的认识之前，还有许多学术工作要做。

一方面，比较实用的书法体不如宏大的《古兰经》字体实用，它们很少能读出来。而《古兰经》的手稿，从 10 世纪开始，通常带有元音符号（Narakāt），以确保神圣文本的正确读法。在更世俗的文本中没有这些符号，无疑加快了它们的制作速度，并节省了纸张和墨水的使用，但它不可避免地导致了理解和解释的模糊性，并可能在一定程度上将功能性识字限制在了精英阶层，因为他们是通过口头传播了解了文学语言的全部语音和语义价值的。反过来，这可能又加强了文学性阿拉伯语和普通人说的无文字的口语方言之间仍然普遍存在的区别。

伊斯兰教的禁令不鼓励在穆斯林的手抄本中加入绘画插图，因为伊斯兰教不允许用形象方式表达。当然，《古兰经》手抄本中从未出现过插图，但插图确实出现在一些"世俗"书籍中，比如文学、历史、科学相关的材料，甚至偶尔还出现在色情材料中，尤其从 13 世纪开始，这种情况就更多了。微型画派的出现，主要是为了迎合统治精

Tawqīʿ and *riqāʿ*

Muḥaqqaq and *rayḥān*

Thulth and *naskh*

Nastaʿlīq

Thulth maghribī

Scribal maghribī

Qurʾanic maghribī

图 54、图 55 阿拉伯文书法体、波斯悬体、马格里布体（三种）。诺尔基金会，纽约。

英的口味。近代以来，微型画的精致之美也吸引了鉴赏家，主要是非穆斯林，它们已成为收藏家的抢手货。然而，在伊斯兰世界的主流图书文化中，大多是不存在插图的。

书籍设计和版式的其他特点也值得注意。除了较普通的"实用性"手稿，其他书籍的页面也都被仔细地标注，以确保规则和相等的行间距，并根据页码校准文本。这可以用手写笔来完成，或者更常见的是用绳索组合成的框架来完成。这个框架可以用来在整卷书中提供标准的标尺。虽然有些手抄本页面的设计是通过宽裕的页边距和行间空间来提供舒适的黑白平衡，但在很多情况下，纸张的高成本和可用性的不确定导致了书籍排版布局局促，从而需要最大限度地利用空间。有时，通过将文本块划分为列和（或）面，在某些情况下，倾斜的文本线列以一种和谐的方式排列，诗歌类的手稿就是最好的例子。除此之外，页边经常充斥着注释和注解，有时也会斜着写进正文。标点符号的形态还很初级，只是用圆圈、花结、圆点、点组或其他标点符号来分隔《古兰经》上的诗句，偶尔也用于分隔其他书籍中的条款、段落或章节。在出现这种情况时，它们很少遵循现代意义上的句子结构。

一刀纸（quires）经常被编号（早期除外），以帮助人按照正确的顺序进行组装，首先使用字母（abjad）编号，后来使用印度－阿拉伯数字或数字拼成的单词。书页的编号（对开）直到 16 世纪才开始广泛使用。早在 11 世纪的时候，人们就已经使用助记词（catchword）作为确保正确排序的方法，从 13 世纪开始，助记词的使用变得非常普遍。

文本通常以版本记录（colophon）结束，版本记录通常会有抄写日期（有时也有地点）和抄写者的名字，以及感谢性的祈祷和祝愿，有时还包括对作品的标题和（或）作者姓名的复述。在手稿的开头，书名页有时会出现在第一页的空白直页上，或者被纳入带插图的封面中，但它们不一定与书的其他部分同时存在，而且其内容可能不准确。作者和书名的细节通常位于文本的第一或第二页，在开头的虔诚祈祷之后，有时还有其他序言。文本几乎总是从第一页的背面开始。

手稿的彩饰和其他装饰是一种重要的伊斯兰艺术形式，仅次于书法艺术。最重要的《古兰经》有引人注目的扉页和标题装饰，通常装饰有镀金和（或）多色的抽象图案、花卉图案和叶子图案，还会有文字边框、标题面板和行间装饰。许多较小的手稿也有彩饰，至少在开始时是这样。这一点，以及前面提到的其他一些特征，突出了书籍在穆斯林社会的视觉和文学文化中的重要作用。这些特征还可以为其他未确定作者的手稿的放置和日期提供有用的、有时是重要的线索。

伊斯兰世界对全球知识做过的显著贡献是手抄本地图和地图集。穆斯林继承了托勒密和其他古代制图师的传统，绘制了世界和地区地图，其精确度直到近代都无人能及。这一发展由穆斯林帝国的商业和行政要求所推动，但它与9世纪以来新的纸质图书文化的出现相吻合，并相互影响。然而，地图和地图集的制作并不是为了满足任何泛泛的需求，通常是应统治者的委托。这些地图中有许多是示意图，而不是按实际比例绘制的，但它们反映出视觉上的复杂性不断提高，最终形成了诸如12世纪地理学家伊德里西（Al-Idrīsī）的世界地图和名为《奇珍异宝之书》（*Kitāb Gharā'ib al-Funūn*）的超凡的地图集，该地图集现存于牛津大学图书馆，已发布在互联网上。

伊斯兰世界的书籍装帧也是艺术风格的载体（见第19章）。虽然有个别例子记录了卷轴形式的书籍，但从伊斯兰时期一开始，手抄本就是书籍的常见形式，起初是用木板，后来是用皮革封面，将书页和书集装在一起。到了9世纪，装帧师作为专业工匠出现，他们的名字被记录下来。然而，尽管这门手艺显然享有一定的声望，但其从业人员主要是匿名的，他们的地位并不明确。

书的封面一般用纸板制作，通常包含回收的手抄本书页，全部或部分用皮革覆盖，皮革也是直接粘贴在书脊上。这种不尽如人意的方法经常导致装订脱落，因此许多手稿后来被重新装订。封底通常被扩展成覆盖书本前缘的折叠式封皮。在中世纪晚期，封面上通常会装饰加工过的矩形面板，其中包含几何图案和边框，有时还有《古兰经》语录。通常情况下，封底也有装饰，但设计不同。书籍有时还使用镀金工艺。后来，各种形状的中央徽章图案被加了进来。伊朗从16世纪开始频繁使用金色，并加入其他颜色。漆器也被用来在装帧品上创造精致的图画组合。在装帧品的内部，这一时期书籍的末页有时会用大理石装饰，这种技术似乎起源于伊朗，在奥斯曼土耳其帝国达到顶峰。

一些方形或长方形的手稿被包裹在盒子里，通常被粘在书脊上，这样可以保护原

图 56 伊兹密尔湾的地图，出自皮瑞·雷斯（Piri Reis）1587 年的手稿。原作大约属于 1521 年，像《波特兰型海图》（*Portolan*）一样，向水手介绍地中海。藏于牛津大学博德利图书馆（MS D'Orville 543，fol. 17r）。

本有些笨重和脆弱的书籍。盒子、信封和袋子也被用来装小型便携式手稿，特别是《古兰经》和内容旨在陪伴和保护旅行者的祈祷书。

无论装帧有多重要，手抄本书籍制作的核心作用始终是由抄写员自己掌握的。抄写员的职业很快就在穆斯林社会中得到了确立和尊重，包括各种教育水平的人。职业抄写员有时也是专门的书法家、插图画家或微型画家，他们有的在宫廷作坊中工作，或在宫廷书记官秘书处工作，地位崇高。然而，他们也可能是向所有人提供服务的市场抄写摊的摊主。在这两个极端之间还有许多收费抄写员在图书馆、学院、清真寺和其他宗教机构工作。他们受雇于富有的赞助人和藏书家，受雇于有特殊需求的学者，或受雇于作者。但许多手稿并非由专业人士撰写，有些是作者自己写的，其中有些穆斯林作品的亲笔签名或全息影印本在图书馆保存了下来。穷困潦倒的作家和学者也经常为了维持生计而参与抄写工作；学生和其他读者经常在图书馆和其他地方抄写，但只是为了供自己使用。这样的手稿往往达不到书法的标准，甚至达不到为销售或委托而写的手稿的易读性标准。

在传统社会中，大多数抄写员，无论是专业人士还是业余人员，都是男性。然而，令人惊讶的是，有很多关于女性担任这一角色的记载。一些哈里发和其他统治者雇用女性仆人或奴隶来担任书法家或秘书。诗人和作家有时也雇用女仆抄写他们的作品；还有一些穆斯林妇女本身就是诗人或学者，她们自己制作自己的手稿。甚至一些《古兰经》也是由女性书法家抄写的，在 10 世纪的科尔多瓦，据说有 170 名妇女在用古阿拉伯字母抄写《古兰经》。很久以后，在 16 世纪的伊朗，一位旅行者声称"设拉子（Shiraz）的抄写员都是妇女……在这座城市的每一户人家，妻子都是抄写员"（Būdāq Qazwīnī，转引自 Déroche，192）。尽管有夸张的成分，但这些参考资料表明，在传统的穆斯林社会中，书籍的制作绝非男性的专属领域。

然而，在文本的传播过程中，抄写活动并没有完全取代口头传播。书籍往往首先是通过口述或记忆中的抄写而产生的。传播文本的权利通常是由作者（或后来在既定的传播链中的授权代理人）根据对副本的满意阅读而授予的许可，副本必须与口头传播和记忆的版本一致。这种制度特别适用于在宗教学校（学院）环境中复制的宗教或法律文本，在 11 到 16 世纪非常盛行，但在一些地方一直延续了很长时间。

无论直接来源是什么，与其他地方一样，在穆斯林手抄本文化中复制的文本，保持准确性一直是一个问题。抄写员，无论受过多么良好的教育和培训，都是有缺陷的。有时，他们在阅读源手抄本时可能会遇到困难，尤其是在有不熟悉的文字种类的情况下。即使不是这样，他们也很容易受到无意的重复、遗漏和其他文本的损坏的影响。由于阿拉伯文字的性质而产生了两个特殊问题：由于误读或误放区分不同字母的变音点（taiNīf），以及在一个词中移位根字母（taNrīf 或 ibdāl）而造成的错误转录。尽管许多手稿在发行前都经过了检查和编辑，但在一个对文本的真实性和完整性至关重要的文明中，文本的质量被这样影响（抄写文化中不可避免的后果）会一直让人感到焦虑和不安。

　　如前所述，有些书是按照订单写的，或供作者使用。然而，其他许多书籍则是为了销售而制作的。书商和文具商的职业与抄写员的职业相重叠。在某些方面，这种职业与印刷时代的出版商相类似，他们通过口述或书面形式从作者那里获得文本，然后转录或雇用他人转录，以满足足够数量的需求，装订成册，并出售获利。有时，他们会限制供应，以保持高价；有时他们会通过拍卖来出售书籍。除了买卖自己制作的或为自己制作的副本外，书商还经营从其他地方买来的副本；他们还充当采购代理，代表学者或收藏家寻找特定的书目或体裁。一些书商本身就是有学问的人或文化人，如最著名的书商之一是 10 世纪的学者、藏书家伊本·纳迪姆·瓦尔拉克。书店往往聚集在城镇的特定街道或街区，这种模式（在许多行业中很常见）今天仍然可以在伊斯坦布尔的萨哈夫图书集市找到，例如，在一些城市，存在着一个行会机构，图书行业由大师监督。

　　在传统的穆斯林社会中，对书籍和阅读的高度重视与评价促成了许多大型图书馆的建立。这些图书馆属于统治者、清真寺、教育机构和私人。虽然这些图书馆的藏书量在文学资料中无疑被夸大了，但毫无疑问，在巴格达、开罗和科尔多瓦等主要中心，这些图书馆的藏书量数以万计。图书馆的目录被编制出来，一些图书馆为制作新的文本提供设施，甚至是人员支持。伊斯兰世界的许多图书馆都是作为不可转让的捐赠物建立的，因此书籍不能被出售或以其他方式分发。然而，图书馆通常允许学者们借阅，这不可避免地造成了一些损失。但对图书更大的破坏，导致图书失传等后果的来源是火灾、洪灾和战争；往往还有因疏忽、挪用和盗窃而加剧图书损毁的情况，这些情况一直持续到现代。

5 阿拉伯世界之外的穆斯林手抄本

《古兰经》赋予阿拉伯语言和文字在伊斯兰教中的核心地位。采用阿拉伯语的西亚、北非和西班牙地区，在 8 至 13 世纪伊斯兰文明的全盛时期或"古典"时期，成为图书文化的中心。因此，它们一直是研究该文化的主要焦点。不过伊斯兰教最终从大西洋传播到了太平洋的广大地区，在后来的时期里，其他非阿拉伯的穆斯林民族和帝国成为主导。他们创造了自己的文学传统，并以自己的语言编写了手抄本。但由于阿拉伯语的强大影响力，他们采用了许多阿拉伯语借词，最重要的是，采用了阿拉伯文字书写各种语言，但其中也有大多数与阿拉伯语没有本质上的联系。然而，在大多数地区，许多宗教和法律文献也是用阿拉伯文书写的。

伊朗拥有令人骄傲的古代文学传统，从 10 世纪开始，除了出版著名的《古兰经》之外，还创造了繁荣的波斯手抄本文化。诗集尤其值得一提，为了书写这些诗集，人们开发了一种独特的斜体和高度艺术化的阿拉伯文字，称为"悬空文字"。统治者和富有的赞助人经常委托制作装饰精美、图文并茂的手稿，而波斯的微型画也成为备受珍视的艺术珍品。遗憾的是，这导致了许多微型画与它们本来应该解释说明的文本分离。

到 16 世纪中期，奥斯曼土耳其成为囊括阿拉伯世界大部分地区和东南欧大部分地区的庞大帝国的中心。土耳其人在继承了阿拉伯语手抄本传统后，既延续了这一传统，又创造了土耳其的图书文化，同时也借鉴了波斯文的一些元素。奥斯曼帝国的书法家特别有名，无论是《古兰经》还是更简陋的手稿，都表现得非常优雅。伊斯坦布尔成为世界上最大的伊斯兰书籍中心，至今仍是最大的伊斯兰书籍储存地。同时，奥斯曼人将穆斯林图书文化扩展到巴尔干地区。特别是在波斯尼亚 – 黑塞哥维那，奥斯曼人抄写且进口了许多阿拉伯文、波斯文和土耳其文的手稿，并保存在重要的图书馆中。波斯尼亚语本身也是用阿拉伯文字书写的。

再往东，在印度（以及整个南亚）有许多伊斯兰文明中心，特别是在莫卧儿帝国时期（1526—1857），其中许多地方也成了手稿制作中心。除了《古兰经》之外，大多数书籍都使用波斯语，包括一些带插图的手稿，但从18世纪开始，也会使用一些当地方言，特别是乌尔都语。在中亚，许多手稿也使用波斯语，但越来越多地使用区域性突厥语。在东南亚，阿拉伯《古兰经》是以相当独特的地方风格书写的（在中国也是如此），也有大量的马来语文献使用阿拉伯文字，并形成了自己的手抄本传统。最后，必须提到撒哈拉以南的非洲地区，伊斯兰教在东西部大片地区的出现，带来了识字和独特的书面文化，这体现在阿拉伯语和非洲语言的特色手抄本书籍中使用了独特的阿拉伯文字风格（见第39章）。其中一些被保存在图书馆中，近年来又有许多书籍从私人收藏中涌现出来。

6 穆斯林手抄本传统的长盛不衰

大多数现存的穆斯林手稿都来自16世纪及以后，这种情况的出现，部分原因是旧有的书籍遗失了。在伊斯兰世界，手写书籍作为文本传播的常见方式持续的时间远远超过其他地方。印刷术的姗姗来迟既是这种状况的结果，也是其原因。我们可以找出一些更根本的原因。

一个原因是穆斯林对手写文字的极端崇敬。写字不仅被视为一种准神性和神秘的活动，而且阿拉伯草书的美还引起了一种几乎是发自身体的激情，类似于人类的爱。安妮玛丽·希梅尔（Annemarie Schimmel）发现了许多穆斯林诗歌的段落，其中书籍和写作被比喻为爱人的身体特征，引起了人们的欲望。鉴于这种感情，即使它们是由诗意的构思引导的，穆斯林不愿意放弃手写本也就不奇怪了。另一个原因是大量受过教育的人广泛参与抄写（以及相关行业），许多人完全或部分地以此为生。因此，无论这种生产方式有多大的局限性，保留这种生产方式是一种巨大的既得利益。由前两个原因产生的第三个原因是，穆斯林对手稿感到非常满意，他们认为手稿是他们文化和社会的一个组成部分。即使在经济和其他条件下，社会新兴阶层（如在18世纪的埃及）对书籍的需求大幅上升，人们也认为抄写员的抄写量足以应对这一现象。

同时，穆斯林社会中的知识和宗教权威模式与书籍生产和文本的有限传播密切相关。伊斯兰教没有教会组织，宗教领袖拥有巨大的权威，但缺乏世俗权力，他们的地位主要取决于他们作为学者和文本生产者的作用。这反过来又取决于保持写作的神圣性，以及对书籍创作和发行的某种程度的专营性和控制。因此，在新的国家权力模式出现之前，穆斯林一直在手写、抄写书籍，这与部分来自伊斯兰世界之外的现代化影响有关。

7 阿拉伯文字印刷的起源

早在 10 世纪，伊斯兰世界就有了印刷活动。埃及发现的纸质版画和至少两幅羊皮纸版画在几批收藏品中幸存下来，在开罗、维也纳、剑桥和纽约都能发现这些相关收藏，此外还有更多的作品在考古挖掘中出现。其中属于私人藏品的一件可能源自阿富汗或伊朗。然而，除了在 10 世纪和 14 世纪的阿拉伯诗歌中隐晦地提到用"塔什"（tarsh，即雕版）制作护身符的副本外，似乎没有任何关于雕版印刷工艺的文学或历史证据。有人认为，这个非古典的阿拉伯语术语指的是带有雕刻或凸纹刻字的锡板，用来制作多份《古兰经》和咒语文本，出售给不识字的穷人。当然，从现存作品的风格来看，它们并不是为了满足人们对文学或艺术品位的追求，因为其字体通常与书法相去甚远，而且《古兰经》文本中甚至还有错误。有些书籍缀边的设计融入了更大的字体和装饰图案，有时是黑底白字，可能是用单独的雕版印刷的。一些雕版印刷的图案也被发现印在手稿手抄本的封底上，所用工艺的来源不明。有人认为是中国或中亚，但鉴于技术上的明显差异，以及通过将这些作品与中国出口到伊斯兰世界的其他奢侈品及其当地仿制品作对比，人们对与中国雕版印刷是否存在联系有很大疑问。中世纪埃及也会在纺织品上印刷图案，所以不能排除这种图案与埃及的联系。

一些学者推测，这一穆斯林的先例可能对几个世纪后欧洲印刷术的起源有一定的影响，但目前还没有出现任何这种联系的证据，对于这个问题和其他有关中世纪阿拉伯印刷的未决问题，必须等待进一步的发现和研究。

穆斯林的雕版印刷似乎在 15 世纪就已经消亡了，不过这种技术或相关技术后来显然被用于制作装饰艺术中的格子图案。没有任何迹象表明这种技术曾被用来制作书籍或任何形式的文学文本。直到 18 世纪，这仍然被伊斯兰世界的抄写员垄断，阿拉伯语排版和印刷书制作的起源必然不能在伊斯兰世界本身寻找，而是要去欧洲寻找。

阿拉伯语所采用连笔书写法，它所带来的问题与罗马、希腊和希伯来字母的问题完全不同，这些问题困扰着最初几代的欧洲排字工人。因为这不仅需要更高的冲切技巧——特别是如果要模仿书法规范，而且要掩盖相邻字符之间的断裂，就必须对字模进行更细致的调整。同样，排字工也必须不断避免使用错误的字母形式。此外，除了每个字母都有不同的首字母、中间字母、末尾字母和孤立字母外，成对或成组的字母也需要大量的连接词。如果需要元音符号（*harakāt*），《古兰经》和某些其他文本，就需要更多的字符种类，以及大量的样本框和铅条，穿插在元音笔画之间。因此，完整的阿拉伯语字库有 600 多个字。这使阿拉伯语字库成了一项昂贵的投资，因此，与欧洲的同行相比，仅经济因素就阻碍了阿拉伯文排版的发展。

阿拉伯语活字印刷术于 16 世纪初起源于意大利。第一本书是《时祷书》（*Kitāb Ealāt al-Sawā'ī*），由威尼斯印刷商格雷戈里奥·德·格雷戈里于 1514 年在法诺（也可能在威尼斯）印刷，由教皇儒略二世赞助，供黎巴嫩和叙利亚的阿拉伯梅尔基特教派基督徒（Melkite Christians）使用。这种字体设计不雅，而且排版也很笨拙、不连贯。亚历山德罗·帕加尼诺的排版要略胜一筹，他于 1537 至 1538 年在威尼斯印刷了《古兰经》的全部内容，这可能是一次商业出口活动。然而，印刷的结果仍然与书法规范相去甚远，以至于它面向的穆斯林对此相当不认可，特别是它的点画以及发声不准确、不完整，在《古兰经》的文本中还存在错误。在 16 世纪余下的时间里，意大利仍然是阿拉伯语印刷的主要发源地；16 世纪 80 年代，罗伯特·格兰戎在罗马制作了优雅的阿拉伯语字体，这些字体第一次达到了书法的质量，自由地使用了来自最佳抄写员的连接词和字母形式。它们主要用于印刷 1590 至 1610 年期间《东方医学》（*Tipografia Medicea Orientale*）的豪华版本，并为几乎所有的后续作品设定了标准。

它们的影响在荷兰学者兼印刷家弗朗西斯·拉斐伦吉和他的继任者托马斯·埃尔

佩尼乌斯的阿拉伯语版画中表现突出，后者在 17 世纪初用其更实用、更精工细作的铅字制作了许多阿拉伯语文本，其字体风格在德国、英国和其他地方被大量使用或模仿。法国学者兼外交官弗朗索瓦·萨瓦里·德·布雷夫委托制作了一种更优雅、更漂亮的字体，这显然是以他在 1592 至 1604 年期间担任法国驻伊斯坦布尔大使时看到的阿拉伯书法，以及（或）罗马的手稿为基础的，这些字模就是在 1613 年前在罗马制作出来的，后来在罗马和 17 世纪中期巴黎的皇家印刷厂有使用过这种字模，到拿破仑时期也使用过。随后，它为其他字体提供了一个范例，特别是 1622 年起在罗马垄断阿拉伯文印刷的万民福音部（Congregatio de Propaganda Fide）的字体就是以此为效仿对象，另外 18 世纪罗马尼亚的修道院出版社的字体也模仿于此（见第 33 章）。

17 世纪至 19 世纪期间，大多数欧洲学习中心的阿拉伯语印刷书籍不断涌现。在格兰戎字体之后，其他领先的排版师，如威廉·卡斯隆一世和詹巴蒂斯塔·博多尼，也参与了阿拉伯字体的设计。除了东方主义（Orientalist）版本外，欧洲出版社还制作了供中东地区基督徒使用的圣经和其他作品，以及让穆斯林皈依为目的的论战文学作品，只是后者仅是徒劳。还有一些旨在作为商业出口商品出售给穆斯林的"世俗"文本。这些书一开始似乎遇到了一些阻力，并被扣押和没收，但奥斯曼苏丹在 1588 年颁布了一项法令，禁止任何此类干涉。然而，这些从欧洲出口的阿拉伯语印刷书籍在商业上没有取得什么成功，不过某些还是为穆斯林使用，这一点可以从书的所有者的题字看出来。

8 伊斯兰世界阿拉伯语书籍的印刷

伊斯兰世界的印刷起源于生活在其中的非穆斯林社区。希伯来语的排版印刷于 1493 年在奥斯曼帝国开始，在摩洛哥是从 1515 年开始；亚美尼亚语的字体从 1567 年开始在土耳其开始用于印刷，从 1638 年在伊朗开始用于印刷；1610 年叙利亚语的字体在黎巴嫩同时用于印刷叙利亚语和阿拉伯语，1627 年在伊斯坦布尔开始用于印刷希腊语书籍；17 世纪在伊兹密尔出现了罗马字体。然而，直到 18 世纪，伊斯兰世界才开始使用大多数穆斯林使用的阿拉伯语活字印刷，在此之前，为数不多的此类印刷书籍都是从欧洲进口的。

为什么图书印刷术在中国发明后 1000 多年、在西欧普及后 250 年才被穆斯林采用（虽然伊斯兰世界的非穆斯林也在使用）？这必须从穆斯林社会的性质以及书面文字在其中被赋予的最高宗教和审美作用中寻找延迟的原因。我们已经找到了一些线索，表明穆斯林对手写本和抄写文化的深刻依恋，毫无疑问，这是不愿意接受印刷的主要原因。不过我们还可以举出另外一些更具体的原因。

在 19 世纪之前，使用活字印刷似乎是唯一实用的印刷书籍的制作方法。这涉及为阿拉伯字母的所有字母和字母组合制作字冲和字模，并以不同的形式进行单独排版；然后，排字工必须将这些单独的种类重新组合，以制作文本行和书页。在穆斯林看来，这样做并没有考虑到书法创作过程的内在微妙之处，以及它与潜在的审美和"精神"考虑的关系。在虔诚的穆斯林眼中，这种对神圣的阿拉伯文字的分割和机械化操作近乎等同于亵渎。用机械手段制作《古兰经》被认为是不可想象的，但其他带有真主之名的文本（几乎都是如此）也被大多数学者和读者认为是不能被大规模生产的方法所侵犯的。关于在印刷中使用猪毛制成的墨水笔的谣言也在流传，这自然会玷污圣名，还有谣言说墨水也不纯，也可能导致同样的效果。

除了这些考虑之外，通过印刷术大规模生产书籍，对文士阶层享有的根深蒂固的知识权威垄断提出了挑战，并有可能打破这种权威与国家权力之间的平衡。这的确是 18 世纪和 19 世纪印刷术最终被现代化的统治者所支持的一个重要原因。他们希望建立一个新的、更广泛的军事和行政阶层，这个阶层精通现代科学和知识，能够加强国家的力量，以对抗内部的传统等级制度和来自外部的新威胁。印刷机被认为是实现这种新秩序的一个不可或缺的工具。

1706 年，在叙利亚的阿勒颇，基督教执事阿卜杜拉·扎希尔（Abd Allāh Zākhir）开展了中东地区第一次阿拉伯语印刷活动，第一本书是一部诗篇。安提阿的梅尔基特教派教长阿塔纳修斯·达巴斯提出了成立印刷厂的倡议，他在 1698 至 1705 年间曾在罗马尼亚待过一段时间，在瓦拉几亚省长康斯坦丁·布兰科瓦努的主持下，阿塔纳修斯·达巴斯安排在布加勒斯特附近的斯纳戈夫修道院印刷了两本阿拉伯语的宗教礼仪书。梅尔基特教派基督徒和罗马尼亚人的共同宗教和政治利益促进了这种合作，他们都是奥斯曼帝国的半自治东正教臣民。这些书是为了免费分发给阿拉伯国家的东正教神父，以解决手稿礼仪书的短缺和高价问题。由牧首主持，在罗马尼亚人的合作中，这项活动被转移到叙利亚，扎希尔继续在阿勒颇印刷阿拉伯语《新约》（也是在1706年）和其他基督教作品，直到1711年印刷厂停止运作。随后他皈依了天主教，搬到了黎巴嫩舒韦尔的希腊天主教施洗者圣约翰修道院，在那里他成立了一家新的印刷厂，从1734年到1899年，断断续续地出版了一个长系列的圣经和神学作品。在当地的博物馆里仍然可以看到其早期资料。18世纪50年代初，在罗马尼亚的帮助下，另一家东正教阿拉伯语出版社在贝鲁特成立，但它只在1751年和1753年出版了两本书。

阿拉伯世界的阿拉伯语印刷业在100多年里一直掌握在叙利亚和黎巴嫩的基督徒手中。他们使用的字体部分仿照当地基督教书商，但也受到欧洲阿拉伯字体设计传统的影响，特别是东正教罗马尼亚和罗马的万民福音出版社的传统的影响。他们的出版量太小，而且时断时续，无法给图书文化带来任何革命性的变化，但一些观察家，如法国旅行家和知识分子C. F. 沃尔尼，观察到这一时期黎凡特基督徒的阅读和写作有所增加。然而，在他看来，由于那里印制的书籍完全是宗教性质的，因此出版界实现这种改善的潜力被削弱了。

同时，奥斯曼土耳其人在18世纪第二个10年在伊斯坦布尔恢复了穆斯林印刷业，当时易卜拉欣·穆特费里卡开始使用铜版印刷雕版地图，使用可能是从维也纳引进的技术。现存最早的地图可以追溯到1719年到1720年。这是奥斯曼帝国首都西化创新计划的一部分，不到10年后，穆特费里卡建立了著名的图书印刷厂，其阿拉伯文字体是在当地切割和铸造的，仿照的是当时奥斯曼帝国整齐的誊抄体书稿。第一本书《阿拉伯土耳其语词典》（*Arabic-Turkish Dictionary*），于1729年印刷了500册，随后又印刷了16本奥斯曼土耳其语的书籍，版本从500册到1200册不等，直到1742年出版社关闭。这些作品都是世俗作品，涉及历史、地理、语言、政治（包括穆特费里卡自己写的一本）、航海和年代学等。情况之所以会这样，是因为《古兰经》和宗教文本的印刷仍然遭受封禁。有几本还配有地图或图画式版画的插图。除了1756年的一次重印之外，再次印刷到1784年才开始，此后奥斯曼土耳其的印刷业状态就这样一直保持下来，直到1928年才开始采用拉丁字母。

有人声称，18 世纪的穆特费里卡的印刷厂是失败的，其印刷版本只是土耳其文学和学术文化中的边缘现象，而且其有限的印刷书籍中的大部分仍然没有售出。然而，奥林·萨贝夫最近对当时奥斯曼帝国遗留文件中的图书清单进行的研究表明，这些印刷品在当代受教育的阶层中广为阅读，尤其是在行政人员和官员中，而且在 1747 年穆特费里卡去世之前，该出版社 65% 至 75% 的出版作品已经售出或以其他方式分发。与早期的西欧非主流书籍相比，18 世纪的土耳其书籍印刷及其影响确实处于一个非常低的水平（见第 6 章），而且经文的传播仍然很普遍。印刷品还没有成为伊斯兰世界的变革因素，但当时已经为变革开辟了道路。

埃及的阿拉伯文印刷始于 1798 至 1801 年法国占领时期的印刷厂。拿破仑从巴黎带来了萨瓦里·德·布雷夫的 17 世纪阿拉伯语字体，又从罗马带来了万民福音部的阿拉伯语字体。然而，这些设备只被用来印刷相对不重要的公告、帮助法国占领者学习阿拉伯语的材料和一篇关于天花的论文。占领埃及后，所有的设备都被运走。阿拉伯语印刷在该国以及整个阿拉伯穆斯林中的历史可以追溯到 1822 年，当时穆罕默德·阿里（Mufiammad 'Alī，埃及统治者，1805—1848）的国家出版社出版了第一本书，该出版社被称为布拉克出版社（以其所在的开罗附近的地方命名）。这项事业是由一位受过意大利培训的印刷师尼库拉·马萨比基（Niqūlā Masābikī，卒于 1830 年）发起的。最初的印刷机和字体是从米兰进口的，具有明显的欧洲风格。然而，它们很快就被一连串基于本地誊抄体，在本地切割和铸造的字体所取代。虽然这些字体有些显得局促和功利，而不像书法，但在 19 世纪余下的时间里，它们为埃及和其他地方的许多阿拉伯穆斯林出版社的阿拉伯语排版设定了标准。波斯语文本和阿拉伯语作品的标题也偶尔采用波斯悬体字体。后来还创建了马格里布字库，但使用频率较低。

在布拉克出版社成立的前 20 年（1822—1842），大约出版了 250 种书籍，包括一些宗教和文学作品，如《一千零一夜》（*Alf Layla wa-Layla*），但大多数是军事和技术书籍、官方法令、语法、信函书写指南以及欧洲科学和历史作品的翻译。19 世纪中叶，穆罕默德·阿里去世后，布拉克出版社经历了一些变故，从 19 世纪 60 年代起，它再次成为埃及出版业迅猛发展的驱动力。1866 至 1872 年期间，该出版社进行了彻底的现代化改造，使用了从巴黎进口的新的铸字设备和机械化印刷机，并大大改进了字体。到 19 世纪末，它已经出版了 1600 多种图书，约占埃及图书总产量的 20%。

作为阿拉伯世界第一家为穆斯林生产阿拉伯语（和土耳其语）书籍的出版社，布拉克出版社在阿拉伯和穆斯林图书史上占有重要地位。虽然布拉克出版社的一些早期产品只取得了非常有限的发行量，但它首次将印刷作为生产和传播文本的一种正常方法。起初是技术和教育作品，后来是历史、文学和宗教作品，尽管最初有阻力，但受过教育的人还是能以前所未有的规模获得这些作品。这种获取书籍的方式反过来又帮助创造了一个新的阅读公众和新的公共领域。布拉克出版社的影响也不仅仅局限于埃及，它的书籍被出口到土耳其、叙利亚、黎巴嫩、巴勒斯坦等国家，并刺激了尼罗河流域以外的印刷业的建立或复兴。

在 19 世纪上半叶，基督教传教士向中东地区输入了许多阿拉伯语书籍。其中大部分是在 1825 至 1842 年间由英国人在马耳他经营的印刷厂印刷的，这些书是世俗教育作品和宗教小册子。字体最初是从英国带来的，但在 19 世纪 30 年代，在当地根据书法范例切割和铸造了新的字体，几乎可以肯定是由著名的阿拉伯作家法里斯·希迪亚克（Fāris al-Shidyāq）制作的，他年轻时曾是一名抄写员，在马耳他出版社工作。这些字体在使用它们的阿拉伯（主要是基督教徒，但也有一些穆斯林和犹太人）学生中树立了新的标准，这一传统后来被贝鲁特的美国传教士出版社所继承，该出版社在 19 世纪 40 年代末基于书法模型引入了一种新的字体，被称为"美式阿拉伯文"，它有一种特有的逐渐变细和向前倾斜的外观，也被阿拉伯世界的其他几家出版社所使用。1870 年左右，贝鲁特耶稣会传教士的出版社采用了一种更加正统、清晰和工整的字体，在整个黎凡特地区非常流行（见第 9 章）。

其他天主教传教士分别于 1847 年和 1856 年在耶路撒冷和摩苏尔开始印刷阿拉伯语书籍，在这两个地方，他们的第一批字模都是从欧洲（维也纳和巴黎）带来的。不过，1830 年伊拉克第一家位于巴格达的印刷厂使用的是类似于伊朗最早的波斯印刷厂（约 1817 年在大不里士、约 1823 年在德黑兰建立）的字体，它是一种优雅的波斯式誊抄体，有一个有趣的特点，如缩短了字母 kāf 的上划线。在伊朗，波斯悬体字体并没有受到青睐，但这种风格在抄写员传统（包括平版印刷）中很流行。然而，早在 1778 年，印度就使用了这种字体，并一直使用到 19 世纪中叶（波斯语和乌尔都语都使用了这种字体），后来在海得拉巴恢复了这种字体。

在中东，从 19 世纪中叶开始，阿拉伯语排版业蓬勃发展，1855 年在大马士革印刷行业开始出现，1860 年在突尼斯印刷行业开始出现，1877 年在萨纳印刷行业开始出现，1881 年在喀土穆印刷行业开始出现，1883 年在麦加印刷行业开始出现，1885 年在麦地那印刷行业开始出现。报纸大多使用伊斯坦布尔和布拉克当地的传统字体，许多报纸和书籍都是这样制作的。

然而，从 19 世纪 20 年代末开始，许多书籍和报纸不是用字模印刷，而是采用一种混合的书籍制作方法——平版印刷。这种方法在许多地方受到青睐，尤其是在摩洛哥、伊朗以及中亚、南亚和东南亚，在这些地方，平版印刷几乎完全取代了字模印刷，并持续了近半个世纪。穆斯林印刷史上的这一现象在早期的欧洲经验中没有对应的情况。在欧洲平版印刷几乎完全用于绘画和制图，而穆斯林则用它来复制整篇手写文本。通过这种方式，他们可以保留伊斯兰手稿的大部分熟悉的特征，以及阿拉伯文字的书法完整性，也包括一些难以用印刷方式复制的风格。同时，他们可以不用对活字印刷投入太多。因此，伊丽莎白·L. 爱森斯坦（Elizabeth L. Eisenstein）针对现代早期欧洲提出的文字表述标准化的一些有意识和潜意识的影响，以及新的印刷品引发的系统精神的出现，并不适用于这种印刷方式盛行的社会（见第 6 章）。另外，用这种方法印刷的书籍价格低廉，易于接受，这意味着平版印刷复制的文本——主要是传统和古典文本——获得了更广泛的传播。这样一来，正如伊恩·普罗夫特所表明的那样，平版印刷在很大程度上"开创了印刷革命"（Proudfoot, 182）。在最理想的情况下，平版印刷的文本许多都配有微型画，在美感和清晰度上可以与当时制作良好的手稿相媲美；在最差的情况下，它们可能会糟糕得像几乎无法辨认的涂鸦。

19 世纪末和 20 世纪初，中东地区的阿拉伯文印刷术得到了复兴，字体有了很大的改进，特别是在埃及，Dār al-Ma'ārif 的新字体，以及布拉克出版社从 1902 年开始使用的新字体，为清晰度和优雅度设定了更高的标准。1914 年，中东地区为阿菲玛德·扎基·帕夏（Afimad Zakī Pasha）设计的新字体取消了许多连接符，使字体数量减少了一半，同时保留了旧版布拉克字体的一些书法特征。后来，莱诺热金属机的引入进一步简化了阿拉伯文字的排版，同时不可避免地使这些作品的外观进一步远离了传统的书法和书写体。然而，随着现代金属字体的衰落和照相排版技术的引入，以及后来用计算机生成字体，人们又为回归书法规范开辟了道路。

除了字体风格外，还必须注意早期穆斯林印刷书籍的其他特点。与早期的欧洲小册子一样，最初的趋势是模仿手抄本的风格和布局。字和行的排版很紧密，缺少分段和标点符号，主要的字体区域往往被页边出现的规则、注释甚至完整的评论所包围。根据抄写员的做法，红色墨水有时被用于标题或关键词。传统的逐渐变窄的版本记录很常见。通常没有标题页，但第一页的背面通常有一个装饰性的"标题装饰"，通常包含标题和（或）开场白，它最早是在木头上雕刻的，但后来精心设计的图案是由圆形和其他单一类型的装饰物构成的，遵循欧洲的印刷惯例，其审美起源于伊斯兰艺术中无限重复的几何和叶状图案。19世纪末，一些精致的伪东方设计被用于标题和边框装饰，特别是在奥斯曼土耳其，这也许反映了欧洲而非本土的品位。后来，在装饰和页面设计中可以发现其他欧洲艺术的影响，如青春艺术风格（见第26章）。此时，欧洲的规范——标题页、段落、页头书名等——已经开始对穆斯林的图书制作产生了很大的影响。

标点符号是另一个现代特征。如前所述，在穆斯林的手稿中，标点符号还是很初级的状态，一直到19世纪末，在印刷文本中也是如此。19世纪30年代，著名的阿拉伯作家法里斯·希迪亚克在马耳他出版社工作时，熟悉了欧洲书籍和文学，并观察到标点符号在厘清文章结构和意义方面的作用。1839年，他在马耳他出版社出版了一本阿拉伯语文学入门和阅读书，并大胆地决定在其中引入西方的标点符号，其中有逗号、破折号、冒号、叹号、问号、引号和句号。他在书的导言中列出了这些标点，解释了它们的用途，并敦促阿拉伯语中普遍采用这些标点，这一建议在当时是超前的。在伊斯兰世界，他的呼吁起初被置若罔闻，而他本人也最终放弃了这个想法。1881年，他在伊斯坦布尔的出版社出版了他的初级读本第二版，其中省略了所有的标点符号，也省略了他对标点符号的介绍。后来，在20世纪，阿拉伯语中广泛采用了完整的标点符号。法里斯·希迪亚克的伊斯坦布尔出版社（贾瓦伊布出版社）在19世纪70年代和80年代对阿拉伯语书籍设计进行了重大改进。他的书看起来与其他大多数19世纪的穆斯林出版社的书不同。他们在很大程度上放弃了早期书籍中经常出现的边注和注释。在某些情况下，他们还引入了页头书名，在每一页的顶部重复章节的标题或编号，以帮助读者查阅。所有的书几乎都有书名页，不仅清楚而系统地列出了书名本身，还列出了作者的名字，以及诸如出版社名称、出版地点、日期和第一版或后期版本等版本说明信息。正如艾森斯坦所指出的，这种做法产生了"新的排版和时间记录的习惯"（Eisenstein，106），它有助于后来更精确的编目和列举式书目的发展。在这一时期的大多数出版物中，可以发现印刷时代的另一个新特征是带有页码的目录，这同样使读者能够更系统地使用这本书。

贾瓦伊布出版社的页面布局也设定了新的标准，与大多数普通的手稿或伊斯兰世界的早期印刷书籍相比，总体上更宽敞，更容易看清。页边距相当宽，而且如前所述，没有注释或评论的束缚。字与字之间的间距也趋于宽松，与普通手稿或使用布拉克字体以及早期土耳其印刷书籍的大多数页面相比，黑白之间的整体比例更好。这些特点使它们更容易被阅读，因此更容易被更多的公众所接受。它们最终成为 20 世纪阿拉伯书籍设计的标准内容。

阿拉伯文字本身的特点明显没有受到其在印刷书籍中使用的影响。因为阿拉伯文字过去和现在都被穆斯林视为神圣的文字，所以排字工的自我要求几乎一直是尽可能忠实地再现文字的书法品质。如前所述，这涉及创建包含所有字母形式和组合的大量字体。因此，面对如此之大的困难和高昂的费用，阿拉伯排版师在 19 世纪末开始引入一些简化字体，但在大多数情况下成功地保留了完全的易读性和一定程度的优雅。然而，阿拉伯文字与罗马文字不同，无论是美学还是实用，阿拉伯文字从未真正有过独立的排版规范，这使得它与过去抄写员的做法有很大的冲突。19 世纪和 20 世纪一些激进的创新者提出了通过创造完全不连续的"印刷"字母来改革阿拉伯字母表的计划，但这些计划从未被认真接受过。

在 19 世纪末引入现代半色调技术之前，穆斯林印刷书籍中的插图可分为两类。首先，木刻和雕版或石版被用于排版书籍，主要用于地图、图表和教学或技术插图。这些插图常常包含透视，这本身就是伊斯兰世界许多地区视觉文化的一种创新。技术插图有时也出现在阿拉伯语的手稿中。然而，在印刷时代之前，以图表形式传播技术数据总是取决于抄写员的准确性，他们往往把图表视为带有异国情调的附属品，经常放错位置，有时甚至完全省略。随着标准的、可重复的、雕刻的图表被引入印刷书籍中，这些信息的呈现变得更加准确和可靠。

第二类插图包括引入平版印刷书籍文本中的图片，这些图片通常是从手稿中的微型画中复制出来的，或者按照微型画的风格进行复制。这种微型画是19世纪波斯平版印刷书籍的一个显著特征，它们通常伴随着较早时期的文学作品出现。虽然它们大体上具有手抄本微型画的风格，但据观察，它们更多属于大众艺术，而不是崇高的宫廷文化，插图版的手稿正是来源于此。石版画微型画有时也以现代题材为特色。一个值得注意的例子是，1847年在德黑兰印刷的一部波斯古典诗歌作品描述了平版印刷的过程。在1913年的乌兹别克平版印刷品中，一幅微型画展示了当时的留声机。

这两种插图——排版印刷和平版印刷的书籍——都以标准的、可重复的形式为插图手稿读者群之外的其他读者制作了图像元素，因此有助于改变19世纪和20世纪受过教育的穆斯林的视觉意识和艺术意识。

9 印刷《古兰经》

除了中世纪雕版印刷的护身符中使用的简短的摘录片段外，《古兰经》的阿拉伯语文本直到16世纪30年代才被印刷出来，当时威尼斯的基督徒出版了一个有些不准确且有缺陷的版本。随后的完整版本在汉堡（1694）、帕多瓦（1698）和圣彼得堡（1787）分别出版。这三个版本中的最后一个版本由俄罗斯女皇叶卡捷琳娜亲自委托，供她的穆斯林臣民使用，是第一个让穆斯林参与编写的版本。它代表了欧洲书籍设计的一种奇特和不寻常的混合，具有巴洛克式的文字边框和装饰，以及穆斯林对《古兰经》文本发音的传统表述，并附有关读法和变体的注释。该书后来在圣彼得堡和喀山（俄罗斯鞑靼斯坦）多次重印。然而，在伊斯兰世界，印刷《古兰经》仍然是严格的禁区，直到19世纪20年代或19世纪30年代，第一批版本才在伊朗出版。它最早的版本可能是排版的（可靠的书目信息不容易获得），但正是平版印刷术的出现推动了《古兰经》的印刷，因为它使所有重要的手抄本惯例和美学（神学）精神得以保持。

另一个欧洲非穆斯林版本也进一步激励着人们，该版本大大优于之前的版本，由德国东方学家古斯塔夫·弗吕格尔（Gustav Flügel）编辑，1834 年由陶赫尼茨（Tauchnitz）在莱比锡首次出版。这是《古兰经》第一版方便、平价且合理的正宗文本。它用铅版印刷，并把随后的几个版本发行，发行量相当大，甚至在伊斯兰世界也有发行。然而，该版本的经文编号和其他一些方面不符合正统的伊斯兰教惯例，显然需要进一步改善的穆斯林版本，伊朗、印度和土耳其的后续平版印刷版本部分地满足了这一需求。

在埃及，现代化的推动力使保守派和进步的宗教教育家之间产生了矛盾，前者痛恨用活字印刷来亵渎上帝的话语，后者则希望将《古兰经》分发到每个穆斯林手中，即使不是每个穆斯林都能接触到《古兰经》，至少也要让每个大学生能读到。19 世纪 30 年代，一些人试图出版该文本，但宗教当局成功地阻止了该文本的分发。后来，在 19 世纪 50 年代，分发了一些，但只有在每个该文本由《古兰经》学者阅读并检查了错误之后才能发放，如此分发的成本非常高昂。从 19 世纪 60 年代起，布拉克出版社和其他埃及出版社确实印刷了更多的《古兰经》，但一般都是嵌入知名评论的文本中。

在伊斯坦布尔，奥斯曼帝国的书法家和宫廷侍从官奥斯曼·泽基·贝（Osman Zeki Bey，卒于 1888 年）开始印刷《古兰经》，并复制 17 世纪著名书法家哈菲兹·奥斯曼（Hafiz Osman）的笔迹。他使用新的平版印刷设备让印刷品的质量能够达到前所未有的高度。对于这项出版事业，他得到了苏丹哈里发的明确许可，这也是他的版本在土耳其和其他地方获得广泛欢迎的原因。这家出版社还使用了影印石版技术，这让出版社能够印刷微型的《古兰经》，小到可以放在小盒里，当时还没有其他技术可以做到这一点。格拉斯哥的大卫·布莱斯（David Bryce）公司专门生产微型书籍，在 1900 年左右生产出的版本能与奥斯曼·泽基·贝的版本相媲美，第一次世界大战中双方的穆斯林部队都携带这些护身符式的微型书籍上战场（见第 7 章）。

到了 20 世纪初，人们已经基本克服不情愿接受印刷版《古兰经》的情绪，此时需要一个新的权威版本，在文本的模式（早期手稿中没有发声和变音的文本形式）和表述方式方面都能充分满足传统伊斯兰学界的要求。伊斯兰教传统学习的著名场所，开罗的爱资哈尔清真寺大学的学者们发挥了主导作用。经过 17 年的准备工作，他们的版本于 1924 年在埃及国王福阿德（Fu'ād）的主持下出版。该版本是以正字法印制的，这样可以清楚地呈现出 7 世纪的原始辅音文字的形状，但同时也包括了所有的发音和其他指示，这些都是理解意义和正确背诵所需要的。这本书还按照书法规范一丝不苟地印刷。开罗版《古兰经》很快就树立了自己的权威，随后又出现了大量复制它或以它为基础的印刷版本。这些版本一直延续到今天，甚至网上的数字化版本也沿用了爱资哈尔的文本。

平价《古兰经》标准授权版本的普及改变了许多穆斯林对印刷版《古兰经》的态度以及对它的使用。《古兰经》的功能不再主要是仪式和礼仪，它开始被视为人类事务中指导和智慧的直接来源（不再必须由学术解释和权威来传达其中的思想）。1924 年，伊斯兰教的哈里发被废除强化了上述观点，哈里发以前至少在理论上是获得宗教授予的，但这并非《古兰经》的权威来源。因此，《古兰经》的普及和作用让一些信徒对《古兰经》教义采取原教旨主义的态度，这在社会和政治领域产生了很大的影响。相比之下，其他人则逐渐放弃了传统的学术和法律解释，而选择了自己对《古兰经》伦理与现代生活和政治交融的解释。这种分歧仍然是现代伊斯兰教的突出特点，外部压力和新的权威来源加剧了这种分歧，而这种权威仍然是基于书本的信仰体系。

10 20世纪和21世纪的穆斯林书籍文化

到 20 世纪初，在大多数伊斯兰世界中，印刷术已经在很大程度上取代了书写手稿，成为传递文本的常用方法。只有在少数偏远地区（如也门），抄写员的职业仍在蓬勃发展。在主要的文学文化中心，出现了一种新的图书文明；在这种文明中，人们能以可承受的价格随时购买书籍，而且字体也相对容易阅读。报纸、期刊和其他系列出版物也很普遍。这些发展反过来又鼓励和促进了识字。在学校里，印刷的初级读物和教科书的出现彻底改变了教育，使学生能够将阅读作为一种个人的、内化的活动，而不是死记硬背的仪式性附属品。然而，在一些缺乏受过良好教育的教师的地方，或者在保守主义或意识形态拒绝自由理解文本的地方，旧的做法仍然存在。

从手稿迅速过渡到印刷书籍和印刷刊物，印刷作为传播文本的常见手段对穆斯林文学文化的发展产生了深远的影响。目前还没有足够的研究来衡量或准确追踪这些影响。然而新旧文本更广泛的传播，加上文本表述的标准化和系统化，以及它们的永久保存，这些似乎在促进文化和民族自我意识方面发挥了重要作用，从而让以阿拉伯语、土耳其语、波斯语、乌尔都语、马来语为基础的穆斯林文学以及其他穆斯林文学在现代实现复兴。这种新的自我意识也在社会和政治领域产生了影响。就土耳其语和马来语而言，摒弃阿拉伯文字而采用罗马字母的做法加强了他们独立的文学和民族身份感。

在阿拉伯世界，20世纪初阿拉伯语活版印刷出现复兴，随后，主要的印刷厂采用莱诺印刷机，以及印刷厂本身的进一步机械化，都促进了印刷业的发展。这些发展使得书籍、杂志和报纸的印刷量大幅增加。开罗和贝鲁特在从奥斯曼帝国时期和欧洲统治时期向完全独立过渡的过程中，仍然是主要的出版中心，也是文学活动的主要中心。然而，在20世纪70年代和80年代，由于质量下降、缺乏投资、物价上涨（埃及）以及破坏性冲突（黎巴嫩），两者都失去了这一地位。因此，其他阿拉伯国家变得相对更重要，特别是马格里布国家（有重要的法语以及阿拉伯语版本《古兰经》），1991年前有伊拉克，后来有沙特阿拉伯。然而，这些国家缺乏发达的图书贸易，以及在某些情况下出现的政治和宗教审查和限制，都阻碍了发展。与其他地方一样，广播和电子媒体的传播，特别是电视、录像和互联网，对印刷文学的市场产生了一些不利影响，但这在很大程度上被识字率的提高所抵消。大多数其他地区也有类似的趋势，但土耳其和伊朗的出版业出现了爆炸性增长，在20世纪末和21世纪初尤为明显。

与其他地方一样，电子文本和互联网的出现对伊斯兰世界产生了明显的影响（见第21章）。在一些国家，如沙特阿拉伯，政府对互联网接入的控制和限制妨碍了充分利用在全球网络空间获取文本的新机会。然而，即使在没有这种情况的地方，语言障碍也造成了问题，因为阿拉伯文字的数字化发展较晚，且最初缺乏标准化。但自从统一码（Unicode）被广泛采用后，涌现了许多阿拉伯语和波斯语的网站，其中一些网站提供了大量的文本数据库，包括《古兰经》《圣训》和其他基础伊斯兰文本，以及大量的辅助材料，其中大部分是宣传特定的教义、教派和政治观点的。互联网还加速了一种预先存在的趋势，即采用英语而不是阿拉伯语作为国际穆斯林语言。与世界其他地区一样，我们还无法预测电子文本的发展对穆斯林书籍文化的长期影响。

参考文献

H. S. AbiFarès, *Arabic Typography* (2001)

G. N. Atiyeh, ed., *The Book in the Islamic World* (1995)

J. Balagna, *L'Imprimerie arabe en occident* (1984)

A. Ben Cheikh, *Production des livres et lecture dans le monde arabe* (1982)

J. M. Bloom, *Paper before Print* (2001)

A. Demeerseman, *Une étape importante de la culture islamique: une parente de l'imprimerie arabe et tunisienne, la lithographie* (1954)

—— *L'Imprimerie en Orient et au Maghreb* (1954)

F. Déroche *et al.*, *Islamic Codicology*, tr. D. Dusinberre and D. Radzinowicz, ed. M. I. Waley (2005)

P. Dumont, ed., *Turquie: livres d'hier, livres d'aujourd'hui* (1992)

E. L. Eisenstein, *The Printing Press as an Agent of Change* (2 vols, 1979)

A. Gacek, *The Arabic Manuscript Tradition* (2001)

W. Gdoura, *Le Début de l'imprimerie arabe à Istanbul et en Syrie* (1985)

Y. Gonzalez-Quijano, *Les Gens du livre: édition et champs intellectuel dans l'Egypte républicaine* (1998)

E. Hanebutt-Benz *et al.*, eds., *Middle Eastern Languages and the Print Revolution* (2002)

N. Hanna, *In Praise of Books: A Cultural History of Cairo's Middle Class* (2003)

F. Hitzel, ed., *Livres et lecture dans le monde ottoman*, special issue of *Revue des mondes musulmans et de la Méditerranée, 87–88* (1999)

K. Kreiser, ed., *The Beginnings of Printing in the Near and Middle East* (2001)

M. Krek, *A Bibliography of Arabic Typography* (1976)

—— *A Gazetteer of Arabic Printing* (1977)

U. Marzolph, *Narrative Illustration in Persian Lithographed Books* (2001)

—— ed., *Das gedruckte Buch im Vorderen Orient* (2002)

B. Messick, *The Calligraphic State* (1993)

J. Pedersen, *The Arabic Book*, tr. G. French (1984; Danish original, 1946)

I. Proudfoot, 'Mass Producing Houri's Moles, or Aesthetics and Choice of Technology in Early Muslim Book Printing', in *Islam: Essays on Scripture, Thought and Society*, ed. P. G. Riddell and T. Street (1997)

N. A. Rizk and J. Rodenbeck, 'The Book Publishing Industry in Egypt', in *Publishing in the Third World*, ed. P. G. Altbach *et al.* (1985)

G. Roper, ed., *World Survey of Islamic Manuscripts* (4 vols, 1992–1994)

O. Sabev, 'The First Ottoman Turkish Printing Enterprise: Success or Failure?', in *Ottoman Tulips, Ottoman Coffee*, ed. D. Sajdi (2007)

P. Sadgrove, ed., *History of Printing and Publishing in the Languages and Countries of the Middle East* (2004)

K. Schaefer, *Enigmatic Charms: Medieval Arabic Block Printed Amulets* (2006)

A. Schimmel, 'The Book of Life – Metaphors Connected with the Book in Islamic Literatures', in *The Book in the Islamic World*, ed. G. N. Atiyeh (1995)

C. F. de Schnurrer, *Bibliotheca Arabica* (1811)

J. Skovgaard-Petersen, ed., *The Introduction of the Printing Press in the Middle East*, special issue of *Culture and History*, 16 (1997)

第41章
印度次大陆书籍史

阿比吉特·古普塔

1 手抄本

印度次大陆是世界上存在语言种类最多的地区。印度宪法承认 22 种官方语言，但印度的母语数量超过 1500 种，其中 24 种语言的使用者数量超过 100 万。对于这样一个多元化的群体，任何历史都是有选择性的和不完整的。对书籍来说也是如此，尤其是在前印刷时代。尽管早在 1556 年印度就首次出现活字印刷，但在将近两个半世纪之后，印刷品才得以渗透到手抄本书籍所构筑的知识世界中。这并不令人惊讶，因为印度手抄本书籍的历史很长，而且非常复杂，至少可以追溯到公元前 5 世纪。对手抄本书籍进行详细论述超出了本文的范围，但对其一些基本特征的了解是非常重要的。

佛教和耆那教等异教运动的兴起，在印度引发了一场从口述到读写的运动。正统的印度教并不重视文字，它的主要文本《吠陀》是以口述方式记忆和传播的（见第 2 章）。口头语言和文本的表演性被赋予了很大的意义。在后来的吠陀作品中，有一些技术术语可以作为写作的证据，但这一任务被分配给社会声望并不高的神职人员卡雅斯塔（Kayastha）的种姓人。另一方面，由于需要正确抄写佛陀和耆那教的教义，从公元前5世纪开始就形成了广泛的手抄本传统，其中真实性和经典性是主要的推动力，而不是为了印度手抄本实践中更普通的目标。《本生经》（Jatakas，关于佛陀的故事集）提到了木制写字板（phalaka）和木笔（varnaka），学校课程还会教写作（lekha）。佛教的手稿大多是在寺院和大学里制作的。中国旅行家法显在公元5世纪初访问印度时，在那烂陀寺看到了专业的抄写员在工作；两个世纪后，另一位访问该寺的中国人义净，据说带走了400部佛教手稿。同样，耆那教的抄写员是僧侣和新手，有时甚至是尼姑。

在古印度，已知最早的记录文本的载体是棕榈叶，即书写用伞干顶桐树叶（Corypha umbraculifera），它原产于印度南部的马拉巴尔海岸，其叶片围绕着中心肋状结构自然折叠。这种树被广泛种植，因为它的叶子也被用来做茅草屋顶，树液发酵后可制成棕榈酒。人们认为古印度从南方到北方有丰富的棕榈叶贸易，但这也意味着比哈尔邦和尼泊尔的佛教寺院在很大程度上依赖于棕榈叶的供应。关于印度各地普遍使用书写用棕榈叶的最早记载之一来自玄奘，他在公元7世纪描述了这种伞干顶桐树叶。大约在公元1500年，伞干顶桐树叶被扇叶树头桐叶取代，扇叶树头桐更容易种植，而且由于它的产品种类繁多，在商业上更有价值。在伞干顶桐树叶上书写时使用的是芦苇笔，而在扇叶树头桐叶上书写时使用的是铁笔。在划出凹槽后，涂上墨水，然后用沙子清洗。在北印度，桦树和芦荟的树皮似乎被广泛用于书写，前者在喜马拉雅山脉西部被人们使用，后者则在阿萨姆河谷。桦树皮在印度北方佛教和婆罗门教的梵文作品中经常提到（Buhler，1973）。写完后，完成的一叠树叶被串在绳子上，穿过预先挖好的孔，并由一对木头盖子保护。这种形式的书——被称为puthi或pothi——一直延续到19世纪中期，并有一些小的变化。例如，在尼泊尔，有价值的手稿的封面有时是用压花金属制成的，而耆那教的手稿则保存在白棉布制的袋子里。

中国很早就有了造纸术，但在13世纪初突厥人征服印度北部后，造纸术才通过突厥人传到了印度（见第10章）。在这一时期之前，喜马拉雅地区有一些造纸的证据，特别是在尼泊尔，但这些证据从未对棕榈叶手稿构成严重挑战。随着印度穆斯林统治的开始，纸张成为文字记录首选的载体，因为除了纸张之外，没有其他材料被认为适合书写阿拉伯语、波斯语和乌尔都语（见第40章）。这些语言中丰富的彩饰、插图和书法传统需要特别优质的纸张，有时不得不从伊朗等地进口。在装帧方面，使用的是皮革和木板，这些不能用于印度教的手稿。也许莫卧儿王朝手抄本传统的丰富性和复杂性是印刷术未能在北印度产生很大影响的原因之一，尽管如此，1580年阿克巴大帝还是收到了一份克里斯托弗·普朗坦的多语种圣经。这份历史性的礼物是葡萄牙耶稣会的一个代表团在法特普尔锡克里（Fatehpur Sikri）拜访皇帝时赠送的（见第 7 章）。作为极具象征性的回应，皇帝让自己的画师复制了《圣经》中的几幅雕刻图案。

虽然印度教和穆斯林的手抄本传统采取了一些不同的路线，但它们都有助于建立高度发达的通信网络。在印度教和佛教传统中，制作和拥有手稿的机会受到限制，但随着白话文的兴起，书写和阅读的文化得到了更广泛的传播。伟大的印度史诗《摩诃婆罗多》和《罗摩衍那》的例子表明，梵语的主导地位受到挑战后，新的解读群体是如何形成的，并创造了一种以书为媒介的"社会记忆"。另一方面，印度的伊斯兰手抄本传统是宫廷赞助的直接结果，因此也显得更华丽。鉴于《古兰经》在伊斯兰教中的核心地位，书法和彩饰等书籍艺术被赋予了最高的地位。在宫廷圈子之外，抄写员行会作为知识和信息的传播者，促成了一个强大的公共领域的诞生。

印刷术的出现并没有立即引发一场书籍大战。更多的时候，印刷书从手抄本书中得到启示，而且有一段时间两种形式都有空间。然而，统治权最终落入英国人之手，削弱了手抄本传统的文化和社会权威。在新的政治体制下，权力的声音从此将通过印刷品来表达。

2 早期印刷：从果阿到马拉巴尔海岸

印刷品是偶然出现在印度的。1556 年，葡萄牙国王若昂三世应埃塞俄比亚帝国皇帝的要求，派遣了一批耶稣会传教士携带一台印刷机前往该地。当船在印度西海岸的葡萄牙殖民地果阿停靠时，传来皇帝改变主意的消息。果阿的葡萄牙当局并不特别热衷将印刷术引入该地区，但他们发现自己不仅有印刷机，还有印刷师。印刷师叫胡安·德·布斯塔门特，一位来自瓦伦西亚的耶稣会修士，据说他身边还有一位在里斯本接受过印刷培训的印度助手（见第 9 章）。

第一本在果阿印刷的书是 1556 年的《结论与其他问题》(*Conclusões e outras coisas*)。遗憾的是，现无副本保留下来，这也是果阿早期出版物的共同结局。最早以印刷媒介呈现的印度语言是泰米尔语。鉴于果阿及其周边地区的通用语言是孔卡尼语，这可能显得有些奇怪。但在 1552 年死于果阿的方济各·沙勿略领导下的耶稣会，已经沿着科罗曼德尔海岸建立了一个广泛的耶稣会传教网络，并为 1 万多名讲泰米尔语的帕拉瓦人洗礼。新技术的一个关键人物是葡萄牙犹太人亨里克·亨里克斯，他用泰米尔文字编写了五本书，以及一本泰米尔语法和词典。1577 年，亨利克的第一本书在果阿印刷，即《泰米尔语教理问答》，是对 1539 年葡萄牙语教义的翻译本。这本书不仅是第一本用印度字体印刷的书，而且是世界上第一本用非罗马金属字体印刷的书。该书的泰米尔字体由西班牙人胡安·贡萨尔维斯制作，他曾是铁匠和钟表匠，在 1562 年进入耶稣会的泰米尔婆罗门神父佩罗·路易的帮助下，制作了这批字体。

布斯塔门特应葡萄牙耶稣会的要求，在果阿的圣保罗学院建立了一个印刷厂，早期发行的出版物大多有该学院的版本。这一时期活跃在果阿的其他印刷商有若昂·德·恩德姆和若昂·昆昆西奥。他们的产出并不算多，在传教士活动的圈子之外几乎没有影响。印刷对普通人来说是一项陌生而昂贵的活动，在当地人们只是礼节性地表示兴趣，而完成的产品——印刷书——则被视为教会仪式的一部分。即使在传教士的圈子里，印刷的礼节性质和潜力也只是得到部分的赞赏。在果阿的背景下，印刷书似乎只被看作一种传教的工具。根据普里奥尔卡（Priolkar）的说法，"只要充分认识到当地语言对传教的重要性，印刷活动就会继续繁荣"（Priolkar，23）。1606 年的省议会（Concílio Provincial）强化了这一点，它规定除非学会当地语言，否则任何教士都不会被安排负责教区。然而，普里奥尔卡认为，这一规定在 17 世纪被不断削弱，直到 1684 年葡萄牙殖民当局颁布的一项法令，要求当地居民放弃使用他们的母语，三年内改用葡萄牙语。因此，在大约同一时间，即 1674 年，印刷业在果阿停滞不前也就不足为奇了。又过了一个半世纪，印刷业才在 1821 年重新开始。

下一次重要的印刷活动发生在印度东海岸的特兰奎巴，1706 年丹麦路德教会传教士巴塞洛缪·齐根巴尔格的到来掀起了这场印刷活动。距离最近的埃拉库里奇耶稣会传教所约 80 千米，两个敌对的传教所之间开始了一场争夺当地人民心灵的战斗。

齐根巴尔格花了很长时间与一位印度教徒学习当地的语言和习俗。他给他的上级机构——基督教知识促进会写信说：

> 我必须承认，我的校长……经常向我提出这样的哲学问题，真的让我相信……某人可能会发现一些非常适合的东西，以满足欧洲许多有学问的人的好奇心……我们希望能让他接受基督教知识，但他仍然认为，我们总有一天会变成马拉巴尔人（Malabarians）。（Priolkar，37）

他派使者到很远的地方，从有学问的婆罗门的遗孀那里买书，并留下了关于手稿的详细描述：

> 至于这些书的外表，与欧洲的书有很大不同。当地人既没有纸，也没有皮革；既没有墨水，也没有笔，而是用铁器把字印在某种树的叶子上，这种树很像棕榈树。在每片叶子的末端都有一个洞，通过这个洞拉出一根绳子，从而使整组叶子整合在一起。（Priolkar，39）

1706年至1711年，齐根巴尔格曾多次写信给基督教知识促进会，要求提供印刷机：

> 我们衷心希望能得到一台马拉巴尔语印刷机和一台葡萄牙语印刷机，以节省开展这项工作所需的抄写书籍的昂贵费用。到目前为止，我已经在家里雇用了六位马拉巴尔语抄写员……诚然，我们从马拉巴尔"异教徒"那里得到的那些书必须全部抄录下来，或者用现成的钱买来，如果人们愿意卖掉的话。但那些规定了我们神圣宗教的基础，并将散布在异教徒中的书，必须为这一目的而仔细印刷。（Priolkar，40）

齐根巴尔格的举动非常精明，他认为书的形式和内容是不可分割的，必须采用"卓越"的印刷技术来赋予基督教教义同等的优越性。被他的论点所说服，基督教知识促进会于 1711 年给齐根巴尔格送了一台印刷机，还有一名印刷师约纳斯·芬克（Jonas Finck）。载有印刷机和印刷师的船只在好望角遭到法国人的拦截，印刷师芬克在好望角失踪，随后船只改道前往了里约热内卢，经历许多变故后，来到了印度。恰好他们找了一名士兵做印刷工作，于是 1712 年 10 月开始了印刷。

该印刷厂的最高成就是齐根巴尔格在 1715 年翻译的泰米尔语《新约》——第一部以印度地区的语言翻译的书籍。该书的字体与棕榈叶手稿中的字母非常相似，而使用的语言则是在特兰奎巴及其周边地区使用的通俗泰米尔语。该字体最初在德国的哈雷铸造，但后来有必要为齐根巴尔格的各种出版物铸造更小的字体。人们在波拉尤尔建了印度第一家铸字厂，随后又于 1715 年建了印度第一家现代造纸厂。有了这些，路德教会在印刷方面达到了一定程度的自给自足，不再完全依赖来自德国的漫长供应链。这种自给自足的能力可以从印刷机的高印刷量中得到体现。从 1712 年到 1720 年有 65 种书，接下来的 10 年里又有 52 种，18 世纪总共有 338 种。该传教使团还收到了在斯里兰卡的荷兰人提出的以泰米尔语和僧伽罗语印刷的请求。据报道，科伦坡的一家印刷厂是由特兰奎巴字体的铸造者之一彼得·米克尔森（Peter Mickelsen）建立的。在锡兰印刷的第一本书是 1737 到 1738 年为东印度公司制作的八开本僧伽罗语祈祷书。

耶稣会的情况又如何呢？ 1717 年，生性有趣却饱受争议的 C. G. 贝斯基（C. G. Beschi）来到特里奇诺波利附近的埃拉库里奇，并在那里待了 30 年。尽管他插手当地政治并有卖弄的习惯，但他无法筹集足够的资源来对付资金充裕的路德教派，所以被迫退而求其次，依靠棕榈叶手稿。他的武器库中唯一的武器是他对泰米尔语极其渊博的知识，接下来是一场书籍之战——手抄本对印刷品，耶稣会对路德会，纯洁对污染。在许多方面，他预见了 19 世纪孟加拉的文学与印刷这两个对立的知识世界之间的冲突。尽管贝斯基对他的对手们不完善的泰米尔语知识和错误的圣经翻译嗤之以鼻，但他的事业失败了，很快耶稣会士在该地区撤退，把地盘留给了新教徒。

在特兰奎巴和科伦坡之后，印刷的场地转移到了马德拉斯（现在的钦奈）。本杰明·舒尔茨（Benjamin Schultze）在马德拉斯郊外的维佩里设立了基督教知识促进会出版社的一个分部。到了该世纪中叶，该分部由约翰·菲利普·法布里奇斯负责。1761 年，艾尔·库特爵士领导的英国人成功地将法国人围困在本地治里[①]，战利品中有一台法国总督府缴获的印刷机。这台印刷机很可能是用于耶稣会的印刷，所以它的丢失进一步打击了耶稣会在该地区的发展。库特把印刷机和印刷工带到了马德拉斯，法布里奇斯说服他把印刷机捐给基督教知识促进会，条件是来自圣乔治堡——马德拉斯辖区所在地——的印刷订单将优先于传教工作的订单。很快，基督教知识促进会就获得了自己的印刷机，英国的战利品被送回了圣乔治堡，随后被重新命名为政府出版社，而维佩里出版社现在变成了基督教知识促进会出版社。1779 年，法布里奇斯就是在这家出版社印刷了他著名的泰米尔语 – 英语词典。1793 年，该出版社出版了《天路历程》的泰米尔语译本，这是一个双语版本，每页的左边是英语，右边是泰米尔语。

在许多方面，本地治里出版社的命运都象征着 18 世纪中期印度发生的重大变化。库特的军事行动对法国的殖民愿望造成了决定性的打击，为英国人铺好了殖民的道路。就在 4 年前，即 1757 年，罗伯特·克莱夫在孟加拉的普拉西赢得了一场历史性战役，击败了孟加拉最后一个独立的纳瓦卜（nawab，印度土邦领主），为东印度公司在印度的领土扩张铺平了道路。随着行政中心在加尔各答、马德拉斯和孟买三个辖区的建立，印刷业成为殖民化进程中不可或缺的组成部分。迄今为止，一直倡导印刷的传教士突然发现他们的工作被政府主导的印刷迅速超越了。

3 东方的印刷业：塞兰波尔和加尔各答

如果说宗教是印刷术进入西印度和南印度的幕后推手，那么孟加拉的最初冲动几乎完全是政治性的。1778 年，东印度公司的公务员纳撒尼尔·布拉西·哈勒赫德制作了第一本孟加拉语字体的印刷书《孟加拉语的语法》（ *A Grammar of the Bengal Language* ）。最初，威廉·博尔茨被要求设计孟加拉语字体，但他的设计并不符合哈勒赫德的要求。然后，这项任务被委托给查尔斯·威尔金斯（Charles Wilkins），他也

---

① 本地治里是一座印度城市，其中央直辖区过去是法属印度定居点。

是东印度公司的公务员，在铁匠潘卡南·卡尔马卡尔和印章与宝石切割师约瑟夫·谢泼德的帮助下，铸造了这种字体。印刷是在胡格利的一台印刷机上进行的，可能是由一个叫约翰·安德鲁斯的人拥有的。东印度公司自己支付了印刷费用，方式有点吝啬。

到 1800 年底，在加尔各答工作的印刷商有 40 人。这不仅在印度，而且在整个南亚都是史无前例的。尽管马德拉斯的印刷厂仍主要掌握在政府手中，但加尔各答却有大量的私营企业家开设了印刷厂。期刊印刷业几乎在一夜之间崛起，这一点也很引人注目。在 1780 至 1790 年期间，加尔各答共发行了 17 种周刊和 6 种月刊。该市几乎所有的印刷商都在某个时期与期刊出版业有关。其中最重要的是詹姆斯·奥古斯都·希奇，他是印度第一份报纸——《孟加拉公报》（*Bengal Gazette*，1780）的编辑，他因无畏地——有时是粗鄙地——批评管理委员会而入狱。就图书出版而言，安德鲁斯的出版社经过马尔达来到加尔各答，并获得了一个新的名字——荣誉公司出版社（Honourable Company's Press），由查尔斯·威尔金斯经营。这家出版社出版的书籍占了 1800 年之前在加尔各答印刷的所有书籍的 1/3，其中包括新成立的亚洲协会（Asiatic Society）的期刊《亚洲研究》（*Asiatick Researches*）。然而，书籍和期刊并不是加尔各

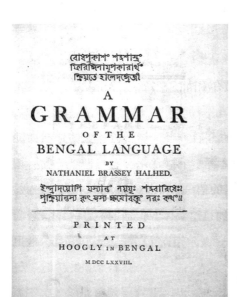

图 57 英国人首次使用孟加拉语字母。N. B. 哈勒赫德，《孟加拉语语法》（1778）。藏于牛津大学博德利图书馆（EE 48 Jur.，标题页）。

答印刷业的主要收入来源。文具、法律和商业表格、传单等是他们业务存续的主要内容，这进一步表明了该行业正在走向成熟。该行业最具特色的产品是历书，有伊斯兰教、印度教和基督教三种不同的历书。事实上，历书方面的销售在孟加拉图书业中依然是有利可图的。

材料和设备类型、纸张、墨水和印刷机都必须从欧洲进口，但一些字体是在当地制造的。丹尼尔·斯图尔特和约瑟夫·库珀二人为自己的纪事出版社（Chronicle Press）建立了一个铸造厂。除了孟加拉语之外，这家铸造厂还生产戴瓦纳嘎瑞（Devnagari）和波斯悬体字体，后者被用于波斯语印刷。纸张的供应仍然是个问题。优质的纸张必须从英国进口，而巴特那能提供的是当地手工制作的纸张，其价格要便宜得多。这一时期，在加尔各答建立造纸厂的几次尝试都没有成功。加尔各答威廉堡学院的校长、印度斯坦出版社的创始人约翰·博斯威克·吉尔克里斯特并不是唯一一个对印刷商的不择手段和欺诈行为大为抱怨的人，他提到了"东方文学充满海妖的海岸上存在的排版流沙和漩涡"，并对他的孟加拉助手的"永恒的背叛行为"表示遗憾（Shaw，1981，24—25）。

1800 年的两个事件对南亚和东南亚的印刷业产生了重大影响。第一件事是在加尔各答建立了威廉堡学院，以培训在东印度公司工作的英国人。第二件事是由威廉·凯里在塞兰波尔（距加尔各答 25 千米）建立了浸礼会传教所，他曾是一名皮匠，于 1793 年到达加尔各答。他在印度的头几年是在马尔达度过的，在一位蓝靛植物的种植者手下工作，并向他的语言老师巴苏学习孟加拉语和梵文。他早期试图在英属印度建立传教所的计划失败了，因为东印度公司对传教活动有敌意。最终，凯里被允许在丹麦人控制的塞兰波尔（当时称为弗雷德里克斯纳加尔）建立传教所，在那里他与另外两名浸礼会成员威廉·沃德和约书亚·马什曼一起工作。在此期间，凯里得到了一台木制手压机，这要归功于乔治·乌德尼的资助，他就是支持凯里及其家人的蓝靛植物种植者。

塞兰波尔传教所于 1800 年 1 月 10 日成立。同年 8 月，《马太福音》的孟加拉语译本出版了。大约在同一时间，凯里加入了威廉堡学院，担任孟加拉语和梵文的教师，工资为 500 卢比。这个曾被政府拒绝的传教士成了培训拉吉王朝未来精英的合作伙伴。

凯里和他的助手们的努力很快使塞兰波尔传教所出版社成为亚洲最重要的印刷中心。潘卡南·卡尔马卡，这位由威尔金斯培训的金匠，被凯里从科尔布鲁克那里"借"了过来，然后被软禁在塞兰波尔。在潘卡南和他的女婿马诺哈尔的帮助下，1800年3月，凯里成立了一家字体铸造厂。在最初的10年里，该铸造厂至少生产了13种语言的字体。印刷厂由沃德直接负责，他对印刷厂的日常运作留下了详细的记录。在1811年的一封信中，他写道：

> 你进去时，看到你的表弟在一个小房间里，身穿白色外套，正在阅读或写作，然后看了看这个长度超过170英尺的房间。看到印度人在那把经文翻译成不同的语言，并在修改校对表。你观察到排字箱里摆放着阿拉伯文、波斯文、纳加里文、泰卢固文、旁遮普文、孟加拉文、马拉地文、中文、奥里雅文、缅甸文、坎纳拉文、希腊文、希伯来文和英文的字体。穆斯林和基督教印度人正忙着排字、改稿、分销。接下来是四个人印刷出不同语言的经文，其他人折叠经文并将它们送到大仓库，六个穆斯林负责装订工作。在办公室外有各种字体铸造工，还有一群人在制作墨水，一个宽敞开口的圆形场所就是我们的造纸厂，因为我们自己生产纸张。（Koschorke，59—60）

不出所料，《圣经》的译本占出版物的大部分。从1800年到1834年，塞兰波尔出版社印刷了近50种语言的圣经，其中38种由凯里和他的伙伴在塞兰波尔翻译。共有117个版本，其中25个是孟加拉语版本。从东部的印度尼西亚到西部的阿富汗，该出版社向该地区几乎所有重要的浸信会布道团提供了圣经。从1813年的报告来看，马来语的罗马字体圣经印刷工作正在筹备中，还为爪哇副总督制作整个阿拉伯语版圣经的五卷重印本。1816年的备忘录声称，一本中国的《摩西五经》已经出版，"经过多次实验，新的可移动金属活字大获成功"。1820年的报告记录了普什图语《新约》的印刷，以及一家造纸厂的建立："经过12年的实验，现在用印度生长的材料制成的纸虽然颜色较差，但与英国纸同样不受虫蛀，而且结构更坚固。"（Grierson，247）

也许比《圣经》更有意义的是两部伟大史诗《罗摩衍那》和《摩诃婆罗多》的孟加拉语译本。这些译本于1802年至1803年出版，标志着这些史诗首次以语言的印刷形式出现。该出版社还出版了字典、语法书、对话体或口语书、梵文短语书、哲学书、印度教神话故事书、小册子和第一份孟加拉语报纸《新闻镜报》(*Samachar Durpun*)。这份每周两期的双语(孟加拉语和英语)报纸于1818年5月出版。根据传教士们的计算，从1800到1832年，塞兰波尔出版社共发行了涉及40种语言的212万份印刷品。

除了传教士自己的出版物外，该出版社还接到了威廉堡学院的订单。在19世纪的前20年里，该学院在制作所有主要印度语言的语法和词典方面发挥了重要作用，这项工作由印度和欧洲学者共同完成。总共有38部这样的作品，涉及阿拉伯文、波斯文、梵文、乌尔都文、布拉吉文、孟加拉文、马拉地文、奥里亚文、旁遮普文、泰卢固文和卡纳达文。另一个重要类别是古代印度的故事和诗篇被翻译成现代语言，特别是翻译成乌尔都语和孟加拉语，供课堂使用。该学院的出版计划有两个目的：一是为学生制作教科书，二是鼓励对没有直接教学价值的书籍进行学术性编辑。除了传教士出版社，还有两家出版社为学院印刷。第一家是约翰·吉尔克里斯特(John Gilchrist)的印度斯坦出版社，该出版社专门从事波斯语 – 阿拉伯语的印刷工作，尤其用波斯悬体字体。第二家是巴伯伦·希玛(Bāburām Śarmmā)的梵文出版社，他是第一个在孟加拉拥有出版社的印度人(1814至1815年由拉卢拉尔接任，他也是该学院的一名教师)。1808年，该学院指出：

> 一家由印度学者建立的印刷厂，配备了完整的不同尺寸的改进型Nagree字体，用于印刷梵文书籍。在学院的鼓励下，这家印刷厂承担了最好的梵语词典版本的编辑工作，并汇编了梵文的语法规则。(Das，1978，84)

该学院的出版物在课堂和欧洲圈子之外没有什么影响。加尔各答学校书籍协会(Calcutta School-Book Society，成立于1817年)填补了这一空白，该协会开始委托出版一些最早的孟加拉语和英语的世俗学校教科书。它的成立情况与同年的印度教学院的成立相近。半个多世纪以来，加尔各答学校书籍协会出版了数百种书籍，"廉价或无偿提供给学校和神学院"。重要的是，该协会的章程规定，其目的不是"提供宗教书籍，但这一限制远不是为了排除提供道德倾向的书籍"（《加尔各答学校书籍协会章程》第三条）。从 1821 年起，该协会得到了政府的每月补助，几年后，它在拉尔巴扎建立了自己的出版社和书籍存放处。1823 年，加尔各答基督教小册子和书籍协会（Calcutta Christian Tract and Book Society）成立，向传教士援助的白话文学校提供书籍。在很短的时间内，该协会就出版了大量的小册子，其印刷量经常达到五百万册。基督教白话文学协会（Christian Vernacular Literature Society）也发挥了类似的作用。但对教科书贸易影响最大的人是学者和改革家伊斯瓦昌德拉·维迪亚萨加。在威廉堡学院任教时，他于 1847 年与他的同事马丹莫汉·塔尔卡兰卡尔一起创办了梵文出版社（Sanskrit Press）。两人都出版了具有传奇色彩的孟加拉语初级读物：维迪亚萨加出版了 *Barcaparicay*（1855）的两部分，马丹莫汉出版了 *Śiśuśikiā*（1849）。1890 年，这两本初级读物的第 149 版和第 152 版分别发行，这足以衡量它们的受欢迎程度。维迪亚萨加将孟加拉语的排版改革为 12 个元音和 40 个辅音的字母，并设计了所谓的"Vidyāsāgar saat"或铅字盘，以便提高排字的便捷性。

到 19 世纪中叶，印刷业已扩展到阿萨姆邦，浸礼会传教士在那里设立了一家出版社，并于 1846 年创办了第一份阿萨姆语期刊《阿鲁诺德》（*Arunoday*）。经过缓慢的开始，达卡的印刷业在 19 世纪下半叶爆发了，到 1900 年，吉里什出版社（Girish Press）印刷了 500 多种刊物。孟加拉的图书业已经大到需要编纂书目才能控制。语文学家和民族学家詹姆斯·朗在 19 世纪 50 年代编纂了三部印刷作品书目，这是印度的第一部此类书目。他的《孟加拉作品描述性目录》（*Descriptive Catalogue of Bengali Works*，1855）包含 1400 条关于孟加拉语书籍和期刊的书目。其中很大一部分书目属于教科书、译本、字典、语法书、法律书籍和宗教文学等类别，但流行书籍业也很繁荣。这通常被称为"Bat-tala 贸易"，指的是加尔各答北部地区，这些书籍大多在那里印刷。根据詹姆斯·朗的说法：

在欧洲的商店里几乎没有卖孟加拉书的。一个人可能在加尔各答待了 20 年，却几乎不知道有任何孟加拉语书籍是由孟加拉人自己印刷的。他必须到城里本地人居住的地方和奇普路，即他们的帕特·诺斯特街，才能获得这方面的任何信息。当地的出版社一般都在巷子里，外面没有什么吸引人的地方，但他们的生意却很红火。（Ghosh，118）

这种新文学的先驱之一是甘加基索·巴塔查亚（Gangakiśor Bhattāchārya），他被认为是第一位孟加拉印刷商、出版商、书商和报纸编辑。他在传教会出版社开始了他的生活，1818年，他成立了自己的孟加拉格泽蒂出版社（Gezeti），并在1816年负责印刷了孟加拉第一本插图书，即巴拉特昌德拉（Bhāratcandra）的《阿嬷达颂》（*Annadāmangal*）。

故事、轻快的诗句和滑稽戏是流行书籍业印刷的常见例子，詹姆斯·朗不以为然地记录说，其中许多涉及色情主题，"相当于法国那种最差的作品"（Ghosh，87）。尽管朗持保留意见，流行书籍业印刷业是完全本土化的，没有受到传教士或改革派价值观的控制。然而，直到19世纪中叶，出版业才具有真正的商业性质。1857年，朗列出了该地区的46家印刷厂印刷了各种类型的作品，如年鉴、神话文学、滑稽戏、曲谱、医疗文本和排版独特的穆斯林孟加拉语作品。最后一个类别尤其引人注目，因为它保留了手抄本的一些特征。事实上，许多流行书籍的产品显示了对手抄本书籍和印刷书形式的不同坚持，特别是在标题页的处理上，其副文本的过多篇幅似乎预示着对所有权、权威性和必然性的某种混淆。虽然流行书籍文学产品的价值往往有很多不足之处，但其流派的活力和生命力是毋庸置疑的。流行书籍出版物有意识地与印刷品的道德化和改革主义议程保持距离，并毫不掩饰地出版色情、丑闻、时事、打油诗和歌曲集等次级类型的书籍。事实证明，这些作品让改革派的游说者很不高兴，他们在1856年推动并成功地通过了一项法案，禁止公开销售或展示淫秽书籍和图片。此后不久，朗满意地报告说，有三个人因出售达沙拉提·罗伊的一本淫秽歌曲集而被捕，该书以4印度安那的价格售出了3万册。最高法院对卖家处以1300卢比的罚款，这在当时是一笔不小的数目。这一出版后的审查制度实际上是一系列限制印刷品的官方措施中的第一项——这一举措在1857年英军中的印度士兵起义失败以及随后英国王室接管印度后变得更加紧迫。迪纳班杜·米特拉的《蓝栽镜》（*Nīl-darpaca*）的英译本引起了轩然大波，这是一部严厉批评蓝靛植物种植主的戏剧，因此事情陷入了危机。在种植主的反诽谤诉讼成功后，朗因其在促进翻译方面所起到的作用而入狱（一个月）。因此，《印度新闻和书籍登记法》（*Indian Press and Registration of Books Act*，1867）规定，英属印度的所有出版物都要进行登记，这一点并不令人惊讶。该法案是印度印刷史上的一个分水岭，事后来看，该法案可以说确认印刷品已真正成为印度日常生活的一部分。

4 支配印刷业的其他中心：孟买和马德拉斯

印刷术早在 1556 年就出现在果阿，但却绕过了距离 800 千米的孟买。尽管有一些证据表明古吉拉特商人比姆吉·帕雷赫在 1674 年建立了一家印刷厂，但佩什瓦时期的马拉地人似乎对印刷不感兴趣。在此之后，印刷业中断了一个多世纪，直到 1780 年，鲁斯托姆·卡萨吉印刷了《1780 年主年日历》（*Calendar for the Year of Our Lord for 1780*），这是一本 34 页的出版物，定价为 2 卢比。

在该世纪的最后几年，信使出版社（Courier）是孟买最重要的出版社，它印刷的期刊《孟买信使》（*The Bombay Courier*）可能始于 1791 年。《孟买信使》在 1797 年刊登的一则广告被认为是第一份以古吉拉特语书写的广告，其字体是由一位名叫吉吉布哈伊·查普格的出版社雇员铸造的。罗伯特·德拉蒙德在 1799 年写了一本《马拉巴尔语语法》（*Grammar of the Malabar Language*），吉吉布哈伊也为他铸字，他称赞德拉蒙德是一位"聪明的艺术家，除了从钱伯的《艺术与科学词典》（*Dictionary of Arts and Sciences*）中收集到的信息外，他没有得到任何其他帮助，几年前成功地完成了古吉拉特语字体的制作"（Priolkar，73）。第一批马拉地文字也被认为出现在 1802 年 7 月《孟买信使》的一则广告中。最早的古吉拉特语出版社是在 1812 年由费尔敦吉·马尔扎巴恩创办的，他经常去信使出版社拜访他的朋友吉吉布哈伊，并受到他的启发，创办了自己的印刷厂。费尔敦吉的印刷厂印刷的第一本书是 1814 年的历书。

与孟加拉一样，传教士也很快出现。1813 年，尽管他们被加尔各答拒之门外，但却被总督埃文·内皮恩爵士允许在孟买开设传教所。1816 年，他们从加尔各答购置了一台木制印刷机和一套马拉地语字体库开始了印刷工作，1817 年用这台印刷机生产了一份 8 页的《圣经》小册子。在接下来的 20 年里，该出版社的规模稳步增长，直至雇用了 25 名员工。它有自己的铸字厂，可以铸造至少 9 种语言的字体，还有一个装帧厂和一个平版印刷厂。由于年轻学徒托马斯·格雷厄姆的聪明才智，到 19 世纪 30 年代中期，该印刷厂已经能够生产出大大改进的马拉地语和古吉拉特语的字体。19 世纪 40 年代，在印度西海岸的芒格洛尔也开始了印刷业。1836 年，一个来自巴塞尔的传教所在那里成立；1843 年，第一份卡纳达语报纸就出自该传教所的印刷机。

在 1818 年第三次决定性的英马战争（Anglo-Maratha War）结束时，英国政权取代了马哈拉施特拉邦（Maharashtra）的佩什瓦人。新政权成立了孟买教育协会（Bombay Education Society），其任务是编写白话文教科书。在一群夏斯特里（shastri）[①]、班智达（paṇḍit）[②]和穆师（munshis，即教师）的帮助下，该协会于 1824 年编写了第一本《马拉地语词典》（Shabdakosh）。马拉地语字体的供应问题反复出现，因此，政府启动了一家拥有六台机器、负责平版印刷的单位。1826 年他们发现库尔诺尔石特别适合平版印刷，这一发现大大促进了平版印刷的发展。在一段时期内，平版印刷在政府部门比排版印刷更受欢迎，主要原因是现有的字体尺寸大，轮廓粗糙。就私人举措而言，帕西书籍业率先建立了印刷厂。因此，印度西部的商业印刷文化首先以古吉拉特语而非马拉地语发展起来。维娜·纳雷格尔认为，马拉地语印刷文化发展缓慢的主要原因是高种姓人群厌恶与印刷贸易相关的体力劳动。

在 19 世纪中期，有两个人改变了马拉地语印刷的面貌。1840 年，甘帕特·基斯纳吉造了一台木制手工印刷机，并开始尝试制墨和设计字体。为了印刷他库存中的印度教年鉴，他设计并铸造了马拉地语和古吉拉特语的改良字体。在鲍·马哈詹于 1843 年建立出版社之前，基斯纳吉的出版社是政府和传教士圈子之外唯一的马拉地语书籍生产商。他"为出版神圣和'流行'的殖民前文本所做的开创性努力暗示了许多趋势，这些趋势是新兴的方言生产领域的特征"（Naregal，185）。鲍·马哈詹的普拉巴卡尔出版社印刷了进步的期刊。另一方面，排版改革的任务由贾维吉·达达吉承担，

---

① 教授印度教经典的人。

② 佛教术语，意为学识渊博的大学者。

他在美国传教士出版社开始了他的职业生涯，后来加入了印度普拉克什出版社（Indu-Prakash Press）。1864 年，他开办了一家小型的铸字厂，并于 1869 年成立了尼尔纳亚 – 萨加拉出版社（Nirnaya-Sagara Press）。与他的朋友拉诺吉·拉奥吉·阿鲁一起，他为马拉地语、古吉拉特语和梵语的排版设定了非常高的标准。

马德拉斯成为印度 19 世纪印刷文化无可争议的中心之一，不过也必须提到坦焦尔的大公塞尔福吉二世（Maharaja Serfoji II）。1805 年，他在自己的宫殿里开办了一间印刷厂，印刷了 8 种马拉地语和梵语的书籍。但是在马德拉斯，随着 1812 年圣乔治堡学院的建立，"教士、印刷和公共赞助之间的关系得到了巩固"（Blackburn，74）。随后，马德拉斯学校图书协会（Madras School Book Society）于 1820 年成立，为传教士开办的学校的学生提供服务。基督教知识促进会的维佩里出版社继续活跃，与马德拉斯男性庇护所出版社（Madras Male Asylum Press，成立于 1789 年）一起，占了期刊印刷的主要份额。在维佩里出版社的建议下，政府决定面向当地金匠开展字体切割培训，由此诞生了印度第一种泰卢固语字体。然而，泰卢固语印刷业的发展却因各种译文相互竞争的混乱状态而受到阻碍，例如，传教士使用的泰卢固语是各种方言和风格的混合体，而印度教学者却没有注意到这一点。这种混乱使泰卢固语印刷品的出现推迟了近半个世纪。

1812 年圣乔治堡学院的成立标志着学者们进入了印刷世界，并开启了印刷和手稿这两个世界之间的精彩交锋。例如，1812 年泰米尔史诗《蒂鲁古拉尔》（*Tirukkurāl*）的出版历史表明了人们为在印刷本中真实再现手稿特点，利用了手稿书编辑和文本模式的方式。随着学者们纷纷被征召到学院任教，在最初的 20 年里，出版社出版了 27 本书，大部分是使用泰米尔语和泰卢固语。更重要的是，教师们开始熟悉印刷品，而这种熟悉后来被用于文学文化的彻底重塑。从 19 世纪第三个 10 年开始，一些"学者出版社"开始出现，如艾亚尔兄弟于 1834 年创办的卡尔维 – 维拉卡姆出版社、蒂鲁·文卡塔卡拉·穆塔利雅尔的萨拉斯瓦蒂出版社，以及贾夫纳著名泰米尔学者阿鲁马卡·纳瓦拉创办的维迪亚 – 安巴拉纳 – 扬特拉 – 萨拉出版社（即知识保存出版社，其剩余的部分至今仍然存在）。其中许多出版社在塑造公众舆论方面发挥了重要作用，特别是在 19 世纪 40 年代的反传教士运动中。这一时期的另一个重要发展是以几种语言——

欧洲和印度语言——代表几乎所有政治和社会观点的新闻业的崛起。到 19 世纪中叶，泰米尔语的印刷品几乎涵盖了所有的主要体裁，标准化的正字法也已基本到位。1862 年，美国传教士出版社的米隆·温斯洛牧师出版了具有里程碑意义的泰米尔语－英语词典，亨特为这本字典制作的铅字是泰米尔语排版最高水平的标志。3 年后，传教士约翰·默多克编制了第一本泰米尔语印刷书籍的书目。

5 印度北部的印刷业

印刷术在 19 世纪前 1/3 的时间里开始向西传播，走的是平版印刷而不是排版的路线。平版印刷特别适合于乌尔都语和波斯语的印刷，因为它是一种廉价的技术，并且"再现了书法家的优雅的书法，而书法家则得到了低薪的工作"（Orsini，2004，437）。与印度字体发展有关的问题可以通过平版印刷的新技术得到解决，到 19 世纪中期，勒克瑙和坎普尔成为整个南亚地区平版印刷的主要中心。

这并不是说印地语出版中没有排版。梵文天城体（印地语和许多印度语言的书写字体）的印刷可以追溯到 17 世纪，但它的出现是零星的，直到塞兰波尔传教士开始使用天城体字体大量印刷北印度语言和方言。在印刷厂最初 30 年发行的 212 万卷书中，多达 6.5 万卷使用了天城体印刷技术。孟买也出版了大量的梵语天城体印刷品，但是以马拉地语和梵语为主。在欧洲，对印度研究的兴起也催生了高质量的梵文天城体印刷品，特别是在德国，施莱格尔和博普在 19 世纪 20 年代制作了《薄伽梵歌》（*Bhagavadgītā*）和《益世嘉言》（*Hitopadeśa*）的各种版本。由于梵文天城体的重修，加尔各答和贝拿勒斯（瓦拉纳西）的印刷商也能够印刷尼泊尔语的书籍。

1817 年，印刷业来到了勒克瑙，当时皇家出版社（Matba-i Sultani）成立了，但直到 1830 年平板印刷术的出现，印刷业才真正开始。那一年，坎普尔的亚洲平版印刷公司（Asiatic Lithographic Co.）的主管亨利·阿彻应邀在勒克瑙建立了一家印刷厂。一开始，因为书籍通常是根据作者或赞助人的订单出版的，因此该行业商业化程度不高。尽管如此，到 19 世纪 40 年代，该市已有数十家平版印刷厂在运营，其中最主要的是穆卡拉法·卡恩的穆斯塔法伊出版社（Mustafai Press），该出版社出版昂贵的书籍以及流行的图书种类，最初是在加尔各答的威廉堡学院为教学目的而出版的，但很快就成为波斯语和乌尔都语商业出版的主力军。一本特别受欢迎的书是《鹦鹉的故事》（*Tuti nāmā*），1804 至 1883 年期间，至少有 15 个不同的版本在加尔各答、孟买、马德拉斯、坎普尔、勒克瑙和德里出现。

由于教科书协会和传教士的活动，印刷术也传播到附近的城镇和驻扎有军队的地方，如阿格拉、阿拉哈巴德、米鲁特和拉合尔。1838 年，一个总部设在阿格拉的西北省份的教科书协会成立了。同年，在贝拿勒斯成立了一个传教士教科书协会。然而，勒克瑙的印刷业随后受到了两次重大打击。1849 年，纳瓦布·瓦吉德·阿里·沙阿对印刷业实施了临时禁令，结果许多印刷厂转移到坎普尔。随后，1857 年发生了印度士兵起义，导致了贸易的进一步不稳定。这种状况的一个受益者是阿格拉的纳瓦尔·基肖尔·巴尔加瓦，他于 1858 年在勒克瑙成立了纳瓦尔 – 基肖尔出版社，当时这个领域几乎没有任何竞争。语言教师纳瓦尔·基肖尔以乌尔都语记者的身份开始了他的职业生涯，并在拉合尔的科依诺尔出版社工作时学会了印刷流程。在勒克瑙，他开始印刷乌尔都语书籍，但很快就成为该市印地语印刷的先驱。更重要的是，他得到了英国人的支持，这意味着该出版社得到了政府的大部分订单，尤其是利润极其丰厚的教科书合同。在 19 世纪 60 年代，该出版社发行了著名的印地语经典的廉价版本，每次印刷数千册，随后是梵文经文的印地语翻译，以及带有印地语注释的梵文文本的双语版本。另一个重要的印地语印刷中心是贝拿勒斯，但到 19 世纪 70 年代，那里才发展出一个完全成熟的印刷文化。这主要是由于杰出的巴拉腾杜·哈里斯坎德拉的努力，他在其短暂但极富创造力的一生中撰写并出版了各种可能的文学流派的作品。在他的带领下，罗摩基斯那·瓦尔玛等人也紧随其后，他们的巴拉特吉万出版社（成立于 1884 年）专门出版婆罗门诗歌以及孟加拉小说的译本，后者为"19 世纪 90 年代贝拿勒斯小说写作的爆发"铺平了道路（Orsini，2004，120）。

6 印刷品与国家

到了 19 世纪和 20 世纪之交，印刷品几乎遍及印度次大陆的每一个角落，并形成了一个非常发达的生产和销售网络。公共图书馆和阅览室的兴起为印刷品的消费创造了新的空间。加尔各答公共图书馆（成立于 1836 年）通过让其用户（包括印度人和英国人）参与决策，特别是采购方面的决策，展示了印度图书业的发展情况。识字率的逐步提高和新解读群体的形成创造了新的品位和阅读习惯，这在印度小说的惊人崛起中体现得最为明显。这方面的先驱是孟加拉作家班基姆·钱德拉·查特吉，他被认为在 1865 年创作了第一部用印度语言写就的小说。这种类型的小说的兴起也许是印刷品对印度语言文学特征的渗透和影响程度的决定性标志。

现在，潜在的巨大印度市场开始吸引海外出版商。在这一举措中起带头作用的两家出版社是麦克米伦公司和牛津大学出版社。教育的迅速普及使印度的教科书市场利润丰厚，麦克米伦公司一举进入该市场，于 1875 年从斯宾克公司手中接管了皮里·丘恩·西尔卡的"阅读书籍"项目（Books of Reading）。麦克米伦出版了 F. T. 帕尔格雷夫著名的《金库》（*Golden Treasury*），以及霍尔和奈特、霍尔和史蒂文斯的代数和几何书籍，这些书至今仍在使用。1886 年，该公司开始涉足小说领域，为印度大学出版了"麦克米伦殖民地图书馆"（Macmillan's Colonial Library）和"麦克米伦英语经典"（Macmillan's English Classics）两大系列丛书。牛津大学出版社走的是学术路线，出版了 50 卷的《东方圣书》（*Sacred Books of the East*，由 F. 麦克斯·穆勒编辑）以及"印度统治者"（*Rulers of India*）系列，但它在 1912 年才在孟买成立了印度分部，由 E. V. 里厄负责。紧随其后的其他英国公司包括朗文公司（Longman）和布莱基父子公司（Blackie & Son），后者出版了无处不在的《沃伦和马丁语法》（*Wren and Martin Grammar*）。在分销领域，A. H. 惠勒公司获得了在印度各地火车站销售图书的特许权，并成为人们去印度旅行体验的重要内容。另一个图书销售巨头是马德拉斯的希金博坦姆（Higginbothams）书店，它始于 1844 年的卫斯理书库（Wesleyan Book Depot），目前是印度现存最古老的书店。牛津图书文具公司（与牛津大学无关）是普里姆拉尼家族经营的连锁书店，于

1920 年开始营业，在加尔各答、孟买和阿拉哈巴德开设了书店，并继续经营。

到 20 世纪初，印刷品已经成为公共领域的一个组成部分，并彻底融入了印度本土文化。传统和现代知识体系之间的竞争在当前的印刷领域得到了充分的体现。印刷品与地区语言文学的兴起之间相辅相成，涌现出了苏布拉马尼亚·巴拉蒂、拉宾德拉纳特·泰戈尔、法基尔莫汉·塞纳帕蒂和蒙西·普伦坎德等人物。在这一时期，自由运动的开始也见证了可以被称为印刷民族主义的事物的出现。印刷品，特别是期刊，被广泛地动员起来，以阐明国家的理念，并集中表达对殖民统治的罪恶的看法。1905 年提议的孟加拉分治以及随之而来的抵制英国货运动，在泰戈尔等文人和《尤甘塔尔》（*Jugāntar*）等期刊的领导下，广泛使用了印刷品。毫不奇怪，当局开始严厉打击所谓的"煽动性"文学，书籍经常被禁并停止流通。印度政府突击检查书店，审讯嫌疑人，逮捕作者、出版商和印刷商成为常态。1907 年，加涅斯·德希穆赫因传播煽动性歌曲被判处 7 年监禁，而游吟诗人穆昆达斯因表演批评王公当局的音乐剧而被监禁 3 年。不过，当时人们也有一些规避性的尝试。1910 年通过的《印度新闻法》旨在防止各种形式的煽动性文学的出版和传播，此后，民族主义文学经常通过各印度土邦和非英国的外国飞地（如本地治里和昌达纳加尔）传播。回国的印度水手和欧洲水手为海外革命文学提供了另一个渠道。公民抗命运动引来了压制性的《1931 年印度新闻法》，该法案旨在防止传播被视为煽动暴力的材料。

20 世纪还出现了一些公司，它们率先实现了出版业的标准化，并使之与国际惯例更加接轨。在这一时期，人们首次尝试成立行业协会，在加尔各答的学院街书市，这种情况尤为明显。1914 年通过的《印度版权法》（*Indian Copyright Act*）对 1911 年的英国法案进行了小幅修改，并帮助澄清了作者与出版商之间的关系。另一个值得注意的发展是专业出版商的兴起，这促成了编辑和学术实践的标准化，这是由卡西的那加里文字促进会（Nagari Pracharini Sabha）和加尔各答的孟加拉语文学社（Bangīya Sāhitya Pariṣat）等学术团体发起的。泰戈尔在他的国际大学维斯瓦·巴拉蒂大学（Visva-Bharati University）创办的出版机构成为印度最早采用统一编辑惯例的出版机构之一。马德拉斯的南印度泰米尔湿婆奉爱派的贤圣作品出版协会（South India Saiva Siddhanta Works Publishing Society）也发挥了类似的作用。

7 1947年后的出版业

印度独立后的前 20 年，一些年轻的出版公司逐渐成长起来。其中许多出版公司与自由运动或多或少有些联系，如印度图书出版公司（Hind Kitab）和文艺复兴出版社（Renaissance Publishers），它们的成立是为了出版革命家 M. N. 罗伊的作品。但这一领域由孟买的亚洲出版社（Asia Publishing House）主导，该出版社由彼得·贾亚辛格于 1943 年创立，被广泛认为是印度第一家按照真正的专业路线组织的出版社。在 40 年的时间里，它出版了近 5000 种图书，内容以社会科学和政治方面为主，在其全盛时期还在伦敦和纽约设有分支机构。然而，它的发展可能已经超越了自身的能力，因为它在 20 世纪 80 年代的衰退是急剧而突然的。另一家出版严肃书籍的出版社是 Popular Prakashan，它在 1924 年以书店起家，但很快就进入了出版领域，在 20 世纪 50 年代出版发行了历史学家高善必（D. D. Kosambi）的开创性作品，从而脱颖而出。事实上，许多以书商和发行商起家的公司在独立后明智地利用其网络，转而从事出版业。如成立于 1936 年的 Rupa & Co. 公司，在涉足出版业之前已成为印度最大的批发商、分销商和出口商。成立于 1934 年的联合出版社也走了同样的路线，进入了教科书出版领域。

在平装书领域，有两家公司处于领先地位。第一家是杰科图书公司（Jaico Books），成立于 1946 年，是独立前的第一家英文平装书出版商。第二家是印度口袋书出版公司（Hind Pocket Books），由 D. N. 马尔霍特拉于 1958 年创办，通过印刷 10 种印地语书籍开始了平装书的革命。它出版了印地语、乌尔都语、旁遮普语和英语的虚构类和非虚构类书籍，并成立了两个图书俱乐部，一个是印地语图书俱乐部，一个是英语图书俱乐部。但这一时期最有活力的出版商可能是后来者——维卡斯出版社（Vikas Publishing House，成立于 1969 年），该出版社出版的书籍题材广泛，平均每年有 500 种。该公司成功的一个关键因素是它能与它的姐妹公司 UBSPD 合作，后者拥有全国最复杂的发行网络之一。为马拉雅拉姆语作家创设的萨希提亚·普拉瓦塔夫合作协会（Sahitya Pravarthaka Cooperative Society）和加尔各答的 P. Lal 作家工作室提供了其他的出版模式，自 1958 年以来，该工作室已经出版了 3000 多名英语作家的作品。

出版市场的很大一部分是由政府及其附属机构占据的。1954年，政府成立了印度国家文学学院（Sahitya Akademi），作为国家文学学院，其任务是出版印度语言的原文和译文。此后，该学院出版了数千种图书，但其发行网络实际上并不完善。国家图书信托基金（The National Book Trust）成立于1957年，以低廉的价格提供书籍。在海外出版商中，OUP印度公司在该领域处于领先地位，稳步巩固其地位，而其他出版商，如麦克米伦、布莱基和东方朗文（印度独立后的印度朗文公司）在限制外国公司持有股权后关闭了其印度业务。OUP没有受到影响，因为它是大学的一个部门，在许多国家享有豁免公司税的待遇。目前，它是印度顶尖的学术和参考书籍的出版商，拥有超过3000种书籍。在20世纪60年代，美国的PL480计划让一千多本美国大学水平的教科书以补贴价格在印度注册，通过这一途径发行了约400万册图书。美国出版商进入该领域的时间较晚，他们主打的是较高层次的教科书。普伦蒂斯·霍尔（Prentice Hall）出版公司于1963年开始营业，而麦格劳－希尔集团（McGraw-Hill）则在1970年与塔塔家族合作进入该市场。

在20世纪90年代初经济自由化启动之前，出版业的状况大致如此。企鹅印度公司从1987年开始出版，目前每年出版200种图书，并有750种库存图书，成为南亚最大的英文图书出版商。麦克米伦公司在离开一段时间后又回到了印度，并试图重新获得它在教育出版领域曾经享有的突出地位。进口和股权限制的放松促成了近年来哈珀·柯林斯、兰登书屋和培生集团等企业集团的进入。哈珀·柯林斯是第一个走出起跑线的公司，后来又与今日印度集团结盟。所有这些都预示着印度的出版业即将蓬勃发展，而且它不仅仅局限于英语语言。企鹅公司已计划进入地区语言出版领域，这个市场的潜力还远未被开发。印度也正在成为海外出版物的"公司后台"，越来越多的编辑和制作工作被外包给了印度人。

根据印度出版商联合会（Federation of Indian Publishers）的统计，印度有超过1.1万家出版公司，其中约有4/5的公司以本地语言出版。可惜，它们中的大多数似乎都无法突破其过时的商业模式。当然，也有一些例外，比如孟加拉语书籍的主要出版商阿南达（Ananda），它属于包括《阿南达巴扎尔报》（*Anandabazar Patrika*，第一份使用莱诺铸排机的孟加拉语日报）在内的公司集团。相比之下，英语和双语出版业出现了一些独立的小众公司，它们为出版业带来了创造力和活力。马德拉斯的塔拉出版公司（Tara）瞄准被忽视的年轻人市场，而卡利妇女出版社（Kali for Women）和斯特里（Stree）则在妇女研究方面表现突出。永黑出版公司（Permanent Black）为学术出版设立了一个高标准；海鸥出版公司（Seagull）以其戏剧和艺术书籍的质量而闻名；罗利出版公司（Roli）则为海外市场出版昂贵的艺术书籍。翻译是另一个莫名其妙地被忽视了几十年后才开始发展的部门。随着人口的增长、稳固的企业、海外和国内投资以及一定程度的商业创新，印度出版业的未来发展前景广阔。

参考文献

P. Altbach, *Publishing in India* (1975)

C. Bandyopādhyāy, ed., *Dui śataker bānglā mudrao prakāśan* (1981)

S. Blackburn, *Print, Folklore, and Nationalism in Colonial South India* (2003)

—— and V. Dalmia, eds., *India's Literary History* (2004)

G. Bühler, *Indian Paleography* (1904; repr. 1987)

[Calcutta School-Book Society,] *The Fifteenth Report of the Proceedings of the Cal cutta School Book Society* (1852)

R. B. Chatterjee, 'A Short Account of the Company's Trade with the Subcontinent', in *Macmillan: A Publishing Tradition, 1843–1970*, ed. E. James (2001)

—— *Empires of the Mind: A History of Oxford University Press in India Under the Raj* (2006)

R. B. Darnton, 'Literary Surveillance in the British Raj: The Contradictions of Liberal Imperialism', *BH* 4 (2001), 133–176

S. K. Das, *Sahibs and Munshis: An Account of the College of Fort William* (1978)

—— *Encyclopaedia of India Literature* (5 vols, 1989)

K. S. Duggal, *Book Publishing in India* (1980)

A. Ghosh, *Power in Print: Popular Publishing and the Politics of Language and Culture in a Colonial Society, 1778–1905* (2006)

G. A. Grierson, 'The Early Publication of the Serampore Mission Press', *The Indian Antiquary*, (1903), 241–254

A. Gupta and S. Chakravorty, eds., *Print Areas: Book History in India* (2004)

—— *Moveable Type: Book History in India* (2008)

P. Joshi, *In Another Country: Colonialism, Culture, and the English Novel in India* (2002)

B. S. Kesavan, *History of Printing and Publishing in India* (3 vols, 1985–1997)

V. Koilpillai, *The SPCK in India* (1985)

K. Koschorke *et al.*, *History of Christianity in Asia, Africa, and Latin-America, 1450–1990* (2007)

J. P. Losty, *The Art of the Book in India* (1982)

M. Mamoon, *Unish shatake dhakar mudran o prakashana* (2004)

V. Narayana Rao, 'Print and Prose: Pandits, *Karanams*, and the East India Company in the Making of Modern Telugu', in *Literary History: Essays on the Nineteenth Century*, ed. S. Blackburn and V. Dalmia (2004)

V. Naregal, *Language Politics, Elites and the Public Sphere* (2001)

Nikhil Sarkār (Śrīpāntha), *Jakhan chāpākhānhāelo* (1977)

F. Orsini, 'Detective Novels: A Commercial Genre in Nineteenth-Century North India', in *India's Literary History*, ed. S. Blackburn and V. Dalmia (2004)

—— 'Pandits, Printers and Others: Publishing in Nineteenth-Century Benares', in *Print Areas: Book History in India*, ed. A. Gupta and S. Chakravorty (2004)

R. Pinto, *Between Empires: Print and Politics in Goa* (2007)

S. Pollock, *The Language of Gods in the World of Men: Sanskrit, Culture and Power in Premodern India* (2006)

A. K. Priolkar, *The Printing Press in India* (1958)

G. Shaw, *Printing in Calcutta to 1800* (1981)

—— 'On the Wrong End of the Raj: Some Aspects of Censorship in British India and its Circumvention During the 1920s–1940s: Part 1', in *Moveable Type: Book History in India*, ed. A. Gupta and S. Chakravarty (2008)

U. Stark, *An Empire of Books: The Naval Kishore Press and the Diffusion of the Printed Word in Colonial India* (2007)

第42章
中国书籍史

艾思仁

1 造纸术和印刷术发明之前的书

尽管真正的纸张（公元前 2 世纪）和雕版印刷术（7 世纪末）的早期发明深刻地影响了中国书籍的发展，但早在纸张和印刷术之前，书籍的材料和制作也留下了一些痕迹。在纸张成为书写载体之前，中国最早的书籍被称为"简册"或"简牍"，写在准备好的竹子和木头的细条上，这些细条通常由平行的扭绳、麻绳或丝线依次穿插排布。文字用毛笔和黑墨水从右到左纵向书写（这也是后来的手稿和印刷书籍所沿用的排版布局），之后，这些细条被卷起来，以原始的卷轴形式装订（见第 19 章）。现存的简牍样本大多是 20 世纪科学考古发现的，其年代大约可追溯至公元前 6 世纪到公元 3 世纪。

1959 年，甘肃省武威县发现了一组不寻常的重要简牍样本。在一座汉代的墓葬中发现了经典的《仪礼》文本。承载文字的简大部分由木头制成，特别长，上面记录了每一列的编号，以及在卷起时显示每一部分文字的标题和编号。根据早期的铭文和古籍中的引文，有充分的理由相信这种书籍形式早于公元前 6 世纪，简牍的主题涵盖了从普通的档案文件到重要的历史、哲学、医学和军事文本。近几十年来，人们发现了一些有数千条竹简的大型藏书室，而许多这类文本尚未出版或供人研究。由于捆绑的皮带或绳索会分解腐坏，一些文本很难整理。在潮湿地区的墓葬中发现的其他文本存在着严重的保存问题。

虽然丝绸（帛）的使用开始得较晚，但它基本出现在纸发明之前，是与竹子和木头一样属于同一时代的重要材料。到了战国（前475—前221）早期，哲学家墨子将写在竹子和丝绸上或刻在金属和石头上的文字传给了后代。丝绸书籍也采取了卷轴的形式，而纺织品的连续编织特点让文本可以附带绘画或图表。湖南长沙马王堆的早期汉墓中的丝绸和丝绸书籍上就有地图。作为一种非常珍贵的材料，丝绸的使用频率极低。根据班固编撰的《汉书·艺文志》记载，汉初皇家图书馆的目录中，只有约25%的藏书是丝绸卷轴。事实上，纸的发明可能是作为丝绸的一种经济替代品而出现的。

文字在中国有4000多年的历史，在竹简和丝绸出现之前和发展期间，文字就被刻在不同材料和不同形式的物体上。自商朝中期以来，用于占卜的甲骨文使用了兽骨和龟甲，其表面刻有简短的文字。墨子提到的刻在（或铸在）金属上的文字是指商朝和周朝的青铜礼器；刻在石头上的文字是指石碑，如北京故宫博物院保存的"石鼓"（公元前7世纪或公元前8世纪）。更为熟悉的带有长篇铭文的平整石板出现在汉代。在中国文化中，金属和石头的耐用性是对铭文寿命的一种隐喻。此外，金属（青铜、铁、金）和石头（特别是玉石）的铭文印章，以及石板铭文，可能促成了印刷术的发明。

碑在中国已有2000多年的历史。中国的碑刻还包括墓志、天然石面上的铭文，以及佛教和道教石雕等物体上的铭文。汉代"石经"的雕刻是在公元175至183年进行的，这些石碑立在首都洛阳的一个公共场所，以便学者和学生能够抄写标准化的儒家经典。三四个世纪后，用贝母制作的墨压拓本（squeeze rubbings）开始了原始的文本复制，从而诞生了木版印刷法。

隋朝（581—618）的官方历史书目《隋书·经籍志》中有几幅墨压拓本，显然都是卷轴形式。拓片有时也能折叠存放。现存最早的以原始卷轴形式装裱的水墨画拓片是一篇由唐太宗所写、题为"温泉"的铭文，在公元653年所拓。这幅在敦煌发现的有缺损的卷轴现存于法国国家图书馆。大多数刻在石碑上的铭文的垂直方向与卷轴和册页装帧（album binding）的水平方向并不直接兼容，因而册页装帧最终成为保存墨压拓本最受欢迎的形式。在大尺寸张纸上制作的拓本必须先切割成与卷轴或册页等高的文字列，然后按正确的顺序粘贴字条，使其能从右往左阅读。这项工作更多的是分配给装订师而不是装卷师。册页装帧通常被认为属于书画领域，而不是书籍领域，它特别容易被误认为是折叠装帧（pleated binding）。折叠式书画册被称为"册页"，是由单张硬纸在中间垂直折叠而成的。然后，通过连续粘贴与中心折页平行的边缘，将这些纸张装帧起来，直到形成一册。木头或纺织物覆盖的纸板制作的封面可以附着在书的最上层表面和最下层表面。

中国最早正式承认造纸术是在公元105年汉朝宫廷太监蔡伦给皇帝的一份奏章中。最重要的是，蔡伦鼓励使用各种原材料，如用树皮、麻、破布和捕鱼网来生产替代丝绸的书写材料。公元最初的几个世纪，纸在中国传播后，成了生产手稿的主要材料。纸卷逐渐取代了丝卷。从汉朝到隋朝，书籍的流通量不断增加，图书馆也不断壮大。大约在同一时期，佛教传入中国，通过佛经的抄写，进一步促进了书籍的发展。随着翻译数量的增加，佛教经典的数量也猛增，无数的文本副本出现。在敦煌的洞窟群中（当时中国在中亚地区的沙漠前哨）发现的数以万计的佛教卷轴体现了这一点。1907年，奥雷尔·斯坦因（Aurel Stein）带领英国考古探险队从印度出发，看到了敦煌之前被封存的洞穴，里面有大量4至10世纪的佛教文物。他获得的大部分中国文物都进入了大英博物馆，其中包括数以千计的卷轴式佛教文献，以及少量抄本形式的书籍，还有大约20件唐代木刻的标本。一年后，保罗·佩利奥（Paul Pelliot）随一支法国探险队来到敦煌，得到了为数不多但宝贵的手稿和一些印刷品，现在都存于法国国家图书馆。德国、俄罗斯、日本和中国的考察队也在敦煌收集了手稿。尽管主题和地区来源有限，但这一发现的规模，以及手稿和书籍被完整地保存了多个世纪的事实，深深地影响了中国的文本和书目学研究。国际敦煌计划（The International Dunhuang Project）于1994年在大英图书馆成立，目前大部分被斯坦因取走的文献都存放在那里。

在古代，浮雕或凹雕的文字印章和图画印章被用于身份识别和认证。印章是在软泥中压制的，之后会变硬，在密封文件时印出其上的文字。可塑性强的黏土适合于竹子和木板条制成的书籍的不平整表面。使用丝绸作为书写材料，让人可以在印章的表面涂上墨水，并直接在丝绸上盖章。纸张使用的增加带来了一些创新，如使用朱砂制成的朱砂墨水来取代用煤烟做的黑墨水，或使用雕刻的木印章来取代金属或石头制作的印章。用印在纸上的墨印来复制简短的文字或宗教祭祀图像，与用纸压在带墨的木版上转移文字或插图的效果相差无几。与印章的浮雕文字以"镜像"方式向后切开进行冲压不同，石碑的凹刻文字是向前切开的，方便直接阅读。至少有一件反向切割的石刻存于6世纪上半叶，这意味着可以将其用作一个大的印版。复制石碑文字的压墨法，以及模仿手稿的书籍形式，进一步刺激了人们印刷文字的思考。

2 唐朝至元朝（7至14世纪）

中国发明印刷术的实际情况不得而知，然而，唐朝（618—907）关于印刷术的记载以及唐朝墓葬中未注明日期的印刷标本，都表明其大致时间不晚于公元700年。因为有可以确定日期的印刷样本，如中国邻国朝鲜的《无垢净光大陀罗尼经》（约751）和日本正德皇后的《百万塔陀罗尼经》（764—770），印刷术在8世纪中期已经传播到两地（见第43章和第44章）。中国学者最近认为《无垢净光大陀罗尼经》是从唐朝首都洛阳传入朝鲜的，但他们并没有提出令人满意的证据。

毫无疑问，在8世纪之前，纸张的广泛供应和多样用途为木刻印刷提供了必要的基础。擅长在印章和石碑上雕刻文字的工匠队伍，以及从事建筑装饰性木雕的工人，为刻制书籍的木块提供了现成的劳动力来源。在用于印刷的木块上有选择地写上抄写员和雕刻者的名字，这是从雕刻石板的传统中继承下来的。在敦煌出土的早期单张印刷品中，负责印版雕刻制作的人被称为"匠人"，这是工匠的统称，同时还可以留下他个人的名字。

赞助人和出版商的名字也出现得很早。《金刚经》出版于868年（农历四月十五日，即公历五月十一日），被认为是世界上最古老的完整印刷书。该书落款出自某位叫"王玠"的人士，落款记录了他为纪念自己的父母而印制了这本书。该书发掘于敦煌，现存于大英图书馆。10世纪中叶，吴越国第五位君主钱俶在杭州发起了大规模的佛经印刷活动。他于956年、965年和975年出版了《宝箧印陀罗尼经》，据称每个版本有 8.4 万个微型卷轴。每个版本的小型卷首木刻前都有注明日期的版本说明，明确说明了其印刷的目的。956 年的版本于 1007 年在朝鲜重印，这进一步证明了印刷文本从中国到朝鲜的早期传播（见第 43 章）。钱俶在中国东部开展佛教活动的同时，其他诸国的两位官员也独立完成了儒家经典的出版。953 年，冯道在开封的国子监刻印了《九经》，而后蜀毋昭裔不久也刻印了另一个版本的《九经》，但两者如今都已失传。此后不久，在北宋开宝年间（968—976），四川开始印刷第一部佛典，世称为《开宝大藏经》，约有 5000 卷，以卷轴形式印刷，其中有几卷至今仍在。11 世纪初朝鲜的第一部《大藏经》是以《开宝大藏经》为基础，模仿了其印刷风格和卷轴装帧形式。

北宋（960—1127）初年，大多数出版的书籍和印刷品都是宗教或官方的出版物。同时，也有一些短效的私人出版物，如字典、年鉴和日历。上述出版物几乎都是以未装帧的单页形式出现，或者装帧成卷轴或册页书。到 11 世纪中叶，由于政府实行宽松的出版政策，中国的世俗印刷和商业出版有了新的发展。中国传统书目将出版商分为三个大类：官刻（官方出版）、私刻（私人出版）和坊刻（商业出版）。虽然宗教出版可以被视为私人出版的一种，但它作为非政府机构出版的一种重要形式，应该有自己的类别。

佛教和道教书籍继续遵循卷轴和册页装帧的惯例，但为了满足世俗出版的新需求，人们想出了蝴蝶装（butterfly binding），以方便阅读，也方便销售和发行。在卷轴和册页书中，印刷品的左右边框在装帧过程中被隐藏起来，以呈现连续的文本，但蝴蝶装帧使所有四个边框都暴露出来，是一种先进的装帧格式，方便划分文本单位。这种新式的中国印刷书（一页折叠成两页）需垂直装帧的——最初呈现为蝴蝶装，后来发展为包背装帧或线装——在西方看来，其实就是一种"对开"装帧模式。一些手抄本书籍遵循了这种印刷品的模式，采用了有边框和衬里的纸，但也有许多文字写在没有边框或分界线的白纸上。

官方史书中的唐代书目——按照经、史、子、集的四级分类法排列——包含了大量的书籍。这些和许多其他的作品都以原始形式和抄写形式提供给宋朝的读者和学者。11 世纪，在接触到有限种类的印刷书籍，禁止私人印刷某些类型书籍的法律被废除之后，印刷和发行多种文本的概念开始盛行。这种刺激性的环境促使宋代学者沈括

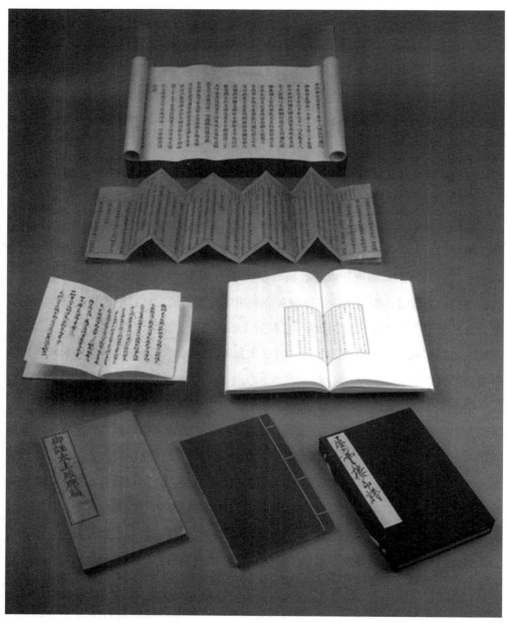

图58 传统的东亚书籍形式。A（最上）：卷轴装帧，18 世纪印刷的佛经（日本）。B（从上往下第二行）：册页装帧，17 世纪印刷的佛经（日本）。C（从上往下第三行左）：蝴蝶装，16 世纪佛教手抄本（日本）。D（从上往下第三行右）：蝴蝶装，当代传统风格装帧的印刷书籍（中国）。E（底行左）：带原始印刷标题标签的包背装，17 世纪印刷的书籍（中国）。F（底行中）：线装，18 世纪印刷的书籍（中国）。G（底行右）：带标题标签的保护性折叠书壳，20 世纪初（中国）。© 艾思仁

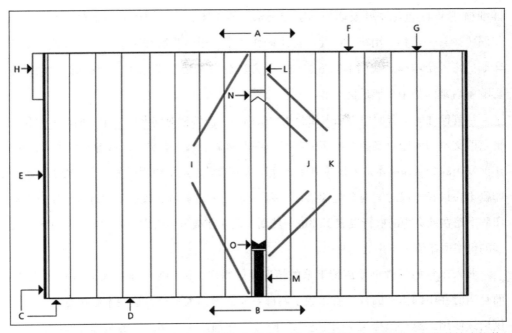

图 59 中国印刷书籍的传统格式（一页折叠成两页），即垂直装帧，如蝴蝶装、包背装帧或线装。有些手抄本书籍采用了这种模式，使用有边框和衬线的纸，但有许多书籍是写在没有边框和分界线的空白纸上的，被装帧成卷轴或册页装帧的书籍与传统格式的书籍有相似之处。

纸张（一页）的面积称为纸面或表面。雕版印刷的区域称为版面或表面。印刷区上方的空间（A）称为天头或上缘，也称为书眉，而印刷区下面的空间（B）称为地脚或下缘。长方形木版的边线（C）（上、下、左、右）称为边栏：单线（D）称为单边或单栏；双线（E）称为双边或双栏。在木版印刷区域的左上角或右上角附着的小长方形方框（H）称为书耳、耳格，或简称为耳子。

木版中央的柱状部分（I）称为版心或版口。当书页被折叠并与其他书页装订成书时，该区域被称为书口。版心通常分为三段：中间（J）称为中缝，中缝也可以指书口。版心的上下两段（K）称为象鼻。如果留有空白(L)，则称为白口；如果有宽度不等的黑柱(M)，则称为黑口。黑色的细线称为"线黑口"或"细黑口"；黑色的粗线称为"大黑口"或"粗黑口"。小段部分称为"鱼尾"，一边是扁平的，另一边是 V 形的，可以出现在下象鼻上方和 / 或上象鼻下方。如果留有空白（N），它们被称为白鱼尾；如果空白但用双线勾勒，则称为线鱼尾；如果用黑色填充（O），则称为黑鱼尾。

详细描述了 11 世纪中叶发明的活字印刷术。他讲述了一个叫毕昇的平民，其在庆历年间（1041—1048）用窑中硬化的泥土制作活字，进一步解释了字体设置和摆放以及印刷的每一个步骤。我们不知道这种实验方法在当时是否被使用，但沈括的生动描述影响了后来的整个东亚地区。

尽管保守的学者们担心私人和商业出版商会广泛传播有问题的文本，但对方便和廉价获取文本的渴望以及商业出版的利润诱惑占据了上风。事实上，从各方面来看，300 年前发明的雕版印刷术的发展速度令人惊讶。需求量超过了印刷产量，意味着手写本与印刷本在很长一段时间内会继续共存。到 11 世纪末，著名的政治家和诗人苏轼等人对印刷书籍在社会中的盛行发表了评论。然而，北宋在战争中灭亡，因此这个王朝末期流通的世俗书籍流传下来的非常少。

北宋末年的佛教书籍流传下来的情况要好得多，因为它们通常都是大量出版的，而且当时在中国南部的福建省出版了两部卷帙浩繁的大藏经，这些木版仍存放在当地供后续使用。第一部称为《崇宁藏》，于 1080 年前后在福州附近的东禅寺印刷；第二部称为《毗卢藏》，大约 30 年后在福州的开元寺开始印刷。完成后，这些大藏经的每个版本都有约 6000 卷，采用册页装订，主要的书库都有几乎完整的套装和单卷。大多数书卷中都有赞助人、字体切割者和印刷者的名字，为研究宋代佛教书籍提供了宝贵的资料。直到 12 世纪中叶，《毗卢藏》才完成，两个大藏经版本的雕版继续作为一种按需印刷的形式被使用。与这些机构出版物不同的是，北宋私人出版的佛教书籍往往有绚丽的正面木刻插图。第一部道教典籍在福州天宁万寿寺印刷（1113—1118），由皇室赞助。可惜，这些书和雕版被运到了北宋首都，之后都在北宋灭亡时失传了。

1127 年，当开封落入游牧民族女真族手中时，金朝（1115—1234）的建立者也没能救下很多印刷书籍。其他边境民族政权，如契丹—辽（907—1125）和党项—西夏（1038—1227），以及藏族、维吾尔族和蒙古族（他们均与同时代的宋朝交往密切）的印刷历史，都需要纳入对晚唐至元朝（1271—1368）期间中国图书文化的全面理解中。在这些民族中，存在着独特的汉语文本和从中原进口到这些地区的书籍版本，这些书籍在中原地区已不复存在。中国印刷技术的影响是显而易见的，事实上，他们很早就使用了活字印刷技术，中原机构的影响以及他们直接与中原打交道的需要，让他们都出版了汉语教学书籍和儒家文本。然而，更重要的是，他们对通常有汉语译本的佛教文本有很大的需求，因此他们重印了许多佛教文本。辽代和金代的大藏经都是以《开宝大藏经》为基础，用卷轴装订出版的。党项人是一个特别有趣的例子，因为西夏国的汉人并不多，却有大量的印刷书籍。与敦煌不同，俄国人 P. K. 科兹洛夫于 1908 至 1909 年在黑城遗址发现的西夏印刷书籍数量大大超过了手稿的数量。这些书籍和文件被存放在俄罗斯科学院东方研究所，艺术品和文物被保存在圣彼得堡的冬宫博物馆。西夏国建立后，迅速创建了一套复杂的文字系统，并出于政治和实际的原因，用自己的语言出版了大部分书籍。

在边疆地区，中国文字的印刷风格取决于楷书作者是不是汉人。由于没有同时代的范本可供模仿，书中出现了唐代的旧体文字。除了这些边疆地区的人制作的一些书籍中使用非中原的语言和文字外，还采用了异国的书籍形式。在汉语中被称为梵夹装（Sanskrit clamped binding）的形式是指通过西藏和中亚地区进口到中国的印度棕榈叶手抄本。虽然棕叶书的水平结构不适合后来的中国书籍，但梵文夹装被用于出版梵文和藏文书籍，这些书籍的语言采用水平书写模式，也被用于蒙古语书籍，蒙古语书籍能适应这种形式。

南宋（1127—1279）在杭州（时称临安）建都并获得对整个中国南方的有效控制后，与北方的金朝共存长达一个世纪。在相对和平的氛围中，国家繁荣昌盛，书籍在社会中的作用达到了新的高度。首都和各省的官方出版商为复兴的政治和教育机构以及日益增多的科举考生制作了各种版本的书籍。当他们的努力无法满足需求时，商业出版商便急切地向市场提供类似的出版物，比如商业出版商荣六郎（12 世纪），他从开封迁到杭州。南宋的公务员网络确保了商业出版地点分布广泛，而在这些地点以及其他地方，私人和商业出版商也纷纷涌现。不断扩大的图书市场激发了多样性。虽然传统意义上的字体设计不是问题，但高品质木刻书（xylographic book）的出版商对文本的书法风格非常敏感。除了源自唐代名家的范本外，当代书法家还充当了代刻文本的抄写员。与刻工一样，抄写员的名字也经常被记录在书中。木刻印刷的一个独特特点是能够准确临摹出实际的笔迹，这是为名人撰写的序言而做的。宋代印刷书籍的另一个特点是使用多种多样的纸张，据推测这些纸张是在出版地附近使用当地的原材料生产的。东部的杭州、西部的四川和南部的福建周围地区被认为是三个主要的出版中心。除了为受教育阶层制作的标准经典、历史和哲学作品外，还发行了面向更多读者的大众出版物。文学版本享有一种特殊的时尚感。借由许多宋代书籍的序言和印刷者的题签，我们可以清楚地了解出版地的分布情况，偶尔也可以确定某个特殊版本的具体情况。

以陈思为首的陈氏家族成员在南宋时的杭州出版书籍和经营书店。他们中有的人以优雅而独特的印刷风格出版了唐宋诗人的作品集，单行版本会有他们的出版地址。例如，13世纪的《唐女郎鱼玄机诗》，由京城的陈宅书籍铺出版。在最后一页文字和底页周围，有40多个馆藏章印和几位收藏家的题字。这有力地提醒我们，南宋印刷书籍的激增刺激了私人藏书，而后世的明清藏书家将宋代版本视为无价珍品。

1173年版的《淮海集》是秦观的著作集，由扬州的地方书院高邮军学刻印。序言之后记录了对装订成册的成本（即售价）的详细计算：

> 高邮军学《淮海文集》计四百四十九板，并副叶裱背等共用纸五百张：三省纸钱每张二十文，计一十贯文省；新管纸每张一十文，计五贯文省；竹下纸每张五文，计二贯五百文省；工墨每版一文，计五百文省；青纸裱背作一十册，每册七十文，计七百文省；官收工料钱五百文省。

这里所说货币是我们熟悉的中国圆形硬币，中间有一个方孔，一枚为一文，一千枚硬币可以串成一串，为一贯。书中通篇都刻有负责切割的人的名字。

在忽必烈汗的统治下，元朝可以说是完整地继承了宋朝的出版传统和其他制度。政府的官方出版物在新首都大都（北京）发行，而官方版本以及许多佛教书籍都是在前宋首都杭州用现有的宋代雕版印刷的。元朝私人出版商和教育机构的出版也非常活跃。交通网络的改善和商业出版的增长（特别是在福建省），以及廉价竹纸的使用增加，也是后期劣质大众印刷的特点。闽北建阳的出版商开发了现在人们所熟悉的格式，如"上图下文"的排版布局，其中连续的木刻插图横跨页面上方，文字放在下方。他们还制作了许多医学书籍、流行的百科全书，以及小说和戏剧作品。《马可·波罗游记》介绍了元朝统治的第一个10年，这是最早向西方报告中国情况的书之一。然而，奇怪的是，尽管这访问了杭州和福建的出版中心，但他没有提到在欧洲出现印刷书籍之前，中国早已存在印刷书籍。

在书籍领域，元朝的杰出成就之一是最早使用了双色印刷技术。1341 年在湖广（湖北）资福寺刻印的佛教文本《金刚经》及注释，其正文是用红色印刷的大字，注释是用黑色印刷的小字。该作品中还有一幅双色木刻，显示出良好的套准效果。这份重要的出版物是在明末双色印刷的浪潮之前 250 多年制作的。

受毕昇发明的影响，13 世纪末，一位名叫王祯的元朝人为安徽的印刷项目雕刻了 6 万多件木刻字体。他对字体的详细描述以及他的印刷方法都被保存下来，他在 1313 年出版他的主要作品《农书》时，使用了雕版印刷。这一选择表明，私人或商业印刷者很难成功地使用原初活版印刷术（native typography）来印刷具有成千上万种不同字符的语言文本。18 世纪的清廷为了执行其印刷项目，不计成本，制作了两套铅字（一套铜制的，另一套木制），每一套都有大约 25 万字。从 15 世纪末开始，活字印刷在中国开始小规模地进行，但从未在可行的印刷方法上战胜过雕版印刷术。中国传统出版者主要将功夫花费在以下领域：一是用合适的木材来准备印版，二是把文字抄写在薄纸上作为雕刻用的图案，三是切割印版所必需的劳动。印刷少量的副本，整理校对，以及为书卷提供临时装订的工作通常由刻板人执行。还需要一笔用于最初印刷的纸张和墨水的小额支出。据我们所知，第一次印刷的平均数量在 50 至 200 册之间，之后的每一次印刷数量可能不会超过这个数字。然而，总印数经常以万计。就某些流行书籍和宗教出版物而言，个别印刷 1000 册或更多册并不罕见。纸张、墨水和劳动力成本将在印版的生命周期内成为一项长期开支。这与西方出版商需要一次性生产整个版本的情况不同。

3 明朝至清朝（14至19世纪）

1368 年，朱元璋建立明朝（1368—1644），中国再次恢复了汉人的统治。明朝建都在南方的南京，但永乐皇帝于 1420 年将都城迁至北京。新政权的头几十年相当不稳定，私营和商业出版业陷入了衰退。然而，官方出版机构却很活跃，司礼监发挥了主导作用。在整个 15 世纪，宫廷以大型版式出版了标准作品的豪华版本。各地区的书院出版了很多经典和教育作品，明朝初年建立的各地藩王府出版了 500 多部书籍。随着 15 世纪经济状况的改善，书商和出版商的数量增加，更多图文并茂的通俗文学和宗教小册子开始出现，上图下文形式的小册子尤其突出。

明初由皇室赞助的项目规模宏大。在明朝的前 75 年里，出版了 3 部佛教大藏经和一部道教大典。1403 年，永乐皇帝启动了他最宏大的出版活动，即出版《永乐大典》。这是一部巨大的文献汇编，根据从 8000 部作品中选取的引文，作为现存知识的分类百科全书。它被安排成 22877 个章节（按传统书籍的章节划分），并被装订成超过 11095 册对开卷。近 3000 名学者和抄写员全职工作，在 5 年内完成了编纂工作。印刷如此规模的作品是不可能的，所以这套百科全书必须在皇家图书馆中查阅。经过几个世纪的损耗和不幸遭遇，现仅不到 10% 原始资料被保存了下来。流传下来的大部分分布在中国国家图书馆、美国国会图书馆、东洋文库和大英图书馆。

到了嘉靖年间（1522—1566），情况发生了重大变化，藏书家以及私人和商业出版商为明末出版业的繁荣打下了基础。中国现存最古老的私人图书馆是由退休官员范钦于 1561 年在宁波建立的。该图书馆被称为"天一阁"，随着时间的推移，它已成为理想的私人图书馆的象征。嘉靖年间，商业出版业也有所发展，比如南京的南方书院的出版活动。建阳的商业出版商增加了他们的出版量，江南地区的私人出版商也开始生产最高质量的书籍，特别是基于宋元版本的摹本版。嘉靖时期的高级版本一直都很抢手。近代南京图书收藏家邓邦述甚至收集了 100 本嘉靖版图书，并在他的图书馆中为它们打造一个独立的房间。他把这个房间命名为"百经斋"，并下令在所有嘉靖版上盖上特别的图书馆印章。

从万历年间（1573—1620）开始，经济和社会条件的改善，参加科举考试的考生人数的增加，催生了前所未有的图书供应量，使广大读者受益。有两个例子体现了 16 世纪的这种趋势。首先，14 世纪出版的《宣和博古图》是一本北宋御用青铜器收藏的重要图录；嘉靖年间，在 1528 年出现了全尺寸的摹本版；万历年间，在 1588 年、1596 年、1599 年、1600 年和 1603 年出版了不少于 5 个版本，都配有插图。其次，李攀龙（官员和作家，他的诗歌和散文在他 1570 年去世后受到了极大的推崇）的作品集《沧溟集》

在 1572 年至 17 世纪初至少出版了 10 个不同的版本。他的诗集出版得更早，至少有 4 个版本。《沧溟集》也在韩国和日本流传，并在那里出版了选集。

这一时期还见证了明朝印刷业的两项重要发展和传播——木刻插图书籍和彩色印刷书籍。突然间中国所有的主要小说和戏剧作品都有了插图版本，甚至还出现了文字不多的图画书。多色印刷的书籍分为两类：图画类和文字类。一页纸或一叶裱上使用的颜色总数从两种到五六种不等，其中包括黑色和白色。多色印刷似乎仅限于套版印刷技术，不过 14 世纪的《金刚经》（上文已介绍过）使用了更原始的双版印刷技术。从 1615 年左右开始，吴兴（湖州）的两个家族（闵氏和凌氏）出版了大部分这样的书籍，其中正文以黑色印刷，标点符号和手写注释的摹本以及其他文字以红色、蓝色出现，偶尔还多用两种颜色。这些书使用了精美的白纸，不可否认，这些书非常优雅。多色图版画包括试图模仿彩色手绘图画外观的版画，很少或没有勾线以及带有勾线图画的叙述性彩色图画。

双色文字印刷的一个子类型是"印谱"，在万历初年出现。印谱包含了用红色印刷的印鉴集，这些印鉴有的用朱砂压制而成，有的用红色木刻印刷，并附有黑色印刷的印文和最基本的解释说明。这种包含一个人或一个家族的印鉴的书籍可以与西方的纹章学书籍相媲美。古代印谱的收藏契合了清代书画研究的发展，所有带有实际印鉴的版本都极为有限。

最著名的图画书是《十竹斋书画谱》，由胡正言于 1633 至 1644 年印刷，不过制作工作的时间可能更早。这部画谱花了 10 多年的时间才完成，并采用了重构的斗方印法（拼接式）技术。他在 1644 年完成的《十竹斋笺谱》也采用了盲印（blind-printing）技术，制作出了精致的小单元压花图案。其他彩色画报印刷的例子非常罕见，最重要的例子——科隆东亚艺术博物馆收藏的元代戏剧《西厢记》的独特插图——是由吴兴的闽籍印刷家闵齐伋在 1640 年印刷的。日本学者涩井清收藏的晚明多色版色情画册，需要对早期彩色印刷和色情制品在晚明社会中的作用进行重新评估——这种作用以前只限于对已出版的色情画册的批评。

著名的意大利耶稣会传教士利玛窦 1606 年参与了最早的多色印刷品《程氏墨苑》的刻印活动，这是一本中国模印墨锭的装饰设计汇编。这部作品收集了一些文章和评论，其中有一篇是利玛窦写的，并附有他的原始音译——这是第一次以中文罗马化的形式出版。利玛窦很可能在南京遇到了编纂者程大约，并将原始的雕版作品赠予他，这些作品以木刻摹本的形式被复制到《程氏墨苑》中，这是中国出版物中首次出现西方图样的例子。其中三幅图像来自耶稣会士杰罗尼莫·纳达尔（Geronimo Nadal）的《福音故事图片集》 Evangelicae Historiae Imagines），第四幅是 1597 年在日本根据西班牙原型制作的圣母子图像。在少量的《程氏墨苑》副本中，程大约尝试用多印法来制作多色木刻，然而，利玛窦的西方作品只用黑色印刷。从利玛窦开始，一大批有才华的耶稣会士陆续在中国出版了中文书籍，直到 1724 年被禁止为止（见第 9 章）。这些书包括神学、地理、历史、科学和数学方面的作品。由艾儒略等人编纂并翻译成汉语，于 1623 年在杭州出版的《职方外纪》等作品对中国知识阶层产生了深远影响。这本出版物是同类出版物中的第一本，旨在解释利玛窦几十年前提出的一些新的地图学和地理学概念。

明朝最后 40 年的出版热情变得高涨。除了新版的经典和标准书目（通常是在急于上市的情况下匆忙编辑的），字典、初级读物、教科书、文集、实用手册、医书、旅行指南、工匠图案书、小说和戏剧也在流通。未经授权的版本、抄袭的序言和盗版的内容并不少见。在这种竞争激烈的商业环境中，书的数量和主题的增多为新广告形式的出现提供了活力。大多数商业版本都包括一个单独的页面，称为"封面页"，它被折叠并在一面印刷，附在作品最上面的装订册上，类似于西方的扉页，而且似乎也是从印刷商的版本说明页演变而来的。这些封面——自 13 世纪末引入包背装后开始使用，但在明末特别流行——通常包括书名、作者姓名、出版商名称，偶尔也包括日期和关于书及其内容的简短声明。封面基本上是商业广告，并附有出版商的声明，许多封面被装订在书中，保留了其宝贵的信息。封面有时包含手印的价格或独特的印鉴，意在作为商标，而且常见的是印刷伪版权声明，如"仿刻必究"，这完全是无效的。然而，明朝灭亡、清军入关（1644）之后，即便对当时最有投机性的出版商而言，一切也都结束了。

清朝（1615—1911）初期致力于维护国家稳定，官方出版内容主要有强调满族新统治者坚持传统儒家价值观的道德类小册子。像毛晋这样的学术出版商一直将出版活动延续到清朝，私人出版商谨慎地经营着自己的项目，而商业出版商则试图摆脱他们已经习惯的浮华。随着中国学者圈的恢复，他们开始向内看，试图理解这种权力转变的根源。与此同时，满族统治阶级因其对军事事务（武）的掌握而受到认可，他们渴望通过促进文学文化的繁荣来证明其对民事事务（文）的关照。在康熙皇帝统治时期（1662—1722），各种雄心勃勃的学术出版物开始出现，紫禁城内的武英殿被设立为宫廷出版物的中央办公室。

康熙皇帝对 1707 年出版的《全唐诗》900 卷感到特别自豪，这是他委托把持扬州盐政的曹寅制作的。在接下来的 10 年里，宫廷出版了两部新的分类百科全书和用康熙命名的《康熙字典》（共 40 卷）。皇帝还命令传教士马国贤（Matteo Ripa）在中国制作第一批铜版画。《御制避暑山庄三十六景诗图》完成于 1713 年，以武英殿出版的一套木刻版画为基础，似乎同时使用了蚀刻和雕刻技术。然而，这个由皇帝支持的最伟大的项目直到 1726 年他去世 4 年后才完成。《钦定古今图书集成》是一部巨大的分类百科全书，共有 10000 多册，装订成 5000 卷。它是中国生产的同类书籍中规模最大的印刷品，只有手稿版的《永乐大典》才能与之相比肩。最难能可贵的是，这部作品由 25 万个铜活字印刷而成，并且配有大量木刻插图。这些铜活字是手工切割的还是在武英殿铸造的，仍有争议。在康熙生前，皇宫还出版了他的著作集，以及纪念他 1713 年在北京举办 60 岁大寿庆典的大型插图作品。

18 世纪后期，乾隆皇帝（1736—1796）延续了这种由国家赞助的形式，出版了更多的作品，包括 1739 至 1747 年的《十三经》，共 115 卷；1739 至 1784 年的《二十四史》，共 722 卷。被称为《四库全书》的手抄本汇编无疑是他最大的成就。来自全国各地的数以千计的作品被送到北京的编纂机构审议。乾隆的目的不仅仅是通过复制来保存重要的现存文本，他希望通过编纂机构行使审查权，因此发布了禁书清单。清朝统治者担心发生动乱，因此反对那种被认为导致明朝灭亡的道德败坏行为。被认定为清朝统治的批判者被从书中除名，他们的书和木版画被烧毁。最后，有 3461 种书被选入《四库全书》，6793 种书被审查。编辑和抄写工作在 1773 至 1782 年间进行。在 1782 至 1787 年期间，制作了 7 套相同的手抄本，每套约 3.6 万卷。10254 种图书的完整书目描述由武英殿制作，成为《钦定四库全书总目》，该书至今仍是中国最重要的描述性书目之一。这些活动的另一个"副产品"是印刷了《四库全书》中 134 个重要的书目。1773 年，负责管理武英殿刻书事务的金鉴被任命为该项目负责人。在向皇室提出的一份具有说服力的建议中，金鉴建议用木制活字印刷全部书目，并将其命名为《武英殿聚珍版书》，随后出版了一本描述该过程的图文并茂的手册。乾隆皇帝同意后，253500 个铅字须由手工切割，所有 134 种图书（800 多卷）的印刷工作从 1774 年持续到了 1794 年。

乾隆皇帝扩充宫廷善本书收藏的同时，整个社会也对图书收藏产生了极大的兴趣。在宫廷出版项目的鼓励下，许多书在各省重印，同时在经济的推动下，尽管清廷发出了审查的威胁，但 18 世纪还是出现了私人和商业出版的高潮。遍布全国各地的官员非常积极地印刷地方史和各种学术著作。值得一提的是，使用原初活版印刷术的家谱在清代大量出版。19 世纪初，受黄丕烈和顾光启等人的启发，学者和藏书家编写了大量书目，并出版了宋元版本的摹本重印本。

19 世纪，木刻本书籍在中国图书和印刷文化史上的主导地位终结。一些事件的共同作用延长了这种消亡的时间。在西方，1800 年是（如果近似的话）划分手工印刷时代和机器印刷时代的年代；在中国，相应的分界线比西方晚一个世纪。

到 19 世纪 30 年代末，高质量的私人出版开始衰落，可能是由于经济衰退和鸦片战争，以及随后的太平天国运动。19 世纪 50 年代，太平军在中国中部和南部造成了巨大的破坏。藏书被毁，图书生产中断了 10 多年。战争过后，人们为弥补战争带来的损失，委托出版标准文本的新木刻版大量重印集。新教传教士对印刷品有了新的需求，虽然他们提倡凸版印刷，但也转向了木刻，将其作为印刷某些文本的实用手段和经济手段。直到 19 世纪末，平版印刷和西式活字印刷等技术才开始在与凸版印刷术的竞争中获得成功。随着王朝的衰落，它们的使用有所增加，包括重印巨型参考书《钦定古今图书集成》。上海的申报馆用铅字印刷了一个小尺寸的版本（1884—1888），而官方机构总理衙门则出版了一个全尺寸的石印本，由同文书局印刷（1895—1898）。这两部重印本采用线装，但在世纪之交，西式装订开始出现，并很快成为常规。当时以及不久之后都大量涌现了在形式和内容上都很新颖的出版物。新闻业，尤其是画报和系列小说吸引了大量的读者。使用平版印刷和西式活字印刷的新出版商如雨后春笋般出现，在上海尤其如此。

4 20世纪

1897 年，商务印书馆在上海成立，奠定了 20 世纪中国图书和出版业的未来走向。1905 年废除科举考试后，张元济（1867—1959）等受过传统教育的学者鼓励出版新的西式教科书，商务印书馆由此声名鹊起。1912 年在上海成立的中华书局成为其主要竞争对手。20 世纪的第一个 10 年见证了现代图书馆在中国的诞生。北京大学图书馆、江南图书馆（现为南京图书馆）和京师图书馆（现为中国国家图书馆）等学术和公共图书馆在那时成立。新图书馆运动与教育改革有关，并受到了美国模式的启发。到 1925 年，中华图书馆协会成立，改革家梁启超担任主席，袁同礼担任秘书长。1927 年，这个新组织成为国际图书馆协会联合会的创始成员。

1911 年辛亥革命后，政治活动的增加极大地刺激了期刊的发展。1915 年，陈独秀在上海创办了《青年杂志》，由群益书社出版，并得到亚东图书馆的支持。1916 年更名为《新青年》。随后的新文化运动催生了无数的书籍和期刊。在 20 世纪上半叶，革命、外国入侵和内战阻碍了中国出版业的和平发展。出版商改变了名称和地点，财产被毁，作家们在审查和监禁的威胁下使用了许多假名。然而，出版的书籍还是生存下来，并蓬勃发展。

1949 年后，中华人民共和国对出版业和图书贸易进行了合并和国有化。这些活动大多是由新华书店组织的。20 世纪 50 年代，重要的出版项目受益于政府的补贴和大量的优秀作家和编辑。之后，中国的出版和图书销售重新崛起，势头强劲，而古籍交易也得到了活跃的图书拍卖市场的帮助。自 1949 年以来，雕版印刷被赞誉为重要的中国发明和国家文化资产。这种历史性的转变导致了对现有雕版画收藏的保护，以及对造纸术、书法、活字雕刻、手工印刷和传统装订等技能的传承。

与其他国家一样，中国也受到了数字革命的深刻影响。计算机的引入所带来的数据自动化首先被应用于图书的编目和索引——图书馆的目录发展成电子数据库。近年来，中国文本的数字化呈指数级增长，但并没有削弱新的印刷出版物的增长，现代书

图60 《青年杂志》创刊号（1915年9月）。

籍和古代文本之间的自然划分并没有消失。当然，数字化只是一种新的出版形式，而现行出版物的数字化则面临着版权的法律问题。另外古籍和手抄本的数字化不仅让人们能接触到这些文本，而且也与古籍和手抄本的保存相关问题紧密联系。中国数字图书和虚拟图书馆的未来就像它们背后的技术一样难以预测。

参考文献

C. Brokaw, *Commerce in Culture* (2007)

——— and K. Chow, eds., *Printing and Book Culture in Late Imperial China* (2005)

T. Carter, *The Invention of Printing in China and Its Spread Westward* (1925; rev. edn. 1955)

L. Chia, *Printing for Profit* (2002)

K. Chow, *Publishing, Culture, and Power in Early Modern China* (2004)

J.-P. Drège, *Les Bibliothèques en Chine au temps des manuscrits* (1991)

J. S. Edgren, 'The *fengmianye* (Cover Page) as a Source for Chinese Publishing History', in *Studies of Publishing Culture in East Asia*, ed. A. Isobe (2004)

M. Heijdra, 'Technology, Culture and Economics: Movable Type Versus Woodblock Printing in East Asia', in *Studies of Publishing Culture in East Asia*, ed. A. Isobe (2004)

P. Hu, *Visible Traces* (2000)

International Dunhuang Project, www.idp. bl.uk, consulted Dec. 2007

J. McDermott, *A Social History of the Chinese Book* (2006)

[Nihon Shoshi Gakkai (Japan Bibliographical Society),] *Naikaku Bunko sôhon shoei* (Illustrations of Song Editions in the Naikaku Bunko Library) (1984)

第43章
韩国书籍史

贝丝·麦基洛普

1　三国时期（约前57—公元668，统一新罗时代668—935）

在朝鲜半岛及整个东亚地区，刻在石碑上的印章和文字凹版印刷术的前身技术使用范围非常广泛。在朝鲜的邻国中国，公元175年将经典文本刻在石板上的做法是一个重要的里程碑。朝鲜半岛上的早期政治团体也将文字记录在石板上，后来又用黑白色的墨压法将内容拓在纸上。与中国的密切接触使中国文字在朝鲜半岛传播开来，在公元1世纪的时候，新罗普及使用汉语。汉字既有语义也有语音，被用来根据发音书写新罗的文字。受过教育的新罗人也学会了用汉语阅读和书写。从大约6世纪到15世纪，这种复杂而混乱的借用中国文字的系统是唯一用于记录新罗语言的系统。

现存使用本土转写系统的最早著作是诗歌。朝鲜半岛三国时期以实物形式存在的文字包括一块巨大的纪念碑——高7米多，碑上刻有1.8万个篆书汉字，还刻有赞美好太王（北部高句丽王国的王，统治时间为391至412年）的文字，还有一块来自庆尚北道延吉的刻字碑（503），这是一块花岗岩石板，三面抛光，用于雕刻；上面有231个大小不一的古体字，风格古朴，记录了关于土地所有权纠纷的判决书。为子孙后代保存文字一直是朝鲜半岛的重要工作。

造纸术可能在朝鲜半岛三国时期就已经从中国传入，是经由公元前 108 至公元 313 年统治半岛西北部的中国乐浪郡传入的。在 4 至 6 世纪，佛教信仰向东传播到新罗，人们对佛经有了需求，来满足僧侣和信徒们的宗教活动和研读活动。赞助者支持手抄经书，后来又支持印刷经书。这些赞助者的名字有时被记录在经书的页眉或其他说明中。在朝鲜半岛三国时期、统一新罗时期和高丽（918—1392）时期，所有这些佛经的副本都是用汉字书写的，因为古典汉语被用作宫殿、宫廷和寺院的书面语言。诸如盖有佛像印章的《金刚经》和精制的《妙法莲华经》寺庙副本，以及咒语和经文副本被大量印刷，但到高丽之前大部分都失传了。

1966 年 10 月，人们在庆州佛国寺的释迦牟尼塔第二层发现了记录佛教咒语的《无垢净光大陀罗尼经》的印刷本。这段文字在 704 年被翻译成中文，而寺庙则在 751 年建成，因此，这部经书一被印刷出来，就被封在了塔内，可能是为了纪念该寺庙的落成。

这部小纸卷的尺寸为 6.5 厘米 ×648 厘米，是人们在一个佛教文物容器中发现的。其开头部分保存状况较差，因此上述尺寸为近似值。12 张纸卷中的每一张都有 55 到 63 列，每列有 6 到 9 个汉字，大小约 4 到 5 毫米。这部经书是用刻好的木块在薄薄的桑树纸上印刷的。根据对字符的图形风格和纸张使用的植物材料的分析，其可能出自新罗王国。该文本使用了女皇武则天的字，这是武则天统治时期（684—705）在中国创造的少量术语的特殊图形形式。鉴于唐代中国和新罗之间的文化交流程度，这是完全可信的，最初在中国切割活字并印刷的文本可能在新罗经过了同样的过程，它在佛国寺的祭祀活动中作为保护性圣物的一部分被埋葬。

新罗时期文本传播高度发达的另一个例子是湖岩美术馆收藏的《华严经》1 到 10 章的一卷手抄本（196 号大韩民国国宝）。这份文字材料是在 754 至 755 年，由庆州皇龙寺的高僧延吉太师授意抄写的。附言记录了制作日期，以及 19 位抄写工人的名字和级别。这些人中有的抄写经书，有的绘制封面，有的负责造纸。经文是普通的经文，被包裹在紫颜料染色的桑皮纸的封面中，上面用金色画了两个菩萨坐在一栋高大的瓦屋前。该抄本长 14 米，高 26 厘米，每列 34 个字，卷轴由 43 张白纸组成，卷在一个

24 厘米的木轴上，两端有水晶材质的把手。

2 高丽（918—1392）

在高丽统治时期，佛教文本的木版印刷在数量和范围上都有所增长，这是一段佛教信仰非常虔诚的时期。韩国印刷历史学家孙宝基（Sohn Pow-Key）估计，当时的印刷业切割了 30 多万块木板用以印刷佛经。资助抄写佛经的行为可以让信徒积攒功德。

在这一时期的印刷业中，最突出的是两套为印刷全部已知佛经（《大藏经》）而刻制的木版。这项事业的动机既是为了确保神灵能保佑国家，使其免受亚洲大陆入侵者（11 世纪的契丹人、12 世纪的女真族以及 13 世纪的蒙古人）的不断攻击，也是为了虔诚地传承和记录佛经的传习、教规和各种经论。考虑到需要神的保护，宫廷委托工匠选择和准备木材，复制经过精心挑选和检查的文本，在木板的两面切割出转印的文本，然后用在当地生产的纸张上印刷。

《大藏经》最早在高丽完整印刷的时间是 1011 年至 1087 年；然而，13 世纪早期蒙古人入侵时，这些木板被烧毁了。在日本京都南禅寺现存的佛教卷轴中，《大藏经》大约有 300 部（总共约 1.1 万卷）保存了下来。同一部《大藏经》中的《华严经》第 78 卷现存于湖岩美术馆（267 号大韩民国国宝）。高丽国王文宗的第四个儿子义天禅师（1055—1101）曾到中国游历，收集了数以千计的佛教典籍，准备带回高丽。他花了很多年时间对不同佛教流派的教义进行编目，并编纂了《续藏经》。

第一部《大藏经》遗失后，高丽立即开始了新《大藏经》木版的印刻工作。这次重新切割木版的《大藏经》是一项对国王和国家都极为重要的工程。这项工程从 1236 年持续到 1251 年。不同的学者对风干木材制成的木版的确切数量有不同的估计。目前，有 81155 块木版幸存了下来，其中有 18 块丢失，296 块是在朝鲜时期（1392—1910）增加的，12 块是在日据时期（1910—1945）增加的。木版的数量使 13 世纪的这部《大藏经》被称为"八万大藏经"。这些印版的尺寸为 72.6 厘米 ×26.4 厘米 ×3 厘米，两面都有雕刻内容。印刷区由单行边框划定，高 24.5 厘米，每块有 23 列 14 个 27 毫米高的字。在整部《大藏经》中，这些字的书法风格是统一的。每一块都有经文的名称、章节和对开本的编号。这些经版被上了漆，并在四角加了金属加固条以防止变形。在 1251 年完成切割制作后，这些经版在庆尚南道南海郡印刷，随后北移至江华岛的储存库中。

在 1236 到 1251 年之间，第二次切割制作《大藏经》的时候，高丽王室已经因为蒙古人入侵而出逃至江华岛避难。然而，到了 14 世纪末，面对敌对势力，即使是江华岛，也不再安全。海盗袭击危及经书的安全，而且高丽全国各地都出现了军事动乱。这让人们选择了遥远南部山区的海印寺作为珍贵的双面印版的安全储存地点，这些印版于 1398 年被转移到这里。1488 年，在印版到达海印寺数十年后，人们修建并改造了四座特殊的建筑以保护这些印版。这些建筑比寺庙建筑群的其他部分要高，采用了长方形的木制柱子和四坡屋顶，坐落在花岗岩石块上，呈院落式排列。一排排的板条窗点缀在墙壁上，让建筑能自然通风，最大限度地减少湿气的扩散。仓库的土层上有一层木炭，可以调节湿度和温度，裸露的椽子有利于空气流通。木版被放在五层的架子上。这些朝鲜王朝早期木制建筑的罕见遗存，证明良好的通风和防潮环境可以保护这些珍贵的木制印版。在 1967 至 1976 年间，韩国用这些木制印版制作了一套《大藏经》的印本，然后赠送给韩国和世界各地的图书馆和大学。

从更宏观的角度来看高丽的图书出版，值得注意的一点是，高丽的学者和官员越来越重视中国思想家孔子的学说，因此需要儒家典籍的原始版本和后来中国学者的评注。由于战争频发，同时中国怀疑高丽寻求中国书籍副本的动机，所以，从中国获得书籍往往不容易。宋朝诗人苏东坡（1036—1101）曾多次撰文反对向高丽送书。高丽在试图从中国获得所需物品的过程中经常受挫，只有在中国朝廷同意的情况下才有可能，但并不可靠。尽管有这些困难，高丽人依然坚持不懈地收藏书籍，甚至在 10 和 11 世纪，高丽国有三四次将宋朝已经失传而宋朝朝廷又需要的中国书籍送回中国。1123 年访问高丽的中国使节徐兢在他的出使记录《宣和奉使高丽图经》中指出，"江畔王家书库藏书数以万计"。

在 13 世纪，高丽用活字印刷术尝试印刷了一些作品，这些作品后来已失传，但因为采用了在书脊上记录印刷信息的做法，这些作品还是被人们记住了。在这一时期，有三件关于使用金属活字的证据。其一是一本名为《南明泉和尚颂证道歌》的佛教讲义集，于 1239 年在江华岛印刷，用的是从最初使用活字印刷的文本中切割出来的印版。版本说明中写道：

> 不识此书，不得佛理。此书能失传否？吾等特此聘人重制铸造活字版以流传。崔怡（卒于 1249 年）于（1239）九月谨以此序献上。

13 世纪活字印刷的第二个证据是一套仪式文本，即《详定古今礼文》，大约在 1234 年高丽于江华岛避难时期用金属字体重印，以取代从开城运输时丢失的原作。版本说明明确指出"在此籍金属活字印 28 份，亦分发给各衙门"；然后书中还表示希望各衙门不要丢失此书。第三个证据是出土的高丽时代的一些单个字块，现在被韩国博物馆收藏。这些字块的金属成分与高丽时代的钱币相似，一个例证是有个 1 厘米高的"回"字，现存于韩国国家博物馆。学者们认为，王室从开城迁往江华岛时，高丽中期的混乱刺激了金属字体的使用，以便印出蒙古入侵期间被破坏的重要作品的小版本。显然，高丽的印刷商在 13 世纪中叶大量使用活字印刷。

从 13 世纪开始，用活字印刷且标记了时间的作品都失传了。然而，在 14 世纪，有一部流传至今的作品，这是世界上最早的金属活字印刷品，那就是白云禅师记录的《白云和尚抄录佛祖直指心体要节》。这是一部佛教传记和历史摘录集，作者是笔名白云的禅宗大师景闲（1298—1374）。该书也被称为《直指心体要节》，由两卷组成。失传的第一卷包括偈语和诗文，以及佛教大师的教义；不完整的第二卷由法国国家图书馆收藏。现存的一卷上有一个题签，注明时间可追溯到 1377 年的第 7 月。它指出使用活字印刷的制作地点是清州的兴德寺。扉页的背面记录了负责印刷的两位佛教徒的名字：释璨和达湛，以及资助者妙德尼姑。全卷共 38 章，印刷面积为 20.2 厘米 ×14.3 厘米。排版为每页 11 列，每列 18 到 20 个字。此书曾被法国外交官科林·德·普朗西（Collin de Plancy，1853—1922）收藏，在从大众视野中消失之前，法国汉学家莫里斯·库朗（Maurice Courant）将此书记录在《朝鲜书志》中；1972 年该书在巴黎的展览中再次出现。1984 年，在建造住宅区的过程中，兴德寺遗址被发掘出来，并从中发现了带有寺庙名称的青铜器。随后，清州早期印刷博物馆在寺庙所在地开馆，以

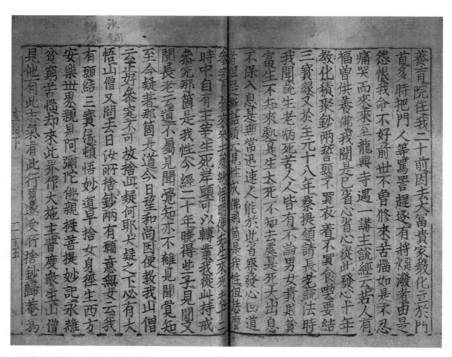

图 61 世界上最早的金属活字印刷品——《白云和尚抄录佛祖直指心体要节》，1377 年在兴德寺（清州）印刷。法国国家图书馆，手稿部（东方部）（Koreana 7, no. 2）。

纪念韩国历史上对印刷业的贡献，同时也纪念这本世界上最古老的、流传至今的金属活字印刷书籍的印刷地。

要了解高丽采用活字印刷的原因，在一个对书籍的需求只限于少数读者的社会中，不妨思考一下雕版印刷的缺点。切割木版是一种浪费材料的做法，而且需要将木版储存起来以备再次使用，还存在着被火烧毁的危险。令人惊讶的是，13 世纪金属活字的证据可以追溯到蒙古人入侵时期，但当时大火摧毁了无数的建筑和其中的物品。相比之下，中国的印刷量比高丽要大得多。因此，中国几乎没有动力推广使用金属活字，因为用印版可以制作几十份印刷品。孙宝基指出，在高丽用金属活字印刷的作品数量相对较少。而需求量大的作品，如日历，是用木版印刷的。（Sohn, 1992, 54）还有一个考虑因素是，佛教寺庙的铸造厂是否拥有原材料以及熟练的金属加工工匠（他们受寺庙委托制作铜钟、铜鼓和其他铜器）。

3 朝鲜（1392—1910）

1392 年，在经历了 14 世纪初的不稳定和蒙古人统治的时期后，新的朝鲜王朝掌权，并在朝鲜半岛中心建立了首都，即今天的首尔。它继续以越来越系统的方式资助儒家研究，佛教占主导地位的时期即将结束。本土的风俗习惯与外来宗教的风俗习惯长期共存，但儒家的礼仪和做法开始对家庭和礼仪生活产生越来越大的影响。儒家的理想逐渐渗透到宫廷和贵族阶层之外。儒学研究并不是朝鲜时期的创新（它们构成了 10 世纪在高丽实行的科举大纲），但朝鲜早期的国王及其谋臣开始改革社会和宗教习俗，扫除异端思想和做法，对象包括朝鲜本土的思想，以及佛教掌握的过大的权力。为此，他们需要研究许多中国版本的儒家哲学作品。在高丽时代，朝鲜的统治者和官员们可能已经知道使用金属字体的印刷。在 15 世纪初，他们开始尝试改进这种技术。

据记载，第三位朝鲜王朝的国王太宗（1400—1418）非常关心书籍的制作方式：

> 由于我国地处中国东部，与中国隔海相望，鲜有中国来书。且木版印刷易损，无法用木版印刷法印尽天下之书。我的愿望是铸造青铜字块，如此一来就可印刷尽可能多的书，并广泛传播。这将让我们受益无穷。（Lee, i. 537）

1403 年是癸未年，在太宗的授意下，铸造了第一批字块，几乎都是铜质的。不过在朝鲜王朝的长期统治中，也有一些铁制、铅制，甚至锌制的铸造字块。

在 1403 年的铸造之后，下一次铸造是在 1420 年，也就是庚子年。王朝实录详细记载了第四代国王世宗（1418—1450）参与印刷活动的情况：

> 印刷书籍时，字块要放在铜版上，将熔化的蜂蜡倒上去，凝固后让字块

对齐，然后印刷。这需要大量的蜂蜡，所以每天只能印刷几枚。因此，殿下亲自指导，并命令李贞和南碟改进铜版的铸造，以配合字体的形状。有了这种改进，字块就牢牢地固定在了铜版上，不需要使用蜂蜡，印刷品也能更方正，并可以在一天内印更多页。为了表彰铸造的辛苦和功绩，殿下多次赐予酒和食物。(Lee, i. 538)

由此制作的书页比例良好，字的水平线从左到右略微向上倾斜。这种平跟字体（flat-heeled）不需要打蜡就可以均匀地排列，代表了活字印刷的一大重要改进。

成伣（Sŏng Hyŏn，1439—1504）在《慵斋丛话》中描述了金属字块的印刷过程：

在木头上雕刻的人叫雕刻师，铸造的人叫铸造师。完成的图样被储存在箱子里，负责存放字块的人被称为守字人。这些人是从朝廷的年轻仆人中挑选出来的。阅读手稿的人叫读稿人，这些人都是识字的。守字人在手稿纸上排好图样，然后把它们放在一个叫作上板的板子上。图样平整工匠用竹子和破布填满板上字体之间的所有空隙，并将其压紧，使字块无法移动。然后将印版交给印刷工匠进行印刷。整个印刷过程由从科举儒生中选拔出来的编审部成员监督。起初，没有人知道如何在印版上压紧字块，于是就用蜂蜡在印版上固定字块。因此，每个字都有一个像锥子一样的尾巴，就像庚子字块一样。只有用竹子填充空隙的技术被开发出来后，才不再需要使用蜡了。人的聪明才智的确是无边无际的。

1434 年，甲寅字块（Kabin）铸造成功，非常受欢迎，数百年来被重新铸造了 7 次。这是一种大型字块，字的尺寸为 14 毫米 ×15 毫米（而 1420 年的字，字块为 10 毫米 ×11 毫米），书法风格优雅生动。这种字块的底部比印刷面窄，因此铸造起来很经济。第一部同时使用汉字和朝鲜文字活字印刷的作品也使用了甲寅字块，此书为 1449 年用 1447 年的字模印刷的《释谱详节》。朝鲜文字是一种音节文字，由世宗大王于 1443 年创造，以提高人民的识字率，并以图形表示朝鲜文的发音。世宗在《训民正音》的序言中写道：

> 吾东方礼乐文章，侔拟华夏。但方言之语，不与之同。学书者患其旨趣之难晓，治狱者病其曲折之难通。……我殿下创制正音二十八字，略揭例义以示之，名曰《训民正音》。

新的朝鲜语字母表是世宗和他的学者助手多年研究的成果。这些字母的形状有一个奇妙的起源。辅音的形状反映了每个声音发音时口腔器官的位置："k" 音用 "¬" 表示，反映了舌头对嘴顶的位置；而 "m" 音用方形的 "□" 表示，模仿了形成该音时嘴唇紧闭的样子。闭元音用水平线表示，开元音用垂直线表示。朝鲜语字母一直是按音节书写的，字母组排列在不连续的方块中，而不是串起来，这反映了语言的音节结构。这种分组方式显然受到了汉字外观的影响。最早的谚文出现在 15 和 16 世纪，是直立的，有棱有角，但随着时间的推移，用毛笔书写在实践产生了一种更流畅的风格，加入了弯曲的和加重的笔画。最早复制谚文的出版物是用木板制作的，但在随后的几

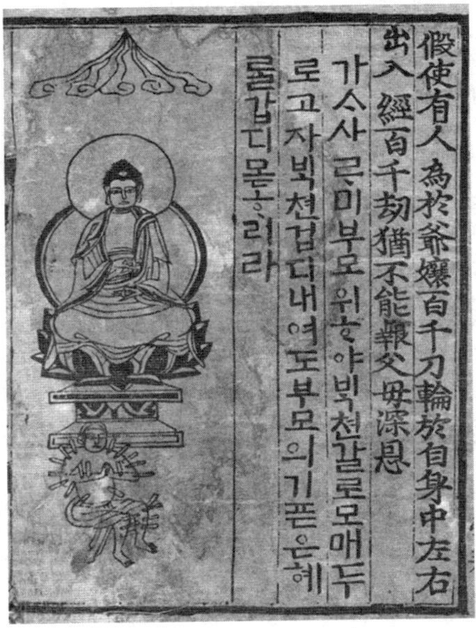

图 62 16 世纪雕版印刷版本的《父母恩重难报经》中的谚文。© 大英图书馆理事会（Or. 74.b.3）

个世纪里，许多作品都是用字块出版的。孙宝基在他 1982 年的朝鲜印刷字块调查报告《早期朝鲜的活字印刷》中列出了 14 种朝鲜文字模。

最重要的版本仍然是由宫廷资助的，由造纸局、活字局和木版印刷局监督。到了朝鲜后期，儒家书院、地方学者和作家都资助了书籍的印刷，一些人还委托制作新的字块。

尽管 15 世纪的朝鲜国王对印刷技术有着浓厚的兴趣，但早期引入的金属铸型印刷既没有让出版业扩张，也没有让识字率明显提高，其原因在于主导社会的儒家价值观。政府高度重视自我修养和德行领导，鼓励紧缩开支，反对商业。根据孔子的说法，理想的人应该是"贫而乐道，富而好礼"（《论语·学而》）。朝鲜的文官们热衷于维护这一儒家理想，压制了市场的自然增长和贸易商品的流通。在这种限制性的经济模式中，印刷书籍是在严格控制的情况下进行的。技术手册、儿童教科书、草药清单、地图、书信集、语言启蒙读物以及实用性作品和文学性作品，都提供给需要它们的官员、教师和工匠：地名录记载了这片土地上各个地区的地形、产品、人口和重大成就；为下层人民和全国不同地区的学校教师编写了通俗和哲学作品，以宣传儒家的忠诚、服从、贞洁、友爱和虔诚等美德；宗族发布了详细的家谱，使每一代人都能追溯其家族血统，这是儒家祖先崇拜的一个重要组成部分；参加科举考试的考生学习哲学材料和文学材料，这些材料构成了科举考试的考试大纲，而科举考试通常是难熬而漫长的。

尽管存在经济的限制性和政府对印刷品的控制，但依然有成千上万的高丽和朝鲜时代的手抄本和印刷本在韩国和海外的图书馆中保存下来。仅哈佛燕京图书馆（Harvard Yenching Library）的目录就列出了 3850 种图书。日本的图书馆也有大量稀有的朝鲜半岛书籍。虽然时间和战争造成了损失，但韩国的国家图书馆和前王室图书馆保留了大量的档案和出版资料，并定期得到私人收藏的捐赠补充。读书和学术研究已成为朝鲜半岛人民生活的重要组成部分。

大约在 1880 年，随着日本和西方政治、经济利益的出现，现代印刷技术被引进朝鲜半岛。《汉城旬报》的印刷采用了从日本进口的西式印刷机，将新技术与改革运动联系在一起，但在政治精英保守派的强烈反对中，改革运动只出现了短暂的繁荣。基督教传教士是韩国印刷创新的重要引入者（见第 9 章），1885 年，卫理公会的亚扁薛罗（H. G. Appenzeller）成立了三语出版社。法国天主教徒在 19 世纪末也很活跃，E. J. G. 科斯特（E. J. G. Coste）神父在 1880 年监督了开创性的《朝鲜语词典》的印刷和装订，引入了非韩国印刷商使用的第一套谚文字模。圣经和语言学习工具书是朝鲜半岛第一间英文出版社的早期出版物之一，该出版社于 1891 年在 C. J. 考夫（C. J. Corfe）主教的监督下印刷了詹姆斯·斯科特（James Scott）的《英语－高丽语词典》。这一时期传教士还出版了《天路历程》《伊索寓言》和《格列佛游记》等早期的西方书籍。

4 现代（1910—　）

日本在 1910 年吞并了朝鲜半岛，随后朝鲜半岛出版业开始衰退。1910 至 1945 年期间的特点是，一些文化企业有力地抵制了日本殖民政权，而其他文化企业则与日本人合作。朝鲜语的写作和出版受到限制，因为殖民者试图以支持日本帝国主义野心的方式塑造朝鲜的社会和文化身份。一时间，朝鲜语作为正式交流和教育媒介的前景变得不明。正是在这种斗争和民族性争议的背景下，现代朝鲜有影响力的报纸和图书出版公司成立了。作家、学术团体和报纸都不得不与军事管制和严格的审查制度抗衡。对日本的不满继续影响着现代朝鲜半岛的商业和官方出版企业。

在 1945 年日本战败和 1950 至 1953 年的朝鲜战争之后，朝鲜半岛被划分为北方的朝鲜和南方的韩国。从那时起，朝鲜半岛图书有两种主要表现形式，这自然反映了朝鲜半岛南北不同的社会制度、市场模式和图形特征。韩国的书籍使用混合文字，其中有少量的汉字，尤其是地名和人名。出版业，无论是学术还是商业，都高度发达，并融入了国际社会。书店在主要城市蓬勃发展。除印刷出版外，自 20 世纪 90 年代以来，韩国在电子出版和数据库创建方面已成为世界领导者。《高丽大藏经》和《朝鲜王朝实录》的数字化版本是大型学术数字项目的先驱，它彻底改变了人文科学领域对前现代文本资料的获取方式（见第 21 章）。

自 1989 年出现经济危机以来，21 世纪初朝鲜出版业的质量、发行量和外观没有什么变化。朝鲜的图书发行量很低，而且主题受到国家的严格控制。尽管如此，还是有源源不断的小说、诗歌、历史研究、参考书、乐谱、漫画和教育教科书印刷出来。与韩国混合使用中文和汉字的做法相比，朝鲜不使用汉字。朝鲜出版业与国外出版业的互动很少，电子出版受到严格控制。一般来说，朝鲜的机构和个人都没有连接互联网。然而，尽管存在这些差异，朝鲜半岛南北都因其对 15 世纪谚文字母的自豪感而团结在一起。他们也都庆祝在印刷文化方面取得的显赫成就，即比较早的印刷品（约 751），最早的金属活字印刷品（1377），以及保存在海印寺的韩国《高丽大藏经》印版（13 世纪）。

参考文献

M. Courant, *Bibliographie coréenne* (3 vols, 1894–1901)

P. Lee, ed., *Sourcebook of Korean Civilization* (2 vols, 1993–1996)

B. Park, *Korean Printing* (2003)

Sohn Pow-Key, 'Early Korean Printing', *Journal of the American Oriental Society*, 79 (1959), 96–103

—— *Early Korean Printing* (1984)

—— 'King Sejong's Innovations in Printing', in *King Sejong the Great*, ed. Y.-K. KimRenaud (1992)

—— 'Invention of the Movable Metal-type Printing in Koryo: Its Role and Impact on Human Cultural Progress', *GJ* 73 (1998), 25–30

日本书籍史

彼得·科尔尼基

1 手抄本文化

毫无疑问，作为东亚佛教的语言，作为现在被称为儒家思想传统的语言，以及作为东亚学术话语的语言，汉语从一开始到 19 世纪一直是日本图书出版的核心。

尽管日本编年史中给出的日期和细节并不准确，但很明显，来自中国的书籍在日本被视为礼物，且逐渐受到重视。这些书应该是儒家和佛教的典籍，以卷轴的形式呈现，而不是装订成册的形式。进口的作品需要被复制才能被使用，佛教在日本扎根后，这些进口书籍对佛教文献来说尤其重要。因此，到了 7 世纪，抄写佛经（Shakyō）是一项有组织的活动，既是为了研究和礼佛，也是一种展示信仰虔诚的活动。673 年，川原寺（Kawaradera Temple）为保存迄今为止传入日本的所有佛经而进行了一次完整的抄写，686 年抄写的一部经文主要是为了供养资助者的祖先。到了 727 年，日本当局在奈良设立了一家佛经书院，安排了抄写员和校对员，用于制作政府资助的寺庙所使用的佛经。这些经文大多是用黑色墨水在染过黄色防腐剂的纸上抄写的，但也有一些是在靛蓝纸上用金色字书写的豪华版经文。此外，702 年日本建立了一家国家图书馆，有 20 名抄写员，他们抄写的应该是儒家和佛教的手抄本。儒家文本对新成立的大学来说必不可少，因为其教育系统效仿中国，需要学生具备中文的读写能力。

奈良时期制作的大多数手抄本早已损坏，但最近发现的木简（用于记录官僚文本的木板）和漆纸文书（用漆保存的纸片）在过去 50 年里大大增强了我们对早期日本使用的中文文本和书写形式的认识。关于 9 世纪末在日本可以获得的中文书籍，《日本国见在书目录》提供了一个更清晰的图景，该书目是在皇室命令下编撰的现存书籍目录。

日本现存最古老的手抄本是对《法华经》的注释，可以追溯到 7 世纪初；当然，这本书完全是用中文写的，可能确实由来自中国大陆的移民而不是日本本地人写成。到了 8 世纪初，日本人不仅写出了第一部中国风格的编年史，而且还首次写出了两部日语作品——《古事记》和《万叶集》——后者是一本诗歌选集。在这个阶段，记录日语的唯一技术是笨拙地使用汉字来记录其发音。然而，在 9 世纪，这发展成了一种由汉字的高度缩略形式组成的音节，称为假名，用于记录日本文本，如诗歌以及后来的散文作品，如平安时代（794—1185）的诗歌日记，特别是《源氏物语》和其他经典宫廷文学作品。到了平安时代后期，日本开始使用雕版印刷术印刷各种佛教文献，但所有的日本文学作品都只以手抄本形式流通，直到 17 世纪初才出现了第一批印刷版本。日本作品被排除在印刷世界之外的原因很复杂，但可以归纳为佛教寺院对印刷的支配、书法在准备手抄本副本中的重要性以及日本文学创作和消费的隐秘宫廷环境。因此，大量平安时代的文本现在只留下了名字，没有在几个世纪的手抄本传统中流传下来，有些文本，如 935 年的《土佐日记》，只是偶然才流传下来。

在整个平安时代，甚至直到今天，出于礼佛的原因而抄写佛经的现象仍然存在。例如，著名的学者和诗人藤原定家（Fujiwara no Teika，1162—1241）为此亲手抄写了许多《法华经》。佛经的装饰形式越来越复杂，有正面图案和精美的纸张——有时文本就直接叠加在世俗生活的场景上。但是，抄写佛经也是出于更多的学术原因。在 9 世纪，有 6 位僧人在不同时期被派往中国采购佛教文本的手稿，在他们回来后，只编制了获得的手稿的目录。随后，日本其他寺庙的僧人也来抄写，并将副本带到其他地方。然而，从 11 世纪开始，从中国或韩国进口印刷的佛经越来越普遍，从 12 世纪开始，日本也开始印刷佛经，因此，除了礼佛的目的外，继续手工抄写的必要性也在减弱。

在 12 世纪及其后的战争中，许多日本书籍失传。13 世纪的日本书籍目录《本朝书籍目录考证》中描述过的 493 部作品，有一半以上已不复存在。另一方面，《土佐日记》却流传下来，因为 935 年的原始手稿至少在 1492 年之前一直保存在一个宫廷图书馆中，并被复制了 4 次，最终有两份 13 世纪的副本幸存下来，使我们有可能重新制作出原始文本。

商业出版在 17 世纪变得越来越重要后，抄写的传统可能就会消失。然而，情况并非如此。抄写本的出版和流通一直持续到 19 世纪末，这部分是传统的延续。出于礼佛的原因，经书的抄写仍在继续，用手写书法制作古典文学作品豪华版的情况也在继续，武士精英们更喜欢这种版本的经书，而不是印刷版。一种新的做法是为印刷书籍制作手抄本副本，或者是出于经济原因，或者是为了让书籍变得稀有，或者是作为学习文本的一种方式，例如，在 18 世纪初首次出版的女性道德启蒙读物《女大学》，就体现了这一目的。倾向于使用手抄本而不是印刷品的另一个原因是限制新知识的传播，例如，创新的医疗技术或新的插花艺术能为发起人带来收入，因此，通过制作只供追随者阅读的手抄本来限制传播符合他们的利益。但是手稿继续流传的最重要原因是江户时代（1600—1868）的审查法，该法禁止出版有关整个武士阶层的丑闻或其他事项的书籍。因此，关于 1651 年武士叛乱或 1801 年卷入幕府妇女的性丑闻内容都不能印刷。虽然连流通手抄本的版本都被禁止，但实际上却缺乏有效的手段来监督执行——对这类作品（往往是以耸人听闻的方式书写出来，或者添油加醋地编成故事）的大量需求则由流动图书馆满足。这一点不仅从现存的带有这些图书馆印章的书籍中可以看出，而且从流动图书馆因持有这类材料而被抓获的案件所产生的法律文件中也可以看到。

在 1868 年以来的现代时期，除了出于宗教或其他私人目的外，手抄本的制作已经大大减少。然而，值得注意的是，鉴于日本打字机的操作烦琐，在计算机生成文本的技术出现之前，官方文件通常是手写的。

2 1600年前的印刷史

毫无疑问，雕版印刷是中国的发明，可能出现于 7 世纪，但东亚现存的最古老的印刷品也许是在韩国和日本发现的。日本最早的印刷证据规模巨大，据编年史记载，在 764 年至 770 年间，有 100 万份佛教祈祷文（也称《百万塔陀罗尼经》）被印刷出来，并存放在微型佛塔内。这既是一种赎罪行为，也是委托这一行为的帝国机构权力的象征。大量佛塔和其中的印刷品被保存下来，足以表明即使不是整整 100 万件，也至少有 10 万件。但这显然不是为了阅读而印刷，而是一种仪式行为，这在佛教的文本处理中也有相似之处，如转经筒上的文本也不是为了阅读。尽管如此，这一切还是很好地证明了印刷技术在 8 世纪传入日本的情况。

在平安时代，也有一些类似的经文印刷的记录，但直到注释和教义作品被印刷出来（现存最早的是 1088 年），人们印刷的目的才变成制作供阅读的文本。当然，这些都是中文的佛教文本，就像 16 世纪末之前的几乎所有印刷品均使用中文一样。在这个阶段，大多数印刷活动在奈良的兴福寺进行（兴福寺是占统治地位的藤原家族的家庙），但在镰仓时期（1185—1333），印刷术传播到了日本的其他地方。高野山的寺院开始印刷神秘的佛教作品和空海和尚（774—835）的著作，如他的《三教指归》（1253 年印刷），这是一本关于佛教、儒家和道家的比较研究著作。京都的寺庙开始印刷与佛教教派有关的特定作品，有时是以进口中文版本的摹本形式印刷的。在这几个世纪里，用日语印刷的极少数作品之一是《黑谷上人语灯录》（1321 年在京都印刷），这是日本佛教净土宗创始人的语录集。

京都和镰仓的禅宗寺院在 13 世纪末开始进行印刷活动，但他们关注的不是佛经的制作，而是印刷中国禅师或偶尔印刷日本禅师的语录集。1367 年，8 位精通印刷的中国禅宗僧人应日本僧人的要求来到京都，以印刷师的身份工作了数年。禅宗寺院制作的所有版本中，约有 1/4 是中国的世俗作品，这一切始于 1325 年印刷的一部唐代僧人的诗集。这本诗集和其他许多中国作品的版本一样，是进口中文版本的摹本。

第一个在日本印刷的中国经典文本是 1364 年在大阪南部的坂井贸易社区印刷的《论语》，1481 年朱熹对《大学》的注释作品在鹿儿岛印刷。然而，考虑到儒家典籍对精英教育的重要性，不得不说，17世纪之前的印刷品少得令人吃惊。在16世纪，越来越多的中国世俗作品被印刷出来，但这些大多是字典、诗歌创作指南和医学著作。

在整个12世纪到16世纪期间，日本作者的作品很少被印刷，主要的例外是《往生要集》，这是一部关于"普度要领"的书，在1168年到1600年之间共印刷了9个版本。事实上，印刷世界被佛教文本和中文文本所主导，而这些文本需要读者精通复杂的汉学知识。因此，在这个阶段几乎没有书籍贸易或商业出版的迹象。

16世纪末，日本接触到了两种不同的活字印刷传统，分别为欧洲和韩国的活版印刷传统。早在16世纪40年代，传教士方济各·沙勿略就将他的一些作品翻译成了日文，以便进行印刷，但耶稣会在日本的印刷活动直到1590年才开始，当时第一台欧洲印刷机被带到了日本，后来又引进了其他印刷机（见第9章）。虽然耶稣会传教士的许多出版物在1626年被日本当局因镇压基督教而故意烧毁，但在不到30年的时间里，耶稣会仍大约印刷了100种书。不过，今天幸存下来的不到40种，其中许多是单行本。耶稣会传教士的印刷品有教堂年历和各种教义作品，以及拉丁文古典作家的作品，值得注意的是，一些教义作品也是用日文罗马字转写的。1592年，耶稣会士将《平家物语》的部分内容用罗马字转写印刷出来，这是日本文学领域出版的第一部印刷品。

朝鲜的活字印刷传统（见第43章）可以追溯到13世纪，但似乎并没有传到日本，直到日本入侵。由于1592至1598年日本入侵朝鲜，印刷书籍被洗劫一空，一台带有字块的印刷机被带回日本，并呈送给后阳成天皇。1593年，这台印刷机立即被用来印刷一部中文文本——《孝经》，这是日本工匠在日本印刷的第一部书籍。

从某种意义上说，这两项发展都刺激了日本的印刷业，耶稣会士印刷日本文学，而为天皇或幕府工作的印刷商则印刷世俗的中国作品。然而，由于耶稣会的印刷厂位于九州，远离政治权力中心，而且所有的基督教传教士都受到迫害，所以长期以来人们都认为朝鲜的印刷术对日本的影响更大。但最近的发现表明，耶稣会的印刷技术确实产生了影响，后来被当时的人否认了，因为他们害怕与被禁的宗教联系在一起。无论怎样，很明显，这些发展使印刷术走出了寺院，在日本被赋予了世俗的意义。

3 1600至1868年的印刷史

16世纪90年代，日本皇室和德川家康（即将成为幕府将军）分别资助了大型木质印刷字模的制作工作，然后使用这些印刷字模印刷书籍。1595至1621年印刷的"勅版"（chokuhan），即御用版本，都是世俗作品——首先印刷的是中国的作品，然后是一些日本作家的作品，如《日本书纪》的前两卷。与此同时，德川家康还印制了中国其他世俗文献和13世纪的日本编年史——《东鉴》。此时，京都及其周边地区的寺院也在尝试活版印刷术（现存最古老的印刷品是1595年的），一些私人也在试验，例如医生小濑甫庵（Hoan Oze），他在1596至1597年印刷了4本中国医学著作。

早期最令人印象深刻的活版印刷术产品是所谓的"嵯峨本"（Sagabon），即1599年至1610年间在京都附近的佐贺印刷的书籍。其书法和艺术指导由艺术家兼书法家的本阿弥光悦（Hon'ami Kōetsu）负责；商人鉴赏家角仓素庵（Suminokura Soan，1571—1632）则负责组织印刷。他们共同印刷了大部分日本文本，如《伊势物语》，这是日本第一部有插图的世俗书籍。通过连写，他们的木制印刷字块试图再现书法的流畅性，并通过使用彩色和花纹纸来增强审美效果。日本书籍的艺术就是从这里开始的。

日本图书业出现的具体时间目前仍未有明确证据。到目前为止，提到的大多数作品似乎都是少量印刷的，而且没有商业发行的证据。到了17世纪20年代，肯定有商业出版商在运作，并且以市场为目标。

在17世纪上半叶，活版印刷术和雕版印刷术并存，有时它们会被一起使用，比如雕版印刷文本的插图。这几十年来，由于大多数经典作品都是首次被印刷，因此印刷量非常大。以《源氏物语》为例，1600至1644年期间，共印刷了4个活版印刷的版本；1650年代，诗人山本春正（Yamamoto Shunshō）推出了一种大尺寸的插图版，被无数次重印，当然也有其他格式的版本；1651至1700年期间，该书共出版了20多个版本的精编版。此外，《源氏物语》和其他经典作品的注释版也已出版，使这些难懂的文本在语言学意义上变得容易理解。然而，重印的经典作品远远没有在印刷中占据主导地位，书籍的涉及范围也很广。汉学著作是主打产品，如构成教育系统基石的儒家传统"四书"，但新的印刷版本与之前的版本不同，也不同于中国的版本，它们加入了训点（kunten），使日本读者能够像理解日语一样理解中文。除了这些现有的文本外，还有许多新书，而且越来越多的书是为了印刷而写的。这些书有新的小说、写信手册和指南类书籍，其中大多数都利用了活版印刷术不能提供的一个特点，即木刻插图，木刻插图在19世纪末之前几乎成为所有文本中不可或缺的一部分。

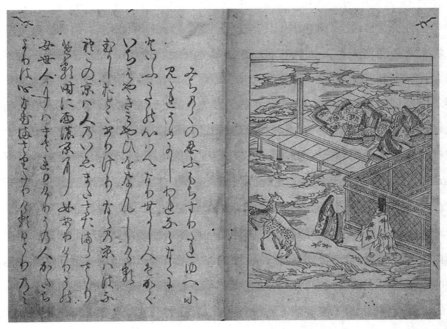

图63 1608年的"嵯峨本"《伊势物语》。这些书是商人鉴赏家角仓素庵和艺术家兼书法家本阿弥光悦合作的产物。© 大英图书馆（Or. 64.c.36 1v-2）

　　到了1650年左右，所有的商业出版商都放弃了活版印刷，只用雕版印刷。这是技术上的倒退吗？为什么会发生这种情况？由于一些合理的因素，活版印刷在这个阶段无法与木版印刷竞争。首先，考虑到日语需要大量的字模来表示所有的字符和假名符号，可金属字体的成本太高，人们不会考虑用于此，所以尽管雕版印刷在框架中会出现分裂和移动的情况，雕版印刷却依旧占主导地位；相比之下，雕版印刷的资本投资要少得多。其次，雕版印刷适合17世纪缓慢发展的市场，因为可以在数年或数十年内随意地继续印刷，而活版印刷则不那么灵活。再次，到了17世纪20年代，大多数出版商在制作书籍时，如果是中文文本，就会在书中加入训点；如果是日文文本，就会在字符旁边加入假名的注释，以标明其发音，从而使识字水平较低的人也能理解文本。毫无疑问，在雕版印刷的作品中加入这些注释要容易得多，更不用说还能方便地在文本中加入插图。所以，就商业目的而言，活版印刷在1650年就已经无人使用，直到19世纪中期才恢复；当然也有少量私人出版业继续使用雕版印刷，但数量很少。

随着雕版印刷恢复其傲人的地位，出版商开始在追求市场的过程中更具创新性和冒险性。期刊和报纸的情况不为人知，但许多类型的出版物的销售都很稳定，且需要不断地更新。其中一个例子是地图，另一个例子是被称为《武鉴》的武士目录。随着城市、省份、整个日本，甚至世界地图的印刷发行，幕府在对日本所有土地进行控制时获得的制图知识有了商业价值。最重要的地图之一是1779年由长久保赤水（Nagakubo Sekisui）绘制的日本地图，他出身卑微，但凭借其制图技术获得了声誉和地位。1779年，他绘制了日本第一张显示经纬线的地图，从而确定了日本与其他国家在全球的位置。与近代以前的其他日本地图一样，该地图没有显示北海道，当时北海道不被认为是日本本土的一部分；该地图的许多重印本和廉价版本证明了这份当时最准确的日本地图一直受到人们的喜爱。所有印刷的地图都带有文字信息，并标有重要官员的姓名。因此，为了使地图不断得到更新，有必要经常对印版进行修改，删除文字，换上木制塞子，然后在塞子上刻写新的文字内容。

另外，《武鉴》是关于武士的目录，上面记录了详尽的官员名单，包括等级、官职、纹章符号、名义收入等。这些细节自然会不断变化，出版商通常表示，他们每月都会对文本进行修订，以使其保持最新的状态。同样的情况也适用于其他此类目录，如《吉原细见》，即吉原特许区的指南，里面列出了所有的妓院和歌伎；还有《云上明览》，即京都贵族指南。印刷品将所有这些知识公之于众，不加区分，但其容易变化的特点使这些目录和地图成为江户出版商的主打产品。

大多数出版商试图生产各种各样的商品，一端是汉学和佛教文本，另一端是流行小说，中间是小众出版物，如医学教科书、插花手册、诗集等。早在 17 世纪 60 年代，人们越来越感觉到印刷书籍已经成为一种潮流，为了整合市场上同质化的大量书籍，京都的书商们联合起来制作目录，按照一些类别列出印刷的书籍。第一本书籍目录出现在 17 世纪 60 年代，在一个多世纪的时间里，每隔 5 年或 10 年就会更新一次。这些目录的分类系统越来越复杂，内容也越来越详细，在某些情况下甚至标出了书价。正是在这个时候，一些出版商在其出版物的结尾处附上通知，列出他们出售的其他书籍，表明他们对市场的认识在不断提高。到 17 世纪末，京都已经有了书商协会的雏形，但直到 1716 年才被当局承认。随后，大阪和江户分别于 1723 年和 1725 年承认了类似的行会。唯一的省级书籍行会是名古屋的行会，它于 1798 年得到承认。幕府对建立书籍业行会并不热心，但又认为必须限制版权纠纷的范围。直到 19 世纪末，版权变

图 64 江户时代的书商和印刷商的场所，在《江户名所图会》（1834—1836）第一卷中做了说明：该项目由斋藤长崎（Saito Nagasaki）发起，由长谷川濑丹（Hasegawa Settan）作插图。© 大英图书馆（16114.b.1）

动，版权从属于出版商而非作者，法律纠纷最常见的原因是侵犯版权。行会的建立减少了出版中心的案件数量，但并没有阻止不同城市的出版商之间的纠纷。因此，有一位大阪出版商在1751年推出唐诗集时，人们发现他复制的是一位江户出版商生产的书，所以他不仅失去了他所印刷的副本，印版也被没收。行会并没有阻止这种情况的发生，但它们确实为解决类似的城市间争端提供了一个机制。书籍业行会还有一个重要的功能，那就是能起到委托审查员的作用。

在江户时代之前，审查制度在日本几乎不存在。诚然，在1600年之前，日本有两三起书籍引起犯罪的案件，但这些涉及的都是手稿，直到江户时代，印刷书籍才开始受到审查。最先引发这种审查的，不是日本出版业的发展，而是利玛窦和其他欧洲传教士在中国撰写，后进口到日本的中文书籍。此时，基督教在日本已被禁止，但在进口的书籍中，有一本利玛窦驳斥佛教、为基督教辩护的书，以及其他与基督教无关的书籍，只是这些书是由传教士写的，而且与欧洲有关（例如关于欧洲灌溉的研究），所以都被禁止。1630年，日本当局颁布了一项诏书，禁止出版32本此类书籍，后来这个名单继续扩大。到17世纪末，日本当局在长崎设立了审查局，专门负责检查所有入境的中国船只所运输的货物，以确保他们没有携带任何禁书或类似作品。该局的效率很高，使违规书籍无法进入官方控制的书籍业，但他们却无法阻止走私书籍，当时详细的官方记录已经能很好地记录哪些书籍是合法进口到日本的，以及何时进口的。这种进口审查制度一直严格执行，直到18世纪20年代，对科学充满好奇心的幕府将军德川吉宗（Tokugawa Yoshimune）放宽了禁令，只要书不是关于基督教的，就允许耶稣会士写的书进入日本，由此一来，他们关于天文学的著作对日本学者有了帮助。

在17世纪上半叶，日本没有针对国内出版的书籍的审查立法，但这并不意味着没有进行过审查。从一些书籍禁令中可以看出，基督教和丰臣秀吉（1537—1598）是两个禁忌话题，丰臣秀吉是德川家康之前的霸主，一些人认为其继承人受到了德川家康的欺骗。1657年在京都和1673年在江户，当局终于认识到了出版物猛增的趋势，以及一些出版物可能有不良内容的可能性，于是发布了第一批审查法令。这些法令措辞含糊，禁止描写幕府将军和武士阶层的书籍（无论是否有利），以及禁止涉及"不寻常"事项的书籍（即丑闻和耸人听闻的事件），但没有提到关于治安的问题。到

1682 年，公共告示牌警告人们不要处理"不健全"的书籍，但这并没有阻止这种趋势，特别是在 1703 年 47 名武士通过谋杀一位位高权重的领主为其主人复仇，然后被迫集体剖腹自杀的轰动事件之后，新闻报道越来越受人们的欢迎。1719 年，一位大阪的出版商出版了一本关于这些事件的书，他充分意识到惩罚会随之而来，但他相信如果能卖掉一半的书就能赚到钱，为此他和作者被软禁了一段时间，但这本书还是被大众所接受，而且为了满足持续的需求，还出版了手抄本。

最终，在 18 世纪 20 年代颁布了法律，规定了江户时代后期的审查准则。今后，所有的出版物都要在版本说明中标明作者和出版商的真实姓名，而行会则负责确保成员的出版物不违反法律。由于行会享有当局承认的垄断性出版特权，所以行会除了合作之外别无选择。不用说，这些新的安排并没有阻止大胆的出版商出版没有书名的书籍，特别是色情书籍采取了这种策略，甚至有时通过附加淫秽的戏仿出版社之名来嘲笑法律。然而，行会的主要困难在于如何理解什么是"不受欢迎的书"。在大多数情况下，他们似乎都很谨慎，但在 18 世纪 90 年代和 19 世纪 30 年代，有一些打击行动让行会措手不及，不仅出版商和作者受到了惩罚，行会的官员也受到了惩罚。

审查制度从未得到有效的监督，许多出版物从网中漏了出去，但行会的胆怯保证了通过正常程序的书籍很少面临有风险。另外一些出版商善于找到绕过法律的办法，完全省略版本说明或采用手抄本的形式出版，因为卖书仍然是他们的业务。

从 17 世纪初的几十年里，出版商一直在努力使他们的书对读者更有吸引力，更容易理解。一种很快就变得无处不在的做法是在字旁边加入小的假名词汇，以标明其发音，这最初是为那些对字掌握有限的读者提供的，但后来却成为一种对词汇玩笑式的或讽刺式的做法，颠覆了字的本意。同样无处不在的是插图的使用，它构成了所有文学作品不可缺少的一部分。有些作者自己制作插图；有些在他们的手稿中画出草图，向画家说明所需的插图类型；还有一些作者与著名画家合作，如喜多川歌麿（Utamaro，1759—1806）和葛饰北斋（Hokusai，1760—1849），以制作需要文字和插图的书籍。几乎所有的浮世绘（木版画）画家都承担了书籍插图的工作，他们的作品得到了非常高的评价，以至于从 17 世纪中叶开始，出版商就开始生产完全或几乎完全只有插图的绘本。到 18 世纪末，彩色印刷的发展使印刷精美的书籍成为可能，如喜多川歌麿的《画本虫撰》（1788），进口显微镜让人得到的细致观察结果与喜多川歌麿的绘画技法在书中相结合。在 19 世纪，像葛饰北斋这样的画家忙于图书插图和单张印刷品的绘画，北斋为曲亭马琴（Kyokutei Bakin）的历史小说创作的插图与他自己的绘本（比如他著名的漫画书）都大获成功。

在 17 世纪，书籍一般都很昂贵，销售量超过 2000 册就说明是畅销书。书商协会在 1681 年、1696 年和 1709 年编制的目录中都标明了书的价格。尽管这些价格会因纸张和封面的质量而有所变化，但我们可以管中窥豹地一瞥世纪末书籍的相对成本。《伊势物语》是最受欢迎的古典文学作品之一，通常分两卷出版，并附有插图，其价格很少超过 2 匁（monme）[1]；相比之下，当时日工的正常日薪为 1.5 匁，因此书籍的价格变得越来越便宜。在 18 世纪，一些小说被制作成小型绘本，文字的书法很差，售价也非常低。书法和插图较好的多卷本作品，价格必然更高，但用质量较差的纸张印制的副本，价格也会低。

但读者并非一定要买书不可。日记、信件和现存副本中的注释证明当时人们有向邻居借书的普遍做法。这在农村社区或远离江户、京都的城市尤为普遍，因为在 19 世纪之前，这些地方的书籍供应无法得到保证。借书人自己抄写他们借来的书或者雇用抄写员抄写，这种做法也很常见，一直持续到 19 世纪末。

在日本，几乎所有地方都有一个特别重要的获取书籍的途径，那就是流动图书馆，或称"贷本屋"（kashihon'ya）。与欧洲不同的是，这类图书馆在日本通常是由人背着库存的书，拜访他们的老顾客并收取拖欠的费用。到 17 世纪末，这些图书馆主要在京都和江户经营，而且很显眼；到 18 世纪末，他们在日本大多数城堡和温泉胜地及类似的休闲场所运营。其中一些是专门从事图书借阅的独立机构，但另一些则是图书销售公司的分支，通过将图书带到大城市的农村地区进行销售或出租，来扩大其客户群。在大多数情况下，他们的存货都是以时下流行的书籍为主，但他们也出售非法的手稿、旅行指南和其他非流行的书籍。其中规模最大的是名古屋的 Dais（成立于1767），库存量为 2 万册，如果是非法的手稿，一个书目有时多达 6 册。不同寻常的是，

---

[1] 日本古代计量单位及货币单位，相当于中国古代的"钱"。

Dais 采用的是商店的形式，而不是送书上门。

在江户时代之前，日本曾在不同时期努力维持来自大陆——主要是中国，但也有朝鲜——的书籍流动。到 17 世纪初，已经传到日本的中国作品数量庞大，从佛教和儒家典籍到唐诗、宋代的新儒家典籍，以及明代的口语化作品都有涉及。尽管幕府与 1644 年在中国掌权的清朝统治者之间没有直接的外交关系，但这种书籍的流通在江户时期并没有停止。在中国商人的倡议下，书籍进口的活动在长崎这个唯一对外国船只开放的港口展开，所有进口书籍在出售前都要经过幕府官员的仔细检查和登记。船只的数量每年都不同，在 1688 年达到了 193 艘的高峰，而且并非所有的船只都运载书籍。

19 世纪中叶，中国在第一次鸦片战争（1840—1842）中屈辱战败后，日本为了避免遭遇中国的命运，从中国进口书籍变得更加重要。尤其重要的是魏源的两部关于西方野蛮人构成威胁的作品。这些书不仅有进口的版本，在 19 世纪 50 年代，还有无数的日本版本出版，首先是中文原版，然后是日译版。这些书提供了有关西方国家越来越频繁地侵犯东亚水域以及如何击退这些国家的信息。在 1853 年夏天来自美国和俄国的船只抵达日本后，这些问题显得尤为重要。

进口到日本的荷兰书籍也越来越重要。到 17 世纪中叶，荷兰人是唯一留在日本的欧洲人，葡萄牙人和西班牙人已被驱逐，英国人也已撤退。荷兰人被限制在长崎港的人工岛出岛，受到的控制比中国人的更严格。在 17 世纪，对荷兰语的了解主要局限于官方翻译，他们似乎没有什么求知欲。然而，正是在 17 世纪，书籍开始从荷兰流向日本。早在 1650 年，幕府就向荷兰人订购了一本关于解剖学的书，在随后的几十年里，还有其他书籍被提交给幕府的相关记录，包括伦伯特·多多恩斯（Rembert Dodoens）1618 年荷兰版的草本植物书籍和一本动物学文集。在 18 世纪，日本人对荷兰书籍的兴趣逐渐蔓延，在某种程度上得到了幕府的鼓励，一个被称为"兰学"（Rangaku）的学派开始对日本的知识生活做出越来越多的贡献。

1771 年，对西方科学感兴趣的日本医生杉田玄白（Sugita Genpaku）看到了 J. A. 库尔姆斯（J. A. Kulmus）《解剖学表》（*Anatomical Tables*）的荷兰进口版，虽然他看不懂文字，但详细的插图给他留下了深刻印象。他与一群志同道合的学者一起，着手进行解剖，以检验其准确性，并得出结论，认为中国和日本关于身体运作的概念并不像库尔姆斯的概念那样以经验为基础，他争取前野良泽（Maeno Ryōtaku，1723—1803）等人的帮助，翻译了一版。这本书于 1774 年完成，并以《解体新书》为题出版。这本书的副本被巧妙地赠送给了幕府将军，使兰学合法化，并激发了人们对荷兰书籍的兴趣。然而，应该记住的是，这些荷兰书籍中的许多，就像库尔姆斯一样，实际上也是荷兰从其他语言出版的书籍翻译而来。此后，日本要求荷兰人带来更多的医学和科学方面的书籍，在 19 世纪还带来了军事科学方面的书籍。就这样，在 1854 年所谓的日本开放之前，进口书籍稀少但稳定地将经验科学引入日本，使日本人熟悉了欧洲的科学和医学。

从 19 世纪 50 年代开始，随着外国人开始在横滨和神户的条约港口定居和贸易，获取西方书籍变得更容易。

然而，除了荷兰语之外，能读懂其他欧洲语言的日本人并不多，直到 19 世纪 70 年代末，日本的英语、法语、德语和俄语的普及率才提高到值得东京的丸善书店上架外国书籍的程度。

4 1868年以来的印刷史

除了在审查方面，1868 年的明治维新没有对印刷和出版产生直接的影响，因为在这一年，人们首次努力启动了严格的出版前审查制度。一个新词"kankyo"（政府许可）出现了，以表明现在是由政府而不是由行会来决定出版许可。早在这一年，新闻杂志就大力反对新政府，结果大多数杂志在年底前就被禁止和关闭了。19 世纪 70 年代，随着日本政府的专制倾向越来越明显，反对声音越来越强烈，法规也变得越来越严厉，直到 1875 年，日本按照法国的模式制定了新的法律，规定报纸编辑对其报纸的内容负有刑事责任，并规定不能出版被认为破坏公共秩序或道德的书籍。同年，臭名昭著的《诽谤法》规定，发表对政府成员有不良影响的内容是犯罪行为，即使这些内容恰好是事实，发表相关内容也是犯罪行为。

直到 19 世纪 80 年代，商业印刷的技术仍然由雕版印刷主导。金属活字在 19 世纪50年代被重新采用，并被用于印刷翻译的西方书籍和新的作品，但在19世纪80年代，金属活字印刷成为主导的印刷技术，不过佛经除外，佛经继续使用雕版印刷。江户时代的许多出版商无法应对技术的转变，在19世纪80年代只能结束经营，但有些出版商，如京都的村上勘兵卫就经受住了风暴的考验，一直经营到今天。

日本政府推翻了德川幕府的政策，于1868年发行了一份官方公报《太政官日志》，将政府的法令文本公之于众，从而在印刷界占据了一席之地。起初，《太政官日志》是用雕版印刷的，但后来政府在工部省设立了一家铸字厂，供中央和地方政府机构以及帝国大学（1877年成立）使用。在政府的领导下，其他人也创办了报纸，第一份日报是政府许可的《横滨日报》，它创办于1870年，并于1873年从雕版印刷转为活字印刷。

流动图书馆在明治时期继续蓬勃发展，并继续为顾客提供19世纪初的小说，然而，一些图书馆开始为报纸、教科书，甚至科学或专业科目的英文书籍做广告，以吸引新教育机构的学生。19世纪60年代到西方旅行的日本人说西方的公共图书馆是免费的，为了模仿西方做法，日本第一家公共图书馆于1872年由教育部建立，不过这家图书馆在1885年开始收费，但在20世纪初，日本各地都建立了公共图书馆。流动图书馆通过向顾客提供小说和后来的漫画而生存下来，因为公共图书馆不屑于收藏这类书籍。

在明治时期的前几十年，出现了大量的期刊，包括妇女文学杂志，如《女学杂志》（1885—1904）和有影响力的政治杂志，如《国民之友》（1887—1898）。其他新的出版物有对西方法律和医学著作的翻译，以及对西方文学的翻译，包括迪斯雷利和沃尔特·斯科特爵士的小说。然而，与此同时，江户时代的文学作品并没有被遗忘，许多作品尽管没有加入插图，但经常有人用活版印刷重新出版这些书籍，这证明了这些书持久的吸引力。

19世纪80年代末，新的出版公司开始取代那些未能适应印刷术、蒸汽动力和现代商业方法的新世界的老企业。博文馆（1887—1947）就是这些新公司中的一家，它通过出版一系列引人注目的新杂志确立了自己的地位，并很快成了日本主要的出版社。这些杂志中的第一本是1887年创办的《日本大家论集》，其中讨论的问题包括文学、医学和卫生学。1894 年，甲午战争爆发后，博文馆出版了第一本摄影杂志《甲午战争实记》[①]，次年又推出了《太阳》，这是一本畅销的综合性杂志。该公司还在大型出版项目中崭露头角，如 1889 年的《百科全书》和 1893 年的《帝国文库》，这套丛书共 100 册，收录了江户时代的主要文学作品，没有插图，仿佛是为了符合当前小说的惯例。

到 19 世纪末，日本的出版业在技术上已经赶上了欧洲和北美，阅读者对新期刊的胃口有增无减。其中一些期刊的运营时间非常长，如《中央公论》，它起源于 1887 年创办的一本禁酒杂志。1899 年，它改名为《中央公论》，并成为一份严肃的杂志，其有文学和评论。这本杂志采取了自由主义的立场，在发表了一篇被认为对主战不利的文章后，该杂志于 1944 年被军队坚持要求停刊，1946 年该杂志恢复出版。另一份

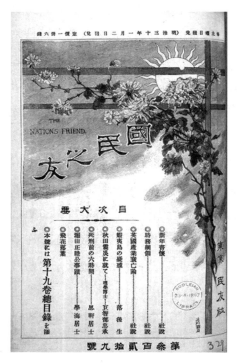

图 65 1897 年出版的《国民之友》杂志的封面，藏于牛津大学博德利图书馆（Per. Jap. E. 39，cover）。

---

① 此书日语原书名直译为《日清战争实记》。

是《文艺春秋》，由著名作家菊池宽（Kan Kikuchi）于 1923 年创办，至今仍有影响力，为日本最负盛名的虚构作品奖芥川龙之介奖提供支持。还有一些面向女性读者的大众化杂志，如《家庭之友》（1903）和《家庭主妇之友》（1917）。

20 世纪 30 年代，审查制度变得更加严厉，一位左翼作家小林多喜二被警察残忍地杀害，所有左翼期刊被迫停止出版。在 1945 至 1952 年的美国占领时期，战时审查控制终结，但公共媒体不再被允许批评占领当局，而且左翼人士在冷战期间再次受到压力。然而，更自由的氛围鼓励了出版业的复苏，各种新杂志出现，提供有关西方时尚或生活方式的信息。

当今日本最主要的两家出版商是讲谈社和小学馆。讲谈社成立于 1909 年，并继续在日本出版界占据主导地位，不过在 2002 年出现了自 1945 年以来的首次整体亏损。如今，讲谈社以一系列严肃的杂志和大量稳定的漫画杂志而闻名。国际讲谈社用英语和其他语言出版有关日本文化和社会的书籍，这些书籍通常是从日本原版翻译过来的。小学馆也是活跃的漫画出版商，它与一个子公司共同拥有出版品牌“碧日”（Viz），该公司出版日本漫画的英文版本等书籍。漫画仍然是流行文化的一个突出特点，并摆脱了对其暴力、性别歧视和种族主义的指责，日本动画片或动漫的兴起，为漫画出版商带来了新的支撑。

尽管漫画很受欢迎，但绝不是当今日本出版业的全部内容。日本每家书店都有大量被称为“文库本”（bunkobon）的小型、价格适中的平装书，它们为人们提供了阅读各种书籍的便利，比如新旧日本文学、外国文学译著和涉及当代问题的书籍。1927 年，岩波书店推出文库系列，首次将文库本介绍给读者。岩波书店成立于 1913 年，现在是一家受人尊敬的学术出版商，负责一些学术期刊的出版。该公司发行了许多日本古典文学作品的标准版，并出版了现代日本主要小说家之一夏目漱石（1867—1916）全集的几个版本。

很多人都在谈论日本出版业的危机和远离印刷业的问题——后者被认为是报纸发行量下降的原因。新书的销售和书店的数量也确实在下降（尽管仍然有 8000 多家书店）。另一方面，每年出版的新书数量持续上升（2002 年为 7.4 万本），J. K. 罗琳的《哈利波特与火焰杯》译本在日本出版时，首次印刷就达到 230 万册。这可能表明，日本出版业紧跟全球趋势，但日本书籍的全球化仍有很长的路要走。虽然现在在伦敦或首尔也许能更容易买到日本书籍，但许多外国书籍都有日译本，而日本除了少数文学作品被翻译成欧洲语言，以及一些学术或政治书籍被翻译成韩文或中文外，很少有日本书籍被翻译成其他语言。

参考文献

M. E. Berry, *Japan in Print: Information and Nation in the Early Modern Period* (2006)

J. Hillier, *The Art of the Japanese Book* (1988)

P. F. Kornicki, *The Book in Japan* (1998)

—— 'Block-Printing in Seventeenth-Century Japan: Evidence from a Newly Discovered Medical Text', in *Print Areas: Book History in India*, ed. A. Gupta and S. Chakravorty (2004)

—— 'Manuscript, not Print: Scribal Culture in the Edo Period', *Journal of Japanese Studies*, 32 (2006), 23–52

E. May, *Die Kommerzialisierung der japanischen Literatur in der späten Edo-Zeit* (1983)

R. Mitchell, *Censorship in Imperial Japan* (1983)

G. Richter 1997, 'Entrepreneurship and Culture: the Hakubunkan Publishing Empire in Meiji Japan', in *New Directions in the Study of Meiji Japan*, ed. H. Hardacre and A. L. Kern (1997)

H. Smith, 'The History of the Book in Edo and Paris', in *Edo and Paris: Urban Life and the State in the Early Modern Era*, ed. J. McLain *et al.* (1994)

K. Yamashita, *Japanese Maps of the Edo Period* (1998)

第45章（一）
东南亚书籍史：群岛

埃德温·保罗·维林加

1 总体介绍

东南亚地区的岛国或海洋性地区如今由 6 个年轻的国家组成。这 6 个国家不仅有数百种语言和文学作品，而且还有相当不同的文化和政治背景。印度尼西亚（1945 年独立）、马来西亚（1957 年独立）和文莱（1984 年独立）是穆斯林占多数的国家，而东帝汶（2002 年独立）和菲律宾（南部伊斯兰地区除外；1898 年从西班牙宣布独立，但 1946 年才从美国手中取得主权）的人口主要是天主教徒。城市国家新加坡 1965 年独立，曾是英国殖民地和马来西亚的一部分。

到 20 世纪，该地区的无数语言群体中绝大多数都处于无文字记录状态。然而，他们中的大多数都有丰富多样的口头传统。有人认为即使是在"识字"的社会——如马来语群体中——口头习惯仍然存在于书面创作中。在现今的西方社会中，阅读通常是一种无声的私人活动，而在海洋性的东南亚地区，文学往往仍以口头方式公开再现。

该地区有着古老和丰富的文学作品。例如，最早古爪哇语（kawi）铭文的日期是

804 年 3 月 25 日，而最早的古爪哇语诗是用印度格律写就的，保存在一块石刻碑文上，日期是 856 年。世界上最长的文学作品可能是在南苏拉威西发现的，即一部古老的布吉语（Buginese）史诗，被称为"加利哥的故事"（*I La Galigo*），故事主人公是神话中的祖先和当地王国的创始人，其篇幅约为 6000 个对开页。

东南亚沿海地区的书籍历史存在着巨大的空白，这主要是因为用棕榈叶和竹子等易腐烂的植物材料写成的书籍很少能在几个世纪里流传下来。大多数 19 世纪以前的手稿都成为糟糕气候条件的受害者，而火灾、洪水和虫害也让书籍失传。此外，2004 年 12 月 26 日的海啸几乎完全摧毁了北苏门答腊省亚齐市的几家重要图书馆的藏书。

2 文字系统

印度语系的文字、阿拉伯文字和古罗马文字这三种文字系统相继进入东南亚海域。对于 16 世纪之前的时期，唯一可靠的信息来源是杂乱无章的石头和金属板铭文。已知最早的铭文出现于东加里曼丹地区的七根石柱上，文字是梵文，时间为 4 世纪，被描述为（早期）帕拉瓦（Pallaw）文字。在群岛各处发现的帕拉瓦文字是一种用于在纪念碑上刻字的石质文字。

到 8 世纪中叶，一种更圆润、更潦草的字体，被称为古爪哇语，开始出现在碑文中。很明显，古爪哇语书写在棕榈叶上。人们已经确认了群岛上不同风格的印度语系文字，特别是 13 世纪至 15 世纪的文字，但由于铭文的匮乏，无法精确地重建文字系统的扩展情况。

16 世纪左右，印度尼西亚可以区分出 4 个印度文字家族：巴塔克语（Batak）、南苏门答腊语、爪哇语 – 巴厘语和布吉语 – 马卡萨语。这 4 种相关但不同的印度文字系统都是音节文字，其中的字母代表带有固有元音 /a/ 的辅音，通过添加点或破折号来改变，但它们之间的相互关系仍然不明。2002 年，在南苏门答腊的葛林芝发现了一本据说是 14 世纪下半叶的马来语树皮手抄本。然而，有趣的是，这份被称为"丹绒塔纳法典"的文本是以一种非常类似于 17 甚至 18 世纪爪哇文字的字体书写的。

随着 13 世纪伊斯兰教在东南亚的传播，阿拉伯文字被用于书写几种南岛语言

（Austronesian，见第 40 章）。马来语几乎全部采用了阿拉伯文字的修改版，称为爪夷文，而阿拉伯文字的爪哇文版，称为"佩贡"（Pégon），一般只用于书写宗教文本。

16 世纪进入该地区的欧洲人倡导使用罗马字体。基督教传教士致力于将圣经翻译成当地语言，他们特别积极地使用这种文字。罗马字体在印刷中的使用使其占有压倒性的优势，在 19 和 20 世纪得到殖民地政府的大力支持。在 20 世纪，罗马字体成为整个地区公共领域的公认媒介。在菲律宾，与印度尼西亚的印度文字密切相关的印度语音节文字在 16 世纪之前就已经开始使用，但在西班牙的殖民统治下，罗马文字迅速取代了菲律宾的古老字母。

3 纪年系统

在几个东南亚海洋民族中发现了与农业和占星术密切相关的古代纪年系统。这些古老而又过时的历法深受印度的影响。例如，巴塔克人拥有一个充满梵文术语的纪年系统，用来寻找吉时。区域性的八年历（octaval calendar）是一个基于八年周期的相当简单的纪年系统，长期以来在东南亚沿海地区的穆斯林社区中广为使用，但如今在爪哇岛以外的地区，它的运作方式已经被人们遗忘。现代化进程在 20 世纪初强势展开，促进了时间计算的全球化，现代印刷书籍上印有基督教时代的日期，而伊斯兰教出版物则遵循中东地区的历法。

4 书籍形式

尽管在大约 1500 年之前，几乎所有的文字都是刻在石头或金属上的铭文（几乎没有手稿流传下来），但在那之后，铭文逐渐变少，手稿逐渐增多。在前现代时期，可以很容易地看出源自不同文化的两种书写传统：一种是"印度化"，带来了音节文字和使用棕榈叶的传统；另一种是源自西亚的伊斯兰文明，带来了阿拉伯文字和纸上书写的传统。

在纸张被引入之前，棕榈叶是最流行的书写材料，在爪哇—巴厘岛的传统中，棕榈叶的使月一直持续到今天，在巴厘岛尤其如此。最广泛使用的是糖棕的叶子，由这些叶子做成的手稿也被称为"龙塔"（lontar）。叶子的两面都用刀切开，然后用灯油将文字涂黑。用绳子穿过这些叶子中间的孔，捆成一捆。在绳子的末端打上一个带孔的硬币，然后缠绕在木板上，将树叶固定在一起。重要的文本被保存在木箱中，有时会保存精美的绘画和雕刻。尼帕棕榈（Nipa fruticans）的叶子比常用的糖棕叶子更薄，通常用普通笔或毛笔蘸墨水来写字。

在南苏拉威西，手稿的常见叫法是"龙塔拉"（lontaraq），显然是借用了爪哇／马来语的"龙塔"。该地区现存的几份棕榈叶手抄本形状奇特，看起来像录音带或录像带，其内容写在卷起的棕榈叶上，展开卷轴，文本在读者眼前的两个轴之间"展开"。然而，这种棕榈叶的书籍很罕见，南苏拉威西的所有其他手稿，即布吉人、马卡萨雷斯人和曼达雷斯人写的，都用纸作为书写材料，而且几乎全是欧洲的手稿。

在苏门答腊，巴塔克人用"马来沉香树"（Acquilaria malaccensis）的内皮制作他们的折叠式三稿，其特点是以蛇腹形方式折叠。这种树皮书一般被称为"占卜书"，过去由法师和治疗师编制。祭司圈子以外的人也会制作手稿，用竹制材料来书写信件和哀歌。南苏门答腊的手稿写在树皮、竹子、藤条和山羊或水牛角上，也反映了苏门答腊早于伊斯兰教的古老书写传统。最古老的南苏门答腊文书标本是一本楠榜文字（Lampung）的树皮书，其中录有马来语的《穆罕默德之光的故事》（*Hikayat Nur Muhammad*），于1630年提交给牛津大学博德利图书馆（MS Jav. e. 2）。

从13世纪开始，纸张的使用与伊斯兰教的传播密切相关。在这方面，一个很有说服力的事实是，几乎所有马来人的手稿都写在纸上（纸在马来语中被称为 kertas），该词之源自阿拉伯语。到了18和19世纪，欧洲造纸厂的高质量产品被人们积极地进口到这片群岛。今天，纸是所有书写材料中使用最广泛的材料。随着印刷术和机器制造的纸张的出现（见第10章），古老的手抄本写作传统实际上已经中断了。

5 印刷书籍

印刷品在该地区的引入与欧洲殖民主义的参与交织在一起。在菲律宾印刷的第一本书是 1593 年的《西班牙语和他加禄语的基督教教义》(*Doctrina Christiana en lengua española y tagala*)，这本书用西班牙语和他加禄语解释了罗马天主教的基本教义，由胡安·德·普拉森西亚 (Juan de Plasencia) 修士撰写，并在马尼拉用木版印刷，其唯一已知的现存副本存于美国国会图书馆。直到 19 世纪末，印刷厂都是由罗马天主教会拥有和经营的。西班牙在 1898 年将菲律宾割让给美国后，英语将成为政府和教育的语言。他加禄语的书籍一般都传递民族主义的观点。

在印度尼西亚群岛，荷兰东印度公司于 1629 年发行了圣经的马来语印刷版，但从 19 世纪开始，欧洲印刷的影响才得以体现。为什么穆斯林会"延迟"使用印刷术，这个令人困惑的情况背后的原因仍不清楚。有时会说是因为抄写员的嫉妒，以及人们厌恶用机械复制涉及上帝话语的书籍，但资金不足这个原因也一定起到了相当大的作用。阿洛伊斯·塞内菲尔德在 1797 年前后发明的平版印刷术为伊斯兰图书界的革命铺平了道路（见第 40 章）。平版印刷的书籍很好地补充了关于书籍制作艺术的传统观点，小心翼翼地保留了手稿的形式，而这种新的技术所需的资本投资比活字印刷要低很多。

英国传教士麦都思似乎是第一个在东南亚海域使用平版印刷技术的人。他在巴达维亚（雅加达）的平版印刷厂印刷了马来－阿拉伯文、爪哇文和中文文字的文本。本杰明·皮奇·基斯伯里牧师从麦都思那里学到了印刷技术，他于 1839 年在新加坡建立了一家印刷厂，与马来语教师和作家阿卜杜拉·本·阿卜杜勒·卡迪尔合作。在 19 世纪 40 年代和 50 年代，基斯伯里和阿卜杜勒合作印刷了许多马来语书籍，其中阿卜杜勒的自传《阿都拉传》(*Hikayat Abdullah*，1849) 为其带来了长久的声誉。

印尼群岛上已知的第一本伊斯兰教印刷书是 1848 年在巨港出版的《古兰经》。1853 年在泗水印刷了一本赞美先知穆罕默德的马来语祈祷文。19 世纪 50 年代，群岛上的第三家平版印刷厂在廖内省蓬恩加岛的布吉—马来政府中成立。到 19 世纪 60 年代，新加坡已成为该地区的穆斯林印刷中心。其印刷业的经营者均来自爪哇北岸。在新加坡，他们不受荷兰新闻法的严格限制，并且可以利用该城市的战略地位，这些使其成为越来越多的东南亚朝圣者前往麦加的最重要集结点。

然而，在 20 世纪初，新加坡图书印刷商的地位受到了来自孟买和中东的进口优质书籍的挑战。1884年，来自帕塔尼的伊斯兰教学者艾哈迈德·本·穆罕默德·扎因（Ahmad bin Mufiammad Zayn）在奥斯曼政府的支持下，在麦加创建了马来出版社。可以理解的是，来自泰国南部帕塔尼地区的马来学者的作品是麦加地区出版书籍的主要代表。

在从手抄本到印刷品的逐步过渡中，可以区分出两条决定性的印刷活动流。一方面，伊斯兰印刷业主要复制属于传统的阿拉伯文字手抄本文献的文本。另一方面，欧洲和中国的印刷厂用罗马字创造了新的马来文学。在20世纪，书籍的生产逐渐发展为以活字为基础。荷兰殖民政府在1908年成立了自己的大众文学局，被称为"文学研究所"（Balai Pustaka），它积极尝试按照现代西方的口味来改造印度尼西亚的写作传统。这个机构对印度尼西亚使用的马来语的发展产生了巨大的影响，这种语言后来被称为"印度尼西亚语"。大约在同一时期，英国人在马来半岛建立的马来语翻译局就不那么成功了。在独立的马来西亚，政府的语言和文学机构（Dewan Bahasa dan

图66 在塔纳阿邦（印度尼西亚雅加达中部的一个分区）发现的一则马来语的印刷广告上绘有一台印刷机。本图摘自哈吉·亚当（Haji Adam）1926年的小册子《先知穆罕默德升天之诗》（*Syair Mikraj Nabi Muhammad SAW*）。该图由拜隆的 E. P. 维林加教授私人收藏。

Pustaka）成立于 1956 年，在促进马来语作为国家语言方面发挥了重要作用。

　　印刷品让阅读材料数量呈爆炸性增长，在 19 世纪 60 年代，一家新加坡印刷商在一年内生产的书籍数量就相当于现存所有马来文书籍的数量（约 1 万件）。文本的大量印刷和分发极大地增加了阅读者的数量，并扩大了其构成。然而，所谓的"识字论"的说法（识字、书写和印刷技术培养出了一种"现代"心态，改变了思维方式和对传统的表述）是值得商榷的。虽然印刷品的扩散被普遍认为是"现代性"的驱动力，但新的印刷媒体并不完全是"现代化"的领域，这一事实很容易被忽视。传统主义者也跨过了印刷品的门槛，表明印刷品本身并不一定会改变历史悠久的思维和公认的智慧。然而不可否认的是，印刷技术在塑造公共话语和塑造拥有相同世界观的不同"想象中的群体"方面发挥了重大且持续的作用。

参考文献

B. Anderson, *Imagined Communities* (1983)

T. E. Behrend and W. van der Molen, eds., 'Manuscripts of Indonesia', *Bijdragen tot de Taal-, Land- en Volkenkunde*, 149.3 (1993)

D. D. Buhain, *A History of Publishing in the Philippines* (1998)

P. Herbert and A. Milner, eds., *South-East Asia* (1988)

H. C. Kemp, *Oral Traditions of Southeast Asia and Oceania: A Bibliography* (2004)

A. Kumar and J. H. McGlynn, eds., *Illuminations: The Writing Traditions of Indonesia* (1996)

J. H. McGlynn, ed., *Language and Literature* (1998)

Asmah Haji Omar, ed., *Languages and Literature* (2004)

J. de Plasencia, *Doctrina Christiana en lengua española y tagala* (1593), www. lcweb2.loc.gov/cgibin/ampage?collId=rbc 3&fileName=rbc0001_2002rosen1302 page.db, consulted Sept. 2007

I. Proudfoot, *Early Malay Printed Books* (1993)

A. Sweeney, *A Full Hearing* (1987)

东南亚书籍史：大陆

贾娜·伊格玛

1　文字系统

东南亚大陆文字和纪年系统的发展与印度教、佛教、儒家思想和基督教在该地区的传播有关。第一个文字系统是"古典汉语"（chữ' nho），是中国直接统治越南时期（前 111—938）的官方文字系统。13 世纪，基于"古典汉语"的"字喃"（chữ nôm）[①]系统被开发出来用于书写越南语。这种文字系统由正统的汉字组成，并辅以一套专门为书写越南文字而创造的新字。然而，情况是复杂的，因为与中国人的不断密切接触产生了不同程度的越南语归化的中文词汇层，而最高度归化的词汇被作为越南语。在 19 世纪，"古典汉语"和"字喃"都被"国语"[②]（quôc ngû'）所取代，这是一个由葡萄牙耶稣会传教士在 17 世纪基于拉丁字母开发的文字系统。"国语"至今仍被用于书写越南语和几个少数民族的语言。

---

① 字喃指的是越南主体民族京族曾经使用过的文字。越南在长期使用汉字的同时，假借汉字和仿效汉字结构原理和方法，依据京语的读音，创造了这种文字。

② 越南语国语字基于拉丁字母，用罗马字表记。

从 6 世纪到 8 世纪，印度文化的影响逐渐扩大，以婆罗门语系中印度文字为基础的书写系统由此诞生（见第 41 章）。已知高棉语文字可以追溯到公元 6 世纪，包括多种书写风格，如斜体字（'aksar chrieng）、直体字（'aksar chhōr）、圆体字（'aksar mūl）以及圆体变体字（'aksar khō'm）。直到 19 世纪晚期，泰国皇室仍在使用高棉语文字。

缅甸文字作为已灭绝的孟语文字的继承者，早在 12 世纪就已被证实。缅甸文字被用来书写缅甸语以及缅甸的克伦族（Karen）、东吁族（Taungthu）和孟族（Mon）的语言。缅甸语的一个变化版本被用来书写现代掸语。

泰文由婆罗米文通过其中间的后继者高棉文流传下来。泰文的发展通常归功于 13 世纪的兰甘亨国王（Ramkhamhaeng）。从那时起，泰文经历了许多风格上的变化。在泰国，泰文也被用来书写老挝语和其他泰国的语言。历史上，越南、老挝、泰国和缅甸的大多数泰族群体都有自己的文字系统，其基础是印度语系的文字模式。

老挝文字有不同的风格，可以追溯到 14 世纪，被用来书写老挝和泰国东北部的老挝语，以及北部泰语。今天，它也被用于书写老挝的几种少数民族语言。老挝语的变体被用来书写泰族小群体的语言，如泰仂语（Tai Lu）和泰艮语（Tai Khœn）。

2 纪年系统

传统的越南历法遵循中国模式。年份的记录采用了周期性的字和年号，标志着统治者统治的不同时期或时代的划分。这些年又被划分为 12 个 29 或 30 天的农历月。在 19 年的周期里，增加七个闰月，以便使阴历周期与阳历周期保持一致。在 20 世纪，农历被格列高利历（公历）和基督教纪年（或公元纪年）所取代，为官方使用。现代印刷书籍多采用公元纪年法。

在缅甸，政府和行政事务使用的是公元纪年和公历。宗教和文化节日则由缅历纪年（从公元 638 年开始计算）或佛历纪年（从公元前 544 年开始计算）决定。手稿和旧书的日期通常采用佛历纪年法或缅历纪年法。现代印刷书籍通常会用公元纪年和佛历纪年。

柬埔寨的传统历法是阴阳历，其中的月份是阴历，交替有 29 天或 30 天。阳历年和阴历年之间的差距通过每三年或四年增加一个闰月来解决。在佛教文献中，通常使用佛历纪年。在碑文和一些最近的文本中，使用的是塞迦纪年（Shaka Era），时间从公元 79 年开始。除此之外，从公元 639 年开始的朱拉纪年（Culla Era）和公元纪年也很常见。

在泰国，佛历纪年于 1932 年被采纳为正式的纪年系统。自曼谷时期（1782）开始，佛教时代就被认定为从公元前 543 年开始。其他使用的纪年，主要是在手稿和早期印刷书籍中，比如朱拉历（Chunlasakkarāt，从公元 638 年开始）、大历（Mahāsakkarāt，从公元 78 年开始）以及小历（Rattanakōsinsok，从公元 1781 年开始）。

在老挝，公元纪年是由法国人在 19 世纪末引入的，至今仍在正式使用。直到 20 世纪中叶，佛历纪年（从公元前 543 年开始）、朱拉历和大历纪年也还在使用。传统上，老挝人遵循与柬埔寨模式类似的历法。

3 书籍形式

在缅甸、泰国、柬埔寨和老挝的佛教寺院以及皇家和地方王庭，人们出于各种不同的目的制作棕榈叶手稿和折页书。制作棕榈叶书被认为是一种能获得功德的行为，它们为僧侣和初学者提供教学材料和手册，并在宗教仪式上向普通人宣读佛教文学和历史作品。手稿对于历史写作（根据皇家或地方王庭的要求）、口述传统的转录以及专业手册的制作（包括为占星师、医士、算命师、法律专家和画家制作的手册）也很重要。

在这些国家，生产手稿使用的最早的材料是棕榈叶，最常见的是使用贝叶棕（Corypha umbraculifera）。手稿的叶子大多是 45—60 厘米长，4.5—6 厘米宽；短的有 25—30 厘米长。每片叶子上通常有三到五行文字。有时，也会在文字上装饰小图画。在叶子上涂上灯油之前，用金属笔刻下文字，然后擦掉，只留下刻画处的黑色。然后用绳子将树叶捆绑起来，加上木制封面保存，封面可以上漆和镀金，或者用玻璃或珍珠母镶嵌装饰（见第 19 章）。很少有类似的手抄本用竹茎制作。由于老挝引进印刷术的时间较晚，今天那里仍在生产用于宗教目的制作的棕榈叶手抄本。

在缅甸、泰国、老挝和柬埔寨发现的其他手稿是折页书（泰语／老挝语 Samut khoi，缅甸语 Parabaik）。纸张通常由鹊肾树（Streblus asper）的树皮制成，以风琴的样式折叠，形成一本书。折叠书多为 30—50 厘米长，10—15 厘米宽，但较长的折叠书可达 70 厘米。纸张通常是天然的乳白色，用黑色的中国墨水和竹笔书写。或者，表面可以用漆或煤灰涂黑，用白玉（皂石）笔写，用藤黄（Gamboge）制成的黄墨写，或用雌黄（Orpiment）与象橘（Feronia elephantium）的汁液混合后书写，最后封面上漆并镀金。

插图可能是折页书的一个重要组成部分。它们给人以作品内容（或与之相关的主题）的图像化（而且往往是理想化的）印象。然而，有时文字和插图并不相关。丰富的彩色插图经常伴随着佛教主题的折页书，特别是涉及本生（Jātakas）和佛陀生平、佛教宇宙观的手稿，关于世俗和超自然生命的文章，以及关于算命、占星或传统治疗的手稿。

越南的手稿是用标准字体或草书字体写在由鹊肾树的树皮制成的纸上。纸张的尺寸变化很大，从约 14 厘米 × 25 厘米的小长方形到约 22 厘米 × 32 厘米的大尺寸。如果要装订，则使用蝴蝶装和线装。越南的手稿通常有文学和哲学作品、编年史，以及关于行政问题和法律问题的作品。

漆面手稿（Kammavaca）是缅甸最神圣的佛教文献之一。这些手稿仍被用于寺院仪式，在缅甸最常见的是用于受戒仪式。它们包含了僧侣服务的规则，其中包括关于受戒的脚本（khandaka）和对新受戒僧侣的训诫。漆面手稿由一些未装订的"叶子"组成，用薄木片或竹片、折叠的棉花层或薄金属片制成，然后在上面涂上几层厚厚的红色或棕色的漆，以制造出光滑、柔软的表面。一些罕见的漆面手稿是用象牙制成。通常情况下，在用厚厚的黑漆将文字风格化之前，会先贴上金箔，中间还经常加上插图。完成后的手抄本用棕色或橙色的柚木封面保护，封面上还装饰有造型活泼、手工制作的金箔板或带玻璃镶嵌的浮雕漆。男孩进入寺院学习一段时间后，父母会向相关负责的僧侣提交一份关于受戒的漆面手稿。

4 印刷书籍

东南亚大陆最古老的印刷方法是雕版印刷，这是一种仅限于越南北部某些寺庙和村庄的印刷方法。越南印刷术的起源并不确切，但据信可以追溯到公元 13 世纪，尤其与 15 世纪的学者梁如鹄（Lương Như Hộc）的努力有关。最早有明确日期的标志性出版物是 1697 年出版的大型官方史书。

缅甸和泰国最早的出版商是由传教士创办的出版社，他们为基督教团体印刷圣经文本和教学材料（见第 9 章）。后来，皇家和政府出于行政管理目的印刷官方文件和材料；佛教机构负责为僧伽（Sangha）和普通民众印刷；图书馆和公共机构为促进本土文学和文化而出版书籍。到 19 世纪末，佛教寺院作为出版商发挥了重要的作用，他们的火葬卷（cremation volume）大量出现，并致力于出版从佛教到语言学、文学、人类学、艺术、历史和考古学等各种主题的书籍。

1816 年，在阿多尼拉姆·贾德森（Adoniram Judson）的监督下，缅甸的第一台印刷机在仰光安装。这台印刷机诞生于浸礼会的塞兰波尔传教所，字块也在那里切割制作，从 1810 年起，当地就开始用这台印刷机印刷缅甸语文本。在英国占领阿拉干和丹那沙林后，传教工作有所增加，在土瓦（1837）和毛淡棉（1843）建立了更多的印刷厂，开创了用克伦语和孟语翻译和印刷《圣经》的先河。1864 年，敏东国王（Mindon）在曼德勒建立了第一家皇家印刷厂。到 1870 年，缅甸先驱出版社开始出版法律书籍、道德小册子和流行的缅甸戏剧相关的书籍。哈达瓦迪出版社（成立于1886年）是将缅甸的医学文献转化为印刷品的印刷企业之一，该出版社出版了近 1000 种书籍，包括缅甸文的全本《大藏经》。另一个重要的出版商是缅甸研究协会，该协会在佩貌丁（Pe Maung Tin，1888—1973）的指导下，在编辑和出版古老的手抄本方面做出了宝贵的贡献。

在泰国，第一家印刷厂是由罗马天主教传教士于 1836 年在曼谷建立的。对出版业感兴趣的主要是外国传教士组织，他们用泰语出版了许多圣经小册子、评论和教义的译本。1839 年，王室首次印刷了禁止鸦片贸易的公告。1858 年，拉玛四世（Rama IV）国王命令政府建立自己的印刷厂，印刷《皇家公报》（*Ratkitchanuphēk*）、行政文件和记录（čhotmaihēt）、手册、法律书籍、旅行报告、演讲稿和对泰国各省的介绍。

在 20 世纪头 20 年，泰国的教育现代化政策需要生产大量教材、教科书和教师手册。佛教界大量印刷教学材料，包括将佛经和注释从巴利语翻译成泰语。火葬卷大量出现，通常具有研究论文或演讲的性质，专门讨论宗教、文化、人类学、语言学、文学和社会主题。在拉玛六世统治时期（1910—1925），文学作品的出版达到了新的高度。国王本人也是一位热衷于写作的作家，他将许多西方语言的文学作品翻译成了泰语。

到 19 世纪末，曼谷已经成立了一些商业出版社，在 20 世纪的前 30 年里，更多的出版社相继成立。著名的出版商有布拉德利出版社、史密斯出版社、联合出版社、泰国印刷厂、索蓬·菲帕塔纳康印刷厂，以及暹罗协会和瓦吉拉纳纳国家图书馆。

1892 年，在从南邦长老会获得老挝傣文/兰纳（Lanna）字块后，第一家老挝/兰纳印刷厂在清迈成立。在其大部分的历史中，该印刷厂是唯一以老挝/兰纳语和傣文印刷的机构。它印刷了大量的圣经、教科书和小册子，以及行政文件和手册。

法国人在越南、老挝和柬埔寨引进了现代印刷技术。1862 年和 1883 年分别在交趾支那[①]（Cochinchina）和东京[②]（Tonkin）建立了西方的印刷厂。最早的越南出版商之一是联合印刷局（成立于 19 世纪末），它在西贡与其他法国出版社展开竞争。第一次世界大战后，大量的出版社在河内、顺化和西贡成立。在 20 世纪的前 30 年，法国人竭尽全力地限制汉字书籍的出版，并成功地推动了越南字母国语和法语的印刷。

尽管在 19 世纪末已经开发出高棉文字块，但直到 1908 年才在柬埔寨印刷第一部高棉文本。20 世纪 20 年代，在路易·菲诺（Louis Finot）的帮助下，尊纳法师（Venerable Chuon Nath）和僧王胡达（Huot That）等现代派僧人推动了一系列书籍的出版。尽管巴黎的一家出版社自 1906 年起就开始印刷老挝文本，但第一家在老挝印刷老挝文的出版社在 20 世纪 30 年代末才成立。二战后，老挝文学委员会、文化部和国家图书馆等组织通过影印复制文本，而革命的老挝爱国阵线（Neo Lao Haksat）则在藏于洞穴的印刷机上印刷了大量的宣传材料，其活动一直持续到 1975 年。

---

① 交趾支那位于越南南部、柬埔寨的东南方，法国殖民地时期特称。
② 越南北部地区旧称，越南人称之为北圻，意为"北部地区"。

参考文献

[Cornell University Library,] *The Book in Southeast Asia* (1990)

H. Ginsburg, *Thai Art and Culture: Historic Manuscripts from Western Collections* (2000)

P. Herbert and A. Milner, eds., *Southeast Asia: Languages and Literatures* (1989)

D. E. U. Kratz, ed., *Southeast Asian Languages and Literatures* (1996)

S. F. McHale, *Print and Power: Confucianism, Communism, and Buddhism in the Making of Modern Vietnam* (2004)

E. Rhodes, *The Spread of Printing, Eastern Hemisphere: India, Pakistan, Ceylon, Burma and Thailand* (1969)

B. Siworaphot, *Samut khoi* (1999)

澳大利亚书籍史

伊恩·莫里森

1　简　介

21 世纪初，澳大利亚是世界上城市化程度最高的国家之一，也是人口最稀少的国家之一。东部沿海地区的 3 个主要城市——悉尼、墨尔本和布里斯班——占了全国 2000 万人口的近一半。同样，澳大利亚图书业也被 200 多家活跃的出版商中的少数几家所主导。2001 年，6 家跨国公司——企鹅、兰登书屋、哈珀·柯林斯、麦克米伦、霍德头条公司和西蒙与舒斯特出版公司——占有一般零售市场 60% 以上的份额。澳大利亚最大的出版商乔治·艾伦与昂温出版社拥有 9% 的市场占有率。另外两家澳大利亚拥有的公司——旅游指南出版商 Lonely Planet（现在由英国人掌控的）和目录出版商 UBD——也进入了前 25 名。澳大利亚的书籍零售市场一般由连锁店和特许经营店主导。

然而，销售数据比较含糊不清。教育和普通非虚构出版物市场由澳大利亚图书主导，2004 至 2005 年，澳大利亚图书的销量达到了进口图书的两倍（分别为 8440 万册和 3950 万册）。然而，成人图书以进口图书为主，以货币计算，进口图书的销售额超过了澳大利亚读物的 50%，将这些数据转化为对澳大利亚人阅读情况的准确描述是很复杂的，因为它只报告了主流的商业渠道，小型出版商的直接零售、宗教书籍的销售以及诸如《时代生活丛书》（*Time-Life Books*）和《读者文摘》（*Reader's Digest*）等跨国公司的订阅出版刊物并不包括在内。此外，2001 年的一项调查发现，多达 1/3 的书籍是作为礼物购买的；这些当礼物赠送的书籍很少有人真正拿去读，而阅读的书籍中约有 1/3 是从朋友那里或从图书馆借来的。很明显，澳大利亚的作者身份和主题在非虚构类读者中具有很高的价值，但对虚构类读者来说基本不重要。

2 初次接触淘金热（1788—1850）

澳大利亚的基础传说是欧洲启蒙运动的产物：从 17 世纪荷兰人登陆开始的探险家、科学家和定居者的报告，到 18 世纪法国人和英国人的科学航行，再到 19 世纪的"陆地探险的英雄时代"。1787 年，11 艘囚犯运输船从英国出发，到新南威尔士建立殖民地，他们带来了各种书籍和印刷机。虽然直到 1796 年才找到人员负责印刷工作（第一个专业印刷商乔治·豪于 1800 年抵达），但印刷文化从一开始就是殖民地的组成部分。

第一本专门在澳大利亚发行的书籍是针对被运送的囚犯的布道书，即《理查德·约翰逊对新南威尔士和诺福克岛殖民地居民的讲话》（*Richard Johnson's Address to the Inhabitants of the Colonies Established in New South Wales and Norfolk Island*, London，1794）。1789 年伦敦出版了《菲利普总督在植物湾的航行》（*The Voyage of Governor Phillip to Botany Bay*）的正式记录，一些囚犯也对他们的经历做了描述。沃特金·腾奇、约翰·怀特、约翰·亨和戴维·柯林斯对科学的好奇让他们的作品引人注目。他们的书出过多个版本，并被广泛翻译。一些被认为与"绅士小偷"乔治·巴林顿（George Barrington，他在 1790 年被带走）相关的作品是由雇佣作家从这些真实的叙述中汇编而成。然而，早在欧洲人开始出版关于该大陆的记述之前，澳大利亚原住民就已经有了复杂的口头文化，时间可以追溯到数万年前，存在数百种不同的语言。最近才有人开始探索他们与欧洲文化的微妙关系。戴维·乌奈庞是第一位出版作品的原住民作家（*Native Legend*，1929），但第一个积极接触欧洲文化的原住民是埃奥拉族（Eora）的领袖本内隆（Bennelong），他在1796年口述了一封信。在这期间，原住民的出版工作主要由白人传教士进行，主要分为两类：针对欧洲人的语言书［从1827年兰斯洛特·思雷尔克德（Lancelot Threlkeld）的《新南威尔士原住民方言标本》开始］，以及为传教士站的原住民提供的经文和入门书籍。彭妮·范·托恩（Penny van Toorn）指出，将原住民文化归类为"口述的"，而将欧洲人归类为"识字的"过于简单化，这是将欧洲人关于书写是什么和做什么的概念置于其他符号系统之上。原住民文化在消息棒上，以及在岩石、树皮、人体、衣服和祭祀物品上都刻下了有意义的文字。正如范·托恩所说，欧洲文字出现在"像《圣经》和面包袋一样的各种物品上，并作为外来入侵的一部分进入原住民的生活世界"（van Toorn，14）。

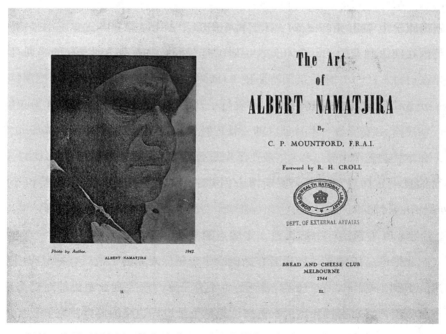

图 67 这是第一本关于原住民画家的专著。面包和奶酪俱乐部（The Bread and Cheese Club）的领导人是莫尔（J. K. Moir），他将自己的收藏品捐赠给了维多利亚州图书馆。联邦国家图书馆是澳大利亚国家图书馆的前身。该图由私人收藏。

包括爱尔兰人、苏格兰人和威尔士人以及像罗伯特·豪（Robert Howe）这样的西印度人在内的"入侵者"的识字水平也有很大差异。许多囚犯和普通士兵的文化主要是口头的，而且文化程度多样化。尽管如此，拉尔夫·克拉克（Ralph Clark）中尉还是在 1789 年用囚犯演员上演了一出法夸尔（Farquhar）的戏剧《征兵官》（*The Recruiting Officer*）。

1800 年前后，豪被任命为政府印刷商，标志着当地出版业的开始。他于 1803 年创办了澳大利亚的第一份报纸——《悉尼公报》（*Sydney Gazette*），印刷量为 100 份。该报以《伦敦公报》为蓝本，内容包括官方通告、广告和一般新闻。由于发行量如此之小，它得靠豪的政府工资和其他商业企业的成功运作才能生存下来，特别是得依靠檀香木方面的贸易。1810 年，豪用铁制的斯坦霍普印刷机取代了原来的木制普通印刷机。到 1819 年，殖民地的人口已经增加到 3 万人，《悉尼公报》的发行量达到 400 份。豪的出版活动扩大到包括太平洋语言的传教士作品、一些文学作品以及约翰·刘易斯的《新南威尔士鸟类》（*Birds of New South Wales*，1813）。

英国在澳大利亚的下一个永久性定居点是在范迪门斯地，即现在的塔斯马尼亚，之后是霍巴特（1804），然后是朗塞斯顿（1806）。霍巴特的第一份报纸《德温特之星》（*Derwent Star*）出现在 1810 年，它在发行了几期之后就停止了，只有 3 份报纸留存下来。1816 年由安德鲁·本特创办的《霍巴特镇公报》（*Hobart Town Gazette*）办得更久，在本特被监禁并于 1825 年被亚瑟副总督解雇后，报纸仍然在办。1827 年，取代本特的自由定居者詹姆斯·罗斯博士创办了一份独立的报纸《霍巴特镇信使报》（*Hobart Town Courier*）。

19 世纪 20 年代是一个转折点，定居点的规模不断扩大。探险家们一直在向西、向南、向北推进。1812 年，殖民者在新南威尔士州探索完的土地只有悉尼周围方圆几十千米，但到 1827 年，它已经扩展到数百平方千米。澳大利亚殖民地对自由定居者越来越有吸引力。霍巴特和悉尼不再被认为是位于世界边缘的监狱，它们已经成为体面的城镇，拥有教堂、学校和其他文明设施。这些地方的军管开始让位于平民议会。19 世纪 20 年代，在 43950 名新来的移民中，有 11200 人是自由定居者；19 世纪 30 年代，在 117090 名移民中，有 66400 人是自由定居者。

许多囚犯和解放者都接受过初级教育，但很少有人能花大笔钱买书。此时图书馆和学术团体开始形成。尽管澳大拉西亚哲学学会（悉尼，1821—1823）和范迪门斯地科学学会（霍巴特，1829）胎死腹中，但在这 10 年间，霍巴特的卫斯理图书馆和悉尼的澳大利亚订阅图书馆（新南威尔士州图书馆的前身）分别于 1825 年和 1826 年开馆。独立报纸的数量越来越多，而且不容易受到政府的干预。本特的反抗在 1825 年被镇压下去，但当达林总督在 1829 年将《澳大利亚人报》（Australian）和《观察家报》（Monitor）的经营者监禁时，这两家报纸仍在继续出版。

19 世纪 20 年代中期，悉尼和霍巴特的报纸上出现了原创诗歌的热潮。第一本杂志《罗伯特·豪的澳大利亚杂志》（Robert Howe's Australian Magazine，悉尼，1821）很快就出版了在澳大利亚出生的诗人的第一本诗集，即查尔斯·汤普森的《本地游吟诗人七弦琴奏响的野性音符》（Wild Notes from the Lyre of a Native Minstrel，悉尼，1826）以及澳大利亚的第一本小说亨利·萨弗里的《昆图斯·塞尔文顿》（Quintus Servinton，霍巴特，1830）。

1820 年，只有两家政府印刷商，即豪和本特。墨水和纸张价格昂贵，还经常买不到，而且高质量的货品更是难得。殖民地印刷商的能力有限，加上原材料成本高，图书贸易继续由进口主导，大多数澳大利亚作家都寻求在英国生产图书。不过，殖民地市场还是很可观的，19 世纪 40 年代的书商和拍卖商目录显示，每年有 1 万至 3 万本图书刊登广告。伦敦出版商托马斯·泰格斯（Thomas Tegg）的儿子詹姆斯和塞缪尔于 1834 年抵达澳大利亚。詹姆斯在悉尼建立了业务，而塞缪尔则在霍巴特定居。在接下来的大部分时间里，他们在澳大利亚的图书贸易中发挥着主导作用。詹姆斯出版了 100 多种书籍，包括两本杂志，即 1836 年创刊的《泰格月刊》（Tegg's Monthly Magazine）和 1837 至 1838 年创刊的《文学新闻》（Literary News），还有宽幅广告和书籍年鉴、政治和宗教小册子、文学作品以及威廉·布兰德有关休谟和霍韦尔远征菲利普港的作品（1837）。

在 19 世纪 30 年代，澳大利亚的报纸发行量增加，但价格却下降了，例如，1830 年《澳大利亚人报》的封面价格为 9 便士；到了 1835 年，价格降至 4 便士。1827 年，所有报纸的每周发行量为 3700 份；1836 年为 7800 份。悉尼的读者可以从 7 种报纸中选择，如沉闷的《悉尼公报》、激进的《澳大利亚人报》、曾经令人愤慨但现在却令人窒息的《观察家报》、保守的《悉尼先驱报》（Sydney Herald）、古怪的《悉尼时报》（Sydney Times）、富有煽动性的《殖民者报》（Colonist）以及报道商业新闻的《商业日报》（Commercial Journal）。只有《悉尼先驱报》（现在的《悉尼先驱晨报》）在19世纪40年代的经济萧条中幸存下来；但新的报纸继续出现，总体情况是持续扩张。霍巴特也有几家报纸，悉尼周围的城镇以及莫顿湾（昆士兰州）、西澳大利亚州、南澳大利亚州和菲利普港（维多利亚州）的新定居点也出现了省级的媒体。大多数报社都入不敷出，但它们的经营者更多的是出于政治权力而不是经济利益。到19世纪50年代末，所有殖民地都有选举产生的立法机构，许多政治家都是新闻工作者。

19世纪30年代，书商们成功地经营着流动图书馆，并在较大的城市中心建立了神学院或机械学院。按成立时间顺序排列，分别是霍巴特（1827）、悉尼（1833）、纽卡斯尔（1835）、墨尔本（1838）。到19世纪末，每个大小城镇都有自己的"学院"。免费公共图书馆的发展则比较缓慢。墨尔本公共图书馆（现在的维多利亚州图书馆）于1856年开放，其他殖民地逐渐效仿，按成立的时间顺序为新南威尔士（1869）、塔斯马尼亚（1870）、南澳大利亚（1886）、西澳大利亚（1887）和昆士兰（1890）。

3 从淘金热到联邦（1850—1901）

19世纪50年代，在维多利亚州和新南威尔士州发现了黄金，极大地刺激了殖民地的发展。当局担心无法控制早期发现的黄金，于是将消息压了下来——在一个执行流放刑罚的殖民地，这种担心是合理的。自由定居者的涌入，以及19世纪40年代的经济衰退，让人们更愿意听到发现黄金的消息。淘金热的影响非常大。1851至1861年间，维多利亚州的人口从7.7万人增加到53.8万人；新南威尔士州的人口从17.8万人增加到35万人；南澳大利亚州的人口从6.3万人增加到12.6万人；昆士兰州的人口从8千人增加到3万人。然而，塔斯马尼亚州却陷入了困境；1855年，英国不再向澳大利亚运送因犯，加上金矿的拉动效应，抵消了自由定居者的人口增长。悉尼（1851）、墨尔本（1853）、阿德莱德（1874）和塔斯马尼亚（1890）等地也开始建立大学，但直到20世纪，高等教育仍然是极少数人的专利，大学图书馆也因此发展得很缓慢。

由于雇主提高了工资以阻止技工进入矿区，因此通货膨胀飙升。1850年，熟练技工每天可以挣到5先令或6先令；到1855年，《墨尔本先驱报》的编辑每天可以得到1英镑的报酬。墨尔本，这座受打击最严重的城市，启动了一系列重大的公共工程，比如建造公共图书馆、展览馆、大学，为这个基本上被挖矿的人流所摧毁的边陲小镇带来了一种秩序感。到19世纪90年代，悉尼和墨尔本的规模可与许多欧洲城市相比。墨尔本的主要报纸，激进的《时代报》（*Age*）和保守的《阿古斯报》（*Argus*）都名扬维多利亚州之外。另外举办国际博览会使悉尼（1879）和墨尔本（1880、1888）受到世界的关注。

淘金热也加速了非英语出版业的发展。第一份德语报纸《德语澳大利亚邮报》（*German Australian Post*）于1848年在阿德莱德发行，在19世纪下半叶，南澳大利亚州和昆士兰州还发行了许多其他德语出版物。摩拉维亚传教士积极出版南澳大利亚原住民语言的作品。其他非英语出版物包括《墨尔本法语杂志》（*French Journal de Melbourne*，1858）、《英语和中文广告商》（*English and Chinese Advertiser*，巴拉瑞特，19世纪50年代）、威尔士语的《澳大利亚人报》（墨尔本，1866—1872）和希伯来语年鉴（霍巴特，1853）。

人口的快速增长为教科书和实用论著创造了一个稳定的市场，但文学出版仍然很脆弱。殖民地市场太小，即使是最专业的作家也无法维持。在整个19世纪，报纸是小说和诗歌出版的主要渠道。尤其是乡村报刊，以21世纪的标准来看，其文学性非常高，但只提供了一种不稳定的生计方式。大多数殖民地作家都有其他职业，通常是律师或公务员，或者有私人经济来源。少数靠笔杆子吃饭的人要么在英国出版作品，要么当记者或报纸编辑。

鉴于这些情况，19世纪60年代出现丰富多样的作品已非常了不起。《澳大利亚日报》（*Australian Journal*，墨尔本，1865—1962）大获成功，就算不是赚钱，也非常鼓舞殖民地的作家。这十年也出现了一些专业的流行作家，如加内特·沃尔奇和R. P. 惠特沃斯。马库斯·克拉克和"罗尔夫·波德伍德"（真名为托马斯·亚历山大·布朗），开始了他们的报纸专栏作家生涯，克拉克为墨尔本的《澳大拉西亚报》(*Australasian*) 撰稿，波德伍德为《澳洲城乡杂志》(*Australian Town and Country Journal*) 撰稿。悉尼律师尼科尔·德赖斯代尔·斯滕豪斯成为知识分子小圈子的赞助人，这个小圈子包括《南十字报》(*Southern Cross*，1859—1860) 的编辑丹尼尔·德尼希和诗人亨利·肯德尔。肯德尔和他同时代的查尔斯·哈珀以及亚当·林赛·戈登因描写澳大利亚丛林的诗歌而闻名，但他们都对欧洲和《圣经》中的故事情有独钟。

这一时期的主要图书出版商都是在墨尔本——乔治·罗伯逊、塞缪尔·穆伦和 E.W. 科尔。墨尔本的几家较大的印刷公司也成了成功的出版商。桑兹和麦克杜格尔 (Sands & McDougall) 公司、F. F. 巴利埃公司 (F. F. Bailliere) 以及戈登和戈奇公司 (Gordon & Gotch) 都建立了跨殖民地的小型出版帝国，其基础是出版外观符合大众要求的参考书，大部分人都买得起。桑兹和麦克杜格尔公司的邮政目录（从 19 世纪 50 年代到 70 年代出版）、戈登和戈奇公司的《澳大利亚手册和年鉴》(1870—1906)，以及巴利埃公司的地图集、地名录和目录（19 世纪 60 年代到 80 年代），都保留了历史研究资料的价值。

悉尼贸易中著名的人物有威廉·马多克（活跃于 1862 至 1896 年），他出版的书单包括关于台球和畜牧业等不同主题的实用文章；威廉·伍尔科特和 J. R. 克拉克（活跃于 1850 至 1895 年）出版了乐谱、风景画；还有 J. J. 莫尔，他的《莫尔年鉴和手册》(1852—1940) 很快成为一本标准的参考书籍，而同名的《悉尼莫尔》则是一本理性的实用知识汇编。

著名的宗教出版商有天主教徒爱德华·弗拉纳根和 J. G. 奥康纳（悉尼，19 世纪 60 年代至 80 年代）以及圣公会的约瑟夫·库克（悉尼，19 世纪 50 年代至 90 年代）。其他宗教出版商有约瑟夫·温，他出版了《精神探询者》(*Spiritual Enquirer*，本迪戈，1874—1875)、《改革者》(*Reformer*，墨尔本，1880—1883) 和许多宗教灵性方面的小册子；无神论者约瑟夫·赛姆斯是《解放者》(*Liberator*，墨尔本，1884—1904) 的出版商；还有宗教方面的出版商 W. H. 特里，他出版了《光明使者》(*Harbinger of Light*，墨尔本，1870—1956)。

澳大利亚许多省级中心城市都有业务蓬勃发展，集印刷商、出版商和书商业务为一身的从业者。大多数人主要以书商和兼职印刷商的身份生存下来；有些人，特别是巴拉瑞特的 F. W. 尼文（他创新地开发了一种方便的照相平版印刷工艺），在行业发展中发挥了重要作用。

南澳大利亚州和塔斯马尼亚州的出版商集中出版本地化的年鉴、指南和技术作品。在阿德莱德，主要人物有 E. S. 威格（从 1849 年开始活跃）和 W.C. 里格比（从 1859 年开始活跃），他们建立的公司一直到 20 世纪都在蓬勃发展。霍巴特的出版业由戴维斯家族——《水星报》（*Mercury*，成立于 1854 年）的所有人——和沃尔奇家族主导。除了他们的《文学通讯》（*Literary Intelligencer*，1859—1915）和《塔斯马尼亚年鉴》（*Tasmanian Almanac*，1862—1980，是迄今为止出版时间最长的澳大利亚年鉴），沃尔奇家族在支持作家兼画家路易莎·安妮·梅雷迪思（L. A. Meredith）的事业方面也具有重要意义。

西澳大利亚州和昆士兰州都是在 19 世纪 20 年代开始大规模有人定居的，其发展更为缓慢。除政府出版物外，这两地在 19 世纪的出版物主要包括报纸和年鉴。

在 19 世纪 70 年代和 80 年代，殖民地的出版商，特别是墨尔本和悉尼的出版商，越来越积极地推广当地作家，但他们除了支付费用，很少能做更多的事。有雄心壮志的作家们把目光投向了英国。克拉克的《他的自然生活》（*His Natural Life*，1874）和波德伍德的《武装抢劫》（*Robbery Under Arms*，1888）最早以连载形式出现在澳大利亚的杂志上，但在伦敦出版后才获得"澳大利亚经典"的地位。惊悚小说家弗格斯·休谟（Fergus Hume）于 1886 年在墨尔本出版了他的第一部小说《汉森出租车之谜》（*The Mystery of a Hansom Cab*），他于 1888 年回到英国，并在那里度过了余生。罗莎·普拉德、艾达·坎布里奇和纳特·古尔德等不同作家的职业生涯都遵循类似的轨迹。

就这些作家的职业生涯建立在英国销售的基础上而言，他们可能看起来与澳大利亚无关。然而，至少就人均销量而言，澳大拉西亚殖民地是许多英国出版商最大的市场。新闻记者詹姆斯·艾伦在他的《澳大利亚历史》（*History of Australia*，1882）中详细评论了维多利亚州的人民对当代文学、科学和国际政治的广泛阅读和深入了解，这无疑是在吹嘘，但所有的统计和轶事证据都支持这样一个普遍观点：澳大利亚人对能够得到的任何印刷品都爱不释手。英国出版商在 19 世纪 40 年代开始生产价格低廉的"殖民地版本"书籍；到 19 世纪末，有几家出版商——特别是卡塞尔公司和爱尔公司在殖民地建立了分支机构，而不是依靠代理商，成为当地出版界的一员。

到了 19 世纪 80 年代，殖民地的出版业又开始转移阵地，人们意识到英国殖民 100 周年的到来和澳大利亚殖民地政治联盟的热情日益高涨。纪念性参考书的市场——如《澳大利亚日期和时代人物词典》（*Australian Dictionary of Dates and Men of the Time*，1879）、《澳大拉西亚百科全书》（*Cyclopedia of Australasia*，1881）、《澳大拉西亚风景图册》（*Picturesque Atlas of Australasia*，1886—1889）、《卡塞尔澳大拉西亚风景图》（*Cassell's Picturesque Australasia*，1887—1888）、《早期墨尔本编年史》（*Chronicles of Early Melbourne*，1888）和《澳大利亚标志人物》（*Australian Men of Mark*，1889）——似乎永不枯竭。随着 19 世纪 80 年代具有强烈民族主义色彩的《悉尼周刊》（*Sydney weekly*）和《公报》（*Bulletin*）的成功，人们能想象到澳大利亚拥有自己繁荣的文学文化的未来。

4 从联邦到第二次世界大战（1901—1945）

到 19 世纪 90 年代，澳大利亚人对英国和整个帝国的态度是多样而复杂的。太平洋地区的一系列危机刺激了政治联盟的鼓动，对法国和德国扩张的担忧因俄罗斯计划进攻墨尔本和悉尼的报道而加剧。1885 年，昆士兰、塔斯马尼亚、西澳大利亚、维多利亚和斐济组成了大洋洲联邦委员会。新南威尔士州州长和前报业经营者亨利·帕克斯爵士（Sir Henry Parkes）于 1889 年发起了全面政治统一的运动。之后，在联邦成立之前，澳大利亚各殖民地为英国在南部非洲打击布尔族分离主义分子的战争提供了兵力。这一时期最受欢迎的澳大利亚书籍之一是 W. H. 费切茨（W. H. Fitchetts）牧师的《建立帝国的功绩》（*Deeds that Won the Empire*，1896 年以报纸连载的方式首次出现），总销量超过 50 万册。

经过 10 年的谈判和政治运动，新南威尔士州、维多利亚州、昆士兰州、南澳大利亚州、塔斯马尼亚州和西澳大利亚州于 1901 年组成了澳大利亚联邦。民粹主义的民族主义——既平等又排外——在《悉尼周刊》和《公报》中得到了文学性的表达，该周刊还出版了一份受欢迎的月刊《孤独的手》（*Lone Hand*，1907—1921）。《公报》的文学编辑 A. G. 斯蒂芬斯（1894—1906）在他自己的杂志《书友》（*Bookfellow*，有三个系列：1899，1907，1911—1925）上取得了不同程度的成功。

安格斯和罗伯逊公司（Angus & Robertson）以及《公报》期刊在推广民粹主义、民族主义作家方面的成功，证明了以澳大利亚方言讲述的澳大利亚故事是一个可行的市场。新南威尔士书摊公司（第一家伟大的澳大利亚纸浆出版商）首次为澳大利亚作家提供了在本国谋生的机会。在墨尔本，书商托马斯·洛锡安于 1905 年开始出版，为伯纳德·奥多德、约翰·肖·尼尔森、玛丽·皮特和弗恩利·莫里斯等诗人定下了更加偏文学性的基调，还出版了存在时间不长的杂志《本地伴侣》（*Native Companion*，1907），该杂志发表了新西兰作家凯瑟琳·曼斯菲尔德（Katherine Mansfields）的第一篇小说。

1886 年签署关于国际版权的《伯尔尼公约》时，澳大利亚是大英帝国的一部分，而 1900 年的《图书净价协议》使英国对澳大利亚图书市场的控制得以延续。尽管澳大利亚作家可以自由地寻找美国出版商，但其作品的英国版本在其本国出版具有优先权——澳大利亚文学史在很大程度上是在英国出版史的框架内进行的。虽然美国版本在实物展示、文本质量和给予作者的经济回报方面明显更胜一筹，但它们在很大程度上仍不为澳大利亚读者所知。英国的"殖民地版"在澳大利亚市场上始终存在，直到1972 年。

1901 年最初的兴奋期过后，澳大利亚联邦继续依附于大英帝国。从 19 世纪 90 年代到 20 世纪 40 年代，澳大利亚文化变得越来越排外。新联邦的一个决定性时刻是 1901 年的《移民限制法》，它有效地阻止了非欧洲人的移民。直到 1973 年，澳大利亚政府才正式放弃了"白澳政策"（White Australia Policy）。

在诸如 1938 年悉尼建城 150 周年和 1934 年墨尔本建城 100 周年的纪念活动中，澳大利亚人的图书收藏热潮高涨，尤其收藏 18 世纪和 19 世纪初英国探险时代的书籍。当墨尔本商人拉塞尔·格里姆韦德爵士为墨尔本的百年纪念活动买下"库克船长小屋"（实际上是航海家的父母在儿子出海后的家）时，这一趋势达到了顶峰。库克从未到过墨尔本，也可能没有见过这个小屋，但这并不重要。更重要的是，大规模的书目出现了：米切尔图书馆的《詹姆斯·库克船长书目》（*Bibliography of Captain James Cook*，1928），埃德蒙·莫里斯·米勒的《澳大利亚文学》（*Australian Literature*，1940）以及约翰·亚历山大·弗格森爵士的《1784 至 1900 年澳大利亚书目》（*Bibliography of Australia 1784–1900*，1941—1969）。爱德华·福特爵士开始了收集工作，最终编成了《澳大利亚医学书目》（*Bibliography of Australian Medicine*，1976）。

澳大利亚图书馆服务发展的一个关键事件是卡内基公司（Carnegie Corporation）的拉尔夫·芒恩和维多利亚州图书馆馆长欧内斯特·皮特在 1935 年发表的一份内容尖刻的报告。芒恩–皮特的报告在政治上取得了成功，推广了免费的、由市政府资助的公共图书馆的概念。到 20 世纪 60 年代，这类图书馆已经取代或归入了绝大多数由会费资助的机械学院和艺术学校，这些学院自 19 世纪中期以来一直是图书馆服务的标准模式。流动图书馆在"二战"后也开始衰落，尽管有些图书馆一直延续到 20 世纪 70 年代，但它们已不再发挥重要作用。

罗伯逊的《图书月刊》（*Monthly Book Circular*）于 1891 年停刊，而当沃尔奇的《文学通讯》于 1915 年停刊时，澳大利亚图书业发现自己失去了本地期刊。1921 年，D. W. 索普创办了《澳大利亚文具和装饰品杂志》（*Australian Stationery and Fancy Goods Journal*），这是《澳大利亚书商和出版商》（*Australian Bookseller and Publisher*）的前身。

第一次世界大战期间，随着托马斯·洛锡安在 1916 年出版了两本奢华的书：《弗雷德里克·麦库宾的艺术》（*Art of Frederick McCubbin*）和伊达·伦图尔·乌斯怀特的《精灵与仙女》（*Elves and Fairies*），艺术出版业的发展势头迅猛。悉德尼·乌尔·史密斯创办了两份重要的期刊：《澳大利亚的艺术》（1916—1942）以其附页的彩色图版为精巧的艺术提供了一个交流平台；《家》（1920—1942）虽然专注于室内设计和装饰，但也有关于当代艺术的文章，并以西娅·普罗克特等著名画家制作的封面为特色。《手稿》（1931—1935）是另一份著名的艺术期刊，宣传玛格丽特·普雷斯顿、埃里克·萨克和克里斯蒂安·沃勒等画家的作品，其中也有大量的诗歌和散文。后来的期刊中还有乔治·麦卡内斯的书目注释。

这一时期最引人注目的小型杂志之一是《视野》（1923—1924）。该杂志由弗兰克·C. 约翰逊、杰克·林赛和肯尼斯·斯莱索编辑，它反对《公报》的民粹主义民谣歌手和欧洲现代主义，努力阐述一种年轻且富有活力的美学观。该杂志以诺曼·林赛所作的仙女图和萨提尔的色情画为装饰，宣称其目的是使澳大利亚成为新文艺复兴的中心。两位《视野》诗人——斯莱索本人和 R. D. 菲茨杰拉德——成为主要人物，但《视野》和其他许多期刊一样，在办了几期之后就停刊了。林赛的下一本杂志《伦敦阿佛洛狄忒》（由他的范弗罗利科出版社出版，1928—1929），是特意计划在六期之后停刊的。在那个阶段，在迪莫克（Dymock）书店工作的约翰逊成为一位成功的平装书出版商。

1939 年，设在悉尼大学英语协会的悉尼分会创办了《南风》（Southerly），现已成为澳大利亚历史最悠久的文学期刊。布里斯班的记者克莱姆·克里斯特森（Clem Christesen）在第二年创办了《米津》（Meanjin）。最初，《米津》专门刊登昆士兰作家的作品，到 1943 年，它的发行量达到了 4000 份，并在全国范围内引起了广泛的关注。从 1945 年起，《米津》在墨尔本大学的赞助下出版，在 20 世纪 50 年代和 60 年代，《米津》的国际视野日益扩大，对当代政治事件以及文学和艺术也产生了兴趣。自 1974 年克里斯特森退休以来，它已成为主要的学术期刊。

《愤怒的企鹅》（Angry Penguins，1940—1946）宣传超现实主义艺术和写作，使其成为保守派诗人詹姆斯·麦考利和哈罗德·斯图尔特实施"恩·马利"（Ern Malley）骗局的目标。受骗的编辑马克斯·哈里斯为假作者的作品的诗意质量进行了有力的辩护，但面对小报的冷嘲热讽，他几乎不可能被那些本来就不同情他的人认真对待。又过了 20 年，澳大利亚的文学编辑们才愿意出版摒弃传统形式的诗歌。

5 自第二次世界大战以来

第二次世界大战的结束带来了一个重建时期。澳大利亚人口激增，从 1947 年的 750 万增至 1961 年的 1050 万。乡村小镇的发展停滞不前，但大城市的郊区扩张却在加剧。在整个 20 世纪 70 年代和 80 年代，随着作家和艺术家发现越来越有可能在海外定居而不失去他们的"澳大利亚特色",或者在不离开澳大利亚的情况下发展出一种国际风格,文化的成熟感也在不断增强。

高等教育急剧发展。在 20 世纪 30 年代之前,大学在澳大利亚图书馆领域一直是个小角色。当时,澳大利亚只有 6 所大学,每个州的首府都有一所,还有一系列其他高等院校。1946 至 1980 年期间,有 13 所新大学成立。墨尔本的莫纳什大学(1958)和拉筹伯大学(1964)是全新的机构;其他大学,如澳大利亚国立大学(1946)和新英格兰大学(1954),是由现有的地区学院发展而来。在接下来的 20 年里,经过一系列复杂的重组,大学的数量又翻了一番,其中大多数大学都有多个校区。许多区域中心都有大学校园,一些大学已经扩展到国际上。例如,莫纳什大学在马来西亚、南非和意大利都有分校。学生人数占总人口的比例已从 1901 年 370 万人口中的几千人增长到 20 世纪末 2000 万人口中的约 50 万人。

高等教育的发展是澳大利亚出版业发展的一个主要因素,特别是在 20 世纪 60 年代和 70 年代,因为来自教科书的收入使出版商有机会冒险推广他们认为具有文化重要性但商业价值不大的作品(特别是诗歌)。高等教育发展的一个先决条件是提高中学的保留率。墨尔本的 F. W. 切夏尔出版社和布里斯班的蓝花楹出版社专门从事中学图书的出版。墨尔本大学出版社(专注于非虚构类书籍,包括《澳大利亚传记词典》等重要参考书)和昆士兰大学出版社(在推广新诗人和小说家的作品方面发挥了主导作用,其中最著名的是彼得·凯里、大卫·马鲁夫和迈克尔·德兰斯菲尔德)成为普通书籍和教育市场的主要参与者。安格斯和罗伯逊公司继续出版重要的参考书,特别是十卷本的《澳大利亚百科全书》(*Australian Encyclopedia*,1958)第二版,以及弗格森的《澳大利亚书目》(*Bibliography of Australia*),该书的第七卷于 1969 年出版。

牛津大学出版社和剑桥大学出版社的澳大利亚分部似乎有意在澳大利亚历史和文化的各个方面的指南和手册方面超越对方。牛津大学认为,其《简明英语词典》(*Concise English Dictionary*)的澳大利亚版比用当地名字命名但由美国赞助的竞争对手《麦考瑞词典》(*Macquarie Dictionary*)更具有真正的澳大利亚特色,这种说法有一定道理。墨尔本大学出版社放弃《墨尔本百科全书》(2005)时,由剑桥大学出版社接手。货币出版社这家小出版公司以其《澳大利亚戏剧指南》(*Companion to the*

Theatre in Australia，1985）和《澳大利亚音乐与舞蹈指南》（*Companion to Music and Dance in Australia*，2003）与学术出版社相抗衡。另一家小出版商澳大利亚学术出版社出版了约翰·阿诺德等人的《澳大利亚文学书目》（*Bibliography of Australian Literature*，2001）的第一卷；随后几卷由昆士兰大学出版社出版。墨尔本大学出版社出版了玛西·缪尔和克里·怀特的《澳大利亚儿童书籍：参考书目》（*Australian Children's Books: A Bibliography*，1992—2004），丰富了其稳定增加的参考图书。

战后变革的步伐和为扩大公共图书馆服务所采用的结构因州而异，例如，在维多利亚州，地方借阅图书馆由市政府管理，与国家图书馆完全分开。在塔斯马尼亚州，地方借阅图书馆成为国家图书馆的分支机构。然而，公共资助图书馆服务的广泛原则，在 1935 年由芒恩和皮特提出时是一项激进的创新，而现在已经成为公认的准则。图书馆员和档案员的专业资格从工作场所的培训模式转变为专业毕业生资格认证。墨尔本师范学院在 1955 年推出了学校图书馆员的课程。约翰·华莱士·梅特卡夫（John Wallace Metcalfe）于 1960 年在新南威士大学开设了研究生文凭课程；1972 年开始开设硕士课程。1976 年，毕业于芝加哥大学图书馆研究专业的让·P. 怀特在莫纳什大学开设了硕士课程。到 20 世纪 90 年代，研究生专业资格也成为编辑和出版商的必备条件。

图书馆也开始意识到珍稀或"遗产"型材料的重要性，并开始在较大的机构中任命专业的珍稀图书管理员。在 20 世纪 60 年代和 70 年代，越来越多的个人将他们的收藏品交给图书馆。其中比较有影响的有亨利·奥尔波特和威廉·克劳瑟爵士赠书给塔斯马尼亚州立图书馆；伊恩·弗朗西斯·麦克拉伦和奥德·波因顿赠书给墨尔本大学；J. K. 莫尔赠书给维多利亚州立图书馆；里奥·海耶斯神父赠书给昆士兰大学；雷克斯·南·基维尔爵士赠书给国家图书馆。

联邦文学基金成立于 1908 年，主要是作为作家及其家属的退休金计划。1973 年，该基金的职能由澳大利亚理事会文学委员会（Literature Board of the Australia Council）接管，该委员会在预算大幅增加的情况下，开始提供奖金，以支持作家的工作生活。迈尔斯·富兰克林奖（Miles Franklin Award）于 1957 年开始颁发，奖励描述澳大利亚在某些生活方面的已出版小说，其他文学奖在 20 世纪 70 年代和 80 年代大量涌现。

1973 年的诺贝尔文学奖授予澳大利亚人帕特里克·怀特，使澳大利亚文学受到国际关注。在获奖之前的 10 年里，包括伦道夫·斯托、西娅·阿斯特利和克里斯托弗·科赫在内的一代作家追随怀特的步伐，拒绝"乏味的现实主义"（dun-coloured realism）。然而，怀特之所以能够创作出他所做的那种作品，是因为他独立而富有，不需要通过写作赚钱。与怀特相反的是职业"纸浆作家"（pulp writer）卡特·布朗（Carter Brown，真名艾伦·耶茨），他在 30 年的职业生涯中写了几百部惊悚小说。他早期在澳大利亚市场取得的成功使他能够辞掉他航空公司宣传员的工作，而他的书在美国的巨大销量为他带来了财富和名声（至少在笔名上出名了）。侦探小说家阿瑟·厄普菲尔德和浪漫主义作家露西·沃克在海外受到欢迎，但在澳大利亚却受到轻视——厄普菲尔德为了报复，把他的诋毁者之一、小说家万斯·帕尔默在《败者食尘》（*An Author Bites the Dust*，1948）中写成了谋杀案的受害者。直到 20 世纪 80 年代，彼得·科里斯创作了"钱德勒式"（Chandleresque）的"克里夫·哈迪"系列（*Cliff Hardy*），犯罪题材的作品才获得了当地文学批评界的认可。

1946 年，企鹅公司在墨尔本设立了分部，这个分部立即成为主要的出版力量，在第一年就售出了约 50 万册图书。乔治·艾伦与昂温出版社于 1976 年在悉尼设立了分部，1990 年成为澳大利亚人的艾伦与昂温出版社。与此同时，澳大利亚的小型出版商，如内陆出版社（Outback Press，1973—1980）、麦克菲·格里布尔（McPhee Gribble，1975—1989）和弗里曼特尔艺术中心出版社（Fremantle Arts Centre Press，1976— ）正在发掘各种作家，如 B. 旺加、海伦·加纳和伊丽莎白·乔利。20 世纪 70 年代末，大量越南难民进入澳大利亚，以及澳大利亚政府从"白澳政策"转向对多元文化的承诺，随之而来的是非英语媒体的蓬勃发展。到 20 世纪 90 年代，主要的非英语报纸，如希腊语的《宇宙时报》（*Neos Kosmos*）和意大利语的《环球报》（*Il Globo*），在澳大利亚的大城市报摊上都可以看到。原住民在 1967 年的全民公决后被承认为公民，土地权与和解运动随之而来。马加巴拉书店（Magabala Books，成立于 1974 年，自 1990 年起完全由原住民拥有）率先推广原住民作家，原住民发展研究所（Institute for Aboriginal Development，IAD）出版社和原住民研究出版社（Aboriginal Studies Press）也很快跟进。女权主义的出版社"姐妹"（1979—1983）在主流社会取得的成功鼓励了其他女权主义出版社的发展。同性恋题材的作品在 20 世纪 90 年代开始进入主流商业市场。

由儿童图书委员会于 1946 年设立的年度儿童图书奖鼓励在评估儿童和青少年写作方面制定批判性标准，但其奖项经常被批评为偏向于有价值的、基于问题的书籍，而不是吸引年轻读者的书籍。雅巴奖（Yabba，1985 年设立）是由儿童读者选出来的，其名单一直与 CBC 大奖截然不同。

20 世纪 90 年代，就在出版商摆脱交叉补贴，越来越不愿意冒险出版任何不能自负盈亏的作品时，创意写作课程开始大量涌现。不知道是克服了这个情况还是正因为如此，一种新的出版专业主义出现了，同时在文化上又有了能够接受这样的事实的成熟度。对大多数虚构类题材的读者来说，"澳大利亚文学"这个标签本身并不足以成为购买或阅读某本书的理由。在 21 世纪初，澳大利亚的犯罪题材、爱情题材和推理题材的作家在国内外都获得了商业和评论上的成功。包括肖恩·马洛尼、克里·格林伍德、加斯·尼克斯和格伦达·拉克在内的这一代人似乎终于找到了一种既能表达澳大利亚特色，又无须宣扬或掩饰的方式。

参考文献

D. Carter and A. Galligan, eds., *Making Books: Contemporary Australian Publishing* (2007)

W. Kirsop *et al.*, eds., *A History of the Book in Australia*, vol. 1: *To 1890* (forthcoming)

M. Lyons and J. Arnold, eds., *A National Culture in a Colonised Market, A History of the Book in Australia*, vol. 2: *1891–1945* (2001)

C. Munro and R. Sheahan-Bright, eds., *Paper Empires, A History of the Book in Australia*, vol. 3: *1946–2005* (2006)

A National Survey of Reading, Buying and Borrowing Books for Pleasure, Conducted for Books Alive by A. C. Nielsen (2001)

P. van Toorn, *Writing Never Arrives Naked* (2006)

E. Webby, ed., *The Cambridge Companion to Australian Literature* (2000)

第 47 章
新西兰书籍史

谢夫·罗杰斯

1 传教士和殖民地

新西兰由一对狭长的多山岛屿组成，在南太平洋地区绵延近 1300 千米，尽管在地理上与世隔绝，但却拥有丰富的、有据可查的印刷遗产。从 1848 年起，未来的殖民者已可以读到 E. J. 韦克菲尔德（E. J. Wakefield）的《新西兰手册》（*Hand-Book for New Zealand*），以了解有关烹饪、鸟类学和天文学等实用主题的推荐书籍清单。早期定居者意识到不识字的原住民人口远远多于他们自己的人口，因此特意记录了他们为建立当地印刷文化所做的努力。特恩布尔（Turnbull）图书馆的前首席图书馆员吉姆·特拉乌（Jim Traue）认为，新西兰的印刷文化有两部历史（原住民史和殖民地史），并指出该国的定居者历史对其他 19 世纪殖民地来说是很典型的，即印刷历史始于报纸和期刊，然后才逐渐转向书籍。

因此，新西兰的图书历史在很大程度上是一部引进史，即使是毛利语的图书也是如此。在 18 世纪末和 19 世纪初，许多欧洲人（特别是猎捕鲸鱼和海豹的人以及来自新南威尔士的商人）来到新西兰。基督教传教士带来了书籍和印刷机，为毛利人提供宗教作品，他们为建立毛利语的书面形式和用印刷品记录毛利人的口头文化做了很多工作（见第 9 章）。到 1815 年，教会传教士协会（Church Missionary Society，CMS）已经制作了毛利语语法和毛利语初级读本，在伦敦和悉尼印刷出版。1830 年，牧师威廉·耶特在凯里凯里卫理公会印刷了毛利语赞美诗和 6 页的毛利语教义问答。1834 年，威廉·科伦索带着斯坦霍普印刷机来到新西兰，教会传教士协会进一步确立了印刷文字在新西兰的地位。科伦索克服了许多技术问题，于 1837 年用毛利语出版了《新约》(《旧约》直到 1868 年才被完全翻译出来)，并作为毛利语和英语的印刷商一直活跃到 1840 年，他最后的出版物之一是《怀唐伊条约》的印刷版本，这是新西兰的建国宪法文件。科伦索的账簿现存于惠灵顿的亚历山大·特恩布尔图书馆，使新西兰成为印刷界中少数几个能够提供其第一批重要印刷商账簿的国家之一。

在《怀唐伊条约》签订 9 个月后，维多利亚女王将新西兰定为独立的皇家殖民地，有组织的定居很快就出现了。几乎在每一个新西兰社区，殖民者都在抵达一年内建立了印刷厂，到 1851 年有 16 家报纸开办，到 1858 年有 28 家。政府于 1842 至 1847 年在奥克兰设立了官方印刷厂，并从 1864 年开始在惠灵顿设立印刷厂，直到 1989 年印刷厂被私有化。多年来，惠灵顿印刷厂是新西兰技术最先进的印刷厂，负责印刷议会材料，以及许多重要的参考书和新西兰数量最多的出版物——电话簿。

2 报　纸

随着 1861 年在南岛发现黄金，新西兰的人口迅速增长。每一次新的开采似乎都有可能出现一份新报纸，1860 至 1879 年新西兰共创办了 181 份报纸，这些主要是以英语为主的报纸，其在很大程度上依赖对海外出版物材料的转载，一旦有船停靠，就急切地从船上的报纸和杂志上转载内容。虽然报纸连载英国的作品往往会更便宜、更容易，但也会发表当地的原创文章，特别是关于内陆探险和本地动植物的报道。这种对当地的兴趣反映在 19 世纪许多小册子（印刷这些小册子的目的是通过邮政服务与国际同行交流）的科学性上。第三任总督乔治·格雷爵士在收集和翻译毛利歌曲方面特别活跃，而关于定居者经历的虚构和半虚构内容则为早期的文学创作提供了流行的主题。

除了传教士进口和印刷的宗教书籍外，报纸也是主要的毛利语出版商的印刷品。尽管 19 世纪新西兰生产得最多的书籍是毛利语圣经，但其他大多数印刷书籍均使用英语。政府印刷厂继续生产一些毛利语作品，但在 1886 年出版了《第二和第三标准的土著学校读本》（*Native School Reader for Standards II and III*）之后，政府的政策就转向了教毛利人用英语阅读，这一教育重点在学校里一直保留到 20 世纪 70 年代末开始的毛利语沉浸式学校出现才取消。到 1987 年，毛利语才成为新西兰的官方语言，而新西兰第一家专门出版毛利语的灰蝶鸟出版社直到 1991 年才成立。

3 商业出版商和教育出版商

从 19 世纪 80 年代开始，英语印刷和出版业得到了显著发展。随着大部分主要中心之间的铁路开通，书籍发行工作得到了改善，1876 年通往澳大利亚的新电报电缆提高了国际通信的速度。澳大利亚主要的期刊经销商戈登和高屈（Gordon & Gotch）的经营范围在世纪之交逐渐从维多利亚州扩展到整个澳大利亚并进入新西兰，并且仍然是主要的期刊供应商（尽管自 1992 年起，该公司成为 PMP 通信公司的子公司，但其在期刊界的地位并没有改变）。书商们继续根据各种法律安排独立订购书籍，以维持英国对英联邦市场的主导地位。直到第二次世界大战，新西兰都没有欧洲或美国的批发书商；许多出版商仍然认为新西兰的市场太小，不值得设立批发商，他们把澳大拉西亚的办事处设在了悉尼或墨尔本。

然而，在新西兰国内，19 世纪末和 20 世纪上半叶，一些重要的图书销售连锁店发展起来，并成为成功的出版商。第一家便是惠特科姆和汤姆布斯（Whitcombe & Tombs）。基督城的书商乔治·惠特科姆和印刷商乔治·汤姆布斯于 1882 年合并了他们的业务，并于 1890 年扩展到但尼丁，然后扩展到全国，最终扩展到海外的澳大利亚和英国。惠特科姆和汤姆布斯公司早期从教育出版中获得了成功，1973 年与但尼丁印刷厂库尔斯·萨默维尔·威尔基公司（Coulls Somerville Wilkie）合并，成立了惠特库尔斯公司（Whitcoulls）。这家新公司在 20 世纪 80 年代中期之前一直主导着出版业，如今仍然是新西兰最重要的零售图书连锁店。

教育出版继续主导着新西兰的图书生产，相关书籍销售量达数百万册。从 1877 年起，新西兰政府要求所有地区当局开办公立学校，但不提供书籍，这些书籍仍然由学生家庭负担。由于进口课本价格高昂，惠特科姆和汤姆布斯公司看到了市场，开始销售学校课本，然后出版。1907 年，政府创办了《学校杂志》(School Journal)，免费发放给小学，这是对该公司主导地位的第一次挑战。然而，只有在第二次世界大战之后，新成立的教育部学校出版处 (School Publications Branch of the Education Department) 才开始定期出版一系列出版物，逐渐占领了惠特科姆和汤姆布斯的教科书市场份额。

虽然一本教科书的平均印刷量超过 5000 册，但更多的文学作品的印刷量可能只有几百册。尽管如此，新西兰最成功的文学出版商卡克斯顿出版社还是设法在这个小市场上保有了一份相当长的书单。卡克斯顿由坎特伯雷大学几个志同道合的朋友在 1933 至 1935 年期间创办，很快就因高质量地印刷知名作家的作品而树立了声誉，但随着其他文学出版商的出现，卡克斯顿又回到了其作为印刷商的初心。同样，但尼丁印刷厂麦金杜印刷厂（成立于 1890 年）在约翰·麦金杜三世的领导下，从 1956 年到 20 世纪 80 年代中期一直都是著名的出版商，但后来又恢复了单纯的印刷业务。2002 年，它与一家互补的印刷厂合并，成立了罗根·麦金杜出版社，但在 2008 年 9 月关闭。另一家重要的文学出版商飞马出版社（1947—1986）出版了 100 多卷诗歌以及 7 本珍妮特·弗雷姆斯的小说，并且是新西兰最早为其作者争取国际联合出版协议和翻译权的公司之一。新西兰四家大学出版社均成立于 1960 年，除学术刊物外，还发展出了新西兰诗歌、电影、历史或自然史等专业书籍的出版业务。他们都用传统上有利可图的教科书的收入来补贴这些以新西兰为中心的学术机构。

儿童出版的内容主要使用英语，但也有毛利人的参与，长期以来一直是新西兰出版业的一个重要组成部分。爱德华·特雷格尔斯的《新西兰和南海的童话和民间传说》(Fairy Tales and Folk Lore of New Zealand and the South Sea，1891) 被认为是新西兰第一本童话书（见第 17 章）。1908 年，惠特科姆和汤姆布斯公司以约翰内斯·安德森的《毛利童话》(Maori Fairy Tales) 进入市场，并开发了一系列惠特科姆故事书（1904—1956），约有 450 种书，是世界上最大的儿童图书系列。凭借对识字和阅读指导方法的研究，以及乔伊·考利、玛格丽特·梅喜和林利·多德等诙谐作家的才华（更不用提还有那许多画技迷人的插图画家），新西兰已成为早期阅读系列的领导者。尼尔森·普莱斯·米尔本（现在是汤姆逊公司的一个分支）、温迪·派和马林森·伦德尔等出版商让新西兰在这一领域一直享有声誉。

在国际上最知名的新西兰出版商无疑是 A. H. 里德和 A.W. 里德（A. H. & A. W. Reed）。与惠特科姆和汤姆布斯一样，A. H. 里德找到了一个新市场——宗教出版物。从 20 世纪 30 年代中期开始，他成为新西兰贸易中的领军人物，为普通市场和教育市场提供历史小册子、体育书籍和其他关于当地主题的流行作品。1925 年，他的侄子 A.W. 里德加入了他的行列，在该公司出版的约 1000 种书籍中，他们共同编写了 100 多种。

在交通和全球媒体加速发展的情况下，这种地方性的成功逐渐减少。到 20 世纪末，新西兰不再有任何大型的印刷公司或图书销售连锁店。虽然在 20 世纪末和 21 世纪初，新西兰图书相关机构合并的步伐加快了，但这种脱离本地所有权的转变始于 20 世纪 60 年代柯林斯、兰登书屋和朗文等公司的出现。惠特库尔斯公司收购了政府印刷厂，并反过来被美国办公用品（U. S. Office Products）收购；伦敦图书被美国办公用品的所有者蓝星集团（Blue Star Conglomerate）吞并；里德公司至少经历了 6 次易主和换名，成了里德·埃尔泽维埃集团的一部分。较小的独立书商和出版商幸存下来，但因连锁店的折扣策略，而且越来越多的人开始上网订购不太容易买到的书，面临着激烈的竞争。博德斯书店（Borders Bookstores）于 1999 年在奥克兰开设了其第一家新西兰分店，在其澳大利亚母公司 RedGroup 于 2011 年 2 月倒闭之前，共经营过 5 家分店，使帕斯科集团（Pascoe Group）能够将这些书店和惠特库尔斯连锁店卖回给新西兰。

尽管跨国公司在新西兰国内市场占据主导地位，但其在知识出版方面仍保持着强大的国际影响力。新西兰皇家学会（成立于 1867 年，前身为新西兰研究所）培养了一系列的专业科学期刊和研究项目。学会与政府印刷厂合作，在 20 世纪 70 年代中期开发了世界上第一个计算机排版系统。数字印刷的发展进一步改变了出版业，降低了小批量书籍的成本。政府对互联网升级的支持，缓解了印刷和胶卷媒体中出版材料电子形式的交换。

4 图书馆

虽然新西兰人总是购买相对较多的书籍，但他们也热衷于借书。南岛南部的奥塔哥地区在 1872 至 1884 年间开了 116 家公共图书馆和阅览室（1881 年的人口为135023 人）；南岛北部的纳尔逊省在 1874 年开设了 11 家机构，共拥有约 1.2 万本藏书（人口为 22558 人）。小说家安东尼·特罗洛普在 1872 年评论说："所有这些城镇都有图书馆，书籍都装订得很好，而且经常有人翻阅。在新西兰的读者小群体中，卡莱尔、麦考莱和狄更斯的知名度当然要比他们在本国的读者中高得多。"（Rogers，3）尽管有时就算收到的书不是他们想要的，新西兰的书商和图书馆也不得不全盘接受发来的书，但英国出版商的殖民地版本使殖民地可以以比伦敦更便宜的价格买到许多当时的作品。澳大利亚提供了其他的进口来源，主要是通过新南威尔士书摊公司和后来的安格斯和罗伯逊公司。

在殖民地建立后的 20 年内，读者可以从大量的书籍中进行选择，在较大的城镇，还可以从各种公共图书馆中选择书籍。1863 年，奥克兰的乔治·查普曼借阅图书馆拥有 4000 多册图书。特拉乌通过将澳大利亚和英国的比较表明，"在殖民地建立后的40 年内，新西兰的人均公共借阅图书馆比世界上任何其他国家都多"（Traue，2004，86）。与所有这类比较性统计一样，人均情况是至关重要的，新西兰的高数字部分是由相当稀疏和分散的人口分布造成的。尽管如此，新西兰对书籍的需求还是很旺盛，阅读也受到广泛重视。殖民地时期的新西兰之所以拥有如此多的图书馆，原因之一是当时的省级以及后来的中央政府教育委员会每年向拥有图书馆的机构提供高达 100 英镑的补贴，用于购买书籍。然而，从 1877 年到 1902 年，只有当机构征收至少 5 先令的年度借阅费时，才能获得这种补贴，但大多数机构允许读者在现场免费阅读。这种严格的规定阻碍了免费市政图书馆的建立。它还强化了新教的礼节意识，认为阅读虚构类作品是一种娱乐，是一种个人的奢侈品。后来，卡内基公司鼓励人们放弃借阅费。18 家机构从卡内基公司的支持中受益，大学和其他专业图书馆也在 20 世纪 30 年代和

40 年代卡内基公司资助的海外图书馆员培训中受益。然而，即使是免费的机构，也保留了旧有的观点，对最受欢迎的书籍种类，如侦探小说或当前的畅销书，收取 50 美分到 5 美元不等的费用。这种收费方式使图书馆能够收集更多的作品，同时也能满足人们对当前虚构类作品的需求。

在一个如此依赖进口的国家，图书馆在提供书籍方面发挥着重要作用，当时任何规模的城镇基本都有公共图书馆。2006 年，新西兰图书馆和信息协会拥有 459 个机构成员，而这个国家只有 5 座主要城市。公共图书馆（相对于早期的订阅服务）最早以流动图书馆（图书车）的形式出现在大多数小城镇，由 G. T. 阿利在 1938 年设立的乡村图书馆服务机构运营。这项服务一直持续到 1988 年，后来被邮件服务短暂取代，最后被互联网取代。1942 年，政府成立了学校图书馆服务机构，该计划与乡村图书馆服务合并，于 1945 年形成了首个国家图书馆服务。同时，版权的法定存放要求促进了惠灵顿的会员大会图书馆的持续发展，它与国家图书馆服务一起构成了 1965 年成立的国家图书馆的基础。

国家图书馆收藏了特恩布尔图书馆的藏书，这是新西兰三大最重要的遗产型藏书之一，另外两个是格雷藏书（奥克兰市图书馆）和霍肯藏书（但尼丁图书馆）。所有这些藏书都是由对新西兰早期历史感兴趣的热心收藏家赠送的，收集于 1882 至 1920 年之间，但进一步的捐赠和遗赠使它们不断扩大，以确保该国的印刷遗产得到良好的保存。

5 目前的趋势

小型出版商仍然是新西兰的常态，2003 年的一份报告揭示，只有少数跨国出版商，如企鹅公司，成功地出口了新西兰的图书，而 3/4 的新西兰出版商加起来只创造了图书出口总收入的 2%。因此，大多数新西兰图书只是新西兰人为新西兰人编写的。新西兰图书的国际发行如果存在的话，很可能是由跨国出版商操作的，而图书生产可能在新西兰或海外进行，主要是在亚洲。幸运的是，尽管印刷的平均规模可能正在下降，但新西兰人借书和买书的数量持续增长，而且出版商和书籍的数量继续增加。

　　作为一个人口略多于 400 万的小国，新西兰一直很注意记录本国的情况，这让许多材料得以印刷并保存。然而，这种丰富的资料来源、新西兰印刷史分出的支线，以及印刷品社会地位的不确定性，也产生了一个问题，那就是新西兰对撰写全国性的图书史有些犹豫。《新西兰书籍与印刷》（*Book & Print in New Zealand*）对印刷史各方面的精选研究堪称典范，勾勒出新西兰印刷文化的许多方面，而最近的调查则大大增进了人们对毛利语报纸的了解。更详细的书目，如乔治·格里菲斯的《关于新西兰南部的书籍和小册子》（*Books and Pamphlets on Southern New Zealand*，2006），在列举书籍海量的潜在新来源时，也承认了当地书籍的重要性。理清地方、国家和国际历史的脉络仍然是一个需要考虑的问题，这可能要等到包括澳大利亚和加拿大在内的其他前殖民地的修史完成之后。新西兰最著名的诗人艾伦·库诺（Allen Curnow）将新西兰描述为一个"有大窗户的小房间"，而新西兰的出版商、读者和作家无疑将保持他们的传统，即保持以广阔的国际视野为媒介的强烈地方意识。

参考文献

A. G. Bagnall, *New Zealand National Bibliography to the Year 1960* (5 vols in 6, 1969–1985)

J. Curnow *et al*., eds., *Rere Atu, Taku Manu: Discovering History, Language and Politics in the Maori Language Newspapers* (2002)

Exports of New Zealand Published Books, report for the Ministry of Culture and Heritage (2003), www.mch.govt.nz/publications/book-export/export-nz-books-report.pdf, consulted Mar. 2007

P. Griffith *et al*., eds., *Book & Print in New Zealand* (1997); online at the New Zealand Etext Centre, www.nzetc.org/tm/scholarly/tei-GriBook.html, consulted Sept. 2007

P. Parkinson and P. Griffith, *Books in Maori, 1815–1900* (2004)

L. Paterson, *Colonial Discourses: Niupepa Maori, 1855–1863* (2006)

H. Price, *School Books Published in New Zealand to 1960* (1992)

A. Rogers and M. Rogers, *Turning the Pages* (1993)

J. Traue, ' The Two Histories of the Book in New Zealand ', *BSANZ Bulletin,* 25:1–2 (2001), 8–16

—— ' Fiction, Public Libraries and the Reading Public ', *BSANZ Bulletin,* 28 (2004), 84–91

第 48 章

拉丁美洲书籍史
（包括印加文明和阿兹特克文明）

尤金妮娅·罗尔丹·薇拉

1 图画式的手抄本

在被西班牙征服之前，美洲人民有各种各样记录数据、天文信息和数字信息的系统。在整个大陆上，几乎所有的原住民群体都在使用象形文字，这种文字代表的意义与声音无关。墨西哥的奥尔梅克人、萨波特克人、米斯特克人、普雷佩查人和阿兹特克人，以及南美洲安第斯山脉的印加人，都是很好的例子，尽管这些人确实使用了一些还在发展中的音标，但只有中美洲（包括今天的中美洲、墨西哥南部和墨西哥中部地区）的玛雅人从公元前 3 世纪开始发展出了一种代表音标语言的书写方法。他们系统地结合了语标、音节和形意文字，比后来中美洲文明的书写系统要复杂得多。象形文字和拼音文字有的被刻在石头或骨头上，有的刻在金属上，有的画在陶瓷上。一些学者认为，至今仍未完全破译的印加"奇普"计算系统由打结的绳索组合而成，其本身就是一种文字形式（见第 1 章）。

在中美洲，信息也被记录在长条形的纸上（用榕属中的无花果树树皮制成）、龙舌兰纤维或动物皮上，像手风琴一样被折叠起来储存，并加上木质封面保护。这就是所谓的手抄本或图画本手稿，对许多人来说，这是美洲最早的正式"书籍"，它们至少在古典时期（约3至8世纪）就已经存在了。抄本记录了星象信息、宗教和天文历法、关于印第安人诸神的知识、民族历史、统治者的家谱、制图信息（土地边界、迁徙路线）和贡品记录等。这些资料被储存在神庙和学校里，阅读它们是一项需要结合个人视觉解码与祭司或教师口头解释的活动。其他手抄本似乎被用作传统口头诗歌、讲故事和父母对子女的道德教育的视觉记忆支撑材料。虽然这些手抄本大多在1521年后被西班牙征服者和传教士烧毁，但仍有15部手抄本被保存下来，其中有《博尔吉亚抄本》《费耶尔瓦里·迈尔抄本》《劳德抄本》《纳托尔抄本》《博德利抄本》《梵蒂冈B抄本》《德雷斯顿抄本》等手抄本。它们都是14至16世纪的作品，属于玛雅人、米斯特克人、阿兹特克人和纳瓦人中其他民族的产物。

尽管西班牙的征服和殖民对上述本土文化造成了大规模的破坏（16至19世纪初），但在殖民时期的大部分时间里，图画式手抄本仍然是中美洲广泛使用的信息记录形式。在本土树皮纸的基础上，除了引进西方绘画风格和使用西班牙纸和布外，后征服时代的手抄本中最重要的变化是将绘画与西班牙人引入的罗马字母书写的文字相结合。这些手抄本大多用于行政目的——它们由土著人地方当局制作，用作殖民统治者的贡品登记册和诉讼中的土地所有权证明。还有一些是在西班牙统治的最初几十年里，由传教士或对哥伦布以前的思想和传统、历史以及自然界知识感兴趣的殖民当局委托土著抄写员或在西班牙学校接受培训的土著学生制作的。对西班牙人来说，这些手抄本被视为促进基督教化或殖民管理的一种手段，而对印第安人来说，则是保存其文化记忆的一种方式。近430份此类手抄本被保存下来，其中最全面的清单是由克莱因编制的（Cline，81-252）。一些典型的例子有《波杜里尼抄本》、《索洛托抄本》、《贡品录》（*Matrícula de Tributos*，展示了阿兹特克帝国的朝贡体系）、《波旁抄本》、《占卜年鉴》（*Tonalámatl Aubin*）、《门多萨抄本》（由新西班牙第一任总督安东尼·门多萨委托编写，用于向皇帝查理五世，也即西班牙国王卡洛斯一世介绍古代墨西哥人的历史、行政系统和日常生活的情况）、《巴蒂亚诺抄本》（药用植物目录）和《弗洛伦蒂诺抄本》（前一代人对前哥伦布时代墨西哥人的神性、人性和自然世界描述的汇编）。

西班牙传教士在努力使土著居民皈依天主教的过程中，借鉴了手抄本的传统。他们创造了图画式的教义问答书，即所谓的《特斯特里安抄本》，这是一种用助记符绘制的宗教教义小册子，每个助记符都代表了土著语言中基督教文本的一个短语、单词或音节。通过它们，印第安人可以记住新宗教的教义、祈祷和戒律，并且通过这些绘画，他们可以向牧师说明他们所犯的罪行。另外，印第安人也选择使用罗马字母，将以前在其文化中口口相传的信息用本土语言记录下来；这种文本的最好例子来自玛雅地区。《波波尔·乌》（*Popol Vuh*）是一部玛雅人的历史（据称是基于古代法典和口头传统记录的），是由就读过西班牙传教士学校的印第安人用玛雅语，但以罗马字母的形式秘密记录的（约 1550）。玛雅祭司在撰写至少 18 本的《契伦巴伦之书》（*Chilam Balam*）时也采取了类似的策略，他们在书中记录了过去，描述了现在，并陈述了对未来的预言。这些都是集体书写的手稿——文本的主体是玛雅语，通常附有图画——在 16 至 18 世纪被复制并放大，世代流传。这种新的做法是随着殖民时期新的书写和阅读方式的引入而发生的语义转变的缩影，在前哥伦布时期的手抄本中，绘画曾是口头文化的有力支撑，如今却成了一种帮助人们理解书面文本的工具。

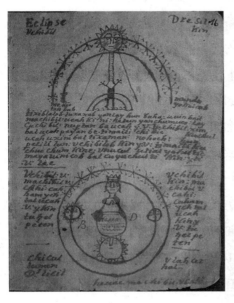

图 68　出自《丘马耶尔的契伦巴伦》手抄本（MS *Chilam Balam de Chumayel*，约 1775—1800）的天文学笔记。这本手稿讲述了西班牙人对尤卡坦的征服。普林斯顿中美洲手稿（C0940）。藏于普林斯顿大学图书馆，珍藏书和特别收藏部，手抄本部。

2 殖民统治下的书籍限制

西班牙和葡萄牙的征服者不仅带来了字母表，还带来了印刷书籍，至少还给某些地方带去了印刷机。最早到达美洲的书籍是哥伦布的人带到加勒比海岛屿的时祷书，以及骑士浪漫小说——如《高卢的阿玛迪斯》（*Amadís de Gaula*）、《勇士熙德》（*Cid Ruy Díaz*）或《兰达尼斯的克拉里安》（*Clarián de Landanis*）——和其他虚构类的文学作品，这些作品极大地满足了征服者的想象力和他们的对光荣的梦想。尽管西班牙王室试图禁止向新世界出口非宗教性的通俗文学（这类作品在 16 世纪的西班牙印刷了 50 多种书，至少 316 个版本），但在殖民统治的第一个世纪里，这些作品的流通是稳定的。

西班牙和葡萄牙试图通过发放独家印刷权和贸易权，以及通过宗教裁判所的钳制，来控制其殖民地的书籍生产和阅读。1525 年，西班牙王室将对新西班牙（今天的墨西哥、美国西南部部分地区和中美洲）图书业的绝对控制权交给了位于塞维利亚的出版商雅各布·克伦伯格，这一垄断权后来转给了他的儿子胡安。随后，西班牙王室将独家出版权授予殖民地的特定印刷商，特别用于出版流行的宗教书籍；这些权利也倾向于抑制印刷业在这些地区的扩张。宗教裁判所的目的是确保《图书馆禁书索引》中所列的书籍——主要是异端作品、魔法和占卜书籍，以及 18 世纪法国哲学家的作品——都不能进入美洲。然而，这种控制形式并不十分严格，从英国和法国走私的情况很普遍，尤其是在西班牙统治的最后几十年。此外，理论上讲，在西班牙美洲印刷的每本书在出版前都必须经过宗教裁判所、西印度院（Consejo de Indias）或皇家审问院（Real Audiencia）的审查，但这种形式的审查在控制印刷方面不如授予独家印刷权有效。葡萄牙对巴西的垄断甚至更加严格，因为该殖民地主要被当作农业生产地，包括印刷品在内的制成品的生产一直到 18 世纪中期都被一系列法律所禁止。

然而，在殖民时期，拉丁美洲印刷了约 3 万种图书，其中最全面的记载可以在何塞·托里比奥·梅迪纳（José Toribio Medina）编纂的书目中找到。在所有这些书籍中，有 1.2 万种是在新西班牙生产的。事实上，在 16 世纪和 17 世纪，只有新西班牙总督府和秘鲁这两个西班牙帝国最富有的殖民地拥有印刷厂。美洲的第一台印刷机是 1539

年在墨西哥启用的，由约翰·克伦伯格的承包商胡安·帕布洛斯负责。在利马，第一台印刷机是在 1581 年启用的，由印刷商安东尼奥·里卡多负责。除了新西班牙的普埃布拉和危地马拉城在 17 世纪（分别为 1640 年和 1660 年）获得了第一台印刷机外，其余的西班牙和葡萄牙殖民城市都要等到 18 世纪甚至 19 世纪才获得印刷机，具体时间如下：哈瓦那 1701 年，瓦哈卡 1720 年，波哥大约 1738 年，里约热内卢 1747 年，基多 1760 年，科尔多瓦（拉普拉塔河）1765 年，布宜诺斯艾利斯 1780 年，智利圣地亚哥约 1780 年，瓜达拉哈拉和韦拉克鲁斯 1794 年，波多黎各圣何塞约 1806 年，加拉加斯 1808 年，拉巴斯 1822 年，特古西加尔巴约 1829 年。耶稣会士在他们的南美定居点中，试图制造他们自己的手动印刷机，但成功者并不多。在巴拉圭（包括今天的巴拉圭以及巴西和阿根廷的部分地区），他们在 1705 年组装了一台初级的手工印刷机，用来印刷西班牙语和瓜拉尼语的作品。

16 世纪的秘鲁和墨西哥出版业主要出版让印第安人宗教皈依的材料——教义问答、教条和初级读物，以及土著语言的字典和语法；祈祷书和教礼作品以及法律汇编也很早就开始出版。但是，在美洲没有出版过一部关于征服的编年史或传教士关于原住民历史和传统的作品。殖民地也没有出版过骑士传奇，但这种题材其实在这些地区很受欢迎，这表明西班牙出版商对某些类型的作品的垄断是有效的。17 世纪，图书生产大幅增加，仅在新西班牙就出版了 1228 种图书，而 16 世纪只有 179 种。在基督教化过程中经常使用的作品中增加了新的类型，即有关自然史和占星术的书籍，如亨利科·马丁内斯（Henrico Martínez）的《文集》（Repertorio，墨西哥城，1606），有关各殖民地宗教团体活动的编年史，甚至还有贝尔纳多·德·巴尔布埃纳、墨西哥修女索拉·伊内斯·德拉克鲁兹和秘鲁人胡安·德·埃斯皮诺萨·梅德拉诺（绰号"斑脸"）等作者的文学作品。从西班牙进口的书籍主要是文学作品，其中占主导地位的浪漫小说让位于戏剧。这一时期的大部分书籍，鉴于其稀缺性、高成本以及普通民众的低文化水平，最终都被存放在墨西哥城、利马、圣多明各的大学图书馆和修道院，以及上层神职人员和政府官员的私人图书馆中。

图 69　一本关于新西班牙印第安人皈依的双语书籍：方济各会神父阿隆索·德·莫利纳（Alonso de Molina）的《墨西哥和西班牙语的主要忏悔集》（*Confesionario Mayor en la lingua Mexicana y Castellana*，墨西哥，1569）。

　　18 世纪，拉丁美洲的印刷品产量比上个世纪增加了 3 倍（在新西班牙至少出版了 3481 种图书），部分原因是其他殖民地建立了印刷厂。除了宗教编年史、历史及文学作品外，宗教教义和宗教教育作品仍占主导地位。然而，该世纪的主要创新之处在于期刊的出现，其形式是每月或每周的《公报》。这些出版物的内容有王室的新闻，欧洲和不同殖民地的事件，关于船只到达和离开的通知，诏书，关于死亡、宴会和丢失物品的信息。这种出版物在 18 世纪下半叶和 19 世纪前 10 年变得很普遍。下面的书目就是这一趋势的例证：《主要事件的日记和回忆录》（*Diarios y memorias de los sucesos principales*，利马，1700—1711）、《墨西哥公报》（*Gaceta de México*，1722，1728—1742）、《危地马拉公报》（*Gaceta de Guatemala*，1729—1731）、《利马公报》（*Gaceta de Lima*，1739—1776）、《墨西哥水星报》（*Mercurio de México*，1741—1742，1764）、《哈瓦那公报》（*Gaceta de La Habana*，1764）、《哈瓦那报》（*Papel Periódico de La Habana*，1789）、《圣菲波哥大城报》（*Papel Periódico de la Ciudad de Santafé de Bogotá*，1791—1797），以及《布宜诺斯艾利斯公报》（*Gaceta de Buenos Aires*，1810—1821）。一些刊物特别关注科学和学术问题，如何塞·伊格纳西奥·巴托拉切的《飞舞的墨丘利》(*Mercurio volante*，墨西哥城，1772—1773)、何塞·阿尔扎特的《墨西哥文学公报》(*Gaceta de literatura de México*，1788—1795)、《秘鲁信使报》(*Mercurio peruano*，1791—1794)，这些报纸不仅面向科学界，也面向普通读者。拉美世纪之交出现了一些日报，如《拉普拉塔河畔商业电报》(*Telégrafo mercantil del Río de la Plata*，1801—1805)和《墨西哥日报》(*Diario de México*，1805—1817)。人们普遍认为，这些定期出版物有助于形成一个初步的公共领域，即建立读者群体，为读者们提供空间，使他们每天都能了解自己的国家和西班牙帝国的情况。这些著作还强化了一种美洲人［或克里奥尔人(creole)］的认同感，而且这种认同感通过另一种从国外引进的文学作品得到了加强，如少数流亡耶稣会士(1767年被逐出西班牙帝国)出版的关于西班牙–美洲国家的历史、自然世界和地理的作品。何塞·古米拉的《图解奥里诺科河》(*El Orinoco ilustrado*，1741—1744)、胡安·何塞·德·埃吉亚拉·埃古伦的《墨西哥书目》(*Bibliotheca Mexicana*，1755)或弗朗西斯科·哈维尔·克拉维耶罗的《墨西哥的古代历史》(*Historia antigua de México*，1780)是这类作品的最佳例子。

除了这些发展，西班牙帝国在18世纪最后几十年进行的教育改革提高了基本识字率，从而扩大了印刷品的市场。此外，法国大革命和拿破仑战争带来的海上贸易变化使西班牙和葡萄牙失去了对美洲的部分垄断权。这为向殖民地走私法国和英国书籍提供了便利，从而扩大了西班牙–美洲克里奥尔精英的图书馆，并逐渐使他们变得更加国际化。

3 独立和印刷革命

1808年法国入侵伊比利亚半岛，在西班牙帝国和葡萄牙帝国引发了一场政治危机。从1808到1824年，这场危机最终导致他们在美洲的所有殖民地(古巴和波多黎各除外)独立。这些事件都伴随着一场印刷革命。西班牙国王的退位和帝国的解体导致了印刷垄断的实际消失、宗教裁判所的结束，以及对外国书籍和印刷厂进口限制的取消。对欧洲实事和独立运动发展的快速信息的需求刺激了周期性出版物的出版，出现了新的体裁，如传单和小册子，开辟了公共讨论和集体阅读的新空间。为独立而战的军队在推进过程中开始使用便携式印刷机，以颁布他们的宣言和战争报告。此外，1812 年西班牙的宪法（得到了尚未独立的殖民地的认可）规定了新闻自由，这一措施后来被纳入了所有新独立国家（其中大部分是共和国）的自由宪法中。由于这些发展，在 1804 至 1820 年期间，仅在墨西哥就共印刷了 2457 本书籍和小册子。这一时期，宗教书籍和政治书籍的比例从 1804 至 1807 年的约 80% 比 5%，转变为 1820 年的 17% 比 75%（Guerra，288—290）。委内瑞拉 1808 年引进了第一台印刷机，在 1808 至 1830 年期间出版了 71 种周期性出版物。

在巴西，印刷革命与里约热内卢在 1808 至 1821 年期间崛起为葡萄牙帝国的大都市相对应。葡萄牙皇室离开里斯本，在里约热内卢定居时，国王取消了对印刷的禁令，并在那里建立了皇家出版社，该出版社用几台从英国进口的印刷机开张。在 13 年的时间里，皇家出版社生产了大约 1200 种不同主题的书籍。巴西于 1821 年宣布独立，建立了自由的议会君主制（由葡萄牙国王的儿子佩德罗担任元首），并宣布实行新闻自由，官方印刷厂的垄断结束，印刷厂的数量成倍增长，书籍可以不受限制地进口，地方出版业蓬勃发展。早在 1804 年就从法国获得独立的海地，在 19 世纪前 20 年的自由主义政权中也经历了类似的印刷扩张。据报道，1815 年，海地总统亚历山大·佩蒂翁向南美解放者西蒙·玻利瓦尔提供了一台用于军事用途的印刷机。

在独立初期，印刷业的发展与或多或少的新闻自由和没有专属印刷权的制度促成了初级公共领域的形成。在国家建设的痛苦过程中，期刊和小册子的出版，即 19 世纪上半叶的主要出版类型，促进了信息的传播。例如，在 1821 至 1850 年间，墨西哥出版了约 6000 种期刊。在整个美洲大陆，由文人组成的世界性自由主义精英，将政治活动、立法和文学工作结合起来，在塑造当地图书生产方面发挥了超乎寻常的作用。在新的出版物类型中，有关于独立战争的叙述，有关于政治历史的个人辩护，有关于组织新国家的最佳方式的讨论，还有关于美洲性质和泛美统一理想的文学作品。墨西哥人弗雷·塞尔万多·特雷莎·代·米耶尔、古巴人何塞·玛丽亚·德埃雷迪亚和智利人安德烈斯·贝洛是创作这类作品的作家群体中的杰出成员。第一批由公共资金赞助的国家图书馆在 19 世纪 10 年代和 20 年代成立（巴西和阿根廷在 1810 年成立，智利在 1813 年成立，乌拉圭在 1816 年成立，哥伦比亚在 1823 年成立），主要以耶稣会士在 1767 年被驱逐出西班牙帝国后收集的书籍为基础，但这些藏书机构的经营在整个世纪中一直都断断续续。然而，政治上的不稳定和经济上的不满，以及进口纸张的高价，阻碍了可持续的、长久的出版业的发展，只有所谓的"国家出版物"，即由政府直接资助出版的省级周期性出版物才能生存下来。进口书籍，主要是在法国或英国印刷的西班牙版本，在很大程度上主导了新开放的阅读市场。这些书籍在不同的地方（杂货店、市场上的摊位、服装店、糖厂、铁匠、肉店或邮局）和少数书店中出售，其中一些是法国老牌书商（如博桑格、迪多、加尼耶）或伦敦出版商和书商鲁道夫·阿克曼的分支机构。

进口书籍大部分是英国和法国的小说，以及欧洲作家的文章（主要是杰里米·边沁、本杰明·康斯坦茨、德斯蒂·德·特拉西和孟德斯鸠的作品）。在 19 世纪的大部分时间里，当地印刷商重印成功的外国作品也是一种常见的做法；在 1886 年关于版权的《伯尔尼公约》出台之前，法国、英国或美国与任何西班牙—美洲国家之间没有保护出版商权利的双边协议（不过有一些国家单独签署了协议）。

从 19 世纪 40 年代到 19 世纪 60 年代，少数本地印刷出版商取得了一定程度的商业成功，这要归功于一系列因素：本地纸张生产的开始（智利、巴西和墨西哥）；市场多样化战略（期刊、小册子和"茶几书"），为特定群体（如妇女或儿童）提供出版物；确保与外国出版商达成协议的政策。墨西哥的印刷出版商伊格纳西奥·顾布里多、马里亚诺·加尔万·里维拉和比森特·加西亚·托雷斯以及智利的桑托斯·托尔内罗就是这种成功的地方出版企业的例子。此外，在 19 世纪中期，报纸上流行的连载小说的出现，改变了大部分人的阅读习惯（见第 16 章）。历史学家认为，巴西和墨西哥的连载小说，如发表在《商业邮件》（*Correio Mercantil*，1852—1853）上的曼努埃尔·安东尼奥·德·阿尔梅达的《警官回忆录》（*Memórias de um sargento de milícias*），以及《科学和文学杂志》（*Revista científicay literaria*，1845—1846）上刊登的《狡猾的恶魔》（*Manuel Paynos El fistol del diablo*），对他们国家的阅读人数增长做出了重大的贡献。

19 世纪下半叶，民族国家的巩固，加上经济的逐步扩张，给出版业带来了新的动力，促成了新流派的出现。这种增长体现在国家历史和地理相关书籍的增加，更多国家图书馆的建立（1843 年的波多黎各、1882 年的尼加拉瓜和 1867 年的墨西哥），以及对民族文学的追求。在浪漫主义的影响下，国家主题、地方风景和地区人文类型主导了地方图书的制作，殖民时期的历史成为日益流行的历史小说的主题。何塞·埃尔南德斯的《马丁·菲耶罗》（*Martín Fierro*，阿根廷，1872—1879）、豪尔赫·艾萨克斯的古巴反奴隶制小说《玛丽亚》（*María*，哥伦比亚，1867）和里卡多·帕尔马的《秘鲁传统》（*Tradiciones peruanas*，1872—1910）都成了畅销书，是这种民族主义的例证。

此外，尽管拉美国家从独立初期就把普及教育作为一项法律要求，但大多数国家的教育系统在 19 世纪下半叶才开始大规模发展。学生人数的增长产生了双重结果：一是扩大了阅读人群，二是使教科书成为 1850 年后安全且快速增长的业务（由在西班牙语和葡萄牙语国家设有分支机构的外国出版社所主导）。事实上，外国出版商对拉丁美洲教科书市场的入侵始于 19 世纪 20 年代，当时鲁道夫·阿克曼向所有西班牙—美洲国家出口了大量世俗的 "教义问答书"（旨在为学校和非学校读者服务），取得了有限的成功。在 19 世纪晚些时候，即 19 世纪 60 年代和 70 年代，美国的 D. 阿普尔顿出版公司在向南美出口图书方面取得了更大的成功。但在 19 世纪下半叶和 20 世纪初，法国出版社布雷、加尼尔和阿歇特在西班牙—美洲国家和巴西设有印刷和销售其出版物的分支机构，成为最重要的教科书供应商。伴随着学校教育的发展，大量的公共图书馆也被建立起来（最典型的例子是在阿根廷，改革家多明戈·福斯蒂诺·萨米恩托在 1868 年后建立了 100 多个公共图书馆）。在 19 世纪的最后几十年里，实证主义的影响鼓励了国家书目（智利人梅迪纳关于所有西班牙—美洲国家的作品书目是最重要的例子）和国家史的各种鸿篇巨制的创作。例如，由维森特·里瓦·帕拉西奥协调编写的五卷本《跨越多个世纪的墨西哥》（*México a través de los siglos*，1880），维森特·菲德尔·洛佩兹的十卷本《阿根廷共和国史》（*Historia de la República Argentina*，1883—1893），以及迭戈·巴罗斯·阿拉纳的 16 卷本《智利通史》（*Historia general de Chile*，1894—1902）。在文学方面，19 世纪最后 20 年的经济稳定和相对繁荣有利于现代主义的发展，这一趋势受到欧洲世界主义（cosmopolitanism）和对"东方"的迷恋的影响。尼加拉瓜的鲁文·达里奥、古巴的何塞·马蒂、哥伦比亚的何塞·亚松森·席尔瓦、墨西哥的曼努埃尔·古铁雷斯·纳杰拉和阿马多·内尔沃的大部分作品也都在他们本国以外的拉丁美洲国家出版，这表明他们的世界主义运动与文学市场的国际化同步进行。市场的扩大与整个地区出版业的专业化趋势相吻合，出版业已成为独立于印刷和图书销售的业务。

4 20 世纪出版业的发展

到 20 世纪初，不断增长的拉丁美洲图书市场仍由法国出版社（加尼耶出版社、布雷出版社、奥伦多夫出版社、阿尔芒·科兰出版社、阿歇特出版社、米肖出版社等），加上一些德国（赫尔德出版社）、英国（纳尔逊出版社）和美国（D. 阿普尔顿出版公司）出版社主导。它们不仅擅长翻译，还擅长做西班牙语和葡萄牙语的原版出版物，其优越的技术和商业政策使它们能够获得巨额利润。然而，第一次世界大战爆发后，法国对拉丁美洲的图书出口大幅下降，西班牙开始取代该地区的重要图书供应商。事实上，在 1898 年美西战争后的几年里，西班牙失去了古巴和波多黎各这块大陆上最后的殖民地，这个曾经的大国试图加深与过去殖民地的文化联系，而历届西班牙政府都在图书业中看到了这一途径。因此，新的国际参与，以及从 20 世纪 10 年代末到 20 世纪 30 年代实施的或多或少有利于向该地区出口图书的制度，使西班牙成为西班牙语世界中出版业的强国。到 1932 年，西班牙的图书出口额已达 121.4 万美元（Subercaseaux，148）。同样，法国参与第一次世界大战也导致了对巴西的图书出口减少，这反过来又有利于葡萄牙对其前美洲殖民地的出口。

另一方面，墨西哥革命（从 1910 年持续到 1920 年左右）和第一次世界大战的影响在整个大陆产生了新的知识趋势，许多思想家被引导重新考虑拉丁美洲与世界其他地区的文化独特性。在民族主义和泛美主义的影响下，新的书籍体裁蓬勃发展，特别是具有社会内容的小说和煽动性的散文。具有政治立场的知识分子，如乌拉圭人何塞·恩里克·罗多、秘鲁人何塞·卡洛斯·马里亚特吉、墨西哥人何塞·瓦斯康塞洛斯和阿方索·雷耶斯、多米尼加人佩德罗·亨里克斯·乌雷尼亚和哥伦比亚人赫尔曼·阿西尼埃加斯，就拉丁美洲作为一个地理、文化和精神统一体的概念写了很多。在开展知识辩论的同时，这些国家历史上的社会改革（试图将包括印第安人和非洲人在内的边缘阶层纳入新的国家理念）首次创造了一个庞大的阅读群体。

20世纪30年代，拉丁美洲受到世界经济萧条的严重影响，但欧洲爆发第二次世界大战的同时，大多数拉丁美洲国家就已经开始了工业化进程，对出版业产生了积极影响。事实上，西班牙内战（1936—1939）和第二次世界大战给许多拉美国家的新兴出版业带来了意想不到的推动。欧洲图书出口的减少使拉丁美洲国内图书生产得以增加，整个地区建立了新的出版社。1945年后，在政府的大力鼓励下，图书业跟随经济增长和工业化的步伐迅速发展。

在国家扩张和支持民族主义的时代，文化被认为是政府的责任。在阿根廷、巴西、哥伦比亚和墨西哥，对出版商（但不一定是书商）实行了有利的税收制度；在许多情况下取消了对用于图书生产的进口材料的征税；增加了公立大学的预算——这些大学都有自己的出版部门，国家甚至成为一些出版社的赞助者。国家资助出版商的突出例子包括1934年墨西哥政府控股成立的文化经济基金（Fondo de Cultura Económica）、巴西的国家图书研究所（National Book Institute in Brazil，1937），以及墨西哥国家图书委员会（Mexican Comisión Nacional de Libros de Texto Gratuito，1959），该委员会是为了在全国范围内为小学出版成套作品而成立的。此外，这些国家的出版业开始获得受市场力量支配的现代企业结构，它们通过大量印刷（尤其是口袋书和教科书）实现了低生产成本，可以在出版业不太发达的拉丁美洲国家，如智利、乌拉圭、厄瓜多尔、秘鲁、玻利维亚和中美洲各共和国销售。因此，在1945至1955年期间，墨西哥图书出口增长了3倍；到1967年，墨西哥出版业的出口水平达到1150万美元。而阿根廷出版业的增长最为惊人，1938至1955年被称为阿根廷出版业的"黄金岁月"，其出口额从20世纪40年代的2万美元增加到20世纪60年代的近2亿美元（Subercaseaux，147）。到1960年，阿根廷有大约160家出版社，这还不包括各部委、大学和公共文化机构的印刷部门。巴西在20世纪20年代末开始向葡萄牙出口图书

（主要是通过巴西文化出版社），在 1958 至 1970 年期间，这种图书贸易也有了很大的增长，出口额从 5.4 万美元增加到 240 万美元（Hallewell，208）。

到 20 世纪 60 年代，拉美出版商还通过多样化的分销方式帮助拓展民众的阅读习惯。他们不再仅仅依靠书店（数量仍然有限），而是将触角伸向了文具店、邮局、街角商店和其他类型的大众商店。这一策略由巴西的蒙泰罗·洛巴托（Monteiro Lobato）在 20 世纪前 20 年成功发起，后来被阿根廷的布宜诺斯艾利斯大学出版社和拉丁美洲编辑中心付诸实践。除其他因素外，这些措施促进了 20 世纪 50 年代至 70 年代内部市场的巩固。

对出版的国家支持出现得较晚（在共产主义的古巴达到顶峰，那里所有的出版社都与国家有关，出版业由政府控制），或者在其他拉美国家这种支持是有限的，但总的来说，整个地区在 20 世纪中期经历了图书生产和消费的增长。正是在拉美出版业扩张的时期，文学创作得到了发展，并在国际上被认为具有原创性和"拉美特色"。由于受到 20 世纪早期超现实主义的影响，对社会话题的兴趣，以及对独特的拉美文化身份的意识，诗歌和小说创造了新的现实主义，特别是"魔幻现实主义"、形而上学的故事和其他类型的奇幻文学。巴勃罗·聂鲁达、奥克塔维奥·帕斯、加布里埃尔·加西亚·马尔克斯（上述三人都获得了诺贝尔文学奖）、米格尔·安赫尔·阿斯图里亚斯、胡里奥·科塔萨尔、豪尔赫·路易斯·博尔赫斯——这里仅提及最知名的作家——在 20 世纪 40 年代至 60 年代期间创作了他们最重要的作品。他们在国际上能迅速成名得益于这一时期拉美出版业在生产和国际贸易方面达到的高峰。

为了补充国家对图书生产和阅读的支持，联合国教科文组织于 1971 年在波哥大设立了拉丁美洲和加勒比地区图书促进中心（Regional Centre for the Promotion of the Book in Latin America and the Caribbean），该中心的成员包括阿根廷、玻利维亚、巴西、哥伦比亚、哥斯达黎加、智利、古巴、多米尼加、厄瓜多尔、危地马拉、尼加拉瓜、巴拿马、巴拉圭、秘鲁、西班牙、乌拉圭和委内瑞拉。拉丁美洲和加勒比地区图书促进中心的成立在过去和现在都是为了促进拉丁美洲的图书生产、流通、发行和阅读。它的设计包含了图书自由贸易的法律框架；它鼓励地区政府签署有关版权和打击盗版的国际公约；它发起阅读运动并对图书行业的专业人士进行培训。拉丁美洲和加勒比地区图书促进中心还对大多数拉丁美洲国家的图书生产和流通情况进行监测，并在其网站以及书籍、通讯和期刊上发表相关的定量材料和定性文章。由于拉丁美洲和加勒比地区图书促进中心的努力，一些拉丁美洲国家从 20 世纪 70 年代到 90 年代颁布了所谓的"图书法"，这些法律（以 1967 年的西班牙图书法为范本）试图建立有利于图书生产和流通以及保护作者权利的法律和规范性框架。然而，这些法律虽然倾向于赋予作者和出版商特权，但对书商却没有什么帮助。

在 20 世纪下半叶，尽管采取了这些法律措施，拉丁美洲的出版业发展依旧不平衡，甚至还遭受了重大挫折。阿根廷和墨西哥在西班牙图书贸易中的首要地位由于西班牙在 20 世纪 50 年代和 60 年代的复兴而受到一定程度的限制。事实上，到 1974 年，西班牙的图书出口已经达到 1.2 亿美元（Subercaseaux，148）。20 世纪 50 年代至 80 年代，拉丁美洲血腥的军事独裁统治镇压了尼加拉瓜、巴拉圭、危地马拉、海地、玻利维亚、乌拉圭、智利和阿根廷的激烈社会运动，对大量书籍的进口、生产和阅读实行严格的审查和控制。其他国家考虑不周的政策最终影响了图书行业或图书销售业务，例如，墨西哥对造纸业实行国家保护主义政策，导致图书的生产成本提高。此外，石油价格下跌，引发了金融危机，导致 20 世纪 80 年代该地区大多数国家进入恶性通货膨胀、货币贬值和经济衰退的循环，减少了人口收入，增加了图书生产成本，并使图书销售下降。例如，从 1984 到 1990 年，阿根廷出版的图书减少了 18%。

到 20 世纪 90 年代中期，大多数拉丁美洲国家恢复了民主，贸易自由化刺激了整个地区的图书流通，但同时也剥夺了国家对出版业的一些直接支持。在一些国家，这种情况导致图书零售价格的提高。例如，20 世纪 90 年代在秘鲁，一本进口书的价格比其原籍国的高 40%，因为政府需要增加收入而征收高额税款。到 1999 年，巴西出版的图书占拉丁美洲图书总数的 54%，阿根廷占 33%（11900 种），墨西哥占 29%（6000 种），哥伦比亚占 11%（2275 种）。除阿根廷和智利外，学校教科书是所有拉美国家书籍的主要类型。

国家统一现在不再是理解出版业的可靠引导。一个新的现象，即全球化的结果，是跨国出版集团的合并以及拉丁美洲和欧洲出版社的整合。普拉内塔、桑迪亚纳、诺玛、兰登书屋、蒙达多里和阿歇特等集团收购了最成功的出版社，并在更多国家设有分支机构。这种合并产生了独立出版商，减少了具有特定文化议程的出版商数量。大多数集团在稳妥的教科书市场上赚钱，通过在材料和劳动力便宜的国家印刷图书来降低成本，出版大量老牌作家的版本，而新作品的版本相对较少，并通过利用他们旗下的大众媒体来帮助发行。就墨西哥文化经济基金而言，它仍然享受政府补贴，通过在阿根廷、哥伦比亚、巴西、秘鲁、危地马拉、智利和西班牙开设分支机构，成为最强大的非教科书出版机构之一。

5 21世纪的趋势和展望

在 21 世纪的第一个 10 年里，大型出版社跨国合并的趋势一直存在。西班牙恢复了其作为西班牙语书籍提供者的主导地位，到 2005 年，西班牙生产的西班牙语书籍占拉丁美洲销售总量的 39.7%，而西班牙—拉丁美洲国家则占销售总量的 40.2%。拉丁美洲最大的西班牙语图书出版商仍然是阿根廷（27.1%）、墨西哥（19%）和哥伦比亚（16.3%），然后是秘鲁（6.1%）、委内瑞拉（5.9%）、智利（5.6%）、厄瓜多尔（4.3%）、哥斯达黎加（3.8%）和古巴（2.8%）。鉴于学校教科书仍占主导地位（阿根廷和智利是明显的例外，这两个国家的大众通俗书籍仍占主导地位），并考虑到入学人口保持稳定，可以说各地区的图书行业继续蓬勃发展。然而，主要的问题似乎是分销，大量的书籍仍然没有售出，书商几乎没有创新的动力，而大型出版集团则依靠折扣书店或超市来销售他们的产品。

最后，教科书在图书生产中的数量优势也暗示了拉丁美洲成年人口的不良阅读习惯——这个问题已经成为 2000 年以来开展的研究中的一个主要关注点。尽管范围和方法各不相同，但这些调查似乎表明，尽管拉丁美洲国家的基本识字率相对较高，但人均阅读书籍的数量却非常少。根据联合国教科文组织的数据，墨西哥人平均每年阅读不到一本书（尽管 2003 年的一项政府研究将这一数字提高到 2.9），只有 2% 的公民定期购买报纸，而哥伦比亚人平均每年阅读 1.6 本书，巴西人 1.8 本，阿根廷人 4

本。在墨西哥和巴西这样的国家，由于存在广泛的社会分化，在每年阅读许多书籍的人口群体和不读书的群体之间一直存在着两极分化的现象。2001年在墨西哥进行的一项关于人口阅读习惯的研究显示，被读得最多的"书"是成人漫画周刊《牛仔书》（*El libro vaquero*），其每年销售4100万册，比1985年减少了1800万册。这种减少是否表明向更复杂的阅读习惯转变，对流行的成人漫画的热情下降，还是阅读量整体上减少，有待进一步研究。

参考文献

Centro Regional para el Fomento del Libro en América Latina y el Caribe (CERLALC), www.cerlalc. org, consulted Aug. 2007

CERLALC, *Producción y comercio internacional del libro en América Latina* (2003)

H. F. Cline, ed., *Guide to Ethnohistorical Sources, Handbook of Middle American Indians*, vol. 14, part 3 (1975)

J. G. Cobo Borda, ed., *Historia de las empresas editoriales en América Latina* (2000)

R. L. Dávila Castañeda, 'El libro en América Latina', Boletín *GC*, 13 (Sept. 2005), www. sic.conaculta. gob.mx/documentos/905. pdf, consulted Aug. 2007

V. M. Díaz, *Historia de la imprenta en Guatemala* (1930)

J. L. de Diego, *Editores y políticas editoriales en Argentina* (2007)

Facultad de Filosofía (UNAM), *Imprenta en México*, www.mmh.ahaw.net/imprenta/ index.php, consulted Aug. 2007

A. Fornet, *El libro en Cuba* (1994)

M. A. García, *La imprenta en Honduras* (1988)

F. X. Guerra, *Modernidad e independencias* (1993)

L. Hallewell, *Books in Brazil* (1982)

T. Hampe Martínez, ' Fuentes y perspectivas para la historia del libro en el virreinato del Perú ', *Boletín de la Academia Nacional de la Historia* (Venezuela), 83.320 (1997), 37–54

I. A. Leonard, *Books of the Brave*, 2e (1992)

M. León Portilla, *Códices* (2003)

J. L. Martínez, *El libro en Hispanoamérica*, 2e (1984)

A. Martínez Rus, ' La industria editorial española ante los mercados americanos del libro', *Hispania*, 62.212 (2002), 1021–1058

J. T. Medina, *Biblioteca hispano-americana (1493–1810)* (7 vols, 1898–1907)

I. Molina Jiménez, *El que quiera divertirse* (1995)

E. Roldán Vera, *The British Book Trade and Spanish American Independence* (2003)

D. Sánchez Lihón, *El libro y la lectura en el Perú* (1978)

SIER (Servicio de Información Estadística Regional), *Libro y desarrollo* (2005), www. cerlalc.org/ secciones/libro_desarrollo/sier.htm, consulted Aug. 2007

L. B. Suárez de la Torre, ed., *Empresa y cultura en tinta y papel* (2001)

B. Subercaseaux, *Historia del libro en Chile* (1993)

E. de la Torre Villar, *Breve historia del libro en México*, 2e (1990)

UNESCO Institute for Statistics, 'Book Production: Number of Titles by UDC Classes' (2007), www. stats.uis.unesco.org/unesco/TableViewer/tableView.aspx, consulted Aug. 2007

H. C. Woodbridge and L. S. Thompson, *Printing in Colonial Spanish America* (1976)

G. Zaid, *Los demasiados libros* (1996)

第49章
加拿大书籍史

帕特里夏·洛克哈特·弗莱明

1 印刷术之前

由于印刷术进入加拿大的时间较晚，图书史学家转向了人类学家和其他学者，以了解其前身，即欧洲新移民描述的原住民文化传播系统。这些学者观察到，原住民通过绘画和雕刻在岩石上创造了关于狩猎、战争和精神生活的图像记录，他们在树皮卷轴和动物皮上作画，在木板和有缺口的棍子上记账。法国人的当地土著盟友帮助探险家如塞缪尔·德·尚普兰（Samuel de Champlain）绘制地图。在太平洋沿岸，当地人用刻有徽章的雪松图腾柱宣布了家族或宗族的祖先；而在北美东部，当地人用贝壳珠子制成的贝壳串珠（Wampum）或腰带通过公开表演中宣读的符号来记录事件。

从 1534 年雅克·卡蒂尔沿圣劳伦斯河航行开始，法国占领了大西洋地区和魁北克，以及五大湖周围和更远的内陆地区。魁北克市由尚普兰于 1608 年建立，是新法兰西[①]的首府，也是贸易、民政管理和传教活动的中心。尽管有几位总督要求法国提供制作

---

① 新法兰西是法国在北美洲的殖民地。

官方文件的设备，但他们的建议没有得到采纳，于是新法兰西没有开设印刷厂。表格和汇票从法国订购或在当地复制；公告以口头形式发布，并以手抄本的形式流传。休伦族教义问答于 1630 年在鲁昂印刷；魁北克教区的一本仪式书印有 1703 年的巴黎版本说明。直到新法兰西被征服，法国于 1763 年将该殖民地割让给英国后，魁北克才最终有了第一家印刷厂。那时，英国人在 1749 年为对抗法国人而在布列塔尼角岛的路易堡建的大西洋港口哈利法克斯已经开始印刷业务。

2 1752至1840年

第一台印刷机属于波士顿印刷商巴塞洛缪·格林（Bartholomew Green），他在 1751 年来到新斯科舍，不久后辞世。他的合伙人约翰·布歇尔（John Bushell）接替了他，于 1752 年 3 月 23 日创办了《哈利法克斯公报》（*Halifax Gazette*）。布歇尔的印刷厂是典型的殖民地印刷厂，印刷周报、政府订单、零散印刷品和小册子，如当地船员俱乐部的章程。他用英语印刷，偶尔也用法语。他的继任者安东尼·亨利（Anthony Henry，他在哈利法克斯的印刷厂工作了 40 多年）推出了两个经久不衰的年鉴系列，其中第二个系列用的是德语，与在英国人建立新斯科舍定居的"外国新教徒"所青睐的宾夕法尼亚州的进口书竞争。1765 年的《印花税法案》要求报纸印刷商使用标有英国税票的纸张时，亨利首先遵守了该法案，但随后用厚黑框框住文字，以示反对，这可能是他从新英格兰新闻界学来的一种嘲弄手法。魁北克最早的印刷商威廉·布朗和托马斯·吉尔莫来自费城，于 1764 年 6 月创办了《魁北克公报》（*La Gazette de Québec*），但在 1765 年至 1766 年，纸价因《印花税法案》颁布而上涨，他们停刊了七个月。布朗、他的侄子尼尔森和约翰·尼尔森的儿子们继续在魁北克的贸易中占据了几十年的主导地位。虽然他们最早的译本受到了批评，但他们的法语水平有所提高，而且他们还涉足土著语言，在 1767 年印刷出版了 2000 本蒙塔格奈语（Montagnais）的祈祷书。蒙特利尔的第一位印刷商是马赛人弗勒里·梅斯普莱特，他也是从费城来到加拿大的，作为大陆会议的法国印刷商，他曾印刷了三封信，鼓励魁北克居民加入美国人的叛乱。1776 年，蒙特利尔被美国军队占领时，他收拾了他的印刷机，出发前往该市，但当军队撤退时，他被扣留了下来。将梅斯普莱特带到蒙特利尔的政治动荡驱使其他印刷商、保皇党人离开新独立的美国。约翰·豪伊从波士顿来到哈利法克斯，而新斯科舍南岸的谢尔本则吸引了来自纽约和费城的印刷商。新不伦瑞克省的第一批印刷商是保皇党人，其第一任国王的印刷师是克里斯托弗·索尔三世（Christopher Sower III），他是宾夕法尼亚州日耳曼敦一个杰出的印刷家族的成员。爱德华王子岛和纽芬兰的第一批印刷厂也效忠于保皇党。然而，1791 年上加拿大①设立，将英国法律和习俗扩展到定居在今天安大略省的保皇党人时，尼亚加拉的第一任印刷商不是保皇党人，而是魁北克人，他在那里接受了威廉·布朗的培训。副总督的妻子在她的日记中指出，法国印刷商路易·罗伊的英语写得不好。

　　加拿大的创始印刷商与书商、装订商和文具商有着类似的多元化模式。报纸的传播可以通过报纸的创办来体现，因为在 1840 年以前，大多数印刷商也是报纸出版商。许多报纸具有党派性质，有些具有公开的政治性，有些与某个教派或派别结盟。政府的支持者赢得了印刷合同；反对者则可能面临起诉。在蒙特利尔，梅斯普莱特和他的第一份报纸的编辑被拘禁了 3 年。一位苏格兰改革者于 1821 年在尼亚加拉被认定犯有煽动性诽谤罪，被禁止进入该省，其出版商被判处长期监禁。在多伦多，弗朗西斯·柯林斯因诽谤罪服刑 45 周，但他继续在牢房里编辑《加拿大自由人报》（*Canadian Freeman*）。1835 年，约瑟夫·豪伊以 6 个多小时的演讲压倒并说服了哈利法克斯的陪审团，为自己被指控的煽动性诽谤进行了辩护。

　　19 世纪 30 年代，对政府改革提出公开要求的两位最杰出的印刷商是多伦多的威廉·莱昂·麦肯齐和蒙特利尔的路德格·杜弗内。1826 年，麦肯齐创办的《殖民地倡导者》（*Colonial Advocate*）的杂志社遭到破坏，但法院给予的赔偿使他继续经营。1828 年，他当选为众议院议员，继续攻击政府，被驱逐后又数次重新当选。1834 年，他成为多伦多市的第一任市长；1837 年，他领导的叛军向该市进军，但被轻易击溃。麦肯齐逃到了美国，在 1849 年大赦后返回。在 1828 至 1836 年期间，杜弗内曾 3 次入狱，并在一次决斗中受伤，造成这一切的原因是《拉米纳维报》（*La Minerve*）的文章。

———————————

① 　上加拿大，存在时间为 1791 至 1841 年，是以五大湖北岸为管辖区域的英国殖民地，为安大略省的前身，因其地理位置在圣劳伦斯河上游而得名。

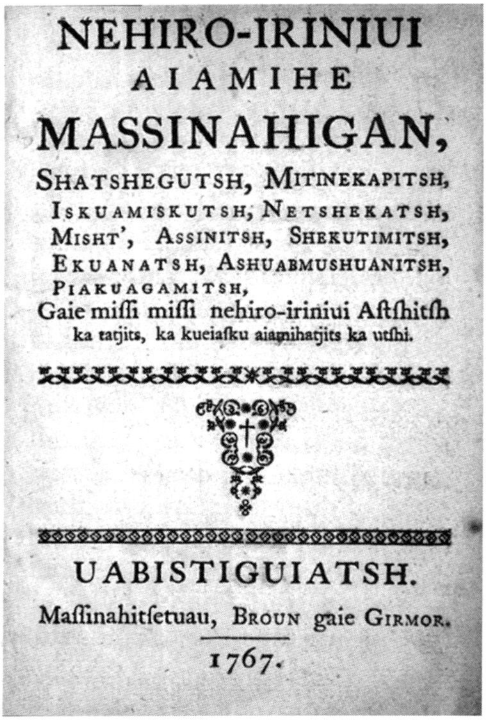
NEHIRO-IRINIUI
AIAMIHE
MASSINAHIGAN,
SHATSHEGUTSH, MITINEKAPITSH,
ISKUAMISKUTSH, NETSHEKATSH,
MISHT', ASSINITSH, SHEKUTIMITSH,
EKUANATSH, ASHUABMUSHUANITSH,
PIAKUAGAMITSH,
Gaie miſſi miſſi nehiro-iriniui Aſtſhitſh
ka tatjits, ka kueiaſku aiamihatjits ka utſhi.

UABISTIGUIATSH.
Maſſinahitſetuau, BROUN gaie GIRMOR.
1767.

图 70 魁北克的第一家出版社，由威廉·布朗和托马斯·吉尔莫于 1764 年创立，在 1767 年印刷了一本蒙塔格奈语祈祷书。藏于牛津大学博德利图书馆（Arch.8° Misc.1767）。

1837 年，他被警告说他在叛乱（下加拿大叛乱）领袖的名单上，即将被逮捕，于是他离开蒙特利尔，在美国一直生活到 1842 年。杜弗内比他在魁北克和蒙特利尔的许多同事都要幸运——1837 年和 1838 年的叛乱后，记者、印刷商、出版商和书商都被关进监狱或流放。

英国作家安娜·詹姆森在 1837 年对多伦多的一次不愉快访问中宣称，在没有书籍的情况下，报纸是该省的主要知识和交流媒介。然而，书籍在早期的加拿大也发挥了重要作用，从书籍的写作、出版、广告、评论、进口、销售、连载、购买、借阅、收集、朗诵和阅读中可以看出。由于加拿大国内文学市场狭窄，用英语写作的雄心勃勃的作者通常会到国外寻找出版机会。在国内，他们在手抄本上传阅诗歌，并试图在报纸和杂志上找到读者。订阅出版使一些书得以出版而其他书则由作者资助出版。一部畅销书向加拿大出版商提出了警告，他们的原版书（出版前未在英国注册，或由美国公民在美国管辖范围内制作）不受版权保护。豪伊于 1835 至 1836 年在他的《新斯科舍人报》（*Novascotian*）上首次发表了托马斯·钱德勒·哈利伯顿的《钟表匠》（*The Clockmaker*）的草稿。这些作品的好评促使他将这一系列作品以书的形式出版。在这一年里，在伦敦、费城和波士顿出版的版本都在争相销售，甚至在哈利法克斯也有销售。哈利伯顿因国际市场上获得成功而发达起来，但豪伊却遭受了职业和财务上的损失。对加拿大印刷厂印刷量的估计表明，大多数印刷商通过为政府印刷（1821 年之前有近 40% 的印刷品）和依靠出版安全的宗教出版物（1821 至 1840 年有 22%）将风险降到最低。在整个时期，年鉴是稳定的销售产品，而烹饪书（这一类型在 20 世纪支撑了一些小公司的出版雄心）在 1840 年首次以法语和英语出版。

在城里的书店或乡下杂货店的书架上，当地的小册子被从美国、英国和法国进口的书籍取代。报纸出版商在专栏中列出了其印刷厂出售的新书清单。尼尔森和麦肯齐等知名人士出国直接与批发商打交道，而从 19 世纪 30 年代起，在巴黎学过手艺的蒙特利尔书商爱德华·雷蒙德·法布尔出版了进口图书的目录。虽然所提供的书籍清单在一定程度上展示了可供购买的书籍，但已出版的订阅图书馆和驻防部队的图书馆以及最早的机械学院的目录使我们能更进一步地了解当时小说、回忆录、旅行、科学和历史的热心读者。

最近对加拿大图书的研究将 1840 年视为先锋时期的结束。那时，印刷商正在被组织起来，他们在多伦多的第一次罢工已经失败，动力印刷机正在加速生产；第一本大型文学杂志在蒙特利尔蓬勃发展，法语和英语的小说已经出版；安大略省和魁北克省在政治上实现联合。这一年，西北地区的卫斯理卫理公会传教士詹姆斯·埃文斯开始用克里语（Cree）印刷，使用的是原住民采用并沿用至今的音节系统。

3 1840至1918年

在 1840 至 1918 年期间，加拿大形成了它的现代疆界，只有纽芬兰直到 1949 年才加入联邦。加拿大人口从 1850 年的 240 万、1871 年的 370 万、1891 年的 480 万增长到 1921 年的 880 万。从 1848 年的责任型政府到 1867 至 1905 年的各省联邦，以及从 1918

年开始的妇女赋权，加拿大的政治变革是通过在印刷中谈判出来的。在第一次世界大战中，加拿大摆脱了殖民地地位，但货币负担沉重，社会分裂严重，魁北克省的许多人反对征兵，对移民的怀疑也在蔓延。从19世纪70年代开始，联邦政府促进了移民和到西部地区的定居。这是一个充满活力的计划（其中印刷业发挥了核心作用），既解决了已移居到更繁荣的美国的加拿大人的遣返问题，又从英国和欧洲大陆招募了新移民。1872年的《多米尼加土地法案》（*The Dominion Lands Act of 1872*）为自耕农提供了免费的土地，成千上万以十几种语言出版的报纸公告和数以百万计的小册子、海报吸引着他们。1876年，从哈利法克斯到魁北克的横贯大陆的铁路和1885年蒙特利尔到温哥华的铁路的竣工，确保了从大西洋到太平洋的运输和通信，为门诺派教徒、冰岛人、杜霍波尔派和胡特派信徒设立了街区定居点，其他社群（如乌克兰人）在某些地区共同占有土地。这条铁路把成千上万的移民带到加拿大西部——在1882年、1883年、1884年和1903年，移民人数超过了10万人；1907年超过20万；1913年是40万。

尽管一些团体阅读以他们自己的语言出版的美国报纸，但大多数人都渴望创办自己的报纸。就像一个世纪前加拿大大西洋地区的保皇党一样，他们通常从一份4页（单张）的周刊开始。1877年出版的一份冰岛语报纸是在北美最早的冰岛语报纸。1787年，在新斯科舍省开始印刷德文材料，并从19世纪初开始在安大略省继续进行，1889年在温尼伯开始流行，这是一个为许多移民团体服务的印刷中心。1887年，温尼伯开了一家瑞典出版社，1903年出现了一大批竞争激烈的乌克兰报纸。从1906年起，温尼伯市出版了一份先驱性的意第绪语周刊，不久，蒙特利尔和多伦多的其他报纸也加入了这个行列。在城市中心定居的移民建立了印刷厂。1903年和1907年在温哥华的中国人和日本人，1908年在蒙特利尔的阿拉伯语人，以及1908年和1912年在多伦多的意大利人和保加利亚人纷纷办起了报纸。在加拿大的计划中，政府倾向于从英国、德国和斯堪的纳维亚半岛移民，以便在西部安置壮实的农民并为加拿大中部招募工人。然而，在包括加拿大在内的大英帝国于1914年加入战争后，加拿大德国人和一些东欧人被宣布为敌国侨民。双语学校被关闭，新移民被拘留，甚至出版拥有敌国语言的印刷材料也被禁止，直到1919年才取消了限制。

在西部已经建立的传教士和商业出版社中发展起来的为数不多的民族出版业，加强了 19 世纪加拿大贸易的区域性特征。当蒙特利尔和多伦多的出版商将他们的雄心壮志推向全国并想象着在国际上取得成功时，地区出版商则向他们的市场提供报纸、年鉴、教科书，以及诗词、布道、历史和政治等本地创作的或与本地相关的内容。随着新闻业的西进，1858 年，维多利亚发行报纸；1859 年温尼伯发行报纸（1871 年在河对岸的圣博尼法斯创办了一份法文报纸）；1878 年在萨斯喀彻温省的巴特尔福德发行报纸；1880 年在埃德蒙顿发行报纸。在加拿大北方，1898 年育空地区道森市有了第一台淘金热时期的印刷机。在此之前，1850 至 1854 年期间，5 支探险队在寻找约翰·富兰克林爵士和他的船员时，他们在旗舰船上进行了"极圈内印刷"（Arctic printing）的活动。尽管船上印刷商的任务是将救援信息印在彩色纸和丝绸上，然后挂在气球上发布出去，但他们用一本历书、一份周报、歌单和戏单让他们与世隔绝的读者找到了乐趣。

19 世纪 20 年代在加拿大大西洋地区成立的两家书商公司由家族内部经营了一个多世纪，体现了行业的适应性。新不伦瑞克省圣约翰市的 J. 麦克米伦和 A. 麦克米伦出版了诗歌和地方史，并为戒酒活动、宗教活动和商业利益印刷。他们经营一家装订厂，充当批发商，并销售书籍和文具。在哈利法克斯，A. 麦金莱斯和 W. 麦金莱斯的印刷清单与麦克米伦相似，其中爱尔兰和苏格兰系列的重印教科书的产品线尤其强大。在爱德华王子岛，哈斯扎德家族（Haszard）的三代人都在销售书籍和文具，担任国王和女王的印刷商，并出版报纸、教科书、一本重要的年鉴和其他与当地相关的书籍。位于纽芬兰省圣约翰市中心的地标性建筑"书的标志"、从 19 世纪 50 年代开始成为装订商和文具商的迪克斯公司，在 20 世纪开始将业务扩展到印刷和出版。该公司早期的作品《带着相机穿越纽芬兰》（*Through Newfoundland with the Camera*，1905），面向不断扩大的旅游市场，开始提供与加拿大壮美景色相关的导游手册和纪念品。

魁北克市是一个受欢迎的旅游目的地，在 1840 年之前也是加拿大最重要的印刷中心，但 1820 年之后蒙特利尔的市场份额有所增加。在 19 世纪中叶，蒙特利尔的人口超过了魁北克，随着首都经济的增长放缓，蒙特利尔蓬勃发展，在贸易、工业和运输方面成为全国的领导者。两个城市人口的变化改变了图书行业的构成和行业的雄心，由于讲英语的人从 1861 年的 40% 下降到 1901 年的 15%，魁北克的市场缩小了。相反，在 19 世纪 30 年代至 60 年代，蒙特利尔讲法语的人数超过了英国和爱尔兰移民。查

尔斯 – 奥迪隆·博切曼（Charles-Odilon Beauchemin）和约翰·洛弗尔（John Lovell）等企业家都在争夺这两个市场。博切曼出版了流行小说和同时代人的文学作品；孩子们用博切曼的教科书学习，带着他的彩色笔记本去上学。日常生活的标志《人民年鉴》（*Almanac du peuple*）从 1855 年到 1982 年一直为博切曼所拥有，至今仍在出版。

博切曼的创始人查尔斯 – 奥迪隆在约翰·洛弗尔的店里开始了他的职业生涯，洛弗尔可以说是 19 世纪加拿大图书行业中最重要的人物。他于 1823 年成为印刷商的学徒，70 年后，他在蒙特利尔一家繁荣的公司的领导岗位上去世。他早期的创业项目是《文学园地》（*Literary Garland*，1838—1851），这是加拿大第一份成功的文学杂志，也是第一份向投稿人付费的杂志。除了出版各种英文和法文的贸易书籍外，洛弗尔还是加拿大音乐方面的先驱印刷者。他的系列教科书是第一个由加拿大人为加拿大学校编写的教科书。他承接了利润丰厚的合同，为政府印刷，但在庞大的《洛弗尔加拿大多米尼加名录》（*Lovells Canadian Dominion Directory*，1871）项目中亏损。作为一个积极翻印英国和美国流行书籍的印刷商，他试图就当地版权法和英帝国的版权法谈判，还偶尔会出版盗版书籍。1871 年，他在纽约州边境上建立了一家工厂，印刷英国作品，作为外国翻版书进口到加拿大，这些作品需要向英国版权所有者支付的关税远远低于加拿大版本，这让业界感到震惊。

大约在 19 世纪中叶，多伦多的图书行业从报社中发展起来，当时成功的印刷商和出版商都开设了一些公司（这些公司一直经营到了下个世纪，某些甚至开得更久）。科普·克拉克公司（Copp Clark）的起源可以追溯到 1842 年其创始人的学徒生涯，该公司接手了《加拿大年鉴》（1848— ），并出版地图和科学著作。1871 年《学校法》（*School Act*）通过后，安大略省的教科书市场不断扩大，该公司在这个利润丰厚的市场中展开竞争。安大略省系统授权的书籍，1844 至 1876 年由支持英国的卫理公会的埃格顿·瑞尔森（Egerton Ryerson）设计，一经发行就被加拿大各地的学校采用。到 19 世纪 80 年代，科普·克拉克是能分到学校读物合同的三家出版商之一，它在之后 20 年里一直都能盈利，其他两家是盖奇公司（Gage）和卫理公会图书出版社。最终于 2003 年被卖给了一家跨国公司的盖奇公司在 1860 年以蒙特利尔合伙公司旗下多伦多分公司的身份开业。除了印刷、出版和图书销售外，W. J. 盖奇还经营着一家造纸厂，生产学校笔记本是其特色：在 1898 年的开学季，他仅雇佣二十几名工人就完成了来自全国各地的订单。卫理公会图书出版社于 1829 年由瑞尔森成立，负责出版教派报纸和销售宗教作品，在 1878 年威廉·布里格斯当选为管理员后，卫理公会图书出版社扩大了出版任务，到 19 世纪 90 年代，卫理公会图书出版社可能是加拿大最大的印刷和出版企业。

19 世纪 70 年代，多伦多的再版出版商利用国际版权制度的弱点，挑出一些流行书目进行未经授权的再版，于是有了盗版商的名声。贝尔福德家族用不同的版本说明和不同的出版社，盗印了侨居新不伦瑞克的梅·艾格尼丝·弗莱明以及特罗洛普、马克·吐温等人的书籍。约翰·罗斯·罗伯逊是著名的报纸出版商，也是 19 世纪 90 年代议会中版权改革的倡导者，据说他在 19 世纪 70 年代和 80 年代为其廉价图书系列盗取了数百种图书的版权。当然，在为不断扩大的市场提供廉价的图书和系列书籍的过程中，并不只有加拿大人这么做。最早吸引国际读者的本地书籍之一是拉尔夫·康纳（Ralph Connor）的《黑岩》（*Black Rock*），康纳是居住在温尼伯的年轻长老会牧师查尔斯·戈登的笔名。这部小说于 1897 年在一份教派报纸上连载，次年由多伦多的威斯敏斯特出版社和伦敦的霍德与斯托顿出版社出版。由于没有安排在美国同步出版，该书在加拿大被大量盗版发行。戈登一直住在温尼伯，而他后来的大部分作品都在美国印刷，或在美国为多伦多的出版商制作铅版。

其他加拿大作家也走上了类似的道路，向美国系列刊物出售诗篇和故事，将他们的作品投放到利润更丰厚的美国市场。马歇尔·桑德斯的《美丽的乔》（*Beautiful Joe*）于 1894 年在费城出版，而 L. M. 蒙哥马利为《绿山墙的安妮》（*Anne of Green Gables*，1908）寻找美国出版商的第 5 次尝试在《波士顿之页》（*Page of Boston*）上获得成功。原住民诗人和演员波林·约翰逊（Pauline Johnson）创作的《白色贝壳串珠》（*The White Wampum*，1895）在伦敦被约翰·莱恩接纳，路易·海蒙的《玛丽亚·查普德兰》（*Maria Chapdelaine*）于 1914 年出现在巴黎的连载中，比蒙特利尔的插图版早两年。由于在法国出生的海蒙已经在《时代》杂志上发表过作品，他的情况与其他在魁北克省写作的作者不同，他们的主要市场仍然是当地的连载刊物、年鉴和学校的奖项书籍。一个明显的例外是《老加拿大人》（*Les Anciens Canadiens*），

这是菲利普 – 约瑟夫·奥伯特·德·加斯佩的小说，由德巴拉茨在魁北克以法语（1863）和英语（1864）出版，并经常重印。在政府印刷厂之外，这时两种语言之间的翻译并不常见，不过潘菲·勒·梅为魁北克读者将两部作品翻译成了法语，这两部作品分别是朗费罗的《伊万杰琳》（*Evangeline*，1865）和威廉·柯比的《金狗》（*The Golden Dog*，1884）。

在 19 世纪末，多伦多的情况稳定下来。英国在 1886 年加入了《伯尔尼公约》；新的版权法在加拿大和美国生效，1891 年签署了英美互惠的版权保护条约。随着 1892 年《加拿大印刷商和出版商》（*Canadian Printer and Publisher*）的发行，书籍在麦克林 – 亨特（Maclean-Hunter）不断扩大的行业刊物帝国中占据了一席之地。自 1884 年起出版的《书籍与用品》（*Books and Notions*）在 1896 年改版为《书商与文具商》（*Bookseller and Stationer*）。卫理公会图书出版社的新方向包括出版加拿大作家的作品和加强代理制度。该公司在加拿大书单上的动作很谨慎，出版的风险往往是由作者承担，而不是由出版社承担。罗伯特·瑟维斯花了 100 美元来印刷《拓荒者之歌》（*Songs of a Sourdough*，1907），而在 92 岁时，作品大量出版的凯瑟琳·帕尔·特拉尔预计将为她的新自然史著作找到 200 名订阅用户。其他书籍则要在英国或美国的书商公司那里得到认可才会被接受。在代理制度下，加拿大出版社被指定为外国出版商的独家代理——这种制度在 20 世纪的大部分时间里都很盛行。有时候，他们分发装订好的书籍；在其他情况下，他们进口印刷品，为加拿大版购买或租赁铅版，使用的可能是当地的版本。随着行业的发展，外国公司在多伦多开设了分支机构，牛津大学出版社分支机构于 1904 年成立；麦克米伦公司分支机构于 1906 年成立。年轻的企业家，如麦克利兰与斯图尔特公司（McClelland & Stewart）的创始人，离开了之前已经成熟的公司，在新世纪初的几十年里成立了自己的公司。

此时，公共图书馆已成为批发商和出版商的一个重要市场。从 19 世纪 80 年代开始，由订阅图书馆、流动图书馆、教区图书馆和机械学院图书馆组成的拼凑体系让位于由税收支持的公共图书馆。安大略省在 1882 年通过授权立法确立了这一模式。多伦多公共图书馆于 1884 年由大多数公民投票决定成立。到 1901 年，安大略省有 132 个免费公共图书馆委员会；到 1921 年，在卡内基基金会的支持下，有 111 个新图书馆建成。西部地区的 13 家卡内基图书馆包括维多利亚、温哥华、埃德蒙顿、卡尔加里、里贾纳和温尼伯的地标建筑。居住在离图书馆和书商较远的地方的读者可以通过邮购来补充当地杂货店中的书籍。伊顿旗下的百货公司到 1901 年每年发行 130 万份目录，在 19 世纪 80 年代开始提供书籍。百货公司以低廉的价格，甚至包邮服务，为零售业带来了激烈的竞争。农村读者也可以期待小贩、圣经和小册子协会的志愿者以及订阅出版商的代理人登门。特别是在安大略省的西南部，当地的公司和美国公司的分支机构向旅行代理商提供精心装订的样品，供注册宗教或专题书籍的订户使用。对于日常阅读来说，年鉴——特别是魁北克的文学和历史系列——仍然很受欢迎。日报和周报的发行量在 19 世纪末之前超过了 100 万份；尽管有大量的进口书刊，但加拿大国内出版商还是提供了宗教和农业系列杂志以及插图杂志。到 19 世纪末，邮费降至每磅 1 分钱，鼓励了加拿大期刊的出版和发行。

4 1918至2000年

在战后的繁荣时期，蒙特利尔和多伦多仍然是法语和英语的出版中心。虽然加拿大已经摆脱了过去的殖民统治，但未来仍面临许多问题。人们对征兵的不满情绪挥之不去，安大略省和西部地区对学校法语教学的限制，使魁北克与加拿大其他地区隔绝。蒙特利尔的新出版社大多是民族主义的，提供法裔加拿大人的流行和爱国作品。在 20 世纪 20 年代的多伦多，有三家出版社正在投资加拿大作家，如麦克利兰与斯图尔特出版社；瑞尔森出版社，成立于 1919 年，延续了卫理公会图书出版社的行业清单；还有麦克米伦出版社。在 20 世纪 30 年代的大部分时间里，大萧条对加拿大造成了严重打击，特别是在西部地区以及对移民和蓝领工人造成了影响。尽管教科书和代理销售继续带来利润，但出版商对加拿大的手稿变得更加谨慎。来自读书俱乐部、百货公司和廉价进口书的竞争非常激烈，由此催生了一份新的图书贸易杂志《纸与笔》(*Quill & Quire*, 1935)。联邦政府于 1932 年建立了加拿大广播公司，自 1936 年起，加拿大图书文化出现了转折。通过广播，以及从 1952 年开始的电视，作者们找到了市场和观众。1939 年加拿大加入战争后，加拿大广播公司、新成立的国家电影局以及从配给簿到海报的各种形式印刷品的发行商都被动员起来。

1940 年德国军队对法国的占领使魁北克变成了国际法语出版中心，欧洲人在流亡中写作，法语书籍被授权重印。在此期间，菲德斯（Fides）和其他主要出版社在蒙特利尔成立。战后，当对纸张和其他材料的限制被取消后，出版业已准备好进行变革。伟大的杰克·麦克利兰于 1946 年进入他父亲的公司；一年后，多伦多大学出版社发布了反映其新计划的目录；书商杰克·科尔于 1948 年出版了第一本《科尔斯笔记》（Coles Notes）；温尼伯的一家出版商于 1949 年推出了"哈莱昆图书"（Harlequin Book）的版本说明。加拿大图书馆员在 1946 年成立了他们的全国性协会，同年，加拿大书目学会也成立了。从 1944 到 1948 年，大学入学人数翻了一番，这刺激了麦吉尔大学、多伦多大学和其他机构的馆藏增长和新图书馆的建设。

在这十年结束时，联邦政府任命了皇家艺术、文学和科学国家发展委员会，该委员会于 1951 年提交了报告。委员们采取了强烈的民族主义立场——特别是在"地理的力量"（The Forces of Geography）一章中，介绍了美国机构、媒体和书籍的强大影响力，他们主张建立一种独特的加拿大文化，并由公共资金支持。他们认识到国内出版的不安全性，指出 1948 年在加拿大出版的 14 部英文作品要与来自英国和美国的约 3000 部作品竞争。除了为媒体和艺术提供资金外，他们还建议为大学提供奖学金和援助，并责备政府没有建立国家图书馆。在众多建议中，一个关键的建议是建立艺术资助委员会，即 1957 年成立的加拿大委员会。该委员会与加拿大社会科学和人文科学研究委员会（1978）一起，继续在支持作者和出版商方面发挥着核心作用。国家图书馆，即现在的加拿大图书馆和档案馆，成立于 1953 年，1967 年修建了新的建筑。同年，魁北克国家图书馆成立，它是现在魁北克国家图书馆和档案馆的前身。

1967 年，卡尔·戴尔斯（Carl Dairs）向国家赠送了卡地亚（Cartier）字体，这是在加拿大设计的第一种罗马式字体，标志联邦百年纪念（Centennial of Confederation）的印刷庆祝活动。苔原图书公司（Tundra）在蒙特利尔以出版平装版的 67 届世博会指南开始运作。阿南西出版社（House of Anansi）仍然是主要的文学出版商，于 1967 年出版了它的第一部作品。在魁北克，作家和人类出版社（Éditions de l'Homme）等出版商是"安静革命"（Quiet Revolution）的领导者，随着 20 世纪 60 年代权力从教会转移到国家，政治、社会和文化生活发生了变化。这个不寻常的 10 年在多伦多结束得很糟糕，因为主要的出版商开始面临失败。由于维持了一个多世纪的教科书市场被教学改革和来自外国分厂的日益激烈的竞争所削弱，盖奇将其出版部门卖给了一家美国教育出版商，瑞尔森被麦格劳－希尔收购。

安大略省政府成立了皇家图书出版委员会，在 1971 年杰克·麦克利兰提出出售他的公司时迅速采取行动，贷款近 100 万美元并建立了贷款担保系统。1972 年，联邦政府启动了整笔拨款和翻译补贴；其他措施接踵而至，比如对外国收购的控制，对宣传和发行的援助，以及 1979 年根据销售情况发放资金的计划。该计划对加拿大控制的行业仍然至关重要，它作为"图书出版业发展计划"继续实施。其他针对青年就业和地方举措的联邦拨款为作家和新的出版社提供支持，比如支持替代性和女权主义材料的作家。儿童出版社（Kids Can Press）是童书行业的领导者，于 1973 年开始成为该行业的机构。在西部，两位经验丰富的书商涉足出版业，他们是自 1956 年以来一直作为埃德蒙顿书商的梅尔·赫蒂格，以及 J. J. 道格拉斯，后来成立了温哥华的道格拉斯和麦金泰尔（Douglas & McIntyre）公司。大西洋地区的出版复兴围绕着新的出版社以及学术、文学和大众期刊而形成。

到 20 世纪 80 年代，除爱德华王子岛省外，加拿大每个省都在资助其作家和出版商。魁北克省更进一步，制定了一项政策，给予居住在该省的加拿大人全资拥有的书店以向机构销售的独家权利。加上联邦和省的支持计划，这种行业的调整促成了加拿大 20 世纪 80 年代和 90 年代书籍市场的增长和繁荣。相比之下，20 世纪末的几十年，经济衰退扼杀了市场，加拿大的英语书籍市场举步维艰，而联邦政府在 1991 年又开始对图书销售征税。资助机构的预算随着政府的变化而变化，加拿大企业的合并和收购也在增加。对零售图书的集中管理使出版商和发行商很容易受到影响，因为超级书店查普特斯（Chapters）收购了其他全国性连锁店，挤掉了许多独立书店，它们要求得到很大的折扣，且退回图书的数量也达到了空前的程度。

在 21 世纪初，加拿大的英语出版业由少数跨国公司主导，与来自全国各个地区的较小的、加拿大人拥有的出版社共享市场。加拿大的英语新书，每年约有 1.2 万种，与来自英国和美国的 15 万种书籍共同进入加拿大市场。

参考文献

HBC

R. MacSkimming, *The Perilous Trade*, 2e (2007)

第 50 章
美国书籍史

斯科特·E.卡斯珀、琼·雪莱·鲁宾

1　简　介

近四个世纪以来，在美国经济更为宏观的变革背景下，美国书籍的生产和发行活动得以顺利进行。即使英属北美殖民地的印刷商印刷了许多日常生活中的世俗书籍，但殖民者依然依赖伦敦提供的《圣经》和其他许多阅读材料。这些殖民时期的印刷商和他们新美国的继任者在手工业经济中的工作模式大多数也有早期美国制造业的特征。在 19 世纪的国家工业革命中，资本化的出版公司开始主导一个日益复杂的行业，其中有时涉及复杂的作者与出版商关系、机械化的生产流程以及全国性的分销和信贷网络。20 世纪上半叶，现代商业模式和广告的兴起重塑了图书的出版和销售，即使出版商试图将图书和文学概念排除在市场领域之外，改变依然在发生。自二战以来，美国图书越来越成为全球经济的产物，出版集团和新出现的万维网模糊了国家之间的界限。

因为书籍从来没有像大多数经济商品一样是纯粹实用性的，无法找到同等的替代品，其意义一直与美国文化中的核心张力相联系。书籍的资本化市场同时促进了人们对各种出版物的广泛接触，并助长了对国家文学和精神生活福利的持续关注。从 17 世纪至今，文化中介者（cultural mediator）一直试图对美国人的阅读选择和实践施加向心力。从试图保护早期新英格兰人远离世俗出版物的清教徒当局，到希望在美国学校和家庭中恢复"名著"地位的 20 世纪文化人士，个人和机构都将书籍视为防止精神衰退和捍卫世俗民主的堡垒。然而，美国历史上出现了一系列不断扩大的宗教、种族、职业、政治和地区交错联系，这使任何单一的民族文化定义变得更加复杂。这种集体身份的多重性，以及文化中介者之间的差异，催生了更为广泛的阅读意义、目的和环境。

2 殖民时期：跨大西洋的书籍世界

2.1 17世纪的印刷业

1700 年以前，美国的印刷业在大多数方面都是殖民地居民自己经营。最早的印刷商是移民，他们中的一些人的家族世代从事这一行业，如新英格兰的格林家族和宾夕法尼亚州及纽约的布拉德福德家族。由于殖民地缺乏制造业，他们只好进口资本货物，如印刷机、打字机、排字棍和其他材料，甚至是纸张，直到 1690 年殖民者在费城外建立了美洲第一家造纸厂。在远离伦敦的地方，波士顿和剑桥的一些印刷商早在 1640 年就开始生产自己的年鉴和其他廉价书籍，当时《海湾圣诗》（*Bay Psalm Book*）成为英属北美地区印刷的第一本书。然而，1662 年的《许可证法》使伦敦书商公会获得了大部分重要作品和类型的王室特许，包括《圣经》、诗篇、教科书、年鉴和法律书籍。在该法案于 1695 年到期后的很长一段时间里，经济因素对本土殖民生产构成了更大的障碍。除了明显的畅销书，特别是年鉴和教科书，如《新英格兰初级读本》（*New England Primer*），为满足资本化所需的成本，需要足量印刷书籍，但很少有书籍值得出版商冒此风险。对于殖民地书商来说，从英国进口少量的作品要容易得多。

17 世纪的美国印刷业在很大程度上依赖于政府和教会的认可和赞助。美国最早的印刷机产于剑桥，1638 年从英国运来，以满足哈佛学院、常设法院（殖民地政府）和约翰·艾略特向马萨诸塞州印第安人传教的需要。直到艾略特的《印第安圣经》

（1661—1663）出版后，剑桥的印刷商马默杜克·约翰逊和塞缪尔·格林才开始重印伦敦的小册子，这种短暂的商业努力可能被殖民地的地方官叫停。1674 年，马萨诸塞州殖民地法院授权约翰逊在波士顿设厂，那里印刷业迅速呈现出不同面貌。剑桥的印刷品主要是地方性质和教会性质的，而波士顿的产品种类繁多，包括历史、传记、年鉴、实用医疗文本以及其他迎合新兴商业市场的作品。

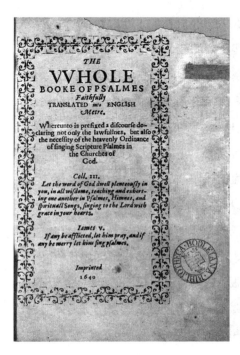

图 71　现存的 11 本《海湾圣诗》中的一本，1640 年由马萨诸塞州剑桥市的斯蒂芬·戴（Stephen Day）印刷。藏于牛津大学博德利图书馆（Arch. G. e. 40）。

印刷业在弗吉尼亚州的启动较慢。1671 年，在殖民地建立 60 多年后，总督威廉·伯克利在给英国政府的信中提到了印刷和学校可能带来的不稳定影响："但我感谢上帝，在弗吉尼亚没有免费的学校或印刷，我希望我们一百年内不会有这些，因为学习给世界带来了不服从、异端和教派，印刷则让人们了解到它们，并诽谤最好的政府。上帝保佑我们免于这两种情况！"（Hening, 2. 517）弗吉尼亚州的法律一直是以书面形式出版的，直到 1680 年代初，众议院的一名议员引进了一台印刷机和一名熟练的印刷工威廉·纳特海德来印刷这些法律。州长和议会很快以缺乏授权为由下令停止了这一过程，纳特海德离开了马里兰，他是该殖民地的第一个印刷商。宾夕法尼亚州的经营者威廉·佩恩将其最早的印刷商威廉·布拉德福德带到该殖民地，制作贵格会用的材料。在与当局发生各种争执后，布拉德福德离开，后成为纽约的第一个正式印刷商。

2.2　18世纪的图书业

如果说殖民地时期的印刷业是在政府当局的授意下开始的，有时也是在政府当局的授意下结束的，那么18世纪北方海港城市印刷商的崛起则标志着一个商业化、竞争性印刷文化的新时代来临。本杰明·富兰克林于1723年在费城闯荡，就是一个例证。威廉·布拉德福德的儿子安德鲁·布拉德福德在18世纪前10年成为宾夕法尼亚州的政府印刷商，但他出版的仍然是典型的法律、年鉴和宗教出版物的组合。从伦敦来的失败的印刷商塞缪尔·基默与富兰克林同年抵达，并建了一家印刷厂，同布拉德福德竞争，并雇用了一位17岁的波士顿人作为他的印刷工。很快，布拉德福德和基默就开始印刷相互竞争的政治小册子和年鉴，并争夺来自公谊会（贵格会）和政府利润最丰厚的合同。在伦敦逗留了18个月后，富兰克林加入了这场争斗。他和休·梅雷迪思从伦敦订购了印刷机和打字机，于1728年开设了自己的印刷厂，并赢得了在基默手中搁置的贵格会的委托。富兰克林想出版一份与布拉德福德的《美国水星周报》（*American Weekly Mercury*）相抗衡的报纸的雄心被基默推出的《宾夕法尼亚公报》（*Pennsylvania Gazette*）挫败了，他在为布拉德福德撰写的文章中讽刺了基默的报纸，然后在其发行量急剧下降时将其收购。到1730年，宾夕法尼亚州的政治斗争已经冷了下来，基默已经前往巴巴多斯，无可争议地留下的富兰克林成为费城的第二印刷商。约翰·彼得·曾格在纽约扮演了同样的角色，在与他的前东家威廉·布拉德福德的竞争中自己当起了老板。然而，富兰克林印刷的是政治辩论各方的稿件，而曾格则让他的《纽约周报》（*New-York Weekly Journal*）与议会结盟，反对州长，这让他被判诽谤罪，最终他成为美国新闻史上的一个重要人物。

富兰克林通过利用越来越多的跨殖民地印刷文化中的每一个空隙来建立自己的声誉。除了《宾夕法尼亚公报》和他的《穷理查年鉴》（*Poor Richard's Almanack*）外，他还偶尔自费出版书籍，一般出的都是经证实具有吸引力的英国作品。更常见的是，他为其他个人或公司机构（如长老会或他在 1731 年创立的费城图书馆公司）印刷书籍和小册子。他的业务中有相当大的一部分是法律表格和其他小册子的外包印刷。他获得了利润丰厚的政府合同，为宾夕法尼亚州议会印刷法律和议事录，并为宾夕法尼亚州、特拉华州和新泽西州发行纸币，他在 1737 年赢得了宾夕法尼亚州的邮政局局长职位。通过合作安排，富兰克林帮助人们在整个殖民地建立了印刷厂，包括他以前的工匠刘易斯·蒂莫西在南卡罗来纳州查尔斯顿的印刷厂。他还建立了造纸厂（其中就包括弗吉尼亚州的第一家），以控制自己的印刷供应链，并协助其他地方的印刷商。到 18 世纪 50 年代，富兰克林成为殖民地最大的纸张商人，也是费城主要的图书进口商和书商。无论是在当时，还是从他后来的科学、政治和外交生涯来看，富兰克林的印刷商生活都是对 18 世纪规范的一种不同寻常的改变。殖民时期的印刷商以印刷和图书销售相结合的方式谋生，并且在自己的工作之外，还会大量承接雇佣印刷和政府委托印刷的单。只有在波士顿，从伦敦进口的书籍和当地赞助的作品形成了独特的图书销售业。到了 18 世纪 40 年代，随着殖民地之间商业的发展，美国国内印刷品的销售已经超越了这些印刷品的生产地，像富兰克林这样的人和他的印刷商—书商网络会从新英格兰到南卡罗来纳州交换作品。

18 世纪还见证了跨大西洋图书贸易的扩大，因为英国图书的进口数量远远超过了英属北美的人口增长数量。据估计，"1771 至 1774 年（含）期间运往美洲的货物约占英国图书出口总量的 60%"（Raven，185）。在 18 世纪上半叶，美国新英格兰地区吸收了这些进口的最大份额；从 1751 到 1780 年，其他殖民地（尤其是弗吉尼亚和马里兰）所占比例不断上升。伦敦的批发商向殖民地商人发送了大量货物，包括小型杂货商以及专门的书商和印刷厂书商。例如，在弗吉尼亚州威廉斯堡的书店，其库存中的进口书籍比国内生产的书籍还要多。书商的报纸广告在整个殖民地激增。殖民地的零售商，如威廉·亨特和约瑟夫·罗伊尔，与伦敦商人和代理商建立了关系，以便获得有关新出版物的信息，并改善他们的付款和信贷条件。距离不利于沟通，经常导致关系紧张，延迟发货和付款的情况很常见。美国零售商抱怨说，批发商把卖不出去的伦敦书籍倾销到殖民地市场，或者寄来他们没有订购的书籍。此外，伦敦批发商通常不会像英国大都市和省级零售商那样给予美国印刷商和书商同样的信贷条件和折扣。尽管所有美国书商都在抱怨，但进口书使他们的库存多样化，并将殖民者与英帝国首都的国际化和知识界联系起来。

2.3 阅读社区和实践

18 世纪，殖民地大部分地区的识字率都有所提高，尽管图书所有权（除年鉴和其他廉价书籍外）仍主要属于受人尊敬的人和有学识的人。对签名识字（signature literacy，一种对书写能力的不精确衡量，在一个较早教授阅读的社会中，书写能力落后于阅读能力）的研究提供了几个结论。与当时欧洲人的识字率相比，抵达美国的殖民者具有较高的识字水平。例如，1718 至 1759 年间从伦敦移民的男性契约仆人中有 69% 签署了合同，女性契约仆人中也有 34%。在费城被要求进行忠诚宣誓的德国男性移民中，18 世纪 30 年代有 60% 的人签署了他们的名字，1760 年后这一比例上升到 80%。识字率的提高是最主要的特点。这在新英格兰地区最为明显，1660 年 60% 的男性能签下自己的名字，1710 年这一比例提高到 70%，1760 年为 85%，到 1790 年为 90%。妇女的识字率开始时明显较低（18 世纪初为 45%），但到 18 世纪 80 年代，与男性的差距缩小了。在殖民地的其他地方，识字率也较低，但在 18 世纪有所提高。由于预见到 19 世纪的法律会变得更加普遍，几个殖民地开始禁止教非裔美国人写字，因为担心他们会造反或逃跑。1740 年后的南卡罗莱纳州开始执行上述做法，15 年后的佐治亚州也开始效仿。

遗产清单显示，典型的家庭藏书很少，只有一本《圣经》或诗篇，偶尔也有一些其他书籍。书店最常见的顾客是有学问的富人，他们购买的主要是英国印刷的书籍，在那个时代，重印伦敦书籍的经济风险比进口几本书籍的风险还要大。廉价书籍（年鉴、畅销故事书、初级读本、诗篇和小册子）是个例外，它们在当地生产，甚至在殖民地腹地也有大量销售。威廉斯堡的书店在 18 世纪 50 年代和 60 年代每年售出 4000 到 6000 本年鉴，富兰克林估计，在他所在的世纪中期左右，每年能售出 1 万本《穷理查年鉴》。据富兰克林在费城的合作伙伴大卫·霍尔计算，该公司在 1752 至 1765 年间共印刷了 141257 本年鉴，另有 25735 本口袋本年鉴。这种廉价出版物不仅由印刷商和书店传播（甚至不是主要的），而且由牧师或圣经小贩以及普通商店传播。订阅式图书馆和流动图书馆也起源于 17 世纪中期，为会员提供书籍，而无须支付购买费用。

特别是在新兴的殖民城市和城镇，阅读社区在各种具有英国背景的社会环境中形成。在精英妇女组织的文学沙龙中，如新泽西州普林斯顿的安妮斯·布迪诺·斯托克顿（Annis Boudinot Stockton）和南卡罗来纳州查尔斯顿的汉娜·西蒙斯·戴尔（Hannah Simons Dale），妇女和男性用手抄本传播他们的诗歌和散文。咖啡馆成为男人们交流新闻的中心，也是私人社团的聚会场所，这些社团践行着诙谐写作和谈话的世界主义理想。与沙龙一样，马里兰州安纳波利斯的周二俱乐部和费城的舒尔基尔钓鱼俱乐部等社团催生了"独立于政府和宗教言论的公共领域"。学术机构也促进了知识界的联系。殖民地美国在 18 世纪初有 3 所学院（哈佛大学、威廉玛丽学院、耶鲁大学），到 1770 年又有 5 所学院。开拓性的学术和科学协会有美国促进有益知识的哲学协会（American Philosophical Society for the Promotion of Useful Knowledge），该协会于 1769 年由两个现有协会合并而成。这些机构赞同"文学共和国"的跨大西洋概念，在这种情况下，自由探索将抵消教会和国家控制的长期影响。同时，受 18 世纪中叶大觉醒运动（Great Awakening）的影响，福音派教徒发展了自己的阅读团体，这些团体通常设在当地牧师的图书馆和家中，其因反对世俗的城市精英和自觉的礼貌文化而得到发展。

阅读实践根据工作的性质和美国人阅读书籍的目的而有所不同。廉价和短效的文本，如年鉴、报纸和小册子，人们可能随便读读。对于书籍来说，最古老也是最强烈的意义是精神上的：无论是《圣经》、班扬的《天路历程》还是基督教传记，印刷品都拥有改变读者内在自我的力量。另一种较新的阅读模式强调世俗的理性主义，一般来说是为了反对被认为过度的福音派热情。到 18 世纪中叶，文学情感主义（literary sentimentalism）在福音派和理性主义模式之间提供了一种共同点，融合了他们对道德形成的共同强调。虽然塞缪尔·理查森的《帕梅拉》的流行让人们就阅读小说存在潜在而有害的影响展开了持久的辩论，但这种流行展示了该模式的新兴力量。

美国革命并没有立即改变美国人的阅读方式，但它催生了第一本本土畅销书——托马斯·潘恩的《常识》（Common Sense，1776），并帮助美国报纸的数量从 23 家增加到 58 家。战争中止了跨大西洋的书籍和大多数其他商品的贸易。美国的印刷商为生存而挣扎，行业中的人员出现高流失率。在苏格兰出生的费城印刷商罗伯特·贝尔于 18 世纪 60 年代开始的新兴殖民地再版业务已经破产。相反，战争使印刷商政治化，他们有限的产出仍然包括报纸、小册子、政府文件和宽幅印刷品。独立使印刷商摆脱了王室对圣经出版的版权限制，在长老会牧师的请愿下，大陆会议的一个委员会建议出版美国版的《圣经》。国会议员们从费城逃离后，苏格兰移民印刷商罗伯特·艾特肯独自承担了这一风险，成功出版了五个版本的《新约》。对艾特肯来说，不幸的是他本来在战争开始前决定印刷整本圣经，但之后美国恢复对英国圣经的进口让他印刷廉价版圣经的打算落了空。正如一个世纪前一样，事实证明，经济现实的影响比政治限制或政治消亡的影响更大。

3 19世纪：国家扩张中的印刷文化

3.1 美国出版业的出现

在美国独立战争之后，新国家的出版业主要源于重印熟悉的作品，而不是生产由美国人写的新书。艾特肯的失败并没有阻止其他印刷商尝试在美国印制英国书籍。爱丁堡的一名职员托马斯·多布森被他的书商雇主派往费城，为进口图书开了一家书店。多布森将大部分收入用于创建自己的出版企业，其中包括印刷亚当·斯密的《国富论》（1788）和 18 卷的《大英百科全书》（1789—1798）的美国版本。马萨诸塞州伍斯特市的报纸印刷商以赛亚·托马斯以翻印小型儿童读物开始了他的出版生涯（见第 17 章），然后转向了困扰艾特肯的项目。事实上，在 18 世纪 90 年代，许多美国印刷商都在从事圣经不同版本的印刷工作。从对开本到十二开本，各种格式的圣经层出不穷，为不同的客户提供了市场空间，这也是美国重印本能够取代英国进口本的第一个原因。

这种认识成为美国出版业的起源。一些出版商，如多布森，一开始就是进口商——书商。其他人，如爱尔兰移民马修·凯里，一开始是印刷商，后来从事图书销售，并将其资本用于出版（承担了生产的财务风险）。在 17 世纪 90 年代至 18 世纪 20 年代，这些出版商设计了各种机制来应对融资、分销和竞争等共同挑战。在 1802 至 1806 年举行的一系列效仿法兰克福和莱比锡模式的书展上，来自全国各地的出版商聚集在一起，相互交换和出售未装订的存货，其数量和折扣都比普通零售商多。在美国，通过订阅的方式出版可以追溯到 18 世纪，这有助于确保生产前的销售，特别是对于昂贵的插图或多卷作品。凯里与流动书商梅森·洛克·威姆斯（Mason Locke Weems）合作，利用这种方法将美国南部和西部此类作品的市场从英国进口的作品转向他自己的产品。威姆斯与这些地区的当地零售书商的联系也为凯里提供了一个廉价书籍的"助手"网络。联合出版是指多家出版商通过购买一定比例的单行本共同承担风险，这在 19 世纪 20 年代为英国流行作品的残酷竞争提供了一种选择。从 1824 年开始，出版商推动贸易销售，书商在拍卖中购买作品。贸易销售有助于建立统一的图书批发价格，鼓励图书行业内的差异化，批发和发行与出版不同。

与此同时，宗教出版商开创了大规模生产和发行的新形式。非教派的福音派组织，如在北美印第安人和其他人中传播福音的协会（Society for Propagating the Gospel Among the Indians and Others，成立于 1787 年）和马萨诸塞州基督教知识促进会（Massachusetts Society for Promoting Christian Knowledge，1803）与印刷商签订合同，制作书籍和小册子，由志愿旅行代理人分发给有需要的穷人。费城圣经协会（1808）和新英格兰小册子协会（New England Tract Society，1814）更进一步，成为大规模的出版商和经销商。他们的商业模式将规模经济的生产与分散的本地分销相结合。利用新的铅版印刷技术，费城圣经协会生产了数以万计的圣经，一个由辅助协会组成的网络在整个宾夕法尼亚州分发这些圣经。在接下来的 20 年里，全国性的福音派出版机构——美国圣经协会（American Bible Society，1815）、美国主日学校联盟（American Sunday-School Union，1824）和美国福音传单协会（American Tract Society，1825）——采用了类似的方法。这些宗教出版商站在了美国技术变革和大众传播的最前沿。为了生产大量的印刷品，他们比商业出版商更早地依靠铅版印刷；到 19 世纪 20 年代，美国圣经协会还在蒸汽动力印刷（使用新的特雷德韦尔印刷机）和机械化造纸（使用长网机）方面进行了大量投资（见第 10 章和第 11 章）。虽然这些协会在全国范围内的分销网络启动了后来被公认为现代的通信，但他们的信息也是明确反商业化的。他们认为，图书市场以恶俗文学的形式传播贪婪和不道德的福音，只有同样有力的宗教出版计划才能遏制这种现象。事实证明，宗教协会的早期商业模式难以维持。到19世纪40年代，由于当地的辅助机构失去了活力，美国福音传道协会和美国圣经协会雇用圣经小贩来分发书籍。尽管主要的全国性协会在整个世纪中继续繁荣，但它们在该领域的统治地位让位于较小的教派出版公司。

到了19世纪30年代，费城的凯里和莱亚公司（Carey & Lea）以及纽约的哈珀兄弟公司（Harper & Brothers）等商业公司呈现了一种新的出版模式。包括哈珀四兄弟在内的一些出版商曾接受过印刷培训，但大多数出版商（比如纽约的G. P. 普特南之子、波士顿的W. D. 蒂克诺和J. T. 菲尔德斯、费城的J. B. 利平科特）从未做过印刷商，而是从其他行业进入出版行业。这些出版商成为图书业的企业家，协调原材料的供应和印刷、装订作品的实际操作，少数出版商自己经营这些业务，其中最有名的是经营规模较小的哈珀家族，在1853年被大火烧毁早期建筑后，又建了一座7层楼高的印刷厂。其他出版商，如蒂克诺和菲尔德斯（Ticknor & Fields），与当地专门从事造纸、构图、印刷和装订的公司建立了关系。到19世纪50年代，美国的图书出版业越来越集中在纽约、费城和波士顿，辛辛那提作为西部出版中心曾有过短暂的鼎盛时期。其他地方的公司与特定的类型有关，例如，芝加哥的兰德·麦克纳利公司（Rand McNally & Co.）在19世纪末成为美国领先的地图出版商。然而，在19世纪中期获得主导地位的东部城市在20世纪仍然是国家的出版中心。

新技术促进了出版商的崛起，并培养了他们在文学市场上的独特地位。铅板成为资本，标志着出版作品的权利，让其他竞争者不愿花大价钱制作自己的版本。随着装订方式取代了未装订的书页或未装饰的书板，出版商们创造了自己的风格来提升品牌辨识度。哈珀出版社是最早抓住这一机遇的出版社之一，它出版了"哈珀家庭书库系列"（Harper's Family Library）和"哈珀学区书库系列"（Harper's School District Library）等系列图书，旨在利用蓬勃发展的公立学校运动的机会。这两个"书库系列"都由不同的作品组成，大部分是英国作家的作品，由一个共同的系列名称和装订方式实现统一。当美国作家的宣传者利用19世纪40年代的"天命论"（Manifest Destiny）的说法宣传时，威利和普特南（Wiley & Putnam）在其"美国书库"系列中宣传本土作品，其中包括梅尔维尔的《泰皮》（*Typee*）、霍桑的《古屋青苔》（*Mosses from an Old Manse*）以及玛格丽特·富勒、埃德加·爱伦·坡、约翰·格林利夫·惠蒂尔和威廉·吉尔摩·希姆斯的作品。此后不久，英国和美国作家的"蓝金"（blue and gold）布装版帮助蒂克诺和菲尔德斯公司建立了美洲首席跨大西洋"高级文学"出版商的声誉。

在组织图书生产过程的同时，出版商也在努力管理他们的行业，避免潜在的破坏性竞争。在没有国际版权条约的情况下，英国流行作家的竞争版本可能会导致图书价格下降，因为出版商们都在试图压低对方的价格。这种担忧导致了法律之外，被称为"行业礼节"但被广泛理解的惯例。行业礼节的主要原则规定是，第一个宣布有外国作品"正在印刷"的美国出版商赢得出版权，其他出版商则应放弃任何相关的出版计划。根据第二条原则，即"联合规则"，最初重印外国作者作品的出版商可以对该作者的后续作品提出要求。这个制度远非完美，参与的出版商经常抱怨那些不遵守这些不成文规定的行业海盗，如 19 世纪 40 年代的"大型周刊"和 40 年后的"廉价书库"的出版商。繁荣与萧条的经济加剧了出版业的不稳定性。J. P. 杰威特在 1852 年出版了百年畅销书斯托的《汤姆叔叔的小屋》（*Uncle Tom's Cabin*），但在 5 年后的全国性大萧条中暂停付款并破产了。蒂克诺和菲尔德斯公司在 30 年间经历了一系列的重组，在 19 世纪 60 年代和 70 年代过度扩张了资源，最终在 1878 年与另一家出版商合并，形成了后来的霍顿·米福林公司（Houghton Mifflin）。

与一般行业相比，书商在小众出版市场上组织起来的尝试更为成功。19 世纪 70 年代，昙花一现的美国图书行业协会（American Book Trade Association，包括大多数顶尖的出版商和几十个较小的出版商）试图为供应商制定统一的折扣，以努力规范价格，打击"代理商和零售商的低价销售"。到 19 世纪末，在更多的专业领域，整合已经成为主流趋势。1870 年，教科书出版商成立了自己的贸易委员会；该委员会倒闭后，四家最大的公司成立了一个联合体，并最终合并为美国图书公司（American Book Co.），同时代人认为该公司控制了 50%—90% 的教科书市场。在全国大大小小的城市中发展起来的音乐出版商，于 1855 年成立了音乐贸易委员会，以遏制他们自己大幅降价和大幅折扣的倾向。到 1890 年，波士顿的奥利佛·迪森公司（Oliver Ditson &

Co.）吞并了从费城到旧金山的大多数其他主要出版公司，实现了全行业的控制，这在美国出版业任何其他地方都是无法比拟的。

3.2 传播产业书籍

无论他们如何有效地集中图书生产，美国的贸易出版商都需要将他们的商品分销给客户，而美国在地理上不断扩张，很多客户所处的位置非常偏远。为了实现这一目标，他们建立了交换信息、货物和信贷的网络。传统的通过信件分享信息的方式得到了专业期刊的补充，特别是以《诺顿文学广告》（*Nortons Literary Advertiser*，1851）为开端的杂志，后来成为《出版商周刊》（*Publishers Weekly*，1873）。广告是通过出版商名单和目录、新书的海报和广告牌以及报纸和期刊来宣传的。从 19 世纪 50 年代起，各大公司出版了通俗杂志，如《哈珀新月刊》（*Harper's New Monthly Magazine*）和《普特南月刊》（*Putnam's Monthly*），这些杂志成为评论和宣传其书籍的重要场所。书籍由快递公司和美国邮政系统分发，它们对印刷品保持着特殊的定价。为了协调供应和信贷，出版商越来越多地依靠被称为"批发商"的图书经销商。这些经销商，如美国新闻公司和 A. C. 麦克鲁格公司（A. C. McClurg & Co.），将出版商的书籍分发给书商，而书商在标明的零售价上获得折扣。行业销售作为拍卖存货的论坛一直存在，但到 19 世纪 70 年代，随着大型出版社和批发商派遣旅行代理人（"商业旅行者"）去找当地零售商，行业销售的重要性有所下降。专业领域的出版商开发了独特的分销系统，例如，乐谱和曲谱主要在音乐商店销售，而教科书出版商则雇用销售代理来确保县和州的学区采用。特别是在美国南北战争之后，订阅出版公司在全国范围内，甚至在偏远的城镇和采矿营地派出销售代理来销售他们的商品。在书店很少的农村地区，顾客在普通商店购买书籍，还可以通过邮寄或订阅的方式订购，或从图书馆和其他致力于集体所有的协会借阅。这些图书分销模式都没有提供城市和城镇的书店所能提供的东西，即最全面的行业出版商的书籍。然而，与 20 世纪的书店不同的是，这些城市的商店并不是供人浏览的地方，其按出版商而不是按主题组织，库存被放置在柜台后面，由销售员为读者提供服务和建议。

美国人接受了许多书籍只读一次的乐趣（学者们称之为"泛读"），同时也接受了反复研读同一本书籍（如《圣经》），对这本书熟悉的做法（"精读"），集体拥有书籍仍然是个人购买的一个有吸引力的选择。社会图书馆（由成员购买股份成立的自愿协会）在美国革命后蓬勃发展，直到19世纪30年代。1786至1840年期间，共有2100多家这样的图书馆成立，但由于馆藏停滞不前，成员们在其他地方寻找新书，许多图书馆都没能熬过头10年。社会图书馆的建立是为了塑造适当的阅读品味，通常不收集读者最需要的小说和浪漫故事，而书商经营的商业流动图书馆填补了这一空白，为读者提供了有偿借阅近期流行作品的机会。其他类型的图书馆是为城市社会的特定人群（如学徒、机械师和商人）建立的，这类图书馆在创始人提供道德和社会教育的使命与付费会员对流行文学的欲望之间纠结。到1875年，其中最大的纽约商业图书馆拥有16万册图书以满足其会员的口味。对"适当阅读"的坚持在主日学校图书馆中持续，这些图书馆的数量从1850年的2000个增加到20年后的3.4万个，还有19世纪30年代和40年代在马萨诸塞州和纽约开始的，由税收支持的学区图书馆也是如此。

地方政府发起了由税收支持的公共图书馆运动，第一家是波士顿公共图书馆（1854）。这场运动发展很慢，但根据一项研究，到1894年，有566家免费公共图书馆的藏书量达到或超过1000册。最早的专业图书馆员与学术型图书馆有关，如纽约阿斯特图书馆（Astor Library）的约瑟夫·格林·科格斯韦尔。尽管早在19世纪50年代，史密森学会（Smithsonian Institution）的查尔斯·科芬·朱维特就曾设想过在许多美国图书馆出版的目录基础上建立国家联合目录的可能性，但事实证明，编目和收藏的标准化是难以实现的。美国图书馆协会和《美国图书馆杂志》于1876年成立，但专业的图书馆管理学又花了几十年的时间来追赶全国各地公共图书馆的发展。

19世纪上半叶的美国学术文化在很大程度上依赖于其发展较好的欧洲同行，有抱负的学者在德国大学学习。即使美国出版商在大多数其他类型的作品中重印了欧洲作品，但学术书籍绝大多数继续从欧洲进口。随着美国开发出自己的知识生产和传播场所，横跨大西洋的学术文化的根基逐渐转变，并按照德国模式建立了特定学科的学术期刊、学院、神学院和研究型大学。美国政府在出版美国科学和探索成果方面发挥了重要作用，如《史密森学会对知识的贡献》（*Smithsonian Contributions to Knowledge*，1848—1916）、7 卷本的《北纬 40 度地质调查》（*geological surveys of the 40th parallel*，1870—1880）以及约翰·韦斯利·鲍威尔对美国西部的地质和人种学研究。同时，商业出版商通过迎合有学问的专业人员创造了一些新的市场。利特布朗公司（Little Brown & Co.）和贝克沃里斯公司（Baker Voorhis & Co.）出版法律书籍；莉亚和布兰查德（马修·凯里公司的继承者）、威廉·伍德公司（William Wood & Co.）和 P. 布莱克斯顿之子公司（P. Blakistons Sons）出版医学书籍。

3.3 识字能力和阅读模式

在整个世纪中，识字率随着公立学校教育的普及而上升，特别是在美国东北部和西北部（今天的中西部）。马萨诸塞州由税收支持的学校可以追溯到 17 世纪，因为个人阅读《圣经》的能力是清教徒神学的核心，但这些学校的运作是零星和分散的。美国革命后，教育的支持者在古老的宗教论点之外，又增加了一个共和论点（需要受过教育的公民），亨利·巴纳德和霍勒斯·曼恩等改革者提出了全州的学校系统，以协调教师培训，确保经济和种族多样化的人口的教育标准。在新英格兰移民居住的新英格兰和西部各州（如俄亥俄州），公立学校的数量迅速增加。南方各州或各地方在内战前很少建立公立学校，这是因为富裕的种植园主不愿花钱教育较贫穷的白人农民子女，也是因为人口分散。1840 年，即美国人口普查首次统计入学率时，5—19 岁的白人儿童中，有 38.4% 在一年中的某些时间里上过公立或私立学校；到 1860 年，入学率增加到 58.6%。在这些总体数字之下，存在着巨大的地区差异，1840 年，新英格兰地区有超过 4/5 的儿童上学，但南部地区只有不到 1/5 的儿童上学。同样，尽管在新英格兰地区，识字率普遍不低，但近 20% 的南方白人说他们不会阅读或写字。南方大多数州禁止教被奴役的非裔美国人读书或写字，估计仅有 5%—10% 的奴隶识字。美国内战后，南方各州建立了公立学校系统，获得自由的奴隶为自己和他们的孩子寻求教育，非裔美国人的书写能力（可以推测他们也有阅读能力）迅速提高，从 1880 年的 30% 提高到 20 年后的 55%。

到了 19 世纪中叶，关于阅读的几种观念在美国占了上风。以福音派新教为基础，随着第二次大觉醒（Second Great Awakening）、节制和废奴等改革运动的兴起，以及小册子协会和宗教出版商的大量出版，其中最古老的观念获得了新的活力。福音派主张识字和阅读，但反对阅读错误的书籍，如故事、冒险故事和非宗教材料。第二种意识形态与公立学校运动有关，强调识字的公民价值。同样，大规模移民让教育工作者和公民领袖宣称需要将"外来因素"美国化。第三种模式——对"自我文化"（selfculture）的阅读，用的是威廉·埃勒里·钱宁（William Ellery Channing）的说法——来自中产阶级对自我完善和性格发展的强调。在诸如学院、系列讲座和辩论会等机构中，女性和男性从彼此以及讲师和作家那里寻求智力和道德的提升。第四种模式越来越多地将自我完善与其早期的宗教基础分开，它具有跨大西洋的世界性视野，主要是在美国内战后发展起来的，并为20世纪的文学出版商和读书俱乐部提供了指导。在这种模式下，书籍和学习意味着赋予社会和文化魅力以及知识。与所有这些模式相对应的是纯粹的阅读，随着廉价书籍的扩散和图书馆的普及，这种阅读也在不断扩大。然而，评论家们继续对娱乐性阅读的堕落或颠覆性潜力表示遗憾，尤其是对社会中易受影响的群体，如妇女和年轻人。

美国人在不同的环境下为不同的目的而阅读，与个人和集体的身份有关。书籍供应的扩大，更多的休闲时间（至少在中产阶级内部和以上），以及更好的照明条件（油灯和后来的电灯）都为家庭阅读创造了更多机会。尽管初级教育从家庭转移到了学校，但美国人在家里的阅读仍然可能比其他地方多。出版商们利用这一转变，销售为客厅展示和日常阅读而设计的书籍版本。共同的阅读经历，无论是周日的圣经还是世俗作品的朗读，都强化了家庭的纽带。在学校和学院，特别是那些年轻女性，阅读有助于挑战传统约束的个人认知和政治倾向。学识渊博的杰出女性的传记鼓励读者想象"女性领域"以外的知识和社会的可能性，许多其他类型的作品也是如此，比如文学作品、历史、旅游文学，甚至是电影。在 19 世纪最后 1/4 的时间里，肖托夸（Chautauqua）运动的家庭学习计划支持或激发了数以千计的阅读圈和学习俱乐部。在这些环境中，女性享受着男性长期以来在辩论协会和商业协会中发现的各种自我提升的机会。

根据书籍和环境的不同，阅读可以加强民族认同或增强其他集体情感。例如，内战前后北方的读书会在中产阶级的非裔美国人中灌输了一种种族和社会自豪感，他们既想证明自己是国家主流的一员，又想挑战国家对黑人教育能力的假设。外语出版物对于它们的第二代美国读者来说，始终扮演着类似的双重角色。德文出版社起源于殖民时期的宾夕法尼亚州，一直跟着讲德语的美国人迁移到西部的圣路易斯。这些出版社并没有让人们形成统一的德裔美国人身份，而是促进了各种归属感，如对宗教、文学和学术团体以及本土文化的归属感。对其他移民来说，阅读既促进了美国化，也促进了与家乡的联系。意第绪语出版社出版了欧洲和美国书籍的版本，到1910年，美洲的23种意第绪语期刊的发行量达到80.8万份。对于中欧和东欧的犹太人移民，以及新到美国的意大利人和其他许多人来说，接触到用他们母语印刷的美国作品能让他们建立民族身份和社群。

4 1890至1950年：现代商业和文化资本

4.1 出版和营销趋势

在某些方面，1890至1950年的图书生产、发行和消费历史与前一时期是一脉相承的，城市化、工业化和技术变革的进程使出版商面临着机遇和挑战，这些进程已经进行了几十年，同时美国读者的教育水平也在不断提高。然而，在这些长期趋势中，特殊的发展改变了20世纪上半叶印刷品生产者、中介者和消费者的条件。非英语移民的涌入，大众娱乐的增长，工人和中产阶级闲暇时间的增加，以及新形式的广告和展示，既加强又威胁着印刷品在美国生活中的地位。更多的书，更便宜、效率更高的印刷品让更多的人可以阅读，但更多的竞争商品和娱乐活动也随之而来。出版商和读者的反应是在接受现代商业价值和保留图书高于市场的领域之间做出各种妥协。

到了19世纪90年代，前50年在造纸（见第10章）和印刷（见第11章）方面的创新极大地提高了美国出版商的产量。当然，"出版商"一词掩盖了一系列的企业，包括斯切特和史密斯（Street & Smith）的一角钱小说平装书、乔治·P. 芒罗的"海滨书库"（Seaside Library）等再版书、哈珀等老牌公司发行的主流作品，以及霍顿·米福林公司以不同价格制作的美国知名作家的收藏版。薄版诗集（自我出版的产物，或受艺术与手工艺运动的启发）使读者可以在不选择麦克米伦或弗雷德里克·A.斯托克斯公司（Frederick A. Stokes Co.）的更厚的诗集版本时也能阅读诗歌。这些不同的版式反过来又创造并加强了围绕特定书籍的文化期望待差异。无论这种差异是短暂的还是永久的，严肃的还是轻浮的，娱乐的还是垃圾的，一概受到了影响。

在 20 世纪最初的几十年里，那些仍然强大的业内公司从一开始就保持着"绅士出版商"（gentleman publisher）的精神，包括亨利·霍尔特公司（Henry Holt & Co.）、查尔斯·斯克里布纳之子公司（Charles Scribner's Sons）、哈珀兄弟公司、霍顿·米福林公司、普特南公司和 D. 阿普尔顿出版公司。他们通常在赚取利润的同时，还致力于为美国读者提供他们认为具有文学价值或社会价值的书籍。因此，亨利·霍尔特亲自监督由伯顿·E. 史蒂文森负责的《家庭诗集》（*The Home Book of Verse*，1912）的编纂工作，同时将他的资源投入多萝西·坎菲尔德·费舍尔、罗伯特·弗罗斯特、约翰·杜威和斯图尔特·P. 谢尔曼等"严肃"作家身上；查尔斯·斯克里布纳出版了亨利·詹姆斯、乔治·桑塔亚纳和伊迪丝·沃尔顿等人的作品，但拒绝出版阿诺德·贝内特的小说，因为其"细节令人不快"（Madison，199）。这些公司中的许多都保持着"行业的礼貌"，拒绝将作者从他们的竞争对手那里吸引过来。然而，正如菲尔德斯等早期人物一样，意识形态原则与商业专业人士共存，有时甚至为他们服务。到了世纪之交，全国市场的扩展、华尔街的动荡以及 19 世纪末咄咄逼人的商业环境使图书业得以扩张，但也增加了图书产出因产能过剩、分销不足或在销售点降价而亏损的风险。由于行业的老牌出版商需要资金，急于为他们的产品寻找缺乏保证的财政保障，他们采用了许多他们在担任公职人员时不屑一顾的现代商业做法。

其中最主要的是将职业经理人引入曾经的家族企业。1896 年，哈珀兄弟因为没钱，把公司的控制权丢给了金融家 J. 皮尔庞特·摩根。随后，企业家科洛内尔·乔治·哈维在摩根的支持下接管了公司，并按照已经彻底改变了铁路运营和钢铁生产的路线进行了重组，他把职业经理化引入了独立的部门，并设置了中层管理人员来管理这些部门。1908 年，在乔治·布雷特的领导下，麦克米伦的美国分公司成为美国第一家建立独立高等教育部门的公司。利用家长和教育工作者的关注，布雷特在 1919 年还成立了第一个儿童图书部（见第 17 章）。与此同时，出版商们出售了他们业务中不受欢迎的部分。多德·米德公司于 1910 年放弃了该公司的书店，并于 1917 年放弃了期刊《读书人》（*The Bookman*）。伴随着这样的结构性变化，一些贸易公司通过提供自己的廉价系列，如"现代学生书库"（Modern Student's Library，斯克里布纳）和"人人书库"（E. P. 达顿），与廉价重印书库展开竞争。他们还采用了竞争对手的分销方式，通过订阅代理或邮寄的方式销售书籍。限量版套装提供了另一种方式，贸易出版商学会了将客户锁定在多卷本的购买上（这种方式带有对文学文化的坚持）。像霍尔特、布雷特和霍顿·米福林公司的霍勒斯·斯卡德这样的"绅士派头"的人仍然致力于实现这一坚持，因此他们愿意亏本出版诗歌或评论，但他们这样做的部分原因是他们明白，将自己的公司与再版公司和廉价非虚构类书籍的厂商区分开的做法有其背后的营销价值。

在使生产和销售合理化的努力中，19 世纪末和 20 世纪初的出版商也试图控制图书价格。1891 年国际版权保护的实施以及随之而来的对盗版的打击是价格稳定的一个原因。但是，商店里的降价行为仍然是主流公司的一个问题。这一时期的通常做法是为零售书商提供 40% 的折扣，然后再加价销售。然而，到了 1900 年，一些书店和百货公司通过收取低于标准加价的费用来为顾客提供便宜货。为了对付这种策略，美国出版商协会和美国书商协会设计了一个"净价系统"（net pricing system，仿照英国的"图书净价协议"），禁止出版商向削价者分销图书。R. H. 梅西在法律上对净价发起了挑战（最高法院在 1913 年支持了这一挑战），要求出版商接受折扣及其所带来的不确定的利润。随后，在 20 世纪 30 年代和 40 年代，人们努力让零售商遵守公平贸易合同，但最终都以失败告终。

现代广告方法也被用来增加收入，一些出版商尝试针对特定的图书进行促销活动，而不是仅仅依靠公司流程式地宣布当季的新书。《出版商周刊》和与个别出版社有联系的月刊都是这类活动的平台，尽管许多出版商在第一次世界大战前仍然相信，书籍与其他商品不同，广告不会带来更大的销量。战后，这种态度在某些方面仍然存在，但在另一些方面则不然。诸如博尼与利弗特公司的阿尔伯特·博尼和霍勒斯·利弗特，西蒙与舒斯特公司的理查德·西蒙和马克斯·舒斯特、阿尔弗雷德·A.克诺夫、贝内特·瑟夫、唐纳德·克洛普费、哈罗德·金兹伯格、法拉尔，林哈特公司的约翰·法拉尔和斯坦利·林哈特，以及本杰明·W.休布施等，在20世纪前20年创立了新的出版社，或担任编辑职务，改变了图书业的格局。战后相对繁荣的经济和随之而来的大众消费文化的增长促成了他们的成功。同年，普通学校课程的巩固以及高中和大学毕业生人数的增加也激励了他们取得成功：随之而来的识字率的提高补充了人们对掌握专业知识的兴趣，这似乎是图书业成功的关键。

在这种环境下，新的出版商（得益于新的商业方法）比他们的前辈在把书籍当作消费品方面的顾虑要少。西蒙与舒斯特公司于1924年成立时，他们率先采用了一些有效的创业策略。合伙人寻找作者创作他们认为会大卖的手稿，拨出比其他出版商更多的广告费，开发了有辨识度的标志和公司形象，把每本书当作"独立的商业事业"（separate business venture）来经营。他们还通过在书中放置回邮明信片来调查客户。1927年，他们为威尔·杜兰特的《哲学的故事》（Story of Philosophy）做了宣传，正如《财富》杂志所指出的那样，"这种'兴奋'是无法逃避的"（Rubin，1992，246，249）。该活动涉及对书店的销售奖励、直邮征求意见、退款保证以及一系列精心安排的广告，满足了读者对知识和声誉的渴望。像舒斯特这样的贸易出版商仍然认为自己是文化传教士，但这一理想和书籍的成功营销之间存在着更大的矛盾。

同样，克诺夫在1915年成立了自己的公司，他以对世界主义、文学质量和良好设计的坚持而与众不同。克诺夫家族将当代最好的作家带到了美国观众面前。他们坚持认为，无论作品是否畅销，他们都要出版有价值的作品，对欧洲的现代主义文学特别热情。不过克诺夫在图书营销方面非常积极，给图书打上了有辨识度的个性标签。他把人的图像放在夹层板上宣传弗洛伊德·戴尔的《月犊》（Moon-Calf，1921），是第一家在推荐广告中使用照片的出版商，并设计了类似于家用产品推广口号的广告语。

新的出版商对现代宣传方法的开放态度与一些排版师和印刷商的态度转变相吻合。与他们的欧洲同行一样，流线型现代主义美学的支持者们将机器排版视为实现高效和美丽的手段。然而，这一时期伟大的美国排版师和设计师——卡尔·P. 罗林斯、丹尼尔·伯克利·厄普代克、托马斯·梅特兰·克莱兰、布鲁斯·罗杰斯、弗雷德里克·威廉·古迪、威廉·艾迪生·德维根斯——倾向于倡导和实践手工排版和印刷以及机器生产，以保护古老的印刷技术。

科学出版社的教育使命决定了非营利或受补贴的业务和盈利的企业。某些类型的技术知识的受众必然是有限的，评判书籍内容是科学家的任务，而不是非专业编辑的任务。到 1919 年，范·诺斯特兰德（Van Nostrand）和约翰·威利父子公司（John Wiley & Sons）与麦克米伦和麦格劳－希尔一起主导了这个领域。在世纪之交成立的大学出版社替代了商业出版社，在新的科学书籍中只占很小的份额（约 11%）。在接下来的 20 年里，专业协会主办的期刊和出版计划的激增为宣传科学发现提供了更多的非商业渠道。同时，在战时以及随着原子时代的到来，贸易公司以更大的紧迫性为普通读者出版了大量的科普读物。

同样，新教的宗教出版也涉及各种机构。一些教会拥有的出版公司（如卫理公会书局）发行虔诚和鼓舞人心的书籍。玛丽·贝克·艾迪的《科学与健康》（*Science and Health*）等稳定的销量来自与教会有关的出版商。在基甸会（Gideons）等非营利性组织的刺激下，以各种形式重新包装的圣经市场不断扩大。一些商业性的私营出版社专门从事新教题材的出版，而行业出版社则保留了宗教部门，由哈珀优秀的编辑尤金·埃克斯曼于 1935 年接手。20 世纪 20 年代，人们对从所有这些来源涌现出来宗教题材的兴趣大增，1921 年还发明了"宗教书籍周"（Religious Book Week），打破了宗教书籍和行业书籍之间的区别。然而，一些最受欢迎的书籍，如查尔斯·E. 考曼夫人在当地出版的《沙漠中的溪流》（*Streams in the Desert*，1925），避开了商业化，在虔诚的教徒中成了一种隐秘的存在。

4.2 多元化公众的新的文化调解人

在两次世界大战期间，图书生产者和消费者之间的调解人（图书俱乐部的评委、文学评论家和记者、图书管理员和教育工作者）努力处理与出版商对商业主义的矛盾心理有关的一系列紧张关系，他们一方面希望影响大量的读者，另一方面又意识到，受大众欢迎会损害他们自己的地位和书籍本身的声望。

在20世纪中叶，出版商直接向读者分发了大约一半在美国销售的精装书，另一半则通过零售商店到达购买者手中，零售店不仅是像梅西百货（Macy's）这样的百货公司，还有像双日百货（Doubleday）、克洛奇百货（Kroch's）和布伦塔诺百货（Brentano's）这样的大型连锁店。像汉普郡书店（Hampshire Book Shop）和阳光书店（Sunwise Turn）这样的独立书店在大学校园附近特别流行，它们的店主提供关于良好阅读的建议。同时，即使在战后的平装书革命之前，在药店和报摊上销售平装书剩余书籍已经成为一种惯例。

然而，在精装书行业中，图书俱乐部提供了一种新的发行方式，与当时的文化关注点完全吻合。像1926年成立的月度图书俱乐部（Book-of-the-Month Club）这样的组织，试图满足社会和知识方面的愿望，在"高雅文化和消费欲望"之间进行调和。亨利·塞德尔·坎比是俱乐部评选委员会的长期负责人，他在1924年参与创办了一份名为《周六文学评论》（Saturday Review of Literature）的期刊，并担任类似编辑的职务。作为扩大和引导"严肃小说和非虚构类作品"的读者群，坎比和他在《纽约先驱论坛报》（New York Herald Tribune）的同行斯图尔特·P. 谢尔曼一直对写作的技巧表示关注，对现代主义实验持否定态度，同时将文学批评调整为对消费者友好的每周小报形式。

图书馆员们也要在扮演文化权威与建立服务于不同人群和不同品味标准的系统和机构的利益之间取得平衡。在19世纪末，美国图书馆协会的负责人认为，他们有责任把"最好的"读物摆放到书架上。改革家梅尔维尔·杜威热衷于推广这一原则，而这一原则却暗中将大多数小说降至低贱的地位。然而，1900至1920年间地方图书馆的迅速发展（这在很大程度上得益于安德鲁·卡内基的慈善事业），提高了图书馆员对图书馆学的关注。美国图书馆协会的书单创建于1905年，旨在帮助图书馆专业人员系统地为他们越来越多的读者鉴别好书。在20世纪20年代和30年代，图书馆负责人，如道格拉斯·L. 瓦普尔斯（Douglas L. Waples），试图在公民基础上建立他们的权威，认为民主需要培养"开明的公众舆论"。美国图书馆协会的"带着目标阅读"

反映了这种关切，以及对大众传媒和物质主义的焦虑，但其支持者采用了现代广告技术来传达他们的信息。进步的教育工作者意识到学校中"存在大量的外来因素"，他们与图书馆的专业人员都认为灌输良好的阅读习惯将为这个国家的孩子成为良好公民做好准备。然而，图书馆员之间仍在为如何反对公众对小说的压倒性偏好而争论不休。尽管官方强调"目的"，但这种偏好导致大多数普通的图书馆员专注于提供信息，而不是塑造品位。

1900 年后，那些打造了美国伟大的研究性图书馆的人感觉情况有所好转，因为他们认为自己为现代知识的进步做出了贡献。这种观点促使美国国会图书馆在 1901 年创建了自己的分类系统，该系统承诺能比杜威十进制分类法更灵活地适应新的学科领域。1917 年，图书馆间借阅的标准化使高等教育机构可以随时共享资料。两家商业出版商 R. R. 鲍克和 H. W. 威尔逊为图书馆市场制作了书目《期刊文献读者指南》（*Reader's Guide to Periodical Literature*）和其他索引。在赫伯特·普特南的管理下，国会图书馆加入了这项活动，并在 20 世纪初开发了全国联合目录；在 20 世纪 40 年代中期出版了复制其印刷目录卡的书卷，这是国会图书馆支持学者的国家化行动的另一个里程碑。大约在同一时期，纽约公共图书馆（其藏书量仅次于国会图书馆）开始了密集的馆藏建设。建立纽约公共图书馆的图书馆员们相对来说没有意识形态上的限制（这些意识形态限制本就刺激了他们那些不太国际化的同事），他们致力于收集反映人类经验的多样性和未来学者不可预测的需求的图书（尤其是参考资料部，在 1966 年变成了研究图书馆）。他们的民主观和对图书广泛收集的奉献使他们有别于欧洲的同行。主要的学术图书馆（如哈佛大学、耶鲁大学、哥伦比亚大学、康奈尔大学和芝加哥大学）的特点也是致力于全面性；到 1939 年，这些图书馆的藏书都超过了 100 万册。同年，一些人（比如亨利·E. 亨廷顿、小 J. P. 摩根和 H. C. 福尔杰）通过建立资料库（亨廷顿图书馆、皮尔庞特·摩根图书馆、福尔杰莎士比亚图书馆）来收纳积累庞大的私人馆藏，丰富了学术研究的可能性。

4.3 阅读的连续性和社区性

随着书籍的生产者和中介者适应了 20 世纪蓬勃发展的、多样化的消费文化，他们的受众延续了既有的阅读习惯，同时也赋予了印刷品新的意义。20 世纪 30 年代，"美国民间资源保护队"（Civilian Conservation Corps）推广了"功能性识字"（functional literacy）这一说法，以表示阅读与日常生活相关的材料所需的技能。到 1947 年，当人口普查局将"功能性文盲"（functional illiterates）定义为受教育年限不足 5 年的人时，只有 6% 的美国人属于这一类别，而在 1910 年，这一比例为 24%。读书人更有可能来自中产阶级或上层阶级，而不是工人阶级。在第二次世界大战之前，大多数人，无论收入如何，都喜欢报纸和杂志。正如瓦普尔斯和其他社会科学家在之前的 20 年里所表明的那样，少数美国人转向书籍以寻求自我提高、乐趣，在日常生活中（尤其是在大萧条时期）还可以转移注意力。他们通过将各种文本与他们在家庭、宗教环境和教室中的经历联系起来，从而让自身获得意义。尽管作为一种教学模式和休闲活动，默读在很大程度上取代了大声阅读，但阅读的社会维度在"文学之夜"和读书小组中仍然存在。对于白人和非裔美国妇女来说，读书俱乐部培养了一种身份认同、赋权意识，以及政治行动主义。

5 1950年至今：全球经济中的美国书籍

5.1 出版业的巩固

尽管技术革新、不断增加的休闲活动和受教育程度更高的人口仍然是第二次世界大战结束后美国图书社会环境的一部分，但 20 世纪下半叶的一个突出特点是图书业务在全球经济中的重新定位。战争本身也促进了国际化，因为出版商参与了为海外美国军队提供阅读材料的工作。从 1943 年开始，行业联盟战时图书委员会（Council on Books in Wartime）推出了 1.3 万多种轻便的袖珍武装部队版图书；该机构还监督了海外版的发行——旨在加深欧洲人对美国的了解；该项目刺激并预示着美国出版业在战后初期向国外市场的扩张。20 世纪 50 年代和 60 年代，教科书和科技类作品在活跃的图书出口贸易中占主导地位，而翻译权的销售也急剧增加。美国公司随后在国外创办了独立的子公司，到 80 年代子公司数量达到了 32 家。同时，牛津大学出版社、埃尔泽维埃和施普林格等欧洲出版商也在美国开设了办事处。

美国出版业国际化的动力部分来自政治，因为冷战时期人们认为美国需要加强其在全世界的文化存在。然而，在大多数情况下，美国图书业的全球扩张是追求更大利润的结果，这一事实强调了其与其他企业的相似性。尽管如此，20 世纪 50 年代和 60 年代出版业的许多主导人物仍然保持着一种义务感，即出版好书（尽管最初印刷的非虚构类书籍往往不赚钱）并与作者和雇员研究出一种个人出版风格。

1950 年后，书籍与其他传播手段之间的关系发生了变化。尽管许多出版商试图将图书的地位维持在比电影、广播和录制的音乐更高的文化地位上，但 1965 年兰登书屋被出售给美国广播公司这一事件象征性地将印刷品重新塑造为美国公众可获得的几种娱乐形式之一。此外，到了 20 世纪 70 年代，附属权（subsidiary right）的出售（这种权利不仅向读书俱乐部或蓬勃发展的平装书店出售，而且向好莱坞或电视台出售）已成为一些公司收入的主要来源，因此，许多出版业主管人员不仅不担心来自其他休闲活动的竞争，而且现在依靠这些活动来生存。

在 20 世纪的最后几十年里，媒体集团（一些总部设立欧洲的集团）继续吸收以前的独立出版商，包括专门的行业业务和那些拥有大众市场平装书部门的公司。斯克里布纳在 1984 年与麦克米伦合并，后者在 9 年后又被派拉蒙收购；贝塔斯曼在 1986 年收购了班坦、双日和戴尔；鲁伯特·默多克在 1987 年收购了哈珀。基督教出版业也未能免于这种模式。赞德文（Zondervan）在 1988 年成为哈珀柯林斯的一部分。1994 年维亚康姆公司（Viacom）收购派拉蒙公司，之后将其出版业务合并到西蒙与舒斯特公司名下。2006 年，西蒙与舒斯特公司重组为 CBS 公司的一部分。2002 年，美国八家最大的公司控制了美国图书销售的一半以上。同时，新书的生产，特别是宗教和电影等类别的书急剧增加，1992 至 1997 年，图书业以 34% 的速度增长。

这个行业的动荡增加了编辑的压力，他们要签下能赚钱的书，文学经纪人的作用也相应扩大。新集团的老板们对编辑自由和文化理想漠不关心，他们要求每本书都有高额利润，并将资源集中于大卖家。平装书出版商在 20 世纪 70 年代和 80 年代发现了在浪漫爱情小说等类型中发行原创书的利润，他们也通过竞标提高重印权的成本，促进了竞争氛围。媒体集团的兴起被指责为美国出版业明显衰退的表现，这是以该行业的产品质量来衡量的。这种抱怨呼应了设计师的哀叹，随着70年代照相排版和胶版印刷的发展，他们认为节省劳动力的自动化正在破坏美学标准。

一些观察家对这些假设提出质疑，认为图书业务需要克服缺陷。此外，独立出版商在21世纪仍然发挥着重要的经济和文化作用。根据图书产业研究小组（Book Industry Study Group）的统计，2005年图书业小公司的数量比以往任何时候都要多。诗歌的限量版和以黑麻雀（Black Sparrow）和阿利昂（Arion）出版社为代表的精细印刷仍有发展空间，即使在贸易领域，克诺夫等出版社也在努力追求卓越设计。20世纪60年代身份政治的传播为出版西班牙裔和非裔美国人文学的出版社创造了新的市场［如公共艺术出版社（Arte Publico）和侧翼出版社（Broadside）］。福音派出版商用西班牙语销售作品，以接触他们的多元文化追随者。在商业领域之外，大学出版社和其他实体，如安德烈·希弗林（André Schiffrin）在1990年创立的新出版社，坚持他们的任务，把新知识带给读者。即使是心怀不满的前兰登书屋编辑杰森·爱泼斯坦也在2001年承认，在绝对数量上（而不是在总产量的百分比上），正在出版的"有价值"的书籍比以往任何时候都多。然而，这些趋势和它们所保持的多样性并不能抵消媒体巨头对美国读者的选择所产生的强大影响。

尽管国际化和兼并也影响了科学类和教育类书籍的出版，但学科的性质和它们的支持者对书籍的内容产生了明显的影响。在20世纪80年代，许多小公司消失了；到这个十年期结束时，麦克米伦、哈考特·布雷斯·约万诺维奇、西蒙与舒斯特拥有近一半的教科书市场份额。随后，英国跨国企业培生集团在1998年收购了西蒙与舒斯特的教育业务，控制了美国教科书生产的1/4以上。然而，书籍种类的僵化既有地方因素，也有全球因素。全州范围内的书籍采用委员会，特别是得克萨斯州和加利福尼亚州的委员会，长期以来一直对出版商行使权力，要求他们遵守有关种族、性别、环境问题、"生活方式"和类似事项的规定。这些规定中最有争议的是对进化论和创世论的表述。在20世纪60年代和70年代，美国联邦资助的用于生物、物理和社会研究课程的创新书籍，由于其表面上的"人文主义和文化相对论"，引起了保守派团体的攻击。经常相互冲突的左翼批评者也同样大声抨击对非裔美国人的描述，认为其要么是理想化的，要么是太过现实，要么是太过分离，要么是太过融合。一些教育工作者指责说，其结果是拉低普通的美国教科书的平均水平，将其降低成了平淡无奇、无趣且最低的公分母，以赢得最大的市场。然而，科学思想也产生了一些服务科学家并反映科学家自身优先事项的书籍：参考书，如《科学引文索引》（*Science Citation Index*，现在可在线浏览，属于汤姆森公司业务的一部分）；综合新研究的高级研究文本，如詹姆斯·沃森的《基因分子生物学》（*Molecular Biology of the Gene*，1965）；以及专业书籍，如詹姆斯·格里克的《混沌》（*Chaos*，1987）和斯蒂芬·霍金的《时间简史》（*A Brief History of Time*，1988），向普通读者普及科学界的研究活动。即使到了 20 世纪 90 年代，数字化形式的学术期刊已经牢牢地成为科学知识传播的主要途径，科学类书籍在实验室和家庭客厅中依然占据一席之地。

5.2 图书销售和图书馆的改变

第二次世界大战，出版业整合的力量也在向读者传播书籍的机构中发挥作用。1977 年，月度图书俱乐部成为时代公司（后来的时代 – 华纳图书公司）的一部分；2007 年，贝塔斯曼成为其唯一所有者。与此同时，采用委员会几乎从俱乐部的广告中消失，并在 1994 年解散。随之而来的是应该与商业主义保持距离的观点。然而，俱乐部重组为企业集团的一部分，可以说让同质化的情况减弱，因为其高管们为了扭转会员人数下降的趋势，放弃了为所有人选择"最好的书"的托词，而倾向于针对新市场特定类型的书籍。

零售业是在战后郊区化的背景下发展起来的，其从百货公司、药店、独立书店和连锁店的混合体发展到由少数全国连锁店主导的业务。在 20 世纪 60 年代和 70 年代，瓦尔登书局（Waldenbooks）和道尔顿书局（B. Dalton）在全国各地的郊区购物中心开业。这些商店的突出特点是，他们的经营者认为他们可以用凯马特百货公司（Kmart）卖袜子的方式来卖书，凯马特在 1984 年收购了瓦尔登书局。利用计算机技术，他们集中控制库存。在 1977 年皇冠书局（Crown Books）推出持续折扣后，瓦尔登书局和道尔顿书局也都纷纷效仿。独立书店对此的反应是模仿连锁店在店内创造的非正式氛围。同时，一些商店培养了专门的客户群：政治活动家、儿童、新时代信徒。20 世纪 90 年代，超级连锁店（巴诺书店和博德斯是最大的连锁店）取代了商场商店，给许多独立书店带来了致命的打击。超级书店在巨大的空间里经营，以咖啡馆、图书讲座、折扣和大量的选择来吸引读者。1997 年，这两家最大的连锁书店拥有 43.3% 的书店销售额。它们都是上市公司，在定价和陈列等问题上对出版商拥有前所未有的权力。

在文化方面，图书业的整合意味着对曾经围绕着布伦塔诺或斯克里布纳的优雅光环的否定。书商作为文学指导提供者的功能在很大程度上是这个过程的牺牲品；买书和巩固自己的"文学性"之间的联系也越来越弱。然而，就对美国文化的危害而言，可以说超级书店的兴起比出版商之间的合并浪潮造成的危害要小，这使买书变得不再令人畏惧，书店成为零售业的一个更突出的特征，鼓励买书和谈论书，甚至让人更多地去阅读。

其他调解人的出现是为了指导读者选择书籍。20 世纪 50 年代和 60 年代，文学评论家迁往学术界，削弱了通才"文人"的作用。然而，受过更多教育的读者离开了国家蓬勃发展的大学，扩大了《纽约书评》（New York Review of Books，成立于 1963 年）和其他专业期刊的读者群。1995 年亚马逊网站的创建开启了大规模的互联网图书零售，似乎将图书的评论权威从评论家转移到了普通读者身上。尽管失去了面对面的接触，但敢于尝试亚马逊网站的人发现个性化的推荐和客户评论可以指导他们的购买。1996 年，奥普拉·温弗瑞（普通读者的代表）通过在她的电视脱口秀节目中为奥普拉图书俱乐部选择书目，创造了畅销书并使旧书重获新生。美国图书馆协会与温弗瑞和出版业一起，将俱乐部选中的书籍捐赠给全国的社区图书馆。

然而，图书馆员在塑造美国人的阅读习惯方面的干预，到 20 世纪 90 年代就显得有些反常了。在战后的几年里，图书馆专业人员甚至进一步偏离了他们在 20 世纪初对读者施加影响的立场。支持图书馆作为信息中心而不是图书储存库的人的观点开始被传达上去。注入的联邦政府资金大部分用于计算机化，强调了图书馆学是一门信息科学。尽管图书馆继续收购书籍，但在 20 世纪 60 年代和 70 年代的政治气候下，图书馆的主要愿景是为"客户"提供知识，使其获得工作、正义或买上一辆好的二手车，图书馆也成为一个社交场所。与战后消费文化（以及出版和图书销售的精神）的相似之处很明显：新的公共图书馆为寻找特定信息的用户提供服务，不一定是为了用户的自我修养。与书店一样，这种趋势并不一定意味着文化的衰落，它让更多的人进入图书馆，促进了社区的发展，并增加了图书的流通。研究型图书馆的情况更为黯淡，20世纪70年代的预算危机限制了图书的购买。在接下来的几十年里，在线数据库和馆际互借的发展继续削弱期刊和学术专著在大学藏书中的地位。校方不得不经常提醒本科生不要只是上网，在图书馆的书架上也有他们可以利用的资源。

5.3 现代美国的阅读

二战后，获得更多的知识和乐趣仍然是阅读的主要目标，但这些年的政治和文化发展为读者创造了机会，让他们以历史上特定的方式使用书籍。经理和行政人员中"快速阅读"模式的增长表明，掌握大量的印刷信息对于在企业部门取得成功似乎越来越重要。相反，在20世纪60年代，新左派的精神，部分是其参与者年轻时与存在主义作家擦肩而过的产物，在致力于探索激进思想的阅读小组中得到体现。同样，20世纪60年代和70年代的妇女活动家从女权主义作品中获得了支持，这些作品即使不一定是集体讨论，也通过向个人保证她们的不满情绪并不孤立而维持着社会联系。到了20世纪80年代，女性文学俱乐部通常与改革议程无关；然而，像她们的前辈一样，俱乐部成员从与他人的阅读中获得了一种归属感。

随着个人成长和自我帮助的要求在美国文化中变得更加普遍，治疗性语言成为读者对书籍在他们生活中所起作用的评论的一个标志。例如，在前桂冠诗人罗伯特·平斯基邀请人们回顾他们"最喜爱的诗"的数千名受访者中，许多人谈到了有着洞察力和治疗效果的作品。然而，与书的接触仍然引导读者走出自我，即进入月度图书俱乐部的一位订阅用户所称的"加强对生命意义的智力或精神理解"（国会图书馆，1990，6）。

在整个20世纪下半叶，调查人员（在战时图书馆员和社会学家研究的基础上）进行了定期调查，以确定美国人的阅读习惯。由于对公立学校阅读教学的关注，以及对国家未来繁荣的担忧，研究人员一再对经常阅读书籍的公民数量的下降发出警告。

国家艺术基金会（The National Endowment for the Arts）表示，在 1982 至 1992 年期间，几乎所有类别的文学阅读量都有所下降；2004 年和 2007 年，国家艺术基金会宣布，更急剧的阅读量下降威胁着丰富的公民生活的前景。然而，那些读过书的人继续根据他们自己的需要、愿望和位置来重塑文本，并在这个过程中丰富了美国文化。

5.4 书的未来

数字化对生产、分销和阅读过程的影响很容易概括。在 20 世纪 80 年代和 90 年代，编辑和设计软件的发展改变了手稿出版的准备工作。在同一时期，桌面出版诞生，并使用激光而非胶片来复制图像，90 年代初数字印刷机的引入，使生产商能够根据特定的市场定制印刷工作和要印刷的书籍。这个按需印刷的新世界有望消除过度生产和过度库存的成本；订购一本书不仅意味着要求把它送到零售商那里，而是要求把它从屏幕移到页面上。数字革命还使传统书籍的出版商能够建立以作者"播客"为特色的网站，以电子方式分发教科书的补充材料，并简化办公室和库存操作。同样，在线参考书和电子目录的出现，以及数字化数据库和文件集的建立，扩大了图书馆的收藏范围，为读者提供了更多的便利。如前所述，互联网图书销售及其客户反馈机制，简化了分销步骤，促进了作者、出版商、分销商和读者之间的直接联系。

这些变化使出版商和企业家在 20 世纪 90 年代预测并投资于电子书的主导地位（见第 21 章），尤其是学术专著。这一前景对学术出版社特别有吸引力，因为到了 2000 年，大学图书馆面对不断上涨的期刊费用，购买的图书数量只有 20 世纪 70 年代的 1/4。商业出版商（特别是西蒙与舒斯特、兰登书屋）为电子书开发投入了大量资金。畅销小说家斯蒂芬·金在 2000 年进行了试水，他将一部长篇小说专门安排在互联网上销售，供读者以 2.5 美元的价格下载，仅在第一天就有 40 万份申请。然而，其在 2001 年的《鲍克年度报告》（Bowker Annual）中显示，对电子出版的希望已经让位于"商业现实"，消费者并不急于用手持式屏幕来取代实体书（《鲍克年度报告》，2002，18）。同样，非营利性的历史电子书项目，试图在大学出版社出版印刷本的同时，以电子方式发行新的和绝版的学术成果。虽然后来在美国学术团体委员会的支持下，这一做法取得了稳定的发展，但它还是努力从图书馆获得足够的订阅量以维持自身的发展。然而，以传统的印刷形式出版书籍（至少在最初）仍然是学术史学家的普遍偏好。他们更热衷于数字化所带来的研究可能性，包括谷歌图书项目，该项目正在扫描大学图书馆中的数千部作品，并让一些完整的文本能够在线搜索。

如果图书的未来并不完全在于电子格式，也许数字时代的到来将确保美国出版业的多样性得以保存。爱泼斯坦对当前图书行业中商业价值战胜文学价值的反思以这种希望结束，那便是他设想互联网和相关技术是将作者和读者从唯利是图的出版商和书商的暴政中解放出来的力量。无论爱泼斯坦的预言是否成真，图书行业肯定会一如既往地与美国文化核心的民主与复兴、物质主义与精神主义之间的矛盾保持联系。

参考文献

T. Augst and K. Carpenter, eds., *Institutions of Reading* (2007)

B. Bailyn and J. B. Hench, eds., *The Press and the American Revolution* (1981)

R. W. Beales and E. J. Monaghan, 'Literacy and Schoolbooks', in *HBA* 1 (2000)

M. Benton, *Beauty and the Book* (2000)

Bowker Annual of Library and Book Trade Information (1991, 2002)

R. H. Brodhead, *Cultures of Letters* (1993)

R. D. Brown, *Knowledge Is Power* (1989)

K. E. Carpenter, 'American Libraries', in *HBA* 2

—— 'Libraries', in *HBA* 3

S. E. Casper, *Constructing American Lives* (1999)

—— *et al.*, eds., *Perspectives on American Book History* (2002)

W. Charvat, *The Profession of Authorship in America*, ed. M. J. Bruccoli (1968)

J. D. Cornelius, ' *When I Can Read My Title Clear* ' (1991)

L. A. Coser *et al.*, *Books: The Culture and Commerce of Publishing* (1982)

P. Dain, 'The Great Libraries', in *HBA* 4

J. P. Danky and W. A. Wiegand, eds., *Print Culture in a Diverse America* (1998)

C. N. Davidson, ed., *Reading in America* (1989)

K. C. Davis, *Two-Bit Culture* (1984)

DLB 46, 49

J. Eddy, *Bookwomen* (2006)

J. Epstein, *Book Business* (2001)

S. Fink and S. S. Williams, eds., *Reciprocal Influences* (1999)

J. Gilreath, ' American Book Distribution ', *PAAS* 95 (1985–1986), 501–583

J. N. Green, 'The Book Trade in the Middle Colonies', in *HBA* 1

—— 'English Books and Printing in the Age of Franklin', in *HBA* 1

—— and P. Stallybrass, *Benjamin Franklin, Writer and Printer* (2006)

P. C. Gutjahr, *An American Bible* (1999)

—— 'The Perseverance of Print-Bound Saints', in *HBA* 5

M. Hackenberg, ed., *Getting the Books Out* (1987)

D. D. Hall, *Worlds of Wonder, Days of Judgment* (1989)

—— *Cultures of Print* (1996)

—— ed., *A History of the Book in America* (5 vols, 2000–2010)

W. W. Hening, *The Statutes at Large; Being a Collection of all the Laws of Virginia* (13 vols, 1819–1823)

B. Hochman, *Getting at the Author* (2001)

W. L. Joyce *et al.*, eds., *Printing and Society in Early America* (1983)

C. F. Kaestle *et al.*, *Literacy in the United States* (1991)

M. Kelley, *Learning to Stand and Speak* (2006)

H. Lehmann-Haupt *et al.*, *The Book in America*, 2e (1951)

[Library of Congress, Center for the Book and Book-of-the-Month Club,] *Survey of Lifetime Readers* (1990)

E. Long, *Book Clubs* (2003)

B. Luey, 'The Organization of the Book Publishing Industry', in *HBA* 5

E. McHenry, *Forgotten Readers* (2002)

C. A. Madison, *Book Publishing in America* (1966)

L. J. Miller, *Reluctant Capitalists* (2006)

E. J. Monaghan, *Learning to Read and Write in Colonial America* (2005)

G. F. Moran and M. A. Vinovskis, 'Schooling, Literacy, and Textbooks', in *HBA* 2

M. Moylan and L. Stiles, eds., *Reading Books* (1996)

D. P. Nord, *Faith in Reading* (2004)

C. Pawley, *Reading on the Middle Border* (2001)

J. A. Radway, *Reading the Romance* (1989)

—— *A Feeling for Books* (1997)

J. Raven, 'The Importation of Books in the Eighteenth Century', in *HBA* 1

E. C. Reilly and D. D. Hall, 'Customers and the Market for Print', in *HBA* 1

R. Remer, *Printers and Men of Capital* (1996)

A. G. Roeber, 'Readers and Writers of German in the Early United States', in *HBA* 2

J. S. Rubin, *The Making of Middlebrow Culture* (1992)

—— *Songs of Ourselves* (2007)

B. Ryan and A. M. Thomas, eds., *Reading Acts* (2002)

J. Satterfifi eld, *The World's Best Books* (2002)

A. Schiffrin, *The Business of Books* (2000)

D. Sheehan, *This Was Publishing* (1952)

J. H. Shera, *Foundations of the Public Library* (1949)

D. S. Shields, *Civil Tongues and Polite Letters in British America* (1997)

B. Sicherman, 'Ideologies and Practices of Reading', in *HBA* 3

L. Soltow and E. Stevens, *The Rise of Literacy and the Common School in the United States* (1981)

C. Z. Stiverson and G. A. Stiverson, 'The Colonial Retail Book Trade', in *Printing and Society in Early America*, ed. W. L. Joyce *et al.* (1983)

L. I. Sweet, ed., *Communication and Change in American Religious History* (1993)

G. T. Tanselle, *Guide to the Study of United States Imprints* (2 vols, 1971)

J. Tebbel, *A History of Book Publishing in the United States* (4 vols, 1971–1981)

I. Thomas, *History of Printing in America* (2 vols, 1810)

J. B. Thompson, *Books in the Digital Age* (2005)

C. Turner, *Marketing Modernism* (2003)

J. L. W. West III, *American Authors and the Literary Marketplace since 1900* (1988)

W. A. Wiegand, *The Politics of an Emerging Profession* (1986)

M. Winship, *American Literary Publishing in the Mid-Nineteenth Century* (1995)

—— 'The Rise of a National Book Trade System in the United States, 1880–1920', in *HBA* 4

E. Wolf, 2 nd, *The Book Culture of a Colonial American City* (1988)

L. C. Wroth, *The Colonial Printer* (1931)

R. J. Zboray, *A Fictive People* (1993)

N. Zill and M. Wingler, *Who Reads Literature?* (1990)

第51章
加勒比和百慕大书籍史

杰里米·B.迪贝尔

1 历史背景与概述

加勒比海群岛和百慕大的印刷业发展缓慢，从人类定居到建立印刷厂经过一个世纪或更长的时间并不罕见，一些较小的岛屿直到20世纪还没有印刷厂。造成这种趋势的因素包括：这些岛屿与欧洲殖民国家密切联系或依赖它们；它们的人口和面积相对较小；岛屿的地缘政治地位不断变化，阻碍了机构发展；限制性殖民或地方政策和习俗。就图书史而言，该地区是研究最不充分的地区之一，要扩大我们目前对加勒比地区印刷和图书文化的了解，还有很多工作要做。

人们在建立印刷厂之前，需要印刷的材料，如法律、地方立法机构的会议记录和其他地方印刷产品等，都要被送到国外印刷，比如欧洲或北美的城市，特别是纽约的印刷厂。后来，位于牙买加、巴巴多斯和安提瓜等较大的加勒比人口中心的印刷厂为其较小的邻国提供服务。在18世纪初，百慕大等岛屿上出现印刷品之前，这里手抄本形式的通信材料就已经开始流传。

加勒比海岛屿上最早的印刷厂是罗伯特·鲍德温（Robert Baldwin）的印刷厂，

于 1718 年初在牙买加的金斯敦成立。18 世纪 20 年代初，古巴就有了印刷机，1730 年左右，巴巴多斯也有了印刷机。法属圣多明戈（海地）可能早在 1725 年就已经有了印刷机。圣基茨在 1747 年前后有了印刷机。安提瓜在 1748 年有了印刷机。多米尼加、瓜德罗普和格林纳达在 1765 年有了印刷机。1767 年左右，圣文森特开始发行报纸，大约在同一时间，马提尼克岛开始印刷报纸。圣克罗伊岛的第一台印刷机于 1770 年开始工作，约瑟夫·斯托克代尔（J. Stockdale）于 1784 年将印刷业带到了百慕大，同年约翰·韦尔斯（J. Wells）在巴哈马的拿骚安装了印刷机。特立尼达岛在 1786 年就出现了印刷机。圣尤斯特歇斯岛在 1789 年发行了一份报纸。库拉索岛在 18 世纪 90 年代末可能成立了一家小型印刷厂。从 1799 到 1819 年，圣巴泰勒米岛上开了一家报社。现在的多米尼加共和国在 1801 年就有了印刷机。波多黎各在 1806 年有了印刷机。圣托马斯岛在 1809 年有了印刷机。直到 1845 年，特克斯和凯科斯群岛才有了自己的报纸。阿鲁巴岛在 19 世纪末有了报纸，但在 20 世纪下半叶之前，圣马丁岛、圣约翰岛、托尔托拉岛、安圭拉岛或其他小岛上也没有出版机构的相关记录。

印刷厂的建立有时有各种相互重叠的原因。在一些情况下，当地居民和政府需要印刷商并支持建立出版社。牙买加的罗伯特·鲍德温和百慕大的约瑟夫·斯托克代尔似乎都是在政府的敦促下移民的。相比之下，法国殖民政府在 18 世纪 20 年代为法属圣多明戈和马提尼克岛的印刷商发布了几份公告，但当地政府似乎阻止了印刷商开店。安提瓜和巴巴多斯的第一批印刷厂是商业企业，牙买加和其他地方的第二和第三家印刷厂也是如此。有几家印刷厂在殖民控制发生变化后建立，或者由来自美国本土支持英国的难民建立（例如拿骚的约翰·韦尔斯印刷厂）。在某些情况下，印刷厂的建立是为了印刷竞争对手的报纸，或者是为了替代现有的老牌印刷厂，其中包括百慕大亲政府的第二家印刷厂、19 世纪 30 年代牙买加和特立尼达支持解放的印刷厂以及几个岛上的天主教印刷厂，以及 1845 年塞缪尔·内尔姆斯（Samuel Nelmes）在大特克岛建立的、主张从巴哈马分离的印刷厂。

即使该地区各岛屿之间在语言、法律、政治和经济方面存在着巨大的差异，但印刷厂投入运营后，其早期产出往往非常相似，产品也同样可以与英国和北美的省级印刷厂进行比较。周报通常印在一张纸上，有时会附上额外的纸张作为附加页，这往往是岛屿出版社的标准，这些报纸很可能包含印刷商恳求支付订阅费或广告费的朴素信笺。由于订阅费用昂贵，加上人口基数本来就少，许多报纸未能发展起来，或者在政治、经济纷争时期短暂地出现，但很快就消失了。年鉴起初是宽幅报，后来以小册子或书籍的形式出现，是加勒比海岛屿的常见印刷产品，一直到 19 世纪，年鉴的生产大抵转移到英国。由于进口出版物的竞争，当地读者也有限，内容更实质性的期刊一般不会持续太久。印刷商热衷于从地方政府那里拿到合同，以印刷公告、法律、立法会议记录和投票用的票纸，对这种支持的依赖往往使印刷商对地方官员的要求更为顺从。与其他地区一样，空白表格、官方文件、传单和其他临时物品的代工印刷也是印刷业务的重要组成部分。不幸的是，这些材料大多没有保存下来。岛上印刷的书籍相对较少，其中医疗、农业和其他实用书籍的印刷比文学作品更普遍（尽管有几个明显的例外）。与其他地方相比，该地区出版的布道和宗教小册子相对较少，而且出版的大部分都与奴隶制有关。

由于在加勒比地区的殖民国家活动的范围很广，从一开始就有多种语言在发挥作用。大多数殖民地的印刷品往往以其母国的语言出现，但随着岛屿被不同的欧洲殖民者占领或转移到他们的控制之下，以及当地克里奥尔语和方言的发展，通用语也随之调整，双语甚至三语出版物开始出现。在 18 世纪的格林纳达，报纸以法语和英语印刷；在 19 世纪中期，帕皮阿门托语（Papiamento）的报纸和小册子有时与荷兰语、西班牙语和其他语言结合在库拉索岛和阿鲁巴岛印刷。在圣克鲁斯岛出版的第一本书是由摩拉维亚传教士赞助的克里奥尔语百科全书和语法书。目前，某些岛屿上仍在使用和印刷克里奥尔语的书籍。

罗德里克·卡夫（Roderick Cave）将加勒比地区印刷商的流动性与 15 世纪的欧洲相比（Cave，12），可以发现，胡安·卡桑在格林纳达和特立尼达印刷；马修·加拉格尔已知在多米尼加、格林纳达和特立尼达印刷；威廉·史密斯在多米尼加和圣文森特印刷。印刷商的流动超出了该地区，因为他们中的许多人在英格兰、苏格兰、法国或美国接受了培训。威廉·布朗在费城跟随威廉·布拉德福德和威廉·邓拉普当学徒，从 1760 年到 1763 年在巴巴多斯印刷，然后去了魁北克；巴巴多斯的最初两名印刷商大卫·哈里和塞缪尔·基默之前也在费城工作过。本杰明·富兰克林先是派遣托

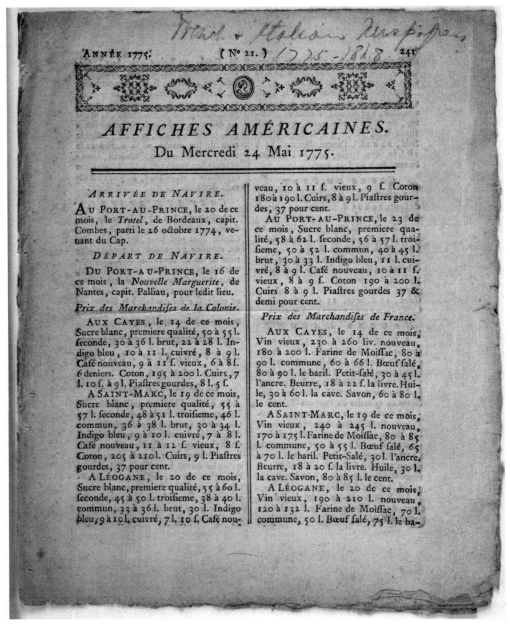

图 72 殖民地的糖、靛蓝染料、咖啡和棉花的最新价格；还有来自法国的葡萄酒、面粉、咸牛肉、黄油、肥皂和油的最新价格。1775 年 5 月 24 日的《美洲报》（*Affiches Américaines*），是一份于 1764 至 1791 年在海地发行的法语报纸。图片由美国古籍协会（American Antiquarian Society）提供。

马斯·史密斯，后来（在史密斯 1752 年去世后）派遣他自己的侄子本杰明·梅科姆，从费城前往安提瓜。圣基茨的早期印刷商托马斯·豪伊教他的儿子乔治印刷，1800 年，乔治成为澳大利亚第一个受过培训的专业印刷商。到 19 世纪初，当地拥有印刷机的情况变得更加普遍。

有证据表明，至少在牙买加、安提瓜和圣文森特，奴隶和自由黑人都偶尔被雇用为印刷工人，当排字工。寡妇管理印刷厂的做法在这一地区也很常见：在牙买加，罗伯特·鲍德温的遗孀玛丽从罗伯特 1722 年去世到 1734 年一直管理印刷厂，让·贝纳德的遗孀在 1788 年印刷了《瓜德罗普公报》(*Gazette de la Guadeloupe*)。约瑟夫·斯托克代尔于 1803 年去世后，他的三个女儿管理业务并印刷报纸直到 1816 年。岛上的印刷商们经常互相分享出版物，将其作为新闻来源，有几个印刷商还开设了独立的阅览室，以提供新到的报纸和其他印刷品。

印刷设备和纸张从欧洲进口，后来又从美国进口；加勒比海地区的印刷商在铁制手工印刷机出现后，迅速采用，其背后原因是热带气候会对木制印刷机造成严重破坏。到 1821 年，百慕大已经有了一台平版印刷机，当时该地的总督试图绕过报纸，开始印刷自己的公告。在 19 世纪，随着岛屿经济的衰退和原始设备的磨损，加勒比地区出版物的质量逐渐下降。

加勒比海的印刷商通常在他们的商店里出售书籍和其他普通商品，而普通杂货商则经常储存进口书籍和其他印刷品。在卡夫的描述中，一般书籍库存里会存有标准的教科书、一系列医学和法律书籍、历史、传记以及政治论文，供担任重要职务的人员使用，还为航海者提供海图和领航图（Cave，27）。书籍在该地区的进口中占了相当大的比重。根据贾尔斯·巴尔博的计算，在 1700 至 1780 年间，出口到加勒比地区的书籍约占英国书籍出口总量的 1/4，在这几十年间，仅牙买加进口的书籍数量就与纽约进口的相当。文学出版物在这些书籍中占了不小的比重，报纸上刊登的广告显示，戏剧、小说和期刊通常与更多的实用性书籍一起出售。到 19 世纪中期，美国书籍经常被进口到该地区，这种趋势一直持续到 21 世纪。

该地区最早的图书馆是西班牙早期殖民地教会机构的图书馆，包括 1523 年在波多黎各的圣多明戈修道院开设的图书馆。托马斯·布莱的基督教知识促进会在 18 世纪初向整个英属加勒比海地区派人建立了小型宗教图书馆，该组织后来在 18 世纪 90 年代为几个岛屿的奴隶和自由黑人儿童资助并提供学校，百慕大群岛是最成功的。社会图书馆和订阅图书馆并不少见，不过这些图书馆在其最初的创始人离开后往往以失败告终。到 19 世纪中叶，一些岛屿已经有了商业、宗教和小型的地方图书馆，但直到 19 世纪末和 20 世纪初，整个地区才建立了更多的地方和国家图书馆，包括由卡内基资助的五家图书馆（分别位于巴巴多斯、圣卢西亚、格林纳达、圣文森特、多米尼加和特立尼达）。

2 出版管制

地方或殖民地政府对出版的控制有明显的不同。在整个地区，政府经常使用奖励（以政府合同的形式）和威胁相结合的方式来控制印刷商和编辑。1790 年，一位编辑因印刷有关法国大革命的文章而被驱逐出特立尼达岛，后来该岛的一位总督在编辑冒犯政府时要求暂时借用印刷机，以此来表明他对新闻报道的看法。针对编辑的诽谤指控并不少见。一般认为英国控制的岛屿最有新闻自由，但即使在这些地方，当情况所需时，当局也会对新闻机构施加很大的压力。

在法属岛屿，任何印刷商都需要有王室许可证（royal brevet d'imprimeur），而且，即使在大革命之后，政府也对所有出版社的内容进行了严格控制。出版前的审查制度被强制执行，印刷商、书商和编辑在 1827 年前都必须支付许可证费用。1848 年的一项法令废除了出版前的审查制度，但这一步骤在 1852 年才被撤销，审查制度一直持续到 1863 年。然而，含有政治内容的报纸仍需事先获得批准，兰特（J. A. Lent）指出，"行政当局有权警告新闻界，在特定时间内暂停报纸的出版，根据一般担保的比例，会在有或没有警告的情况下暂时关停报纸，并将对新闻界违法行为的处理移交给惩戒法庭"（Lent，172）。审查制度在海地通常也是一种规则而不是例外，1820 年甚至有一名记者在海地被处决。西班牙和荷兰殖民地的规则也是如此。丹麦群岛（现在的美属维尔京群岛）由 1779 年的法律管辖，该法律规定了审查以及对王室批准的出版物给予补贴的内容，这项法律一直持续到 1916 至 1917 年。

相反，在古巴，政府自革命时期就拥有并控制着媒体、出版和图书销售行业。20世纪60年代初开始的全国协调一致的扫盲运动和迅速建立的国有化出版系统促进了充满活力的视觉出版产业的发展——海报艺术得以爆炸性增长，几十年来，海报艺术一直是古巴印刷文化的主要组成部分。

3 最新的趋势

加勒比地区的识字率在20世纪快速提高。虽然海地的识字率仍在50%到60%之间，但其他岛屿的识字率都在85%以上。正如其历史上的普遍情况一样，加勒比海岛屿的书籍相对匮乏。书店大部分的库存必须从美国和欧洲进口，这大大增加了消费者的成本。同样，从国外购买书籍意味着要支付高昂的邮费。虽然在20世纪中叶，海尼曼和朗文等出版社的西印度非虚构作品的出版曾有过短暂的全盛时期，但在大多数情况下，作者依然必须到国外寻找大量的阅读者。一些岛屿上建立了小型的专业或学术出版社，出版当地或区域性的书籍；位于利兹的出版商菩提树出版社（Peepal Tree Press）专门出版加勒比地区作者的作品，而跨国出版商麦克米伦也有专门出版加勒比地区作品的计划。几十年来，自费出版，特别是小说和诗歌的自费出版在该地区很普遍，现在许多作者都把电子出版作为一种出版途径。

公共图书馆已经并将继续在该地区发挥重要作用，为岛屿居民提供阅读材料和其他资源。图书馆和档案库之间的区域合作正变得越来越普遍和广泛：2004年，来自该地区的一大批国家和大学图书馆成立了加勒比海数字图书馆（Digital Library of the Caribbean，dLOC），这是一个内容庞大的资源库，用于存储合作机构涉及当地和区域性的数字化材料。与世界各地的同行一样，加勒比地区21世纪的图书馆员、书商、作者和读者正在图书世界和阅读世界的快速变化中摸索前进。无论未来如何，该地区多样而复杂的历史为研究印刷文化和历史、阅读体验和书目的学者提供了许多未开垦的、成果丰硕的土壤。

参考文献

G. Barber, *Studies in the Booktrade of the European Enlightenment* (1994)

R. Cave, *Printing and the Book Trade in the West Indies* (1987)

G. Frohnsdorff, *Early Printing in Saint Vincent* (2009)

J. A. Lent, *Mass Communications in the Caribbean* (1990)

图书在版编目（CIP）数据

全球书籍史 ／（美）S.J. 迈克尔·F. 苏亚雷斯，（英）H.R. 沃德海森主编；吴奕俊，陈丽丽译. —— 上海：上海三联书店，2025.1. ——ISBN 978-7-5426-8815-6

I.G256.1

中国国家版本馆 CIP 数据核字第 2025L25C83 号

全球书籍史

主　　编／〔美国〕S.J. 迈克尔·F. 苏亚雷斯　〔英国〕H.R. 沃德海森

译　　者／吴奕俊　陈丽丽

责任编辑／王　建　樊　钰

特约编辑／吴月婵　苑浩泰

装帧设计／字里行间设计工作室

监　　制／姚　军

出版发行／上海三联书店

　　　　　　（200041）中国上海市静安区威海路755号30楼

联系电话／编辑部：021-22895517

　　　　　　发行部：021-22895559

印　　刷／天津丰富彩艺印刷有限公司

版　　次／2025 年 1 月第 1 版

印　　次／2025 年 1 月第 1 次印刷

开　　本／710×1000　1/16

字　　数／613千字

印　　张／56

ISBN 978-7-5426-8815-6/G · 1752

定　价：**119.00元**

著作权合同登记号　图字：10–2021–146 号